峰峰煤矿志

（第二部）

1989年—2008年

《峰峰煤矿志》（第二部）编纂委员会　编

新华出版社

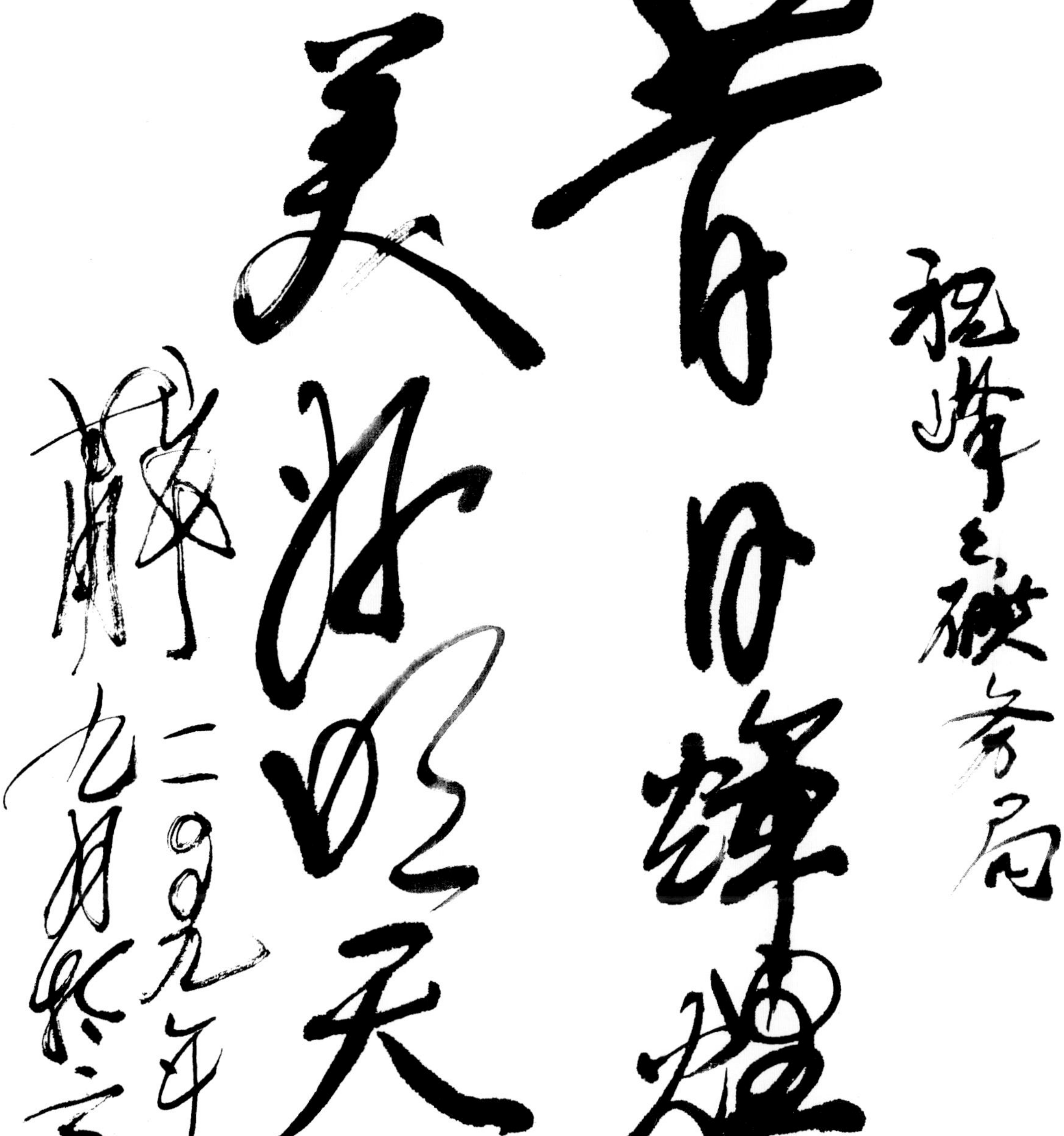

原峰峰矿务局党委书记、煤炭工业部部长肖寒同志题词

总结历史
开拓未来

王森浩

戊子年冬

原煤炭工业部部长王森浩同志题词

改革中发展做大
创新中提升做强

王显政
二〇〇九年元月

中国煤炭工业协会会长、党委书记王显政同志题词

奉献光热
精煤基地
综合发展
富強矿区

濮洪九
2009.1.9

中国煤炭工业协会副会长濮洪九同志题词

建設現代能源企业集团
推進峰峰礦區安全发展

赵铁锤
二〇〇九年二月

国家安全监督管理总局副局长、国家煤矿安全监察局局长赵铁锤同志题词

辉煌的历史
光明的未来。

孙瑞彬
2002.07.

河北省人民政府副省长孙瑞彬同志题词

二十年艰苦创业铸辉煌

新起点科学发展谱新篇

周杰

〇九年三月十二日

河北省政府国资委主任、党委书记周杰同志题词

新起点 新跨越

百年峰煤 基业长青

張鶴亭

二〇〇九年九月

原峰峰矿务局党委书记张鹤亭同志题词

二十年改革创新变化显著

迎未来承接基础再铸辉煌

许世亮

二〇〇九年

原峰峰矿务局局长、河北省煤炭工业厅厅长许世亮同志题词

峰々煤礦的歷史
就是奮斗和奉
獻的歷史

高鳳志
二〇〇九年
二月

原峰峰矿务局党委书记高凤志同志题词

时光二十年
创新促发展
谱写新篇章
局矿换新颜

尚庆武

二〇〇九年一月一日

原峰峰矿务局局长尚庆武同志题词

以史為鉴
继往开来

劉延安 2009年3月1日

原峰峰矿务局局长刘延安同志题词

历史是财富

张文学

2009.3

原峰峰集团有限公司董事长、党委书记张文学同志题词

承接历史
再铸辉煌

郭周克

冀中能源集团有限责任公司副董事长、党委常委，
冀中能源峰峰集团有限公司董事长、党委书记郭周克同志题词

1989年1月4日，时任中煤总公司总经理于洪恩（右一）在孙庄矿视察

1989年10月5日，时任河北省省长岳岐峰（前右一）在峰峰局视察

1990年3月16日，时任能源部部长黄毅诚（右一）在五矿视察

1996年11月11日，原峰峰局党委书记、煤炭部部长，时任神华集团董事长肖寒（右四）在峰峰局视察

1997年1月25日，时任煤炭部部长王森浩（前左三）在九龙矿视察

2000年2月2日，时任河北省委书记叶连松（右二）在峰峰局视察

领导关怀

2001年2月2日，时任河北省委书记王旭东（右二）在羊渠河矿视察

2004年1月15日，时任河北省省长季允石（左二）到五矿慰问劳模

2006年2月16日，国家煤矿安全监察局局长赵铁锤（左二）在大淑村矿视察

2007年5月29日，时任河北省委书记白克明（左三）视察煤化工项目

2007年6月11日，时任国家安全监督管理总局局长李毅中（右二）在大淑村矿参加安全月活动并签名

2007年7月10日，时任河北省省长郭庚茂（左二）参观煤化工产品样品

2008年6月30日，冀中能源集团有限责任公司揭牌

2008年9月12日，冀中能源峰峰集团有限公司揭牌

2009年1月26日（农历正月初一），冀中能源集团董事长、党委书记、总经理王社平同志(右一)在梧桐庄矿视察工作

综采工作面

综掘机械化

井下变电硐室

标准化巷道

2008年9月28日，锡盟煤电化路一体化项目开工奠基

磁西矿区勘探

充填采煤

扩能技改

精煤生产

安全全家福

宣誓上岗

提高学习力

精细操作

手指口述

看板管理

2003年8月8日，峰峰集团有限公司成立大会召开

辅业改制

矸石热电厂

机械制造

煤化工生产

火工品生产

物资超市

2006年5月30日，在北京召开党建工作质量体系认证颁证会

全省国有企业反腐倡廉座谈会

企业文化示范基地命名

推行行政权力公开透明运行

“感动矿山”事迹报告会

关爱员工

井下工作餐

宿舍安装空调

员工公寓

员工餐厅

企业形象

梧桐庄矿工业广场

大淑村矿矿貌

新三矿全貌

黄沙矿矿貌

牛儿庄公司文化园

峰煤焦化工业园区

九龙矿外景

万年矿办公区

国家二级企业
STATE SECOND-GRADE ENTERPRISE

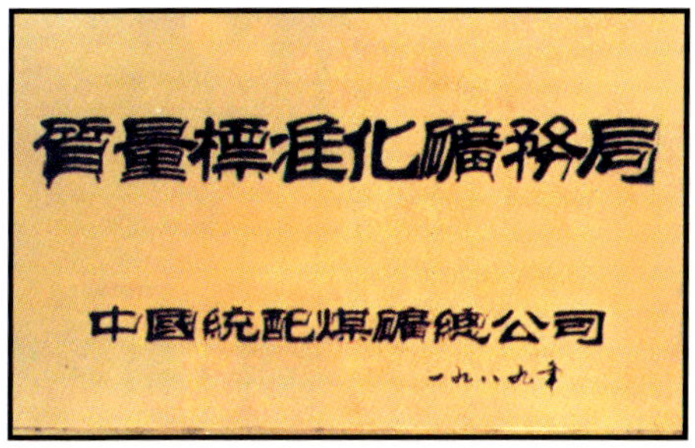
質量標准化礦務局
中國統配煤礦總公司
一九八九年

全国统配煤矿职工生活福利
管理 设施
達標礦務局
中国统配煤矿总公司
全国煤炭地质工会
一九八九.十

國務院經貿辦等六部委批准
國家特大型
企業
中華人民共和國能源部
一九九二年

1991-1992
中国100家
最大煤炭采选业企业
中华人民共和国国家统计局

授予
模范职工之家
中华全国总工会
一九九三年十月

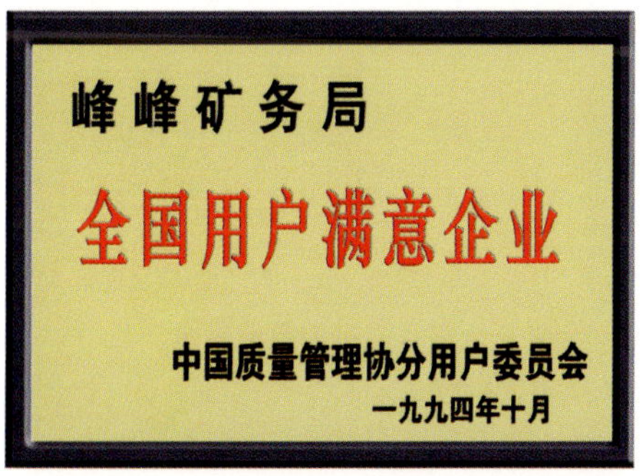
峰峰矿务局
全国用户满意企业
中国质量管理协分用户委员会
一九九四年十月

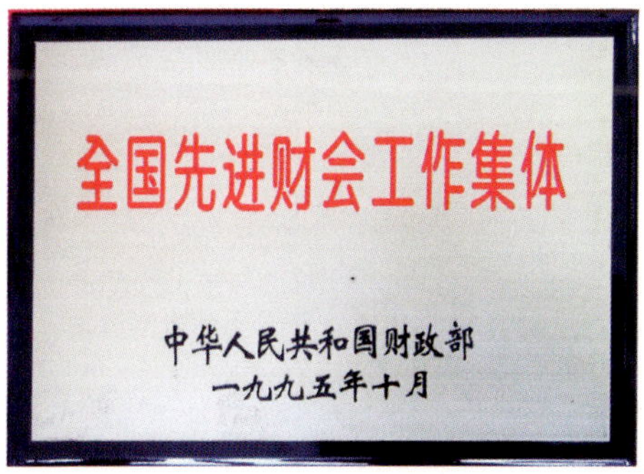
全国先进财会工作集体
中华人民共和国财政部
一九九五年十月

全国资源综合利用
先进企业
中华人民共和国国家经济贸易委员会
一九九六年十二月

中国煤炭工业优秀企业
金石奖
中华人民共和国煤炭工业部
1997

荣誉称号

邯郸市峰峰矿区峰峰矿务局工会
荣获全国群众体育
先进集体
中华人民共和国国家体育运动委员会
一九九七年十月

1999年度全国安康杯竞赛
优胜企业
中华全国总工会
国家经济贸易委员会
2000年1月

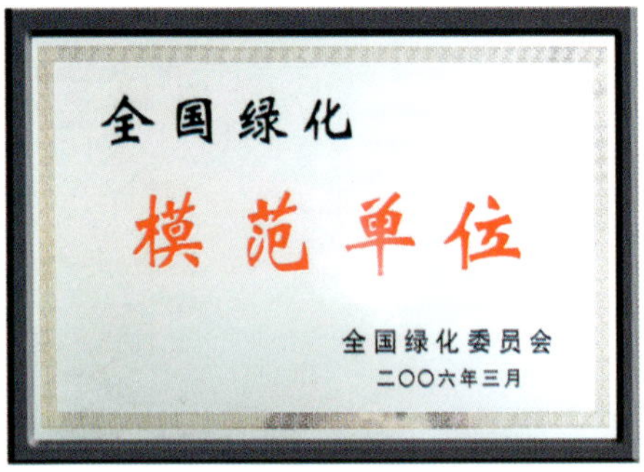
全国绿化
模范单位
全国绿化委员会
二〇〇六年三月

全国先进基层党组织
中共中央组织部
二〇〇六年六月

中国煤矿康居建设
小康局
中国煤炭建设协会
中国煤炭康居工程总会
二〇〇六年十月

全国国有企业创建“四好”领导班子
先进集体
中共中央组织部 国务院国资委党委
2006年12月

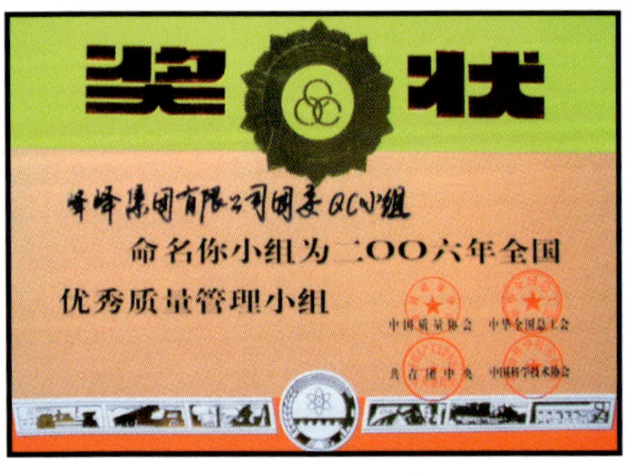
奖状
峰峰集团有限公司团委QC小组
命名你小组为二〇〇六年全国
优秀质量管理小组

全国厂务公开民主管理
先进单位
全国厂务公开协调小组
二〇〇七年

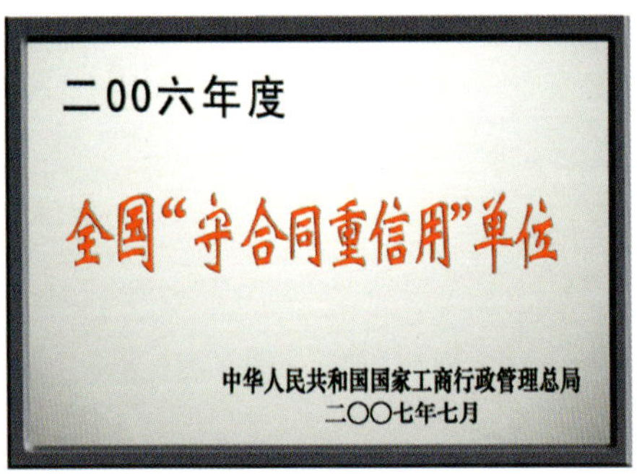
二00六年度
全国“守合同重信用”单位
中华人民共和国国家工商行政管理总局
二〇〇七年七月

全国企业文化建设
优秀单位奖
中国企业文化研究会
二〇〇七年十一月

冀中能源集团有限责任公司副董事长、党委常委
冀中能源峰峰集团有限公司董事长、党委书记　郭周克

⊙ 序　言

郭周克

与共和国同行。从1949年9月18日成立的峰峰矿务局，到2008年的冀中能源峰峰集团有限公司，峰峰煤矿走过了60个春夏秋冬，记录着60载岁月峥嵘。在历史的长河中这只是一个瞬间，但对于峰峰煤矿来讲，却是非凡的60年，奋进的60年，辉煌的60年。在祖国60华诞和建企60周年之际，《峰峰煤矿志》（第二部）出版了，这是我们企业发展史上的一大盛事，是"盛世修志"中华民族传统美德的宣扬，是集团公司承前启后的又一部史书。

《峰峰煤矿志》（第二部）记载了1989年至2008年20年间峰峰煤矿的发展历史，是当代人对历史的责任传承，是研究企业历史与现状、总结历史经验与教训的重要教材。可以为迅速决策和制定措施提供广泛的、丰富的准确信息，为促进企业又好又快发展提供历史和现实的基础资料。《峰峰煤矿志》（第二部）继承了《峰峰煤矿志》第一部的风格，在简要回顾1988年前史实的基础上，按照企业发展的脉络，纵向叙述了20年的发展历程，横向录载了20年的大事要事，是企业风雨跋涉的一部明鉴，是献给建企60周年的一份厚礼。

峰峰集团历史悠久，文化灿烂。峰峰煤矿由一个年产仅52万吨的企业发展成为举足轻重的千万吨大局，历经了火红年代的艰苦奋斗，三年自然灾害的严峻考验，计划经济向市场经济转轨的挑战，工厂制向公司制跨越的转变，内部发展走向外部扩张的强强联合。无论是思想观念的更新，还是管理水平的提升，无论是新技术的应用，还是资源配置的优化，都镌刻着峰峰煤矿人的奋斗足迹，都彰显着峰峰集团的卓越风采。建企60年间，共生产原煤4.9354亿吨，上交利税65.8亿元。党的十一届三中全会以后，峰峰局（峰峰集团）紧跟时代步伐，全面推进企业改革，加快经营机制转换，大力调整经济结构，建立现代企业制度，使峰峰集团这一老国有企业焕发出了勃勃生机。特别是从1989年至2008年这20年，企业发生了翻天覆地的变化。峰峰局（峰峰集团）累计生产原煤2.2154亿吨，累计上交利税54.81亿元。从历史发展的脉络中，我们分明看出，这20年，集中展示了峰峰煤矿工人特别能战斗的风采，弘扬了团结奋进创新超越的精神，体现了迎难而上坚韧不拔的毅力。我们虽然也有过挫折和教训，但企业的发展就像历史的长河，一直在高歌猛进，滚滚向前，永不停歇。可以说，这20年，峰峰煤矿的历史，是广大干部职工在党的领导下，认真贯彻落实党的路线方针政策，解放思想、开拓进取、走向市场的20年，是改革创新的20年，是艰苦奋斗的20年，是科学发展的20年，是变化最显著的20年，是为今后又好又快发展积力奠基的20年。

史志有着资政辅治、鉴往昭来的作用。《峰峰煤矿志》（第二部）运用辩证唯物主义与历史唯物主义的观点和方法，对峰峰煤矿的历史发展进行了认真的、实事求是的记载，观点正确，资料翔实，体例完备，特点突出，文风端正，融思想性、资料性和科学性于一体，具有重要的“资政、教育、存史”价值。同时，也是一部优秀的集体主义教材，对于各界了解峰峰集团、热爱峰峰集团、建设峰峰集团，必将起到十分重要的作用。

“承接历史，再铸辉煌”。希望大家读好志、用好志，从历史中汲取营养，在发展中增添动力，站在新的平台上，共同推动峰峰集团走向又一个辉煌发展的时期。

2009年6月6日

凡　例

1. 本志续接《峰峰煤矿志》，上限为1989年，下限截至2008年。一些重要事件延续到2009年初。

2. 本志采用编、章、节、目的编排结构。全书正文共分六编。第一编概括了企业的基本情况。第二编回顾了企业60年的发展历程，重点放在后20年。第三编和第四编详细阐述了企业20年的各项工作。第五编是各单位的情况介绍。第六编为人物。编后附大事记、外事活动和荣誉榜。全书约110万字。

3. 本志采用规范的语文体、简化字、第三人称。公元纪年、专业名词、计量单位、标点符号均执行国家统一规定。

4. 本志对企业的称谓按当时的名称。如2003年7月之前，称为“峰峰矿务局”，此后称为“峰峰集团有限公司”，根据句式分别简称为“局”、“峰峰局”和“集团公司”、“峰峰集团”。各单位称谓亦如此。为了行文方便，集团公司所属分公司、控股或参股公司在正文中亦用简称，如“大力公司”、“纵横公司”等。

5. 本志为方便行文，表述中的“矿（厂）”，泛指“矿（厂、处、公司、院、校等）”。

6. 本志《人物》编中领导介绍，按任职时间和任职文件顺序排序。

7. 本志所叙史实来自档案、报刊、文件、资料、文献及口述，均经鉴别审核，不注出处。

目　录

第一编　企业概况

第二编　企业发展

第三编　企业生产经营及管理工作

第四编 党群工作

第六编　人　物

第一编

企业概况

第一章　地理地质

第一节　自然地理

峰峰矿区位于河北省南端，邯郸市西南部，北与武安市为邻，西、南、东均与磁县接壤，南北长22公里，东西宽18公里，面积396平方公里，是邯郸市所辖的县级区。峰峰矿务局（峰峰集团有限公司）原机关所在地为邯郸市峰峰矿区峰峰镇，2008年9月12日迁址邯郸市经济技术开发区。

峰峰矿区交通便利。东临京广铁路线、京珠高速公路、107国道；北临邯（郸）长（治）铁路线、青兰高速；邯郸环行铁路线环绕矿区，与京广线、邯长线直接连接。各生产矿井和洗煤厂的运煤专线直接与京广线、邯长线或邯郸环行线连接。区内公路四通八达。

峰峰煤田位于太行山东坡边缘，是太行山东麓煤田南部的一部分。北与武安、邢台煤田连接，南与安阳、鹤壁煤田接壤。其范围北起武安市境内磁山，南达磁县境内漳河，长40余公里；西起太行山余脉九山，东至京广线，宽30余公里。面积1260平方公里，包括了行政区划的峰峰矿区全部，北面包括了武安市南部少部分，西、南、东都在磁县境内。

邯郸市地图

峰峰煤矿区地处太行山南段东麓，为太行山与华北平原过渡带。煤矿区西邻太行山余脉之九山，鼓山纵贯南北，九山与鼓山之间为和村—孙庄盆地，鼓山以东为山前缓倾斜丘陵、平地。峰峰煤矿区地貌在大的地貌单元分类中属于山地与平原过渡地带。九山地貌是以侵蚀为主山地构造地形，九山是剥蚀—溶蚀构造断块中的低山区，九山与鼓山之间为构造断陷组成浅侵蚀—堆积丘陵盆地地形。纵贯南北的鼓山把东西分为截然不同的地貌单元，鼓山东侧为山前坡地洪积—冲击丘陵、平地地貌。区内最高处与最低处相对高差784米。

漳河、滏阳河、南洺河、牤牛河、羊渠河、跃峰渠等发源或流经峰峰煤矿区。岳城水库建在本矿区漳河河道上的观台镇至岳城镇之间，是海河水系大型水库之一。东武仕水库是滏阳河道上一个水库，是邯郸市主要供水源地之一。

峰峰煤矿区地处中纬度地带，属暖温带半湿润大陆性季风气候。

矿区古迹遍布。主要有："磁山文化"遗址，在本煤矿区北部南洺河北岸，属新石器时代；古地道，省级文物保护单位，位于矿区境内；响堂山石窟，为国务院重点文物保护单位，分为南响堂山石窟和北响堂山石窟；水浴寺石窟，位于鼓山东坡，隔山与北响堂石窟相峙；黑龙洞与风月关，位于矿区临水镇西南。

第二节　经济地理

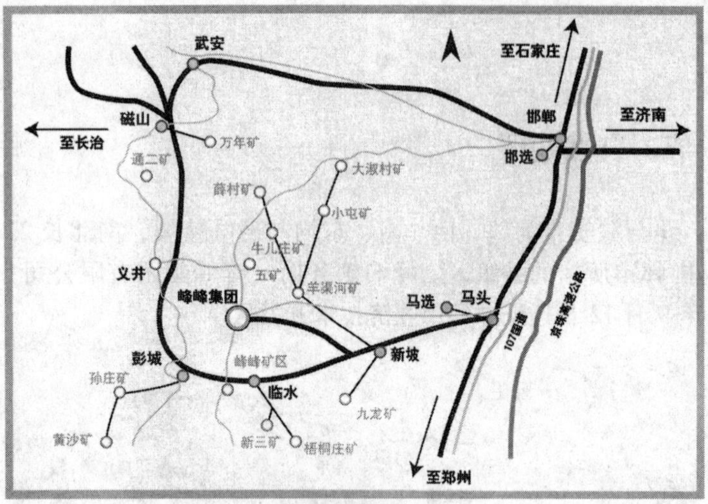

峰峰集团位置图

峰峰煤矿区的矿产以煤炭为主，煤田含煤带517 平方公里。属于峰峰局（峰峰集团）开采范围内的 -1500 米水平以上的储藏量68 亿吨。1990 年，开采和经过精查勘探的煤炭储量26. 3 亿吨。峰峰矿区、和村煤柱储量0. 5 亿吨。在全部储量中，上四层煤占59%，是主要开采区。下三层煤占41%，因水文条件复杂，列为 D 级储量（远景储量）暂不能开采。煤种较全，有肥煤、焦煤、瘦煤、贫煤、无烟煤，以炼焦煤为主。煤质优良，灰分一般在 18 — 26% 之间，发热量在6000 大卡以上。2008 年，正在开采的工业储量6. 7225 亿吨，“三下”压煤占矿区总工业储量的53. 4%。

石灰石矿产是峰峰矿区优势资源之一，分布广。山地面积64. 9 平方公里，其中由奥陶系石灰岩组成的山地面积约60 平方公里，厚度平均545 米，在地面之上平均厚度100 米左右，均为优质石灰石，为水泥、料石、冶炼、电石等优质原料。其他还有铝矾土、瓷土、黄红黏土、硫化铁等多种矿产。

第三节　煤田地质

峰峰煤矿区为半掩盖区，基岩多出露在鼓山、九山山区和边缘地区以及丘陵地区的冲积沟内。其他地区则被第四系所覆盖。本区出露地层有：震旦系、寒武系、奥陶系、石炭系、二叠系、三叠系、第四系（缺失泥盆系、志留系、侏罗系、白垩系）。

峰峰煤矿区于元古代末，经较强烈的吕梁运动，受南北压应力作用，地壳缓慢上升，伴随形成断裂破碎带。因强大的挤压应力产生东西向派生力，使近南北向太行山东麓大断裂带略具雏形。尔后，挤压应力渐弱，盖层沉积，奠定了较稳固之基底—稳定地台。随之地壳转入以波浪运动—微弱地升降运动为主要特点，这种运动之力源，仍来自南北压应力作水平运动的结果。古生代寒武纪初本区地壳下降，接受浅海相沉积；中寒武世海浸扩大，沉积速度加快，并发生频繁的震荡活动，以沉积厚层状含鲕状海相灰岩为主要特点；上寒武世地壳运动有所回升，沉积为浅海相和滨海相，到奥陶纪初期，地壳再度下降，海浸再次扩大接受海相沉积，达中奥陶纪末，因加里东运动影响，地壳升起，形成大规模海退，地表长期遭到风化和剥蚀，使地面处于夷平状态。该次运动仍以波浪式运动为主，致使太行山东麓大断裂借以复苏，并造成山西台背斜与河淮台向斜的开始分野。石炭纪初期，本区又受到海西运动的影响，太行山东麓大断裂又经历一次较大的复活活动，断裂以东除个别地区下降接受石炭纪—二叠系含煤时期的地层沉积外，绝大部分地区均处于上升状态，长期受到风化剥蚀，而大断裂以西普遍下降，接受石炭纪的海陆交替相沉积，二叠纪的过渡相、陆相等地层沉积。在石炭纪—二叠纪初期，本区气候炎热多雨，植物繁茂，在这个时期地壳发生频繁的呈波浪式升降运动，使大量植物周而复始生长与死亡，又在地层下高温、高压和还原环境条件下，形成具有工业开采价值的煤层。由于地壳升降频繁，植物的生长、死亡与海水的进退往而复之，形成本区多煤层（复煤层）的有利条件，使本区形成广泛的滨海相沉积的煤田。由于中生代三叠纪中期大规模燕山运动，以及而后以断裂为主的构造运动，造成了本区错综复杂的断裂和断裂带，形成了煤质变化的特点。本区煤系地层，总厚度140 —250 米，平均200 米。煤层层位较稳定，共含煤层15 —22 层，可采与局部可采者7层。煤层总厚度17.48米，可采与局部可采煤层总厚度13.50米。

本矿区煤质变化的规律基本以峰峰煤田内的滏阳河附近为中心，大致向北向南两翼分开，煤质变质程度呈逐渐增高趋势，即自中心区起，分别向北向南由肥煤变为焦煤、瘦煤、贫瘦煤、贫煤、无烟煤。南以漳河为界，北至泉头井田北缘，一矿北界至鼓山西的张家庄村南一线为界，这个范围内为肥煤区，条带宽约17公里。羊渠河矿井田中南部至鼓山西的通二矿井田中部一线，为焦煤与瘦煤分界线。其北为瘦煤条带区，其南为焦煤条带区，焦煤条带宽约5.5公里。由羊渠河矿中部至鼓山西通二矿北部为一线，为瘦煤与贫煤分界线，其北为贫煤条带区，其南为瘦煤条带区。瘦煤条带宽约3.7公里。由小屯矿井田北部、薛村矿井田北部至鼓山西北隅的万年矿南部为一线，为贫煤与无烟煤分界线，线北为无烟煤区，线南为贫煤区，贫煤区条带宽为2—3公里。

第四节　煤田勘探

新中国成立前，峰峰、六河沟一带的煤矿，都未进行过正规的地质勘探。峰峰大多新井田勘探的主要任务，是由两次勘探大会战完成的。

第一次峰峰煤田勘探大会战始于1954年9月，华北地质勘察局领导的“华北地质勘察局峰峰地质勘察分局办事处”，有钻机49台，职工1644人。1954年至1958年上半年，是峰峰煤田地质勘探史上最为昌盛的时期。北起南洺河、大淑村、薛村，南到漳河南的复兴井，钻塔林立，机器轰鸣昼夜不停。四年共完成钻孔474个，钻探总进尺20.68万米，为峰峰局大规模进行矿井建设奠定了基础。

第二次勘探大会战始于1972年11月，国家计委批准邯郸、邢台地区综合规划小组提出的《邯郸、邢台地区钢铁、煤炭工业基地综合规划报告》后，燃料化学部地质局从贵州、山东等地调119、129、173地质钻探队和煤田水文地质队、煤田地震勘探队等聚集邯郸、邢台，与河北煤田地质勘探三队，共同归属邯邢基地煤炭建设指挥部领导，对邯邢煤田进行地质勘探。这次勘探会战，又为峰峰局的生产建设提供了一批地质报告。

两次大会战后，峰峰局的井田补充勘探是由峰峰局自己的勘探队伍完成的。20世纪80年代的十年中，500人的专业队伍共完成各类地质钻孔513个，总进尺15.6万米，撰写地质报告7份，勘探面积35.51平方公里，探明储量3.5882亿吨。

第二章　历史沿革

第一节　峰峰煤田古代开发

峰峰煤田的发现和开发历史久远。据古籍记载，在东汉建安15年（公元210年）前。东汉末年，曹操打败袁绍后割据中原，在峰峰煤田东南20余公里处建都邺城，建安15年修建了宏伟的铜雀台、金虎台（又称金凤台）、冰井台，史称“三台”。相隔近百年后，西晋文学家陆云登临“三台”，发现“三台”中储藏有大量的煤炭（当时称石墨）。唐开成元年（836年），日本和尚园仁留学大唐，对太行山东麓之所见，留下了“遍山皆有石炭，远运诸州，冬来取烧”的记载。宋元时期，峰峰煤田、安阳煤田、武安煤田的煤炭生产相当兴旺。国家在煤炭生产区府一级设有专门管理煤炭事务的机构，叫石炭务。订有石炭税，设有石炭场，进行石炭交易。由于以煤作燃料，也促进了磁县一带炼铁和陶瓷烧制技术的发展。明代初，国家对煤炭生产设有石炭税，由于税收太重，影响了煤炭发展。永乐六年（1408年），政府设置“抽分局”，至13年（1415年），石炭税下调为“三十分取一”。清代初中期，磁州一带称煤为炭。磁州西山的煤井深数十丈，已能采到山青、大青、下架煤层。对煤层进行了命名，把煤又分为肥煤、瘠煤，对煤炭种类进行了初步划分。乾隆五年（1740 年），直隶省“广开煤炭”，全省普遍兴起了勘查和开采煤炭的活动。1949 年建国后，地质部门曾对峰峰煤田古、近代小煤窑的分布开采状况做过多次调查。仅在一矿、二矿、三矿、四矿、五矿、牛儿庄矿、薛村矿井田范围内，煤层埋深在 100 米以内地区，小煤窑成带分布，不完全统计有 1300 余个，其开采年代多为清代和明代。

第二节　清末至民国时期的峰峰煤矿

鸦片战争后，外国资本侵入，极大地刺激了国内开采矿山的积极性。光绪元年（1875 年），直隶总督李鸿章、船政大臣沈葆祯请示开采煤、铁以济军需。朝廷允许请求，命于直隶磁州、福建台湾试办。1890 年至 1911 年，在土法开采中出现了许多高产高寿命的小煤窑。仅从四矿井田范围内的小煤窑看，1893 年至 1911 年有具体位置的小煤窑 34 个，其中成绩大或有影响的 24 个。井筒最深的 96 米，横向开采最远的 470 米，日产最高的达 60 吨。平均寿命达 11 年之多，寿命 20 至 30 年的 5 座，10 至 20 年的 4 座，最高服务年限达到了 46 年。

民国时期官矿局、怡立、中和等煤矿公司出现后，土法生产的小煤窑更加广泛发展起来，几乎所有的含煤地带都有小煤窑开采，鼓山周围小窑林立。

第三节　近代的峰峰各煤矿公司

六河沟煤矿

土法开采发展至 19 世纪末，出现一批商业窑主，有一人开数窑，或多人开一窑，并逐步酝酿组织大规模生产。于是，大型的煤炭工业公司出现了，标志着峰峰煤矿进入了近代开采技术阶段。

磁州官矿局（又称磁州煤矿、磁县煤矿）是峰峰地区出现最早的公司性质的煤炭企业机构。1875 年由清政府直隶试办磁州煤矿。1897 年清政府创办官办磁州煤矿，1904 年停办。1908 年创办北洋磁州官矿有限公司，1909 年公司正式成立。1923 年改为官商合办，1928 年再次改为官办。1929 年改为磁县炭矿公司筹备处，至抗日战争爆发。

1903 年，官员、商人集资创办六河沟煤矿。1904 年清政府批准开办“安阳六河沟机器官煤矿”。名为官矿，实为商办。1907 年成立六河沟煤矿股份有限公司。该公司 1911 年至 1919 年，曾因债务问题，矿权先后落入德国人和比利时人手里。抗日战争前是全国十大煤矿之一。1908 年，商人集资创办怡立煤矿股份有限公司，有机井 6 座和小煤窑 21 座，是抗日战争前河北省第三大煤矿。1913 年，商人集资创办中和煤矿公司。1935 年，60 家股户集资创办致和（永安）煤矿公司。磁县学捐煤窑原名柴煤小窑，属磁县民间小窑。1898 年戊戌变法后，民间小窑增收学捐费，遂称学捐煤窑。计有 118 坡，广布磁县各含煤区。

1937年12月，六河沟煤矿沦陷于日本侵略者之手，日本劫管六河沟煤矿，改称六河沟炭矿。1939年8月，日军劫管怡立、中和、官矿三煤矿公司。9月又劫管致和煤矿公司。劫管后的磁县各煤矿统由一个机构经营，称磁县炭矿，实行军队管理。1940年12月改称磁县炭矿矿业所。1943年2月改为磁县炭矿股份有限公司。

1945年9月峰峰煤矿解放后，更名为太行峰峰利民煤矿，亦称利民煤矿公司，实行公司一级管理。1946年3月，峰峰煤矿在邯郸召开峰峰利民煤矿股东大会，宣布利民煤矿转为公私合营的峰峰利民煤矿股份有限公司。

1945年9月六河沟煤矿解放后，恢复原名六河沟煤矿公司。1947年3月7日，晋冀鲁豫边区工业厅决定成立该厅下属的峰峰煤矿第一管理处，下辖峰峰煤矿、六河沟煤矿等单位。1947年4月，将六河沟煤矿并入峰峰煤矿。1948年5月28日，奉令将原管理处改为华北公营峰峰煤业公司。1949年1月26日，改为华北人民政府公营企业部峰峰煤业公司。

第四节　工厂制时期的峰峰矿务局

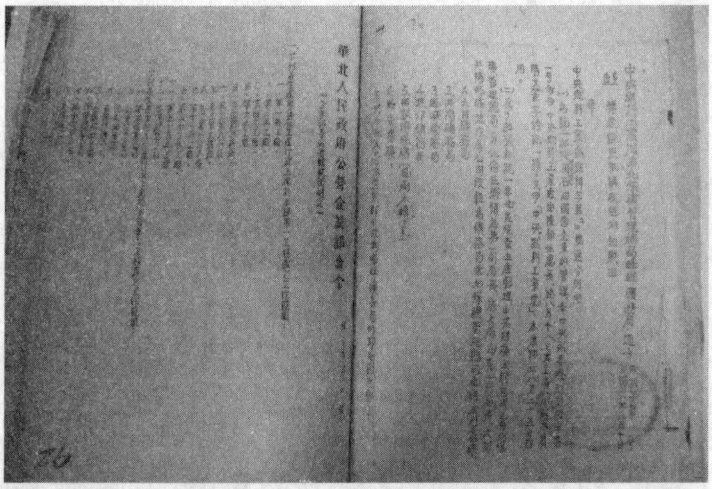

成立峰峰局文件

1949年9月18日，奉燃料工业部通令（燃办字第24号），成立华北煤矿管理总局，峰峰煤业公司改组为峰峰矿务局，由华北煤矿管理总局直辖。

1950年6月，峰峰矿区人民政府成立（驻峰峰局所在地），隶属邯郸地区专员公署领导。是月，中共峰峰矿区委员会成立。矿区党委向峰峰局各矿、厂派出党支部书记，建立了由矿区党委对矿、厂党的领导系统。矿区党委“以工业生产为中心”，根据上级指示，实施对峰峰局领导。峰峰局行政机构受上级领导机构和矿区党委的双重领导。12月15日，中共峰峰矿区国营煤矿委员会成立（又称峰峰煤矿党委），受矿区党委领导。三年经济恢复时期（1950年至1952年），峰峰局隶属中央燃料工业处（部）华北煤矿管理总局。

1952年5月19日，经华北行政委员会批准，峰峰矿区改由河北省直接领导。1953年8月17日，经华北局和河北省委批准，撤销峰峰煤矿党委、煤矿青年团团委和矿务局保卫处，峰峰矿务局建立党组。1955年2月1日，经国务院批准，将邯郸峰峰矿区改为峰峰市。1956年5月14日，中共峰峰市委员会决定，报请河北省委批准，成立峰峰矿务局党委会、矿务局团委会和煤矿工会。1956年6月21日，中共峰峰市委员会发出经河北省委批准的决定，建立峰峰局党委会，并正式办公。峰峰局从而确立了党委领导下的局（矿、厂）长负责制领导体制。1956年10月12日，国务院全体会议第39

原峰峰局办公楼

次会议通过，撤销峰峰市，仍恢复为峰峰矿区，归邯郸市领导。1956 年 12 月 15 日，峰峰市正式撤销，改为邯郸市峰峰矿区。1967 年 3 月 19 日，峰峰局造反的群众组织夺取了峰峰局党委和行政的权力，成立了“峰峰矿务局革命委员会”。1978 年 11 月 15 日，峰峰局及下属单位取消革命委员会。

1984 年 9 月 20 日，国务院批转《国家经委、国家计委、财政部关于调整煤炭工业若干政策问题的请示的通知》，煤炭部对统配煤矿实行总承包，将部分骨干统配煤矿划归煤炭部直属，峰峰局划归煤炭部统一管理。随后，由于国家行业管理体制的变化，峰峰局相继归中国统配煤矿总公司、能源部、煤炭部管理。1998 年 8 月，财政部、国家煤炭工业局下发《关于国有重点煤炭企业财务关系下放地方管理的通知》（财经字［1998］39 号），峰峰局由原煤炭部直属企业下放到河北省管理。

第五节　公司制时期的峰峰集团

2002 年 12 月 18 日，河北省经贸委下发冀经贸产业［2002］704 号文，同意峰峰局改制为由河北省煤炭工业办公室（2003 年 9 月份以后改为河北省国资委）、中国信达资产管理公司、中国华融资产管理公司多元持股的公司制企业，即峰峰集团有限公司。2003 年 7 月 8 日，峰峰集团有限公司创立大会召开。7 月 18 日，经邯郸市工商行政管理局正式核准颁发了公司法人营业执照。8 月 8 日，召开了峰峰集团有限公司成立大会。

2008 年 6 月 30 日，经河北省人民政府批准，峰峰集团有限公司与河北金牛能源集团有限责任公司联合重组为冀中能源集团有限责任公司。峰峰集团有限公司作为冀中能源集团有限责任子公司，其企业名称由“峰峰集团有限公司”变更为“冀中能源峰峰集团有限公司”。2008 年 8 月 17 日，经邯郸市工商行政管理局正式核准颁发了公司法人营业执照。

位于邯郸市开发区的峰峰集团办公楼

第二编

企业发展

第一章　从建局创业到计划经营
(1949 年— 1988 年)

峰峰局自 1949 年 9 月 18 日成立后，在 40 年的发展历程中，经过艰难创业，得以快速发展。1949 年底，仅有 4 个矿和两个地面厂，全局职工 6613 人，原煤产量近 52 万吨。经过三年经济恢复时期医治战争的创伤，恢复和改造旧矿井，改革落后的采煤方法，1952 年，原煤产量达到 188.6 万吨。在“一五”计划期间，峰峰局加强了地质勘探，有 7 对矿井相继开工建设，并推行机械化采煤，为进入特大型煤炭生产基地奠定了基础。1955 年原煤产量达到 331 万吨，杜绝了一次 3 人以上死亡事故。“二五”计划期间，3 对矿井开工，9 对新井建成投产，1960 年原煤产量达到 871 万吨。1961 年至 1962 年，按照中央“调整、巩固、充实、提高”的方针，收缩了基本建设规模。1963 年开始，进入三年调整时期，生产矿井进行了调整改造，合理开发资源，严格规格质量，实行正规循环作业，加强和改进了各项管理制度。在“文化大革命”时期，峰峰局生产建设遭受严重破坏、挫折和损失，但由于职工群众坚持“抓革命，促生产”，生产建设在困难中仍得以发展。1976 年原煤产量达到 910 万吨，1977 年原煤产量达到 1004 万吨，实现了历史性突破，跨进了全国年产千万吨矿务局行列。洗精煤也有了新的发展，1979 年精煤产量达到 409 万吨。此后，矿井生产进行了第二次大调整。1981 年至 1985 年，峰峰局按照中央“调整、改革、整顿、提高”的八字方针要求，以提高经济效益为中心，进行了企业整顿和初步经济改革，全面加强企业管理，调整采掘比例，走采掘机械化发展之路，大力推广高档普采新工艺，五年平均年产原煤 1056.9 万吨。1985 年开始，企业进入投入产出六年总承包时期。1986 年至 1988 年，峰峰局按煤炭部要求，层层实施经营承包责任制，改革领导体制和劳动管理，大搞质量标准化和现代化矿井建设，大力发展机械化生产，改善安全生产条件，推进科学管理，劳动效率、经济效益进一步提高。三年中，原煤年产量均达到 1100 万吨以上，总上缴利润 3332.6 万元。峰峰局与共和国同期诞生，随着共和国的昌盛而快速发展。

第一节　迈上新台阶　突破千万吨
(1949 年— 1977 年)

峰峰局于 1949 年 9 月 18 日建局时，仅有一矿、二矿、四矿、郭儿庄矿（该矿于 1950 年 2 月划归河北省地方国营）4 个矿和峰峰发电厂、中央修理厂 6 个生产单位，原煤产量 51.8066 万吨，全员效率 0.562 吨/工，全年总产值 687 万元（折合 1954 年后的人民币）。从建局到 1977 年，经过全局职工艰苦创业，推进生产发展，建成了千万吨国家主焦煤生产基地。

建局初井下使用的坑木

峰峰局在建国初三年经济恢复时期，经过医治战争的创伤，恢复和改造了一矿、二矿、三矿、四矿等 4 个旧矿井。大力改革穿硐式采煤、手镐刨煤、人工打眼放炮、人力拉筐运煤等落后的采煤方法，采用了长壁采煤方法和风镐打眼、V 型电溜子运煤等新的采煤方法，开展风镐采煤创纪录运动，原煤产量大幅度上升。四矿试行的薄煤、中厚煤层一次单一长壁采煤法和厚煤层倾斜分层木板假顶下行采煤法，获国家“领袖银尊奖”。之后，又在一矿、二矿推行苏联专家设计的下行分层陷落采煤法，均获得成功。1952 年原煤产量达到 188.6 万吨。在“一五”计划期间，峰峰局进入奠定特大型煤炭生产基地的基础阶段，加强了地质勘探，提供了通二、牛儿庄一薛村、羊渠河、三矿北大峪、五矿东大井等井田精查地质报告，并有 7 对矿井开始建设。原煤生产在巩固长壁采煤方法的同时，推行机械化采煤。1954 年使用上 11 型溜子和苏式康拜因割煤机，试用掘进装岩机，矿井提升使用电力绞车，井下大巷使用电机车，大筐装火车改为地沟煤仓溜子和移动式小皮带运输机装火车。1955 年，新增四矿八特矿井和五矿老东大井，产能 45 万吨。1955 年，原煤产量达到 331 万吨。1956 年至 1960 年，小屯矿、孙庄矿、泉头矿 3 对新建矿井开工，八特、五矿老井、五矿新井、羊渠河矿、通二矿、姚庄矿、牛儿庄矿、薛村矿、北大峪矿等建成投产。采煤机械化程度达到 30 — 40%，1960 年原煤产量达到 871 万吨。

1957 年 2 月 27 日，中共中央副主席、全国人大常委会委员长刘少奇来峰峰局一矿视察工作，刘少奇夫人王光美随同视察。中共邯郸地委、邯郸市委及峰峰局、一矿等负责人陪同刘少奇副主席视察了一矿工人住宅、食堂、澡塘和主井车房等处。在峰峰局座谈会上，刘少奇副主席对峰峰局的工作作了重要指示。同年 11 月 13 日，共青团中央书记胡耀邦由团河北省委书记李兴、中共邯郸市委副书记王致道陪同到一矿视察工作。在局机关召开的干部会上，胡耀邦对峰峰局团的工作作了重要指示。1959 年 6 月 3 日，国务院总理周恩来到峰峰局视察工作。上午听取了局领导的工作汇报，对峰峰局完成当年生产任务和新工人工作作了重要指示。下午两点参观了二矿简易洗煤厂。中央领导的关怀，极大地鼓舞了峰峰局干部职工的斗志，激发了艰苦奋斗的积极性。

1961 年至 1962 年，峰峰局认真贯彻中央“调整、巩固、充实、提高”的八字方针，收缩了基本建设规模，停工缓建了孙庄矿、泉头矿井，关停了一矿、北大峪矿、五矿 3 座简易洗煤厂并对 5 座旧小矿井进行恢复改造。1963 年开始，中央提出再用三年时间继续进行“调整、巩固、充实、提高”，峰峰局开始进入三年调整时期。1964 年二矿、四矿两座简易洗煤厂下马停建；对生产矿井进行了调整改造，加强了开拓掘进，调整采掘关系，推行矿井合理集中生产，调整合并矿井，合理开发资源，扩大井田范围，延长矿井寿命等；加强正规循环作业，停止了水采水运、旱采水运和漏斗式非正规采煤方法；加强基层、基础、基本功“三基”工作，建立健全原始记录；开展了岗位练兵和技术比武，大练基本功，提高队伍素质；加强和改进了各项管理制度，严格企业经营管理、劳动管理、计划管理。

在“文化大革命”时期，峰峰局生产建设受到严重影响。1967 年，原煤产量 518.6 万吨，比上年下降 8 万吨。但由于职工群众保持“抓革命、促生产”的热情坚持生产，动乱中仍取得了生产建设的较大成绩。1968 年产量开始回升。1969 年 10 月，一矿矿井完成整修排水恢复生产，二矿东南区也恢复生产。1970 年，牛儿庄矿小屯坑口完成停产改造任务恢复生产。1971 年和 1972 年，孙庄矿、黄沙矿相继在建设中投入生产。同时，积极推进矿井延深、挖潜。1973 年至 1974 年上半年，再次出现生产困难和产量下降局面。1974 年 2 月，中央 21 号文件点名批评了峰峰局。1974 年 3 月 24 日至 6 月 5 日，峰峰局党委二届十一次全委（扩大）会议（即“永年会议”）期间，河北省委调整了峰峰局领导班子。新班子围绕“拨乱反正，落实政策”，提出了“一手抓革命、一手抓生产”的口号，调动了职工的积极性，扭转了生产建设的被动局面，煤炭产量逐年上升，年年超额完成国家计划。1975 年底黄沙矿完成扩建改造。1976 年对孙庄矿进行挖潜技术改造，万年矿一号井经过验收移交生产，生产能力不断扩大，煤炭产量不断增加。1976 年原煤产量达到 910 万吨。

1976 年至 1980 年第五个五年计划期间，是峰峰局历史性跨入年产千万吨大局行列的时期。特别是粉碎“四人帮”后，全国工农业生产秩序走向正常，煤炭需求急剧增加，峰峰局在积极恢复正常生产秩序的同时，努力增产煤炭，经过挖潜革新、改造和大搞生产翻番，1977 年原煤产量达到 1004 万吨，实现了历史性突破，跨进了全国年产千万吨矿务局行列。此后三年，原煤产量稳定在千万吨以上。洗精煤也有了新的发展，全局 5 座洗煤厂年入洗原煤能力达到 545 万吨，1979 年精煤产量达到 409 万吨。

新中国成立后，党和政府十分重视煤矿工人的安全。1949 年 11 月，全国煤矿会议提出了“安全第一”的方针。1951 年，燃料工业部颁发了《煤矿技术保安试行规程》，峰峰局认真贯彻落实，狠抓安全工

峰峰煤矿“五一”庆祝大会

作，建立了安全管理机构，制定了一系列安全生产制度，购置了安全劳动保护设备，成立了矿山救护队和专职通风管理机构，并深入开展安全教育，坚决摈弃旧社会遗留的不安全生产的旧习惯。1953年至1957年，由于采掘机械化水平和职工安全意识、技术水平不断提高，杜绝了一次3人以上死亡事故。1960年6月4日，一矿1532工作面发生了每分钟150吨涌水量的透水事故，虽奋力排堵未能奏效，于6日淹井，二矿东南区也受到严重威胁被迫封闭停产。“大跃进”期间，由于片面夸大人的主观能动性，轻视客观规律，安全工作被严重忽视，行之有效的规章制度被打破，峰峰局发生一次死亡3人以上事故6起，其中四矿瓦斯爆炸一次死亡14人，安全出现了被动局面。1964年，煤炭部贯彻中央颁布的《国营工业企业工作条例草案》，提出学习解放军、大庆和石圪节煤矿，实现思想革命化、质量标准化、管理制度化、技术经济合理化。时任煤炭部部长张霖之提出“质量是煤炭工业的命根子”、“把毫米关”的要求。峰峰局认真落实，引导干部职工树立“质量第一”思想，大力推进质量标准化工作，严格检查规格质量，工程质量、产品质量明显提高，各矿井上下面貌发生了很大变化，峰峰局的质量评比，在全国属先进行列。1966年“文化大革命”一开始，“安全第一”的方针受到严重冲击，主张安全生产被说成是“活命哲学”，规章制度被说成是“条条框框”、“管、卡、压”，安全工作严重削弱，安全事故急剧上升。1967年百万吨工亡率达5.6，比1966年上升一倍。1968年7月12日，羊渠河矿二坑发生瓦斯煤尘爆炸事故，死亡51人，伤5人。当年全局百万吨工亡率上升到11.0。1970年和1972年，中央发布了《关于加强安全生产的通知》，燃料化学工业部相继颁发了煤矿安全生产的多项规定，但难于全面贯彻落实。十年动乱期间，一次死亡3人以上的各类恶性事故10次，平均百万吨工亡率达5.3，是峰峰局安全最不好的时期。

新中国建立初期，国家统一全国财政收支、统一全国物资调度、统一全国现金管理。1950年起，燃料工业部对峰峰局原煤生产、劳动工资、物资供应、财务成本、产品销售、基本建设等，实行直接计划管理，峰峰局整个生产经营逐步纳入国家统一的计划管理轨道。1951年1月1日开始，峰峰局实行完全经济核算制，直接办理产品销售业务和价格核算。1951年底，根据国家统一部署，峰峰局进行了第一次工资改革。1951年下半年至1952年9月，峰峰局按照国家部署，完成了清产核资，建立了正常的财务管理秩序。1952年初，峰峰局按上级要求，实行了产销统一的管理方法，增强了企业经营责任心，密切了生产、销售、运输、用户的关系，运销工作比较顺利；物资由国家统配、燃料工业部分配和地方管理三个渠道供应；全局建立了内部经济核算制和矿（厂）月、季经济活动分析会制度。从1953年起，峰峰局按上级要求，开始根据实际编制年度计划，经上级批准实施，无特殊情况完不成计划要追究责任，各矿（厂）以计划管理为中心进行生产管理，保证了生产任务的完成。

1954年，峰峰局完成了对旧煤矿所遗留私人投资部分的社会主义改造，成为全民所有制企业。当年，峰峰局正式编制部管物资供应计划，建立了物资计划定额管理和经济核算等制度，基本适应了生产建设的需要。1956年全国第二次工资改革中，峰峰局取消了工分制，用货币固定工资标准，工人和干部、井下和地面等工资标准有了明显差别。1958年初，峰峰局按要求制定“二五”计划。“大跃进”兴起后，计划被打乱，计划上报后，由上而下层层加码，企业为完成计划而突击搞“高产日”、“放卫星”来拼搏，直到1960年结束。“二五”期间，峰峰局因原煤、精煤产量猛增，而运输状况十分紧张，销售业务处于被动局面，经过努力，保持了产销基本平衡。

1963年至1965年调整期间，峰峰局按国家部署，完成了第二次清产核资，加强和改进了各项经营管理制度，计划工作纳入正规。调整期间，国家颁发了《煤炭送货办法》，明确了产、运、需三方职责，形成了相互制约的关系，峰峰局认真落实。在第三次全国性工资调整中，峰峰局升级面达42.99%。1966年至1969年，受“文化大革命”的影响，计划管理被打乱。1970年，计划工作有所加强，但由于煤炭需求量大，计划指标超过了生产能力。1970年至1973年，峰峰局按国家部署，进行了第三次清产核资，加强经营财务管理。1974年上半年，管理工作处于非正常状态，“永年会议”后，生产秩序和经营管理工作才逐步恢复。此后的几年间，峰峰局按照中央“调整、改革、整顿、提高”的要求和煤炭部的部署，进行了第二次大的调整，开展了企业整顿、拨乱反正，企业管理得到了加强。

峰峰局建局以后，在抓好生产、安全、管理的同时，党的工作逐步开展并得到加强。1950年12月15日国营峰峰煤矿党委成立后，在稳定生产建设发展的同时，大张旗鼓地开展了审干工作。1951年至1952年间，发动全局职工支援抗美援朝战争。根据河北省委指示，开展了以“反贪污、反浪费、反官僚主义”为内容的“三反”运动。1953年，以局机关干部为重点，开展了“反官僚主义、反命令主义、反违法乱纪”的“新三反”斗争。1953年8月17日，根据河北省委的指示，撤销峰峰煤矿党委。1953年至1955年间，开展了镇压反革命运动。1955年5月，以干部为重点，开展了反对资产阶级思想向革命队伍腐蚀、侵袭的斗争。

1956年5月14日，中共峰峰矿务局委员会成立。当年至1957年8月，领导了全局的审干工作。1957年，局党委领导了精简机构工作，开展了整风反右运动。并通过学习刘少奇在峰峰煤矿工人座谈会上的讲话，在全局贯彻了“勤俭建国、勤俭办企业、勤俭办一切事业”的方针。1958年至1959年，开展了“肃反”工作和共产主义教育运动，深入贯彻总路线，实现了党委抓政治、抓生产和技术的全面统一领导。1959年至1961年我国经济困难时期，局党委号召全局职工自力更生，艰苦奋斗，同心同德，和全国人民一道共渡难关。1961年到1963年，按照“调整、巩固、充实、提高”的八字方针和“工业七十条”的要求，对煤炭生产进行调整。与此同时，局党委还总结了三年“大跃进”的经验和教训，广泛开展了群众性的堵漏洞、挖潜力、提合理化建议活动，通过鸣放和整改相结合，系统整顿健全管理制度，开展“五好”竞赛活动，发动群众加强企业管理，反对官僚主义。1963年第一季度，通过学习党的八届十中全会精神，掀起了以反浪费为中心的增产节约运动，开展了以提高阶级觉悟和主人翁责任感为主要内容的社会主义教育活动。1964年底，峰峰局抽出了一大批干部赴石家庄搞“四清”。1965年局党委成立了“四清”办公室，开展了对政治、经济的摸底工作。1966年上半年开展了“四清”运动。在“四清”运动中，充实调整了基层党支部书记51人、支部委员154名，消灭了83个没有党员的政治空白点，恢复健全了“三会一课”制度，在班组设立了政治宣传员，开展了以“五好”为目标的比学赶帮超群众运动。

1966年8月8日，党的八届十一中全会通过了《关于无产阶级文化大革命的决定》，即《十六条》。峰峰局党委组织了学习落实。1967年3月19日，一派群众组织夺了峰峰局党政财文大权，成立了“革命委员会”。1968年8月至1969年2月，局革命委员会领导了“整建党”工作。1971年6月3日至6月6日，召开了峰峰局第二届党的代表会议。

1971年10月30日，局党委发动全局职工开展了批判林彪反党集团的斗争。1972年至1974年开展了批陈（陈伯达）、批林（林彪）整风运动。同时，抓紧政策落实工作，使一大批领导干部重新走上了领导岗位。1974年峰峰局党委在永年县召开了扩大会议，河北省委调整了峰峰局党政领导班子。1975年，毛主席发表了一系列关于无产阶级专政的理论。峰峰局党委要求各级党组织和广大党员认真学习，联系实际，深入批判修正主义、资本主义倾向、资产阶级派性、资产阶级法权思想、资产阶级生活作风。1976年，局党委号召全局职工认真看书学习，不断把学习引向深入。9月9日，伟大领袖毛泽东主席逝世，全局职工化悲痛为力量，努力工作。党中央粉碎“四人帮”之后，全局掀起了学习《毛泽东选集》一至四卷的热潮。1977年，局党委坚持抓“纲”治矿，做到“四个坚持”，深揭狠批“四人帮”：坚持反复统一思想，不断解决思想认识问题；坚持放手发动群众，深入揭批“四人帮”的罪行；坚持领导带头，认真开展“三讲一评”和路线对比活动；坚持把革命大批判和清查工作结合起来，把群众运动和专门班子结合起来，使清查工作不断深入。

第二节　治理整顿提高　进入六年承包
(1978 年— 1988 年)

1978 年至 1988 年期间，峰峰局按照中央“调整、改革、整顿、提高”八字方针要求，清除“左”的思想影响，大力开展治理整顿，全面落实煤炭部提出的安全、效率、现代化矿井建设“三件大事”，开展群众性的“质量标准化，安全创水平”活动，促进了企业的长足发展。

党的十一届三中全会召开后，峰峰局急国家之所需，一面积极恢复和建立正常的生产秩序，一面努力提高煤炭产量。1978 年，全局继续深入开展学大庆、赶开滦活动，进行挖潜革新，大搞生产翻番，此后三年原煤产量都在千万吨以上。1979 年 5 月，煤炭部贯彻中央四月工作会议提出的“调整、改革、整顿、提高”方针，结合国民经济对煤炭需求状况，提出了“一面前进，一面调整，在前进中搞好调整”的指导方针。1980 年 2 月，煤炭部又提出“既要保证国民经济调整对煤炭的需要，又要搞好煤炭工作本身调整”的指导思想，采取“稳产调整”的方针。峰峰局按照中央方针和煤炭部要求，1980 年 2 月编制了《生产矿井调整规划》，调整工作首先从核定生产能力和洗煤厂洗煤能力及其存在问题着手。通过综合核定，13 对矿井的年核定生产能力为：年工作 300 日，年生产能力为 810 万吨；年工作 350 日，年生产能力为 945 万吨。5 座洗煤厂设计洗煤能力 545 万吨/年，核定生产能力以每年 300 日计为 565 万吨/年，以 350 日计为 670 万吨/年。二矿从 1980 年起，加速开拓掘进和“三合一”（一矿、二矿、泉头矿井合并，由二矿集中出煤）工程进度。“六五”期间，泉头矿井建成投产并移交归属二矿，井田内辛寺庄村下采煤获得成功，解放了呆滞煤量。二矿这个濒临停产的矿井，开始以新建矿井面貌出现，设计能力 60 万吨/年。同时，峰峰局相继实施了一矿井巷调整工程、四矿主副井延深改造工程和封堵大青水补给通道及治水工程、牛儿庄矿主副井生产系统改造工程、羊渠河矿羊二坑口三水平开拓延深工程、黄沙矿 -100 水平安装大型水泵和新建主皮带斜井提升系统等，不仅使这些矿井的提升、排水、通风系统得到改善，而且解放了煤炭工业储量，延长了矿井的寿命。

局党委领导与“特别能战斗队”代表合影

1981 年至 1985 年，峰峰局采煤工艺最突出的特点是实施高档普采工艺。1982 年 10 月，羊渠河矿 601 采煤队在大煤中层试用高档普采工艺采煤，试采两月，获得成功，工作面月产分别达 3.78 万吨和 4.65 万吨以上，工效分别达 7 吨和 9 吨；1983 年，601 采煤队以 40.0012 万吨获全国高档采煤第二名。1985 年，高档普采试点又扩大到五矿、通二矿，全局采煤机械化程度达到 57.1%，羊渠河矿达到 91.94%。1986 年煤炭部提出统配煤矿全员效率突破 1 吨的要求，峰峰局总结使用综采、高档普采、普采、炮采等经验教训，因地制宜制定了“综采是方向，发展高档普采，减少普采，逐步淘汰炮采”的采煤机械化发展方针和“综掘是方向，大力采用新的掘进设备，巩固一般装载设备，逐步减少人工掘进”的开掘机械化发展方针。1986 年以后的三年间，投资 4324 万元，装备综采设备 1 套、170 型机组 24 台、100 型机组 25 台、单体液压支架 7.5 万根、综掘机械 11 台，同时下力量加强科学管理，提高技术操作水平，形成了以高档普采为主体，因地制宜合理配套使用综采普采的格局。羊渠河矿601、604采煤队分别以50.0931万吨、42.7279万吨获1986年全国高档采煤第一名、第二名的优异成绩。万年矿1303采煤队以51.2286万吨获1987年全国高档采煤第一名。峰峰局高档普采创水平成为全国煤矿公认的峰峰模式，多次介绍经验。1988年，全局13个生产矿井，除这年末就要采完报废的一矿外，12个矿井均配备了高档普采工作面，全局采煤机械化程度达到86.17%，综掘机械化程度达68.91%。

由于煤炭供应长期紧张，矿井长期超强度开采，造成安全方面欠账很多。从1980年开始，矿井生产进行第二次大调整，安全调整被摆到了突出位置。峰峰局将安全工作纳入了重要议事日程，列入各项工作计划和经济包干合同中，同职工切身利益挂起钩来，并作为考核任用干部的重要条件。1982年局成立了安全监察局。1983年，制定了各级领导干部、工程技术人员、业务保安、工种岗位安全生产责任制等一系列管理制度，制定了落实《煤矿安全监察条例》的实施细则。针对通风系统薄弱、开采煤层日渐增多等问题，采取有效措施，认真执行抽、掘、采方针，进行通风系统改造和安装更新设备，不断改善安全条件。1981年全局13个矿都编制了防尘设计并付诸实施，投资334.72万元，购置防尘管路1.1828万米，基本健全了防尘系统。1981年至1985年，仅安技措工程投资就达2085万元，共计99个项目，安全状况不断好转。

1981年至1984年，河北省对峰峰局实行利润包干办法，签定合同一定三年不变，随后把三年包干改为四年包干。1985年，煤炭部对峰峰局实行投入产出六年总承包，1987年8月，又明确了“包死基数、确保上缴、超收多留、欠收自补、上下分灶、彻底断奶”的基本政策，重新核定了承包基数，补充修订了九项经济政策，下放了六项权利，增强了矿、厂的压力和动力。1988年初，根据中煤总公司后三年总承包“两包五定”的具体内容，结合实际情况，峰峰局对原煤生产矿井和基建单位实行了“三包五定”，对地面厂实行“包、保、定”承包，重申下放六项权利、五项政策，明确了承包经营者和承包经营集团人员，使经营承包责任制完善程度又进了一步。根据《企业法》精神，峰峰局于1987年7月至1988年，分别对其所属工业生产单位、医院实行了行政领导负责制和任期目标责任制，对部分离任矿、厂长进行任期终结审计，初步形成了经营责任制、矿（厂）长负责制、矿（厂）长任期目标责任制、任期终结审计制“四位一体”的领导体制。同时改革劳动管理，1981年，峰峰局开始实行农民轮换工制度，到1988年，农民轮换工成为全局井下采掘生产的主力军。

1986年，峰峰局开展了群众性的“质量标准化，安全创水平”活动，明确提出“远学肥城、近学牛儿庄”和“综合治理，从严治矿，抓质量，促安全”的口号，制定了《质量标准化达标条件及竞赛评比办法》。局、矿都制定了从治理脏乱差入手的分年度规划目标和分阶段落实意见。局成立了标准化委员会，下设4个领导小组和管理日常工作的标准化办公室，明确了专兼职人员。1987年6月，全国统配煤矿“质量标准化，安全创水平”现场会在峰峰局召开。9月，煤炭部命名牛儿庄矿为“质量标准化特级矿井”，命名孙庄矿、万年矿为二级矿井，命名小屯矿为省级矿井。峰峰局把建设现代化矿井和质量标准化工作结合在一起，重点抓好“百万吨工亡率在1以下、采掘机械化水平达到85%以上、全员效率根据不同情况达到1.5吨/工以上、采用先进的管理手段实现管理科学化和文明生产”等四项工作。经过努力，1988年底，经中煤总公司验收认定，命名孙庄矿为现代化矿井。从1987年开始，峰峰局按照国务院《关于加强工业企业管理若干问题的决定》和煤炭部要求，广泛开展以“抓管理、上等级、全面提高企业素质”为目的的企业升级活动，全局上下认真学习讨论标准，因地制宜选定合理的升级目标，发动群众制定切实可行的企业升级规划，建立健全会议、调度制度，层层落实升级目标。1988年10月，《峰峰矿务局升级规划》正式公布。

十年间，企业党的工作重点随形势的发展不断调整。1978年1月28日，局党委决定，按照《工业三十条》标准，对局属各矿、厂及局机关共21个单位进行整顿，整顿的重点内容是整党整风，整顿领导班子、整顿职工队伍、整顿企业管理；开展“一批双打”（批判“四人帮”，打击一小撮阶级敌人的破坏活动、打击资本主义势力）。整顿工作在局党委统一领导下，在驻矿、厂企业整顿工作队的帮助下进行。在整顿中，峰峰局所属各矿、厂撤销了“文化大革命”中建立起来的“革命委员会”，恢复了党委领导下的局、矿（厂）长分工负责制的领导体制，建立健全了必要的规章制度，改变了“文化大革命”中的有章

企业精神职业道德书法赛

不循和无章可循的状态，从政治上、组织上、思想上、管理上等各方面进行了拨乱反正。根据中共中央、国务院关于国营企业全面整顿的决定和上级党委的统一部署，从1982年5月开始，局所属单位全面企业整顿工作逐渐展开，峰峰局被列为河北省、邯郸市重点整顿单位。1984年2月下旬，经河北省煤炭厅企业整顿验收团验收，峰峰局企业整顿验收总分为912.16分，达到了验收的标准。

1978年至1981年，峰峰局党委在深入开展揭批“四人帮”的基础上，全面抓了落实党的政策的工作。党的十一届三中全会和全国人大五届二次会议后，按照“调整、改革、整顿、提高”的方针，局党委狠抓工作重点的转移，边调整、边前进，全面规划，突出重点，组织力量，制定措施，使调整工作走上了正常轨道。1981年下半年，认真学习贯彻《关于建国以来党的若干历史问题的决议》，并狠抓《党内生活准则》的贯彻落实，开展了学雷锋、讲文明、树新风和“三热爱”教育。1982年，峰峰局党委针对职工思想实际，一季一个重点，进行经济形势、纪律、主人翁责任感和共产主义思想教育。1983年，在调整各级领导班子的基础上，围绕经济责任制、产品结构改革和安全生产等经济工作，采取正面教育的方法，深入群众，进行宣讲，开展了“五讲、四美、三热爱”教育。1984年至1986年1月，开展了整党工作。经过学习文件、对照检查、组织处理和检查验收四个阶段，收到了良好效果。

1987年，峰峰局领导体制由党委领导下的局、矿（厂）长负责制，转变为局、矿（厂）长负责制。为保证这一工作机制的正常健康运行，局党委坚持抓好学习，提高认识，明确了行政、党委和职代会在企业中的地位和作用。在三矿试点的基础上，制定了局《实施细则》和任期目标责任制等。

1988年上半年，局及28个生产单位均实行了局、矿（厂）长负责制。为此，局党委对建立新格局进行了探索实践。认真贯彻党政分开原则，促进党委职能的转变，制定了相应的制度，实现了人事管理工作平稳过渡；围绕企业中心任务，积极探索保证监督的新途径；贯彻《企业法》，制定了《关于深化企业领导体制改革，建立思想政治工作新格局的建议方案》，进行了机构和人员的调整和精简工作。党务工作人员占全局职工总数的比例由原来的0.94%调整到0.80%。同时，深入开展了国情教育、“一个中心、两个基本点”教育、民族精神教育和“艰苦奋斗、实干拼搏、勇于献身、开拓进取”的企业精神教育；积极做好改革中的思想政治工作；开展了“上纲要、创水平、献百元、作贡献”竞赛活动和多种形式的安全宣教活动；修改完善了党委工作目标管理制度，把局党委的工作目标分解成64项具体指标，进行了层层落实。

根据《企业法》的有关规定，峰峰局努力理顺党群关系，积极支持工会等部门独立自主地开展工作。1988年7月，峰峰局召开了“工会第七届会员代表大会”。年内，27个基层单位召开了职代会。各级工会加强企业民主管理组织制度落实工作，基本形成了局、矿（厂）、车间、班组四级民主管理网络。相继开展了民主评议行政领导干部、民主协商对话和提合理化建议活动。不少单位实行了职工代表持证巡视检查制度、对参加企管会的职工代表给予矿（厂）副职待遇等。职代会对于企业的重大问题进行审议，并依权限作出相应的决定，体现了职工群众的主人翁地位。

第二章　在改革发展中步入市场经济
(1989 年— 1997 年)

1989 年至 1997 年的九年，是峰峰局在改革发展中由计划经济逐步进入市场经济的关键时期。1989 年至 1990 年，峰峰局在实施六年总承包最后两年期间，认真贯彻落实党的十三届三中、五中、六中全会精神，大力开展经济环境、经济秩序的治理整顿，积极推进优化劳动组合、工资分配等内部改革。围绕煤炭生产、多种经营集体经济、基本建设“三个主体”开展工作，取得了可喜成果。下力抓好安全、效率、现代化矿井建设“三件大事”，为企业快速发展奠定了基础。进一步完善承包经营责任制，强化管理，深挖内潜，依靠科技进步，大上采掘机械化，实现了增产增效；大力开展质量标准化建设，建成了质量标准化局；按照“紧严细实全”、安全管理“十严”和“六要六不要”的要求，强化现场安全管理，做到以严治矿，安全创出了新水平；狠抓企业管理上等级，全面提高企业管理素质，建成了国家二级企业；坚持以人为本，大力推进生活设施建设，建成了职工生活福利管理和设施达标矿务局；克服了通货膨胀、原材料价格上涨、增支因素大幅度增加和货款回收难、资金紧张等诸多困难，多项经济指标创出历史新水平，两个文明建设取得了较好成绩，全面完成了投入产出六年总承包最后两年的任务，为加快国民经济发展提供了能源支持。

1991 年至 1992 年，峰峰局在实施两年滚动承包期间，以邓小平南巡重要讲话和党的十三届七中全会精神为指针，切实加强“班子、队伍、矿风”三项建设，坚持两个文明建设一起抓，为搞好搞活企业提供了保证。全面贯彻落实国务院关于推进经济体制改革的方针政策，按照《全民所有制企业转换经营机制条例》的要求，进一步完善企业内部改革，加快转换经营机制步伐；进行“劳动、人事、分配”三项制度改革和住房制度改革，以经济效益为中心，严格管理，内部挖潜，增强活力；大力实施原煤生产、销售运营、精煤加工“三位一体”的经营策略，完善运销体制，调整产品结构，实施科技兴企，深挖内部潜力，全力搞好煤炭安全生产和销售工作；在晋升国家二级企业的基础上，全面提高企业素质，获得了中国煤炭工业企业管理优秀奖；克服了煤炭价格扭曲、市场疲软和铁路运力不足、“三角债”严重、资金紧张等困难，取得了各项工作的全面进步，超额完成了滚动承包的各项任务，多项指标创历史新水平。

1992 年 12 月，党的十四大召开，确定我国经济体制改革的目标是建立社会主义市场经济体制。1993 年 11 月，党的十四届三中全会作出《关于建立社会主义市场经济体制若干重大问题的决定》，提出进一步转换国有企业经营机制，建立产权清晰、责权明确、政企分开、管理科学的现代企业制度。1993 年至 1995 年，是峰峰局认真贯彻落实党的十四大和十四届三中全会精神，在延续三年承包中走向市场的重要阶段。1993 年开始，国家把煤炭由过去的计划管理逐步推向市场，企业实行自主经营、自负盈亏。这三年，国家对煤炭价格并未完全放开，实行计划价与超产加价政策，且当时全国煤炭市场销售疲软，产大于销、供大于求，销售举步维艰。全国出现严重的“三角债”，煤炭货款回收艰难，增支因素大幅增加。国家又逐步抽回对煤炭企业的补贴，资金十分紧张，企业生存发展遇到了前所未有的困难。峰峰局背着沉重的包袱，在“先天不足”和“后天营养不良”的状况下走向市场。在艰难困苦的形势下，峰峰局坚持以中国特色社会主义理论为指导，充分发挥党组织的政治核心作用和思想政治工作的保证作用，广泛开展“转机制、抓管理、练内功、增效益”活动，团结和凝聚广大职工树立强烈的市场意识，强化内部改革转机制，大力推进机关机构、三项制度和各项配套改革，积极研究和开拓市场，调整产品产业结构，实施“三条线”管理，整顿重组改造多种经营，依靠科技挖内潜，紧严细实强管理，全面推进两个文明建设，使企业适应市场的竞争能力、应变能力和整体活力大大增强，全面完成了各项任务。

1995 年 9 月召开的党的十四届五中全会和 1996 年 3 月召开的全国八届人大四次会议，确定了我国国民经济和社会发展“九五”计划和 2010 年远景目标，提出经济体制由计划经济向市场经济转变、经济增长方式由粗放型向集约型转变。1996 年开始，国民经济进入第九个五年计划时期，随着经济体制改革的深入发展，企业已成为自主经营、自负盈亏、自我发展、自我约束的市场经济主体，当年煤炭部全部取消了对峰峰局的亏损补贴，峰峰局完全融入了市场经济。1996 年至 1997 年间，全国的煤炭市场依然存在着产大于销、供大于求的矛盾。峰峰局原来的用户纷纷要求煤炭降价，企业面临着煤炭价格下降、货款回收困难、增支因素居高不下、资金相当紧张等困难。特别是地方小煤窑乱采滥挖导致孙庄矿淹井、三矿停产，企业遇到了一系列非常严峻的问题。为实现扭亏增盈的目标，峰峰局全面贯彻落实党的十四届五中、六中全会精神和中央经济工作会议精神，确定了"九五"期间企业改革发展的总任务和目标，围绕实现两个根本性转变，提出了十条战略方针，全面完成了各项任务，保持了扭亏增盈的良好势头，促进了企业的健康发展。

第一节　完成六年承包　实现企业升级
（1989 年—1990 年）

1989 年至 1990 年，是峰峰局完成投入产出六年总承包的最后两年。1989 年前，全国经济过热，物价上涨过快，通货膨胀加剧，财政赤字过大，产业结构比例失调。生产、建设、流通领域普遍存在高消耗、低效益；高投入、低产出；高消费、低效率等浪费严重的现象。能源、原材料供应紧张，运力不足，经济秩序混乱。党中央分别于 1988 年 9 月和 1989 年 11 月，召开十三届三中、五中全会，作出了用三年或更长一些时间进行治理经济环境、整顿经济秩序的决定，要求压缩社会总需求，控制通货膨胀；大力调整产业结构，增加供给，增强发展后劲；整顿经济秩序，解决生产、建设、流通、分配领域的严重混乱现象；深入开展增产节约、增收节支运动，全面提高经济效益。由于全国煤炭供应紧张，迫切需要煤炭企业为加快国民经济的发展提供能源支持。但煤炭价格由政府定价，煤价偏低，原材料价格上涨，企业增支因素大幅度增加，加大了企业的政策性亏损。1990 年，由于煤炭市场变化，"三角债"增多，出现了货款回收难、资金紧张的状况，企业在艰难的承包中求生存谋发展。

面对严峻的承包经营形势，峰峰局紧密联系企业实际，确立了"以贯彻治理整顿和深化改革、改善经营机制为主线，以强化党的建设和思想政治工作为保证，以坚持提高经济效益为中心"的指导思想。1989 年，提出了实现百万吨工亡率、全员效率"两个突破"；争创原煤产量、回采工作面单产、工业总产值"三个水平"；做到完成精煤产量、采掘机械化程度、开拓进尺、亏损额包干指标减亏"四个确保"；达到重轻伤人数、商品煤灰分和含矸率、巷道失修率、机电设备待修率和事故率、坑木万吨耗"五个降低"的改革发展奋斗目标。1990 年，提出了再创原煤产量、工业总产值、集体经济总产值"三个水平"；实现百万吨工亡率 1 以下、质量标准化局、生活福利达标局"三个巩固"；抓好"一个力争"建成国家二级企业的主要目标。两年中，为全面完成承包经营任务，峰峰局党政带领全局干部职工发扬实干拼搏、艰苦奋斗的精神，大力推进各项工作的开展。

1989 年，峰峰局党委组织广大干部职工认真学习贯彻党的十三届三中全会关于开展治理整顿、深化改革的精神，联系实际，认真解决大家如何看待"十年改革的成绩和问题、当前出现的各种问题与改革开放的关系、治理整顿能否奏效及前景、治理整顿是改革的深化还是停顿、治理整顿与己有无关系"等五个方面的认识问题，引导大家在指导思想上和工作中，正确处理治理整顿与深化改革的关系、治理整顿与发展经济的关系、局部与全局的关系。紧密联系实际，大力加强形势任务教育，向大家讲清治理整顿的根本任务，就是解决总需求大于总供给的矛盾以及经济工作中存在的其他问题，使大家认识到煤炭总需求大于总供给的矛盾，已经影响了国民经济的发展，成为社会各界关注的焦点。煤炭企业治理整顿的主要任务，就是努力增加产量，多出煤、出好煤，多节约、多创效，为国民经济的发展提供更多的煤炭，为国家的治理整顿创造宽松的环境。局认真落实中央治理整顿工作会议提出的"严格依法经营；严格执行关于压缩社会集团购买力"的规定，结合实际提出了"严格资金管理、加快资金周转率、严格价格管理、严禁用公款旅游、严禁滥发实物和奖金、严禁大吃大喝、狠刹奢侈浪费之风、严格清理计划外工程、优化计划内项目"等九项要求，从企业内部抓起，做到统一行动，令行禁止，扎实推进了企业内部的治理整顿工作。1990年，各级干部带头，向广大职工讲清企业面临的内外困难形势和艰巨的承包经营任务，讲清完成任务的有利条件，统一思想，坚定信心，引导职工发扬特别能战斗的精神，团结拼搏，努力奋斗，多出煤出好煤，坚决完成各项任务，为国民经济的发展提供足够的煤炭资源；教育职工树立自力更生、艰苦奋斗、过紧日子的思想，做到立足内部挖潜，厉行节约，减少消耗，降低成本，压缩开支，努力增产节约创效益；引导干部职工树立全局一盘棋的大局意识，自觉服从和维护全局利益，做到令行禁止，严守纪律；按照治理整顿的要求，严禁计划外上项目，严格按程序办事，增加生产性项目投资，减少非生产性投入；严格资金管理，做到先提后用、量入为出，有计划地使用资金，减少资金的无效占用；禁止乱发奖金、实物、补贴，整顿分配中的不合理现象，缓解分配中的矛盾；积极适应市场变化，适时调整产业和产品结构，努力提高质量，生产适销对路的产品，满足用户需求，推动企业治理整顿工作不断深入开展。

为全面提高企业管理素质，大力开展了抓管理上等级企业管理升级活动。这两年，峰峰局把建成国家二级企业作为完善企业管理、提高管理水平的重要动力，统一思想，提高认识，层层分解升级目标任务，制定升级奖励办法，用经济手段提高各单位抓管理上等级、全面提高企业素质的积极性。1989年4月，孙庄矿建成了国家二级企业，7月，机械总厂建成了煤炭工业二级企业，企业升级有了新进展。1989年10月17日，峰峰局召开全面开展企业升级工作动员大会。1990年3月10日，召开深化企业升级广播动员大会。局狠抓了以基础管理为重点的升级会战，对规章制度、工作标准、管理标准、技术标准等各项考核内容，进行了补充、修订、完善，促进了基础管理水平的提高，初步实现了企业标准化、管理系统化、工作规范化。对基础工作较差的档案、计量、节能、环保管理等单项工作，重点调度，限期达标，促其发展，37个单项升级指标有36个得到了认证。1990年6月17日，经中煤企协、中煤总公司等8个部门验收，峰峰局晋升为国家二级企业。全局有14个单位实现上等级，其中孙庄矿、万年矿、羊渠河矿、五矿、牛儿庄矿、机械总厂、马头洗选厂、建材厂、六0七厂等9个单位巩固或晋升为行业二级企业；二矿、小屯矿、邯郸洗选厂、钢铁厂、马头配件厂等5个单位巩固或晋升为省级先进企业。全面质量管理和现代化矿井建设取得新进展，全局QC小组发展到732个，比上年增加234个，其中56个小组发布质量管理创新成果，两个小组获国优，8个小组获部优，两个小组获省优，21个小组获市优。万年矿1303采煤队“高产高效”QC小组和邯郸洗选厂工会“实现双保合同”QC小组被中国质协、中国科协、全国总工会、团中央授予“优秀QC小组”称号。万年矿通过了中煤总公司质量管理奖验收，牛儿庄矿通过了河北省质量管理奖验收，羊渠河矿、五矿、二矿、制品厂、马头配件厂通过了省全面质量管理达标验收。孙庄矿巩固了现代化矿井成果，万年矿通过了现代化矿井验收。全面加强了经济合同管理，有24个单位获省、市“守合同重信用”单位称号。1990年，中煤总公司在万年矿召开全国煤炭会计电算化工作现场会，将峰峰局开发的会计核算系统更名为《煤炭工业会计核算系统》，向全国煤炭行业推广应用，标志着峰峰局会计电算化工作走在了全国煤炭行业的前列。

根据实际，不断深化企业改革。1989年，峰峰局认真落实党中央、国务院一系列国有企业改革的方针政策，紧密结合企业实际，把各项改革推向深入。针对当时一些企业出现的“一手软、一手硬”的问题，局党政认真贯彻中央精神，进一步理顺管理体制，稳步推进了局、矿（厂）长负责制下的企业思想政治工作新体制。明确局、矿（厂）长对企业的两个文明建设负全面责任，党委履行保证监督责任，以高度的政治责任感、扎实细致的工作，努力促进形成党政齐抓共管思想政治工作的新格局。进一步完善承包经营责任制，实行了以经营责任者为首、矿（厂）领导班子成员组成的集团承包制，明确了“包死基数，确保上缴，超收多留，欠收自补，上下分灶，彻底断奶”的基本政策，对深一层实施了经营承包、租赁承包、招标承包等多种形式的责任制，增强了各级承包者的压力和动力，为完成承包经营任务提供了保证。以优化劳动组合为突破口，坚持先干部后工人、先机关后基层、先井上后井下、先辅助后生产的顺序和“公开、平等、民主、择优”的原则，推行双向选择、择优使用，优化劳动组合，促进了劳动力的良性流动。改革工资分配制度，打破了工资分配上的大锅饭，实行工资与效益挂钩，逐步试行岗位工资制，使工资随效益、出勤、岗位浮动，劳动管理逐步实现了指标定额化、管理制度化、分配合理化、做法民主化。1990年，峰峰局继续把企业改革引向深入，进一步完善了承包经营责任制，将承包指标逐级分解，纵向实行三级承包、自下而上逐级负责，横向按业务范围和分工落实到承包经营集团和主管处室。进一步改进和完善吨煤工资含量包干办法，实行工资总额“双包双挂”，完善深层次的经营承包、租赁承包、风险抵押承包，进一步调动了经营者和广大职工的积极性。继续抓好分配制度改革，在严格掌握政策的同时，为体现责、权、利的统一，制定了矿、厂承包经营集团奖罚考核试行办法，把个人收入与承包经营成果紧密挂钩，试行和完善了职工工资奖金分配办法，实行按劳分配、多劳多得，消除了平均主义。同时，增加分配的透明度，保证分配公平合理，防止分配悬殊过大的现象发生。继续完善基建改革，实行项目包建，对设计方案、施工队伍实行竞争招投标，选择最佳设计方案和优秀的施工队伍，提高了工程质量，加快了施工进度。

高档普采

依靠科技进步，搞好煤炭生产。1989年，峰峰局为生产更多的煤炭支援国家经济建设，促进治理整顿工作的顺利进行，采取扎实有效措施，加强生产管理，深挖内部潜力，搞好综合技术开发，大力发展采掘运机械化，使回采机械化水平达到91.3%，比上年提高4.83%；增加了先进掘进机型的投入，使掘进装载机械化程度达到78.5%，比上年提高9.89%。按照回采工作面单体化、巷道支护金属化、横巷运输皮带化的思路，大力推进支护和运输改革。加大了金属支架的投入，岩巷、维修巷道实行了锚喷支护，煤巷试行拱形支护；广泛应用新技术、新方法，优化了采区设计、巷道布置、采煤方法，推行了沿空留巷、三巷两面对拉、无煤柱开采，推广使用了十字顶梁端头支护、切顶墩柱、单体液压支柱、双楔顶梁、顶板预测预报等新工艺、新设备、新方法，大大提高了生产效率；实施了“三下”采煤和治理奥灰水技术，解放了部分呆滞煤量。采掘机械化水平的提高和大力开展“上纲要创水平”竞赛，有效提高了工作面单产单进水平。全年回采工作面总数降到41.76个，工作面平均单产达到2.0296万吨，比上年提高1717吨，回采效率达到8.393吨/工，全员效率达到1.137吨/工。有28个采煤队达到纲要水平，其中万年矿1303采煤队年产达到62万吨，二矿206、五矿505、牛儿庄矿802、孙庄矿1201、万年矿1301、羊渠河矿601采煤队均达到年产40万吨以上水平。掘进速度大大加快，总进尺完成18.45万米，超计划4090米，有40个掘进队达到纲要水平，其中牛儿庄矿03综掘队三次创国产机型全国月进新水平，确保了生产地区正常衔接和原煤生产。为保持原煤产量在千万吨以上，增强矿井持续稳定生产的后劲，峰峰局下大力搞好基本建设，加快新井建设准备，推行了项目包建责任制，切实解决施工中资金、电力、工程概算和“三材”等问题。狠抓施工进度和工程质量，使九龙口矿井和洗煤厂建设、薛村矿和小屯矿改扩建、安全培训中心建设等十项主要基建项目按计划完成。1989年9月15日，梧桐庄矿前期准备工程正式开工。1990年，局坚持技术应用与科学管理并举，在采掘机械化发展上，抓巩固、促发展、求提高。支护改革在巩固使用单体液压支柱的基础上，又推广了分层回采工作面铺顶网、工作面支柱穿铁鞋、双楔铰接顶梁等新工艺、新方法。进一步推广了掘进支护新技术，巩固发展了岩巷光爆锚喷、半煤岩和煤巷推行锚杆、锚索支护，维修巷道使用了U型钢可缩性金属支架支护。采煤机械化水平进一步提高，达到95.37%（羊渠河矿、薛村矿、孙庄矿、万年矿、黄沙矿均达到100%），掘进装载机械化水平达到87.01%，分别比上年提高了4.07%和7.55%，促进了生产效率的进一步提高。全年回采工作面总数降到38.95个，单产达到2.1870万吨，回采效率达到9.34吨/工，全员效率达到1.152吨/工。坚持开展“上纲要创水平”竞赛，全年有30个采煤队、42个掘进队达到纲要水平。薛村矿902掘进队5月份创出了国产掘进机单孔月进752米全国新纪录。为确保原煤持续稳定发展，针对回采地区衔接紧张的状况，局作出了《进一步强化生产准备工作的决定》，制定实施了《重点工程和重点采区准备工程施工管理办法》和奖惩规定，充实调整开掘力量，加强调度平衡，保证施工所需供应，加快了开拓掘进速度，8项重点工程完成进尺8240米，超计划940米，9个矿超额完成了总进尺任务，11个矿超额完成了开拓进尺任务，全局年度总进尺超额完成了任务。13个基建项目完成投资计划，井巷工程量完成2343米。九龙口矿井建设基本完成；薛村矿、小屯矿改扩建工程完成了工程量计划；局通讯楼、安全培训中心完成了主体工程建设。

加强经营管理，努力增效增收。1989年，峰峰局面对市场变化大、增支因素多、资金流通紧、经营工作难的现状，努力在外抓创效、内强管理、狠挖潜力上下工夫，进一步完善了经营目标管理办法，对年度利润承包指标和“双增双节”目标层层分解，纵向实行三级核算，横向联挂业务部门，逐级逐层完善了经营承包责任制，促进了经营管理工作。强化了各项资金管理，制定了一系列资金管理制度，专用资金做到了“先筹后用、量入为出、计划平衡”，改分散管理为集中管理，统筹使用，保证重点项目；流动资金实行“一条龙”管理，健全了采购审批制度，降低仓库存量，减少了资金占用。加强了货款回收和预付款占用管理，限额控制非生产性支出，提高了资金使用效率。加强经营管理。建立了内部银行，加强经营调度，开展了经营分析，强化了内外合同管理；拓展审计领域，实施全方位、全过程、有重点的审计，找到了薄弱环节，堵塞了管理漏洞，严格了财经纪律，促进了依法经营；确立了增收节支2560万元的目标，大力开展“双增双节”活动，挖掘内部潜力；一手抓增产，一手抓运销，及时研究市场信息，掌握市场行情，努力广开财源增收。8月15日，峰峰局10名劳模向全局职工发出倡议，号召发扬艰苦奋斗精神，深入开展“双增双节”活动。针对铁路运力不足，加大煤炭汽运销售力度，确保销售渠道畅通。精煤生产在严重限电、铁路运力不足的情况下，千方百计抓增产，精煤回收率提高0.18%。眼睛向内挖潜力，实施吨煤材料费包干，对坑木、钢材、火药等28种材料物资加强管理，有效控制了物资消耗。大力开展清仓利库、修旧利废、回收复用活动，回收废钢铁8437吨。加强用电管理，开展了“三电”普查、用电平衡测试和改造高耗低效设备、治理无效排水等，节电达1800万千瓦时。实施了“节水、节油、节煤”计量节能管理，有效堵塞了跑冒滴漏的浪费现象，促进了企业效益的提高。1990年，面对市场变化大、货款回收难、资金十分紧张的困难形势，局多次召开经营、运销和财务工作会议，分析经济形势，研究经营策略，把经营工作的重点调整到眼睛向内、强化管理、深挖潜力、“双增双节”、外部创收、走出低谷、渡过难关上来。实施目标管理。对全年盈亏指标和“双增双节”目标层层分解，针对每一时期的经营情况，及时调整搞活营销、加强内控的措施，把立足点放在努力增产增收、节约降耗上。利用各种会议广泛动员，大力开展振奋精神、实干拼搏、艰苦奋斗、共渡难关教育，开展了多出煤、多进尺、多节约、多创效活动，激励职工实干拼搏，千方百计组织生产。当年原煤产量超产85.53万吨，增收1800.683万元；超产精煤50.36万吨，增收302.16万元。努力提高煤质，使吨煤单价提高1.59元，增收1555.7万元。狠抓营销，积极研究市场信息，掌握市场动态，促进路矿协作，原煤产销率达到99.77%，合同兑现率达到96.91%，外销议价煤139.1万吨，增收9125.4万元。针对货款回收难问题，多路派人催收货款，缓解了资金紧张的状况。继续推行了吨煤材料费包干，开展“不领料月”活动，有效控制了材料消耗，局控34种材料消耗均不同程度降低，其中企业坑木万吨耗降到35.44立方米，火药万吨耗降到1648公斤，雷管万吨耗降到4912发，均创历史水平。用电管理进一步加强，比计划节电1859.54万千瓦时，节资241.74万元。继续推行“四位一体”的经营管理机制，建立了内部银行系统，制定了管理章程，充分发挥其内部调控和融通资金的作用，内部融通资金3000万元，减少利息支出200多万元。进一步完善三级核算体系，在区队（车间）实行了内部核算，加强了经营调度，加快了信息反馈。下发了《关于进一步加强资金管理的通知》，强化了资金计划管理的约束性，使资金利用更趋合理，提高了资金使用效果。加强了审计监督，开展了承包终结审计、经济效益审计、财经纪律审计等172项审计，提出建议212条，促进了经营管理水平的不断提高。

峰峰局始终把搞好质量标准化作为保安全、促生产的基础，放在十分重要的位置来抓，深严细实抓管理，扎实推进安全质量标准化建设上台阶。1989年，峰峰局认真落实中煤总公司《关于加快质量标准化，

大搞质量标准化

再创安全生产新水平的决定》精神，联系实际，于1月30日作出了当年建成质量标准化局的决定，召开了专题动员大会，大力开展了质量标准化达标竞赛活动。制定了《质量标准化建设竞赛办法》，明确责任，实行目标浮动和职务否决，严格考核，实施重点调度、重点帮助指导，做到人、财、物优先保证，有力推动了质量标准化建设向纵深发展。当年，五矿、孙庄矿、万年矿、牛儿庄矿、羊渠河矿、通二矿、四矿、黄沙矿巩固和实现了特级标准化矿井，有3个矿达到一级、1个矿达到省级标准化矿井。1989年7月15日，局召开了继续深入开展质量标准化活动动员大会。1990年2月，经中煤总公司等验收团验收确认，全局建成了质量标准化局。此后，为巩固质量标准化局成果，再创安全新水平，局坚持把质量标准化和安全放在第一位，上手段，抓现场，突出重点，严格管理。按照“巩固、提高、扩展”的质量标准化建设工作思路，制定了《质量标准化达标标准及考核评比试行办法》，认真实施抓落实，实现了由重检查向重管理、由结果型向过程型的转变。进一步健全了与之相适应的各项管理制度，在各矿推行了质量工资分配制度，加大了质量指标在分配中的比重，发挥了经济杠杆的作用。严格检查督导，狠抓日常责任目标的落实和现场问题的解决，坚持定期不定期检查，使质量标准化建设走上经常化、动态化管理的轨道，推动了质量标准化建设的巩固发展。1990年，经上级检查验收，12个生产矿井均达到90分以上的特级标准，为安全生产创造了良好的环境。

在抓好质量标准化的基础上，峰峰局认真贯彻落实上级一系列安全工作的部署，坚持安全第一的方针，把搞好安全生产放在各项工作的首位，年初第一个文件首先部署安全。1989年初，下达了当年第一号安全指令，作出了“向百万吨工亡率1以下进军、再创安全新水平”的决定，提出了“争创一个水平（百万吨工亡率降到1以下，再创局安全历史新水平，各矿、厂、处向零事故进军），杜绝三种事故（杜绝瓦斯、煤尘、水、火等重大事故，杜绝一次工亡2人以上事故，杜绝一级非伤亡事故），实现三个降低（重伤、轻伤、非伤亡事故比上年均有所降低）”的安全目标，实施全面安全管理，切实加强安全工作的领导，做到党政工团齐抓共管。大力开展生动具体的遵章守纪安全教育，充分利用各种宣传阵地，加大安全宣传力度。局主要领导亲自带领安全巡回演讲团到各矿演讲，教育职工做到自觉遵章规范操作，大大增强了职工搞好安全的积极性、自觉性。实施群防群治抓安全，充分发挥群检员、青年监督岗员的作用。广泛开展人人反“三违”、不“三违”活动、安全月活动、百日安全活动和冬春安全竞赛。加强安全技术培训，提高了干部职工的安全素质，增强了干部职工的安全观念和搞好安全生产的责任感、自觉性。坚持预防为主与严格管理相结合，基础教育与基础手段相配套，综合治理与重点防范相协调，层层动员，步步设防，分兵把关，深严细实抓落实。充分运用安全管理新方法，实施系统工程管理、安全风险抵押承包、安全滚动承包、安全群体承包等。健全了安全信息站，各级管理人员、安检员以深严细实的作风，深入井下、深入一线，做到了工人三班倒、班班有领导，及时解决生产中的安全隐患等问题。坚持不间断组织安全大检查、不定时抽查和专项安全检查，实施动态检查督导，及时发现隐患、解决问题、堵塞漏洞。突出抓好重点环节和安全环境综合治理，严把重大事故和易发事故关，杜绝了重大事故的发生，安全出现了前所未有的良好局面。1989年3月10日，实现了峰峰局历史上第一个百日安全无工亡，至3月27日，连续安全生产156天，安全产煤496万吨，创建局以来安全生产的最好水平。广大干部职工以更加饱满的工作热情，发扬顽强拼搏、连续作战的精神，继续前进，再攀高峰，确保了目标的顺利实现。当年百万吨工亡率降到0.78，比上年降低1.45，实现了百万吨工亡率1以下的目标，重、轻伤和非伤亡事故分别比上年下降了0.91%、21.92%和12.59%。一矿、四矿、五矿、牛儿庄矿、孙庄矿、薛村矿、六十三处、工程处、建筑总公司实现了安全生产年；五矿、四矿分别实现安全生产1245天和1521天；万年矿、通二矿、羊渠河矿百万吨工亡率降到1以下，9个地面厂杜绝了重伤以上事故，6个地面厂杜绝了轻伤以上事故，安全生产创建局以来的最好水平。

为了巩固安全基础，1990年，峰峰局确立了“紧严细实全”的安全观，注重抓好细节，提出了“十严”（严格的管理、严肃的态度、严密的组织、严格的要求、严细的作风、严明的纪律、严细的操作、严格的验收、严肃的检查、严明的奖惩）和“六要六不要”（要抓紧，不要放松；要严格，不要迁就；要仔细，不要粗心；要扎实，不要浮漂；要谨慎，不要侥幸；要把住，不要疏忽）的要求，作为安全工作的指导思想，始终坚持以严治矿，做到安全工作天天讲、月月抓。全年召开大型安全会议26次、安全办公会13次。强化安全教育，在广大干部职工中相继开展了“反松劲、反麻痹、反厌战、反‘三违’”活动和遵章守纪专题教育、“学先进、找差距”安全大讨论等系列活动。按照中煤总公司“强制培训，岗位培训，经常教育，广泛宣传”的培训工作要求，全方位、多层次地开展了职工技术培训、岗位培训、专业技术培训，组织了职工文化补习班，共培训27832人。对培训合格的职工，颁发了“安全资格证”，实施持证上岗。进一步完善和落实安全责任制，健全了内部安全约束机制，实现了安全工作由少数人直线管理向全员、全面、全方位管理的发展。12个生产矿均实行了全员安全风险抵押承包，51465名职工全部参加，缴纳抵押金252.7万元。始终以防止“五大”灾害事故为重点，以降低顶板、运输事故为主攻方向，针对薄弱环节，组织专业部门调研、解剖，切实解决存在问题。开展动态检查，推行了安全质量评估法，做到超前防范，狠抓现场管理，党政工团齐抓共管，促进和保证了安全工作迈上新台阶。1990年12月13日，四矿实现连续安全生产1870天，一矿安全生产1398天，六十三处安全生产2243天。五矿于9月7日实现连续安全生产1523天，安全产煤453.3577万吨，创出了峰峰局下属矿安全产煤历史新水平。当年全局百万吨工亡率降到0.61，轻伤和非伤亡事故大幅度降低，再创历史最好水平，局被中煤总公司评为“1990年安全生产先进集体”。

通过各级组织和广大干部职工的共同努力，圆满完成了各项任务。1989年，共生产原煤1157.4949万吨，超计划34.4949万吨，创历史最好水平；精煤产量完成372万吨；总进尺完成18.449万米，超计划4090米；利润亏损7272万元，内部消化1.7924亿元，用超产煤加价和议价收入弥补1.5126亿元，完成了允亏指标。原煤产量、企业坑木消耗、企业雷管消耗、回采工作面单产、回采工效率、采煤机械化程度、掘进装载机械化程度、半煤岩单进、百万吨工亡率、全员效率、生铁产量、水泥产量和职工收入等13项经济技术指标均创历史新水平，掘进工作面单进、煤巷单进、岩巷单进创17年来的好水平。1990年，原煤产量完成1145.5317万吨，超计划85.5317万吨；精煤完成365万吨，超计划50万吨；总进尺完成17.4745万米，超计划9545米；利润亏损1.4003亿元，完成了亏损计划。峰峰局顺利完成了六年总承包任务。

在抓好管理、生产和安全的同时，峰峰局认真搞好第三产业，大力发展多种经营。1987年，我国待业青年安置成为社会性问题，第一、第二产业的发展难于容纳不断增长的待业青年数量。加快发展第三产业和多种经营集体经济，扩大就业渠道，已摆在了国有企业发展的重要位置。为此，国家提出“生产建设、多种经营集体经济和基本建设‘三个主体’同步发展”。1989年，峰峰局认真落实“三个主体”同步发展的战略方针，在原来的基础上，把发展多种经营集体经济作为搞活企业的重要措施，努力开辟安置企业富余人员和待业青年的门路，做到从政策上扶持、工作上支持、经营上协调。按照安置与效益并重的发展方针，把发展大中型骨干厂点与短平快项目相结合，广开门路，提高效益，扩大生产，增强安置能力。各矿、厂以内涵扩大再生产作为提高效益、搞活集体经济的有效途径，端正经营思想，加强内部经营管理，建立健全了经营责任制和各项管理制度。深化改革，对管理不善、经营无起色、亏损严重的摊点引入竞争机制，全局有287个摊点进行了招标承包、租赁经营、单项承包。为使产品结构由松散型、内向型向联合型、外向型发展，进行了内部产业和产品结构调整，对全局27个公司的288个厂点进行了清理整顿，重新申办了营业执照，进一步理顺了内部经营关系。为增强集体企业滚动发展的实力，按照“抓住重点、发展一般”的思路，有选择地进行了新项目建设。经过积极努力，五矿矸石热电厂、钢铁厂尾气发电厂两个中长期项目完成准备工作，钢铁厂尾气发电厂部分投入施工。四矿铁厂一期工程竣工投产。新上各类摊点12个，全局集体经济摊点总数达到527个；安置待业青年2000人，比上年多安置872人；集体经济总产值达到6173.66万元，创历史新水平。当年有16个矿（厂）实现了无待业。1990年，局继续抓好多种经营集体经济，坚持内涵挖潜与外延扩大再生产相结合，重管理，抓调整，促发展，求提高，强化基础管理工作，制定完善了45项管理制度及工作标准，对32个二级集体企业进行了质量达标验收。加强技术业务骨干和技术工种的岗位培训，提高了集体企业经营者素质。调整内部产业结构，对56个有法人资格的独立核算厂点进行了年检，对8个单位调整了产业结构。积极选点上项目，建成和在建了一批骨干厂点，五矿矸石热电厂于10月15日动工建设。当年安置待业人员3002人，比上年多安置1002人，集体经济总产值达到7017.5万元，比上年增加843.84万元，再创历史新水平。

峰峰局明确提出“生产为了生活。抓生活就是抓生产，重视生活就是重视生产”的观点。坚持“整洁、卫生、绿化、美化”的八字方针，围绕实现生活福利达标局的目标，扎实推进职工生活福利事业，努力创建优良的生活环境。坚持把搞好矿山建设，解决职工群众关心的具体问题，作为企业的重要工作来抓。确定了矿山建设规划，明确了要办的福利事业，扎扎实实抓落实，做到了生产生活同步建设、同步发展。1989年，制定整体规划，分步实施，自力更生，积极筹集资金，对“两堂一舍”等生活福利设施进行了全面新建、扩建、改造，实施了食堂餐馆化、宿舍旅馆化、澡塘淋浴化，使生活设施建设与达标要求一体化，形成了管理标准与设施综合配套、协调发展的新格局。为促进生活福利达标建设的整体发展，坚持季度、年度检查考核评比。3月3日，在万年矿召开了现场会，推广先进经验，使生活福利达标取得突破性进展。当年又有26个单位达标，比上年增加了14个，达标福利点上升到380个，达标率87.2%。11月24日，经中煤总公司、全国煤矿地质工会验收，峰峰局被命名为“职工生活福利管理和设施达标矿务局”。大力开展群众性植树造林、绿化美化活动，新建了一批假山、喷泉、花池、花坛和草坪绿地，共植树4.3万余棵，新增绿地面积1.9万平方米，绿化覆盖率达到20%，有26个单位建成了花园式单位。1990年，局作出了《关于进一步加强生活管理和生活福利达标建设的决定》，高标准严要求，重任务硬管理，坚持巡回检查，开展百分竞赛。全年有4个矿（厂）获“全国生活福利达标先进单位”，10个福利点获全国一流称号，30个单位有28个达标。当年植树20.9万棵，新增绿化面积77.07万平方米，绿化覆盖率达到28.5%，花园式单位增加到29个，万年矿获“全国卫生先进单位”称号。1990年5月22日至23日，能源部电力系统生活管理现场会在万年矿召开。加强环境保护工作，局召开了第一次环保工作会议，制定规划加快环保建设，投资100多万元用于治理污染，安排治理项目37个，在治理污染、净化环境方面迈出了可喜的一步。职工人均收入达到3139元，比上年纯增316元。积极抓好医疗卫生事业，购置了一批新的医疗设备；不断改善医疗条件，加大医疗卫生人员的进修培训力度，提高了业务素质和医疗水平；加强了疾病卫生防疫工作，提高了职工群众的健康水平；计划生育“四率”指标全部达到100%，实现了“四无”局。

能源部电力系统在万年矿召开的现场会

峰峰局各级党组织坚持党的“一个中心、两个基本点”的基本路线，认真贯彻落实党的十三届三中、四中、五中全会精神，按照党中央的部署，在1989年北京等地发生政治风波期间，始终保持了高度的政治敏感性和党性觉悟，立场坚定，旗帜鲜明，在思想上、行动上同党中央保持高度一致。自觉发挥政治核心作用，及时组织广大干部职工认真学习贯彻中央文件、指示和中央领导同志的重要讲话，坚决拥护党中央、国务院的决策，旗帜鲜明地反对资产阶级自由化。统一思想，澄清各种模糊认识，在职工中大力开展了“坚持四项基本原则，反对资产阶级自由化”主题教育和爱国、爱党、爱社会主义、爱企业的思想教育，举办了460多期、24000名干部和党员参加的学习班。组织职工广泛进行学习讨论，引导广大干部职工与党中央保持高度一致，增强了干部职工的政治素质和分析问题的能力，保持了全局形势和职工队伍的稳定，维护了全局安定团结的政治局面。1990年，各级党组织深入宣传贯彻落实党的十三届五中、六中全会精神，紧密联系职工的思想实际，进一步开展了“四热爱”教育。在干部中开展学习马克思主义哲学活动，局党校举办哲学读书班8期，培训420余人，各单位举办了各类干部哲学培训班。局党委召开学哲学、用哲学研讨和经验交流会，推动学哲学活动的深入开展，使全局广大干部的马克思主义世界观和方法论的理论素质进一步提高。认真落实中央稳定高于一切的方针，努力创造安定、团结、和谐的内部环境，及时化解各种矛盾。尤其在北京亚运会期间，及早动手，超前做好工作，杜绝了进京上访等事件的发生。加大治安综合治理力度，深入开展严厉打击各种违法犯罪专项斗争，破获刑事案件58起，抓获违法犯罪分子261人，促进了治安形势的好转。

按照“围绕经济抓党建，抓好党建促经济”的工作思路，狠抓党的自身建设。1989年1月份开始，广泛开展了党员形象大讨论，组织党员讨论形象、明确形象、树立形象，全局12239名党员参加了讨论，使党员看到了不足，明确了肩负的重任，坚定了党的理想信念。扎实开展了民主评议党员活动，参评率达到98.77%，共评出优秀党员1836人，合格党员10793人，基本合格党员865人，基本不合格党员20人，不合格党员15人。对基本不合格党员采取定人帮教措施，对不合格党员分别作了除名、劝退及有关党纪处分。认真抓好党的组织建设，积极探索新的历史条件下搞好党建的新途径、新方法。首创开展的党支部工作示范点活动，得到了河北省委、邯郸市委的高度评价。本着“相对稳定、局部调整、改善结构、提高素质”的原则，对部分二级单位班子进行考察，对12个矿（厂）和22个处室的领导班子进行了适当的充实调整，把61名符合“四化”条件的中青年干部提拔到领导岗位上。按照“坚持标准、保证质量、改善结构、慎重发展”的原则，坚持严把党员发展质量关，注重在生产一线和青年中发展党员，共发展443人，其中35岁以下青年党员216人，生产一线218人，改善了党员队伍结构，增强了党员队伍的生机与活力。1989年5月，通二矿被评为全国“讲理想，比贡献”先进集体。1990年，按照中央和上级党委的部署，峰峰局大力加强党的思想、组织、作风建设，制定下发了关于发挥企业党组织政治核心作用的《暂行办法》，各级党组织认真落实。加强领导班子建设，狠抓了各级班子的理论学习，健全了党内民主生活制度，提高了基层领导班子生活会的质量。局党委加强督促检查和指导，追踪改进情况，增强了班子的团结统一。坚持党管干部，对31个二级单位领导班子进行了全面考察，把35名同志选拔充实到各级领导岗位上。加强了后备干部队伍建设，为班子成员的正常接续准备了充足人才。通过党政联席会和其他形式参与了企业重大问题的研究和讨论，保证了党和国家方针政策的贯彻执行。进一步加强党员教育，举办党员培训班282期，对1万多名党员进行系统培训。以党的基本路线和基本知识为主要内容，开展了“一堂生动的党课”观摩活动，全局共编写教材517份，500多个党支部上了党课。推广了通二矿和邯郸洗选厂规范党支部管理、党员活动室和“双先双优”活动经验。加强了党的组织建设，基层党支部换届共改选452个党支部，占应换届的88%。积极抓好党员发展工作，注重在一线及青年中发展党员，共发展党员487人，进一步改善了党员队伍的结构。围绕党建和企业中心，大力开展了党建示范点、支部上等级、争先创优、党员议事、党建征文和“爱党为党旗增辉，爱民为民办事”等系列活动，增强了党组织的凝聚力、战斗力。

紧紧围绕企业的安全生产经营，不断强化思想政治工作。1989年，峰峰局各级党组织坚持思想教育和理论灌输相结合，深入开展了形势任务教育、十年改革教育和“四热爱”思想教育，引导广大职工解放思想，正确认识改革，进一步转变了职工的思想观念，增强了对深化改革的承受能力，激发了广大职工与企业同呼吸共命运的献身精神。围绕生产经营，把思想政治工作渗透到企业升级、治理整顿、安全生产、质量标准化建设的全过程，大力开展“双增双节”活动。召开了学习全国劳动模范李焕、全国能源工业特级劳动模范李吉昌动员大会，引导职工学先进赶先进，激励广大职工立足岗位、奋发向上、积极进取、实干拼搏，形成了比学赶超、奋勇争先的良好风气。1990年，峰峰局进一步深化“四热爱”系统教育，各单位开展了增强工人阶级意识、党史演讲、社会主义建设成就展、歌咏比赛等各类活动。组织开展了“学雷锋、树新风”活动。送温暖小组坚持为群众服务，企业风气为之一新。认真贯彻全国煤炭系统潞安会议、全国煤矿八局书记会议关于“学习石圪节，搞好‘三项建设’”精神和学习吉化“以人为本，从严治厂，发展企业现代化建设”的精神，下发了关于学习石圪节、加强“三项建设”的全面规划，分别制定了关于班子建设、队伍建设和矿风建设三个实施意见，召开动员大会，统一思想，使这项活动深入人心，增强了广大干部职工搞好“三项建设”的积极性、自觉性。以“做四有职工、建五好班组、创六好区队”为载体，使学习石圪节、加强“三项建设”更加具体。对34个基层单位“三项建设”情况进行全面检查，召开经验交流会，有力促进了“三项建设”的深入开展。围绕生产经营加强思想政治工作，结合企业升级对职工广泛开展升级意识教育，为企业升级奠定了思想基础，创造了有利条件。围绕安全生产强化安全教育，大大提高了职工队伍的整体素质。召开安全教育理论研讨会，总结、交流安全调研成果140余篇；举办安全巡回画展13场，受教育者达5万余人次；组织群众性安全监察活动200次，及时提出改进意见建议，对促进安全管理起到了积极的作用。

认真抓好党的作风和廉政建设。1989年，进一步完善了党风责任制，大力开展了党性、党风、党纪教育，增强了广大党员抵御腐朽思想侵蚀的能力。坚持从严治党的方针，从治理小环境入手，开展了反腐倡廉活动，制定了廉洁建设13条规定。按照最高两院《通告》精神，连续召开两次动员大会，全面部署反腐倡廉工作，修订了峰峰局廉政建设若干规定，对领导机关和领导干部提出了更严格的要求。在两级领导班子和重点岗位人员中开展了自查自纠活动，严格控制吃喝招待费用，局内部来往做到不上酒、不宴请。切实转变领导作风，实行领导上下班坐班车、到食堂与工人一起排队就餐，与职工同甘共苦。增加办事透明度，实行工资奖金分配公开，对关系群众利益的重要事项做到办事公开、结果公布。坚持从严治党，加大查处力度，成立专门领导小组，充实办案力量，发动群众举报违纪现象，共查处违纪案件40起，结案30起，对16名违纪党员进行了党纪处分，维护了党纪的严肃性，密切了党群干群关系。1990年，局党委下发了《关于贯彻十三届六中全会<决定>，解决好当前党群、干群关系几个问题的若干意见》，全局各级党组织以整风精神狠抓思想作风、工作作风和生活作风的转变，认真听取职工群众的意见和呼声。针对雨季群众住房漏雨问题进行了专项检查，摸清危房、漏房的底数，采取有力措施进行了处理。暴雨过后，及时开展救灾工作，在资金紧张的情况下，挤出资金对1450户居民供水管路进行了更换，对6200户困难职工家庭发放救济款61万元。深入开展了党风党纪、党内法规教育，对廉政建设进行自查和联查，狠抓廉洁自律，共有400多人拒礼、拒贿金额6.6万多元，上缴回扣18万多元，群众反映意见较大的吃喝宴请、超标住房、奖金分配等方面的问题得到较好纠正。认真查处违纪案件，共立案35起，查清结案30起，处分违纪党员18名，严明了党的纪律，提高了党组织的战斗力。

进一步发挥职代会和工团组织的作用，扎实推进民主管理。调整了各级职代会职工代表结构，积极发动职工参政议政。企业年度计划、职工浮动升级方案、安全奖惩条例等重大事项提交职代会审议。实行了职工代表持证视察工资奖金分配和安技措资金使用情况，维护了职工的主人翁地位及合法权益。加强职工文化建设，开展了一系列群众喜闻乐见、健康有益、丰富多彩的文化活动，共举办文艺演出378场次，体育比赛567场次，各种展览192场次，职工文体活动呈现出空前活跃的局面，大大丰富了职工的精神生活。各级团组织在团青中大力开展形式多样的思想政治教育，组织适合青年特点的各种劳动竞赛，广大团员青年发挥突击队作用，为企业发展作出了积极贡献。

峰峰局在1985年至1990年煤炭工业投入产出总承包的六年间，各项工作都发生了深刻的变化，主要经济技术指标全面完成，年年有多项指标创历史新水平。六年间，全局原煤产量承包计划6523万吨，实际完成6889万吨，完成计划的105.4%；盈亏包干指标在行业内部政策调整、外部市场环境多变的情况下，用自有资金抵补，年年完成亏损包干任务；开拓进尺、全员效率、百万吨工亡率、煤炭质量、巷道失修率、机电设备完好率等指标均较好地完成了包定任务。六年总承包的最后两年，峰峰局经营管理工作登上了新的台阶，企业内部改革得到了深化，企业的整体素质和职工生活水平有了提高，企业面貌发生了明显变化。

第二节　实施滚动承包　练内功增强活力
（1991 年—1992 年）

1991 年至 1992 年，峰峰局按照中煤总公司的要求，实施了两年滚动承包。这两年，企业面临的形势依然不容乐观。虽然全国治理整顿工作取得了明显成效，整个经济形势向好的方向发展，但一些深层次的问题并未得到根本解决，国家的财政依然相当困难，煤炭价格仍未放开，也未出台更多的经济政策。煤价扭曲，煤炭生产成本与销售价格相差悬殊，二者的“剪刀差”并未缩小。煤炭市场又出现了供大于求、铁路运力不足、煤炭库存量剧烈增加的状况。清理“三角债”工作有进展但没有解决根本问题，企业亏损越来越大，资金紧张的状况困扰着企业发展。六年总承包期间，峰峰局生产经营的承包基数偏高，计划外的回旋余地很小。矿井衰老减产，该搬迁的村庄搬迁不了，新井不足，能上综采的矿井没地区缺设备，保持千万吨的生产能力非常困难。这些问题都严重影响着企业的改革发展。

20 世纪 90 年代初，党和国家推进经济体制改革的步伐不断加快。1990 年 12 月，党的十三届七中全会通过了《关于制定国民经济和社会发展十年规划和“八五”计划的建议》。1991 年 2 月，国务院召开全国经济体制改革会议，提出建立有计划的商品经济新体制和计划经济与市场调节相结合的运行机制。3 月，全国七届人大四次会议通过《国民经济和社会发展十年规划和“八五”计划纲要》，提出了企业要建立“自主经营、自负盈亏、自我发展、自我约束”的新机制，成为既有生机活力又规范自身行为的商品经营者和生产者。5 月，国务院发出《关于进一步增强国营大中型企业活力的通知》，提出了适当增加企业技术改造的投入、酌情减少部分企业的指令性计划任务、适当提高部分企业的折旧率、适当增加新产品开发基金、补充部分企业的自有流动资金、适当降低贷款利率、给部分企业外贸自主权、进一步做好一些国有大中型企业的“双保”工作、继续清理“三角债”、选 100 个左右大型企业集团分期分批进行试点工作、切实减轻企业负担等 11 项增强企业活力的政策措施。这些政策的贯彻落实，为国有企业的发展创造了有利条件。

两年中，峰峰局以党的十三届七中全会和全国七届人大四次会议精神为指针，认真贯彻落实党中央、国务院一系列关于国有企业改革发展的重大部署和方针政策，紧密结合企业实际，坚持以提高经济效益为中心，以科技兴局为先导，更新思想观念，深化企业改革，转换经营机制；稳定和完善承包责任制，夯实基础，严格管理，全面提高企业整体素质，向管理要效益和效率；突出抓好“三个主体”、“三件大事”、“三项建设”；充分发挥党组织的政治核心作用，全面加强党的建设和思想政治工作，加强民主管理和精神文明建设，把各项工作推向新阶段，促进生产建设和经济工作持续、稳定发展。为确保承包任务的完成，峰峰局采取有力措施，从练内功夯实基础抓起，在提高企业素质上下工夫，带领广大干部职工狠抓各项工作的落实，推动了企业的改革发展。

峰峰局按照滚动承包的总体要求，本着“有利于提高经济效益、完成承包考核指标，有利于增强发展后劲，有利于调动经营者和干部职工的积极性”的原则，进一步完善各级承包责任制，确定了较为合理的承包经营指标，层层分解，形成纵横联锁体系。在政策上加大各矿、厂完成承包任务的动力和约束力，扩大“包挂”面，提高各单位完成指标的积极性和主动性。并进一步健全了岗位责任制，以岗定人、以人定责、以责定奖、奖罚分明，形成了有人必有岗、有岗必有责、件件事情有人管、项项工作有专责的格局。

这两年，峰峰局认真落实国务院《关于开展质量、品种、效益年活动的通知》要求，坚持以经济效益为中心，把企业的经营方向和工作的落脚点，转到以提高经济效益和劳动效率上，进一步强化各级领导干部的经营意识和效益观念。在利用市场环境、抓好外部创收的同时，做到眼睛向内，采取各种措施，严管理，抓落实，把工作的着力点放在深挖内部潜力上。1991 年 3 月 1 日，局召开“质量、品种、效益年”活动动员大会。强化经营调控，建立了一套完整的、具有激励作用和约束力的内部经营调控机制，进一步完善了“四位一体”的经营机制，加强了区队（车间）的经营核算。完善了内部银行管理制度，严格实施计划管理和财务管理。改变了机关经费小承包制度，把分散的财力进行集中管理。对奖励基金实行归口管理，避免了乱发奖金、奖品的现象，做到了治而不乱、控而不死，逐步实现了预算、计划、控制、核算、分析、考核一体化的多功能管理。健全了各级经营分析会制度，坚持月月进行经营分析，及时研究、分析内部经营状况和市场销售情况，针对存在的问题和不足，研究解决问题的策略。对万年矿实施了以销定产，对三矿、四矿实施了压缩战线、集中生产、减少亏损的办法。调整产品结构和增产提质，抓好销售龙头。根据市场变化，适应市场要求，努力增加适销对路的产品，以优质、多品种提高市场占有率。组织有条件的矿井多生产块煤。根据市场需求，狠抓精煤原料煤生产，加强了入洗原煤的生产、调运。对入洗原煤实行了超入洗加价的政策，变靠行政命令组织生产为用政策组织生产，使煤炭品种由初级加工向深度加工发展。提高原煤质量，加强了采掘面源头捡矸、分装分运和地面营选工作，确保了煤炭质量。尤其是1992年，针对铁路运力不足、市场疲软的现状，狠抓销售龙头，主要领导亲自抓运销、亲自调查了解市场，建立了局、矿两级销售体系，实行了放开搞活、灵活销售、多销有奖的激励机制，调动了各级运销人员的积极性。在千方百计抓好路运的同时，大力开辟了汽运地销的新路径，打开了运销工作的新局面，保证了煤炭销售的畅通。

坚持以国务院《关于开展质量、品种、效益年活动的通知》精神统一干部职工的思想，在职工中深入开展学习石圪节“艰苦奋斗、勤俭办矿”的精神，广泛开展多出一吨煤、多进一米巷和节约一根板梁、一根糖材、一个螺丝等“十个一”增产节约活动，引导大家在搞好生产的同时，做到精打细算、厉行节约、杜绝浪费。对盈亏和成本指标实施目标管理，制定了盈亏、成本否决和超亏减利工资抵补、增盈减亏分成的政策，调动了各单位增盈减亏的积极性。对材料费实行了费用目标控制和“两定一限”管理办法，按量供应，限额投放。实行了“两集中、五统一”管理体制，加强材料调剂使用，消除了局、矿（厂）物资储备倒挂和材料积压浪费的问题。加强能耗管理，把节约电、油、水、煤作为主攻方向，实施计量管理和严格考核奖罚，大大减少了浪费现象。经过全局上下的一致努力，实现了增效减亏。1991年，利润亏损1.8472亿元，完成了计划任务，有3个矿减亏，4个矿（厂）实现了增盈；商品煤灰分和含矸率分别降到17.8%和0.05%，分别比上年降低1.66%和16.67%；原煤售价达到37.57元/吨，比上年提高5.04元/吨；坑木、火药、雷管万吨耗分别降到28.97立方米、1621公斤和4699个。1992年，在消化电力、运输、钢材等涨价增支因素3300万元后，完成了中煤总公司的考核指标，实现利润3755万元，13个矿（厂）完成了盈亏指标；产销率达到101.8%，共销议价煤316万吨，创收1.0112亿元；坑木、火药、雷管万吨耗分别降到26.93立方米、1546公斤和4389个，吨煤材料费16.18元，比上年降低0.12元。

峰峰局加大企业管理升级工作力度，在巩固国家二级企业的基础上，按照“1991年力争建成煤炭工业优秀企业，用二至三年力争建成国家一级企业”的目标，明确责任，完善制度，按照标准填补空项，加强弱项，搞好攻关。1991年9月，峰峰局获“中国煤炭工业企业管理优秀奖（金石奖）”。在上年企业升级的基础上，又有4个单位进入省级先进企业，3个单位晋升为煤炭工业二级企业。万年矿建成了现代化矿井，孙庄矿洗煤厂被命名为现代化洗煤厂，薛村矿、黄沙矿通过了现代化矿井验收。

坚持以人为本，把加强队伍建设，努力提高职工队伍素质，作为企业的重要基础工作来抓。突出岗位培训，转变单纯追求学历和学用脱节的倾向，把职工培训目标纳入矿（厂）长任期目标责任制范围，列入议事日程，层层制定职工培训规划，把培训任务落实到矿（厂）、处室、区（科）、班组和个人，对无故完不成培训任务的追究责任。加大培训经费投入，明确了年度正规培训15000人的目标，分期分批对干部进行系统化政治理论教育和现代化管理知识的培训，努力提高干部队伍素质。根据企业需要，选送政治可靠、有事业心、年富力强、善于吃苦、学习刻苦、作风正派的人员，到专业干部管理学院学习深造。抓好企业内部党干校行政管理培训、教育中心安全培训和机电班、医大护理班、技工学校班的培训，扩大技校招生100人。加大班组长、放炮员、瓦斯员和机电工等特殊工种的培训力度。同时鼓励职工自学，大力开展技术练兵、技术比武活动，对成绩优秀技术精湛的职工给予浮动升级和政治荣誉。强化了培训工作的管理和考试考核，做到培训一批，素质提高一批。1991年和1992年，分别举办各类培训班902期和823期，分别培训职工68000和58000人次，使干部职工的素质有了新的提高。

采煤机械化

把科技兴局作为推动生产建设的战略重点。1991年1月18日，在全局采煤机械化工作会议上，提出在原煤生产中，以发展综采、巩固高档普采、减少普采为主攻方向。加大研究综采工艺的特殊性，积极探索在复杂地区使用综采的可行性，抓好综采队伍组建和维护维修技术培训，在万年矿、九龙矿、薛村矿和羊渠河矿使用综采设备生产。巩固高档普采，确保高档普采在60%以上。1991年，采煤机械化程度为95.53%。在开掘机械化上，提高了掘进机械化程度，在用好常规装载机械化设备、采用溜子跟头装载机械化作业线的同时，重点发展综掘机械化。为解决采掘比例失调问题，局提出了“采掘并举，月进千米”的口号。1991年5月份，薛村矿综掘队使用国产综掘机单孔月进1023.6米，创全国新纪录；12月份，牛儿庄矿03综掘队创国产综掘机单孔月进1054米，第六次刷新全国纪录。1992年，峰峰局采掘机械化装备水平又迈上了一个新台阶，采煤机械化程度达到96.7%，掘进机械化程度达到95.84%，分别比1990年提高了1.17%和3.84%，其中有9个矿采煤机械化程度达到100%；综采、综掘机械化程度分别达到了15.40%和11.40%。推广应用了综采巷旁充填和各类锚杆、锚网等新技术、新工艺。在巩固铺顶网、穿铁鞋等技术的同时，采用了新型25U拱形可缩性支架、B型顶梁和显示压力注液枪。基本建设以加快新井建设为重点，依靠科技进步提高进度，采用先进的施工设备、施工方法和科学管理手段，加强对投资、工期、质量三大指标的控制，大力开展质量标准化和文明施工活动，较好地完成了基建任务。加大技术改造和技术攻关力度，1991年，有3项科技成果获部、市级奖，两项科技成果申报国家专利，高档普采技术成果获全国煤炭工业科技进步三等奖，二矿“工业广场下多煤层条带开采”获成功。1992年8月，九龙矿“巷旁泵充填技术实验”获成功，170采煤机截齿在机械总厂通过技术鉴定。

技术装备的进步，有力地促进了生产效率的提高。1991年，原煤产量完成1100.2859万吨，超计划40.2859万吨；精煤产量完成353万吨，超计划43万吨；总进尺完成17.9423万米，超计划7423米；回采单产达到2.2337万吨；回采效率达到10.025吨/工，全员效率达到1.18吨/工；工业总产值达到7.2亿元，完成计划的114.6%；生铁产量完成3.2万吨；水泥产量达到17.3万吨；基本建设完成投资1.5944亿元，井巷成巷进尺完成3805米；当年4月29日，九龙口矿建成投产（1992年6月1日，“九龙口矿”更名为“九龙矿”）；14项基本建设项目均完成投资任务，10项重点工程完成1.0822万米；开拓进尺完成1.812万米。1992年，原煤产量完成1047.1306万吨，超计划22.1306万吨；精煤产量完成345万吨，超计划10万吨；回采单产达到2.5742万吨，回采效率达到10.858吨/工，全员效率达到1.245吨/工；除九龙矿外，各矿均超额完成了原煤生产计划，有29个采煤队、45个掘进队达到纲要水平；羊渠河矿二开拓区6队使用液压钻车、孙庄矿1232队使用山青半煤岩机、牛儿庄矿03掘进队使用国产综掘机，都分别创出了全国水平；全局综合单进和煤巷单进、半煤岩单进、岩巷单进分别达到141米和197.16米、185.2米、74.79米，分别创出峰峰局历史新水平；基本建设完成工作量1.5283亿元，工程量完成1340米。梧桐庄矿新井主副风井完成了冻结工程，进入开凿阶段；大淑村矿井完成“四通一平”工程，齐家沟矿井完成了35千伏变电站、副井井筒装备和－3.5水平巷道工程。

峰峰局始终坚持把安全放在“天”的位置来抓。1991年和1992年，分别提出了百万吨工亡率力争控制在0.7和0.5以下的目标。针对资金拮据、无力大量投入的状况，及时调整装备与管理的关系，按照

“紧严细实全”、“十严”和“六要六不要”安全工作的指导思想，坚持从严治矿、从严治厂、从严治区，把工作重点放到严格管理上。强化安全基础工作，认真研究和改进安全教育的方法途径，在教育的广度和深度上下工夫，力求教育形式的多样性、灵活性和实用性，增强教育的感染力和吸引力，做到入耳入脑、深入人心。全面增强干部职工的安全意识和责任意识，引导大家深刻认识到干煤矿必须做到天天、月月、年年抓安全，真正把安全放在头等位置。推行安全质量结构工资，进一步扩大了安全风险抵押考核面，共有59423名职工参加了安全风险抵押承包。层层落实安全责任制，党政工团齐抓共管。制定下发了《零散人员安全行动规范》，加大了职工教育和安全规程技术培训力度。1991年，职工教育全面加强，共举办各类各级培训班902期，培训职工68540人次。1992年，举办安全技术培训班349期，培训职工30897人次，大大提高了职工的安全技术水平。广泛开展“岗岗搞好互保联保、人人争当安全卫士”活动，充分发挥区队长、班组长和群众安检员的作用，反“三违”、抓“三违”，做到违章必究。广大职工搞好业务保安和自主保安，同筑安全防线，形成了上下贯通的安全承包体系和安全联保体系。狠抓安全现场管理，实施了安全信息处理、生产现场安全预测预报等方法，严格按规程施工，按标准操作，凡不符合规程和标准的坚决推倒重新整改施工。对“一通三防”、机电、运输、顶板等容易发生问题的薄弱环节抓住不放，超前防范，严格治理。局和各矿、处成立了安全纪律检查组，坚持不间断的安全自查、专项检查、巡回检查。1992年，全局组织五次大型安全检查，组织安全检查小分队检查评估回采面、掘进头、机电设备225面次、456头次、729台次，强化了安检人员包面、包头、包岗安全检查责任制的落实。把解决现场安全隐患和问题作为检查工作的重点，实施了问题解决跟踪回查办法，停产整顿掘进头43头次、回采工作面33面次。1991年5月20日，羊渠河矿601采煤队安全生产2500天，产煤377万吨，连续六年列全国高档普采甲级队前三名。

针对全国煤矿质量标准化的新标准、新要求，峰峰局提出了按照新标准争取矿矿达标、4个矿达到部颁特级标准化矿井的建设目标。运用全面质量管理的方法，在巩固中促提高，制定了《回采工作面安全质量评估办法》，大力开展质量达标升级活动，推进质量标准化的动态管理。加大工资与质量挂钩的比重，推行班组质量评估、质量交接班、质量调度等方法，采取了安全质量黄牌警告和重奖重罚措施，分别对3个安全质量不好的单位给予了黄牌警告，严明了安全质量考核、奖惩。本着资金紧张也要尽量保证安全投入的精神，克服困难，适当增加安全技术和安全装备的投入。把防治和杜绝重大瓦斯、煤尘事故放在突出的位置，按照“十完善、十消灭”的要求，完善安技措工程和设施，强力推广应用新技术、新设备、新工艺。开展了“一通三防”、顶板管理、运输标准化大会战，为安全生产创造了良好的环境和条件。

经过全局共同努力，创出了安全生产新成果。1991年，全局百万吨工亡率降到0.36，比上年下降0.25；轻伤和非伤亡事故率分别比上年下降5.95%和12.475%，创出了建局以来的最好水平，有9个矿和13个厂、处、队实现了安全生产年。四矿4月22日实现连续安全生产2000天，孙庄矿5月4日实现连续安全生产1000天。1992年，全局百万吨工亡率为0.86，重伤、轻伤和非伤亡事故率分别比上年下降了0.06%、0.08%和3.01%，实现了5个安全月。一些矿安全生产记录进一步刷新。9月7日，万年矿实现安全产煤450万吨，连续安全生产1156天；10月24日，羊渠河矿实现安全产煤500万吨，连续安全生产1066天；11月12日，孙庄矿实现安全产煤500万吨，连续安全生产1558天，均创出了历史新水平。

峰峰局认识到，虽然自1987年以来积极发展多种经营集体经济，并初具规模，但总的看，在“三个主体”中仍是薄弱环节，还未形成衰老矿井接替和企业发展的支柱型产业。为此，这两年峰峰局把发展多种经营集体经济，作为搞好企业、奔向小康的一项战略措施来抓，坚持“三个主体”同步发展的格局，调整好生产建设与多种经营的关系，把发展多种经营集体经济摆在与生产建设同等重要的位置上，确立了多种经营集体经济“以煤为依托，巩固阵地，发挥优势，开辟市场，拓宽就业渠道，形成内涵挖潜与外延发展相结合，提高效益与增加安置相结合，内向型经济与外向型经济相结合”的发展格局。1991年7月，作出了对集体经济实行保护、对集体企业实行扶持的规定。1991年和1992年，提出了集体经济“总产值分别达到7000万元、力争7500万元和突破1亿元，每年安置待业青年1500人”的目标。统一各级领导班子的思想，引导大家重新认识发展多种经营集体经济的正确性和重要性，把发展多种经营作为形成煤矿替代产业、促进企业长远发展、确保以后几代人生存、矿区社会安定和搞活煤炭经济的战略性大事来抓。进一步理顺管理体制，积极培养发展多种经营管理队伍，在各主要矿、厂、处配备专管多种经营集体经济的副职，其他单位明确一名副职兼管这项工作。加强了相关干部的培养，选拔启用了一批懂经营、善管理、吃苦耐劳、能够出点子干事业的管理人才。加强对集体企业工的培训，进一步提高他们的政治、技术和业务素质。完善了各项管理制度，继续推行了承包经营责任制，引入了竞争机制和风险机制。1992年，与年产值600万元以上的21个公司承包集团签定了风险抵押承包责任书。严格了生产规程，严明了劳动纪律和岗位责任制，形成了良好的生产工作秩序，使集体经济逐步走向自主经营、自负盈亏、自我改造、自我发展的轨道。

与此同时，大力推进多种经营项目建设。把加快五矿矸石热电厂、钢铁厂尾气发电厂投产运行、孙庄矿和黄沙矿煤气厂、牛儿庄矿免烧砖厂、机关一公司再生胶厂的建设作为重点，明确了任务目标和建设期限。积极扶持集体企业，立足于发挥人才、技术、设备和资源优势，扬长避短，选点上项，拓宽门路，抓骨干项目，上骨干厂点，巩固和发展为煤矿生产和职工生活服务的产业、产品。抓好大井套小井小煤窑开发、次煤拣选、煤炭生产中的废弃物和有害物的综合利用、煤炭伴生矿产物的深加工及转化、煤矿通用标准件的制作、种植和养殖业等方面的发展。1991年，钢铁厂尾气发电厂投产发电，年发电431万千瓦时。当年，对集体企业增加了10%计划内用电指标，增加了10%计划内材料，购买集体企业产品量增加10%，维简基金贷款利息降低1%。1992年，一批新项目较快发展，建材厂、孙庄矿、三矿三方合资兴建了年产5万吨的熟料机立窑；九龙矿与局机关一公司联合筹建了年生产能力8万吨的洗煤厂；万年矿、钢铁厂与局外单位联办了一批项目；通二矿和制品厂对水泥厂进行了扩大改造。全局有10个单位成立边残煤回采队，共采边角残煤30万吨，产值达1800万元，增收150万元。孙庄矿煤气厂竣工投产，建材厂编织袋厂投产三个月创效益8.1万元，黄沙矿煤气站工程建成投产，五矿矸石热电厂10项主体工程竣工。党中央、国务院《关于加快发展第三产业的决定》发布后，各单位都兴办了一些投资少、见效快的项目。第二医院、五矿、四矿、小屯矿等单位利用自身医疗技术和优势，开办了为社会服务的分院或医疗项目；二矿利用闲散厂地开办了商业大市场；工程处将原单一的汽车队改为经营公司，当年创产值164万元。通过加强内部管理，调整产品结构，大力发展新项目新产品，多种经营和集体企业取得了较快发展。1991年，全局集体经济产值达到9755.15万元，比上年增加2737.65万元；生产经营摊点发展到560个，比上年增加34个，新增产品品种9个，有11种产品被中煤总公司、河北省、邯郸市评为优质产品；安置待业青年2200人，超计划700人。1992年，全局集体经济产值达到1.7004亿元，比上年增加7248.68万元，在三矿1991年多种经营集体经济年产值逾千万元后，二矿、羊渠河矿等单位又达到千万元以上；安置待业青年2045人。从1987年至1992年，全局集体经济产值由3600万元增至1.7004亿元，共安置待业青年13471人，是峰峰局历史上集体经济发展较迅速的时期。

这两年，党和国家出台了一系列深化改革、转换经营机制、搞好搞活大中型国有企业的方针政策。峰峰局认真宣传贯彻中央精神，编辑印发学习材料5000余册，组织干部职工反复学习，认真解决思想观念滞后、想问题先考虑姓“社”姓“资”的问题，使思想观念转到了“三个有利于”的标准上来。结合中央对国有企业现状的分析，多次召开座谈会，回顾查找本企业存在的问题和差距，理清了基本思路。分析长期在计划经济条件下形成的固定思维模式和严重制约企业活力及企业存在的弊端，引导干部职工进一步解放思想，转变观念，增强改革开放意识，树立计划经济同商品经济相结合的观念、科学技术是第一生产力的观念、竞争观念和以效益为中心的观念，实现由生产型向生产经营型转变。尤其是1992年，峰峰局认真宣传贯彻国家五部委联合发出的《关于深化企业劳动人事、工资分配、社会保险制度改革的意见》，制定了总体改革方案，明确了十个方面的内容和改革的原则、方法、步骤。推进经营机制的转换，逐步建立起干部能上能下、工人能进能出、收入能高能低、机构能大能小的新机制。1992年2月27日，局召开“探索改革新思路”电话广播大会，8月29日，下发转换经营机制的实施意见。当年10月，作出关于四矿转换经营机制的决定，承包期三年，内部补贴逐年下降20%，11月份开始实施。通过试点和探索，转换经营机制开始在企业实施，当年取得了积极进展。

职工生活福利进一步改善。1991 年，峰峰局 440 个生活福利点有 395 个达标；植树 269 万棵，新增园林绿化面积 95 万平方米，花园式单位增至 31 个；新增职工住宅面积 7.5861 万平方米；职工人均收入比上年增加 265 元以上。1992 年，31 个单位的生活福利点全部达标；植树 20.5 万棵，新增绿化面积 64.2 万平方米，绿化覆盖率达到 33%；职工住宅竣工面积达 8.8891 万平方米，开工面积达 8.1956 万平方米。1991 年，万年矿获"全国造林绿化先进单位"称号，局西山公园奠基。

在这两年中，峰峰局各级党组织认真宣传贯彻落实邓小平南巡重要讲话和党的十三届六中、七中全会精神及中央工作会议精神，紧紧围绕经济建设中心任务和深化企业改革，大力加强党的建设，改进和加强思想政治工作，充分发挥政治核心作用，引导干部职工进一步解放思想，转变观念，扎实推进"三项建设"，凝聚广大职工振奋精神，实干拼搏，艰苦奋斗，有力地促进了企业两个文明建设的发展。

由于西方敌对势力推行"和平演变"战略，东欧剧变，苏联解体，社会主义理想和社会主义制度遇到空前挑战，国内外政治形势发生了重大变化。面对意识形态领域严重的思想斗争，峰峰局党委按照党中央的部署，把深入开展学习科学社会主义理论、坚定社会主义信念和基本国情、基本路线的"双基"教育，作为一项严肃的政治任务来抓。为保证这场教育活动的落实，各级党组织加强领导，制定学习培训教育规划和制度，加大人、财、物的投入，做到了人员、经费、设施、待遇落实，先后印发了 1.7 万多份学习资料。集中举办了以科学社会主义理论为主要内容的理论辅导员学习班、矿处级领导干部培训班、基层支部书记培训班、青年干部培训班，培训率达到 95% 以上。全局建立了 25 所政治学校，对科级干部、一般干部举办了每期不少于 15 天的培训班，对 35 岁以下的青年职工进行了每期不少于 10 天的培训。坚持分层施教，有针对性地解决职工思想上的热点、难点和疑点问题，举办了图片展、读书演讲、专题研讨、知识竞赛、观看录像等活动，融思想性、知识性为一体，增强了教育效果。1992 年，以"党史"、"党建"理论为主要内容，举办了 8 期 285 名矿处级领导干部参加的培训班和 1 期理论骨干、5 期区科长、3 期青年干部培训班。各单位采取脱产、半脱产的方法，对科级干部进行了累计 10 天以上的培训，对一般干部进行了累计 7 天以上的培训，对职工进行了分层次教育，青工的专题培训率达到了 80% 以上。局党委先后两次召开会议，通报教育活动进展情况，交流推广先进经验，推动了学习教育活动的深入开展。峰峰局提前完成了对青年职工的"双基"教育任务，参训率达到上级要求。

羊渠河矿政治学校、党校揭牌

两年中，峰峰局各级党组织扎实推进党的建设，充分发挥党组织的政治核心作用、战斗堡垒作用和党员的先锋模范作用。抓好政治理论学习，坚持中心组学习制度和领导班子成员脱产培训，推进理论学习制度化、经常化。坚持民主集中制制度，实施民主决策，在保证矿（厂）长行使决策权力的同时，做到了重大问题集体讨论。坚持党管干部原则，两年间，对 27 个单位的领导班子进行了调整充实，完成了 18 个基层党委（总支）的改选换届工作。进一步规范党建管理工作，实施了支部工作"目标上墙、工作上簿、个人建档"和党员目标管理，使党建工作走上规范化管理的轨道。经邯郸市委组织部验收，1991 年，9 个单位支部工作达标，286 个支部达到一级。牛儿庄矿二采区党支部被河北省企业工委命名为"企业基层党组织百面红旗"之一。1992 年又有 13 个单位支部工作达标。注重加强党员队伍建设，两年发展新党员 1200 名，壮大了党的基层组织力量。

围绕企业中心任务，开展了一系列党建活动。1991 年，以迎接建党 70 周年为动力，在全体党员中广泛开展了“忆党史、颂党恩、为党增光”系列活动，围绕安全生产，开展了“共产党员奉献号工程”活动，开创了党建工作与安全生产相结合的新路子。经过广大党员的实干奉献和艰苦努力，共完成大型工程31项，展示了党员风采。开展了以“党员责任区、思想政治工作服务站、党员联系网”为载体的“区、站、网”活动和党员议事、党员联系群众活动，促进了党员作用的发挥。1992年，在全体党员中深入开展了“议中心、创效益”活动，各单位结合经济建设目标，制定了创效目标和实施措施，开展了“争创一流劳动竞赛”、“我为企业献一计”、“爱岗创业作贡献”等活动，丰富了“议创”活动的形式和内容。开展“党员创百元、小组创千元、支部创万元”活动200余项次，支部组织党员“议创”2000余次，参加“议创”的党员4万余人次，提合理化建议1万余条，为企业提高效益起到了有力的促进作用。

始终坚持把思想政治工作放在“生命线”的位置，紧紧围绕生产经营中心和搞好搞活企业，切实加强和改进思想政治工作。围绕“三个主体”、“三件大事”和“质量、品种、效益年”活动，大张旗鼓地开展了宣传教育。结合安全生产开展系统教育，在安全月、安全季活动中开展事故案例巡回展、安全演讲、安全讨论等活动，坚持开展“反‘三违’、堵漏洞”活动，强化了职工的安全意识。广泛开展了主人翁意识主题教育，引导大家明确主人翁的概念以及职工在企业生产经营中的权力、责任和义务。结合企业民主管理的实践，使大家清楚如何体现职工主人翁作用的价值，激励职工积极参与企业管理，为生产经营献计策，在各自岗位上为企业的生存发展作贡献。1991年，职工作出了“企业有困难，大家来承担”的响亮回答，提合理化建议1.7万余条，被采纳9000余条，收到了良好的经济效益。深入开展了“做四有职工、建五好班组、创六好区队”的“做、建、创”活动，着力解决思想政治工作“进车间、下班组、到人头”的难题，实施了“一岗双责”制。各单位把班组建设同改革结合起来，优化班组劳动组合，增强了班组的活力。1992年10月9日，局首次召开了班组建设经验交流会，并确定每年的10月9日为全局的“班组长活动日”。

坚持从严治党，积极探索纪检工作服务中心的新路子，制定了一系列支持改革的政策规定，明确了违纪与非违纪的界限。开展了刹风整纪教育和领导干部及“三管”人员的廉洁教育、后进党员的转化教育，建立了2200多个副科级以上党员干部的廉政档案，并定期考核。健全了党内监督网络和党员监督员、参事员制度。对吃喝风、“小金库”和截留工资奖金等不正之风进行了专项治理。两年查处违纪案件75起，处理违纪党员51名，促进了党风廉政建设的深入开展。

坚持全心全意依靠工人阶级办企业，不断加强职代会和群团工作，扎实推进民主管理，做到重大问题和职工效益晋级、住房制度等重大改革方案经职代会讨论审议。健全了四级民主管理网络，开展了民主管理达标竞赛。1992年，对全局职工代表进行了《工会法》和企业民主管理知识的普遍轮训。坚持职工代表视察、值班、民主接待日、座谈对话等活动。五矿等单位推行了工人参事员、职工代表述职和意见反馈卡制度。开展了民主评议干部和民主选举班组长活动。职工之家建设扎实推进，局获“全国煤炭系统建小家先进单位”称号。全局团组织紧密结合安全生产急难险重任务，发挥了生力军、突击队作用。

第三节 延续三年承包 转换机制走向市场
(1993年—1995年)

1993年3月，中煤总公司下发了贯彻执行国务院《全民所有制工业企业转换经营机制条例》实施办法（试行），明确提出了落实煤炭企业的经营自主权、煤炭企业自负盈亏的责任、对煤炭企业的宏观调控和监督服务、保护煤炭企业的合法经营等具体内容。1993年11月，党的十四届三中全会作出了《关于建立社会主义市场经济体制若干重大问题的决定》。党和国家一系列改革政策的出台，为国有企业改革发展指明了方向。煤炭企业走向市场，逐步成为自主经营、自负盈亏、自我发展、自我约束的经济实体和市场竞争主体已成必然。

1993年至1995年，峰峰局按要求实施了延续三年承包。三年中，峰峰局认真贯彻落实党的十四大和十四届三中全会精神，加快了改革步伐，在转换经营机制中走向市场。当时，局面临的生产经营形势依然非常严峻。到1993年10月底，局外欠煤款达2亿元，内外欠债1.8亿元，拖欠职工医药费266万元。到

1994年8月，外欠款达到5.163亿元。国家实行新的增值税，企业税负进一步增加。1993年和1994年，煤炭部（1993年3月全国八届人大会议恢复煤炭部）给企业的大部分亏损补贴被抽回。1994年抽掉对峰峰局的补贴1933万元，当年增支因素达1.6亿元。虽然煤炭企业全面走向市场，煤价由平转议，为增收创效提供了新的机遇，但煤炭涨价仅增收1亿元，缺口达8000万元，企业正常生产面临严重的资金困难。加之黄沙矿1994年7月12日因暴雨被淹（于1997年1月1日恢复生产），给峰峰局造成重大损失，企业的生存发展遇到空前难题，处于生死攸关的境地。1995年煤炭部给企业的补贴全部抽回，社会对煤炭的总需求虽然稳中有升，但全国煤炭库存量达2亿多吨，供大于求的矛盾仍然比较突出，煤炭市场不容乐观。这种非常困难的内外形势，给峰峰局的发展提出了新的挑战。

三年里，面对新的形势，峰峰局党政认真贯彻落实上级的各项方针政策，进一步解放思想、转换脑筋、更新观念，按照“抓住机遇，深化改革，扩大开放，促进发展，保持稳定”的方针，以提高企业综合经济效益为中心，以深化改革为动力，努力实现思想观念、经营管理机制和发展战略的转变，积极适应市场、投入市场，推进机制转换，依靠科技进步，强化安全生产经营管理，深挖内潜，减人提效，优化产业结构，大力发展多种经营和第三产业，促进经济工作登上新台阶，不断创出新水平，努力实现两个文明建设的同步发展。

峰峰局把深化改革和转换经营机制作为企业走向市场、增强企业活力的关键工作来抓。局党政始终把教育引导广大干部职工解放思想转变观念放在首位，贯穿于深化改革转换机制的全过程。在坚持中心组学习和党员干部、职工群众日常学习教育的同时，通过举办学习班、培训班、专题宣讲、专题讨论、专题研讨等多种形式，组织干部职工深入学习邓小平理论，广泛学习宣传贯彻党的十四大和十四届三中全会精神，深入贯彻党中央、国务院关于深化改革、转换经营机制等一系列方针政策，把大家的思想统一到邓小平理论和中央精神上来，不断增强深化改革和在市场竞争中求发展的能力。

1993年，按照积极稳妥、整体推进、重点突破的思路，继续狠抓转换经营机制和以劳动、人事、分配三项制度改革为主题的各项改革。按照精简高效、转变职能的原则推进机构和人事改革，12个单位对部分科室进行了调整、精简、合并；围绕劳动力资源合理配置，改革劳动制度，进行了整组提效、转产分流、清理劳务工和合理劳动组合。根据国务院《国有企业富余人员安置规定》，局制定了《关于富余职工安置的暂行规定》，通过转产分流、租赁承包、自筹资金创办经济实体、青年职工技术培训、离岗退养等多渠道安置富余职工。1993年纯减1847人，整顿精简5470人。在分配制度改革上，建立实施了以经济效益为中心的分配激励机制，制定了工效挂钩和工资增长“两低于”的考核办法，加大效益工资的比例，实行了岗位技能工资和效益工资。1995年7月开始，全局实行了劳动合同制和岗位技能工资制。同时，在多数单位进行了医疗制度改革，并制定了住房制度改革方案，为房改做好了准备。加强经营机制转换工作。在1992年11月四矿积极探索转换经营机制的基础上，结合煤炭部大雁会议精神，确立工作重点，加快转换机制步伐。1993年1月，局作出机械总厂、建材厂、电器修配厂、六0七厂转换经营机制的决定，要求按“四自”运作。针对万年矿存煤过多的问题，确定该矿以销定产，调整内部经营策略，使矿井走向产销适应市场需求的轨道。按照下放权力、放开经营的原则，1993年4月，对制品厂实行“放水养鱼”政策，按照乡镇企业的管理模式，实行新制。确定了三矿、四矿转换经营机制，全员转产，向“四自”发展的方案。全局转换经营机制开始全面起步。

1994年至1995年，局加快了企业改革和转换机制的步伐。1994年8月，制定了《深化改革、转换经营机制实施要点》，明确了改革的总体思路、基本框架和发展目标。从局到各单位成立了领导小组和办事机构，结合实际制定了改革方案，积极探索和实践适应市场经济的经营新机制。10月，对通二矿试行了独立法人运转，赋予10项经营自主权。11月，作出物资供应处转换经营机制的决定，实行承包经营和全员风险抵押承包，与局机关分离，转化为经济实体。小屯矿等单位实行了切块经营、内部模拟市场管理。积极推行了以岗位技能工资为重点的三项制度改革试点工作，在孙庄矿、马头洗选厂完成综合配套改革的同时，实施了干部聘任制、劳动合同制和岗位技能工资制，为全局推行三项制度改革积累了经验。以提高“双效”为目标，按照“精简效能”和“管理与经营职能分离”的原则，进行了剥离分流，当年将设备

三项制度改革会

租赁站、供电部、医药公司、设计院等单位与局机关分离，走上“四自”经营之路，共分流1335人，其中管理人员分流302人，占机关管理人员总数的24.2%。全局精简分流10138人，纯减1604人。按国家劳动保险制度改革要求，成立了劳动保险专管机构，实行了全局劳保统筹管理。1995年，进一步加快了剥离分流、机构精简等改革步伐。6月24日，局召开三项制度改革工作会议，宣布从7月1日起，全局实行劳动合同制和岗位技能工资制。实行“两分离、一放开”，在全局形成生产辅助和生活服务系统单独核算、独立经营的实体达298个，共分流2万多人，实现自养近1万人，纯减在册1294人，节支创收6000多万元。全面推行了劳动合同制、干部聘任制和岗位技能工资制。8月28日，局机关机构改革开始实施。与1993年相比，全局管理人员由13024人减到10815人；局、矿（厂）两级机关科室由821个减到487个，管理人员由5247人减到2887人。局机关职能处室由47个减到27个；职能科室由226个减到113个；管理人员由1205人减到490人。

进一步推行承包经营责任制。从实际出发，确定承包办法。1993年实行了对正常生产矿井“包盈亏指标，考核原煤产量、全员效率、煤炭质量、安全和固定资产保值增值指标”的“一包五考核”；对地面厂实行“包利润，考核劳动效率、产品质量和固定资产保值增值指标”的“一包三考核”；对基建施工单位实行“包盈亏指标，考核劳动效率、工程质量、安全和固定资产保值增值指标”的“一包四考核”；对学校实行“经费包干，节余自用，超支自补”；对医院实行“经费包干，外部创收，自收留用”。各单位做到“包实包死，分灶吃饭，断奶断粮，逼上梁山”。1994年开始，本着一次承包、分年考核的原则，对22个生产单位实施两年承包经营，推行了全员风险抵押，实行了盈亏指标与职工效益晋级一票否决。各单位层层分解盈亏指标，形成了较为完善的目标管理体系。

积极推进配套改革。1993年，制定完善了住房制度改革方案，并报上级批准，10月份，新房改方案在全局实施。1994年，按照上级要求，遵循“售房为主、售租建并举”的方针，积极推进住房产权制度改革。1995年5月12日，局召开房改动员大会开始实施。通过推进租金改革，按照租售比价合理的原则，分步提租，以租促售，稳步出售公有房，逐步实现住房商品化、社会化。全面建立了住房公积金制度，局组建了住房资金管理中心，各单位建立了分中心，实行统一管理、分级负责、专款专用。医疗制度改革在探索试验的基础上，完善政策，形成规范。通过三年的努力，企业内部改革取得重大进展。

主动走向市场，实施营销新机制。1993年，经过在市场中的学习和实践，各级领导和职工的市场意识、经营意识、效益意识、竞争意识日趋增强，在经营战略、工作摆布、具体方法上努力转变观念，以适应市场经济的要求。主要领导亲自抓经营管理、抓市场销售、抓货款回收，坚持定期经营分析，根据不同时期的重点，适时调整经营策略。针对资金严重短缺的状况，千方百计开拓市场，组织催收货款，内部紧缩一切开支。1994年1月11日，局党政领导率领催款小分队到首钢、武钢、湘钢、涟钢等处催要煤款，加快货款回笼。改进煤款结算体制，9月1日，局成立煤炭货款结算中心，统一市场销售，统一规范货款结算办法，商品煤平均售价达到了153.13元。1994年10月11日，局获“全国用户满意企业”称号，为全国煤炭行业唯一一家。1995年，局先后制定了内部财务、维简资金及物资采购部分权力下放、模拟市场价格、增盈减亏奖励、承包集团考核奖惩、强化精煤生产和加强煤质管理等一系列经济政策、办法。4月1日，局内部银行改为企业银行，按照新机制运转，与财务处分离，成为独立核算、经营资金业务、以收养支的经济实体和局内货币、信贷、资金信息结算中心。以市场为导向，加强精煤生产和原煤配洗，外抓市场，把销售摆在龙头位置，制定了灵活有效的销售措施，加强路矿协作，密切与用户的关系，巩固老用户、扩大新用户，提高市场占有率。全年原煤销售量930.93万吨，精煤销售量393.9万吨，完成销售收入14.3亿元，实现了产销平衡。

不断加强经营管理，促进增盈减亏。始终坚持外抓市场、内强管理、开源节流、堵漏挖潜、提高效益的经营思路，完善了成本管理责任制和奖惩办法，狠抓成本管理，努力节支降耗。1993年3月，局开始实施内部模拟市场管理，广泛开展了以节材、节电为重点的节支降耗活动。在增支因素迅猛上升的情况下，有效遏制了成本上升的势头，吨煤材料费比上年下降5.94元。通过节能技术改造，吨煤电耗下降3.48千瓦时，按可比口径计算吨煤下降0.53元。1994年，在成本管理上重点抓好节电、控制材料消耗和非生产性支出，开展了回收复用、修旧利废、清仓利库、节支降耗等活动，实现利润2317万元，有17个矿（厂）完成了盈亏指标，5个矿（厂）完成目标成本。1995年，在职工中大力开展了“转机制、抓管理、练内功、增效益”活动，切实搞好节电、外转电、废旧物资回收复用、清仓利库、处理积压设备、清退劳务工等，挖内潜、练内功、增收节支。在消化了各种增支因素后，全局实现利润1580万元。有20个矿（厂）完成了当年盈亏指标，九龙矿、小屯矿、薛村矿、马头机械厂（原马头配件厂）实现了扭亏为盈。

使用塑料网新技术

坚持依靠科技挖潜，扎实推进高产高效矿井建设。1993年，针对生产建设中的诸多困难，局立足老矿挖潜，精心组织生产，强化开掘工作，狠抓衔接倒面、重点工程和采区准备，实行重点调度、指导和帮助。加强机械设备调剂、维修和使用，采掘机械化程度为93.02%和97.40%，综采、综掘分别达到了12.5%和10.83%。羊渠河矿试上新高档成功，推广应用了铺菱形网、塑料网、“三小”锚喷支护、反井钻机等新技术、新工艺、新设备。大力开展了采掘队“上纲要创水平”竞赛活动，提高了单产、单进和效率，全局21个采煤队、38个掘进队达到纲要水平，其中7个采煤队年产40万吨以上。二矿205采煤队年产达61万吨，创局高档普采新纪录。有6个掘进队达到部甲级、9个达到部乙级。全局回采单产达到2.5932万吨，回采效率达到11.789吨/工，全员效率达到1.255吨/工，煤巷、半煤岩、岩巷单进分别达到194.49米、191.24米、77.43米，创历史新水平。1993年4月，通二矿组织202名职工成立采掘综合队，到北京矿务局大安山矿进行了为期一年的“高档普采技术示范包产”，支援兄弟局建设，取得成功。基本建设在资金严重不到位的情况下保重点，加快进度，大淑村矿、吝家沟矿（1995年称为“新三矿”）、梧桐庄矿井建设和小屯矿改扩建均完成了投资任务。1994年，局在生产能力衰减、黄沙矿水灾淹井等诸多困难的情况下，积极调整采掘关系，发挥机械采煤优势，选上新机组，在采用原有新技术的基础上，使用了梯形可缩型新支架。推进高产高效采煤队建设，开展“上纲要创水平”竞赛，有11个高档普采队年产达到40万吨以上，组建了牛儿庄矿802队、羊渠河矿601队、孙庄矿1202队、万年矿1303队4个高产高效采煤试验区队，平均单产达到4.5664万吨，比原来提高7900吨，平均效率达到15.529吨/工，提高1.226吨。采煤队管理人员由10人减为5人，4个队共减少管理人员27人，减少职工202人。另有羊渠河矿二开拓区、二矿掘进区、薛村矿综掘区、牛儿庄矿掘进区、万年矿综掘区、九龙矿综掘区6个开掘快速高效试验区队，每队管理人员由13人减为6至8人，共减少管理人员33人，减少职工122人，平均单进提高19%，提高效率17%。在万年矿运输区、羊渠河矿运输区、薛村矿运输区、孙庄矿运输区4个优质高效运输试验区队中，减少管理人员17人，减少职工216人，为加快高产高效集约化生产闯出了新路子。基本建设进一步加快，齐家沟矿、小屯矿改扩建竣工移交生产，梧桐庄矿新井三个井筒到底，大淑村矿于12月正式开工建设，辛安井通过了银行评估。1995年，坚持走集约化生产之路，把高产高效区队建设作为提高煤炭生产效率的重点，分类指导，对稳产增产的矿井，突出抓好生产配套和采掘衔接，科学组织，确保增产；对减产矿井，加大开采力度，尽力做到不减产或少减产，千方百计稳定产量；对衰老矿井，充分挖掘储量，尽力多出煤。积极推广新工艺、新设备，试用高档普采大流量液压泵，推行无缝钢管化先进工艺，有计划进行高档设备更新换代，试用高功率采煤机，试用锚网带支护，推广“三小”锚喷支护、成型支架。扎实推进以高产高效矿井为内容的高产高效试验区（队）建设，在一、二类矿井全面推开，各矿都建立了高产高效采、掘、机、运队，使高产高效区队达到57个，其中采煤队20个，掘进队23个，运输队7个，机电队7个，共减少职工1858人。有21个采煤队、40个掘进队上纲要，11个高档采煤队年产突破40万吨。万年矿1301队年产达76.46万吨，创全国高档普采新纪录。该矿“一矿两高”生产模式年产达到124万吨，全员效率突破4吨/工，基本达到省级高产高效矿井标准。牛儿庄矿802队年产突破50万吨。全局工作面单产达到2.3219万吨，回采效率10.476吨/工，掘进效率0.139米/工，全员效率达1.655吨/工。1995年10月11日至14日，全国煤炭系统高档普采经验交流会在万年矿召开。

认真贯彻落实《矿山安全法》、《煤矿安全新规程》和上级的一系列安全指令，坚持把安全放在第一的位置来抓。1993年1月1日，局作出《关于搞好1993年安全工作，夺取“5125”目标首战胜利的决定》，确定了“全年百万吨工亡率0.5以下、重伤率1以下、轻伤率20以下、非伤亡事故率50以下，力争矿矿处处无工亡、地面无重伤”的奋斗目标。从提高职工的安全意识入手，强化安全教育，突出岗位正规操作和安全法规的学习培训，共培训职工31000人次。1993年6月，局开始了首次评聘采、掘、机、通四个专业职工高级技师。进一步完善安全生产责任制和业务保安责任制，按照“紧严细实全”和“十严”、“六要六不要”，强化安全标准化建设和安全管理，继续实行全员安全风险抵押、安全质量工资制，狠抓现场薄弱环节和关键岗位，严格正规操作和标准化施工。大力开展“顶板、运输、机电和‘一通三防’”会战，加强标准化动态检查、验收、评估，实行质量否决制，坚持不间断安全检查。实行安全目标管理，组织开展了安全生产600万吨、500万吨竞赛活动。全局百万吨工亡率实现了0.49，重伤、轻伤和非伤亡事故控制在目标以内，9个矿实现了安全年，孙庄矿、羊渠河矿分别创出了安全生产624万吨和604万吨的新水平，万年矿安全产煤513万吨，二矿、牛儿庄矿连续安全生产1000天以上。1994年，在进一步强化安全教育培训，实施安全责任制等有效方法的基础上，狠抓现场薄弱环节和关键岗位，作出重新开展“学习牛儿庄矿，大搞质量标准化”活动的决定，按新标准开展上等级活动。继续推行安全目标管理，开展了安全上台阶竞赛和决战四季度百日安全竞赛活动。改进了安全管理体制，制定了新的安全奖惩办法，杜绝了各类重大恶性事故的发生，全局百万吨工亡率实现0.58。1995年，坚持推行各种行之有效的安全教育、管理等方法，制定完善了《安全生产责任制》，实施了100项单项安全工程会战，提高了安全标准化和技术装备水平，防止了瓦斯、煤尘、水、火、顶板等重大灾害事故的发生，全局百万吨工亡率实现0.47。牛儿庄矿、羊渠河矿、孙庄矿质量标准化达到部级标准，有5个矿、4个施工单位和8个地面厂实现了安全生产，小屯矿于3月14日实现安全生产1000天，牛儿庄矿于8月6日实现安全生产400万吨，五矿于9月5日

基层单位开展通风安全知识竞赛

实现安全生产1200天，二矿于11月9日实现安全生产五周年。

大力推进多种经营集体经济产业和产品结构调整，加强管理挖内潜，外延拓展求发展。1993年1月，局制定了《多种经营发展纲要》，明确了发展思路、目标和配套政策，提出“经营、管理、服务”的“三位一体”新机制，确定了15项振兴工程。加大资金投入，下放了部分资金使用权，完善风险抵押办法，签定了承包责任状，对亏损厂点进行整顿，依据市场调整产品结构。四矿铁厂改进工艺，上了团球炼炉，提高效率25.3%，月增产量240吨。四矿与浙江苍南塑编公司联营创办的塑编厂建成投产，年产值达400万元。二矿塑编厂新上了两条双抗塑料网带生产线，扩大了生产规模，产品打入山东、河南等市场。利用国家扶持政策，全局开发新建64个项目，当年投产40个。1993年6月18日，峰峰局第一家中外合资企业——玉达家具有限公司在薛村矿开业。佳娜食品有限公司、机械总厂塑钢门窗生产线、通二矿水泥厂扩建、五矿小轧钢厂、牛儿庄矿翻砂厂等一批较大项目建成投产，新增产值8000多万元。内引外招，与外商签定正式合同5份，总投资3530万元，签定意向合同50份，总投资2.875亿元。1994年，结合上级有关政策，制定了《加快发展多种经营，推进整组提效剥离分流的若干意见》和《多种经营项目管理办法》，各单位结合实际成立了专门机构，制定了发展规划和目标。1994年1月中旬，局举办了首届内部18类108个品种的非煤产品展销，起到了沟通供需信息、繁荣局内市场、增强走向市场竞争力的作用。利用国家贷款的有利时机，推行项目责任制，落实自筹资金，加快了骨干项目的建设步伐。五矿矸石热电厂、黄沙矿煤气厂、孙庄矿焦化厂粗苯回收工程、制品厂轨道枕项目、建材厂乙炔气工程相继建成，孙庄矿和三矿的矸石热电厂破土动工，羊渠河矿20万吨焦化项目开始前期准备，四矿建筑陶瓷厂、制药厂通过评审和银行评估。积极开发新产品、新项目，建材厂年产30万吨回转窑水泥生产线、万年矿煤铁联合开采技改工程等项目相继开工。电器修配厂开发了150型、550型皮带机等新产品。按照市场经济要求，四矿轧钢厂、通二矿大理石厂进行了股份制合作试点。以二矿塑料制品厂为主体，将万年矿、羊渠河矿、牛儿庄矿塑料制品厂联合，成立了“京峰矿用塑料制品厂”，首次在峰峰局形成了集团化经营。1995年，局安排了16个投资项目，多种经营在建项目规模达到3.12亿元，当年完成1.31亿元，其中国贷资金4253万元，局贷资金5195万元，单位自筹资金3626万元；新开工项目11个，其中投资1000万元以上的项目2个，500—1000万元的项目1个，50万元以下的项目8个。羊渠河矿20万吨焦化厂于5月21日奠基建设，五矿矸石热电厂于6月1日并网发电，四矿建筑陶瓷厂、孙庄矿矸石热电厂进展顺利，通二矿金属镁厂项目投入生产。

在深化改革、发展经济的同时，峰峰局切实把改善提高职工群众的生活水平作为落脚点。1993年，结合实际制定了“三年解危、五年解困、八年奔小康”的规划目标。深入开展了“爱峰局、创三优、争创文明卫生先进单位”活动。认真落实国家“安居”计划，继续把住房建设作为重点，落实资金和队伍，全年新开工面积11万平方米，竣工面积6万平方米。新增绿化面积4.3万平方米，绿化覆盖率达到33.6%。职工生活福利点达标率98%以上，改造和修缮了一批危旧房，扩大了生活用气户数。全局有4所医院通过了二级甲等或一级甲等评审，医疗质量进一步提高。中小学教育和幼儿教育取得好成绩。1994年，进一步加快住房建设，全年新开工住房面积10.3万平方米，竣工8.3万平方米。职工人均收入达到5161元，比上年增加1050元。按照部颁“八五”标准和创建卫生城市活动的要求，加强了生活福利点达标和环境治理，全局福利点达标率100%，其中一级达标单位7个，二级达标单位23个。义务植树22.2万棵，新增绿化面积1611平方米。第一医院和6所矿办医院分别通过了国家三级甲等评审和一级甲等评审，第二医院建成全省首批国家爱婴医院。1995年，职工收入进一步提高，人均收入达到6358元，比上年提高1197元。实施了新的房改方案，在建规模18.8万平方米，当年竣工10.4万平方米。生活福利点达标率保持在100%，17所矿级医院全部达到一级甲等标准，25所中小学有19所达标。

经过全局上下共同努力，在消化各种增支因素后，取得生产经营的良好成果。1993年，实现利润2783万元；原煤产量完成1015.628万吨，比必保指标超产15.628万吨；精煤产量完成353.5万吨，超必保指标3.5万吨；总进尺完成14.5819万米，超计划819米；开拓进尺完成1.2282万米，超计划762米；全员效率达1.255吨/工；基本建设完成了1.4883亿元的投资计划工作量；百万吨工亡率0.49，比省控目标降低0.21，比上年降低0.37；多种经营集体经济产值完成3.36亿元；其他经济技术指标有15项创历史新水平，8项创20年来好水平，24项好于上年。1994年，在黄沙矿因暴雨淹井，造成严重损失的情况下，全局完成工业总产值16.7528亿元；原煤产量完成1034.2196万吨，比上年增产18.5916万吨，有12个矿超额完成生产任务；精煤产量完成388.6万吨，比上年增产35.14万吨，5个洗煤厂均超额完成洗精煤任务；实现利润2317万元；有14个单位完成盈亏承包指标，13个单位实现了增盈减亏；原煤单位成本84.96元/吨；全员效率完成1.555吨/工；百万吨工亡率0.58，比省控目标降低0.12，有15个单位实现了安全生产年；多种经营总产值完成1.1382亿元，集体经济总产值完成2.4506亿元，比上年增值4400万元。1995年，完成原煤产量1062.0024万吨，精煤产量391.53万吨，分别比上年增加27.78万吨和2.87万吨，全员效率达到1.655吨/工；实现利润1580万元，有20个矿厂完成盈亏考核指标；原煤成本85.59元/吨，消化增支因素1.6亿元；多种经营总产值6.6亿元，比上年增加1.7亿元，安置待业青年1008人；完成矿井基本建设投资1.4827亿元，维持简单再生产投入2.0098亿元；百万吨工亡率0.47，比省控目标降低0.23。

三年中，局党委紧紧围绕转换经营机制，抓住经济建设这个中心任务，以“效益、改革、管理、发展、稳定”为主线，团结和凝聚广大干部职工，大力推进企业深化改革和转换经营机制，不断开创两个文明建设的新局面。

各级党组织把强化政治理论和经济理论的学习放在突出的位置。1993年，局党委把学习贯彻党的十四大精神作为首要任务。《邓小平文选》第三卷出版后，作出专题安排，编发了多种学习辅导材料。结合江泽民同志提出的“64字”创业精神，分层次进行宣讲，对全局矿处级领导干部进行了集中培训。召开了学习座谈会、辅导会和理论研讨会，组织收看专题辅导讲座录像，邀请邯郸市讲师团和外地专家教授进行辅导。各单位分层次举办了培训班，基层党支部建立了理论学习辅导小组，在全局形成了学习高潮。1994年，在强化日常学习教育的同时，举办了矿处级领导干部培训班8期，培训334人。采取到基层授课方法，对中层干部普遍进行了轮训，共办培训班72期，培训区科级干部3600人。9月，党的十四届四中全会《关于加强党的建设几个重大问题的决定》下发后，局党委迅速作出安排，召开了全局党委书记座谈会，在各级党组织和广大党员中深入学习，广泛宣传，开展专题调查，理清了加强党的建设的思路。在此基础上，于1994年12月21日召开局党委三届十次全会，下发了《关于贯彻党的十四届四中全会精神，进一步加强和改进我局党的建设的意见》，强调要继续学习中央《决定》精神，党员领导干部要增强党性，自觉接受党组织的监督；要坚持和完善民主集中制，加强领导班子建设，坚持党管干部原则，充分发挥党组织和党员作用；抓好党风廉政建设；坚持党要管党原则，切实加强党对企业党建工作的领导。会议对1995年及以后工作作出了部署，下发了《关于在全局党员中开展建设有中国特色社会主义理论系统教育的三年规划和实施意见》、《基层党委（总支）向局党委请示报告制度》等文件。1995年，根据《实施意见》要求，编发了《党员学习培训教材》，举办了理论骨干师资培训班。对矿处级领导干部进行了系统培训，举办培训班8期，培训339人。各单位采取党委领导授课、举办学习笔记展评、经验交流会、专家授课等方法深化学习，全局共举办党员培训班196期，培训9212人。同时，在全局广大党员干部中深入开展了学习《党章》活动，突出对党员干部进行了民主集中制教育。组织职工深入学习江泽民同志在上海、长春等地企业座谈会上的讲话和党的十四届五中全会精神。为强化学习，下发了《关于加强党委中心组学习的意见》，健全了学习制度。在学习教育中，各级党委始终把理论联系实际、学以致用、促进企业的改革发展作为出发点，把管用和解决实际问题作为落脚点，引导干部党员在解放思想、更新观念，运用理论分析、解决问题，指导企业深化改革、谋求发展上下工夫。经过三年的努力学习和实践，各级领导干部树立了以改革为动力、以改革求发展的思想，在实际工作中认真克服因循守旧、墨守成规的思想障碍，改革、管理、科技、效益、稳定的意识普遍增强，促进了全局转换机制、剥离分流、精简机构等项改革的顺利进行。

各级党组织充分发挥政治核心作用，把抓好经济建设作为党组织义不容辞的责任，做到了自觉围绕经济工作，不断探索和完善党组织参与经济建设的形式和方法。1993年，局党政联合制定下发了《党政联席会议事规则》。该规则是局党委在新的领导体制下经过认真调查研究后提出的，为协调党政关系，使党委能有效参与企业决策、更好地发挥政治核心作用，从制度上提供了保障。各单位结合实际制定了具体的实施细则，并注重在讨论决定生产经营和改革的重大问题中严格按规则办事，保证了企业决策的民主化、科学化。局党委领导坚持深入实际调查研究，为企业发展出计献策，到基层为改革和经济建设排忧解难。1993年3月，局11个党群部门建立了各自的基层联系点。政工干部坚持围绕生产、经营、安全、效益深入联系点搞调研，写出了一批有说服力和较高价值的调研报告。1994年，局党委按照党的十四届四中全会精神，进一步理清了加强党的建设的思路。制定了《党委会议事规则》，修订了《关于加强和改进领导班子建设中选拔任用干部的若干规定》和《党政联席会议事规则》，试行了《关于加强基层党支部建设的意见》，作出了《关于加强和改进党员教育的若干意见》。各级党委站在改革的前列，积极参与深化改革和转换机制的重大决策，深入改革试点单位和生产经营困难的单位进行现场指导，促进了各项工作的顺利开展。1995年，局党委结合新形势和企业实际，进一步完善了《党委会议事规则》和《党政联席会议事规则》，健全了民主科学决策机制，积极参与改革、转换机制方案的制定和组织实施，使劳动合同制、干部聘任制、岗位技能工资制等改革全面铺开和顺利实施。

切实加强各级领导班子建设。1993年，组织29个单位的党政一把手，围绕民主集中制、班子团结、企业党建与企业发展、党性修养、支部建设及党员先锋模范作用的发挥等方面，进行学习体会和思想交流，扩大了学习成果，促进了班子成员思想的统一。对17个矿、厂和两个处室的领导班子进行了充实调整，任免干部86名，其中提拔52名；调整选拔充实了后备干部队伍，矿（厂）级后备干部达584名，并加强了对他们的培养。1994年，组织各级领导班子成员深入学习党的十四届四中全会精神，提出了加强领导班子作风建设的意见，统一了班子的思想。强化民主集中制教育，严格落实各项议事规则，推进民主决策。调整充实了12个单位和4个处室的党政领导班子成员，任用干部35名。1995年，局党委继续在各级班子中开展民主集中制再教育，引导各级领导干部、特别是新进班子的年轻干部，学会按照民主集中制原则办事，做到有关企业经营、改革措施、人事变动和关系群众利益等重大问题，坚持按两个《议事规则》集体讨论决策，加强了对民主集中制执行情况的督促检查，增强了决策的民主化、科学化。严格党内组织生活，加强了执行党内制度和纪律的督查，层层召开民主生活会，认真纠正新形势下自由主义的十一种表现。局党委经常对各级领导进行团结协作教育，深入基层帮助解决班子成员中协调、合作方面存在的问题，增强了班子团结。坚持党管干部原则，严格干部任免程序，大胆起用优秀中青年干部，调整充实了12个单位的领导班子，共任免121人，对问题较多、群众意见较大、战斗力不强的软、瘫、散班子进行调整。充实调整了后备干部队伍，加强培养跨世纪人才，举办青年干部培训班3期，培训139人。

各级党组织不断探索党建工作的新路子。1993年，围绕企业的改革和生产经营的中心任务，组织全局党员广泛开展了"议中心、创效益"活动，作出专题安排，制定目标，明确责任，逐季严格检查考核。各级党组织和广大党员纷纷制定创效目标和实施措施，开展了"我为企业献一计"、"爱岗创业作贡献"等活动。围绕生产经营开展"党员创百元、小组创千元、支部创万元"等各类活动200余项次，组织党员"议创"2000余次，参加"议创"活动的党员4万余人次，提合理化建议1万余条。1994年，在广大党员中开展了节约"四个一千万"为主题的"树形象、创效益、作贡献"活动，层层落实创效项目，全局共制定创效项目139个，创效600万元。1995年，局党委在全局开展了"凝聚工程"活动，建立了考核激励机制，定期调度和深入基层督促指导，促进活动开展。加强组织建设，1993年、1994年和1995年分别发展党员694名、643名和725名，党员队伍不断壮大。

紧扣企业经济建设的中心任务，大力加强和改进思想政治工作，深入开展形势任务教育，凝聚职工精神和力量。1993年，局党委针对企业面临的困难形势，以"改革、效益、发展"为主调，大力宣传"抢抓机遇，加快发展"的紧迫性，在全局开展了"改革开放，加强管理，求效益，促发展"大讨论。1994年，针对国家抽回对煤炭企业的大部分补贴、企业出现严重资金困难的局面，广泛开展了以"我与企业共命运"为主题的系统教育，使职工清醒地认识到企业面临的困境和挑战，增强了职工的忧患意识。大力开展争当劳模标兵和"销售立功杯"、"效益杯"等"五杯"竞赛活动，激发了职工团结奋战、共渡难关的艰苦奋斗精神，引导职工为企业发展献计献策，多作贡献。1995 年，局党委下发《关于认真学习贯彻中宣部、国家经贸委<关于加强和改进企业思想政治工作的若干意见>的通知》，进一步明确了思想政治工作的重点和思路。针对改革任务重、生产经营形势严峻和职工思想活跃的状况，广泛开展了以“艰苦创业、爱岗奉献”为主题的系列教育，深入开展市场形势和局情教育，向大家讲形势、讲任务、讲前景，指出路、交家底、压担子，激发起职工搞好生产经营的斗志，促进了全局各项奋斗目标的实现。

大力抓好党风廉政建设和党员领导干部的反腐倡廉工作。1993 年，认真落实中纪委二次全会精神，引导党员干部深刻认识反腐败斗争的重大意义、基本思路和主要任务，统一思想，加强党风党纪教育，发现案件线索 77 起，立案 35 起，结案 28 起，38 名违纪党员受到处分。同时，对群众反映强烈的大吃大喝、正常业务变有偿服务和企业资产、资金、技术资料非法流失等问题进行了清理整顿，建章立制，强化管理，堵塞漏洞，做到了防患于未然。1994 年，狠抓领导干部的廉洁自律和自查自纠，利用民主生活会开展批评与自我批评，使乱摊成本、收受礼金、铺张浪费、私事公办、违反程序任用干部和婚丧嫁娶大操大办等问题，得到及时制止和纠正。完善举报措施扩大案源，共核查党员违纪案件 108 起，立案 36 起，结案 32 起，处理违纪党员 21 名。认真清理不正之风，查出 16 个单位截留工资奖金 52.9 万元，并妥善处理。制止纠正了乱收费、乱罚款问题，清退了部分不合理收费。1995 年，继续加强党规党纪教育，狠抓领导干部的廉洁自律，召开领导班子专题民主生活会，认真开展自查自纠。坚持领导亲自办案，纪检监察部门履行职责，捕捉案件线索，共立案 50 起，结案 42 起，处分违纪党员和干部 63 人，为企业挽回经济损失 53.8 万元。狠抓纠风，清理私设“小金库”438 个共 415 万元，清理截留职工工资奖金 15.5 万元。

不断加强职工队伍建设。1993 年，局党委调整充实了队伍建设领导机构，下发安排意见，大力推进“做四有职工、建五好班组、创六好区队”建设，组织先进区队代表到基层巡回宣讲，召开了队伍建设经验交流会，推广了五矿、薛村矿等单位的经验。10 月 9 日，局党政召开了第一个班组长活动日总结表彰大会，表彰了 100 名优秀班组长。1994 年，各级党委进一步健全队伍建设管理体制，形成了党委牵头、党政共同组织、基层工作全部纳入、职工全员参与、区队自主管理的工作格局，做到了分工明确，组织健全，工作到位，使队伍建设迈上了新台阶。1995 年，局党委积极探索新形势下队伍建设工作的新思路，下发了《关于在深化改革中继续搞好“六好区队”工作的意见》，进一步明确了“六好区队”建设的指导思想、基本原则和重点，突出了经济效益，并强调要抓好高产高效试验区和分流单位的工作。在河北省煤炭系统评选中，涌现出 4 个红旗“六好区队”和 22 个“六好区队”。

切实加强对工团组织和职代会的领导，推进民主管理。1993 年，在党组织的领导下，各级职代会把工作重点由生活福利问题，扩展到整个生产经营的重大决策。1994 年，做到了各项改革政策、方案经职代会讨论。在原来的基础上，又在 21 个单位推行了“双保合同”。坚持运用工人参事员、工人联络员、职工代表反馈卡、生产成果发布会等形式，及时征集职工意见，认真研究处理，推进了民主管理。1995 年，各级党组织认真宣传贯彻《劳动法》，利用培训、考试、板报、录像等形式组织学习、广泛宣传，增强了职工依法维护自身权益的意识，全局 7 万多名职工与企业签定了劳动合同。

坚持把维护稳定作为大事来抓。1993 年，在全局层层签定了内部治安综合治理责任状，发动群众群防群治，表彰见义勇为职工，开展了“百日无案件竞赛”活动和破大案、打团伙、抓逃犯为主的专项斗争，共破获刑事案件 32 起，查处治安案件 34 起，打击处理各种犯罪分子 282 人，摧毁了邯郸市罕见的重大盗窃集团，先后三次召开公捕大会，震慑了犯罪。1994 年，继续狠抓治安综合治理，打击了盗窃国家财产、干扰企业生产、危害职工人身和财产安全等犯罪活动，破获刑事案件 59 起，查处治安案件 63 起，处理各类违法犯罪分子 241 人，为企业挽回经济损失 179 万元，保障了安定的生产生活秩序。关心困难职工生活，进行了救济帮助，开展了互助、互济和“送温暖工程”活动，为职工排忧解难，在全局资金匮乏、职工工资难于正常发放的形势下，确保了企业稳定。1995 年，各级党组织突出抓好改革中的稳定工作，逐级落实稳定责任制，对落聘下岗的职工加强思想疏导，化解了大量矛盾，在改革中未发生较大情绪波动的问题。积极解决困难职工的实际问题，扩大了互助互济基金和职工生活补充保险基金的融资渠道和适用范围，为困难职工发放救济款 70.5 万元，救济物资价值 96.1 万元。

第四节　克服灾害　扭亏增盈促进发展
(1996年—1997年)

1995年9月，党的十四届五中全会通过了《关于制定国民经济和社会发展“九五”计划和2010年远景目标的建议》，要求实现经济体制由计划经济向市场经济和增长方式由粗放型向集约型两个根本性转变。《建议》把国有企业的改革发展放在突出的位置，要求大多数国有企业到20世纪末初步建立起现代企业制度，成为自主经营、自负盈亏、自我发展、自我约束的经济实体和市场竞争主体，强调重点抓好一批在国民经济中起骨干作用的大型企业和企业集团，为大中型企业改革发展创造良好的外部环境。峰峰局的改革发展进入了承前启后、继往开来的重要时期。

从1996年开始，煤炭部对所属煤炭企业实行了“行业管理，资产监管，分类指导，政策扶持，推向市场”的方针，峰峰局的改革发展既面临不可多得的历史机遇，也面临严峻的挑战。煤炭部在1995年全部取消亏损补贴的基础上，又取消了对峰峰局的退税。国家对煤炭价格实行指导价，局每年还要上缴行业劳保统筹金1000多万元，并实现自负盈亏。1996年，煤炭价格上涨有限，全局提价增收只有4580万元，而工资增支、电费翘尾、材料涨价、住房公积金增支，加之国家取消退税、上缴行业劳保统筹金、偿还基建借款本息等，增支因素达2.57亿元。增收与增支相抵后，资金缺口达2.12亿元。全局三分之二的矿井进入衰老期，生产后劲不足；企业办社会包袱沉重，当年支付21400多名离退休职工的养老金达1.4亿元；各类服务和非生产人员达27500多人，年开支1.3亿元；在前期承包中局贴进去自有资金7亿多元，历史欠账严重，安全生产投入不足；进入基建投资还贷高峰，每年要承受1.4亿元的还贷压力。1997年，又出现了精煤过剩、电煤基本饱和、无烟煤订货困难等全国煤炭市场疲软的状况。孙庄矿、三矿被淹，减少了2亿多元的销售收入，各种增支因素1.5亿元，财务收支缺口达4亿元，企业面临的工作难度很大，任务相当艰巨。

1996年初，局认真研究确定了“九五”期间改革发展的总体思路，提出以党的十四届五中、六中全会精神和中央经济工作会议精神为指导，全面落实全国煤炭工业工作会议精神，紧紧抓住实现两个根本性转变，扎扎实实地推进企业经营机制和经济增长方式的转变；以提高经济效益为中心，以扭亏增盈为目标，加快改革步伐，强化管理，优化结构，推进科技进步，实行集约经营；大力发展多种经营，培育新的经济增长点；搞好安全生产，提高经济增长的质量和效益，提高职工的物质文化生活水平，推动企业持续、快速、健康发展，促进两个文明建设的全面进步。

两年中，峰峰局遭遇了空前巨大的困难。特别是1996年，是峰峰局极不平凡的一年，内忧与外患同在，天灾与人祸并存，市场经济外部环境差，内部资金紧张始终未得到缓解。8月4日，一场罕见的暴雨洪灾，致使许多房屋被淹，生产受到威胁，峰峰局遭受了4000多万元的巨大损失。局党政动员全局广大干部职工，大力发扬顾全大局、不畏艰险、百折不挠、勇往直前的精神，顽强拼搏，迎难而上，克服困难，安排好职工家属的生活，保证了生产和各项工作的正常进行。由于矿区北界城小煤窑非法越层越界开采，造成孙庄矿于1996年11月27日被淹没（1998年7月1日恢复生产），使这个现代化矿井毁于一旦，全局生产建设和发展再遭巨大打击，几千职工蒙受巨大灾难。由于小煤窑非法开采，又造成三矿于同年12月30日和次年4月21日两个盘区相继透水而淹井（1997年底恢复生产），新三矿受到严重威胁濒临停产，为1997年和1998年的生产经营增加了更大的困难。在这突如其来的天灾人祸面前，局党政及时采取措施，安排好停产职工的生活，稳定职工情绪，向各矿分流安置孙庄矿职工近2000名，号召全局职工发扬不屈不挠的精神，迎难而上，生产自救。制定实施了堵水方案，努力把灾害造成的损失降低到最低程度。全局干部职工经受了严峻的考验，在共同努力下，做到了生产不滑坡、全局总体不亏损和职工生活稳定。

峰峰局围绕实现两个根本性转变，强化经营管理，狠抓扭亏增盈目标责任制的落实，分类指导，一矿（厂）一策，制定了相关的责任制和配套政策，重点抓好盈利单位的增盈、亏损单位减亏及特困单位的解困工作，实行盈亏否决，经营成果与经营层收入、职工工资挂钩，月分析、季考核，严明奖惩，形成强有力的激励机制，推动了扭亏增盈工作。进一步强化成本管理控制，以盈亏目标为依据倒推成本，实行成本目标管理责任制，成本费用指标与经营集团奖惩挂钩、机关科室费用与职工奖金挂钩，节奖超罚，狠抓节能降耗。1996年3月5日，局召开扭亏增盈动员大会，提出苦战三年，实现矿矿厂厂扭亏为盈的目标，并下发了扭亏增盈责任制实施办法。根据市场变化狠抓精煤增产增收，实行了以质论价和超供加价政策，强化入洗煤调运和配煤入洗，入洗比率达到95.4%，精煤回收率比上年提高了1.41%。加强煤炭销售管理和价格管制，向市场要效益，全年路运量达到610.25万吨，增收462.4万元。落实货款回收责任制，在回款十分困难的情况下，当年货款回收率达到102%。加强了资金计划管理和集中管理，建立资金管理责任制，规范了资本性投资及项目管理，完善了物资采供制度，处理超储积压物资，盘活资产1973万元。1997年，根据出现的市场疲软新情况，积极调整产品结构和销售策略，建立了全局销售系统计算机网络，提高计量和监测水平，努力生产适销对路的多品种优质煤，加强和完善运输、煤价、结算的统一管理，开拓外运渠道，提高外运量，实行以销定产、限产压库，使煤炭综合售价比上年提高8.16元，增收4000多万元。进一步加大成本控制力度，对主营收入实行集中管理，严格财务收支预算。各单位树立过紧日子的思想，严格执行局有关规定，加强管理挖内潜，大力压缩非生产性支出和管理费用，全局原煤总成本比上年降低1.4998亿元，保证了扭亏增盈目标的实现。

不断加快内部改革步伐，推进转换经营机制深入进行。1996年，进一步完善了生产主体、多种经营、后勤服务“三条线”管理，在剥离分流、切块经营的基础上，引入市场机制，对会计核算、内部价格、账表体系等基础工作，实行“三条线”分别核算、分别考核的运行机制，当年11月份，“三条线”管理试运转。1997年1月，局作出《全面实行“三条线”管理和以产定人安排意见》并正式运行，打破了内部“大锅饭”，全局内部核算单位增加到550个。3月1日，全局居民生活用水、电、气、暖执行国家指导价格，与市场价接轨，由暗补变明补，初步改变了职工生活福利实物分配的状况，促进了机制转换。当年，全局共减少后勤补贴2000多万元。1997年4月，局下发了《关于职工再就业管理试行实施办法》，成立再就业服务中心。8月，又下发了《关于推进以产定人工作的实施意见》，清退全民岗位上的非全民身份用工，鼓励机关和地面职工到生产一线。全局共清理全民岗位上的混岗人员3000多人，职工总数减到68989人，纯减在册4202人；局、矿（厂）机关管理人员由年初的7702人，减到3800人。建立了局、矿（厂）两级职工再就业服务中心，各单位采取发展多经、异地承包、劳务输出及鼓励下岗职工自谋职业等多种途径，安置下岗职工1911人。进一步深化各项配套改革，全局出售新旧住房20万平方米。职工养老保险在全局统筹的基础上，向社会化发放过渡，出台了医疗保险制度改革方案。1997年，在巩固剥离分流成果的基础上，完善了模拟法人管理机制，建立了内部模拟市场管理体系，形成了财务核算、基础管理及监督约束机制，分账核算、分线管理、分灶吃饭，基本形成了“三条线”管理格局，促进了经营机制的转换。全局230个切块经营单位，实行定额补贴的单位116个、11275人，减少补贴712万元；实行收支平衡或上缴利润的单位114个、7188人，增加利润615万元。机构编制和干部总数得到控制，对管理人员和专业技术人员进行了全面考核，完善了工效挂钩管理办法，改革了职工升级管理和经营者收入分配等制度。配套改革扎实推进。1997年10月，局审议通过了职工医疗保险试行办法，养老保险实行全局统筹调剂，建立了新的运行体系。同时完善了住房公积金制度和资金管理体制及相关制度，住房制度改革进一步深化。1997年12月25日，新三矿与三矿分离，在全局第一个实行新井新制。

依靠科技进步，加强高产高效矿井和区队建设，推进集约化生产。1996年，局制定了高产高效矿井建设规划，明确了工作目标、任务，各矿结合实际研究制定了落实措施，加快了高产高效矿井和区队建设。万年矿在上年建成省级高产高效矿井的基础上，瞄准部级标准，改善技术装备，大力开展采掘队“上纲要创水平”竞赛，对两个采煤队实行“四定一考核”，原煤产量达到了134.77万吨，全员效率达到2.31吨/工。全局建成高产高效采煤队22个、掘进队53个、运输区10个，有22个采煤队、55个掘进队上纲要，10个高档普采采煤队年产量达到40万吨。万年矿1301采煤队年产突破80万吨，再创全国高档普采新纪录。针对峰峰局煤软、顶板软、底板软的地质状况，下决心试行轻放采煤新工艺。轻型放顶煤支架在羊渠河矿试用成功后，又在五矿成功使用。1996年3月21日，峰峰局主研的轻放支架成果通过河北省煤炭局鉴定。万年矿、薛村矿、九龙矿、小屯矿等单位推行了煤巷锚杆支护工艺。生产准备进一步加快，九龙矿－400南翼总回、薛村矿三水平南正巷转移、小屯矿－300延深、二矿泉头二水平延深、万年矿北三回风下山等开拓延深工程和一些重点采区准备工程均完成了进尺任务。新井建设完成投资1.0913亿元，梧桐庄矿风井二期工程恢复施工，主副井排水工程开始；大淑村矿主副井筒到底，风井二期工程开工。1997年，进一步强化高产高效、集约化生产，大力开展采掘队“上纲要创水平”竞赛，全局有19个采煤队、50个掘进队上纲要；年产40万吨以上的采煤队9个，全局工作面单产达到2.6189万吨，比上年提高2796吨；回采效率达到11.315吨/工，比上年提高0.899吨/工。加快采掘设备更新改造，在4个工作面推广使用了轻放开采新工艺，轻放工作面单产达到4万吨，回采效率达到20吨/工。继续推广使用了大功率新型采煤机、煤巷锚杆支护和岩巷“三小”机械化作业线等新设备、新工艺，提高了技术装备水平；自筹资金，千方百计加快孙庄矿、三矿排水复产步伐，完成了孙庄矿南翼排水和新三矿堵水工作，并开始全面恢复生产的准备。新井建设完成投资1.6667亿元，大淑村矿井二期工程全面开工，梧桐庄矿井堵排水全部完成，恢复了全面施工。

轻放推广验收

坚持“安全第一，预防为主”和“管理、装备、培训并重”，不断强化安全管理。1996年，突出强化管理和责任落实，实行安全生产责任状，大力开展质量标准化会战、100项安全工程会战和百日安全活动。实施了《安全奖惩条例》和《安全管理若干规定》等一系列安全管理制度。广泛开展了学习、宣传、贯彻《煤炭法》活动，加强了法制教育。强化了职工安全教育培训，共组织培训215期，培训职工26929人。组织安全大检查8次，消除解决了许多安全隐患，防止了重大安全事故的发生。全年百万吨工亡率为0.74，比省下达的奋斗目标降低0.26。二矿于5月1日、牛儿庄矿于7月19日分别实现安全生产2000天，三矿、工程处实现安全生产1000天，五矿和各地面厂、施工单位实现了安全生产年。1997年，进一步严格安全责任制的落实，对发生事故的单位给予严厉处分。大力开展了整顿劳动纪律和各项安全教育，突出抓好瓦斯、煤尘等重大事故的预防和综合治理，使预防措施在各矿，尤其是瓦斯较大的矿井得到了全面贯彻落实。继续深入开展了100项安全工程大会战，加强了基础工作。开展了质量标准化“五个一”工程会战，完善了质量保证体系和工作质量控制，牛儿庄矿、五矿、九龙矿、小屯矿达到部级标准。坚持不间断安全检查，共组织8次大型检查，特别是12月份开展了以“一通三防”为重点的安全整顿月活动，收到良好效果。依法对小煤窑进行了治理整顿，加强了资源、资料管理。全局杜绝了重大事故，原煤工亡、重伤、轻伤和非伤亡事故均比上年有大幅度降低，百万吨工亡率0.35，比上年降低了0.39，并创出了连续安全生产211天、安全产煤571.7万吨的好水平。六十三处连续安全生产超过2000天，有9个矿实现安全生产年。

加快结构调整，促进多种经营发展。峰峰局把解决所有问题的关键放在发展上。1996年，局党政提出以两个根本性转变为指导，更新发展思路，依托煤炭优势，立足现有基础，通过存量资产的流动和重组，对多种经营单位实施战略性改组和改造，优化国有资产分布结构、组织结构和投资结构，择优扶强，优胜劣汰，促其上规模、上档次、上水平，提高产品的技术含量、附加值和市场占有率。扩大外联，加快引进资金、技术和项目，走出矿区，迈向社会大市场，促进多种经营实现跳跃式发展。完善了项目投资管理办法和项目评审制度，推行项目负责人制和包建合同管理，建立了多经企业扭亏增盈目标责任制，开拓

羊渠河焦化厂

市场促销售。狠抓多经企业机制转换，羊渠河矿对11个厂点实行租赁经营，4个厂点实行内部股份合作制。加快项目开发，孙庄矿矸石热电厂于1996年11月15日通过验收发电，四矿焦化厂、通二矿集热管厂建成投产，羊渠河焦化厂主体工程完工，九龙矿矸石热电厂、马头洗选厂尾煤电厂完成前期准备。1997年，坚持以市场为导向和效益为中心，把工作重点转到“三改一加强”上，调整结构，强化管理，提高经济增长质量和效益。5月8日，局召开多种经营“管理效益年”动员大会，要求实现多种经营整体不亏损。通过开展“管理效益年”活动，加强了多经单位的计量检测、质量认证和标准化建设，促进了扭亏增盈。全局多经企业实现盈利1000万元，其中国有多种经营企业盈利932.4万元，7个地面厂比上年增盈减亏670万元；施工单位实现利润300万元，比上年减亏增盈1660万元。8月9日，局下发了《关于发展股份制合作制企业（试行）的意见》，按照“抓大放小”的方针，深化多种经营内部改革，促进转换机制。羊渠河矿、通二矿、薛村矿等单位对30多个多种经营、集体企业厂点进行了股份制合作制改革。抓好项目建设，四矿建筑陶瓷厂一期工程和焦化厂二期工程正式投产，羊渠河焦化厂一期工程接近尾声，三矿矸石热电厂投入生产，九龙矿矸石热电厂于7月1日开工兴建。

两年中，经过各级党政和广大干部职工的共同努力，战胜了各种困难，生产经营、改革发展、职工生活水平均取得了优良成绩。1996年，原煤产量完成1077.0013万吨，超计划102万吨，比上年增产15万吨；精煤产量完成406.42万吨，超计划41.42万吨，比上年增产14.89万吨，创1989年以来的最好水平；开拓进尺完成7039米，超计划1439米；煤炭销售总量完成889.6481万吨，精煤销售量完成405.8033万吨；全年消化增支因素1.5亿元，保持了扭亏增盈的良好势头；有12个矿、8个厂完成了盈亏考核指标，2个矿、1个厂减亏增盈。多种经营产值完成7.8亿元，其中全民产值4.8324亿元，集体产值2.9676亿元；多种经营项目在建规模达到2.4亿元，当年完成投资1.2亿元。减人提效、剥离分流取得积极进展，全局230个独立核算、独立经营分流单位共分流18463人，其中实现自养7188人；纯减在册1968人，全员效率达到1.75吨/工；职工生活继续改善，全局住房建设新开工12.1万平方米，竣工9.6万平方米；职工人均收入达到7413元，比上年增加1055元。1997年，峰峰局在孙庄矿、三矿被淹停产及市场疲软、资金紧张的情况下，经过艰苦奋战，原煤产量完成1002.8326万吨，比上年减产74.1687万吨，扣除孙庄矿和三矿减产116万吨的因素，比上年增产41.8313万吨，全员效率达到1.81吨/工；精煤产量完成335.78万吨，比上年减产70.46万吨，主要原因是孙庄矿、马头洗选厂因肥煤配洗减少影响精煤产量74万吨；煤炭销售总量完成792.805万吨，精煤销量完成334.4195万吨；扭亏增盈取得成效，全局实现利润1014万元，完成煤炭部下达的考核计划。经济增长质量提高，原煤完全单位成本完成97.61元，其中吨煤材料费降低1.77元，吨煤工资降低8.87元，吨煤电耗下降0.21元，全局管理费1.1亿元，比上年降低3000万元。多种经营产值完成8.5亿元，比上年增加0.7亿元，其中国有产值5.905亿元，集体经济产值2.595亿元，全局多种经营企业实现盈利1000万元。4个施工单位实现扭亏为盈，比上年减亏增盈1635万元。职工人均收入达到7514元，比上年增加101元；职工住房新开工面积10.5万平方米，竣工面积12万平方米，职工生活进一步改善。

局党委和基层党组织认真贯彻落实党的十四届四中、五中、六中全会和十五大精神，围绕推进两个根本性转变和实施企业“九五”改革发展目标，以实现扭亏增盈目标为主线，大力加强党的建设和思想政治工作，为完成企业的各项任务，夺取两个文明建设的新成果提供了强有力的政治、思想和组织保证。

强化科学理论武装，为促进两个根本性转变和企业改革发展扫除思想障碍。两年中，各级党组织狠抓中心组和党员干部的理论学习，强化培训教育，用科学理论武装人。深入学习邓小平理论、江泽民同志《关于讲政治》、《努力建设高素质的干部队伍》等重要讲话，深入学习宣传贯彻党的十四届四中、五中、六中全会和十五大精神，认真学习《煤炭法》和社会主义市场经济理论知识，引导干部职工进一步解放思想转变观念，提高思想政治素质和适应市场经济、促进改革发展的能力。1996 年，局党委进一步完善学习制度，加强指导和考核，举办了矿处级领导干部轮训班，培训 365 人，参培率达 95.1%，选送 25 名领导干部参加了省部级党校、干校学习进修；举办了党支部书记培训班，培训 324 人。各单位通过党员干部培训、理论研讨、选拔人员外出培训进修、实地考察、专题考试等形式，不断深化学习。1997 年，局党委和基层党组织进一步强化党员干部的学习培训，以邓小平理论、党的十四届六中全会《决议》、加强国企党的建设和市场经济知识为重点，对 329 名矿处级领导干部进行了培训。党的十五大召开后，局党委及时作出安排部署，强化学习宣传贯彻。在局党政领导带队学习考察山东诸城等地改革经验后，专题召开了全局矿（厂）长、党委书记学习十五大精神座谈会，交流学习体会，联系实际谈企业改革发展的方向目标和思路。组织了十五大精神辅导团到各单位巡回宣讲。各单位普遍采取学习交流、理论研讨、办班培训、体会展评等形式，掀起了学习贯彻十五大精神的热潮。

两年中，局党委全方位、全过程参与企业改革方案、扭亏增盈措施、重要资金计划、安全生产管理等重大决策的制定和实施，把改革和生产建设中的热点、难点作为工作的重点。针对孙庄矿、三矿被淹停产的困难情况派出工作组，稳定职工情绪，引导职工振奋精神、战胜困难。针对水电气暖调价、困难职工生活、下岗职工再就业和实行医疗保险制度改革等涉及职工利益的重大问题，积极开展调查研究，听取意见建议，帮助解决问题。

进一步强化党的建设，切实增强党组织的凝聚力、战斗力。1996 年，深入开展了“三学三查三克服一坚持”活动，加强党性党风和民主集中制再教育，严格两个《议事规则》的落实，坚持同领导干部谈话制度，提高班子民主生活会质量，促进班子团结，提高执行党的组织原则和政治纪律的自觉性。对 17 个单位的领导班子进行了充实调整，任免干部 71 名，38 名文化程度较高的优秀中青年干部走上领导岗位。通过局党校培训、到基层锻炼、轮岗交流等形式，加强了青年后备干部的培养锻炼。1997 年，进一步抓好领导班子的思想建设，举办领导干部培训班，选派人员外出进修，提高思想政治素质和能力。制定了《关于提高对口单位领导干部民主生活会质量的意见》，健全和坚持领导干部谈话制度，增强了班子内部各负其责、团结协作、自我协调解决内部矛盾的能力。把对二级单位领导班子的民主评议与考察调整结合起来，加大对亏损单位的考核力度。通过民主评议、公开荐贤、征求意见，调整充实了 15 个单位的领导班子，共任免干部 106 名，47 名优秀年轻干部被选拔到领导岗位，使班子的整体结构更趋合理，整体素质进一步提高。

不断强化基层党支部建设。1996 年，加强了多种经营和集体企业的党建工作，剥离分流单位都及时建立了党的组织。加强了党员队伍建设，按照“坚持标准、保证质量、改善结构、慎重发展”的方针，共发展党员 781 名。进一步规范和加强了党员的教育管理，制定了党员电化教育制度，努力提高党课教育质量。认真开展了民主评议党员、争先创优和“评选树”活动，促进了党员作用的发挥，增强了党组织的战斗力。局党委再次被河北省委命名为“先进基层党组织”。1997 年，紧紧抓住企业深化改革和扭亏增盈中心，大力实施“凝聚工程”，广泛开展了“班子带好头、领导做表率、党员当模范”和“三争”（争创“五好”班子、优秀公仆、模范党员）活动，通过层层推荐、逐级评选、公开投票，选出 5 个“五好”班子、10 个先进党委、10 名优秀公仆，并进行了大力表彰，激发了党员干部的光荣感、使命感。开展了“树三观、做表率”党建主题演讲、征文、研讨系列活动，演讲团到 32 个单位演讲，增强了党员干部的宗旨意识和职工艰苦奋斗、爱岗敬业、实干拼搏、共渡难关的意识。在调整充实基层党支部的同时，对 655 名党支部书记进行了岗位培训。加强了支部上等级、检查考核评议工作，召开了全局党支部建设经验交流会，提高了基层党支部工作水平，促进了党支部战斗堡垒作用的发挥。加强党员队伍建设，发展党员 711 名，强化了党员的教育培训，提高了党员队伍的整体素质。

各级党组织充分发挥思想政治工作的优势，凝聚职工的精神和力量。紧紧围绕扭亏增盈，根据外部市场环境差、内部资金匮乏等诸多困难，广泛深入地开展了“艰苦创业，爱岗奉献”主题教育活动，充分利用各种宣传教育形式和宣传阵地，大力开展形势任务教育。1996 年，围绕“效益、改革、管理、发展、稳定”工作主线，积极探索市场经济条件下思想政治工作的新路子，通过各种宣传教育途径，向职工讲形势、亮家底、明任务、鼓干劲，把生产经营的任务和压力传递到每个职工。通过开展“议创”、“双增双节”“五杯”劳动竞赛等活动，激励职工以实际行动为实现各项任务目标作贡献。局成立了扶贫帮困小组，深入到特困、亏损单位帮助工作。各单位党组织采取各种教育方法，引导职工与企业共患难，千方百计克服困难闯难关，完成了各项任务，彰显了全局职工顾全大局、不畏艰难、团结协作的精神风貌。1997年，根据深化改革不同阶段的工作重点，加大了对实行“三条线”管理、以产定人、下岗分流、水电气暖调价、职工医疗保险制度等涉及职工切身利益的改革宣传教育力度，把改革的政策向大家讲清楚，开展了“‘三条线’管理大家谈”、“转变观念大讨论”等系列宣传教育，促进了各项改革的顺利进行。围绕完成各项任务目标，局党政作出了《关于发扬艰苦奋斗优良传统，推动企业改革发展的决定》，全面开展了劳动竞赛、技术练兵比武、攻关创效、“双增双节”、提合理化建议等活动，有力地促进了各项目标的实现。

坚持两手抓、两手硬的方针，扎实推进精神文明建设。1996年，根据党的十四届五中、六中全会精神，局党委制定了《关于“九五”期间加强社会主义精神文明建设的意见》，明确了精神文明建设的11项重点工作。坚持重在建设，召开了“六好区队”建设现场交流会，推行了服务窗口创优评选、服务承诺活动，选树了“十佳”班组长和职工明星，在职工中开展了“树三观、讲三德”教育活动，提高了职工的思想道德素质，推动了全局队伍建设的开展。1997年，把规范职工的职业道德作为精神文明建设重要内容，层层制定了各工种岗位职业道德规范和文明守则，深入开展了以讲文明用语、优质服务承诺制、评选岗位明星为主要内容的“讲文明、树新风”活动，促进了职业道德的养成。8月，局党委决定在全局开展创建文明矿活动，把创建文明矿作为推进精神文明建设的有效载体，组织召开了专题座谈会、交流会，研讨交流新形势下创建文明矿的经验和思路，明确了考核细则和办法，突出抓好示范点建设，带动了全局文明矿建设的深入开展。全面开展了创建文明小区、文明街道、文明家庭等活动，为企业生产经营和职工生活创造了良好的社会氛围。利用重大节日和香港回归、党的十五大召开等重大事件，举办了一系列颇具声势、丰富多彩、寓教于乐的纪念庆祝活动，激发了职工投身于企业改革发展的积极性。

党风廉政建设不断加强。1996年，通过举办“廉政之光”文艺汇演、百题知识竞赛、专题演讲会、选树勤廉典型、学习党纪条规等形式，深化了党风党纪教育。坚持不懈抓好领导干部的廉洁自律，各级班子普遍召开了廉洁自律民主生活会，增强了勤政为民的自觉性。加强了案件查处工作，共接受来信来访举报430件次，通过核实，立案60件，结案52件，给予72人党政纪处分。狠抓了专项治理和纠风工作，清理截留职工工资奖金和私设“小金库”问题51个，严肃了财经纪律，维护了职工利益。坚持业务招待费向职代会报告制度，狠刹公款吃喝风，对477名领导干部的住房情况进行了摸底排查，限期解决住房超标问题。制定了领导干部配备小汽车的规定，对所有超标小汽车进行了处理。1997年，继续抓好领导干部的廉洁自律，各级班子按规定召开廉洁自律民主生活会，认真开展批评和自我批评，自查自纠，查摆出6个方面543个问题，纠正了534个。狠抓了违纪案件的查处，共收集案件线索117件，立案54起，结案51起，对63人给予党政纪处分。严格招待费支出，制止了不必要的庆典活动，压缩会议，减少不必要的支出。全面清理了通讯工具，按规定封存了134部移动电话和寻呼机。加强了对小汽车的管理，按规定封存了80辆小汽车。对截留职工工资奖金、私设“小金库”、企业技术资料流失、为小煤窑非法开采提供条件、建筑承包中的不正之风等问题，进行了清理纠正，挽回了经济损失，维护了企业和职工利益。

充分发挥职代会和工团组织的作用，推进民主管理，调动了职工的主人翁积极性。1996年，局党委切实加强对职代会和工团组织工作的领导，定期专题研究和解决工作中遇到的问题和困难，支持和指导其积极开展工作。深入贯彻《劳动法》，进一步健全了平等协商、集体合同制度，全局27个单位签定了集体合同，为建立稳定协调的劳动关系提供了法律保障。修订了《劳动争议调解委员会组织及工作规则实施细则》，建立了四级调解网络，处理了大量的劳动争议纠纷。进一步推广和深化了职工参事员、职工代表视察、职工代表联系点和职代会观摩等行之有效的民主管理形式，民主管理向车间、班组延伸。推行了行政区科经济状况发布会制度，增加了透明度。1997年，修订完善了集体合同文本，实施了集体合同履行情况检查通报和向职代会报告制度，促进了集体合同的落实兑现。坚持做到企业改革发展和职工福利的重大问题提交职代会审议通过后实施，制定和落实了局职代会《关于民主评议企业领导干部的实施办法》，坚持对科级以上领导干部进行民主评议和监督，评用结合，对个别政绩差、群众评议不称职的领导干部按规定进行了处理，促进了干部作风的进一步转变。加强了区队（车间）的民主建设，13 个矿（厂）推广了区科经济发布会制度，21 个单位推行了职工代表联系点制度，职工民主管理向深层次发展。

在企业困难、不稳定因素增多的情况下，局坚持维护企业安定团结的政治局面，积极推进改革发展。1996 年，局、矿（厂）进一步建立和完善了稳定工作领导体制，逐级落实稳定工作责任制。针对深化改革和利益格局调整过程中职工思想上产生的新问题新情况，充分利用多种形式，广泛开展深化改革、转换机制政策和意义的宣传教育。坚持做好稳定工作与解决职工的实际困难相结合，体察职工疾苦，关心群众生活，广泛开展了“送温暖工程”和青年志愿者“阳光工程”等活动，通过“献爱心”捐助活动等渠道，多方筹集“送温暖工程”资金。1996 年 1 月 13 日，局召开专题发动会，号召全局向特困职工捐款。建立贫困职工档案，定期发放救济款，22 个单位推行了职工互助补充保险。在 8 月份遭受特大暴雨洪灾、企业和职工生命财产受到严重威胁的情况下，各级党政心系职工的安危冷暖，深入抢险救灾第一线，在较短的时间内，千方百计解决了受灾职工群众的食宿问题，保障了受灾职工的基本生活。在企业和职工非常困难的情况下，还动员职工为邯郸市受灾地区捐款 182 万元，为维护社会稳定作出了贡献。进一步加强信访工作，充分发挥信访网络的作用，超前预测，努力把重大信访问题控制在基层，解决在萌芽状态。坚持“分级负责、归口办案”，局、矿（厂）领导亲自接待来访群众，做好思想工作，共接待群众集体访 39 批、2138 人次，妥善处理了各类问题。全局狠抓了社会治安综合治理工作，深入开展了“严打”斗争，加大本局“破大案、抓逃犯、打团伙”力度，共破大案要案 21 起，收缴各类非法枪支 223 支，局被邯郸市评为“先进集体”。1997 年，针对内外矛盾交错、稳定任务繁重、工作难度大的实际，局党委召开专题会议，周密部署稳定工作，层层落实稳定工作责任制，特别在邓小平同志逝世、香港回归、党的十五大召开期间，把中央和上级抓好稳定的要求逐条落到实处，做了大量工作，确保了企业和社会稳定。5 月份开始，全局推行了领导干部联系职工生活困难户制度，广泛实施了以“三会一社”（职工互助储金会、职工互助保险基金会、帮困基金会，职工消费合作社）为依托的“送温暖工程”，为困难职工提供了多方面经常性的义务服务，解决了许多实际困难。积极实施“再就业工程”，通过办班培训、就业指导、劳务输出、资金扶持、帮助办理免税经营许可证等方法，支持下岗职工走向市场、自谋职业。加大了日常信访工作力度，开展了无越级上访竞赛、不稳定因素排查化解和劳动争议调解工作，有效控制了多起越级上访。狠抓治安综合治理，实施了“安宁工程”和“创建综合治理模范单位（部门）”活动，开展了治安隐患大排查、全方位治安联查和整治工作。深入开展“严打”斗争，共破获刑事案件 43 起，查处治安案件 18 起，打掉犯罪团伙 4 个，打击违法犯罪分子 85 人。强化了民兵组织应急训练和治安巡逻，维护了企业和社会稳定。

第三章　艰苦奋斗保生存求发展（1998 年— 2001 年）

1998 年至 2001 年是峰峰局加快体制转变，跨入 21 世纪的关键期，同时也是发展史上最为艰苦、经受磨难的考验期。这个时期，亚洲金融危机爆发，国内宏观经济形势发生了重大变化，短缺经济在大多数领域已基本结束，煤炭市场由卖方市场全面转向买方市场，价格持续低迷，企业发展的市场制约因素越来越突出；国家推进改革的方式发生深刻变化，抓大放小，对国有企业实施战略性改组，支持强强联合，存量资产主要通过兼并、收购、破产等方式进行重组，国有重点煤矿下放地方管理，彻底把煤矿推向市场，企业优胜劣汰机制越来越明显；宏观调控手段发生重大变化，从增加投资刺激消费拉动生产，转向支持重点企业，利用多渠道融资解决发展扩张的资金问题。作为国家确定的520户重点企业，峰峰局面对新形势、新问题、新任务，立足当前，着眼长远，认真研究制定“九五”后三年改革与发展的总体设想。积极应对亚洲金融危机对煤炭市场带来的持续低位运行状况，坚持以市场为导向，以经济效益为中心，以扭亏增盈为目标的工作方针，解放思想，开拓进取，着力推进两个根本性转变，调整完善企业所有制结构，转换经营机制，转变经济增长方式。正视矿区衰老、开采条件差、原煤增产增效困难、精煤减产减收、各种硬性增支因素极大的现状，面对一批矿井资源枯竭、亏损严重，孙庄矿、三矿透水被迫停产后的严峻现实，克服煤难卖、款难回、用户条件苛刻、职工连续支付最低工资的困难，艰难探索企业生存发展之路。坚持外拓市场、内强管理，抓好主业、增产增收的工作重点，加快梧桐庄矿、大淑村矿两个新井建设步伐，开展扭亏解困和管理效益年、“外学邯钢、内学通二，降成本、提效益”活动，艰苦奋斗，勤俭节约，促进减亏增效。推进技术进步走高产高效路子，巩固和发展轻放综采、综掘工艺，全局4个矿的5个队获得了“全国煤炭行业创水平采掘队”称号，轻放支架采煤创出了全国纪录，彰显了峰峰局科技兴企的精神和实力，使全局原煤产量保持在了千万吨水平。在资金极为紧张的情况下，对邯郸洗选厂、马头洗选厂和九龙矿洗煤厂进行了建局以来第一次大规模的技术改造，使洗煤工艺由跳汰工艺发展到重介工艺，提高了煤质，降低了灰分，提高了精煤市场的竞争力。深化改革，加快结构调整和资产重组，积极稳妥推进资源枯竭矿井的关闭破产工作，为企业下一步的改革和关闭破产工作积累了经验。因地制宜发展接续和替代产业，发展多种经营，启动九龙矿矸石热电厂、羊渠河矿焦化煤气电厂、四矿建筑陶瓷厂等一批新的多经项目，为企业扭亏解困培育了新的经济增长点。转换经营机制，推进三项制度改革和主服分离，促进了后勤服务向企业化经营转变。提高劳动效率和经济效益，实施下岗分流、减员增效和再就业工作，开辟新的就业途径，多渠道筹措资金，保证了下岗职工的再就业和基本生活，维护了企业稳定。大力开展安全整顿，落实安全第一方针，强化安全责任制的贯彻执行，安全状况保持了稳定。因地制宜，绿化矿山，全局6个单位获“全国煤炭系统造林绿化先进单位”称号。

在困难形势下，党建和思想政治工作为企业扭亏脱困提供了精神动力和环境氛围。局党委相继开展了解放思想、转变观念大讨论和“鼓斗志、闯难关、抓扭亏”等主题教育，运用各种媒体和形式宣传造势，振奋精神、鼓舞斗志、理顺情绪、化解矛盾。引导职工坚定“只要精神不滑坡，办法总比困难多”的信念，树立“岗位连着市场，市场就在岗位上”的观念，把思想统一到了企业扭亏解困求生存上来。强化稳定工作，加强信访接待，畅通信访渠道，积极稳妥地疏导、解决、处理了大量的上访事件和矛盾纠纷。搞好扶贫基金贷款和下岗职工再就业自救基地建设，实施“送温暖工程”，为职工解难事、办实事，为企业改革脱困创造了良好的内部环境。

各级党组织在关系企业生存的关键时刻，充分发挥政治核心作用、战斗堡垒作用和党员的先锋模范作用，为保生存、求发展作出了积极的贡献。各级领导干部切实转变作风，进行专项调研，带头深入现场、走向市场，分兵出击催要款项，带头艰苦奋斗、过紧日子，主动与上级领导和有关部门协商，解决制约企业销售难、回款难等问题。这四年，峰峰局探索实践了一个老国有企业在资源衰竭、包袱沉重、市场严峻形势下的生存发展和改革脱困之路，为在新世纪健康、协调、可持续发展奠定了基础，提供了宝贵的经验。

第一节　拓宽渠道挖潜增效　积极应对市场困境
（1998年）

1998年，国家不再给煤炭企业亏损政策，煤炭部对峰峰局的考核指标为亏损2500万元，但不给补贴。煤炭工业进行体制改革，3月份，煤炭部撤销，成立国家煤炭工业局。8月，峰峰局下放归属河北省管理。

受亚洲金融危机的影响，这一年，峰峰局面临着严酷的市场态势。煤炭总量过剩，煤炭市场由过去的卖方市场转为买方市场，企业外欠款居高不下，煤炭产品结构不适应市场要求，潜伏着失去传统市场的危机。部分单位亏损严重，孙庄矿、新三矿恢复和保证安全生产需要继续投入，实现盈亏平衡还有1.3亿元的缺口。随着改革的深化和以产定人、减员增效等工作力度的不断加大，企业新的经济增长点还没有形成规模，难以为下岗职工提供充分就业机会。尤其是管理体制、经营机制还不能完全适应市场经济体制要求，人们的思想还没有完全从传统观念的束缚中摆脱出来，更使峰峰局的改革举步维艰。

按照党的十五大和中央经济工作会议精神及全国煤炭工作会议要求，峰峰局提出了"九五"后三年改革与发展的总体设想，提出要坚持以市场为导向，以经济效益为中心，以扭亏增盈为目标，解放思想，开拓进取，着力推进两个根本性转变，力求在调整完善企业所有制结构、深化改革、转换经营机制方面取得新突破，在转换经济增长方式、优化结构、强化管理、技术进步、安全生产方面取得新进展，巩固和发展扭亏增盈成果，实现企业经济状况明显改善，整体素质显著提高，促进两个文明建设协调发展。强调要以经济效益为中心，大力开拓市场，强化内部管理，继续抓好扭亏增盈工作；按照建立现代企业制度的方向，加快改革步伐，转换经营机制；依靠科技进步，加快技术改造，推进高产高效矿井建设，实行集约化生产；大力推广发展轻放工艺，把采煤主导技术提高到一个新水平；强化生产准备，确保采掘协调，增强发展后劲；抓好矿井基本建设，加快速度，确保工期和质量，提高投资效益；调整经济结构，发展非煤产业，提高多种经营的经济增长质量和效益；以防止重大事故为重点，从严管理，从严要求，促进安全生产持续稳定好转；加强领导班子建设，全心全意依靠工人阶级，做好思想政治工作，使改革、发展、稳定统筹兼顾，互相促进。

由于买方市场的形成，煤炭市场供大于求，煤炭生产销售受到严重制约。1998年春节期间峰峰局停产20余天，煤炭销量减少41万吨。2月19日，局召开扭亏为盈动员大会，下发了《关于1998年实现扭亏为盈的安排意见》，各单位与局签定了扭亏增盈责任状。3月25日，局通报生产经营严峻形势，要求广大职工认清形势，顾全大局，团结拼搏，共渡难关。4月21日，局又召开扭亏增盈紧急会议，贯彻全国煤炭工业扭亏增盈紧急会议精神，提出按照"以经济效益为中心，以扭亏增盈为目标"的方针，集中精力抓好"深化企业改革，加快转换经营机制；加快推进减员增效、下岗分流、实施再就业工程，坚决把富余人员减下来；推进科技进步；加强企业管理和成本控制，深入挖掘企业内部潜力"等四项工作，采取强有力的措施遏制亏损局面。号召全局广大职工认真贯彻落实煤炭工业紧急会议精神，正确认识企业面临的严峻形势，统一思想，振奋精神，坚定信心，迎难而上，自立自强，适应市场，坚定不移地完成扭亏增盈任务。会上还下发了《关于采取果断措施，主动适应市场，做好全年生产经营工作的意见》。全局各单位积极行动，一切围绕市场转，一切围着效益干，狠抓扭亏增盈责任制的落实，严格考核，严明奖惩，实行盈亏否决、成本否决，发扬艰苦奋斗优良传统，眼睛向内，挖掘内部潜力，大力压缩非生产性支出。8月，局实现当年第一个盈亏平衡月。9月，局成立扭亏增盈稽查小组。10月，局又下发《各单位抓紧编制1999年至2001年扭亏解困规划的通知》，全局上下统一思想，统一认识，坚定信心，明确责任，全力实施扭亏解困战略。这年，全局共封存小汽车106辆，收缴移动电话32部。与上年比，全局管理费节支2000万元，招待费压缩了近一半，后勤补贴减少2000万元。全局在煤炭产量大幅下降、固定成本相对增加的情况下，原煤制造成本比上年降低4.58元，节支3000多万元。通过强化管理，节支降耗，全年共消化增支因素1亿多元。

签定责任状

积极适应市场变化，加强营销工作，努力开拓市场。这一年里，峰峰局煤炭销售困难重重。南部武钢等用户停装70天，北部包钢等用户停装65天，当地邯钢等用户停装52天。特别是6月份，武钢、包钢南北这两大块市场基本处于停销状态，邯钢从3月初到4月下旬也处于停销状态，由此造成路运量比同期减少16.7万吨，产销量比同期减少46万吨。再加上煤炭市场无序，致使局煤炭产销量大幅下降，库存增加，一些矿井和洗煤厂被迫停产。万年矿停产9个月，电煤库存达50多万吨。为适应市场变化，扭转被动局面，局领导班子带队深入市场开展调查，征求用户意见，研究需求变化，适时调整营销策略，大力开拓市场。当年在武汉、北京、邯郸等地建立了销售部，新开辟了鄂钢及上安、湛江、宁波、景德镇、邢台等新用户。各单位主动出击找米下锅、催要款项。薛村矿、羊渠河矿、九龙矿等单位，面对残酷的市场竞争，矿领导多次带队外出跑市场，千方百计找用户，相继开辟了一批市场。为保市场，全局加强了煤炭质量管理，生产矿井采取煤层配采、加强选矸、改革生产工艺等措施，降灰提质。在资金十分紧张的情况下，千方百计挤出资金，对薛村矿、牛儿庄矿的装车线进行技术改造。投资1819万元对马头洗选厂进行重介改造，将跳汰洗选改为粗精煤重介选煤，当年进入试运转。

根据河北省、邯郸市关于对下岗职工再就业工作的要求，峰峰局坚持深化内部改革，实施下岗分流、减员增效和再就业工程，促进机制转换。9月，局制定下发《关于主副分离、主服分离的若干意见》、《关于完善再就业服务中心建设和规范托管下岗职工程序的通知》，按照“先建立、后规范，先托管、后剥离”的原则，要求各单位和局机关分流经营性单位，9月10日前做到机构到位、职责到位、人员到位、资金到位、挂牌运行。10月，局下发了《关于推进减员增效实施再就业工程的安排意见》，确定了1998年至2000年全局减员增效、下岗分流的目标、任务和工作重点、政策措施等。各单位按照要求，结合本单位实际，研究制订方案，稳步组织实施，全局当年纯减在册2670人，分流下岗17656人，两级机关精简分流600人，多途径安置下岗职工再就业10738人。永安公司（原三矿）利用闲置厂房、场地和设施，鼓励下岗职工自找出路，有29名下岗职工自谋职业，办起养殖场、饲料加工厂等，促进了再就业。四矿从企业内部改制入手，对采矿公司实行国有民营，全员下岗后双向选择，竞争上岗，公司人员由原来的1240人精简到420人，原煤成本比同期下降51.8元/吨，当年采矿公司比上年减亏增盈1122万元。钢铁厂对生产车间实行以效定人，富余人员下岗分流，全厂在岗职工由原来的653人精简到488人，吨铁成本比同期降低，比上年减亏增利960万元。通二矿、羊渠河矿、五矿、永安公司等单位在放开搞活小企业方面进行了探索，取得了新的进展。同时采取改组、联合、兼并、租赁、承包、股份合作制、出售等多种形式，放开搞活多经、后勤单位。以1998年为分离点，在高产高效建设的基础上，局将电厂、焦化厂等大型骨干厂点和工业广场内为主体直接服务的生产澡塘、班中餐食堂等划归主体，其他多经、后勤单位组建实业公司，作为相对独立的经营实体。分离工作做到领导到位、资产分清、财务分账、人员分开。10月份完成了对多经、后勤与主体的分离任务。当年，多经系统有32个厂点进行了改制，其中有16个厂点实行了股份合作制。

紧紧抓住煤炭生产主体，依靠科技进步，促进煤炭生产向集约化转变。局坚持开展高产高效矿井建设，在资金十分紧张的情况下，千方百计保证必要的生产投入，发展轻放采煤工艺，推动煤炭生产经济增长方式的转变。当年新上轻放工作面4个，全局使用轻放支架的采煤工作面达到8个，回采机械化达到91.3%以上，掘进装载机械化为97.41%。其中综采（包括轻放）达到31%。综采（包括轻放）产量占全局原煤总量的30%以上。全局回采工作面单产达到2.77万吨，比上年提高1500吨，其中轻放工作面单产达到3.5万吨；回采效率达到11.7吨/工。生产准备完成开拓进尺8199米，超计划2899米。薛村矿、黄沙矿、二矿等重点工程和重点采区准备都较好地完成了进尺任务。新三矿和孙庄矿相继恢复了生产。新井建设完成投资1.34亿元，梧桐庄矿新井建设较好地完成了施工任务。

深入开展管理效益年活动，促进多种经营扭亏增盈。为适应市场竞争，保生存、求发展，局党政领导带领各矿主要领导和局机关部分处室的领导到邯钢学习取经。借鉴邯钢经验，强化管理，以多种经营为重点，狠抓扭亏解困工作。当年，全局多经企业实现盈利，其中全民多经企业盈利2000万元，7个地面厂比上年减亏增盈1363万元。钢铁厂、建材厂、制品厂3个亏损大户通过强化管理、转换机制，都实现了大幅度减亏。羊渠河焦化厂一期工程投入生产，四矿建筑陶瓷厂二期工程投入试生产，九龙矿矸石热电厂主体工程基本完工，为多种经营的发展提供了新的经济增长点。

在市场环境恶劣、经营形势极其困难的情况下，1998年全局原煤产量完成879.3万吨，比上年减产123.5万吨；精煤产量完成286.7万吨，比上年减产49万吨。无烟煤库存降低29万吨，电煤库存增加25万吨，精煤库存增加2万吨。由于煤炭销量大幅度减少，煤价下跌，销售收入大幅度下降，再加上各种硬性增支因素的影响，全局亏损7404万元。原煤制造成本93.03元，比上年降低4.58元。多种经营完成总产值9.4亿元，比上年增加0.9亿元，增长3.3%；其中国有产值7.06亿元，增长9.1%，集体产值2.3422亿元。安全状况保持稳定，全局杜绝了重大伤亡事故，百万吨工亡率0.4。在3月份召开的全国煤炭系统绿化工作会议上，局机关、五矿被授予“全国煤矿造林绿化‘四十佳’单位”称号。

局党委面对急转直下的煤炭销售形势和下岗分流、减员增效引发的各类矛盾，充分发挥党组织的政治优势，有针对性地、深入细致地做好思想政治工作，确保人心不乱、队伍不散、斗志不减，促进企业深化改革与扭亏增盈。在全局开展了“如何适应市场、如何开拓市场”的学习研讨活动，使全体干部进一步加深对市场经济的认识，增强了“企业不消灭亏损，亏损就消灭企业”的危机意识。围绕团结、稳定、鼓劲，大力宣传企业面临的困难形势与任务，宣传局改革与扭亏的政策措施，开展“适应新形势、树立新观念、再创新业绩”主题教育。在市场突然发生变化、职工思想一时难以适应的关键时刻，局党委于6月及时作出了《关于当前进一步加强思想政治工作的意见》，引导职工认清形势，振奋精神，理顺情绪，化解矛盾，树立与社会主义市场经济相适应的新观念。按照“一岗双责”的要求，广泛开展艰苦细致的思想政治工作，组织形势任务系列党课宣讲团到基层巡回宣讲，深入开展“岗位连着市场、市场就在岗位上”的大讨论，动员广大职工积极投身于“讲政治、顾大局、保增长、作贡献”的活动中。捐款捐物，用实际行动支援灾区，引导职工把抗洪精神转化为改革与扭亏的巨大动力，把思想统一到对企业困难形势的正确认识上来，统一到自立自强、勇闯难关上来，统一到扭亏增盈的各项措施上来。九龙矿党委针对销售极其困难、地面职工连续7个月开最低工资的实际，开展困难形势下思想政治工作的方法途径与对策实践研讨活动，加大形势任务宣传力度，相继编发了“路在何方”、“资金哪里去了”、“生产经营为什么这样难”等宣讲提纲，解疑释惑、鼓舞斗志。羊渠河矿党委面对严峻的煤炭销售市场，一方面发动全矿干部职工献计献策，一方面将矿党政领导带队跑市场的情况，融入形势任务教育中，用事实引导职工，理顺了情绪，凝聚了力量。

全局各级党组织积极参与企业重大问题的决策和奋斗目标的实施，按照中共中央《关于进一步加强和改进国有企业党的建设工作的通知》要求，依据中组部《关于深化国有企业改革中党组织设置和领导关系等有关问题的通知》和河北省委组织部一系列文件精神，切实把提高参与企业决策的质量作为发挥政治核心作用的着力点。局党委下发了《关于进一步发挥党组织政治核心作用，率领全局职工克服当前困难的若干意见》，组织学习邓小平理论、党的十五大报告、新《党章》，深入开展了以系列党课为重点的思想教育活动、以争创“五好班子”为重点的“三争”活动、以心连心为重点的关心职工活动、以挖潜增盈为重点的攻关创效活动等，增强了党组织的凝聚力和战斗力。按照党的十五大要求，局党委着眼于企业的现实和发展，提出了改革发展中应把握和坚持的基本原则，拟定了企业生产经营、职工思想状况、职工生活状况、下岗职工再就业、企业改革、党风廉政建设等六个方面的调研课题，深入基层调查研究，提出了一系列有针

团员义务奉献

再就业服务站挂牌

对性的意见和建议，为全局深化改革和扭亏工作提供了可资借鉴的思路。各级政工部门坚持基层联系点、思想政治工作服务站工作制度，及时反映存在问题，协调解决实际困难，促进了各项工作的开展。

针对企业面临的内外部困难，局党委主动出击，迎难而上，始终把稳定作为大事来抓。通过开展形势任务教育，理顺职工情绪；落实稳定责任制，各级政工干部分片包干、党员干部联系到户，做好大量的思想工作；开展扶贫帮困工作，坚持领导干部联系困难户制度，发挥职工扶贫基金会、职工互助补充保险基金会、职工帮困基金会、职工互助储金会和职工消费合作社，即“四会一社”作用，积极推动再就业工作，为企业改革与扭亏营造稳定的内部环境。4月1日，局正式启动职工扶贫基金。6月22日，局党委批转了局工会《关于进一步参与推进再就业工程的意见》，局、矿（厂）两级工会分别建立了下岗职工再就业服务站，组织就业培训、信息咨询、劳务中介、资金支持等，多种形式推进再就业工作。通过发放扶贫贷款，使207名下岗职工走上了再就业的道路。做好群众信访工作。当年，共发生局、矿（厂）两级集体上访229批、6041人次。局党委及时制定下发了《关于进一步加强政治纪律，自觉维护企业稳定的通知》，对党员提出了不准参与集体上访活动的严格要求。积极宣传《信访条例》，坚持“分级负责、归口办理”的原则，完善了信访工作责任制，加强信访苗头排查预测和反馈，及时掌握信访信息，控制和化解了多起大规模集体越级上访。开展反腐倡廉工作，这年，共查出核实案件93件，立案52起，结案41起，受到党政纪处分者58人，挽回了企业的经济损失。严厉打击刑事犯罪活动，全年共破案19起，摧毁犯罪团伙4个，打击违法犯罪分子54人，遏制了刑事案件上升的势头，维护了企业和社会的稳定。

第二节　深化改革　科技进步　实施扭亏解困
（1999年）

1999年，全国煤炭总量在10.3亿吨以上，虽然比1998年减产2亿吨，但煤炭总量过剩矛盾没有缓解，市场仍呈现供大于求的局面，社会库存仍高达1.7亿吨。河北省政府明确提出了取消补贴，企业自负盈亏的政策。峰峰局把深化改革、科技进步作为当年重点工作，全力以赴扭亏解困。

这一年，从企业外部看，亚洲金融危机还在发展。煤炭供大于求、市场疲软、销售不畅、价格低位运行的态势仍在继续。峰峰局所承受的市场制约和竞争压力越来越大。从企业内部看，增支因素继续增加，全局增支在8500万元以上，主要是职工效益升级增支5000万元，离退休劳保费增支1000万元，银行贷款利息增支500万元，递延费用摊销增支2000万元，另外还要弥补1998年的7404万元亏损。要做到全局不亏损，有资金缺口1.5亿元。二矿、五矿、牛儿庄矿、通二矿、羊渠河矿等一批衰老矿都面临着减产。过去使用的矿井基建贷款、“三产”贴息贷款、技改贷款已经到了还款期，1999年还需还贷2亿元。实现扭亏目标，任务非常艰巨。2月8日，局召集亏损较多的五矿、孙庄矿、黄沙矿、万年矿、新三矿、邯郸洗选厂和钢铁厂的班子成员，通报全局1月份经营结果，分析超亏单位指标完成情况和工作情况，局党政要求超亏单位要统一思想，查找差距，制定措施，立即刹住严重超亏局面，尽快拉回亏欠。

在市场供大于求的严峻形势下，峰峰局把销售和货款回收摆在突出位置来抓。成立了由局、矿两级领导带队的清欠小组，局、矿协调联动；完善销售目标责任制，强化激励机制，实行销售人员收入与销量和货款回收挂钩。从年初开始，由局领导带队，分五路调查市场行情，催款筹资。在竞争激烈的情况下，巩固和开辟了聊城电厂、德州电厂、岳阳电厂和青岛碱厂等一批用户。经过不懈努力，动力煤市场扩大，销量增加，全年比上年增销动力煤114万吨。万年矿相继到东北、江浙、山东及本省等地找市场寻用户，成立了地销公司和业务办公室，实行销售目标责任制，销售人员收入与销售量和货款回收挂钩，将35万吨存煤销往了市场。

以市场为导向，依靠科技进步，调整产品结构，提高产品质量。马头洗选厂重介改造后，邯郸洗选厂又于1999年进行了粗精煤重介工艺改造和配煤仓扩建，使产品质量连跳四级，精煤灰分降到9%左右，同时扩充了生产能力；孙庄矿洗煤厂、九龙矿洗煤厂技改完成投产，洗精煤品种改善，质量升级，竞争力提高；万年矿加快了洗煤厂技术改造进度；羊渠河矿、牛儿庄矿等单位原煤筛选系统改造完工投产；小屯矿、薛村矿采用煤层搭配开采、分装分运等措施，煤炭品种质量适应了用户要求。2月，局煤质化验室获全国煤质分析统检第一名。全局通过开拓市场，改进品种质量，实现增产增销，全年共增收4300万元。

重介技改

努力提高原煤生产劳动效率，加快高产高效矿井建设。6月18日，在全局第十五次科技工作会议上，局党政明确提出“科技兴局”战略，坚持以科技进步促进企业扭亏解困。在资金极为紧张的情况下，千方百计保证生产投入，加快技术进步。当年自筹资金4500万元，更新设备270多台（套）。装备了轻放支架3套，全局轻放设备达到12套，轻放及综采产量占全局原煤总产量的比重达到45%以上，形成了以轻放综采为主的采煤机械化格局。回采工作面单产达到2.9万吨，同比提高1308吨，回采效率达到12.39吨/工。其中轻放工作面单产达到4.36万吨，同比提高1269吨，回采效率达到20吨/工。薛村矿以轻放工艺为龙头，合理集中生产，轻放工作面年产达到80万吨以上，突破局采面单产最高纪录。通二矿、万年矿使用π型梁放顶煤工艺试采取得良好效果。推广使用了煤巷锚杆、锚索支护和综合机械化作业线。这年6月，万年矿1302队、1301队和九龙矿1503队、羊渠河矿601队获“1999年度全国煤炭企业创水平采掘队”称号。在国家停止拨款、施工企业极为困难的情况下，梧桐庄矿井完成投资3500万元，井巷进尺2300米，副井年底形成了提升系统。五矿与焦作工学院开采沉陷研究所合作的“五矿工业广场压煤开采可行性研究与方案设计”通过评审。大力开展“外学邯钢、内学通二”活动，各项管理得到加强。面对市场制约严重、货款回收艰难、煤炭价格大幅度下跌的严峻形势，局党政提出应急措施，动员全局广大职工统一思想，迎难而上，克服困难，共渡难关。5月25日，局召开了矿（厂）长、党委书记会议，通报了1至4月份的生产经营情况和面临的煤炭总量过剩、销售困难、用户拖欠款增加、资金极度紧张的严峻形势，分析了困难产生的原因，号召全局上下总动员，上下一条心，外部大力开拓市场、强化货款回收，内部深入开展群众性的“学邯钢、练内功、渡难关”活动，强化各项管理，采取紧急措施，确保企业生产经营和职工生活基本需要。局下发了《关于强化资金管理的若干规定》、《维护稳定和社会治安综合治理工作领导责任制》和《关于安排部分职工放假的通知》。下半年工作会后，局又制定了《进一步夯实三级核算完善指标分解及考核体系的实施办法》，进一步加强资金管理，建立健全扭亏增盈责任制。认真总结通二矿扎实开展学邯钢、降低成本、提高效益，原煤制造成本比考核目标降低4.48元的减员增效经验，并在全局推广。各单位积极借鉴通二矿经验，形成了“外学邯钢、内学通二”的热潮。全局上下强化基础管理，把成本费用指标逐级分解落实到班组、到人头，完善三级核算，实行盈亏否决、成本否决，成本得到有效控制。全局原煤制造成本连续三年降低，这年共节支3900万元。羊渠河矿依靠科技进步，开展堵水节电攻关，减少无效排水，改造高耗能风机，严格用电计量管理，吨煤电费比同期降低

轻放工作面

3.94元。开展修旧利废、回收复用和处理废旧物资活动，全局处理闲置设备价值1800多万元。按照局《关于强化资金管理的若干规定》的具体要求，强化货币资金的集中管理和计划管理，严格结算纪律和资金收缴管理，大力压缩非生产性支出，全局管理费压缩2231万元，后勤服务补贴减少1990万元。全局通过增加原煤产销量、降低成本、节约费用，共增收节支1.24亿元。小屯矿、新三矿、通二矿、薛村矿及各多种经营地面厂完成了盈亏考核指标。

按照"抓大放小"的方针，继续推进内部改革，转换经营机制。以主副分离、主服分离为内容的"两分离"继续深化和完善，全局多数单位建立了实业公司，实现了领导到位、资产分清、财务分账、人员划开，向企业化管理迈进。九龙矿、孙庄矿、万年矿、小屯矿、牛儿庄矿把推进"两分离"、转换内部机制与加强管理相结合，规范运作，效果明显。按照以产定人的原则，加大下岗分流、减员增效工作力度，全局分流下岗8318人，进入再就业中心5693人，分流安置2625人，再就业率达到32%。加强了再就业服务中心管理，规范了下岗程序。多渠道筹集资金，使下岗职工基本生活得到保障。完善了劳动定额标准和农民合同制工人管理制度。内部分配制度改革逐步深化，牛儿庄矿、薛村矿、万年矿、九龙矿、机械总厂、马头洗选厂等单位推行多种分配形式，调动了职工的积极性。加快"放小"步伐，多种经营经济增长质量和效益有所提高。7个多种经营地面厂实现了赢利，同比减亏增盈280万元。建材厂强化现场管理，提高产品质量，降低成本，同比减亏719万元；制品厂同比减亏97万元；机械总厂、机电设备厂（原电器修配厂）、六0七厂加大技术改造和产品开发力度，市场竞争能力提高；机电设备厂、马头机械厂、工程处通过了ISO9002质量体系认证。在"两分离"的基础上，多种形式放开搞活小企业。正泰建陶焦化公司从四矿分离出来，组成独立生产经营实体。永安公司转变观念，肉食品闯进北京市场。薛村矿、牛儿庄矿、羊渠河矿、四矿、五矿等单位对多经厂点实行租赁、承包经营、股份合作制等。加强对多经企业的审计监督，对45个多经集体经济实体进行了财务收支审计。集体企业整体比上年减亏。项目建设取得进展，九龙矿矸石热电厂设备安装基本完工。

不断强化安全管理，形成了较为完善的安全生产保证体系。对九龙矿、小屯矿、二矿、羊渠河矿的瓦斯监测系统进行了改造。推行井下工程开工许可证制度，规范井下施工队的安全管理。加强质量标准化工作，开展了学样板活动。全局杜绝了各类重大事故发生，百万吨工亡率实现0.35的好水平。5月、6月、10月、11月实现4个安全月。牛儿庄矿、万年矿分别实现安全生产1000天。

这一年，煤价大幅下跌，国有重点煤矿商品煤平均售价145.6元，比上年下降15元，亏损面达70%。峰峰局商品煤平均售价比1997年下降39.56元，精煤售价比1997年下降29.15元。由于精煤售价比1997年下降，销售收入大量减少。1997年精煤销售收入9.87亿元，1998年7.78亿元，1999年降到6.63亿元。因回收率低，使吨精煤入洗原煤用量由1.75吨提高到2.1吨，吨精煤成本增支近40元。1999年精煤回收率降低影响增支减利1亿多元。吨精煤利润由1997年40.37元降到1999年17.2元。精煤销售利润1997年1.95亿元，1998年1.25亿元，1999年降到4100万元。如果考虑折让损失，精煤已不盈利。无烟煤售价1999年比1997年下降44元，其他地销煤售价下降15元。由于煤炭市场秩序混乱，局外欠货款1997年末6.8亿元，1998年末8.1亿元。这年11月末，用户拖欠货款高达10.6亿元，其中拖欠煤款7.3亿元，超过全局半年的煤炭销售收入。国家停拨梧桐庄矿、大淑村矿基建贷款，基建施工仍需占用资金，全局资金极度紧张，职工工资和离退休金不能正常发放，这些因素直接影响着当年的指标完成。

当年，全局原煤产量完成983.42万吨，比上年增加104万吨；精煤产量完成273.52万吨，比上年减产13.19万吨。商品煤销售量完成856.1万吨，比上年增加137万吨，其中精煤销量完成271万吨，比上年减少15万吨；动力煤销用量486万吨，比上年增加114万吨；无烟煤销量99万吨，比上年增加38万吨。原煤制造成本85.89元，比上年降低7.14元。全局亏损7082万元。原煤全员效率1.95吨/工，比上年有所提高。

各级党组织积极实施思想政治领导，切实发挥政治核心作用，团结带领广大职工迎接市场的挑战，奋力拼搏，勇闯难关，有力地推动了全局两个文明建设的发展，维护了企业稳定的大局。年初，局党委按照党的十五大要求，紧密结合企业的实际，围绕“抓大放小”、“下岗分流、减人提效和再就业工程”、“三改一加强”、“按客观规律办事”、“改革发展和稳定的关系”等问题，提出了应把握和坚持的原则。围绕生产经营、职工思想状况、下岗职工再就业、企业改革和党风廉政建设等方面的调研课题，进一步开展调查研究，提出了一系列有针对性的意见和建议，为全局深化改革和扭亏解困工作提供了有效的思路和方法。与行政一道谋划和实施了高产高效矿井建设、主副主服分离、减员增效和实施再就业工程，以及三年扭亏解困、发展规划等一系列重大决策。基层党委加强调研，与行政共同研究制定本单位的实施方案和具体措施。在严峻的经济形势和艰巨的工作面前，各级党委成员同行政领导一起共担重任，共同抓企业改革、扭亏、市场开发、减员增效和稳定工作，形成了党政一心共谋发展的良好局面。

局党委以班子建设为龙头，大力加强党的建设。始终把解决各级领导干部的信心和精神状态放在突出位置。通过政治理论学习、召开民主生活会和民主评议、进行民主集中制和党风廉政专题教育，提高领导干部政治责任意识，自觉经受困难考验，努力推进改革，搞好企业的发展和稳定。各级党组织站在改革和扭亏工作的前列，紧紧围绕企业的重点难点扎实开展工作。

为加快改革步伐，实现全局扭亏目标，局党委坚持用科学理论武装广大干部职工头脑，制定了《关于1999年学习邓小平理论的安排意见》，重新修订了中心组学习制度，下发了《关于对领导干部理论学习考核的实施意见》。围绕企业的改革、发展、稳定，认真组织广大干部职工学习邓小平理论、党的十五大报告和市场经济知识。连续召开“学理论、用理论”座谈会，认真探求用科学理论指导扭亏解困的思路方法。先后举办了7期培训班，培训基层单位和处室领导干部345名。党的十五届四中全会召开后，局党委又及时作出安排部署，强调学习《中共中央关于国有企业改革和发展若干重大问题的决定》对全局各项工作的重大指导作用，增强了干部职工，特别是各级领导干部学习的自觉性和主动性。把“鼓斗志、闯难关、抓扭亏”主题活动作为党建、思想政治工作与扭亏脱困紧密结合的有效载体，贯穿全年始终。充分利用报纸、电视、广播、板报、报告会等各种形式，不断向全局职工讲形势、明任务，广泛开展“企业求生存，我们怎么办”大讨论，引导职工学理论转观念，知形势明方向，振精神树信心。利用庆祝建国、建局50周年和迎澳门回归的契机，深入开展爱祖国、爱企业的教育活动，进一步鼓舞了干部职工的斗志。紧密结合全局“外学邯钢，内学通二”活动，积极开展以“议中心、找差距、强管理、降成本”为中心的党员议事活动，针对产品营销、内部管理、技术创新、降低成本等方面存在的问题，提建议、定措施、抓落实，促进了全局扭亏脱困工作的开展。

不断加强党的自身建设，为企业改革和发展提供坚强的组织保证。加强基层领导班子建设，坚持把解决精神状态和工作作风问题放在突出位置，大力倡导艰苦奋斗、深入调研、真抓实干、严细认真、谦虚谨慎的工作作风。先后对一些问题较多的二级班子进行调整，规范了多种经营、集体企业、实业公司等单位的党组织设置和党务干部配备，强化了对离退休职工、下岗职工和集体企业职工中党员的教育和管理。进一步加大党风廉政建设力度，全年共立案39起，结案28起，对54人进行了党政纪处分。特别是坚决查处了一批违纪金额较大案件，为企业挽回了大量的经济损失，形成了反腐败的强大声势。

下大力抓好稳定工作，营造稳定的企业内部环境。采取领导干部分片包干、党员联保到人、做好重点人思想工作、定期召开形势报告会等形式，耐心做好宣传疏导工作，化解了大量思想矛盾。大力实施“送温暖工程”，健全了以“四会一社”为载体的互助互济组织，近万名困难职工得到了生活救助。21430名离退休人员领到了河北省拨给峰峰局补发1999年6月底前拖欠的养老金，计2269万元。下岗职工基本生活费标准按30%标准提高，由原来的180元提高到234元，9月15日补发到位。继续坚持领导干部和党员联系困难户制度，开展了慰问救济、捐款助困、“阳光工程”等活动。强化信访工作，局党政联合下发了《关于进一步加强信访工作，维护全局稳定的若干规定》，强化对不稳定因素的排查摸底，及时分析和解决存在的隐患。各级党政领导亲自出面，耐心细致做好上访群众的宣传疏导工作，正确处理内部矛盾。对极少数别有用心的闹事者，及时采取果断措施，防止矛盾激化，比较稳妥地化解了多起群众性上访事件。狠抓社会治安综合治理工作，持续进行安全防范检查，整改各类隐患，组织开展收缴爆炸物品、强化防范措施、严厉打击涉爆犯罪专项斗争和“严打整治百日会战”活动，全年共破获各类刑事案件98起，摧毁犯罪团伙9个，查处治安案件22起，打击处理各类违法犯罪分子114人，有力地震慑了犯罪活动。按照上级部署，同“法轮功”邪教组织进行了坚决斗争。广泛开展了唯物主义科学世界观教育，采取一帮一、多帮一等方式，积极做好“法轮功”练习者的思想转化工作，摧毁了“法轮功”在企业的组织体系。全局没有出现一人进京到省聚集事件，为社会稳定作出了贡献。

这一年，峰峰局全面推行了“矿（厂）务公开、民主监督”工作，全局各单位普遍建立了矿（厂）务公开的领导机制、工作机制和考核机制，规定了公开的内容、程序和形式，积极稳妥地实施了矿（厂）和区（科）务公开，并向班组延伸。局党委在培育指导试点单位工作的同时，及时总结推广先进单位经验，制定了《关于推行矿（厂）务公开、民主监督制度的实施意见》，召开专题会议进行部署，促进了矿（厂）务公开、民主监督工作全面推开。全局共建矿（厂）、区（科）两级公开栏488个，公开1707期（次），举办两级情况发布会1307次，为广大职工知家底、议大事创造了条件。

各单位积极探索党建工作适应市场经济的新思路，收到了良好的效果。羊渠河矿党委发挥政治核心作用，着力提高参与决策的质量和水平；通二矿党委找准党建工作和经济建设结合点，深入开展主题教育活动；九龙矿党委针对企业困难的实际，积极探索实践以“四体”为保证、深化文明创建的途径办法；万年矿党委抓住三个关键环节，认真落实党风廉政建设责任制；五矿党委在中心组学习中实行“课题制”，拓宽了企业改革与发展思路；孙庄矿党委把思想政治工作落实到班组一线，充分发挥党小组“小核心”、辅导员“小老师”、班前会“小课堂”和黑板报“小阵地”作用；薛村矿党委加强对共青团工作领导，充分发挥共青团主力军和突击队作用；马头洗选厂党委坚持开展“星级化管理”活动，提高了职工的整体素质；机械总厂党委实施了“党员先锋工程”；小屯矿党委开展了“奉献在周末”活动等等。各具特色的工作丰富了党委工作的内容和思路，促进了企业的健康发展。

年底，国家开发银行承诺继续对梧桐庄矿、大淑村矿贷款，梧桐庄矿、大淑村矿全面恢复施工。

第三节　依靠政策　强化管理　保生存求发展
（2000年）

2000年是世纪交替之年，是实现党的十五大确定的国有企业改革脱困三年目标的最后一年。峰峰局认真贯彻落实党的十五届四中全会《关于国有企业改革和发展若干重大问题的决定》精神，根据国家经贸委及国家煤炭局的要求，充分利用各种政策，背水一战，决战一年，坚定打好扭亏脱困攻坚战的信心。

这一年，国内有效需求不足，通货紧缩的趋势未得到明显缓解。对煤炭行业来讲，经济结构不合理，总量过剩，特别是煤炭市场供大于求的矛盾没有解决。国家加大了国有煤矿的限产压库力度，继续向国有重点煤矿下达限产压库指标，要求在上年基础上压产7.2%。峰峰局要在上年亏损7082万元的基础上实现扭亏，面临精煤减产减收，各种硬性增支因素还要继续增加的困难，全局实现扭亏任务非常艰巨。

由于煤炭市场连续几年的供大于求，1999年底，全局5个电煤矿（五矿、牛儿庄矿、薛村矿、小屯矿、羊渠河矿）的库存高达近60万吨，其中4个矿的库存达到了极限。两个矿停产，其他矿处于半停产状态。因资金极度短缺，职工工资下浮或停发，不稳定因素急剧增多。在此情况下，5个电煤矿的工会主席一起到河北省总工会反映情况。省总工会在认真听取情况后，及时向省委、省政府和国务院反馈信息，并派工作组到薛村矿、牛儿庄矿实地调查。时任河北省委书记叶连松在掌握情况后，及时对有关部门作出了指示。1月25日，河北省经贸委按照省委、省政府的要求，召开有关部门和单位参加的解决峰峰局电煤销售问题的协调会议，提出采取紧急有效措施，加快5个电煤矿向马头电厂、邯郸电厂和邢台电厂供煤的进度。局党政领导在春节前后深入基层，连续召开座谈会、现场办公会，听取各矿（厂）2000年经营指标分解和落实指标所采取的措施，要求各单位认真学习贯彻省委、省政府精神，以破釜沉舟的决心完成全年的经营指标。春节放假期间，局、矿销售人员坚守在突击抢运的岗位上，及时沟通车皮去向和装车情况，协调解决装运现场出现的各种问题。2月份，全局销售精煤19万吨，销售原煤85万吨，销售电煤46.1万吨，与上年同期相比多销售15.6万吨。尤其是电煤销售创历史以来最高水平。

面对极为严峻的内外部经济形势，全局各级党政领导始终保持奋发进取的工作状态，坚定信心，带领广大职工奋力拼搏，积极推动局各项工作任务的落实。4月12日局召开矿（厂）长、党委书记会议，重点总结了第一季度动力煤生产和销售、下岗分流、减员增效、债转股等工作，分析了企业面临的内外部形势，提出了第二季度工作要点：下大力量抓扭亏增盈；以产权制度改革为重点，深化内部改革；全面加强管理，提高效率和效益；抓好安全生产，关心职工生活。会后，局领导带领有关职能处室负责人，分别到前四个月亏损严重的五矿、九龙矿和孙庄矿进行经济活动分析，剖析亏损原因。峰峰局下发了《关于遏制当前经济效益继续滑坡的紧急通知》、《关于对1—5月份原煤成本严重超支单位的通报》等文件和简报。全局各单位按照局要求，制定和明确了各级人员责任制，使职工人人肩上有责任，人人都为企业渡难关出力献策。峰峰局坚持依靠技术进步，加强生产管理，继续大力开展高产高效矿井建设，全局原煤产量基本恢复到正常生产水平。增产较多的矿井有万年矿、九龙矿、新三矿、薛村矿、牛儿庄矿、二矿、黄沙矿。全局入洗原煤比上年增产23万吨，其中肥煤产量比上年增产16万吨。加强煤质管理，改善品种质量，努力适应市场，扩大销售，全局商品煤销量完成931.7万吨，比上年增销75.6万吨。主要是动力煤市场扩大，销量增加，全局动力煤销量增销71万吨，不仅实现了产销平衡，而且销售了上年库存的60万吨。在商品煤平均售价比上年降低13.9元/吨的情况下，由于销售量增加，煤炭销量收入与上年持平。牛儿庄矿面对矿井衰老、储量减少的困境，积极拓宽生存渠道，4月份组织92名掘进工到蔚州矿业公司闯市场，8月份又派出70多名工人组成回采队，再次奔赴蔚州，在蔚州矿业公司形成一采二掘的生产模式。

利用国家政策，实行债转股和对资源枯竭矿井实施关闭破产，加快结构调整，对峰峰局改革脱困意义重大。峰峰局在1999年债转股方案被国家经贸委批准后，多次与有关银行协商，4月14日上午在石家庄签约。峰峰局共转股6.7151亿元，其中中国信达资产管理公司转股5.0851亿元，中国华融资产管理公司转股1.6300亿元，从4月1日停息。债转股后，局资产负债率由转股前的65.57%降为54.1%，峰峰局形成了国家、信达公司、华融公司三大股东，资产负债率降低10%左右，每年减少利息支出1200万元。通过债转股，降低了资产负债率，改善了企业资产负债结构，减轻了债务负担，为企业转换经营机制，建立现代企业制度奠定了基础。1999年，国家率先在煤炭行业部署了关闭破产工作，启动了“1440”工程。2000年，中共中央办公厅下发中办发［2000］11号文件，全国企业兼并破产和职工再就业工作领导小组下发［2000］33号文件，就资源枯竭矿山实施关闭破产的政策作了明确规定。按照国家对资源枯竭矿井实施关闭破产的部署，1999年，四矿列入国家资源枯竭矿井实施关闭破产“1440工程”。2000年7月20日，四矿第九届职代会第一次会议通过了关于四矿关闭破产工作报告的决议。2000年11月20日，全国企业兼并破产和职工再就业工作领导小组办公室下发［2000］5号文件，批准四矿进入破产程序。12月12日，四矿正式进入破产法律程序。

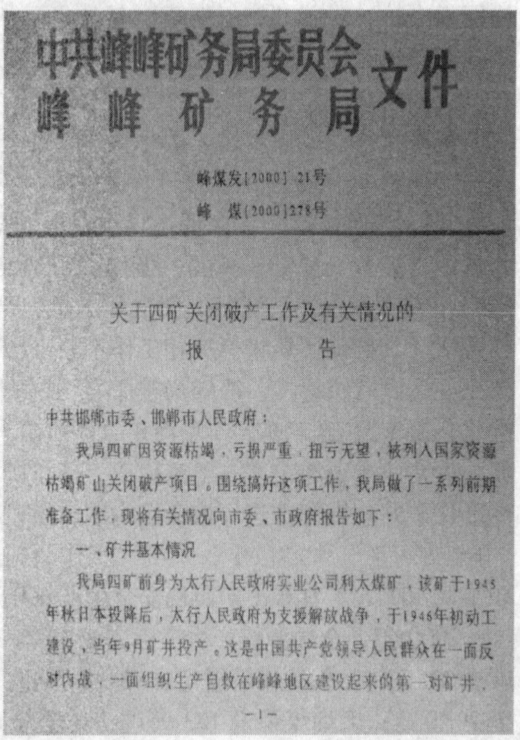
中共峰峰矿务局委员会
峰　峰　矿　务　局　文件

峰煤发［2000］21号
峰　煤［2000］278号

关于四矿关闭破产工作及有关情况的
报　　告

中共邯郸市委、邯郸市人民政府：

我局四矿因资源枯竭，亏损严重，扭亏无望，被列入国家资源枯竭矿山关闭破产项目。围绕搞好这项工作，我局做了一系列前期准备工作，现将有关情况向市委、市政府报告如下：

一、矿井基本情况

我局四矿前身为太行人民政府实业公司利太煤矿，该矿于1945年秋日本投降后，太行人民政府为支援解放战争，于1946年初动工建设，当年9月矿井投产。这是中国共产党领导人民群众在一面反对内战，一面组织生产自救在峰峰地区建设起来的第一对矿井，

—1—

进一步加强管理，细化指标，完善体系，分析考核。全局各单位继续实行成本目标管理，加强成本控制，在消化职工工资、电力涨价、摊销基建借款利息、再就业资金及土地使用税等增支8900万元因素的基础上，原煤制造成本比上年略有降低。通二矿、小屯矿完成了局下达的成本考核指标；黄沙矿、二矿、通二矿、牛儿庄矿等大多数单位原煤制造成本比上年降低。各单位开展修旧利废、回收复用、节能技改等活动，黄沙矿、二矿通过实施堵水、节电技改、加强用电管理，节电取得明显成效。普遍推行物资比价采购和招标采购、废旧物资拍卖和竞价出售，共节约资金1229.3万元。通过加强内部管理，增产增收，节支降耗，多数单位比上年增利减亏。牛儿庄矿、工程处、六十三处、建筑总公司、地质勘探处等5个单位实现扭亏为盈。小屯矿、羊渠河矿、通二矿、黄沙矿、万年矿、新三矿、永安公司、机械总厂、六0七厂、机电设备厂、马头机械厂等24个单位比上年增利减亏。

按照以产定人、以效定人原则，加大下岗分流、减员增效力度。1998年10月，再就业服务中心开始启动，峰峰局连续两年制定了推进减员增效和再就业工作的实施意见。2000年，全局新进再就业中心职工5446人，进再就业中心人数7月份最高达9586人，当年多渠道分流安置3340人。加强了再就业服务中心管理，在资金极为紧张的情况下，多渠道筹措资金，保证了下岗职工基本生活。三项制度改革进一步深化，完善了劳动合同制管理。牛儿庄矿、二矿、五矿、黄沙矿等单位引入竞争机制，实行竞争上岗，择优聘用。调整分配结构，大多数单位推行了岗位效益工资。继续深化主副分离、剥离非经营性资产，实业公司进入实质性运转。5月，集体企业改制工作开始启动，永安公司、黄沙矿、通二矿等单位制定了改制方案并逐步实施。养老金基本实现社会化发放。

加强技术改造，推进技术进步，提高效率。重点抓轻放技改配套项目实施、采煤队管理、采煤工作面顶板管理和轻放支架运输、安全过程管理。当年新装备轻放支架两套，全局轻放装备达到14套，轻放及综采产量占全局原煤总产量60%以上，形成了以轻放（综采）为主导、高档普采及π型梁放顶煤等采煤工艺为辅的机械化采煤新格局。回采工作面单产3.1695万吨，比上年提高2687吨，回采工效达到13.824吨/工，比上年提高1.434吨/工。其中轻放工作面单产达到4.5251万吨，比上年提高917吨，回采工效达到20.740吨/工，比上年提高1.28吨/工。全局年产40万吨以上的采煤队巩固在10个以上，薛村矿903采煤队使用轻放支架采煤，年产百万吨以上，创全国单产新记录。积极探索在煤矿赋存条件差、地质构造复杂多变、水大瓦斯大顶板压力大、矿井衰老、资源枯竭情况下生产工艺的创新与改进，推广了煤巷锚网索支护、岩巷“三掘三喷”新技术、新工艺。万年矿、新三矿重点工程和九龙矿、黄沙矿重点采区准备较好地完成了进尺任务。万年矿洗煤厂、孙庄矿洗煤厂改造工程完工，九龙矿矸石热电厂、羊渠河焦化厂二期投产。

严格执行国家煤炭局“要尽快建立安全生产责任追究制度”的要求，全面落实《预防重大事故业务保安责任制》，从局到矿（厂）、区（科）、班组及井下职工层层签定安全生产责任状，全局有197个区科、591个班组、2万多名职工再次签定了安全责任状，安全生产保证体系进一步完善。以防止重大事故为重点，健全安全管理制度，强化“一通三防”管理，有效防止了瓦斯、煤尘和工作面自然发火事故。组织开展“安康杯”竞赛、安全月、安全周等安全活动，推行安全质量区域挂牌制度。开展“精品工程”创建活动，推动了质量标准化工作不断上台阶，全局有8个矿质量标准化达到行业级标准，3个矿、两个施工处达到省级标准。峰峰局被命名为国有重点煤矿煤质信得过单位，局化验室被授予行业级“质量标准化化验室”。通二矿、羊渠河矿、薛村矿、万年矿、九龙矿被命名为行业级煤质管理工作质量标准化矿井，牛儿庄矿、小屯矿、羊渠河矿、薛村矿、万年矿、九龙矿、新三矿被命名为国有重点煤矿行业级质量标准化矿井。邯郸洗选厂被命名为国有煤矿行业级质量标准化洗煤厂。加强安全现场管理，推行井下工程“开工许可证”和零散作业人员“工作票”制度。继续开展职工“安全素质教育年”活动，全年共培训职工21400人。有6个矿实现安全生产600天以上。

2000年，全局原煤产量实际完成1026.3万吨，比上年增加43万吨；精煤产量完成250万吨，比上年减少23万吨。商品煤销量完成931.7万吨，比上年增加75.6万吨，其中精煤销量251.5万吨，比上年减少20万吨；无烟煤销量123万吨，比上年增加24.18万吨。原煤制造成本90.63元，比上年增加4.74

元。全局亏损6821万元，比上年减亏261万元。原煤全员效率突破2吨/工，杜绝了各类重大事故，百万吨工亡率为0.36，继续保持了稳定的安全生产局面。梧桐庄矿、大淑村矿新井建设按局要求完成了重点工程施工任务，主要生产系统基本形成。

技术比武

围绕这一年企业扭亏脱困、改革改制、关闭破产等工作重点，局党委突出“抓班子，带队伍，保稳定”的工作思路。强化党校培训，详细安排部署、认真组织对党的十五届四中、五中全会精神和“三个代表”重要思想的深入学习活动。局领导深入到基层中心组参加学习讨论，谈心交流，指导各单位结合实际加以贯彻落实，努力解决各级领导班子改革和扭亏的信心问题，不断振奋大家的精神。各单位党委按照局党委的要求，认真落实两个《议事规则》，积极参与企业重大问题的决策，确保党的方针政策的贯彻落实，促进了下岗分流、集体企业改制、关闭破产等工作和企业经营管理水平的提高。为树立领导班子的良好形象，局党委以强化党风廉政建设为主要内容，落实党风廉政建设责任制和廉洁自律“五条规定”，推行警示教育、诫勉谈话制度，积极开展倡廉治奢活动，强调在扭亏解困中严明纪律，加大案件查办力度。本着“查漏、促管、增效、倡廉”的原则，围绕生产经营、安全工作、货款回收、物资采购和工程项目承建等方面，开展效能监察工作。

峰峰局党委始终认为，思想政治工作在企业发展中具有不可替代作用，越是企业困难，越需要用思想政治工作凝聚人心、鼓舞斗志，保持稳定，这是企业走出困境和改革发展的法宝。局党委认真贯彻中央思想政治工作会议精神，提出了思想政治工作的思路，制定了《关于进一步加强思想政治工作实施意见》，进一步明确思想政治工作“生命线”地位，对各项重点工作努力做到宣传教育开道、思想工作先行。为贯彻党的十五届四中全会精神，推进扭亏解困工作，开展了“学《决定》、抓机遇、攻难关、创效益”主题活动和“深化改革求生存，严格管理促发展”大讨论，召开形势任务报告会，组织政工干部巡回宣讲、下发宣传提纲等，抓宣传鼓斗志，树典型抓引导，搞创新求实效，把职工的精神和力量吸引到了改革、扭亏上来。

针对资金紧张、拖欠职工工资和医疗费、下岗分流、关闭破产工作等困难，面对大量的不稳定因素和不同人群的问题，局党委抓住影响企业稳定的主要矛盾，把关心职工生活摆在稳定工作的突出位置来抓。各级党组织坚持解决思想问题与解决具体问题相结合，采取多种方法妥善处理，对困难职工情况进行重新界定和建档，坚持特困职工情况和在职职工、下岗职工、离退休职工、集体企业工、工病亡遗属的“五个群体”工资发放情况月报制度，运用特事特办、区别对待的方法解决问题。积极争取城市居民最低生活保障金，使全局400余户困难家庭享受了政府最低生活保障津贴。在保证缴税和水、电、路费等保企业正常生产资金的基础上，按照第一要保证离退休职工、下岗职工、井下生产工开支，随后是学校教师、地面职工，再次是机关干部的非常时期开支方法，千方百计保证了离退休职工养老金及下岗职工生活费的正常发放。大力实施“再就业工程”、“送温暖工程”和“阳光工程”等活动，发挥“四会一社”的互助互济作用，切实为广大职工群众解决实际问题。在连续开最低工资，而且又不能正常发放的情况下，全局没有出现一例因生活过不去而发生意外的事件。针对集体上访增多、规模扩大、言行偏激的局面，局党政积极研究部署稳定措施，作出了《关于进一步改进和加强信访工作若干问题的决定》，制定了《信访工作规范》，明确信访工作考核办法，落实各级领导做稳定工作的责任，使大批集体上访得到妥善化解。特别是下半年，根据信访工作变化的特点，及时调整工作方式，变上访为下访，深入到基层单位、职工家中，开展重点人、重点信访情况的超前教育和疏导，依法规范信访行为，把大量上访苗头解决在萌芽中，集体上访事件大幅度下降。进一步加强社会治安综合治理工作，开展“严打”活动，坚持打防结合，严厉打击各种刑事犯罪、经济犯罪活动，维护了企业和社会的正常秩序。按照上级部署，从政治的高度开展反对“法轮功”邪教组织的斗争，落实监控、帮教措施，做好深入细致的思想转化工作，维护了企业和社会的稳定。

第四节　启动结构调整　主动适应市场
（2001 年）

2001 年是峰峰局全面贯彻落实党的十五届四中、五中全会精神的关键之年，是实施“十五”计划的第一年。在经历了三年煤炭市场疲软、债务链拉长、职工收入低迷、企业亏损严重的磨难后，峰峰局把重点放在了结构调整上，通过资产重组、优化资源配置、技术改造等激发企业活力，主动适应市场，努力实现扭亏脱困目标。

这一年，峰峰局仍然面临着许多困难。一批矿井资源枯竭，衰老报废，注销生产能力，亏损严重，煤炭生产后续能力不足；原煤增产增效困难，精煤减产减收；连续三年累计亏损挂账已达 2 亿多元，包袱越来越重，企业难以为继。由于拖欠货款严重，一部分矿（厂）大量超亏减利，造成资金极度紧张，致使一些单位职工工资不能正常发放，医药费不能报销等。同时企业也面临着难得的机遇和许多有利条件。国家克服了亚洲金融危机带来的困难，扭转了增长速度下滑的局面，国民经济发展出现了重要转机。国家把结构调整作为主线，继续加快对资源枯竭矿井实施关闭破产。国家政策为峰峰局进行资产重组、结构调整，从源头上消灭亏损提供了机遇和条件。

峰峰局坚持深化改革，提出“积极稳妥退出一批、集中力量做强一批、逐步放开搞活一批”的“三个一批”工作思路，加快结构调整和资产重组步伐，积极稳妥地推进资源枯竭矿井关闭破产。在情况比较复杂、工作难度大的情况下，既坚持严格按政策办事，又实事求是处理关闭破产中遇到的难题，基本保证了四矿关闭破产工作在稳定的前提下顺利进行，完成了资产重组和职工安置等重点和难点工作。四矿关闭破产的平稳进行，标志着局在结构调整方面迈出了重要一步，为第二批资源枯竭矿井的关闭破产积累了经验，打下了基础，对峰峰局结构调整和改革脱困具有重大意义。按照国家政策和上级要求，局对第二批资源枯竭矿井进行了调查摸底，基本摸清了生产经营、资产负债、人员构成等情况，并制定了有关预案。

科技工作会

与此同时，局依靠科技进步，大力开展高产高效矿井建设。在一批矿井资源枯竭、衰老报废、开采条件越来越困难的情况下，推进技术进步，坚持抓生产领域科技创新，抓生产结构调整，走高产高效的路子。巩固和发展轻放综采工艺，轻放及综采机械化程度保持在 60% 以上。大力开展采煤队“上纲要创水平”活动，有 6 个轻放采煤队年产量达到 50 万吨以上，两个高档普采队年产达到 40 万吨以上。局加强对亏损矿井生产现场指导，多次组织专业组帮助其解决生产、技术、安全等方面问题，促进增产提效。当年，全局大多数矿井完成了生产计划，比计划超产较多的矿有九龙矿、通二矿、黄沙矿、新三矿、小屯矿、牛儿庄矿。尤其是九龙矿、黄沙矿、新三矿 3 个肥煤矿井，比上年增产肥煤 18 万吨，为精煤生产创造了条件。加强开掘准备，推行煤巷后路运输连续化作业，加强综掘机作业线管理，组织开展创水平活动，全局有 28 个掘进队达到行业水平。继续推进支护改革，大力推广煤巷锚网索支护、岩巷“三掘三喷"和新型U型钢支护等新技术、新工艺，提高了工程质量和掘进效率。加强开拓延深重点工程建设管理和日常调度、协调，保证重点工程资金落实和物资供应。羊渠河矿生产系统改造基本完工，黄沙矿、九龙矿4项重点工程和两项重点采区准备较好地完成了进尺任务。5月17日，局召开第十六次科技工作会议，总结了"九五"以来科技工作的主要成绩，特别对采掘机械化和洗煤工艺改革进行了总结，提出了"十五"科技工作的发展目标，部署了2001年的科技工作，下发了《2001年—2005年科技发展计划和2015年规划》，为下一步高产高效矿井建设和科技发展指明了方向。

抓住煤炭市场供求关系有所缓解机遇，调整营销策略，改革销售体制，推行统一订货销售、统一煤炭价格、统一货款结算、统一资源调运的管理体制，规范了煤炭运销管理，适应了市场变化，发挥了全局整体优势，初步改变了企业内部无序竞争、互挤市场的局面，提高了市场竞争力，维护了全局整体利益。加强入洗煤资源管理和调运工作，保证洗煤厂入洗原料煤供应，确保精煤生产。发挥重介技改效能，加强洗煤工艺管理，精煤回收率比上年提高4.8%，精煤产销量比上年增加26.9万吨，扭转了连续四年精煤产量下滑的局面。这年11月中旬，马头洗选厂发挥技改设备效能，抓住我国加入世贸组织的机遇，洗出灰分在9.5%左右、水分在11%左右、吨精煤含杂量仅为0.5克的1万吨出口精煤，为企业争创了效益。加强动力煤洗选系统改造，小屯矿洗煤厂进入生产调试阶段，薛村矿洗煤厂加快建设。马头洗选厂压滤车间、九龙矿洗煤厂跳汰系统、邯郸洗选厂浮选系统改造完工。销售结构进一步优化，扩大了对价格高、信誉好、回款快、有合作前景重点用户的销售，加强了与马头电厂等用户的合作，促进了提价增收。商品煤综合售价比上年实际提高20.3元/吨，由于增产增销，提高煤价，煤炭销售增收8600万元。

加强内部管理，完善基础工作，改革了资金结算制度，建立了内部资金结算中心和货币资金预算管理体系，增强了局对货币资金的调控能力。这年煤炭销量下降，全局总的销售收入与上年基本持平，资金仍然极为紧张，由于加强了资金管理，使全局现金流量状况有所改善，拖欠职工工资状况明显好转，确保了下岗职工基本生活费和离退休养老金按时足额发放。

改革物资采购管理体制，大力推行物资集中招标采购。局制定了《物资招标采购管理办法》，提出降低库存率、加速周转的总目标。当年共组织进行了5次大型物资集中招标采购，招标物资达64类496个品种，招标采购金额4958万元，占局管物资采购额的48.7%，降低采购成本11%以上。并对基建、维简设备物资全部实行了招标采购。在梧桐庄矿实行了物资配送制试点。继续实行目标成本管理，细化指标分解、加强成本控制。各单位以节电、节材为重点，开展节能技改、废旧物资回收复用、修旧利废等活动，增收节支，开源节流。全局共消化增支因素7970万元，其中增提职工工资4800万元，安全补欠增支2600万元，期间费用增支570万元。全局比上年实际减亏1965万元。九龙矿、小屯矿、黄沙矿、新三矿、牛儿庄矿、马头洗选厂、邯郸洗选厂等23个单位完成局下达的盈亏指标。企业管理信息化建设开始启动，局机关财务、运销、统计、物供4个网络子系统进入试运行阶段。

继续实施下岗分流、减员增效和再就业工作，内部改革进一步深化。当年全局新进再就业中心3077人，多渠道分流安置3117人，全局进入再就业中心人数6358人。多渠道筹措资金，保证了下岗职工基本生活。三项制度改革进一步深化，完善了劳动用工管理制度，开展了职业技能鉴定工作，加强了内部劳动力的重组和优化配置。

主辅分离基础工作进一步完善，促进了后勤服务向企业化经营的转变。住房商品化步伐加快，全局从5月开始，进行了确权发证工作。与住房制度改革相适应，建立专业化、社会化物业管理体制工作开始起步。因地制宜发展接续和替代产业，九龙矿矸石热电厂步入正常运转，羊渠河矿焦化煤气电厂启动兴建，五矿矸石热电厂改扩建及热电联供列入国家技改项目，三矿矸石热电厂投产发电。牛儿庄矿、羊渠河矿、九龙矿等单位开发投产了一批多经小项目。经过大量工作和艰苦努力，实现了集体企业职工基本养老保险纳入省级统筹，解决了集体企业职工的后顾之忧。以产权制度改革为核心，加快放小步伐，牛儿庄矿、万年矿、薛村矿、工程处等单位，对内部多经厂点实行股份制、股份合作制、出售、租赁经营等多种形式，放开搞活小企业。当年各焦化厂全部实现扭亏为盈，电厂经济效益提高，集体企业实现减亏。年底，局着手筹备电业有限公司。

认真贯彻落实党和国家“安全责任重于泰山”的指示精神，强化安全责任制的贯彻落实。年初局召开了安全工作会议，提出了突出抓安全生产责任制的落实，突出抓工作作风的转变，突出抓从严管理的任务，要求各级领导要从实践“三个代表”重要思想和讲政治、保稳定、促发展的高度，强化责任感，落实好安全责任制。局制定下发了《关于进一步强化管理，搞好2001年安全生产工作的决定》、《2001年质量标准化工作安排》等8个文件。认真开展以强化安全基础工作为内容的整顿思想、整顿管理、整顿设施、整顿纪律、整顿作风的“五整顿”，推广党政工团技各部门轮流上岗检查安全的经验，充分发挥网岗联动作用，最大限度减少工伤事故，保证安全生产。4月全国煤矿安全生产整顿工作会议后，局认真组织学习国务院颁布的《关于特大安全事故行政责任追究的规定》，并于4月29日召开安全生产整顿工作会议，下发了《关于进一步加强安全生产宣传教育工作的意见》、《关于开展五月“安全月”活动的通知》、《关于开展安全生产整顿工作的决定》。按照国家和上级的部署，在全局扎实开展安全生产专项整顿工作，制定了安全生产整顿方案，明确了整顿范围和整顿措施，进行了深入细致的安全隐患排查和治理整顿。5月15日局又召开安全生产工作会议，对安全生产整顿工作再作部署。全局以五月“安全月”活动为载体，扎实开展“‘反三违’、反事故”活动。7月29日到8月20日，局连续发生多起伤亡事故。为扭转被动局面，局于8月22日召开安全生产紧急会议，从8月22日到9月上旬，在全局广泛开展以“反麻痹、反‘三违’、反事故”为内容的安全整顿和教育活动。局组成6个检查团，进行全面安全整顿大检查。各单位认真贯彻落实局会议精神，并以“安全案例展”、“历史上的今天”和请伤亡家属现场讲安全等方式进行宣传教育。此次检查，共查处隐患和问题425条，分别进行了整改。全局有118个生产区（科）、992个班组、26752名职工分别签定了安全目标责任状和安全生产保证书。以防止重大事故为重点，加强重点地区的通风瓦斯管理，强化了通风、瓦斯抽放、瓦斯检测、防尘4大系统的专项检查。10月，通过了河北省煤矿安全生产整顿检查验收，安全基础工作得到进一步加强。狠抓安全培训和持证上岗，全局共培训区（科）长及工程技术人员812人，井下6大工种7200人、一般工种3万余人完成了换证。继续开展质量标准化和“精品工程”创建活动，全局有6个矿质量标准化达到行业级标准，6个矿达到省级标准。全局实现4个安全月，小屯矿、牛儿庄矿、新三矿实现连续安全生产800天以上。

这一年，全局上下艰苦奋斗，奋力拼搏，各项工作保持稳定发展。原煤产量完成1015万吨，比上年减产11万吨；精煤产量完成274.66万吨，比上年增产24.2万吨，商品煤销量完成894万吨，比上年减少37万吨。其中精煤销量完成278万吨，比上年增加26.9万吨；动力煤销量完成520万吨，比上年减少37万吨；无烟煤销量完成96万吨，比上年减少27万吨。原煤制造成本完成102.07元，比上年上升11.44元/吨。商品煤售价比上年提高20.65元/吨。全局亏损总额4856万元，比上年减亏1965万元。原煤全员效率2.066吨/工。百万吨工亡率1.53。新井建设进展顺利，梧桐庄矿新井于5月1日进入联合试运转，大淑村矿新井于12月5日进行了主井重载试验。4月份，在全煤系统造林绿化先进单位和先进工作者表彰会上，牛儿庄矿、黄沙矿、新三矿、局小学被授予2000年度“造林绿化先进单位”称号。

在经济持续低位运行的形势下，局党委紧紧围绕企业结构调整、走向市场的中心任务，强化政治理论学习，以邓小平理论、“三个代表”重要思想和党的十五届五中全会精神为主要内容，先后举办了7期领导干部培训班，312名同志参加了培训，与中国矿大联合举办了3期工商管理培训班，对229名领导干部进行了培训。按照河北省委的要求，在局和局属单位领导班子及成员中，深入开展“三个代表”重要思想的学习教育活动，分别成立学习教育领导小组，采取集中学与自学相结合、专题发言与共同讨论相结合、学习理论与联系实际相结合的方法，增强了学习效果。在领导班子及成员认真对照检查、自我总结的基础上，通过召开民主生活会、不同层次座谈会、发放征求意见卡、个别交流等形式，广泛征求党内外群众意见和建议，对存在的问题进行了及时整改。此次学习教育活动，受到河北省国企“三讲”办的充分肯定。

围绕企业生产经营中心任务，努力发挥政治核心作用。各级党组织围绕牢固树立结构调整等7个观点，根据“三个一批”的工作思路，坚持对企业实施思想政治领导，始终站在改革、调整和扭亏的前列，积极参加企业重大问题决策。下半年，根据煤炭市场出现转机和生产、安全一度被动的局面，局党委又及时提出了“上产量、保安全、促调整、增效益”的工作方针，以此统一全局干部职工的思想。局党委把保证四矿关闭破产顺利实施，作为推进企业结构调整的战略任务来抓，积极研究制定关闭破产的决策部署，切实担负起教育引导、宣传政策、化解矛盾、维护稳定的政治责任。紧密配合清算工作，发挥政策咨询站、《宣传简报》等作用，有针对性地做好思想政治工作，协调有关方面解决处理了大量实际问题。

党员创效

以庆祝建党 80 周年为契机，加强企业党的建设。局党委精心组织、广泛开展以“忆党史、学传统”和党建征文、党史图片展览、歌咏比赛、“党在我心中”知识竞赛、“评选树”等为内容的“做表率、献厚礼”系列党建活动。在全省大中型企业知识竞赛上，峰峰局代表队取得了第二名的好成绩。以党员责任区、党员先锋示范岗和先锋工程为阵地，开展多种形式攻关创效和劳动竞赛活动，在强化管理降成本、节支降耗增效益、科技创新促发展中发挥了党员的先锋模范作用。加强党的组织建设，加大领导班子考核调整和年轻干部选拔的力度，坚持党支部上等级目标管理考核，强化党员教育和管理，当年吸收新党员 378 名，增强了党组织的凝聚力和战斗力。

大力开展“学《建议》、转观念、抓调整、创业绩”主题教育，讲形势、讲任务、讲责任，统一全局职工的思想认识，共同为实现企业改革、发展、调整、扭亏脱困的目标而奋斗。围绕下半年工作会精神，在全局职工中开展“学习《讲话》严管理，抢抓机遇增效益”大讨论和“好建议、好思路”征集活动，紧紧抓住企业生产经营工作中的难点和薄弱环节开展讨论，提出改进和解决办法。五矿党委深入开展“班组论坛”活动，有效调动了生产一线职工群众的积极性。

进一步加大反腐倡廉的工作力度，开展“读廉文、思反腐、筑防线”等活动，增强领导干部的廉洁自律意识。坚持对新任领导干部及其配偶进行廉政谈话和廉洁教育，狠抓党风廉政责任制和倡廉治奢规定的落实。聘请 18 名监督员，对党风廉政工作和领导干部进行监督。按照中纪委 6 号文件要求，这年有 18 名矿处级领导干部登记上交礼品现金 13 万元。严肃查除了各类违纪案件，共收集案件线索 247 条，立案 46 起，结案 42 起，依党政纪处理 51 人次，挽回直接经济损失 83 万元。深入开展纠正不正之风工作，对私设“小金库”、乱收费、吃拿卡要“倒服务”等问题进行治理整顿。围绕物资采购招标、工程项目招标、废旧物资拍卖、资金使用、煤款清欠、合同管理和安全生产等工作开展效能监察，促进了企业经济效益提高。

不断推进企业民主政治建设，按照“巩固、深化、提高、实效”的要求，认真研究制定了矿（厂）务公开、民主监督工作的安排意见，通过健全机制、完善制度、规范运作、加强管理，使公开工作逐步深化。9 月 6 日，局党委在九龙矿召开了矿（厂）务公开工作现场观摩经验交流会，有力推动了全局的公开工作。通过积极推行“重大问题决策、重要干部任免、重要项目建设和大额资金使用”的“三重一大”公开制度，促进企业科学管理，取得了显著经济效益。基层各单位通过购销比价管理、工程项目招标、废旧物资处理公开，共节支增收 1000 多万元。深入推行平等协商和集体合同制度，在 4 个单位进行了工资集体协商试点工作。通过建立和完善平等协商集体合同制度、监督检查制度、整改反馈制度、违约追究制度，加强了对集体合同的管理，提高了履约兑现率。同时，强化劳动争议协调工作，维护了职工合法权益。峰峰局被评为“河北省厂务公开先进单位”。

局党委通过强化责任制，转变领导作风，积极推进再就业，加大扶贫帮困等措施，扎实抓好稳定工作。层层落实维护稳定工作领导责任制。继续坚持领导干部和党员联系困难户制度，开展“送温暖工程”、“阳光工程”等活动，发挥“四会一社”作用，指导33个单位建立了职工互助帮困基金，共筹措资金78万元，加大扶贫帮困力度。全年为991户特困职工家庭申报办理了城市居民最低生活社会保障救济金。经过努力，集体企业职工参加省级基本养老金保险统筹问题得到解决，全局越级集体上访和个体信访量均比上年有所下降。峰峰局认真贯彻上级有关开展“严打”整治斗争要求，广泛发动群众，营造强大声势，先后组织了两次“严打”战役和“追逃行动”。当年共破获刑事和治安案件106起，抓获违法犯罪分子238人，同时开展了治爆缉枪和清理暂住人口等工作，对全局生产和使用爆炸物品单位进行了专项治理。在市场形势依然困难，改革和调整任务艰巨的情况下，企业保持了稳定发展的良好局面。

第四章　做精图强的跨越式发展（2002年—2007年）

2002年至2007年，跨越国民经济第十个五年计划和第十一个五年计划。在此期间，党的十六大、十七大召开，在行政管理机构改革、完善社会主义市场经济体制、加强党的执政能力建设、构建和谐社会、制定“十一五”规划等方面，国家作出了一系列重大决策，国民经济水平、社会发展进程、政治文明建设都有了显著的进步和提高。随着国民经济的持续高速增长，煤炭行业形势也持续好转，煤炭需求旺盛。煤炭价格虽时有反复，但总体呈上涨趋势，煤炭企业效益显著提高。

2001年底的峰峰局，已连续四年亏损。2002年4月，新的领导班子上任后，面对企业多年亏损带来的种种结构性、体制性矛盾和资金极度紧张的不利局面，以建立现代企业制度和实现整体扭亏为目标，大力推进“五个创新”，狠抓作风建设，振奋全局精神。强化成本管理，建立“大成本管理体系”。加快公司制改革各项筹备工作，进行局、矿两级机关机构改革。依靠科技进步，加大生产和安全投入。2002年实现了四年来的首个整体扭亏年。2003年，以“十五”后三年改革发展思路为主线，按照“三步走”的战略部署，大力完成“五大任务”，实现“五大跨越”，实施“五个一批工程”，加快改革改制步伐。进行了物资供销体制、煤炭营销体制、财务体制改革。成立了峰峰集团有限公司，实现了企业由工厂制向公司制的跨越。与公司制相适应，以建立和完善经营管理十大运行机制为核心，不断加大基础管理力度，坚持走内涵式发展之路，企业改革发展取得了新突破。

2003年10月，党的十六届三中全会通过了《中共中央关于完善社会主义市场经济体制若干问题的决定》，在股份制和现代产权制度上作出了一系列重大决策。河北省委、省政府召开了国企改革工作会议，制定下发了以“两增、两减、两分”为主要内容的《关于加快推进国有企业改革的指导意见》。峰峰集团认真贯彻落实中央和河北省委、省政府有关会议精神，把2004年作为深化改革年，调整和完善“十五”后三年改革发展思路，将三年规划调整为五年，确立了新“三步走”战略。2004年到2005年，按照“集团公司战略发展中心、资本运营中心、投资决策中心；专业化公司利润中心；分公司成本中心”的思路，完成了集团公司内部机制转换。以“两增、两减、两分”为主线，加快了辅业改制、主辅分离和中小企业放开搞活步伐。企业办学校和公安全部移交地方；以“国退民进、产权置换、身份置换”为核心，8个全民辅业单位完成了改制；以人员、资产、经营“三分离”为核心，实行水、电、暖暗补变明补，加大生活后勤基础设施建设，建立健全生活后勤价格体系和内部市场化运作体系，加快生活后勤产业化改革力度。2005年按期完成了“两增、两减、两分”第二步战略目标，并编制完成了峰峰集团2004年至2015年总体发展战略。按照“煤炭产业，内挖外扩；煤基产业，做强做大；企业转型，持续发展；整体推进，实现跨越”的整体战略思路，加快战略转型步伐。以“一二三”产业发展战略为重点，在专业化重组的基础上，加大了电力、焦化两大支柱产业和机械制造、建材、煤化工三大支撑产业项目开发建设力度，煤基产业不断发展。两年里，在克服了牛儿庄矿透水淹井造成巨大经济损失的情况下，仍较好地完成了各项奋斗目标。集团公司党委紧紧围绕企业改革发展、结构调整中心任务，以发展为目的，以改革为动力，以职工为根本，适应现代企业制度的要求，不断加强和改进企业党的建设和思想政治工作，各项工作在创新中取得突破。创建学习型企业活动、推行党建工作质量管理体系、加强企业文化建设、行政权力公开透明运行、源头治理腐败工作等均取得了明显成效。

2006年，峰峰集团按照“三步走”战略，确立了到“十一五”末实现营业收入达百亿的发展规划，开始实施以“四个打造、四个突破”为重点的大集团、大公司战略。2007年正式提出“建设现代化能源化工集团”目标，加快战略转型步伐。两年中，峰峰集团以打造中国第二大主焦煤生产基地为目标，大力实施精煤战略，加大产品结构调整力度，实现了由销售原煤为主向销售精煤为主的转变。以促进企业战略转型为目标，加大产业结构调整力度，加快煤化工等重点项目建设速度。煤化工项目列入河北省50个重点产业支撑项目行列，一期工程建成投产；7个资源枯竭矿井实施了关闭破产。大力实施资源外扩战略，后备资源开发取得重大进展。内蒙古锡盟煤电化一体化项目方案矿区规划通过国家发改委评审，取得了本部磁西新区探矿权，新增煤炭储量59.3亿吨。集团公司党委围绕“实施企业发展战略、推进和谐企业建设”两大任务，按照“巩固、深化、创新、提高”的工作方针，为推进企业科学发展、和谐发展提供了坚强保证。“四好”领导班子建设、党建工作质量管理体系建设、企业文化建设、制止商业贿赂、党风廉政建设、民主管理等做法，走在全省乃至全国的前列，得到了上级党委的充分肯定，提高了企业的知名度和影响力。以人本精细化管理为重点、以12个要素为核心的先进管理模式初步形成，企业整体素质和管理水平全面提升。多渠道分流安置企业下岗职工、关闭破产矿井富余人员和集体企业工，输送下岗女工从事家政服务。变招工为招生，选派优秀青年进行深造。建立困难职工档案，健全特困职工帮扶机制，积极筹措资金，开展“金秋助学”、“帮困助医”、“送温暖工程”等活动，建立和完善社会保险体系。实现了职工食堂市场化、澡塘宿舍公管化、工作服统一化，建成了一大批职工文化体育活动设施和场所。职工生活环境不断改善，生活质量不断提高，和谐企业建设取得新成效。

这一时期，峰峰集团通过瘦身减负，蓄力增势，走上了快速稳定可持续发展轨道。企业总资产、营业收入和职工收入逐年大幅递增，经济结构战略性调整取得重大突破，企业可持续发展能力明显增强，企业整体面貌焕然一新，各项事业呈现蓬勃发展的良好态势。

第一节　加强作风建设　确立“五个创新”
（2002年—2003年6月）

2002年，国家外贸出口大幅增长，国内房地产市场旺盛，拉动钢铁等价格不断上扬。由于国家继续实施关井压产、总量调控、鼓励出口和安全专项整治政策，煤炭产销两旺，市场平稳，社会库存趋于合理，煤炭企业效益普遍提高。电力实行“厂网分开，竞价上网，南北互供，全国联网”改革，电力供求呈现加速增长的态势。2003年初，因取消电煤指导价，全国性“电荒”出现。受“电荒”带动，原本就已供应紧张的各种原材料价格乘势上涨，水泥、钢材价格到了“一月三价”的地步。中国工业进入了“第二次重工业化”阶段。资源型企业纷纷扩大产能，各种资本纷纷进入钢铁、水泥、电解铝、汽车等行业，造成能源紧缺。中国经济在经历了加入世贸组织和“非典”的严峻考验后，仍然保持了高速增长，国有企业效益明显提高。

2002年是峰峰局深化改革、结构调整、实现总体扭亏的攻坚之年，但实现整体扭亏的任务十分艰巨。从行业内部形势来看，国内煤炭供求稳中趋紧，精煤价格在2001年三次提价后再次上浮，电煤也达成上浮共识，煤炭行业形势继续趋好。但世界经济增长明显减缓，煤炭出口受到制约，进口增加，国内市场压力增大，煤炭企业的市场竞争更加激烈。随着国家逐步放开部分小煤矿生产，并改善西部煤炭外运条件，煤炭市场总投放量增加明显，煤炭市场不确定因素增多。作为一个连续几年在困境中挣扎的老企业，峰峰局资金入不敷出，极度紧张，生产经营受到制约。一批矿井资源枯竭，煤炭后备资源严重不足，生产矿井大多超强度开采，增产增收潜力小，结构调整任务艰巨。加之用人多、效率低、负担重等，都严重制约和影响着总体扭亏目标的实现。

面对种种困难，峰峰局坚持以经济效益为中心，以结构调整为主线，深化改革，加快技术创新、体制创新和管理创新步伐；强化安全生产，提高经济增长的质量和效益；转变作风，坚定信心，扎实工作，推进两个文明建设。根据各单位的不同情况，局分别实行了不同的政策。正常生产矿井努力提高盈利水平，对牛儿庄矿推行了股份制模拟法人运转，对羊渠河矿实行生产经营风险抵押承包，对梧桐庄矿实行经营管理风险抵押承包；衰老减产矿井，一矿一策，给予适当扶持，促进调整生产结构，减缓衰减速度，把亏损控制在最低限度；资源枯竭、衰老报废矿井及一些扭亏无望的多种经营地面厂，加大内部结构调整和资产重组力度，加快人员分流，实行下岗补贴政策；多种经营地面厂和施工单位自负盈亏；后勤服务和社会服务机构凡具备条件的，实行企业化经营、社会化管理，以调动各单位扭亏增盈的积极性。局坚持依靠科技进步，提高单产和效率，稳定煤炭产量；加快6项水平延深重点工程，确保采掘协调，促进煤炭生产可持续发展；总结四矿破产工作经验，积极稳妥地推进资源枯竭矿井关闭破产，着手第二批列入国家计划项目启动前的准备工作；加快资产重组、优化企业组织结构工作；将全局所有单位资金全部纳入局统管范围，建立统一的资金管理制度，推行会计代理制；出台了物资采购管理实施意见和强化煤炭运销若干规定。1月8日，组织了2002年首次物资招标采购会；进一步加强成本管理、营销管理，加快推进企业信息化建设；做好下岗分流、减员增效和再就业工作，面向市场转换经营机制，深化三项制度改革，大力开发人力资源；实行严格的事故责任追究制度，开展新《煤矿安全规程》学习竞赛活动，促进安全状况稳定好转。2月，制定了《关于职工晋升技能工资的实施意见》，经局职代会审议通过后执行，进一步调动了全局干部职工扭亏脱困的积极性。3月29日，局党委制定下发了《关于贯彻落实〈中共中央关于加强和改进党的作风建设的决定〉的实施意见》，从思想作风、学风、工作作风、领导作风和生活作风五个方面，明确要求全局党员干部克服“怕”、“僵”、“满”、“懒”思想，以良好的作风保障全局扭亏脱困目标的完成。

2002年一季度，局抓住国内煤炭市场供应紧张和煤价上涨的有利时机，积极响应国家经贸委保电煤、保重点的指示精神，坚持节日生产，努力超产超供。仅春节7天长假就安全产煤17万吨，超产5000吨。多项经济技术指标超额完成。全局计划生产原煤237.37万吨，实际生产268.99万吨；11个矿井实现超产，总计超产31.62万吨；总进尺、开拓进尺均超额完成了计划；利润实现补贴后盈利600万元，实现了四年来的首次全季度盈利。1月18日，峰峰局首家国有资产全部退出、民营资本全额买断的有限责任公司——峰峰矿区高盖乳业有限责任公司挂牌成立并运作，改制工作迈出了新步伐。

2002年4月，峰峰局新领导班子上任后，以中央关于加强和改进党的作风建设为契机，把2002年定为转变作风年，把广大干部职工的精力凝聚到抓管理、谋发展、真抓实干上来。针对作风建设中存在的问题，连续制定下发了《关于改进全局招待工作的意见》、《关于进一步改进和加强局机关接待工作的规定》、《关于加强全局小汽车管理的规定》、《关于严格控制各类外出考察学习活动的通知》、《医疗机构药品用品器械联合招标采购实施办法（试行）》和加强审计监督等一系列文件、规定等。特别重申了领导干部下井及考核检查通报制度，实行每季度公开通报一次，不讲情面，引起强烈反响，促进了领导干部深入井下、深入一线解决问题。广泛开展“转作风、树形象、促发展”党建活动，严肃查处部分部门和单位借学习考察之名外出旅游问题、招标采购违规问题、截留职工工资案件问题等，迅速刹住了公款吃喝、公车私用、公款旅游、干部下井少、机关“倒服务”等不良现象。10月30日，局党委召开了进一步加强改进作风建设会议，巩固作风建设成果，将作风建设成果常态化。此后，作风建设每年作为党委工作的一个重要方面，在峰峰局持续开展下来，促进了各项工作的开展。

针对企业实际，2002年下半年，局提出了“五个创新”，处理好“七个关系”，坚持“两个文明一起抓”的思路。即“以观念创新为前提，以体制创新为动力，以管理创新为主题，以科技创新为根本，以结构创新为主线”，处理好安全与效益、生产与效益、销售与效益、技术与效益、成本与效益、质量与效益、管理与效益的关系，坚持两个文明一起抓。把2002年奋斗目标由“实现全局总体扭亏”，调整为“建立现代企业制度和实现全局总体扭亏”两大目标。下发了《关于对2002年主要工作实行目标责任制的通知》，将各项任务分解至各部门，强化部门督导和落实力度。调整了超利减亏分成政策，加大奖罚力度，对承包经营者的考核奖罚办法和单位工效挂钩办法作了修改，拿出5%作为成本工资，与工资总额联挂，强化成本管理。

在“观念创新”的思路指导下，面对企业内外改革发展的紧迫形势，2003年初，局制定了以“完成五大任务、实现五个跨越”、分“三步走”、实施“五个一批工程”为主要内容的“十五”后三年改革和发展总体思路。一是完成局和各矿（厂）公司制改革，初步建立起现代企业制度，形成母子公司体制结构，企业体制实现由工厂制向公司制的跨越；二是基本完成企业内部战略性改组，产业结构实现由以煤为主向煤与非煤并重的跨越；三是实现扭亏脱困，使企业摆脱困境，经济状况明显改善，走上持续、健康发展轨道，经济增长方式实现由粗放型向集约型的跨越；四是矿井百万吨工亡率控制在1以下，杜绝各类重大恶性事故，安全生产状况实现由不够稳定向持续稳定的跨越；五是职工收入提高，生活条件改善，职工思想道德素质、科学文化素质和健康素质明显提高，职工生活质量实现由行业低水平向行业中等水平的跨越。基本思路是分“三步走”进行公司制改革。第一步，到2003年底，依照《公司法》，将矿务局改组为集团公司，同时按照产权联结程度和产业特点，将下属生产经营单位改组为分公司或子公司，初步建立起现代企业制度；第二步，到“十五”期末，在公司制改革的基础上，进行专业化重组，构建企业集团框架，按照集团公司决策中心、专业化公司利润中心、分公司成本中心的要求，创新管理体制，重组优质资产，筹建上市公司；第三步，从2006年起，实施大公司、大集团战略，通过联合、并购、控股、合资、参股等资本运营手段，向跨地区、跨行业、跨所有制、跨国经营的大集团方向发展，打造“航空母舰”。实施结构调整的“五个一批工程”。一是做大做强一批，做强煤炭主业，把全局原煤产量稳定在千万吨以上；二是专业化重组一批，做大非煤产业；三是关闭破产一批，使资源枯竭矿井和长期亏损、扭亏无望、已经丧失竞争力的企业尽快退出市场；四是放开搞活一批，放开搞活中小企业，使其成为“四自”经营的法人实体和市场竞争主体；五是主辅分离一批，将生产辅助、生活服务从母体中分离出去，实行剥离转制，形成社会化服务、企业化经营、市场化运作新机制，促进后勤产业的发展。

2002年，针对二矿闭井，五矿、孙庄矿大幅度减产，牛儿庄矿、羊渠河矿降产，以及矿井开采条件越来越困难的不利局面，峰峰局大力实施科技创新，依靠科技进步，竭力挖掘生产潜力，大力推进高产高效矿井建设。相继制定了《高产高效矿井建设实施意见》和《高产高效矿井建设管理办法》等，实行集约化生产。2002年全局除1个矿外，其他均超额完成了局下达的原煤产量计划。全局采煤机械化程度巩固在84%以上，其中轻放及综采机械化程度达到48.85%，轻放工作面达到9个，平均单产达到4.3万吨，工作面效率达到21吨/工。2003上半年，轻放及综采机械化程度达到63.99%，比上年同期提高了18.6%。轻放综采工作面单产达到4.8275万吨，比上年同期提高8295吨，工作面效率达到22.73吨/工，比上年同期提高2吨/工。原煤人员比上年同期减少2721人，工作面个数比上年同期减少5.34个。全局21个轻放工作面推广应用了节煤器。在保证安全生产的情况下，采取溜子道放顶煤和边帮带采的节煤措施，煤炭回收率提高4.2%。

为缓解衔接紧张局面，实现将煤炭产量稳定在千万吨规模以上，局调整生产结构，加大生产准备投入。把重点工程建设作为考核领导班子业绩的一项重要内容，同承包集团考核奖惩挂钩，实行“资金、质量、工期”三大控制，落实责任制，加快开拓延深、水平接替工程建设。2002年投入生产准备资金7593万元，比前六年平均多投入4591万元。继续推广岩巷“三掘三喷”和“新三小”等新技术、新工艺。以梧桐庄矿、大淑村矿为代表，再次大力发展煤巷机械化掘进，两矿煤巷综掘机械化达到了85%以上，综掘煤巷锚杆/锚索支护在梧桐庄矿全面应用。梧桐庄矿两台掘进机采用锚杆支护单孔月进突破400米，创峰峰局锚杆支护单进历史最好水平。2002年，全局掘进机械化程度巩固在95%以上，总进尺实际完成13.0188万米，超计划1.7588万米；开拓进尺实际完成1.2146万米，超计划1936米。6项重点工程开工建设，羊渠河矿羊东延深、九龙矿二水平延深、黄沙矿辛安扩大区延深、薛村矿三水平西翼延深和小屯矿-550水平延深等5项重点工程均较好地完成了进尺任务。梧桐庄矿和大淑村矿加快了基建收尾工作，基本具备了生产条件。同时，加快"三下"采煤、加强巷道支护方式的研究。

按照"十五"后三年改革发展的指导思想和工作部署，结合年度奋斗目标，峰峰局大力实施管理创新，着力转变经济增长方式。以"大成本管理体系"建设为突破口，开源节流并重，加大体制创新力度，不断提高企业经营管理水平。2002年6月3日，局组织了矿长成本论坛，9月30日，组织了处长成本论坛。两次高层成本论坛对峰峰局的成本管理产生了重大影响，"市场竞争归根到底是成本的竞争"、"成本控制是企业永恒的主题"的理念得到确立，全局职工成本管理意识明显增强。经过建章立制，全局逐步建立起了"大成本管理体系"。

在财务资金管理方面，以"资金、预算"控制为核心，盘活资金流。继续严格实行财务资金集中管理，坚决取缔"小金库"。2002年，建立了投资项目及货币资金预算管理责任制，加强资金预算控制和集中管理，坚决杜绝计划外项目和任意突破资金预算现象；严格资金审批制度，大额资金运作坚持集体决策，实行责任追究；增强了局对资金的调控能力。2003年上半年，进一步制定了《资本性投资项目管理办法》和《货币资金预算管理实施办法》，强化了资金的预算控制、集中管理、审批、使用及考核，加强了控、参股公司的投资收益管理，突出了投资项目及货币资金预算管理和控制，资金状况得到明显改善，全局现金净流量比上年同期增加2.6亿元。大力开展节支降耗活动，严格控制非生产性支出，全局管理费用、财务费用分别比上年同期减少146万元和352万元。

充分发挥工资杠杆作用和约束激励作用，加大成本联挂考核力度。2002年下半年，下发了《关于工资总额同经济效益挂钩考核办法补充规定的通知》、《关于承包经营考核奖罚暂行办法补充规定的通知》，对二级单位实行了将工资总额的60%与利润挂钩、35%与产量挂钩、5%与成本挂钩的工效挂钩办法。首次将成本纳入其中，完成奖励，完不成不予审批、提取，并将成本和重点工程纳入承包经营范围中联挂考核，加大了活工资分配比例。2003年，突出生产成本管理，成立了专门的生产成本管理机构，变事后成本考核管理为全过程成本控制，变单一的生产调度为综合生产经营调度。下发了《生产成本管理办法》、《生产成本管理办法补充规定》、《生产电力成本管理规定》、《2003年资本性投资及大修资金政策》等一系列文件，实行市场倒算、目标成本管理和成本管理责任制，强化生产成本控制，加大生产成本考核力度；坚持"两低于"原则，严格控制工资成本过快增长势头；加大成本与工效挂钩力度，由2002年的占工资总额的5%提高到25%；试行经营者年薪制，加强效绩考核评价，制定下发了《经营者年薪制试行办法》和《经营者年薪制效绩评价指标说明及考核计分标准》；初步形成以生产成本管理为中心的全员、全过程、全方位的大成本管理体系。2003年上半年，全局制造成本比上年同期降低了2.44元/吨。

加强节能技改和用电管理，降低电力成本。2002年，投入资金500万元，对全局高耗能设备进行技术改造，当年完成40个技改项目并投入运行。黄沙矿、小屯矿等均在井下采掘单位加装电表，实行定额考核。各单位普遍实施避峰填谷措施和居民用电农网改造，积极推广使用皮带运输以及皮带机软起动技术，减少无效耗电，年节电1500万千瓦时，比上年减少1200万千瓦时。2003年，进一步加强了节能技改工作，建立了节能技改专项资金，制定了节能技改项目管理办法，在原煤、精煤大幅增产的情况下，上半年全局总耗电量比上年同期减少2060万千瓦时。

体制创新步伐明显加快。改革和完善煤炭营销体制，实行"五统一"集中营销。2002年，针对精煤销售需求大、价格高的市场状况，局下发了《关于调整利润分成政策的通知》、《关于停止肥煤地销确保入洗的通知》、《抽检入洗原煤质量管理办法》等一系列文件，引入市场机制，调整了入洗煤价格，加强了入洗煤调运，规范地销煤管理，强化煤炭质量管理。在入洗煤资源减少的情况下，调动洗煤厂积极性，发挥重介技改作用，调整洗煤工艺，全局精煤回收率达到53.96%，比上年提高3.95%。邯郸洗选厂通过煤泥分级浮选与精煤压滤技术改造，提高了分选效率，增加了精煤产量。开展了洗煤质量认证，邯郸洗选厂、马头洗选厂均通过了质量认证。2002年11月，局全面改革煤炭营销管理体制。组建了煤炭运销分公司，变局、矿两级煤炭销售为集中统一销售。全局所有煤炭产品都由煤炭运销分公司统一收购，对外实行集中管理，统一调度、统一质检、统一销售、统一结算、统一回款。相继下发了《关于对全局煤炭产品实行收购制的实施意见》及补充规定、《关于下达煤炭收购价格目录的通知》、《关于进一步加强煤炭销售与核算的通知》、《关于煤炭收购销售结算及会计核算办法的补充规定》、《关于调整入洗煤及精煤收购价的通知》、《关于入洗原煤调运超水扣吨的通知》、《关于下发2003年利润分配政策的通知》、《关于成立煤炭质量检测中心的实施意见》、《关于成立铁路运营分公司的实施意见》等一系列文件或通知，充分发挥了统一销售机制灵活、信息畅通、统筹运作、协调联运的规模优势。紧紧抓住精煤市场机遇，及时调整产品结构，适应市场要求，多出效益煤，2003年上半年比上年同期多增收1.1847亿元。同时，健全清欠机构，实行清欠与利益挂钩，落实责任制，加大清欠力度，并坚决杜绝发生新的拖欠。2002年，全年商品煤售价比上年提高16.15元/吨，全局煤炭销售收入比上年增收1.81亿元，其中煤炭增销增收4890万元，提高煤价增收1.3210亿元，统收煤款回收率达到105.15%，实现了当年货款结清，陈欠回收率达到23.78%。2003年上半年，全局煤炭销售收入同比增收2.6582亿元，统收煤款回收率达到103.9%，陈欠回收率达到12.96%，营销体制改革产生了巨大的经济效益。2002年8月至2003年6月，与煤炭科学研究总院北京煤化所合作开展了“峰峰矿务局煤质评价和煤加工利用途径的研究”项目，形成了《煤质评价和煤加工利用途径研究》项目报告，为峰峰局产品结构和产业结构调整提供了科学依据。

改革物资供销体制，建立“三集中”管理模式。2002年，局下达硬性招标采购指标，全年招标采购必须达到局管物资的50%以上。全年组织集中招标采购8次，累计金额1.44亿元，占局管物资采购额的56.5%，降低采购成本10.8%。2003年，为彻底改变物流条块分割、运行不畅、多头采购、多头储备、资金占用大、交易成本高的弊端，达到各矿（厂）零储备的目的，从采购权和储备权入手，进行物资供销体制改革。2003年1月6日，制定下发了《关于推行物资供应配送制的安排意见》，变两级采购为一级采购，对12个矿、两个厂实行集中采购、集中储备、集中配送。并在以产定员的基础上，实行人员、资产整体划拨。物资供销分公司及时成立了物资调度中心和物资配送中心，制定修改了一系列规章制度，如比价采购管理办法、物资超市管理办法、配送制货款结算办法、供应站工作考核办法和岗位职责、配送信息反馈制度、效绩考核评价办法、货币资金管理制度、审计监察制度等，形成了由物资调度中心统一协调指挥，供应站、业务科、物资配送中心等部门各负其责、相互配合、高效快捷的配送机制。对大宗物资、设备、材料实行集中招标采购；对通用性强、技术含量低、货源充足、生产急需、批量较小的物资，实行比质比价采购；对独家生产、专利产品或主机配套产品实行定点压价采购；对批量小、品种多，不适于集中采购的物资，实行超市化管理；个别影响生产又无计划的临时急需物资实行零星物资采购。相继建立了供货商A、B、C动态评价机制和市场准入制度、仓储管理与库存预警信息化管理系统。加强物资采购管理，完善招投标管理办法，引进竞争机制，实行委托公开招标等，招投标采购金额大幅上升，占年物资采购的比例逐年提高。2003年上半年，全局储备资金比改革前减少了1500万元；组织物资招标采购14次，节支372.5万元。

积极探索结构创新的思路，首先在组织结构上着手改革。按照精简、高效、精干和层次分明、职责清晰、权责明确的原则，2002年11月27日至12月16日，对局机关机构进行了调整，成立了战略发展部、资本运营部等体现出资人权益的机构，职能管理部门由原来的28个减少到20个，管理人员由原来的435人减少到300人以内，减少135人。机关及分流单位管理人员由原来的1017人减少到824人，减少193人。通过全员下岗、局聘正职、副处以下管理人员公开竞聘的方式，对局机关管理人员实行了聘任制、任期制，形成管理人员竞聘上岗、能上能下的用人机制。16个副处级岗位在局机关范围内实行了公开竞聘，3个副处级岗位在全局进行了公开竞聘。

加大改制力度，加快新项目建设速度，促进非煤产业发展。峰煤电业、阳光煤气、峰煤建材、孙庄洁能煤化等6个公司完成整体改制，22个下属厂点改制为有限责任公司，16个改制为民营或合伙企业，8个改制为租赁经营，中小企业改制步伐明显加快。制定了《企业内部非煤类产品市场管理办法》，加强对非煤类产品认证、执行检查和市场规范力度。有60个非煤类产品生产厂、15类169种产品纳入局内部市场保护范围，非煤类产品市场管理体系初步建立并不断完善。在项目建设开发上，五矿矸石热电厂二期扩建工程、羊渠河矿煤气电厂和矸石砖厂二期扩建、孙庄矿粉煤灰砖厂相继竣工；大淑村矿瓦斯电站进入设备安装调试阶段；五矿至牛儿庄矿电网改造及电厂热电联供工程抓紧施工；孙庄矿矸石热电厂二期扩建工程主体厂房基本结束，具备了设备安装条件；牛儿庄矿斯格种猪二期工程、孙庄矿焦化厂二期扩建、羊渠河焦化厂三期扩建开工；九龙矿矸石热电厂二期扩建、薛村矿矸石热电厂等开始做前期准备工作。2003年上半年，全局多种经营总产值实际完成5.1893亿元，同比增长24.35%；实现利润799万元，同比扭亏增盈1262万元。2002年，完成了通二矿关闭破产项目启动前的各项准备工作，第二批关闭破产项目列入了国家关闭破产计划。兴泰焦化有限责任公司成立，四矿破产重组工作取得新的进展。

用改革的观念和市场机制的办法，解决生活后勤问题，把后勤服务作为产业来经营、来发展。2002年6月6日，局在小屯矿召开了生活后勤工作现场会，推广小屯矿职工食堂社会化服务经验，确定了生活后勤社会化服务的改革方向，下发了《关于推进生活后勤服务企业化、社会化的指导意见》。2003年，以分别形成“自主经营、自负盈亏、自我发展、自我约束”市场竞争主体和经营实体为目标，制定下发了《关于实行主副、主服分离的指导性意见》和《关于生活后勤模拟法人运行的实施意见》，在原“三条线”管理基础上，实现多种经营、生活后勤与煤炭主业的分离，做到“领导到位、人员分开、资产分清、财务分账、指标分下、报表分汇”，加快主副、主服分离和辅业改制步伐。按照试点先行的思路，确定了牛儿庄矿、九龙矿两个试点单位的主辅分离方案。加大生活服务设施改造力度，为主服分离奠定基础。2003年投入资金800万元，加强“两堂一舍”、矿容矿貌综合治理工作。5个生产矿井完成职工食堂改造和租赁经营，6个单位对职工宿舍和澡塘进行了改造。薛村矿率先对工人村供电系统实行了农电改造，实现了与企业分离，羊渠河矿也签定了分离移交协议。与地方政府房改政策接轨，调高了住房公积金缴交基数，全局职工每年可受益800万元。2003年，把防治“非典”工作当作一项政治任务来抓，取得了抗击“非典”工作的全面胜利。

加大就业培训，做好下岗分流再就业工作。2002年8月13日，邯郸市劳动局、邯郸市妇联和局工会联合举办了峰峰局首期家政服务员培训班。到2003年一季度，先后有280余人参加培训，60余名下岗女职工在石家庄市、邯郸市找到了新岗位。2002年至2003年上半年纯减在册2957人，累计下岗进再就业中心3581人，分流、劳务输出等安置3639人。

坚持把安全生产作为头等大事，作为一项严肃的政治问题来对待，确立了“一切为了安全，一切服从安全，一切服务安全，一切让于安全，一切保证安全”的安全生产原则。局与13个矿和7个业务保安处室签定安全生产管理责任状，21546名井下职工写出了安全保证书。完善安全生产责任制，制定了安全质量事故行政责任追究和重大事故隐患行政责任追究等规章制度，先后对17名矿处级领导和39名区科级领导进行了责任追究。加强业务保安工作，突出“一通三防”管理，对通风四大系统不定期开展专项检查。利用国补资金，推广应用主通风机性能在线监测技术，完成了6个矿的瓦斯监测和瓦斯抽放系统改造，提高了矿井防灾能力。狠抓质量标准化和“精品工程”建设，10个矿达到行业级标准，3个矿达到省级标准。加强职工安全培训，组织《安全生产法》学习宣传和知识竞赛活动，开展了“三月安全月”、“六月安全月”和“百日安全生产无事故”活动。2002年全局实现了4个安全月和两个较长安全生产周期，百万吨工亡率0.95。2003年上半年又实现了3个安全月。安全状况总体上保持稳定，杜绝了各类重大事故。

在全局广大干部职工的共同努力下，多项奋斗目标完成良好。2002年，原煤产量完成1056万吨，比上年增产41万吨，创历史新水平。精煤产量完成293.9万吨，比上年增加19.2万吨，创四年来最好水平。商品煤销量完成996.8万吨，比上年增加102.6万吨；其中精煤销量294.2万吨，比上年增加15.8万吨；动力煤销量588.9万吨，比上年增加69.2万吨；无烟煤销量113.7万吨，比上年增加17.6万吨。

在消化增提职工工资、养老保险费、电力涨价、期间费用增支等计 1.68 亿元增支因素的基础上，实现了利润总额 1055.93 万元，扭转了自 1998 年以来连续四年亏损的局面。职工人均收入达到 1.0181 万元，首次突破万元，比上年增加 2021 元。

2003 年上半年原煤产量完成 608 万吨，比上年同期增产 67.2 万吨，创历史同期最好水平。精煤产量完成 199.5 万吨，比上年同期增产 57.7 万吨，创 1997 年以来同期最好水平。商品煤销量完成 551.2 万吨，比上年同期增加 56.4 万吨；其中精煤销量 199.2 万吨，比上年同期增加 57.4 万吨。商品煤售价实际 207.5 元/吨，比上年同期上升 25.95 元/吨。全局实现利润总额 1035 万元。原煤全员效率实际 2.32 吨/工，比上年同期提高 0.157 吨/工。

峰峰局党委坚持以党的十六大精神为指针，全面贯彻“三个代表”重要思想，坚定地站在企业改革发展的前列，围绕“五个创新”，积极探索发挥党组织作用的新途径。以学习党的十六大精神和“三个代表”重要思想为主要内容，坚持把抓好领导干部理论学习作为重点，制定了《关于进一步加强党委中心组理论学习的意见》，健全和完善了培训、考核等一系列理论学习的规章制度，狠抓了领导干部的政治理论学习和现代企业制度、企业管理知识的学习。各单位以“创建学习型企业，构筑知识型队伍”为目标，坚持把理论学习同解决实际问题相结合，学以致用，力求实效。2002 年，先后举办了 7 期领导干部培训班，334 名领导干部参加了学习，参学率达 96%。并举办了青年干部培训班和理论骨干培训班。

以“三重一大”为重点，组织民主集中制执行情况检查，促进决策的民主化和科学化。对局机关 47 个部委处室、37 个基层单位领导班子和领导成员进行了认真考核，并召开专题会议对考核情况进行公开讲评通报。坚持在关闭破产和改制单位及时调整和建立党组织，保证党的建设不断线、不空挡。深化对基层党支部目标管理考核和督导讲评工作，召开党建工作经验交流会，总结推广基层党组织在新形势下实践创新的经验。进一步深化干部人事制度改革，推行公开选拔、竞争上岗、民主推荐、任前公示、试用期制、末位淘汰等做法，建立起了新的选人用人机制，使全局领导干部年龄结构、组织结构、职能配置和专业人员调配更加合理。以“提建议、降成本、保安全、创效益”为重点，相继开展了“转作风、树形象、促发展”和“学报告、争先进、促发展”党建活动，进一步发挥了广大党员在深化改革和扭亏脱困中的先锋模范作用。

全局积极开展创建学习型企业活动。2002 年底，局党委专题安排部署“创建学习型企业”活动，从“学”入手，更新观念，改善思维模式，提高队伍素质，提升管理水平，促进企业改革发展。局党委下发安排意见、编发《知识读本》、普及先进理念，通过试点带动、加强调研、检查指导、相互交流等，不断推动创建活动的深入开展。各单位成立领导机构，健全相关机制，营造学习氛围，为创建活动提供了重要保证。各单位分别对领导班子、管理干部、职工群众提出创建目标，引导干部职工树立适应市场经济和改革发展的思想观念，促进工作思路和管理理念的不断创新。开展了重新征集、提炼峰峰局新企业精神的活动。在广泛征集、反复推敲、几易其稿后，确定了“团结、奋进、创新、超越”新的企业精神。围绕树立新的思想观念，初步提炼了“走内涵式发展道路”的发展观、“学习工作化、工作学习化”的学习观、“紧严细实全”的安全生产观、“以质取胜”的质量观、“以成本论英雄”的成本观、“铸造生命线，唱响主旋律”的思想政治工作观和“正气兴企”的作风建设观等。

切实加强党风廉政建设。认真执行重大事项报告、礼品登记和收入申报制度，加强廉洁自律制度和倡廉治奢规定的落实，各级领导干部廉洁自律意识进一步提高。2002 年，有 15 名矿（厂）级领导拒礼拒贿达 25 万余元。树立“监督也是生产力，监督也是效益”的思想，强化党风廉政教育，加大治本力度。总结了 6 个矿（厂）级领导干部的勤廉事迹材料，组织 380 多名领导干部和管理人员到监狱进行预防职务犯罪警示教育，继续开展“读廉文、思反腐、筑防线”和“争当贤内助、廉内助”活动，提高了广大干部职工反腐倡廉的自觉性。严肃查处违法违纪案件，深入开展以清理纠正“小金库”和机关“倒服务”为重点的纠正不正之风和专项治理工作，围绕物资采购招标和货币资金集中统一管理等开展效能监察。至 2003 年上半年，立案 94 起，结案 67 件，给予党政纪处分 99 人次，挽回直接损失 288 万余元。

在局党委的领导和大力支持下，局工会积极开展工作。认真落实“依靠”方针，维护职工群众利益，为改革发展创造稳定的内部环境。坚持企业重大问题和涉及职工切身利益的重大问题提交职代会审议通过，指导集体企业、新建和改制单位建立健全了职代会制度，巩固和完善平等协商和集体合同制度，积极推行工资集体协商制度。召开了全局矿（厂）务公开暨经验交流会，组织开展了“五杯”竞赛创业兴企活动，峰峰局被全国总工会、国家安全监察局评为“安康杯”竞赛优胜单位。开展了“建家”活动，职工之家建设取得了新的进展。建立和完善特困职工动态预警制度，发挥“四会一社”作用，坚持开展“送温暖工程”、“阳光工程”等扶贫济困活动。筹集资金226.83万元，为14316户特困职工家庭送去了温暖。积极配合地方做好最低生活保障工作，7283户特困家庭享受了最低生活保障。举办了再就业培训班26期。各级团组织广泛开展宣传教育和文明创建、青年志愿者等活动，在企业改革和扭亏脱困中发挥了生力军的作用。进一步落实信访稳定工作责任制，坚持“分级负责、归口办理”的原则和领导干部信访接待日制度，定期排查，认真做好重点单位信访工作。加强治安综合治理，深入开展“严打”整治斗争，保持高度的政治警惕，严防“法轮功”邪教组织反弹。加强重点要害部位的治安防范，杜绝了重大灾害和盗窃案件发生，为企业改革与发展创造了安定环境。

第二节　建立现代企业制度　加快改革步伐（2003年7月—2005年）

2002年，峰峰局把建立现代企业制度作为两大奋斗目标之一，加快了清产核资、土地评估及改制方案上报审批等筹备工作。5月23日至31日，峰峰局第十二届职代会第十二次会议审议通过了《峰峰矿业（集团）有限责任公司实施方案》、《峰峰矿业（集团）有限责任公司章程》、《峰峰矿业（集团）有限责任公司发展规划》。2002年底，完成了改制审计和财产清查、资产评估、土地评估等基础性工作，经与中国信达、中国华融两家资产管理公司的多轮谈判，对公司章程和股东协议书达成一致，改制前需要企业做的各项准备工作全部完成。同时，经过局机关机构改革，与公司制相适应的集团层管理体制初步建立。2003年7月8日，峰峰矿务局改制为峰峰集团有限公司的创立大会在鼓山庄宾馆隆重举行，审议选举了峰峰集团有限公司董事会、监事会。首届一次董事会、监事会同日召开，选举产生了董事长、副董事长、监事会主席，聘任了公司总经理、副总经理、总工程师等。8月8日，峰峰集团举行了隆重的揭牌仪式。至此，54年历史的峰峰矿务局走上公司制轨道，迈出了建立现代企业制度的崭新一步。

2003年下半年，河北省委、省政府召开了全省国有企业改革工作会议，对国企改革工作进行了全面规划和部署，制定了《关于加快推进国有企业改革的指导意见》，出台了以“两增、两减、两分”为重点的加快国企改革新思路，即国有企业增效、国有资产增值；减持国有股、减少国企冗员；分离企业办社会职能、分流企业富余人员。为进一步加快改革改制和发展步伐，峰峰集团分别于2003年底和2005年初，两次对改革发展战略进行了调整和完善。

2003年底，峰峰集团将三年规划调整为五年规划，提出经过五年左右的努力，基本完成经济结构战略性调整和企业内部战略性改组，资源枯竭矿井以及劣势企业全部退出市场；完成企业办社会职能和辅业改制分离，基本实现“两增、两减、两分”目标；形成较为合理的经济布局和结构，建立起比较规范的现代企业制度。全面提升经济整体实力和增长活力，煤炭采选、煤焦化、电力、机械制造等主体产业产值每年递增15%以上。到2007年，原煤产量达到1300万吨，精煤产量达到450万吨，营业收入达到50亿元，企业市场竞争能力明显增强，经济效益显著提高，职工收入大幅度增加，生活环境和质量得到较大改善，实现大集团、大公司战略目标。为实现上述目标，分“三步走”：第一步，到2004年6月末，初步理顺集团公司内部组织体系，将二级生产经营单位分别改组为分公司和子公司，构建集团公司战略发展中心、资本运营中心、投资决策中心；专业化公司利润中心；分公司成本中心的机制。按照现代企业制度要求，逐步建立“归属清晰、权责明确、保护严格、流转顺畅”的现代产权制度，形成以骨干企业为核心、以产权联结为纽带的母子公司框架结构，实现管理体制创新。第二步，2004年至2005年，全面启动主辅分离、辅业改制，积极推行公有制的多种有效实现形式，大力发展国有资本、集体资本和非公有资本等参股的混合所有制经济，加大国有资本退出力度。2004 年全面完成中小企业改制，辅业单位国有资本退出比例达到 40% 以上；到 2005 年末，辅业单位国有资本退出比例达到 60% 以上，基本实现“两增、两减、两分”。第三步，2006 年至 2007 年，实施大公司、大集团战略，以发展为主题，做精做强煤炭采选业，大力发展电力、煤焦化、机械制造等延伸产业，企业上规模，产品上档次，整体经营活力和实力显著增强，使企业步入持续增长、健康、快速发展的轨道；积极筹建股份有限公司，力争实现股份公司上市；实施资源扩张和资本扩张，通过联合、并购、控股、合资、参股等资本运营手段，向跨地区、跨行业的大集团方向发展。

根据企业改革发展进程，峰峰集团编制完成了 2004 年至 2015 年总体发展战略，明确了企业战略定位、发展目标及重点。总的战略思路是“煤炭产业，内挖外扩；煤基产业，做强做大；企业转型，持续发展；整体推进，实现跨越”。突出“一个基础产业”，即煤炭产业，稳定千万吨规模，巩固煤炭产业基础地位。构筑“两个支柱产业”，即电力和焦化产业，通过资本运作，强强联合，引进战略投资者，延伸产业链，提高附加值。适度发展综合利用坑口矸石电厂，重点发展坑口大电厂；建设大型环保机焦项目，由生产初级产品向生产中级和末级产品迈进，形成产业支柱和规模效益。积极发展“三个支持产业”，即机械制造、建材、煤化工产业。加大产业和产权结构调整力度，加快技术、体制和管理创新步伐，转变经济增长方式，提高企业经济运行质量和效益，全面推动企业转型发展。通过五至十年的努力，把峰峰集团建设成为主业突出、结构合理、可持续发展的大型能源化工企业集团。按照企业改革发展思路和战略转型目标的要求，峰峰集团紧紧抓住难得的历史发展机遇，以深化改革为重点，以“两增、两减、两分”为主线，强化管理，优化结构，加快改革发展步伐。

峰峰集团将生产准备和采区接替作为“生命工程”来对待，加大了资金投入、设备更新和管理力度。2003 年用于生产投入 3. 43 亿元，其中重点开拓延深工程投入 1. 21 亿元。2004 年，投入生产技改 7458 万元，比上年增加 3223 万元；重点开拓延深工程投入 1. 54 亿元。2005 年完成生产技改资金 6. 969 亿元，比上年增加 2. 2822 亿元。三年里，装备煤巷掘进机械化作业线 3 条，综掘机械化程度达到 13. 14%。改革巷道支护工艺，扩大煤巷锚杆支护范围，管缝锚杆全部被树脂锚杆代替。2005 年，综掘机械化设备开始更新换代，综掘机功率达到 100 千瓦、135 千瓦、150 千瓦，综掘机的使用范围逐步扩大。岩巷液压钻车在大淑村矿、黄沙矿开始应用，最高单进达到了 102 米；九龙矿应用大直径、高强度、高弹性锚索支护，提高了巷道支护质量；万年矿、新三矿应用可回收锚杆支护技术，降低了支护成本。三年来，分别完成总进尺 14. 1707 万米、14. 3292 万米和 14. 0541 万米，分别超计划 5107 米、6492 米和 7191 米；其中开拓进尺分别完成 1. 2502 万米、1. 6658 万米和 1. 6181 万米，分别超计划 1822 米、3438 米和 2294 米；掘进效率分别达到 0. 137 米/工、0. 138 米/工和 0. 149 米/工，分别比上年提高 7. 9%、0. 73% 和 7. 9%。2003 年综合单进达到 142. 54 米，比上年提高 3. 8%；煤巷、半煤岩巷、岩巷单进分别达到 207. 1 米、178. 78 米和 67. 93 米；6 项重点工程均完成进尺任务；梧桐庄矿、大淑村矿相继通过验收。2004 年，煤巷、半煤岩巷、岩巷单进分别达到 225. 68 米、193. 33 米和 70. 84 米；10 项重点工程和 3 项重点采区准备均完成进尺任务。新三矿采用岩巷控制爆破与快速掘进施工技术，独头单进达到 110 米以上，结束了集团公司大断面岩巷单进水平多年徘徊不前的局面。2005 年，煤巷、半煤岩巷、岩巷单进分别达到了 210. 11 米、198. 26 米和 75. 94 米；12 项重点工程均较好完成了进尺任务。

坚持依靠科技进步，巩固和发展轻放采煤新工艺，推进集约生产和高产高效矿井建设，努力实现多超产。轻放及综采机械化程度 2003 年达到 66. 7%，比上年提高 17. 95%，2004 年和 2005 年分别提高了 2. 52% 和 7. 6%；工作面效率分别达到 18. 147 吨/工、18. 237 吨/工和 19. 529 吨/工；工作面个数分别比上年减少 3. 94 个、0. 68 个和 0. 65 个；轻放综采工作面单产 2003 年达到 5. 2 万吨，比上年提高 1 万吨，此后两年保持在 4. 2 万吨以上水平。2005 年，轻放装备开始升级，MG－375W 采煤机基本替代 MG－200W 采煤机；开发应用了大尾梁支架，完善了采煤工艺，工作面支护质量和回采效率进一步提高。2005 年 3 月，在大淑村矿 172104 工作面进行了 ZF2600/16/24 大尾梁综采放顶煤工艺的工业性试验，一次试采成功。万年矿 1301 采煤队创下了轻放工作面单产 13. 5594 万吨的新纪录。

大力实施“内挖外扩”，煤炭后备资源建设取得新进展。2003 年 10 月，梧桐庄矿开始正式生产；12

月23日，大淑村矿正式成立，均实行新井新制。同时，个别衰老矿井开始对巷道保护煤柱、工业广场保护煤柱进行开采，有的还在原报损或地损块段中找煤进行复采，努力延长矿井寿命，缓解采掘失调矛盾。加强了煤田深部山青煤的开采，从深部山青和下组煤层解放煤炭资源达1883.5万吨。“三下”采煤研究再获成果，利用成熟的技术，获经济开采“三下”储量约8690万吨。2005年，积极对本部磁西、史村、万东煤田进行了开发，并在内蒙古取得了四块煤田的探矿权，“外扩”战略取得了突破性进展。其中红格尔煤田地质勘探工作完成，精查地质报告提交国土资源部。

依靠科技进步，加大节能技改投入和信息化建设。三年分别投入节能技改资金360万元、659万元和636万元，分别完成节能技改项目40台项、31台项和6大项97台件，在逐年增产的情况下，总耗电量逐年减少1483万千瓦时、2116万千瓦时和873万千瓦时。制定和完善了《企业信息化发展规划》，先后投入1800万元，大力推进信息化建设，以物资供销、煤炭运销、财务管理、计划统计、生产管理、安全监察为主要内容的信息化管理网络体系初步建立并开始运行。

按照现代企业制度的要求，加强工作调度，强化工作责任，按期完成了辅业改制任务。制定了《主辅分离辅业改制整体改革方案》，于2004年4月经集团公司首届职代会第五次会议原则通过。下发了《关于主辅分离辅业改制工作指导意见》，对职工安置费用测算、内退工伤残等职工管理、债权债务处理等13个方面以及改制单位、改制方向目标和完成时间进行了明确。深入开展了多种形式的宣传活动，举办了专题培训班。9月，为加快工作进度，制定下发了《关于加快工作步伐，确保完成2004年辅业改制工作任务的安排意见》、《关于认真进行辅业改制单位财务审计和资产评估的紧急通知》、《关于辅业改制单位进行财务账务处理的安排意见》、《关于5个辅业改制单位资产处置方案的批复》等一系列文件，进一步指导和规范改制单位财务审计、资产评估、国有资产退出比例、职工安置等工作，加快进度，明确责任，确保按期完成。2003年，有两家集体企业公司和17个厂点完成了改制。12月23日，完成了23所中小学移交地方管理。2004年，辅业改制取得重大进展。河北省国资委安排辅业改制单位3个，峰峰集团实际完成5个。机械制造分公司、地质勘探处、六0七厂、设计院、二矿支护制修厂等5个辅业单位完成新公司创立挂牌，国有资本退出1.1亿元，退出比例达61.7%。46个中小企业经营厂点完成改制，实现了产权置换。2005年，工程处、建筑总公司、报社印刷厂又相继完成了新公司创立挂牌。至此，峰峰集团全民辅业改制工作圆满完成。共有8个辅业单位改制，涉及人员11129人，分离安置职工7093人，有3701人与新公司建立了劳动关系，国有资本退出比例77.1%，全面完成了河北省国资委下达的辅业改制任务。同时，17个集体企业完成改制，改制企业总数达到了68个。

与加快辅业改制同步，集团公司加快了生活后勤改革改制力度。制定下发了《关于加快推进企业后勤主辅分离的实施意见》，实行“人员、资产、财务（经营）”三分离。分离后的后勤单位实行自负盈亏、独立运转、分灶吃饭、单独完全成本核算和全面预算管理，建立价格体系，全面开展有偿服务，居民补贴暗补变明补，成为独立的经营实体和市场竞争主体。制定下发了《关于居民电网改造移交地方管理的实施意见》、《水电价格及补贴办法》、《关于加强生活后勤水、电、气、暖计量管理的安排意见》、《直属机关及各专业化公司水电补贴实施细则》、《关于三年水电补贴一次性补贴到户的实施意见》等一系列文件、规定，指导、支持后勤改革。2004年实现了生活后勤人员、资产、财务核算三分离，居民生活用水、用电、供暖按市场价全部实行了暗补变明补，年减少水电补贴527.44万元；20个单位完成了居民电网改造，实现了社会化管理；制定了《医疗系统实行产业化经营的实施意见》，加快医疗产业化进程。根据邯郸市政府要求，制定下发了《关于实施〈邯郸市市本级城镇职工医疗实施办法（试行）〉的暂行规定》，加快职工医疗保险制度改革步伐，集团公司与19所医院和6所保健站签署了《职工医疗保险定点医疗机构服务协议书》，建立了以大病统筹和个人账户相结合的职工基本医疗保险制度，初步实现了与社会基本医疗保险制度的接轨。2005年，进一步规范了生活后勤服务价格体系和财务核算体系，初步形成了内部市场化运作机制。牛儿庄矿、九龙矿等作为改制试点单位，率先完成了生活后勤改制。

为弥补生活后勤历史欠账，保证主辅分离、辅业改制工作的顺利进行，集团公司制定下发了《关于对生活后勤基础设施进行重点改造的有关问题的通知》，加大生活后勤基础设施改造投入。三年投入

1.4614亿元，改善职工生活条件，提高职工生活质量。小屯矿、牛儿庄矿等单位相继对职工食堂、生产澡塘、集体宿舍进行了改造。更新了集团公司机关饮水消毒设备。机关煤气扩大工程、五矿供水供暖大修、马头洗选厂集中供热、三矿供暖改造、二矿危房改造、制品厂供水改造、机关太中路及小学校前道路整修改造、职工住宅建设等一批工程相继开工或竣工。全面启动了工作服公管工作。加强小区建设和绿化美化工作。更新计量设备，完善计量手段，为“三化”改革奠定物质基础。采煤沉陷区综合治理工作取得进展。2004年矿区综合治理规划方案通过国家发改委专家评估，2005年规划设计方案通过河北省发改委专家评审。同年，按照国家有关环保政策，对高污染锅炉等重点污染源进行了综合治理，环境质量进一步改善。梧桐庄矿获“全国绿化模范单位”称号，羊渠河矿、教育培训中心获省级“园林式单位”称号。免费为44929名职工接种了乙肝疫苗。制定了《住房公积金提取使用管理实施办法》，规范住房公积金管理，实现了与国家政策制度接轨。通过两次调整，增加职工住房公积金1.42亿元，人均增加3393元。羊渠河矿、薛村矿、邯郸洗选厂家属区生活用电通过农电改造，移交地方，年节约资金580万元。

继四矿关闭破产后，峰峰集团积极争取国家政策，“关闭破产一批”工作不断取得新进展。2003年，通二矿关闭破产进入法律程序，中央财政补助资金到位，破产清算工作开始进行。同时，三矿关闭破产国家计划下达。二矿、五矿关闭破产通过河北省有关部门审核，并上报全国企业兼并破产工作领导小组。2004年，通二矿关闭破产平稳终结，三矿项目进入破产程序。二矿、五矿、孙庄矿等积极进行前期工作。2005年，三矿破产项目终结，二矿、五矿、孙庄矿关闭破产工作全面启动，破产清算工作开始进行。随后，牛儿庄矿列入了国家关闭破产项目计划。

按照“做大做强一批”思路，积极发挥本地资源优势进行开发，围绕焦化、电力、建材、煤化工等，推进结构优化升级。2003年，投入多种经营资金8022万元，比“九五”期间年平均投入增加3107万元，相继完成了五矿矸石热电厂二期、薛村矿大淑村井口瓦斯电站、五矿至牛儿庄矿电网改造、五矿矸石热电厂热电联供、牛儿庄矿斯格种猪繁育中心二期工程、孙庄矿粉煤灰砖厂、羊渠河矿矸石砖厂二期扩建工程等7项改造工程。12月26日，由原机械总厂、马头机械厂和机电设备厂联合组成的峰峰集团机械制造分公司宣布成立，专业化重组一批迈出实质性步伐，为壮大机械制造产业打下了基础。2004年，投入资金7553万元，加快煤基产业开发建设速度，相继完成了羊渠河焦化厂三期、孙庄矿焦化厂二期和矸石热电厂二期工程、与邯钢合作建设彦亭80万吨焦化厂、马头洗选厂配煤场等5个项目。2005年，加大资本运营力度，积极开展项目融资。薛村矿2×25兆瓦矸石热电厂、九龙矿1×25兆瓦矸石热电厂二期扩建工程两个电力项目开工建设；与邯郸冀华实业有限责任公司和邯郸华安工贸有限公司合资合作组建了九龙热电有限公司；成功实施了对华冶医院的兼并重组，成立了“峰峰集团总医院邯郸医院”。同时，大项目建设开始启动。9月28日，投资20多亿元的煤化工项目正式开工建设。编制完成锡盟发展战略和锡盟煤电化一体化项目可行性研究报告，通过了专家评审；与聊城电厂合作建设2×600兆瓦电厂项目经河北省国资委批复；电厂粉煤灰综合利用项目可行性报告完成。煤基产业得到发展，三年分别完成产值10.878亿元、11.5亿元和11.35亿元。

为进一步强化集团公司在决策调控、战略研究、发展规划、政策制定、资本运营、监督考核以及统一组织技术开发和市场开拓等方面的职能，建立与公司制相适应的管理体制和机制，保证新体制的正常运行，2003年下半年，峰峰集团提出了着力建立和完善考核分配、投入产出等十个方面的管理机制。按照“十大机制”要求，集团公司对11大类293项管理制度进行了分类、整理和规范，初步形成了一整套较完善的制度管理体系，促进了经营管理机制的转换，进一步调整和理顺了集团公司机关管理职能，完善了内部管理制度。与公司制相适应的管理层次分明、管理职能清晰、管理机制灵活、管理行为规范的组织管理体制逐步形成。

以各单位机关机构改革为契机，在全局推行新的人力资源运行机制。按照公司制要求和突出成本管理中心的职责需要，制定下发了《关于基层单位机关机构编制定员的指导性意见》，推行管理人员竞聘上岗、双向选择、择优聘用，变身份管理为岗位管理。至2003年底，基本完成了二级单位机关机构改革。制定和完善了组织人事管理办法，按照公开、公正、择优录用的原则选拔各类管理人员。以招聘竞争制、岗薪制、考核制为主的人力资源运行机制初步形成。

制定了《建立企业岗位工资制度（试行）方案（草案）》，经峰峰局第十二届职代会第十五次会议审议通过后，自2003年9月1日开始实施，变“岗位技能工资”为“以岗位职责定薪”的“岗位工资制”，逐步形成与劳动力市场价格接轨的工资机制。为规范这一新的分配机制，又先后制定下发了《关于建立员工岗位工作标准的通知》、《深化劳动用工制度改革的指导意见》、《2003年第四季度和2004年职业技能鉴定工作安排意见》、《关于建立岗位工资制度验收标准的通知》、《关于〈建立企业岗位工资制度（试行）方案〉的补充通知》、《岗位工资管理办法》等一系列文件，规范、指导岗位工资推行工作，逐步完善了岗位工资管理体系。2004年，进一步修改完善工效挂钩办法，下发了《工资总额同经济效益挂钩考核办法》，根据不同性质单位情况，分别将工资总额与各单位主要经济指标联挂，将工资总额的25%与原煤综合成本挂钩，加大成本类指标联挂力度，实行工资提取随主要经营指标完成情况上下浮动的政策，加大了工资分配与绩效考评结果挂钩力度。2005年，积极推进劳动合同个性化管理，依法规范企业与员工的劳动关系，实现了劳动合同动态化管理。调整了岗位工资标准，完善了岗位工资体系，使工资分配向科技岗位、管理岗位和重要岗位倾斜，初步形成双向选择、择优录用、能进能出、收入能增能减的用工机制和与市场经济要求相适应的工资分配制度。完善了绩效评价管理办法，拓宽绩效评价范围，实行动态考评机制，绩效管理水平进一步提高。加大了清理整顿外包工力度，共清退外包工1757人，合理调剂补充井下用工969人。

在资金集中管理上，进一步加强了资金预算和集中控制管理。完善了结算制度、预算程序、资金稽查等管理手段，严格资金适时监控和考核。建立货币资金分析制度，对各类投资资金实行封闭运行，保证了重点项目的资金需要。全面开展了清产核资工作，核实了企业资产，摸清了企业“家底”，规范了会计核算。合理运作企业内部资本，压缩流动资本，降低经营成本。全面执行新的《企业会计制度》，积极推进会计核算体制改革，成立了会计核算中心，实行集中会计核算体制，扩大了会计核算代理记账范围。加大目标成本分析、考核力度，严格控制非生产性支出，强化以生产成本为中心的大成本管理，建立了生产成本预算模型，完善了成本考核指标体系。羊渠河矿、新三矿、梧桐庄矿、大淑村矿推行链式成本管理，初步形成了市场化成本管理机制，成本管理向纵深发展。2003年，管理费用、财务费用分别比上年减少809万元和1584万元，审计监督为企业挽回经济损失913万元，效能监察为企业节约资金2224万元。2004年，现金比率63.06%，比上年上升23.64%；现金流量比率50.04%，比上年上升0.15%，审计监督和效能监察挽回经济损失1343万元。2005年财务费用降低2760万元，原煤制造成本比预算降低2.76元，审计监督和效能监察挽回经济损失2132万元。以资金集中管理为核心的资本运营机制、以绩效评价为主的考核分配机制、以全面预算管理和投资管理为主的投入产出机制和以审计、效能监察、矿（厂）务公开为主的监督机制逐步形成并不断得到完善。

进一步健全以煤炭营销、物资采供为通道的煤流、物流经营运行机制。从2003年11月份开始，相继同马头电厂、邯郸电厂、邯峰电厂、邢钢集团、武钢集团、首钢集团、包钢集团、邢台电厂等签定了战略合作伙伴关系协议。依据用户资信、企业规模、年用煤量、用煤是否均衡、回款是否及时等，将用户分为A、B、C三类，其中A类为重点保证用户。全年A类用户精煤销量达精煤总销量的83%，合同兑现率达114.3%。同时，以市场为导向，适时调整产品结构，作出了进一步强化精煤生产的决定，完善了各项配套政策和措施，精煤回收率比上年提高2.32%，产量比上年增加35万吨，增收2亿元。邯郸洗选厂边生产边进行重介扩能改造，全部选择进口先进设备，仅用13天，便解决了制约精煤生产的“瓶颈”问题，原煤处理量由原来的每小时不足280吨提高到480吨。2005年，以市场为导向，通过外购原煤入洗和加大块煤生产，产品结构调整有了新突破。通过制定《外购煤管理办法》和实施入洗煤超供和精煤超产奖励政策，加强配煤入洗，入洗煤调运量比上年增加68万吨，其中外购入洗煤37万吨，精煤回收率达到61%，比上年提高0.8%。4个洗煤厂均超额完成了精煤生产任务，创出了历史最好水平。制定和下发了《低质煤等品种煤的管理规定》、《关于脏杂煤等品种认定的通知》，进一步规范尾煤销售管理，实现整体效益最大化，实现尾煤回收26.5万吨，增收2900万元。万年矿积极改进生产工艺，强化内部管理，共生产块煤33万吨，增收8500万元。同时，大淑村矿洗煤厂开工建设，万年矿洗煤厂二期改造和孙庄矿、九龙矿洗煤厂压滤改造工程完成了前期准备工作。“五统一”煤炭销售体制的建立和完善，使峰峰集团的营销策略更加灵活，销售结构更加优化，重点用户市场份额不断扩大，企业信誉和产品品牌的影响力不断扩大。生产的10级焦精煤、10级肥精煤，以其低硫、强粘结性、结焦性好等特点，深受冶金企业好评，被河北省煤炭协会评为2005年度“用户信得过产品”，并通过了ISO9001－2000国际质量认证。三年里，煤炭销售收入逐年增加5.9亿元、10.6亿元和7.5亿元，货款当年不欠；2003年和2004年，陈欠回收率分别达到了22%和14.75%，2005年清理陈欠款达889万元。

在实行“三集中”物资供销体制后，为降低储备资金占用，物资供销分公司首先在本部建立了物资超市，实行“代储代销”。为进一步方便用户，2003年下半年，又先后在3个矿建立了二级超市。当年储备资金降低2400万元，降低率达31.9%。2004年开始推行井口物资超市，并全面清理矿（厂）和区（科）小仓库。当年清理沉淀物资410万元，物资储备资金比年初减少1012万元，比物资供销体制改革前减少4737万元，降低率达59.7%。至2005年底，又在9个单位建立了井口物资超市，共清理小仓库132个，清理沉淀物资1590万元。不断规范招投标程序，成立了由400多人组成的评标专家库，随机抽出，临时通知，实现招标、评标、采购“三分离”。进一步优化物供流程，变按物资分类管理为按流程分段管理，实现计划、采购、付款“三分离”。同时，物资供销分公司树立“大物流”理念，积极拓宽物流市场，2005年实现对外销售2亿元，取得了良好的经济效益和社会效益。2003年至2005年，集团公司招投标范围不断扩大，医疗器械、工程建设招投标相继纳入，招投标金额不断增长，从2003年的3.5亿元增加到2005年的16.6亿元，三年节约采购资金分别达到1500万元、4460万元和1.1亿元。

以创建本质安全型矿井和安全文化建设为核心，不断提高安全生产管理水平，安全生产保持了整体稳定。集团公司将业务保安部门纳入安全生产责任制之中，实行安全风险抵押和安全目标管理责任联挂考核制度，严格考核，严明奖惩。2005年根据国家四部委《关于调整煤炭生产安全费用使用管理与监督的通知》规定，将安全费用提取标准由原来的吨煤8元调整为45元，三年投入6亿多元，对矿井通风、瓦斯抽采、安全监测监控、综合防尘、防灭火“五大系统”进行了专项整治，提高了矿井防灾抗灾能力。加强“一通三防”管理，所有生产矿井均建立了安全监测监控系统，实现了对瓦斯治理的实时监控。强化通风瓦斯重点地区和薄弱环节的管理，加大瓦斯抽放力度，严格执行瓦斯治理“十二字”方针和国务院《关于预防煤矿生产安全事故的特别规定》，完善瓦斯治理责任制和管理制度，建立重大事故危险源和安全隐患排查机制，严格执行责任追究制度。加强防治水工作，梧桐庄矿注浆堵水工作取得显著成效。注重动态达标和达标过程管理，全方位大搞质量标准化和“精品工程”创建活动。完善井下安全质量责任区域分工挂牌制度，开展轨道质量会战、矿井安全程度评估和安全生产基本条件评估，严格领导干部入井考核和安全生产举报制度，积极推进本质化安全管理，安全基础工作不断加强。2005年，有10个矿达到了质量标准化一级标准，3个矿达到了二级标准。各单位大力实施安技措工程，推行工字钢保险卡、连锁风门、风动钻机、顶板固化等本质安全技术，在工作现场追求人机互动的本质化安全。开展职业安全健康体系认证工作，在小屯矿、新三矿等8个生产矿井相继通过系统认证试点的基础上，全面推广，提升了安全管理水平。制定和完善了各工种安全操作规程，加大了安全培训力度，每年对职工进行全员培训或轮训。6S管理、精细化管理、危险源管理、安全确认管理、安全信息管理系统等新的管理方法，在基层单位得以实践、推广，全面提高了集团公司安全管理能力。集团公司领导深入基层进行昼夜查岗，强化安全督导检查，确保各项措施落到实处。三年中，安全生产状况保持基本稳定，杜绝了各类重大事故。2003年，百万吨工亡率0.93。2004年，百万吨工亡率0.66，比上年下降0.27；有7个月实现安全月；2004年2月22日至7月28日，实现了连续安全生产158天，创出了安全生产新纪录；第二季度实现安全生产季，改写了企业没有实现过完整安全季的历史。梧桐庄矿、大淑村矿、黄沙矿、新三矿、小屯矿5个矿及所有地面厂实现了安全年。2005年，百万吨工亡率0.87，五矿、梧桐庄矿、小屯矿、万年矿及所有地面厂实现安全年。

2004年9月26日，因峰峰矿区永顺小煤矿违法越层越界开采9#煤层，导致奥灰水突然涌出，通过采空区溃入牛儿庄矿。9月30日，全矿被淹。面对突如其来的重大灾害，集团公司党政立即启动紧急处置预案，成立抢险救灾指挥部，沉着应对，果断决策，迅速制定堵排水方案。10月16日，抢险救灾取得阶段性胜利。排水能力增强，消除了对五矿二水平和薛村矿的威胁，打钻注浆取得进展，五矿一水平和牛儿庄矿一水平恢复工作开始进行。11月11日，五矿二水平恢复生产，牛儿庄矿恢复生产方案确定，堵排水和恢复生产工作开始同步进行。2005年4月1日，牛儿庄矿恢复二水平生产系统，第一个回采工作面52901工作面正式生产，创出河北省属煤矿动态排堵水、抗灾复产的最快速度。2005年4月8日，峰峰集团在牛儿庄矿召开恢复生产暨表彰大会。

2003年至2005年，集团公司在克服因小煤矿透水造成牛儿庄矿、五矿停产的情况下，原煤产量分别完成1180万吨、1202万吨和1266万吨；精煤产量分别完成390万吨、425万吨和505万吨，其中2005年炼焦精煤产量完成470万吨，比上年增产45万吨，无烟精煤产量首次达到35万吨，精煤产品结构调整计划提前两年完成，并取得新突破。商品煤销量分别完成1039万吨、1083万吨和1123万吨，其中精煤销量389万吨、426万吨、469万吨；分别实现利润总额3290万元、3951万元和5016万元。

三年中，在企业效益逐步提高，生活福利设施、环境面貌不断改善的同时，职工收入有了大幅提高。2003年，在补发以前年度欠发的职工工资和医药费3300万元后，职工年均工资达到1.129万元，比上年增加1109元；2004年达到1.4631万元，再增3341元；2005年达到2.0588万元，增加5957元，首次突破2万元。

这一时期，集团公司党委坚持以邓小平理论和“三个代表”重要思想为指导，认真学习党的十六届三中、四中全会精神，深入贯彻河北省委、省政府国企改革部署和省委六届六次全会精神，紧密围绕企业改革发展稳定、结构调整、扭亏脱困中心任务，以发展为目的，以改革为动力，以职工为根本，适应现代企业制度的要求，不断加强和改进企业党的建设和思想政治工作。

加强党委中心组理论学习。先后围绕“三个代表”重要思想、党的十六届三中和四中全会精神、民主集中制、科学发展观、党员先进性等开展了学习。围绕集团公司发展战略、新领导力、如何提升执行力等开展学习和讨论，并举办了“科学发展观”、“企业文化”、“煤矿机电技术”等专题讲座和5期“高绩效中层管理”培训，共计1880余人次脱产参加了学习。2004年，各级管理人员认真学习《把信送给加西亚》一书，在集团公司掀起了一场学习罗文精神、不讲客观、不找借口、打造坚定执行力的热潮，推动了各项工作的顺利开展。

以领导班子建设为重点，加强党的建设，充分发挥三个作用。以贯彻两个议事规则为基础，每年进行专项督查。于2003年初和2005年，两次修订下发了《党委常委会（委员会）议事规则》和《党政联席会议事规则》。坚持日常监督考核与年度全面考察相结合，制定下发了《党支部工作条例》、《基层党支部工作达标升级考核办法》、《发展党员工作规则》、《发展党员工作责任制》、《党组织工作规则》等，规范党组织工作。以河北省委集中开展民主集中制学习教育活动为契机，制定下发了《关于在公司和基层领导班子中集中开展民主集中制学习教育活动的安排意见》、《关于同新提拔领导班子成员进行民主集中制教育谈话的意见》，在全集团公司深入开展了民主集中制学习教育活动，定期公开通报，持续不断深化。

全面深入地开展企业文化建设工作。2003年，集团公司党委明确提出了“加强有峰峰煤矿特色的企业文化建设，形成体现企业精神的价值取向和行为规范”的要求。2004年，认真学习先进单位经验，对企业文化的定位、内涵有了更加清晰的认识。经过精心谋划，相继下发了《关于加强企业文化建设的决定（试行）》和《关于2004年加强企业文化建设的实施意见》，对企业文化建设作出了总体部署和重点安排。下发了《关于征集集团公司企业理念、〈峰峰集团之歌〉歌词的通知》。6月15日至17日，分片召开了峰峰集团企业文化建设研讨会。11月30日，设计、完成了峰峰集团标识、标准字、标准色、辅助图形、旗帜等五大要素齐备的视觉识别系统，并颁布实施。2005年元旦，峰峰集团机关及基层各单位举行了建企以来第一次集体升旗仪式。集团公司把2005年作为企业文化建设重点突破年，着力在目标愿景打造、理念宣灌、行为养成、精细化管理推行、环境刷新、安全文化建设等六个方面实现突破，形成了峰峰集团5个核心理念、10个系统理念的理念系统。9月16日，全国煤炭系统“企业文化峰峰行”隆重举行，薛村矿成为全国煤炭系统第二批企业文化示范矿。10 月 12 日，集团公司在薛村矿召开了企业文化建设现场观摩交流会，下发了《关于全面推行 FRIP 精细化管理，努力实现管理创新的决定》。峰峰集团获“2004 年— 2005 年全国企业文化建设优秀单位奖”。

理念墙

积极探索党建工作的新途径，建立和推行党建工作质量管理体系。2005 年，河北省国资委党委决定推行党建工作质量管理体系，并将峰峰集团列为试点单位之一。集团公司党委高度重视，立即成立了领导小组，决定把学习借鉴 ISO9000 质量管理理念和方法，建立质量管理体系作为党建工作创新提高的突破口。加强了组织领导，明确了推行思路，采取了强化舆论宣传、组织学习考察、聘请专家授课、编发辅导资料、召开动员大会以及培训内审人员等方式，营造浓厚氛围，确保整体推进。对以往党建工作制度、规定、流程等资源进行了梳理、整合、优化，下发了《中共峰峰集团有限公司委员会管理制度》，制定了《质量手册》、《程序文件》和《作业指导书》。在此基础上，重点调度指导，交流推行经验，强化内部审核，纠正存在问题，有效地对各项工作实施了程序化控制、标准化考核、持续化改进，进一步提升了党建工作的质量和水平。2005 年 5 月，河北省委组织部、省国资委党委在峰峰集团召开推行党建工作质量管理体系试点工作座谈会。马头洗选厂、黄沙矿顺利通过国家质量认证机构的审核验收，取得了党建工作质量管理体系认证证书。

紧扣企业中心任务，加强和改进思想政治工作。坚持正面教育为主的方针，先后以“新机制、新形象、新发展”、“一基多业，做精图强”为主题开展教育活动，编发宣传材料 20 多期，围绕形势任务、改革改制、结构调整、科学管理、工资改革、再就业工作、安全生产等进行系统宣传。印发了《关于安全宣传思想教育的调查与思考》，促进了企业的安全生产。组织了“适应新机制，树立新观念，再做新贡献”、“抢抓机遇创水平，改制调整促发展”、“实施战略促发展，立足岗位作贡献”大讨论活动，开展了“为改革出力，为企业分忧”、“立足岗位，多作贡献”、“创业兴企”实践活动，通过劳动竞赛、技术比武、合理化建议等，调动了干部职工抓改革、促调整、谋发展、创效益、作贡献的积极性。2005 年 3 月，《峰峰矿工报》刊载了神风公司（原机械制造分公司）冶金机械厂“三十万元损失谁承担”大讨论情况，引起各单位共鸣，促进了全集团公司质量意识的提高。以加强职业道德建设为重点，广泛开展了道德实践活动。在修订道德规范的基础上，总结推广了薛村矿加强思想道德建设、九龙矿加强诚信建设的典型做法，突出职业责任、勤业意识、精业精神和诚实守信教育，提高了广大职工的职业道德水准。广泛开展文化体育活动，圆满举办了首届职工艺术节，丰富了职工群众的精神生活。参加了邯郸市第六届职工运动会，取得了团体总分第一、金牌总数第一、奖牌总数第一的好成绩。

深入开展保持共产党员先进性教育活动。2005 年 7 月，集团公司党委按照中央和上级党委要求，结合企业实际，广泛调研，提早准备，深入发动，分段部署，扎实推进教育活动。坚持把学习培训、提高素质贯穿始终。集团公司和各单位党委书记均亲自讲专题党课，相继开展了革命传统教育、保持共产党员先进性大讨论、向李水龙同志学习等活动，明确了“八个楷模”的具体要求和不同岗位保持先进性的具体标准；把开门整改、解决问题作为关键，在征求意见、沟通思想、增进团结、形成共识的基础上，每个党员都对照《党章》和先进性具体标准，撰写党性分析材料，查找突出问题，剖析思想根源；把“党员受教育，企业增效益，职工得利益”作为重要目的，通过制定和公示整改措施，建立专门台账，实行挂账督办和跟踪问效抓整改，集团公司和二级单位领导班子提出的 1163 项整改措施，当年完成 587 项，有

521 项初见成效。教育活动期间，集团公司和二级单位投入 3800 余万元，对部分职工食堂、澡塘、宿舍、家属危房、居民区道路、供水供气管路以及文化娱乐场所等，进行了改造和修建；通过整顿用工管理，解决了 222 名下岗职工的就业问题，使职工群众切身感受到教育活动实实在在的成果。将党建工作质量管理体系引入教育活动，科学组织，精心策划，严密实施，高质量地完成了学习培训、分析评议和整改提高三个阶段、八个环节的任务，得到河北省国资委党委、邯郸市委先教办的充分肯定，在河北省国资委系统先进性教育座谈会暨党委书记活动日上作了经验介绍。

持续加强党风廉政建设。集团公司党委高度重视，定期专题研究、部署、检查、指导反腐倡廉工作，促进了党风廉政各项工作的落实。每年一个专题，开展廉洁教育，召开廉洁自律专题民主生活会。实行新任领导干部廉政谈话制度，层层签定党风廉政建设责任状。建立“诺廉、述廉、评廉、考廉”制度和领导干部廉政档案。坚持开展“读廉文、思反腐、筑防线”、“争当贤内助”、“讲学习，抓预防，促勤廉，强发展”、“抓学习、守法纪、兴勤廉、促发展”等教育活动。通过举办领导干部勤廉事迹巡回演讲、组织“三管”人员听取职务犯罪服刑人员现身说法、开展各项教育、组织文化活动等，积极推进廉洁文化建设。2004 年，加强了对周边小煤矿治理力度，制定下发了《关于集团公司人员不得在外兼职、任职或经营的通知》，加强内部人员管理，加大对违规兼职人员的处理力度。2005 年，扎实开展和推进行政权力公开透明运行工作，在对 58 个单位和部门的 1183 项行政权力进行清理登记的基础上，加强平台建设，建立相关制度，强化监督检查，召开现场观摩会，推广先进经验，使行政权力公开透明运行工作不断深入。深入开展效能监察和查案纠风工作，组织对煤炭统销、物资配送进行专项监察和新机制运行情况专题调研，促进了煤流、物流机制的健康运行。抓住影响企业经济效益的重点部位和环节，不断延伸扩展效能监察。对辅业改制、煤炭销售、非煤类产品市场运作、工程项目建设、物资采购、盘活资产等进行效能监察和全程监督，对个人长期拖欠公款公物等问题进行专项治理，清回个人拖欠公款 1632 万元。对截留职工工资等问题，采取疏堵结合的治理办法，制定了《规范工资支付和车间活动经费的规定》、《关于对私设“小金库”的处理规定》，从源头上防止和减少了问题的发生。三年中，共有 155 人受到党政纪处分，挽回直接经济损失 367 万元。

落实依靠方针，强化民主管理。2003 年 10 月 29 日，召开了集团公司首届一次职代会，健全了工作机构，审议通过了《贯彻〈河北省企业职工代表大会条例〉实施细则》等，构建了新体制下企业民主管理的制度体系。以星级创建认证活动为载体，加强职代会组织建设，把企业发展规划、关闭破产和职工安置方案等重大问题纳入职代会审议内容，坚持申报制、落实预审制、推行票决制，通过职代会评估、现场观摩等活动，推动了企业民主管理。督导新建和改制单位分别建立了职代会、职工董事和职工持股会等制度，企业民主管理工作不断得到延伸。坚持巩固深化矿（厂）务公开工作。充实公开内容，矿（厂）务公开不断向企业重大决策、生产管理关键环节和保障职工合法权益方面深化；丰富公开形式，推行了民主理财、民主听证、民主咨询的新方法和新手段；完善公开监督评议机制，扩大公开的覆盖面。借鉴 ISO9000 全面质量管理体系，实行“三制四书”制度，推进了矿（厂）务公开质量管理体系的建立和规范。坚持完善平等协商集体合同制度。通过充实合同内容，加强中期管理，提高履约兑现率，推行集体合同、工资协议、劳动安全卫生协议“1 + 2”工作模式。积极做好劳动争议调处工作，制定下发了《关于广泛开展“劳动关系和谐单位”创建活动的实施意见》，大力开展劳动关系和谐单位创建活动，协调稳定了企业劳动关系。围绕企业中心任务，以“创业兴企”为主题，扎实开展了“五杯”竞赛活动。在牛儿庄矿透水事故发生后，及时组织开展了“顾大局、识整体、挑重担、作贡献”活动，动员职工群众以实际行动支持抢险救灾工作。注重劳模的培养、教育、推荐和评选工作，涌现出两名全国“五一”劳动奖章获得者、3名省劳动模范、两个省级先进集体。广泛开展了安全会战、“安全月”、“安康杯”竞赛、技术比武、技术创新、合理化建议等活动，推行了“一法三卡”（事故隐患和职业危害监控法；有毒有害物质信息卡、危险源点警示卡、安全检查提示卡）等措施，促进了企业的安全生产。采用了7600多条合理化建议，取得了87项技术成果。

健全了以再就业服务站为依托的服务体系，举办再就业培训班180多期，多渠道分流安置2234人，帮助1055名下岗集体企业工和498名下岗职工实现了再就业。输送下岗女工到北京、天津等地从事家政服务，并加大培训力度，开展就业指导，培训下岗女工881名，605名考试合格的女工得到了国家劳动和社会保障部颁发的家政服务员资格证书，在京、津务工女工总数达到778名，全国十几家媒体对峰峰集团的做法进行了报道。健全了以“四会一社”为载体的互助互济体系，为下岗职工自谋职业、特困职工子女就学，以及生活困难和出险职工提供了大量帮助。坚持对在职、离退、下岗、特困、集体企业工“五个群体”实行生活状况月报等制度，发挥互助互济体系作用，通过“送温暖工程”、“贴心人服务队”、“青年志愿者”、“帮困助学”等形式，开展了一系列帮扶活动，三年分别筹集资金406万元、499万元和362.49万元，对25000多个困难职工进行了救助。对考入大中专院校的贫困新生实施“金秋助学”资助。积极协助各级民政部门做好最低生活保障金申请工作，先后有8282户、22461人得到地方民政部门的救助。

切实加强信访稳定工作。吸取2003年8月集体企业工大规模上访事件教训，进一步落实稳定工作责任制，突出抓好破产改制单位、特殊敏感时期、热点难点问题的信访工作。制定下发了峰峰集团《信访工作管理规定》、《信访稳定工作责任制》，充分发挥各级党组织，特别是破产改制单位党组织在维护稳定中的重要作用，解决了大量的矛盾，杜绝了因企业内部问题造成的越级集体上访。各单位层层落实综合治理目标管理责任制，加强企业内部安全防范和消防管理，加大对要害部位、易发案部位和涉及危爆物品单位的安全检查、隐患整改、责任追究力度，不断完善防控体系，提高了企业抵御不法侵害的能力。2004年，深入开展了以“抓打击、抓基础、促防范”为内容的严打斗争，共破获刑事案件39起，打掉犯罪团伙10个，打击处理各类违法人员和犯罪嫌疑人93人，为企业营造了良好的治安环境。2005年，广泛开展矛盾纠纷排查和治安防范检查，发现各类隐患211条，下达隐患通知114份。认真组织涉爆和消防人员培训及危爆物品管理，与地方协调，依法打击盗抢和以次充好的经济诈骗犯罪，维护了企业的稳定和权益。

“十五”时期是峰峰集团改革创新、结构调整、蓄力增势的重要阶段。通过三年的艰苦奋斗和不懈努力，在煤炭生产、经济建设、改革改制、结构调整方面取得了巨大成绩。“十五”时期原煤产量平均年产1144万吨，比“九五”期末年均增加150万吨，平均增长3.1%；营业收入2005年比“九五”期末增加35亿元，翻了两番多，年均增长23.7%，特别是2003年后平均每年增加10亿元；职工收入2005年比“九五”期末增加1.3143万元，年均增长23.1%。一个严重衰老、长期亏困的老企业焕发了勃勃生机和活力。

第三节 坚持科学发展 推进战略转型（2006年—2007年）

2005年6月30日，国务院发布了《关于促进煤炭工业健康发展的若干意见》，提出要坚持走资源利用率高、安全有保障、经济效益好、环境污染少的可持续发展道路，全面构建适应社会主义市场经济的新型煤炭工业体系。在这一政策的指导下，国家划定和公告了45个煤炭规划矿区，制定和实施了《煤炭工业发展“十一五”规划》和《煤层气（煤矿瓦斯）开发利用“十一五”规划》，在山西等8省（区）进行深化煤炭资源有偿使用制度改革试点，编制和实施了13个大型煤炭基地建设规划，一批稳定的煤炭供应基地快速形成。按照峰峰集团总体发展战略，“十一五”时期正是峰峰集团“第三步”战略，即做大做强，建设大公司、大集团时期。因此，峰峰集团的发展战略，既有契合国家煤炭产业政策，加快发展的机遇，也面临着同行业竞争的严峻挑战。实现集团公司总体发展战略，把企业做大做强的任务艰巨和繁重。峰峰集团谋划和确定了“峰峰集团‘十一五’改革与发展的总体思路”，提出走“可持续发展、循环发展、集约发展、安全发展、和谐发展”五大科学发展战略之路，在优化结构、提高效益的基础上，实现2010年营业收入比2005年翻一番；经济效益显著提高，结构进一步优化，现代企业制度更加完善，安全状况持续稳定，职工生活质量明显改善，企业改革发展实现新跨越，综合经济实力再上新台阶，构建和谐企业取得新进展。2006年下半年，进一步提出了“四个打造、四个突破”的战略目标：打造中国第二个主焦煤生产基地，在产品结构调整方面取得新突破；打造现代煤化工产业基地，在建设新型能源化工基地上取得新突破；打造煤电化一体化循环经济发展产业链，在发展循环经济方面取得新突破；打造现代化新型矿区，在资源开发方面取得新突破。2007年，峰峰集团正式把“建设现代化能源化工集团”列入当年奋斗目标之中，实现“再造两个峰峰集团”。至此，峰峰集团进入了战略转型的关键时期。

以实施精煤战略，打造中国第二大主焦煤生产基地为目标，加大产品结构调整力度。在靠原煤生产难以实现增产增收目标的情况下，峰峰集团充分发挥煤质优良、煤种齐全的优势，大力调整产品结构，将精煤作为企业的主导产品，采取有力措施促使精煤生产上台阶，由以销售原煤为主向以销售精煤为主，实现效益最大化。2006年7月，峰峰集团对煤炭洗选业进行了专业化重组，将九龙矿洗煤厂、孙庄矿洗煤厂划归马头洗选厂管理，使两厂精煤产量、产率得到了显著增长。坚持走技术创新增容扩能之路，依靠技术改造和技术革新提高精煤生产能力。陆续投资2.5亿元，对邯郸洗选厂、马头洗选厂的浮选系统和九龙矿洗煤厂、万年矿洗煤厂压滤系统进行技术改造。马头洗选厂进行浮选脱水系统技术改造后，加压过滤机代替了普通的过滤机，使浮选精煤水分降低了8%，保证了精煤生产的稳定性。2006年6月，投资1.17亿元对马头洗选厂进行了扩能技术改造。一期工程为新建一条设计能力200万吨/年的生产线，采用先进设备，洗煤工艺由跳汰加重介改为三产品重介。技改成功后，原煤小时处理能力由420吨提高到800吨以上。马头洗选厂一、二期扩能技改工程于2007年底竣工，使该厂年生产精煤能力由200万吨提高到500万吨。通过洗煤厂技术改造、技术革新和新工艺的运用，峰峰集团年增加洗煤能力500万吨，使精煤回收率达到了60%以上，为实现800万吨精煤产量，打造第二大主焦煤生产基地奠定了基础。开发煤炭产品新品种。投资6500万元在大淑村矿新建了河北省第一家无烟煤高炉喷吹选煤厂，年增收1600万元。万年矿洗煤厂开发出钢厂用的烧结精煤，还生产大块煤、中块煤、小块煤等品种，三年内使产品品种由5种增加到了11种。为保证精煤生产，峰峰集团制定了入洗原煤超灰扣吨政策，促使原煤入洗矿井切实提高原煤质量，为提高精煤产量和质量创造了有利条件。针对企业内部入洗资源有限的情况，集团公司加大外购入洗原煤的力度，从山西、内蒙古、青海等省区购入高质量的入洗原煤。对洗煤厂实施精煤超产奖励办法。邯郸洗选厂根据精煤生产指标倒推灰分，对水洗、浮选两大环节确定最佳定灰点，保证精煤产量质量稳步提升。马头洗选厂技改、生产两不误，细化洗煤现场管理，连续超产。2006年，集团公司共完成入洗煤调运量870万吨，收购入洗原煤112.6万吨，分别比上年增加96万吨和69.6万吨。焦精煤产量完成502万吨，比上年增长6.8%，无烟精煤产量完成51万吨，比上年增长45.7%。通过优化品种、改善结构实现增收3亿元。2007年，集团公司完成入洗煤调运量940.9万吨，外购入洗原煤175.8万吨，分别比上年增加73.6万吨和88.8万吨。焦精煤产量完成592万吨，比上年增长18%，创历史新水平。入洗原煤灰分比上年降低0.93%，精煤回收率达到62.94%，比上年提高5.02%。邯郸洗选厂精煤产量达到217.3万吨，比上年增产38.2万吨，较设计生产能力翻了一番，创历史最好水平。九龙矿洗煤厂、孙庄矿洗煤厂均超额完成了精煤生产任务。万年矿、大淑村矿积极扩大高炉喷吹煤、烧结煤等产品规模，无烟精煤产量完成100.6万吨，比上年增产49.8万吨。精煤销售收入占到企业销售收入的73%，创造的利润占企业总利润的84%。精煤战略取得了显著成效。

把重点项目建设作为培育新的经济增长点和发展壮大煤基产业的重要抓手，积极延伸煤基产业价值链，加快企业战略转型步伐。2006年，煤化工一期工程2号焦炉完工，1号焦炉及相关配套工程积极进

峰煤焦化公司成立

行。后续产业项目围绕发展精细化工、延伸产业价值链进行了大量前期调研和论证工作，确立了精细化工产业发展方向。2007年1月1日至3日，《峰峰集团煤化工产业发展规划》专家论证会在北京召开。集团公司确定了建设现代化能源化工集团的战略目标，建设投资百亿、年创效百亿的煤化工项目。峰峰集团煤化工项目列入了河北省煤化工产业发展规划和河北省50个重点产业支撑项目、邯郸市“五个再造”重点工程项目，大大促进了煤化工项目的建设速度。4月26日，2号焦炉正式点火烘炉。5月11日，集团公司与鑫宝煤化工公司签署联合重组框架协议。6月底，2号焦炉开始扒封墙、上炉门、装原煤。7月4日15时38分，2号焦炉成功推出第一孔焦炭，标志着该焦炉正式投入试生产。经检验，这炉焦炭达到了一级冶金焦质量标准。7月16日，经过12天的调试生产后，2号焦炉步入正轨循环生产阶段，实现每20分钟出一炉焦，每10分钟捣固一孔煤，结焦期为48小时。从开工建设到第一炉焦炭出炉，仅用了13个月的时间，创国内同等规模建设速度最短记录。8月28日，由邯郸钢铁集团有限责任公司、峰峰集团有限公司、河北晋和贸易有限公司三方出资成立的河北峰煤焦化有限公司召开了创立大会暨第一次股东会、首届一次董事会和监事会会议。12月，峰峰集团与磁县政府签定了开发建设煤化工合作协议，煤化工大园区建设迈出了重要的一步。锡盟煤电化一体化项目经内蒙古自治区政府批准，前期准备工作加快进行。2007年，煤化工一期工程100万吨焦炭项目顺利投产，累计生产焦炭21万吨，煤焦油6702吨，实现产值3.05亿元。10万吨甲醇项目进入竣工阶段，二期工程技术路线和工艺方案确定，20万吨甲醇、20万吨醋酸、30万吨煤焦油加工和10万吨粗苯加工项目经河北省发改委备案。

以资源循环高效利用为核心，积极推进电力产业发展。薛村矿2×25兆瓦和九龙矿1×25兆瓦综合利用电厂顺利通过竣工验收，并网工程基本完成。大力发展低浓度瓦斯发电项目，在6个高突高瓦斯矿井建设18台瓦斯发电机组，大淑村矿8台发电机组投入运行。与香港华润公司合资建设峰峰2×300兆瓦热电厂项目签定协议，项目可研报告完成。并着手与澳大利亚考伯斯公司合资建设30万吨煤焦油深加工项目的前期准备工作。集团公司参股聊城电厂组建了国电聊城发电有限公司，参股建设邯峰电厂二期工程达成了合作意向。两年中，煤基产业产值分别完成15亿元和19.4亿元，分别比上年增长32%和29%。

在大项目建设上，改变传统投资模式，积极拓展融资渠道，加大资本运营力度，巩固和发展战略合作伙伴关系。煤化工等重点项目引进社会资金1.35亿元，与集团公司建立战略合作伙伴关系的大公司、大集团发展到16家，为加快项目建设、做大做强企业创造了有利条件。同时，企业债券发行方案上报了国家发改委。神风公司整合重组邯郸冶金机械厂经邯郸市政府批准，为装备制造业的发展带来了新的机遇。

继续实施“内挖”战略，加快资源开发步伐，增强企业发展后劲。峰峰集团坚持依靠科技进步，加大生产技术改造力度，强化生产组织、协调和管理，促进了矿井的均衡生产和集约生产。2006年，投入生产技术改造资金3.2亿元，一批重点系统改造工程基本完成。大力发展采煤机械化，轻放（综采）机械化程度达到82.91%，比上年提高6.18%，工作面效率比上年提高9.2%。3月，薄煤综采工艺在小屯矿野青工作面使用获得成功，打破了多年来薄煤层高档普采的生产格局。该工艺同年在大淑村矿推广应用。第一套整体顶梁组合液压支架在通顺公司使用获得成功，使边角煤开采工艺有了进一步的提高。原煤产量再创历史新高，各生产矿均较好地完成了当年的生产任务。2007年，巩固和发展轻放采煤工艺，积极推广应用大尾梁成套设备及过渡支架，分别在九龙矿、薛村矿推广应用，有效提高了回采效率和工作面端头支护的安全稳定性。综采机械化程度达到80%。万年矿通过技术改造、完善系统，生产能力大幅提高，原煤产量达200万吨，创历史新水平。其他矿均较好地完成了生产任务。

加强生产准备，狠抓生产地区衔接和重点开拓延深工程建设。2006年，在梧桐庄矿、薛村矿、万年矿和九龙矿推广使用了大功率掘进机，在大淑村矿和黄沙矿推广使用了岩巷液压钻车机械化作业线，综掘机械化程度达到15%。新三矿创出岩巷月进127米的新水平，万年矿和大淑村矿分别创出煤巷月进610米和608米的好成绩。梧桐庄矿、大淑村矿顺利通过矿井竣工验收。8项重点工程均完成了进尺任务。2007年，峰峰集团将重点工程任务指标化年为月，实行月度、季度调度与分析制度，强化重点工程生产管理。积极推广锚注支护技术，有效解决前掘后整现象。积极推广岩巷机械化作业，试点推进装岩设备升级，探索解决断面增加、剃头下山安全生产问题。根据运输、地压、施工队伍素质等具体情况，分头面制定考核办法，积极开展掘进队“上纲要创水平”活动，调动各矿重点工程建设积极性。大力发展综掘机械化作业线，在8个矿推广使用了大功率掘进机，装备了4条岩巷液压钻车作业线。综掘进尺完成2.729万米，比上年提高56.6%，煤巷、半煤岩巷、岩巷单进分别达到233.74米、187.95米、72.59米。总进尺完成14.3295万米，超计划9645米，所有重点工程均完成了进尺任务，保证了采区和水平的正常衔接。羊渠河矿羊东工程副井井架安装完成，井筒施工抓紧进行。

实施资源外扩战略取得重要进展。2006年，完成了磁西和史村新区二维地震勘探和地质普查报告，编制完成了内蒙古锡盟40亿吨煤田煤电化一体化项目方案，矿区规划通过国家发改委评审。7月16日，与磁县、峰峰矿区政府签署了联合重组地方煤矿协议，并成立了联合工作组，整体推进联合重组工作。2007年3月，完成了磁县中兴煤矿、峰峰矿区黑龙洞煤矿和富峪煤矿的重组，分别划归孙庄矿和新三矿管理。11月，向河北省国资委上报了《关于整合煤炭资源重组地方煤矿的请求》，并得到批准，与磁县8个地方煤矿、峰峰矿区两个地方煤矿初步商定了重组方式、协议条款等。积极开展与磁县两个国有地方煤矿重组的前期工作，进入合作实质性阶段。取得了本部磁西新区15.3亿吨煤田探矿权，成为2007年全国唯一一家获得探矿权的煤炭企业。内蒙古锡盟查干淖尔煤田详查报告报国土资源部备案，矿区总体规划上报内蒙古自治区政府。与国电集团、河北省建投公司合作开发鄂尔多斯煤电项目着手做前期工作。

持续抓好矿井关闭破产工作。2006年，完成了二矿关闭破产。2007年，完成了五矿、孙庄矿关闭破产，并组建了邯郸市大力矿业公司和邯郸市孙庄采矿公司。完成了牛儿庄矿关闭破产职工分流安置工作，破产清算、资产重组工作顺利进行。初步实现了煤炭主业稳定、支柱产业成型、支撑产业迅猛发展的局面，产业结构调整取得阶段性成果。

按照与河北省政府签定的节能目标责任书，峰峰集团2010年综合能耗要在2005年的基础上降低20%。为完成这一目标任务，峰峰集团与各基层单位签定了节能目标责任书，对目标进行分解，层层落实，严格考核。专门成立了节能减排办公室，健全了组织机构，制定了节能减排规划，明确了工作重点和措施，建立了平衡协调和考核奖惩机制，将节能减排工作纳入了集团公司重点工作。

以精细化管理为核心，全面推行市场化经营管理模式，企业管理水平不断提升。建立了以6S行为规范、ABC三卡、5E标准、管理人员走动式巡查、军事化管理等12个要素组成的人本精细化管理模式，推动企业由粗放型管理向精细化集约型管理转变。羊渠河矿、新三矿将信息化手段和市场化管理有机结合，实现了经营管理的精细化、精益化，取得明显成效。2007年9月，在羊渠河矿召开了“成本管理创新现场会”。制定下发了《企业总会计师职责管理暂行办法》、《企业全面风险管理指引》、《企业财务通则》和《企业会计准则》，进一步健全和完善集团化财务管理体制。将社区财务纳入预算管理，实行资金预算年度规模控制和季度月度审查审批制度，在财务资金大集中管理机制的基础上，逐步实行集中账户、统一结算、预算管理、稽查监控的资金管理模式。加大收入考核调度和支出审核控制力度，规范资金运营行为，增加资金安全系数。通过集中收支、统一调度、减少沉淀、集聚资金，发挥规模效益，增强集团资金调度和抵御风险能力。全面推进资金管理信息化建设，提高运转效率和准确率，加速资金周转。经营现金流状况明显改善，净流量保持在10亿元左右。建立财务风险管理制度和财务预警机制，全面开展风险管理，提高了财务风险预控能力。推行会计代理和财务总监制度，切实加强对子公司的财务监管。加强审计监督和效能监察，形成日常审计与重点监察相结合、内审与外审相互补充的长效机制，增强依法经营的约束力。规范了养老、失业、工伤、医疗等社会保险管理，确保了各类社保资金的及时征缴和足额发放。

完善煤炭营销体系，巩固和加强战略合作伙伴关系，稳定煤炭销售主渠道。根据市场变化，积极调整和优化销售结构，不断扩大对重点用户的销售量，依靠灵活的营销策略和价格调整机制，促进了增销增收。加强物资采购招投标管理，建立供应商动态评价和质量控制反馈机制，实行比质比价，规范运作，共节约采购资金8000万元。加强物资超市建设，取消了内部小仓库，各生产矿井实现了零库存，物资集中配送和代储代销机制进一步完善。物资储备资金占用降低了67%，盘活清理各类沉淀物资4500万元。积极培育和发展物流产业，充分利用物资供销管理体制和平台，创新经营管理机制，开辟物流市场，大力发展物流产业。2006年5月，成立了邯郸鼎峰物流有限公司，专营社会物流，全年实现对外销售6.6亿元。2007年2月，成立了日照峰峰国际物流有限公司，进军国际物流市场。全年物流营业收入达到50亿元，实现利润3100万元。

加强劳动定额定员管理，规范劳动合同制管理办法和各类管理人员选拔任用程序。认真落实《关于加强煤矿安全生产工作，规范企业劳动定员管理的若干指导意见》精神，积极推行减人提效，严格控制用工总量，努力降低劳动力成本。实行劳动力就业准入制度，变招工为招生，改善用工结构，提高职工队伍素质。建立了劳动合同鉴证和用工备案制度，实现了劳动用工的动态化管理。积极推进用工制度改革，不断完善干部人事管理制度，按照公开、平等、竞争、择优的原则，积极推进各类管理人员的公开招聘和选拔任用管理。严格工效挂钩考核办法，规范奖金管理，加大了绩效考核与工资分配挂钩力度，工资分配的激励和约束作用不断得到强化。组织招聘大中专毕业生和管理人员581人，1193名大中专和技校毕业生充实到生产操作岗位。

深化企业改革，建立现代产权制度，加快形成有利于企业快速发展的体制机制保障。积极探索股份制改革，确立了以建立五大业务板块和三大子公司为基本框架的改革思路。围绕公司改制，集团公司与15家战略投资者达成了合作意向。调整和理顺了管理体制，主辅分离辅业改制不断深化，促进了机制转换和健康发展。2006年，8个辅业改制单位与上年相比增加收入7000万元。邯郸洗选厂、总医院生活供水、供电、供暖全部移交地方；马头洗选厂供暖实行了社会化运作，年节约资金210余万元；九龙矿供水、神风公司供气与地方达成移交协议。中小企业改革力度不断加大，24家集体企业公司、147个厂摊点完成改制，占集体企业总数的62%。2007年，按照“因企制宜、稳步推进、突出重点、分块突破”的改革思路，进一步明确了生活后勤改制目标和思路，完善了生活后勤服务价格、财务核算以及责权利体系，为实现生活后勤社会化经营、企业化管理、产业化发展创造了条件。将社区管理纳入生活后勤管理系统，进一步加强和规范了社区管理工作。不断完善职工住房建设管理办法，加强物业管理，逐步实现与社会管理接轨。中小企业累计有33家完成了产权制度改革，占集体企业总数的82.5%。

以风险预控体系建设、班组建设和安全文化建设为重点，创新安全理念，强化安全管理。突出抓好重大事故预防工作，建立安全风险预控体系，加大事故隐患排查力度，提高了对重大事故的防范控制能力。积极引进先进管理经验，加大瓦斯治理力度，“一通三防”管理水平不断提高。大力实施“科技兴安”战略，加大安全投入，2006年、2007年分别投入安全资金5亿多元。12个生产矿井全部更换成高效主通风机设备，掘进工作面全部实现了双风机、双电源和风机自动切换，所有矿井瓦斯监测系统均实现了与集团公司联网运行。深入开展班组建设，形成了班组建设“员工三能力、岗位四达标、现场规范五化、实现六大转变”的模式。积极推进安全文化建设，宣灌安全理念，创新安全管理方法，职工自主安全行为能力不断增强。2007年3月10日至11日，峰峰集团在小屯矿召开了“手指口述”现场会。加强安全监督检查，广泛开展了“六月安全月”和“安全生产双百日承诺”等活动。2006年，百万吨工亡率0.38，实现了10个安全月和下半年安全生产，连续安全生产周期达到199天。8个矿和所有地面单位实现了安全生产。梧桐庄矿创自投产以来连续安全生产2069天、安全产煤700多万吨的好成绩，牛儿庄矿、小屯矿、万年矿实现安全生产1000天以上，黄沙矿、孙庄公司分别实现安全生产500天以上。地面单位连续三年实现了安全生产。峰峰集团“特大溃水灾害治理技术”成果获中国煤炭工业科技进步一等奖。2007年，7个原煤生产矿井和所有地面生产单位实现了安全生产。梧桐庄矿实现连续安全生产2434天，安全产煤898万吨。牛儿庄矿、小屯矿、万年矿实现连续安全生产1400天以上。煤基企业实现连续安全生产1350天以上。

2007年4月19日，大淑村矿发生煤与瓦斯突出事故，死亡17人。尽管事故造成了严重影响，但是由于反应迅速，措施得力，安全基础工作比较扎实，矿井承受住了事故的冲击，生产系统保持了完整，避免了次生事故的发生。在6月“全国安全生产万里行”峰峰集团汇报会上，国家安监总局领导对这次事故进行了科学、客观的认定。

坚持以人为本，关心职工生活，推进和谐企业建设。2006年，认真落实国家环保政策，制定了环境突发事故应急预案，举办了以创建“环境友好型企业”为主题的环保知识专题讲座，各级领导和广大职工的环保意识不断增强。新三矿获“邯郸市清洁生产先进企业”称号。两年共投入资金1.46亿元，对职工宿舍楼、社区道路以及居民供水、供气、供暖管网及分户控制进行了改造，新增了一批文化娱乐设施；积极创造条件，延伸居民煤气工程，新增煤气用户1万余户；集团公司机关和9个单位对职工澡塘进行了智能化改造，节约用水50%以上；加强了环境绿化美化，职工生活条件和居住环境进一步改善，梧桐庄矿获“全国绿化模范单位”称号，集团公司获“河北省绿化先进单位”称号；17个单位建立了预防接种门诊，为广大职工群众提供了免疫保障；完善了大额医疗保险和工伤保险政策，制定实施了《职工大病医疗救助办法》；按规定调整了离退休人员养老金标准，提高了职工入井津贴、班中餐和夜班费标准；积极推行工作服公管化管理，10个矿实行了井下班中餐配给制。2006年和2007年，职工人均收入分别达到2.363万元和2.639万元，分别增加3042元和2760元，增幅达14.8%和11.7%。加大再就业工作力度，积极创造条件，拓宽就业渠道，采取公开招聘方式，安置破产单位女工201人，安置大中专和技校毕业生1459人，帮助252名女工赴京、津从事家政服务。采煤沉陷区治理工作取得新进展，小区土地征用手续办理完毕，建设规划方案开始编制。医疗卫生、计划生育、卫生防疫等工作也取得了新成绩。

两年中，原煤产量分别完成1308万吨和1282万吨；精煤产量分别完成553万吨和703.8万吨；商品煤销量分别完成1213.5756万吨和1273.9913万吨，分别比上年增加90.2791万吨和60.4157万吨。2006年，固定资产投资完成12.8亿元，比上年增加3.3亿元。营业收入达到66.9亿元，比上年增加12.5亿元。实现利润总额5058万元，超额完成了河北省国资委下达的考核指标。2007年，企业经济总量实现历史性突破，营业收入达到128亿元，顺利跨入全省营业收入百亿元企业行列；物流产业跃为新亮点，全年营业收入完成50亿元；产品结构调整取得显著成效，精煤产量完成703.96万吨；经济效益迈上新台阶，实现利润总额2.0648亿元；后备资源开发取得重要成果，新增后备资源59.3亿吨。其他主要经济指标也较好地完成了任务。

集团公司党委围绕“如何顺利实施企业发展战略、推进和谐企业建设，实现集团公司科学发展”、“如何承担起在构建社会主义和谐社会中的应尽责任”、“如何为河北建设沿海经济社会发展强省作出应有的贡献”等课题，根据上级安排，从2007年12月5日开始，广泛开展了解放思想大讨论活动，促进企业实现科学发展、和谐发展。为保证活动效果，专门成立了领导小组和工作机构，明确了活动每个阶段的工作重点和进度。通过印发《学习资料》、编发工作简报、开辟宣传专栏等形式，营造学习理论、解放思想、干事创业、加快发展的浓厚氛围。在抓好自身学习、分析企业现状的同时，集团公司领导班子把影响和制约企业改革发展的“十个方面难题”作为课题项目进行细化分解，由班子成员分项负责，组织进行专题调研活动，研究制定破解难题的思路、方法和措施。采取听、查、谈等方式，强化对基层单位的督导检查。各单位结合实际，认真抓好学习动员、征求意见阶段的各项工作，推动了大讨论活动的深入开展，增强了广大党员干部转观念、促发展的意识。

各级党组织以“四好”领导班子建设为龙头，牢牢把握改革发展大局，为推进企业科学发展提供了坚强保证。围绕“四好”领导班子创建目标，突出思想政治建设，狠抓中心组理论学习，加大政治理论、业务知识培训和考核力度。坚持把学习放在突出位置，重新修订完善了《关于进一步加强党委中心组理论学习的意见》，明确各单位党政一把手是理论学习“第一责任人”，强化组织领导。明确重点内容，采取多种方式，引导两级中心组学以致用、用以促学。利用党校阵地，每年举办矿处级干部为期一周的脱产轮训。特别是党的十七大召开以后，集团公司党委及时组织学习，并通过专题报告、巡回宣讲、座谈讨论等形式，激发了广大党员干部学习十七大、促进新发展的热情。强化督导检查，每年至少两次对基层单位党政主要领导学习笔记进行调阅。各单位中心组严格落实理论学习的各项规章制度，采取集中学习、个人自学、专题辅导、课题调研、体会交流、述学评学等灵活多样的方式方法，调动了班子成员学习的积极性和主动性，达到了武装头脑、提高素质、推动工作的目的。严格落实两个《议事规则》，强化民主集中制建设，增强各级领导班子和谐共事、团结干事的意识，提高决策的科学化、民主化水平，提高领导干部的战略决策能力、经营管理能力、市场应变能力、开拓创新能力、风险防范和驾驭复杂局面的能力。实施基层党委书记党建工作述职制度，通过听取汇报、满意度测评、个别谈话、查阅资料，对各单位“四好”领导班子创建情况进行了综合评价。对有关领导班子建设的70余项文件制度进行了筛选、整合、修订，并将较为成熟的经验和做法上升为制度，建立健全了党组织建设、党员日常管理、党员联系群众服务群众等八个方面60多项制度，初步形成了创建“四好”领导班子和保持党的先进性的长效机制。2006年12月，峰峰集团被评为“全国国有企业创建‘四好’领导班子先进集体”。

强化党组织和党员队伍建设，巩固扩大保持共产党员先进性教育活动成果。认真贯彻落实中央保持共产党员先进性四个长效机制文件，组织开展学习《党章》和理论研讨活动，指导各单位建立完善了党员学习培训、管理教育等多项长效机制。各级党组织以“创新、创优、创先、创效”为主题，围绕安全生产、经营管理等方面的重点难点，扎实开展党员先锋岗、党员责任区、党员实事承诺等活动，组织广大党员带领职工群众立项攻关，促进了企业的各项工作。广泛开展了“评选树”和纪念建党85周年系列活动。加强对基层单位领导班子、领导成员的管理监督和考察调整，加大岗位交流力度，先后对18个单位的领导班子进行了调整，选拔任用了一批优秀年轻干部，优化了班子结构，增强了整体活力和战斗力。广泛开展以“提素质、抓融入、促和谐”为主题的“四创”活动，确立创效项目38个，进行小改小革56项，取得了较好的经济效益。2006年6月，集团公司党委获“全国先进基层党组织”称号。

全面推进党建工作质量管理体系建设。进一步完善体系文件和工作流程，加强工作指导和知识培训，组织内审，整改问题，理清思路，持续改进。2006年4月29日，峰峰集团党建工作质量管理体系通过中国方圆标志认证中心的初步现场审核，5月10日，取得了党建工作ISO9001：2000质量管理体系认证证书，成为全国获得体系认证为数不多的企业党组织之一，是河北省唯一的党建工作通过认证的特大型企业。5月30日，河北省国资委在北京人民大会堂为峰峰集团党委举行了隆重的颁证仪式。2007年，进一步运用党建工作质量管理体系过程控制方法，精心组织谋划，召开推进会议，组织开展理论研讨交流活动，适时检查督导，促进了创建活动的全面展开。会同中国标准出版社编写出版了《党建系统质量管理体系建立与实施》一书，填补了ISO9000族质量管理标准的一项空白。

全面深入地推进企业文化建设工作。2006年2月中旬，组织了企业文化建设观摩交流活动。由集团公司领导带队，集团公司机关处室、各单位党政主要领导及有关人员参加，通过经验介绍、现场观摩和大会总结讲评等，使大家对企业文化建设的作用、意义、方法有了更深刻的理解，进一步提高了全集团公司加强企业文化建设的自觉性，对集团公司整体加强企业文化建设工作，起到了巨大的推动作用。通过编印《理念背后的故事》，大力宣灌集团公司理念系统。积极推行现场编码、物料定置和标识管理，全面推进FRIP精细化管理。各基层单位普遍开展军训，推行了军事化管理。组织了“如何争创企业文化优势”研讨座谈会。切实加强安全文化建设，推行了安全确认制、手指口述、集体升入井等安全管理方法，建立了“六六”安全文化架构，精细化管理体系逐步融入制度、融入井下、融入现场，企业管理、队伍素质、整体形象有了新的提升。4月11日，河北省国资委宣传和群众工作暨推进企业文化建设现场会在集团公司召开；8月5日，全国煤炭行业安全文化系统推进现场交流会在集团公司召开。2007年，延伸拓展了分项文化建设和岗位价值精细管理。

两年里，围绕“自立有为，强企为民”主题，广泛开展了形势任务、安全生产和加强管理等教育；围绕“共建和谐，促进发展”主题，广泛开展和谐企业建设、企业发展战略和形势任务教育，引导干部职工把思想认识统一到集团公司党政的决策部署上来。组织了党委书记座谈研讨会，加大形势任务宣传教育力度，引导干部职工充分认识集团公司实施企业发展战略的重要意义。利用电视、广播、板报等阵地，对“再造两个峰峰集团”、重点项目建设等情况进行连续报道，消除了疑惑，统一了思想，坚定了信心，扩大了企业的知名度和影响力。广泛开展“保安全、降成本、提质量”、“鼓士气、抓落实、保目标”大讨论活动和“建功‘十一五’，岗位多奉献”劳动竞赛和技术创新活动，调动了干部职工的积极性。强化思想道德建设，完善考核验收标准和评比表彰办法，开展了社会主义荣辱观教育和“倡导和谐理念，弘扬文明新风”教育。成功举办了第二届职工文化艺术节，集团公司代表队在河北省职工歌咏大赛中获得第一名。

加强廉洁文化建设，提升廉政建设境界。征集、提炼并广泛宣传“勤廉成业，正气兴企”核心理念以及教育、道德、自律、从业、用权和监督等系统理念，印发了《廉洁文化手册》，开展了廉洁文化进班子、进机关、进区科、进班组、进社区、进家庭活动，并通过组织党政纪条规知识竞赛、学习体会交流会、反腐倡廉书画展、专题文艺晚会等形式，营造了勤廉成业、遵纪守法、廉荣贪耻、扶正祛邪的浓厚文化氛围。组织廉洁文化现场观摩活动，推广先进经验，使廉洁文化建设向纵深发展。以廉洁理念为引领，分层次制定岗位“勤廉”工作标准和行为规范，健全完善了廉洁从业制度和企业内控体系，把廉洁文化从廉洁意识的层面提升到廉洁规范的层面，逐步实现廉洁理念制度化，推进企业管理水平提升。各单位提炼开发各具特色的廉洁文化观并相互交流学习，开展多种形式的廉洁文化活动，强化廉洁理念培育养成，积极营造“廉荣贪耻”的文化氛围。深入开展了“为民、务实、清廉”主题教育活动，组织了以主题党课、专题讲座、知识测试和集中观看教育片为主的警示教育。重申和制定了业务接待、领导用车、外出考察、婚丧事宜等方面的制度，加大考核和责任追究力度，促进了各级领导干部的作风转变。

完善制度，推进惩治和预防腐败体系的建设。借鉴物供体制改革的成功经验，积极推进药品、医疗器械和社会事业物资流通体制改革，探讨有效途径，完善相关制度，加强监管。进一步研究制定了工程招投标、资产处置等方面的配套制度，积极推进信用体系建设，完善信用档案，实施“廉洁合同”。特别是针对财务资金集中管理及工作流程中可能存在的风险，制定相应的规避措施，规范财务管理活动中行使权力、支配资金和监管制约的行为，从根本上防范违规违纪问题的发生。积极推进治理商业贿赂专项工作，成立了领导小组和相应的组织机构，明确治理内容，开展自查自纠，坚决纠正不正当交易行为。健全完善内控制度，逐步形成预防和治理商业贿赂的长效机制。把反腐倡廉工作与生产经营的难点紧密结合，运用信息化管理等手段，对生产经营管理的重点部位和关键环节实行动态监控，严格管理程序，强化制度建设。开展了“提质降耗、增收节支”效能监察活动，使效能监察向区科和班组延伸，强化了生产现场成本控制。深入开展权力公开透明运行工作，在充分利用公开栏、广播、电视等传统媒体的同时，一些单位设置了触摸屏和权力运行网络，定期录入公开内容，方便职工查询；抓住决策、执行、结果等主要环节，建立权力公开透明运行工作评价、考核评估、群众测评等制度，公开权力运行的全过程，提高了公开工作的质量和水平；实行定期公开、动态公开和点题公开，提升公开整体水平。推行党务公开，深化诺廉、述廉、评廉、考廉工作。认真落实党风廉政建设责任制，进一步加大责任追究力度，加强监督，提高源头治腐的效果。对个别单位违规擅自采购设备物资、工程违规转包、非煤产品违规外委、以购代修等问题严肃查处，责令整改，进一步规范了管理，为企业增收节支7693.9万元，盘活资产464.9万元。突出办案重点，查处违纪案件，对发现的案件线索进行了调查处理，共受理群众来信来访215件次，初核190件次，立案44起，结案42起，60人受到党政纪处理，挽回直接经济损失75.76万元。2006年9月25日，河北省国有企业反腐倡廉工作座谈会在集团公司召开。

坚持职代会星级创建认证活动，组织学习和贯彻《劳动合同法》，完成了第二届职代会换届工作。在集团公司全面推行了矿务公开质量管理体系，2007年5月，获“全国厂务公开民主管理工作先进单位”称号。深入开展了劳动关系和谐单位创建活动，进一步完善了劳动合同和平等协商集体合同制度，集团公司及所属单位全部签定了集体合同和工资集体协议、劳动安全卫生协议、女职工特殊保护协议。制定《职工诉求代理办法》，畅通诉求渠道，保障职工权益。广泛开展了劳动竞赛、技术革新、合理化建议和练兵比武、“四争”竞赛、建家竞赛等群众性“创业兴企”活动。进一步健全完善帮扶特困职工长效机制，落实《帮扶组织工作条例》，规范了三级帮扶网络管理。开展了“帮困助医”活动，先后为63名身患大病的特困职工实施了专项救助；开展了“金秋助学”活动，发放助学金54.8万元，对186名考上大学的特困职工子女进行了资助；开展了送温暖活动，筹集资金 747.7 万元，慰问救助困难职工 17359 人次；积极推进下岗职工再就业工作，通过报告会、演讲会、座谈会等形式，引导职工进一步转变择业观念；加大再就业工作力度，培训下岗和待业女工 936 名。截至 2007 年底，累计帮助 1669 名下岗和待业女工赴京、津从事家政服务。开展“实事好事承诺”活动，集团公司和各二级单位共为职工办实事好事 245 件；组织开展“献爱心，送温暖”和“博爱一日捐”两次捐助活动，共捐款 120 万元。

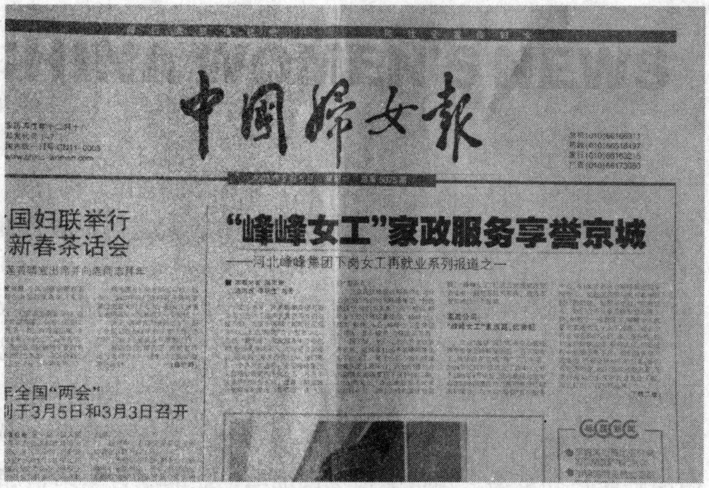
中国妇女报

国妇联举行
新春茶话会

“峰峰女工”家政服务享誉京城

——河北峰峰集团下岗女工再就业系列报道之一

年全国“两会”
别于3月5日和3月3日召开

媒体报道女工再就业工作

切实加强信访稳定工作，全面落实信访稳定工作责任制。对个别单位和人员因责任心差、未按规定办事引发越级上访的问题进行了通报批评。党的十七大期间，集团公司多次召开会议，周密安排部署，重点抓好特殊群体稳控、值班备勤和调解疏导工作，受到河北省国资委党委和邯郸市委的通报表扬。加强内部治安综合治理，强化要害部位和易发案部位管理，消除了大量隐患，堵塞了发案漏洞。加强危爆物品日常管理，组织了治爆涉枪专项行动，开展严打整治斗争，侦破刑事案件 225 起，打击处理犯罪嫌疑人 117 人，打掉犯罪团伙 5 个，抓获团伙成员 12 人，有力地打击了违法犯罪行为。

各级共青团组织以“服务企业发展、服务青年成才”为出发点，广泛组织开展青年突击队竞赛、文明号创建、安全监督岗和志愿者服务活动，稳步实施“青工技能振兴计划”，有效发挥了自身优势。武装部门加强对基层军事化管理工作的帮助指导，对 26300 名职工进行了军训。民兵突击队和应急队伍在安全生产、维护稳定中发挥了重要作用。进一步加强老干部工作，在落实待遇、丰富生活的同时，开展了“十佳老人”、“孝敬老人十佳子女”、“双四好”、“双十佳”评选表彰等活动，激发了老同志维护稳定、促进和谐的热情。

第五章　又好又快发展的新时期（2008 年以后）

2008 年，国际金融动荡，全球经济减速，对我国影响日益显现，煤炭行业经历了“冰火两层天”。上半年，国内煤炭市场供需偏紧，煤炭价格持续上涨近 100%，行业处于景气上行阶段，6 月份达到行业的景气顶峰。但随着宏观经济增速的放缓，下游需求迅速萎靡。自 8 月份后，全国精煤销售形势急速下探，连续几年持续高涨的煤炭市场开始下滑，煤炭企业再次面临严峻考验。这一年，顺应河北省经济发展需要，河北省国有企业改革自“两增、两减、两分”以来，再次迈出重要步伐，以资产重组为核心的大公司、大集团战略取得突破性进展，同步组建了冀中能源集团和河北钢铁集团。峰峰集团继 2003 年实现公司制改造之后，2008 年强强联合，与金能集团共同组建了冀中能源集团有限责任公司，走上了大集团、大公司发展之路，实现了企业体制的又一次重大改变。围绕冀中能源“双五八一”奋斗目标，峰峰集团坚持强基固本、引联外扩、以人为本、科学发展的方针，争当主力军，勇做排头兵，加速扩能技改，加快煤炭新区建设，大力实施“民心工程”，着力打造绿色矿区、和谐矿区、富强矿区，企业走向又一个发展机遇期。

第一节　引联外扩　实现强强联合
（2008年1月—6月）

河北省委七届三次全会明确了“加大股份制改革力度，推进国有资产的战略重组，建立规范的现代企业制度，培育壮大一批在国内外有影响的大公司、大集团，不断提高国有企业的活力和竞争力”的国企改革方向。2008年4月11日，河北省国资委召开了全省国有企业改革发展暨国有资产监管工作会议，提出“一手抓国资监管，一手抓资本运营。实施资源、资本、资金、资产‘四资联动’，探索‘资源转化为资产、资产转化为资本、资本转化为资金’再投入的有效途径，实现资源有偿、资产盘活、资本升值、沉淀资金流动，为国有经济布局调整和改革发展提供保障”。5月16日，在全省企业座谈会上，河北省委、省政府提出“要进一步解放思想，创新发展理念和经营思路，努力从单纯经营产品、单纯经营企业，向品牌经营和资本运作转变，积极推动企业的整合重组，加快产业整合重组的步伐，在整合重组中真正把企业做大做强”。河北省委、省政府、省国资委关于国有企业改革的一系列指示精神，掀开了河北省国有企业改革的新篇章。

2008年5月16日，峰峰集团新的领导班子上任。集团公司党政站在政治和全局的高度，顺应改革发展大势，把握国企改革方向。5月21日，召开了中心组学习扩大会议，提出了“强基固本、引联外扩、以人为本、科学发展”的新思路。5月26日至27日，在基层召开了现场调度会，强调要知形势，明任务，抓落实，促发展。5月30日，召开了领导干部会议，要求进一步统一思想，把握企情，乘势而上，加快发展。各级党组织充分利用各级中心组学习日、干部理论培训班、党员学习日、职工会等，组织广大党员干部职工有重点、分层次、多形式地学习有关会议和讲话精神。利用报纸、广播、电视、网站、橱窗、标语、板报等宣传阵地，全方位、多角度地宣传会议内容和贯彻落实情况，迅速将会议精神传达到广大干部职工之中。通过广泛深入的学习宣传，把广大干部职工思想认识统一到了河北省委、省政府和省国资委对企业各项工作要求上来，统一到了河北省国资委决定上来，统一到了峰峰集团改革发展大局上来，统一到了广大干部职工根本利益上来。集团公司党委下大力深入发动，快速推进相关工作，为顺利实现企业强强联合发挥了政治优势，提供了组织保证。6月3日，组织召开了集团公司第二届职代会分团团长联席会议，审议通过了《关于〈冀中能源集团有限责任公司组建方案〉的决议》，并召开了老干部代表情况通报会。印发《联合重组宣传提纲》，进行了广泛而深入的宣传。

6月26日，由峰峰集团和金能集团共同组建的冀中能源集团有限责任公司在金牛股份东庞矿召开干部大会，宣布了冀中能源集团有限责任公司的正式成立。6月30日，河北省国资委在石家庄举行了冀中能源集团有限责任公司揭牌仪式。7月4日，冀中能源集团召开第一届董事会一次会议和党委常委扩大会议。会议表决聘任了冀中能源集团有限责任公司总经理、副总经理、总会计师、总工程师和财务负责人以及董事会秘书。董事长、党委书记、总经理王社平作了重要讲话。7月23日，峰峰集团召开中层干部大会，宣布了冀中能源峰峰集团领导班子调整的决定。9月12日，峰峰集团在邯郸举行公司揭牌暨新办公楼启用仪式，翻开了企业发展史上的崭新一页。

冀中能源集团干部大会

2008年春节期间，由于突如其来的雪灾，南方部分省区受灾，电煤需求紧张。峰峰集团识大体、顾大局，认真落实全国煤电油运保障工作电视电话会议精神以及河北省、邯郸市有关部署和要求，紧急行动，积极组织多产多供，为缓解电煤紧张局面作出了贡献。围绕企业中心任务，集团公司党委开展了“跨入新阶段，立足新起点，争创新业绩”主题教育活动，组织了形势任务巡回宣讲活动，深入开展了解放思想大讨论活动和深入学习实践科学发展观活动。4月份，相继召开了2007年文明建设表彰大会和职工技术比赛推进动员大会，为做好第二季度工作造势鼓气。5月12日，四川汶川发生地震灾害后，峰峰集团在充分做好奔赴一线抗震救灾准备工作的基础上，5月14日，举行了向四川地震灾区捐款暨“博爱一日捐”活动启动仪式。集团公司上下踊跃捐款，在干部职工捐款239.9万元的基础上，党员缴纳特殊党费243.1万元，被邯郸市委评为“抗震救灾先进基层党组织”、河北省“抗震救灾突出贡献奖”。

2008年上半年，峰峰集团克服矿井采掘衔接紧张、开采条件日益复杂等困难，坚持依靠科技进步，加强新技术、新工艺、新装备的推广应用，狠抓采掘衔接，科学合理组织生产，原煤产量创出历史同期最好水平，各矿均超额完成了原煤生产任务。小屯矿膏体充填开采进入试运转阶段，黄沙矿薄煤综采工艺三机配套方案确定。上半年综采机械化程度达到81.9%，比上年同期提高1.6%；工作面单产和效率分别比上年同期提高3.4%和1.2%。总进尺完成7.6849万米，比上年同期增加8071米，其中综掘进尺达到2.1928万米，比上年同期提高82.6%。6项重点工程和3项重点采区准备均超额完成了进尺任务。新装备了两条岩巷掘进机施工作业线，推广使用了侧卸式和蟹爪式装煤机，综掘机械化程度达到28.53%，比上年同期提高11.07%，综合单进比上年同期提高5.5%。积极推广应用锚注支护、预拉力锚杆支护、锚网索支护和锚杆快速安装技术等新技术、新工艺，改善了巷道支护质量，提高了掘进效率。加快新区资源开发。磁西区野外勘探完成35孔任务，煤层深度、厚度等见煤情况与勘探设计预测基本相符。红格尔矿区总体规划得到国家发改委批复，并取得了内蒙古自治区政府对煤矿用水、水土保持方案、煤矿选址、环境影响报告书等批复文件。查干淖尔矿区规划上报国家发改委，一号井田野外钻探和首采区三维地震完成。

大力实施精煤战略，优化产品结构，精煤产量再创历史新水平。围绕全年精煤生产目标，制定下发了《关于2008年精煤产量上台阶、创水平的决定》和《精煤超产奖励暂行办法》，对入洗原煤超产超调矿井实行加价奖励、第一季度加倍奖励政策，强化入洗煤生产调运和购入，推行标煤计量制，推广使用机械化采样机，消除人为影响，严把外购煤质量关。上半年入洗原煤调运量完成378万吨，比上年同期增加6万吨，外购入洗煤170万吨，比上年同期增加75.2万吨。加强入洗煤资源配置，优化配煤方案，完善洗煤系统，焦精煤产量比上年同期增长9.95%，无烟精煤产量比上年同期增长8.2%。万年矿加强生产环节技术改造，提高块煤产量，产块率达到18%。各洗煤厂结合本单位实际，解放思想，破解难题，克服各种困难，不断完善工艺，加强洗煤生产管理，提高设备完好率，降低事故率，延长开车时间，增大处理量，不断提高生产效率。找准影响精煤回收率的关键点和潜力点，进行技术攻关，最大限度地减少精煤流失，提高精煤回收率，努力多超产、多创效。邯郸洗选厂、马头洗选厂均超额完成了生产任务。马头洗选厂技改二期工程完工，孙庄矿洗煤厂扩能技改工程抓紧进行。

集团公司狠抓重点项目建设，推进产业升级，企业战略转型步伐不断加快。上半年非煤产业产值完成19.27亿元，比上年同期增加11.08亿元。煤化工一期工程建成投产，10万吨甲醇项目完工。上半年生产焦炭41.48万吨、煤焦油1.3万吨，实现营业收入8.7亿元，实现利润8285万元。煤化工二期200万吨焦炭、20万吨甲醇、20万吨醋酸项目开工前准备工作完成。两个年产20万吨煤气制甲醇、20万吨醋酸、30万吨煤焦油、10万吨粗苯精制等项目得到河北省发改委批准。薛村矿矸石热电厂、九龙矿矸石热电厂二期工程并网发电。五矿矸石热电厂、孙庄矿矸石热电厂实现了扭亏为盈。峰峰2×300兆瓦热电联产项目前期支持性文件、粉煤灰综合利用项目技术论证和实施方案完成。

创新管理理念，强化经营管理，企业管理水平进一步提高。完善集团财务控制体系，优化财务资源配置，积极推行财务风险管理，有效控制了财务风险。建立健全财务管理制度，全面执行《财务会计业务流程》、《财务会计管理制度》和《会计核算操作手册》等制度，促进了财务管理流程的规范化和制度化。深化资金需求预测和预算调控，建立资金统一分配机制，严格资金结算顺序，资金控制力度进一步加大。全面推进内部市场化管理，以信息化为手段，将内部市场化管理与精细化管理有机结合，促进了经营管理水平的不断提高。强化成本费用预算控制，原煤制造成本比预算降低7.49元/吨。以市场为导向，适时调整营销策略和精煤价格，加大对信誉好、价格高的重点用户的销售，促进了增产增销增收。进一步完善物供“三集中”管理体制，积极发挥物流品牌效应，拓宽外部物流市场，上半年物流产业收入达到47.8亿元，比上年同期增加36.3亿元，实现了新的突破。5月15日，物资供销分公司鄂尔多斯基地开业。

强化安全管理，落实安全责任，安全生产保持稳定。集团公司推行安全生产逐级承诺制，与二级单位签定了安全承诺书，层层落实了安全责任。强化业务保安，完善《业务保安责任考核办法》，加大业务保安考核力度，促进了安全生产由结果管理向过程控制的转变。以“一通三防”和防治水为重点，加大对安全隐患和危险源排查力度，建立健全安全风险预控体系，杜绝了各类重大安全事故的发生。强化应急管理，完善应急管理预案，开展应急预案演练，应急处置能力得到提升。深化安全文化建设，积极开展“安全警示日”、“六月安全月”等活动，职工安全意识进一步增强。以开展“保稳定、抓安全、促环保、迎奥运”活动为契机，对烟花爆竹、剧毒化学品及易制爆化学品实施了专项整治。加强新安全质量标准化实施工作和职工安全培训，深入推进班组建设，安全基础管理水平不断提高。集团公司实现了第二个首季安全季，安全状况保持稳定，杜绝了各类重大事故，百万吨工亡率0.46。梧桐庄矿实现连续安全生产2618天、产煤1009万吨，万年矿、小屯矿、牛儿庄矿实现连续安全生产1500天以上，非煤企业连续四年实现安全生产。

广泛开展劳动关系和谐单位创建活动，保障职工合法权益。关心职工群众生活，加大扶贫帮困力度。春节期间，筹资392万元，对13653名困难职工进行了慰问和救助；加大再就业工作力度，上半年帮助93名、累计帮助1493名下岗和待业女工实现了再就业；职工收入又有新的提高，上半年职工人均收入达到1.471万元，比上年同期增加2733元；10个矿井实现了班中餐配给制，9个单位实现了工作服公管化，对40处职工宿舍进行了公寓化改造；薛村矿热电联供、机关“三园一路”等6项“民心工程”“四件实事”积极推进。加强绿化美化，集团公司获“全国绿化模范单位”称号。

2008年上半年，峰峰集团原煤产量实际完成656.56万吨，比上年同期增产17.1万吨；精煤产量实际完成361.98万吨，比上年同期增产32.12万吨，其中焦精煤产量完成317.49万吨，比上年同期增产28.73万吨；无烟精煤产量完成44.49万吨，比上年同期增产3.39万吨；精煤产量再创历史同期最好水平；各矿均超额完成了原煤生产任务。总进尺完成7.6849万米，比上年同期增加8071米，其中综掘进尺达到2.1928万米，比上年同期增加82.6%。6项重点工程和3项重点采区准备均超额完成了进尺任务。商品煤销量实际完成661.92万吨，比上年同期增销11.12万吨。营业收入完成112.35亿元，比上年同期增加65.35亿元。实现利润总额2.05亿元，比上年同期增利1.63亿元。营业收入、利润总额均实现了较大幅度增长，创出了历史新水平。原煤全员效率3.013吨/工，比上年同期提高了7.1%。

第二节　挖潜开发并举　加速扩能技改
（2008年7月—12月）

冀中能源峰峰集团新的领导班子调整后，根据冀中能源集团的总体战略部署，迅速明确了下一步企业改革发展的总体思路。即以党的十七大精神为指导，牢固树立科学发展观，坚持强基固本、引联外扩、以人为本、科学发展的方针，依靠科技进步，推进矿井内部挖潜和新区资源开发并举，做大做强煤炭主业；大力实施精煤战略，加快重点项目建设，延伸煤焦化、煤电、煤建材产业链条，培育壮大相关产业，实现产业产品优化升级；深化企业改革，推行现代企业管理模式，实现体制机制创新，转变发展方式，提高发展质量；坚持以人为本、和谐发展，实现文明共享、成果共享，凝聚发展力量，形成发展合力，建成主业突出、结构合理、极具可持续发展能力的现代化能源化工集团，打造绿色矿区、和谐矿区、富强矿区。总体发展目标：到2010年，实现原煤产量1650万吨以上，精煤产量1000万吨以上，营业收入250亿元以上；到2015年，实现原煤产量2500万吨以上，精煤产量1200万吨以上，营业收入450亿元以上。

为落实下半年工作会议精神，2008年10月16日，峰峰集团召开了争创原煤产量1650万吨以上、精

煤产量1000万吨以上目标动员大会。下发了《关于2010年实现原煤产量1650万吨以上、精煤产量1000万吨以上目标的实施意见》，与各单位签定了责任状。为确保2009年10月底形成1650万吨生产能力，峰峰集团成立了矿井扩能技改领导小组和指挥部，设立了矿井扩能技改办公室，制定了6个矿井扩能技改方案和实施意见。明确牛儿庄矿达到90万吨生产能力，黄沙矿达到120万吨生产能力，大淑村矿达到150万吨生产能力，九龙矿达到210万吨生产能力，万年矿、梧桐庄矿年底前达到300万吨生产能力，梧桐庄矿新主井在2009年底前建成，形成400万吨生产能力。集团公司建立了周调度例会制度，将扩能技改工作纳入领导班子绩效考核内容，确保了扩能技改工作的顺利实施。围绕集团公司“当排头兵，做主力军”的号召，6个单位全面打响了扩能技改会战，把扩能技改工作放在首要位置，当作“一把手工程”来抓，健全机构，加强领导，周密组织，分工明确，形成了一级抓一级、层层抓落实的保障机制。梧桐庄矿迅速组织了扩能技改誓师大会，制定并分步实施了矿井提升能力改造和建设新井两套方案；万年矿突出重点，统筹兼顾，按照技改方案分步实施，加快通风系统技术改造进度，狠抓井巷工程进度；九龙矿采取超常措施，以率先打造示范化矿井为目标，分两个阶段，加快系统改造；黄沙矿兵分五路，分别对生产皮带运输、供电系统、采煤装备等进行扩能改造；牛儿庄矿紧紧围绕巷道整修和地区衔接两大重点进行攻坚；大淑村矿抽调专业掘进队伍扩断面和巷道整修，加快主提升系统改造，全方位为扩能增产打牢基础。6个单位科学组织，狠抓落实，年底均完成了扩能技改计划任务。

依靠科技进步，大力发展采掘机械化，加快膏体充填综采、薄煤开采、矸石回填、沿空留巷等新技术、新工艺的推广应用，解放呆滞煤量，盘活难采低效资源。全年“三下”采煤量达320万吨，占原煤总产量的24%，资源回收率比计划提高5%。树立以人为本的安全发展观，强化安全责任制落实，加强“一通三防”和防治水工作，积极开展事故隐患和危险源排查，加大安全投入，推进本质安全型矿井建设，提高了安全保障能力。深化安全文化建设，加强班组管理，开展了形式多样的安全文化活动，职工安全意识不断增强。

采取有效措施，强化企业内部管理，沉着应对市场变化。不断完善了全面预算管理，执行监控力进一步增强。加大资金调控力度，严格资金预算控制和“一支笔”审批制度，大力压缩非生产性支出，确保了资金正常运转。加强成本控制，建立了成本分析例会制度，成本管理力度不断加大，市场化成本管理机制逐步形成。2008年10月29日，冀中能源集团经济分析暨全面预算管理现场会在梧桐庄矿召开。峰峰集团认真贯彻落实会议精神，加强市场分析和预测，及时调整营销策略，巩固和加强战略合作伙伴关系，狠抓产品质量，确保了对重点用户的销售。完善物资供销管理体制，大力发展物流产业，全年物流产业营业收入完成80亿元，比上年增加30亿元。大力推进变招工为招生，全年共招收1118名技校生充实到生产操作岗位。积极推进关闭破产工作，不断优化企业经济结构。9月29日，牛儿庄矿关闭破产清算、职工分流安置和资产重组工作完成，邯郸市牛儿庄采矿有限公司揭牌。羊渠河矿列入国家关闭破产项目计划。成功完成了对河北省化工研究院的接管工作，为煤化工产业发展提供了技术支撑。

峰峰集团正确处理生产经营与节能减排的关系、近期效益与企业可持续发展的关系，拒绝理由，不讲条件，坚定打好节能减排攻坚战、持久战的信心，确保完成节能减排任务。集团公司与各二级单位签定了节能减排工作责任状，把节能减排目标完成情况纳入各级领导业绩考核范围，实行问责制和“一票否决”制，并与各单位各部门的工资分配挂钩，严格考核。制定了《节能减排工作规划》，明确项目、责任、进度、时间，定期考核，兑现奖惩。各单位相继召开专题工作会议，成立专门工作机构，把节能减排工作纳入到日常生产经营管理中，将目标责任层层分解落实到每个单位、每个部门乃至每个区科、班组和岗位，做到了目标到位、任务到位、责任到位。全年投入资金1.47亿元，完成节能减排项目24个。4座矸石热电厂烟气在线监测装置实现联网，脱硫工程改造完成；大淑村矿、通顺公司、梧桐庄矿矿井水治理利用工程完工。全年万吨原煤生产能耗比上年降低2.5吨标准煤，实现节能1.85万吨标准煤；二氧化硫、化学需氧量分别实现减排量3928.4吨和244.8吨。

谋划锡盟煤田开采

围绕企业改革发展目标，加快重点项目建设步伐。煤化工一期工程100万吨焦炭、10万吨甲醇项目建成投产。煤化工二期工程具备开工条件。大力推进引联外扩战略，9月28日，举行了内蒙古锡盟煤电化路一体化项目启动奠基仪式。充实了锡盟项目领导队伍，组建了鄂尔多斯新建矿井领导班子。积极与山东鲁能集团进行合资合作洽谈。磁西一号井田精查报告基本完成，为2009年开工创造了条件。筹融资工作取得重要突破。8月28日，经国家发改委、中国人民银行、中国证监会批准，峰峰集团首次发行的五年期10亿元企业债券由国泰君安证券公司成功发行，为项目建设提供了重要支持。

加强民主管理，落实依靠方针，扎实开展劳动关系和谐企业创建活动。召开了第二届职工代表大会第五次会议，审议通过了《关于调整岗位工资标准，规范工资支付行为的规定（草案）》和《关于增加职工工资收入的实施方案（草案）》，选举产生了冀中能源峰峰集团有限公司监事会职工监事。坚持发展依靠职工、发展惠及职工的理念，大力实施民心工程。召开了“落实安装空调、实施营养餐专题工作会议”，仅用9天时间便完成了3685台空调的安装任务，13个基层单位的13000名井下职工吃上了营养餐，改善了职工的生活条件和生活质量。机关居民生活区“三园一路”工程按期完工。筹资1144万元，开展了“送温暖工程”、“金秋助学”、“帮困助医”等帮扶救助工作。积极拓宽再就业渠道，帮助669名女工实现了再就业，安置集体企业劳务工1637人，重组安置随矿井关闭破产集体企业工2460人。在中秋节，为全集团公司职工发放了食用油。调整了岗位工资标准，职工人均收入达到3.8872万元，比上年增长47%。改革医疗保险报销制，实行医疗保险结算制，进一步缓解了职工看病就医难的“瓶颈”问题。小屯矿工会获“全国模范职工之家”称号。

强化信访稳定治安保卫工作，为“平安奥运”作出积极贡献。北京奥运会、残奥会期间，深入开展“保稳定、抓安全、促环保、迎奥运”活动。各单位以高度的政治责任感，加大不稳定因素排查力度，强化各种防控措施，深入做好政策解释和思想疏导工作。开展了领导干部大接访活动，有效化解了大量矛盾和问题。通过扎实工作，不懈努力，集团公司实现了进京、赴省、到市“零集体访、零越级访、零登通”的目标，确保了井下安全、井上稳定。召开了总结表彰会，推广了二矿社区、九龙矿等7个单位信访稳定工作的经验和做法，下发了《关于健全和完善信访稳定工作长效机制的意见》，进一步促进稳定工作的长治久安。加强内部治安综合治理，强化要害部位、易发案部位和危爆物品日常管理，组织治爆缉枪专项行动，持续开展了严打整治斗争，共破获各类刑事案件296起，抓获各类犯罪嫌疑人102人，维护了企业和社会的稳定。

各项惠民政策的相继出台和实施，为企业生产建设提供了强大的精神动力。2008年，原煤产量完成1312万吨，比上年增产30万吨。精煤产量完成706万吨，比上年增产2.4万吨，其中焦精煤产量完成616万吨，比上年增产24万吨，无烟精煤产量完成90万吨。原煤、精煤产量再创历史新水平。营业收入完成216亿元，比上年增长68.7%。实现利润总额4.06亿元，比上年增长97%。相关产业快速发展，全年生产焦炭100万吨，甲醇2000吨，发电8.2亿千瓦时，实现产值37亿元，比上年增长85%。

集团公司党委不断深化“四好”领导班子创建活动，加强基层党组织建设。制定了深化创建活动《实施意见》，召开汇报会、推进会，不断加大创建活动力度。对创建活动和班子建设进行综合考核评价，三级联创格局和长效机制初步形成。进一步加强思想政治建设，强化中心组理论学习，开展集中培训、专题辅导和脱产深造，共举办矿处级领导干部培训班4期，培训人员332名。进一步优化结构，增强活力，调整充实30个基层单位领导班子，130名优秀中青年干部走上了领导岗位。10月10日，冀中能源集团党委在峰峰集团召开了党委书记活动日暨“四好”领导班子经验交流会，薛村矿党委、梧桐庄矿党委在会上介绍了创建活动经验。深化党建工作质量管理体系建设，召开体系建设座谈会，组织进行了内部审核，并顺利通过认证机构现场监督审核。在党员中广泛开展了“学报告、学《党章》、促发展、促和谐”党建实践活动和“评选树”、“攻关创效”等活动，实施“四创”项目45个，创效350万元。“双培”工程、“课题制攻关”特色活动被邯郸市委组织部列为“党建示范项目”。

紧紧围绕企业阶段中心工作，深入开展“新集团、新目标、新举措、新面貌”主题教育，不断提高思想政治工作的针对性和实效性。成立了活动领导小组，下发了开展“四新”主题教育活动的通知，编辑了《做大做强，在新起点上奋勇前进》中心组辅导材料，按照党建工作质量管理体系要求，制定了《“四新”主题教育活动工作进度策划表》，把三个阶段的任务具体分解为22个小项，明确工作内容、工作标准及要求、责任部门和完成时间，形成PDCA循环，确保活动质量。组织开展了“认清形势明任务，立足岗位作贡献”、“守规章、保安全”、“强管理、创效益”大讨论和“四新”答题赛、“煤运杯”主题教育征文活动等。开展以创建文明单位为抓手的“十争创”活动，完善考核标准，严格督导检查，评比表彰先进，文明创建取得明显成效。

作为邯郸市试点单位，集团公司自4月至9月，组织开展了深入学习实践科学发展观活动。在活动中，各单位切实加强领导，精心谋划安排，分阶段认真组织实施。采取中心组学习、集中培训、专题辅导、学习考察和个人自学等多种方式，强化了学习教育。各级领导干部深入调查研究，征求职工意见，聚焦发展难题，制定整改方案。围绕体制、资源、资金和结构调整、节能减排等“瓶颈”问题，突出实践特色，创新思路和举措，划分专题努力破解。通过大讨论和学习实践活动，广大党员干部打开了解放思想“总阀门”，树立了科学、开放、创新、统筹、人本的理念；明确了企业科学发展的路径，确立了“强基固本、引联外扩、以人为本、科学发展”的指导方针、“六个统筹、六个坚持”的指导原则和打造“绿色矿区、和谐矿区、富强矿区”的奋斗目标；促进了煤炭生产、资源外扩、资本运作、结构调整、节能减排等各项工作，一些影响和制约科学发展的难题得到初步破解，党员领导干部的素质能力显著提升，企业科学发展的良好局面进一步形成。

深入开展领导干部作风整顿活动。从9月下旬开始，集团公司党委通过深入查摆精神状态、思想观念、执行力、工作作风、廉洁自律等方面的突出问题，针对一个时期以来有所抬头的大手大脚、不安心工作现象和部分领导干部艰苦奋斗意识、开拓进取意识、爱岗敬业意识淡漠的倾向，召开了领导干部作风整顿动员大会，下发了《关于深入开展“抓作风、做表率、促发展”作风整顿活动的实施意见》。各单位、各部门迅速行动，按照作风整顿各个阶段的具体要求，认真学习，深入讨论，对照检查，查摆问题，征求意见，深入整改。机关部门按照分工，深入基层督导检查，促进作风整顿工作的深入开展。每个阶段均召开汇报会，进行专题讲评，保证作风整顿效果。10月4日至5日，组织了矿处级领导干部参加的作风整顿培训班，围绕《改进作风，振奋精神，促进发展》和《雷厉风行，执行到位》进行了专题辅导，观看了《赢在执行》辅导光盘，召开了作风整顿座谈会，集团公司主任师以上管理人员340名参加了培训。主任师以上管理人员人人写出自查报告，制定限期整改措施，组织专题自查情况汇报会。通过作风整顿活动，领导干部作风明显转变，执行力明显增强，为全面实现1650万吨目标、沉着应对严峻的生产经营形势奠定了思想基础。

积极融入大集团文化，统一企业标识，增强了向心力、凝聚力。拓展企业文化实践路径，力推编码、定置、标识、看板等可视化管理，逐步实现现场管理无盲区、无漏洞、无缺陷。围绕争创企业文化示范基地，坚持试点先行，组织课题攻关，努力建塑“五精”管理企业，打造“三基九力”团队。10月25日至26日，全国煤炭系统企业文化示范基地示范矿命名暨“五精九力”现场推广会议在峰峰集团召开。峰峰集团被命名为“全国煤炭系统企业文化示范基地”，梧桐庄矿、小屯矿被命名为“全国煤炭工业第六批企业文化示范矿”。

加大源头治腐力度。围绕联合重组重大决策、执行政治纪律和奥保稳定工作、领导干部作风以及职工群众反映的热点问题强化监督检查。组织领导干部认真学习中纪委二次全会精神，对贯彻落实“七项要求”情况进行专项检查。以“树清风正气，促和谐发展”为主题，以“六进”为抓手，广泛开展了反腐倡廉教育。扎实推进廉洁文化建设，积极创建本质廉洁型企业。制定廉洁从业行为规范和岗位勤廉标准，不断完善监督制约制度。全面推行权力公开透明运行，继续深化党务公开。围绕大型项目、节能减排、财务资金管理和煤炭产品结构优化，拓展延伸效能监察，避免和挽回经济损失4356万元。完善和规范办案运行机制，保持了案件查办工作力度，被邯郸市纪委评为“案件查办工作先进单位”。

广泛调研，提前谋划2009年工作。进入11月份后，峰峰集团围绕搞好2009年工作，谋划2009年工作思路，分片召开了党委书记座谈会，组织召开了中心组学习扩大会，邀请专家作了《企业执行力——企业成败的主要关键》和《次贷金融危机影响下的中国经济》专题讲座。组织召开了2008年形势通报会和2009年工作思路通报会，对统一思想，明确目标，提前谋划，坚定信心，完成2009年各项工作目标奠定了思想基础。

2008年12月30日，集团公司三届一次职代会暨行政工作、文明建设表彰会议召开，表彰了2008年文明建设先进集体和先进个人，认真分析了企业面临的形势和任务，明确了今后一个时期工作的指导思想和奋斗目标，对2009年工作进行了全面的安排和部署。

第三节　争当主力军　建功“五千万”
（2009年初）

2009年，由美国次贷危机引发的全球性金融危机愈演愈烈，对实体经济和我国的影响日渐严重。外贸出口下降，市场需求萎缩，经济增速继续下滑。为应对金融危机，国家投资4万亿元，以“快、重、准、实”的罕见力度拉动内需，并出台了一系列配套政策，调整产业结构，支持重点产业，降息促贷，实行增值税改革。河北省也提出了“保增长、控物价、促转变、惠民生”的应对金融危机的总方针。

冀中能源集团制定了“力举主业，助推多元，集成优化，科学发展”的发展战略，确定了“实施‘三步走’，实现‘双五八一’，跻身煤炭企业前十强，建成紧密型、高效能、可持续的特大型现代能源集团”的发展目标。第一步，到2010年，实现“双五”目标，煤炭产量达到5000万吨，销售收入500亿元；第二步，到2013年，实现“双八”目标，煤炭产量达到8000万吨，销售收入800亿元；第三步，到2015年，实现“双一”目标，煤炭产量达到1亿吨，销售收入1000亿元。作为冀中能源集团最大的子公司，峰峰集团紧紧围绕实现冀中能源集团“双五八一”奋斗目标，勇挑重担，向全集团公司发出了“争当主力军，建功‘五千万’”的动员令。面对企业内部更加艰难的生产条件和日益严峻的经营形势，自2008年四季度起，峰峰集团党政未雨绸缪，及早动手，外邀专家，内强学习，认真研究经济运行趋势，深入分析企业面临的内外形势，广泛征求集团公司上下意见，积极谋划应对之策，达成了2009年工作做到“五个必须”、增强“五种意识”、坚持“四项原则”的共识，确定了“原煤产量必保完成1500万吨以上，形成1650万吨生产能力；精煤产量必保完成750万吨以上；营业收入达到200亿元以上，全面完成冀中能源集团下达的各项考核指标；煤化工二期工程、内蒙古锡盟查干淖尔煤电化路一体化项目和磁西一号井建设实现实质性运作；推进安全高效矿井建设，加快扩能技改步伐，增强煤炭主业基础地位；推进节能减排，全面完成节能减排阶段性目标；杜绝各类重大事故、具有重大社会影响的恶性事件和同类性质的零打碎敲事故，百万吨工亡率控制在0.5以下，力争实现‘三零’目标；职工生活有新的改善，职工收入有新的提高”的年度奋斗目标。

围绕实现上述目标，1月份，峰峰集团上下紧锣密鼓地进行了层层发动和安排。1月1日，召开了2009年安全工作暨表彰会。确定了“十个必须、十个坚持”的安全工作思路，与各单位和业务部门签定了2009年安全生产目标管理责任书，下发了《关于进一步创新管理，搞好2009年安全生产工作的决定》等10个文件。1月2日，召开了2009年党委工作会议。围绕企业中心工作，集团公司党委安排部署了6项重点工作。1月7日，召开了“创先锋、当明星、立新功”活动总结表彰会暨“争创首季开门红”动员大会。各专业会议也相继在春节前召开，为全年工作的迅速开展奠定了基础。为实现首季开门红，6个扩能技改矿井一手抓扩能技改施工，一手抓安全生产，先后打响了扩能技改“第二战役”，确保集团公司10月底前具备1650万吨生产能力。

1月8日12点25分，九龙矿北二采区发生采空区底板奥灰水突出事故，最大时段突水量达到120立方米/分。事故发生后，集团公司党政领导第一时间赶赴现场，紧急启动应急预案，制定了安装中央泵房卧泵、潜水泵、排水管路以及设计砌筑水闸墙等一系列有力措施，保证了全部井下职工的人身安全。4月21日，九龙矿进行了试排水，抗灾治水复产工作进入了新阶段。5月30日，突水治理工程通过专家评审，具备了排水复产的条件。

春节期间，为缓解因九龙矿突水事故给集团公司首季原煤生产造成的压力，各生产矿井和洗选厂取消放假，在确保节日安全的前提下，全力以赴组织原煤生产。大年三十和正月初一两天，集团公司生产原煤7.7698万吨、精煤3.0144万吨，以实际行动支援九龙矿，为集团公司任务目标的完成奠定基础。为抓好节日期间原煤生产，集团公司制定了详尽的保障措施，并狠抓工作落实。集团公司领导深入各生产矿井指导工作，各专业部门深入生产一线，靠前指挥，内外衔接，加强现场指挥和调度，协调解决节日生产过程中出现的各种问题。同时，加大对扩能技改矿井的检查和督导，确保按计划完成扩能技改任务。各原煤生产矿井科学组织生产，挖掘潜能，在保证安全的前提下，尽最大努力多出煤、出好煤，千方百计保证节日期间的原煤供应。梧桐庄矿坚持正规循环，严格落实领导干部带班制度，各级领导盯在关键地区、关键部位，科学组织协调，确保节日期间原煤生产任务顺利完成。大淑村矿自我加压，科学调度，合理安排节日出勤，矿领导增加下井带班次数，在重点头面安排区科干部全天24小时盯在现场，确保完成首季开门红劳动竞赛指标。薛村矿强化跟值班管理，各区科值班领导24小时在岗，成立安全小分队进行巡回检查。并加强机电设备维修，保证正规循环，设立保勤奖，调动职工生产积极性。小屯矿加强生产管理，改进操作工艺，确保正规循环，以尽快达到充填开采设计能力。马头洗选厂精心安排，上下联动，加强原煤调运，力争多洗精煤，各级管理人员严格巡回检查，深入现场，及时协调生产、抓好安全。邯郸洗选厂加强与原煤生产矿井和各专业化公司联系，力争多调原煤、多产精煤，加大设备维修力度，机电车间专门成立维修突击队，加强夜间值班，确保了设备正常运转。

2月2日，集团公司召开第二次安全生产扩大办公视频会，总结1月份安全生产工作，安排部署2月份重点工作。会议通报了安全检查情况，要求充分认识安全生产工作的严峻性、艰巨性，切实抓好安全生产工作；切实落实安全生产责任主体和安全生产责任制，严格执行责任追究制度，抓好春节后职工收心和元宵节期间的安全生产工作；切实转变安全监督检查的工作方式和方法，逐步深化本质安全建设。

2009年是冀中能源集团“项目建设推进年”。集团公司党政认真落实冀中能源集团党政工作会议精神，采取有效措施，加快推进重点项目建设，提高企业可持续发展能力。坚持“统筹兼顾、量入为出、保证重点、管好用活”的投资管理原则，认真审核、严格把关，把有限的资金用在刀刃上，保证集团公司发展目标的实现。千方百计筹措和调剂各类资金，按照规划目标和实施方案，确保矿井扩能技改项目、洗煤工艺改造和产业升级项目、安全改造项目的资金投入。提前谋划九龙矿抢险救灾和恢复生产对资金的需求，做到了心中有数，早安排、早落实。积极推进重点项目建设，重点抓好锡盟煤电化路一体化项目、磁西煤田开发、煤化工二期项目进度，尽快取得《冀中能源峰峰集团查干淖尔一号井可行性研究报告》的批复意见；抓紧完成《冀中煤炭基地峰峰矿区总体规划》的批复；积极推进煤化工二期工程环境影响评价、土地、设计等工作；确保锡盟煤电化路一体化项目、磁西矿井、煤化工二期项目顺利开工建设。同时，加大招商引资力度，积极引进战略合作者，从根本上解决项目资金瓶颈问题。抓住国家扩大国债发行规模、加大投资力度、拉动内需的机遇，认真研究并利用好相关政策，积极跑办争取中央财政和地方政府支持企业用于安全生产、地质勘探、节能减排、产业升级、减免税费等方面的补助资金和政策支持，推动企业又好又快发展。1月6日，集团公司与上海宝钢集团就峰峰集团磁西煤矿、煤化工等重点项目投资合作进行了洽谈。5月18日，集团公司与山东鲁能集团就内蒙古锡林郭勒盟查干淖尔煤电路项目合作正式签约。

全力推动节能减排工作有序开展，力争提前完成河北省“双三十”下达的“十一五”期间各项指标和任务。将节能减排目标任务细化、量化，分解落实到单位、区科、班组和个人，做到目标到位、任务到位、责任到位，建立起分工明确、相互协调、合力推进的长效管理机制和逐级责任考核体系；按照制度化、规范化、科学化的标准，建立健全和完善节能减排规章制度、考核体系以及计量、监测、统计、台账、报表等基础工作，做到定期收集、定期汇总、定期分析、定期考核，发现问题及时整改；继续加大节能减排资金投入，拓宽融资渠道，加快节能减排工程项目建设，特别是对列入2009年重点节能减排计划的工程项目，加快进度，确保如期完成；抓好矿井封堵无效排水、通风系统节能改造、变频控制技术应用、矿井水（生活污水）综合治理等节能减排项目的实施；加速高耗能设备的技术更新改造和淘汰落后工艺，加快开发和推广节能降耗、循环利用和治理污染的先进适用技术；依靠科技进步，加快研究和推进井下矸石、粉煤灰充填技术的广泛应用，减少矸石、粉煤灰现有存量；切实加强新建、改建、扩建工程项目的前期工作，严格落实“三同时”要求，做到项目节能工程、环境工程与主体工程同时设计、同时施工、同时运行。集团公司高标准、严要求，积极发挥业务主管部门的主导作用，强化二级单位的主体责任，深入基层，加强对节能减排工作的日常调度、监督、检查、管理和考核，定期检查管理措施落实情况、技改项目进展情况和能源利用情况等，切实推进节能减排工作的开展。进一步加强节能减排宣传教育，全面提升节能减排工作人员的素质，提高企业员工和家属的节能减排意识和忧患意识，形成节能减排工作合力。

1月16日，集团公司党委组织了2009年首次中心组理论学习会。会议提出了集团公司新的发展理念，强调要坚持观念创新，不断创新发展理念，把重点和着眼点放在各级领导干部发展理念的转变和提升方面，切实把思想观念和发展思路转移到以人为本、强化管理、技术创新、内涵发展、引联外扩的轨道上来，以观念创新推动各项工作创新。要强化管理创新，创建学习型组织、学习型企业。要高度重视人力资源管理的创新，建立和完善有利于人才创新创业的政策条件，加快制定人力资源开发规划，深入推进干部人事制度改革。要突出技术创新，从思想上、战略上、措施上高度重视技术创新。要在推进企业发展过程中不断改进科技手段，完善创新机制，加大内部智力资源整合力度，加强与大专院校和科研院所的合作，完善技术创新激励机制。要紧跟生产实践所需，重视一线的技术革新。集团公司党委“紧密结合企业实际，围绕一个重大问题进行专题研讨学习”的这一理论学习模式，为在集团公司全面创建学习型企业起到了榜样作用。

集团公司2009年党政工作会议后，全集团公司上下迅速掀起了学习宣传落实工作会议精神的热潮，为统一思想，振奋精神，凝聚力量，确保全年各项奋斗目标的实现，提供了有力的思想保证和精神动力。各单位采取多种形式大力进行宣传，营造了浓厚的舆论氛围。积极谋划工作思路，制定奋斗目标，在全集团公司形成了凝神聚力抓落实、攻坚克难保目标、奋发进取促发展的良好态势。围绕企业管理、安全生产、深化改革、提升效益、创新管理、企业文化建设、“四好”领导班子建设等工作，各单位采取了一系列有效措施，为实现集团公司党政工作会议确定的奋斗目标营造了良好的发展环境。

2009 年第一季度，集团公司加大安全监督检查力度，狠抓原煤生产、精煤生产的组织和协调，积极开展上水平劳动竞赛，杜绝了重伤以上事故。生产原煤 366.3982 万吨，比计划超产 11 万吨，比上年同期超产 40.5 万吨，再创历史新水平，巩固了冀中能源集团产量第一的地位；精煤产量完成 172.08 万吨，完成了计划任务；销售收入完成 47 亿元，实现利润 3.79 亿元，经济总量取得新增长；安全生产保持基本稳定，党建、思想政治工作取得新成效，巩固了企业科学发展、和谐发展的良好局面。2009 年 4 月 9 日，集团公司隆重召开了首季开门红庆功祝捷大会。

第三编

企业生产经营及管理工作

第一章　煤炭生产

据史料记载，早在汉、唐时期，峰峰地区就已开发利用煤炭，但均为小窑开采。直到19世纪末，峰峰煤矿规模逐渐扩大，但开采技术还是沿用穿硐、残柱、高落式等非正规采煤方法，到1949年峰峰局成立前，年产量仅51.8万吨。峰峰局成立后，对旧中国遗留下的老矿井进行了恢复和技术改造，并积极推行新的采煤方法。1950年推行了单一长壁采煤法，变手镐采煤为风镐采煤。1951年使用苏式截煤机掏槽、爆破落煤方法采煤，年产量达到132.8万吨。第一个五年计划时期，峰峰局有计划地对老矿井继续进行技术改造，在井上下运输环节上，全部实现机械化。在采煤机械化方面，全面推广使用截煤机和顿巴斯型联合采煤机，原煤层人工假顶用竹芭和金属网代替了木板。期内还新建成了峰峰局第一个新井——北大峪井。期末全局5个生产矿，年生产能力达到325万吨。“二五”时期，是峰峰局生产大建设、大发展时期，期间有9对新矿井和两座大型洗煤厂建成投产，年新增原煤生产能力526万吨，新增入洗原煤能力168万吨。洗选厂的建成和精煤的生产，结束了峰峰局单一生产原煤的历史。马头洗选厂于1961年开始，生产出口精煤，远销欧、亚国家，至1977年共出口精煤138万吨。1963年到1965年，峰峰局大力贯彻调整方针，对各生产矿进行了采掘关系调整，对开拓及采区巷道布置进行了改革，全局12个生产矿年设计能力达到了700万吨。1966年到1975年，是国家第三和第四个五年计划时期，孙庄矿、黄沙矿投产，年增加设计能力90万吨。第五个五年计划期间，峰峰局坚持对矿井进行配套改造，在扩大提升、通风、排水和地面储、装、运及排矸能力的同时，逐步把井下工作的重点转向新水平的开拓延深、扩大井田范围的新区开拓工程上，原煤产量上了一个新台阶，1977年突破1000万吨大关，从此峰峰局进入全国年产千万吨大局行列。1981年到1985年的“六五”期内，峰峰局加速调整步伐，狠抓采掘关系和掘、抽、采关系的平衡，并从1983年开始，根据煤层赋存、地质构造和水文地质条件，大力发展高档普采采煤工艺，使采掘机械化程度大幅度提高。到1988年末，峰峰局已发展成为拥有13座矿井和5座大中型洗煤厂，年生产原煤1154万吨、精煤545万吨，年工业总产值达3.8亿元，按销售额排居全国第79位的大型煤炭企业。从1949年建局到1988年的40年里，峰峰局共生产原煤近2.8亿吨，累计上缴国家利税10多亿元。

1989年后，峰峰局（峰峰集团）在矿井灾害增多、地质条件复杂、开采条件越来越困难的情况下，紧紧依靠科技进步，积极推进高产高效矿井建设，转变煤炭经济增长方式。加大生产组织协调和管理力度，加强生产准备，狠抓采掘衔接和重点工程建设，广泛开展高产高效采煤队、掘进队“上纲要创水平”活动。改革采煤工艺，优化劳动组织，采掘技术装备水平有了极大提高，采煤主导技术实现升级换代。加强生产技术改造，着力解决影响生产的结构性、技术性难题，生产结构得到优化，采掘关系得到理顺，为矿井持续稳产创造了条件。工作面单产和效率不断提高，原煤产量连续20年保持了千万吨的水平。2008年，原煤产量完成1312万吨，比2007年增产30万吨，再创历史新水平。积极优化产品结构，推进精煤战略，立足基本企情和煤种优势，把煤炭深加工、延伸产品价值链、提高产品附加值、推动煤炭产业优化升级作为结构调整的重点，确立了实施精煤战略、打造中国第二大主焦煤生产基地的重大工作部署。围绕实现精煤产量上台阶创水平目标，加大入洗煤资源整合力度，完善入洗煤超供和精煤超产激励政策，优化生产管理流程，完善洗煤工艺，加强洗煤生产管理，优化品种结构，积极扩大高炉喷吹煤、烧结煤等产品规模。对洗煤工艺及装备水平进行了整体改造，淘汰了旧的生产设备和工艺，洗煤厂的设备工艺水平达到了国内先进水平。通过实施精煤发展战略，精煤产量在2002年294万吨的基础上，每年以20%的幅度递增，到2007年精煤产量达到700万吨水平。精煤销量占商品煤总销量的比例由不足30%达到50%以上，实现了煤炭销售收入翻一番。2008年，精煤产量完成706万吨，其中焦精煤产量完成616万吨，比上年增产24万吨，无烟精煤产量完成90万吨。精煤产量又创历史新水平。1989年至2008年，峰峰局（峰峰集团）累计生产原煤2.2154亿吨，累计生产精煤7888.87万吨。

在煤炭生产管理体制上，峰峰局（峰峰集团）一直沿用局（集团公司）、矿两级管理。2003 年前，局设生产处，负责组织原煤生产、调度指挥、生产准备、质量标准化、正规循环作业等工作。2002 年 11 月，生产处改为煤炭生产部，增加了机电设备管理、生产成本管理等管理职能。在精煤生产管理体制上，1993 年前，峰峰局煤质管理工作由加工利用处负责，1994 年，煤质管理及化验室合并归运销处管理。2003 年峰峰局改制为峰峰集团后，煤质管理归煤业研发部，化验室归质检中心管理。峰峰集团改制前矿井都设有专职煤质科室，大部分矿井由营销科负责并建有自己的采制样室、化验室，化验室根据本矿所产煤的特点和实际应用情况，开展相应的化验项目。2003 年峰峰集团成立煤炭质量检测中心后，矿（厂）生产过程质量检验仍由矿（厂）负责，并根据规定要求向集团公司提供煤质资料和送检煤样。在矿井建设上，2003 年之前，局设基本建设处、工程处、建筑总公司、六十三处（原煤炭部第六十三处，于 1986 年划归峰峰局，2002 年划入中煤第一建设公司）。基本建设处对基本建设工程进行全面监督检查。2003 年峰峰集团改制后，基本建设处撤销，对基本建设工程进行全面监督检查的职能划归企业管理部和工程质量监督站。

第一节　原煤生产

1989 年后，峰峰局（峰峰集团）在老井相继报废、新井接替不上的困难情况下，坚持内涵发展生产的指导思想，大力对采煤工艺进行改革，积极探索适合复杂地质条件下的采煤方法，走出了一条具有自身特色的采煤机械化道路。

一、采煤工艺

（一）高档普采采煤工艺

高档普采采煤，指采用高档采煤机械设备，用普通采煤方法采煤。

峰峰局 1982 年 10 月在羊渠河矿使用高档普采工艺采煤成功，到 1988 年，共装备了 17 个高档普采工作面，采煤机械化程度提高到 91%，成为我国地质条件复杂煤矿发展机械化的样板。1989 年，全局工作面单产达到 2.03 万吨，大大高于 1.5 万吨的全国平均水平，有 10 个队进入全国高档普采前三名，8 个队次刷新全国记录。

高档普采采煤工艺：

1. 落煤方式：采用 MLS－170 型双滚筒采煤机落煤。

2. 装煤方式：螺旋滚筒，弧形挡煤板自动装煤与人工攉煤方法结合，装入运输机内。

3. 运煤方式：工作面采用 SGW－40 型、SGW－44 型、SGW－150 型重型运输机，SD－80 型、SPJ－800 型胶带运输机将煤带入煤仓。

4. 支护方式：工作面支架选择一般为 DZ20－30/100、DZ22－30/100 型单体液压支柱与 HDJA－1000 型铰接顶梁配套使用。支柱排距 0.8—1 米，柱距 0.5—0.8 米。十字梁沿走向互相铰接。工作面还有特殊支架，机头长梁支架使用四对八根 3 米长的一梁三柱支架，支架棚距一般为 0.7 米。

5. 回柱放顶：同普通机械采煤工艺。

（二）轻型综采放顶煤工艺

轻型综采放顶煤工艺简称“轻放”，适合于复杂地质条件下中厚煤层、厚煤层开采。20 世纪 90 年代，高档普采采煤工艺在峰峰局得到全面推广，很多采煤队的年产量不断创出全国高档普采新水平。但是，同先进的生产工艺相比，还有用人多、劳动强度大、效率低、成本高、效益差、安全作业环境差等缺陷。

1994 年，峰峰局提出了改革采煤技术装备及工艺的课题。1996 年 1 月，在羊渠河矿 6286 工作面进行了轻型综采放顶煤工艺的工业性试验，一次试采成功。支架为架宽 1.25 米的 ZFQ2000/15/23 型轻放支架，配套使用 MG200－W 机组和 SGZ630/220 刮板输送机。1997 年，轻型综采放顶煤工艺在峰峰局进一步扩大试用范围。2000 年全局形成了以轻型综采放顶煤工艺为主的采煤生产格局。薛村矿 903 采煤队

2000 年轻放单产达到 100.0903 万吨，万年矿 1301 采煤队 2005 年轻放单产达到 124.0125 万吨。

轻型综采放顶煤采煤工艺：

1. 落煤方式：采用 MG200 – W 双滚筒采煤机割煤。

2. 装煤方式：采用采煤机螺旋滚筒装煤和前后部刮板输送机铲煤板装底煤，人工清理浮煤。

3. 运输方式：工作面前后部刮板输送机单独运煤至运输顺槽转载机，经胶带输送机运至煤仓。

4. 进刀方式：采用端部斜切进刀，人工开缺口，双向割煤。

5. 支护方式：采用 ZFQ2000/15/23 型轻放支架支护顶板，上下端头采用高档支护。

6. 移架方式：采用分段追机作业、带压擦顶移架方式。移架步距 0.5 米。

7. 推移前部刮板输送机：推移刮板输送机在移架后进行，采用自上而下或自下而上单向顺序，推移前部刮板输送机，推移步距 0.5 米。推移刮板输送机在正常运转过程中进行，弯曲段长度不小于 12 米。

8. 放顶煤：放顶煤操作采用支架尾梁摆动、插板伸缩放顶煤。根据煤厚情况确定放煤步距，煤层较厚时步距 0.5 米，煤层较薄时步距 1.0 米。

9. 拉后部刮板输送机：拉后部刮板输送机在放顶煤之后进行，采用自上而下或自下而上单向顺序拉移方式。

（三）综采工艺

1987 年后，随着科学技术的发展，生产管理水平不断提高，羊渠河矿、薛村矿、万年矿、九龙矿等先后使用过综采设备，并取得过较好的经济效益。该工艺主要配套设备为 MG750 – W 型液压无链牵引采煤机、ZY3800/18/38 型支撑掩护式支架、SGB – 764/264 型刮板输送机。

2001 年以后，综采设备不断升级，综采工艺继续完善、发展，2001 年 5 月梧桐庄矿试生产时，从九龙矿调入三机配套为 MG750 – W 型液压无链牵引采煤机、ZY3800/18/38 型支撑掩护式支架、SGB – 764/264 型刮板输送机的综采设备，用于 182102 综采工作面。

2002 年 8 月，梧桐庄矿装配了三机配套为 MG250/600 – WD 电牵引采煤机、ZZ4000/18/39 型支撑掩护式液压支架、SGZ – 764/500 刮板输送机的综采工作面。

2006 年 1 月，九龙矿又装配了三机配套为 MG150/375 – W 液压牵引采煤机、ZY2700/14/32 型掩护式液压支架、SGZ – 630/264 刮板输送机的综采工作面。

2009 年 3 月，万年矿和梧桐庄矿又装配了三机配套为 MG500/1140 – WD 电牵引采煤机、ZY5800/20/42（ZY5800/18/38）型液压支架（万年矿加装了电液控制阀）、SGZ – 900/800 刮板输送机、SZZ – 800/315 转载机、PCM200 破碎机的综采工作面。

综采采煤工艺：

1. 落煤方式：采用采煤机割煤。

2. 装煤方式：采用采煤机螺旋滚筒装煤和刮板输送机铲煤板装底煤，人工清理浮煤。

3. 运煤方式：工作面刮板输送机运煤至运输顺槽转载机，经胶带输送机运至煤仓。

4. 进刀方式：采用端部斜切进刀、自开缺口、双向割煤方式。

5. 支护方式：采用液压支架支护顶板，上下端头采用高档支护。

6. 移架方式：采用分段追机作业、带压擦顶移架方式。移架步距 0.5 — 0.6 米。

7. 推移刮板输送机：推移刮板输送机在移架后进行，采用自上而下或自下而上单向顺序推移前部刮板输送机，推移步距 0.5 — 0.6 米。

（四）综采放顶煤工艺

峰峰集团 2004 年开始研制大尾梁综采放顶煤支架，作为轻放支架的升级产品。2005 年 3 月，开始在大淑村矿 172104 工作面进行 ZF2600/16/24 大尾梁综采放顶煤工艺的工业性试验，并一次试采成功。支架为架宽 1.5 米的 ZF2600/16/24 大尾梁综采放顶煤支架，配套使用 FMG150/375 – W 采煤机和 SGZ – 630/220 铸焊结构双速启动刮板输送机。2007 年分别在九龙矿、薛村矿推广应用。

综采放顶煤采煤工艺：

1. 落煤方式：采用 FMG150/375 - W 双滚筒采煤机割煤。

2. 装煤方式：采用采煤机螺旋滚筒装煤和前后部刮板输送机铲煤板装底煤，人工清理浮煤。

3. 运输方式：工作面前后部刮板输送机单独运煤至运输顺槽转载机，经胶带输送机运至煤仓。

4. 进刀方式：采用端部斜切进刀，自开缺口，双向割煤。

5. 支护方式：大尾梁综放工艺采用 ZF2600/16/24 型支架支护顶板，工作面上下端头过渡支架与工作面支架一致。

6. 移架方式：采用分段追机作业、带压擦顶移架方式。移架步距 0.5 米。

7. 推移前部刮板输送机：推移刮板输送机在移架后进行，采用自上而下或自下而上单向顺序推移前部刮板输送机，推移步距 0.5 米。推移刮板输送机在正常运转过程中进行，弯曲段长度不小于 12 米。

8. 放顶煤：放顶煤操作采用支架尾梁摆动、插板伸缩放顶煤。根据煤厚情况确定放煤步距，煤层较厚时步距 0.5 米，煤层较薄时步距 1.0 米。

9. 拉后部刮板输送机：拉后部刮板输送机在放顶煤之后进行，采用自上而下或自下而上单向顺序拉移方式。

（五）薄煤综采工艺

薄煤综采工艺适合于 1.3 — 1.8 米煤层的开采。薄煤层的开采多年来一直沿用高档普采工艺。2006 年 3 月，薄煤综采工艺在小屯矿 14459 工作面进行工业性试验，获得成功。该工艺使用 ZY3000/09/19 型两柱掩护式液压支架，配套 MG200/456 - WD 型交流电牵引采煤机和 SGZ730/264 型铸焊结构刮板输送机。同年在大淑村矿推广应用。2009 年 3 月在黄沙矿 1#煤层推广了 1 米以下极薄煤层综采技术。该工艺应用 ZY3300/07/13 型两柱掩护式液压支架，配套 MG160/360 - WD 型交流电牵引采煤机和 SGZ630/224 型铸焊结构刮板输送机。

薄煤综采采煤工艺：

1. 落煤方式：采用 MG200/456 - WD 型交流电牵引采煤机割煤。

2. 装煤方式：采用采煤机螺旋滚筒装煤和刮板输送机铲煤板装底煤，人工清理浮煤。

3. 运煤方式：工作面刮板输送机运煤至运输顺槽转载机，经胶带输送机运至煤仓。

4. 进刀方式：采用端部斜切进刀，自开缺口，双向割煤。

5. 支护方式：采用 ZY3000/09/19 型两柱掩护式液压支架支护顶板，上下端头采用高档支护。

6. 移架方式：采用分段追机作业、带压擦顶移架方式。移架步距 0.5 米。

7. 推移刮板输送机：推移刮板输送机在移架后进行，采用自上而下或自下而上单向顺序推移前部刮板输送机，推移步距 0.5 米。

（六）π 型梁放顶煤工艺

1999 年在通二矿使用 π 型梁放顶煤工艺获得成功，推动了边角煤开采由高档分层采煤工艺向高档放顶煤工艺的转变。之后，五矿、孙庄矿等注销矿井的大煤工作面全部采用 π 型梁放顶煤工艺。

π 型梁放顶煤工艺：

1. 落煤方式：采用爆破落煤。

2. 装煤方式：采用爆破自装和人工装煤相结合的方法。

3. 运煤方式：工作面使用 SGW - 150 型刮板运输机运煤；溜子道使用 SGW - 40 型刮板运输机和 SPJ - 800 型吊挂皮带机运煤。

4. 支护方式：工作面采用 2.4 米 π 型梁配 DZ22/100 型单体液压支柱进行支护，成对使用，一梁三柱。上、下端头采用 3.8 米 π 型钢梁配 DZ22/100 型单体液压支柱进行支护，成对使用，一梁四柱。

5. 移梁方式：采用分段作业、各段逐架前移方式。移梁步距 1.0 米。

6. 放顶煤：工作面支架全部移完、支柱按要求支设牢固后，然后采用单号顺序多循环单向放煤法，即沿工作面倾斜自上而下逐段（号）单向进行放煤，不得双向进行。当上头第一个号放完煤后，方可放第二个号，依次类推。工作面各号依次放完一遍后再进行第二轮放煤。第二轮仍然是自上而下逐段（号）

单向进行放煤直至把煤放净。

7. 移输送机：空帮顶煤全部放完、放煤口封堵好、煤帮浮煤清理干净后，去掉中心柱，开始移输送机。移输送机顺序要从上自下依次进行，不准任意分段或由两端向中间进行移设。

（七）整体顶梁组合液压支架放顶煤工艺

2006 年 3 月，在通顺公司使用第一套整体顶梁组合液压支架获得成功，使注销矿井边角煤开采工艺有了进一步的提高。

整体顶梁组合液压支架放顶煤工艺：

1. 落煤方式：采用爆破落煤。

2. 装煤方式：采用爆破自装和人工装煤相结合的方法。

3. 运煤方式：工作面使用 SGW－150 型刮板运输机运煤；溜子道使用 SGW－40 型刮板运输机和 SPJ－800 型吊挂皮带机运煤。

4. 支护方式：工作面采用 ZH1600/15/35 型整体顶梁组合液压支架（以下简称组合支架）配 Φ110 外注式双向液压支柱进行支护，中心柱支设在托梁下，并用 14#铁丝与托梁拴牢，中心柱间距 1.0 米一根。上、下端头采用 3.8 米 π 型钢梁配 DZ22/100 型单体液压支柱进行支护，成对使用，一梁四柱。

5. 移架方式：采用分段作业、各段逐架前移方式。移架步距 0.8 米。

6. 放顶煤：工作面支架全部移完、支柱按要求支设牢固后，然后采用单号顺序多循环单向放煤法，即沿工作面倾斜自上而下逐段（号）单向进行放煤，不得双向进行。当上头第一个号放完煤后，方可放第二个号，依次类推。工作面各号依次放完一遍后再进行第二轮放煤。第二轮仍然是自上而下逐段（号）单向进行放煤直至把煤放净。

7. 移输送机：空帮顶煤全部放完、后柱全部重新支设牢固、放煤口封堵好、煤帮浮煤清理干净后，开始移输送机。移输送机顺序要从上自下依次进行，不准任意分段或由两端向中间进行移设。

（八）综采充填开采工艺

2008 年 6 月，研制开发回采工作面膏体充填技术，在小屯矿 14259 工作面进行工业性试验。该工艺应用 ZC3800/15.5/38.5 型支撑掩护式充填支架，配套 MG150/375－W 型采煤机和 SGZ630/264 型铸焊结构刮板输送机。充填系统采用德国充填泵，计算机编程自动化控制。

1. 综采充填采煤工艺

（1）落煤方式：采用 MG150/375－W 型采煤机落煤。

（2）装煤方式：采用采煤机螺旋滚筒装煤和刮板输送机铲煤板装底煤，人工清理浮煤。

（3）运煤方式：工作面 SGZ－630/264 型刮板运输机运煤至运输顺槽 SZQ－630/75P 型转载机，经 SDJ－80 型胶带输送机运至煤仓。

（4）进刀方式：采用端部斜切进刀，人工开缺口，双向割煤。

（5）支护方式：采用 ZC3800/15.5/28.5 型充填液压支架支护，上下端头采用高档支护。

（6）伸缩伸缩梁：机组割煤过后伸出伸缩梁临时护顶，并伸出护帮板护帮；移架时，同时收伸缩梁，并适当调整护帮板。

（7）移架方式：采用追机移架方式，滞后机组后滚筒 4－6 架移架，顶板破碎或断层地段带压擦顶移架。移架步距 0.5 米。

（8）推移刮板输送机：推移刮板输送机在移架后进行，采用自上而下或自下而上单向顺序推移前部刮板输送机。推移步距 0.5 米。

（9）伸后伸缩梁：割煤后移架时，及时伸出后伸缩梁，保证待充填区顶板的完整性。后伸缩梁伸出长度与充填体接触为准。

（10）清理：机组割完煤之后，要将支架底座前方、架间及电缆槽中的浮煤清理干净。

2. 充填工艺

工作面充填循环进度 2 米，采用四刀一充，即：采煤机割煤四刀，采空区充填一次。

（1）支架后吊挂塑料编织袋及工作面、两巷隔离墙支设。进行充填前，支架移直移顺，及时伸出侧护帮，保证工作面支架控顶区与待充填区之间构筑一道隔离墙，之后用塑料编织袋在待充填区内构筑完全“封闭”的充填空间。吊挂塑料编织袋及支设隔离墙的方法：塑料编织袋上部空帮侧固定在原充填塑料编织袋顶部，煤帮侧悬挂在支架的尾梁吊袋挂钩上，中间吊挂在相邻支架的后伸缩梁中间，中间采用在两支架后伸缩梁中间塞入木条，担在后伸缩梁两端，塑料编织袋两侧的中部固定在煤帮与空帮侧。吊挂时，顶部设计要留出300毫米左右的富裕量，使其向内折，利用浆液充满上顶之力使塑料编织布与尾梁贴紧，保证充填浆液接顶效果。底部也要留出300毫米左右的富裕量，使其内折，用砕块将塑料编织布与待充填区底板和支架后梁紧贴。塑料编织袋铺设顺序是从工作面低端向高端依次铺设，充填时利用浆液充满上顶及向两帮扩充之力，使塑料编织袋与支架尾梁、上次充填体贴紧，防止浆液泄漏，保证充填浆液接顶效果。工作面在上巷切顶排下帮处和下巷切顶排上帮处，采用单体支柱配合隔离木板进行支护，使工作面上、下两巷控顶区与待充填区之间构筑一道隔离墙，形成一个封闭的待充填空间。

（2）工作面充填管布置。综采充填工作面充填系统中，把铺设在下顺槽内的充填管道称之为干线充填管，采用φ219×18（10+8）双层耐磨金属管，管长6米；进入工作面的管道，称之为工作面充填管，采用的是特塑钢复合管DN150，管长2米；从工作面充填管每隔一定距离分支出来的向充填点送料浆的充填管，称之为布料管，管长1.5米，采用特塑钢复合管DN150，每7.5米布置一个布料管。综采充填工作面充填管布置路线为：地面充填站→钻孔充填管→充填钻孔通路→14259溜子道→14259综采充填工作面→各充填点。工作面充填管布置在支架的前、后立柱之间，铺设在支架底座上。充填布料管头要与充填支架后尾处的专用充填口连接，并在与充填塑料编织袋接触处中间开一个不大于150毫米的长口，将布料管穿过，采用12#铁丝捆绑牢固。工作面充填管在每个设置布料管的地方接一个胶管阀，利用胶管阀切换控制充填浆液。充填过程中，工作面由低处向高处依次充填。凡是工作面支架后梁没有与布料管连接的充填口处，要提前采用木楔将充填口堵严。

（3）管道充水。将管道充满水，以便形成连续充填流。

（4）灰浆推水。管道充满水后开始充灰浆。

（5）矸石浆推灰浆。①工作面见灰浆后，打开第一个布料管胶管阀进行充填；②充填区正常见矸石浆后向地面充填站报告。

（6）正常（轮流）充填。①工作面正常充填，首先运料巷侧第一个布料管进行充填，在充填的同时，将第二根布料管接好，并使其处于关闭状态；②第一个布料管充填完成后，立即打开第二布料管胶管阀，然后关闭第一个布料管，充填液转从第二布料管充填；③在第二布料管充填的同时，接通第三个布料管，如此重复；④凡是充填到两个布料管之间支设隔离墙时，要采用轮流充填，隔离墙下布料管充填15—20分钟时，打开隔离墙上一布料管充填阀进行轮流充填，主要防止充填过程中，单方充填侧向压力大，将隔离墙压倒发生跑浆事故；⑤除以上第④条规定外，其他布料管还按正常充填；⑥充填区已完成充填的布料管及时拆除与清洗，清洗完后，再将布料管连接好，等待充填任务完成后，进行最后工作面管路冲水压风清洗；⑦充填至最后一根布料管充填范围时，应随时分析待充填空间，约60—70立方米时及时通知充填站控制室控制充填量；⑧最后一个布料管充填接近完成时，打开工作面主管路末端阀，见充满后关闭最后的布料管阀。

（7）管道清洗。①出口见清水以后联系充填站，要求其打压风，管道至少打两遍水、两遍风；②不见风，并确认地面充填站停泵以后，关闭顺槽充填阀，结束冲洗工作；③三通大阀门清洗、工作面主管阀清洗；④根据情况清洗布料管及其阀门。

（8）充填结束验收。①岗位工作结束，验收；②交接班；③报告矿调度室。

3. 凝固、检修

充填工作面结束后，充填体凝固时间需要8小时左右，定在检修班凝固。

二、生产调度指挥

（一）调度系统

1. 事故抢救流程

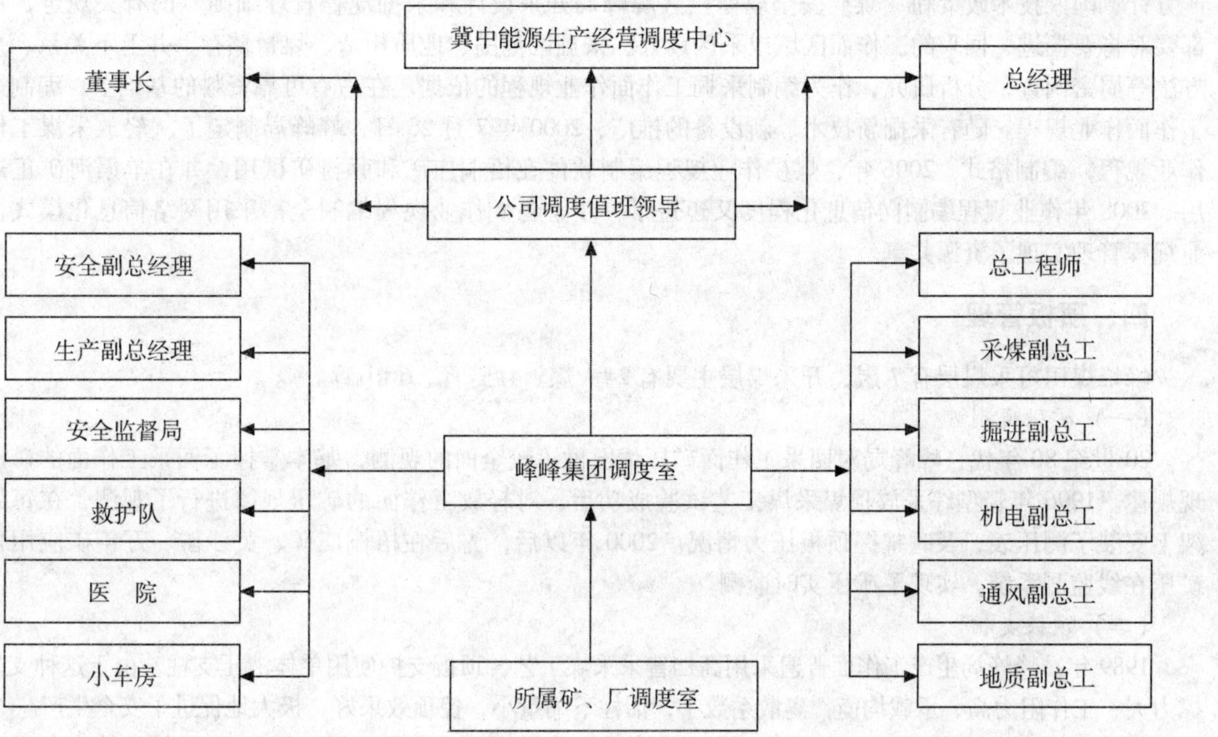

各类事故抢救汇报流程图

2. 专题汇报制度

对领导和上级部门临时布置的专题任务，按要求的时间、内容进行收集、汇报。

（二）调度通讯设备

20 世纪 80 年代到 90 年代，局、矿都设置正规调度台及无线电台装备，使用了传真机、复印机、打字机、计算机等先进设备，大部分矿井用上了光纤通讯、工业电视等。2003 年 10 月，峰峰集团开发了《煤炭生产管理信息系统》，各矿、洗选厂和煤炭运销分公司每天定时从计算机网络报送原煤和精煤产量、进尺、运销数据，在大屏幕显示。调度通知也从网上收发，实现了调度管理信息化。

2008 年 12 月，峰峰集团调度室搬迁到邯郸市经济开发区新办公楼，调度系统撤销了调度专线电话，用 6 部行政电话代替了专线电话。为每个参与抢救事故的单位配备了无线通讯工具（手机），保证了通讯畅通。调度室又增加了 LED 大屏幕、等离子电视、工程投影机、工控机、矩阵、服务器、音响等设备。LED 大屏幕显示原来的数据；两台等离子电视显示值班人员；工程投影机显示瓦斯监测数据、地质图纸、各矿生产现场的视频图像。视频显示系统把各矿调度室的电视监控视频信号传到峰峰集团的局域网上，在峰峰集团调度室可浏览各矿的生产现场视频画面，为抢救事故提供了方便。

三、作业规程

1988 年，峰峰局在开展“质量标准化，安全创水平”群众活动的基础上，根据煤炭部颁发的《煤矿安全规程》、《煤矿质量标准化》等有关规定，结合峰峰局各生产矿井的特点，对 1965 年至 1986 年期间制定的作业规程标准作了修订，编制内容作了补充，组织施工人员学习，作为规范性文件颁发各生产矿井执行。1989 年，峰峰局生产处组织制定了高档采煤作业规程、综采作业规程编制格式，进一步加强了采煤、掘进作业规程和锚喷作业规程、支架巷道作业规程、半煤岩巷道作业规程的管理。1996 年制定了煤巷锚杆支护作业规程，下发了采煤、掘进作业规程的管理实施细则，每一个采、掘工作面在开工前，必须有经过矿总工程师、主管矿长签批的作业规程，所有作业规程必须打印装订成册。此后，根据党的安全生产方针、国家技术政策和《煤矿安全规程》、《峰峰局开采设计和采掘规程管理细则》的有关规定，每年都要对将要掘进、回采的工作面区域或采区设计、采掘区范围、地质构造、煤量储存、井上下关系、采掘方法等周密调查，分析研究，作为编制采掘工作面作业规程的依据。在占有可靠资料的基础上，编制采掘工作面作业规程。随着采掘新技术、新设备的推广，2000 年 7 月 26 日，峰峰局制定了《轻放采煤工作面作业规程》编制格式。2006 年，煤矿作业规程编制软件在梧桐庄矿和薛村矿试用，并在羊渠河矿正式应用。2008 年作业规程编制向信息化程度又迈进了一步，各矿作业规程编制全都采用网络信息化模式，作业规程管理实现了资源共享。

四、顶板管理

峰峰煤田可采煤层有 7 层，开采煤层主要有 2#大煤、4#野青、6#山青。

（一）矿压观测

20 世纪 80 年代，峰峰局对回采工作面矿压情况做了较全面的观测，基本掌握了回采工作面的矿压显现规律。1996 年轻型综采放顶煤采煤工艺试验成功后，对轻放工作面的矿压规律进行了观测，在每架支架上安装了测压表，及时掌握顶板压力情况。2000 年以后，先后在梧桐庄矿、黄沙矿、万年矿应用顶板矿压在线监测系统，实现了矿压实时监测。

（二）顶板支护

1989 年，峰峰局生产工作面普遍采用高档普采采煤工艺，顶板支护使用单体液压支柱。由于这种支柱初撑力大，工作阻力高，承载均衡，离散系数小，活柱下缩量小，控顶效果好，极大地促进了安全生产。

1996 年 1 月，在羊渠河矿使用第一套轻型综采放顶煤支架，获得成功。1997 年开始陆续在各矿推广应用。2005 年 3 月，在大淑村矿使用第一套大尾梁综采放顶煤支架，获得成功。通过十多年的推广应用，峰峰集团综采放顶煤产量占总产量的 60% 左右。

1999 年，在通二矿使用 π 型梁放顶煤工艺获得成功，推动了矿井边角煤开采由高档分层工艺向高档放顶煤工艺的转变。之后，通二矿、五矿、孙庄矿等矿井的大煤工作面全部采用 π 型梁放顶煤工艺。羊渠河矿边角煤柱也使用 π 型梁放顶煤工艺。

2006 年 3 月，在小屯矿野青工作面使用第一套薄煤综采支架，薄煤综采工艺在峰峰集团获得成功，打破了多年来薄煤层高档普采的生产格局，取得了薄煤层采煤工艺的重大突破。

2006 年 3 月，通顺公司使用第一套整体顶梁组合液压支架获得成功，使矿井边角煤开采工艺有了进一步的提高。

（三）顶板管理制度

1994 年 10 月，制定下发《采煤技术操作规程》。2000 年 1 月，制定下发《轻型综采放顶煤采煤技术操作规程》。2002 年 10 月，制定下发《关于应用 π 型梁放顶煤工艺的管理规定》。2005 年，对之前所有顶板管理制度进行了归纳整理重新下发。

随着煤巷锚杆支护技术在峰峰集团的广泛应用，2007 年，专门制定下发了采煤工作面煤巷锚杆支护巷道《采煤工作面顶板管理补充规定》。

五、正规循环作业

回采工作面正规循环作业管理是一种生产组织形式，是提高单产和效率，降低材料消耗，实现安全生产、均衡生产和有秩序生产的综合性科学管理方法。

（一）循环方式

采煤工作面在24小时内，完成落煤、运煤、支护、放顶等作业规程中循环图表所规定的全部工序和工作量，为一个正规循环。

峰峰集团采煤工作面多为“两采一准”分段追机作业，一昼夜可以一循环、二循环，甚至多循环。

峰峰集团循环作业形式以“三八”作业制为主，即一昼夜分早、中、晚三班，每班八个小时组织生产。也有“四六”作业制，即一昼夜分四个班次，每班八个小时交叉生产。高档普采工作面还有过采煤与放顶同时作业，但采煤一定要在放顶之后、保持一定安全距离下进行。

爆破落煤工作面，依作业规程要求为据，一般为0.8—1.0米。机械采煤工作面，采煤机截深即为循环进度。

（二）正规循环作业标准

1. 作业规程和循环图表科学合理、切实可行，完成规定的正规循环率。
2. 完成作业计划规定的产量进度、效率、煤质、主要材料消耗、回收率等技术经济指标。
3. 工作面工程质量合格，机电设备完好率不低于80%，事故率不超过2%。
4. 安全生产，杜绝工亡和重大事故。

按照煤层地质条件和工作面机械设备情况，工作面月正规循环率一般不低于85%。

（三）循环图表

循环作业图表基本内容有三项：

1. 循环作业方式、时间，采煤工作面长度及各工种操作安排。
2. 劳动组织形式。
3. 各项技术经济指标要求。

峰峰集团所有采煤工作面全部实行正规循环作业管理。

六、主要经济技术指标

历年原煤产量及主要经济技术指标完成情况一览表

项目 年度	原煤产量（万吨）	回采产量（万吨）	全员效率（吨/工）	火工消耗		原煤坑木消耗（$米^3$/万吨）	采煤机械化程度（%）
				火药（千克/万吨）	雷管（个/万吨）		
1989	1157.4949	1017.0900	1.137	1916	5614	39.10	91.30
1990	1145.5317	1022.1822	1.152	1648	4912	35.44	95.37
1991	1100.2859	1022.8717	1.180	1621	4699	28.97	95.53
1992	1047.1306	910.9897	1.245	1546	4389	26.93	96.70
1993	1015.6280	876.8002	1.255	1527	4434	24.06	93.02
1994	1034.2196	892.9563	1.555	1539	4536	20.56	90.83
1995	1062.0024	990.1574	1.655	1525	4582	22.17	90.83
1996	1077.0013	979.3850	1.750	1736	5038	22.92	91.33
1997	1002.8326	932.7621	1.810	1641	4703	19.76	92.25
1998	879.3037	823.2886	1.806	1513	4474	19.61	91.30
1999	983.4170	918.5027	1.950	1169	3544	18.79	90.07
2000	1026.3352	965.0140	2.076	1322	3750	17.99	90.52
2001	1015.1140	952.7362	2.066	1261	3988	19.80	87.06
2002	1055.9312	986.7052	2.178	1466	4627	19.64	84.10

项目 年度	原煤产量（万吨）	回采产量（万吨）	全员效率（吨/工）	火工消耗		原煤坑木消耗（米^3/万吨）	采煤机械化程度（%）
				火药（千克/万吨）	雷管（个/万吨）		
2003	1180.0282	1087.2566	2.289	1330	4482	18.00	86.25
2004	1202.2074	1134.5153	2.594	1320	4250	19.25	88.57
2005	1266.6666	1198.3482	2.816	1164	3936	24.32	91.82
2006	1308.2006	1241.6588	2.790	1083	3859	21.92	93.13
2007	1282.6666	1204.6784	2.817	1057	3868	23.87	93.19
2008	1312.2008	1234.7098	3.067	1293	3768	23.28	93.15

第二节 安全高效矿井建设

1989年后，峰峰局（峰峰集团）把高产高效作为实现矿井集约化生产、提高效益和效率的重要途径，作为加强区队和班组建设、抓好生产第一线管理的基础工作，加快了高产高效矿井建设步伐。大力开展了采煤队“上等级、创水平”劳动竞赛，在采煤班队中开展了“争创高产高效采煤队”、“争当高产高效采煤班”活动。1989年，全国有17个高档普采队达到年产40万吨以上水平，其中峰峰局占7个。在开掘单位，围绕快速掘进保衔接，组织开展了“争创快速掘进单位”、“争当掘进明星”竞赛活动。在生产辅助单位，围绕保衔接、保运输、提高工作效率，组织开展了“争创优质服务高效单位”、“争创优质服务班组”、“争当管理能手”竞赛活动。在提高单进上，组织了多种形式的劳动竞赛，并实行了进尺与职工收入联挂的台阶式效益工资，以此激发职工的积极性。1994年9月，峰峰局制定了《高产、快速、高效采掘队奖励办法》，牛儿庄矿802甲队等4个采煤队被确立为首批高产高效试验区。1995年3月，试验区之一的万年矿1301采煤队原煤产量突破8万吨大关，创建局高档普采最好成绩。1997年，万年矿被命名为部级高产高效矿井。2004年和2005年，峰峰集团分别制定和修订了《高产高效矿井建设管理办法》，使高产高效矿井建设管理更加规范。同时狠抓采煤工艺改革，优化劳动组织，采掘技术装备水平有了很大提高，采煤主导技术实现了升级换代。2008年，峰峰集团围绕到2010年原煤产量要达到1650万吨以上的奋斗目标，把大力推进安全高效矿井和区队建设放在了重要位置，充分发挥机械化效能，形成了一批技术领先、管理水平较高、具有示范和带动作用的安全高效矿井和区队，提升了集约化生产水平。2009年，又提出梧桐庄矿、万年矿要以建设“安全高效示范型矿井”为目标，在机械化、自动化、信息化等方面下工夫，争创综采、综放单产新水平，实现率先发展。新三矿、大淑村矿、九龙矿、羊渠河矿、黄沙矿、薛村矿、小屯矿要加快建设安全高效型矿井，提高单产、单进和效率。

历年回采工作面效率情况一览表

项目 年度	回采产量（吨）	回采工作面平均个数（个）	回采工作面平均月产量（吨）	回采工作面效率（吨/工）
1989	1017.0900	41.76	20296	8.393
1990	1022.1822	38.95	21870	9.340
1991	1022.8717	38.16	22337	10.025
1992	910.9897	29.49	25742	10.858
1993	876.8002	28.18	25932	11.789
1994	892.9563	29.86	24925	10.018

年度 \ 项目	回采产量（吨）	回采工作面平均个数（个）	回采工作面平均月产量（吨）	回采工作面效率（吨/工）
1995	990.1574	35.54	23219	10.476
1996	979.3850	35.55	23393	10.416
1997	932.7621	29.68	26189	11.315
1998	823.2886	24.77	27700	11.672
1999	918.5027	26.39	29008	12.390
2000	965.0140	25.37	31695	13.824
2001	952.7362	26.82	29598	13.251
2002	986.7052	28.31	29049	14.354
2003	1087.2566	24.37	37180	18.147
2004	1134.5153	23.69	39915	18.237
2005	1198.3482	23.04	43345	19.529
2006	1241.6588	23.91	43271	21.343
2007	1204.6784	23.58	42583	21.188
2008	1312.2008	23.43	43912	21.19

2003年－2008年安全高效矿井建设情况一览表

年度 \ 项目	特级	行业一级	行业二级	备注
2003			梧桐庄矿	
2004		梧桐庄矿	万年矿	
2005		梧桐庄矿	万年矿	
2006		梧桐庄矿、万年矿	黄沙矿	
2007	万年矿	梧桐庄矿	羊渠河矿	
2008		梧桐庄矿	大淑村矿、羊渠河矿、新三矿、黄沙矿	

回采工作面单产最高记录情况一览表

矿、队别	工作面编号	采煤工艺	单产最高记录（吨）	回采工作面效率（吨/工）	创记录日期
万年矿1301队	13265	轻放	135594	52.760	2005年12月
梧桐庄矿1801队	182204	综采	127100	39.048	2008年10月

煤巷、半煤岩、全岩三个单进一览表

单位：米

年份	1989	1990	1991	1992	1993	1994	1995	1996	1997	1998
煤巷	154.25	161.85	189.29	197.16	194.49	200.18	192.65	20.94	196.98	196.11
半煤巷	156.05	167.26	181.16	185.20	191.24	189.33	190.43	191.93	191.00	185.87
岩巷	59.68	66.36	68.09	74.79	77.43	78.44	75.60	79.10	77.66	76.14

年份	1999	2000	2001	2002	2003	2004	2005	2006	2007	2008
煤巷	192.09	182.88	207.16	200.55	207.10	225.68	210.11	196.22	233.74	234.43
半煤巷	176.14	193.96	195.87	194.03	178.78	193.33	198.26	191.86	187.95	186.22
岩巷	70.09	69.90	70.04	70.50	67.93	70.84	75.94	80.29	72.59	71.52

第三节　生产技术管理

一、矿井生产技术管理

（一）生产技术管理制度

1989年后，根据矿井生产技术管理工作的实际情况，峰峰局（峰峰集团）集中编制了一系列制度，规范生产技术管理工作。

1989年到2004年，采区设计管理一直沿用1986年10月制定的《生产矿井采区设计方案、采区设计管理实施细则》，对采区设计管理起到了重要作用。

2000年，编制完成《矿井生产技术管理工作考核办法》，标志着峰峰局矿井生产技术管理工作考核实现了可量化、可操作化。该项考核办法的实施，对规范各矿的设计和现场技术管理，提高全局生产技术管理水平起到了非常重要的作用。

随着轻放、π放、综采、特殊采煤法等新型技术的推广，2004年，对《矿井生产技术管理工作考核办法》进行了修改，重新下发了《矿井生产技术管理工作考核办法》，其中组织机构，6分；技术资料管理，2分；设计管理，35分；采掘关系，12分；现场技术管理，35分；新技术推广，5分；矿压观测，5分。与2000年的《矿井生产技术管理工作考核办法》相比较，增加了设计及现场管理的考核分数，并对各项工作考核进行了细化，内容涵盖了轻放、π放、综采、特殊采煤法等新型技术。推广了《采矿工程设计手册》图例，明确要求利用计算机进行设计时，设计或地质资料修改必须按新图纸履行审批手续，设计或地质资料存储必须及时刻录成光盘并归类存档等。

2004年，分别制定下发《安全技术审批制度》和《开采设计评优管理办法（试行）》。评比范围为本年度编制完成的开采设计（水平延深初步设计、采区方案设计、采区设计、单项工程设计和采煤工作面设计）和投资项目设计（初步设计、方案设计、施工图设计）。以后每年峰峰集团集中评比一次。

2004年10月，开始实行《生产矿井采区设计方案、采区设计管理实施细则》，将采区方案设计取消，一步到位到采区设计。同时下发《注销能力矿井生产技术管理规定》和《投资项目设计管理规定》。

2008年，制定下发《矿井设计外委管理规定（试行）》，明确了采区设计、工作面设计、单项工程设计由各单位自己编制设计，不得外委。需上报政府部门审批且应由具有相应设计资质单位完成的矿井设计、矿井水平延深设计、“三下”采煤设计等特殊情形的设计，可以进行设计外委。

（二）设计审批具体管理程序

1. 初步设计、方案设计、环节改造设计、地面投资项目设计，首先经峰峰集团科技管理部门初步审查，然后组织专家审查，上报峰峰集团有关领导决策，之后以峰峰集团文件形式批复（重要的经过董事会批准）。程序：审查—组织会审—提交峰峰集团决策—批复。

2. 井下采区方案设计、井下工作面设计、施工图设计，由峰峰集团科技管理部门组织相关部室审查后，以科技管理部门便函批复。程序：审查—组织会审—批复。

二、工作面设计、采区设计管理与监督

回采工作面设计管理是矿井生产技术管理工作的重要组成部分。

1989 年，总工程师办公室负责全局大的技术改造设计、采区设计、矿井开拓方案设计、矿区总体方案设计等工作。之后，随着煤矿安全形势的变化和设计管理工作的细化要求，总工程师办公室对全局各矿上报的工作面设计进行批复和管理。

2000 年，制定下发《防治轻型综采放顶煤工作面自然发火的几项规定》（试行）。

2001 年，制定下发《回采工作面设计管理规定》。

2006 年，制定下发《加强回采工作面设计管理的规定》。

2007 年，制定下发《回采工作面设计管理办法》、《生产矿井采区设计管理办法》。

2008 年，制定下发《关于采区设计和回采工作面设计执行情况的通报》。

根据工作面的不同技术特点，下述“五类”回采工作面设计要上报峰峰集团审批：“三下”（建筑物下、水体下、铁路下）开采的工作面；受承压水威胁的工作面；保护层工作面、有煤与瓦斯突出危险煤层的工作面和有自燃煤层的工作面；矿井新水平、新采区的首采工作面；矿井第一次采用新的采煤工艺的工作面。

峰峰集团每年都进行矿井生产技术管理工作考核评比和设计评优，并及时将检查评比情况形成文字下发到各矿和有关处室。

三、矿井技改设计管理

2004 年，制定下发《投资项目设计管理规定》，对矿井技改设计、技改设计批复初步设计、方案设计以及施工图设计进行了规范。

2007 年，修订下发《投资项目设计管理规定》。投资项目设计包括峰峰集团所属分公司、全资子公司和控股子公司利用企业自有资金及企业外部资金的所有投资项目设计。煤类、非煤类新上项目和重大技术改造项目，分项目建议书、可行性研究报告、初步设计、施工图设计四步进行；一般维简项目、大修项目，分可行性研究报告、初步设计、施工图设计三步进行；医疗卫生、房地产及生活服务设施项目、大修项目，分方案设计、施工图设计两步进行。技改设计仅批复初步设计及方案设计，施工图设计峰峰集团不再批复。

第四节　生产准备

一、开拓掘进

（一）开拓方式

1. 立井多水平开拓方式

由于峰峰局（峰峰集团）矿井深度大，多数矿井为立井开拓方式，然后在煤层底板做水平大巷，沿水平大巷布置采区上下山。随着开采深度的增大，采取暗斜井延深到下一水平。代表性的矿井有九龙矿、羊渠河矿。

2. 斜井多水平开拓方式

采取斜井开拓方式到煤层附近，然后在煤层底板做水平大巷，沿水平大巷布置采区上下山。随着开采深度的增大，采取暗斜井延深到下一水平。代表性的矿井有万年矿、黄沙矿、小屯矿。

3. 立井单水平开拓方式

主、副井均为立井，仅有单一水平，沿水平大巷布置采区上下山。代表性的矿井有梧桐庄矿。

（二）巷道布置

1. 水平大巷

水平大巷全部为岩石巷道，基本布置在煤层下底板内 20 米附近岩层内，一般沿走向布置。为留煤柱开采或跨大巷开采，一般为双巷布置，一条运输煤炭，一条运输材料。如九龙矿、羊渠河矿。

2. 采区巷道

采区巷道一般布置在煤层下底板内20米附近岩层内，一般低瓦斯矿井沿倾向布置两条，一条运煤，一条运输材料。高瓦斯矿井沿倾向布置三条，一条运煤，一条运输材料，一条为专用回风巷。采区走向长度600—2000米不等，采区上下山长度600—1500米。采煤为留煤柱护巷开采。

（三）掘进工艺

20世纪80年代末，峰峰局主要掘进工艺：岩巷采用7655型风锤钻眼—放炮破岩—耙斗装岩机装岩—矿车运输。支护以料石砌碹、锚喷支护为主，锚杆全部是管缝式锚杆。煤巷掘进有三种形式，第一种采用煤电钻钻眼—放炮破岩—耙斗装岩机装煤—矿车运输；第二种采用煤电钻钻眼—放炮破岩—耙斗装岩机装煤/人工装煤—刮板输送机运输；第三种采用综掘机掘进—胶带运输机运输。当时综掘机数量少，综掘进尺比率不到10%。综掘机型号为EBZ-55型、AM-50型。煤巷支护全部采用工字钢支护。半煤岩掘进以煤电钻钻眼/风锤钻眼—放炮破岩—耙斗装岩机装煤/人工装煤—矿车运输，支护采用工字钢、木点柱。

1995年，煤巷锚杆支护开始在羊渠河矿、万年矿、黄沙矿试验应用并获得成功，随后各矿在围岩条件好的大煤摸顶巷道中进行了推广应用。锚杆支护掘进工艺为：煤电钻钻眼—放炮破岩—耙斗装岩机装煤/人工装煤—刮板输送机运输，顶板支护采用澳大利亚MQT-50钻机打锚杆眼—树脂锚杆支护，顶帮铺设金属网/塑料网，顶梁为梯形钢筋梁。在岩巷锚喷支护中，开始使用树脂锚杆支护，逐步取代管缝式锚杆，此时料石砌碹巷道已全部被锚喷支护取代。由于当时地质条件复杂，掘进机功率小，不适合当时的条件，综掘机械化工艺暂时停止。

1998年，U型钢支架开始在峰峰局应用，并逐渐从煤巷支护推广到岩巷巷道支护。

2002年初，随着经济快速发展，以梧桐庄矿和大淑村矿为代表的矿井开始再次大力发展煤巷机械化掘进。梧桐庄矿、大淑村矿的煤巷综掘机械化达到了85%以上，使用的掘进机主要为EBZ-75型。综掘煤巷锚杆/锚索支护在梧桐庄矿全面应用，标志着综掘煤巷锚杆支护在峰峰局上升到了一个新的水平。

2003年，羊渠河矿、薛村矿开始在高压力巷道支护中引进围岩注浆加固支护技术，极大改善了围岩性能，提高了支护强度，改善了支护效果。

2004年，新三矿采用岩巷控制爆破与快速掘进施工技术，月独头单进达到110米以上，结束了集团公司大断面岩巷单进水平多年徘徊不前的局面。

2005年，综掘机械化开始更新换代，综掘机的功率达到100千瓦、135千瓦和150千瓦，综掘机的使用范围逐步扩大。岩巷液压钻车开始在大淑村矿、黄沙矿应用，最高单进达到了102米。管缝锚杆全部被树脂锚杆代替。

2007年，煤巷钻眼全部使用风动钻机替代煤电钻。

2008年，岩巷综掘机开始在大淑村矿、羊渠河矿使用，掘进机截割功率达到200千瓦，最高月进达到了104米。综合机械化掘进在峰峰集团全面应用，使用矿井达到9个，煤巷综掘进尺占据主导，综掘率占到煤巷60%以上。

2008年，煤巷锚杆支护占40%，U型钢支护占40%，矿工钢支护占20%。岩巷锚网喷支护占60%，U型钢支护占25%，其他支护占15%。

二、重点工程

为了保证矿井生产的衔接，1989年以来，峰峰局（峰峰集团）每年都投入巨资，把矿井接替紧张的井筒、大巷、采区上下山和回采工作面列为重点工程，实行月调度、年考核，作为矿井的一项单独指标进行考核。特别是2003年后，每年列入重点工程的巷道进尺达1—1.5万米。2003年，投入1.25亿元，完成重点工程进尺1.0498万米；2005年，完成重点工程进尺1.6427万米；2006年，完成重点工程进尺1.4466万米；2007年，完成重点工程进尺1.5782万米；2008年，完成重点工程进尺1.5228万米。对重点工程的重视，为缓解采掘紧张关系、稳定产量规模打下了坚实基础。

三、"三量"与采掘平衡

1989年以来，峰峰局（峰峰集团）生产矿井开拓煤量、准备煤量、回采煤量基本保持了平衡。衰老矿井由于新的生产地区严重不足，开拓煤量甚至准备煤量不能满足生产要求，回采煤量主要是寻找边角残煤以及报损、地损块段进行复采，同时加大"三下"开采力度。

（一）制度建设

根据1982年煤炭部颁发的《关于合理开采煤炭资源提高回采率的若干规定》，峰峰局曾以峰煤水字［1985］第491号文件下发《生产矿井煤炭资源管理工作的补充规定和实施细则》。随着采煤工艺的发展、资源管理水平的提高和国家对煤炭资源的重视，河北省、邯郸市国土资源部门也加大了管理力度。峰峰局于1999年11月以峰煤水［1999］第437号文下发了《关于试行<生产矿井煤炭资源回采率管理实施细则>的通知》。管理制度的建立，对煤炭资源的合理开发起到了重要作用，煤炭资源管理工作做到了有法可依、有章可循。

（二）技术管理与监督

对"三量"及煤炭资源的管理，在峰峰局1995年制定下发的《生产矿井地质测量质量标准化标准及考核评级办法规定》、1999年制定下发的《生产矿井煤炭资源回采率管理实施细则》、峰峰集团2004年制定下发的《地测防治水安全质量标准化标准及考核评级办法实施细则》中均有要求，一般每季度进行巡检、评比。邯郸市国土资源局每年对各生产矿井进行资源回收年检，提出一些有价值的建设性意见和建议，对发现的问题提出整改意见，对遗留的问题进行跟踪。2002年以前，河北省煤炭管理部门每年都组织进行行业内部检查。2002年以后，国土资源部也开始了对资源回收管理方面的督察，河北省国土资源厅对矿山资源回收管理情况进行抽查。随着这些监督力度的加大，矿井资源回收率逐年提高。

（三）资源开采利用情况

1989年至2008年，峰峰局（峰峰集团）在"三量"及煤炭资源开发利用方面，认真贯彻国家有关法律、法规和技术政策，严格执行各种规程和各项规定，严格审批制度，保证了各种数字真实可靠，为决策提供了科学依据。

1. 合理布局优化设计

为使设计方案能够在技术上先进、经济上合理、安全上保障、资源上节约，峰峰局（峰峰集团）先后制定下发了《开采设计评优管理办法》、《生产矿井采区设计方案、采区设计管理实施细则》等多项设计管理规定，实施了生产矿井的多煤层联合开采、跨大巷采面布置、集中上下山系统等科学合理的生产布局，有效提高了煤炭资源回收率，在安全的前提下，实现了企业经济效益的最大化。

2. 加强煤炭资源回收

（1）在工作面设计上严格把关。阶段煤柱控制阶段煤柱，其煤柱控制在5米左右，减少资源损失。在高瓦斯矿井开采时，释放瓦斯的抽放巷设计必须经局（集团公司）批准，做到了既有效释放瓦斯，又安全合理开采煤炭资源。

（2）沿断层开采的工作面，其上下两巷实行边掘边探，每隔30—50米就探断层走向，防止偏离断层过大，一般掌握不超过10米，充分开采利用有限的煤炭资源。

（3）积极推广放顶煤开采工艺。峰峰煤田2#大煤煤厚平均5米多，过去多采用分层（顶、中、底）开采。在轻型支架试制成功后，逐渐淘汰了分层开采的落后生产工艺。应用轻型放顶煤开采工艺，减少掘进2—4条巷道和分层阶段煤柱，采区回采率提高2—3%。

（4）开采"三下"煤炭资源。峰峰煤田上方村庄密集，专用铁路线、邯峰环线压煤极大，占工业储量的三分之一。峰峰局从20世纪70年代就开展"三下"采煤的研究，并取得可喜成果。之后又与科研部门及大专院校进行合作，进一步加大"三下"采煤力度。

（5）在回采工艺上，在轻放工作面的后部溜子加安节煤器，使原流入空帮活煤减少。经几个矿的测算统计，活煤损失减少60%，工作面回采率提高0.5%左右。在保证安全生产的前提下，也可以采取溜子道放顶煤和边帮带采的节煤措施。

(6) 对衰老矿井的巷道保护煤柱、工业广场保护煤柱进行开采。有的矿还在原报损或地损块段中找煤进行复采。

(7) 加强煤田深部山青煤的开采。由于深部山青煤受奥灰水威胁，峰峰局（峰峰集团）通过放水实验，摸清水道规律，使部分山青煤及下组煤得到解放，从深部山青和下组煤层解放煤炭资源1883.5万吨。

(8) 合理配采，满足市场需求。充分考虑科学配采的合理性，尽可能提高煤炭资源回收率，杜绝采厚弃薄、吃肥丢瘦、采易弃难，造成矿井后期产量急剧下降、煤炭因煤质问题没有市场的现象发生。

(9) 加强现场管理，传统生产工艺与新工艺相结合。强化现场监督，定期进行动态监控，确保资源合理回收。同时在煤层赋存条件复杂地区，因地制宜，采取机采、老采、炮采、反推帮等方法，加大资源回收力度。

四、迁村管理

1989年后，随着国家煤炭政策和“三农”政策的不断完善，国民素质和经济观念发生了根本转变。企业煤炭资源的日趋枯竭和开采沉陷土地面积的不断增加，使工农利益涉及面愈来愈广，矛盾调处难度愈加困难。迁村工作的主要任务由原来的村庄搬迁为主，向日趋频发的工农矛盾调处方向发展。迁村工作在开采损坏、土地塌陷、征占土地、供水供电、环境污染、矿井水排放等方面化解了大量的工农纠纷。2003年到2008年，峰峰集团共协调搬迁村庄3座，涉及1400余农户，近5000人，解放村庄压煤近3000万吨。至2008年底，羊渠河矿井田的磨屋村异地搬迁工作还在进行。

五、乡镇小煤矿管理

(一) 管理监督

20世纪70年代，峰峰局井田内开始建有少数集体性质的小煤矿。进入80年代后，由于国家“有水快流”政策的扶持，地方小煤矿蓬勃兴起，到80年代后期达到了高峰。90年代后，小煤矿的数量仍不断增加，由于允许开采资源量的逐渐减少，加之地方管理人员严重缺乏，小煤矿超层越界、破坏保安煤柱、开采下组煤等违法及非法开采情况普遍存在，导致了1996年11月孙庄矿淹井、1996年12月三矿矿井被淹的重大恶性事故发生。

为了加强资源管理，峰峰局1997年2月正式组建了资源管理处，专门负责地方小煤矿的监管工作。1998年上半年，峰峰局完善了与地方政府的联管制度，调整组建了“峰峰矿区政府、峰峰矿务局联管会”、“磁县政府、峰峰矿务局联管会”、“武安市政府、峰峰矿务局联管会”，负责处理日常事务纠纷，并每月定期召开一次碰头会。建立了与地方政府的联合执法制度，组建了“峰峰矿区政府、峰峰矿务局联合执法队”和“磁县政府、峰峰矿务局联合执法队”，负责井田内地面巡查和日常执法工作。组织各矿对井田内所有小煤矿进行了详查，对所有的井位进行了测定，确定了小煤矿总数为408个。1998年6月至12月，峰峰局根据河北省冀煤资源字［1998］6号、30号、39号、40号文件精神，配合地方政府对井田内所有小煤矿的储量及合法性进行了核定。1999年1至6月，局又根据河北省关井压产政策，结合1998年的核定结果，配合地方政府开展了强有力的关井压产工作，关闭了一大批非法开采及威胁大矿安全的小煤矿，到1999年底，小煤矿总数降为123个。

1999年5月10日，根据形势发展和安全工作的需要，峰峰局制定下发了峰煤资［1999］182号文件《关于加强对乡镇煤矿监测调查工作的通知》，进一步规范了小煤矿监管范畴、从业人员职责、工作程序。2000年至2003年，局每年都向省、市两级政府上报一定数量经分析研究后确定对大矿构成威胁的小煤矿名单，要求政府予以关闭。到2003年底，乡镇小煤矿总数由原来的123个减至47个。

2001年6月至7月，峰峰局就南洺河铁矿开采威胁万年矿安全问题，分别以峰煤［2001］230号文和峰煤［2001］286号文上报邯郸市人民政府及河北省煤炭工业局。

峰峰局（峰峰集团）还不断加强和改进内部管理，严格规定，凡研究、决策有关乡镇小煤矿的重大问题，必须首先由各矿党政一把手亲自审查，并履行签字手续。之后，由局（集团公司）主要领导集体研究确定。严禁本企业在职职工在乡镇小煤矿兼职，任何人、任何单位均不得擅自为小煤矿提供相关的图纸和资料，更不得与其签定任何形式的文字协议。通过治理，到2008年，峰峰集团井田内的小煤矿，仅有1个尚未彻底关闭，其余的已全部进行了关闭处理。

（二）20年来发生的重大事件

1996年11月27日，峰峰矿区北界城煤窑非法开采孙庄矿F6断层防水煤柱，造成孙庄矿矿井被淹。

1996年12月30日，因位于三矿马家荒区的多个小煤矿非法开采下组煤，引发奥灰突水，造成三矿矿井被淹，新三矿停产。

2004年9月30日，位于牛儿庄矿井田内的峰峰矿区永顺煤矿，在采矿许可证过期、相关证件已被吊销、停产令已经下达的情况下，利用尚未关井之机，非法偷采下组煤，引发奥灰突水，造成牛儿庄矿矿井被淹。

第五节 生产成本

一、成本控制管理

1989年后，峰峰局（峰峰集团）加大对原煤生产过程中的成本控制，大力推行内部市场化管理，充分利用价值规律、经济杠杆和竞争机制，使采煤区队与矿之间、矿与局（集团公司）之间，由单纯的行政隶属变为行政隶属与经济关系有机结合，激发了企业内部活力，形成了长期有效的成本控制机制。1990年之前，峰峰局执行的是煤炭部1986年颁布的《成本管理办法》。1991年，能源部重新颁布《成本管理办法》。峰峰局严格按要求进行成本管理。2002年11月，峰峰局又专门组建生产成本管理部门，进一步加强了生产过程中的成本控制。2003年1月，峰峰局下发《生产成本管理办法》及《生产成本管理办法补充规定》。同年6月，又下发了《生产成本管理考核办法》。2004年，峰峰集团将上述3个文件进行了修订。为加强生产过程成本控制，建立了集团公司、矿、区（科）三级生产成本管理体系和集团公司、矿、区（科）、班组四级成本控制体系。组建了以煤炭生产部为主，财务管理部、科技发展部、劳动工资部、通防管理部、安全监督局、企业管理部、煤业研发部为协作单位的生产成本管理机构。生产矿井组建了以生产副矿长为责任人、经营调度（包括劳动定额、材料设备管理、坑代组等）为管理部门的生产成本管理控制机构。建立了成本分析例会制度，成本管理力度不断加大，市场化成本管理机制逐步形成。

二、成本预算管理

2003年，峰峰集团建立了生产成本预算管理体制，将生产成本预算管理纳入了全面预算管理。峰峰集团预算办公室制定下发年度预算编制指导意见后，生产成本管理部门采取预算标准或数学模型等方法编制预算，包括生产预算、材料预算、成本预算等，同等或类似生产条件按统一标准编制。在预算执行与控制上，峰峰集团批复下达年度预算后，生产成本管理部门将预算指标层层分解，落实到各单位和部门，形成预算执行与控制责任体系。生产成本管理部门建立了部门分管预算执行与控制责任制，根据职责权限制定切实可行的监控办法，认真组织实施。生产成本管理部门对各单位生产成本预算执行情况和分管预算执行情况同时进行考核。建立了主要预算执行日常监控体系和定期分析制度，及时编报生产成本预算执行情况报表及简要说明，发现问题，及时解决。年度生产成本预算执行情况计入单位、部门绩效考核。定期召开生产成本预算管理季度分析会议，全面掌握生产成本预算的执行情况，研究、解决存在问题。生产成本预算执行监控责任部门，按照分工对分管预算执行情况进行分析，根据绩效考核的有关规定，对生产成本预算执行单位和部门进行考核，严格兑现奖罚。年度生产成本预算执行情况结束后，向预算办公室报告预算执行情况。

第六节 机电设备

一、设备管理

（一）技术指标。1988 年，峰峰局机电设备完好率、待修率、事故率为“90·5·1”，即机电设备完好率 90%、待修率 5%、事故率 1%。通过不断强化机电设备管理，机电设备“三率”每年都有新变化。2008 年，机电设备完好率提高到 94.16%，待修率下降到 2.66%，事故率降低到 0.08%。

1988 年，机电设备使用率不足 80%。2008 年，机电设备使用率达到 84.02%。

（二）机电设备统计情况。1989 年至 1994 年，机电设备统计报表全部由手工操作完成。随着科技的进步和设备的投入，1995 年以后，机电设备统计报表全部使用上了计算机。

（三）设备合理报废情况。峰峰局（峰峰集团）按照煤炭部《设备管理规程》第七章“改造、更新与报废”中第 53、54 条原则和有关文件规定，每年对各单位申报的高耗能、国家明令淘汰和低效率的固定资产、低值易耗设备报废情况进行现场技术鉴定，并对各单位符合报废条件的设备进行审核、审批。

（四）机电设备网络管理情况。按照现代化设备管理要求，峰峰集团建立了设备管理内部网络，各单位所有设备上网管理，并注明设备的各项技术参数，便于查寻、调剂、利用和调阅，建立了适应峰峰集团现代化设备管理网络支持平台。

（五）盘活资产情况。按照峰峰集团有关文件规定，2007 年对各单位更换下来的无煤安标志设备残体，进行了现场技术评估并及时进行了妥善处理。闲置资产处置采取了多元化盘活形式，在处置转让的基础上，对存量资产进行了优化，建立了集团内外两个交易市场，通过市场化运作，促进了闲置资产的合理流动，提高了运作效能。

二、设备维检和更换

峰峰集团每年都要投入大量资金对高耗能、性能落后的设备进行更换，大规模对设备进行更换是从 2005 年 4 月开始进行的。2005 年和 2006 年，共投资 1.5997 亿元，更换无煤安标志设备 4292 台，主要类别有低防开关 1918 台、调度绞车 379 台、高压开关 325 台、各类电机 330 台、水泵 293 台、矿用变压器 125 台及其他设备。其中羊渠河矿、大淑村矿、薛村矿三个高突矿井投入资金 1.3036 亿元，更换设备 2575 台。其他生产矿井投入资金 2964.01 万元，更换设备 2073 台。

2007 年，根据国务院第 466 号令、安监总煤字［2005］133 号《煤矿重大安全生产隐患认定办法》、安监总规划［2006］146 号关于发布《禁止井下煤矿使用的设备及工艺目录（第一批）》以及更换《矿井生产许可证》的有关要求，峰峰集团又加大淘汰设备及更换无煤安标志设备力度，共投资 8390 万元，更换无煤安标志设备 1793 台，主要类别有低防开关 910 台、调度绞车 129 台、高压开关 67 台、各类电机 144 台、各类水泵 53 台、矿用变压器 52 台以及其他设备。

2008 年，国家安监总煤装［2008］49 号文件及河北省冀煤安监办字［2008］5 号文件，发布了《禁止井下煤矿使用的设备及工艺目录（第二批）》，峰峰集团共投资 7976 万元，更换设备 691 台（套）。

三、供电网络及设备

（一）地面供电系统

1989 年，峰峰局有 12 个 35 千伏变电站。经过发展，到 2008 年，峰峰集团已建成 18 个 35 千伏变电站。另外，还建设了一批井口矸石热电厂和瓦斯电厂，装机容量为 44.3710 万千伏安。

（二）井下供电系统

1989 年，峰峰局矿井供电网络基本为地面 35 千伏变电站—井下中央变电所—采区变电所—用电设备，低压开关基本为 80 开关，高压开关为 PB3、PB4 及老式开关柜，安全保护较为简单。经过多次更换，逐步淘汰了80开关、PB3开关、PB4开关及老式开关柜，井下消灭了带油设备，高、低压开关实现了真空化，安全保护基本为电脑保护器，各种安全保护齐全、灵敏、可靠。从1990年开始，引进并大量应用了移动变电站，变电站容量由最初的315千伏安发展到2008年的1250千伏安。2007年，又在九龙矿装备使用了矿井电网监测监控系统。2008年，薛村矿、羊渠河矿和大淑村矿也装备使用了矿井电网监测监控系统。

电缆敷设方面，2000年以前，井下高压电缆多为纸绝缘或塑料绝缘电缆。2001年后，陆续更换为交联聚乙烯绝缘电缆。2009年，峰峰集团将全部完成更换。

（三）供电系统建设

1. 变电站改造建设

2003年，万年矿35千伏变电站异地重建，切改投运。

2004年，长乐35千伏变电站停运，异地重建6千伏配电站，切改投运。

2005年，马头洗选厂变电站改造，2006年切改投运。

2007年，煤化工35千伏变电站建设并投运。

2008年，薛村矿矸石热电厂直供薛村矿负荷。

2. 变电站综合自动化建设

2002年，五矿变电站综合自动化改造建设。

2003年，一矿变电站综合自动化改造建设。

2005年，马头洗选厂变电站综合自动化建设。

2007和2008年，黄沙矿变电站综合自动化改造建设。

3. 线路建设

2002年和2003年，五矿至牛儿庄矿35千伏线路建设。

2004年和2005年，九龙矿至一矿35千伏线路建设；五矿至小屯矿35千伏线路建设。

2007年，通二矿110千伏站至煤化工35千伏通化Ⅰ、Ⅱ线路建设。

4. 调度自动化建设

1991年，第一代电力调度自动化系统建设（烟台东方电子）。

1995年，第二代电力调度自动化系统DZK－95建设（烟台东方电子）。

2007年和2008年，供发电安全监测系统建设（含DF8002调度自动化系统）。

四、提升与运输

（一）提升

峰峰局（峰峰集团）各矿井主提升设备中，各型绞车共27台，用于运输和提矸石的2米以上绞车40台。1990年10月，九龙矿主井第一台落地式摩擦式绞车投运，型号为JKMD3.25×4。1991年10月，九龙矿副井第一台井塔式摩擦式绞车投运，型号为JKMD3.25×4。

20世纪90年代以前，各矿主提升绞车电控基本为TKD系统，系统复杂，故障率高，而且耗电量大，保护也不太完善。2000年前后，峰峰局在梧桐庄矿、大淑村矿将模拟电控改为数字电控，同时，新三矿率先采用了PLC提升绞车全自动控制系统，九龙矿应用了绞车变频调速系统。到2008年，峰峰集团共有8个矿井主提升应用了PLC控制系统，没有应用的矿井也制定了计划，进行更新改造。

（二）运输

1. 推广使用司控道岔

1989年，峰峰局在薛村矿三水平大巷首先使用了广东韶关生产的电动司控道岔，因其结构复杂，维护量大，到1995年后不再使用。2004年，一种新型的气动司控道岔出现，该道岔不但结构简单，而且维护量小，提高了运输效率和行车安全。2008年，全集团公司运输大巷安装使用司控道岔120部。

2. 推广使用跑车防护装置

为防止斜巷轨道串车和提升运输矿车跑车事故的发生，根据《煤矿安全规程》规定，1994年，峰峰局在薛村矿首先使用了轨道传感式跑车防护装置（常开式），该装置采用了抗干扰好的磁电式传感器和吸能制动挡车器，随后在全局推广到8个矿共计34台。1998年，在小屯矿使用一套雷达捕车器（常开式），该装置采用多普勒雷达测量矿车速度，柔性挡车网挡车，设计合理（安装在巷道顶部），随后推广到9个矿共计21台。2006年初，在梧桐庄矿推广使用7套、大淑村矿使用1套、黄沙矿使用1套轨道传感式跑车防护装置（常闭式）。2006年9月，在五矿推广使用ZJF－127/B型斜巷防跑车防护装置（常闭式），该装置采用轴编码器作为测距传感器，PLC作为控制核心，通过I/O远程通讯控制提升机把挡车栏起落和下放，使用效果较好。

3. 推广使用无极绳牵引车

小绞车运输是一种非常落后的运输方式，设备多、效率低、用人多、成本高、安全不好、运输能力小、经济效益差。2001年3月，峰峰局首先在梧桐庄矿182102综采工作面（走向长平均970米，倾斜长平均154米，上顺槽基本上是上山前进，前进坡度0°—15°），推广使用了SQ－1200/37型无极绳连续牵引车（功率37千瓦，牵引力30千牛，绳径21.5毫米，绳速1米/秒），共安装支架104架，综采支架自重10.468吨。2004年9月，峰峰集团在羊渠河矿里8252工作面推广使用了KWGP－60/600J型无极绳牵引普轨卡规车（功率90/45千瓦，牵引力60千牛，绳径23毫米，绳速1—0.5米/秒），均取得了运输效率高、效益好、安全好的效果。2008年，峰峰集团推广使用无极绳牵引车（含无极绳连续牵引车和无极绳牵引普轨卡轨车）7台，运输最远距离达1520米，运输线路最大倾角－25°—25°，最多水平方向拐弯8处，垂直方向拐弯6处，运输最重物体达15.6吨。

4. 推广使用KJX型煤矿用巷道综合监控装置

为了确保运输安全，根据《煤矿安全规程》第20条、第372条和《操作规程》第323条规定，运行车辆的倾斜井巷，严格执行行人不行车、行车不行人。斜巷提升时，严禁蹬钩、行人。2007年2月至6月，峰峰集团在大淑村矿1.2米车斜巷进行了KJX型煤矿用巷道综合监控装置的安装、调试、试验和总结。2007年8月至11月，又在牛儿庄矿三水平轨道坡进行了改进型产品使用。该装置由进口红外雷达人体探测器、整合型监控主机、触摸式人机界面显示器、语音声光报警器等组成，能够实时监测坡上行人情况，并发出报警信号，提示绞车司机及时采取措施，避免斜坡行人伤亡事故的发生。该装置2008年在万年矿推广使用。

5. 小巷推广使用22千克/米轨道和标准道岔

2006年，峰峰集团要求各矿小巷运输钢轨型号全部达到22千克/米及以上规格；小巷运输要从设计入手，在新巷道掘进时就投入标准道岔（双摆尖道岔）；原有小巷运输使用的“猪尾巴”等非标准道岔要逐步淘汰。2008年，峰峰集团多数矿井小巷已全部使用22千克/米轨道，原来的15千克/米和18千克/米轨道全部淘汰。

6. 斜巷运输淘汰JD－11.4型调度绞车

针对小巷运输使用JD－11－4型调度绞车容易发生事故的情况，2008年，峰峰集团下发《关于停止订购JD－11.4型调度绞车的通知》，推广使用了25千瓦以上的双向绞车。

7. 推广使用新型架空乘人装置

新型架空乘人装置（俗称猴车），有固定式（可适用巷道最大倾角35°及以上）及活动摘挂式（可适用巷道最大倾角18°或以上）两种，能实现水平转弯，采用先进的PLC控制，有系统控速、沿途拉线急停、乘员越位、重锤限位、语音提示、变频调速、无人值守、远程监控等多种保护功能。峰峰集团2008年10月在薛村矿推广使用了第一套，并决定在两年内把所有在用的斜巷人车和皮带运人全部更换为猴车运人。

8. 推广使用先进通讯系统

井下机车通讯系统原来使用单一的载波电话，2003年后峰峰集团在薛村矿、牛儿庄矿、梧桐庄矿推广使用了通话质量较高的泄漏通讯系统，在九龙矿推广使用了更先进的井下小灵通，在小屯矿、薛村矿、大淑村矿推广使用了液压复轨机械。为了进一步提高大巷机车运输的安全系数，2008年在梧桐庄矿大巷推广使用了“信、集、闭”系统。

五、排水和压风设备

（一）排水

峰峰集团各矿井2008年共有主排水泵房37个，装备各型主排水泵210台。这些水泵以MD450－60型、MD280－43型和MD280－65型为主。牛儿庄矿二水平中央泵房装备了12台SPDV型水泵。九龙矿1993年分别装备了第一台6825H型潜水泵和第一台QKSQ－D型潜水泵。

（二）压风

1989年到2004年，峰峰局（峰峰集团）各矿井装备的压风机，均为往复活塞式压风机。2005年后，峰峰集团对压风机逐步进行了更新改造，由螺杆型压风机替代往复活塞式压风机。到2008年，峰峰集团共有压风机68台，其中5L－40/8型9台，L5.5－40/8型28台，2D12－100/8型2台，L8－60/8型3台，4L－20/8型8台，螺杆型18台。

六、通风设备

峰峰局（峰峰集团）各矿共有通风井21个，装备主扇风机42台。轴流式风机主要有GAF型、2K60型和2K58型。部分矿井采用的是BDK型对旋风机。离心式风机主要有K4型和G4型。1994年，通二矿第一台BDK风机投入使用。1998年，梧桐庄矿第一台GAF风机投入使用。

第七节 质量标准化

20世纪80年代，峰峰局深入开展了质量标准化建设。1989年1月30日，局作出1989年建成质量标准化局的决定，召开了动员大会。当年，12个矿井全部实现达标，其中质量标准化特级矿井8个，一级矿井3个，省级1个，全局达到质量标准化局标准。1989年，马头洗选厂、邯郸洗选厂和孙庄矿洗煤厂被中煤总公司命名为特级质量标准化洗煤厂。1996年，6个单位获部级“质量标准化矿（厂）”称号。2003年后，峰峰集团质量标准化工作在采、掘、机、运、通、地测各专业内的点到面都得到了全面扩展，并达到了四个统一：形式与内容的统一，侧重在内容上下工夫，把标准化的每项内容落到实处；数量和质量的统一，从抓干部规范化管理和工人规范化操作入手，提高管理水平，严格正规循环，不搞突击生产，严禁依靠落点搞生产；硬件达标和软件达标的统一，既保证硬件达标，更注重软件达标；动态达标和静态达标的统一，重点放在动态达标上。

一、采掘专业质量标准化

峰峰局（峰峰集团）在采煤生产中始终坚持安全第一、预防为主的方针，狠抓安全质量标准化基础工作，强化责任落实，突出抓好现场管理，并制定和实施了安全、质量各项管理制度。1991年，下发《进一步加强顶板管理的安排》，就贯彻落实中煤总公司铜川顶板管理工作会议精神，作出了加强顶板管理基础工作、加强现场管理、广泛开展质量达标活动、强化安全管理等四个方面的安排。1994年8月，下发《质量标准化管理办法》（试行）和《质量标准化内部考核规定及等级评定办法》（试行），进一步推动质量标准化工作深入开展。2002年2月，下发《安全质量事故行政责任追究规定》，严格追究安全、质量事故的行政责任，有效防范安全、质量事故的发生。同年10月，制定了《π型梁放顶煤工作面工程质量标准》，对采用π型梁放顶煤工艺的工作面工程质量管理进行了规范。2004年2月，国家煤监局制定下发了《采煤安全质量标准化标准及考核评级办法》，峰峰集团认真组织落实，并根据实际情况，于2007年3月重新制定了《采煤安全质量标准化标准及考核评级办法》。同年，根据2005年8月煤炭工业《煤矿安全质量标准化标准及考核评级办法》有关规定，掘进专业对光爆锚喷支护巷道、锚杆和锚索支护巷道、架棚支护巷道、可缩支架支护巷道的质量检验评定表和掘进文明生产评分表的部分内容进行了修订，而且增加了否定项，使质量标准化工作更提高了一步。2008年，采煤专业有11个矿达到一级质量标准化标准，两个矿达到质量标准化二级标准；掘进专业12个矿达到一级标准，1个矿达到二级标准。

二、机电专业质量标准化

按照峰峰局1997年1月制定的《井下工种岗位操作程序》，机电专业工种认真落实操作规程中的各项规定。2004年2月，国家煤监局制定下发了《机电安全质量标准化标准及考核评级办法》，峰峰集团认真进行了组织落实，严格按照标准考核。2006年初，为了杜绝开掘工作面无计划停电停风现象，峰峰集团统一部署，所有开掘工作面和低瓦斯矿井的煤及半煤岩掘进工作面实现“双风机、双电源”，做到了主备局部通风机自动切换，保证工作面局部通风机连续供电。2007年12月，峰峰集团根据实际情况，重新制定了《机电安全质量标准化标准及考核评级办法》，并加强机电设备完好率的检查与评比，加强煤安标志认证工作环节的无煤安标志设备检测，把质量标准化的每项内容落到了实处。2008年，机电专业有9个矿达到一级质量标准化标准，3个矿达到二级质量标准化标准。机电设备完好率提高到94.16%，待修率下降到2.66%，事故率降低到0.08%。

三、运输专业质量标准化

峰峰局从20世纪80年代末开始运输质量标准化建设，提出“远学肥城，近学牛儿庄”。2008年，峰峰集团结合工作实际，根据煤炭工业运输专业质量标准化标准，制定了《运输安全质量标准化及考核评分办法》。随着标准化工作的不断开展，运输巷道的环境和面貌发生了较大的变化。运输专业有9个矿达到质量标准化一级标准，4个矿达到质量标准化二级标准。

（一）*在工程和设备质量方面*。运输大巷使用的轨道从1989年的18千克/米、24千克/米，发展到2008年的30千克/米、38千克/米、43千克/米、50千克/米，并且全部消灭了单摆尖道岔，所有道岔的轨型都大于线路轨型。小巷淘汰了8千克/米、11千克/米、15千克/米、18千克/米轨道，改用了22千克/米的轨道，并且弯道处全部安装了轨距拉杆，增加了轨道的稳定性。运输设备全部更换为具有煤安标志的设备。2006年，根据瓦斯突出矿井对设备的要求，薛村矿、羊渠河矿井下行驶的架线式电机车，全部更换为防爆特殊型蓄电池电机车。运输设备完好率长期保持在95%以上。

（二）*在运输装备及行车保护方面*。大巷运输距离超过1500米的平巷，使用了平巷人车运送人员。各个车场安装了架线自动停送电开关。各停车地点都有明显的停车指示牌和时刻表。所有电机车都配置了红尾灯。架线式电机车装备了逆变电源，蓄电池电机车安装了容量指示器和漏电保护，防爆特殊性蓄电池电机车装备了瓦斯超限警报及自动断电保护装置。运输大巷的弯道、井底车场和人员密集地点，都安装了语音报警信号。

（三）*在运输管理方面*。运输设备管理不断进步，各矿机车、矿车、人车等设备实行了包机制，轨道、牵引网路实行了分片包干制。各项规章制度不断完善，明确了24项管理制度、各工种操作程序、管理程序和6个关键点的安全确认等内容。各矿所有的运输技术资料都实现了计算机管理，运输系统图使用了计算机出图。

（四）*在文明生产方面*。井下主要运输大巷全部安装了照明，统一了电缆、管路的吊挂高度、外表涂漆颜色、标注等各项标准。运输巷道内的各种牌板也统一了样式、内容、悬挂高度、悬挂地点等标准，既美观又实用，使井下安全质量管理向人文环境、绿色环保、安全健康型发展，员工劳动保护条件全方位向“精品”型发展。

四、通风专业质量标准化

1989年后，峰峰局（峰峰集团）始终抓住通风质量管理不放松，严格通风质量管理，建立健全了通风值班调度、测风、瓦斯检查、通风仪器仪表检查维修、通风设施检查维修、通风质量检查等相关的制度，并严格落实。完善了抽采工程质量标准，制定了《〈通风安全质量标准化标准及考核评级办法〉实施细则》、《关于加强瓦斯抽采工作的安排意见》、《加强矿井通风安全监测装置管理的规定》、《矿井瓦斯抽采质量标准化标准及考核办法》。每季度按照计划和标准，对各矿的瓦斯抽采量和抽采质量标准化进行验收，并按照验收结果对有关矿井进行考核。2008 年，通风专业实现矿矿达到质量标准化一级标准。

五、地质测量专业质量标准化

1989 年前，峰峰局即开展了煤矿地质测绘标准化活动，有 9 个矿达到了部颁标准的特级要求，3 个矿达到一级要求。此后，测量标准化工作一直坚持进行，但沿用的一直是峰峰局旧的标准化标准。2005 年重新修订了《地测防治水安全质量标准化标准及考核评级办法》。2008 年，又根据矿井安全管理的需要，对《地测防治水安全质量标准化标准及考核评级办法》进行了修订，同时完善了测量业务保安方面的管理规定，制定了《测量工作管理规定》和《计算机绘制矿图管理规定（暂行）》等管理制度，确保了地质测量工作按标准进行。2008 年，地质测量专业有 10 个矿达到质量标准化一级标准，3 个矿达到质量标准化二级标准。

第八节 精煤生产

一、精煤生产

峰峰局（峰峰集团）是我国重要的炼焦煤产地，煤种齐全，有肥煤、焦煤、瘦煤、贫瘦煤等。1985 年以前，入洗矿井中一矿、二矿、五矿、通二矿都是典型的焦煤矿井。随着这些矿井资源的逐渐枯竭和开采地区的变化，一矿、二矿关井，五矿、通二矿原煤产量逐年萎缩，牌号变瘦变贫。1991 年，九龙口矿建成投产，弥补了焦煤资源不足。2001 年，梧桐庄矿试生产，肥煤所占资源比重开始增加。2003 年，峰峰集团内部入洗煤资源维持在 760 万吨/年左右，其中，梧桐庄矿、新三矿、黄沙矿、孙庄矿为肥煤（380 万吨/年，占炼焦煤资源的 50%），九龙矿为焦煤（140 万吨/年，占炼焦煤资源的 19%），通二矿、五矿为瘦煤（70 万吨/年，占炼焦煤资源的 9%），羊渠河矿和牛儿庄矿为贫瘦煤（170 万吨/年，占炼焦煤资源的 22%）。

1986 年前，峰峰局各洗煤厂按照同煤种入洗原则，采用相同或相近煤种入洗，主要产品是焦精煤和瘦精煤，产品牌号纯正。1986 年后，国家修改了《中国煤炭分类标准》，把粘结指数作为煤种主要划分指标。峰峰局为提高经济效益，转变原煤入洗方式，把肥煤、焦煤、瘦煤、贫瘦煤等多煤种混合配洗，生产的精煤产品的粘结指数在焦煤范围内，对外称为焦精煤。相对单一煤种入洗来说，多煤种混合配洗的管理环节增多，工艺流程复杂，管理难度加大。

1991 年前，峰峰局有 5 座炼焦煤洗煤厂，其中二矿、五矿、孙庄矿洗煤厂属于矿井型洗煤厂，主要入洗本矿原煤；邯郸洗选厂和马头洗选厂属于中央型洗煤厂，主要入洗一矿、三矿、四矿、黄沙矿、羊渠河矿原煤。全局精煤产量在 360 万吨左右。1992 年，九龙矿洗煤厂建成投产，主要入洗本矿原煤。从此，峰峰局精煤产量开始有所增加，到 1996 年达到 400 万吨以上。2000 年，受煤炭市场影响，五矿洗煤厂停产关厂。此年峰峰局精煤产量只有 250 万吨。2001 年，煤炭市场开始好转，特别是 2004 年后，精煤市场开始紧俏，供需两旺，峰峰集团及时调整产品结构，确定精煤战略目标，先后通过建设大淑村矿洗煤厂开发高炉喷吹煤和对万年矿洗煤厂进行改造，增加块煤产品，以及对炼焦煤洗煤厂进行扩能改造，提高生产能力，大量收购外来煤进行配洗等多种手段，增加经济效益。2003 年后，在内部入洗资源没有明显增长的情况下，精煤产量逐年提高。2008 年，峰峰集团精煤产量 706 万吨，实现了精煤产量年增长 20% 的跨越式发展。

1989 年至 1991 年，峰峰局炼焦精煤产量大约在 360 万吨左右，选煤工艺为跳汰—浮选。内部入洗资源大约为 580 万吨左右，精煤灰分，二矿洗煤厂为 <12%，邯郸洗选厂、马头洗选厂、孙庄矿洗煤厂、五矿洗煤厂为 <11%。

1992 年，九龙矿洗煤厂入洗本矿原煤 14 万吨，精煤灰分为 <12.5%。二矿洗煤厂由于洗煤能力较小、效率低下而停产，二矿原煤全部调入邯郸洗选厂、马头洗选厂入洗。1993 年，由于九龙矿及其洗煤厂是建成投产初期，原煤产量和入洗量都较低，只有 40 多万吨，因此，1992 至 1993 年，入洗原煤量、精煤产量和 1991 年前相比没有大的变化。

1994 年至 1996 年，九龙矿原煤产量逐年增加，峰峰局炼焦精煤产量和入洗煤资源也呈上升趋势。但由于黄沙矿淹井，入洗煤资源增量幅度不大。此三年间，炼焦精煤产量大约在 400 万吨左右，内部入洗资源在 650 —700 万吨之间。

1997 年，黄沙矿排水后重新投产，原煤产量逐渐提高，峰峰局内部可入洗资源增加。但由于全国煤炭市场开始出现下滑趋势，用户对精煤质量要求提高，洗煤厂对精煤质量开始严格把关。到 1999 年，九龙矿洗煤厂精煤灰分由原来的 13 级（11.5%）提高到 12 级（11%），其他洗煤厂由原来的 12 级（11%）提高到 10 级（10%），甚至提高到 8 级（9%），洗煤生产极为被动。2000 年，煤炭市场落入最低谷，九龙矿洗煤厂精煤灰分被要求降低到 10% 以下，原煤可选性变为极难选。峰峰局精煤产量由 1996 年的 400 万吨/年逐渐降低到 250 万吨/年左右。

2001 年至 2002 年，煤炭市场开始缓和，九龙矿洗煤厂、孙庄矿洗煤厂精煤灰分提高到 10.5%，峰峰局精煤产量回升到 300 万吨/年。2001 年后，由于五矿原煤硫分升高，牌号由焦煤变为瘦煤，不能单洗，五矿洗煤厂停止生产，五矿原煤全部调入邯郸洗选厂配煤入洗。2001 年，梧桐庄矿建成投产，峰峰局肥煤产量增加，肥煤入洗资源比例增大。

2003 年至 2007 年，煤炭市场逐渐回升，精煤市场逐渐看好，精煤产量逐年增加。九龙矿洗煤厂、孙庄矿洗煤厂精煤灰分恢复到 11%。2003 年，峰峰集团精煤产量由 2002 年的不足 300 万吨上升到 400 万吨。万年矿洗煤厂进行改造，开始生产无烟块煤新产品，块煤产量逐年增加。2005 年，大淑村矿洗煤厂开始建设，2006 年建成投产，开始生产高炉喷吹精煤。2007 年和 2008 年，峰峰集团实现了炼焦精煤产量年产 600 万吨以上、无烟精煤年产量 100 万吨以上、总精煤产量 700 万吨的历史最好水平，洗煤生产能力和精煤回收率也都实现了历史性突破。

历年焦精煤产量统计表

单位：万吨

年度	合计	邯选厂	马选厂	九龙矿	孙庄矿	五矿	二矿
1989	372	108	136		67	43	18
1990	365	95	141		69	45	15
1991	353	96	136		66	45	10
1992	345	95	137	6	62	45	
1993	353	92	137	18	63	43	
1994	389	108	141	37	63	40	
1995	392	104	135	50	63	40	
1996	406	102	145	61	57	41	
1997	336	100	110	63	18	45	
1998	287	71	96	55	24	41	
1999	274	74	99	43	36	22	
2000	250	75	99	39	17	20	
2001	275	82	110	60	21	2	
2002	294	82	109	68	35		

年度	合计	邯选厂	马选厂	九龙矿	孙庄矿	五矿	二矿
2003	389	123	150	85	31		
2004	425	138	160	82	45		
2005	470	166	182	82	46		
2006	502	179	189	77	57		
2007	592	217	194	109	72		
2008	616	216	215	106	79		

二、选煤工艺及技术改造

1989 年到 1992 年，峰峰局洗煤工艺全部为跳汰—浮选流程，生产精煤灰分为 12 级和 13 级。1997 年煤炭市场开始下滑，用户对精煤质量要求越来越严格。为适应市场变化，1998 年至 2001 年，峰峰局投资 7400 万元，对 4 个洗煤厂全部进行了工艺改造，邯郸洗选厂、马头洗选厂、九龙矿洗煤厂生产工艺改造为跳汰—粗精煤重介—煤泥浮选流程，孙庄矿洗煤厂将跳汰工艺改造为跳汰—粗煤泥和中煤重介—煤泥浮选流程，提高了洗选效率和精煤质量。技改后的重介工艺分选精度高，能根据市场需求灵活调整精煤灰分。为了提高洗煤效益和精煤回收率，扩大生产能力，2004 年至 2005 年，邯郸洗选厂、马头洗选厂、九龙矿洗煤厂相继进行了浮选系统工艺改造。邯郸洗选厂投资 514 万元，将原混合浮选工艺改造为分级浮选工艺。分级浮选对不同细粒级煤泥适应能力强，适应多煤种配洗，分选效率高。3 个厂改造后，解决了因煤泥水处理系统不完善而制约生产的瓶颈问题。2007 年和 2008 年，为进一步扩大洗煤生产能力，峰峰集团投资 2.1 亿元，对邯郸洗选厂和马头洗选厂进行了扩能改造和配煤场改造，使精煤生产能力和精煤产量大大提高。2008 年，马头洗选厂扩能改造完成后，入洗能力达到 500 万吨/年。2009 年，孙庄矿洗煤厂、九龙矿洗煤厂改造完成后，生产能力可分别达到 200 万吨/年和 150 万吨/年，届时，峰峰集团炼焦煤总入洗能力将达到 1300 万吨/年。万年矿和大淑村矿两座动力煤洗煤厂，2008 年入洗能力各为 90 万吨/年，总能力为 180 万吨/年。

第九节　煤质管理

一、煤质管理

（一）煤田煤质特征及变化规律

峰峰煤田煤种较为齐全，有无烟煤、贫煤、贫瘦煤、瘦煤、焦煤和肥煤。万年矿无烟煤属无烟煤 1#（也叫年老无烟煤），大淑村矿无烟煤属无烟煤 3#（年轻无烟煤），薛村矿、小屯矿的煤属贫煤。2001 年因矿井生产地区变化，五矿煤种在焦煤和瘦煤区间，羊渠河矿、牛儿庄矿煤种在瘦煤和贫瘦煤区间。通二矿煤种属焦煤，另外还有少量的贫煤。九龙矿大煤南翼是肥煤，北翼是焦煤。梧桐庄矿、新三矿、黄沙矿、孙庄矿煤属肥煤。峰峰煤田受磁山火成岩影响，煤种呈规律性变化，由北往南煤化程度逐渐降低，具体表现为煤的挥发分由北向南逐渐升高，煤的粘结性和结焦性也由北向南逐渐增强，即由北部无烟煤向南逐渐变为贫煤、贫瘦煤、瘦煤、焦煤、肥煤。按用途分，无烟煤主要用于民用、化工原料和发电；贫煤、贫瘦煤主要用于发电；瘦煤、焦煤和肥煤主要用于冶金炼焦。峰峰煤田煤质主要指标分布变化情况规律是，煤质牌号基本按地理位置分布变化，原煤灰分、全硫及煤的可选性变化随煤层变化为主，随地理位置变化为辅。

（二）原煤质量变化情况

峰峰局（峰峰集团）20 年煤质变化情况，大致可分为两个阶段。第一个阶段是 1989 年到 2002 年，原煤质量总体呈平稳变化态势。第二个阶段是 2003 年以后，原煤灰分快速增高，原煤质量呈快速下滑趋势。主要原因是原煤矿井大部分属衰老矿井，资源枯竭，断层多、夹矸厚，高灰分煤层开采比例逐年增大，也有矿井采煤机械化程度提高、不可避免使混入煤炭中的矸石和其他杂质增加的原因。

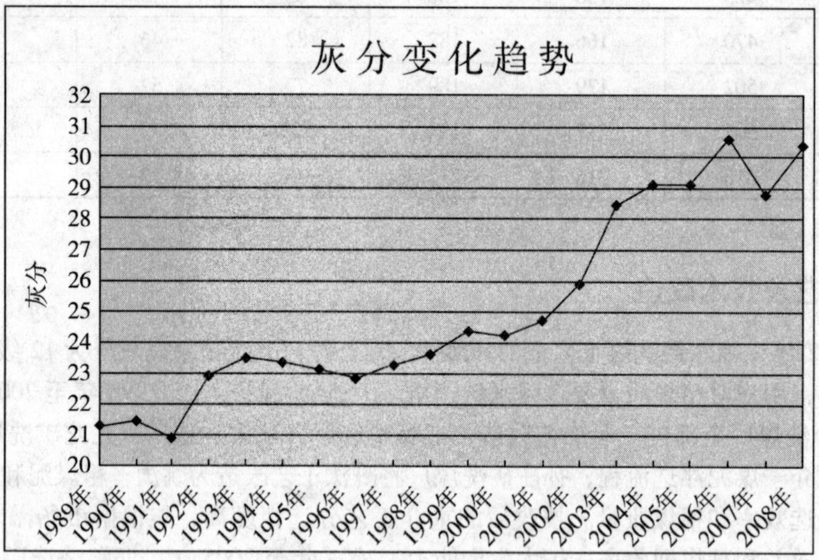

原煤灰分逐年变化趋势图

2003 年后，峰峰集团强化煤质管理，加大煤质监督检查考核力度。各生产矿井也从源头加强了煤质管理，实现了原煤质量稳步提高。

历年原煤矿井煤质指标逐年变化情况表

单位	1989 年 Ad（%）	1990 年 Ad（%）	1991 年 Ad（%）	1992 年 Ad（%）	1993 年 Ad（%）	1994 年 Ad（%）	1995 年 Ad（%）	1996 年 Ad（%）	1997 年 Ad（%）	1998 年 Ad（%）
合计	21.52	21.46	20.88	22.93	23.53	23.35	23.14	22.85	23.29	23.63
一矿	23.97	–	–	22.7	–	–	–	–	–	
二矿	24.5	23.11	22.28	25.42	26.26	23.75	23.33	22.57	22.21	23.18
三矿	28.73	26.54	24.93	28.51	27.14	23.21	22.28	24.48	–	–
四矿	23.67	24.62	24.62	26.78	27.75	27.5	24.83	26.68	27.00	–
五矿	20.14	21.2	21.06	21.21	23.00	23.67	24.05	22.84	23.48	23.32
牛儿庄矿	17.88	18.51	17.65	16.89	18.37	18.98	18.39	18.85	18.98	20.26
羊渠河矿	22.03	22.06	21.46	22.2	22.5	21.8	21.14	22.13	22.01	23.86
通二矿	21.3	21.34	21.62	27.66	27.64	26.04	24.76	24.76	25.63	27.13
黄沙矿	20.83	21.77	21.07	23.05	22.45	24.29	37.19	25.11	24.04	22.56
九龙矿	–	–	–	28.72	29.9	29.19	27.94	25.67	27.45	23.99
孙庄矿	23.86	23.91	21.95	24.07	24.87	26.39	25.91	25.9	–	23.00
新三矿	–	–	–	–	–	–	–	26.15	24.8	30.87
薛村矿	20.72	20.46	20.34	22.55	21.74	22.39	22.8	23.52	23.57	22.79
小屯矿	18.65	21.33	21.85	21.61	21.61	21.14	23.3	21.74	25.7	23.42
万年矿	18.06	18.16	17.93	18.04	17.84	18.26	18.3	18.22	19.59	23.13

单位	1999 年 Ad（%）	2000 年 Ad（%）	2001 年 Ad（%）	2002 年 Ad（%）	2003 年 Ad（%）	2004 年 Ad（%）	2005 年 Ad（%）	2006 年 Ad（%）	2007 年 Ad（%）	2008 年 Ad（%）
合计	24.38	24.24	24.74	25.9	28.43	29.11	29.1	30.58	28.81	30.34
二矿	24.08	22.99	23.48	20.52	–	–	–	–	–	–
五矿	23.85	23.42	23.76	24.22	26.15	25	29.38	30.23	28.28	27.80
牛儿庄矿	22.99	20.46	20.72	22.35	25.82	29.46	25.84	28.37	27.61	28.09
羊渠河矿	23.14	22.11	21.56	24.32	26.01	26.79	27.46	27.48	27.24	28.16
通二矿	27.56	26.97	27.44	29.92	33.72	35.34	35.33	37.09	37.29	35.79
黄沙矿	23.45	21.51	19.2	19.97	23.55	26.84	26.58	28.19	26.80	29.00
九龙矿	26.23	26.95	28.25	28.14	31.99	32.38	32.61	37.02	34.16	35.84
孙庄矿	24.39	28.32	29.95	31.19	29.99	35.64	37.82	33.18	28.94	29.26
新三矿	25.41	26.04	27.36	30.33	34.22	31.91	34.26	36.81	35.34	37.24
梧桐庄矿	–	–	–	–	23.64	25.38	23.17	24.96	22.71	29.57
						2004 Q（cal/g）	2005 Q（cal/g）	2006 Q（cal/g）	2007 Q（cal/g）	2008 Q（cal/g）
薛村矿	23.1	24.38	25.45	24.67	28.16	5302	5302	5041	5077	4938
小屯矿	25.07	25.67	24.72	24.67	29.36	5342	5378	5314	5385	5235
大淑村矿	–	–	–	–	26.44	5531	5426	5400	5235	5242
万年矿	24.22	23.97	25.26	27.89	30.24	5151	5232	5141	5168	5122

（三）质量监督检查

峰峰局（峰峰集团）建立了煤炭产品质量责任制和质量保证体系，在设计、回采、掘进、运输、提升、拣选等方面，制定了煤质管理和奖惩办法，对生产中各工序、各环节明确职责，落实到岗，落实到人，形成了对煤质齐抓共管的局面。2003 年之前，马头洗选厂、邯郸洗选厂以煤矿出具的化验单为结算依据进行结算，洗选厂复查，发现超差由局仲裁。在这期间，煤质管理部门根据《煤炭产品质量仲裁实施细则》的要求，担负具体仲裁的任务。1993 年，局要求各入洗原煤矿井在采制化方面要坚持实事求是原则，严格执行国标。凡洗煤厂未及时向局上报抽查结果的一律不允许拒付。洗煤厂提出拒付时要详细填写采样记录，一经发现不实事求是的取消当批拒付权。入洗煤矿不得将两批发运煤量合并为一批化验。当质量发生争议时，矿、厂双方要认真按照局有关规定执行，凡不按文件规定执行的单位，局仲裁机构对其提出的任何理由将不予考虑。2000 年到 2002 年间，矿、厂之间煤质化验结果相对误差越来越大，超差次数越来越多，局采制化人员分批到两个中央洗选厂采样、制样，监督化验，保证每天每班有煤质人员在火车上采样，使煤质管理做到了客观、公正、科学。

（四）煤质管理文件

1989 年，中煤总公司颁发《矿井煤质管理工作质量标准及考核评级办法》后，峰峰局煤质管理部门对生产矿井煤质管理工作质量标准化进行检查验收考评。主要内容包括：领导机构及质量活动、毛煤质量、商品煤质量、煤质计划编制与资料管理、采制化管理、筛分拣矸等。检查结果全局通报，并严格执行峰煤财［1989］489 号文件，严厉打击掺杂使假现象。

1993 年，制定下发峰煤加、财［1993］443 号《煤炭产品质量仲裁实施细则（试行）》的通知，并附拒付通知单。

1993 年，制定下发峰煤加［1993］389 号《关于加强煤炭质量管理的规定》，主要内容包括：煤炭质量指标的制定、煤炭产品计价与仲裁、煤炭质量奖惩办法等。同年制定下发《煤质化验送样及有关资料报送管理办法》，主要内容包括：商品煤样的送样，送样时间、粒度；煤层可采煤样的送样；局化验室检查化验结果的准确性；有关化验资料的报送要求等。

1994 年，根据煤炭部重新修订的《矿井煤质管理工作质量标准及考核评级办法》，制定下发峰煤加［1994］67 号《煤炭产品“质量信得过单位”竞赛活动办法》。

1996 年，制定下发峰煤运［1996］73 号《关于加强入洗原煤质量抽查及奖罚规定》，加大入洗原煤质量抽查及奖罚力度。同年制定下发峰煤运［1996］135 号《收购外来煤管理办法》。

1997 年，制定下发峰煤运、财［1997］207 号《关于修改入洗煤价结算办法的暂行规定》，加强入洗原煤矿井的煤质管理。

1999 年，制定下发峰煤运［1999］125 号文件，修订煤炭质量检验允许误差，规定局、矿（厂）双方化验允许误差为 2%；硫分误差为 0.2%。

2002 年，制定下发《入洗原煤采制及计量管理办法》，包括监督采制化、局监督计量、入洗原煤结算、仲裁、加强采制化及复衡管理等方面的内容。目的是为保证入洗煤结算依据公正、准确，维护矿、厂双方利益。

2003 年，制定下发《加强煤炭质量管理的通知》，要求入洗煤矿井严格控制原煤灰分，提高原煤质量。

2004 年，制定下发峰集煤研［2004］28 号《入洗原煤调运和选煤生产管理办法》。

2005 年，制定下发峰集［2005］37 号《煤炭产品质量管理办法》。

2008 年，制定下发峰集煤业［2008］6 号文，对原《煤炭产品质量管理办法》修订完善。

（五）煤质人员培训

为提高矿井煤质管理人员技术水平，全面推进矿井煤质管理标准化，2001 年 6 月，国家煤炭质量监督检验中心举办了煤质分析理论培训班，峰峰局各单位煤质负责人参加了培训。2001 年 10 月，煤质管理部门举办了采制化人员理论考试，考试不及格者调离本岗位。2008 年 6 月，峰峰集团对矿井从事煤质工作人员进行了集中业务培训，提高了煤质工作人员对煤质管理工作重要性的认识，加深了对国标的理解，促进了矿井煤质管理工作的开展。

（六）质量核定认证

1989 年，中煤总公司河北公司对峰峰局煤质工作进行了认证，认为峰峰局煤质管理工作成绩显著，达标检查严肃认真，符合标准。

1990 年，中煤总公司河北公司对峰峰局化验室进行了认证，评定峰峰局化验室为标准化局化验室。峰峰局煤炭产品质量符合“煤炭产品三级分等办法”要求。

2007 年，中国煤炭加工利用协会下发中煤加协煤［2007］14 号《关于对峰峰集团有限公司煤的牌号核定的批复函》，根据国家标准 GB5757《中国煤炭分类》规定，梧桐庄矿煤的牌号为肥煤，大淑村矿煤的牌号为无烟煤。

二、煤炭质量检验

1989 年至 2003 年，峰峰局（峰峰集团）由各矿（厂）对本单位的煤炭产品进行检验。各矿（厂）设有质检部门，对商品煤质量把关，并出具化验报告作为结算依据。内部调入洗原煤，由调出矿负责检验并作为结算依据，接受洗选厂复查，发现超差由局化验室仲裁。另外，矿（厂）质检部门还负责井下煤质、生产过程煤质等检验任务。局（集团公司）中心化验室负责对各矿（厂）送检煤样进行检验和煤质资料汇编工作，并对各矿（厂）生产的煤炭产品进行质量抽查。

为配合煤炭收购制的实施，实现煤炭质检专业化管理，2003 年 2 月，峰峰局成立煤炭质量检测中心，主要职能是承担商品煤和内部入洗原煤的质量检测工作，以其检测数据作为商品煤和调入洗原煤结算的质量依据；监督检测各矿（厂）煤炭产品质量，对外购煤质量进行监督。各矿（厂）负责井下煤质、生产过程煤质和外购煤质的检验。

（一）检测中心概况

峰峰局（峰峰集团）煤炭质量检测中心由驻矿（厂）质检站和中心化验室组成。2003 年 2 月，组建马头洗选厂质检站、邯郸洗选厂质检站、九龙矿质检站、万年矿质检站、羊渠河矿质检站、牛儿庄矿质检站、薛村矿质检站、大淑村矿质检站、小屯矿质检站；2003 年 12 月，组建孙庄矿质检站；2005 年 9 月，组建梧桐庄矿质检站和新三矿质检站。

质检中心驻洗选厂质检站开展的项目有：灰分、挥发分、全水分、全硫、发热量、胶层质指数、粘结指数。驻动力煤矿质检站开展的项目有：灰分、挥发分、全水分、全硫、发热量。驻入洗原煤矿质检站开展的项目有：灰分、挥发分、全水分、全硫。中心化验室开展的项目有：灰分、挥发分、全水分、全硫、发热量、胶质层指数、粘结指数、碳、氢、氮、形态硫、煤灰熔融性、煤灰成分分析、坩埚膨胀序数、哈氏可磨性指数、热稳定性、着火点测定、真相对密度、视相对密度。2004 年，中心化验室增加了煤的格金低温干馏实验、煤的奥亚膨胀度测定、煤对二氧化碳反应性三项检测项目。

（二）质检管理

1. 管理制度

2005 年，编辑印发了《质检管理制度汇编》，内容涉及质检规章制度，内容包括岗位责任制 17 项、岗位工作标准及考核办法 23 项、基本管理制度 15 项、安全生产管理制度 13 项。2006 年，修订管理制度 23 项。2007 年，修订管理制度 28 项。

2. 检测数据管理

2004 年初，峰峰集团质检中心与河北信产科技有限公司共同开发了“峰峰集团煤质信息管理系统”项目，2004 年底正式投入使用。该系统能自动生成各种报表、台账，可以按管理级别、条件进行数据查询，检索方便快捷。该系统的使用，极大地提高了质检管理和运行效率，加强了质检的规范管理程度，使质检工作的整体实力得到了提高。该项目于 2005 年获河北省煤炭学会科学技术三等奖、邯郸市科学技术一等奖、峰峰集团科学技术一等奖。

3. 质检工作管理

2003 年至 2004 年，质检中心每年按分管业务对科室、质检站进行工作检查。2005 年 7 月成立稽查科。2008 年 5 月，稽查科撤销，成立作业区，由作业区负责对质检站进行各项工作检查，检查结果纳入月度绩效考核。2006 年 5 月，制定了《煤炭产品质量异常快速反馈机制》。2007 年 10 月，制定了《中层领导干部行政过错追究暂行办法》。

4. 质检技术管理

（1）技术管理

2003 年之前，各矿、厂对本单位的产品进行检验，采制化人员分属各矿、厂，检验项目标准的执行缺乏规范性和统一性。2003 年，质检中心成立后，制定下发了一系列规范性文件，包括一般规定、岗位责任制、采样岗位操作规程、制样岗位操作规程、化验岗位操作规程、筛分和浮沉试验操作规程、修理工操作规程、驾驶员操作规程、安全操作规程、附则等。

质检中心积极参加由国家煤检中心组织实施的实验室能力验证活动，参加的实验室和检测项目逐年增多。2003 年和 2006 年，中心化验室参加了能力验证；2007 年，中心化验室、邯郸洗选厂质检站、马头洗选厂质检站、九龙矿质检站、孙庄矿质检站 5 个实验室参加了能力验证；2008 年，除上述几个参加外，万年矿质检站、大淑村矿质检站、薛村矿质检站、小屯矿质检站也参加了能力验证，所参加的检测项目均获得满意结果，且每次都有中位值。由于在历年能力验证中的优秀表现，2008 年 10 月，国家煤检中心委托峰峰集团质检中心对粘结指数标准值进行测试定值工作，表明质检中心的技术水平已得到权威部门的认可。

2004 年，峰峰集团质检中心成为全国煤炭标准化技术委员会煤炭检测分会团体会员单位。2005 年成为中国煤炭加工利用协会煤质和煤炭检测分会团体会员单位。2003 至 2004 年度，中心化验室被评为“煤炭工业标准化局化验室”。

2007 年，煤炭质量检测中心在中心化验室、马头洗选厂质检站、邯郸洗选厂质检站、九龙矿质检站、孙庄矿质检站开始实施国家实验室认可工作，编制完成了管理体系文件。

（2）职工培训

2003 年 10 月，聘请北京国家煤检中心专家到质检中心进行职工上岗培训，采制化人员全部持证上岗。

2007 年 4 月，由西安国家煤检中心进行了换证培训考试。

除进行培训外，峰峰集团还在采制化工作人员中选拔优秀人员到外进修深造。2005 年和 2006 年，分别派 6 人到西安科技大学进行了为期一年的煤质专业学习。

2006 年，开始对采制化职工实行星级化管理，制定下发《关于实行岗位星级化管理的规定》，将采制岗位分四个星级，化验岗位分五个星级。2007 年又对规定进行修订，将所有员工统一纳入星级化管理，岗位星级由低到高划分三个星级。

2008 年，制定《星级化管理工作方案》，确定 2008 年至 2010 年星级职工管理目标。对班长、督导员、站长助理提出相关要求，必须具备二星级及以上水平。2008 年，三星级员工 10 人，二星级员工 45 人，其他全部达到一星级水平。同年，质检中心依据峰集劳资［2008］7 号《2008 年职业技能鉴定工作安排意见》，制定下发《煤炭质量检测中心 2008 年职业技能培训安排》，对采制化职工进行培训。质检中心 181 人于 2008 年 10 月 30 日参加了职业技能鉴定考试，其中采制高级 123 人，中级 10 人；化验高级 42 人，中级 6 人。

（3）技术设施装备

在提高职工素质的同时，质检中心不断进行设备设施改造，提高设备技术装备水平。2003 年，质检中心从矿、厂收编的质检设备仅有 103 台，而且一部分已经超过报废期限，设备性能达不到技术要求，设备配备严重不足，职工制备煤样时依靠手工，劳动强度大且不符合国家标准要求。2004 年，对 50 余台设备进行了报废，并逐年对设备进行添置。截至 2008 年，质检中心共投资 330 余万元，购置设备 235 台。同时进行了采样平台改造、采制化设施改造。2007 年对中心化验室进行了改造。2008 年在邯郸洗选厂质检站进行了标准化质检站建设。

第十节　煤炭新产品研发

峰峰局（峰峰集团）煤炭产业的发展，也是煤炭产品不断研究发展、优化升级的过程。

一、“七五”期间

20 世纪 80 年代初，在煤炭部提出的“三变一发展”方针指导下，峰峰局大力发展筛选和洗选加工，改变了产品结构单一的状况，到 1988 年基本消灭了直销原煤，原煤矿井由直接销售原煤变为对原煤筛选和洗选加工，销售混煤、洗混煤和块煤产品。炼焦煤洗煤厂也改变了以往的“老三样”（精煤、中煤、煤泥）产品结构，而是根据市场需求和产品价格，从提升企业经济效益出发，选择合适的产品结构，确定最佳精煤灰分，并对洗煤中间产品进行加工，生产洗中块和洗混末、低热值煤。

峰峰局作为我国重要的炼焦煤生产基地，“七五”期间，全局 11 对生产矿井中，有 8 对生产炼焦煤，炼焦煤产量占全局原煤产量的 80% 左右，但入洗量不到 70%。

1988 年 - 1990 年全局原煤入洗比例统计表

年度	原煤产量（吨）	炼焦煤产量（吨）	炼焦煤占原煤比例（%）	入洗原煤		
				数量（吨）	占原煤比例（%）	占炼焦煤比例（%）
1988	11540057	9300571	80.59	6508980	56.40	69.98
1989	11574949	8997427	77.73	5890037	50.89	65.46
1990	11455317	8533185	74.49	5853897	51.10	68.60

马头洗选厂和邯郸洗选厂实施配煤入洗，生产 12 级焦精煤。

1988 年 - 1990 年配煤入洗方案表

马头洗选厂				
入洗矿	牌号	挥发分（%）	Y 值（毫米）	配比（%）
三矿	肥煤	31.27	34.1	18
黄沙矿	肥煤	30.90	34.2	17
通二矿	焦煤	20.65	14.5	13
羊渠河矿	瘦煤	20.07	8.8	42
合计	主焦煤	24.53	20.54	100
邯郸洗选厂				
入洗矿	牌号	挥发分（%）	Y 值（毫米）	配比（%）
一矿	焦煤	27.86	22.0	18
五矿	焦煤	22.83	12.8	23
通二矿	焦煤	20.65	14.5	36
四矿	瘦煤	20.27	11.5	23
合计	主焦煤	22.23	14.6	100

“七五”后期，一矿由减产到报废，一些衰老矿井原煤产量和质量发生变化，改变了峰峰局原煤质量的总体构成，对此，峰峰局 1990 年又制定并执行了新的配煤方案。

二、“八五”期间

到 1991 年底，峰峰局生产原煤的总体构成又发生了新变化。特别是进入 20 世纪 90 年代，煤炭市场疲软，市场竞争日趋激烈，市场竞争的实质是品种、质量。当时峰峰局既受到山西煤压力，又受到矿区内星罗棋布的小煤矿、小洗煤厂的冲击，当地用户销售困难，外运又受到铁路运输的制约，产品库存增加。如何发挥自身优势，在激烈的市场竞争中求得生存和发展，是当时不可回避的现实问题。煤炭加工方式是否合理，产品结构是否最佳，经济效益是否最好，需要进行科学的探讨，全局煤炭产品结构又面临新的调整压力。

1992 年，为应对当时煤炭市场普遍低迷的现状，合理利用煤炭资源，提高企业经济效益和社会效益，中煤总公司提出在全国统配煤矿开展煤炭产品结构优化和制定矿区供煤标准工作，并要求峰峰局 1992 年完成煤炭产品结构优化工作。峰峰局决定自行承担完成，成立了领导小组，并抽调专人开展煤炭产品结构优化工作大型课题研究。通过一年多的工作，对矿区煤炭资源、煤质特点、可选性、加工利用现状、储装运能力及产品外运条件进行了调查，走访重点用户，进行市场调研，并经过详细技术经济分析和大量的配煤入洗生产试验。在此基础上，以矿区供煤标准为重要参考依据，采用科学优化的方法，提出峰峰局煤炭产品结构优化方案，编写了《煤炭产品结构优化报告》。

《报告》确定了既切实可行又可取得较好效益的配煤方案。此方案中，全局炼焦煤入洗比例由原来不到70%增加到86.5%。

1992 年调整后配煤入洗方案

马头洗选厂				
入洗矿	牌号	挥发分（%）	Y值（毫米）	配比（%）
三矿	肥煤	26.67	33.5	15.91
黄沙矿	肥煤	29.45	31.88	20.00
通二矿	焦煤	20.88	13.0	6.82
羊渠河矿	瘦煤	18.0	7.79	34.55
孙庄矿	肥煤	28.9	32.38	4.54
九龙矿	肥煤	28.69	31.5	18.08
合计	焦煤	24.53	20.54	100
邯郸洗选厂				
入洗矿	牌号	挥发分（%）	Y值（毫米）	配比（%）
二矿	肥煤	27.98	26.25	30.56
五矿	焦煤	19.69	13.0	11.11
通二矿	焦煤	20.88	13.0	33.33
羊渠河矿	瘦煤	18.0	7.79	25.00
合计	焦煤	22.20	15.75	100
九龙矿洗煤厂				
入洗矿	牌号	挥发份（%）	Y值（毫米）	配比（%）
九龙矿	焦煤	28.69	31.5	71.4
羊渠河矿	瘦煤	18.0	7.79	28.6
合计	焦煤	25.48	24.72	100

1995 年－1997 年调整后年配煤入洗方案

马头洗选厂				
入洗矿	牌号	挥发分（%）	Y值（毫米）	配比（%）
三矿	肥煤	28.67	33.5	22.0
黄沙矿	肥煤	29.45	31.88	29.2
羊渠河矿	瘦煤	18.0	7.79	48.8
合计	焦煤	23.69	20.48	100
邯郸洗选厂				
入洗矿	牌号	挥发分（%）	Y值（毫米）	配比（%）
二矿	肥煤	27.98	26.25	23.7
五矿	焦煤	19.69	13.0	15.8
通二矿	焦煤	20.88	13.0	31.6
九龙矿	肥煤	28.69	31.5	18.4
牛儿庄矿	瘦煤	17.87	7.35	10.5
合计	焦煤	23.12	18.02	100

九龙矿洗煤厂				
入洗矿	牌号	挥发分（%）	Y值（毫米）	配比（%）
九龙矿	焦煤	28.69	31.5	66.7
牛儿庄矿	瘦煤	17.87	7.35	33.3
合计	焦煤	25.08	23.46	100
五矿洗煤厂				
入洗矿	牌号	挥发分（%）	Y值（毫米）	配比（%）
九龙矿	焦煤	28.69	31.5	28.6
五矿	焦煤	19.69	13.0	71.4
合计	焦煤	22.26	18.29	100

《报告》提出的优化方案如下：

马头洗选厂产品是12级焦精煤、低热值煤。优化方案为生产11级焦精煤、低热值煤；

邯郸洗选厂产品是11级焦精煤，1992年6月改为12级焦精煤，洗中块和洗末煤。优化方案为生产11级焦精煤，洗中块和洗末煤；

九龙矿洗煤厂产品是13级肥精煤和中煤。优化方案为重介系统投入生产，以羊渠河矿原煤与九龙矿原煤配洗，生产13级焦精煤和洗混煤；

孙庄矿洗煤厂产品是13级肥精煤和低热值煤。优化结果未变；

五矿洗煤厂产品是11级焦精煤，副产品为中煤、尾煤、矸石。优化结果未变；

万年矿产品为大块、中块和混煤。优化方案为改造洗煤厂，入洗50毫米以下原煤，生产大块，洗混中块、混煤、末精煤；

薛村矿产品为混煤和块煤。优化方案为采用动筛跳汰机洗选块煤，生产洗中块、洗大块和<25毫米末煤。

《报告》还对峰峰局动力配煤提出设想。由于万年矿无烟煤挥发分低、燃点高、可磨性差，应用范围受到限制，加之运输影响，造成销售困难。为此提出了将万年矿煤配入一定比例的烟煤，满足电厂和一般工业锅炉的煤质要求，扩大万年矿煤销路，并积极进行配煤试验。首先进行了试验室配煤试验，分别进行了四矿煤与万年矿煤、薛村矿煤与万年矿煤几种比例的试验，取得了比较满意的效果。而后在四矿进行了四矿煤与万年矿煤的配煤工业性试验，采用简易的机械配煤方法，四矿煤与万年矿煤掺混后作为动力配煤销售，并在河南新乡电厂试烧，共用煤5632吨，用户反映良好。

煤炭产品结构优化方案的实施，使产品结构更趋合理，品种增加，质量提高。

三、"九五"期间

1998年，由于当时煤炭销售形势异常严峻，煤炭行业内部竞争日益加剧，市场对煤炭质量的要求越来越高。为满足市场要求，峰峰局决定调整产品结构，提高精煤产品质量等级，以峰煤运［1998］236号文下发了《关于对入洗原煤资源和煤炭产品运销管理若干规定的补充规定》，提出自1998年7月1日起，九龙矿洗煤厂精煤灰分小于11.0%，其余4个洗选厂精煤灰分小于10.5%。到1999年下半年，除九龙矿洗煤厂外，其余4个洗煤厂精煤灰分都下调到10.0%，个别批次降到9.0%。

四、2000年至2008年

2002年11月，峰峰局进行机构改革，成立煤业研发部，负责煤炭产品结构调整及产品升级战略研发工作。煤业研发部成立后，组织实施了一系列研发课题。

（一）开展了"峰峰矿务局煤质评价和煤加工利用途径的研究"项目。与煤炭科学研究总院北京煤化所合作开展的这一项目，自2002年8月启动后，完成了对各矿各煤层煤样煤质的系统性分析研究，并对可行的加工途径，有针对性地进行了大量的基础性试验。该项目历时近一年，2003年6月完成项目研究报告的终稿，提出了《煤质评价和煤加工利用途径研究》项目报告的正本、简本、附件、结论总结、实验数据汇编等一系列技术报告。此项目全面、科学地评价了峰峰局煤炭资源的煤质特征和煤质变化趋势，并结合企业煤炭资源、生产、利用现状，分析研究了峰峰矿区各煤种在高炉喷吹、动力配煤、烧结用煤、焦化及化产回收、气化、甲醇生产、直接液化、间接液化、水煤浆、型煤、矸石利用、炭素材料、活性炭、化工焦、煤气化联合循环发电等领域的煤加工适应性和适宜的加工利用途径，对各种煤加工利用技术现状和发展趋势，以及各种煤加工产品市场情况进行了全面分析研究，在此基础上提出了发展煤加工的指导性建议。该项目获2003年度河北省煤炭工业协会科技进步三等奖、峰峰集团科技进步一等奖。

（二）组织编写《峰峰集团煤炭加工发展思路（规划）》。提出峰峰集团发展煤炭加工的原则、方向，建设"煤化工工业园区"和开发"高炉喷吹煤和烧结煤等煤炭新品种"的思路，为峰峰集团发展煤加工提供了决策参考。

（三）开发高炉喷吹煤。大淑村矿以无烟煤为主，煤干燥无灰基，挥发分在10.00%左右，属年轻无烟煤。该矿煤的设计用途是作为动力煤供电厂，但峰峰集团周边主要电厂，如马头电厂、邯郸电厂、邢台电厂等均以燃烧烟煤发电为主设计，挥发分要求较高，大淑村矿煤作为动力配煤使用在当地市场上不具有竞争优势。为拓宽大淑村矿煤炭产品市场用途，2003年10月，开展了大淑村矿煤作为高炉喷吹用煤的研究课题。为保证项目的顺利实施，煤业研发人员与煤炭科学研究总院北京煤化工分院、首钢技术研究院有关技术人员组成研究课题组，制定了研究路线，确定分三个阶段进行工作，即实验室研究、半工业性试验和工业性试验。首先对大淑村矿煤的发热量、可磨性、反应性、燃烧性能、爆炸性等指标进行实验室研究。在此基础上，2003年12月，又在首钢进行了大淑村矿煤用作高炉喷吹的半工业性试验，进一步验证大淑村矿煤用于高炉喷吹的可行性及其使用特点。半工业性试验的结果为工业性试验提供了必要的试验参数和理论依据。课题组于2004年初，开始着手工业性试验准备工作，确定试验钢厂和试验方案，并在2004年6月组织调运大淑村矿原煤4000吨，委托羊渠河矿集体企业公司洗煤厂进行加工，共生产灰分>10.5%的精煤2323吨。2004年7月上旬，在新兴铸管公司第一炼铁厂进行了为期4天的喷吹大淑村矿煤工业性试验，试验获得成功，8月份完成工业性试验报告。基于该工业性试验研究成果，2006年，峰峰集团投资6500万元，建成了年产90万吨的大淑村矿无烟精煤洗煤厂，生产出优质高炉喷吹精煤投放市场。该项目获2004年度峰峰集团科技进步一等奖。

（四）开发冶炼烧结煤。为进一步抓好万年矿无烟煤产品结构调整工作，增加煤炭品种，煤业研发部门提出用万年矿无烟煤开发冶炼烧结用煤的调整思路。万年矿无烟煤原煤灰分较高，不能直接用作冶炼烧结煤，需要进行洗选。2005年，峰峰集团对万年矿洗煤厂进行技术改造，改造后，增加洗块煤粒度级别，适应不同的用户，生产末精煤供钢厂烧结使用，实现了产品结构多元化。

（五）提高块煤产率。为提高块煤产率，峰峰集团学习和推广永煤集团先进经验，从管理创新和工艺技术改造入手，从生产的源头抓起，从减少运输环节的块煤损耗抓起，加大考核力度。在内部收购过程中，拉大块煤、末煤收购价差，调动了矿（厂）生产块煤的积极性，提高了块煤率。

（六）编制产品标准。为创建企业煤炭产品品牌，使煤炭产品系列化、规格化、标准化，为煤炭产品生产和销售提供依据，根据国经贸行业［2003］123号文件、中煤协会科技［2003］15号文件和中煤协会科技［2003］65号文件的要求，峰峰集团于2003年底开始煤炭产品企业标准的起草工作，同时委托煤炭科学研究总院北京煤化工分院对企业标准的制定进行技术咨询，共同完成企业煤炭产品标准制定。当时峰峰集团主要产品以冶炼精煤和动力煤为主，另外还有拟开发的高炉喷吹用煤、烧结用煤和固定床气化用煤3种新产品，故此次制定的企业产品标准有5项，即《冶金焦用煤技术条件》、《发电用煤技术条件》、《高炉喷吹用煤技术条件》、《固定床气化用煤技术条件》和《烧结用煤技术条件》。此5项标准于2004年12月通过全国煤炭标准化技术委员会审查、备案，2005年7月，通过峰峰矿区技术监督局审查、备案。

2007 年，煤业研发部又组织对上述标准进行修订，并制定了《煤矸石、尾煤及煤泥产品技术标准》。本次修订或新制定的 6 项企业标准，于 2007 年 7 月通过峰峰矿区技术监督局审查、备案。

（七）注册焦煤产品商标。为创建个性鲜明的产品品牌形象，为市场所认同和接受，峰峰集团设计了焦煤产品商标。2007 年 11 月，国家商标局受理了商标申请。

第十一节　基本建设

一、基建管理

1989 年至 2002 年底，峰峰局基建处下设矿建科、土建科、机电科。2002 年 11 月，基建处划入企业管理部，工程管理的职能划分到了综合管理科和投资计划科。2004 年，制定了《建设市场管理办法》。管理模式为：

月度验收程序。施工单位完成设计范围内工程的质量、进度、价款，并得到建设单位、监理单位的初步认可。由建设单位通知集团公司主管部门及有关部门到现场验收，建设单位项目负责人、总监、项目经理无特殊情况必须到场参加。验收一般分实测实量组和资料组，分组检查完毕后召开验收会议。验收人员按照规范标准、合同、预算和监理文件认定质量和进度款项，形成决议后，填写《建设工程月度验收表》，作为建设单位计划统计人员上报进度的依据。

单位工程竣工验收程序。单位工程竣工后，施工单位组织本单位人员进行自查、自检。自检合格后填写《河北省建设工程竣工报告》，并将竣工资料报送监理单位。

监理单位预验收。由总监组织各专业监理工程师对竣工资料和工程质量全面检查，对查出的问题，督促施工单位及时整改。对需要进行功能试验的工程（包括单机试车和无负荷试车），监理要督促施工单位及时完成，并负责审查试验报告。预验收合格后，总监签署竣工报验单，并向建设单位提交质量评估报告。

建设单位组织竣工验收。竣工验收前建设单位和施工单位签定好工程质量保修书。收到监理单位的竣工报验单和质量评估报告后，由建设单位先组织预验收，通过后再通知集团公司主管部门及有关责任部门进行竣工验收。建设单位在竣工验收完成后填写《河北省建设工程竣工验收报告》，并负责将竣工资料报送质监站给予认证备案，由质监站签发《建设工程竣工验收备案证明书》。属于安全、消防和涉及重大危险源等特种设备设施及环保工程的验收，由建设单位向集团公司、当地政府部门申请验收，集团公司有关部门协办。竣工验收时，对某些剩余工程和缺陷工程，在不影响交付的前提下，经参加验收单位协商，可要求施工单位在限定时间内完成。

二、设计机构

峰峰局 1953 年就组建了设计部门，先称设计组，后称设计处，负责矿井建设设计工作。1988 年，设计处改称设计院。2004 年改制后，名称改为邯郸市瑞达工程设计有限公司。

1989 年以来，设计部门所承担的设计工作内容，主要是为峰峰局（峰峰集团）所属各矿井的生产水平延深、改扩建工程及扩能技改工程进行设计。主要设计的工程包括：1989 年至 1995 年完成的小屯矿 -300 及 -600 水平延深工程；1997 年和 2001 年分别完成的黄沙矿水平开拓延深系列工程初步设计及施工图设计；1998 年完成的万年矿三水平开拓延深初步设计；2001 年完成的九龙矿二水平开拓延深初步设计；2002 年完成的薛村矿三水平西翼地区开拓延深初步设计和羊渠河矿羊东扩大区工程、通二矿集贤村扩大区工程、牛儿庄矿三水平延深、四矿下组煤试采井初步设计等。

2006 年 10 月，峰峰集团开始了自 1987 年以来的第二轮大规模矿井扩能技改，设计部门如期完成了万年矿、黄沙矿、九龙矿和大淑村矿技改初步设计，为这几个矿井的产量大幅度提高打下了基础。

三、基建施工

（一）矿建

1. 队伍

峰峰局（峰峰集团）的矿建队伍主要有两支，一支是工程处，一支是六十三处。工程处最早成立于1951年1月，当时的名称为峰峰矿务局土建大队，先后更名为峰峰局基本建设工程公司、峰峰煤矿基本建设局、煤炭部河北省煤矿管理局基本建设局、峰峰局基本建设处、峰峰局工程处等名称。1997年，工程处的企业资质由矿山建筑安装工程施工总承包二级，晋升为矿山建筑安装工程施工总承包一级。2001年，国家按照工程总承包、专业承包、劳务分包的序列，重新核定企业资质，工程处因注册资本达不到一级资质要求，而被核定为矿山建筑安装工程施工总承包二级资质。2005年4月，工程处改制为河北纵横工程有限公司。公司拥有先进施工机械设备800余台（件），年施工能力2亿元以上，井巷工程进尺1万米以上，房屋建筑面积5万平方米以上，机电设备安装300余台（件），送电线路上百公里。

六十三处原称煤炭部第六十三处，属煤炭部管理，1986年6月划归峰峰局管理，2002年划入中煤第一建设公司。

2. 施工

1989年到2008年，峰峰局（峰峰集团）矿建施工队伍完成了多项工程项目，并在施工技术等方面进行了创新。

1989至1992年，完成吝家沟矿井下二期、三期及新副井工程。在新副井工程中，采用1.6米绞车提升、1立方米吊桶出矸、绳捆模板支模、JZ350滚筒搅拌机拌浆的工艺进行施工。

1992年，实施了大淑村矿风井千米钻机钻孔地面预注浆工程。1993年夏季开始净直径6米、井深646米的风井井筒施工。采用ZH－6中心回转抓岩机抓岩、3.5米绞车提升、3立方米吊桶出矸、整体大模板支模、皮带机上料、JS500强制混凝土搅拌机拌浆施工。立井施工首次采用“四大”工艺。

1993年4月，在黄沙矿辛安风井施工中，先后遇到了流沙层、富含水层，采取挂箍倒鳞、密背胎板、背板后部充填隔沙材料、超前小排水降低水柱防沙、不做止浆垫、直接炮注堵水、边堵边掘的防沙治水新工艺施工，缩短了工期，节约资金124万元。5月，创峰峰局立井月成井55.3米新纪录。

1996年，承建大淑村矿风井、主井二期巷道工程。1997年7月，承建大淑村矿井下的全部井巷工程，工程量2万多米，多次创出新纪录。

2003年，承建羊渠河矿羊东新风井井筒工程，净直径6米，井筒深度429.6米。因购地极为困难，该风井选择在采空塌陷区内。施工中创造性地使用了在井壁结构中每隔一段设一圈压缩木、在内外层井壁间设EPS泡沫板的塌陷区内凿井施工技术。

2006年2月，承建梧桐庄矿西风井工程，井筒净直径6米，深429.6米，首次采用SJZ6.7伞钻深空打眼爆破、HZ－6中心回转抓岩机抓岩、3.5米绞车提升、3立方米吊桶出矸、整体大模板支模“四大一深”立井施工工艺。7月，创立井月成井80米新纪录。8月，创立井月成井108米的峰峰集团建井最高纪录。提前两个月完工，质量全部优良。

2008年，承建黄沙矿辛安南风井工程，井筒净直径6米，深497米。2008年11月，在遇到57米硬砂岩的困难情况下，成井101米。

2008年，对峰峰集团锡盟查干淖尔一号井进行施工准备工作。在表土厚沙层涌水量大于30立方米/时的条件下，明槽挖掘风井10.2米，首次采用在沙层上浇筑钢筋混凝土底盘后再浇筑混凝土井壁工艺。

（二）土建

1. 队伍

峰峰局（峰峰集团）矿井土建工程，主要由河北大兴建设工程有限公司（原建筑总公司）和河北纵横工程有限公司的建筑分公司完成。河北大兴建设工程有限公司是经河北省建设厅批准的房屋建筑工程总承包二级资质施工企业，拥有国内先进水平的各种施工、加工设备487台（辆），主营矿山地面建筑施工，具有年竣工面积30万平方米、完成施工产值1.5亿元的施工能力。河北纵横工程有限公司建筑分公司拥有塔吊、龙门架、混凝土速送泵、强制搅拌机、铲车、钩机等施工机械设备20余台（辆），具备承建大型建筑工程的能力。2008年，河北大兴建设工程有限公司与河北纵横工程有限公司合并，合并后名称为河北纵横工程有限公司。

2. 施工

1989年后，建筑总公司（大兴公司）承建了峰峰局（峰峰集团）许多生产系统建设项目和地面配套设施建设。在生产系统建设上，承建了五矿硫化铁工程、三矿生产系统扩建工程、小屯矿改扩建系统。五矿硫化铁工程项目包括主厂房、筛粉楼、筛粉破碎车间等11个单位工程，主厂房高29.6米，建筑面积2685.9平方米，体积为2.8050万立方米，长度为56米，跨度为30米。三矿生产系统扩建工程包括选矸楼、转载点、主送皮带走廊、绞车房、井口房等13个单位工程。在地面配套设施建设上，1991年，承建了梧桐庄矿地面联合建筑，该项目包括任务交待室、灯房、浴室等单位工程，建筑面积8185平方米。1992年，承建了大淑村矿地面生产系统。此外，还先后完成了孙庄矿洗煤厂、九龙矿洗煤厂、二矿洗煤厂的厂房承建工作。

工程处（纵横公司）建筑分公司1998年9月承建了大淑村矿主扇风机房，建筑面积860.39平方米，主体一层高11.3米，附属工程有变电所、电机间、两个19.5米高的扩散塔和65.4米的混凝土风道。2000年5月，承建了大淑村矿副井井口房及风道工程，建筑面积377.4平方米，工期8个月。2001年5月，承建了大淑村矿洗煤准备车间、运煤皮带走廊工程，工期12个月。2003年9月，承建了梧桐庄矿物资超市，施工面积2173.7平方米，钢结构工程。2005年3月，承建了马头洗选厂配煤场工程，面积3377.75平方米，包括1号转载点（框架结构，5层，高29.5米）、2号转载点（钢筋混凝土墙，分3层，高13.5米），两个长113米和89米的运煤地道，并且安装水、暖、电、消防、防雷等设施。2005年7月，承建峰峰集团煤化工大型土石方工程，土石方量62万立方米，投入了大型工程机械、汽车等150余辆，保证了该重点工程工期。2006年11月，承建了煤化工35千伏变电站工程，保质保量按期完工。2007年4月，承建了煤化工污水处理泵站工程，该工程由地下污水储水池、地面泵房组成，全部为混凝土结构，储水量3000立方米。

四、工程质量监督

1986年7月1日，峰峰局根据国务院国发［1984］123号文《关于改革建筑业和基本建设管理体制若干问题的暂行规定》中第十六条“改革工程质量监督办法，大中型工业、交通建设项目，由建设单位负责监督检查”；煤炭部煤基司字［1985］69号文《关于工程质量监督问题的通知》中第一条“凡列为大中型建设项目的煤矿建设，……由煤炭部指定的建设单位建立质量监督站，负责质量监督”；国家计委、建设银行计施［1986］307号文《关于工程质量监督机构监督范围和取费标准的通知》中第二条“工业交通建设项目及其配套、辅助（含住宅与文化卫生设施）和附属工程，按项目隶属关系由国务院有关工交主管部门的质量机构负责监督检查”的精神，成立了工程质量监督站。此后数次易名。1999年更名为“河北省煤炭建设峰峰矿区工程质量监督站”。

工程质量监督站的主要职责是：办理建设工程建设项目报监手续，收取质监费；依照国家有关法律、法规和工程建设强制性技术标准，对建设工程涉及安全及主要使用功能的质量进行检查和抽查；对检查出的质量问题，采取暂停施工、返工、处罚等强制措施；对责任主体和有关机构违法违规行为调查取证和核实，提出处罚建议或按委托权限实施行政处罚；对建设单位组织的竣工验收程序、组织形式、执行标准进行监督；对竣工验收合格的工程出具工程质量监督报告；对完成竣工验收的工程进行竣工备案；对工程质量的争议进行裁决，对质量投诉进行处理。

（一）配合河北省中心站完成的13个单项工程

1991年4月27日，九龙口矿井工程；1991年11月27日，薛村矿改扩建工程；1991年12月23日，九龙矿洗煤厂工程；1992年1月10日，九龙矿铁路专用线工程；1995年9月29日，吝家沟矿井工程；

2001年12月7日，梧桐庄矿井工程；2002年7月11日，梧桐庄矿铁路专用线工程；2002年9月7日，大淑村矿井工程；2003年11月16日，五矿矸石热电厂二期扩建工程；2004年8月6日，孙庄矿矸石热电厂二期扩建工程；2004年8月7日，大淑村矿铁路专用线工程；2007年11月18日，梧桐庄矿技术改造工程；2008年8月3日，羊渠河矿矿井改扩建工程。

（二）各专业完成监督的单位工程

1. 矿建专业

1989年至2008年，共监督单位工程2000余个，监督井巷工程量30万余米。认证单位工程1600余个，其中新建矿井项目5个，改扩建项目3个，地方煤矿矿井项目6个，其他工程项目30余个。推广应用"点荷载法"和"拔出法"试验喷射混凝土支护强度，购置检测仪器，利用试验室建立地区喷射混凝土强度统一测强曲线。"点荷载法"和"拔出法"检测喷射混凝土支护强度新技术的推广应用，收到了良好的经济效益。

组织矿建工程质量管理培训班、原材料试验取送样见证人培训班等8次，培训人员453人次。

2003年，主编了全国矿山建设工程质量监督工程师培训教材《矿山井巷工程施工质量监督》。

2002年，六十三处施工的梧桐庄矿潜水泵排水系统矿建工程被煤炭建设协会评为"太阳杯"优质工程。2005年，纵横公司施工的羊渠河矿佐城风井井筒工程被煤炭建设协会评为"太阳杯"优质工程。

20年中，监督的矿建工程未发生过工程质量事故。

2. 土建专业

1989年至2008年，共监督单位工程4100余个，监督建筑面积200万平方米。认证单位工程3000余个，实行备案制后备案150个单位工程。监督新建煤矿4个，改扩建矿井3个，煤矿铁路专用线工程3个，洗煤厂单项工程3个，洗煤厂改扩建单项工程2个，矸石热电厂工程4个，矸石热电厂扩建单项工程3个，煤化工炼焦项目单项工程4个。

积极开展了对企业土建工作进行日常监督和单位质量认证工作。参加了河北省中心站组织的邢台局娱乐中心工程、邯郸局陶二矿技改扩建工程、邯郸局郭二庄矿技改扩建工程、邯郸局玻纤厂工程竣工等质量认证工作。参加了由煤炭监督总站组织编写的《煤炭建设工程质量技术资料管理规定与评级办法》的编写工作。2001年，峰峰局10号住宅楼获邯郸市建委评选的"丛台杯"优质工程。

3. 机电安装专业

建站以来机电专业共监督认证了472个单位工程，合格率100%。

主要监督了以下工程：九龙矿、梧桐庄矿、大淑村矿新建矿井安装工程3个；新三矿、小屯矿、羊渠河矿等改扩建工程5个；四矿、孙庄矿、羊渠河矿等煤焦化安装工程4个；五矿、九龙矿、薛村矿矸石热电厂安装工程4个；洗煤厂安装工程6个；主要输配电安装工程6个；主要热力、煤气安装工程3个；井筒及井下安装工程57个。

（三）主要工作

1. 1986年建站之初，建立健全了内部管理制度，规范了质量监督管理体系。1999年，重新修订了煤炭建设工程质量监督工作程序及内部管理制度，每年都对在建项目编制工程监督计划。

2. 1988年至1995年，实行定点实验室检测，有效治理了乱出检测报告的现象。1995年9月，根据上级规定，建立了检测室，到2008年，共检测出320余批不合格试样。此外，每年都配合安监部门，特别在雨季和冬季开展质量监督大检查专项活动，对参建各方责任主体的质量行为、工程实体质量、工程监理情况进行督查，对查出的问题下达整改通知书，限期整改，对重大问题实行跟踪销号管理，并编制工程质量月报下发各单位。

3. 在质量监督工作全面覆盖的同时，加强了涉及结构安全和主要使用功能重点环节部位的监督力度，确保工程质量监督到位。项目前期准备阶段，坚持先勘察、后设计、再施工的原则，将监督重点放在执行基本建设程序、勘察、设计、监理、施工单位及有关人员的资质和资格等方面。在项目施工阶段，加强工程实体的质量监督和抽查力度：在落实参建各方责任主体上，把落实质量责任、执行建设质量的法律法规及工程技术强制性标准作为重点，把好施工质量关；在原材料监督上，加强进场材料检验、见证取样和送样等环节的监督，把好原材料入场质量关；在工程质量资料整理上，做到资料整理与工程同步，不出现虚假资料；在检查组织上，做好协调工作，确保每次工程质量大检查不留死角，不流于形式；在现场实测实量方面，改进检查方法和手段，增强科技含量，增强监督说服力；在人员自身监督素质方面，加大质量监督人员培训力度，提高监督人员现场发现问题、解决问题的能力。

五、新井建设

（一）*九龙矿*。九龙矿井位于峰峰矿区与磁县交界处，矿井地质储量 2.3016 亿吨，可采储量 7701.6 万吨，设计能力年产原煤 120 万吨，服务年限 52.5 年，并配有年处理原煤 120 万吨的洗煤厂。矿井由邯邢煤矿设计院设计，1982 年 9 月开始筹备，由中煤总公司第一建设公司、建安公司等单位施工。建设期间因国家资金短缺，曾一度停缓建，控制施工。1991 年 4 月 29 日，矿井建成竣工正式投产，由一矿成建制接替。2008 年，生产原煤 146 万吨。

（二）*新三矿*。新三矿是原各家沟矿井，资源储量 6688.2 万吨。2001 年办理采矿证时，根据峰煤总［2000］314 号、冀煤资源字［2000］59 号文批复进行了扩界，将原属三矿井田的北大峪区和黑龙洞区划归新三矿井田，增加储量 3160.2 万吨。新三矿累计查明储量 1.1147 亿吨。矿井设计能力为年产原煤 45 万吨，服务年限五十一年。1992 年 7 月 1 日开工建设，由北京煤炭设计研究院设计，峰峰局工程处、建筑总公司、六十三处和中煤七十三处、筑路处等施工建设。到 1995 年 6 月，各主要生产系统建成。1995 年 7 月 1 日开始试生产，11 月 5 日正式竣工投产。建设工期 39 个月。矿井在筹建过程中，由各家沟矿井 -3.5 水平与三矿 -20 水平运输大巷贯通，与三矿共同使用一个生产系统。1995 年 11 月建成投产后，正式利用各家沟矿生产系统出煤，撤销各家沟矿筹备处，在建制上仍然隶属三矿。1997 年 12 月与三矿实施分离，成立新三矿。矿井只设原煤生产及其服务机构，未设家属区、医院、学校等，成为峰峰局第一个新井新制矿井。2008 年，该矿生产原煤 59.1645 万吨。

（三）*梧桐庄矿*。梧桐庄矿是峰峰局 20 世纪开工建设的最后两对生产矿井之一，于 1989 年 4 月正式筹建，是峰峰局利用国家开发银行贷款和国家资本金建设的大型现代化矿井。1992 年 10 月 1 日开工建设。峰峰局作为项目法人，负责矿井的筹备建设、生产经营和还贷，中煤一公司、四十九处、十处和中煤建安公司七十三处、筑路处以及峰峰局建筑总公司、工程处、六十三处等参与施工建设。矿井地质储量 4.3769 亿吨，可采储量 1.3452 亿吨，设计能力 120 万吨/年，服务年限 80 年。煤种主要为肥煤，是国家比较稀缺的优质主焦煤。2001 年 5 月，矿井建成开始试生产，2003 年 10 月正式生产并达到设计生产能力。2008 年，该矿生产原煤 210 万吨。

（四）*大淑村矿*。大淑村矿是峰峰局 20 世纪开工建设的最后两对生产矿井之一。矿井由石家庄煤矿设计研究院设计，于 1994 年 12 月开工建设，2002 年建成进行试生产，同年 11 月，通过河北省煤矿安全监察局验收，2003 年正式由基建矿井转为生产矿井。矿井工业储量 6480 万吨，设计生产能力 90 万吨/年，服务年限为 59.6 年。煤种以无烟煤为主，兼有部分贫煤。2008 年，原煤产量达到 111 万吨。

（五）*羊东新井*。1998 年 9 月，峰峰局启动羊东延深工程，以解决羊渠河矿采煤地区接续问题。羊东扩大区系羊渠河勘探区的深部，为羊渠河矿向东的自然延深部分。羊东扩大区设计核定地质储量为 1.9920 亿吨，工业储量为 1.0472 亿吨。全区大煤、野青设计可采储量为 8055.35 万吨。羊东扩大区生产能力为 90 万吨/年，服务年限 63.99 年。

羊东扩大区开发分一期、二期工程，一期工程于 1998 年 9 月开始，范围为 -620 米水平以上；二期工程于 2007 年 3 月开始，范围为 -620 米水平以下（即 -850 水平）。2003 年 8 月成立羊东工程项目部，主要负责协调羊东改扩建工作。羊东扩大区是在充分利用羊二已有的工程设施设备和工业广场基础上开发的。主要工程有：

1999 年 10 月至 12 月，新建 -110 压风机房。

1999 年 11 月至 2000 年 3 月，新建 -400 压风机房。

2001 年 7 月至 11 月，对主斜绞车房进行改造，改换主斜提升绞车。

2002 年 3 月至 2004 年 5 月，－400 水平新掘一条皮带运输大巷，将原－400 大巷电机车大巷运输，优化为－400 皮带运输机运输。

2003 年 6 月至 2004 年 9 月，为适应羊东四二扩大区深部通风的需要，并建羊东扩大区佐城风井和井底回风道。

2006 年 1 月至 2008 年 6 月，新建四一和四二区排水、通风、供电等系统。井巷工程量总长度 2. 0408 万米，掘进总体积 31. 275 万立方米，项目总投资 2. 9731 亿元。

上述工程自 1998 年 9 月开工，到 2008 年 6 月已全部完工。2008 年 7 月 10 日至 9 月 30 日进行了联合试运转，并通过河北省专家组评审。

第十二节　煤炭运销

1950 年初，峰峰局原来管理煤炭销售工作的人员及全部业务划归燃料工业部经理司，峰峰局成立办事处。1953 年初，峰峰办事处奉命撤销，重归峰峰局领导，为局经理处下设的销售科。1954 年成立营运科。1956 年设立营运调度台。1957 年与经理处合并，1958 年又分开。1967 年营运处归局后勤部，改为营运组。后曾与选煤处合并为营选处。1972 年单独成立营运处。1985 年改名为运销处。1986 年 4 月成立“峰峰矿务局煤炭运销公司”。公司与运销处合署办公，一套人员，两块牌子。1995 年 9 月，峰峰局将加工利用处（选煤处）划归运销处（运销公司）领导。2002 年 11 月，峰峰局进行体制改革，将运销处划分为三个部门。一部分改制为煤炭运销分公司，将原矿（厂）运销（营选）科与销售业务密切相关的人员，即销售业务员、轨道衡和汽车衡的司磅人员、验车人员及驻（火车）站员，划拨到运销分公司。同时将各矿（厂）轨道衡、汽车衡及配套微机、打印机等资产划转到运销分公司。全局统一煤炭销售，由煤炭运销分公司负责煤炭产品的收购和销售。一部分组建为铁路运营分公司，负责企业内部专用铁路线设施、自备机车和自备车辆的专业化管理，以及部分专用线路上的调车作业。同时成立煤业研发部，属职能部室。

一、销售

1998 年，受亚洲金融危机影响，煤炭市场销售疲软，运销处（运销公司）首次设立了驻石家庄市办事处，负责协调石家庄铁路分局、路局和铁道部、河北省经贸委、河北省煤炭局运销处、河北省电力局的煤炭发运等工作。

2002 年底，局成立煤炭运销分公司，峰峰局所有煤炭产品由分公司对外统一进行销售，实行“统一订货、统一定价、统一调运、统一结算、统一回款”的“五统一”销售原则。

煤炭销售流程如下：

路运销售流程。所有路运煤炭销售，必须由分公司销售科依据合同管理办法，履行合同审批手续，签定合同。合同签定后，分公司调运中心负责提报铁路运输计划。计划批复后，重点用户可以根据批复的计划组织请车。对于非重点用户和新增用户必须要凭加盖财务收款章（确认收到货款）的请车发运通知单，方可组织请车。车辆到达后，由驻矿（厂）销售部协调矿（厂）运销部门组织验车，清扫车底，修复坏车并装车、过衡计量。

汽运销售流程。重点用户的汽运销售，由分公司销售科依据合同下达重点用户地销通知单，经信息科审核后，通过网络下达相应的矿（厂）销售部。矿（厂）销售部依据通知单办理取煤手续，通知煤场装车，并过磅计量。

非重点用户和新增用户的地销，必须先收款。由销售科根据价格目录、购煤数量，计算应交款额，填写收款通知单，到财务办理交款手续。信息科根据加盖财务章的交款通知单，依据价格目录及公司的相关规定审核无误后，通过内部网络下达到相应的驻矿（厂）销售部。矿（厂）销售部依据通知单办理取煤手续，通知煤场装车，并过磅计量。

驻矿（厂）销售部可以根据分公司下达的销售计划，办理一次性购煤在1000吨以下的零星用户的汽运销售。零星用户的销售必须先收款，后办理取煤手续，并严格执行公司下达的目录价格。

为堵塞漏洞，分公司流程明确规定，办理的汽运取煤卡片必须要由驻矿（厂）销售部销售业务员、收款业务员和经理三人签字，方可生效。

二、铁路运输

2002年11月，峰峰局组建了铁路运营分公司。2003年7月获得河北省地方铁路运营资格，负责企业内部专用铁路线设施、自备机车和自备车辆的专业化管理，以及部分专用线路上的调车作业。2004年3月，铁路运营分公司成立新三矿作业站筹备组，同年9月，新三矿作业站建站，接管了临—梧线取送车业务。之后又组建了羊二、孙庄、羊九等7个基层作业站。

随着矿井原煤产量的不断增加，铁路运营分公司不断加大铁路专用线建设和设备更新工作，逐年对所属专用线的超期限钢轨进行更换，对失修路段进行大修。铁路专用线也随着国铁的发展而进行技术更新，钢轨从建局之初的P38全部更换为P43和P50。对临—梧线、大淑村矿线、孙—黄线等路段进行达标整改，先后推广应用了ABC管理法、“一调二选三结合”控制法等先进管理办法，有效提升了线路管护水平，使不达标的铁路专用线逐步达到原设计标准，实现了铁路专用线向专用铁路的提升。2005年6月，新坡—羊二线、羊二—小屯矿—大淑村矿线和羊二—牛儿庄矿—薛村矿线被铁道部批准为专用铁道。同年10月，临水—新三矿—梧桐庄矿专用线被批准为专用铁道。2006年7月，新坡—九龙矿线、新坡—羊一线被批准为专用铁道。道岔也由原来的拼装道岔完全更换为整铸P43和P50型道岔。枕木大部分更换为S-2型和J-2型砼枕，道碴也按照规范定期进行更换，满足了煤炭铁路运输的需要。购置了机车，在机车上装配了记录仪等先进仪器，提高了运输效率。在调运管理上，优化了调运管理程序，建立健全了运输预案，制定了车辆分流、待避等多种运输方案，提高了运输的调控能力。完善了《技术作业图表》和机车信息化监控管理，加强了运输过程的控制，并根据作业图表记录数据进行运量分析、考核。运用GPRS监控技术，对机车进行24小时不间断监控。加强了对基层作业站运量信息的跟踪，及时指导基层作业站运输工作，保证了运输工作科学有序，提高了运能运效。2003年至2008年，累计完成铁路运量3508.14万吨，其中调入洗原煤累计完成2062.53万吨。

三、外购煤

2004年，为提高精煤产量和经济效益，峰峰集团及时调整产品结构，开始收购外来煤入洗。外来煤全部配洗内部瘦原煤和贫瘦原煤，入洗原煤种类逐渐增多。2007年和2008年，煤炭市场形势持续好转，峰峰集团大量收购外来煤配洗，外购煤量达到300万吨/年以上。

第二章 科技进步

旧中国的峰峰煤矿，基本无科学技术可言。1950年，峰峰局采矿工程技术人员仅有79人，工程师职称以上者仅4人。为适应生产建设发展的需要，峰峰局采用培养工人技术人员、选送职工上学和争取国家分配的办法来壮大技术队伍。1956年，峰峰局成立煤矿科学研究室。到1965年，工程技术人员达765人，其中工程师78人。1978年以后的十年，峰峰局科学技术发展迅速，技术队伍也迅速壮大，至1988年，工程技术人员达2188人，工程师职称以上有514人，专业门类齐全，还有了一批专业从事科研的技术人员。在开展科技活动方面，从1949年建局开始，峰峰局就对传统落后的残柱式采煤方法进行改革。1950年，一矿开始采用缓倾斜走向长壁采煤方法采煤，又试用留煤假顶分层采煤法，这是峰峰煤矿开采史上的一大革命，后来在全国煤炭系统得到了推广。1955 年，由于峰峰局使用截煤机成功，煤炭部在峰峰局召开截煤机使用现场会。同年，峰峰局开始在大煤煤层实行分上、中、下三层回采，这也是峰峰局采煤史上的又一大进步，不仅大大提高了煤炭的回收率，而且降低了材料消耗，促进了安全生产。1977 年，峰峰局成立煤炭科学研究所，1981 年 5 月，成立科学技术委员会，1985 年成立科学技术协会和煤炭学会，1987 年成立职工技术协作委员会。各科技组织积极开展科技情报工作和科技活动，进行学术交流。据不完全统计，从建局到 1988 年，共完成科技项目 1400 多项，可以分项计算的经济效益达 5500 万元。在地质测绘方面，1950 年峰峰局建立了测量科，1952 年成立了地质勘察处，并开展矿井地质工作，积极参与了“一五”时期的地质勘探会战、邯邢煤建指挥部的勘探会战。1955 年，峰峰局在地质测量处成立了钻探队。1984 年地质勘探队独立，地质队伍不断发展壮大，从 1955 年的 3 台钻机、70 多名队员，发展到 1990 年的 8 台钻机、500 多名职工。在钻探施工技术方面，20 世纪 50 年代、60 年代，只能施工小于 500 米孔深的钻孔，到 80 年代则突破了千米深孔。在井下测量中，峰峰局积极推广和应用新仪器、新技术，从井上下联系测量、井下主导线测量、贯通测量等广泛应用光电测距仪、陀螺经纬仪、激光指向及投点等，大幅度提高了测量效率和测量精度，完成了井下生产测量、井上下联系测量、井下平面控制测量、井下高程控制测量、采区测量和施工测量等任务，为峰峰局生产建设提供了有力保障。此外，峰峰局开展的“三下”采煤研究、岩层与地表移动的观察和研究等课题，在国内 8 个方面起到了学术带头作用，3 个方面达到 20 世纪 80 年代初国际先进水平。计量、电算应用、地震预测也取得了很大成绩。到 1988 年，峰峰局配置标准器具 205 台，基本形成计量检测工作网，全局有电子计算机 60 余台。1981 年建立地震台后，在 1988 年 1 月 3 日和 12 月 18 日磁县两次地震前，都向邯郸地震局作了“本区有小震发生可能”的预报。

1989 年后，峰峰局（峰峰集团）继续紧密围绕生产经营发展目标，坚持科学技术是第一生产力的思想，坚定不移贯彻执行依靠科技进步的方针，科技工作面向经济建设，为经济建设服务。大力推进“科技兴企”、“科技兴安”战略，加大科技投入，完善科技创新机制，实施全方位科技攻关和科技创新活动，在采掘机械化、巷道支护、“一通三防”、防治水、“三下”采煤、地质测绘、信息化、产品结构调整和企业管理现代化等方面做了大量工作，一大批科技成果和先进技术得到推广应用，大大提升了企业整体科技水平。在煤炭生产方面，结合峰峰煤田的具体情况，大力推广新技术、新工艺、新产品、新设备，进行“三下”采煤攻关，走出了一条科技创新之路，从普采到高档普采，从高档普采到轻型综采放顶煤开采，开采技术水平一步一个台阶，工作面单产和全员效率不断提高。在产品结构调整方面，1992 年，自行承担了煤炭产品结构优化工作大型课题研究，采用科学优化的方法，提出了峰峰局煤炭产品结构优化方案，编写了《峰峰矿务局煤炭产品结构优化报告》。组织实施了一系列研发课题，与煤炭科学研究总院北京煤化所合作开展的“峰峰矿务局煤质评价和煤加工利用途径的研究”项目，获 2003 年度河北省煤炭工业协会科技进步三等奖、峰峰集团科技进步一等奖。在地质测绘方面，利用先进的测量、物探仪器，紧紧围绕煤炭生产开展工作，服务于基层，为矿井的高产高效和安全生产作出了贡献。在通信方面，1989 年后进行了建局以来规模最大的通信改造，采用了数字程控交换机、数字微波、光纤通信、卫星通信、移动通信、漏泄通信等先进的技术装备，实现了数字传输。20 年来，峰峰局科技工作面向企业经济建设，获国家、省、市科技成果奖 242 项，有力促进了企业发展。

在科技管理体制上，1989 年，原峰峰局煤炭科学研究所下设有科技管理科、科技情报室、“三下”采煤研究室、计量科、综合办公室、技术委员会（科协）、地震台、计算机室等科室。1995 年 8 月，煤炭科学研究所撤销，科技管理划归到总工程师室。科技情报室、技术委员会（科协）、计算机室、地震台等部门组成峰峰局科技信息中心，下设科技信息、计算机软件开发、计算机硬件维修、综合管理（科协、办公室、地震台）等科室。2002 年 11 月，原峰峰局科技信息中心撤销，计算机软件开发和计算机硬件维修划归到通信信息中心，并成立由局总工程师办公室、水文地质测量处、迁村处、资源管理处等 4 个部室组建的科技发展部，科技管理和科技信息合并，划归科技发展部。20 世纪 70 到 80 年代，通信隶属于生产处，名称为电信队。后来隶属于行政处水电科，名称为峰峰矿务局总机。1990 年成立通信科。1994 年从行政处分离成立峰峰矿务局通信中心。2001 年计算机中心和通信中心合并。2002 年机构改革，更名为通信信息中心。

第一节　科技管理

一、科技管理制度和活动

（一）制度建设

1989 年，峰峰局编制了《“八五”时期科技发展规划提纲》。同年，组织市级以上科技成果鉴定 7 项。

1990 年，下发了《关于加强科技管理工作的若干规定》，强调各单位建立健全科技管理机构，明确总工程师负责科技管理工作。制定了科技计划管理、科技成果管理、科技经费管理办法。同时，编辑出版《科学技术政策法规选编》。同年，组织市级以上科技成果鉴定 7 项、局级科技成果鉴定 23 项。

1991 年，在全局科技人员中开展了“讲理想、比贡献”竞赛活动，下发了《“讲理想、比贡献”竞赛活动奖励实施细则》，鼓励广大科技工作人员发扬献身、创新、求实、协作的科学精神，促进企业的技术进步和管理水平提高，落实科技兴局的战略目的。为加强科技发展基金的使用与管理，充分发挥科技发展基金作用，下发了《科技发展基金管理细则》，明确科技发展基金来源、使用范围、资金使用原则和拨款程序。同年，组织市级以上科技成果鉴定 14 项、局级科技成果鉴定 60 项。

1992 年，为加快科技兴局战略的实施，尽快使科技成果转化为生产力，提高企业经济效益，制定了《科技兴局奖励办法（试行）》和《科技论文评优的有关规定》。为保证煤炭生产和“八五”规划顺利完成，下发了《关于推进技术进步的若干规定》。同年，组织市级以上科技成果鉴定 23 项、局级科技成果鉴定 60 项。

1993 年，完善科技进步奖和设立科技及生产技术管理先进集体奖，提高了科技进步奖奖金标准，并设立了特等奖。同时正式设立了峰峰局科技管理、生产技术管理先进集体奖。同年，组织市级以上科技成果鉴定 12 项、局级科技成果鉴定 66 项。

1994 年，进一步完善科技成果奖励办法，下发了《科学技术进步奖励办法》。同年，组织市级以上科技成果鉴定 13 项、局级科技成果鉴定 54 项。

1995 年，组织市级以上科技成果鉴定 28 项、局级科技成果鉴定 49 项。

1996 年，结合峰峰局实际情况，重新制定了《科学技术进步奖励办法》，确定了申报奖励条件、程序和奖励标准等。下发了《关于在科技兴局活动中作出突出贡献的集体和个人奖励办法》。为强化科技管理，提高科技管理水平和业务素质，加快科技兴局的步伐，有计划、有组织开展科技活动，制定了《科技管理工作考核评比与奖励办法》。同时，为加强对医疗卫生成果的管理，规范医药卫生科研工作，促进医药卫生事业更好地为生产建设服务，制定了《医药卫生科研成果管理的有关规定》。同年，组织市级以上科技成果鉴定 21 项、局级科技成果鉴定 53 项。

1997 年，组织市级以上科技成果鉴定 16 项、局级科技成果鉴定 68 项。

1998 年，组织市级以上科技成果鉴定 15 项、局级科技成果鉴定 47 项。

1999 年，组织市级以上科技成果鉴定 11 项、局级科技成果鉴定 33 项。

2000 年，将上级新颁布的有关科学技术方面的政策、法规选编成册。同年，组织市级以上科技成果鉴定 4 项、局级科技成果鉴定 45 项。

2001 年，组织市级以上科技成果鉴定 4 项、局级科技成果鉴定 45 项。

2002 年，修改完善了《加强科技管理工作的若干规定》，进一步强调了建立健全科技管理机构，明确了科技管理的主要工作任务，增加了科技项目可行性论证报告的主要内容等。同年，组织市级以上科技成果鉴定 7 项、局级科技成果鉴定 50 项。

2003年，将原《科学技术进步奖励办法》修订为《科学技术进步奖励条例》，制定了新的科技成果评分标准，奖励标准大幅提高，增加了节能项目奖励。修订了《合理化建议奖励条例》（试行）。重新修订了《科技管理工作考核评比与奖励办法》。同年，组织市级以上科技成果鉴定6项、集团公司级科技成果鉴定58项。

2004年，制定了《关于科技管理工作的规定》、《科技项目管理办法》、《新产品、新工艺、新技术开发管理办法》。在科技管理工作中，管理模式由被动管理转向主动管理和自主型管理，使科技管理更加适应市场经济发展的要求。科技创新管理体系实行了“三维交错”管理，即在垂直纵向系统（如上下级关系）、横向系统（如各部门、各单位之间的关系）和时间顺序三个方向上进行有效的组织协调与控制，提高管理效率，加大产出投入比。同年，组织市级以上科技成果鉴定10项、集团公司级科技成果鉴定61项。

2005年，组织市级以上科技成果鉴定11项、集团公司级科技成果鉴定68项。

2006年，组织市级以上科技成果鉴定17项、集团公司级科技成果鉴定81项。

2007年，制定了《专利工作管理办法（试行）》。同年，组织市级以上科技成果鉴定13项、集团公司级科技成果鉴定63项。

2008年，组织市级以上科技成果鉴定8项、集团公司级科技成果鉴定56项。

（二）科技活动

1989年以来，峰峰局（峰峰集团）每年都召开科技工作暨表彰大会，大力表彰优秀科技工作者、科技工作先进集体和先进工作者、技术革新能手、优秀科技成果、合理化建议、优秀论文等。

1992年，在全局举办了“100推”技术刊授班，各生产矿井的区队干部、技术人员、班组长、生产骨干等学习了提高炮采工作面单产新工艺、菱形金属网在煤矿中的应用、煤矿瓦斯防治、煤矿粉尘防治、单体支柱工作面支护质量与顶板动态监测方法等内容。

1994年9月，在五矿召开《峰煤科技》创刊15周年座谈会，河北省煤炭厅技术发展处、中国矿大北京研究生部、河北省煤炭科技情报中心站、《河北煤炭》编辑部、《冀煤信息报》编辑部等单位致贺。

2004年，组织了峰峰集团科技与管理论文征集活动。

（三）情报及刊物

峰峰局（峰峰集团）煤炭科学研究所科技情报室，设有情报编译组、文献组、科技声像组，负责刊物编辑、外文翻译、情报调研、网站活动和科技情报文献资料的收集、分编、归类上架、借阅查询等，1989年实现计算机检索。

1988年至2008年，《峰煤科技》共出版发行85期，刊登各类论文3518篇，837万余字。

1988年至1992年，《科技参考》共出版发行69期。

1988年至1993年，《科技情报资料目录》共出版发行17期。

1989年，峰峰局在通二矿召开全局科技情报工作会议，调整、充实和加强了科技情报站的领导。13个生产矿和邯郸洗选厂、马头洗选厂、机械总厂成立情报分站，任命了分站站长，明确了情报联络员。全局科技情报工作体系基本形成，并拥有250多人的网员队伍。

1989年，翻译、选编了《澳大利亚煤矿开采方法与煤柱设计研究》技术资料，共计30万字，150幅插图。

1989年，在《河北煤炭》第三期上刊出“峰峰局专辑”，载文20余篇，约11万字。

1991年9月16日至17日，河北省煤炭厅组织有关专家，对峰峰局的科技情报工作进行验收检查，认为达到了煤炭企业情报二级标准。

1991年，《峰煤科技》获河北省煤炭科技情报成果二等奖。

1992年，《峰煤科技》获优秀煤炭科技期刊（非正式）三等奖，在全国局级刊物中排名第二。

1993年，《峰煤科技》获河北省科技期刊学会封面设计优秀奖。

1993年8月，峰峰局正式开通X.25信息网。

1993 年至 1994 年，《X. 25 信息快讯》共出版发行 40 期。

1995 年至 2008 年，《科技信息》共出版发行 210 期。

2006 年 11 月，建立了峰峰集团煤炭数字图书馆，链接在峰峰集团局域网站，供各单位查询、检索。

2008 年，科技图书馆藏量 7343 册，科技期刊馆藏量 1. 83 万余册，声像资料 1200 余小时。

（四）学术交流

1989 年 5 月 19 日至 20 日，峰峰局在一矿召开了“峰峰矿务局建筑物下采煤专题报告会”，负责开采、设计、测量的工程技术人员共 53 人参加了会议。

1990 年 6 月 23 日至 7 月 8 日，峰峰局煤矿地层控制技术考察组一行 5 人，对苏联顿巴斯矿区、全苏矿山测量和岩体力学研究总院及乌克兰分院进行了煤矿地层控制和建筑物保护技术考察。

1990 年 10 月中旬，应峰峰局邀请，以全苏矿山测量和岩体力学研究总院诺瓦尔罗夫为团长的苏联地层控制与建筑物保护技术考察团一行 5 人，对峰峰局进行了回访和技术考察，并为峰峰局技术人员讲课。

1992 年 6 月 12 日，由河南省煤炭厅、河南省煤炭研究所组织的河南省郑州、鹤壁、焦作、义马四个统配局科技和情报工作负责人考察团来峰峰局参观、学习。

1996 年 11 月 1 日至 14 日，峰峰局放顶煤开采工艺及技术装备考察团对山东省枣庄矿务局七五矿、兖州矿务局鲍店矿、徐州矿务局旗山矿和张双楼矿、大屯煤电公司孙庄矿、郑州矿务局超化矿以及泰安煤机厂、郑州煤机厂进行了考察，调查研究“三软”煤层、大倾角厚煤层放顶煤开采工艺及技术装备。

二、科技开发

在科技发展中，峰峰局（峰峰集团）十分注重科技开发，坚持走“产、学、研”相结合的道路，主动与大专院校和科研机构合作，借脑发展。1989 年到 2008 年，先后与煤炭科学研究总院北京开采所、唐山分院、抚顺分院、西安分院、重庆分院、上海分院、太原分院，以及中国矿业大学、中国矿业大学北京研究生部、天津大学、辽宁工程技术大学、河南理工大学、河北省煤研所、河北工程大学、山西理工大学、湖北工学院、山东科技大学、北京科技大学、中国地质大学（北京）、华北科技学院、哈尔滨煤机研究所、石家庄经济学院、天津民意电器厂、唐山开诚电器、北京东方飞龙公司、北京辅龙电子有限公司、河北信产科技公司等单位，共合作 229 项。主要开发的项目有：

《俯伪斜“三软”大倾角煤层轻型支架放顶煤回采工艺研究》。该课题研究立足于我国大倾角厚煤层具体的地质和生产条件，尤其是峰峰矿区的地质和生产条件，使用国产轻型放顶煤支架，改革该类煤层的现有采煤方法，完善综采放顶煤理论，提高综采放顶煤开采的经济技术指标，提高轻型放顶煤支架的适应性，从根本上解决俯伪斜“三软”大倾角煤层开采的高产、高效率、高效益、安全等问题。

《高角俯伪斜综放面自然发火预测预报及其防治技术》。该项目通过理论分析研究，揭示了煤自然发火的机理、过程，提出了任何一种煤都具有氧化放热特性，某一种煤的氧化放热性强弱，取决于这种煤的分子结构特性；通过现场采取煤样，在试验室进行自燃倾向性测定、煤的自然发火期的测定、煤的粒度与氧化自燃特性关系实验、煤样程序升温自燃特性实验、空隙率与漏风量关系实验，掌握煤的氧化性能和放热性能；以人工巡回采样分析为主，埋管监测与人工采样分析相结合的预测方法可有效预测煤层自然发火。确定工作面煤自然发火预测临界值为：一氧化碳绝对发生率为 0. 012 立方米/分；研制了不产生氨气的井下堵漏风黄泥浆改性凝胶材料。

《峰峰集团特大溃水灾害治理技术》。该项目主要研究内容为：突水资料研究分析：突水水文地质条件研究分析、通道类型划分、水动力特点确定、具体的流水路线分析；封堵技术路线选择；骨料类型的选择；骨料充填工艺；注浆材料的选择；注浆工艺技术研究；快速钻进工艺技术研究。主要应用于矿山防治水领域，尤其是治理矿山特大水灾领域。

《煤泥分级浮选工艺及其关键技术的研究和应用》。该项目针对煤泥混合浮选工艺中存在的问题，提出了分级浮选工艺改造，并进行分级浮选工艺的应用实践，以不同粒级煤泥的表现的可浮性、选择性、比表面积的差异为突破点，首次提出并成功实践了煤泥分级浮选工艺，成功实现了浮选参数自动化。技术水平达到了国际先进水平；旋流微泡浮选柱技术集浮选和重选于一体，在一个柱体内能够完成粗选、精选、扫选作用；快速双隔膜压滤机采用独立进气结构；高效压滤脱水工艺采用自留与风压给料。分级浮选工艺的实践效果：提高了入浮煤泥的分选精度，改善了整个洗煤工艺效果，具有明显的优越性，是解决难浮煤泥浮选的根本途径。

《大尾梁支架综放开采技术研究》。大尾梁支架综放开采技术是峰峰集团根据所属矿井地质赋存条件，为进一步提高综放开采工作面的单产和效率，开发研制的一种新型的ZF2600/16/24综放支架及成套设备。提出既要解决端头支护问题、又要实现不规则工作面任意增减支架的问题。该大尾梁综放成套设备在工作面采用同一种架型，基本架从机头布置到机尾，可以代替过渡支架，对因地质条件复杂造成的不规则工作面，实现了增减支架不受影响，彻底解决了综放工作面上下端头处高档段支护问题，增加了工作面端头的安全可靠性，为职工创造了良好的工作环境。

《峰峰集团应用新技术优化通风系统及防治瓦斯、自然灾害研究》。该项目对峰峰矿区的地质条件与瓦斯赋存情况进行了分析研究，得出了瓦斯赋存状况与不同地质条件（地质构造、埋藏深度、煤厚、煤的变质程度、围岩等）的关系，并按瓦斯赋存情况将峰峰矿区划分为五个瓦斯带，实施了因地制宜的“分带”治理措施，并且进一步分析校验了瓦斯突出的临界指标，对集团公司瓦斯管理和防治煤与瓦斯突出工作起到了重要指导作用。

《峰峰矿区“三下”采煤全局性战略与技术途径研究》。该项目围绕峰峰矿区“三下”采煤所面临的新问题，采用现场实测、资料分析、理论分析、规划设计、开采试验等研究手段，进行了以下方面的研究：峰峰矿区“三下”压煤基础资料汇集、特点趋势的全面分析，信息系统的建立；分析总结本矿区各类开采条件下的地表移动规律，确定地表移动的基本参数；分析“三下”采煤基本技术途径，总结本矿区的“三下”开采实践经验，研究新形势下的技术方向；研究制定峰峰矿区“三下”采煤全局性战略、建立“三下”开采方法选择模型；按照上述战略思想寻求采出率高、经济有效、技术可行的技术途径；进行峰峰矿区“三下”采煤全面的规划设计；“三下”开采试验与应用研究。

《深部“三下”开采岩层移动与变形时空协调控制技术及其应用研究》。该项目对峰峰矿区“三下”采煤全局性的战略思想进行研究，并寻找提高采出率的“三下”采煤技术途径，建立“三下”开采方法的选择模型，总结并分析“三下”采煤的主要影响因素；制定峰峰矿区“三下”采煤的详细规划，对峰峰矿区地表移动规律进行研究；建立“三下”采煤的地理信息系统，并按照制定的“三下”采煤新战略与技术途径，针对不同的地质开采条件，设计并提出具体的村下采煤方案，一边进行“三下”开采试验。

《微震监测技术在煤矿防治水中的应用与研究》。该项目在峰峰集团梧桐庄矿对开采过程中具有突水隐患的182106工作面，在国内外首次采用高精度微地震监测技术用于煤矿底板突水的监测和预警研究。监测工作面推进过程中煤层顶板、底板的三维破裂发展过程、破裂的程度、破裂的范围；监测工作面及其周围范围采动影响范围内断层的活化规律，实现地质异常体活化发展过程的三维定位，并诊断是否具有导水的可能性，为下一步制定防治水方案提供依据；监测工作面及其周围采动影响范围内可能存在的隐伏断层或其他可能导致突水的构造；根据监测结果、底板岩层条件和承压水参数，研究底板岩层运动与承压水运动的关系，对工作面煤层底板突水进行判别、评价和预测预报，达到实现工作面突水预警的目的；根据监测结果，划定工作面周围具有突水危险的区域范围，验证工作面安全煤柱的科学合理性，用于以后指导工作面开采设计和防水设计；根据煤层地质条件，研究测区布置和监测方案。

三、科技投入

1989年后，峰峰局（峰峰集团）不断加大科技投入，使科技工作保持了快速发展。1991年，峰峰局下发了《科技发展基金管理细则》，建立了峰峰局科技发展基金，专款专用。2004年开始，峰峰集团按新的《关于科技管理工作的规定》，实施科技资金管理。从2004年起，峰峰集团每年列出专项资金500万元，用于科研项目。根据本年度科技项目所需资金编制科技资金计划，计划由集团公司总工程师审批，企业管理部门审核备案，财务管理部门负责拨付资金，科技发展部门对资金使用情况实行全过程跟踪管理。

历年科技经费投入一览表

年度	经费（万元）	年度	经费（万元）
1989	47	1999	2196
1990	90	2000	2610
1991	287.8	2001	1860
1992	240	2002	2750
1993	180	2003	2930
1994	292.5	2004	3100
1995	687	2005	4460
1996	1000	2006	5120
1997	1790	2007	6800
1998	2526	2008	8240
合计	47249.3万元		

四、新技术、新工艺、新产品、新设备推广

1989年，在全局推广应用了煤巷锚杆支护技术、轻型综采放顶煤支架、岩巷定向断裂爆破技术及聚能爆破技术、煤电钻综保装置、隔爆真空电磁开关等。

1990年，在全局推广应用了矿井地质小构造探测技术、厚质煤层分层开采用菱形网、单体液压支柱修复成套设备、回采巷道锚杆支护技术、矿井综合防尘技术。

1991年，在全局推广应用了回采工作面支护质量与顶板动态监测技术、塑料带锚杆及竹锚杆、新型采场背顶材料、岩巷掘进双降技术、轻型锚杆钻孔掘进机械化作业线、矿用泄露通讯系统、新型柱齿钻头、煤巷掘进光爆技术、矿井通风系统优化等。

1992年，在全局试点推广了新型矿车轮对、采准巷道锚杆支护、菱形金属网铺设、“三小”锚杆支护、锚喷支护、锚喷除尘器、液压钻车作业线、计算机技术应用、配煤入洗等技术。

1993年，在试点的基础上，重点推广了下述项目：新型矿车轮对；“三小”锚杆岩巷掘进机械化作业线，在全局岩巷中推广使用7900米；采准巷道锚杆、锚网支护技术的应用，全局推广1.1万米，其中锚网1000米。同年，开始推广洗煤厂洗水闭路循环、磁化水喷雾、自动化喷雾等技术。

1994年，在全局推广了高效节能局扇风机69台、采准巷道锚网带组合支护500余米、工字钢可缩支架600多米。

1995年，在全局重点推广了倍力耐磨润滑油添加剂、梯形可缩支架、风机变频调速技术。

1996年，全局重点推广项目有：新型高效节能风机、水泵；建（构）筑物下采煤技术；新型高效节能流化床锅炉；采煤工作面应用π型长钢梁支护新技术；微乳不燃液；无压风门；煤巷掘进排放瓦斯自动监控技术等。至1996年，推广新型轮对矿车1741辆。

1999年，轻型放顶煤技术在8个矿井的9个工作面推广应用。

2000年，试点推广岩巷“三掘三喷”新工艺。2001年在全局推广应用。

2002年，推广应用主通风机性能在线监测技术以及皮带机软起动技术。

2003年，在集团公司范围内21个轻放工作面推广应用节煤器，全年共多回收煤炭18万吨，煤炭回收率提高4.2%。推广应用岩巷、煤巷新“三小”工艺以及单体液压支柱镶不锈钢套修复技术。

2005年，地测信息系统在全集团公司10个矿井推广应用。化学注浆加固技术在全集团公司范围推广使用。

2006年，大尾梁轻放液压支架在轻放工作面端头支护中推广应用。在全集团公司推广应用可视化通

防安全动态监测平台及自钻锚固支护技术。

2007 年，推广使用大尾梁支架成套设备、斜井安全运输监控装置。在全集团公司范围推广使用绿色及特殊场所照明设备。在财务管理方面推广应用用友 NC 财务集中管理系统。

2008 年，推广应用岩巷掘进机、KJ137 煤矿电网重大事故防控系统、锚索（杆）巷道顶板离层监测技术和矿井电机车斩波调速控制系统。

五、科技统计、科技档案

1989 年至 2008 年，每年 6 月和 12 月，统计企业科技活动情况。主要内容包括：科研项目名称、项目来源、合作形式、技术经济目标、科技活动人员、科技经费支出、科技项目情况、科技机构情况、科技活动产出情况、技术改造和技术获取等，为邯郸市统计局和企业管理部门、财务管理部门提供相关数据。

科技档案管理按照搜集、整理、分类、登记建档、归档流程执行。科技档案主要包括列入局（集团公司）或上级科研计划项目的计划任务书、可行性研究论证报告、鉴定材料、请奖材料，以及有关科技进步工作的文件、会议资料等。并提供科技档案查询、借阅等服务。

第二节　科技进步及科技成果

一、采掘方法改革及采掘机械进步

（一）采煤机械化

20 世纪 80 年代末至 90 年代初，峰峰局主要采煤工作面以高档普采工艺为主，支护使用单体液压支柱和铰接顶梁，采煤机以 MLS3P－170 和 MDY－150 为主，刮板输送机为 SGB630/150。薄煤采煤机使用 BM－100 和 MG－150B。

1992 年 1 月，开始调研无链牵引采煤机，7 月在羊渠河矿开始使用 4MG－200W 无链牵引采煤机、SGD630/150 刮板输送机，称为新高档普采。

1994 年，开始自主研制轻型放顶煤支架。1995 年 4 月完成设计，7 月完成样机制作，1996 年 1 月第一套 ZFQ2000/15/23 轻型低位放顶煤支架（整体顶梁）在羊渠河矿进行工业性试验，取得成功。采煤机使用 MG－200W，前部刮板输送机使用 SGD630/220，后部刮板输送机使用 SGB630/150。1997 年在五矿推广应用。1997 年 6 月，开始研制第二代（有伸缩梁和侧护板）轻型放顶煤支架，11 月完成样机，1998 年一季度在小屯矿、新三矿应用。放顶煤技术装备第一次实现了成套装备技术的自主研发，取得相关成果 20 余项。它的应用解决了厚煤层一次采全高技术难题，机械化水平得到突破，实现了矿井高产高效。而且还向全国多个局、矿进行技术输出，得到推广应用。

1996 年 12 月，研制成功了 MG－200BW 型薄煤采煤机，在小屯矿、薛村矿试验成功。1998 年又研制成功 MG－300BW 型薄煤采煤机，在牛儿庄矿试验成功，取得国家专利，获煤炭工业科技进步奖和优秀成果奖。

2005 年，轻放装备升级，采煤机使用 MG－375W，基本替代了 MG－200W，使工作可靠性进一步提高。在万年矿 1301 采煤队轻放单产达到 124.0125 万吨。

2005 年 3 月，进行了大尾梁支架综放开采技术研究与应用，研制开发了架宽 1.5 米的 ZF2600/16/24BA 型大尾梁综采放顶煤支架，配套 FMG150/355－W 采煤机和 SGZ－630/220 铸焊结构双速启动刮板输送机，在大淑村矿 172104 工作面进行工业性试验，取得成功后在峰峰集团推广应用。

2006 年 3 月，薄煤综采工艺（采高 1.3 米）在小屯矿 14459 工作面进行工业性试验。该工艺应用 ZY3000/09/19 型两柱掩护式液压支架，配套 MG200/456－WD 型交流电牵引采煤机和 SGZ730/264 型铸焊结构刮板输送机，取得成功后在峰峰集团推广应用。

2008 年 6 月，研制开发了回采工作面膏体充填技术，在小屯矿 14259 工作面进行工业性试验。该工艺应用 ZC3800/15.5/38.5 型支撑掩护式充填支架，配套 MG150/375－W 型采煤机和 SGZ630/264 型铸焊结构刮板输送机，充填系统主机采用德国普兹曼斯特泵，计算机编程自动化控制。

（二）掘进机械化

20 世纪 80 年代末，峰峰局井下掘进大多采用炮掘，使用耙斗装岩机装载，综掘机械化所占比例极低。90 年代初开始使用 ELMB75 型掘进机，在薛村矿、牛儿庄矿煤巷应用，达到月进尺 1000 米国内最好水平，随后在各矿应用。

2005 年，峰峰集团使用了 EBZ－100（S－100）、EBZ－150（S－150）、EBZ－160 掘进机，EBZ－135（132）半煤岩掘进机，CMJ17 岩巷钻车。2008 年使用了 EBZ－200H 岩巷掘进机，使峰峰集团综掘机械化水平有了新的提高。

2008 年主要采掘设备情况表

序号	设备名称及规格类型	单位	行号	2008 年末在籍台数
1	综采液压支架	架	1	776
	ZY3000/09/19	架	2	176
	ZY2700/14/32	架	3	150
	ZZ4000/18/39	架	4	450
2	轻放液压支架	架	5	2185
	ZF2600/16/24BA	架	6	332
	ZFZ2000/15/23S	架	7	494
	ZFQ2000/15/23	架	8	1359
3	过渡液压支架	架	9	5
	ZFG2400/16/24	架	10	5
4	采煤机	台	11	51
	MG2×100/456－WD	台	12	7
	MGY150/375－W	台	13	16
	MG－200W	台	14	7
	MG－200BW	台	15	4
	MG－300BW	台	16	3
	MGTY250/600－1．1D	台	17	3
	MG150（200）/350（450）－WD	台	18	1
	MG－700WD	台	19	1
	MG－355W	台	20	9
5	刮板输送机	台	21	417
	SGD－630/180	台	22	0
	SGZ－630/264	台	23	17
	SGZ－730/264	台	24	5
	SGZ－764/500	台	25	4
	SGB－620/40	台	26	314
	SGB－630/150C	台	27	44

序号	设备名称及规格类型	单位	行号	2008 年末在籍台数
	SGD－630/220W	台	28	33
	SGB－764/264	台	29	
	SGD－630/220Z	台	30	
	SGB－630/220W	台	31	0
6	桥式刮板转载机	台	32	8
	SZZ－764/200	台	33	3
	SZB－730/75	台	34	4
	SZZ－764/132	台	35	1
7	乳化液泵站	套	36	90
	MRB－125/31．5	套	37	37
	MRB－160/31．5	套	38	12
	MRB－200/31．5	套	39	41
8	带式输送机	台	40	450
	带宽 650 毫米	台	41	41
	带宽 800 毫米	台	42	303
	带宽 1000 毫米	台	43	106
9	移动变电站	台	44	187
	KSGZY－500KVA	台	45	55
	KSGZY－630KVA	台	46	108
	KSGZY－1000KVA	台	47	15
	KSGZY－1250KVA	台	48	9
10	综掘机	台	49	27
	EBZ－100（S－100）	台	50	3
	EBZ－150（S－150）	台	51	6
	EBZ－135（132）	台	52	3
	EBZ－160	台	53	3
	EBZ－200H	台	54	1
	ELMB－75A	台	55	9
	ELMB－75C	台	56	2
	ELMB－55	台	57	
11	全液压侧卸式装煤机	台	58	6
	ZMC－30	台	59	6
12	煤矿用全液压掘进钻车	台	60	1
	CMJ17	台	61	1
13	充填支架	架	62	85
	ZC3800/15．5/28．5	架	63	85
	总计	台	64	4288

二、主要科研成果

历年主要科研成果一览表

序号	成果名称	完成单位	时间	获奖级别	主要研究人员
1	一矿南翼密集建筑物及第二十中学楼房下采煤试验	峰峰矿务局 煤科院 北京开采所	1988 年	省科技进步四等奖	
2	带血管腓骨游离移植治疗先天性胫骨假关节	第一医院	1988 年	省科技进步四等奖	
3	HDJS 型金属双楔铰接顶梁	生产处 通二矿	1990 年	市科技进步二等奖 省煤炭工业科技进步二等奖	程文科 方惇康 施阳 徐慕荣 杨植
4	小腿和足部创伤性组织缺损的修复	第一医院	1990 年	市科技进步二等奖	方绍孟 张丁权 张淑云 孟素芹 宋玉芹
5	一、二级煤矿许用新型乳化炸药	六0七厂	1990 年 1991 年	省煤炭工业科技进步一等奖 市科技进步二等奖	武风岐 鲍广一 武启昭 袁光军 刘海林
6	提高大倾角炮采工作面爆破效率与安全的研究	通二矿 煤科院抚顺分院	1990 年	省煤炭工业科技进步一等奖	方惇康 徐慕荣 夏家腾 王兰军 刘贵喜
7	峰局一矿工人村下厚煤层分层冒落条带开采试验研究	峰峰矿务局 中国矿大	1990 年	省煤炭工业科技进步一等奖	籍从炎 王金庄 顾少华 刘延安 武德成
8	峰峰煤田下组煤层开采综合技术研究	峰峰矿务局	1990 年	省煤炭工业科技进步一等奖	刘起才 尹家俊 秦学本
9	浮选工艺参数自动监控装置	五矿	1990 年	省煤炭工业科技进步二等奖	汤斌 王志东 王新 李济民 邓清铭
10	峰峰矿务局瓦斯抽放与利用	二矿 薛村矿 羊渠河矿	1990 年	省煤炭工业科技进步二等奖	徐多瀛 王光国 侯和芳 张光熙 肖玉柱
11	煤矿许用毫秒电雷管	六0七厂	1990 年	省煤炭工业科技进步二等奖	武风岐 鲍广一 徐荣世 周伯清 马继伟
12	新型消焰剂煤矿瞬发电雷管	六0七厂	1990 年	省煤炭工业科技进步二等奖	鲍广一 袁光军 马继伟 陈江 刘海林
13	离心式扇风机无地道反风装置	峰峰矿务局	1990 年	省煤炭工业科技进步二等奖	申昭勋 桑银堂 董智明
14	峰峰二矿下解放层开采获成功	二矿 峰峰矿务局	1990 年	省煤炭工业科技进步二等奖	徐多瀛 孙勤田 吴福炎 李培玉 董智明
15	复合顶板工作面初次放顶期间推垮型冒顶事故的防治	峰峰矿务局	1990 年	省煤炭工业科技进步二等奖	尚庆武 夏家腾 施阳 丁福生 王成明

序号	成果名称	完成单位	时间	获奖级别	主要研究人员
16	矿用塑料网的推广应用	峰峰矿务局 通二矿 万年矿	1990年	省煤炭工业科技进步三等奖	
17	XJX－T12型浮选机推广应用	邯选厂	1990年	省煤炭工业科技进步三等奖	郭九录 刘福盛 李志安 庞子杰 王云湘
18	国产掘进机生产线进尺创国内先进水平	牛儿庄矿	1990年	省煤炭工业科技进步三等奖	孙蓬芝 王春喜 吕丁江 孟光泉 郭伍群
19	φ2.5m改进型矿用浆准备器	邯选厂	1990年	省煤炭工业科技进步三等奖	刘福盛 李志安 庞子杰
20	R型425#早强矿渣水泥	建材厂	1990年	省煤炭工业科技进步三等奖	梁文全 吴传曾 王道年 徐瑞英 张爱学
21	峰峰二矿工业广场野青煤柱条带开采试验	二矿 峰峰矿务局	1990年	省煤炭工业科技进步三等奖	杨守全 李保生 冯家祺 邢安仕
22	钢丝绳芯强力皮带硫化接头的优化与选择	薛村矿	1990年	省煤炭工业科技进步三等奖	李思齐
23	封堵矿井无效排水	二矿 通二矿 羊渠河矿 万年矿 峰峰矿务局	1990年	省煤炭工业科技进步三等奖	叶楠林 施楚行 何胜利 许克忠 袁桂森
24	煤工尘肺X线诊断专家系统	第一医院	1990年	省煤炭工业科技进步三等奖	陈关泽 霍庆丰
25	用地表移动预计方法修改采动区地形图	峰峰矿务局 煤科院唐山分院	1990年	省煤炭工业科技进步三等奖	张锡芬 王世道 林福钦
26	峰峰二矿＋3水平小青采空区顶板反向渗漏试验	二矿 峰峰矿务局	1990年	省煤炭工业科技进步三等奖	翟新荷 徐多瀛 叶楠林 秦学本 王友瑜
27	煤炭生产统计计算机信息系统	峰峰矿务局	1990年	省煤炭工业科技进步三等奖	陈一江 张少军 孙颖
28	煤矿企业财务会计核算管理系统	峰峰矿务局 万年矿	1990年	省煤炭工业科技进步三等奖	纪振栓 李付贵 李光明 李敏子 袁桂奇
			1991年	市科技进步三等奖	
29	FPX系列局扇消音器的研制	峰峰矿务局	1990年	省煤炭工业科技进步四等奖	桑银堂 董智明 刘治国
30	通用型单体液压支柱在炮采工作面的应用	通二矿	1990年	省煤炭工业科技进步四等奖	方惇康 徐慕荣 王兰军 刘贵喜 刘文生
31	采用一台矿浆预处理器实现浮选机集中供浆	马选厂	1990年	省煤炭工业科技进步四等奖	朱重光 徐世伟 张树滋 齐玉国
32	肥煤瘦煤配煤入洗生产十二级冶金焦精煤	马选厂	1990年	省煤炭工业科技进步四等奖	

序号	成果名称	完成单位	时间	获奖级别	主要研究人员
33	利用负压排水原理处理井下高压钻孔口管跑水工艺	羊渠河矿	1990 年	省煤炭工业科技进步四等奖	施楚珩
34	在复杂地质条件矿区以高档普采为主发展采煤机械化	峰峰矿务局	1991 年	中国煤炭工业科技进步三等奖	尚庆武　侯和芳　金佩煌　马家华　辛瑛
35	采动区民房受力理论分析和结构措施优化设计与实验	煤研所　五矿　中国矿大　北京开采所	1992 年	省煤炭工业科技进步一等奖 市科技进步二等奖	仲继寿　邢安仕　肖跃军　彭增甫　李凤明
36	浮选工艺改造及工艺参数自动控制系统	马选厂	1992 年	省煤炭工业科技进步二等奖	徐世伟　朱重光　张树滋　康玉珍　朱永红
37	推广应用会计账务处理和报表系统	煤研所	1992 年	省煤炭工业科技进步二等奖	朱绍章　王小平　孙青林　纪振栓　袁贵奇
38	锚索技术在巷道加固中的应用	二矿	1992 年	省煤炭工业科技进步二等奖	侯和芳　陈修益　徐多瀛　董黎明　丁福生
39	大跨度煤巷切眼锚杆支护	万年矿	1992 年	省煤炭工业科技进步二等奖	高彩鹏　武梅良　孙建国　丁廷甫　姚者宇
40	采掘工作面顶板事故防治	峰峰矿务局	1992 年	省煤炭工业科技进步二等奖	辛瑛　孙学谦　丁福生　张文学　杨植
41	复方枸橼酸钠注射液稳定性的实验研究	第二医院	1992 年 1993 年	省煤炭工业科技进步二等奖 市科技进步二等奖	高宏科
42	采准巷道锚杆支护技术应用	三矿	1992 年	省煤炭工业科技进步三等奖	
43	L. T 型斗式提升机	马头配件厂	1992 年	省煤炭工业科技进步三等奖	孙正身　范纯高　闫世民　康慧娟　董久赤
44	ZZS1 型矿用支柱增压试验台	四矿	1992 年	省煤炭工业科技进步三等奖 市科技进步三等奖	汪清洪　付淑云　曹献忠　徐振生　程文科
45	煤矿许用型无起爆药瞬发雷管	六0七厂　抚顺分院	1992 年	省煤炭工业科技进步三等奖 市科技进步三等奖	鲍广一　武风岐　崔应娟　马继伟　马秉田
46	CMC－1 型瓦斯监测系统计算机软件开发	羊渠河矿	1992 年	省煤炭工业科技进步三等奖	石巍　代智明
47	12 种常用滴眼剂在聚乙烯塑料眼药瓶中稳定性的实验研究	第二医院	1992 年 1993 年	省煤炭工业科技进步三等奖 省星火四等奖 市科技进步三等奖	高宏科

序号	成 果 名 称	完成单位	时间	获奖级别	主要研究人员
48	P-15BⅡ型耙斗装岩机	电修厂	1992年	省煤炭工业科技进步四等奖	徐忠森 汪卫平 方运生
49	副井提升系统技术改造	五矿	1992年	省煤炭工业科技进步四等奖	王志东 陈亚杰 王程光 吕晓峰 石良付
50	DZ-XYQ1型显示压力注液枪	四矿	1992年	省煤炭工业科技进步四等奖	刘泽 王文达 汪清红 付淑云 程文科
51	岩巷锚喷支护锚杆参数优化	万年矿	1992年	省煤炭工业科技进步四等奖	高彩鹏 丁廷甫 孙建国 赵瑞学 武梅良
52	以腓动脉终末穿支降支为逆行岛状瓣修复软组织缺损	第一医院	1992年	中国煤炭工业科技进步三等奖省科技进步三等奖市科技进步一等奖	王淑玉 方绍孟 宋玉芹
53	脊柱骨折合并截瘫CT扫描的形态学观察及临床意义	第一医院	1992年	市科技进步二等奖	王淑玉 方绍孟 高儒林
54	煤巷锚喷支护锚杆参数优化	万年矿	1992年	市科技进步三等奖	高彩鹏 孙建国 丁廷甫 赵瑞学 武梅良
55	洗选设备厂应用“镀件漂洗水闭路循环”技术自动生产线	马头配件厂	1993年	省煤炭工业科技进步一等奖	张华昆 董久赤 陈源 黄天忠 张晓
56	通二矿集贤村（扩大区）高应力软岩巷道支护技术研究	通二矿 中国矿大研生部	1993年	省煤炭工业科技进步一等奖	何满朝 王兰军 侯和芳 李合军 赵云佩
57	高水速凝泵送巷旁充填沿空留巷技术的应用	九龙矿	1993年	省煤炭工业科技进步二等奖 市科技进步一等奖	王光国 申志义 薛洪生 孙恒虎 高尔新
58	近距离煤层群条带开采煤柱稳定性及覆岩与地表移动研究	二矿 煤研所	1993年	省煤炭工业科技进步二等奖	杨守全 彭增甫 吴立新 宛树恒 李保生
59	胫前肌纵形劈开覆盖胫骨中1/3外露	第一医院	1993年	省煤炭工业科技进步二等奖 省星火四等奖 市科技进步一等奖	王淑玉 方绍孟 宋玉芹
60	应用风井钻机施工煤仓的施工工艺	峰峰矿务局	1993年	省煤炭工业科技进步三等奖	刘国键 张文学 刘启明 赵关群 张风林
61	高压缩变形区复杂形状民房抗采动措施的深化试验研究	峰峰矿务局	1993年	省煤炭工业科技进步三等奖	顾少华 高彩鹏 仲继寿 张树茂 吕丙才
62	矿井主排水泵微机监测系统	五矿	1993年	省煤炭工业科技进步三等奖 市科技进步三等奖	王志东 王程光 孟瑞奇 赵耀璋 李俊江

序号	成 果 名 称	完成单位	时间	获奖级别	主要研究人员
63	改革单体支柱管理研究	租赁站	1993 年	省煤炭工业科技进步三等奖	夏伯泓 葛仲林 刘志河 刘永生 孙建华
64	电弧炼钢炉可控硅交流双绕组电机功调微机控制系统研究	机械总厂	1993 年	省煤炭工业科技进步三等奖	邵德善 渠利 崔安平 段增生
				市科技进步三等奖	
65	新生儿硬肿症并发多系统器官功能衰竭危险因素研究	第二医院	1993 年	省煤炭工业科技进步三等奖	王振营 张炳均
				市科技进步三等奖	
66	黄金汤配合西药治疗小儿急性黄胆型病毒型肝炎 100 例分析	第二医院	1993 年	省煤炭工业科技进步三等奖	李柄照 陈彦军 王文联 白厚基 贾建森
67	巷道应用液压钻车机械化作业线施工工艺	峰峰矿务局	1993 年	省煤炭工业科技进步四等奖	张文学 焦建国 刘风岐 尚书海 张树明
68	峰峰矿区奥陶系碳酸盐岩溶水水文地球化学特征及水质评价研究	地测处	1993 年	省煤炭工业科技进步四等奖	王友瑜 陈锁忠 袁桂森 姚建国 单爱琴
69	双向可缩金属棚子的研究应用	万年矿	1993 年	省煤炭工业科技进步四等奖	陈智纯 孙建国 黄平 武梅良 高彩鹏
70	计量数据计算机管理系统	科技处	1993 年	市科技进步三等奖	祖光明 徐桂文 韩进文 白顺义 王卫红
			1994 年	省煤炭工业科技进步四等奖	
71	SXL/G 型系列锅炉烟气净化器	五矿	1993 年	市科技进步三等奖	洪宾 张东升 张矿生 索建国 刘海军
			1994 年	省煤炭工业科技进步三等奖	
72	峰峰矿区建筑物下条带开采试验研究	峰峰矿务局 北京研究生部	1994 年	中国煤炭工业科技进步三等奖	王金庄 刘延安 吴立新 邢安仕 籍从炎
				省星火三等奖	
				省煤炭工业科技进步一等奖	
				市科技进步一等奖	
73	一次性手术治疗创伤性胫骨外露骨不连及骨缺损	第一医院	1994 年	中国煤炭工业科技进步三等奖	方绍孟 王淑玉 孟素芹 宋玉芹 张增芳
				省星火四等奖	
				省煤炭工业科技进步二等奖	
				市科技进步二等奖	

序号	成 果 名 称	完成单位	时间	获奖级别	主要研究人员
74	全头皮完全撕脱伤头皮再植术	第一医院	1994 年	省煤炭工业科技进步二等奖 市科技进步三等奖	杨连根 史焕昌 刘晓军 董忠礼 方绍孟
75	峰峰矿务局煤层夹石及顶底板岩石有益矿产调查分析可行性研究	峰峰矿务局焦作矿院	1994 年	省煤炭工业科技进步三等奖	葛宝勋 王友瑜 刘祖发 葛传周 刘燕学
76	单体液压支柱橡胶密封件	橡胶制品厂	1994 年	省煤炭工业科技进步三等奖	苏克学 杜文和 潘秀芹 邱凯 张秀珍
77	单体液压支柱增高装置	租赁站	1994 年	省煤炭工业科技进步三等奖 市科技进步三等奖	夏伯泓 葛仲林 刘永生 董久赤
78	峰局五矿计算机话视网络系统	五矿 邢台星河计算机服务部	1994 年	省煤炭工业科技进步三等奖 市科技进步三等奖	陈亚杰 王世斌 王志东 王强利 张增生
79	峰峰矿区所发现两种新遗传病的研究	第一医院	1994 年	省煤炭工业科技进步三等奖 市科技进步二等奖	耿建芳 索桂花 肖月升 卢凯民 姬曙光
80	煤矿医院人工晶体植入术临床研究	第二医院	1994 年	省煤炭工业科技进步三等奖 市科技进步三等奖	孙淑芹 李淑梅 刘文茹 索红英
81	利福平滴眼剂最稳定的 PH 值测定及处方改进研究	第二医院	1994 年	省星火四等奖 省煤炭工业科技进步四等奖 市科技进步二等奖	高宏科
82	严重髋臼骨折的手术治疗的研究	第一医院	1994 年	市科技进步一等奖	王淑玉 方绍孟
83	前臂骨间背侧动脉岛状皮瓣修复手部的软组织缺损的研究	第一医院	1994 年	市科技进步三等奖	王淑玉 方绍孟 杨连根 田小运 宋玉芹
84	地表移动与“三下”采煤数据库管理及处理系统	煤研所	1995 年	省科技进步三等奖 省煤炭工业科技进步二等奖 市科技进步二等奖	陈宜金 李庆元 温风枝 彭增甫 顾少华
85	“三小”岩巷掘进作业线推广应用	峰峰矿务局	1995 年	省煤炭工业科技进步二等奖	赵宁 程万里 邱凯 邢永香 吴运生
86	MJP－550 型煤巷掘进用胶带输送机	机电处	1995 年	省煤炭工业科技进步三等奖	孙峰 潘振海 梁春林 王学书 方运生
87	HDW－800（1000）活动式可弯曲胶带输送机	机电处	1995 年	省煤炭工业科技进步三等奖	孙峰 潘振海 梁春林 王学书 徐兰芬

序号	成果名称	完成单位	时间	获奖级别	主要研究人员
88	峰峰三矿工广区域古小窑采空区下条带开采技术研究	峰峰矿务局	1995年	省煤炭工业科技进步三等奖 市科技进步二等奖	田国忠　籍从炎　王振安　武得成　牛玉番
89	峰局第一医院计算机管理系统	煤研所	1995年	省煤炭工业科技进步三等奖	纪振栓　戴桂芳　宋家燕　胡晓工　张峥峥
90	瓦斯与煤气混合利用可行性研究	通风处	1995年	省煤炭工业科技进步三等奖 市科技进步三等奖	张光熙　桑银堂　张之良　董智明　孟广学
91	控制图法在药物制剂质量方面的应用研究	第二医院	1995年	省煤炭工业科技进步四等奖 市科技进步一等奖	高宏科
92	肩胛带离断再植成功的研究	第一医院 邯局王凤煤矿医院	1995年	市科技进步一等奖	王淑玉　田小运　方绍孟　柴广吉　杜良成
93	LG－IB数字多点温度监控仪	通二矿	1995年	市科技进步三等奖	李先林　吴军山　尹守身　魏立君　唐成海
94	骨闪烁摄影诊断骨坏死的临床反应研究	第一医院	1995年	市科技进步三等奖	王淑玉　方绍孟　张秀清　贾会增　廖桂荣
95	泉头井二水平延深工程主体下山软岩支护技术研究	二矿	1996年	省煤炭工业科技进步一等奖	常如　孙勤田　赵宁　董黎明　周虎
96	薛村矿开采保护层试验与研究	薛村矿	1996年	省煤炭工业科技进步二等奖	靳随军　张道树　郭宝哲　李宏飞　桑银堂
97	孙庄矿南翼大青含水层垂向补给通道探测研究	孙庄矿 中国矿大	1996年	省煤炭工业科技进步二等奖	钱祖炯　陈锁忠　马凌舜　王屹　单爱琴
98	钢丝绳牵引胶带输送机动力制动自动控制技术	万年矿 河北建筑科技学院	1996年	省煤炭工业科技进步二等奖	孙晋响　于淑政　段广玉　段虹　韩万祥
99	早期干预对新生儿硬肿症并发多系统器官衰竭影响研究	第二医院	1996年	省煤炭工业科技进步二等奖	王振营
100	PTF－V1阳性病人ρ波谱变化的临床观察	第二医院	1996年	省煤炭工业科技进步二等奖	郝建峰　刘守仁　闫文秦
101	综采工作面开切眼W钢带组合锚杆支护技术	薛村矿	1996年	省煤炭工业科技进步三等奖	赵宁　程万里　白保林　张党育　贾玉杰
102	BF型防坠器产品的试制与试验	机械总厂	1996年	省煤炭工业科技进步三等奖	秦崇淮　刘克昌　王秀云　王翠芬　王惠生
103	利用永久井塔凿井技术	工程处	1996年	省煤炭工业科技进步三等奖	张文学　符永光　张士英　徐振国　展学勤

序号	成果名称	完成单位	时间	获奖级别	主要研究人员
104	大淑村矿副井全井深综合注浆	基建处	1996 年	省煤炭工业科技进步三等奖	赵烘培　齐安学　田常书　李京峰　武建祥
105	管路自承载大型潜水泵安装在黄沙矿排水抢险中的应用	工程处	1996 年	省煤炭工业科技进步三等奖	王玉　张士英　赵天贵　孙业周　梁界武
106	三种燃气混合安全使用的研究及应用	二矿	1996 年	省煤炭工业科技进步三等奖	张金贵　张光熙　王魁升　王文志　张文武
107	臀大肌肌皮瓣修复骶尾部褥疮	总医院	1996 年	省煤炭工业科技进步三等奖	王淑玉　方绍孟　杨连根　张增方　高永胜
				市科技进步二等奖	
108	经纤维结肠镜逆行插管阑尾造影的临床研究	第二医院	1996 年	省煤炭工业科技进步三等奖	张慧欣　杨梅香　赵义锋　罗文生
			1998 年	邯郸市科技进步三等奖	
109	脐出催乳激素测定 111 例分析的研究	总医院	1996 年	省煤炭工业科技进步三等奖	张炳均　孙瑛
				市科技进步三等奖	
110	背阔肌肌瓣移位重建屈肘屈指功能	总医院	1996 年	省煤炭工业科技进步三等奖	王淑玉　方绍孟　杨连根
				市科技进步三等奖	
111	脑电图对早期诊断腮脑实用价值的研究	第二医院	1996 年	省煤炭工业科技进步三等奖	冀光荣　孙逸群　茹超英
112	老年人急性心肌梗塞后脉搏信息波图测试左心泵血功能的临床浅析	第二医院	1996 年	省煤炭工业科技进步三等奖	冯敬东
113	FH 反火型煤气发生炉的应用	黄沙矿	1996 年	省煤炭工业科技进步四等奖	蔡瑞强　韩海亭　成光星　冀银山　朱桂花
114	Sm－EDTMP 治疗多发性骨转移癌的临床研究	总医院	1996 年	省煤炭工业科技进步四等奖	杨宝良　廖桂荣　段素梅　张海林　张洪长
				市科技进步三等奖	
115	部分脾栓塞治疗原发性血小板减少性紫癜－附一例观察	总医院	1996 年	省煤炭工业科技进步四等奖	李韶平　郝风春
116	峰峰矿务局九龙矿井潜水泵排水澄清系统	九龙矿 邯郸设计院	1996 年	市科技进步一等奖	陆文德　王柏林　许荣巧　郑景芳　孙灏
117	洗选厂跳汰车间技术改造	马头洗选厂	1997 年	省科技进步三等奖	朱重光　徐世伟　王洪章　张树滋　贾秀廷
				省煤炭工业科技进步一等奖	

序号	成　果　名　称	完成单位	时间	获奖级别	主要研究人员
118	ZFQ2000/16/24 轻型放顶煤液压支架的研制与试验	峰峰矿务局	1997 年	中国煤炭工业科技进步三等奖 省科技进步三等奖 省煤炭工业科技进步一等奖	秦文昌　梁春林　陈亚杰　张步勤　闫文正
119	邯郸市建（构）筑物下开采技术推广	峰峰矿务局 邯郸矿务局 省推广中心 北京开采所	1997 年	中国煤炭工业科技进步二等奖 省科技进步三等奖 省煤炭工业科技进步二等奖 市科技进步一等奖	陈亚杰　邢安仕　顾少华　闫洪波　彭增甫
120	QCLO3 清仓机研制	五矿 邯建学院	1997 年	省煤炭工业科技进步一等奖	王志东　王桂梅　张兰锁　邵太升　张伯俊
121	峰局薛村矿主井绞车提升机系统技术改造	机械总厂 薛村矿	1997 年	省煤炭工业科技进步二等奖	杜凌祥　秦崇怀　张玉成　梁春林　王志东
122	峰局五矿中央区大青含水层补给条件环境同位素探查研究	五矿 省煤研所	1997 年	省煤炭工业科技进步二等奖	邵太升　金实麟　张运昌　杨建华　张士平
123	采动区建筑物结构计算机辅助设计系统	峰峰矿务局 矿大建筑系	1997 年	省煤炭工业科技进步二等奖	彭增甫　肖跃军　顾少华　邢安仕　杨舜臣
124	褶曲构造采动沉陷预计方法及信息处理系统研究	煤研所 邯建学院	1997 年	省煤炭工业科技进步二等奖	李永树　王金庄　邢安仕　韩丽萍　金畹昆
125	动静脉转流臂再植	总医院	1997 年	省煤炭工业科技进步二等奖	田小运　宋巍　孟素芹　张增芳　杨连根
126	采用微机技术监测通风系统各项参数	小屯矿	1997 年	省煤炭工业科技进步三等奖	范占国　郭景修　桑银堂　李瑞敏　冯忠义
127	强力输送带横向断裂监测预报技术	薛村矿	1997 年	省煤炭工业科技进步三等奖	高毓麟　张玉程　郭周克　王玉　潘振海
128	掘进机切装防突钻机一体化改造	薛村矿	1997 年	省煤炭工业科技进步三等奖	靳随军　杨庆祝　尚书海　郭周克　桑银堂
129	早期干预用药防治脑卒中合并消化道出血的临床研究	第二医院	1997 年	省煤炭工业科技进步三等奖	冀光荣　张文远　赵仓海　李晓芹　王玉芬
130	固本益肾治疗阴虚症的临床研究	第二医院	1997 年	省煤炭工业科技进步三等奖	孙继铭　柳青林　白厚基
131	新型高效节能风机水泵推广应用	峰峰矿务局 邯郸矿务局	1997 年	市科技进步二等奖	梁春林　王志东　李子广　韩新春　耿翠堂
132	早期干预对新生儿缺氧缺血性脑病预后临床意义研究	第二医院	1997 年	市科技进步二等奖	王振营

序号	成果名称	完成单位	时间	获奖级别	主要研究人员
133	基层医院开展紧急胃镜诊治急性上消化道出血的研究	第二医院	1997年	市科技进步三等奖	张慧欣　杨梅香　赵义锋
134	手部第二指蹼双叶岛状皮瓣的临床应用	总医院	1997年	市科技进步三等奖	杨连根　孟素芹　张增方　刘晓军　娄宏亮
135	泉头二水平延深下部车场硐室层位选择及复杂条件下支护方法研究	二矿　设计院	1998年	省煤炭工业科技进步二等奖	赵宁　孙祥庄　朱文模　崔晓平　孙勤田
136	回采工作面新型防飞调角楔	安监局　五矿	1998年	省煤炭工业科技进步三等奖	张学飞　程文科　邝天明　任同京　张全祥
137	DWF型单体液压支柱	马头机械厂	1998年	省煤炭工业科技进步三等奖	董久赤　葛仲林　范纯高　闫世民　戴世琦
138	脑卒中急性期48例血压动态观察	第二医院	1998年	省煤炭工业科技进步三等奖	郝建峰　金波　吕春森　袁德琴　刘振寅
			1999年	市科技进步三等奖	
139	茶色素治疗小儿肺炎80例临床研究	第二医院	1998年	省煤炭工业科技进步三等奖	王振营　高海志　高宏科　李宝芹　马青平
140	从肝风论治冠心病心绞痛的临床研究	第二医院	1998年	省煤炭工业科技进步三等奖	孙继铭　柳青林　刘振寅　薄庆
				市科技进步三等奖	
141	含深筋膜血管网的三种小腿后侧逆行筋膜皮瓣的临床应用	总医院	1998年	省煤炭工业科技进步三等奖	张增方　杨连根　方绍孟　宋玉芹　田小运
				市科技进步三等奖	
142	急性创伤性颅内积气的临床研究	总医院	1998年	省煤炭工业科技进步三等奖	田德榛　许建强　史焕昌　杨文才　孙文
143	N20－安氟醚吸入麻醉苏醒时间与呼吸浓度的临床观察	总医院	1998年	省煤炭工业科技进步三等奖	陈天恩　王方元　刘永发　范天风　刘先风
				市科技进步三等奖	
144	小儿肱骨髁上骨折分期整复固定	总医院	1998年	市科技进步三等奖	裴宝岩　宋玉荣　马小龙
145	"益肺宝"防治慢性支气管炎临床疗效观察的研究	五矿　第二医院	1998年	市科技进步一等奖	杨斌　高宏科　杨锡龈　伊峰辉
146	大倾角复杂条件下较薄厚煤层轻型综采放顶煤成套设备研究	峰峰矿务局机械总厂	1999年	省科技进步三等奖	陈亚杰　梁春林　董久赤　杜凌祥　张步勤
				省煤炭工业科技进步一等奖	
147	Gardner综合症追踪观察与研究	总医院	1999年	省煤炭工业科技进步二等奖	卢凯民　吴志强　卢璇　司丽亚　崔亚军
				邯郸市科技进步二等奖	

序号	成果名称	完成单位	时间	获奖级别	主要研究人员
148	肺CT片和模拟机双重定位法经皮粗针穿刺肺活检	第二医院	1999年	省煤炭工业科技进步二等奖 市科技进步三等奖	高钧　宋克中　马文宗　徐秀芹　吴俊妹
149	XYZD－1型下运带式输送机制动系统	九龙矿 中国矿大（京）	1999年	省煤炭工业科技进步三等奖	孙峰　孟国营　付元平　徐志强　徐增杰
150	五矿水文工程地质条件及带压开采综合研究	五矿 石家庄经济学院	1999年	省煤炭工业科技进步三等奖	邵爱军　刘唐生　邵太升　张伟
151	羊渠河矿村庄建筑物下永久煤柱巷式开采试验研究	总工程师室 羊渠河矿	1999年	省煤炭工业科技进步三等奖	顾少华　秦宝善　高庆潮　白志辉　王峰生
152	梧桐庄矿井下打钻放井筒高压积水技术	峰峰矿务局 六十三工程处	1999年	省煤炭工业科技进步三等奖	陈飞　赵宁　葛惠永　李在忠　杨光大
153	新三矿井上打钻注浆、井下隔离封堵围岩加固综合堵治水技术	新三矿	1999年	省煤炭工业科技进步三等奖	宫希正　李树文　李春生　姚建国　王志军
154	SDJ型矿用多速多用途绞车	电修厂	1999年	省煤炭工业科技进步三等奖	马显通　江卫萍　李艳琴
155	对墓碑状ST段抬高在急性心肌梗塞中的作用再认识	第二医院	1999年	省煤炭工业科技进步三等奖	郝建峰　金波　周保成　刘振寅　吕春森
156	早期采区干预措施防治脑卒中多脏器功能衰竭临床研究	第二医院	1999年	省煤炭工业科技进步三等奖	冀光荣　赵仓海　王玉芬　李晓芹　薛小玲
157	儿童移位型肱骨髁上骨折致神经损伤	总医院	1999年	省煤炭工业科技进步三等奖 市科技进步三等奖	陈欣志　宋玉荣　范天凤
158	急诊结肠镜检查诊治急性下消化道出血的临床研究	第二医院	1999年	省煤炭工业科技进步三等奖 市科技进步二等奖	张慧欣　冯敬东　陈文琴　薛小玲　周宝成
159	矿区畜牧良种场下开采及大跨度建筑物采动保护	九龙矿 总工程师室	1999年	市科技进步一等奖	
160	高血压病患者左室不同重量与心电图高频成份关系的初步研究	第二医院	2000年	省煤炭工业科技进步三等奖 市科技进步一等奖	冯敬东　郝建峰　孟淑萍
161	隐神经营养血管蒂逆行岛状皮瓣临床应用	总医院	2000年	省煤炭工业科技进步三等奖 市科技进步二等奖	田小运　方绍孟　张增方　宋玉芹　宋巍
162	真皮下血管网皮瓣一期修复多指脱套伤的临床研究	总医院	2000年	省煤炭工业科技进步二等奖 市科技进步二等奖	陈欣志　康少英　范天凤　宋玉荣　方绍孟

序号	成果名称	完成单位	时间	获奖级别	主要研究人员
163	中西医结合治疗难治性肾病综合症的临床研究	第二医院	2000 年	省煤炭工业科技进步三等奖	孙继铭 柳青林 薄庆 仲崇涛 申兆义
				市科技进步二等奖	
164	新生儿缺氧缺血性脑病后外部性脑积水临床研究	第二医院	2000 年	市科技进步三等奖	王振营
165	井下煤工创伤性湿肺的观察与 X 线分析	总医院	2000 年	省煤炭工业科技进步三等奖	卢凯民 吴志强
				市科技进步三等奖	
166	峰峰矿区复杂地质条件下轻型支架综采放顶煤回采工艺研究	峰峰矿务局	2000 年	省煤炭工业科技进步二等奖	陈亚杰 丁福生 石峰 鲁建广 茹永智
167	轻放工艺在仰采工作面的应用研究	小屯矿	2000 年	省煤炭工业科技进步二等奖	李瑞敬 武好智 李建军 范占国 高树仓
168	新生儿缺血缺氧性脑病的综合干预及远期疗效	第二医院	2000 年	省煤炭工业科技进步二等奖	王振营 马清平 杨永红 杨清梅 李宝芹
169	轻放切眼全煤锚索支护技术研究	薛村矿	2000 年	省煤炭工业科技进步三等奖	李建国 刘树国 张党育 尚书海 安建华
170	煤巷锚杆参数优化	万年矿 河北建筑科技学院	2000 年	省煤炭工业科技进步三等奖	乔增申 杨建辉 王景春 杨万斌 孙建国
171	白内障双阶梯手术切口临床研究	第二医院	2000 年	省煤炭工业科技进步三等奖	孙淑芹 李淑梅 庞爱莲 王红伟 张梦祥
172	高应力松散破碎围岩巷道锚注联合支护技术的研究	牛儿庄矿 山东科技大学	2001 年	省科技进步三等奖	孙伟立 李玉泉 付厚利 卫本义 韩立军
				市科技进步一等奖	
173	以隐形血管为蒂的逆行股骨内侧髁骨皮瓣的解剖学研究及临床应用	总医院 邯郸医专	2001 年	市科技进步二等奖	张增方 杨连根 韩守江 安小刚 娄宏亮
			2003 年	省煤炭工业科技进步二等奖	
174	新三矿主立井绞车 TDK 电控系统技术改造	新三矿	2001 年	市科技进步三等奖	樊书昌 魏士敬 宋万富 李保平 郭风鸣
			2003 年	省煤炭工业科技进步三等奖	
175	提升机转子新型控制装量研制	九龙矿	2001 年	河北省科技进步三等奖	
176	弥漫性轴索损伤后脑盐耗综合症的临床研究	总医院	2001 年	市科技进步三等奖	田德榛 许建强 李玉生 周建良 孙永东
			2003 年	省煤炭工业科技进步三等奖	
177	恶劣采掘环境和复杂水文条件下综合堵治水技术研究	新三矿	2002 年	省科技进步三等奖	钱祖炯 李春生 张文学 李树文 宫希正
				市科技进步一等奖	

序号	成果名称	完成单位	时间	获奖级别	主要研究人员
178	俯伪斜“三软”大倾角煤层轻型支架放顶煤回采工艺研究	薛村矿 邯郸建筑学院	2003 年	省科技进步三等奖	刘书灿　胡新仓　尚书海 杨建军　鲁建广
				省科技进步三等奖	
				市科技进步一等奖	
			2004 年	国家安全科技成果三等奖	
179	MG300－BW 型薄煤层采煤机研制	机械总厂 哈尔滨煤机研究所	2002 年	市科技进步二等奖	陈亚杰　王翠芬　刘春生 张步勤　姜深
			2003 年	省科技进步三等奖	
				省煤炭工业科技进步一等奖	
180	交流提升机可控硅多级分相编码启动电控系统研制	九龙矿 天民意电器厂	2003 年	中国煤炭工业科技进步三等奖	孙峰　纪胜春　王春 孙晋响　付元平
				省煤炭工业科技进步一等奖	
				市科技进步二等奖	
181	KZG－1 全矿井胶带运输集中监控系统的研制	小屯矿 唐山开诚	2003 年	省煤炭工业科技进步二等奖	高武　孙保敬　许开诚 孙晋响　高树仓
				市科技进步二等奖	
182	苯巴比妥预防小儿热性惊厥的复发临床观察	第二医院	2003 年	省煤炭工业科技进步三等奖	马清平　王振营　刘一平 杨清梅　李丽萍
183	循环流化床锅炉省煤器防磨技术	九龙矿 石家庄华光锅炉厂	2003 年	市科技进步三等奖	孙峰　石炳江　施恩田 李践　付元平
184	晚发性维生素 K 缺乏致婴儿颅内出血性病因及早期预防	第二医院	2003 年	市科技进步三等奖	李宝芹　王静敏　刘一平 韩继美
185	NP－1 型橡塑高性能摩擦衬垫	九龙矿 中国矿大（京）	2003 年	中国煤炭工业科技进步三等奖	孟国营　夏容海　孙峰 赵学义　付元平
186	轻型综采放顶煤技术在复杂地质条件下的推广应用	峰峰集团 薛村矿 河北工院	2004 年	中国煤炭工业科技进步三等奖	陈亚杰　丁福生　鲁建广 刘书灿　胡新仓
187	峰峰集团梧桐庄矿工作面底板综合防治水技术	梧桐庄矿	2003 年	煤炭工业十大科技成果	陈宇　孙伟立　何长海 刘天新　王屹
			2004 年	国家安全科技成果三等奖	
				省科技进步三等奖	
				市科技进步一等奖	
188	轻型综采放顶煤技术推广应用	峰峰集团	2004 年	市科技进步一等奖	陈亚杰　丁福生　鲁建广 刘书灿　张步勤
189	移动组合式全数字四象限变频防爆绞车控制系统	九龙矿 唐山开诚	2004 年	市科技进步二等奖	孙峰　李英　常海伟 陆文涛　付元平

序号	成果名称	完成单位	时间	获奖级别	主要研究人员
190	复杂条件下的采煤工作面下顺槽煤炭运输作业线	九龙矿 机电设备厂	2004年	市科技进步三等奖	孙峰　孟国营　张士山 赵同音　付元平
191	设备租赁管理信息系统	设备租赁公司 北京环陆	2004年	市科技进步三等奖	孙保敬　刘治河　武福堂 赵星　魏鹏
192	隔爆兼本质安全型提升机全数字智能控制四象限变频调速系统	九龙矿 新汶矿业 唐山开诚	2004年	国家安全科技成果二等奖	孙峰　韩树华　王平 王则乐　常海伟
193	高角俯伪斜综放面自然发火预测预报及其防治技术	峰峰集团 河北工程学院	2005年	省科技进步三等奖 省煤炭工业科技进步一等奖 市科技进步一等奖	陈宇　张英华　赵军凯 张党育　付京斌
194	超大倾角变坡度胶带输送机研制	黄沙矿 运输机械厂	2005年	省煤炭工业科技进步二等奖 市科技进步一等奖	孙晋响　赵洪录　苗习生 赵同音　成光星
195	粉煤灰配料资源化技术研究	九龙矿 河北工程学院	2005年	省煤炭工业科技进步二等奖 市科技进步一等奖	李金奎　谷祖雨　李鸿雷 胡承军　高长举
196	大倾角高瓦斯松软厚煤层上山摸底掘进顶板固化技术研究	薛村矿	2005年	省煤炭工业科技进步三等奖	张党育　靳随军　安建华 李聚振　杨新民
197	复杂应力结构高流变整修巷道支护技术研究	万年矿 河北工程学院	2005年	省煤炭工业科技进步三等奖 市科技进步三等奖	李金奎　贾玉杰　高会春 武江河　武好智
198	复杂应力结构高流变新掘巷道支护技术研究	万年矿 河北工程学院	2005年	省煤炭工业科技进步三等奖 市科技进步二等奖	李金奎　贾玉杰　高会春 李继勇　武好智
199	峰峰矿务局煤质评价和煤加工利用途径研究	煤业研发部	2005年	省煤炭工业科技进步三等奖	陈宇　李振宗　王省江 董旭　张书敏
200	羊渠河矿上官庄化学注浆堵水技术研究	羊渠河矿	2005年	省煤炭工业科技进步三等奖	谢德瑜　景魁英　赵志军 张济怀　安保国
201	两种光疗设备治疗新生儿黄疸的疗效比较和护理	第二医院	2005年	省煤炭工业科技进步三等奖	赵小丽　宋平　韩英霞 韩秋英　杨青梅
202	膝关节镜下股骨髁上交锁髓内钉治疗股骨髁上骨折	总医院	2005年	市科技进步二等奖	韩守江　杨连根　孙邦建 娄宏亮　安小刚
203	腰椎间盘碎片在前硬膜囊外隙中游走路径的MRI观察	总医院	2005年	市科技进步二等奖	张玉祥　孔德明　马玉珍 费小英　霍现英
204	动态髌骨牵引固定器治疗陈旧髌腱断裂	总医院	2005年	市科技进步三等奖	李瑞平　田小运　张建利 张建华　贾惠增

序号	成 果 名 称	完成单位	时间	获奖级别	主要研究人员
205	隐动脉筋膜蒂的交腿皮瓣修复小腿严重软组织缺损	总医院	2005年	市科技进步三等奖	娄宏亮　杨连根　韩守江　安小刚　张增方
206	峰峰集团特大溃水灾害治理技术	峰峰集团 西安分院	2006年	国家安全科技成果一等奖 中国煤炭工业科技进步一等奖 省科技进步三等奖 省煤炭工业科技进步一等奖 市科技进步一等奖	张文学　张汝海　陈宇　刘书灿　王铁记
207	煤泥分级浮选工艺及其关键技术的研究和应用	邯郸洗选厂 中国矿大 河南汤阴	2006年	中国煤炭工业科技进步二等奖 省煤炭工业科技进步一等奖 市科技进步一等奖	张秀捧　谢广元　任中元　程文科　张书敏
208	煤矿采矿工程设计图形数字化应用研究	峰峰集团 河北工程学院	2006年	省煤炭工业科技进步二等奖 市科技进步二等奖	张党育　杨本生　高会春　董华斌　李万庆
209	峰峰集团煤质信息管理系统	峰峰集团 河北信产科技公司	2006年	省煤炭工业科技进步三等奖	陈宇　谷明　李振宗　闫浩　王卫红
210	大尾梁支架综放开采技术研究	峰峰集团	2006年	省煤炭工业科技进步三等奖 市科技进步三等奖	陈亚杰　丁福生　孙晋响　张步勤
211	多系统、多类型瓦斯实时监控系统联网研究	峰峰集团 北京东方飞龙	2006年	中国煤炭工业科技进步三等奖 省煤炭工业科技进步三等奖 市科技进步二等奖	陈宇　孙晋响　尚书海　王东江　赵军凯
212	峰峰集团应用新技术优化通风系统及防治瓦斯、自然灾害研究	峰峰集团 华北科技学院	2006年	中国煤炭工业科技进步二等奖 国家安全科技成果三等奖 市科技进步二等奖	张文学　蔡卫　马尚权　张党育　尚书海
213	煤矿提升绞车四象限高压变频电控系统	九龙矿 山东新风 天津民意	2006年	中国煤炭工业科技进步三等奖 市科技进步二等奖	孙晋响　谷祖雨　孙峰　尚海伟　王志敏

序号	成果名称	完成单位	时间	获奖级别	主要研究人员
214	深部动压软岩巷道锚注支护技术研究与应用	羊渠河矿 山东科大 中国矿大	2006年	省煤炭工业科技进步三等奖 市科技进步二等奖	谢德瑜　王连国　田金栋 宋扬　景魁英
215	新建矿井密集村庄下深部压煤协调式跳采安全技术研究	梧桐庄矿 中国矿大（京）	2007年	省煤炭工业科技进步一等奖 市科技进步二等奖	张文学　戴华阳　李文昌 王金庄　刘天新
216	峰峰矿区三下采煤全局性战略与技术途径研究	峰峰集团 中国矿大（京）	2007年	省科技进步二等奖 省煤炭工业科技进步二等奖 市科技进步二等奖 煤炭工业十大科技成果	张文学　戴华阳　张汝海 张党育　张浩
217	梧桐庄矿温度异常型高压隐伏强导水陷落柱超前识别探查治理技术	梧桐庄矿 华北科技学院	2007年	中国煤炭工业科技进步三等奖 省煤炭工业科技进步二等奖 市科技进步三等奖 煤炭工业十大科技成果	李文昌　尹尚先　刘天新 王铁记　王屹
218	复杂地质条件下薄煤层综采技术研究	峰峰集团 中国矿大（京）	2007年	省煤炭工业科技进步三等奖	陈亚杰　丁福生　张步勤 刘建立　王巨光
219	高应力极碎巷道锚喷支护技术研究	九龙矿 河北工程大学	2007年	省煤炭工业科技进步三等奖 市科技进步三等奖	张汝海　李金奎　贾兆进 谷祖雨　高长举
220	轻放沿空巷道矿压监测系统应用研究	峰峰集团 中国矿大（京）	2007年	中国煤炭工业科技进步二等奖 省煤炭工业科技进步三等奖 市科技进步一等奖	张文学　安千里　丁福生 周金城　盖建平
221	轻型综采放顶煤工作面粉尘控制技术的研究	新三矿 北京科技大学	2007年	中国煤炭工业科技进步二等奖 省煤炭工业科技进步三等奖	赵鹏飞　薛仲安　宫希正 甄增林　韩晓峰
222	向斜高应力“软岩”巷道综合支护研究	薛村矿 河北工程大学	2007年	省煤炭工业科技进步三等奖 市科技进步三等奖	张党育　刘新河　高会春 安建华　李瑞敬

序号	成果名称	完成单位	时间	获奖级别	主要研究人员
223	煤矿主扇风机计算机监测、监视及无线网络通讯系统	九龙矿 邯郸康创 邯郸鑫峰	2007年	中国煤炭工业科技进步三等奖 省煤炭工业科技进步三等奖	孙晋响　孙峰　常海伟 王志敏　高会春
224	主、副井供暖汽改水动态变频恒温自动控制系统	九龙矿　邯郸宇茂机电设备	2007年	省煤炭工业科技进步三等奖	孙晋响　张步勤　孙峰 王霞　王志敏
225	煤矿事故隐患动态监控系统开发及应用	峰峰集团 北京东方飞龙	2007年	省煤炭工业科技进步三等奖	宋万富　杨建军　孙晋响 王天保　王卫红
226	大淑村矿瓦斯突出防治技术研究	峰峰集团 中国矿大（京）	2007年	市科技进步三等奖	赵军凯　聂百胜　付京斌 秦跃平　郭宝哲
227	大淑村矿低透气性煤层瓦斯治理技术研究	峰峰集团 中国矿大（京）	2007年	市科技进步三等奖	张党育　赵军凯　付京斌 卢风顺　孟宪营
228	深部“三下”开采岩层移动与变形时空协调控制技术及其应用研究	峰峰集团 中国矿大 梧桐庄矿 北京开采所	2007年	中国煤炭工业科技进步一等奖	张文学　李文昌　张汝海 张党育　高会春
229	峰峰集团高应力软岩巷道支护技术及围岩控制研究	薛村矿 九龙矿	2007年	中国煤炭工业科技进步三等奖	张党育　刘新河　高会春 安建华　高长举
230	煤炭企业成本自主管理资源规划系（ECRP）	峰峰集团	2007年	省科技进步二等奖	
231	趾长屈肌肌瓣修复小腿创面的临床研究	总医院	2007年	省煤炭工业科技进步一等奖 市科技进步三等奖	李瑞平　田小运　张建利 许光耀　陈志东
232	GSH钉加骨卡环联合关节镜治疗股骨中下段严重粉碎骨折	总医院	2007年	省煤炭工业科技进步三等奖 市科技进步二等奖	韩守江　杨连根　孙邦建 娄宏亮　李晓东
233	厚层炭质泥岩顶板大跨距切眼复合主动支护系统	峰峰集团 中国矿大	2008年	中国煤炭工业科技进步三等奖 省煤炭工业科技进步一等奖	张党育　何富连　何长海 尚书海　王殿录
234	梧桐庄矿承压热水体上绿色开采理论与技术研究	峰峰集团 华北科技学院	2008年	中国煤炭工业科技进步三等奖 省煤炭工业科技进步二等奖 市科技进步二等奖	李文昌　尹尚先　刘天新 刘存玉　王铁记
235	可视化通防安全动态监测平台研究	峰峰集团 华北科技学院	2008年	省煤炭工业科技进步二等奖 市科技进步二等奖	张党育　赵军凯　马尚权 付京斌　李荣强

序号	成 果 名 称	完成单位	时间	获奖级别	主要研究人员
236	主井提升机载荷动态无线监测系统	九龙矿 中国矿大 徐州中矿	2008 年	中国煤炭工业科技进步三等奖 省煤炭工业科技进步二等奖	陈亚杰　孙晋响　孙峰 谷祖雨　肖兴明
237	微震监测技术在煤矿防治水中的应用与研究	峰峰集团 北京科大	2008 年	中国煤炭工业科技进步二等奖 省科技进步三等奖 省煤炭工业科技进步二等奖 市科技进步一等奖	张党育　姜福兴　王铁记 关永强　高会春
238	综掘面粉尘行为规律及高效防降尘技术研究	峰峰集团 北京科大	2008 年	省煤炭工业科技进步三等奖 市科技进步三等奖	张党育　付京斌　张英华 魏新杰　李荣强
239	大倾角轻放开采技术研究	牛儿庄矿 中国矿大（京）	2008 年	中国煤炭工业科技进步三等奖 省煤炭工业科技进步三等奖	王建民　陈秋平　陈林平 王宝坤　陆明心
240	煤矿风险预控关键及支持技术研究	峰峰集团 中国地大（京）	2008 年	市科技进步三等奖	张汝海　宋万富　杨建军 王天保　王卫红
241	矿井突水追排水技术研究	峰峰集团	2008 年	中国煤炭工业科技进步二等奖	张文学　张汝海　陈亚杰 孙晋响　张步勤
242	连续血液净化在多脏衰合并急性肾衰的应用研究	总医院	2008 年	市科技进步二等奖	徐萍　尼二超　索文丽 吴爱红　王俊利

三、地震台

峰峰地震台位于河北省邯郸市峰峰矿区，北纬36°28′35″，东经114°12′16″，台址标高236.8米。行政隶属峰峰集团，业务隶属邯郸市地震局。

地震台始建于1980年8月，原占地面积19亩，后因在地震台院内建工厂和花园，2008年9月使用面积减至5亩。

1980年建台初期，建有水冬观测、微震仪观测和应力观测。1984年，由邯郸市地震局投资，安装一套较先进的TJ－1C型体积式应变仪。同年水冬观测停止运行，1992年微震仪观测和应力观测停止运行。

TJ－1C型体积式应变仪，属于钻孔应力，钻孔深度为70.36米，探头固结方式是水泥砂浆，井孔地层位于中奥陶统地层，终孔层为厚层纯石灰岩致密而完整，孔底标高163.04米，当地承压水位标高130米，探头位于水位之上。2001年，经河北省地震局数字化改造，国家地震局验收合格，观测数据正式并入河北省地震监测网，实现了数字化采集，网络传输，为河北省地震局提供了及时、准确、可靠的地震观测数据，为国家和河北省综合分析、研究地震发展变化起到了不可或缺的作用。

地震监测预报工作多次获得上级主管部门的表彰。2003年、2004年、2005年和2007年度，获“河北省地震系统先进集体”；2001年、2003年、2004年、2005年和2007年度，获邯郸市地震系统先进集体。“TJ－1型体积应变观测”项目，于1988年获全国地震观测质量评比优秀奖第二名，1990年、1993

年、1994 年和 1995 年，获全国地震观测质量评比优秀奖。“钻孔应变（力）一体应变”项目获 2001 年全国地震观测质量评比优秀奖。“体应变观测”项目，于 1990 年获河北省地震观测质量评比优秀奖第一名，1991 年、1993 年和 1995 年获河北省地震观测质量评比优秀奖。“钻孔应变—应力观测”项目获 1994 年河北省地震观测质量评比优秀奖。

2005 年，完成了“峰峰台体应变震前异常特征”科研项目。在 2005 年全国地震研讨会上，得到与会专家的一致好评。该项目运用数理统计方法，系统研究了国内地震和周边国家较强地震前后在峰峰地震台的异常表现，定义了各种地震异常名称，结合典型震例总结了震前异常特征，对研究预报较强地震具有较强的参考意义。

第三节　地质测量

一、煤田地质调查

峰峰煤田的地质调查工作在 20 世纪 50 年代、70 年代完成。20 世纪 80 年代后，峰峰局（峰峰集团）的地质勘探任务由原来的资源勘探向工程勘探方面转移。

（一）勘探施工管理

峰峰局（峰峰集团）的勘探施工管理实行局（集团公司）及矿两级管理，即新井田勘探实行以局（集团公司）为主的统一管理；矿井补充地质勘探实行矿井为主、局（集团公司）指导的管理方式。

勘探工程的施工队伍实行公开招标，由局（集团公司）通过公开招标确定施工队伍，按照勘探设计进行施工。

勘探施工的现场管理实行施工监理制，主管业务部门配合监理公司共同管理施工。

勘探施工的成果管理，实行文本与电子文档并行管理，除按照要求保存好文本档案外，同时还保存好电子文档。

（二）勘探施工

20 世纪 80 年代后，峰峰局水文孔、工程孔、瓦斯抽放孔以及矿井防治水勘探与注浆施工越来越多。20 多年时间，勘探施工队伍共完成数十项大中型注浆堵水工程，如牛儿庄矿、新三矿大型注浆工程，三矿、五矿、孙庄矿、黄沙矿等中型堵水工程。除局内注浆堵水工程外，还承揽了河北临城岗头煤矿大型堵水抢险工程，并获河北省煤炭工业协会“优质工程”称号。

1988 年至 2008 年，施工的主要抢险堵水工程有：1988 年三矿小青 -20 堵水工程；1991 年河北邢台岗头堵水工程；1993 年 6 月牛儿庄矿 56603 工作面注浆堵水工程；1995 年梧桐庄矿特大突水封堵工程；1997 年新三矿抢险注浆堵水工程；1999 年河北邢台岗头三矿特大突水封堵工程；2002 年梧桐庄矿封堵陷落柱工程；2004 年牛儿庄矿特大透水事故抢险注浆工程；2007 年 5 月山西焦煤集团白龙煤矿 2 -1101 工作面突水封堵工程。

（三）新井田地质勘探

峰峰煤田本部到 2008 年只有磁西区和万东区尚未勘探开发。从 2005 年开始，峰峰集团投入大量资金对磁西区进行了普查、精查以及地震勘探工作，2008 年基本完成了一号区和三号区北部的勘探。此后根据勘探设计，逐步进行磁西二号勘探区及磁西三号勘探区南部的勘探工作，全部勘探工作计划在 2011 年完成。

万东地区的勘探工作，计划根据情况适时开展勘探工作。

二、矿井测量

矿井测量管理工作主要包括地面控制测量、井下控制测量、地形测量、测量标准化与测量贯通业务保安等工作。

（一）地面控制测量

在平面控制测量方面，2000年之前，峰峰局平面控制测量使用的测量仪器基本是测距仪测距离、经纬仪测角度。测量人员进行地面测量，需要携带两套仪器，测量工作非常繁重。2000年以后，随着全站仪的大规模普及，测边和量距均由全站仪实现，测量工作高效而精确。2003年以后，随着卫星定位系统的应用，峰峰集团地面控制点的测定，基本采用GPS卫星定位系统。这项技术的应用，大大减轻了测量工作强度，提高了工作效率和测量工作的精度。

1. 平面控制测量

1976年至1978年，5″三角点由峰峰局水文地质测量处地形队施测，起算点国家一等点一个：Ⅰ九合沟；二等点两个：Ⅱ白马寺、Ⅱ老槐山；三等点17个：Ⅲ九龙蛟、Ⅲ王家庄、Ⅲ杨二庄、Ⅲ石桥、Ⅲ四矿水库等。平面系统为1954年北京坐标系。

1981年由河北省煤田物测队实测的临城区、1985年实测的邢台矿区、1975年至1976年实测的武安区和1990年实测的武安—磁县区经联测组成统一的三等三角网，并定名为临城—磁县三等三角网。

1990年实测的四等三角网及四等光电导线峰峰岭东区四等网，峰峰岭西区四等及马头镇四等光电导线和邯郸四等光电导线，平面系统为1954年北京坐标系。

2006年10月至2007年1月，由河北省第二测绘院承担，利用国家一等点4个，为起算点，布设了二等点（C）级GPS点18个，三等点（D）GPS点54个，四等（E）GPS点165个。平面系统为1954年北京坐标系。

2. 高程控制测量

1974年三等水准，为峰峰局水文地质测量处地形队施测，起算点：国家一等点Ⅰ邯长4－1、Ⅰ邯长4－6、Ⅰ京郑99、Ⅰ京郑104、Ⅰ京郑109。高程系统采用1985黄海高程系。

1990年的三、四等水准网，由峰峰局水文地质测量处地形队施测，起算点：一等点Ⅰ邯郑7、Ⅰ邯郑9、Ⅰ邯郑10、Ⅰ邯郑13和Ⅰ曲邯93，并改算到“1985国家高程基准”。从1990年起，峰峰局采用1985国家高程基准。

2007年3月，由河北省第二测绘院施测的二、三、四水准，二等水准起算于Ⅰ曲邯97、Ⅰ曲邯93、Ⅰ邯郑9，共布设36个二等水准点，以下采用高级控制低级的原则，布设三等水准点51个，布设四等水准点126个。采用1985国家高程基准。

（二）井下控制测量

井下控制测量分为井下基本控制测量和采区控制测量。它是采区控制测量的基础，同时也是大型贯通所要求的测量工作。

2000年以前，该项工作基本以钢尺量边、经纬仪测角来实现。2002年以后，随着防爆全站仪的普及，量距测角均由全站仪来实现，测距长度大大提高，不仅提高了工作效率，还提高了基本控制导线的精度。

（三）峰峰矿区地形图测绘

由于地面设施不断变化和采动影响地面下沉，地形图测绘一般每十年进行一次。峰峰集团在2004年至2005年完成一次航测成图，是采用航测胶片为基础成图的1:2000的地形图，没有电子版。2008年，峰峰集团与西安煤航事业发展有限公司采用先进的数码测绘技术，再次完成航测成图，所成图形均为电子版地形图，为其他绘图工作打下了良好的基础。

1995年，由中煤航测遥感局航测队、河北煤田地质局物测地质队1994年控制调绘，对峰峰煤田进行了地形图的测绘，成图面积444平方公里。采用1954年北京坐标系，1985黄海高程系。

2008年4月，由陕西省西安煤航（集团）实业发展有限公司，对峰峰集团井田区域（488平方公里）进行了航空摄影测量。采用1954年北京坐标系，1985国家高程基准。

2008年5月至7月，由河北煤田地质局物测地质队对磁西扩大区进行了地形图的测绘，其所测扩大区面积56平方公里。采用1954年北京坐标系，1985国家高程基准。

三、地形物探

1995 年 5 月，峰峰局组建了地形物探部门，配备的物探仪器主要有：槽波地震仪、无线电波坑道透视仪、井温仪、钻孔测斜仪、变频激发电位仪、钻孔透视仪等；使用的测量仪器主要是：经纬仪、水准仪、激光测距仪、陀螺定向仪等。随着科学技术的进步，峰峰集团又新添置了高密度电法仪、全站仪、全球卫星定位系统 GPS 等物探测量仪器。

地形物探部门利用先进的测量、物探仪器，紧紧围绕煤炭生产开展工作，服务于基层，完成了以下任务：峰峰集团所属单位的地基测量；各矿沉降观测站的建站工作；矿区 1∶2000 地形图控制测量；五矿矸石热电厂到峰峰集团供热管线的施工测量；峰峰集团邱县农场的面积地界测量；矿区范围内地面控制点的勘查；羊东新副井地面近井点控制测量和井口十字线的放线测量；大淑村矿铁路专用线路基测量；勘探孔、堵水注降孔、排水孔、充添孔的井位放点；牛儿庄矿特大溃水事故抢险过程测量；峰峰集团所属单位测量仪器的维修鉴定工作及奥灰水位的动态观测工作。在物探方面，完成了总计面积 100 平方公里的二维、三维地震勘探及电法勘探工作的设计审查、野外施工作业质量的监督检查、工作量验收及报告的终审等；各矿 2#、4#、6#煤层的工作面无线电波坑道透视工作；测斜、多条边界断层富水性的电法勘探工作；排水孔、充添孔、放灭火孔、电缆孔及瓦斯抽放孔的测斜及井下定位等工作。

第四节　“三下”采煤

一、“三下”压煤概况

峰峰煤田的建筑物下、铁路下、水体下压煤量大面广，严重制约矿井的生产接续和长远发展。据 2006 年初统计，全矿区 13 个井田“三下”压煤工业储量为 3.588 亿吨，其中建筑物下压煤 3.0686 亿吨，铁路下压煤 5112.4 万吨，水体下压煤 81.8 万吨。2008 年，全矿区有工业储量 6.7225 亿吨，“三下”压煤占矿区总工业储量的 53.4%。建筑物下压煤占“三下”压煤的 85.5%。“三下”压煤煤柱总数 159 个，其中村庄煤柱 99 个，工业广场煤柱 13 个，风井煤柱 17 个，厂点煤柱 4 个，其他建（构）筑物煤柱 17 个，铁路煤柱 8 个，水体煤柱 1 个。全矿区村庄压煤 2.7526 亿吨，村庄下压煤占建筑物下压煤 89.7%，村庄压煤占矿区工业储量 41.0%。新建矿井梧桐庄矿井田内的 13 个村庄就占压矿井工业储量的 2/3。由此可见，村庄压煤量占“三下”压煤主要部分，而且煤柱随着人口的增长而以每年约 10% 的速度不断扩大。村庄压煤不仅压煤量大，范围广，受护对象分散，开采影响时间长，而且涉及工农关系等敏感问题，是“三下”采煤的难点。

2003 年后，峰峰集团在村庄下开采方面有了重大突破，通过技术攻关，依靠科技进步，大力发展采掘机械化，加快膏体充填综采、薄煤开采、矸石回填和沿空留巷等新技术、新工艺的推广应用，实现了大采深条件下村庄下全采，如梧桐庄矿在南神岗村下开采，九龙矿在常凝村下开采，万年矿在东万年村下开采等。到 2008 年，未实施村庄下全采的还有梧桐庄矿范围内的韦武庄村、谷驼村、水渔岗村；黄沙矿范围内的漳村；羊渠河矿范围内的苗庄村下二次开采等。“三下”开采，解放了呆滞煤量，盘活了难采低效资源，给企业带来了巨大的经济效益。2008 年，峰峰集团“三下”采煤量达 320 万吨，占原煤总产量的 24%。资源回收率比计划提高 5%。

二、“三下”开采观测项目研究

峰峰局（峰峰集团）十分重视“三下”开采工作面的观测及研究工作，1989 年后，相继建立了 10 处地表观测站：通二矿 172 观测站、九龙矿养鸡场观测站、九龙矿常凝观测站、梧桐庄矿南神岗观测站、梧桐庄矿铁路观测站、九龙矿前南台观测站、薛村矿大淑村东观测站、二矿工业广场条带开采观测站、羊渠河矿王庄村下巷采地面观测站、煤化工焦炉及附属设施地基稳定性监测站。

通过开展长期观测和对观测成果进行研究，取得了重要科研成果。《近距煤层群条带开采煤柱稳定性及覆岩与地表稳定性研究》、《大条带放顶煤一次采全高地表变形规律研究》、《煤矿采动对塔形建筑物影响规律研究》、《峰峰矿区“三下”采煤全局性战略与技术途径研究》、《92113 轻放工作面开采地面移动规律研究》、《羊渠河矿村庄建筑物下永久煤柱巷式开采试验研究》、《村庄下采煤地表变形规律研究》、《新建矿井密集村庄下深部压煤协调式跳采安全技术研究》、《复杂老空区上方建设大型工业群地基稳定性及变形监测研究》等科研项目，获国家煤炭行业十大科研成果奖以及河北省科技成果奖等，为峰峰集团开展“三下”采煤工作积累了丰富的经验，提供了技术支持。

三、水体下采煤

峰峰矿区涉及到的水体有滏阳河、漳河、南洺河，有东武仕、岳城两座较大型水库。影响到井下开采的河流、水库有南洺河、滏阳河和东武仕水库。漳河与岳城水库尚未影响。

水体下采煤，井下导水裂隙带的高度远小于煤层覆岩厚度，覆岩隔水层足以阻止地表水溃入井下，不会威胁矿井安全。

水体下开采之前，一般委托有资质的科研单位进行水体下采煤方案设计，完成后送河北省煤炭主管部门审批，收到批文后再行开采，以保证该项工作的合法性。

四、建筑物下采煤

峰峰局（峰峰集团）在建筑物下开采时，一般委托大学或有资质的科研院所进行开采方案设计。方案设计完成后，组织有关专业对方案进行初步验收。方案修改后，报送河北省煤炭主管部门审批。收到批文后，建筑物下开采严格按照批文规定开采。

1989 年到 2008 年，峰峰局（峰峰集团）共进行了常凝村、后朴子村、前南台村、矿区养鸡场、南神岗村、韦武庄村、西河村、苗庄村、张庄村、南蒋村、庄宴村、东万年村、大淑村、金村等多个村庄及工业广场下开采。在具体开采时，根据不同的煤层条件采用不同开采方法进行开采，取得了巨大的经济和社会效益。

五、铁路下采煤

2003 年以前，峰峰局每年底都对下年度铁路下采煤进行规划。规划完成后，报石家庄铁路分局。经审批后，有关矿与邯郸铁路工务段以及建筑总公司筑路处签定铁路维修协议，根据开采地表下沉情况，及时进行铁路维护。2003 年后，石家庄铁路分局撤销，峰峰集团年度铁路下采煤的规划，连同有关矿与邯郸工务段签定的铁路运行安全协议，改报北京铁路局。计划审批后，峰峰集团矿区铁路专用线的维护与建筑总公司筑路处签定铁路维护协议，国有机车通过铁路的维护与邯郸工务段签定铁路维护协议。

峰峰煤田上方铁路纵贯各矿，线路长达 160 多公里，有国家三级铁路和工矿企业专用铁路，铁路压煤量巨大，至 2008 年还滞压 5112.4 万吨。20 世纪 50 年代，峰峰局就开始了铁路下开采工作的研究和试验，分别在铁路专用线、铁路支线、桥涵及车站下进行过开采。1989 年后，铁路下采煤涉及的铁路有羊渠河矿羊牛薛线下、小屯矿屯淑线下、九龙矿马磁环行线下、通二矿马磁环行线下、牛儿庄矿羊牛薛线下、薛村矿屯淑线下、孙庄矿孙黄线下等铁路线。到 2008 年，峰峰集团已经在铁路下成功开采上百个工作面，采出了大量的煤炭，形成了一套比较成熟的铁路下开采技术。矿区内的所有铁路一般不用留设永久保护煤柱，所有铁路压煤一般可以全部回收（不包括其他损失）。

峰峰集团铁路下开采的方法，主要是采用地面线路维修方法开采，矿井工作面开采规模和开采方法一般不作调整。在工作面开采之前，作出工作面开采铁路下沉、变形预计，预计铁路线下沉量、下沉时间、下沉速度，确定铁路维修方案，落实铁路维修材料和费用，由铁路养护部门根据地表下沉及变形情况进行维修。通过大量的实践，在深厚比大于 45 的条件下，尽管地表会出现扒缝，但下沉是连续的、渐变的，其过程是大范围平缓分布的，没有下沉的“突变”和“急变”现象发生。铁路及时维修，能够保证既采出煤炭，又使列车安全运行。

地面线路维修工作一般有以下步骤：

（一）路基的加高和加宽

为了使新旧路基能密切吻合，在加宽路基时，将原路基边坡挖成台阶并分层填土，夯实。预计路基加宽量较大时，要在开采前将路基一次性加宽到需要的宽度。加高路基一般使用矸石、黄土等松散材料。在铁路上部建筑及荷载作用下，这些材料可能产生一定的回缩量，所以加高量要稍大于线路下沉量，使回缩后的路基达到要求标高。

（二）起道、拨道和串轨

线路下沉以后及时起道，但起道次数与起道量之间应有适当关系。起道过于频繁，不仅增加维修工作量，而且每次起道后不可能将道床捣固密实，致使线路经常处于不稳定状态。不过一次起道量也不宜太大，否则不仅需要采取相应的监护措施，而且一次起道量过大还需要较长时间线路才能稳定。拨道就是消除线路水平横向移动对铁路运行带来的损害。由于线路横向移动具有范围大、渐变的特点，此项维修量一般不大。串道主要是消除线路纵向移动变形带来的危害，主要反映在轨缝的变化上。

（三）其他设施的维修

在正常开采条件下，通讯线路和排水设施一般不需要随时维修，在开采结束地表基本稳定以后再进行一次性维修。

第五节　通信技术

一、通信技术的发展

20 世纪 80 年代以前，峰峰局主要的通信设备交换机是磁石和供电式人工交换机，最大容量 400 门。到各矿的传输线路均为架空明线，一般为每个单位两条中继线和一条生产调度专线。局内传输使用铅皮电缆。80 年代以后，交换机为纵横制自动交换机，最大容量 800 门，传输线路逐步采用了全塑通信电缆，到主要生产矿井的中继线增加为 4 条，淘汰了铅皮电缆。

1989 年，峰峰局结合西安煤矿设计研究院对通信网络进行了总体规划，由邯郸煤矿设计研究院进行了初步设计。之后逐步更新交换设备，使用了微波通信技术、光缆传输技术。1991 年，通信中心大楼动工，竣工面积 2350 平方米。1992 年爱立信的程控交换机 MD100 开通运行，用户扩容到 3000 门，开通了局对黄沙矿、九龙矿和孙庄矿的数字微波。施工开通了全国煤炭系统第一条光缆传输线路（局—牛儿庄矿—小屯矿—薛村矿），中继线路实现了数字中继，增加到 30 条。1995 年，引进美国数字集群通信，实现了局、矿生产调度指挥系统的无线联通，增加了抗拒发生自然灾害情况下的调度指挥能力。1998 年，经过三次扩容，装机容量达 6000 门。2000 年，全局交换实现数字化程序控制，传输线路全部采用光缆，局机关交换机用户增加到 4500 户。2002 年，华为 C&C08 数字程控交换机开通运行。2004 年，峰峰集团下发《通信网络发展管理办法》，促进了通信网络事业的发展。2008 年，峰峰集团总部迁往邯郸市内，办公大楼安装了华为程控交换机 C&C08，通过光缆和原峰峰办公地交换设备互联成完整畅通的通信网络。

二、信息化建设

1990 年以前，峰峰局的信息化建设处于起步阶段，从无到有，从袖珍计算机、微机到小型机，从初级的探索到逐步的业务系统应用。信息化应用主要有：财务部分业务管理系统、机关职工工资开支管理系统、生产调度系统、综合统计管理系统、物资供应统计系统等，应用范围有限。应用软件仅是单机版程序，数据相互独立，信息化建设发展较慢。

1991 年至 2000 年，峰峰局自主开发了财务系统管理软件、审计管理系统软件，并较好地解决了“计算机 2000 年问题”，制定了第二部《管理信息系统发展规划》。

2001 年至 2006 年，峰峰局（峰峰集团）建立了网络中心，进行了财务账务核算系统、煤炭运销管理系统、物资供销管理系统、计划统计系统四大应用系统的开发与推广。在网络建设上，对全公司 210 公里信息化网络线路进行了建设与改造。网络用户达 2000 多个，每个用户实现了通过网络传递信息。设计建设了网络核心系统，实现了全集团的网络畅通，形成了以网络中心为核心的星型拓扑结构千兆主干网。建设了视频会议系统、企业数据中心、网络安全防护系统。在应用系统建设上，完成了信息资源规划，并建立了企业的职能域模型、业务模型、数据模型。以生产管理、销售管理、物资供应管理、财务管理和安全管理为整个企业信息化的主线，进行了矿井瓦斯监测系统改造以及监控信息系统联网，实现了 13 个矿井的通风瓦斯监测和实时信息采集、存储、传输、处理、发布、检索以及瓦斯隐患监督等功能。开发了安全生产信息管理系统，实时跟踪通风、瓦斯监测监控、生产调度、机电等各种安全生产信息，确保重大隐患和危险源得到及时处理。建立了物资供应系统，在 12 个矿、厂至供应站，共铺设光纤 6.6 公里，建立信息点 210 个，编制整理物资、单位、方向、计量、人员等各类编码十余万条，涵盖了所有业务部门。开发了煤炭运输销售管理系统，使煤炭从装车到结算全部进行自动化数据处理。完成了煤质管理系统和财务管理系统，实现了快速进行煤质趋势分析和财务集中管理。在基础应用系统平台方面，建立了峰峰集团内部网站，共设有 10 个新闻栏目模块。

2007 年至 2008 年，峰峰集团在信息化建设上着力建设“数字矿山”。按照工作重点，对网络中心的 DNS 服务器、网管服务器、防病毒服务器和安全生产管理系统、瓦斯监测监控联网系统、煤炭运销管理系统服务器等进行了升级改造，实现了系统双机互备。在新三矿、大淑村矿、薛村矿等生产单位，建立了生产调度指挥中心。以羊渠河矿为试点单位，开发运行了《企业成本市场化控制（ECRP）系统》。开发了《网络漏洞防护及安全性研究》项目和客户端系统补丁分发系统，进一步提高了企业网络的安全稳定性。峰峰集团总部搬到邯郸市后，成功地实现了邢台市、邯郸市和峰峰视频会议系统的联通。顺利将财务网络系统专用 VPN 网络纳入到冀中能源集团的大网络，开始 OA 办公自动化系统的运行，解决了多地点、多人次参与异地办公、协同办公、移动办公问题，提高了办公效率，向无纸化办公迈进了一大步。

三、电视传输

20 世纪 80 年代初，在河北省和邯郸市的统一规划下，峰峰局在距局机关 1.5 公里的西山，建设了峰峰局电视差转台，架设 6 米卫星地面接收站一座，50 米天线发射塔一座，转播中央 1 套、2 套节目。

进入 90 年代后，建设了 230MHz 公用天线传输系统，转播 6 套电视节目。随着电视传输技术的不断发展，峰峰局将传输网络改造为 550MHz，建成卫星地面接收站 4.5 米两座，3.2 米两座，架设 QRS40 干线 10 公里，用户同轴线路 40 公里，收转 26 套中央、省、地市广播电视节目。

2000 年，国家规定有线电视执行属地管理，对网络传输提出了更高的技术要求。峰峰局通信信息管理部门自筹资金改造传输主干线路为光纤，完成了局属 17 个单位的电视联网工程，建光站点 9 个，敷设光缆线路 500 公里，传输电视节目 35 套。全局有线电视覆盖率达 85% 以上，接入近两万个家庭用户。

2006 年，电视节目达到 40 套，调频广播节目 3 套，自办节目（新闻）1 套。

2008 年，完成了峰峰到邯郸市峰峰集团总部的电视信号传输工程。

第六节 环保和节能减排

一、环境保护工作

1989 年，国家颁布了《中华人民共和国环境保护法》。在国家环保政策的指导下，1989 年至 2008 年，峰峰局（峰峰集团）环保工作由起步到发展并逐步走上正规。环保机构与环保规章制度不断健全完善，国家环保法律法规得到贯彻落实，污染源得到有效治理，环境状况明显改善。

（一）机构沿革

峰峰局环保工作起步于20世纪80年代，环保工作人员划归综合利用处管辖。1988年10月配备了环境监测人员，正式成立了“峰峰矿务局环境监测站”。1989年10月，监测站经煤炭环境监测总站验收合格，确定为煤炭系统环境监测乙级站。1991年，晋升为甲级站。局加工利用处成立后，设置了环保科。1991年，环境监测站和环保科合并为“峰峰矿务局环境保护办公室”。之后，环境保护办公室先后隶属局综合开发处和规划发展处。2002年，升格为环境保护中心（副处级单位），挂靠在局非煤产业部，2004年，监测站划归冀南检测检验中心，环境保护中心只保留环保管理职能。2007年，集团公司成立节能减排办公室，下设环保科。

（二）污染源调查和治理

自1989年开始在全局开展了污染源调查工作，局（集团公司）、矿（厂）两级环保人员经过调查、监测，摸清了企业污染源种类、数量、分布和环保设施运行情况及排污状况。建立了局、矿（厂）两级动态污染源档案，之后的20年，动态污染源档案随情况变化不断更新、完善，为环境管理和污染治理提供了可靠依据。

2006年至2007年，环保中心参加了国家环保总局委托煤炭加工利用协会开展的“煤炭行业产排污系数测算课题”现场调查、监测、核算工作。2008年，参加了全国第一次污染源普查工作，按照地方环保局要求，依据企业现状及煤炭行业产排污系数，保质、按期录入了集团公司有关数据。

1. 废气治理。20世纪80年代，峰峰局工业和生活锅炉有100多台，全部配有除尘器。除尘器多数为水膜除尘器，也有少量为应淘汰的旋风除尘器。由于维护或除尘器结构问题，导致除尘效率较低，烟气黑度和烟尘浓度超标排放问题普遍存在。1990年至1999年，局有计划对小锅炉不达标除尘器进行了更新改造，全部配备为水膜除尘器，少量有冲击式除尘器（湿式除尘器）。除尘效率达90%以上。

2004年，羊渠河焦化厂安装了焦炉炉顶除尘系统，改善了排污状况。

2002年至2006年，对大吨位锅炉除尘器进行了改造。九龙矿、五矿矸石热电厂改造原水膜除尘器为静电除尘器，孙庄矿矸石热电厂1、2号锅炉改造原水膜除尘器为袋式除尘器，其新建3号锅炉和2007年建成的薛村矿矸石热电厂锅炉全部配备静电除尘器，除尘效率达99%以上。

2. 矿井水及废水治理。20世纪80年代末，万年矿建设了矿井水处理厂，处理后的矿井水作为生活用水和工业用水。第一医院、第二医院污水处理设备进行了更新换代，各矿、厂医院也全部更换或新上了医院污水处理设备。梧桐庄矿矿井水矿化度高，排放后对周边潜水层有影响。经过多年探索、考察，2007年，矿井水回灌技术试验成功。2008年，开始实施矿井水回灌工程。

3. 噪声治理。对距居民区或农村较近的五矿、九龙矿、黄沙矿、通二矿等风井进行了噪声治理，安装了消声塔，降低了噪音污染，改善了环境质量和工农关系。

4. 固体废弃物治理。20世纪80年代末开始，万年矿将老矸石山推平填坑，覆土造田，种植了松树、花卉、药材，改善了环境，成为全国煤炭行业环保典范。2000年至2004年，新三矿在矸石山上种植了5500棵冬青树和火炬树，成为厂区一道风景线。梧桐庄矿按照水土保持方案要求，在矸石山周围种植了14000棵毛白杨树，形成了防护林带，在矸石山周围建筑了排水沟、沉淀池和围墙。2004年，经河北省水利厅验收该水保工程为优秀工程。

峰峰局（峰峰集团）充分利用煤矸石、粉煤灰，建设了矸石热电厂、砖厂等；作为水泥建材原料，用于铺路、充填塌陷区、井下注浆，综合利用率逐年提高。

（三）放射源管理

2002年至2005年，峰峰局（峰峰集团）为加强环保管理，制定下发了《环境保护管理办法》、《放射性污染防治管理办法》等管理办法，建立健全了环保管理体制。为了有效预防突发性环境污染事故，提高快速反应与应急处理能力，确保环境安全，制定下发了《环境突发事故应急预案》。2006年，按照河北省环保局要求，集团公司办理《辐射安全许可证》和《辐射工作人员证》，组织举办了4期辐射环境工作人员岗位培训，参加培训人员共计356名。通过培训，使辐射环境岗位人员对放射性基本知识、安全、防护常识及有关法律法规有了进一步了解，增强了安全防范意识。

（四）环境监测

局环境监测站成立后，陆续开展了大气、废气、废水、噪声等多项监测。为煤炭生产许可证领取、换发，提供了排污状况监测报告；为污染治理工程提供了原始的验收监测报告；受邯郸市环境监测站委托为薛村矿和九龙矿矸石热电厂环境影响评价进行了现状监测，受河北省环境监测站委托，进行了梧桐庄矿矿井环境保护验收监测。另外，局环境监测站还始终承担着矿井钻孔水和井下涌水水质全分析，为水文地质部门分析含水层和涌水提供水质分析报告。

（五）“一控双达标”

1996 年 8 月，国务院发布《关于环境保护若干问题的决定》，提出到 2000 年，各省、自治区、直辖市要使本辖区主要污染物排放总量控制在国家规定的排放总量指标内；全国所有工业污染源排放污染物要达到国家或地方规定的标准；直辖市及省会城市、经济特区城市、沿海开放城市和重点旅游城市的环境空气、地面水环境质量，按功能分区分别达到国家规定的有关标准（即“一控双达标”）。为深入贯彻国务院《决定》，全面推进“一控双达标”工作，峰峰局积极开展污染源调查，对企业内的所有污染源的污染物构成及污染物排放情况进行了深入细致的调查，对所有污染源定期采样检测。利用检测手段，定性、定量地为企业建立了污染源治理及污染物排放的管理档案。所有工业窑炉均安装了除尘环保设施，并对医院污水和生活污水的排放进行治理，安装了医院污水处理设施。通过建矸石砖厂、井口矸石热电厂等措施，加大了企业综合利用工作力度，实现企业固体废物年综合利用率始终保持在 75% 以上。积极配合政府部门开展企业水土保持工作，制定水土保持方案，实施水土保持工程。按照《环保法》要求，开展环境影响评价工作，企业所有新建、在建、扩建和改造工程均完成了环境影响评价工作。加强环境保护统计工作，为企业制定环境保护工作目标提供依据，定期向政府环保部门如实上报企业污染物排放和污染物治理情况。认真贯彻执行国家、省、市环保部门有关法律法规和环境保护文件精神，较好地完成了政府环境保护要求，实现了企业环境保护工作目标。2000 年，局属所有单位通过了邯郸市“一控双达标”工作的验收。2003 年，机械总厂经北京新世纪认证公司审核合格，通过了认证，在集团公司率先获得了 ISO14001 环境管理体系标准认证证书，为企业参与市场竞争创造了有利条件。

二、节能减排

峰峰局的节能工作起步于 20 世纪 80 年代中期，成立了峰峰矿务局节能办公室，由局加工利用处管理，相继开展了节能技术改造工作、能源统计管理工作、企业节能升级工作，逐步走向了节能管理正规化的道路。1995 年节能办公室划归局机电处管理，并成立了节电领导小组。通过贴息贷款方式，对部分能耗设备实施了节能技术改造，进一步推动节能管理工作向科学化、正规化方向发展。2002 年底节能办公室划归新组建的煤炭生产部管理。在推动节能技术改造工作中，依靠科学技术进步，积极推广应用“四新成果”（新技术、新工艺、新材料、新设备），使集团公司的能源消耗大大降低。2007 年底，为了实施国家“十一五”发展战略，实现“十一五”奋斗目标，集团公司根据《中华人民共和国节约能源法》，按照上级要求，成立了“节能减排办公室”（正处级单位）。在节能减排管理工作上，推陈出新，完善管理，建章立制，加大节能技术改造投入，规范能源管理，推动节能管理工作向深度和广度开展。

（一）建章立制

按照国家和河北省推动节能工作的高标准要求，特别是按照制度化、规范化、科学化的标准，峰峰集团下发了一系列制度，为节能减排工作提供了保障。先后制定了《“十一五”节能减排实施方案》、《节能减排责任目标考核实施办法》、《节能减排安排意见》、《节能减排工作指导意见》。每年下发《节能减排责任目标分解表》。同时，针对基层单位落实制度情况、责任目标落实情况，采取了定期或不定期的调度、督导、检查、考评。

（二）节能监测

对各单位进行了电平衡、热平衡测试，并根据国家、河北省、邯郸市对能源审计和“十一五”规划的要求，又重新进行了全面复测。为保证数据的准确率，一方面由邯郸市监测中心对测试数据进行了核定，另一方面组成专家小组对测试结果进行全面分析，并对各类能耗高的设备分轻、重、缓、急，有计划纳入到企业“十一五”节能规划之中。此外，还按照国家规定的能源审计报告的“十个方面”和节能规划的“九个方面”，与中国节能协会联合对集团公司进行了全方位的能源审计和节能规划的制作，按时、保质、保量完成了能源审计和“十一五”节能规划的工作，为在“十一五”时期完成单位GDP能耗降低20%左右的目标提出了指导性的意见，使集团公司对高耗能设备的改造及投资方向有了清晰的思路和规划。

（三）节能减排技术改造

2008年，河北省、邯郸市政府下达了峰峰集团“十一五”节能减排工作目标和任务，内容是：到2010年，实现节能量8.92万吨标准煤，主要产品的单位产品综合能耗和万元工业增加值能耗实现逐年降低；到2010年，实现主要污染物二氧化硫排放总量比2005年降低15.3%，烟气主要污染物在线监测装置实现联网；化学需氧量排放总量比2005年降低18%。2008年，二氧化硫排放量与2005年比降低3.3%，完成所有矸石热电厂烟气在线装置安装、联网；实施矿井水治理利用工程，实现化学需氧量排放量与2005年比降低13.4%。为完成上述任务，集团公司制定下发了《关于加强节能减排工作，构建资源节约型和环境友好型企业的安排意见》和《2008年节能减排工作责任目标》、《节能减排工作责任目标考核实施办法》，对2008年到2010年的节能减排工作进行了总体安排部署，明确了领导机构和各部门的责任，出台了一系列措施，为集团公司2008年到2010年节能减排工作的开展奠定了基础。

集团公司“十一五”重点减排项目的计划安排是围绕河北省国资委和发改委、邯郸市下达的重点减排项目来制定的，即2008年至2010年矿井水减排项目安排10个矿井，烟气脱硫工程和烟气在线监测装置安装联网4个电厂（五矿矸石热电厂、薛村矿矸石热电厂、孙庄矿矸石热电厂、九龙矿矸石热电厂）全部实施。减排项目总投资为1.3971亿元，其中矿井水治理利用工程投资1.1503亿元，电厂脱硫工程和烟气在线监测装置安装联网投资2468万元。2008年减排项目投资共计8036万元，实施了上述4个矸石热电厂的脱硫工程和烟气在线监测，薛村矿、万年矿、大淑村矿、梧桐庄矿、通顺公司实施了矿井水治理利用工程，实现了矿井水的治理、利用和环境与经济的双赢。

在节能工作方面，按照国家规定要求，对集团公司进行了全方位的能源审计和节能规划的编制，并通过了国家和省验收。加大了投资力度，加强节能技术改造，增强节能降耗能力。先后推广应用了高低压变频调速控制技术、高效耐磨泵、高效通风机、节能型变压器、高效减速机、锅炉分行分层给煤技术、回采工作面乳化泵自动控制及运轨线设备实施无煤自停技术，实施了井下巷道节能灯绿色照明工程。技术改造项目汇总了通风系统、提升系统、排水系统、供水系统、供电系统、供暖系统、堵水系统等8个方面，由过去对单台设备的节能改造上升到对整个系统和工艺的改造，充分提高了设备的效能和降耗的能力。在降耗工作中始终坚持总量及主要单耗指标考核，控制生产单耗上升。每年下达能源消耗考核指标，实施能源消耗控制，遏制了集团公司能源消耗上升的速度。

三、技术监督

（一）建章立制

1995年9月，峰峰局制定了《技术监督若干规定》。随着改革发展和工作需要，不断完善了各项制度。2004年，按照集团公司要求，编写了《非煤产品质量管理办法》、《煤安标志管理办法》、《企业标准管理办法》、《非煤产品质量认定办法》、《技术监督奖罚办法》等内部法规性文件，使二级单位在产品标准、质量管理上规范运行。

（二）健全标准

认真贯彻《中华人民共和国标准化法》及相关的法律法规，对局（集团公司）所生产的煤、非煤产品摸清底数，建立了标准档案。为了适应市场需要，满足用户要求，对开发生产的有关煤炭、非煤产品制定了企业标准。加强产品标准监督管理，通过多种渠道搜集标准信息，确保煤与非煤产品执行有效标准。

通过建立标准管理体系，使企业以高品质的产品标准为依据，最大限度去满足用户需要。峰峰局于2002年实现了“消灭无标生产”的工作目标，确保企业做到了依法生产。

（三）非煤产品质量技术监督

加强内部非煤产品质量管理，开展非煤产品质量认定工作。在规范质量认定工作的基础上，依据《非煤产品质量认定评审标准》，对企业的质量管理体系、技术文件、生产过程控制、产品检验、现场管理及售后服务等进行检查、考量，对存在的问题提出整改意见及建议。1998年以后，局（集团公司）330种产品通过非煤产品质量认定。

加大对非煤产品质量监督抽查力度。局（集团公司）每年按计划对内部生产的非煤产品进行抽检，并对举报产品进行监督抽查，对不合格产品实施强制收回制度，防止给煤矿的安全生产带来隐患。

抓好ISO9000认证工作，提升质量管理效能。邯郸洗选厂、马头洗选厂、神风公司以及部分多种经营集体企业，通过了ISO9000质量体系认证。质量管理体系更加科学完善，产品质量不断提高。

（四）煤安标志、生产许可证监督管理

指导、帮助实施煤安标志、生产许可证产品的企业办理资质，并加强内部监督管理工作，截至2008年，全集团公司取得煤安标志证326个，11个单位取得产品生产许可证。

四、计量管理

自1985年9月《中华人民共和国计量法》颁布后，为使计量人员及时掌握计量法规，局多次组织宣传贯彻，严格执法，职工的计量法制意识不断提高。结合实际情况，先后制定了《计量管理办法》、《计量监督考核办法》，并根据基层单位的意见和建议，三次对考核办法进行了修改，使其具有可操作性、使用性。坚持每年对各单位计量工作进行考核，并将考核情况进行通报，使制度得到认真贯彻执行。各单位建立、完善了计量管理制度及三级计量管理网络，绘制了计量器具配备网络图和能源计量器具配备网络图，形成了计量管理体系，使各种计量器具配备率达到100%；强检计量器具周检率达到100%；非强检计量器具周检率≥92%以上。

1989年至1992年期间，国家为了加强计量工作，在全国范围内开展计量定升级工作，计量工作分为一级（国家级）、二级、三级，一级由国家局委托省局验收报国家局批准；二、三级均由省局委托市局验收，报省局批准；验收标准分别由国家局和省局制定。局计量工作被定为二级的单位占三分之二多，其余的为三级计量单位。计量定升级工作的开展，加强了技术基础，强化了生产过程计量器具的配备和计量器具的检定等工作，为下一步开展的计量保证能力合格确认工作奠定了基础。

2006年至2007年，集团公司按照《河北省计量保证能力合格确认考核办法》，开展了计量保证能力合格确认工作。先后有万年矿、羊渠河矿、小屯矿、大淑村矿、梧桐庄矿、薛村矿、九龙矿、黄沙矿、新三矿、邯郸洗选厂、马头洗选厂、神风公司、总医院、第二医院等14个单位通过了河北省计量保证能力合格确认。

根据河北省质量技术监督局文件要求，集团公司按照GB/T 19022 — ISO 10012：2003测量管理体系、测量过程和测量设备的要求，在集团公司本部、9个正常生产矿井、两个洗选厂和电业分公司开展测量管理体系认证工作。按照标准要求，结合实际情况，编写了《测量管理体系质量管理手册》、《测量管理体系程序文件》。各有关单位和有关部室编写操作规范、岗位说明书、记录表格，对测量过程和测量设备进行了规范和确认、对重要测量过程的测量设备进行了不确定度的评定等。

第三章　安全生产

峰峰煤矿开采条件复杂，有“三大一多一破碎”之称，即涌水量大，瓦斯大，煤尘大；断层多；煤层顶板破碎。矿井生产经常受到这些自然灾害的严重威胁。因此，坚持安全生产，改善安全生产条件，加强安全监察工作，在峰峰煤矿生产中具有特别重要的意义。1949 年峰峰局成立后，认真贯彻执行“安全第一”的生产方针，采取了许多组织、管理、技术措施，对煤矿不安全因素进行综合治理，使安全生产条件逐步得到改善。1949 年 11 月，全国煤矿会议提出“煤矿必须安全生产”的要求后，峰峰局在各生产矿井建立了安全生产管理机构，配备了专职人员。1952 年和 1953 年，开展了全局性的宣传、贯彻落实“安全第一”方针的热潮，并设立了专职通风管理机构，成立了“救护队”，1954 年成立了“技术安全监督处”，初步形成安全管理、监察、救护体系。“一五”时期，峰峰局百万吨工亡率比三年恢复时期下降 2. 8。之后，随着科学技术的进步和生产的发展，对新情况、新认识、新教训的积累，峰峰局及时完善已有规章制度并制定新的规章制度，把重点放在保证规章制度的实施上。开展岗位练兵，提高技术素质，在职工中广泛开展学习安全知识、质量标准和“三大规程”活动，突出抓“十严”、“六要六不要”，发动群众反“三违”。并逐步完善了安全保证体系、安全生产管理机构、安全监督机构。各机构、体系上下左右有机联系，各有各的目标、具体任务和措施，各岗位都有明确的责任。积极改善安全生产条件，矿井通风系统逐步得到改造，更换了低效率的通风设备，在高沼气和瓦斯突出矿井中装备了特殊型电机车和充电机车，逐步淘汰了摩擦式金属支柱，掘进巷道甩掉了料石砌碹，推广锚喷支护和采用 U 型钢支架。运输斜坡普遍推广使用防止跑车装置，基本实现“一坡三挡”或“一坡一挡”，有效防止了采掘工作面和运输事故的发生。不断增加安全检测装置，瓦斯集中监测探头、便携式瓦斯测报仪、掘进通风装置等逐年增加，入井人员都佩戴了自救器。开展了群众性的安全生产活动，建立了群众安全检查网、青年安全监督岗、家属安全宣传站，共同筑起安全防线。经过长期的努力，至 20 世纪 80 年代，峰峰局安全状况出现根本的好转。1981 年至 1985 年，百万吨工亡率平均 2. 81，首次降到 3 以下。1986 年至 1990 年，百万吨工亡率平均 1. 34，又向前推进了一步。

1989 年后，峰峰局（峰峰集团）继续坚持以安全发展、和谐发展为目标，以安全理念创新为先导，坚持安全第一、预防为主、综合治理的方针，认真贯彻落实国家有关安全生产的法规和规章制度，坚持每年第一个文件是安全指令，第一个会议是安全工作会议，对安全工作进行全面部署。全面贯彻安全文化、法制、责任、投入、科技“五要素”，以各种安全活动为载体，认真落实隐患治理的各项措施，进一步加强应急救援和事故防范工作，依靠科技进步，加大安全管理力度，全面提升安全管理水平。深入开展质量标准化和“精品工程”创建活动，大搞安全质量标准化，推进井下安全质量管理机制向人文环境、绿色环保、安全健康型发展，职工劳动保护条件向全方位“精品”型发展。针对矿井瓦斯大、煤尘大的实际，进一步加强了矿井通风系统改造工作，不断提高矿井通风能力。2004 年以来，薛村矿东风井、九龙矿北风井和南风井、大淑村矿回风井、新三矿回风井、万年矿中部风井、五矿风井、牛儿庄矿风井、通顺公司西风井的主要通风机均进行了改造，更换为新型高效风机。开掘工作面实行“双风机、双电源”，实现主备局部通风机自动切换。在瓦斯治理和防尘方面，本着“节约能源，变害为宝，保护环境”的思想，坚持“以抽保用，以用促抽”的原则，大力开展瓦斯综合利用工作。加大资金投入，健全防尘设施，依靠科技进步，积极推广应用防尘新技术、新工艺、新装备，极大地改善了生产作业环境，减轻了煤尘危害，综合防尘技术水平得到明显提升。特别是 2003 年集团公司成立后，以学习实践科学发展观为指导，为实现安全生产上新的台阶，把安全教育工作作为主题教育的一项重要内容，引导职工树立“以人为本，安全第一，紧严细实全”的理念，自觉做到“一切为了安全、一切服从安全、一切服务安全、一切让于安全、一切保证安全”。实施安全风险预控管理体系、军事化管理、走动巡查、集体升入井、FRIP 精细化管理、定置编码、现场操作“手指口述”安全确认、人性化亲情管理等，并积极探索安全文化管理体系，大搞安全信息化建设。2004 年，又推广了职业安全健康管理体系，实现了企业安全管理水平的整体提高。企业原煤百万吨工亡率连年保持在 1 以下。从 2006 年 6 月 16 日至 2007 年 4 月 13 日，实现连续安全生产 302 天，连续安全生产原煤 1088.8133 万吨，创出了峰峰集团历史最长安全周期，并历史性实现了首季安全季。1989 年至 2008 年，峰峰局（峰峰集团）百万吨工亡率 0.7035。

1989 年以来，峰峰局（峰峰集团）安全管理机构名称几经变化。1989 年至 2003 年，峰峰局安全监察机构名称为安全监察局。各矿安全监察机构为安全监察局派驻机构，名称为驻矿安全监察处。2003 年 8 月，峰峰局安全监察局更名为峰峰集团有限公司安全监督局。各矿、矿业（采矿）公司安全监察机构为安全监督局派驻机构，更名为安全监督局驻矿、矿业（采矿）公司安全监督处。通防管理部门原为通风处，2002 年 11 月改为通防管理部。2004 年，峰峰集团组建冀南检验检测有限公司，通风实验室从通防管理部并入冀南检验检测公司。救护大队 2003 年更名为峰峰集团有限公司矿山救护大队，2005 年 5 月转为正处级单位，2007 年被国家安全生产监督管理总局救援指挥中心评定为国家一级资质矿山救护队。

第一节　安全生产责任制

1989 年后，峰峰局（峰峰集团）按照《中华人民共和国安全生产法》关于“建立、健全本单位安全生产责任制”的要求，始终把建立健全安全生产责任体系，作为企业一件大事去抓，把安全管理的责任落实到每个领导、部门、区科、岗位。

在煤炭企业开始由计划经济向市场经济转变时，峰峰局组织修订了之前执行的《安全生产责任制》。1996 年 12 月，峰峰局以峰煤［1996］665 号文件颁发了《安全生产责任制》（试行）。通过四年多的试行，2001 年 9 月，峰峰局结合安全生产整顿工作的实际，在广泛征求意见的基础上，对该《安全生产责任制》（试行）进行了修改、补充和完善，将修订后的《安全生产责任制》以峰煤［2001］360 号文件下发。

2004 年 5 月 25 日，为健全和完善企业安全生产责任制度保障体系，集团公司制定下发了峰集［2004］220 号《关于落实 <安全生产目标管理责任书> 的若干规定》，明确“各单位的行政正职是本单位安全工作的第一责任者，对本单位安全管理工作负全责；各单位的行政副职是分管专业的安全工作主要责任者，对分管专业的安全工作负主要管理责任；各生产性单位的总工程师是本单位的安全技术第一责任者，对本单位的安全生产技术管理和安全技术监督负责”。之后，又根据《安全生产法》中关于“生产经营单位发生生产安全事故，经调查确定为责任事故的，除了应当查明事故单位的责任并依法予以追究外，还应当查明对安全生产的有关事项负有审查批准和监督职责的行政部门的责任，对有失职、渎职行为的，依照规定追究法律责任”的规定，以峰集［2005］3 号文件下发了《安全行政责任追究处罚规定》。

2005 年，集团公司结合企业管理体制改革实际，重新制定了《安全生产责任制》，以峰集［2005］37 号文件下发。内容包括总则、集团公司总部安全职责、行政管理部门及部门主任师以上领导安全职责、党群工作部门安全职责、专业性机构安全职责、专业化公司安全职责、煤炭生产单位副总以上领导安全职责、地面生产单位副总以上领导安全职责。本次修订的一个显著特点，就是增加了党群工作部门的安全职责，明确了党政工团齐抓共管安全工作。同时还明确了改制后新增加的专业性机构、专业化公司的安全职责。

2007 年，集团公司对安全生产管理制度进行了梳理和规范，制定、修订了有关安全生产管理制度。尤其是对《安全生产责任制》再次进行了认真细致的修订，以峰集［2007］86 号文件下发。

在执行落实安全生产责任制方面，局（集团公司）从管理机制、管理体系上抓落实，使日常管理工作形成制度化、标准化、规范化。1989 年以来，局（集团公司）每年都与各矿和业务保安处室第一责任人签定“安全生产目标管理责任状”，各单位与基层区科、区科与班组长签定“安全生产目标管理责任状”，把各级干部和职工的安全责任量化到岗，责任到人，追踪考核，奖惩兑现，失职追究，形成了下管一级，履行职责；上联一级，追究责任；一级保一级，一级对一级负责的格局。

同时，严格执行《安全奖惩规定》和行政过错责任追究制度，对于因行政过错责任造成的安全事故、重大隐患和安全管理方面的问题，都要进行认真分析，严格责任追究，决不姑息迁就。1989 年至 2008 年，峰峰局（峰峰集团）因发生事故被免职、记过、警告的矿级领导 62 名，受撤职、记大过、记过、行政警告、党内警告处分的区科级领导 301 名。

第二节　安全管理

一、安全方针的贯彻

（一）持续加大安全投入，提高安全生产保障水平

1985 年到 1990 年，煤炭系统实行六年总承包，在资金十分紧张的情况下，峰峰局千方百计筹措资金，尽力改变安全装备条件。安技措费用共投入 5328.79 万元，其中自筹 4851.92 万元，国补 476.87 万元，安排安技措工程 212 项，保质保量完成了工程项目。在“一通三防”方面，全局实现掘进装备系列化头 79 个，有 5 对矿井配备全矿井安全监测系统。全局有瓦斯断电遥测仪 140 个探头，瓦斯集中监测系统 330 个探头，装备 961 台便携式瓦斯测报仪和 623 道隔爆水袋，购置自救器 4.9 万台。峰峰局明确和坚持了“综采是方向，发展高档普采，巩固普采，逐步淘汰炮采”的采煤机械化方针，加快了采掘支护改革。到 1990 年，全局采煤机械化程度达 95.37%，掘进装载机械化程度达 87.01%，单体液压支柱 11.8666 万根，单体液压工作面 32.5 个，其中高档面 26 个，占回采工作面总个数 66.67%，还装备两个综采面。在掘进工作面，大力推广了锚喷支护和 U 型钢可缩模型全封闭支护，使用综掘机 14 台，基本实现了采面支护单体化、开掘巷道锚喷化、掘进支护钢铁化。在运输管理上，更换电机车 32 台，购置平巷人车 29 辆，司控道岔 30 套，机车追尾报警机 33 台，有效改善了安全状况。

通过抓管理和上装备，有效地防止了事故的发生。六年总承包中，全局杜绝了重大“一通三防”事故，顶板、运输事故大幅度下降，承包后的六年和承包前的六年相比，顶板事故工亡率下降 53.5%，运输事故工亡率下降 23.6%，尤其是回采百万吨工亡率由 1985 年的 0.98 降到 1989 年的 0.1，1990 年全局消灭了回采顶板事故。为解决多年积累的安全欠账，改善职工作业环境，提高安全技术和装备水平，峰峰局（峰峰集团）逐年增加安全投入。2005 年根据国家四部委《关于调整煤炭生产安全费用使用管理与监督的通知》规定，将安全费用提取标准由原来的吨煤 8 元调整为 45 元。2003 至 2006 年，累计用于安全生产投入达 11.8 亿元。仅 2006 年就完成安全投入 5.2846 亿元，重点对矿井通风、瓦斯监测与抽采、防灭火、防治水、综合防尘、供配电、运输及提升等系统进行了改造。通过加大投入，加强技术改造，解决了一些长期无力解决的重大隐患问题，矿井安全保障能力得到进一步提高。2007 年安全投入完成 5.9179 亿元，解决了大量历史安全欠账问题和隐患问题。各矿均安装、使用了安全监测监控系统，并与集团公司实现了联网，各矿安全监控室均设在矿调度室并有专人值守，均按规程要求配齐了各类传感器。投资 1200 万元对各矿井瓦斯监控系统进行升级改造。掘进工作面局部通风机均实现了“双风机、双电源”和“三专、两闭锁”，安设了风机开停传感器和馈电状态传感器，保证了正常使用。在小巷运输上大量投入 22 千克/米轨道和标准道岔，研制了风动罐挡，在大巷投入 30 千克/米以上轨道、司控道岔、弯道预报警、声光信号、照明，使运输脱轨等事故明显降低，运输工亡事故同比下降 66.67%。投入 180 万元在梧桐庄矿研究开发了《井下人员位置监测管理系统》，实现了井下人员位置的实时监测监控，在现场管理、人员控制、考勤管理和干部走动式管理等方面发挥了重要作用。

历年工亡事故分类统计表

类别 年度	顶板	瓦斯	机电	运输	火药放炮	火灾	其他	合计	百万吨工亡率	
									人数	工亡率
1989	4		1	5				10	9	0.78
1990	2		1	2			3	8	7	0.61
1991			1	5				6	4	0.36
1992	2		2	6		1		11	9	0.86
1993	3			1			1	5	5	0.49
1994	3			3				6	6	0.58
1995			1	2			2	5	5	0.47
1996	2		1	4	1			8	8	0.74
1997	2			1			2	5	3	0.35
1998	6		1					7	3	0.4
1999	2			1				3	3	0.35
2000				3				3	3	0.36
2001	7	7	1	6	1		1	23	12	1.53
2002	4		1	5			1	11	10	0.95
2003	5		1	4			1	11	11	0.93
2004	2		1	4			1	8	8	0.66
2005	7		1	2			1	11	11	0.87
2006				4			1	5	5	0.38
2007	6	17		1				24	24	1.87
2008			6	1				7	7	0.53

（二）以预防重大事故为重点，狠抓瓦斯、煤尘、水害等管理

1. 危险预测。在突出危险性预测、防治突出措施、防治突出措施的效果检验、安全防护措施在大煤回采工作面瓦斯治理上，采取优先开采野青保护层的方法治理大煤瓦斯，只有开采野青保护层后，大煤残存瓦斯含量小于该煤层始突深度的原始瓦斯含量或小于8立方米/吨，达到了瓦斯治理效果，才能开采大煤。对大煤掘进工作面，在局部未保护区域，每天早班必须由生产单位安排专门人员施工瓦斯释放钻孔，施工钻孔的数量、角度、深度全部按措施要求进行。在石门揭煤上，制定严格的揭煤防突设计及安全技术措施，报集团公司批准，并严格执行，确保揭煤期间的安全。在安全防护措施上，采、掘工作面每隔50米安装一组压风自救装置，所有人员佩戴隔离式自救器和执行远距离爆破，将全部人员撤到反向风门外的进风巷道中。在局部未被保护的大煤采掘工作面的突出危险性预测方法上，采用了“瓦斯涌出初速度”和“钻屑指标法”进行突出危险性预测。

2. 瓦斯检查。各矿按规定配备足够数量的瓦斯员，并建立健全瓦斯管理工作责任制和瓦斯检查、瓦斯排放等管理制度，强化瓦斯管理工作。在高瓦斯、煤与瓦斯突出矿井及低瓦斯矿井的高瓦斯区域、瓦斯涌出异常的地区均配备专职瓦斯员。瓦斯员按《规程》要求进行正规巡检并在现场交接班。对检查过程中发现的问题及时进行处理和汇报。临时停工地点不得停风，否则，必须严格按照《规程》要求进行切电、撤人、设置栅栏、揭示警标及密闭或排放瓦斯等各项工作。

3. 完善通风系统。井下各用风地点均建立了合理完善的通风系统，按照要求配备足够的风量。对因

通风系统不合理或风量不足造成瓦斯超限的工作面坚决停产或以风定产，直至问题得到解决。采取在工作面设置瓦斯排放巷、抽放瓦斯、开采保护层等措施，保障矿井的安全正常生产。

4. 瓦斯抽放。峰峰矿区的主要含瓦斯煤层为2#大煤煤层，瓦斯抽采主要针对该煤层进行。峰峰局的瓦斯抽采始于1966年，开始主要是对2#本煤层抽采和对2#煤层进行穿层未卸压抽采，同时也进行少量的采空区抽采。1985年后开始临近层抽采。1989年至2005年共抽采瓦斯2.02亿立方米。2006年，全集团公司实际瓦斯抽放量达到3316万立方米，比2005年提高32%。2007年瓦斯抽放量又增至4310万立方米，2008年瓦斯抽放量达到4778万立方米。瓦斯抽放对高瓦斯工作面的瓦斯治理，改善工作面的作业环境起到了显著的作用。薛村矿94902工作面瓦斯涌出量达39.26立方米/分。其中瓦斯抽放量为10立方米/分，使工作面的风排瓦斯量、需要风量、风速、扬尘量都大大降低，改善了工作面的作业环境，保障了工作面的安全生产。

5. 瓦斯监测。1986年在各矿广泛装备使用了瓦斯报警断电装置。1987年至1989年，万年矿、牛儿庄矿、二矿装备了镇江煤矿专用设备厂生产的A－1瓦斯监控系统。薛村矿于1989年、通二矿于1990年、九龙矿于1993年装备了重庆煤矿安全仪器厂引进当时的西德技术生产的TF－200监控系统。小屯矿于1992年装备了海南生产的KJ－10监控系统。从2000年开始，新上了大淑村矿（KJ－90）、梧桐庄矿（KJ－4）、黄沙矿（KJ－2000）矿井安全监控系统，并陆续对各矿技术落后、设备陈旧的矿井监控系统进行了全面升级改造。到2008年底，峰峰集团配备便携式瓦斯检测报警仪2524台，光学瓦斯鉴定器1482台，过滤式自救器1.5682万台，隔离式自救器5204台，入井人员均配备了自救器。各矿安装了安全监控系统。井下煤巷及半煤岩巷掘进工作面、有瓦斯涌出的岩巷工作面、采煤工作面、串联通风地区均安装了瓦斯传感器。煤与瓦斯突出矿井、高瓦斯矿井均成立瓦斯治理科。10个矿井按设计要求完成了矿井通风系统改造，提高了矿井通风能力。瓦斯超限报警次数2005年为2.1481万次，2006年降到6592次，2007年降到524次，2008年瓦斯超限报警次数705次。

6. 防尘管理。各矿均建立健全了防尘系统。截至2008年底，共安设防尘管路406.133公里、隔爆棚325处，装备测尘仪35台。井下各地区按要求安装了净化水幕、放炮喷雾、转载点喷雾并正常使用。各矿均建立健全了煤体注水、大巷冲洗刷白、采掘工作面300米辅助隔爆洒水等一整套行之有效的防尘管理制度。2005年后，新接触粉尘工作的职工没有发生一例尘肺病人。

7. 煤炭自然发火防治。1996年，随着放顶煤采煤工艺的推广，采煤工作面丢煤及漏风增加，各矿煤层自然发火灾害进一步加剧。通过对工作面气体取样分析，九龙矿、羊渠河矿、牛儿庄矿、小屯矿、薛村矿、大淑村矿、梧桐庄矿均发现了一氧化碳。针对轻放工作面的特点，2003年峰峰集团制定了《防治轻型综采放顶煤工作面自然发火的几项规定》。该《规定》实施后，各矿加大对轻放工作面和其他易发生自燃地点的一氧化碳检查，加快回采工作面推进速度，并采取提高回收率，减少煤炭丢失；优化工作面布置，减少漏风，实现均压灭火；采用注氮、注浆、注凝胶、注盐水灭火技术等综合的防治煤炭自然发火措施，降低煤炭自燃的危险。

8. 矿井水害防治。鉴于峰峰矿区水害较为严重的状况，相继制定了《防治水（水灾预防）工作管理制度》和《防探水规程》，对各矿的水害防治工作进行规范和管理。

（1）防探水工作严格执行“有疑必探，先探后掘”的原则，遵守《煤矿安全规程》的各项规定。遇到特殊情况时，提出具体意见，报集团公司审批。

（2）所属各矿各级与防治水业务有关的部门做好防治水安全工作，定期检查，发现情况变化时，及时通知防治水人员并采取相应的安全技术措施。

（3）防治水工作责任分工：①集团公司总经理、各矿矿长负责防治水业务全面领导与组织工作，经常检查防治水情况，及时解决存在的问题，并确定职权内的重大问题，对上级负责。②集团公司总工程师、矿总工程师或地测副总负责防治水全面技术领导工作，主持审批水文地质资料、受水威胁地区资料、防治水设计、水害预防计划以及较重大的防治水措施和季度受水威胁地区水文地质资料。集团公司总工程师、矿总工程师或地测副总分别对集团公司总经理、矿长负责。③集团公司科技发展部负责主办审查季度受水威胁水文地质资料、防治水设计和疏放水设计及防水安全措施。经常深入矿井检查防治水工作，发现问题及时帮助解决。④负责开采技术工作的部门和技术人员，审查有水害威胁煤层的开采设计及措施。在审查中认真执行有关防治水规程的各项规定，为防治水工作创造良好条件。⑤安全监察部门负责经常检查防治水规程和防治水措施的执行情况，参加审查受水威胁地区的水文地质资料，参加审查防治水措施。⑥矿专职防治水技术人员负责编制年、季、月度的受水威胁地区的水文地质资料，提出初步预防水害的措施和意见，编制防治水设计及放水设计，经常检查防治水设计及措施的执行情况，对新发现的受水威胁地区立即向矿总工程师汇报。填绘水文地质图纸，填写防治水通知单。⑦矿测量技术人员负责编绘1/1000—1/2000的采掘平面图，其中对下山眼、盲巷、水窝等巷道必须填绘齐全，对探水地区每两天实测并填绘一次图纸。负责关键性的水文孔和探水孔的挂线工作。⑧矿开采设计人员认真编制开采设计中有关防治水设计部分，在设计中认真执行防治水规程，为安全生产创造良好条件。⑨矿分管回采和掘进的技术人员按计划按时向防治水技术人员提交采掘地区计划，地区和设计的变更应提前通知防治水人员。⑩矿采掘区长和采掘区的技术人员负责编制与贯彻防治水措施，执行和落实有关规程，经常检查执行情况，及时解决具体问题，对疑难问题及时汇报。

（三）推进本质化安全管理，夯实安全基础

1. 加强班组管理，实现班组自主管理科学化

1992年，峰峰局成立了班组建设工作领导小组，制定了《关于加强班组建设的指导意见》、《加强班组建设评比表彰办法》，明确了班组建设的目标，强化了班组建设组织保证。完善了班组长选拔、聘任、任免、培养以及班组激励约束机制等具体工作措施，将班组建设纳入企业管理的日常工作。1992年10月9日，局首次召开班组建设经验交流会，确定每年的10月9日为全局“班组长活动日”。此后，局（集团公司）组织班组长开展了安全生产等一系列活动，为班组长建立职业档案，开展班组长“职业生涯”设计，积极为优秀班组长的脱颖而出创造条件。坚持每年对班组长以上管理人员进行系统培训，每年举办不同层次的培训班150多期，培训人员达5500多人次。每年都评选一批优秀班组和优秀班组长，营造了加强班组建设的浓厚氛围。精心打造班组建设“员工三能力（事故超前预防能力，紧急状态处置能力，事故自救互救能力）、岗位四达标（班组长安全素质达标，矿工安全装备达标，岗位安全环境达标，现场管理达标）、现场规范五化（行为养成军事化，班组行动团队化，岗位操作程序化，现场管理规范化，班组考核精细化）”系统工程，实现了班组安全管理目标、管理方式、管理方法和员工安全态度、安全素质、安全责任心的“六大转变”，使班组严重“三违”率以每年20%的幅度递减。

2. 深入开展质量标准化和“精品工程”创建活动

1984年，峰峰局根据煤炭部的安排，开展了质量标准化建设工作，并坚持从优化采掘面、巷道设计，从源头抓起，1989年，峰峰局被评为“全国质量标准化矿务局”。1989年后，峰峰局（峰峰集团）坚持质量标准化动态达标，强化现场管理，推进规范操作；狠抓质量责任制落实，促进质量标准化的巩固提高；狠抓安全质量标准化精品工程创建，评安全质量最差区队；严格考核，严明奖惩，提高安全质量标准化内在质量，促使质量标准化和精品工程建设在采、掘、机、运、通专业内的点，到各专业的面都得到了全面扩展。经过努力，达到了形式与内容的统一、数量和质量的统一、硬件达标和软件达标的统一、动态达标和静态达标的统一，推进了井下安全质量管理机制向人文环境型、绿色环保型、安全健康型发展，职工劳动保护条件向全方位“精品”型发展。2008年，峰峰集团所属13个矿井中，有12个矿井达到了安全质量标准化一级标准。

（四）创新安全管理

坚持以安全发展观推进安全管理不断创新，通过推广6S管理、5E标准、精细化管理、危险源管理、安全确认管理、风险预控管理、链式管理、层次管理、走动式管理、职业安全健康管理体系等一些新的管理方法，安全管理延伸到了具体工作内容中，安全管理的覆盖面进一步扩展，安全管理水平不断提高。

1. 军事化管理。2004年，铁路运营分公司、梧桐庄矿、小屯矿开始实施军事化管理。峰峰集团总结经验后，于2005年在全集团公司推广。按照“向解放军学思想、学管理、学作风”的指导思想，以改变

广大职工的心智模式和思维方式，进一步增强团队意识、大局意识、纪律意识、合作意识为重点，在提升职工素质和规范上下工夫，在提高职工执行力、服从力、战斗力上做文章，使军事化管理进班组、进现场、进岗位，最终让职工做到一举一动有规，一招一式有序，实现规范操作、精细管理，以高素质的职工文明形象，确保企业和谐发展。军事化主要包括导入军事化管理理念，狠抓军事训练，明确“思想道德纯洁化、团结学习快乐化、工作安排命令化、安全生产标准化、集体活动统一化、言行举止文明化、执行纪律规范化、穿戴着装整齐化、会议值班跟班制度化、环境卫生清新化”的“十化标准”，渗透军人思想，固化军人行为，塑造军人形象。并把军事化管理与安全确认报告、集体升入井及地面规范行走等制度相结合，纳入到各单位安全工作绩效考核中，形成了以军事化管理促进安全生产的长效机制。

2. 走动式管理。2005 年最初在羊渠河矿、薛村矿和小屯矿等矿搞试点。试点单位取得经验后，在全集团公司进行了推广。走动巡查是根据各级管理人员管理权限、岗位职责要求，明确深入一线现场走动内容、次数、周期、要求和考核的一种方法。是通过对工作现场 5E 标准进行动态检查，最大限度实现零缺陷、零漏洞的全过程、全时空的流程控制。要求管理人员能在现场解决的问题，必须现场解决；现场暂时不能解决的，升井后交由信息站汇总，查找原因，分清责任，进行安排落实并复查，形成闭合。各级管理人员下井时，必须持“走动管理卡”。在巡查时，对卡上内容逐项检查，发现问题及时纠正，并相互在职工 A 卡和走动管理卡上签字，达到双向互动管理。安监部门负责每旬统计、汇总管理人员走动管理完成情况。通过实施走动管理，区科副职每周不少于两次对所辖区域全覆盖走动管理；副总、区科级正职每周不少于一次全覆盖走动管理；矿级班子每周对全矿所有区域巡查一遍；主管矿长对分管专业每月全覆盖走动管理不少于两次；矿长对全矿各专业每月全覆盖走动管理不少于一次。实施走动管理，大大增强了现场管理力度，提高了工作效率。同时，在广大职工中树立了管理人员良好的作风形象。

3. 集体升入井。2006 年，峰峰集团在“安全月”活动期间提出集体升入井制度。在黄沙矿搞试点取得经验后，在全集团公司进行了推广。集体升入井是以班组为单位按照行走路线依次行走的管理方式，要求所有升入井人员必须按规范要求佩戴安全帽、矿灯和自救器。升入井前，班长在核定本班人员无误后，由副班长在队伍前举旗，升入井人员成单列行走和候车。旗上有明显的“××区（科）××队早（中、夜）班”标志，正班长在后监督。乘坐皮带或人行车，班（组）长必须把本班（组）人员全部送上皮带或人行车后，自己才能上车，并随时监控小组人员的安全行为，制止不安全做法。零散作业人员就近结对实现集体升入井。对各地区的行走路线，特别是对零散作业人员的行走路线、集合地点都作出明确规定，要求人人严格执行。通过推行集体升入井制度，进一步规范了职工的行为，增强了班组团队意识、集体意识和互保联保意识，互保联保作用得到有效发挥。特别是通过集体升入井与军事化管理的有效结合，有令必行、令行禁止的执行力得以具体体现，避免了零散作业人员在升入井过程中造成伤害的现象。

4. 定置编码。2006 年，大淑村矿借鉴外单位定置编码管理经验，在井下进行定置编码管理，取得经验后，在集团公司进行了推广。定置编码管理是作业现场的人员、物品、设备、工具等所有可移动体与现场场所确定的结合方式。定置编码管理的目的是精细、精确地处理好生产作业过程中作业现场的人员、物品、设备、工具等所有可移动体与现场场所之间的相互关系，是作业现场要素的科学化、合理化、秩序化、文明化的运行和安排放置活动。定置管理有效解决了现场无秩序的混乱状态，保持了作业现场的规范有序。编码管理，是在精细化管理理念指导下的全面的企业管理创新。其直接对象是每个人、每件事、每一时、每一处、每一物的编码，并切实做到现场管理无盲区、无漏洞、无缺陷。峰峰集团各单位推行的编码管理，主要包括人员编码、空间区域编码、设施设备编码、工具编码、材料编码、作业结果编码、指令编码等。通过实施编码管理，不仅强化了每个作业者的责任意识，提高了管理的效率，实现了管理和作业责任的联通，也为下一步的岗位价值精细管理、实现自动化等管理升级打下基础。

5. 安全确认“手指口述”。2003 年，牛儿庄矿创立现场操作安全确认制度，峰峰局转发了该矿的具体做法，随后在各矿进行推广。2005 年，峰峰集团借鉴日本经验，推广小屯矿经验，将“手指口述”与安全确认合并使用。“手指口述”是一种通过心、眼、口、手的指向性集中联动而强制注意的操作方法。可有效防止人的注意力不集中而导致事故发生。在培训的基础上，坚持做到“三重点”：一是确认人要懂技术、有经验、会确认；二是确认要做到姿势正确、动作规范、熟记标准、声音洪亮；三是确认必须形成机制，推行开工前对照安全确认卡逐项确认并填写安全确认卡，实施操作前“手指口述”或操作过程中先口述后操作的安全确认方式。单岗“四步骤”：本岗位从上到下、从左到右、由前到后进行全面隐患排查；填写A卡；再排查现场A卡上没有的变动隐患，消除后写到A卡空白处；确认本岗位无风险后高喊：“本岗位无隐患，确认完毕!”。组合岗“五步骤”：组长安排工人分头进行责任确认；各自确认完毕，向组长汇报确认情况；责任确认者填写A卡；组长征求工人意见；共同认为无风险，实施集体“手指口述”：“本岗位操作范围内安全确认完毕，无事故隐患，可以开始实施生产操作”。“手指口述”的实施，有效减少了误操作，职工的执行力、服从力和风险预控能力不断提高，互保联保得到充分体现，降低了工伤事故的发生率。

6. 人性化亲情管理。2004年，小屯矿通过总结安全管理经验教训，对职工无情罚款变为有情送“红包”，引入亲情管理，在河北省煤炭系统介绍经验后，在峰峰集团进行了推广。亲情管理是人性化管理的具体体现，实施“六法并举”，促进职工对安全管理的认同力、配合力和执行力，实现安全生产的软管理。“三违”罚款“送红包”法：建立职工健康安全行为档案，对“三违”者，给其妻子、父母“送红包”，强化亲情教育。安全隐患预罚法：对一般性安全隐患，开“预罚单”，促限期整改，按期整改，取消罚款。健康安全预算法：通过事故损失算账对比，算好个人收入账、身体健康账、工亡家庭悲惨账、单位和集体政治影响账，强化了职工对安全价值的认识。群体安全风险激励法：把个人、班组、区科的“三无”奖（无“三违”、无轻伤、无事故）联在一起考核发放。具体以班组为单位集体进行递进式和联挂考核。现场“五单”示范教练法：对新工人和错误操作者，由管理人员在工作现场实施单教、单练、单学、单考、单查，认真指教，作出示范。班组长“识人、用人、会管理”法：班组长做到熟知职工脾气、性格、技能、责任心等，因人而异，量才择岗。

二、安全制度管理体系

1989年12月，制定下发《小绞车安全运输、运行规范》。峰峰局当时使用25千瓦以下的内齿轮、调度小绞车1400多台，运输斜坡有1000余条。各单位对小绞车安全运输、运行管理比较混乱、要求不一，事故所占比例不断上升。峰峰局根据当时的实际情况，经深入细致调查研究，制定下发了该《规范》，共计四章100条。1991年5月1日，制定下发了《小绞车运输规范》，再次修订完善，共计四章100条，对小绞车的车房、安装、操作、连接装置以及斜坡防跑车装置的选型、安装、斜坡运输管理等作出了具体的统一规定。本规定适用于40千瓦以下的矿用小绞车。

1993年5月，制定下发《零散作业人员安全行为规范》。零散作业人员是指：地点和场所不固定、单独工作、独立行走的人员。包括：井巷维修、运料、设备安装、轨道辅修、矿车上道等作业人员；电修工、把钩（信号）工、各类司机、通防、地测、管理等人员。共计四章150条。

1995年8月，制定下发《矿井专业安全管理规定》。同年12月又下发《安全管理若干管理规定》。这两个安全生产管理规定中的条款，有的是针对企业走向市场后出现的新情况和新问题而制定的，有的是结合当时安全生产的经验、教训而制定的，还有的是对峰峰局原有规定的重申和补充。在制定过程中，峰峰局组织了两次审稿会，对各项规定逐个、逐条进行了讨论、研究和修改，并经峰峰局安全办公会议审定后下发执行。

1996年1月，修订下发《安全奖惩条例》。

1997年1月，制定下发《井下工种岗位操作程序》，共分六册，包括采煤、开掘、通风、瓦斯钻探、机电、运输等专业工种的岗位操作程序。这是峰峰局在安全工作上的一项新举措，对规范职工的生产工作行为，提高职工的技术操作水平，实现岗位程序化正规操作，完善安全管理运行机制，创造安全、文明有序的生产环境，起到了重要作用。

2004年9月，制定下发《煤矿安全生产管理制度》。根据河北煤矿安全监察局冀安监管煤安［2004］53号文件《转发国家煤矿安全监察局〈煤矿企业安全生产管理制度规定〉的通知》精神，峰峰集团研究制定了15项安全管理制度。

2005年，制定下发《工种操作规程》。该《规程》分上、下册，修订完善了井上、下16个专业270个工种岗位的操作规程。结合本单位实际，各矿编制了《煤矿职工安全手册》。

2007年11月，制定下发《三项管理制度》。根据河北省、邯郸市有关文件精神要求，峰峰集团和各矿建立健全了《安全生产责任制》、《安全生产管理制度》、《工种操作规程》。

2008年6月，制定下发《关于印发隐患排查治理“四项制度”的通知》。根据《河北省安全生产“隐患治理年”活动工作方案》要求，结合集团公司安全生产管理情况，对安全生产隐患排查治理方面的“四项制度”（隐患排查责任制度、隐患排查制度、隐患排查登记和消除报告制度、事故隐患奖惩制度）进行了修订完善。

三、安全风险预控管理体系

2006年9月，峰峰集团与中国地质大学（北京）安全研究中心合作，应用“风险三预（现场实时报警、专业适时预警、部门及时预控）”管理理论，启动了《峰峰集团风险预控关键及支持技术研究》课题，经过近一年的合作研究，于2007年8月基本完成。此课题以实现峰峰集团煤矿生产风险预控为目标，研究了风险辨识、风险评价和风险预报、预警关键技术，开发了支持煤矿生产风险预控的信息系统软件。以峰峰集团为实证研究对象，面向煤矿行业，研发出了适用于煤矿生产风险预防型管理技术、模式和机制。

安全风险预控管理体系，以实现安全目标，对各个系统动态风险分析的基础上，对生产过程中潜在风险和隐患进行预知、预测和预报，并采取有效管理以预防事故发生。可以按照PDCA循环模式，实施危险源辨识、风险评价、操作程序、操作标准和风险控制，实现风险预测、预报、重大危险源监控和事故的应急处理。峰峰集团积极展开安全风险预控的试点工作，在羊渠河矿、黄沙矿、小屯矿等试点的基础上，于2008年1月在全集团公司推广应用。峰峰集团及有关矿以煤矿操作风险预控体系、管理风险预控体系、煤矿事故应急救援预案为内容的，有自身特色的煤矿安全风险预控体系基本建立。

四、安全信息化建设

（一）安全信息化管理

1989年3月10日，以峰煤［1989］118号《关于建立“安全信息站”的几项具体规定》文件形式，决定建立“安全信息站”。此后，各生产矿井和工程处全部建立起“安全信息站”。具体建站时间为：牛儿庄矿，1989年3月；一矿、二矿、三矿、五矿、黄沙矿、孙庄矿、小屯矿、工程处、六十三处，1989年6月；四矿、薛村矿、通二矿、万年矿，1989年7月；羊渠河矿、九龙矿，1993年3月；新三矿，1996年3月；梧桐庄矿，2003年5月；大淑村矿，2004年1月。

1989年8月4日，下发峰煤安［1989］351号《关于认真执行<安全信息系统管理的暂行办法>的通知》。

1991年12月12日，下发峰煤安［1991］691号《关于印发<安全信息管理标准及考核评比办法>的通知》。

2004年9月24日，下发峰集安监［2004］396号《关于认真执行<安全信息工作管理规定>的通知》。

2007年1月1日，下发峰集安监［2007］3号《关于安全信息管理系统网络运行管理规定》。

（二）安全信息运行情况

峰峰局（峰峰集团）建立健全了三级安全信息管理机构，构成了安全信息管理网络。2008年，峰峰集团有专职安全信息管理人员98人，兼职管理人员1045人，安全信息员5856人。按规定，凡下井的安全信息员，升井后必须到信息站汇报安全隐患信息。同时，还完善了隐患信息处理的六个环节和四种安全信息卡，构成了信息运行的闭合管理。每年平均收集安全隐患信息30多万条。各基层信息组还在1432个井下生产班组中开展了隐患预测预报，有效控制井下所有场所的安全状况，超前防范事故的发生。

2002 年，将安全信息管理纳入计算机管理。2003 年与北京飞龙公司合作，开发了“安监信息管理网络系统”，2006 年 8 月通过验收，在峰峰集团所属各生产矿井、控股公司、相对控股公司及邯郸洗选厂、马头洗选厂正式启用。

峰峰集团每季组织对安全信息站检查评比，年终总评，进行表彰奖励。

第三节 “一通三防”

一、通风建设

（一）通风装备

1989 年初，峰峰局 13 个生产矿井有回风井 26 个，安装主要通风机 57 台，总入风量 12.2277 万立方米/分，基本满足安全生产需要。

经过 20 年不断对矿井通风系统的改造，截至 2008 年，峰峰集团 13 个矿井有回风井 21 个，安装主要通风机 42 台，总入风量 13.1422 万立方米/分，矿井通风能力满足生产需要。

各矿安装的通风机主要包括离心式通风机和轴流式通风机，其中轴流式通风机按照结构和性能的不同又分为单机轴流式通风机、对旋式轴流通风机以及 GAF 型通风机。

1. 离心式通风机

薛村矿东风井、小屯矿回风井均安装使用 K4－73 型离心式通风机，万年矿北风井安装使用 G4－73 型离心式通风机。

离心式通风机的优点是结构简单、维护方便、噪声小，并联工作稳定性好。但其体积大，一般不能与电动机直接连接，而且风量调节不方便，必须有反风道才能反风。它适用于矿井风阻变化较小、风量变化较大的矿井。

2. 轴流式通风机

除薛村矿东风井、小屯矿风井、万年矿北风井外，其他风井均使用轴流式通风机。型号主要包括 2K60、BDK、G4－73、2K58、GAF 型等。

轴流式通风机具有结构紧凑、体积小、质量轻、转速高，可直接与电动机相连、风量调节较为方便、反风措施较多等优点。其缺点是噪声大、构造复杂、检修困难，并联工作稳定性差。它一般运用于风压变化较大、风量变动较小的矿井。

对旋式通风机从 20 世纪 90 年代开始在我国煤矿推广使用，该系列通风机采用电动机与叶轮直联的型式，具有风机运行平稳、振动小、效率高的优点，适合中小型矿井使用。1994 年 5 月 25 日，通二矿因矿井生产地区萎缩，需要风量下降，在西风井安装使用 BDK40－6－N016 对旋轴流式通风机替换原 Byπ 凸 H－2.8 轴流式通风机（额定功率 800 千瓦），通风机额定功率 2×55 千瓦。BDK40－6－N016 对旋轴流式通风机运转的有关参数如下表所示：

BDK40－6－N016 对旋轴流式通风机运转的有关参数

运行风机型号	风量 m^3/s	静压 Pa	全压 Pa	电流 A	电压 V	风叶角度	功率 kw
Byπ 凸 H－2.8	60	1764	1705	18	6100	25°	170
BDK40－6－N016	32.4	940.8	921.2	45/48	380	25°/20°	47.71

对旋轴流式主要通风机使用范围广，运行效率较高。1994 年后，黄沙矿、三矿、通二矿张庄风井又陆续安装使用了对旋轴流式通风机。

1999 年，孙庄矿安装使用了上海鼓风机厂生产的 GAF－11.8－1 型通风机。此后，梧桐庄矿中央风井和西风井、大淑村矿回风井、羊渠河矿佐城风井及崔庄风井、五矿风井、九龙矿北风井先后安装使用了 GAF 系列通风机。该型通风机能够按照矿井不同的通风参数、技术和使用要求，利用标准化的零部件，采用积木块式设计、“量体裁衣”式的选型方法，使矿井工况点始终运行在风机最佳效率区。同时，该型通风机反风时，只要求将动风叶调整到要求角度，就可实现反风，不需反风道，也无须改变转子的旋转方向。该风机的缺点是反风时要求矿井风阻过低，一般矿井不能满足要求。梧桐庄矿、大淑村矿主要通风机在反风时，将风机叶片调至设计最大位置后，仍不能稳定运转，最后只有将叶片根部两侧锯掉一部分，增大叶片角度，方可稳定运行。

（二）通风方式

中央式：薛村矿、大淑村矿、小屯矿、新三矿、牛儿庄公司、大力公司采取中央式通风方式。

对角式：九龙矿采用两翼对角式通风方式。

混合式：混合式通风方式适用于井田范围大、产量大、煤自然发火倾向严重和有煤与瓦斯突出的矿井。万年矿、黄沙矿、羊渠河矿、梧桐庄矿、孙庄公司、通顺公司均采用混合式通风方式。

（三）对旋式通风机的推广使用

20 世纪 90 年代初，峰峰局开始在井下推广使用对旋式局部通风机，并迅速在全局推广。到 2008 年，峰峰集团共购置对旋式局部通风机 300 台以上，在井下局部通风工作中发挥了较大的作用。与 JBT 系列局部通风机比较，对旋式局部通风机具有安全、噪音小、节能等多方面的优点。1995 年 9 月 7 日，通二矿在北大巷 02171 掘进工作面分别对 JBT 局部通风机和 DSFA－5 对旋局部通风机在相同条件下的各种参数进行了测定、比较、分析。参数如下：

JBT 局部通风机和 DSFA－5 对旋局部通风机的比较

局部通风机型号	通风长度 m	风筒直径 m	全压 Pa	静压 Pa	风机出口风量 m^3/s	输出功率 kw	效率 %
JBT－52	300	0.5	2479	2455	90	7.92	80
DSFA－5（2×5.5）第一级	300	0.5	1068	1039	81.9	4.92	60.6
DSFA－5（2×5.5）第二级	300	0.5	853	823	72.8	1.82	70.23
DSFA－5（2×5.5）双机运行	300	0.5	2989	2960	114	10.32	84.1

与 JBT 局部通风机比较，对旋局部通风机具有下列优点：

1. 较好地改善了工作面的作业环境。DSFA－5 噪音仅 20 分贝，而 JBT－52 局部通风机噪音高达 110 分贝，差异显而易见。同时，开掘工作面供风距离较短时，对旋风机可开一级风机，供给工作面适当的风量，克服了此种条件下使用 JBT 风机因供风量过大而造成的工作地点风速高、温度低、煤尘飞扬等缺点。

2. 增大了工作地点的安全系数。对旋局部通风机由双级风叶构成，有两个电机，既可单机运行，又可以双级同时运行。当出现意外情况，其中一级不能正常运转时，另一级可连续运转，可以有效地杜绝因停风而造成的瓦斯积聚事故的发生。

3. 节能、降耗。通过测算，DSFA－5 对旋局部通风机双级同时运行时，其运行效率与 JBT 型局部通风机运行效率相差无几，但 DSFA－5 对旋局部通风机最显著的一个特点是既可单机运行，又可以双级同时运行。在开掘工作面通风长度不超过 300 米时，大部分掘进工作面只运行一级即可满足生产需要。以通二矿 02171 掘进工作面为例，DSFA－5（2×5.5）对旋局部通风机运行一年，较 JBT－52 局部通风机可节电 4.63 万千瓦时，节资 1.4353 万元。

（四）通风系统改造

峰峰局（峰峰集团）高度重视通风系统优化改造工作，确保矿井通风系统稳定、独立、可靠，通风能力满足矿井安全生产需要。

20 世纪 90 年代初，山西运城、山东淄博、河南南阳等风机制造厂逐步推出 BD、BDK 系列煤矿主要通风机。与原煤矿使用的 BY、70B2、K70 等系列局部通风机比较，BD、BDK 系列煤矿主要通风机静压效率显著提高，节能效果明显。

1994 年，由于受市场和外运条件限制，万年矿产量降低，生产地区减少，矿井需要风量下降。为降低电耗，中部回风井由原运转两台 G4－73－11No28D 离心式通风机，更换为 BK－54－No19 的轴流式通风机。更换主要通风机前后，主要通风机运行有关参数如下：

万年矿东风井主要通风机更换情况

风机型号	静压 Pa	风量 m^3/min	风叶角度 °	运行效率 %	输入功率 kw
G4－73－11No28D	2183	6766	35	53	438
BK54No19	1226	3814	42	75	81

通二矿西风井原主要通风机为 BYπ 凸 H－2.8 轴流式通风机，随着矿井生产变化，西风井供风地区逐渐收缩、减少，通风能力出现过剩。1994 年 6 月，通二矿用 BDK－6－N016 对旋轴流式通风机更换了 BYπ 凸 H－2.8 轴流式通风机，既满足了矿井通风需要，又实现了矿井主要通风机的经济运行，年节电在 120 千瓦以上。西风井更换主要通风机前后，主要通风机运行有关参数如下：

风机型号	静压 Pa	风量 m^3/min	风叶角度 °	运行效率 %	输入功率 kw
Byπ 凸 H－2.8	2316	2938	25	62	185.4
BDK－6－N016	1008	1980	25/20	78	47.71

1996 年 4 月，通二矿在对矿井通风系统优化调整的基础上，把张庄风井 1K58N0－1.8 主要通风机更换为 BDK－6－N016 对旋轴流式通风机。更换主要通风机前后，主要通风机运行有关参数如下：

风机型号	风叶角度	风量 m^3/min	静压 Pa	电机功率 kw
1K58N0－18	40	3666	2315	213.34
BDK－6－N016	35/30	2780	1350	90

1997 年 8 月，黄沙矿风井 2K60 主要通风机更换为 BDK－6－NO16 对旋轴流式通风机。2002 年，孙庄矿西风井 1K58N0－18 通风机更换为 BK54－4－NO11 通风机。

上海鼓风机厂生产的 GAF 型通风机能够按照矿井不同的通风参数、技术和使用要求，利用标准化的零部件，运行非常经济、合理。所以，1999 年孙庄矿南风井开始安装使用 GAF－11.8－1 型通风机。之后得到普遍使用。

2004 年后，集团公司对薛村矿东风井、九龙矿北风井和南风井、大淑村矿回风井、新三矿回风井、万年矿中部风井、五矿风井、牛儿庄矿风井、通顺公司西风井的主要通风机均进行了改造，更换为新型高效风机；羊渠河矿佐城风井、梧桐庄矿西风井均已建成并投入使用；黄沙矿扩大区风井、小屯矿风井、羊渠河矿羊东风井均经峰峰集团批准立项，按计划施工。

（五）开掘工作面实行“双风机、双电源”，实现主备局部通风机自动切换

为了杜绝开掘工作面无计划停电停风现象，2006年初，峰峰集团统一部署，要求高突矿井的所有开掘工作面和低瓦斯矿井的煤及半煤岩掘进工作面必须实现“双风机、双电源”，做到主备局部通风机自动切换，保证掘进工作面局部通风机连续供电。未配备“双风机、双电源”并实现主备局部通风机自动切换不得进行作业。

到2006年底，峰峰集团购置“双风机、双电源”及自动切换装置146套，各矿所有局部通风地点均实现了“双风机、双电源”和主备局部通风机的自动切换。

为了保证局部通风机自动切换功能的正常实现，各矿均加强了管理，定期对供电和风机运转情况进行检查和试验，确保能互为备用。

（六）定期进行“四大系统”审查，及时排除通风系统存在的问题和隐患

针对矿井通风工作实际，峰峰集团建立健全了矿井“四大系统”审查制度，由总工程师组织，定期对矿井通风、瓦斯抽采、安全监测监控、综合防尘“四大系统”进行专项检查。矿每月审查一次，峰峰集团每季度的首月对各矿审查一次，对审查发现的问题定时间、定人员进行处理，使各矿“四大系统”合理、稳定、可靠。峰峰集团每季度以通防简报的形式对“四大系统”审查的情况进行通报，对存在问题提出具体的整改要求，并按照整改要求对整改落实情况进行监督检查。次季度“四大系统”审查时，有关矿井要对上季度审查发现问题的解决处理情况进行汇报。

二、通风组织与管理

（一）通风组织系统

针对矿井瓦斯治理工作实际，峰峰集团不断健全瓦斯治理机构。通防管理部是瓦斯治理业务管理部门，负责对矿井瓦斯治理工作进行技术和业务指导，并监督检查矿井瓦斯治理有关规定和制度的落实；矿井设置通风区、抽采区，负责矿井通风瓦斯管理、瓦斯抽采、防突和综合防尘工作。2005年，为进一步规范矿井瓦斯治理工作，峰峰集团下发峰集［2005］936号文件，要求高瓦斯和瓦斯突出矿井成立瓦斯治理科，瓦斯治理科由矿总工程师和安全副总直接领导，负责矿井通风、瓦斯治理、防灭火、安全监控和综合防尘工程方案设计、规划、措施的制定；监督有关部门的落实情况；对有关部门进行技术业务指导和管理。

截至2008年底，峰峰集团“一通三防”专业在册人员3072人。

（二）通风管理制度

峰峰局（峰峰集团）针对矿井瓦斯治理实际，狠抓矿井瓦斯治理的建章立制工作。1989年以来，先后制定了《矿井“四大”系统审查制度》、《矿井“一通三防”月度重点作业计划编制上报制度》、《矿井通风隐患排查制度》、《防治放顶煤工作面自然发火的管理规定》、《加强瓦斯治理工作的安排意见》等有关制度、办法。2007年，结合国家有关规定和文件要求，峰峰集团对瓦斯管理制度进行了修订，对瓦斯治理工作中成熟的理念、方法、经验进行整理、完善，编印下发了《矿井“一通三防”管理规定》，使瓦斯管理制度适应新形势的需要，有力地指导了峰峰集团的瓦斯管理工作。

矿井通风基本情况表（一）

矿井名称	矿井设计能力（万吨/年）	2007年			2008年			煤层自然发火情况				矿井反风					
		核定矿井通风能力（万吨/年）	矿井需要风量 m^3/min	矿井实际产量（万吨）	核定矿井通风能力（万吨/年）	矿井需要风量 m^3/min	矿井计划产量（万吨）	鉴定时间	鉴定煤层	鉴定机构	自燃类别	反风时间	反风方式	反风区域	反风前风量 m^3/min	反风后风量 m^3/min	反风率（%）
九龙矿	120	150	11698	143	151	11986	140	2007.12	2#、4#	冀南检测中心	不易自燃	2007.12	风机反转反风	全矿井反风	12800	6225	48.63
新三矿	45	75.4	6072	70	75	5776	63	2005.7	2#	重庆煤科院	不易自燃	2007.8.29	风机反转反风	全矿井反风	6808	5616	82.49
大力公司	60	49	5253	28	49	5280	27	2007.1	2#、4#、6#	冀南检测中心	不易自燃	2007.9	无地道反风	全矿井反风	5846	3837	65.63
牛儿庄矿	60	96.1	8280	53.5	96	8096	55	2007.4	2#、4#、6#	冀南检测中心	不易自燃	2007.6	风机反转反风	全矿井反风	8638	4754	55
小屯矿	60	94.8	9176	73.9	85	9071	65	2007.12	2#、4#、6#	冀南检测中心	不易自燃	2007.5.3	无地道反风	全矿井反风	9215	5777	62.7
羊渠河矿	135	130	18102	124.5	130	16896	120	2007.12	2#、4#、6#	冀南检测中心	不易自燃	2007.1	有地道反风	霍庄风井局部反风	3268	1643	50.28
薛村矿	135	170	13956	140	169	13966	125	2007.6	2#	冀南检测中心	自燃	2007.7.20	无地道反风	全矿井反风	15610	11250	72.07
								2007.6	4#	冀南检测中心	不易自燃						
通顺公司	120	72.63	6231	43.8	73	9071	40	2007.6	2#	冀南检测中心	不易自燃	2007.10.5	风机反转反风	全矿井反风	9203	7150	77.69
黄沙矿	80	94	7722	72	85	9732	70	2007.12	2#	冀南检测中心	不易自燃	2007.12.9	风机反转反风	全矿井反风	8970	6458	72
孙庄公司	60	40	2263	25	40	2406	20	2007.6	2#、4#、6#	冀南检测中心	不易自燃	2007.9.22	无地道反风	全矿井反风	5844	3509	60.05
万年矿	150	204.4	9756	200	204	9637	186	2007.12	2#	冀南检测中心	不易自燃	2007.7.30	有地道反风	全矿井反风	10881	8603	72.10
梧桐庄矿	120	185	11122	193	213	13102	199	2007.12	2#	冀南检测中心	不易自燃	2007.9	无地道反风	全矿井反风	13436	12561	89.90
大淑村矿	90	157.25	8380	100	157	8702	100	2007.12	2#、4#	冀南检测中心	不易自燃	2007.12	无地道反风	全矿井反风	10475	10152	96.92
合计	1235	1519	118011	1267	1527	123721	1210	——	——	——	——	——	——	——	——	——	——

矿井通风基本情况表（二）

矿井名称	入风井							回风井						
	名称	立（斜）井	深（长）度（米）	直径（米）	断面（米²）	风量（m³/min）	风速（米/秒）	名称	立（斜）井	深（长）度（米）	直径（米）	断面（米²）	风量（m³/min）	风速（m/s）
九龙矿	主井	立井	782.5	5.50	23.76	3679	2.58	北风井	立井	487.0	5.50	23.75	7141	5.01
	5184	3.64	副井	立井	747.0	7.50	44.16	8167	3.08	南风井	立井	513.0	5.50	23.75
新三矿	主井	立井	168.0	4.50	15.90	2421.4	2.54	中央风井	立井	167.0	5.00	19.63	6780	5.76
			副井	立井	189.0	5.50	23.75	4358.6	3.06					
大力公司	副井	立井	256.8	6.00	28.27	4864	2.87	老立井	立井	194.1	4.00	12.57	6221	8.25
			管子井	立井	325.4	5.00	19.64	833	0.71					
			斜井	斜井	320.0	——	5.40	211	0.65					
牛儿庄矿	副井	立井	400.0	6.5	33.2	6741	3.43	中央风井	斜井	600.0	——	14.25	8156	9.50
			主井	立井	400.0	5.0	19.6	1281	1.10					
小屯矿	主井	斜井	589.0	——	13.80	3974	4.80	中央风井	斜井	377.0	——	13.28	9283	11.65
			新副井	斜井	640.0	——	9.16	3362	6.12					
			老副井	斜井	358.0	——	6.77	1848	4.55					
羊渠河矿	一坑副井	立井	159.0	6.50	33.17	3957	1.99	崔庄风井	立井	216.0	5.00	19.63	8932	7.58
	8790	5.24	二坑南井	立井	273.0	5.50	23.75	4527	3.18	佐城风井	立井	429.0	6.00	28.26
			二坑北井	立井	276.0	6.50	33.17	8280	4.16					
			羊二庄入风井	斜井	640.0	——	10.60	2341	3.68					
			霍庄入风井	立井	65.4	4.50	15.90	1077	1.13					
薛村矿	副井	立井	204.6	6.00	28.26	4406	2.60	东回风井	立井	377.2	6.00	28.26	15777	9.31
			斜井	斜井	546.0	3.80	12.09	2200	3.03					
			东入风井	立井	432.9	6.00	28.26	8500	5.01					
通顺公司	通二副井	立井	434.5	6.00	28.30	5360	3.16	和村风井	立井	416.3	6.00	28.26	6100	3.60
	1980	3.72	拔剑主井	斜井	550.0	——	7.21	1720	3.98	拔剑风井	斜井	500.0	——	8.86
	1520	3.25	张庄主井	斜井	500.0	——	8.50	1460	2.86	张庄风井	斜井	520.0	——	7.80

矿井名称	入风井							回风井						
	名称	立（斜）井	深（长）度（米）	直径（米）	断面（米^2）	风量（m^3/min）	风速（米/秒）	名称	立（斜）井	深（长）度（米）	直径（米）	断面（米^2）	风量（m^3/min）	风速（m/s）
黄沙矿	老主井	斜井	520.0	——	6.70	1822	4.53	黄沙风井	斜井	1000.0	——	12.10	1912	2.63
	7054	6.00	副井	斜井	960.0	——	9.50	3629	6.37	辛安风井	立井	350.0	5.00	19.62
			主皮带井	斜井	980.0	——	11.00	2915	4.42					
孙庄公司	副井	立井	250.2	6.00	28.26	2009	1.18	西风井	斜井	230.0	——	9.70	805	1.38
	1685	5.40	管子井	立井	267.7	5.00	19.63	1163	0.98	南风井	斜井	270.0	——	5.20
万年矿	主井	斜井	1073.0	——	8.80	2763	3.20	北三副井	斜井	630.0	——	10.00	3860	6.43
	6997	5.94	副井	斜井	1300.0	——	5.00	1935	6.15	中部风井	立井	240.0	5.00	19.63
			管子道	斜井	2008.0	——	7.30	2555	5.80					
			主皮带井	斜井	1846.0	——	11.88	1212	1.70					
			北三主井	斜井	1212.0	——	10.00	2010	3.35					
梧桐庄矿	副井	立井	690.0	7.00	38.47	10352	4.49	中央风井	立井	646.0	6.00	28.26	10667	6.29
	3591	3.05	主井	立井	666.0	5.50	23.75	3340	2.34	西风井	立井	466.0	5.00	19.63
大淑村矿	主井	立井	726.0	5.00	19.63	3680	3.12	中央风井	立井	539.0	6.00	28.26	10900	6.40
			副井	立井	688.0	7.00	38.46	6976	3.02					

矿井通风基本情况表（三）

矿井名称	人员情况（人）								局部通风机使用情况									隔离式自救器（台）	过滤式自救器（台）
	在册人数	区长	技术员	瓦斯员	爆破工	监测工	防尘工	抽采工	型号	生产厂家	出厂日期	额定风量 m^3/min	额定风压（Pa）	电机功率（KW）	在册数量（台）	使用数量（台）		
九龙矿	370	10	2	87	75	11	7	37	FBD－2×22	无锡南方防爆电机公司	2002.12	500－360	900－4800	2×22	8	4	1600	2342
									FBD－2×15	上海登科通风设备公司	2004.09	400－300	1500－4400	2×15	13	0		
									FBD－2×5.5	无锡南方防爆电机公司	2005.12	200－140	500－2800	2×5.5	17	12		
									FBD－2×11	无锡南方防爆电机公司	2005.06	350－200	500－3700	2×11	21	12		
									YBT32－2×2.2	无锡南方防爆电机公司	2004.07	55－110	960－380	2×2.2	3	0		
新三矿	155	3	2	31	31	8	6	18	FBD－5.5×2	山东淄博	2005.10	100－200	220－2950	2×5.5	10	6	0	1300
									FBD－15×2	山东淄博	2005.10	250－395	700－4470	2×15	15	8		
大力公司	119	6	1	17	36	5	3	0	DSFA－5	焦作专用风机厂	1995.11	90－230	300－2800	2×5.5	16	2	0	810
									FBD6/2×15	无锡南方防爆电机公司	2004.3	400－300	450－4700	2×15	4	2		
									FBDNO5/5.5×2	无锡南方防爆电机公司	2006.2	200－140	500－280	5.5×2	28	18		
牛儿庄矿	171	4	1	61	24	17	3	17	JBT－62	无锡南方防爆电机公司	2004	250－390	1000－3200	28	68	10	1200	0
									JBT－52	无锡南方防爆电机公司	2004	145－225	980－2340	11	56	8		
小屯矿	248	4	2	55	60	19	19	35	BSDF№5	山西运城安瑞公司	2004	120－230	500－2450	5.5×2	38	26	0	2921
									ZBKJ№6	湘潭平安电气公司	2005	190－400	1280－3400	15×2	6	4		
									FBDN№6.6	山东淄博风机公司	2005	300－600	1650－4070	30×2	1	0		
羊渠河矿	383	9	5	70	75	11	12	43	FBDNO5.6/2×11	重庆分院	2002	230－300	700－3500	2×11	7	6	2200	0
									FBDNO6/2×15	重庆分院	2002－2006	300－400	1000－4500	2×15	47	34		
									FBDNO6.3/2×30	重庆分院	2002	420－630	1000－5800	2×30	3	0		
薛村矿	492	9	9	96	64	16	16	40	ZBKJN6/2×15	湘潭平安电气	2004.8	447－260	440－5030	2×15	10	3	2500	0
									FBDN/2×15	无锡南方防爆电机公司	2005.8	400－380	1500－4500	2×15	5	2		
									FBDN－5.6/2×11	无锡南方防爆电机公司	2005.9	350－200	800－3700	2×11	34	20		
									FBDN－S/2×7.5	无锡南方防爆电机公司	2002.3	240－180	700－3200	2×7.5	34	8		

矿井名称	人员情况（人）								局部通风机使用情况								隔离式自救器（台）	过滤式自救器（台）
	在册人数	区长	技术员	瓦斯员	爆破工	监测工	防尘工	抽采工	型号	生产厂家	出厂日期	额定风量 m^3/min	额定风压（Pa）	电机功率（KW）	在册数量（台）	使用数量（台）		
通顺公司	159	4	3	23	56	5	2	8	DSFA－5	山西运城	2005	160－260	360－2900	2×5.5	30	22	177	1019
									FBDNo5.0	河南博爱	2005	270－160	380－3200	2×7.5	19	2		
									BSDF－5	山西运城	2005	200－350	600－4500	2×11	3	0		
黄沙矿	193	3	2	53	56	16	8	21	FBD 系列	重庆煤科分院	2005.06	250－350	1500－2600	2×11	8	6	0	1600
									FBD 系列	重庆煤科分院	2006.01	140－200	400－2600	2×5.5	6	4		
									FBD 系列	重庆煤科分院	2006.03	160－220	500－2900	2×7.5	10	8		
									FBD 系列	重庆煤科分院	2006.03	420－650	2850	2×30	3	1		
孙庄公司	137	4	1	27	37	11	6	0	FBD51－2×5.5	无锡南方防爆电机公司	2002.6	200－140	500－2800	2×5.5	13	10	0	860
									KDFNO－6.3×11	煤科总院	2004.9	360－160	360－3750	2×11	3	1		
									YB41－2	浙江佳州	2006.11	130－200	492－990	4	8	6		
万年矿	223	4	4	49	79	16	3	0	ABDN－60/30	上海登科通风设备公司	2005.12	240－380	900	2×15	32	24	0	2220
梧桐庄矿	127	5	2	29	34	8	4	0	FBD－6	无锡南方防爆电机公司	2001.4	500－360	1250－4800	2×22	35	10	0	2784
									FBD－6	无锡南方防爆电机公司	2001.11	400－300	1250－4500	2×15	25	2		
									FBDNO63/442×16	上海登科通风设备公司	2006.9	567－250	553－5582	2×22	13	6		
									BSDF－5	山西运城	2005	260－160	360－2900	2×5.5	10	4		
大淑村矿	232	3	3	75	52	11	15	15	FBD6－2×30	邯郸东方	2006.7	430	2850	2×30	12	6	1650	0
									FBD6－2×22	邯郸东方	2006.7	360	2460	2×22	15	8		
									FBKJ－2×15	上海登科通风设备公司	2005.6	350	2260	2×15	10	4		
									FBD6－2×11	无锡南方防爆电机公司	2002.8	300	2160	2×11	12	2		
合计	3009	68	37	673	679	154	104	234	—	—	—	—	—	—	711	311	9327	15856

矿井通风基本情况表（四）

矿井	风井名称	主要通风机					（主扇）电动机			最大通风流程（米）	通风巷道长度（米）	通风巷道失修长度（米）	生产水平标高（米）	回采工作面最高温度（℃）	掘进工作面最高温度（℃）
		型号	安装时间	运转方式（离心/轴流）	叶轮直径（米）	运转角度（度）闸板高度（米）	型号	安装时间	额定功率（千瓦）						
九龙矿	北风井	GAF－26.6－14－1（GZ）	2006.1	轴流	2.66	－12°	Y560－6	2006.1	1250	10150	19522	550	－600	24	23
		GAF－26.6－14－2（GZ）	2006.1	轴流	2.70	－12°	Y560－7	2006.1	1250						
	南风井	2K60－4№28	1990.5	轴流	2.80	30°	T800－10/1180	1990.5	800	8550	17741	480	－600	24	23
		2K60－4№29	1990.5	轴流	2.80	30°	T800－10/1181	1990.5	800						
新三矿	中央风井	DBK65－8－NO－28	2006.1	轴流	2.80	3°	YBF630－8	2006.1	500×2	12120	17200	150	－390	22	20
大力公司	老立井	GAF－21.1－12.6－1（GZ）	2007.5	轴流	2.14	10.5°	Y450－6	2007.5	500	6000	17294	1135	＋75、－256	20	20
		GAF－21.1－12.6－1（GZ）	2007.9	轴流	2.14	7°	Y450－6	2007.9	500						
牛儿庄矿	中央斜井	BD（K）NO.31	2006.6	轴流	3.10	1°	YBT－630S－10	2006.6	400×2	8390	19080	975	－240	23	22
小屯矿	中央风井	K4－73－02№28	1996.5	离心	2.80	3.6M	YR800－12/1430	1996.5	800	7690	17411.5	759	－50、－300	23	25
		K4－73－02№28	1996.5	离心	2.80	3.6M	YR800－12/1430	1996.5	800						
羊渠河矿	佐城风井	GAF26.6－17－1	2005	轴流	2.66	2°	YR5608	2005.12	900	6240	25312	1398	－400	23	22
		GAF26.6－17－1	2005	轴流	2.66	2°	YR5608	2005.12	900						
	崔庄风井	GAF26.6－16－1	2006	轴流	2.66	－4°	YR560－6	2006.7	1000	6970			－110、－240、－400		
		GAF26.6－16－1	2006	轴流	2.66	－4°	YR560－6	2006.9	1000						
薛村矿	东回风井	K4－73－01№3.4F	2005.6	离心	3.40	3.5M	NOY143－163－10	2005.6	1600	5200	61821	2883	－280	22	22
		K4－73－01№3.5F	1994.3	离心	3.40	3.5M	NOY143－163－11	1991.5	1600	5200					

矿井	风井名称	主要通风机					（主扇）电动机			最大通风流程（米）	通风巷道长度（米）	通风巷道失修长度（米）	生产水平标高（米）	回采工作面最高温度（℃）	掘进工作面最高温度（℃）
		型号	安装时间	运转方式（离心/轴流）	叶轮直径（米）	运转角度（度）闸板高度（米）	型号	安装时间	额定功率（千瓦）						
通顺公司	和村风井	BDK70－8－No24	2003.9	轴流	2.40	38°/28°	YBFe450S2－8	2003.9	2×255	7660.0	18642	196.00	－170	21	22
		BD（（K）No26	2004.7	轴流	2.60	0°/0°	YBF5560S2－8	2004.7	2×355						
	拔剑风井	BDNo14	2004.8	轴流	1.40	45°/42°	YB250M－6	2004.8	2×37	3220.0	4824	162.00	＋30		20
		2K58No18	1988.4	轴流	1.80	40°	JSQ148－6	1988.4	310						
	张庄风井	BDK40－6－No16	1995.11	轴流	1.60	25°/22°	YBFe280M－6	1995.11	2×55	3813.0	5264	60.00	＋150	21	22
		1K58No18	1985.4	轴流	1.80	25°	JS138－4	1985.4	300						
黄沙矿	黄沙风井	BDK40－6－NO1.6	1997.9	轴流	1.60	35°	YBFe280－6－45×2	1997.9	90	2100	1890	800		21	20
		BDK40－6－NO1.6	2004.12	轴流	1.60	35°	YBFe280－6－45×2	2004.12	90						
	辛安风井	GAF－23.7－15－1	2005.4	轴流	2.40	－5°	Y500－6	2005.4	800	9850	2980	1560	－500	19	21
		GAF－23.7－15－1	2005.5	轴流	2.40	－5°	Y500－6	2005.5	800						
孙庄矿	南风井	GAF－11.8－1	1999.6	轴流	2.00	－10°	GS148－6	99.6.14	310	5100	22370	310	－228	18	19
		GAF－11.8－1GZ	2003.8	轴流	2.00	－10°	GS148－6	03.8.12	310						
	西风井	BK54－4－NO11	2001.6	轴流	1.10	39°	内置电机	01.6.8	30						
		BK54－4－NO12	2001.6	轴流	1.10	39°	内置电机	01.6.8	30				－45		
万年矿	中部风井	FBDCZ－NO27	2006	轴流	2.70	32.5°	YBF－560M－8	2006	400×2	4200	34155	950	±0、－100、－240	20	20
		FBDCZ－NO28	2006	轴流	2.70	32.5°	YBF－560M－9	2006	400×2	4200					
	北三风井	G4－73－11－NO25D	1983	离心	2.50	20°	JRQ1510－10	1983	400	7200			－240		
		G4－73－11－NO26D	1983	离心	2.50	25°	JRQ1510－11	1983	400	7200					
梧桐庄矿	中央风井	GAF31.5－18－1	2005.12	轴流	3.15	－10°	Y630－8	2005.12	1400	9389	6134	96	－470	30.6	31.5
		GAF31.5－18－1	2005.12	轴流	3.15	－10°	Y630－8	2005.12	1400						
	西风井	GAF21.2－12.5－1	2007.6	轴流	2.12	－10°	Y450－6	2007.6	500	7457					
		GAF21.2－12.5－1	2007.6	轴流	2.12	－10°	Y450－6	2007.6	500						
大淑村矿	中央风井	GAF26.6－13.3－I	1999.8	轴流	2.66	－1°	TD1250	2005.12	1250	19820	33660	1860	－450	24	25
		GAF26.6－13.3－I	1999.8	轴流	2.66	－3°	TD1250	2005.12	1250						

三、防瓦斯、防火、防尘

（一）瓦斯灾害防治

随着各矿开采水平的不断延深，瓦斯压力、含量不断增加，地应力不断增大，瓦斯治理难度不断加大。2005 年 4 月，经抚顺煤科分院鉴定，大淑村矿、薛村矿、羊渠河矿被确定为煤与瓦斯突出矿井。2008 年经瓦斯鉴定，黄沙矿相对瓦斯涌出量为 13.54 立方米/分，达到高瓦斯矿井标准。截至 2008 年底，集团公司有煤与瓦斯突出矿井 3 对：大淑村矿、薛村矿、羊渠河矿；高瓦斯矿井 5 对：牛儿庄公司、九龙矿、新三矿、黄沙矿、小屯矿。低瓦斯矿井 5 对：万年矿、梧桐庄矿、大力公司、孙庄公司、通顺公司。其中孙庄公司为高二氧化碳矿井。

2002 年矿井瓦斯等级鉴定结果

单位名称	瓦斯 全矿井 绝对涌出量 m^3/min	瓦斯 全矿井 相对涌出量 m^3/t·d	瓦斯 采区或一翼最大瓦斯相对涌出量 m^3/t·d	瓦斯 鉴定等级	瓦斯 省批鉴定等级	二氧化碳 全矿井 绝对涌出量 m^3/min	二氧化碳 全矿井 相对涌出量 m^3/t·d	二氧化碳 采区或一翼最大瓦斯相对涌出量 m^3/t·d	二氧化碳 鉴定等级	二氧化碳 省批鉴定等级	自然发火期（月）	煤层自燃等级	煤尘爆炸指数（%）
九龙矿	33.95	15.62	33.2	高	高	13.42	6.18	14.43	低	低	——	不易自燃	23.5－42.4
二矿	6.96	8.78	4	低	低	3.32	4.19	0.88	低	低	——	不易自燃	34
新三矿	28.71	20.24	48.52	高	高	2.7	1.9	5.23	低	低	——	不易自燃	39.76
五矿	5.33	4.24	1.46	低	低	10.74	8.54	1.72	低	低	——	不易自燃	25.61－29.45
羊渠河矿	29.48	13.84	262.75	高	高	23.2	10.89	196.73	高	高	——	不易自燃	18.58－21.1
牛儿庄矿	20.87	16.58		高	高	7.48	5.94		低	低	——	不易自燃	21.63－22.38
小屯矿	18.99	12.47	3.09	高	高	9.25	6.07	1.04	低	低	——	不易自燃	16.28
通二矿	4.61	4.04	9.19	低	低	8.4	7.36	20.55	低	低	——	不易自燃	38.05
薛村矿	55.08	20.48	340.55	高	高	8.19	3.04	31	低	低	3－12	自燃	18.26－21.97
万年矿	13.19	6.78		低	低	8	4.11		低	低	——	不易自燃	3.24－9.32
黄沙矿	3.81	3.08	3.04	低	低	3.76	3.04	4.3	低	低	——	不易自燃	28.84－30
孙庄矿	2.88	2.2	2.98	低	低	15.54	11.86	14.75	高	高	——	不易自燃	28.88－30.19

单位名称	瓦斯					二氧化碳					自然发火期（月）	煤层自燃等级	煤尘爆炸指数（%）
	全矿井		采区或一翼最大瓦斯相对涌出量 m³/t·d	鉴定等级	省批鉴定等级	全矿井		采区或一翼最大瓦斯相对涌出量 m³/t·d	鉴定等级	省批鉴定等级			
	绝对涌出量 m³/min	相对涌出量 m³/t·d				绝对涌出量 m³/min	相对涌出量 m³/t·d						
梧桐庄矿	3.51	——	8.21	低	低	4.74	——	6.16	低	低	——	不易自燃	16.79 - 26.05
大淑村矿	29.32	——	9.6	高	高	2.13	——	1.17	低	低	——	不易自燃	12 - 19
合计	251.29												

2004 年矿井瓦斯等级鉴定结果

单位名称	瓦斯					二氧化碳					自然发火期（月）	煤层自燃等级	煤尘爆炸指数（%）
	全矿井		采区或一翼最大瓦斯相对涌出量 m³/t·d	鉴定等级	省批鉴定等级	全矿井		采区或一翼最大瓦斯相对涌出量 m³/t·d	鉴定等级	省批鉴定等级			
	绝对涌出量 m³/min	相对涌出量 m³/t·d				绝对涌出量 m³/min	相对涌出量 m³/t·d						
九龙矿	47.36	16.51	18.47	高	高	14.37	5.01	6.02	低	低	——	不易自燃	24.31 - 34.95
新三矿	21.21	21.46	21.46	高	高	2.91	2.94	2.94	低	低	——	不易自燃	39.76
五矿	4.32	4.39	2.49	低	低	8.68	8.82	4.49	低	低	——	不易自燃	19.28 - 22.79
羊渠河矿	30.69	16.76	131.53	高	高	17.67	9.65	90.66	低	低	——	不易自燃	18.58 - 21.1
牛儿庄矿	30.36	19.36	21.76	高	高	7.73	4.93	3.89	低	低	——	不易自燃	16.77 - 17.60
小屯矿	26.64	15.15	4.43	高	高	8.62	4.9	1.24	低	低	——	不易自燃	16.2
通二矿	3.87	4.42	6.2	低	低	6.88	7.86	9.89	低	低	——	不易自燃	18.61
薛村矿	40.92	14.05	275.91	高	高	7.77	2.67	26.97	低	低	3 - 12	自燃	8.72 - 16.93
万年矿	9.26	3.03	19.58	低	低	7.27	2.38	6.08	低	低	——	不易自燃	3.24 - 5.78
黄沙矿	4.83	4.27	3.45	低	低	6.65	5.88	4.36	低	低	——	不易自燃	28.49 - 30.35

单位名称	瓦斯					二氧化碳					自然发火期（月）	煤层自燃等级	煤尘爆炸指数（%）
	全矿井		采区或一翼最大瓦斯相对涌出量 $m^3/t\cdot d$	鉴定等级	省批鉴定等级	全矿井		采区或一翼最大瓦斯相对涌出量 $m^3/t\cdot d$	鉴定等级	省批鉴定等级			
	绝对涌出量 m^3/min	相对涌出量 $m^3/t\cdot d$				绝对涌出量 m^3/min	相对涌出量 $m^3/t\cdot d$						
孙庄矿	3.03	3.21	2.66	低	低	14.47	15.34	14.04	高	高	——	不易自燃	28.42–29.13
梧桐庄矿	3.48	1.78	5.3	低	低	5.96	3.04	6.43	低	低	——	不易自燃	31.27
大淑村矿	65.55	34.1	46.21	高	高	5.07	2.64	2.26	低	低	——	不易自燃	12.21–12.28
合计	291.52												

2008年矿井瓦斯等级鉴定结果

单位名称	瓦斯					二氧化碳					自然发火期（月）	煤层自燃等级	煤尘爆炸指数（%）
	全矿井		采区或一翼最大瓦斯相对涌出量 $m^3/t\cdot d$	鉴定等级	省批鉴定等级	全矿井		采区或一翼最大瓦斯相对涌出量 $m^3/t\cdot d$	鉴定等级	省批鉴定等级			
	绝对涌出量 m^3/min	相对涌出量 $m^3/t\cdot d$				绝对涌出量 m^3/min	相对涌出量 $m^3/t\cdot d$						
九龙矿	22.23	9.87	20.42	高	高	7.79	3.46	4.89	低	低		不易自燃	20.46–28.82
新三矿	15.1	11.2	11.2	高	高	2.9	2.16	2.16	低	低		不易自燃	29.74
大力公司	3.83	7.1	5.6	低	低	4.67	8.66	8.02	低	低	——	不易自燃	21.12–22.46
羊渠河矿	49.51	26.37	108.04	突出	突出	21.33	11.36	23.41	高	高	——	不易自燃	17.1–19.13
牛儿庄矿	17.13	18.5	3.38	高	高	7.59	8.19	1.02	低	低	——	不易自燃	16.77–17.60
小屯矿	21.44	14.96	2.47	高	高	9.41	6.57	0.72	低	低	——	不易自燃	13.01–13.87
通顺公司	4.33	4.99	4.99	低	低	7.13	8.13	9.3	低	低	——	不易自燃	25.23
薛村矿	51.87	25.54	43.69	突出	突出	7.99	3.93	44.06	低	低	3–12	自燃	9.28–21.047
万年矿	11.32	2.72	1.29	低	低	6.17	1.51	1.72	低	低	——	不易自燃	7.05–7.97

单位名称	瓦斯					二氧化碳					自然发火期（月）	煤层自燃等级	煤尘爆炸指数（%）
	全矿井		采区或一翼最大瓦斯相对涌出量	鉴定等级	省批鉴定等级	全矿井		采区或一翼最大瓦斯相对涌出量	鉴定等级	省批鉴定等级			
	绝对涌出量 m^3/min	相对涌出量 $m^3/t\cdot d$	$m^3/t\cdot d$			绝对涌出量 m^3/min	相对涌出量 $m^3/t\cdot d$	$m^3/t\cdot d$					
黄沙矿	14.29	9.81	11.83	低	低	16.45	11.3	6.3	高	高	——	不易自燃	32.56
孙庄公司	1.65	2.51	2.58	低	低	15.12	23.04	20.62	高	高	——	不易自燃	22.81－25.32
梧桐庄矿	3.09	0.93	0.52	低	低	5.66	1.7	0.86	低	低	——	不易自燃	34.32
大淑村矿	55.34	31.93	55.47	突出	突出	7.55	4.36	9.71	低	低	——	不易自燃	10.23－10.78
合计	271.13												

在瓦斯治理方面，主要采取了以下措施：

1. 强化矿井通风系统管理

截至2008年底，峰峰集团共有风井21个，安装主要通风机42台，总入风量达到13.1422万立方米/分，矿井通风能力满足生产需要。矿井均建立了完善合理的通风系统，井下实行分区通风，井下各采掘工作面、机电硐室均按规定进行配风。高突矿井采区均设置专用回风道，采区专用回风道不得安设电器设备，不得运输和行人。突出矿井的突出危险区、威胁区采掘工作面实行独立通风，采掘工作面回风直接进入专用回风道，轻放工作面布置局部反风系统，增强系统抗灾能力。

各矿通风区均建立了“五图”、“五板”、“五记录”、“四台账”。建立健全了通风值班调度、测风、瓦斯检查、通风仪器仪表检查维修、通风设施检查维修、通风质量检查等相关制度，并严格落实，确保“通风可靠”，为矿井瓦斯治理奠定基础。

2. 强化瓦斯抽采与利用工作

薛村矿、大淑村矿、羊渠河矿、九龙矿、小屯矿、黄沙矿、新三矿建立了地面永久瓦斯抽采系统。高突矿井均配备了移动式瓦斯抽采泵站（2008年底在册25台），共有抽采钻机45台，部分高突矿井配备了德国先进钻机，使抽采装备水平不断提高。大力发展低浓度瓦斯发电项目，在6个高突矿井装备了18台瓦斯发电机组。高突矿井每年编制瓦斯抽采中长期规划和年度抽采实施计划。峰峰集团审查后每年年初下发年瓦斯抽采考核计划指标。

峰峰矿区2#煤层是峰峰集团的主要开采煤层，其瓦斯涌出量占矿井瓦斯涌出总量的80%以上。因此，峰峰矿区抽采瓦斯方法以本煤层抽采瓦斯为主，以采空区抽采方法为辅。随着开采解放层回采工艺的普遍采用，邻近层抽采瓦斯方法越来越多地被采用。瓦斯抽采的主要方法包括：

（1）掘进抽采

掘进工作面的钻孔抽采，主要是掘抽交替和边掘边抽。如下图所示：

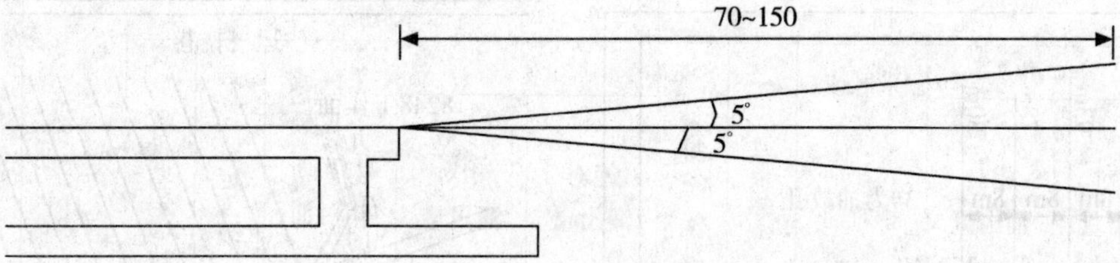

掘进头正前钻孔布置方式

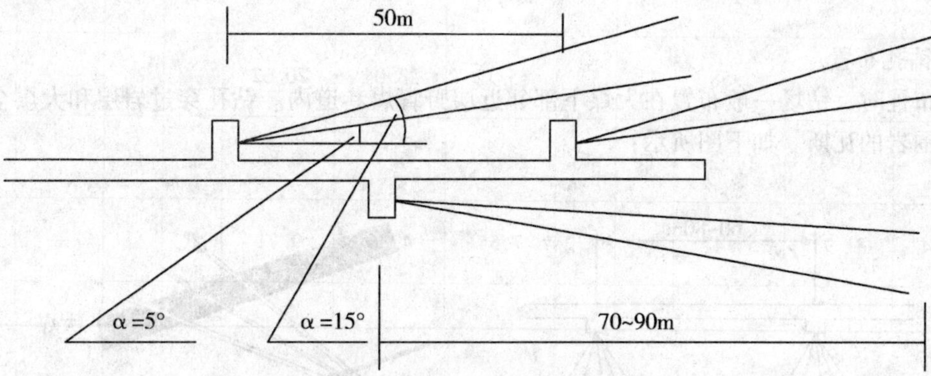

掘进头两帮钻孔布置方式示意图

（2）回采工作面抽采

回采工作面钻孔抽采一般采用预抽和边采边抽方式。如下图所示：

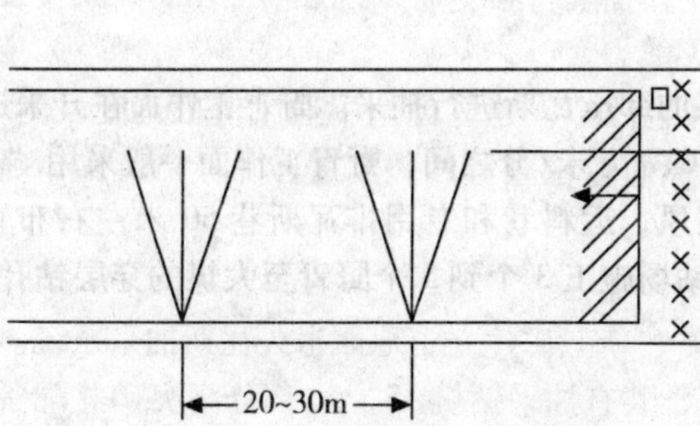

回采工作面扇形钻孔布置图

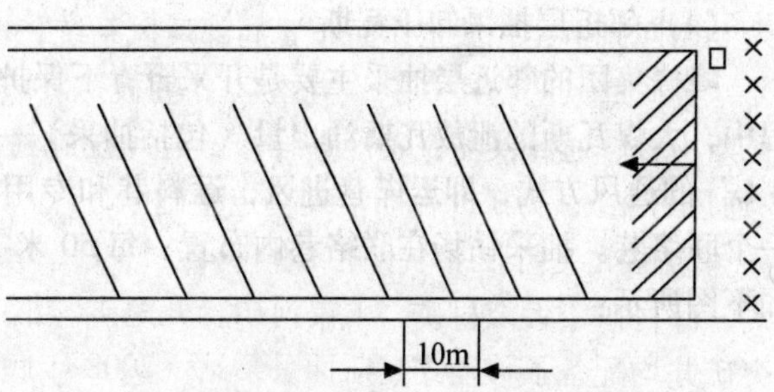

回采工作面平行钻孔布置图

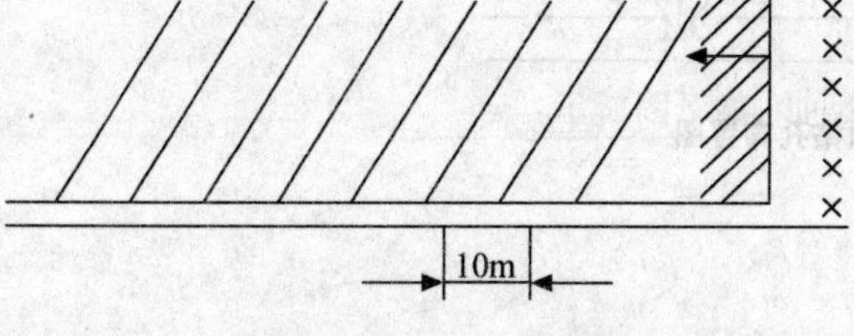

回采工作面扇形钻孔布置图

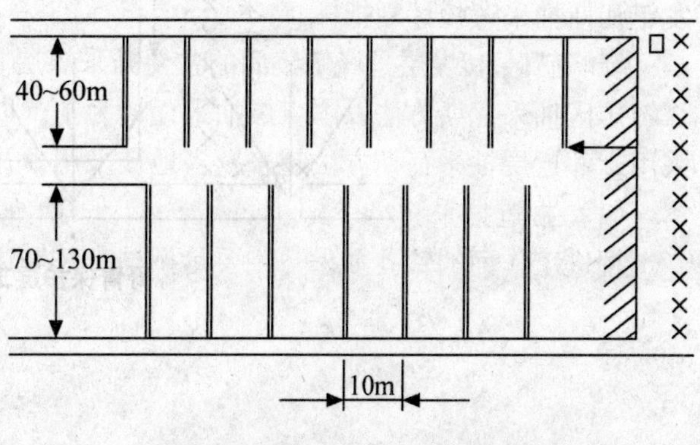

回采工作面对打平行钻孔布置图

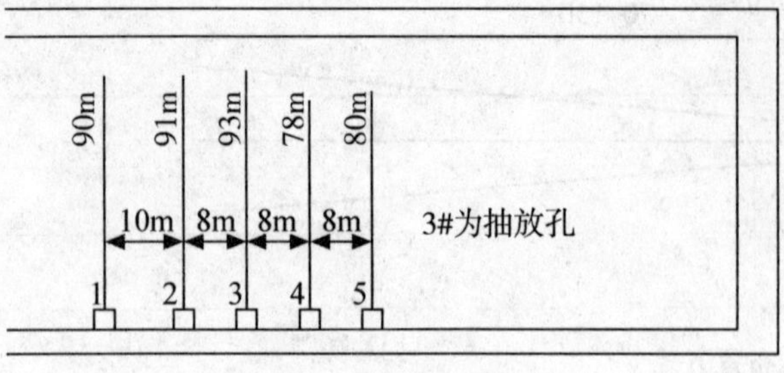

抽采半径测定钻孔布置图

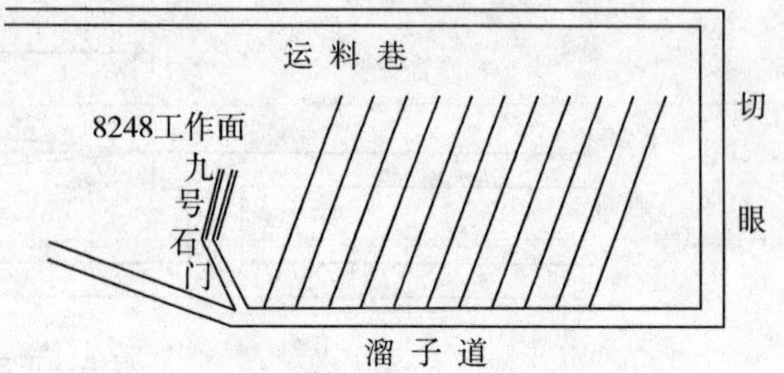

工作面钻孔布置示意图

（3）穿层钻孔布置

穿层钻孔布置时，钻场一般布置在大煤下部邻近层野青煤巷道内。钻孔穿过岩层和大煤全层，抽采大煤及其顶底板围岩的瓦斯。如下图所示：

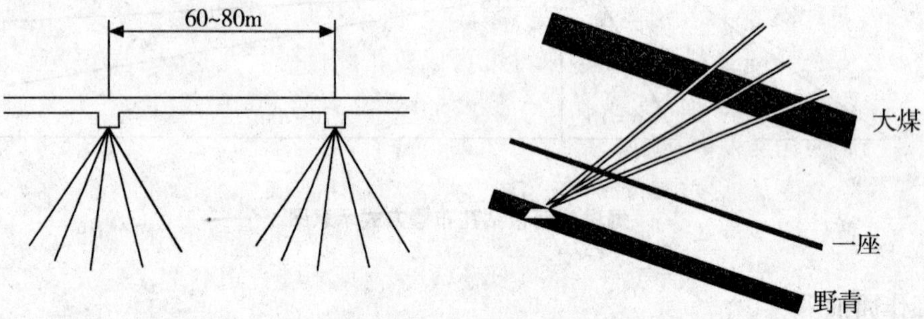

穿层钻孔布置示意图

（4）邻近层抽采卸压瓦斯

峰峰集团的邻近层抽采主要是开采野青下保护层时对大煤的卸压瓦斯进行抽采。野青工作面在开采过程中，大煤瓦斯的泄放瓦斯涌出量（包括抽采）一般在2－40立方米/分之间，野青工作面一般采用“U＋L”的通风方式，即运煤巷进风，运料巷和专用排瓦斯巷回风，运料巷和专用排瓦斯巷50米左右布置一个联络巷。抽采钻场在联络巷内布置，每50米1个，每个钻场施工3个到5个野青至大煤的穿层钻孔。如下图所示：

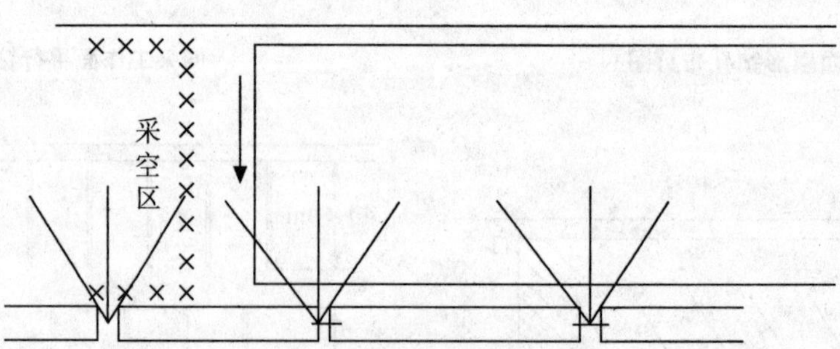

野青保护层工作面钻孔布置图

历年瓦斯抽采量

单位：万立方米

年度	1989	1990	1991	1992	1993
瓦斯抽采量	619.43	795.68	684.56	848.93	978.84
年度	1994	1995	1996	1997	1998
瓦斯抽采量	1028.66	1198.34	1205.15	1134.86	1014.19
年度	1999	2000	2001	2002	2003
瓦斯抽采量	1118.79	951.49	951.15	1488.22	1486.99
年度	2004	2005	2006	2007	2008
瓦斯抽采量	2277	2535	3316	4309	4778

2003年后，峰峰集团本着"节约能源，变害为宝，保护环境"的思想，坚持"以抽保用、以用促抽"的原则，大力开展瓦斯综合利用工作，取得可喜成效。薛村矿、九龙矿、羊渠河矿、大淑村矿建立了瓦斯利用系统，地面均建有瓦斯储气罐站，总容量为3万立方米。其中薛村矿、九龙矿、羊渠河矿为居民生活利用，大淑村矿为瓦斯发电利用。

大淑村矿原建有高浓度瓦斯发电厂1座，装机容量为2000千瓦时，产汽量为6.5吨/时，所发电能自产自用，所产蒸汽可替代原1台6.5吨/时的燃气锅炉，节约了大量燃料费用，同时，减少了环境污染。但由于矿井不能稳定供应高浓度瓦斯气源，浓度低于30%瓦斯不能发电利用，造成瓦斯利用率较低，因而于2007年上半年停止运行发电。为有效提高瓦斯利用率，解决低浓度瓦斯利用问题，2007年9月，大淑村矿建立了低浓度瓦斯发电系统，一期安装8台总发电容量为8×500千瓦时的低浓度瓦斯发电机组，2008年正式运转。

2007年，峰峰集团矿井瓦斯抽采总量为4310万立方米，瓦斯总利用量2246.46万立方米/年，利用率为52.10%。其中用于民用的有薛村矿、九龙矿、羊渠河矿，利用量为1326.24万立方米/年，担负居民生活和部分职工食堂用气。用于电厂发电的有大淑村矿，利用量为922.87万立方米/年。

矿井瓦斯抽采情况表

矿井名称	煤巷掘进工作面（个）			回采工作面（个）			抽采人员（人）		矿井风排瓦斯量（万 m^3/年）	2008 年计划抽采瓦斯量（万 m^3/年）	2008 年实际抽采瓦斯量（万 m^3/年）	2008 年矿井抽采率（%）	瓦斯钻孔		瓦斯利用情况					吨煤抽采钻孔长度（m）
	合计	应抽	实抽	合计	应抽	实抽	在册	钻机工					进尺（m）	钻进效率（m/台．月）	合计利用量（万 m^3）	民用（万 m^3）	发电（万 m^3）	其他（万 m^3）	利用率（%）	
九龙矿	0	0	0	1	1	1	91	75	849.37	332.40	452.55	34.76	16462	677	138.75	67.56	0	70.32	30.66	
新三矿	0	0	0	2	2	2	34	18	651.74	100.88	261.94	28.67	4294	358	0.00	0.00	0.00	0.00	0.00	0.01
牛儿庄矿	2	0	2	2	0	1	29	19	669.61	32.40	53.10	7.35	11000	925	0.00	0.00	0.00	0.00	0.00	0.01
小屯矿	4	0	0	2	2	2	46	37	831.50	100.75	137.46	14.19	22701	364	0.00	0.00	0.00	0.00	0.00	0.03
羊渠河矿	10	1	1	3	2	2	66	46	1782.31	1060.00	1169.80	39.63	55217	1222	810.00	810.00	0.00	359.80	69.24	0.05
薛村矿	6	3	3	3	2	2	17	42	1615.69	1066.00	1142.00	41.41	45305	413	829.00	829.00	0.00	0.00	72.59	0.03
黄沙矿	3	2	2	1	0	0	22	23	698.52	300.57	305.93	30.46	19660	967	0.00	0.00	0.00	0.00	0.00	0.67
大淑村矿	2	0	0	2.5	1.5	1.5	72	72	1750.24	1217	1255.5	41.77	37801	1275	1216.2		1216.20	0.00	96.87	0.04
合计	27	6	8	16.5	10.5	11.5	377	332	8848.98	4210.00	4778.28	35.06	212440	6201	2993.95	1706.56	1216.20	430.12	62.66	0.84

（二）井下火灾防治

峰峰局2000年以前各矿自然发火倾向性鉴定结果，只有薛村矿的2#煤层为自燃煤层，其他各矿煤层均为三类不易自燃煤层。但随着开采地区的扩大和生产水平的延深，煤种、煤质发生了变化，煤层自燃倾向性也发生了变化。尤其是自1997年推广应用轻放回采工艺以来，由于轻放工艺的特殊性，自然发火情况变得比较严重。薛村矿的92103、92605和92107工作面，羊渠河矿的8250三角工作面，小屯矿的14248、14243和14247工作面，牛儿庄矿的52804和52805工作面等十几个轻放工作面发生了自然发火现象。薛村矿、羊渠河矿、九龙矿等矿井，几乎所有的轻放工作面回风都有一氧化碳气体。2008年，峰峰集团各矿2#煤层几乎全部采用轻放回采工艺，研究和掌握轻放工作面自然发火的规律，防治轻放工作面自然发火工作非常重要。

各矿井自然发火情况表

矿井名称	自燃倾向性鉴定结果	鉴定时间及单位	发生自燃发火时间、地区	防灭火注浆系统
九龙矿	不易自燃	2004年3月抚顺分院	2002.1.9　2下19采空区	
新三矿	不易自燃	2008年8月重庆分院		
五矿	自燃	2002年11月抚顺分院		
牛儿庄矿	不易自燃	2001年10月抚顺分院	2002.1.4　52905溜子道盲巷	
小屯矿	不易自燃	2003年10月抚顺分院	1999.10.12　14248溜子道	
羊渠河矿	不易自燃	2001年11月抚顺分院	1999.10.2　8250三角采空区	
薛村矿	自燃	2004年8月抚顺分院	多次发生自燃	有
通顺公司	不易自燃	2005年1月重庆分院		
黄沙矿	自燃	2002年12月抚顺分院		
孙庄矿	不易自燃	2002年10月抚顺分院		
万年矿	不易自燃	2001年9月抚顺分院		
梧桐庄矿	自燃	2001年11月抚顺分院		
大淑村矿	不易自燃	2002年12月抚顺分院		有

为遏制自燃事故发生，峰峰集团在大淑村矿、薛村矿建立了地面永久注浆系统，羊渠河矿、九龙矿、小屯矿、牛儿庄矿等井下备有临时注浆系统。自2004年开始，先后在大淑村矿、薛村矿和小屯矿建立了束管监测系统。相关矿井对工作面及采空区采取自燃防治措施，如采空区注浆、喷洒阻化剂、采空区上下风侧建隔离墙减少采空区漏风等。另一方面注意进行监测，日常检查一氧化碳，定期分析一氧化碳等标志气体，及时发现异常情况，并采取针对性防治措施，从而有效遏制自燃的发生。

经过多年的实践和研究，峰峰集团已摸索出一套行之有效的轻放工作面综合防灭火措施，主要有：控制漏风、加快推进速度、减少采空区丢煤、隔离防灭火措施、预测预报等。

（三）综合防尘

峰峰局（峰峰集团）在不断加强通风、瓦斯、自然发火防治各项安全工作的同时，也十分重视矿井综合防尘工作。各矿都成立了以主管副矿长、安监处长或总工程师为组长的矿级综合防尘领导小组，区、科也都成立了区科级综合防尘领导小组，在通风区、抽采队内都成立了防尘队，负责落实综合防尘的具体工作。为了保证综合防尘工作的顺利开展，各矿都建立了完善的综合防尘管理制度，不断完善综合防尘系统和防尘设施。

1. 健全机构，落实责任

峰峰局（峰峰集团）成立了以主要领导任组长，有关副局长（副总经理）、总工程师、安全副总和相关业务部门主要负责人为成员的综合防尘领导小组，负责制定综合防尘工作规划，对防尘工作进行统筹协调，安排部署防尘重点工作。在“一通三防”及医疗卫生主管部门设立综合防尘办公室和职业病防治所，负责井下生产场所粉尘综合防治和职工健康监护工作。各矿也相应成立了综合防尘工作领导小组，设立了防尘队及相应的机构，配备了管理、技术人员、医护人员和专职防尘员。2008 年，峰峰集团从事职业病防治工作的管理、医护和技术人员有 80 人，防尘人员 450 人。建立和完善了综合防尘工作责任制和责任追究制，做到了机构到位、人员到位、责任到位，形成了分级负责、责任明确、相互协调配合的三级综合防尘组织体系，保证了综合防尘工作的顺利开展。

2. 加大投入，提高装备水平

逐年增加安全投入，改善作业环境，提高防尘技术和装备水平。2003 年到 2006 年，峰峰集团用于综合防尘投入 1. 8887 亿元，重点对综合防尘等系统进行改造，装备先进的综合防尘设备、设施。共安装更新防尘管路 5. 367 万米，刷白巷道 15. 7 万米，更新隔爆设施 250 余处，装备测尘仪 120 多台，直读式粉尘采样器 12 台。装备了国内先进的机械式转载点自动降尘装置 2000 多台，煤巷掘进放炮自动喷雾装置 100 多套，水质净化器 1200 多台。投资 100 多万元，为职工配备了高效防尘口罩，提高了阻尘效果，减少了尘肺病的发生。通过持续不断的加大投入，使矿井防尘设施和防尘系统不断完善，综合防尘技术和装备水平显著提高，为提升综合防尘工作水平，改善生产作业环境发挥了重要作用。

3. 完善制度，依法管理

2003 年后，峰峰集团修订完善了《综合防尘管理制度》，制定了《隔爆设施管理办法》、《轻型支架放顶煤工作面综合防尘管理规定》、《关于加强矿井综合防尘工作的通知》、《关于加强矿井综合防尘实施意见》、《矿井综合防尘技术标准》、《综合防尘各工种操作规程》等一系列管理制度和标准，规范了防尘管理工作，提高了综合防尘设备、设施的使用效果，形成了符合生产现场实际、具有自身特色的综合防尘制度体系。同时，为了保证各项管理制度的落实到位，峰峰集团加大了综合防尘工作的监管力度，建立了完善的监督检查管理体系。

4. 创新手段，科学治尘

峰峰集团在大力实施“科技兴安”战略中，注重加大对科技的投入，特别是在自行研制开发和推广应用先进技术方面，与大专院校联合，对防尘工作中的共性、关键性问题进行联合攻关，取得了一大批科技成果。

在回采工作面，自行研制了可调气采煤机式水喷雾装置，并实现了上下左右方向可调，即在采煤机原来的外喷雾装置上再安装一趟风管，减少了堵孔现象，提高了雾化效果，增大了覆盖面积，降尘率达 90% 以上，极大改善了回采工作面的作业环境。强磁水质净化装置的发明，有效解决了水质净化问题，通过特制磁化装置，改变了降尘用水的物理性质，增强了降尘效果。以上两项研究成果获得国家发明专利。对轻型支架放顶煤工作面实施短壁双排眼注水，提高了煤层水分含量，加快了采前瓦斯释放，减少了回采过程中煤尘的产生量。实施短壁注水的效果比长壁注水提高 50% 以上。对工作面放煤、移架实现了自动喷雾，运煤转载点实行封闭管理，装备了自动喷雾装置，有效降低了煤尘浓度。对工作面防尘管路安设了水质净化装置，保证了喷雾装置的正常使用。

在掘进工作面，针对国内综掘机除尘装置不能解决高瓦斯矿井除尘的难题，自行研制开发了综掘工作面全自动组合降尘装置，实现了供水自动加压、水位自动控制、降尘剂自动恒比添加，配合高效气水喷雾装置自动灭尘，有效解决了高突煤层综掘工作面粉尘控制难题，降尘率达到 95% 以上。在锚喷工作面，针对国内锚喷除尘装置除尘效果不理想的问题，自行研制了锚喷除尘装置。该装置由于对喷浆和所有的产尘部位进行封闭，极大地减少了喷浆机所产生的粉尘，降尘率达到 95% 以上，作业环境粉尘浓度接近或达到国家标准。以上两项技术也获得了国家专利。在炮掘工作面，推广应用了声控自动组合喷雾装置，放炮时水幕自动打开，全断面洒水降尘，有效控制了放炮时所产生的煤尘，降尘率达到 90% 以上。

在回采和掘进工作面回风巷道应用了挡尘帘，防止了粉尘的二次飞扬，净化了回风巷空气，杜绝了积尘的产生。推广应用了铜质高效喷头，提高了喷头使用寿命，有效改善了雾化效果，取得了很好的降尘效果。在所有采掘工作面淘汰了煤电钻，推广应用了风动钻机，实现了风动钻机湿式钻眼作业。

在运输大巷，推广应用了光控净化水幕，车辆通过时自动洒水降尘，消除了运输产生的粉尘污染，净化了进风大巷的环境。自行研制了大巷移动冲尘（刷白）车，减少了冲尘人的工作量，提高工作效率20倍以上，解放了生产力。推广应用了隔爆水棚自动注水装置，实现了每组水袋自动注水，减轻了职工劳动强度，杜绝了煤尘积聚。同时，对隔爆设施的安装地点、固定架结构、固定方法等进行规范，实行统一编号管理，提高了隔爆设施的使用效果。研制开发了主要运输大巷重车道机械式自动洒水装置，机车通过时自动洒水冲尘，过后自动停止喷雾，解决了机车运输时的粉尘污染问题。几年来通过持续不断地加强科技创新，应用先进技术手段，极大地改善了生产作业环境，减轻了煤尘危害，综合防尘技术水平得到了明显提升。

四、安全监测监控

峰峰局从20世纪70年代末80年代初开始，在井下安装使用瓦斯报警断电装置，到80年代末，各矿广泛装备了瓦斯监控系统。1987年至1989年，万年矿、牛儿庄矿、二矿装备了镇江煤矿专用设备厂生产的A－1监控系统；薛村矿1989年、通二矿1990年、九龙矿1993年装备了重庆煤矿安全仪器厂引进德国技术生产的TF－200监控系统；小屯矿1992年装备了海南生产的KJ10监控系统。

2000年开始，新上了大淑村矿（KJ90）、梧桐庄矿（KJ4）、黄沙矿（KJ2000）矿井安全监控系统，并陆续对各矿技术落后、设备陈旧的矿井监控系统进行了全面升级改造。到2008年，各矿均装备了安全监控系统，这些系统基本代表了国内监控系统领先水平，在安全生产中发挥着重要作用。

2004年，组织实施了峰峰集团安全监控系统联网。根据国家安委办［2006］21号《关于加强煤矿安全监测监控系统装备联网和维护使用工作的指导意见》及《煤矿安全监控系统及检测仪器使用管理规定》的要求，2007年下半年开始，峰峰集团组织进行了安全监测监控系统改造升级工作，到2008年，各矿安全监测监控系统改造升级工作全部完成。

瓦斯监控系统发展概况表

年度 单位	1989	1991	1992	1993	1999	2000	2002	2003
薛村矿	TF－200					KJ92		
羊渠河矿				KJ－25	KJ10		KJ90	
牛儿庄矿							KJ10	
小屯矿			KJ10				KJ101	
万年矿							KJ101	
通二矿	TF－200							KJ31
九龙矿				TF－200			KJ4	
新三矿		A8000					KJ95	
梧桐庄矿					KJ90			
大淑村矿					KJ4			
黄沙矿								KJ4

2007 年矿井安全监控装备情况表

矿井名称	系统型号	安装时间	生产厂家	监控主机		回采工作面（个）		掘进工作面（个）				监测分站（个）		瓦斯传感器（个）		温度传感器（个）		一氧化碳传感器（个）		风速传感器（个）		风门开关传感器（个）		局部通风机			
																								开停传感器（个）		馈电传感器（个）	
				型号	数量（台）	回采	备采	煤巷	半煤巷	岩巷	备掘	在册	使用	在册	使用	在册	使用	在册	使用	在册	使用	在册	使用	在册	使用	在册	使用
九龙矿	KJ2000	02.06	北京长城瑞赛公司	康泰克	2	3	3	7	2	5	0	35	26	76	57	2	1	2	1	6	5	42	14	40	31	28	18
新三矿	KJ70	04.6	江苏常州三恒	PⅣ工控机	2	2	1	4	0	2	0	20	15	40	30	6	0	3	1	6	2	15	8	15	6	15	8
大力公司	KJ90	05.10	重庆煤科院	研华 610	2	2	1	2	3	1	1	20	13	30	18	2	2	4	0	6	5	10	5	30	12	20	6
牛儿庄矿	KJ10	02.11	北京中煤申达科技有限公司	IPC－610P4－250	2	1	1	4	1	0	1	55	34	70	48	10	1	3	1	4	2	30	24	20	14	30	18
小屯矿	KJ101	02.10	中煤电子镇江	KJF19	2	2	0	3	4	6	0	40	29	50	43	2	1	2	0	10	5	20	11	30	26	20	15
羊渠河矿	KJ90	02.10	重庆煤科院	研华 610	2	4	1	2	10	5	1	55	34	94	64	10	1	10	1	8	4	60	42	30	26	25	21
薛村矿	KJ92	2001	上海嘉利公司	KDW－92	2	3	1	8	3	7	0	45	38	118	90	75	32	43	26	21	8	36	12	100	70	20	19
通顺公司	KJ75N	07.12	华瑞抚顺安仪厂	联想 T168 万全	2	2	0	4	0	2	0	19	6	47	18	3	0	0	0	10	6	42	20	12	6	20	8
黄沙矿	KJ2000	04.04	北京长城瑞赛公司	IPC－503E	2	2	1	2	0	6	1	28	17	48	26	3	2	3	1	10	5	10	8	36	18	20	10
孙庄公司	KJ70N	07.12	江苏常州三恒	KHJ6.1	2	3	1	2	2	0	0	15	10	48	17	4	1	4	0	8	4	40	10	40	10	25	6
万年矿	KJ101	2000	中煤电子镇江	613H	2	3	3	7	0	7	3	40	29	68	43	5	2	0	0	10	6	25	20	40	28	15	15
梧桐庄矿	KJ2000	2001	北京长城瑞赛公司	联想	2	2	1	7	0	5	0	39	24	50	34	30	6	10	3	10	5	50	15	50	24	30	15
大淑村矿	KJ90	02.3	重庆煤科院	PⅢ	2	3	1	0	1	8	0	32	14	75	53	3	1	3	1	10	5	26	9	50	20	30	23
合计	——	——	——	——	26	32	15	52	26	54	7	443	289	814	541	155	50	87	35	119	62	406	198	493	291	298	182

第四节 安全监督与检查

一、安全监督检查管理

（一）安全监督

1989年后，峰峰局（峰峰集团）对安全工作的监督更加严格，安全监督机构和职能未因企业经济形势困难或改革而受到任何影响。而且随着形势的变化，安全监督的思路发生了根本转变：在指导思想上，由事后检查处理向事前预防转变。在管理上，由传统人治逐步向法治转变。在工作方式上，由“管”字当头、直接干预向指导、协调、服务转变。在工作程序上，由推进安全生产从控制伤亡事故为主向全面推进职业安全健康体系转变，由传统现场安全检查向监督控制安全管理转变，并初步建立起五个方面的机制：事故隐患、重大危险源排查管理机制；严肃事故查处通报机制；抓现场查管理机制；安全信息控制机制；抓安全薄弱环节机制。

在具体安全监督工作上，突出对贯彻落实安全法律法规的监督：针对国家和各级政府出台的有关安全法律法规、文件、通知、通报，及时下发专题文件，强化落实和监督；突出对上级检查问题整改情况的监督：对于国家、省、市历次安全检查提出的问题，都认真进行整改和反馈；突出安全薄弱时间的监督：在重大节日、特殊时期、双休日等安全薄弱时间，由峰峰集团领导带队，各业务保安部门参加，组织开展安全监督大检查，并坚持每周双休日检查一天；突出安全薄弱环节的监督：加强对轻放支架运输、整修地点、瓦斯突出矿井、高瓦斯地区、无煤安标志设备更换等安全薄弱环节的监督。

（二）业务保安

2007年，集团公司组织力量制定了《业务保安责任考核办法》，以峰集［2007］8号文件印发。经过一年的实施，在总结实施业务保安责任考核的基础上，集团公司进一步修订了《业务保安责任考核办法》，以峰集［2008］8号文件印发，加大了考核力度，实现了业务保安管理常规化。

1. 成立业务保安责任考核领导小组。由集团公司董事长任组长，总经理任副组长，成员由各分管专业副总经理、总工程师、副总工程师、各分管专业部门正职组成。

2. 成立各专业业务保安考核组。按照集团公司实际生产经营情况和业务部门设置。集团公司业务保安责任考核领导小组下设综合安全、“一通三防”、煤炭生产、科技、煤业研发、非煤产业、后勤管理7个业务保安考核组。其中，安全监督局对口负责综合安全业务保安考核，通防管理部对口负责“一通三防”专业业务保安考核，煤炭生产部对口负责回采、掘进、机电、运输专业业务保安考核，科技发展部对口负责防探水、贯通测量和“三下”采煤、矿井设计、小煤矿监督专业业务保安考核，煤业研发部对口负责洗选厂、煤质检验、煤炭加工、产品研发业务保安考核，非煤产业部对口负责集团公司控股和相对控股多种经营单位的专业业务保安考核，后勤管理部对口负责集团公司后勤管理系统及各社区业务保安考核。

各专业考核组组长由分管专业副总经理、总工程师担任，副组长由各分管专业副总工程师或业务部门行政正职担任，成员由分管专业业务部门分管业务人员组成。

3. 考核依据与考核内容。业务保安责任考核的依据是集团公司各业务部门安全生产责任制。考核内容由各专业具体制定年度各专业业务保安指导意见及考核内容。

4. 考核要求。（1）各专业业务保安考核组要经常深入二级单位了解掌握各单位专业业务保安工作情况，对二级单位专业业务保安责任制的落实情况进行监督指导，并按专业业务保安考核内容进行量化考核。（2）各专业业务保安考核组对各二级单位专业业务保安责任制落实情况的量化考核要建档保存，保存期不少于五年。（3）各业务保安考核组于每季度前5日，将上季度专业业务保安考核结果报安监局，安监局进行综合业务保安考核。安监局在每季度前10日内将二级单位综合业务保安考核结果报劳资部，劳资部按二级单位综合业务保安考核结果进行季度安全奖励。（4）各业务保安考核组由组长组织并主持每季度开一次业务讲评会，各专业要对本专业季度业务保安量化考核结果进行通报，并进行管理讲评，对业务保安工作管理水平有提高、有创新的单位，点评其特点、方法，以推广和学习；对业务保安工作管理水平差的单位，点评其管理差距、今后工作努力方向并提出改进意见。（5）业务保安考核重点体现单位业务保安管理水平的高低，各专业从提高业务保安管理水平入手，进行业务保安和日常安全检查，不断提高集团公司整体业务保安水平，各业务保安考核组对本专业业务保安指导意见及考核要根据工作开展情况不断完善，不断改进提高，在总结全年业务保安管理工作的基础上于每年 12 月 15 日前提出下一年业务保安指导意见和考核办法。

（三）动态检查和质量评估

组织人数不等的安全监察小分队进行检查。小分队检查不预先通知，不定期对各单位或生产场所进行巡回安全检查。查违章指挥和违章作业，查施工和操作过程中是否符合标准和规定，查现场安全隐患。有的小分队还运用安全检查表，变静态检查为动态检查，变直感检查为定性和定量检查。1993 年至 1994 年，仅局安全小分队就查处隐患 1. 2321 万处。同时根据《采煤工作面安全质量评估暂行规定》、《开掘巷道安全质量检查动态评估暂行规定》，对生产现场的安全质量进行评估，评定安全质量等级。对施工现场出现“三违”、安全设施不健全、存有重大安全隐患、规程措施执行不力者，取消评估资格，定为不合格品，按规定给予惩罚。

安全检查主要采取九法：（1）巡回查。主要是各级领导跟班检查，班组长主动查，安监人员“盯面、包片、管线”认真查，领导、科室、安监人员包车间，对班前会布置安全情况和职工安全活动情况进行检查。（2）常规查。定期进行安全生产大检查和质量标准化检查验收。其特点是有固定的时间、固定的牵头部门，参检队伍庞大，规格高，人员多，覆盖面大，对被检查单位的影响也比较大。（3）专业查。采、掘、机、运、通、地测分线进行专业检查，由主管领导牵头，部门组织，专业性比较强。（4）动态查。是一种突击式检查，不事先通知，不提前打招呼，不定时间，不定地点。主要是检查生产过程中是否按规程、按措施、按标准施工，是否真正做到了安全第一，超前防范，是否做到了常抓不懈，正规操作。（5）重点查。主要查夜班、周末、节假日、农忙季节、交接班等事故多发时间；回采工作面初次亮面、结束放顶、上下端头、过断层老空，掘进工作面新开口、三岔口、四岔口、透眼以及老巷整修等事故多发地点；运输等事故多发系统；零散作业等事故多发人员；安全状况不好的事故多发单位等安全薄弱环节。（6）扩展查。检查、抽查中发现比较严重或比较有代表性的问题，扩展检查到各个作业场所，进行全覆盖检查；某项工作一个单位问题严重，扩展到全局（集团公司）各个单位。（7）回头查。为了检查某个单位在安全问题上的反应速度、反应能力以及抓工作是否扎实、作风是否雷厉风行、对安全检查是否真正重视，进行针对性的回头复查。回头查的间隔时间根据具体情况确定，可当班，可隔日，也可以隔 1 至 3 日。（8）群众查。发挥安全网员、青年岗员、班组骨干和党团员在安全上的作用，做到“在我身上无违章，在我身边无违章”。（9）口头查。随时随地考问，内容包括上级精神、安全会议、安全目标、安全常识、规程要求、措施规定、自救器操作要领和割煤机、小绞车、电机车、人车、溜子、皮带等设备操作程序等。

二、职业健康安全管理体系

根据国家煤监局《关于国有重点煤矿职业安全健康管理体系试点工作的通知》、《关于国有重点煤矿职业安全健康管理体系工作有关问题的通知》精神要求，2004 年，峰峰集团制定下发峰集安监［2004］222 号文件《关于建立职业安全健康管理体系试点工作的安排意见》，在梧桐庄矿、小屯矿、新三矿、大淑村矿、五矿矸石热电厂、邯郸洗选厂、羊渠河焦化厂、马头洗选厂进行了职业安全健康管理体系试点工作。在初见成效的基础上，2005 年，峰峰集团决定全面推进职业安全健康管理体系工作。九龙矿、羊渠河矿、万年矿、薛村矿、黄沙矿、神风公司、孙庄矿矸石热电厂、九龙矿矸石热电厂、兴泰焦化公司、方兴斯格种猪公司等 10 个单位通过认证。

2007 年，在孙庄公司、通顺公司、牛儿庄公司、大力公司 4 个改制单位推行了职业安全健康管理体系。孙庄公司、通顺公司、牛儿庄公司当年通过认证，大力公司 2008 年 10 月通过认证。

峰峰集团2007年以峰集［2007］4号文件下发《关于职业安全健康管理体系持续运行的管理规定》，并附《职业安全健康管理体系检查标准及评分表》，每季度进行验收考核，且与经济利益挂钩。

第五节　安全文化建设

峰峰集团把加强安全基础管理和安全文化建设贯穿于安全管理的全过程，营造“关爱生命、关注安全、以人为本、共创安康”的浓厚氛围。积极推行亲情化安全管理，广泛深入开展了各种安全活动，通过安全文化手册、职工安全档案、安全日志、安全寄语、安全警句、全家福照片、“亲情卡”、“安全一句话”、夫妻安全协议、工亡家属和工伤本人现身说法等安全亲情教育形式，以及安全宣誓、签名、标语、漫画、演讲、征文、文艺节目、事故案例、普法教育、建安全档案、团员青年安全承诺、网岗联动、“一法三卡”、六个“十佳”、家属女工协管等群众性安全文化活动，起到了潜移默化、打动人心的作用。积极推进安全文化园区建设，各矿建立了安全文化走廊、安全文化宿舍、安全文化峒室、安全文化园等，烘托了安全氛围，增强了职工的安全意识。

在总结多年安全管理经验的基础上，形成了“塑造本质安全生产人，确保企业安全发展”的安全愿景，构建了以责任、预防、培训、奖惩、督察、创新六大机制为经，以铸魂、塑型、基础、素养、亲情、环境六大工程为纬的“六六”安全文化架构。

一、建立“六六”安全文化架构的背景

2006年6月，峰峰集团对4个单位的安全情况进行了抽样调查，997名被调查职工对自觉安全行为的认可度仅仅75.1%。从被调查者的评价看，不安全行为的发生概率在40%上下，而造成不安全行为的也是侥幸、麻痹、冒险、懒惰、马虎等五种心理在作祟。在反复思考和不断实践的基础上，多次征求二级单位各级管理人员和有关专家的意见，并经峰峰集团党政领导集体研究后，于2006年建立了具有自身特色的“六六”安全架构。

二、“六六”安全文化架构的主要内容

“六六”安全文化架构，是指以峰峰集团“五个一切”安全思想和安全理念为引领，围绕安全愿景和安全目标，在安全文化建设中建立六个运行机制、建筑六项保障工程的简称。是峰峰集团以科学发展观为指导，站在继承创新平台之上，促进企业安全发展的思想方法，是一个开放的、动态的、包容的，充满生机与活力的“转基因工程”。主要内容包括：

（一）建立六个运行机制

责任机制：把安全生产的责任分解落实到各级管理人员，落实到班组和岗位，做到责权一致、横向到边、纵向到底，实现安全生产事事有人抓、处处有人管，不留空白点。

预防机制：健全关口前移、重心下移的各种安全预防机制，是主动排查、综合治理各类隐患、控制事故源、把事故消灭在萌芽状态的有效办法。

培训机制：充分利用现代化的培训设施和手段，积极探索案例教学、情景模拟、拓展训练等新的培训方式方法，将培训逐渐从知识灌输转变成能力提升。

奖惩机制：建立奖惩机制，激励人、鼓舞人、引导人、鞭策人，为安全工作的层层落实和进一步强化提供广阔舞台。

督查机制：通过进一步强化管理人员走动巡查，实行“PDCA”动态循环控制，对不同层次的人员上岗情况和各个班组、地点的安全生产实行动态监控，使监督检查工作步入经常化、制度化、规范化轨道，实现监督检查效果的最大化。

创新机制：不断激活创新思维的裂变，从思想到方法，从技术到管理，从制度到机制等各个方面进行全方位的创新，使企业的安全水平再上一个新台阶。

（二）建筑六大保障工程

铸魂工程：按照安全发展的本质要求，把党和国家的一系列安全生产方针政策，把峰峰集团安全思想、安全目标以及安全理念等内容，进行全方位、全过程地宣灌，为全体职工所感知、所认同、所接受，增强对全体职工意识形态的控制力，固化安全行为，使全体职工真正实现从精神到行为上的本质安全。

塑形工程：通过6S升级、行为拓展训练等手段，进一步塑造举止有度、遵纪守法的职工队伍。按照5E要求，量化、细化、深化岗位标准，形成人—机—物—环的一体化。大力加强军事化管理，不断提高执行力、服从力、战斗力，以高素质的职工文明形象，确保企业安全发展。

基础工程：加强经常性岗位培训，熟练掌握应知应会技能和安全操作规程。大力推行简易管用、条理清晰的编码、定置、标识等基础性工作。全面推行现场安全确认、集体升入井、"手指口述"等，不断强化现场控制、过程控制，有效消除事故隐患，预防事故的发生。

素养工程：从细节抓起，用"刚性"管理制度来规范员工的行为，养成文明习惯，说文明话、办文明事、做文明人。同时，用"柔性"的思想教育"经营人心"，加强敬业爱岗意识培育，加强知识和技能学习，改变每个职工的思维习惯，以企业普遍奉行的价值准则和行为规范要求自己。

亲情工程：突出人文情怀，把富有特色的亲情教育延伸、拓展、覆盖，设立安全寄语、安全提示语、安全祝福语等，给职工以强烈的视觉、感官冲击，让全体职工在潜移默化中提高安全意识。加强人性化管理，通过家庭联动、家庭协管的方式，注重亲情渲染，送去温馨祝福，使职工时刻感到亲情和家庭的温暖。

环境工程：建立健全安全生产视听觉识别系统，营造出安全、舒畅、温馨的生产环境。围绕安全发展，实现"人育环境，环境育人"的和谐统一，形成一种"下井有安全感，上井有舒适感，干煤矿有光荣感"的人文环境，塑造与现代企业相适应的文明形象。

三、推进"六六"安全文化架构的主要做法

在推进"六六"安全架构中，峰峰集团坚持从实际出发，力求思路清晰，同时具有很强的可操作性、适用性和实效性，努力构筑确保安全生产的坚强防线。

（一）营造安全发展的浓厚氛围。充分利用广播、电视、报纸以及黑板报、标语、吊挂等动态或静态的宣传阵地造势。各单位通过组织知识竞赛、歌咏比赛、专题研讨、演讲比赛等多种形式抓宣传造势，抓好思想渗透；建立以井口、广场、社区"三位一体"的安全文化辐射阵地，通过安全文化长廊、安全文艺演出以及具有安全文化内涵的展板、灯箱等形式，营造安全氛围；井下设置固定的安全宣传阵地，通过各类安全提示、安全警示、安全标志、安全色标等视听觉识别系统，宣灌峰峰集团和本单位的安全愿景、安全理念和安全诉求，形成全员、全方位、全过程的安全宣传格局。

（二）强化全体职工的安全意识。在总结峰峰集团多年来的安全传统观念的基础上，发动全体职工在实践中总结提炼表达共同心声的安全理念，确立了"以人为本，安全为天，紧严细实全"的安全理念以及"关爱职工，从'心'耕耘"的宣教观；"用安全为生命承诺"的责任观；"工作讲程序，操作按标准"的操作观；"管住岗位、管住现场、管住过程"的管理观；"要做未雨绸缪事，不当亡羊补牢人"的预防观；"全员覆盖，终身安全"的培训观等安全系统观。按照"熟记、认知、领悟、内化、实践"的宣灌要求，组织全体职工学习，多层次全方位地强化渗透，全面宣传灌注安全理念系统。

（三）规范全体职工的行为养成。突出安全管理创新，使管理的再造和文化的培育融为一体。设定了符合煤矿特色和自身实际的5E标准、6S行为规范，在全体职工中开展行为养成训练。提出了"向解放军学思想、学作风、学管理"的要求，把军事化管理的思想贯穿到企业管理的各个方面和全过程。从井上的规范行为，到井下的乘车排队、集体升入井、禁止单独行走、大巷一律按规定路线排队行走等都作了具体规定，并严格考核。峰峰集团所有生产矿井集中解决了集体升入井问题，实现了2万多名井下职工升入井过程的组织控制，职工集体升入井行为规范逐步形成。

（四）选树安全典型。建塑初期，峰峰集团就确定了典型引路、示范带动的基本思路，带动了峰峰集团上下安全文化建设的顺利推进。峰峰集团帮助小屯矿编制各岗位、工种的"手指口述"要领，对班组

长以上管理人员采取封闭式集训，做到会讲、会用、能示范、能教练；对全体职工脱产开展“手指口述”训练。2006年下半年，该矿井下单位全部杜绝了轻伤以上事故。峰峰集团还大力推广安全亲情化、人性化管理等方面的做法，深受各单位的欢迎。

（五）建立常抓不懈的安全运行机制。为了确保安全文化建设有一个健康、规范的运行环境，峰峰集团坚持常抓不懈，积极建立安全保障机制。在安全管理中做到“四个凡事”：即凡事有人负责，凡事有章可循，凡事有据可查，凡事有人监督、评价和考核。安全措施做到“四不放过”：即事故责任查不清不放过，事故原因没有查清不放过，防范措施不落实不放过，职工没有受到教育不放过。全员安全行为做到事前风险分析、事中操作规范、事后持续改进。为完善一把手抓安全的领导责任制，按照生产、经营、管理的切块划分，构建完善的安全目标、指标和对标管理体系，层层签定安全责任状，建立了较为完善的安全责任体系。

第六节　安全管理研讨

1990年，首次编辑出版《安全生产理论研讨文集》，从理论与实践相结合上探讨了对安全生产的理性认识。

1991年，编辑出版《六年总承包安全生产研讨文集》，回顾总结了自1985年至1990年六年投入产出总承包中的安全管理和技术管理工作。

1996年，编辑出版《安全管理经验汇编》，回顾总结了1992年至1994年煤炭企业进入市场后，全局各级领导和广大职工积极探索市场经济条件下安全管理的新机制、新方法、新路子。

1997年，编辑出版《历史上的今天——事故案例》，以日历的形式印发。曾作为职工安全活动和班前会安全教育的教材，以及分析事故、制定规章制度的参考资料。

1999年，编辑出版《1999年安全生产研讨文集》，通过在全局范围内征文择优编辑而成，汇集了安全管理、安全技术管理、安全信息管理和安全研究探讨文章41篇。

2000年，编辑出版《2000年安全生产研讨文集》，是在全局范围内组织开展“潞安杯”和“如何开展安全监察工作”征文活动基础上择优编辑而成。文集收录了安全管理研讨、安全教育培训、安全技术管理、群众安全工作等方面的文章40篇。

2003年，编辑出版《2003年安全管理研讨文集》，是以总结市场经济新形势下安全管理和技术管理为内容，以探索创造具有峰峰集团特色安全管理新途径为思路，以建立安全生产长效机制、完善安全管理为目的的大型文集。

2004年，编辑出版《2004年安全管理研讨文集》。文集是根据峰峰集团《关于开展经营、成本、安全管理工作研讨的通知》的要求，在峰峰集团范围内广泛择优编辑而成的，共收录了安全管理研讨论文60篇。

2007年，编辑出版《班组安全管理模式》。该书主要内容是“三能四标五化”的“峰峰集团班组安全管理模式”，是煤矿班组长日常管理、培训学习和加强对班组管理的工具书。

第七节　安全活动

1989年以来，峰峰局（峰峰集团）广泛开展多种形式的安全活动，大力营造浓厚的安全生产氛围。组织《安全生产法》学习宣传和知识竞赛，开展“安全月”、“安全生产双百日承诺”和争创“首季安全季”、“百日安全生产无事故”等活动，调动职工安全生产的积极性。加强职工安全培训，提高职工安全生产意识。发动群众参与安全管理，努力构筑安全生产的坚强防线。

一、群众安全检查网

1989年到2008年，峰峰局（峰峰集团）工会建立的安全生产群众监督检查委员会积极开展活动，形成了局（集团公司）、矿（厂）、车间、班组四级群监组织网络体系，并探索构建了女工、家属协管安全委员会、单身职工宿舍三道群众安全工作防线。坚持每年通过职代会对企业安技措计划和落实情况进行一次审议，开展了安全教育、检查监督等群众安全活动。2002 年，在河北省总工会召开的全省工会劳动保护工作现场经验交流会上介绍了经验。2005 年进一步修订了《群众安全工作实施细则》。积极推行“一法三卡”安全措施，邯郸市总工会在峰峰集团召开了现场经验交流会。2006 年后，安全生产群众监督检查委员会创新确立了“维护职工合法权益，首先保证职工安全”的指导思想，制定了《关于在安全生产中充分发挥工会组织作用的决定》，围绕企业“三零”安全目标和争创最长安全周期，举办了安全宣誓、安全事故案例展、工会干部与职工安全谈心、帮助职工细算安全账、职工代表安全巡视、“安康杯”竞赛、安全生产双百日承诺行动等活动。建立了安全展览室、安全文化园、安全文化走廊，不断拓宽群众安全工作渠道。2007 年，加强群监员队伍建设，建立了行政、工会联合确认群监员制度，推行了群监员军事化和统一标识上岗规范化管理。

二、青年安全监督岗

峰峰局（峰峰集团）青年安全监督岗紧紧围绕企业安全生产开展活动。1990 年，组织学校学生开展了“争当安全小功臣，争做矿山小主人”等活动。1991 年，结合煤矿实际，在学生中开展了为矿工叔叔写安全信、送安全言等活动。1992 年，创建了青年安全生产示范岗。在做好青安岗日常监督检查的同时，组织了星期日突击查岗活动，并编印《安全事故案例》，教育青工安全生产。1999 年，多次组织“集体上岗”、“夜鹰行动”，加大对“三违”的监督力度。2002 年，以定期或不定期青年安全监督岗自查、联查、互查和“安全漫画、警句”征集等特色安全宣教活动为主要手段，深化青工安全工作。2003 年后，集团公司团委每年都深入基层开展安全巡回宣教活动，并刻录成光盘下发各单位。修订了《青年安全监督岗工作条例》，并印制成册，岗员人手一册，同时组织了大规模的学习活动，促进了青安岗“安全哨兵”作用的发挥。2005 年，各级青安岗组织和广大青安岗员共排查隐患近 19 万条，抓“三违”649 人次，制止“三违”1795 人次。2006 年至 2008 年，举办了安全事故案例牌板展、安全巡回宣讲、安全生产双百日承诺行动倡议、“青年和谐杯”安全生产月知识竞赛、“安全生产，青年当先”等一系列安全主题活动。同时强化了对岗员的培训、管理，进一步加大了青安岗检查力度。2007 年，制定下发了峰峰集团《“青年安全生产示范岗”管理办法》和《“青年安全生产示范岗”考核细则》，并在全集团公司组织开展了“万名青工大拜师”活动。

三、安全培训与教育

（一）安全培训

峰峰局（峰峰集团）高度重视职工安全培训工作。1989 年后，调整了培训机构，加强了教师队伍建设，完善了教学管理，强化了制度考核，加大了安全培训力度，增加了安全培训投入。建立了局（集团公司）和矿（厂）两级培训机构，每年制定针对性的培训计划，由教育培训中心对班组长以上安全管理人员和特殊工种人员进行培训。教育培训中心装备了有 70 台计算机的机考教室。各矿也配备了安全培训专用服务器，建立了多媒体教室。2008 年，峰峰集团投入 200 多万元，在教育培训中心安装了《煤矿安全生产技术培训多媒体教学管理系统》，并下发了《关于推广使用安全技术培训多媒体教学管理系统的有关规定》。各矿（厂）根据各自实际，建立了学习日制度，开展了实物教学等形式多样的培训教育，增强了培训的针对性，提高了培训效果。

（二）安全教育

1989 年后，峰峰局（峰峰集团）面对煤炭企业步入市场经济后新的困难和挑战，建立健全了安全教育网络体系，实行三级管理：峰峰集团安全培训中心抓区科级管理人员安全素质的提高教育；矿（厂）职工学校抓职工安全素质的普及教育；区（科）主要抓职工操作规范教育。广泛开展了“强化安全管理和职工素质年教育”活动，内容主要是以人为本，强化培训，给职工灌输安全管理知识、安全技术知识、安全保护知识和以增强职工安全意识为目标的思想教育。它的基点是突出人的因素第一，提高职工的整体素质；核心是坚持预防为主、超前防范，变“要我安全”为“我要安全”；内涵是强调职工现场施工程序操作，行为规范；目的是居安思危，警钟长鸣，人自为安，保证安全生产长治久安。并制定了《职工素质年教育活动考评办法》，坚持季检查，年评比，与经济挂钩。

四、“安全月”活动

峰峰局（峰峰集团）每年都在五月或六月组织开展“安全月”活动，制定下发《关于开展安全生产月活动的安排意见》，并在期间组织开展三个高潮日、安全宣誓等安全活动。工会组织举办安全漫画现场创作大赛、牌板展等。统一井下群监员的服装，为井下生产单位的安全协管员统一佩戴标识上岗，提升群监员和安全协管员的责任心和自豪感。团组织在“安全月”期间开展“安全生产，青年当先”主题系列活动，使“安全月”活动有声有色。

第八节　矿山救护

1989 年后，峰峰局（峰峰集团）不断完善事故抢救和应急救援体系，制定了严格的各类事故抢救汇报流程图。2004 年，集团公司又制定下发峰集［2004］307 号《生产安全事故应急救援预案》，明确了应急救援预案的启动和执行程序。在此基础上，加强应急救援队伍建设，锤炼了一支高素质、整体作战能力强的救护队伍。

一、应急救援预案

生产安全事故应急救援预案为：集团公司成立生产安全事故应急救援委员会，集团公司董事长担任委员会主任，总经理、副董事长担任委员会副主任，成员有各副总经理、总工程师、工会主席、党委副书记、办公室主任、安全监督局副局长。应急救援委员会的职能是负责集团公司生产安全事故应急救援组织机构设置、职责划分、应急人员配备、物资配置、专项预案的审定、确定与上级机关生产安全事故应急救援预案配合方案等。委员会下设应急救援总指挥部和 9 个专业行动小组，包括井下事故抢险救援组、地面事故抢险救援组、危重伤医疗救治组、技术专家组、通讯联络组、交通运输保障组、善后处理及后期保障组、政策法规及信息发布组、灾后生产恢复组。预案对各小组的职责和各类事故的救援进行了详细划分、部署，并明确总体原则：抢救遇险人员和抢险人员的生命安全是首位；控制事故灾害升级和扩大是第二位；抢救财产是第三位。

二、救护队伍

峰峰局（峰峰集团）专门建有负责矿山安全救护的救护大队。救护大队下设 3 个救护中队，每个中队 3 个小队，常驻万年矿 1 个小队，共 10 个救护小队，在册职工 222 人。

（一）基础设施建设

1989 年以来，救护大队狠抓基础设施建设，加强环境治理。员工配发了统一生活用品，实行 6S 管理；学习室配备了多媒体电教设备；设立了健身房并配备了健身器材，同时对化验室、电话值班室、大门等设施进行了改造。

（二）军事化管理和制度建设

救护大队认真贯彻国家《煤矿救护规程》、《矿山救护规程》和《矿山救护队质量标准化考核规范》，强化军事化管理，把标准化工作贯彻落实到日常工作之中，年度、季度有计划，月度有安排，每日有工作日程表。加强制度建设，先后建立和完善了各种规章制度 30 余项、400 余条，并建立完善了各种工作记录、牌板等，使管理工作达到了科学化、制度化、规范化。

（三）平时训练和战备情况

救护大队变“养兵千日、用兵一时”为“练兵千日、用兵一时”，坚持强化训练，不断提高整体作战能力。提出“强化训练、积极救援、内强素质、外树形象”的口号，全面开展技术练兵活动。坚持日常学习和训练，不断加强体能训练、军事队列训练、业务技术学习、救护仪器设备操作、一般技术操作及政治学习，并定期对训练情况进行检查，每日由大队验收一个小队的体质和设备操作，每月各中队进行一次全面验收，大队每季度对三个中队进行一次全面验收。大队每年组织两次救护技术比武活动，确保“训练有素，保障有力”。

（四）矿井预防性检查和安全技术工作

为了服务矿井的安全生产，救护大队变被动抢救为主动预防，每日有计划地派出小队到生产矿井，进行预防性检查，认真查处各类事故隐患。2003 年以来发现和处理了大量事故隐患，为企业安全生产作出了突出贡献。

在参加服务矿井排放瓦斯、反风演习、启封火区、震动性放炮等安全技术工作中，救护大队严格执行有关规定，制定并落实安全技术措施，圆满完成了各项安全技术工作。1989 年至 2008 年，共参加安全技术工作 388 次，出动 543 队次、5122 人次。其中参加排放瓦斯 246 次，出动 279 队次、2635 人次；恢复巷道 5.2688 万米；参加反风 115 次，出动 161 队次、1611 人次；其他工作 27 次，共出动 103 队次、876 人次。

三、救护装备

1993 年救护装备表

序号	设备名称	型号	数量
1	氧气呼吸器校验仪	AJH	20
2	瓦斯检定器		18
3	四小时氧气呼吸器	AHG－4	121
4	二小时氧气呼吸器	AHG－2	32
5	一小时氧气呼吸器		26
6	苏生器	ASZ－30	13
7	氧气充填泵	ABD－200	8
8	救护车		13
9	潜水泵		2
10	灾区电话	ZDK－1	3
11	高泡发射装置		7
12	隔绝式自救器	AZG－40	136
13	气相色谱仪	SP－2307	1
14	地面无线电台		2
15	液压起重器	QFB2－180	2
16	其他汽车		1
17	惰气发生装置	DQ－500	1
18	消防泵	BJ10	6
19	中倍数泡沫发射装置		2
20	瓦斯爆炸三角形测定仪	HM－2233	1
21	圆盘电锯		3

2008 年救护装备表

类别	序号	名称	型号	单位	数量
车辆	1	矿山救护车	依维柯（11 座）	辆	3
	2	矿山救护车	依维柯（17 座）	辆	4
	3	矿山救护车	环山	辆	2
	4	矿山救护车	安源	辆	1
	5	装备车	跃进（130）	辆	2
	6	化验车	依维柯（11 座）	辆	1
	7	指挥车	丰田霸道	辆	1
	8	指挥车	猎豹 2030B	辆	1
通讯	9	程控电话		部	4
	10	移动电话		部	18
	11	灾区电话	KTT9	套	9
	12	声能灾区电话	PXS－1	台	4
	13	录音电话		台	2
	14	对讲机	PTX700	台	6
设备	15	石膏灌注机	BG－11	台	1
	16	快速密闭喷涂机	KP－1 型	台	1
	17	高泡发射器	BGD－200 型	台	2
	18	高泡发射器	BGD－400 型	台	2
	19	惰气发射装置	DQ－500 型	台	1
	20	惰泡发射装置	DQ－500 型	台	1
	21	惰气发射装置	DQ－150 型	台	1
	22	消防泵	BJ－331 型	台	2
	23	消防泵	BJ－10 型	台	2
	24	生命探测仪	DKL	台	1
	25	液压起动器	QFB10T－250	套	9
	26	支护与破拆装置	荷兰	套	1
	27	脉冲气压喷雾灭火枪	QWMB12（国产）	台	3
	28	防爆型高扬程灭火泵	扬程 100 米 660V、380V 两用	台	2
	29	矿用电子风表	CDF	台	16
	30	高压脉冲喷雾灭火装置	QWMB35	套	1
	31	高压气瓶水压试验装置	SY－2	台	1
	32	模拟人	上海	个	3
	33	负压担架	欧美	付	4
	34	快速接管工具	KJ－20－46	套	2
	35	救生索	进口	条	5
	36	充气夹板	欧美	套	7
	37	氮气发生器	NG－1905	台	2

类别	序号	名称	型号	单位	数量
仪器	38	压缩氧自救器		台	111
	39	负压氧气呼吸器	AHG－1型	台	30
	40	自动苏生器	SZ－30型	台	15
	41	正压氧气呼吸器	Biopak240	台	9
	42	正压氧气呼吸器	HY4	台	88
	43	正压氧气呼吸器	KF－1	台	32
	44	正压氧气呼吸器	HYC240	台	15
	45	正压氧气呼吸器	HYC120	台	27
	46	正压氧气呼吸器	BG4	台	6
	47	便携式自动复苏机	SHARP、P－6	台	5
	48	化验设备	GC－4085	套	1
	49	红外线测温仪		台	9
	50	CO 报警仪	CTJ－300型	台	9
	51	便携式爆炸三角形测定仪		台	1
	52	自动苏生器校验仪		台	5
	53	瓦斯检定器	CJG－10型	台	34
	54	呼吸器校验仪		台	18
	55	一氧化碳检定器		台	18
	56	正压式消防空气呼吸器	RHZK－9/30	台	3
	57	多功能气体检测仪	M40	台	12
	58	氧气便携仪	T80	台	16
	59	光学瓦斯校准仪	10% JCX－1	台	1
	60	光学瓦斯校准仪	100% JCX－1	台	1
信息	61	计算机	联想	台	12
	62	传真机		台	1
	63	复印机	松下（能传真）	台	1
	64	防爆摄像机		台	1
	65	防爆照像机		台	1
	66	笔记本电脑	联想	台	2

四、重大事故应急救援

1989年至2008年，救护大队共出动参加应急救援188次，其中水灾事故11起，冒顶事故70起，火灾事故39起，瓦斯爆炸事故19起，瓦斯突出事故2起，其他事故47起。抢救出遇险遇难人员458人，脱险193人。重大事故救援情况如下：

（一）小屯矿14224溜子道冒顶事故的处理

1989年5月8日6时，小屯矿14224溜子道在掘进过程中发生冒顶，4名矿工遇险。救护队出动两个小队共18名指战员，经过支护顶板，处理冒落区，连续奋战5个小时，使4名矿工安全脱险。

（二）南大峪3号煤矿瓦斯爆炸事故的处理

1990年10月29日，峰峰矿区南大峪镇3号煤矿发生瓦斯爆炸事故。救护队出动3个小队共26名指战员，经过艰苦奋战，搬运出10名遇难矿工尸体。

（三）九龙口矿15201工作面火灾事故的处理

1991年5月3日，九龙口矿15201综采工作面皮带机道因电缆失爆引起火灾，但未造成人员伤亡。救护队出动3个小队赶到事故地点，由于水源和灭火器材短缺，直接灭火未能奏效，随即切断皮带，并在进风侧挂上风障，以减小火势。后利用巷道低洼处建一道挡水墙，灌水封堵火区进风侧。并决定在锁风的情况下，利用局部通风机沿回风侧逐段恢复通风，逐步向火区推进。5月25日14时30分，两个小队刚撤离工作地点，灾区发生了瓦斯爆炸，16时51分，又发生了第二次瓦斯爆炸，所幸没有引起次生事故。暂停抢险1个多月后，7月5日，经取样化验，火区符合启封条件，开始抽水启封火区，恢复了正常通风。

（四）薛村矿92603工作面瓦斯燃爆事故的处理

1992年7月14日3时25分，薛村矿92603工作面发生瓦斯爆炸事故，8名矿工被烧伤。自3时25分至6时16分，发生了4次爆炸。救护队到达后，组织小队进行侦察，但未发现火源。当小队到上隅角取气样时，又发生了爆炸，小队人员全部被烧伤，待机队及时救助伤员撤离灾区。最终决定全面封闭火区，然后发射惰性气体。在处理过程中，瓦斯爆炸达84次，每次间隔为10—30分钟不等。截至8月31日，根据1个多月的化验结果，火区符合启封条件后，决定启封火区，恢复了正常通风。

（五）磁县黄沙新建煤矿瓦斯煤尘爆炸事故的处理

1993年11月11日17时40分，磁县黄沙乡新建煤矿发生瓦斯爆炸事故，有24名矿工情况不明。救护队出动两个小队，共24名指战员，经过十个昼夜的紧张抢救，经过灾区侦查、构筑通风设施、恢复通风排除有害气体、抢运遇难人员，最终将24名遇难人员全部抢救出井，并恢复了矿井通风，圆满完成了抢救任务。

（六）南台小煤矿瓦斯爆炸事故的处理

1995年5月15日，峰峰矿区峰峰镇后南台小煤矿发生瓦斯爆炸事故。救护队出动1个小队共11名指战员，经过艰苦奋战，历时2天，搬运出3名遇难矿工尸体。

（七）羊渠河矿6261皮带机道瓦斯爆炸事故的处理

1995年5月20日14时50分，羊渠河矿51煤仓上口发生瓦斯爆炸事故。救护队出动两个小队共16名指战员，经过3个多小时的奋战，救出3名矿工（其中1人遇难，2人重伤）。

（八）峰峰矿区大峪镇4号煤矿瓦斯爆炸事故的处理

1996年6月27日23时，峰峰矿区大峪镇4号煤矿发生瓦斯爆炸事故。救护队于6月28日6时30分接到上级命令，迅速出动两个小队，实施抢险救灾。首先对灾区进行侦查，确定遇难人员位置和数量，检查灾区有无火源存在，然后恢复灾区通风，排除有毒有害气体，处理冒落区。经13个昼夜的奋战，抢救出17名遇难矿工，圆满完成了此次抢救任务。

（九）界城镇石板坡煤矿水灾事故的处理

1996年4月17日，峰峰矿区界城镇石板坡煤矿发生严重透水事故。救护队出动1个小队共8名指战员，经过3天奋战，使5名矿工安全脱险。

（十）三矿“4.21”水灾事故的处理

1997年4月21日15时，三矿发生突水事故。救护队多次下井侦查和搜救人员，迅速从上部老巷道冒险进入，成功地将2名遇险矿工引导到地面。经过三天奋战，抢救出遇难遇险人员共3名，其中2名安全脱险，1名牺牲，安全完成事故处理任务。

（十一）沙果园煤矿瓦斯爆炸事故的处理

1997年10月13日，邯郸市沙果园煤矿发生瓦斯爆炸事故。救护队出动两个小队共24名指战员，历经三天，抢救出33名遇难矿工尸体。处理这次事故主要经验是：经侦查确认人员全部死亡，及时恢复了灾区巷道通风，为抢救人员创造条件；发扬连续作战精神，并与兄弟队通力合作，圆满完成任务。

（十二）临城冀辉煤矿瓦斯爆炸事故的处理

1997年12月14日，河北省邢台市临城冀辉煤矿发生瓦斯爆炸事故。救护队出动两个小队共22名指战员，与兄弟队一起作战，抢救出37名遇难矿工。

（十三）羊渠河矿8228运料巷掘进工作面火灾事故的处理

1998年2月17日，羊渠河矿8228掘进工作面发生火灾事故。现场工人发现电器着火后，立即停电，组织人员利用现场水管进行灭火，未能熄灭，随后工人全部撤出，并向矿调度室进行了汇报。救护队接通知后，立即出动3个小队，对灾区进行侦察。正在紧张准备设置水幕、防止火灾向外扩散时，巷道里面发生了爆炸，救护队人员全部撤出，停止风机运转，在安全地点观测。18日，重新开展救灾工作，检查气体情况，瓦斯浓度高达93%，没有发现火源。随后进行洒水降温，熄灭阴燃火点，启动风机，进行排放瓦斯，恢复了巷道通风。

（十四）黄沙矿"11.30"火灾事故的处理

1999年11月30日10时46分，黄沙矿因小煤矿火灾气体侵入该矿，造成停产。在火源位置不好确定、多次反转风流、灾区扩大的情况下，救护队多次探险侦查，积极寻找火源和灭火，经过14天的紧张抢救，恢复了矿井生产。

（十五）薛村矿92107工作面瓦斯燃爆事故的处理

1999年12月28日20时15分，薛村矿92107工作面机尾处发生瓦斯燃爆事故。救护队经过多次探险侦察，冒着再次爆炸危险，封闭火区，发射惰性气体。火区封闭30多个小时后，为了探察水位，2000年1月2日17时40分，救护队员再次进入灾区侦察和探察水位，在此过程中，由于呼吸器口具脱落，造成两名队员一氧化碳中毒牺牲。这次事故，救护队连续奋战44天，在极其危险的情况下，完成了艰巨的任务。

（十六）辛寺庄煤矿"9.8"瓦斯爆炸事故的处理

2000年9月8日，峰峰镇辛寺庄煤矿发生瓦斯爆炸事故。救护队早6时接到通知，立即出动两个小队，经过探险侦察，排除有害气体，搬运遇难人员，圆满完成了救灾任务。处理这次事故，救护队共抢救出遇难人员15名，尽快恢复了矿井通风。

（十七）二矿409溜子道瓦斯爆炸事故的处理

2001年2月3日8时40分，二矿409溜子道发生瓦斯爆炸事故。救护队出动3个小队共28名指战员前往处理。经过3个小时的奋战，将4名遇难者全部运出矿井。

（十八）万年矿瓦斯燃烧事故的处理

2003年1月16日11时左右，万年矿13272工作面运料巷密闭墙处发生瓦斯燃烧，并间断从调节孔向外喷出燃烧火焰。救护队利用干粉灭火器连续轮番喷射，并洒水降温。经过几个小时的奋战，终于扑灭建局以来最大的一次瓦斯燃烧事故，恢复了该地区生产。

（十九）薛村矿油库窒息事故的处理

2004年5月15日23时11分，薛村矿发生油库窒息事故。救护队闻警后立即出动1个小队奔赴抢救。救护人员佩用氧气呼吸器进入油库坑道救人，在第三号小井里发现1名遇险人员，随即将遇险者搬运到地面，交与现场医护人员抢救，但因窒息时间过长而死亡。

（二十）邢台市沙河铁矿特大火灾事故的处理

2004年11月20日10时30分，河北邢台沙河市白塔镇联办铁矿发生火灾事故，并波及相邻4个矿井受灾，致使116名矿工被困井下。处理这次事故调动了冀晋豫三省10支救护队。峰峰集团救护队出动4个小队，在大队长的统一指挥下，历时三天，使14名矿工安全脱险，并搬运出遇难矿工尸体30具，出色地完成了这次抢险救灾任务，得到了各级领导的高度赞扬。

（二十一）薛村矿92709采空区自燃火灾事故的处理

2005年4月14日2时40分，薛村矿92709采空区发生煤炭自燃火灾事故。救护队紧急出动，积极救援，成功使用惰气发生装置注惰性气体，抑制瓦斯爆炸和灭火，经过连续作战，仅用三天时间就熄灭了火区，使矿井恢复了生产。

（二十二）承德市暖儿河煤矿瓦斯爆炸事故的处理

2005年5月19日3时50分，河北省承德市暖儿河煤矿发生特大瓦斯爆炸事故。救护大队前往救援，参战人员冒着随时可能发生二次爆炸的危险，及时启用应急预案，科学决策，安全施救，历时7个小时艰难作战，抢救出9名遇难矿工，侦察完全部灾区，推进了事故抢救进程。

（二十三）武安市高村煤矿突水事故的处理

2005年11月24日，武安市高村煤矿发生突水事故，有18名矿工下落不明。救护大队与邯郸市救护队联合作战，连续奋战三昼夜，共搬运遇难人员尸体17具，圆满完成了事故的处理工作。

（二十四）和村镇隆鑫煤矿“10.16”火灾事故的处理

2006年10月16日，峰峰矿区和村镇隆鑫煤矿发生火灾。救护大队先后出动两个中队展开救援，抢救出23名矿工，其中13人安全脱险。

（二十五）增援内蒙古包头市河东区壕赖沟铁矿透水事故处理

2007年1月17日凌晨，内蒙古包头市河东区壕赖沟铁矿发生透水事故，事发时正值井下矿工交接班，35名矿工被困井下。1月19日17时，峰峰集团接到事故现场国家救援指挥中心通知，需峰峰集团增援救灾。接受任务后，救护大队增援人员和装备（梧桐庄矿的进口快速钻机），于20日5时08分抵达石家庄军用机场，10时13分降落包头机场。根据事故矿井地面严重塌陷和不断出现裂隙的复杂情况，指挥部及专家组决定让峰峰集团增援队伍撤离事故现场，暂停施救。队伍于26日返回。后内蒙古自治区政府专门给峰峰集团发来感谢信，表示诚挚谢意。

（二十六）大淑村矿“4·19”煤与瓦斯突出事故的处理

2007年4月19日1时40分，大淑村矿172205运料巷掘进工作面发生特大煤与瓦斯突出事故，共造成17人遇难。救护队连续奋战七昼夜，经过侦察、抢运遇难人员、清煤排除瓦斯、恢复通风，使该矿尽快恢复了生产。

第九节　安全检测

一、检测机构

峰峰局（峰峰集团）的安全质量检测，2004年以前由通防管理部的“通风仪表实验室”、煤炭生产部的“电气试验室”和非煤产业部的“材料物理试验室”、“计量检测所”、“环境监测室”组织。2004年6月，组建了“峰峰集团检测检验中心”，检测职能划归检测检验中心。2005年1月，河北冀南矿业安全检测检验有限公司成立，重新对检测职能进行了组合，组建了通风仪器仪表检定室、粉尘检测室、机电设备检测室、电气检测室、材料物理试验室、计量检定室、环境监测室等机构，均取得政府相关部门设备、样品、材料、检测检验和计量检定资格证书。试验室面积3000平方米，恒温室面积1200平方米。2005年9月，经国家安监总局组织的安全资质评审专家组现场评审，河北冀南矿业安全检测检验有限公司获得了矿业安全检测机构乙级资质。2008年公司经评审认证的矿业安全检测项目共计55项，授权计量检定能力范围为40项。

二、检测内容

（一）通风仪器仪表检定室检测范围：煤矿生产安全通风监控仪器、仪表检测。主要项目为：甲烷报警仪、氧气、一氧化碳报警仪、甲烷传感器、甲烷测定器、一氧化碳自救器、热导式甲烷传感器、风速表、过滤式自救器等。

（二）粉尘检测室检测范围：粉尘采样器、粉尘浓度测量仪、矿山作业场所总粉尘、呼吸性粉尘环境检测等。

（三）煤质指标检测室检测范围：煤层气测定、煤尘爆炸性测定、矿井有害气体分析等。

（四）固定设备检测室检测范围：提升系统绞车、通风机系统、主排水系统、空气压缩机、皮带运输机、超声波探伤等。

（五）电气检测室检测范围：交、直流电动机和电力电缆、互感器、继电器系列、继电保护、高压断路器、绝缘油、电容器、馈电开关等。

（六）材料物理试验室检测范围：钢丝绳、阻燃电缆、阻燃皮带、塑料网带、窄轨车链接链、链接销、冷轧带肋钢筋等。

（七）计量检定室：压力表、天平、砝码、长度量具、衡器、热工项目、电能表、电四表等。

（八）环境监测室监测范围：矿井水、生活污水分析等。

三、检测工作

峰峰局（峰峰集团）始终对各种机电设备、仪器仪表、工作场所等进行安全检测监控，以防止重大事故的发生。从1981年开始，恢复了曾中断的测尘工作。1989年以后，更加强了作业场所粉尘、呼吸性粉尘环境检测，下发了《安全监测监控管理规定》，建立了矿井井下电网安全测控系统，定期对电器设备和固定设备进行检测。

（一）设备量值溯源、使用、维护

为保证检测结果的准确、可靠，检测检验部门不断强化对设备溯源（检测）、使用、维护管理工作，不断提高检测技术装备水平，确保了检测设备符合和适应检测需要。

1. 检测设备溯源。为确保检测结果的准确可靠，对检测设备的溯源性实施了严格控制管理。由技术质量保障部门制定年度周检计划，各检测实验室根据业务工作实际安排组织实施。为保证检测工作正常开展和降低成本，一般采取集中送检方式，按照约定定期向市、省及国家计量检测机构送检，确保检测设备在任何情况下在有效期使用。

2. 设备使用管理、维护。峰峰集团检测检验仪器设备在用的共有371台套，其中：固定设备检测室74台套；电气检测室69台套；通风仪表室25台套；计量检测室52台套；物理材料室28台套；煤质检测室69台套；粉尘检测室35台套；环境监测室20台套。按国家检定系统溯源要求，制定了能溯源到国家基准的量值溯源图，对检定、检测设备和自检仪器实施了标识化管理。为确保检测数据的准确可靠，在日常检测工作中，各实验室相关操作人员，按照管理体系文件“期间核查”、“设备管理”程序要求，经常开展对所使用的仪器设备进行维护、保养，定期开展检测数据比对、核验，使检测设备始终处于良好运行状态。

3. 设备更新配置。为满足检测需要，2005年，投入600余万元，用于购置以矿业安全检测项目为主的检测设备、仪器、仪表。2007年至2008年，又根据煤矿生产安全及节能减排工作需要，先后投入70余万元，配置了新的检测设备。

（二）服务矿业安全

峰峰集团检测部门努力延伸检测项目服务链，把检测任务落实到各业务检测实验室，并制定了相应的奖罚制度。各检测实验室更新观念，转变工作思路，变等客户上门为主动找客户上门服务。2005年，完成了峰峰集团煤安标志认证工作环节的设备检测工作；2006年，完成了“安全生产许可证换证”设备检测任务；2007年，承担了峰峰集团矿井生产能力核定工作环节的“四大件”设备检测任务；2008年，承担了峰峰集团扩能技改设备重点检测任务，并及时出具了相应的检验报告。在集团公司生产、安监、通防管理职能部门的大力配合和支持下，矿业安全检测机构对基层单位实施全天候服务，为峰峰集团生产安全、经营管理、节能减排等工作，提供了准确、可靠的技术支持。

2005 年 -2008 年主要设备、器具、材料、样品检测检验情况统计

2005 年 检测项目：设备	数量	2006 年 检测项目	数量	2007 年 检测项目	数量	2008 年 检测项目	数量
煤矿在用提升机	61 台	煤矿在用提升机	45 台	煤矿在用提升机	60 台	煤矿在用提升机	40 台
煤矿在用主通风机	4 台	煤矿在用主通风机	11 台	煤矿在用主通风机	20 台	煤矿在用主通风机	16 台
煤矿在用排水泵	225 台	煤矿在用排水泵	216 台	煤矿在用排水泵	238 台	煤矿在用排水泵	230 台
煤矿在用空气压缩机	10 台	煤矿在用空气压缩机	13 台	煤矿在用空气压缩机	25 台	煤矿在用空气压缩机	25 台
井下带式输送机	0	井下带式输送机	6 台	井下带式输送机	15 台	井下带式输送机	23 台
合计	300 台	合计	291 台	合计	358 台	合计	334 台
检测项目：电气							
变压器试验	150 台	变压器试验	165 台	变压器试验	200 台	变压器试验	300 台
高压电缆试验	350 条	高压电缆试验	360 条	高压电缆试验	400 条	高压电缆试验	500 条
高压继电保护	120 路	高压继电保护	200 路	高压继电保护	200 路	高压继电保护	400 路
接地装置	55 处	接地装置	75 处	接地装置	0	接地装置	0
电动机试验	50 台	电动机试验	100 台	电动机试验	150 台	电动机试验	300 台
合计	725 件	合计	900 件	合计	950 件	合计	1500 件
检测项目：通风仪表							
光干甲烷测定仪	1148 台	光干甲烷测定仪	1906 台	光干甲烷测定仪	2261 台	光干甲烷测定仪	1516 台
便携式甲烷报警仪	3075 台	便携式甲烷报警仪	3234 台	便携式甲烷报警仪	2659 台	便携式甲烷报警仪	3625 台
矿用风速表	128 件	矿用风速表	300 件	矿用风速表	133 件	矿用风速表	216 件
合计	4351 件		5440 件		5053 件		5406 件
检测项目：煤质							
矿井有害气体分析	2753 个	矿井有害气体分析	2816 个	矿井有害气体分析	2430 个	矿井有害气体分析	2028 个
煤自燃倾向性鉴定	2 个	煤自燃倾向性鉴定	36 个	煤自燃倾向性鉴定	56 个	煤自燃倾向性鉴定	25 个
煤爆炸性鉴定	2 个	煤爆炸性鉴定	38 个	煤爆炸性鉴定	57 个	煤爆炸性鉴定	20 个
煤矸石自燃倾向性鉴定	0	煤矸石自燃倾向性鉴定	0	煤矸石自燃倾向性鉴定	0	煤矸石自燃倾向性鉴定	7 个
合计	2757 个		2890 个		2543 个		2080 个
检测项目：粉尘							
游离 sio_2 含量	0	游离 sio_2 含量	220 个	游离 sio_2 含量	211 个	游离 sio_2 含量	566 个
分散度	0	分散度	220 个	分散度	211 个	分散度	566 个
总粉尘浓度	0	总粉尘浓度	330 个	总粉尘浓度	211 个	总粉尘浓度	5612 个
呼吸性粉尘浓度	0	呼吸性粉尘浓度	270 个	呼吸性粉尘浓度	211 个	呼吸性粉尘浓度	4201 个
合计			1040 个		844 个		10945 个
检测项目：物理材料							
煤矿在用钢丝绳	540 条	煤矿在用钢丝绳	653 条	煤矿在用钢丝绳	584 条	煤矿在用钢丝绳	530 条
煤矿窄轨机车链接件	420 个	窄轨矿车链接件	530 个	煤矿窄轨机车链接件	560 个	煤矿窄轨机车链接件	600 个

2005 年 检测项目：设备	数量	2006 年 检测项目	数量	2007 年 检测项目	数量	2008 年 检测项目	数量
煤矿用阻燃皮带	48 批次	煤矿用阻燃皮带	49 批次	煤矿用阻燃皮带	52 批次	煤矿用阻燃皮带	56 批次
合计	1008 件		1232 件		1196 件		1186 件
检测项目：环境监测							
矿井用水监测分析	45 批次	矿井水全分析	50 批次	矿井水全分析	69 批次	矿井水全分析	125 批次
检测项目：计量器具							
压力表、氧气表	1500 块	压力表、氧气表	1600 块	压力表、氧气表	1800 块	压力表、氧气表	2800 块
血压计（表）	600 件	血压计（表）	600 件	血压计（表）	600 件	血压计（表）	600 件
电学计量仪表	1300 件	电学仪表	1400 件	电学仪表	1600 件	电学仪表	3000 件
天平、衡器	150 台	天平、衡器	150 台	天平、衡器	150 台	天平、衡器	160 台
长度量具	200 件	长度量具	200 件	长度量具	300 件	长度量具	300 件
合计	3750 件		4050 件		4450 件		6860 件
累计	12936 台件		12193 台件		15463 台件		28445 台件

第十节　重大事故

一、瓦斯事故

1996 年 8 月 23 日 16 时，通二矿 02171 残采工作面发生瓦斯爆燃事故，死亡 3 人。

2001 年 2 月 3 日 8 时 30 分，二矿扩大区南翼 20409 下工作面溜子道密闭墙外，由于电修工带电修理开关，出现明火引爆积聚瓦斯，死亡 4 人。

2001 年 8 月 14 日 9 时，孙庄矿职工在 4.2 轨道坡拆转小绞车时误入盲巷，致使 3 人瓦斯窒息死亡。

2003 年 7 月 4 日 14 时，三矿职工擅自进入废弃无风巷道，致使 3 人缺氧窒息死亡。

2007 年 4 月 19 日 1 时 45 分，大淑村矿 172205 运料巷掘进工作面发生瓦斯突出事故，17 人死亡。

二、顶板事故

1989 年 3 月 28 日 7 时 30 分，小屯矿 14224 掘进工作面发生冒顶事故，死亡 3 人。

三、机电事故

1988 年 9 月 24 日，薛村矿新五盘区皮带上山第二部皮带机头发生皮带着火事故，致使 13 名职工一氧化碳中毒窒息死亡。

2008 年 11 月 10 日 6 时 20 分，万年矿第二部钢丝绳牵引皮带机机尾段发生皮带飞车事故，致使 4 名职工死亡，13 名职工受伤。

四、其他事故

2002 年 4 月 14 日，工程处在一矿老井筒施工时，发生坠井筒事故，死亡 5 人。

第四章　经营管理

60年来，峰峰局（峰峰集团）的经营管理发生了巨大的变化。1950年，燃料工业部开始编制工业的年度计划，峰峰局的主要指标纳入了国家统一计划管理中。煤炭生产由国家统一安排，煤炭由国家统一调配，实行产销分工。1951年，峰峰局根据上级指示，实行了完全经济核算制，煤炭产品销售业务及价款结算，由局按计划直接办理。1956年下半年，根据煤炭部的要求，峰峰局实行了矿（厂）完全经济核算制。1965年，按煤炭部规定，又变矿（厂）完全核算制为矿务局集中核算。1974年以后，峰峰局按照中央“调整、改革、整顿、提高”的要求，开展了企业整顿，企业管理得到加强。1981年至1984年，峰峰局执行河北省煤炭厅利润包干办法。1985年至1990年，国家对煤炭工业实行了投入产出六年总承包，峰峰局对矿（厂）普遍实行了内部承包责任制。在劳动用工方面，1951年，峰峰局按照国家统一部署，进行了第一次工资改革。1985年，按照上级部署，制定了峰峰局工资制度改革方案。1986年，峰峰局由五类工资区改为六类工资区。

1989年后，我国工业管理体制、政策调整力度变化较大，国有企业逐步适应从计划经济向市场经济的过渡。政府不断下放权力，调整对企业的管理方式，企业面向市场，逐步走向“自主经营、自负盈亏、自我发展、自我约束”的道路。1989年至1990年，是峰峰局六年总承包的最后两年，峰峰局注重抓管理上等级，成为国家二级企业。1991年至1992年，峰峰局实行两年滚动承包，坚持以经济效益为中心，挖内潜，增活力，把企业的经营方向和工作落脚点，放在提高经济效益和劳动效率上，建立了内部经营调控机制，完善了内部银行管理制度，严格实施计划管理和财务管理。1993年后，在延续三年承包中，进一步推行承包经营责任制，实行全员风险承包抵押，盈亏指标与职工效益升级挂钩。1993年3月，局开始实行内部模拟市场管理，狠抓扭亏增盈责任制。在1998年企业陷入困境之后，艰难探索企业扭亏脱困之路，坚持外拓市场、内抓管理，外学邯钢、内学通二，细化指标、节支降耗，使企业渡过了难关。2003年以后，峰峰集团的经营管理按照公司制和现代企业制度的要求，在各个方面进行了改革创新。2008年6月，峰峰集团与金能集团重组为冀中能源集团后，峰峰集团紧密结合企业实际，紧紧围绕新的集团管理体制的建立和企业作为利润中心职能定位的转变，对企业战略目标、发展思路、组织机构、管理制度进行了调整、修改和完善。1989年至2008年，峰峰局（峰峰集团）累计上交利税54.81亿元。

峰峰局（峰峰集团）经营管理的机构设置，随着形势的发展适时进行了调整。在财务管理上，1995年4月，峰峰局设企业银行，挂靠财务处。2001年1月，企业银行改名为结算中心。2002年底，结算中心增设结算会计和预算稽查两个科，挂靠财务管理部。2005年3月，住房资金管理中心挂靠财务管理部。2005年10月，会计代理科更名为会计核算中心。在劳动工资管理上，1989年至峰峰局改制前，局设劳动工资处。2002年11月，劳动工资处改称劳动工资部。在审计管理上，1985年4月，峰峰局组建内部审计机构。1987年7月成立审计处。2002年11月，审计处改为审计部，设审计事务中心，挂靠在审计部。在法律工作方面，峰峰局法律顾问处成立于1986年5月，由局办公室代管。1989年，法律顾问处独立。2002年11月，原政策法规处合同科和案件科成立法律事务中心（副处级部门），挂靠局办公室。2006年8月，峰峰集团第二届董事会一次会议，首次将总法律顾问列为峰峰集团的高管人员，写入公司章程。在设备管理上，1986年5月，峰峰局正式成立机电设备租赁公司，规定采、掘、机、运15种设备划归租赁公司管理，高档采煤设备、移动变电站、综采、综掘及其配套设备也归设备租赁公司管理。在企业综合管理上，2002年11月，根据建立现代企业制度的要求，将规划发展处与基本建设处合并为企业管理部。2008年6月，集团公司机关机构重新进行了改革和调整。改革改制办公室更名为改革改制科，非煤产业部的非煤经管科划入企业管理部。招标办公室、矿井关闭重组办公室挂靠企业管理部。8月底，由原战略发展部战略规划科、项目科、非煤项目科、综合科和原企业管理部投资计划科、综合统计科和管理科组成发展规划部。

第一节 发展规划

一、计划管理

（一）1989 年至 1995 年期间，我国工业管理体制变化频繁，政策调整力度大，国有企业逐步从计划经济时期政府的附属物向独立的市场主体转化。政府不断下放权力，调整对企业的管理方式，推动公司制的建立。峰峰局生产计划的管理方式从比较繁琐的基层汇报、局级汇总、上级决定、下达基层的方式，逐步转变为企业自主决定计划指标。期间编制上报了“八五”、“九五”规划以及更长时期的生产规划。计划编制的方式、内容、周期，根据上级要求、政策规定及市场形势的变化灵活掌握，指导和调节基层单位的生产。组织完成了 1991 年至 2001 年矿井核定能力工作，使生产能力与生产实际相适应。在计划管理制度建设上，根据不同时期的政策要求、部室职责调整、指标变化等情况，制定和完善了有关管理办法，不断调整指标体系、计划报表、填报说明、报送流程等。在管理手段上，1990 年后，逐步推广信息化技术，20 世纪 90 年代自行开发生产计划软件，在局内使用，大大减轻了工作人员的工作强度。随着计算机技术的发展和企业局域网的建立和完善，2006 年，开发了网络版生产计划软件系统。

（二）1996 年至 2002 年期间，亚洲金融危机爆发，国民经济面临极大困难，企业生产经营十分艰难，生产投入严重不足。峰峰局一方面积极向上级反映困难，争取支持，一方面加强计划指导的针对性，提高质量，增产适销对路产品。生产计划的编制程序，改为组织收听基层汇报年度计划及三至五年生产规划，局务会确定产量指标后，由矿（厂）编报正式计划，规划发展处组织有关处室计算和确定相关指标，编制下达年度生产计划。计划报表数量和指标内容也随着企业管理的需要有所减少，从过去注重数量指标转为侧重利润、收入等效益指标。峰峰局组织编制了《三年（1999 年—2001 年）技术改造规划》、《“十五”计划和 2015 年规划》、《2002 年—2010 年煤炭生产开发规划》、《2001 年—2005 年煤炭生产规划》、《2002 年—2005 年煤炭生产规划》、《“十五”后三年生产计划》、《2001 年—2015 年资源总体规划》、《煤矿生产能力调查报告》等规划，并如实向上级反映了企业现状、面临的困难、需要解决的问题，对企业在一定时期的生产和发展起到了积极的指导作用。

（三）2003 年至 2007 年期间，企业经营形势不断好转，各项指标屡创新高。根据这一形势要求，集团公司生产计划一度调整为每月编制和下达，以防止超能力和超强度开采。同时起草了《物资管理办法》，组织编印《管理制度》（6 册 260 项）、《各工种操作规程》、《安全生产管理制度》等文件。

（四）2008 年 7 月，根据冀中能源集团的要求，计划指标从产量、进尺等单纯生产指标扩大到利润、收入、能耗等生产经营指标，从仅负责煤矿和洗煤厂生产计划转变为包括非煤企业在内的全部生产经营计划。

历年矿井能力变动表

单位：万吨

项目 / 单位	矿井设计能力	1991 年核定	1997 年核定	2000 年核定	2004 年核定	2005 年核定	2006 年核定
九龙矿	120		120		150	150	150
羊渠河矿	135		110		115	136	130
薛村矿	135		130		137	152	145
小屯矿	60		60		85	88	80

项目 / 单位	矿井设计能力	1991年核定	1997年核定	2000年核定	2004年核定	2005年核定	2006年核定
新三矿	45		45		64	70	72
黄沙矿	60		0		74	74	80
万年矿	150		150		162	176	200
大淑村矿	90		0		94	124	125
梧桐庄矿	120		0		150	156	185
五矿	60		65		40	45	30
通顺公司	120	65	0	50	40	40	45
孙庄矿	60		45		39	45	25
牛儿庄矿	60		65		58	80	63
利泰公司	6						6
合计	1221						1336

二、综合统计

（一）1989年至1995年期间。国有企业逐步从计划经济向市场经济转化，统计工作也随之发生了较大变化，由单纯的生产统计向综合统计过渡，统计的职能有了较大变化，统计手段得到较大提高。

（二）1995年至2002年期间。根据峰峰局改革与发展的需要，紧紧围绕全局经营管理这一主题，不断拓宽统计内容，补充、修改、完善相应的统计指标体系和统计核算办法。完成了各年度的综合、生产、多种经营、后勤服务等统计年报及各项定期报表任务；定期编制生产快报、综合快报以及综合统计资料手册等；及时、准确地为各级领导和职能处室提供统计资料，满足市场经济条件下企业对统计信息的多方面需求，发挥了统计信息、咨询、监督三大职能。1996年，研究制定了峰煤［1996］25号文《统计管理办法（试行）》。针对全局多种经营和后勤服务单位多、摊点杂、资料难取等因素，制定了《“三条线”统计管理办法（讨论稿）》，理顺了全局统计工作秩序和统计信息流通渠道，补充完善了指标体系，编制了全局多种经营和后勤管理报表，保证了全局多种经营统计范围、口径的一致性。整理汇编了全局“八五”时期历史统计资料。从产、供、销、人、财、物和多种经营、后勤服务、文教卫生等方面，编制了“九五”计划和长远目标规划，填补了全局1991年到1995年统计资料的空白。1997年，按照国家的通知精神，在全局开展了统计执法大检查工作，印制了《统计法》、《河北省统计违法行为行政处分暂行办法》及其他统计法规文件。通过自查自纠，提高了各级领导、广大统计人员的统计法律意识，明确了统计工作的地位，保证了统计数据的真实可靠。1997年，配合完成了全国第一次基本统计单位调查和产品数据库信息登记调查，并获省级先进集体。1998年，配合局通信中心编制了局、矿两级多种经营统计软件程序，并推广到基层单位，使基层统计人员从繁重的手工汇总劳动中解脱出来。2001年，峰峰局被列为全国重点企业，成为国家经贸委重点信息直报企业，同时增加局和建制企业报表。整理汇编了全局“九五”历史统计资料，为编制“十五”计划和长远目标规划提供了重要的参考依据，填补了全局1996年到2000年统计资料的空白。2002年，配合完成了全国第二次基本统计单位调查和产品数据库信息登记调查，并获省级先进单位。

（三）2002年12月至2008年8月期间。2002年至2003年上半年，根据国家、河北省、邯郸市的统一部署，配合完成了全国第四次投入产出调查工作，并获省级先进单位。2003年7月，峰峰局改制为峰峰集团有限公司。在新的体制下，统计工作为适应新体制的要求和发展，从制度和统计范围以及报送方式等方面进行了较大的改变。统计手段有了较大提高，实现了网络报送，人员大幅减少。2003年，峰峰集团被国家统计局列为全国5000家联网直报单位，从此对国家统计局的报表实现网上直接报送，提高了数据报送的时效性。期间，配合完成了全国第二次第三产业清查工作。下发了《关于进行第三产业清查的通知》，组织各业务部门及基层单位有关人员进行业务培训，制定三产清查实施方案，并指导各业务部门及基层单位开展三产清查的有关工作，负责对集团公司资料进行收集、整理、审核、汇总。根据邯郸市统计局通知精神，起草下发了《关于进一步规范统计专业人员持证上岗规定的通知》，并对集团公司所属各单位及有关部门统计人员持证上岗情况进行了登记，摸清了集团公司统计队伍的基本状况。为适应现代企业制度的需要，科学有效地组织、协调集团公司统计工作，保证统计资料的准确性、及时性和严肃性，充分发挥统计在企业经营管理和经济运行中的信息、咨询、监督的整体功能，为企业开展绩效考评、促进企业发展提供了信息保障，为企业领导决策提供了依据。根据《中华人民共和国统计法》、《统计法实施细则》和有关法律法规，结合企业实际，重新制定了《统计管理办法》。2004至2005年上半年，配合完成了全国第一次经济普查工作。2006年，集团公司组织17个业务部门编纂了"十五"时期历史资料。本资料包括集团公司工业生产、主要产品产量、主要材料及电力消耗、财务、销售、人事劳资、安全通风、机电设备、投资、职教卫生、后勤服务等内容，并新增了能耗方面的有关内容，为集团公司编制"十一五"计划和长远目标规划提供了重要的参考依据。2006至2007年，配合河北工程大学开发研制了公司、矿（厂）两级综合统计管理系统，该系统实现网络报送数据，大大提高了数据报送的及时性和安全性。2008年1月，实现新、旧两套系统并行，2008年6月，甩掉旧系统，正式运行新系统，实现了系统的升级换代。2007至2008上半年，根据国家、河北省、邯郸市的统一部署，配合组织了全国第五次投入产出调查工作，并获省级先进单位。

（四）2008年9月以后。集团公司为适应冀中能源集团工作需要，新组建了发展规划部，综合统计科由原企业管理部划归发展规划部。2008年9月至11月，根据邯郸市统计局统一部署，组织集团公司统计人员参加统计从业资格验证、换证和统计从业资格认定考试工作，组织了380人的报名、培训、考试等工作。

历年主要指标完成情况表

项目／年度	原煤产量（万吨）		精煤产量（万吨）		总进尺（米）		开拓进尺（米）		回采工作面单产（吨/个．月）	掘进工作面单进（米/个．月）	回采机械化程度（%）	掘进机械化程度（%）
	计划	实际	计划	实际	计划	实际	计划	实际	实际	实际	实际	实际
1989	1123	1157.49	368	372.22	180400	184490	18000	20810	20296	116.89	91.30	79.46
1990	1060	1145.53	315	365.36	165200	174745	18000	19952	21870	125.03	95.37	87.01
1991	1060	1100.29	310	353.34	172000	179423	16700	18120	22337	137.62	95.53	92.00
1992	1025	1047.13	335	345.29	142190	147908	15400	15520	25742	142.17	96.70	95.84
1993	1000	1015.63	350	353.52	145000	145819	11520	12282	25932	146.73	93.02	97.40
1994	950	1034.22	350	388.66	141000	142947	7400	8160	24925	148.43	90.83	97.96
1995	970	1062.00	330	391.53	144000	150531	5350	6930	23219	146.24	90.85	96.06
1996	975	1077.00	365	406.42	148000	155776	5600	7039	23393	142.17	91.33	97.61
1997	940	1002.83	300	335.78	145700	150743	6080	7972	26189	141.96	92.25	96.66
1998	827	879.30	282	286.71	119400	122968	5300	8199	27700	140.06	91.30	97.41
1999	950	983.42	320	273.52	112950	118189	7030	7435	29008	136.24	90.07	98.27
2000	945	1026.34	260	250.47	112800	120875	4580	5364	31695	138.48	90.52	99.00
2001	934	1015.11	250	274.66	104000	118310	6530	7768	29598	131.66	87.06	99.30

项目 年度	原煤产量（万吨）		精煤产量（万吨）		总进尺（米）		开拓进尺（米）		回采工作面单产（吨/个．月）	掘进工作面单进（米/个．月）	回采机械化程度（%）	掘进机械化程度（%）
	计划	实际	计划	实际	计划	实际	计划	实际	实际	实际	实际	实际
2002	910	1055.93	250	293.95	112600	130188	10210	12146	29046	140.23	84.10	98.64
2003	1030	1180.03	260	389.5	136600	141707	10680	12502	37180	135.87	86.25	98.84
2004	1106	1202.21	400	424.72	136800	143292	13220	16658	39915	142.68	88.57	96.57
2005	1142	1266.67	418	470.51	133350	140541	13887	16181	43345	140.61	91.82	96.79
2006	1246	1308.20	461.5	502.4	135000	142643	12300	13742	43271	146.94	93.13	99.40
2007	1218.16	1282.67	540	703.96	133650	143295	9500	12445	42583	137.01	93.19	95.21
2008	1233.07	1312.20	590	706.35	139590	153557	10100	13324	43912	142.98	93.15	98.42

三、项目开发

（一）1993年前，峰峰局按照“抓住重点、发展一般”的思路，有选择地进行了新项目建设。1994年至2002年期间，局制定了《资本性投资及项目管理暂行办法》，对资本性投资项目前期审批管理工作作了完善和补充。为进一步使项目前期审查工作规范化、标准化，制定了项目前期准备工作分阶段上报的内容要求，以及上报资料的标准文本格式。期间，国家政策鼓励兴办煤矿综合利用电厂。1996年，国务院以国发［1996］36号文批转了国家经贸委等部门《关于进一步开展资源综合利用的意见》，1998年2月，国家经贸委等八部、委、局联合颁发了国经贸资［1998］80号文《煤矸石综合利用管理办法》。1989年至2002年，局根据企业实际情况，充分利用国家政策，主要开发建设了五矿矸石热电厂和扩建工程、羊渠河焦化厂、九龙矿矸石热电厂、孙庄矿矸石热电厂、羊渠河矿煤气电厂、大淑村矿瓦斯电站、羊渠河矿矸石砖厂技术改造、孙庄矿粉煤灰砖厂等10多个大型项目，组织专家进行了项目建议书、可研报告和初步设计的审查，从技术经济两方面严格把关。在做好重大项目审查的同时，开展了马头洗选厂尾煤电厂、邯郸洗选厂尾煤电厂、通二矿金属镁厂、五矿粉煤灰砖厂、薛村矿增建返煤皮带系统改造、孙庄矿洗煤厂浮选煤泥水系统改造、二矿工人村供水系统改造、九龙矿增建洗混煤储煤场、万年矿变电站迁建、九龙矿矸石热电厂静电除尘等10多个项目的前期工作。

1. 五矿矸石热电厂。1994年底建成，一期工程装机容量为12兆瓦，1台6兆瓦抽凝式汽轮发电机组和1台6兆瓦凝汽式汽轮发电机组，配3台35吨/时沸腾炉，供热面积21万平方米。位于五矿工业广场南侧，与五矿洗煤厂相邻。电厂燃料来源为本矿的矸石及井下脏杂煤，水源为经处理的井下疏干水。

2. 五矿矸石热电厂扩建工程。为提高企业经济效益，扩建1台12兆瓦汽轮机组，配套1台75吨/时循环流化床锅炉，新增供热面积46万平方米。2002年7月进行扩建，2003年10月投入运行。五矿矸石热电厂在为峰峰集团北部电网提供电力的同时，还为五矿居住区及集团公司机关生活区提供了采暖热源。

3. 九龙矿矸石热电厂。一期工程装机为两台6兆瓦抽凝机组，配3台35吨/时循环流化床锅炉。位于九龙矿洗煤厂附近。其燃料来源为九龙矿洗煤厂的洗矸和尾煤，水源为经处理的井下疏干水。于2000年建成投产。

4. 孙庄矿矸石热电厂。位于孙庄矿工业场地、孙庄矿洗煤厂附近。电厂燃料来源为洗煤厂的矸石和尾煤，水源为经处理的井下疏干水。一期工程1996年11月投产，装机为两台3兆瓦抽凝机组，配两台20吨/时循环流化床锅炉。

5. 孙庄矿矸石热电厂二期工程。为了提高电厂的经济效益，2003年进行扩建，扩建1台6兆瓦抽凝机组，配1台35吨/时循环流化床锅炉，扩建后装机容量12兆瓦。

6. 孙庄矿矸石热电厂技改工程。2006年，由于其中1台3兆瓦抽凝机组报废，通过技术改造，增加1台6兆瓦抽凝机组，于2006年10月投运。

7. 羊渠河矿煤气电厂。位于羊渠河焦化厂北部，利用焦化厂产生的焦炉煤气发电和供热，电厂水源均取自焦化厂供水管网，2002年7月投产。装机容量为2×2兆瓦小型燃气轮机。2005年进行扩建，扩建1台2兆瓦小型燃气轮机，配套增加余热锅炉和1台1.5兆瓦的汽轮发电机组，扩建后规模达到7.5兆瓦。利用余热发电，形成了燃气蒸汽联合循环发电系统。

8. 大淑村矿瓦斯发电站。利用井下煤层瓦斯建设发电站，建设1台QDR20型燃气轮机热电联供机组，装机容量2兆瓦，于2003年8月投入运行。

9. 羊渠河焦化厂。始建于1995年5月，一期工程于1998年5月正式投产，后又经过两期工程扩建，于2003年7月完成。建成TJL－920型焦炉3座，生产能力为年产焦炭30万吨，煤焦油1.08万吨，粗苯2000吨，日产煤气15万立方米。其煤气主要用于集团公司机关、一矿、二矿、六0七厂、羊渠河矿等单位和峰峰矿区居民几万户职工家属的日常煤气供应，剩余煤气全部用于发电。

10. 羊渠河矿矸石砖厂技术改造。在原有两条2.6米隧道窑的基础上，增加一条2.6米直径隧道窑，更新部分设备，改造后规模达到0.68亿块/年（标砖）。于2002年建成投产。

11. 孙庄矿粉煤灰砖厂。新建年产标砖、多孔砖、非承重砖等产品折标砖0.3亿块生产线。于2002年建成投产。

局（集团公司）管工程审查。共审查了100多个局管资金项目方案。通过对项目前期工作的审查，增强了设计的规范性，减少了一些不必要的投入，同时选择新型、价格较低的可替代工程材料，大大降低了工程造价。

（二）2002年12月以后。根据机关机构调整后的职责分工，为进一步加强投资项目管理，2003年，制定了《资本性投资项目管理办法》。2003年8月，峰峰集团有限公司成立，战略发展部属于集团公司董事会管理部门，重大投资项目提交集团公司董事会决策。为进一步加强投资项目评审、决策管理，体现投资项目评审、决策的规范性、科学性和权威性，2004年，制定了《投资项目评审、决策程序》和《投资项目评审专家库管理办法》。

在重大项目开发和前期审查方面，主要开发建设了薛村矿矸石热电厂、九龙矿矸石热电厂扩建工程、煤化工项目、锡盟煤电化路一体化项目、低浓度瓦斯发电项目、矿井水利用项目、羊渠河焦化厂扩建工程、牛儿庄矿斯格种猪公司、马头洗选厂动力配煤场、九龙矿至一矿35千伏线路改造工程、邯郸洗选厂技改、马头洗选厂技改、九龙矿洗煤厂技改、五矿矸石热电厂锅炉改造、孙庄矿矸石热电厂改造工程等10多个项目，组织专家进行了项目建议书和可研报告的审查，从技术经济两方面严格把关。同时进行了牛儿庄矿微晶玻璃和有机氟树脂、孙庄矿煤焦油加工、峰峰2×300兆瓦热电联产、120万吨/年水泥粉磨站等项目的前期准备工作。

1. 薛村矿矸石热电厂。位于薛村矿工业广场。燃料由薛村矿选煤厂及附近的大淑村矿洗煤厂提供，电厂水源为经处理的井下疏干水。装机规模为2×25兆瓦抽凝式汽轮发电机组和2×130吨/时循环流化床锅炉。2002年，该项目经河北省计委批复立项，建设规模为2×12兆瓦抽凝式汽轮发电机组，2004年，该项目经河北省发改委批复调整规模为2×25兆瓦抽凝式汽轮发电机组。2005年6月8日开工建设，2007年9月投运。

2. 九龙矿矸石热电厂扩建工程。为充分利用九龙矿洗煤厂产生的洗矸和尾煤等资源，2007年，又扩建1台1×25兆瓦供热机组。扩建后装机总规模达到37兆瓦，所发电力供九龙矿自用，剩余上网。同时可为矿井、选煤厂及居住区提供生产、生活热源。

3. 煤化工项目。2005至2006年，集团公司进行了大量的技术、市场考察调研后，委托西南化工设计院编制了《煤化工产业发展规划》。2007年1月，在北京邀请国内煤化工专家及河北省、邯郸市有关部门领导对煤化工产业规划进行了论证。2007年，煤化工项目列入河北省煤化工产业发展规划和省“十一五”重点产业支撑项目。规划总建设规模为年产500万吨焦炭、100万吨甲醇、60万吨醋酸、30万吨煤焦油加工、10 万吨粗苯精制、18 万吨醋酸乙烯、20 万吨醋酸酯、5 万吨醋酐、5 万吨醋酸纤维，配套 2 座 37 兆瓦热电联供车间。规划总投资 155 亿元。分为峰峰和磁县两个厂区。峰峰厂区为一、二期工程，磁县厂区为三期工程。

峰峰厂区项目包括：年产 300 万吨焦炭、30 万吨焦炉煤气制甲醇、60 万吨醋酸及醋酸下游产品，配套 37 兆瓦余气余热发电装置。规划投资 99 亿元。其中一期工程年产 100 万吨捣固焦、10 万吨焦炉煤气制甲醇；二期工程年产 200 万吨顶装干熄焦、20 万吨焦炉煤气制甲醇、60 万吨醋酸及醋酸下游产品，配套 37 兆瓦余气余热发电装置。2005 年，一期工程经河北省发改委批复，取得项目备案证。2005 年 9 月 28 日，一期工程开工奠基，2007 年 7 月和 11 月，100 万吨焦炭两座焦炉分别投产，2008 年 7 月，10 万吨甲醇投产。2007 年 12 月，二期工程年产 20 万吨焦炉煤气制甲醇、20 万吨醋酸项目经河北省发改委批复，取得项目备案证。2008 年 4 月 6 日，二期工程开始场平和围墙施工，10 月份，场平工作已基本完成。

磁县厂区项目包括：年产 200 万吨顶装干熄焦、70 万吨甲醇（其中焦炉煤气制甲醇 20 万吨、煤制甲醇 50 万吨）、30 万吨煤焦油加工、10 万吨粗苯精制，配套 37 兆瓦余气余热发电装置。规划投资 56 亿元。2007 年 12 月，集团公司与磁县政府签定了合作煤化工项目协议。2007 年 12 月，30 万吨/年煤焦油加工、10 万吨/年粗苯精制、20 万吨/年甲醇项目经河北省发改委批复，取得项目备案证。三期工程建设供水、供电、铁路专用线等基础条件开始论证。

4. 锡盟煤电化路一体化项目。2004 年开始，集团公司积极向省外寻找资源，最后确定在内蒙古锡林郭勒盟进行资源开发。2005 年，办理了红格尔煤田、查干淖尔煤田的探矿权证，完成了两块煤田的地质勘探。2007 年，集团公司委托武汉设计院对查干淖尔矿区（红格尔矿区纳入查干淖尔矿区）进行了规划，规划总建设规模为煤矿总规模 1600 万吨/年（其中查干淖尔一号煤矿设计能力 800 万吨/年；查干淖尔二号煤矿设计能力 400 万吨/年；红格尔煤矿设计能力 400 万吨/年）；4×660 兆瓦电厂；120 万吨/年甲醇及下游产品；132 公里铁路专用线；2×4500 吨/天新型干法水泥厂；2.4 亿块/年煤矸石砖厂。规划总投资 258 亿元。2008 年 9 月，查干淖尔一号煤矿项目开工建设。

5. 矿井水利用项目。羊渠河矿、薛村矿、小屯矿、万年矿、五矿、黄沙矿、九龙矿、大淑村矿、通顺公司井水利用项目，于 2007 年 3 月经河北省发改委批复，取得项目备案证，并上报国家发改委，取得国家补助资金。薛村矿、大淑村矿、通顺公司井水利用项目 2008 年开始实施。

6. 低浓度瓦斯发电项目。大淑村矿、羊渠河矿、九龙矿、黄沙矿、小屯矿、新三矿建设低浓度瓦斯发电机组 18 台，总装机容量 9 兆瓦。大淑村矿由于煤层瓦斯的浓度逐渐降低，致使原有燃气轮机不能正常运行，改建低浓度瓦斯发电机组。2007 年，项目上报河北省发改委，经批复取得项目备案证。2007 年 10 月，大淑村矿 8 台机组建成投产，装机容量 4 兆瓦。

7. 完成了省、市重点项目申报工作。2006 年以来，煤化工项目连年被列为河北省、邯郸市重点建设项目；2007 年，经省长办公会研究通过，煤化工项目被列为河北省“十一五”重点产业支撑项目。2006 年，薛村矿矸石热电厂被列为河北省、邯郸市重点建设项目。

四、投资计划

随着企业的发展壮大，企业的投资来源渠道逐步增多，当初的资金来源只有维简、折旧资金，投资计划也只有维简投资计划。根据形势的发展和企业管理的需要，投资计划的职责范围逐渐增多，由最初的单纯投资管理发展到综合性的投资管理。资金来源有企业自有资金和企业外部资金，企业自有资金包括固定资产折旧资金、原煤矿井维简费、利润留成资金、煤炭生产安全费用、其他自有资金等；企业外部资金包括各类银行贷款、国家或上级部门下达的专项资金、引进的境外资金、吸收的各种社会资金和其他资金等。

1989 年以来，峰峰局（峰峰集团）不断发展壮大，固定资产的投资额度也逐渐增加，由 1989 年的 1.0202 亿元，增加到 2007 年的 16.5050 亿元。为规范集团公司资本性投资管理，明确各单位、各部门对资本性投资项目管理的职责，使投资项目管理走向科学化、规范化、程序化，提高投资效果，确保生产、建设健康发展，根据国家政策和企业的实际情况，集团公司制定了《投资项目管理程序及部门职责划分办法》、《资本性投资计划项目管理办法》、《国债专项资金项目管理办法》、《煤炭生产安全项目投资管理办法》等有关制度和规定。

历年投资完成情况表

单位：万元

年份	投资总额	其中：				
		维简	多经	安全	住宅	基建
1989	10202.13	10202.13				
1990	9834.84	9834.84				
1991	27167.74	11224.01				15943.73
1992	27548.66	12265.21				15283.45
1993	31216.59	16333.59				14883.00
1994	26747.28	15643.28				11104.00
1995	34925.25	20098.25				14827.00
1996	44038.82	18550.71	9354.20		5220.82	10913.09
1997	49521.61	15447.47	9504.90		7902.00	16667.24
1998	33850.89	14517.12	12133.33		4979.60	2220.84
1999	38418.44	16674.12	3621.68		1533.82	16588.82
2000	49241.68	17581.44	2761.04		2555.42	26343.78
2001	23015.55	21074.98	241.19		1699.38	
2002	30033.16	23764.22	4326.87		1942.07	
2003	41344.67	30741.88	8022.57		2580.22	
2004	59074.58	41947.52	7011.36	8274.47	1841.23	
2005	85556.15	35419.09	21981.45	26593.44	1562.17	
2006	137932.79	34578.47	50508.25	52846.07		
2007	165050.72	43644.44	62226.89	59179.39		
2008	158675.22	56970.94	57544.76	44159.52		

五、战略规划

2002年11月，峰峰局撤销规划发展处，成立战略发展部。2008年冀中能源集团成立后，峰峰集团设发展规划部，原战略规划科职能划入发展规划部规划科，负责冀中能源峰峰集团规划管理工作。

制定了峰峰集团《发展战略管理制度》，对战略与规划的编制、执行、调整、控制等过程的管理工作，进行了规范，于2005年以正式文件下发。在落实过程中，对集团公司战略管理方面的业务内容和业务流程，按照不同的层次进行了系统整理，理顺了集团公司对上级的汇报和集团公司内部的业务流转。

（一）编制2004至2010年发展规划

2003年，对原有的发展规划进行分类汇总和分析，对峰峰集团内部结构和各产业运行状况进行全面了解，编制了峰峰集团2004年至2010年发展规划。

（二）编制企业发展战略

1. 编制《峰峰集团发展战略》

2003年，在集团公司开展了企业发展战略宣传，编写了战略规划纲要，印发到各部门和所属单位，组织全集团公司参与到制定企业战略的工作中。2003 年 12 月 24 日，邀请专家到峰峰集团作了题为《把握发展机遇，把握企业未来》的演讲，在集团公司管理层初步树立了企业战略观念。

2004 年，首次邀请国内各方面专家到峰峰集团调研，为峰峰集团的发展进行分析和定位。组织专家与峰峰集团董事会、有关部门及基层单位人员座谈，与中国煤炭工业发展研究中心共同研究、编制完成《峰峰集团发展战略》。包括：总体发展战略、煤炭产业发展战略、多元化产业发展战略、资本运营战略、体制创新战略。其中多元化产业发展战略又分别对电力、焦化、建材、机械制造四个专业进行了专项研究。在总体发展战略中确定的指导思想、发展思路、企业定位、发展目标、产业构架等得到企业上下一致认可，并迅速得以贯彻实施。

2005 年，河北省国资委下发了对所出资企业的《战略规划管理办法（试行）》，峰峰集团按要求向省国资委汇报了企业发展战略的编制和实施情况。2006 年 1 月，河北省国资委组织专家组对峰峰集团发展战略和规划进行了联审，对峰峰集团的发展战略和规划给予了充分肯定。并认为峰峰集团确定的煤化工项目符合国家产业政策，适应区域经济发展的需要，应组织实施。于 2006 年 3 月以冀国资发规划［2006］113 号文予以批复。

2. 组织编制了峰峰集团《“十一五”发展规划及 2020 年展望》

根据国家发改委能源局通知，参考国家煤炭工业“十一五”发展规划编制提纲，编写了规划提纲，广泛收集基础资料，进行了加工整理和初步编排。按照企业总体发展战略，与煤炭工业邯郸设计院共同研究，委托设计院编制完成，并上报河北省国资委。

3. 编制《峰峰集团锡盟发展战略》

根据总体战略“煤炭产业、内挖外扩”的发展思路，集团公司走出本部地区，寻找开发外部资源，经过多方考察论证，于 2004 年下半年选定内蒙古锡林郭勒盟为首选资源区。与中国煤炭发展研究中心共同编制了《峰峰集团锡盟发展战略》。2005 年 10 月，编写了峰峰集团关于内蒙古锡林郭勒盟资源开发进展情况的报告，呈报河北省国资委。

4. 组织编制了峰峰集团改制上市项目建议书

2004 年，根据集团公司发展战略要求，北京第一证券公司到峰峰集团进行重组上市前期调研。并组织完成峰峰集团重组改制设立股份公司整体上市方案论证，提交了项目建议书。

（三）专题规划的编制

为落实好企业发展战略，2005 年至 2006 年，编制了与发展战略相配套的多项专题规划，形成了发展战略、中期规划、年度计划层级管理、逐层落实的体系。

1. 组织编制了峰峰集团《产业骨干项目规划》

为了落实企业发展战略，与中国煤炭工业咨询研究中心共同编制完成了《峰峰集团产业骨干项目规划》，内容包括矿井技术改造、新井开发、资源勘探、电力和焦化等方面的发展项目共 14 项。并上报河北省国资委。

2. 对外合作项目上报

编写了对外合作投资项目情况介绍，包括内蒙古红格尔煤电综合开发、大唐峰峰 2 × 300 兆瓦（以大代小）坑口热电联产扩建工程、山东聊城发电厂二期工程、峰峰集团煤化工 4 个项目。

3. 组织编制了峰峰集团《循环经济实施规划》

按照河北省发改委、邯郸市发改委通知要求，广泛收集和认真组织了基础项目资料，委托煤炭工业邯郸设计院，编制完成《峰峰集团循环经济实施规划》。并上报河北省发改委。为申报循环经济项目、争取国家资金支持打下了基础。

4. 组织编制了峰峰集团《矿井水利用规划》

根据邯郸市发改委通知要求，组织完成了集团公司矿井水排放及开发利用情况调查，整理和编写材料上报。随后按照河北省发改委、邯郸市发改委要求编制《峰峰集团矿井水利用规划》，与瑞达设计公司共同完成编制工作。

5. 以集团公司发展战略为依据，配合中国节能协会编制完成《峰峰集团“十一五”能源规划报告》、《峰峰集团能源审计报告》。

6. 编制峰峰集团大城煤田开发规划。收集数据资料，核实并征求各方面意见，编写规划目标和规划安排。

（四）企业战略规划的调整

1. 2006年，结合企业实际情况，对集团公司发展战略和规划进行了调整，编制了《峰峰集团关于“十一五”发展战略与规划实施意见》。

2. 根据规划项目的实施和情况变化，提出“十一五”规划重点项目调整方案。修订编制了《峰峰集团“十一五”期建设和技改重点项目规划》。对“十一五”期各年度煤炭产量目标和“十一五”期产业经济目标进行了调整。

3. 按照《集团公司战略管理制度》，对战略和规划实施动态管理。2007年，收集调研“十一五”规划重点项目进展情况，先后三次对集团公司发展战略和“十一五”规划进行了较为全面的调整和修订。并按照河北省国资委《关于进一步修订企业发展规划操作纲要的通知》的具体要求，对集团公司重点产业、重点项目规划内容和改革改制操作规划在“十一五”期的进展安排，作了较为详细的补充，增加了“十二五”期规划目标和重点规划内容。

4. 根据国家产业政策，协助中煤邯郸设计研究院，2006年对《峰峰集团循环经济实施规划》进行了修订和调整，增加了国家政策支持的煤矿综合利用项目。

此外，协助中煤邯郸设计研究院编制了冀中煤炭基地规划，编制完成了集团公司电力发展规划，组织完成了集团公司产业情况调查，参与起草了邯郸市煤焦化产业规划，参与了集团公司循环经济发展规划管理工作，参与编制了集团公司节能减排规划，组织编制了峰峰集团《循环经济发展规划试点方案》。

冀中能源集团成立后，相继组织了《查干淖尔矿区煤炭资源开发论证报告》的编制和评审，编制完成了《冀中能源集团河北省化学工业研究院2008年—2010年发展规划》和《锡盟查干淖尔矿区煤电化路一体化项目开发建设规划》，起草了与山东鲁能集团合作开发建设锡盟一体化项目框架协议，组织通过了国家和省发改委对《冀中煤炭基地峰峰矿区总体规划》的专家评审，组织编报了《河北省申请中央政府投资计划》项目材料。

第二节　项目管理

一、招投标管理

峰峰局建设工程招标，源于20世纪80年代末。1991年，峰峰局基本建设处土建科兼管招标管理。1995年，基本建设处成立了招标办公室，制定了建设工程招标管理办法。2003年，企业管理部下设招标办公室。

（一）管理职责

2002年11月，规划发展处与基本建设处合并组建成企业管理部，基本建设处招标办公室职能与局物资供应处招标办职能合并，组建成企业管理部招标办公室，负责全局建设工程的勘察、设计、施工、监理和物资、医疗设备的招投标管理、工程合同签定、评委专家库管理。2003年6月，成立评委专家库，第一批内部评委专家322人，负责全局基本建设工程的勘察、设计、施工招投标管理、合同签定。2008年，招标办公室增加了废旧物资拍卖职能。

（二）招投标管理运作模式

招标组织形式分为委托公开招标和自行组织招标。对一些国补资金项目和大型工程项目，按《招标投标法》及相关法律规定，均委托具有相关资证的招标代理公司进行公开招标；对零星工程和物资按国家规定不需招标的，由招标办牵头，机关相关职能部门共同组织自行招标。按照招标“公开、公平、公正和诚实信用”，集团公司成立了资证审查组和招标监督组，使招标工作走向程序化、规范化。

1991 年至 2008 年，招标办组织的大工程项目招标为梧桐庄矿主、副、风井井筒招标。委托招标的有薛村矿矸石热电厂、马头洗选厂升级改造、羊东技改、煤化工等十几个项目工程。每年招标金额，物资 8 至 10 亿元，工程 6 至 8 亿元，中标价比计划资金（或预算资金）降低 6% 至 8%，取得了明显的经济效益和社会效益。

二、工程预算审查

（一）建立制度

1987 年以来，逐步建立了工程预算审查制度。在设计概算审查管理方面，制定了《建设项目设计概算管理办法》。在工程预结算管理方面，先后制定了《资本性投资预算管理办法》、《资本性投资工程预、决算管理办法》、《2003 年集团公司投资工程预算调整的有关规定》、《建设工程预结算管理办法》。

（二）完成项目

1996 年底至 1997 年 4 月，由于北界城小煤窑越层越界非法开采，孙庄矿矿井被淹。组织完成了对钻孔堵水注浆、井巷整修、机电设备安装工程及排水电费等方面的恢复生产准备资金概算审查，节省了有限的救灾资金，同时盘活闲置资产，减少资金投入 741.20 万元。

2002 年至 2004 年，组织完成机关生活区供水、供热、供煤气改造等工程决算资金 4301.25 万元，节省资金 682.63 万元。

2005 年，负责组织对牛儿庄矿自 2004 年 9 月 30 日淹井至 2005 年 3 月 31 日抢险救灾，及恢复生产（一期）所发生的概算资金的测算和审定工作，编制各类工程预算 113 份，审查工程预算 82 份。包括矿建工程、机电工程、设备购置、排水工程、抢险救灾费、打钻注浆费和维持费用等资金 1.7390 亿元，恢复生产（二期）资金 8216.35 万元；组织五矿 109 地区追水和恢复生产费用的审查工作，核定资金 3525.47 万元。

2003 年至 2007 年，组织完成薛村矿 2×25 兆瓦矸石热电厂及并网工程、九龙矿 1×25 兆瓦矸石热电厂扩建项目及并网工程、孙庄矿和五矿矸石热电厂扩建技术改造工程建设的竣工结算定案工作，对合理确定和有效控制工程投资，起到了明显作用。

2007 年 7 月底，组织完成对煤化工项目一期焦化甲醇主体工程概算资金 8.7987 亿元；对批准的外围配套设施（供水、供电、通讯、后勤服务设施）概算资金 9755.28 万元进行概算清理，根据项目实际完成进度，按投资项目、单项工程、单位工程进行分解，逐项对比，逐项分析，查找概算偏差原因，同时对概预算管理中的成功做法进行总结，为二期 200 万吨/年焦炭、20 万吨/年甲醇等建设项目的投资管理工作奠定了一个良好的基础。

2008 年，组织完成了羊渠河矿新增 90 万吨/年矿井改扩建、梧桐庄矿井 400 万吨/年技术改造、万年矿井 300 万吨/年技术改造工程、马头洗选厂原煤处理能力 2×200 万吨/年技术改造、大淑村矿洗煤厂改造以及黄沙矿 -500 水平、小屯矿 -600 水平、薛村矿三水平西翼、九龙矿二水平等生产矿井开拓延深工程的工程概预算审查和资金定案决算。另外，组织完成了小屯矿矸石膏体充填开采项目概算审定资金 4625.43 万元，并制定文件对小屯矿矸石膏体充填项目概算实行资金总包干和概算资金动态控制管理。组织实施集团公司工程预结算信息网络建设。积极与软件公司配合，进行了大胆探索和实践，建立并应用了集团公司建设项目工程预结算的网络管理系统，主要包括套价软件、清单专家软件、工程量自动计算软件和钢筋自动计算软件等子系统。通过网络传输，编审中完全可以通过电子表格或电子邮件准确无误地迅速发送。

加强队伍建设和培训，指导和帮助基层单位解决实际难题。对工程造价专业技术人员的执业实行考试准入制度。先后组织了 12 次、累计达 2000 多人次的在岗工程造价专业人员的执业资格培训和从业资格年检工作，各矿、厂全部实现了持证上岗。

三、非煤经营管理

（一）制度

2004年以前，非煤产业归多种经营公司管理。2004年，集团公司建立健全了非煤企业管理制度运行体系。在生产经营管理方面建立起29项管理制度。2006年，建立了煤基企业生产经营监督管理体系，规范了监督检查机构、范围、内容和方法。2007年，建立了集团公司非煤企业生产经营管理体系。

（二）主要工作

下达对非煤企业年度产值计划和指导非煤产业分、子公司年度财务预算指标的编制。

建立日常监督检查制度。每月不定期深入基层开展监督检查，通过“看、查、问”等方法监督检查各非煤企业生产经营情况。

定期完成非煤企业、分行业、经济运行月度、季度、年度分析报告和季度亏损大户重点经营剖析报告，按时组织集团公司季度经营分析会议。

组织完成专项调研。针对非煤企业生产的产品品种多、规模小、相对抗经营风险能力差的现状，经常到基层开展专项调研。根据新情况、新问题，专项调研，精心安排，在最短的时间内完成有价值的调研报告，并及时上报集团公司主管领导。

通过对基层单位的科学预算、指标分解、落实责任、严格考核，较好地完成了年度经营财务预算指标。组织完成了对综合利用矸石电厂的技改扩建，由原来的装机容量48兆瓦扩容改造为135.5兆瓦，使年发电量由原来的3.4500亿度达到8.2993亿度。通过监督管理，新建煤化工（一期）年产100万吨焦炭项目自2008年投入生产以来，非煤产业总产值达到近35亿元，较2007年增长14.8亿元，增长率为73.27%。

四、项目后评估管理

2004年，制定了峰峰集团《资本性投资项目后评估暂行管理办法》。并从上两年的125个节能技改投资项目中筛选出41个较大并具有代表性的项目进行了后评价。对项目建议书、可行性研究报告、施工图设计、施工管理、资金、质量及工期控制情况进行分析，作出了客观的评价，并编制出项目后评估报告。参加了2004年度集团公司建设工程预、决算定案会，对各单位建设工程项目的程序和后评估管理办法执行情况进行了审查。

2005年，对新三矿-3.5地区二期治水工程和万年矿北翼皮带机安装工程进行了评估，每季度主办后评估简报一期，对程序审查结果进行通报。

2006年，组织相关部门对薛村矿矸石热电厂和大淑村矿洗煤厂改造项目进行项目后评估。对国补、省补资金和集团公司13个矿井的煤矿安全竣工项目进行验收并编写项目后评估报告。

2007年，对煤化工项目进行一期投资清理，主要从项目管理、项目投资、招投标、概预算几个方面进行总结，找出在管理上、投资上的经验教训和存在问题，对煤化工二期项目提出改进意见。对孙庄矿矸石热电厂技改工程和生活服务分公司机关水厂净化水工艺改造工程进行了后评估。

2008年，对孙庄矿矸石热电厂、马头洗选厂、大淑村矿瓦斯电厂、煤化工项目进行了后评估。对集团公司2006年至2007年竣工投资在3000万以上的7个项目进行了后评估，并编写评价报告。

第三节　财务管理

一、会计核算

1990年以前，峰峰局的会计核算实行的是煤炭部1986年颁布的《煤炭工业会计核算办法》和《成本管理办法》。为加强企业管理基础工作，健全财务会计管理制度，维护国家财经纪律，能源部在1991年对这两个办法进行了修改、补充和完善，制定了新的《煤炭工业企业会计核算办法》和《成本管理办法》，经过财政部审查同意，决定从1991年1月1日起在全国统配煤矿和重点煤炭企业实行。

1991年，按能源部［1991］676号文件要求，峰峰局全面执行《会计法》。《会计法》的实施支持财会人员依法办事，促进会计工作达标，提高人员业务素质，按规定程序任免财务机构负责人。

1993年，开始新会计制度改革，实行“两则两制”，即企业财务通则、企业会计准则、工业企业会计制度和企业财务制度。为进行会计接轨，峰峰局重新修改了会计科目，重新修订了会计报表格式，由资金平衡表改成资产负债表，组织全局财务人员分期分批外出学习培训。

1994年，根据《河北省财政厅会计基础工作规范化标准（试行）》和《河北省会计基础工作规范化考核办法（试行）》，峰峰局全面推行会计基础工作规范化，加强了会计基础工作，提高了财会人员素质。

1996年，贯彻落实《职工养老保险基金统筹实施办法》，峰峰局各单位按规定提取上交养老统筹金。

1996年，为贯彻落实煤炭部“三条线”核算与管理规定，峰峰局下发《“三条线”划分及会计处理的暂行办法》，即按煤炭生产、多种经营、后勤服务进行划分，会计科目按“三条线”核算与管理的要求重新设置，分账核算。由分散记账改为“三条线”核算和会计集中核算。

1998年1月1日，执行《下岗职工基本生活费管理暂行办法》，由局再就业中心、财务处按基本生活费标准拨付，各单位再就业中心发放。

2000年，国家进行新的企业会计制度改革。金融保险企业和小规模企业有其若干特殊性，难以执行《企业会计制度》，财政部在继《企业会计制度》发布实施之后，又发布了《金融企业会计制度》。峰峰集团从2005年执行新的企业会计制度。

2002年，根据国经委产业［2001］1066号文，批复峰峰局于2001年10月24日正式实施债转股，以2001年12月31日为时点进行资产评估。

2003年，峰峰局改制。当年会计报表由简单汇总改为合并报表，2003年只有利泰、兴泰两家子公司参加合并报表。2003年还进行了煤炭购销体制改革、物资配送体制改革，财务部门及时制定了煤炭收购制销售结算及会计核算规定、物资配送制货款结算办法。财务核算进行了代理记账、委派制试点。

2004年，根据财政部《煤炭生产安全费用提取和使用管理办法》，峰峰集团从2004年5月1日开始提取煤炭生产安全费用，统一按8元/吨标准计提，计提标准后又调整到30元/吨、45元/吨。

2005年1月1日，执行《住房公积金会计核算办法》和《住房公积金财务管理办法》，使集团公司住房公积金的提取和使用得到进一步规范。

2006年2月，财政部颁布38项具体企业会计准则，要求2007年1月1日在上市公司范围执行，鼓励其他企业执行。峰峰集团于2009年执行新企业会计准则。

财务电算化方面：1991年以前为手工记账，手工编制报表。1991年根据中煤总公司的批准，峰峰局从1991年7月1日起应用《煤炭工业企业会计账务处理和会计报表系统》替代手工记账和编制报表。使用DOS系统，由手工记账改为电脑记账和做报表。2002年经邯郸市财政局批准，峰峰局启用安易财务软件替代原有的DOS系统，这时还需要矿（厂）财务人员到局财务处报送磁盘数据和报表。2005年峰峰集团财务软件再次升级，使用用友财务网络软件NC3.5系统，实现了会计核算电算网络化。只要矿（厂）做好报表，财务部门就可以查看审查，实现了财务电算网络化。2008年与冀中能源集团用友网络NC5.0升级版进行对接，2009年1月1日全部应用用友网络NC5.0系统。

在财务会计制度方面，先后制定了会计核算流程、应收账款、坏账核算与管理流程、固定资产核算与管理流程、原材料采购流程、成本核算流程、销售核算流程、在建工程核算流程、账务处理程序制度、会计内部稽核制度、财产清查制度、成本核算制度、会计原始记录管理制度、财务收支审批制度、会计核算操作手册等文件制度。

主要奖项有：

1995年，全国先进财会工作集体。

2004年，河北省国资委财务决算企业组一等奖。

2005 年，河北省国资委国有资产统计工作企业组一等奖。

2006 年，河北省国资委国有资产统计、财务决算企业组一等奖。

2007 年，河北省第四届会计知识大奖赛三等奖。

二、成本管理

局（集团公司）始终将成本管理作为一项基本任务，不断健全成本管理和控制体制，通过成本的预测和决策，制定目标成本，编制成本预算。加强成本控制、检查、分析和考核，及时地进行成本核算，为经营决策提供准确可靠数据和信息。采取积极措施，深入开展挖潜堵漏，努力寻求降低成本的途径和方法。

集团公司的成本管理工作大体经历了三个阶段。

第一阶段：计划经济体制下的成本控制模式。该阶段的主要特点是以指令性计划为主，强调执行计划的严肃性。

第二阶段：改革开放后，国家实行计划经济体制下的市场经济。该阶段的特点是实行了零点利润核算、目标成本核算等管理模式，强调成本管理的改革创新。

第三阶段：为适应新形势下的成本管理，通过开展成本论坛等提高成本管理意识，提出了在集团公司内部实行预算管理的思路，强调成本的预算管理。

成本管理始终坚持以下五项原则。

一是最低成本原则。利用成本管理的各种手段，分析影响成本的各种因素，寻求降低成本的各种途径，制定可能实现的最低目标成本，并以此为依据对各种生产消耗进行有效控制和管理，使其达到最低成本要求。

二是科学管理原则。在成本管理中广泛应用系统科学、可行性研究、决策分析、目标管理、价值工程和数学方法等技术手段，进行成本的目标确定、过程控制、分析考核和成本决策，实现成本科学管理。

三是责任成本原则。目标成本一经确定，必须加强成本责任的落实，按成本项目分级、分工、分人进行目标成本管理，同时建立由职能部门组成的成本管理体系，保证成本责任制的实施。

四是有效原则。成本管理必须以最少的人力、物力、财力，通过决策、计划、组织、指挥、监督、协调等管理职能，以最小的投入，获得最大的产出。

五是全面成本管理原则。对生产经营成本费用的发生和成本的形成实行全员、全过程、全方位的管理和控制。各单位从领导到职工，从机关到生产车间、班组以及设计、技术、供应、生产、销售、行政各职能部门的全体员工都要参加成本管理。供、产、销各环节要进行成本费用管理，从产品设计阶段起，到制造过程，再到售后服务等方面也应进行成本管理和控制。

建立了完善的成本管理体制、成本管理组织形式和核算方式。根据统一领导、分级管理原则，推行局（集团公司）、矿（厂）、车间、班组三级核算四级管理的组织核算形式。局（集团公司）为成本决策控制中心，是成本管理和核算的统一管理机构，各二级单位是成本核算、管理的中心，车间是直接成本消耗、管理的基层组织，班组是成本消耗、管理的最小单位。

历年原煤制造成本完成情况表

单位：元

年度	材料费	工资	电力	其他支出
1989	15.79	18.98	5.22	4.39
1990	14.97	16.90	5.99	4.39
1991	15.82	19.29	7.23	7.23
1992	15.70	21.41	8.32	5.66

年度	材料费	工资	电力	其他支出
1993	21.64	28.11	15.71	6.23
1994	21.04	34.83	14.23	9.63
1995	21.49	31.08	12.28	9.05
1996	23.42	35.77	15.57	8.15
1997	21.65	26.90	15.36	17.73
1998	18.86	26.44	15.94	26.86
1999	19.83	22.34	11.52	20.81
2000	20.51	25.57	12.58	17.59
2001	24.72	30.95	12.25	18.03
2002	23.42	35.02	12.88	19.66
2003	26.56	32.46	13.19	20.71
2004	30.95	37.83	15.47	26.41
2005	43.95	52.23	15.64	35.07
2006	30.00	55.24	15.87	29.53
2007	42.51	67.92	16.86	36.09
2008	64.86	98.93	18.98	51.05

三、预算管理

集团公司从2003年开始建立全面预算管理体系，2005年《全面预算管理的实施》项目获河北省企业管理现代化创新成果一等奖。

规范了财务预算编制流程。编制预算按照下达目标、编制上报、审查平衡、审议批准、下达执行的程序进行。预算委员会根据集团公司发展战略和经济形势预测，在董事会决策的基础上，提出下一年度全面预算总目标，包括营业收入、产量目标、销售目标、成本费用目标、利润目标、资本运营目标等，并确定全面预算编制的有关政策。由预算办公室制定下发年度预算编制指导意见。各单位按照集团公司下发的年度预算编制指导意见，结合本单位的实际情况，组织内部单位和部门编制本单位全面预算申报预案，经单位预算委员会研究后，按规定上报集团公司预算办公室。集团公司预算委员会组织对各单位申报预案进行审查、汇总和综合平衡，对存在的问题提出修改意见，再由各单位修改后上报。集团公司预算办公室在各单位修改调整的基础上，编制集团公司全面预算预案，由集团公司预算委员会组织讨论和审议。在此基础上，提交董事会审议批准。集团公司预算办公室对各单位、各部门批复下达年度总预算和专业预算，由各单位、各部门组织实施。

预算编制方法更加科学。采取预算标准或数学模型等方法编制预算，同等或类似生产条件按统一标准编制，预算编制逐步实现了标准化、规范化、科学化。

建立了预算编制体系。包括经营预算、资本预算和财务预算。经营预算包括销售预算、生产预算、材料预算、工资预算、电力预算、设备租赁预算、制造费用预算、成本预算、管理费用预算、销售费用预算、财务费用预算、非煤产业预算、后勤服务预算、上交款项预算等专业预算，各年度有所调整。资本预算包括资本性投资预算、对外投资预算、筹融资预算。财务预算包括货币资金收支预算、损益预算、资产负债预算。

预算执行与控制。集团公司批复下达年度预算后，各单位将预算指标层层分解，纵横落实到内部单位和部门，形成全面预算执行与控制责任体系。建立部门分管预算执行与控制责任制，各责任部门根据职责权限制定切实可行的监控办法，认真组织实施。集团公司对各单位全面预算执行情况和部门分管预算执行情况同时进行考核。集团公司建立主要预算执行日常监控体系和定期分析制度。预算办公室及时编报主要预算执行情况报表及简要说明，发现问题，及时解决。年度预算执行情况计入单位、部门效绩考核。

规范了预算调整审批程序。集团公司批复下达的年度预算必须严格执行，一般不予调整。预算调整是指在预算执行过程中，因市场环境、生产条件、经济政策等发生较大变化造成预算难以正常执行而调整。

完善了预算执行情况分析机制。建立了预算管理季度分析会议制度，由预算办公室定期组织召开，全面掌握预算的执行情况，研究、问题解决的政策和措施。预算执行监控责任部门按照分工对分管预算执行情况进行分析。预算年度终了，各预算执行单位和部门向集团公司预算办公室上报年度预算执行情况报告。集团公司预算委员会定期组织年度预算执行情况考核，根据效绩考核的有关规定，对预算执行单位和部门进行考核，严格兑现奖罚。年度预算执行情况结束后，集团公司预算委员会向董事会报告预算执行情况。

历年营业收入、利润总额完成情况表

单位：万元

年度	营业收入	利润总额
1989	91707	－7272
1990	64439	－14003
1991	71003	－18472
1992	107428	3755
1993	167528	2783
1994	156905	2317
1995	232829	1580
1996	213382	21
1997	185794	1014
1998	178103	－7404
1999	155521	－7082
2000	193540	－6821
2001	210580	－4856
2002	230603	1055
2003	306655	3290
2004	436003	3951
2005	544422	5016
2006	669476	5058
2007	1283429	20648
2008	2163506	40605

四、内部市场化管理

为加强成本管理、过程管理与控制，峰峰集团2005年引入内部市场化管理机制，通过流程再造、机制创新、过程控制等方式，将行政管理改为内部市场结算。

财务管理部构建与实施成本内部市场化机制，以成本费用日清日结、明白支出为目标、业务价值链为纽带、内部结算为手段，在集团公司推广应用企业内部市场化管理。把市场经济中的利益调节机制引入到企业内部，围绕集团公司的战略目标，把企业内部上下流程、工序和岗位之间的业务关系由原来的职能行政机制转变成平等的市场买卖关系，服务和契约关系。2006 年在羊渠河矿、新三矿、梧桐庄矿、大淑村矿进行内部市场化管理试点，2007 年在 9 个原煤生产矿全面推行。2007 年 8 月份，在羊渠河矿召开了“成本管理创新现场会”，总结推广羊渠河矿、新三矿等单位在内部市场化管理、精细化管理方面的经验，推进成本管理向运行机制市场化、管理主体全员化、管理手段信息化方面转变。通过对生产过程进行分析梳理和流程再造，建立内部价格，构建内部市场控制体系和结算体系，运用信息化手段进行财务结算、动态监控和分析预警，促进了经营机制转变和管理水平提升。2007 年自主开发的内部市场化管理系统（煤炭企业成本自主管理资源规划系统 ECRP），获河北省科技成果二等奖。2008 年，进一步规范原煤生产矿井内部市场化管理工作的运作和实施，完善运行机制，达到规范化和标准化，有效控制了原煤成本，保证了预算目标的落实，提高了工作质量和运行效果。

实行市场化管理，对于优化企业内部资源配置，调动内部单位的积极性，促进企业转换机制，降低成本，提高经济效益有重要作用。推行企业内部市场化管理，强化了以生产成本管理为中心，理顺了成本管理体制，完善了成本控制机制，推进了成本管理向“深、严、新、全”方面发展。

五、住房公积金管理

1995 年开始建立职工住房公积金制度，单位和个人缴存比例均按 5% 执行。因煤炭市场和企业效益下滑、职工收入较低等原因，1995 年至 2001 年一直按固定缴交基数和缴存比例执行。从 2002 年起，按照国务院《住房公积金管理条例》和省、市有关文件的要求，对住房公积金缴交基数进行了调整。2004 年将个人缴存比例由 5% 调整为 6%，单位资助比例由 5% 调整为 8%，同时调整了缴存基数。

2005 年，为了强化和规范住房公积金管理，对住房公积金管理机构进行了调整，将住房公积金管理纳入财务管理部管理，对住房公积金进行了彻底清理和规范核算管理。一是对住房资金进行了彻底清理，对原单位和集团公司住房中心分管资金存在的问题进行彻底解决，所有资金均划归中心管理，中心和单位之间的账目核对清楚，对部分单位少计或漏计职工住房公积金进行了全部补缴。二是规范了住房公积金的会计核算，严格执行财政部下发的《住房公积金会计核算办法》，实现新旧账务和报表与旧制度接轨，纠正了原核算过程中存在的问题。三是利用信息化技术手段，建立了职工个人住房公积金明细账，防止了错记、漏记等行为，每年底向职工提供个人明细对账单，实现公开与透明。四是按照《住房公积金管理条例》的规定，实现每年对职工住房公积金的缴交基数进行调整，并对缴存的公积金按规定利率进行计息。五是制定了住房公积金提取使用实施办法，职工可正常提取使用公积金，满足了职工购房等不同方面的需求。与邯郸市和峰峰矿区住房中心签署协议，职工可以进行异地购房贷款。对学校移交地方人员的住房公积金进行了妥善处理。2005 年将职工个人缴存比例调整为 8%，单位资助比例调整为 12%。

局（集团公司）分别于 2002 年、2004 年调整了两次基数。从 2005 年开始，按照《住房公积金管理条例》的规定，每年对缴存基数进行调整，即以职工个人上年度的工资总额作为下一年度（当年 7 月至次年 6 月）缴存基数。同时按照财政部和建设部的文件规定规范了基数最高限额，以河北省平均工资的 3 倍作为基数最高限额。

六、税费管理

（一）煤炭行业缴纳的税种有：

1. 企业所得税：2008 年以前为企业所得税，税率为 33%，2008 年以后实行法人所得税，企业所得税税率调整为 25%。

2. 增值税：2009 年，增值税由生产型向消费型转变，煤炭产品税率由原来的 13% 调整为 17%，生产型固定资产增值税进项税可以进行抵扣。

3. 营业税：按营业税收入的 5% 或 3%。

4. 城建税：按增值税、营业税和消费税的1%、5%或7%。

5. 资源税：原煤自2006年9月11日起为每吨3元，之前为每吨0.5元；主焦煤自2007年2月1日起为每吨8元，之前为每吨0.5元。

6. 房产税：按房产余值1.2%，租金收入的12%。

7. 城镇土地使用税：2007年以前为0.5元，2007年以后为5元。

8. 车船使用税：按车型吨位缴纳。

9. 印花税：按比例税率和定额计税缴纳。比例税率征税的有各类经济合同及合同性质的凭证、记载资金的账簿、产权转移数据等。其他营业账簿、权利许可证照等，按件定额纳税。

10. 个人所得税：我国的《个人所得税法》自1980年制定并实施以来，其间几经修改。在2005年10月27日，第十届全国人大常委会第十八次全体会议通过了《关于修改〈中华人民共和国个人所得税法〉的决定》，规定自2006年1月1日起，纳税义务人的工资、薪金所得费用扣除标准将从每月800元提高到每月1600元；2005年12月19日，《国务院关于修改〈中华人民共和国个人所得税法实施条例〉的决定》也予以公布。

11. 教育费附加：按增值税、营业税和消费税的4%缴纳。

（二）煤炭行业缴纳的地方行政事业性收费项目有：

1. 矿产资源补偿费：销售收入×回采率系数×1%。

2. 残疾人保障金：不少于本单位在职职工总数1.5%的比例，未达到此比例的，以上年度当地职工的年平均工资标准缴纳残疾人保障金。

3. 污水处理费：居民生活用水0.2元/立方米，工商企业用水0.5元/立方米。

4. 河道工程修建维护管理费：按照上年销售收入的0.05%。

5. 排污费：按照《环境保护法》的规定标准，企业排放物的种类、数量都不固定，偶然性大，根据向大气排放污染物的种类、数量缴纳排污费。

6. 城市公用事业附加费：按工业用电量1分/度。

7. 水资源费：自备井0.3元/立方米，矿井疏干水0.6元。

8. 南水北调基金：自备井1元/立方米，矿井疏干水0.3元。

9. 绿化费：每人每年成活3棵树，达不到标准按12元/人上缴。

七、资金管理

（一）内部银行

1982年4月1日，峰峰局成立内部银行，对流动资金管理进行了一次较大的改革。内部银行在保持一集中、二统一的管理原则下，把局、矿（厂）之间的供需关系和单位之间的经济往来业务，一律改为内部货币结算关系。

1987年4月15日，印发了《关于加强流动资金管理的几项补充规定》（峰煤财［1987］152号）。主要内容包括：1. 内部结算、先存后支、存款计息、超支罚款，没有资金不拨款；2. 资金分口分级管理，压缩定额流动资金占用；3. 恢复月度货币资金收支计划和决算制，清理内部银行临时贷款，对外拨款登记。此项制度的出台，适应了对内搞活对外开放和经济管理体制改革的要求，初步具备了企业资金集中管理的模式，对缓解资金紧张、内部调控、保证重点支出和工资支付发挥了积极作用。

1989年3月8日，印发了《内部银行管理章程》，将工商银行的信贷、结算、融通、监督等职能和运行机制引入企业内部，发挥经济杠杆作用，增强各单位各部门货币价值观念，促进商品经济发展，更好地为经济体制改革和各种经营承包服务。

1989年5月26日，为适应经济体制改革，扩大企业自主权，划小核算单位，实行企业内部承包，印发了《矿（厂）内部银行试行办法》（峰煤财［1989］252号），将内部银行机制延伸到基层矿、厂，推动了企业内部经济责任制的实施。

1989年10月31日，印发了《关于流动资金纵横交叉责任制的规定》（峰煤财［1989］525号），按照“集中掌握、分级管理、管用结合、归口管理、落实到人”的原则，纵向由局、矿（厂）到库落实到人，横向落实到财务处、供应处、运销处、机电处等部门，细化了流动资金管理办法，强化了定额管理，减少了积压和资金占用，大大压缩了非定额流动资金占用。

1990年3月14日，印发了《关于重申加强资金管理方面几个问题的通知》（峰煤财［1990］119号），主要内容包括：1. 加强资金计划管理，集中审批；2. 集中局管资金，各单位外部银行存款限额管理；3. 改革煤类产品货款回收，扩大局管范围，减少矿（厂）支配资金，增强全局资金融通和调剂能力。在国家治理整顿、紧缩银根方针政策下，保证了全局生产经营正常进行。

1990年8月25日，印发了《关于建立货币资金收支台账和旬报制度的通知》（峰煤财［1990］434号），初步建立了企业资金预算管理的模式。

1991年3月1日，印发了《财务开支问题的若干规定》（峰煤财［1991］104号，即“41条规定”），对以拨代支、罚没收支、“小钱柜”等资金管理行为作出了明确规定，制定了相应处置措施和处罚规定，进一步规范企业财务收支。

1991年6月11日中煤总公司印发了《关于采取果断措施紧缩开支缓解资金困境的通知》（中煤总财字［1991］242号），要求把挖潜增效、开源节流、增收节支、缓解资金紧张作为头等大事来抓。1991年8月12日，峰峰局转发该文件（峰煤财［1991］449号），制定工资专款专用、资金收支旬报制度、不得搞计划外项目、压缩呆滞物资、加快货款托收等措施。同时下发了《关于严格控制机关管理费支出的补充规定》，各部门经费以券计量，一切支付事先用经费券控制，确保不突破指标，严格资金计划管理，大力压缩非生产性支出。

1991年8月29日，为保证全局安全生产和正常经营运转的最低资金需要，制定了《临时筹款办法》（峰煤财［1991］504号），以局的名义向职工借钱筹款，号召全局广大职工共渡难关，牺牲当前，保护长远，充分发挥主人翁责任感，关心爱护支持企业，对缓解资金紧张局面，促进企业摆脱困境，尽快走出低谷发挥了积极作用。

1991年6月22日，中煤总公司以中煤总财经字［1991］第131号文件批复同意峰峰局采用计算机替代手工记账。企业资金管理自此开始逐步迈入信息化轨道。

1992年3月23日，印发了《资金管理办法和措施》（峰煤财［1992］157号），主要内容：1. 打破大锅饭，各单位自己挣钱自己花；2. 强化结算纪律，严格统收煤款；3. 严格执行财务收支计划，建立了月度资金汇报制度；4. 明确规定维简、大修项目必须落实资金渠道和来源方可施工；5. 继续深化账户集中管理和外部银行账户存款限额管理，减少资金沉淀。

1993年，内部财务、价格政策规定实行内部模拟市场煤炭价格。为加速货款回收，4月2日修改外销煤款结算办法，恢复两个洗选厂替局代办托收。万年矿的煤炭销售和煤款回收全部放归矿管理，自收自支单位与万年矿的经济业务，一律通过外部银行结算。万年矿税金、运费等独立结算。

1994年1月31日，印发了《完善承包经营责任制、转换经营机制若干规定》（峰煤［1994］1号），资金方面主要是改革管理体制：1. 国家资本金（固定基金、国拨流动资金）全部核拨给矿（厂）等单位使用、核算、管理，并承担国有资产保值增值责任；2. 改革货款结算，原煤入洗矿、电煤和精煤货款通过内部银行结算，配套下发了《煤炭产品销售结算办法》；3. 短期贷款实行局、矿（厂）分贷制，主要借款由局直接办理，再转贷到各单位；根据生产经营需要，矿（厂）用于周转的短期借款，可以向银行或其他法人单位贷款；4. 资本性投资，由局、矿（厂）分级管理；5. 局统一办理税款缴纳和上交款项业务，各单位足额上交应交局的款项后的剩余资金，由本单位根据生产经营需要按规定自行安排使用，并编制收支计划报局备案；6. 改革内部银行管理，内部银行完全按照商业银行的管理办法运行。各矿（厂）与供应处、供电部、租赁站、医药处、第一医院、第二医院、多经总公司所属单位以及多经地面厂之间的经济往来，一律通过外部银行结算。与供应处、供电部、租赁站、医药处、行政处之间的经济往来，实行限额限期支票结算办法。

（二）企业银行

1995年4月1日，峰峰局成立企业银行，进一步完善和深化原内部银行资金管理职能。企业银行协助各单位建立矿（厂）内部结算配套改革办法，推动各矿（厂）加强内部核算。

1995年5月18日，印发了《多种经营贷款管理办法》（峰煤财综银［1995］213号），旨在促进局多种经营超常规、健康滚动发展，提高项目的经济效益和社会效益。企业银行按照年度项目计划和局放贷和收贷规模，根据项目的实际工程进度，负责放贷、收贷、计息收息、外部银行资金筹集和兑付等工作。并参与工程项目备料、进度、竣工决算、还贷计划审定和资金使用的监督。协助外部贷款手续的具体办理，以及业主风险金的收取和返还工作。峰峰局多种经营项目的投资和贷款大规模发展。

1996年7月16日，下发了《关于集中货币资金收入管理实施要求》（峰煤银［1996］390号），9月5日下发了《关于集中货币资金收入管理的补充规定》（峰煤银财［1996］463号），在1992年逐步放开资金集中管理后，再次转变为强化资金集中管理的模式。对局属各矿（厂）、切块分流单位账户资金按收支两条线的原则执行，一切收入统一交局，各单位账户为支出账户。配套下发了关于加强储备资金、工资基金、预算外资金、内部债务清理、各种上交款项管理等规定，将内部资金支付顺序调整为上交款项、运费、电费、租赁费、材料费，以及工资和其他支出。企业银行负责牵头协调内部清欠工作。

1996年，由于孙庄矿被淹，造成重大经济损失。12月7日印发了《关于紧缩开支、严格财务管理的紧急通知》（峰煤财［1996］610号），抽紧银根，紧缩开支，大力压缩各项支出，尤其是非生产性支出和计划外支出，强化货币资金集中审批制度，打紧盘子，力争把淹井造成的损失降到最低限度。

1997年1月12日，印发了《关于资金集中调度的暂行规定》（峰煤［1997］3号），实行主收入账户分设和二级单位账户批准登记，局统一分发印鉴，专人使用保管，建立收入稽查、月度资金平衡会和企业银行日资金调度例会制度。

1998年1月6日，为有效应对金融危机，下发了《关于加强资金管理的若干规定》（峰煤财［1998］10号）。主要内容：1. 资本性投资与生产流动资金归口管理，严格以收定支；2. 企业银行作为全局货币资金管理部门和货币资金出纳中心、内部结算中心和信贷中心，加强资金计划管理；3. 制定资金兑付标准，规范兑付方法，严格资金支付顺序，有效保证井下工人开支和安全生产急需；4. 不再增加新的内部贷款。

1999年5月25日，根据市场严重供大于求，煤价大幅度下跌，全局的资金紧张状况进一步加剧的状况，印发了《关于加强资金管理的若干规定》（峰煤财［1999］201号），对强化全局资金管理进行了较全面的规范：1. 制定了以收定支、量入为出，先重点后一般、先井下后地面等基本原则；2. 一切资金收支全部纳入预算管理，严格月度资金预算控制；3. 严格资金支付顺序和结算纪律，切实体现了在金融危机中过紧日子的思想。

2000年4月10日，印发了《关于局维简设备资金由供应处对外结算的通知》（峰煤物［2000］137号），维简设备全部由供应处集中订货，统一管理和支付，从而统管了全局设备采购资金管理。

2000年7月10日，印发了《关于严格货币资金预算管理的规定》（峰煤财［2000］233号），对货币资金实行预算管理，编制了预算审批表，进一步贯彻以收定支、量入为出的预算管理原则，规定职工工资、离退休养老金、运费、电费、税金和生产性急需支出为主支出，予以优先保证，并明确了预算审批原则、资金调度考核措施。2000年8月24日，印发了《编制货币资金月度预算审批表的说明》（峰煤财字［2000］54号），进一步规范资金预算管理。

（三）结算中心

2000年12月28日，峰峰局印发了《资金结算体制改革意见》（峰煤［2000］409号），决定企业银行运行暂时冻结，成立结算中心。2001年1月1日，结算中心正式成立。

按照集中管理、分灶吃饭、分户收支的原则，将原企业银行内外资金双轨运行模式改为统一使用货币资金结算的单一运行模式。对正常生产矿井、独立洗煤厂及涉及全局主要生产经营的机关分流单位实行账户统管，其他单位账户分管。统管账户的单位有8个矿（九龙矿、牛儿庄矿、羊渠河矿、新三矿、薛村矿、黄沙矿、万年矿、小屯矿）、两厂（邯郸洗选厂、马头洗选厂）和4个分流单位（运销处、供应处、供电部、租赁站）。

结算中心职责是统一结账、统一账户、统一借贷，负责资金保管、代理银行收支手续、集中筹措资金、实行货币资金预算监督、保障主收入和主支出运行。结算中心设中心处理机构，负责集中审核、记账、办理银行业务手续；在基层账户统管单位设置终端和一名录入员，负责与单位财务科衔接，适时处理银行业务。

改革意见规定了资金结算顺序：优先保障上缴款项，其次是运费、电费、租赁费、社保，用委托收款方式由结算中心划拨，第三是其他支付，按照先局内后局外、先当月后陈欠的原则进行结算。进一步明确了资金预算和结算纪律，建立责任人限额审批和强制的预算平衡制度，确保以收定支。

2001年1月1日，峰峰局正式应用安易2000 ERP资金集中管理系统，建立了内部资金专用网络，运用软件网络开展预算结算管理，全局21个单位、70%以上的资金纳入集中管理，各单位通过网络上报预算，结算中心通过网络审批和执行预算、结算，全部由资金预算程序控制，提高了运转效率。自此，峰峰局初步建立了新型资金预算管理体制，通过使用先进的信息技术和新的管理模式，实现资金内部融通、统一调配机制，减少资金分散、沉淀、闲置、体外循环、控制力弱等弊端，提高企业资金集中管控力度，主要项目支出能力增强，保证了重点支出，发挥了资金规模效益。

2001年3月9日，印发了《关于强化内部结算纪律维护内部结算秩序的若干规定》（峰煤财［2001］105号），解决了结算中心成立以来各单位预算不按以收定支原则编制、资金回收责任不明确、收入不及时入账、支出审批职责不明确等问题。

2001年7月5日，印发了《关于结算中心实行每日结算资金规模控制的通知》（峰煤财字［2001］44号），结算中心根据各单位资金余额，在网上每日下达各单位的外购材料和零星支出限额，日清日结，保证了资金支付额度控制在限定的规模以内。

2001年12月5日，印发了《资金支付审批制度》（峰煤［2001］474号），明确了资金预算管理和结算审批的范围、级次划分和审批责任权限，为全面落实货币资金预算打下了基础。

2001年12月28日，印发了《关于进一步加强货币资金集中管理的安排意见》（峰煤［2001］472号），统管账户范围扩大到全部二级单位。统一安排全局资金预算和结算计算机联网工作，全部资金收支纳入预算管理。结算中心成立预算稽查科，建立货币资金预算审批、稽查和考核制度。

结算中心成立以来，制定了一整套工作制度，对资金管理体制进行了结构性调整；停止原来企业银行没有资金保证的内部贷款，遏制了内部贷款规模的恶性膨胀；理顺结算支付顺序，稳定财务收入，确保了基本生产和生活的运行，尤其是职工工资的发放；打破长期以来资金管理大锅饭，使各单位立足自身，按照以收定支、量入为出的原则合理安排资金，发挥全局资金集中管理优势，取得明显成效，确保了生产经营和资金的正常运行。

2002年5月28日，印发了《2002年投资项目及货币资金预算管理责任制的通知》（峰煤［2002］183号），对投资项目、主管领导、责任部门、协作单位以及货币资金预算责任管理等方面作出了具体规定，为货币资金预算责任管理打下了基础。同时提出并制定了环境保护项目计划。

2002年6月6日，印发了《关于财务信息化建设有关事项的通知》（峰煤财字［2002］36号），决定全部采用DDN专线方式实现对全局资金远程结算，形成了全局资金结算和会计核算比较可靠的运行环境。这是继1991年局发布会计电算化总体规划和实施细则10年后，又一次会计核算、资金管理信息化的技术和管理改革。

2003年2月11日，配合全局物资配送制改革的实施，下发了《物资配送制结算办法的通知》（峰煤财［2003］79号），实行生产矿（厂）领用材料后再进行货款结算的办法，从而带动采购资金集中管理，对降低物资储备资金占用发挥了重要作用。

2003年5月12日，印发了《关于加强资金交拨规定的通知》（峰煤财［2003］243号），明确规定资金交拨结算方法，对完不成资金交拨任务单位按比例扣工资，促进重点生产资金的回笼。

2003年5月16日，印发了《货币资金预算管理实施办法》（峰煤财［2003］252号），对货币资金预算管理体制、预算项目和预算编制、审批、执行、调整、监控管理进行了比较详细的规定，使资金预算管理更加贴近会计现金流量表，进一步提高资金预算的可操作性和数据可比性、有用性。

2004年，在资金管理方面，主要是对货币资金预算管理进行完善和提高，补充具体管理办法和实施细则，促使企业资金管理体系逐步提升和完善。

2004年1月9日，印发了《关于下达2004年最高库存现金限额的通知》，资金管理进一步细化，规范了库存现金管理。

2004年2月7日，制定了《预算适时监控管理办法》（峰集财务［2004］61号），针对不同项目和指标，分十日、月度和季度进行监控，进一步缩短资金预算执行分析监控期限。

2004年6月3日，制定了《货币资金稽查管理办法》（峰集财务［2004］239号），确定了资金稽查内容、程序、权力义务和责任处理，确立了资金管理稽查制度。

2004年6月3日，制定了《货币资金预算审批规定》（峰集财务［2004］240号），对资金预算的编制、审批、调整作出了具体规定，集团公司资金预算管理日趋完善。

2004年7月6日，制定了《内部贷款管理办法》，进一步规范内部贷款的种类、审批程序和信贷监督管理，逐步治理内部贷款管理的弊病和顽疾。集团公司结算中心还制定了《内部会计控制规范—货币资金》、《资金结算管理办法》和结算工作管理制度，进一步规范资金管理工作。

2005年12月8日，下发了《会计集中核算实施办法》（峰集［2005］894号），推行会计代理制度，对部分机关分流单位和专业化分公司进行会计代理核算业务，推动分流单位和专业化公司资金集中管理的进程。

2006年3月21日，制定了《货币资金预算管理的补充规定》（峰集财务［2006］11号），对货币资金预算的编报程序、预算执行和预算监控进行了补充完善，促进了资金预算结算工作规范化。

随着经营形势的变化，2006年4月1日，制定了《关于货币资金结算顺序的特别规定》（峰集财务［2006］15号），对货币资金结算顺序作出调整：依次是上交款项（重点是税金）、社保资金、电费、运费、租赁费、材料及设备款、工资、其他；工资支付依据工资部门批准的工资审批单拨付资金。

2006年8月，适应财务核算系统升级要求，集团公司资金管理更新为用友NC3.5系统。

2006年12月12日，制定了《关于加强货币资金预算管理严肃结算纪律的规定》（峰集财务［2006］31号），对资金预算编报审批调整、资金支付顺序、支付审查以及单位和主管部门责任进行了详细规定，进一步强化了资金管理的纪律约束。至此，企业资金形成了比较完善的预算管理体系。

银行信贷方面，企业信用等级评为AA级，流动资金实现了信用贷款。

2007年7月10日，印发了《关于强化货币资金监督管理的通知》（峰集审计［2007］1号），多年来首次对货币资金审计监督管理进行了明文规定，并进行了专项审计，尤其对二级单位所属有收费职责的部门进行了全面清查，效果明显。

2007年12月18日，集团公司结算中心与峰煤公安分局联合印发了《关于加强资金和票据管理的通知》（峰集财务［2007］24号、峰煤公通［2007］31号），针对资金和票据管理中的薄弱环节提出了强化意见，明确了定期监督检查责任。

2007年11月9日，中国人民银行邯郸市中心支行审核批准集团公司签发商业承兑汇票（《关于商业承兑汇票推广工作有关事项的通知》，邯银发［2007］176号），为调整优化企业资金结构、减轻资金支付压力创造了条件。

2007年进一步加强了资金预测分析，加大资金预算管控力度，探索实施了资金需求季度滚动预测，发挥资金预算的导向控制作用，为资金的筹集和使用提供管理信息和决策依据。

2008年在资金运行模式上，更加突出资金收支链条管理，加强分析、预测和调控。完善了资金收支管控流程，以煤款收入分配为中心、以资金结算顺序为重点，建立资金统一分配机制，严格按预算拨付资金，强化结算审核控制，保障重点资金回笼，保证资金支付按照预算导向运行，有效控制了所属单位长期欠交上缴款项和内部拖欠问题。

进一步完善资金管理体制，以账户为基础推进资金集中管理，加大资金统管力度，基层单位账户逐步向备用金账户过渡。通过集中收支、统一调度，减少沉淀，集聚资金，发挥了规模效益，增强了集团公司调度资金和抵御风险的能力。

2008 年，首次将资金管理作为效能监察立项。强化资金稽查和效能监察，发挥监管作用。主要任务：1. 货币资金政策和资金管理制度执行情况检查，查处违规违纪事项，规范和完善资金预算结算管理制度和控制程序；2. 收集整理生产经营、重点项目建设有关指标和运行信息，改进预算管理；3. 内部贷款使用核查，对借款额度、使用效果等进行跟踪分析，调控贷款规模，提高借款资金运行质量，落实还贷责任和资金渠道，防止内部信贷膨胀；4. 资金需求调查，进行资金运转和需求分析，为资金筹集使用和风险管理提供决策依据。通过大范围的专项监察，完善立项基础管理工作。

加强银企合作，保持了良好的信用状况。2008 年度银行信用等级评升为 AAA 级，为增强信贷筹资能力提供了有利条件。

2008 年 8 月 28 日，峰峰集团发行了五年期企业债券 10 亿元，票面利率 6. 65%，综合费率 6. 92%。企业历史上第一次实现直接从资本市场上融资。

2008 年 11 月 11 日，印发了《关于严格资金管理的规定》（峰集财务［2008］31 号），对资金预算、统一审批、支付顺序、账户管理进行了理顺和规范，严明了资金收支和资金预算管理纪律。

坚持月度资金调度例会，初步建立了资金管理手册，完善了资金分析和报告制度。

按照冀中能源集团《关于印发峰峰集团与集团公司财务有关业务对接方案的通知》（冀中能源财字［2008］6 号）部署，根据冀中能源集团资金统管和预算、结算、核算三算合一的规定，实现了与冀中能源集团用友 NC5. 0 资金管理系统对接，2009 年 1 月 1 日正式上线运行，资金预算制度统一化，预算模式个性化。工行、建行实现了银企直联，资金结算手段进一步便捷化。

2009 年 2 月 9 日，印发了《关于进一步集中银行账户管理的规定》（峰集财务［2009］79 号），完善了峰峰集团资金管理方案。1. 账户管理总原则是：集中支付模式下的收支两条线。分公司收支两条线、集中支付；子公司网上监控，限额审批；专项资金网上监管审批。2. 资金预算实行月度收支平衡控制，根据每月应收煤炭收入安排支出预算，扣除职工工资、社会保险、税金、铁路运费、电费、利息等必保项目支出后，剩余部分分解到各单位，严格预算和结算控制，不得超支。3. 按照财务业务一体化目标，逐步建立资金审核系统，推行资金支付由业务主管部门归口审核制度。4. 清理银行账户，逐步取消分公司支出账户和日常库存现金付款业务，安装银行电子收付款终端系统（企业 POS 机），日常支出实现刷卡结算。

第四节 资产管理和资本运营

一、清产核资

（一）2004 年清产核资

为推动企业改革，摸清企业“家底”，核实国有资产质量和执行新《企业会计制度》，同时为做好业绩考核、绩效评价以及国有资本保值增值工作创造条件，按照《河北省国有企业清产核资实施办法》（冀国资字［2003］5 号）、《河北省首批省属国有企业清产核资工作方案》（冀国资字［2003］18 号）和河北省国资委 2004 年 2 月 9 日省属企业清产核资工作会议的精神，集团公司于 2004 年 2 月 18 日起草下发了《清产核资工作实施方案》（峰集资本［2004］63 号）。集团公司成立了清产核资领导小组，成员由企业管理部、煤炭生产部、后勤管理部、法律事务中心、煤炭运销分公司、物资供销分公司、设备租赁分公司的负责人组成；办公室设在资本运营部。清产核资清查的基准日为 2003 年 12 月 31 日。清产核资的对象为参与集团公司 2004 年度会计报表汇总的全部分公司、子公司、直属单位及各单位的外设、外派机构。

为做好这项工作，编制了《2004 年度清产核资工作手册》500 册，作为清产核资业务培训教材，下发各单位，做到清产核资人员人手一册，统一思想。这次清产核资与以往清产核资有显著的不同。一是过去清产核资主要是清资产，这次不仅清资产，而且清负债、清权益。二是既清理明亏明挂，也清理暗亏暗挂，既清理资产中的不实，也清理负债和权益的不实。三是不仅集团公司内部单位参加，所有控股、参股的子公司、派出机构都要参加。四是不仅包括账面资产及损失，也包括或有损失、抵押、担保等。五是不仅清查过去的损失，还包括未来的"预计损失"。六是审计、律师等社会中介机构参与清产核资工作。这次清产核资除涉及内部单位外，还涉及企业外部工商、公安、法院、社会中介机构等多个部门、多个专业领域。

这次清产核资历时半年。上报了 1.6 亿元的资产损失，河北省国资委以《关于峰峰集团有限公司清产核资资金核实结果的批复》（冀国资字［2004］705 号）核准的损失为 1.58 亿元，通过率为 98.99%，为全省第一。

（二）2005 年清产核资

按照河北省国资委《关于下发〈2005 年清产核资工作安排〉的通知》（冀国资字［2005］128 号）的文件精神，组织了集团公司 2005 年清产核资工作。

1. 清产核资的对象：参与集团公司 2004 年度合并会计报表的全部分公司、子公司、直属单位及各单位的外设、外派机构。

2. 清产核资的清查时点：2004 年 12 月 31 日。

3. 资产损失申报范围：2004 年清产核资工作中企业申报，因证据不充分，未经省国资委审核、批复的各类资产损失，补充证据资料后上报；2004 年清产核资工作中企业没有申报的以前年度发生的各类资产损失，查明原因收集证据后补报；2004 年度新发生的及 2004 年清产核资未达到三年认定标准的资产损失；对省国资委批准核销企业已进行会计账目调整的 2004 年清产核资各项不良资产进行清理、核实、登记，办理不良资产划转手续，按规定移交"河北省工贸资产管理中心"进行管理和追索。

本次清产核资自 2004 年 6 月 3 日开始，8 月底完成损失申报工作，集团公司申报资产损失为 4160 万元，经河北省国资委以《关于峰峰集团有限公司所属 6 户辅业改制单位清产核资资金核实结果的批复》（冀国资字［2004］430 号）和《关于峰峰集团有限公司第二次清产核资资产损失确认结果的批复》（冀国资发评价［2006］26 号）核准的资产损失为 3600 万元。

两次清产核资，集团公司申报资产净损失共计 201626238.04 元，省国资委批准核销共计 194429220.38 元。其中：货币资金 283096.69 元；债权性资产 159231475.56 元；股权类资产 2229757.85 元（核销的长期投资损失）；实物资产 32525335.39 元（含辅业改制核销实物资产 4879327.86 元）；递延资产损失 10702985.76 元；资产盘盈 10543430.87 元。

实物资产损失涉及二级核算单位 21 个、辅业改制单位 5 个。

二、招商引资

在投融资方式上，坚持以发展战略合作伙伴、引进外资为主，以银行贷款为辅的方针，千方百计扩大企业融资能力。加强与大财团、大银行的合作，不断提高企业授信额度；加强与国内大企业合作，结成以资本为纽带的战略伙伴关系；通过国际招商，选择多种融资方式，增强引进外企资本的能力；拓宽与民营企业合作渠道，选择战略投资者，增强企业多元融资能力，保证重点项目资金需求，从而提高增量资本的运营能力。

为引进外资，提高资本运营质量，集团公司把招商引资的方向从国内延伸到海外，从单打一式逐步走向有规划、有组织、有程序的理性运作，先后参加了北京国际投融资洽谈会、河北省（香港）投资贸易洽谈会等。在开展招商引资工作过程中，制定了内部工作目标，建立了工作机制和激励约束机制，多方式、多渠道、多手段加强招商引资工作：一是抓好网络招商。完善网上信息发布及收集系统进行网上招商，广泛宣传集团公司的投资环境、优惠政策、资源特色、区位优势、产业基础等，进一步增强投资者信心。二是实施特色招商。在项目推介方面注入特色因素，围绕“十一五”规划总体发展方案，重点推介优势项目和发展前景。抓住“主焦煤”品牌、煤化工项目为省重点支撑项目和锡盟40亿吨煤炭储量影响优势，扩大宣传覆盖面。三是利用战略合作伙伴招商。充分调动现有战略合作伙伴的积极性，利用该企业自身内外联系网络，寻找国内外同行业中可以合作的对象，强化“以情招商”、“以商招商”。

2004年8月，为邯郸市洁能煤化有限责任公司二期增资扩股，吸引民营资本550万元。

2004年9月11日，引进山东滨江国际贸易有限公司资金735万元，成立了年配煤能力100万吨的邯郸市峰滨经贸有限公司，引进资本占注册资本1500万元的49%。

2006年6月1日，为九龙矿矸石热电厂二期引进邯郸冀华实业有限公司和邯郸华安工贸有限公司两家电力企业法人股东资金2016万元，成立了独立法人的邯郸市九龙热电有限公司，引进资本占注册资本6720万元的30%。

在煤化工项目方面，经过招商引资，引入邯钢集团、河北晋和贸易有限公司资金共计1.2232亿元，共同出资组建了河北峰煤焦化有限公司，引进资本占注册资本3.52亿元的34.75%。为满足该项目总投资的要求，又与上海宝钢集团、永城煤电集团、香港长江集团等投资者就该项目投资合作，进行了商谈，双方草拟了合作意向。与澳大利亚考伯斯公司商谈合作建设煤化工30万吨煤焦油加工项目，并与之签署了保密协议和合作意向书。

在焦煤方面，与渤海基金、宝钢集团、首钢集团、武钢集团、邯钢集团、香港建滔集团、美国花旗集团等商谈股份制改造事宜，与建滔集团签定了合作意向和保密协议。

对2×300兆瓦热电联产项目和锡盟煤电化一体化项目进行发布。

在锡盟煤电化项目方面，与永城煤电集团、包钢集团、鲁能集团商谈合作事宜。

此外，还先后与莱芜钢铁公司、日本住友株式会社、美国泰戈特公司等知名企业就投资合作进行了初步接触。

三、发行企业债券

为拓宽融资渠道，降低财务成本，确保集团公司重点项目建设资金需求，集团公司拟定发行短期融资券，于2006年12月，向河北省国资委上报了《发行短期融资券融资的请示》（峰集呈［2006］166号）。

因企业债券与短期融资券分别由不同的政府机关主管，企业债券审批机关为国家发改委，短期融资券审批机关为中国人民银行。集团公司决定先申请发行企业债券，待获得额度审批后，再继续推动短期融资券的发行申请工作。从2007年4月，开始筹备发行企业债券工作，向河北省发改委上报了《发行2007年企业债券的请示》（峰集呈［2007］50号）。根据集团公司的建设项目投资总额，申报发行额度为10亿元。

2008年5月，向河北省发改委上报了《关于2008年公司债券申请发行的申请报告》（峰集呈［2008］38号），经省发改委受理后，上报国家发改委，国家发改委于2008年8月以发改财金［2008］2303号文批准发行。于2008年8月28日起面向机构投资者公开发行。发行期限为2008年8月28日至9月3日，共5个工作日。债券为五年期固定利率债券，发行规模为10亿元，发行利率为6.65%，与当时的市场利率相比，可节约财务成本约4100万元。

本期债券由国泰君安证券股份有限公司担任主承销商，由光大证券公司和国海证券公司担任副主承销商，由信达证券公司、联合证券公司、民生证券公司、平安证券公司担任分销商；由邯郸钢铁集团有限责任公司提供全额无条件不可撤销的连带责任保证担保；经联合资信评估有限公司综合评定，发行人的主体信用级别为AA-级，本期债券的信用级别为AA级。

这是河北省煤炭企业首家通过发行企业债券，保证重点项目建设资金的成功尝试。集团公司债券的发行，标志着优势煤炭企业在参与市场融资等方面迈出可喜步伐。

四、重点项目的融资方案及融资借款

（一）*九龙矿矸石热电厂二期工程融资方案*。该项目总投资1.1915亿元。除集团公司以电厂一期评估后净资产出资4404万元外，引入邯郸冀华实业有限公司、邯郸华安工贸有限公司两家法人股东及职工资本金2316万元，占注册资本的34.47%，其余5218万元从中国银行借款解决。

（二）*薛村矿矸石热电厂项目融资方案*。该项目总投资3.3633亿元。除集团管资金列支1.2753亿元和用省财政专项资金解决880万元外，其余2亿元由外部银行借款解决。

（三）*煤化工项目一期工程融资方案*。该项目总投资为8.7987亿元。除集团公司投入资本金2.2968亿元外，引入邯钢集团和河北晋和贸易有限公司两家法人股东资本金1.2232亿元，占注册资本的34.75%，其余资金5.2787亿元从外部银行借款解决。

五、内部重组工作及股权处置

（一）*五矿矸石热电厂一、二期合并*

五矿矸石热电厂一期于1990年建设，1994年投产发电，规模为1×6兆瓦抽汽发电机组和1×6兆瓦凝汽发电机组，配3台DGT35/3.82－M102型沸腾锅炉。

一期总投资4605万元。其中：自筹资金（矿维简资金）1234万元；建行借款1739万元；国家能源投资公司经营基金（节能借款）1300万元；职工集资280万元（已还清）；其他52万元（借局集体企业公司）。

峰煤电业公司（五矿矸石热电厂二期）2002年6月立项，于2002年8月3日动工兴建，2003年7月进入试运行阶段，该工程于2003年11月28日并网发电。装机容量为1台1.2万千瓦抽凝式汽轮发电机组，配1台DG75/3.82－M29循环流化床锅炉。总投资4376万元，其中：资本金1000万元（集团公司出资600万元，占注册资本金的60%；职工以现金出资200万元，占注册资本金的20%；工程处出资200万元，占注册资本金的20%）；建行长期国债（五年期）借款3200万元；国家财政补贴176万元。

当时一、二期是一套领导班子、一套管理人员、一座厂房、一个储煤场。除了大型设备能分清一、二期外，其他都无法分清。特别是经营成果更无法分清，为管理、经营和绩效考核带来一定的困难。为理顺一、二期关系，便于管理，提高决策效率，以峰集［2004］332号批复，将一期资产与二期资产合并，同意将职工投入的200万元退还给职工；合并后的“邯郸峰煤电业有限责任公司”隶属于集团公司，集团公司委托电业分公司代管。合并后装机容量为2.4万千瓦，于2005年4月7日办理工商变更登记、换发新营业执照。新公司注册资本为3467.89万元，其中集团公司以货币出资3267.89万元，占注册资本的94.23%；纵横公司以货币出资200万元，占注册资本金的5.77%。

（二）*九龙矿矸石热电厂一、二期合并*

九龙矿矸石热电厂一期建于1997年7月，完工于2000年11月，总投资7796万元，主要设备有2台循环流化床锅炉，2台6兆瓦发电机组，为扩大电厂规模，扩建1台2.5万千瓦凝汽式汽轮发电机组，两台75吨/时循环硫化床煤泥锅炉，二期投资1.1915亿元。

为延伸煤基产业链，提高煤炭附加值，发展综合利用电力项目，解决峰峰集团南部电网新三矿、梧桐庄矿的电力需求，培育新的经济增长点，实现企业稳定可持续发展，集团公司拟将九龙矸石热电厂一期净资产投资与邯郸冀华实业有限责任公司等合作组建成立独立法人公司。经集团公司研究，根据河北省国资委《关于峰峰集团有限公司引资建设九龙矿矸石热电厂二期项目的意见》（冀国资字［2005］581号），同意九龙矿以九龙矿矸石热电厂一期评估后净资产进行投资，在九龙矿矸石热电厂二期的基础上，与隶属马头电厂的邯郸冀华实业有限责任公司、邯郸华安工贸有限公司和九龙矿职工共同出资组建了邯郸市九龙热电有限公司。由河北省国资委公开招聘的中介机构对九龙矿矸石热电厂一期资产进行评估，并报经河北省国资委核准。对拟组建公司的股权结构、法人治理结构进行了合理设置，审核了拟签署的《股东协议书》和《公司章程》。2005年12月25日，召开了公司创立大会，2006年6月1日完成公司注册，2006

年6月8日举行揭牌仪式。公司注册资本6720万元。其中集团公司以九龙矿矸石热电厂一期评估后净资产4404万元出资，占注册资金的65.53%；邯郸冀华实业有限责任公司以货币出资1516万元，占注册资金的22.56%；邯郸华安工贸有限公司以货币出资500万元，占注册资金的7.44%；8名自然人信托股东以货币出资共300万元，占注册资金4.47%。

（三）洁能煤化一、二期合并

为放开搞活中小企业，扶持集体企业，于1991年底建设投产了孙庄矿焦化厂。在此基础上，于2002年12月24日注册成立了局相对控股的峰峰矿区洁能煤化有限责任公司。公司一期注册资本金为274万元，其中局出资127万元，占注册资本的46%；职工用货币以职工持股会方式入股703.65万元，占注册资本的54%。

2003年3月11日，以《关于峰峰矿区洁能煤化有限责任公司二期扩建》文件同意扩建洁能煤化公司二期工程。2004年，经集团公司研究，于2004年8月30日以《峰峰集团有限公司一、二期股权合并的批复》（[2004] 243号），同意洁能煤化公司一、二期股权进行合并。公司注册资本金为1531.22万元。其中：集团公司出资379.59万元（其中以2004年分红72万元和盈余公积金264.8万元，共计337万元，按75%打折后增加资本金252.7万元），占注册资本的24.79%；职工用货币以职工持股会方式入股703.65万元（其中以2004年分红84.7万元、盈余公积金310.8万元和现金344万元，共计739.5万元，按75%打折后增加资本金554.6万元），占注册资本的45.95%；民营资本出资412.5万元（实际出资550万元，按75%打折后入股412.5万元），占注册资本的26.94%；孙庄矿工会出资35.48万元（实际出资47.3万元，按75%打折后入股35.48万元），占注册资本的2.32%。

（四）百利加公司股权转让

邯郸麦克·安德鲁百利加顶级润滑油品有限公司成立于2002年11月，由峰峰局与美国麦克·安德鲁公司共同出资组建，由小屯矿出资并参与管理，经邯郸市经贸委批复设立（邯经贸技[2002] 46号），公司注册资本75万元，其中：峰峰局出资56.25万元，占注册资本的75%；美国麦克·安德鲁公司以专利技术入股折合资金18.75万元，占注册资本的25%。

2005年1月14日，因销路、技术、成本等原因，小屯矿向集团公司呈报《关于注销邯郸麦克·安德鲁百利加顶级润滑油品有限公司的请示》（峰集小[2005] 14号），向河北省国资委呈报了《关于转让百利加公司股权的请示》（峰集呈[2005] 113号），2005年4月1日，国资委以冀国资字[2005] 133号批准峰峰集团将持有的邯郸麦克·安德鲁百利加顶级润滑油品有限公司整体产权转让。2005年5月18日，公开选聘邯郸盛华会计师事务所有限责任公司对股权处置项目评估，国有产权评估后的净资产-63.05万元，并于2005年6月17日将资产评估结果报河北省国资委备案。2005年7月20日至8月16日，河北省产权交易中心在《河北经济日报》、《河北产权交易网》刊登了百利加公司的产权转让公告，并于规定时间内共征集到1个意向受让方。依据国务院国资委、财政部《企业国有产权转让管理暂行办法》（2003年9月9日[2003]第3号令）规定，决定由河北省产权交易中心采取协议转让的方式进行产权交易。按照协议转让规定，对征集的1个受让人实际以零值协议转让。2005年8月30日，峰峰集团与小屯矿企业公司签署了《产权转让合同》。

（五）华铸制造公司股权转让

2003年10月31日，设备租赁公司利用原二矿风机房改造组建了华铸制造有限责任公司，主要从事铸造、水泵修理、配件制造，注册资金68.3万元，其中国有股占51.24%，自然人股占48.76%。

2005年，因生产工艺流程、技术和管理经验等问题，公司运营不善，2005年2月9日，经集团公司董事会研究，一致同意将华铸制造公司国有股权转让。2005年2月22日，集团公司向河北省国资委呈报转让华铸公司股权的请示（峰集呈[2005] 113号），2005年4月1日，省国资委以冀国资字[2005] 134号文《关于峰峰集团有限公司转让邯郸峰峰矿区华铸制造有限责任公司国有产权的批复》，同意峰峰集团将持有的邯郸市峰峰矿区华铸制造有限责任公司的51.24%国有股权进行转让。2005年5月18日，公开选聘邯郸盛华会计师事务所有限责任公司对股权处置项目评估，国有股权评估后的净资产为28万元，并于2005年6月17日将资产评估结果报河北省国资委备案。2005年7月20日至8月16日，河北省产权交易中心在《河北经济日报》、《河北产权交易网》刊登了华铸公司的股权转让公告，并在规定时间内共征集到3个意向受让方。依据国务院国资委、财政部《企业国有产权转让管理暂行办法》规定，决定由河北省产权交易中心采取拍卖转让的方式进行产权交易。2005年8月30日，由河北大众拍卖有限责任公司在集团公司会议楼二楼中会议室拍卖。按照公开拍卖的程序，征集的3个受让人经过多轮竞价拍卖，最后由1名自然人以高于净资产6.1万元的34.1万元价格成功竞标。峰峰集团当日与这名自然人签署了《股权转让合同》。

（六）注销邯郸市庄园房地产开发公司

2002年11月，为了加快峰峰局的房地产开发，原行政处募集个人股东资金200万元，拟注册成立邯郸市庄园房地产开发有限责任公司。2002年12月，由于局机关机构及领导变动，该处将股金还给了职工，只保留了办理房地产资质的手续。

为开发集团公司的房地产业务，于2004年2月25日，注册成立了邯郸市庄园房地产开发有限责任公司。公司注册资本200万元，其中原峰峰局建筑总公司出资50万元，占注册资金25%；邯郸市阳光煤气热电有限责任公司出资50万元，占注册资金25%；自然人出资90万元，占注册资金45%；自然人出资10万元，占注册资金5%。2004年国家又出台新规定：房地产公司的最低注册资金为500万元，否则不予年检，并取消房地产开发资格。由于公司注册资本达不到规定标准要求，2005年11月11日，该公司召开股东会特别会议，形成决议，同意公司于2005年11月15日注销。

第五节　劳动工资管理

一、劳动用工管理

（一）用工管理

1976年以前，计划经济时代企业实行单一的固定工制度。从1977年起，峰峰局在井下采掘工人中使用农民协议工和轮换工。1984年底开始招用劳动合同制工人。1985年至1995年6月，企业实行以全民固定工、劳动合同制工人、农民轮换工为主的用工方式。

随着《劳动法》颁布和实施，为深化用工制度改革，1995年7月，峰峰局所有职工全部依法签定了劳动合同，实行全员劳动合同制。并随着国家政策的调整和变化，及时进行政策调整。

2003年7月18日，对改制为集团公司以及集团公司全资、控股子公司的职工，用工主体由原用人单位变更为改制企业，采取解除原劳动合同，集团公司及全资、控股子公司与职工签定新劳动合同的方式变更劳动合同。根据《劳动法》及有关法规、政策，集团公司制定了《劳动用工管理制度》、《劳动合同管理办法》等办法和措施，以加强劳动合同管理为突破口，引入竞争机制，取消职工身份界限，变身份管理为岗位管理，实行全员竞争（竞聘）上岗，建立与劳动者双向选择、择优录用、能进能出、能上能下的用工制度。建立空岗报告制度，严格控制职工总量。大力推行公开竞聘，择优录用，实现劳动合同动态化管理，全面实行劳动合同管理。劳动用工以劳动合同的方式统一管理，职工招收录用及流动，依法签定或解除劳动合同，实现用工主体资格及劳动关系单位化。建立健全职工考核制度，在对岗位进行科学评价的基础上，制定岗位考核内容和工作标准，采用月度考核与年度考核的办法，考核结果同职工续订劳动合同、岗位调整、解除或终止劳动合同等挂钩。根据岗位和用工形式的不同，在国家法定条款的基础上，设立协商条款和补充条款部分，通过企业和职工的平等协商，制定了有关劳动纪律、劳动保护和劳动安全卫生等方面的个性化条款，并使之与职工的岗位职责、工作环节、工作环境相结合，体现了劳动合同的个性化管理。新招人员首次订立劳动合同时，根据职工本人所在岗位对知识、技能等不同要求，分别确定劳动合同期限，逐步使职工队伍形成劳动合同期限不同的阶梯式排列，为优化或调整用工结构奠定了基础。规范劳动合同订立、续订、变更、终止或解除的办理程序及日常管理。实行统一领导、分级分层负责，建立起了集团公司、用人单位和职工所在部门三级劳动合同管理体制。

2007 年，下发了《关于整顿用工秩序进一步规范用工管理的通知》（峰集［2007］56 号），从招工、规范用工行为、强化监督检查等方面进行了明确，提出变招工为招生，逐步改变由直接面向社会招用工人为通过技工学校有计划培养，择优录用工人。经集团公司批准招用井下工人，要优先从技校生中招用，特殊情况，方可适当招用农民合同制工人。加强了招工管理，严格招工程序，坚决杜绝漏洞，实现实名制招用和管理。

2008 年，为认真贯彻落实《劳动合同法》，制定了《关于贯彻劳动合同法加强劳动用工管理的通知》（峰集劳资［2008］9 号），就进一步加强用工管理提出了具体意见，主要方面：一是调整劳动合同期限。对新招用的操作工人根据岗位特点和技能要求，由原来的首次签定 1 年改为 1 至 2 年、3 至 5 年或更长时间。对延续原劳动合同在劳动合同到期，经劳动合同期满考核，符合续签劳动合同条件的，按修订后的劳动合同文本，续签劳动合同。续签劳动合同期限，依据本人劳动技能、技术素质高低，按 3 至 5 年、5 至 8 年、8 至 10 年掌握。二是严格用工审批手续，规范职工流动管理，建立和完善劳动力余缺调剂机制。三是落实就业准入制度和安全生产管理规定的要求，变直接面向社会招用农民合同制工人为从技工学校或大中专毕业生中择优招用相关专业人员，充实操作岗位。

（二）农民工管理

1989 年，峰峰局制定了《关于完善农民轮换工制度的实施办法》（峰煤劳、财［1989］328 号），完善了农民轮换工管理及回乡生产补助金统筹管理制度。主要做法：一是延长合同期限，保留生产技术骨干，提高职工队伍的整体素质。将轮换工的合同期限由 3 至 5 年延长到 10 年以上，技术专业性较强的工种或已聘任为基层领导的，在矿工作时间可适当延长，但离矿回乡时年龄一般不超过 40 周岁。二是调整经济待遇，建立回乡生产补助统筹金。企业按轮换工月工资收入的 13% 提取（资金由营业外项下列支），轮换工个人每月按月工资收入的 5% 缴纳，一并存入银行，以本增息，全局统筹使用。轮换工回乡生产补助统筹金，实行内部银行储蓄，按银行规定居民个人储蓄利率计息，专款专用。对合同期满后离矿回乡的，分别按月发给本人标准工资的 50 — 75% 的回乡生产补助金，直至本人死亡为止；不足 10 年的，一次性结清。三是改进招收、录用和管理办法。将原来煤矿用工、县乡出工，双方共同管理，改由企业一方自行招收和管理。用人单位根据生产需要，实行公开、自愿报名，全面考核，择优录用，用人单位与被录用的轮换工直接签定劳动合同。

1995 年，制定了《实行农民轮换工回乡生产补助金制度实施办法》（峰煤劳、财［1995］466 号），将用人单位缴纳回乡生产补助统筹金的比例由 13% 改为 12%，个人仍按月工资收入的 5% 缴纳。

1998 年，养老保险由行业统筹移交地方统筹，按照《河北省统一企业职工基本养老保险制度实施意见》规定，“从《实施意见》实施之日起，企业从农村招用的农民轮换工，应同其他职工一样执行统一的基本养老保险制度”。为保障用人单位和轮换工的合法权益，保持井下职工队伍的相对稳定，实现轮换工回乡生产补助金制度向职工基本养老保险制度平稳过渡，结合实际，按照“老人老办法、新人新制度”的原则进行调整，对 1998 年底前进矿签定农民轮换工劳动合同的合同期满（或合同终止条件出现）即行终止。

从 1999 年 1 月 1 日起，凡各矿从农民中新招收使用的井下工人，按《关于招用农民合同制工人实施办法（试行）》（峰煤［1999］112 号），实行农民合同制工人管理。对现使用的轮换工自愿转为农民合同制工人的，可提前解除农民轮换工劳动合同，按规定结算后，签定农民合同制工人劳动合同。

2006 年，重新修订了《招用农民合同制工人管理办法》（峰集劳资［2006］3 号）。

（三）劳务用工管理

2001 年，为进一步深化用工制度改革，在保持全局职工总量不再增加的同时，充分挖掘现有劳动资源的潜力，加强局内单位之间劳动力的余缺调剂，促进再就业工作，制定了《实行劳务用工管理的暂行办法》（峰煤［2001］10 号）。劳务用工系指经单位双方协商一致，劳动力富余单位采取劳务输出形式，到其他用人单位从事生产（工作）的职工。劳务输出人员在生产工作期间由用人单位负责管理，本人与原单位劳动关系保留，劳务输出期间不办理正式调动手续。实行劳务输出（入）用工形式，为下岗职工的安置以及关闭破产单位职工安置发挥了积极的作用。

2003 年，为解决集体企业工的就业问题，制定了《使用集体企业劳务管理办法》，经集团公司批准，由集体企业公司与用人单位协商一致，采取劳务输出的形式，到集团公司所属用人单位从事生产工作。

（四）职业技能鉴定

经煤炭部《关于公布第二批特有工种职业技能鉴定站的通知》批准，1998 年 5 月 13 日，邯郸煤炭职业技能鉴定南站成立，挂靠在局劳动工资处。从建立之日起，就担负着在职、技校特有工种职业技能鉴定职能。经过多年的不断努力，鉴定站鉴定考评人员队伍达到 70 人，其中高级考评员 3 人，先后鉴定工种达 34 个，鉴定人数 21399 人，其中：初级工 10862 人、中级工 4988 人、高级工 5549 人。

（五）关闭破产职工安置

从 2000 年开始，国家对资源枯竭矿井实行关闭破产。截至 2008 年，峰峰局（峰峰集团）先后完成 7 个项目、10 个单位的关闭破产工作。按照国家关闭破产职工安置政策，分渠道对所有职工进行了分流安置，保持了关闭破产单位稳定和其他各项工作顺利进行。职工安置的去向是，办理提前退休 4771 人，办理等退 2756 人，办理病退 204 人，办理内退 364 人，1 至 6 级工伤享受抚恤待遇 170 人，企业内部分流安置 3519 人，领取安置费或经济补偿金后自谋职业 1302 人，公安和学校移交地方 2298 人，利用有效资产重组安置 2241 人，社区服务 2853 人。

（六）技师聘任

从 1988 年开始，煤炭企业开展了工人技师评聘工作，峰峰局成立了工人技师考评领导小组，负责工人技师的考评工作。聘任技师的比例严格控制在实行技师聘任制工种范围内的技术工人总数的 2% 以内。考评技师以工作成绩、操作技能、理论知识、生产经验为主要依据，并规定了具体条件。

技师聘任期限为 3 至 5 年，根据工作需要，可以连聘连任，但任期内要定期进行考核评审，考核合格可以签新聘约，不合格者解除聘约，并取消相应待遇。被聘任的技师，从聘任之日起实行职务津贴，井下技师每月 25 元，其他 15 元。1996 年，技师津贴调整为井下 60 元，井上 45 元；井下高级技师 100 元，地面 80 元。2005 年，调整为井下技师 300 元，地面 200 元；井下高级技师 400 元，地面 300 元。技师离开本工种工作岗位从事其他工作，或被解聘后，不再享受技师的职位津贴和其他有关福利待遇。

截至 2008 年末，峰峰集团有高级技师 4 人，技师 197 人。

二、工资分配制度

1988 年到 2008 年，峰峰局（峰峰集团）在工资制度上，随着企业生产经营的发展和机制的转变，由单纯依托国家、省行业工资标准，向以市场为导向，以生产要素为主的自主确定工资标准的制度发展，先后经历了统一的煤炭行业等级工资制、岗位技能工资制，逐步形成了与市场接轨的以岗位工资制为主的基本工资制度。大致分三个阶段：

（一）统一的煤炭企业等级工资制

1988 年至 1994 年期间，在企业实行总承包的前提下，随着生产经营的发展不断改革和调整职工工资。1988 年，依据中煤总公司中煤总劳字［1988］第 250 号和河北省煤炭厅冀煤字［1988］第 29 号文件精神，在全局范围内实行了浮动升级，考核 1988 年、1989 年，两年浮动，考核期结束后予以固定，升级面达到 40%。随后，又根据生产建设新形势的需要，实行了质量标准化和企业升级达标奖励浮动升级，还对实现质量标准化特级的孙庄矿和国家行业二级企业的机械总厂和省级企业的建材厂，实行了局内奖励浮动升级。从 1990 年开始，依据中煤总公司河北公司中煤冀劳字［1990］20 号《关于职工正常升级和奖励浮动工资管理暂行办法》，建立了职工正常升级和效益浮动升级制度。即 1990 年在扣除河北省煤炭厅下达 1989 年浮动升级转固定升级指标后，凡符合升级条件的职工，均升半级工资。1991 年到 1994 年，峰峰局依据各单位当年或两年原煤产量、精煤产量、盈亏、安全、进尺、原煤全员效率和质量为效益指标，完成的给予职工晋升效益工资，并按分项指标完成情况计算升级比例，采取了“两年考核、依据考核结果固定的办法”，升级面最高达到85%。

（二）岗位技能工资制

1995年至2002年期间，主要是依据煤炭部煤劳字［1994］第253号和河北省煤炭厅冀煤［1994］9号文件精神，按照劳动部、煤炭部劳动工资制度改革总体部署，在积极推行全员劳动合同制的同时，进行岗位技能工资制改革。局结合实际，在孙庄矿、马头洗选厂试点经验的基础上，1995年7月1日起，在全局各单位进行了推广和实施。其工资单元共分：岗位工资、技能工资、特殊行业工资、辅助工资和效益工资五部分。

1. 岗位工资：工人岗位共设8个岗次，从48—194元，15个工资标准。其中：地面工人1—5岗，从48—128元，9个工资标准；井下工人5—8个岗，从118—194元，8个工资标准；井上下交叉1个岗次。管理和专业技术人员，共设12个岗次，从48—288元，共计23个工资标准。

2. 技能工资：执行煤炭部煤劳字［1994］第253号文件规定标准，结合局实际增设半档次标准，共59个档次，工资标准从70—571元。

3. 特殊行业工资：是对煤矿职工在特殊环境条件下付出劳动的补偿。主要有矿龄津贴、井下工作津贴和农民轮换工补贴等。

4. 辅助工资：是指按有关政策规定以各种形式支付给职工的其他工资收入，包括津贴、补贴等。其中副食补贴5元、粮食补贴5元、价格补贴10元，纳入岗位技能工资标准。

5. 效益工资：是根据企业经济效益，按职工劳动贡献大小而发给职工的奖金或超额工资。

这一工资制度的实施，进一步理顺了内部管理体制，加强了定额定员管理，在推行全员劳动合同和聘任（用）制的基础上，建立起了岗位责任制和正常的职工考试考核增资机制。即实行岗位技能工资制后，在对各二级单位严格执行工资总额与经济效益挂钩政策的同时，通过对单位利润和主要经济技术指标的考核，符合条件的均可兑现职工晋升技能工资，对个人完成和超额完成本岗位的工作任务，可晋升技能工资档次标准。如1995年、1996年工作表现突出的，井上可晋升1档、井下辅助可晋升1.5档、井下采掘一线可晋升2档，但井下辅助和井下采掘晋升比例分别不得低于晋升人数的50%和60%。1997年，对完成全年利润和各项主要经营技术指标，实施“三条线”剥离和以产定人的单位，实施效益浮动工资，对考核后符合晋升条件的职工，最多可浮动1.5档工资，并于1998年转为固定工资。1998年，为完善工资管理，规范工资标准，将实行劳动合同制时11%工资性补贴和13元的建房互助金纳入岗位技能工资标准中的技能等级工资中，后于1999年9月按照河北省煤炭局冀煤财劳函字［1999］3号文件规定，从技能工资中把11%工资性补贴剔除。并于1999年的12月，按照河北省劳动厅、财政厅冀劳［1999］78号文件《关于调整企业职工工资的实施办法》，对职工工资又进行了套改。2002年，根据生产经营情况，对工作突出表现好的晋升2档技能工资，工作一般的晋升1档技能工资，并按单位利润指标累计考核计发，完成的按工资总量核增工资指标，否则停发或不得发放晋升的技能工资。

（三）公司制下的工资制度

2003年至2008期间，无论在生产经营上，还是职工收入上均发生了巨大变化。尤其是在工资制度上，按照现代企业制度的要求，结合劳动力市场价位，在机构改革和建章立制的基础上，从调整分配结构，理顺分配关系入手，建立和推行了以岗位工资为主的基本工资制度。即由原来的岗位技能工资制，改革为以岗位要素为主的岗位工资制。岗位工资单元由岗位工资、年功工资、津补贴、保留工资组成。

1. 岗位工资：以岗位的劳动责任、技能要求、劳动强度和劳动条件为基础，根据岗位测评结果确定在岗位上的工资。岗位工资设一岗三薪，管理专业技术人员按任职年限确定（任职不满三年的执行a档、满三年不满六年的执行b档、满六年及以上的执行c档），操作工人按技术等级设a、b、c三档，即初级工执行a档，中级工执行b档，技师、高级技师执行c档。但在尚未全面开展职业技能鉴定前，暂按工龄对应，即工龄不满三年的执行a档、满三年及以上的执行b档，井上下班队长、工段长、技师、高级技师执行c档。

2. 年功工资：按本人实际执行的矿龄津贴核定。即矿龄津贴不足5元的每年按3元核定，不足10元的每年按4元核定，不足15元的每年按5元核定，不足20元的每年按6元核定，不足25元的每年按7元核定，不足30元的每年按8元核定，满30元及以上每年按9元核定。以后每增加一年工龄，年功工资按1元增加。

3. 津补贴：除纳入岗位工资标准中的物价补贴22.5元、肉价补贴7.5元、粮价补贴5元、燃料补贴5元、洗理费4元、11%的工资性补贴外，其他津补贴按统一规范后的津补贴项目标准执行。

4. 保留工资：是指改革后岗位工资标准与年功工资之和，低于改革前（岗位工资+11%工资性补贴+40元津补贴+洗理费+矿龄津贴）之和的，其差额部分予以保留。

除此，岗位工资在实际执行中，分固定工资和浮动工资两部分，其中固定工资主要用于保障职工的基本生活需要（2003年系数分值暂按380元），浮动工资部分与职工个人工作业绩挂钩，按考核结果上下浮动。

这一工资制度实施后，随着市场劳动力指导价位和最低工资标准的调整，先后于2005年、2008年又进行了两次较大的工资标准的调整。与2003年不同之处：一是系数分值由2003年的380元，2005年、2008年分别上调为450元、700元。二是增设了固定工资标准，固定工资标准按岗位工资标准的60%确定，作为职工休婚、丧、探亲等各种有资假期间工资待遇的计算基础。三是年功工资，由过去的按工龄年限分段计算，改为按工作每满一年10元计发。四是修改调整了见习期和试用期工资待遇，即：从事管理岗位工作见习期的中专毕业生950元、大专毕业生1020元、大学本科毕业生1330元，硕士和博士学位毕业研究生，采取协议确定工资标准。并在岗位工资标准中，增设了操作岗位试用期工资标准。五是操作岗位一律按职业技能等级的初、中、高级别，分别对应a、b、c档工资。六是规范了职工调动工作和受处分期间的工资待遇。

通过对工资制度的改革，初步理顺了各类人员的分配关系，规范了工资支付行为，建立起了以岗位工资制为主的激励和约束分配机制，促进了企业经济效益的提高和职工工资的增长。2003年以来，企业由亏损变为上缴利润单位，职工年人均收入由2003年1.1290万元上升到2008年的3.8872万元以上，提高了2.4倍。

历年职工平均工资情况一览表

项目/年度	工资总额（万元）	平均人数（人）	平均工资（元/人年）	项目/年度	工资总额（万元）	平均人数（人）	平均工资（元/人年）
1989	23571	83489	2823	1999	41396	65801	6291
1990	26604	84752	3139	2000	49109	65966	7445
1991	28069	84941	3304	2001	52467	64301	8160
1992	29398	82457	3565	2002	63428	62301	10181
1993	33272	80928	4111	2003	64117	56789	11290
1994	40944	79328	5161	2004	77932	53267	14631
1995	49391	77679	6358	2005	103533	50288	20588
1996	56627	76393	7413	2006	109562	46365	23630
1997	53314	70950	7514	2007	117013	44340	26390
1998	38957	66389	5868	2008	149642	38496	38872

职工岗位工资标准表

管理、专业技术人员							
职务或职称	岗次	岗位系数			工资标准		
		A	B	C	A	B	C
局副总	十四	8.00	8.45	8.90	5600	5920	6230
处级	十三	7.00	7.50	8.00	4900	5250	5600
副处级	十二	6.00	6.30	6.60	4200	4410	4620
院校副处级（正高）	十一	5.00	5.30	5.60	3500	3710	3920
井下科级	十	4.00	4.30	4.60	2800	3010	3220
地面科级、井下副科级（副高）	九	3.50	3.75	4.00	2450	2630	2800
井下机电、运输技术主管	八	3.00	3.25	3.50	2100	2280	2450
井上副科级、采、掘、开、通风技术员、地面技术主管（中级）	七	2.80	2.90	3.00	1960	2030	2100
井下技术员	六	2.40	2.50	2.60	1680	1750	1820
一级科员（助理级）	五	2.10	2.20	2.30	1470	1540	1610
二级科员	四	1.90	2.00	2.10	1330	1400	1470
三级科员（员级）	三	1.65	1.75	1.85	1160	1230	1300
办事员	一	1.35	1.40	1.45	950	980	1020

操　作　人　员								
人员类别	岗次	岗位系数			工资标准			
		A	B	C	试用期	A	B	C
采掘生产	九	3.50	3.75	4.00	2100	2450	2630	2800
采面辅助	八	3.00	3.25	3.50	1680	2100	2280	2450
其他辅助	六	2.40	2.50	2.60	1470	1680	1750	1820
井上下交叉岗	五	2.10	2.20	2.30	1330	1470	1540	1610
地面生产	四	1.90	2.00	2.10	1160	1330	1400	1470
地面辅助	三	1.65	1.75	1.85	1020	1160	1230	1300
后勤人员	二	1.45	1.55	1.65	950	1020	1090	1160
服务人员	一	1.35	1.40	1.45	880	950	980	1020

注：1. 系数分值为700元；2. 工资标准＝系数分值×岗位系数。

职工等级工资标准表

等级	一	二	三	四	五	六	七	八	九	十	十一	十二
工资标准	62 68	74 80	86 93	100 107	114 121	128 136	144 152	160 168	176 185	195 204	214 223	233 244
等级	十三	十四	十五	十六	十七	十八	十九	二十	二十一	二十二	二十三	二十四
工资标准	255 266	277 288	299 311	324 336	349 361	374 388	402 416	430 444	458 473	489 504	520 535	551

职工岗位技能工资标准表

岗位工资标准

岗次	待岗	20	19	18	17	16	15	14	13	12	11	10	9	8	7	6	5	4	3	2	1		
标准	67	79	92	105	120	135	151	167	184	202	221	239	259	282	305	329	354	380	407	434	462	491	521

技能工资标准

等级	1	2	3	4	5	6	7	8	9	10	11	12	13	14	15	16	17	18	19	20
标准	148	162	176	191	206	222	238	254	271	288	306	324	344	364	384	404	424	445	466	488
等级	21	22	23	24	25	26	27	28	29	30	31	32	33	34	35	36	37	38	39	
标准	510	533	556	579	603	627	652	677	703	729	761	793	825	859	893	927	963	999	1035	

三、下岗再就业

（一）职工下岗失业的背景

1998年，就全国来讲，企业下岗安置的问题日益突出。中央对下岗和再就业一直十分重视，先后出台了一系列政策措施。中央先后两次召开全国再就业会议，解决下岗职工的再就业问题成为党和政府关注的大事。

1998年8月，峰峰局划转河北省地方管理，并要求进行经营机制转换和工业结构调整。峰峰局同其他企业一样，生产和经营陷入了困境，再就业面临的形势非常严峻。特别是在改革处于攻坚阶段，发展处于关键时期，经济结构调整力度加大，企业转机建制步伐加快的形势下，先后有5个矿井因资源枯竭注销生产能力，2个矿井衰老减产；“五小”企业被迫关门，劳动力供大于求的矛盾非常突出，存量压力和增量压力都在加大。到1998年7月底，全局有下岗职工15014人。由于市场低迷、煤价下跌，导致相当一部分职工处于放假或半放假的隐性待业状态。按照减员增效和高产高效的要求，生产人员、后勤人员及管理人员都显富余，亟待通过进一步改革，消肿去臃，提高效率。同时全局每年还有800多名大中专和技校生及复员军人需要安置。从劳动力的需求看，生产主体岗位饱和，多种经营、集体企业活力不足，吸纳劳动力能力十分脆弱，新的经济增长点又开发不出来，就业安置与下岗分流的突出矛盾对企业的改革和发展产生了重大影响。

（二）加强领导，健全机构

1998年3月4日，峰峰局按照中央、省、市的精神和要求，成立了职工再就业工程领导小组，并明确了任务和工作方向。

1998年8月8日，邯郸市解困和再就业领导小组批复：委托峰峰局对下属单位成立再就业中心进行审批。

峰峰局随之转发了邯郸市解困和再就业领导小组办公室《关于明确建立再就业服务中心和托管下岗职工程序的通知》（峰煤劳［1998］295号），在有下岗职工的单位全部建立了再就业服务中心，成立了以主要领导为组长的领导小组，并明确了机构和人员。实行一级抓一级，层层抓落实，形成了较为完善的再就业组织机构、领导责任保证体系和管理服务网络，为促进再就业工作的顺利开展提供了组织保障。

1998年9月4日，局专题召开了再就业工作会议，峰峰局的下岗和再就业中心工作全面启动。

（三）健全制度，理顺关系

为了加强管理，促进再就业工作的落实，局把建立健全各项制度作为一项重要措施来抓。认真贯彻劳动和社会保障部、国家经贸委、财政部、教育部、国家统计局、全国总工会《关于加强国有企业下岗职工管理和再就业服务中心建设有关问题的通知》（劳社部发［1998］8号）、河北省《关于实施再就业工程若干政策的通知》（冀政［1997］42号）、邯郸市《关于对全市再就业工作实行整体推进和重点突破的实施意见》（邯字［2000］43号）等若干政策规定，结合企业实际，峰峰局先后制定了《下岗职工再就业服务中心管理办法》、《再就业管理制度》、《下岗职工进出中心管理办法》、《下岗职工培训办法》、《再就业资金管理办法》及《会计核算办法》等近30项政策措施，为再就业工作提供了政策保障和制度基础。

建立健全了下岗程序。一是各单位首先制定减人增效方案，明确生活保障和安置措施以及人数和时间，经单位职代会讨论通过后，由局（集团公司）向邯郸市再就业办公室申请下岗指标，经批复后按方案组织富余职工下岗。二是职工下岗后由企业、再就业服务中心和下岗职工本人三方签定《下岗职工基本生活保障和再就业协议书》，填写《求职意向表》，并纳入再就业服务中心管理。从1998年1月到2006年7月，累计进中心人数为33139人。三是安置下岗职工首先送达《再就业通知书》，同时解除《下岗职工基本生活保障和再就业协议》，随之办理出中心手续。另外，各再就业服务中心普遍建立健全了下岗职工档案、卡片、统计报表和统计台账等，从而规范了工作程序，理顺了工作关系。

（四）再就业资金的筹集和使用

按照河北省再就业工程领导小组办公室、河北省财政厅《关于再就业资金使用申报有关问题的通知》（冀再就办［1998］6号）的精神，峰峰局首先建立了再就业服务中心、财务及社保部门之间，相互协调、互为监督的长效机制。即再就业服务中心负责编制资金的使用计划和生活费的发放。财务部门负责拨付资金及监督资金的使用去向，社保部门负责保险基金的缴纳。其次，对再就业资金实行专户储存、专账管理、专款专用。第三，按照“三三制”政策规定和要求，按月到省申请政府财政资金，到市申领社会筹集资金。在企业生产经营十分困难、资金极度紧张、职工工资低位运行并大量拖欠在岗职工工资的情况下，特别是在“非典”的非常时期，采取借支等措施，千方百计筹措内部资金，确保了资金的及时到位和下岗职工基本生活费全部及时发放及社会保险费的足额缴纳，促进了矿区的稳定和发展。

1998 年 1 月至 2006 年 7 月，共筹集资金 1.73 亿元。

1998 年 8 月至 2005 年 8 月，共申领财政资金 8857 万元。

2000 年 1 月至 2005 年 8 月，共自筹资金 6050 万元，申领社会资金 2395 万元。

生活费标准为：1998 年 1 月至 1998 年 7 月，为 157.5 元/人；1998 年 8 月至 1999 年 6 月，为 180 元/人；1999 年 7 月至 2006 年 7 月，为 234 元/人。

（五）建立监督检查机制

1998 年至 2006 年，峰峰局（峰峰集团）开展了三次单位自查自纠行动，先后五次组织财务、审计或纪检部门对所属单位的再就业服务中心工作进行了检查，进行现场指导和交流，并对所发现的个别问题进行及时纠正，对普遍存在的问题或问题较重的提出整改意见，责令限期整改，随后对重点单位进行复检。监督检查长效机制为规范基本生活保障和再就业工作起到了保驾护航的作用。

（六）采取有力措施，安置下岗职工再就业

局（集团公司）先后三次展开全面调查。在中心的 33139 名下岗职工中，40 岁以上的占 67.4%；男职工占 77.33%；女职工占 22.67%。这些下岗职工年龄普遍偏大、学历偏低、技能单一，再就业困难，加之长时间下岗，家庭生活十分困难。针对下岗职工的分布、年龄结构、协议到期、距退休不足五年和工龄满 30 年以及劳动合同到期等各种情况，进行了详细的摸底调查，并广泛征求基层再就业意见，经过反复测算、分析、论证，提交了《下岗职工现状的调查及分析》，并提出了可行性意见，为领导决策和制定政策提供了依据。

1. 积极发展经济，增加再就业岗位。为了更多地安置下岗职工，局（集团公司）明确规定，新建项目一律不外招工，所需人员全部由内部职工调剂，并首先安排下岗职工。为了搞好这项工作，采取双向选择、竞争上岗的方法，选聘责任心强、身体条件好、技术素质高的下岗职工，经培训后充实到新的工作岗位。如新建矿井梧桐庄矿安置下岗职工 1222 人，大淑村矿安置下岗职工 1589 人，新建项目羊渠河焦化厂安置下岗职工 560 人，五矿矸石热电厂、九龙矿矸石热电厂、孙庄矿矸石热电厂共安置下岗职工 667 人。为了增加就业岗位，各二级单位利用资金、技术优势和闲置厂房开办了养殖、种植、加工维修、备件制作等小型多经项目，安置了一部分下岗职工。

2. 强化劳动力调控，安置下岗职工。为了给下岗职工创造更多再就业岗位，局（集团公司）规定，对企业自然减员和合同到期减员一律不招工，对确需招用人员一律在下岗职工中调剂。为了落实好这项工作，要求各基层单位必须建立空岗报告制度，凡是有空岗的单位，必须向局（集团公司）报告，经调查核实确需补充人员时，首先安置本单位下岗职工，本单位下岗职工不足时，集团公司从其他单位下岗职工中调剂解决，严禁擅自对外招收新工人。通过加强内部调剂，共安置下岗职工 1 万余人。其中，从二矿、三矿、五矿、通二矿、孙庄矿几个衰老矿井向其他生产矿井调剂安置下岗职工 6000 余人；各二级单位通过内部调剂安置下岗职工 3500 余人。

3. 制定优惠政策，鼓励下岗职工到井下工作。煤炭企业属于劳动密集型企业，由于受井下工作条件的影响，工人在井下服务的年限比较短，劳动力更换快，经常出现缺员。为了鼓励下岗职工到井下工作，局（集团公司）及时出台政策规定，凡是符合下井条件愿意到井下工作的下岗职工，在本人原有技能工资的基础上增加 2 至 3 个档次的技能工资予以奖励。对年龄在 40 周岁以下到采掘一线岗位工作的，增加 3 个档次的技能工资；对年龄在 40 至 45 周岁到井下辅助岗位工作的，增加 2 个档次的技能工资。下井后连续工作满五年及以上的技能工资予以保留。通过实施这项鼓励政策，从 1998 年以来，共有 2000 多名下岗职工离开中心走上了井下工作岗位。

4. 企业自筹资金，积极办理内部退养。为贯彻落实好上级再就业政策，切实解决大龄下岗职工因学历偏低、技能单一造成再就业困难的实际问题，根据上级政策有关规定，集团公司研究制定了《实行企业内部退养的管理办法》，对距退休年龄不足五年或工龄满30年的下岗职工，可申请办理内部退养。截至2008年，共为648名下岗职工办理了内部退养手续，使这部分大龄下岗职工的生活有了保障。

5. 开展劳务输出，促进下岗职工异地再就业。煤矿下岗职工虽然文化程度不高，劳动技能比较单一，但大多数下岗职工已在煤矿工作多年，具有从事井下工作的实践经验和实际操作能力。针对这种情况，积极到外地煤矿了解用人信息，组织下岗职工异地承包煤矿工程。先后到山西、河北蔚州、唐山等地方煤矿承包采掘工程，共输出劳务人员500余人。为了加强对再就业工作的指导，解决下岗女职工就业难的问题，还积极与当地政府部门联系，成立了下岗职工再就业服务站，举办各种培训班，提高下岗职工劳动技能，共举办各类再就业培训班91期，培训女职工2133人，利用再就业服务中介机构向社区服务中心输送家政服务员198人，组织700余名下岗女职工在社会上承揽各种钩编业务进行生产自救。

6. 引导下岗职工转变择业观念，自谋职业、自主创业。局（集团公司）按照“坚持实行劳动者自主择业，市场调节就业，政府促进就业”的就业指导方针，在发展生产、增加就业岗位、千方百计安置下岗职工再就业的同时，教育和引导下岗职工树立职业平等和劳动光荣的观念。2008年有200多名下岗职工主动与企业解除劳动关系到社会上自谋生路。为了鼓励下岗职工自谋职业、自主创业，局（集团公司）还筹集资金400余万元，建立了扶贫基金会，制定了小额贷款管理办法，以每人3000元无息借款的方式资助下岗职工自主创业。到2008年，企业共发放小额贷款156万元，资助463名下岗职工通过自主创业，实现了再就业。

通过以上一系列积极有效的措施，使下岗职工再就业工作取得了一定的成效。从1998年1月到2006年8月，共分流安置下岗职工33139人。

局（集团公司）连续多年被邯郸市评为“下岗和再就业先进单位”，2004年，又被河北省授予“2004年再就业先进企业”称号，并在省召开的再就业工作大会上介绍先进经验。

四、工伤工作

1995年前，峰峰局的工伤认定和标准是按照国家《劳动保险条例规定》执行的。1996年，劳动部下发《企业职工工伤保险条例施行办法》，河北省制定了相应的实施细则，由企业管理和操作。2003年4月，国务院颁布《工伤保险条例》，河北省制定了《工伤保险实施办法》。根据上级精神，2005年，集团公司下发了《关于印发<工伤保险实施办法>的通知》，并就各部门的职责进行了划分。

工伤管理业务分为工伤认定、停工留薪期确认（含延长）、劳动能力鉴定等内容。

（一）工伤认定

职工发生事故伤害，用人单位须按《工伤保险条例》规定逐级报告。

组织工伤申报材料逐级上报认定，河北省工伤认定部门自受理工伤认定申请之日起，60日内作出工伤认定决定，结论下达后，按《民事诉讼法》规定程序送达。

对不能按规定时限进行申报的，用人单位须提交延时申请，经省工伤管理部门批复后，按批复延长时限申报。

2004年1月至2008年9月，申报工伤方式为直接递送工伤材料进行认定。2008年9月，集团公司被河北省列为第二批网上申报工伤单位，并开始试运行。

（二）停工留薪期确认（含延长）

认定结论下达后，上报停工留薪期确认材料并确定停工留薪期期限。

对停工留薪期满，不能恢复工作仍需继续治疗的，工伤职工可以提出延长申请并上报省进行确认。

（三）劳动能力鉴定

工伤职工停工留薪期满后，申请人提出劳动能力鉴定申请，鉴定事项包括：工伤职工伤残等级鉴定；

护理依赖等级鉴定；延长停工留薪期确认；配置辅助器具确认；旧伤复发鉴定；工伤直接导致疾病确认；供养亲属完全丧失劳动能力鉴定。工伤职工由于工伤导致其他疾病、申请护理依赖以及申请辅助器具配置的，可在申请伤残等级鉴定时一并提出。按河北省鉴定中心统一安排编制鉴定计划、确定鉴定地点并组织工伤职工进行鉴定。鉴定结论下达后按《民事诉讼法》规定程序送达申请人。

五、职工队伍

1989年至2008年，局（集团公司）职工人数及职工队伍构成变化比较大。1989年，职工总数为86340人，之后职工人数逐年减少。1994年79277人，1997年68989人，2003年56484人，2005年44668人，2007年末为45943人。

截至2008年底，全部职工47925人，在岗职工47051人，其中：煤炭生产32766人，多种经营8010人，后勤服务及其他6275人，离开本单位仍保留劳动关系职工874人。

按用工性质分类，2008年底，固定职工22194人，合同制职工15378人，农民轮换工28人，农民合同制10325人。

按学历分类，2008年底，初中以下1614人，初中20556人，职高285人，高中10390人，技校6601人，中专2938人，大专3725人，本科1785人，研究生31人。

按年龄分类，2008年底，20岁以下1358人，21至30岁10448人，31至35岁6856人，36至40岁8239人，41至45岁9399人，46至50岁5923人，51至55岁4576人，55岁以上1126人。

按技术等级分类，2008年底，普通工人7360人，技术工人32471人，其中：高级技师4人，技师197人，高级工7820人，中级工13266人，初级工8206人，无等级工2978人。

第六节 物资供应

一、管理沿革

1989年到1992年，是计划经济管理时期，物资由国家统一分配管理和由中央直属部委分配管理。包括黑色金属、有色金属、化工建材以及坑木木材和机电产品等，均由中煤总公司直供和管理，直接分配指标到中煤总公司河北公司，再由省具体分配到峰峰局。局供应处参加相应的全国订货会，落实计划数量。钢材计划的落实参加全国钢材订货会，坑木木材计划的落实参加每年两次的全国木材订货会，机电产品的计划落实参加全国机电产品订货会等。在订货会上供需双方签定合同，落实各种具体事项。物资紧张时曾派专人进驻钢厂和东北林区催货，以保证使用。

1992年和1993年，实行的是计划经济与市场经济双轨并行制度，也是计划经济向市场经济的过渡时期。这期间，计划指标越来越少，计划内物资的价格也不再具有优势，有些物资的质量如坑木的质量得不到保证。市场经济迅速发展，规模逐渐扩大，价格也被市场认可，企业可以从市场上采购弥补计划内指标的不足，来满足生产的需要。

2002年，国家市场经济体制趋于完善，除了特殊物资外，其余物资完全可以通过市场渠道满足。

2003年，集团公司实行物供体制改革，成立了物资供销分公司，实行“集中采购、集中储备、集中配送”的“三集中”物供管理新体制。充分发挥集团采购的优势，降低了采购成本，杜绝了积压报废，实现了矿（厂）零库存，使物资供应形势顺应了市场经济大趋势。

二、物流产业

（一）企业物流

随着我国市场经济体制的完善，传统的局、矿两级分级采购、分级储备的物资供应模式，越来越凸现出“采购形不成批量、采购费用高，物资积压报废严重，储备资金占用多，资金周转慢，采购过程不透明、监控难，用人多，效率低，成本不实”等弊端，严重影响着企业发展。2003年，峰峰集团对物供体制进行改革。所属矿（厂）实施“三集中”物供管理体制，取消各矿（厂）分仓库。2005年，物资供销分公司对12个矿（厂）的仓库进行了全面清理，共清理、关闭仓库132个，清理沉淀、积压物资4500余万元。同时，物资供销分公司在12个生产矿井设立驻矿供应部，建立井口物资超市。2007年8月，新增驻煤化工供应部，建立煤化工物资超市。除国家规定的特殊储备物资外，其他物资由供应商提供，物资供销分公司进行“代储代销，超市化管理”，不占用集团公司资金，有效解决了旧体制的弊端。

实施“三集中”物供管理体制，促使集团公司内部物资供应规模集聚，形成了企业内部物流。

（二）社会物流

改革后的物供体制不仅顺应了市场经济趋势，而且在运行中缔结了成熟的供应链。2005年，物资供销分公司走出去向社会要效益，大力开拓社会物流，谋划出“建一流公司，创物流品牌”的远景发展目标，做大做强物流企业，开始了企业物流向物流企业的根本性转变，员工观念开始了由“坐商”向“行商”的根本性转变。

1. 社会物流规模

为适应企业和市场的变化，2006年5月，成立了邯郸鼎峰物流有限公司，专门从事社会物流。鼎峰公司与物资供销分公司合署办公，为一套人员，两块牌子。2006年，鼎峰公司的对外营业收入为6.6亿元，2007年50亿元，2008年80亿元。

2. 驻外物流基地

2005年9月，物资供销分公司在山西柳林建立了第一个省外物流基地，在当地汇丰集团属下的5个煤矿建起了井口物资超市，平均年经营规模在2000万元以上。

2007年5月，物资供销分公司在内蒙古鄂尔多斯市伊金霍洛旗乌兰木伦镇石圪台村建立起第二个省外物流基地，主要对当地煤矿企业提供物资服务。

省外物流基地的建立，为当地企业节省了大量的人力、物力和财力，实现了“双赢”结果。同时，标志着物资供销分公司迈出了向物流企业转变的关键一步。

（三）国际物流

2006年，物资供销分公司对国际物流进行了为期一年的调研，探讨了发展国际物流的战略规划并进行初步实践。2007年2月，在山东日照成立了日照峰峰国际物流有限公司。公司为三方合资企业，注册资金为1000万元，鼎峰物流公司相对控股。鼎峰物流公司在日照设办事处。

2007年，公司与澳大利亚、罗马尼亚、韩国等国家的多家企业签定了钢材贸易协议。由于国家调整了钢材出口退税政策，钢材贸易未如期实施。2008年，受美国次贷危机引发的全球金融危机影响，公司为规避风险，及时撤回资金。

第七节　设备租赁

峰峰局在1986年4月组建了设备租赁站，隶属于峰峰局机电处管辖。当时只有几间平房、几间小仓库，场地是一片渣堆，名为设备租赁站，实际上是个设备仓库，仅有少量设备租赁。2003年9月改制为设备租赁分公司后，实现了两大转变：一是将各矿设备自购转化为集团公司统一采购；二是实现集团公司内部有偿租赁服务。

一、实行统一采购

（一）发挥集中采购优势，降低了采购成本。通过招标、议价等形式，以采购数量大、资金额高的优势，提高了谈判地位，降低了采购成本。据分析可降低采购资金投入20%。

（二）优化设备选型，减少设备购置数量。通过对购置设备的技术性能、质量保证、可靠性、统一性、互换性、维修性提出统一要求，统一规格型号，扩大了单台设备使用覆盖范围，有利于用户之间的调剂使用，备用少量设备即可满足多用户使用，减少了设备购置数量。

（三）解决了各矿设备购置资金渠道多及账外资产的问题。实行租赁前各矿存在从延深工程和改扩建工程中购设备、安全基金投入上买设备、技改资金中买设备、更换无煤安标志购设备、通过材料购置设备等等。这些设备到矿后，有一部分不在固定资产账上，从财务资产管理账上无法掌握和管理，只有具体管理设备的设备科少数人员知道，无法避免无偿外借和流失。通过集中采购，解决了各矿设备购置资金渠道多及账外资产的问题。

（四）促进廉政建设，堵塞了腐败滋生的漏洞。实行统一采购，招标议价，采购程序透明度高，防止出现暗箱操作、营私舞弊现象。

二、实行内部租赁

（一）形成了市场化运作机制。实行租赁有偿服务，按规定标准缴纳租金，闲置起来的设备也得交租金，这就促使用户想方设法最大限度地充分使用设备资源，有利于提高设备利用率。退租机制促使用户加强管理，不用的设备尽快退租，达到降低无效占用的目的。

（二）实现矿与矿之间的平等竞争，真实反映管理效绩。租赁设备只要使用就得交租金，租金标准、经济政策一致，改变原来的提完折旧就报废的观念，使各个用户平等使用设备资源。由于设备租金随着新旧系数的变化逐年减少，可促使用户延长使用年限，减少租赁费支出，降低成本，体现谁加强设备管理谁就能提高效益的绩效成果。

（三）扩大对外创收资源。所有设备统一纳入租赁范围后，在租赁设备可退租机制下使大量闲置的设备相互调剂使用，同时对长期用不上的设备实施对外租赁，扩大了对外创收资源。

（四）有利于设备残体收入资金的集中回收管理。所有设备统一纳入租赁范围后，逐年会形成大量的设备退租、报废，无法修复利用的设备残体等，通过集中回收，统一定价拍卖，有利于收入资金的统一上交管理。减少各行其是，各自买卖废钢铁，杜绝了自行定价给企业造成损失的现象。

（五）实现资源共享，提高设备出租率。对各矿原有设备建立全局调节机制，实现资源共享，减少维简资金投入，降低了库存，提高了设备出租率。1989 年，开展设备租赁时设备出租率仅为40%，2007 年，设备出租率达到90%左右，极大地减少了无效占用。

（六）便于统一协调管理。租赁经营后，不管资金渠道如何，同属租赁设备，统一记账注册管理，资源底数清，便于统一协调、统计、分析，采取措施解决问题。

（七）有利于信息化管理。利用微机联网使全局设备储备信息共享，优化了物流渠道。以微机联网形成的信息网络为纽带，形成了企业内设备选型、租赁、调剂、经营、管理、维护、保障的体系。

（八）通过在用户之间的调剂使用，A 矿不用时 B 矿用，填补用户在设备使用过程中的时间差。集团公司库存保证租赁使用，使用户消除大而全、小而全的思想，从而减少设备购置量。

第八节 内部审计

为了企业的健康发展，查错防弊、堵塞漏洞，保护国有资产安全完整，1985 年 4 月，峰峰局组建了内部审计机构。1987 年 7 月成立审计处。2002 年 11 月，审计处改为审计部，设审计事务中心，挂靠在审计部。

一、审计工作发展情况

（一）内部审计起步阶段（1989 年至 1994 年）

这一阶段内部审计工作的主要任务是查错防弊、堵塞漏洞，保护国有资产安全完整，争当企业的经济卫士。主要类型为财务收支审计、决算审计、离任审计、专项专案审计、审计调查、内控审计、承包经营审计，配合局各项重点工作以及领导临时交办的各项审计任务等，主要是在事后审查和监督。

1. 配合治理经济环境，开拓审计领域，开展审计工作。清理“小金库”76个，收缴金额25.77万元，严肃了财经纪律，加强了货币管理。抽调审计人员参加打击经济犯罪活动，配合专案侦破工作。配合邯郸市财政局进行社控大检查，同时部署二级审计机构进行社控专项自查，查出违控金额9.43万元。相继对六十三处领导离任审计、建筑总公司财务收支和资金效益审计、二矿物资供应管理专项审计，同时积极参加了河北省煤炭厅组织的联查互审。

2. 围绕企业承包经营工作，服务企业经营决策。根据中煤总公司《终结审计实施方案》和河北省煤炭厅中煤冀审字［1990］第2号文件通知，为全面考核局属单位的六年承包经营状况及主要指标完成情况，进行认真安排和部署，下发《关于对局属单位承包经营责任终结审计的安排意见》，从14个处室抽调58名业务骨干，从1990年8月开始，历时两个月，对局属28个单位实施了承包经营终结审计。

对建筑总公司实施资金财产审计，为领导班子交接澄清家底；对局属32个单位的已决专用基金工程进行审计，发现工程未完预估列决项目204项893.3万元；工程未动工，按计划列决项目15项155.5万元；设备未购，按预算列决的4个单位共12台件18.5万元。

严肃财经纪律，促进加强管理。抓决算管理，对26个生产单位财务决算进行审计，审计面达89%。首次开展对基建施工单位的决算审计，重点抽审11个单位，抽审面达73%。开展定期审计，对局第一中学、第二中学、教育中心、第一医院等4个单位进行定期审计，加强了这些单位的核算管理。组织全局财税物价检查和对“小金库”的清查。

3. 围绕促进企业提高经济效益开展审计。先后对建材厂、建筑总公司、集体企业公司机安修配厂合同执行情况、综采设备使用情况、计划外工程等10个项目开展了效益审计或审计调查，促进增收节支45.1万元，提合理化建议39条。

4. 围绕促进企业健全内控制度开展审计。对小屯矿、质监站、第二医院、第一中学等8个单位开展财务收支审计，对行政处承包经营和牛儿庄矿瓦斯工程投资专项审计，还开展了对六年总承包终结审计的续审、能源部审计结论落实情况调查和决算审计等，查出有问题金额1250.5万元，提出健全内控制度建议52条。对多种经营公司下属一公司、二公司的20个摊点进行审计，提出20多条切实可行的建议。

5. 狠抓“三个延伸”，促进完成“双控指标”。即重点向提高经济效益方面延伸、向完善内部控制方面延伸、向维护企业经济利益方面延伸。为促进企业成本、盈亏双控指标的完成，以经济效益为中心，开展了效益审计、专项审计和审计调查81项。对制品厂、二矿、通二矿经济效益审计，对三个施工企业应收工程款审计调查，对二矿、五矿等4个单位进行专项审计，对牛儿庄矿、三矿、孙庄矿等单位开展效益审计，对医院、学校经费支出单位仍进行定期审计。制定《关于对承包经营集团“先审计后兑现”办法》，提高了审计的地位和权威影响力。开展基建项目审计和5项经济合同审计、18项承包经营审计，在维护企业利益方面发挥了积极作用。

6. 积极搞好各种专项审计和专案审计。对钢铁厂与邯郸市残疾人联合会联营合办的建华钢厂的合同履行情况进行专项审计。为缓解局资金紧张的形势，开展了备用金专项审计。配合纪监部门，对建材厂和梧桐庄矿进行专案审计。对马头配件厂支柱生产经营情况进行审计调查，对制品厂进行承包经营责任审计，对五矿矸石热电厂工程建设进行审计，对九龙矿进行专项审计。同时还参加了上级审计部门各项审计任务。

7. 开展财务决算审计。抽审面均达到80%以上，查出计划外工程、乱挤成本、应转未转收入挂账等问题计1500多万元，并在决算中进行了纠正。基层审计人员自审面达到100%，查出有问题金额1100多万元，实现增利减亏1000万元以上。另外，基建财务决算审计查出有问题金额939.84万元，审计面达到80%。

（二）内部审计发展阶段（1995年至2000年）

这一阶段内部审计工作的主要任务是围绕和配合企业中心工作，不断拓展审计领域，充分发挥审计监督职能，促进企业加强经营管理，提高管理水平。工作主要类型为财务收支审计、决算审计、离任审计、专项专案审计、审计调查、内控审计、承包责任审计，配合各项重点工作以及领导临时交办的各项审计任务等。在此基础上，积极开拓工程审计领域，开展了各项井上、下工程预决算审计，以及资本性投资审计，强化了工程开工管理、过程管理以及资本性投资资金管理等的审计程序。为配合企业改制，开展资产专项审计，促进企业盘活资产，提高资产利用效率，防止了国有资产的流失。开拓审计领域，局审计处开展了矿（厂）长离任审计，基层审计机构开展区（科）长离任审计，有的单位还开展了重要岗位人员的离岗审计（如保管员、办事员等岗位），并逐步形成制度。1997 年，在全国煤炭系统介绍了经验。重视制度建设，建立和健全各项规章制度，制定了《内部审计工作规定》。

1. 开展矿处级领导干部离任审计 40 项和基层区队长离任审计 35 项，促进了企业经营管理。转发《煤炭企事业单位负责人任期经济责任审计规定》，对羊渠河矿、九龙矿、新三矿、黄沙矿、五矿、二矿、机械总厂、建筑总公司、工程处、梧桐庄矿筹备处、大淑村矿筹备处等 40 个单位的处级领导进行了离任审计，对通信中心、供电部、租赁站等小承包单位进行承包经营审计。基层审计机构也坚持了离任审计制度，对 35 个区队长进行基层离任审计，有的单位还开展了重要岗位人员的离岗审计，如保管员、办事员等岗位，分清了经济责任，使审计制度得到了延伸。峰峰局审计经验在全国煤炭系统进行介绍和推广。

2. 开展财务决算审计，确保年度经营成果的真实和完整。召开各年度决算会议，部署决算审计任务。下发了《关于年度决算审计工作安排意见》，明确决算审计的范围、时间、界限、内容和重点，提出决算审计“三同步”、“三结合”的方法和要求。同时为保证决算资料的真实反映，局提出矿（厂）决算审计面要达到 80% 以上，基层有审计机构的要达到 100%。经过审计，全局 1995 年至 2000 年决算共查出违纪金额 1.1384 亿元，并都在决算上报前进行了纠正处理，纠正后促进企业增利减亏 5848 万元，确保了经营成果的真实反映。

3. 围绕企业每年中心重点工作，发挥审计职能和作用。配合企业改制，开展了资产专项审计。为促使企业盘活资产，防止国有资产流失，先后对黄沙矿、万年矿、牛儿庄矿等单位的部分资产进行审计，通过实地盘点、账物核实、分类汇总等方法，查出账外资产 68 万元，并进行了重新登记，为局公司制改造奠定了基础。同时组织对局管物资及非煤炭产品外购情况的审计调查，牵头组织对多经、三产项目贷款使用效益及还款时间与能力的调查，参加全局建筑市场执法大检查工作、局纪检联查工作、局机关清仓查库、清理“小金库”、财务大检查等项工作，促进了企业各阶段重点工作的顺利进行，充分发挥了审计的职能和作用。

4. 拓展审计领域，开展工程审计。根据节约工程支出和净化投资环境的内在需要，下发了峰煤［1998］439 号文件，规定自 1999 年 1 月 1 日起，对全局资本性投资实行审计，不经审计不得开工和竣工决算。采取就地审计与送达审计相结合的方式和听取汇报、察看现场、查阅资料等方法，完成了全局数十个重点工程的竣工决算审计，共审计投资金额 2.84 亿元，查出施工单位高套定额、重复计算工程量、多计费用以及损失浪费等问题金额 899 万元，共核减工程投资 414 万元。同时在坚持执行工程开工审批的基础上，制定《建设工程结算、决算审计实施办法》，仅 2000 年就审计工程定案资金 2201 万元，审定资金 2107 万元，核减资金 94 万元，减少了工程损失浪费，节约了工程支出。

5. 开展财务决算审计。参与了决算会议和决算审计工作，下发了《关于 1999 年度决算审计工作的安排意见》，明确了决算审计的范围、时间、界限、内容和重点，提出决算审计“三同步”、“三结合”的方法和要求。全局决算审计共查出违纪金额 877 万元，并在决算前进行了纠正处理。纠正后促进企业增利减亏 688 万元。

（三）内部审计完善阶段（2001 年至 2008 年）

这一阶段内部审计工作的主要任务是围绕企业提高经济效益以及企业经营战略发展目标开展工作，以完善内控、加强管理，提高效益为中心，开拓审计领域，创新审计方法和手段，突出重点，强化监督，使审计监督关口前移，实现审计工作从事后审计到事前、事中审计，从现场审计到远程网络审计的转变。审计工作以管理和效益为主线，坚持把查处问题与促进改革、完善制度、强化管理结合起来。对于审计发现的典型案件，不仅审深审透，严肃处理，还深入分析，找出问题的原因和症结，从完善制度、机制上有针对性地提出审计意见和建议。

1. 认真组织决算审计，拓宽财务收支审计领域。2001年至2008年，开展决算审计296项，财务收支审计1945项，决算审计和日常财务收支审计共查出违规违纪金额3.3063亿元，纠正后增利减亏1.3841亿元。制定了各年审计工作计划和安排，认真部署年度工作，分解落实任务，历年均按要求完成了各项任务。对没有独立审计机构的单位和大单位、重点单位进行了直审和抽审，对查出的各种问题全部进行了纠正处理，增加利润减少资产流失3000多万元。2002年6月，下发了峰煤审［2002］233号《关于对局属各单位进行财务收支联查互审的通知》，组织全局审计人员，组成6个审计组，对局属13个矿、7个厂、3个施工处、2个医院、7个机关分流单位和多经公司等33个单位进行了财务收支联查互审，通过联查互审，加强和规范了各单位资金财务管理，并使全体审计人员得到学习交流和锻炼，提高了自身业务素质。

2. 围绕企业改制和机构调整，加强了资产负债损益审计。主辅分离辅业改制，是集团公司2004年深化改革的一项重点工作，按照上级和集团公司的要求，认真组织了对改制单位资产负债损益的审查核实。查出少计收入、多列成本等问题2211万元，防止了资产流失；核实少列成本、资产损失等潜亏1816万元。在处理了大量历史遗留潜亏、清产核资未能解决的损失等问题后，审计结果为净潜盈395万元，整理了专项材料向集团公司领导进行汇报，为领导决策提供了依据，为资产评估和改制后企业的规范运作打下了基础。积极参与重点工作。对3个主要电厂进行了经营情况调查，为领导决策和加强预算控制提供了依据。集团公司准备兼并某备件厂，派审计员进行了调查，发现潜亏损失5200多万元，净资产－4080万元，资产负债率163%，经调查调整后净资产为－9300多万元，资产负债率达403%，为领导进行兼并重组决策提供了依据。

3. 开展住房公积金审计，加强专项资金管理。2005年3月中旬到6月底，对集团公司住房资金管理中心自1993年至2005年的有关住房公积金归集、管理、使用情况进行了专项审计。经统计有17个单位欠交公积金和利息4939万元。期间下发文件并两次召开专题会议。经审计，各公积金缴存单位与住房中心资金核对一致；25个单位住房公积金资金与个人明细账总额核对一致；调入及劳务输出人员未登记个人公积金账户和漏统计人员进行了补登记。6月末，清理收回了各单位欠款，促进了住房资金的规范管理。

4. 开展对二级单位经营者的期薪兑现审计。根据集团公司对二级单位经营者薪酬管理政策和审计工作安排，通过查阅账表、凭证、核实数据、调查了解等方法，对集团公司所属单位2003年至2005年的期薪组织了兑现审计，共审计28个单位，拓宽了审计领域，发挥了审计作用。

5. 实施货币资金专项审计。根据集团公司内部控制的要求，开展了货币资金管理的专项审计，分别对九龙矿、黄沙矿、薛村矿、羊渠河矿、马头洗选厂、煤炭运销分公司、电业分公司、物资供销分公司等13个单位进行了专项审计，出具审计报告13份，货币资金管理专项审计查出隐藏收入纠正处理后增加利润36万元。在2007年全省“双优双先”内部审计评比活动中，该项目评为省“优秀审计项目”。

6. 划清责任、规范管理，实施经济责任审计。修改完善了峰峰局（峰峰集团）《单位领导人员任期经济责任审计实施办法》，要求做到有离必审，摸清家底，划清责任。2001年至2008年，集团公司两级审计机构共开展经济责任审计345项。其中集团公司开展了62项，主要对九龙矿、梧桐庄矿、新三矿、万年矿、羊渠河矿、黄沙矿、物资运销分公司、神风公司等单位的矿、处级领导干部，以及对多个改制单位和多经公司、电业分公司等单位的负责人开展了任期经济责任审计。基层审计机构则主要对本单位区（科）长进行任期经济责任审计。经过实地盘点库存、调查了解、座谈分析，核实了家底，划清了责任，为领导决策和以后规范运作提供了经营和决策的依据。

7. 实施专项审计，促进企业加强内部管理。2001年至2008年，共开展专项审计642项，促进企业加强专项内部管理，堵塞了管理漏洞。完成了对河北省化学工业研究院债权债务情况专项审计调查、神风公司资产质量调查、二矿社区肥乡分厂账务审查、驻京办事处终结审计调查、物资采购招标情况审计监督管理等专项审计和监督任务。同时积极参与集团公司经营活动分析、矿井关闭破产清算、清产核资、效能监察、基层绩效考核、班子考察等重点工作，充分发挥了审计的监督职能和作用。开展企业改制专项审计调查，按照局资产重组、企业改制部署，2001年对拟改制的孙庄矿焦化厂和行政处牛奶场进行全面审计，通过审计，牛奶场净资产从审前的4200元，增加到53.2万元，维护了企业利益。2002年初，对钢铁厂财务状况进行专项审计，发现钢铁厂潜亏损失及轧钢炼钢不良资产近6000万元，局派出监管组对钢铁厂实行财务监管，切实维护了企业的利益。

8. 强化工程审计，以节约支出和净化投资环境为重点开展工作。针对工程审计过程中发现的高套定额、虚报工程量、签证不真实、多取费、多调材差等高估冒算问题，不断完善审计方法，总结以往工程审计在工程竣工验收后实施，有些损失无法挽回的教训，对部分工程项目采取提前介入，事中审计与工程进度同步进行，逐步实现了对工程项目的全过程审计。下发了峰煤审［2002］122号文《关于进一步加强建设工程项目审计的决定》和《关于强化2002年资本性投资管理工作的若干规定》，明确了实施工程审计的依据、审计范围、审计程序、内容、重点和审计方法，使建设工程审计逐步实现制度化和规范化。2001年到2008年，累计开展工程审计937项，累计审核工程预算资金13亿元，累计核减工程资金4000余万元。

二、建章立制及培训工作

（一）加强基础制度管理工作。根据国家《审计法》和《煤炭行业内部审计工作暂行规定》等相关法规，制定了《内部审计工作规定》。

（二）建章立制。根据《审计法》、《审计法实施条例》和审计署《审计机关审计处理处罚的规定》，结合集团公司实际情况，制定了《内部审计处理处罚规定》，为内部审计工作的顺利开展奠定了基础。2004年，制定下发了《关于强化审计工作的意见》、《关于创建优秀审计项目的通知》、《关于修订审计工作考核标准的通知》，进一步加强基础工作，强化考核指导，落实审计工作目标责任制。同时创建优秀审计项目，做细审计工作，使审计工作水平不断得以提高。

（三）组织编写各种文件规章汇编制度。根据国务院及河北省国资委文件要求，结合集团公司实际情况，对《内部审计工作规定》、《单位领导人员任期经济责任审计实施办法》、《建设工程项目审计实施办法》、《审计人员岗位资格证书和后续教育实施办法》进行了修改完善，进一步明确机构、人员、工作、程序、权利和责任。并组织骨干力量对国家和集团公司出台的主要审计法律法规文件等进行整理汇编成书，编印了《审计财经法规制度选编》，组织集团公司所有审计人员培训学习该书内容，为审计工作提供了制度保障，使审计工作进一步制度化、规范化。

（四）推进审计信息化建设工作，切实提高审计效率和质量。为适应审计信息化的要求，加快审计信息化工作进度，提高审计工作质量和效率，经过多方筛选和市场调查，引进了北京中普审计软件，配置了人手一台电脑，实现网络资源数据共享，为11个基层审计机构开设审计端口，方便基层进行实时同步审计，使审计方法和审计手段更加科学、准确，切实提高审计的质量和效果。

（五）加强指导，基层审计工作扎实有力。进一步加强对基层审计工作的督导，整合审计资源，提高审计质量，组织审计人员进行联查互审，对集团公司所属单位进行全面审计。2001年至2008年共开展审计项目4680项，查出各种违规违纪问题金额资金3.3063亿元，促进增收节支提高效益1.3841亿元。同时还积极配合参与集团公司中心重点工作，发挥了审计的监督管理职能。

（六）组织业务培训，提高审计队伍素质。根据省、市内审协会后续教育和《审计人员岗位资格证书和后续教育实施办法》的要求，组织全体审计人员分批定期参加省、市内审协会、财政部门、上级管理部门组织的各种审计培训班的学习，提高审计人员专业胜任能力。鼓励审计人员利用各种时间参加各种审计、会计职称、社会执业资格以及学历考试，通过各种途径提高专业技术技能和胜任能力，不断提高个人专业综合素质和团队合作精神。截至2008年底，集团公司两级审计机构在册审计人员63人，其中高级职称2人，中级职称39人，初级职称19人，其他3人；本科以上学历19人，大专学历33人，其他11人。

第九节　法律事务

一、合同管理

（一）1989 年至 2002 年合同管理工作

从局到矿普遍制定了合同管理制度。所有对外的重大合同，必须有法律顾问参与洽谈、起草、签约及监督履行，合同都经过法律顾问或合同管理员的审查，并加盖合同专用章后方能生效。

1. 局、矿（厂）普遍成立了合同管理领导机构和网络体系。峰峰局成立了经济合同管理委员会，主任由局长担任，副主任由经营副局长和局总工程师担任。各矿（厂）均成立了相应的合同管理领导小组，并设立了专兼职的合同管理员。

2. 严格了“三师审查、两级审批”等项制度。局合同管理办法规定，所有经济合同必须经“三师”先审查，即：工程师负责审查合同的技术可行性；经济师负责审查合同在经营上的可行性；律师或法律顾问负责审查该合同的合法性。“两级审批”是指合同必须经局、矿两级合同管理机构进行审批通过后，才能正式签定生效。

3. 强化了对矿、处领导和合同管理人员的合同法律培训。1990 年 9 月，峰峰局根据国务院关于在全国实行“中国经济合同统一文本”的通知精神和邯郸市工商局 27 号文件精神，举办了“中国经济合同统一文本培训班”，经考试合格，由邯郸市工商局统一颁发签定合同资格证书，为全面实行签定合同持证上岗制度奠定了基础。全局共有合同管理机构 60 个，专兼职合同管理员和持证签约上岗人员 600 余人。

4. 开展了“守合同重信用”活动。峰峰局自 1989 年到 1991 年，共签定合同 1.0320 万份，金额达 17 亿多元，合同履约率 100%，被邯郸市工商局命名为“守合同重信用”单位，其中有 7 个单位进入省级“守合同重信用”单位。1990 年，峰峰局又被邯郸市工商局评为“邯郸市经济合同管理先进单位”。

5. 建立了法人授权委托与合同专用章统一编号管理制度。为了保证局属分支机构和处室，如运销处和供应处，对外签定合同主体资格的合法有效，防止因签约主体不合格，影响合同的效力，局统一下发文件规定，由局法人主体对各二级单位和有关对外签约处室办理了授权委托手续，完善了法人授权程序。同时将运销处和供应处对外签约合同专用章的名称，由原来的“运销处”、“供应处”经济合同专用章变更为“峰峰矿务局经济合同专用章”，并采用编号登记的形式进行确认和管理，保证了局对外签定各类合同的法律效力，同时也避免了处室对外签约，因合同主体不合适而造成的纠纷。

6. 加强对各级行政领导干部的专业法律、法规培训，提高依法治企的法律意识。1990 年至 1991 年，峰峰局组织了 137 名行政领导干部参加的“河北省经济法律法规培训班”，重点学习了《经济合同规范》、《市场经济秩序概论》、《企业的社会责任》等。通过学习，各级领导普遍提高了法制观念和管理水平，仅 1990 年，拒付不合格材料和延期到货合同就达 37 份，金额 53.1 万元。各级领导还通过了四次全省统一考试，平均分数均在 90 分以上，峰峰局在结业典礼大会上介绍了经验。此外，各矿（厂）多数单位也都分别举办了此类学习班，全局共办班 120 期，受训人员达 6700 多人次，有力地推动了专业法律法规的学习，对依法管好和办好企业发挥了明显作用。

7. 建立了“分级管理、统一授权、分工负责、归口把关”的管理体制。进一步加强了“三师审查、二级审批”制度，制定了合同签定前的资信调查、合同谈判、合同审核到最后盖章的详细规定，坚持做到事前防范、事中控制，定期到基层检查合同履行情况，发现问题，及时指导解决。通过加强合同管理工作，使合同管理真正起到了预防经营风险第一道防线的作用，从而避免了大量对外经济纠纷的发生。1995 年至 2002 年，共审核各类合同 2000 余份，合同金额 1 亿多元，参与重大合同和项目合作谈判 50 余次，资信调查 200 余件，出具法律意见书 80 余份。

（二）2003 年以后的合同管理工作

1. 参与起草、审核重大合同和重大项目的谈判，并对集团公司各单位的合同管理制度的执行情况及合同的签定、履行情况进行指导、监督。审核了磁西井田勘探、勘察、普查工程合同；集团公司新办公楼有关合同；集团公司煤气层项目；起草修改了集团公司与中化集团的投资合作协议，对集团公司与矿区政府签定的资产置换协议进行了修改等。2003 年至 2007 年间，共审核各类重大合同 300 余份，标的额 10 亿元。

2. 参与了集团公司的主辅分离辅业改制、重组，并提供法律意见。2004 年至 2007 年，法律事务中心先后参加了各改制单位的改制方案论证会，为改制单位设计股权证书，并就改制方案中涉及的有关法律问题出具了法律意见。同时参与了地方煤矿的重组工作。指导外聘律师对黑龙洞、富峪、岳城、开发中心 2 号和 3 号、中兴、保方、龙岗等重组煤矿进行现场调查取证。

3. 首创了“委托持股协议书”，作为信托公证合同标准文本使用。采取了一股代多股方式，破解因股东限制导致工商注册受阻难题，将此文本推广改制及破产重组单位使用，为改制工作顺利进行提供了法律保障。

4. 参与集团公司重大招投标活动。讨论修改了集团公司关于物资招标采购方面的规章制度，担任物资招标采购工作评委，并担负招标采购评分表的制定工作。2003 年至 2007 年，共参加招标 56 次，招标金额达 10 亿元。集团公司连续数年获得省、市级“守合同重信用”单位、“重质量守信誉单位”和“诚信企业单位”等荣誉称号。2007 年，又获国家级“守合同重信用”单位称号。

5. 承办了集团公司及所属单位的年检执照工作。2002 年，到国家工商行政管理总局办理了峰峰集团有限公司企业名称的工商预名核准登记，保证了集团公司整体改制的顺利进行。自债转股及改制以来，为集团公司所属的 25 家分公司办理了工商注销、设立登记；为兴泰、利泰、阳光公司办理了名称变更并变更了登记机关；根据关闭破产需要，为各破产改制单位办理了公司营业执照；对集团公司及所属各单位的工商年检实行统一、集中办理。

6. 举办法律培训班，提高各级领导和专业管理人员的法律意识和专业水平。2004 年、2005 年，先后邀请专家学者到峰峰集团举办法律培训班，重点学习《公司法》、《合同法》等内容，集团公司和各单位领导及专业管理人员共有 430 人参加培训。

二、案件管理

（一）1995 年之前的案件管理工作

积极开展诉讼、非诉讼和清欠等活动，努力维护企业的合法权益。法律顾问处及所属单位自 1986 年至 1995 年，共为局和二级单位代理各类行政、经济、民事等纠纷案件 83 件，为企业挽回经济损失 5000 多万元；共配合运销处及有关单位清欠 50 多次，清回货款 500 余万元；代理商标、专利案件 20 余件。较好地保护了企业的合法利益。

（二）1995 年至 2002 年的案件管理工作

1. 经济案件管理

这一阶段诉讼案件以经济纠纷案件为主，多为煤炭货款或生产物资欠款引发，且为多年欠款呆账、死账、赖账，因为欠款周期长，一些案件胜诉后往往执行困难，清欠难度大。针对这一情况，峰峰局主动与峰峰矿区人民法院建立了“法庭进驻企业”合署现场办公的长效机制，矿区法院在峰峰局设立了巡回法庭。这一机制，有利于人民法院在案件处理上及时与企业沟通，也大大地降低了案件的诉讼成本，使许多长期拖欠棘手的经济案件得到了较为顺利的执行。据不完全统计，1995 年至 2002 年，共处理各类经济纠纷案件 60 余起，涉案金额 6000 余万元，挽回经济损失近 3000 余万元。

2. 行政收费、行政处罚

积极探索、研究抵制“五乱”行为。在针对地方政府的行政收费、行政处罚的案件中，坚持原则性和灵活性有机结合。依照国家的有关法律法规和政策，调研实际情况和历史原因，进行详细分析，对行政机关作为不当问题，及时向其提出异议、说明情况，有效地避免了国有资产的流失。

严把“两证一书一卡”收费管理制度关。“两证”即《收费许可证》和《收费员证》。所有行政机关到企业收费时，执法人员必须出示物价部门核发的《收费许可证》和《收费员证》，收费时必须使用省财政部门统一印制的收费票据，所有收费一律按文件规定的最低标准执行。“一书”即《进企业收费批准通知书》。为防止行政机关提高收费频次、扩大收费范围和搭车收费，所有收费部门进企业收费前必须到物价部门开具《进企业收费批准通知书》，其内容包括收费项目、范围和时限。“一卡”即物价部门向企业发放《缴费登记卡》，着重对行政机关的收费行为进行监督。执收人员如实在《缴费登记卡》上填写收费单位、时间、项目、标准、金额等内容并签章。在审核中把合法性要求贯穿始终，形成了中心内部行政处罚、收费三级审核制度。

3. 明确收费项目、收费标准

坚持每年初以政府文件下发公示的现行行政事业性收费项目为依据，监督政府收费行为，对各种处罚、收费的主体、项目、标准依法进行对照、清理、界定，抵制了各种巧立名目的“乱收费”现象的发生。规范下属二级单位行政交收费项目、收费标准，进入微机化管理，以便企业缴费时，可自行根据收费部门核对收费项目、收费标准。由于加强了这方面管理，维护了企业的知情权。通过对基层审核人员广泛宣传国家的法律法规和相关政策，克服了一些缴费单位对行政机关的畏惧心理，消除了对政策认识上的误区，得到了企业的积极响应，做到积极缴纳合理收费。1995 年至 2002 年间，共审核各类行政收费、处罚案件 240 余件，涉案金额 1 亿多元，与行政机关磋商、协谈近 200 余次，避免经济损失 7000 余万元。

4. 行政复议、行政诉讼

1995 年，行政收费、行政处罚项目繁多，各类行政收费种类多达近 30 种，行政机关“五乱”行为严重，依法行政缺乏应有的规范，加之从本部门的利益出发，乱收费、乱处罚时有发生，每年各类行政收费金额多达数千万元。这一时期，企业经营困难，步履维艰。在此背景下，峰峰局充分利用《行政复议法》、《行政诉讼法》具有的维护、监督、防止、纠正功能和作用，超前防范，始终坚持对行政机关具体行政行为的合法性和适当性进行审查的原则，及时准确地向行政机关依法提起复议和诉讼。1995 年至 2002 年间，通过听证、复议、诉讼手段，办理各类行政收费、行政处罚案件 40 余件，涉案金额 5000 余万元，避免和挽回经济损失 2000 余万元。

5. 积极参与企业的破产重组

四矿被列入国家首批资源枯竭矿井政策性破产名单后，积极参与破产前企业主体变更为企业法人的工商注册登记工作，并向邯郸市中级人民法院申请破产，办理了公告等有关法律手续，保证按时进入破产程序，为峰峰局以后资源枯竭矿井的破产能够顺利进行打下了坚实的基础。

（三）2003 年以来的案件管理工作

1. 代理各类诉讼、非诉讼案件，维护集团公司合法权益。法律事务中心成立以来，共代理各类诉讼、非诉讼案件 200 余件，避免和挽回经济损失 6000 余万元，其中代理重大、复杂、疑难案件 20 余起。其中代理的邯郸市裕峰煤化有限公司、峰峰焦化厂欠款纠纷案和中国节能投资公司欠款案，涉案标的达 3000 万元以上，终审由最高人民法院管辖。法律中心组织协调并邀请法学界江平等权威教授进行案件研讨，出具法律意见书，促进案件的公正审理，依法维护了峰峰集团的合法权益。同时办理了许多影响重大、复杂的案件。

2. 创建行政案件协调机制，采取行政诉讼途径，有效抵制行政机关乱收费、乱罚款，维护企业合法权益。2003 年 3 月，峰峰集团有限公司、峰峰矿区人民法院、峰峰矿区政府法制办公室共同成立行政案件协调小组，其工作重点是协调矿区各行政执法部门对局及下属企业的乱收费、乱罚款的问题。行政案件协调小组的成立和运作，促进了政府依法行政，大大减轻了企业的经济负担。据不完全统计，每年企业为此减少支出近 2000 万元。同时针对重大影响的行政案件，采取行政诉讼方式解决。

三、配合有关部门依法清欠

峰峰局于1998年成立清欠办公室，坚持依法清欠的工作原则，与矿区法院巡回法庭联合办案，2003年以后通过诉讼、非诉讼方式共为集团公司清欠2000多万元。

四、创办涉诉纠纷案件协调中心

2008年5月，集团公司与峰峰矿区法院联合设立峰峰涉诉纠纷案件协调中心。

协调中心实行领导责任制度，对案情复杂、影响极大的案件，主管副主任亲自主持协调。实行例会制度，对调解工作进行阶段性总结，分析研究存在的问题。对符合条件的案件及时协调结案，对发现的问题及时督促主办人妥善解决；对重大疑难复杂、影响面大的案件，及时向协调中心有关领导汇报，必要时召集听证会。严格考核奖励制度，根据协调案件的数量、协调率及履行率，对成绩突出的人员进行奖励，对考核差的进行批评教育。

协调中心主要运作程序：一是法院立案庭在受理涉诉集团公司的民事、行政、执行等案件时，在坚持合法、自愿的前提下，首先征求对方当事人的意见，同意调解的，转送协调中心进行诉前调解。二是经协调中心诉前调解，双方当事人达成调解协议需要出具调解书的，由案件管辖区域法庭到立案庭办理相关立案手续，出具调解书。三是调解达不成协议的，由协调中心出具调解终结书，通知当事人到立案庭办理立案有关手续，由管辖区域法庭负责审理。四是对立案庭转到协调中心进行诉前调解的案件，由立案庭通知案件管辖区域的法庭配合协调中心进行调解。五是协调中心受理案件后，及时研究案情，主持涉案的有关单位、业务主管部门、当事人进行调解，沟通意见，探求共同点，消除分歧，达成共识。

第十节　精细化管理

一、精细化管理课题的提出

2003年以来，面对新形势、新任务，峰峰集团领导班子认为，必须在继承发扬优秀文化和成果的基础上，从转变观念入手，以先进文化为引领，明确企业发展目标和方向，不断创新管理，才能调动和激发广大职工的积极性、主动性和创造性，才能搞好煤矿的安全生产，开辟企业生存发展的新天地。在深刻反思、反复论证、统一思想的基础上，集团公司从提升企业整体管理水平和推进企业发展需要出发，学习借鉴先进企业经验，把管理作为企业文化建设的核心，建构了“以企业战略和企业理念为引领，以FRIP人本精细化管理为基础，以安全生产为重点，以视听觉识别系统、文明行为养成、环境刷新为支持”的具有自身特色的企业文化总体框架。特别是FRIP人本精细化管理模式运行，使精细化管理融入到了每个工序与工作环节之中，形成了企业文化直接作用于日常管理的操作平台。

二、精细化管理的内涵

F（Feng）是代表峰峰集团特色的管理模式，R（Responsibility）是责任，I（Interaction）是互动，P（Performance）是绩效，基本要素包括：5E标准、6S行为规范、ABC三卡、管理人员走动管理、“手指口述”工作法、军事化管理、日清日结、三工并存动态转换机制、班前（后）讲评和礼仪、集体升入井、看板管理、定期评议等12个支撑要件。

5E标准，就是人人有标准、事事有标准、时时有标准、处处有标准、物物有标准。6S行为规范，就是按照“整理、整顿、清洁、规范、素养、安全”的要求，结合岗位、工种作进一步量化、细化、深化，提升现场管理水平。ABC三卡，统称精细管理考核卡。其中“A卡”是职工的当班作业卡，每人每班一卡；“B卡”是当班每个职工的讲评卡，由当班班长填写；“C卡”是职工当月的考核卡，通过“B卡”的相加累计，最终得出每个职工当月的绩效情况，评出优秀员工、合格员工、试用员工。管理人员走动管理，是管理人员到现场巡查，实行有效控制的手段。包括：巡查时间、巡查次数、巡查区域、巡查内容和巡查过程中发现即解决的问题等部分组成。“手指口述”工作法，是通过心想、眼看、口说、手指的指向性集中联动而达到强制注意的科学规范的操作方法，使职工养成在操作中确保各个环节运作规范的良好习惯，不但能够培养职工会现场干，而且会现场管理的能力。军事化管理，是指通过培养军人作风，提高执行力、服从力、战斗力，做到一举一动有规，一招一式有序，实现规范操作、精细管理。日清日结，就是对当班劳动绩效进行评价，每日结算，并进行打分排序。三工并存动态转换，三工并存，是每月按照ABC 三卡考核结果加上走动管理调控考核结果进行本单位全员排名，排出优秀员工、合格员工、试用员工，并进行奖惩。动态转换，是指根据职工的实际表现在每日、每月或一定时间内进行转换，形成良性的、动态的转换竞争机制，使职工都感觉到压力和动力。班前（后）讲评和礼仪，就是利用班前会，对职工的上一班的工作表现和当班的工作要求进行讲评。班前（后）礼仪由班组长主持，约 15 分钟。主要内容包括：齐诵企业理念和安全誓词、齐唱企业之歌、员工评议、工作总结、安全注意事项等。集体升入井，是以班组为单位实行集体升入井过程的组织控制，旨在杜绝职工在上下班过程中的违章违纪现象，避免零散作业人员单独升入井带来的不安全隐患，强化联保互保的能力。看板管理，主要是对工作标准、岗位责任、制度规范、工艺流程以及收入分配等内容，通过看板的形式予以公示，让每个管理人员和职工通过看板，清楚工作区域的实际情况和要求。定期评议，是指职工对本单位管理人员的走动管理进行的评价。每月至少评议一次。评议的结果作为管理人员收入分配和业绩考核的重要依据。FRIP 精细化管理运行程式的 12 个支撑要件是这一管理模式有效运行的保证体系。其中，5E 标准、6S 行为规范、ABC 三卡、走动式管理、“手指口述”工作法、军事化管理、日清日结、三工并存动态转换是精细化管理的“硬件”建设；班前讲评和礼仪、集体升入井、看板管理、定期评议是精细化管理的“软性”支撑。软硬结合，联系紧密，做到了相互补充、相互作用、相得益彰，能够确保 FRIP 精细化管理始终在健康的轨道上运行。

2005 年 10 月，峰峰集团召开动员会，并以党政文件下发了开展精细化管理的《决定》，全面启动落实 FRIP 人本精细化管理。各单位态度端正，执行坚决，全面掀起了推进精细化管理的热潮，使精细化管理覆盖至企业工作的方方面面。

三、精细化管理的应用

（一）细化岗位标准，做到有章可循。按照“科学规范，严密精细”的管理理念，完善了 11 大类 293 项管理制度，制定了 218 个要素的考核评价体系，形成了较为规范的内控制度管理体系。

（二）开展养成教育，严格行为规范。以“行为规范养成年”活动为载体，抓基础、抓岗位、抓养成，推行安全确认管理、风险预控管理。

（三）注重细节管理，养成良好习惯。培养严谨的工作作风和良好的精神风貌。

（四）拓展覆盖领域，延伸过程控制。分别从党建工作、矿（厂）务公开、廉政建设等方面，拓展精细管理的覆盖面。

（五）建立考核机制，确保持续优化。建立保障运行机制，对重点推进的项目全部实行项目负责制，从领导到员工，都明确了各自的职责和任务，力求使原有管理的每一个环节和工序，比原来更加细致、准确、有效。

四、精细化管理的延伸

2007 年下半年以后，峰峰集团在巩固 FRIP 人本精细化管理的基础上，积极推进“五精”（精细、精准、精确、精益、精美）管理，致力打造“九力”（凝聚力、亲和力、执行力、管控力、经营力、现场力、创新力、学习力、文化力）团队，走出了一条提高员工能力、推行卓越管理、增强企业综合实力的创新之路，为企业高效运转注入了文化动力，有力推动了企业管理迈向新的更高境界。

第十一节 绩效考评

1990年后，市场的作用日益显现，峰峰局与地方统计局结合，在企业效益考核上，做了一些探索和尝试，但由于指标单一，仅按年初下达的计划指标判定经营实绩，难以全面客观反映企业实际经营状况。此后，峰峰局积极探索科学合理的综合评价考核体系。2002年底，首次提出了建立以绩效评价为主的考核分配机制，将绩效评价与考核作为企业管理创新的重要手段，纳入企业管理全过程。先后出台了《绩效评价办法》、《子（分）公司、直属专业公司、院校经营者绩效评价操作细则》、《机关各部门绩效评价操作细则》、《二级单位季度绩效考核例会工作制度》等文件。2003年，在集团公司范围内全面实施了企业绩效评价。绩效评价与考核工作从浅入深、由点到面，逐步完善，先后制定完善了一系列考评制度和政策，基本建立起一套符合企业实际情况，并具有自身特点、比较先进的集团化绩效评价管理模式。

一、绩效管理职责

峰峰集团从集团公司机关到二级单位陆续配备了专职（兼职）的绩效考评人员，进行了专业知识学习培训，加强了绩效考评工作的力量，并明确了职责和分工。2003年，集团公司成立了绩效考核委员会，委员会下设办公室，负责集团公司绩效评价工作的指导、组织、协调和日常管理工作。其职能，一是贯彻执行国家和集团公司绩效评价工作的有关政策和制度；二是指导、协调集团公司绩效管理工作；三是编制、修订集团公司绩效管理规章制度及考核指标体系；四是定期组织对二级单位经营者、机关各部门开展绩效评价与考核。

二、绩效管理运作模式

绩效评价主要分两个层面：一是集团公司对各单位（部门）的绩效评价与考核；二是各单位（部门）内部的绩效评价与考核。

（一）对所属单位经营者年度绩效薪酬考核

对所属单位经营者绩效薪酬的考核，主要采取年度评价和季度考评例会相结合，以年度评价为主的方式进行。评价考核指标体系分为定量指标和定性评议指标两部分，定量指标占80%，定性评议指标占20%。定量指标是根据企业发展战略和年初集团公司党政工作会确定的奋斗目标，结合企业内部全面预算管理制定，包括利润、成本、产量、资本保值增值率、调入洗原煤量等反映经营、生产、技术、质量、安全方面的相对、绝对指标和反映企业职能特点的个性指标，对所属企业进行定量对比分析和评判。定性评议指标是对定量指标的完善和补充。为尽量避免人为因素的干扰，定性评议指标从民主测评、机关主要部门对二级单位综合管理水平的评价、评价工作组现场评价，并结合集团公司党委对领导班子成员年度评价等方面综合考量并尽可能定性指标定量化。建立并实施了季度绩效考核例会和经济运行分析例会工作机制，以例会的形式督促经营者对年度经营业绩考核目标的执行，及时发现和解决生产经营中存在的各种问题，制定措施，监督整改，确保目标完成。例会工作机制的建立与实施，对集团公司全面、及时地掌握企业生产经营运行态势，安排部署下步工作，客观、公正地评价各单位经营效益和工作业绩起到了积极的促进作用。

（二）对集团公司机关部门绩效评价

对集团公司机关部门绩效评价主要以季度评价考核方式进行。评价内容分定量指标和定性评议指标两部分。机关部门季度重点工作目标为定量指标占70%；临时交办的主要工作、机关部门行为规范、精神文明建设评议指标、部门内部绩效评价工作为定性评议指标占40%（其中：临时交办的主要工作作为加分项占10%）。集团公司机关部门绩效评价综合考虑公司主管领导对分管部门的评价、各部门自我评价、机关评价工作组评价、直属党委对精神文明建设指标评价四方面因素，并按A、B、C、D四档整理形成各部门季度评价结果建议意见，报集团公司绩效考核委员会审议。审议批准的最终结果与部门绩效工资挂钩。

（三）各单位（部门）内部绩效评价

集团公司对各单位（部门）的内部绩效评价工作如何开展原则上不作硬性规定，但各单位（部门）都要从自身管理的实际出发，结合集团公司重点目标责任制，按照集团公司规定的总体框架，制定出与自身特点相适应的绩效评价考核体系。

经过探索和实践，以绩效评价为主的薪酬分配机制在提高企业内部管理水平，创新经营理念，调动员工积极性和创造性等方面的作用日益明显。

绩效管理体现科学性。一是预算考核指标体系设计更加科学。在预算考核指标设定上，每年通过增加或调整各单位预算考核指标来积极引导二级单位经营方向，把集团公司的发展战略和经营目标贯彻落实下去。如2005年和2006年，将煤化工项目、外购煤、入洗原煤调运、煤炭产品结构调整、煤矿企业联合重组指标与有关单位挂钩；2007年和2008年，紧紧围绕集团公司精煤产量创水平目标，加大了调入洗矿入洗原煤、洗煤厂洗精煤等指标的考核比重和力度。特别是集团公司确立2010年总体发展目标之后，及时将矿井扩能技改等有关工作纳入绩效考核范围，严格督导考核，强化责任追究，确保目标实现。同时，又将国家重点调控的节能降耗等指标与各单位挂钩，既促进了集团公司经营重点工作目标的实现，又保证绩效评价及考核工作为实施科学发展、持续发展服务。二是考核结果更加趋于合理，并普遍得到各单位的认可。

绩效管理体现全面性。一是绩效管理覆盖面全。绩效评价作为推动企业经济发展和加强企业管理的重要手段，紧紧围绕企业中心工作，将高绩效的考核目标和激励机制引入到企业工作的方方面面，推动绩效评价工作向工作现场和生产一线延伸，考核到岗位，考核到员工。二是绩效管理的内容全。不仅制定了确保集团公司发展战略和生产经营目标实现的定量指标，而且根据社会发展和企业实际，将定性指标综合考虑并尽可能定量化，以对定量指标进行有益的补充和完善，使绩效评价体系更趋全面、客观和公正。

绩效考评形式灵活多样。在绩效考评形式上，除坚持正常的二级单位季度考核例会、年度绩效评价，还积极开展了走动式管理、机关部门对二级单位综合管理水平的评价，以及二级单位内部领导述职、民主测评等行之有效的办法，加强了绩效管理的过程控制，实现绩效管理全员参与，使绩效管理水平不断提高，绩效管理不断创新。

绩效管理工作注重双向沟通。一是在编制下达预算考核指标时，充分听取基层单位和管理部门的意见，既体现先进性，又考虑客观性，区别情况，分类下达。二是强调考核结果与职工进行双向沟通，明确绩效考核的目的，不是单纯为考核而考核，而是为改进工作，提高绩效。三是在整个评价过程中，评价工作始终是在一个公平、公正和民主的平台上进行沟通与交流。一方面考核工作组充分尊重被评价单位的监督权和申诉权，求真务实，规范操作，自觉接受各单位的监督和质询；一方面深入了解二级单位的实际情况，在面对面交换意见的过程中，注意倾听对集团公司绩效评价的意见和建议，在信任中加强沟通，在沟通中加深理解，在理解中共同提高。

绩效管理工作注重评价考核与树立标杆相结合。除坚持正常的绩效评价与考核外，还始终坚持以表彰和树立先进典型的方式促进各单位向先进看齐，将总结、宣传、推广各单位先进管理理念和经验作为年度绩效考评的一项重要内容来抓，营造了比学赶超的浓厚氛围。同时，绝大多数单位的经营者把每年一度的绩效考评作为相互学习、共同提高的管理平台，有意识地吸收班子成员和中层管理干部参加考评，虚心听取和记录其他单位的好经验、好做法，并及时组织相关管理人员到兄弟单位学习取经，努力赶超先进水平。在每年的经营者年度绩效考评工作中，都以绩效简报专刊的形式，推广介绍一批较好单位的先进经营理念、管理特点和特色经验。通过广泛宣传、典型示范、理念浸润等手段，推进各项管理工作再上新台阶。

第五章　改革改制

峰峰局（峰峰集团）始终坚定不移贯彻执行党和国家的方针政策，紧密结合企业实际，积极改革创新，努力推动企业发展。1978年至1988年期间，峰峰局按照中共中央“调整、改革、整顿、提高”八字方针要求，清除“左”的思想影响，大力开展治理整顿，促进了企业的长足发展。1988年之前，特别在生产技术和生产工艺上进行了改革。如1981年至1985年，峰峰局采煤工艺最突出的特点是实施高档普采工艺，可以说，这是峰峰局采煤工艺的一场革命。

1989年以后，以邓小平南巡重要讲话和党的十三届七中全会精神为指针，全面贯彻落实国务院关于推进经济体制改革的方针政策和《全民所有制企业转换经营机制条例》，进一步完善企业内部改革，加快转换经营机制步伐，认真实施“劳动、人事、分配”三项制度改革和住房制度改革。1991年，峰峰局成立了深化改革领导小组。1992年至1993年，通过制定总体改革方案，明确改革的内容和改革的原则、方法、步骤，进行试点和探索，推动转换经营机制工作开展。1994年8月，制定了《深化改革、转换经营机制实施要点》，明确了改革的总体思路、基本框架和发展目标。1996年，进一步完善了“生产主体、多种经营、后勤服务”的“三条线”管理。1997年，积极推进“三条线”管理和以产定人，打破了内部“大锅饭”。1998年，下发了《关于主副分离、主服分离的若干意见》、《关于完善再就业服务中心建设和规范托管下岗职工程序的通知》。1999年，加快资源枯竭矿井关闭破产工作。进入21世纪以后，相继组织了管理体制变革、辅业改制、建立现代企业制度等深层次的改革。

2000年，实施第一个资源枯竭矿井关闭破产时，成立了峰峰局资源枯竭矿井关闭破产领导小组。随着改革任务的不断加大，峰峰集团于2004年，先后成立了资源枯竭矿井关闭重组办公室、改革改制办公室。并成立了分离办社会职能工作领导小组，办公室设在资本运营部。随着企业改革、改制和破产、兼并重组步伐的加快，集团公司以资本为纽带的控、参股子公司越来越多，2008年8月25日，成立了出资企业监管办公室。

第一节　三项制度改革

一、人事制度改革

（一）实行领导干部试用期制

1989年4月开始，峰峰局开始试行领导干部试用期制，对新提拔的副处级行政干部实行试用期一年。1993年3月，对领导干部试用期制度进行了规范，明确规定凡属越级提拔的干部、提拔到本级岗位任职不到两年又提拔的干部、改变专业的干部、某些方面有争议的干部，均实行试用期制。试用期限为一年，试用期满，组织人事部门进行考察，胜任的履行正式任命手续，不宜正式任命的干部仍回原岗位或另行安排工作，不胜任的按原职级安排工作。并规定在试用期内，行使同级正式领导干部职权，享有同级正式领导干部的政治、生活待遇。

（二）完善聘用制干部管理

1993年8月，局党政制定了《贯彻执行<中组部、人事部全民所有制企业聘用制干部管理暂行规定>的实施细则》，明确了从工人中聘用干部的条件、程序、聘期以及管理，规定聘用干部必须在本单位定编、定员、定岗基础上进行，干部满编的单位不得从工人中聘用干部。

（三）建立领导干部聘任制

1995年8月，局党政下发了《关于管理人员和专业技术人员实行聘任（用）制的暂行办法》。此后，峰峰局领导干部任用方式由任命制变为聘任制，按照干部管理权限，行政副处级以上领导干部由局党政联席会讨论，局长聘任；党群部门副处级以上领导干部由局党委常委会讨论决定。

（四）公开招聘、竞争上岗

从2001年起，峰峰局先后在梧桐庄矿和局机关个别处室对部分管理岗位和专业技术岗位实施了公开招聘、竞争上岗。并对招聘的实施程序和受聘人员的有关待遇及劳动关系管理进行了有益探索。集团公司成立以后，此项工作日臻完善和成熟，成为集团公司选人用人的主要渠道，多次组织了公开招聘、竞争上岗。

2002年11月，配合局机关机构改革，出台了《关于局机关管理人员竞争上岗的意见》，成立了竞聘工作领导小组和竞聘上岗评审委员会，规定除由局长直接聘任和局党委研究决定安排的部门主要负责人，以及按规定通过选举产生的各级负责人外，部分副处长、主任师、全部科级及科级以下管理人员，实行了竞争上岗、双向选择。

（五）机构改革

峰峰局（峰峰集团）为适应企业在不同时期的需要，1989年以来，先后三次对机关进行大的机构调整和定编定员。

1995年，制定了《关于局机关管理人员和专业技术人员实行聘任制的暂行办法》，在全局全面推行了管理人员和专业技术人员聘任制。制定了《关于局机关机构改革精简分流方案及实施意见》，推行岗位技能工资制，局机关处室机构及职责进行了较大调整。局机关完成机构改革后，所属单位进行了机构改革和定编定员。

2002年，按照公司制要求，对局机关机构进行了合并、划转、撤销、重组、新设等调整，局机关职能机构由原来的28个调整为20个。职能部门的人员编制控制在300人以内，管理人员减少135人。

2008年，为适应冀中能源集团成立及管理体制变化的需要，通过新设、撤销、划转、调整、合署等方式，对集团公司机关机构进行了改革，调整后机关职能部室由23个减少为19个，进一步理顺了管理体制，提高了管理效率。薛村矿、梧桐庄矿、新三矿、牛儿庄公司、马头洗选厂等5个单位进行了机构设置及管理人员定编定员试点，在此基础上，集团公司制定了基层单位机构设置及管理人员定编工作方案。

二、分配制度改革

（一）统一的煤炭企业等级工资制度

1988年至1994年期间，在企业实行总承包的前提下，不断改革和调整职工工资。1988年，在全局范围内实行了浮动升级。随后，又根据生产建设新形势的需要，实行了质量标准化和企业升级达标奖励浮动升级。1990年，建立了职工正常升级和效益浮动升级制度。1991年至1994年，局以各单位当年或两年原煤、精煤产量、盈亏、安全、进尺、原煤全员效率和质量为效益指标，完成的给予职工晋升效益工资，并按分项指标完成情况计算升级比例，采取了“两年考核、依据考核结果固定”的办法。

（二）岗位技能工资制度

1995年开始，峰峰局在积极推行全员劳动合同制的同时，进行岗位技能工资制改革，建立和推行了以岗位工资为主的基本工资制度。岗位工资单元有：岗位工资、技能工资、特殊行业工资、辅助工资、效益工资。

（三）公司制下的工资制度

2003年以后，适应现代企业制度的要求，由原来的岗位技能工资制改为以岗位要素为主的岗位工资制。岗位工资单元有：岗位工资、年功工资、津补贴、保留工资。这一工资制度实施后，随着市场劳动力指导价位和最低工资标准的调整，集团公司先后于2005年、2008年7月又进行了两次较大的工资标准的调整。

三、劳动用工制度改革

（一）用工制度

1976年以前，计划经济时代企业实行单一的固定工制度。从1977年起，峰峰局在井下采掘工人中使用农民协议工和轮换工。1984年底开始招用劳动合同制工人。1985年至1995年6月，企业实行以全民固定工、劳动合同制工人、农民轮换工为主的用工方式。1995年7月，全体职工依法签定了劳动合同，实行全员劳动合同制。2003年7月18日，对改制为集团公司以及全资、控股子公司的职工，用工主体由原用人单位变更为改制企业，采取解除原劳动合同，集团公司以及集团公司全资、控股子公司与职工签定新劳动合同的方式变更劳动合同。根据《劳动法》及有关法规、政策制定了《劳动用工管理制度》、《劳动合同管理办法》。以加强劳动合同管理为突破口，引入竞争机制，取消员工身份界限，变身份管理为岗位管理，实行全员竞争（竞聘）上岗，建立与劳动者双向选择、择优录用、能进能出、能上能下的用工制度。2007年，从招工、规范用工行为、强化监督检查等方面进行了明确，逐步改变由直接面向社会招用工人为通过技工学校有计划培养后，择优录用工人，即变招工为招生。经集团公司批准招用井下工人，优先从技校生中招用，特殊情况，方可适当招用农民合同制工人。2008年，为认真贯彻落实《劳动合同法》，制定了《关于贯彻劳动合同法加强劳动用工管理的通知》。

（二）农民工管理

1989年，制定下发了《关于完善农民轮换工制度的实施办法》，完善了轮换工管理及回乡生产补助金统筹管理制度。1995年，制定了《实行农民轮换工回乡生产补助金制度实施办法》，将用人单位缴纳回乡生产补助统筹金的比例由13%改为12%，个人仍按月工资收入的5%缴纳。按照《河北省统一企业职工基本养老保险制度实施意见》，从1999年1月1日起，凡各矿从农民中新招收使用的井下工人，按《关于招用农民合同制工人实施办法（试行）》，实行农民合同制工人管理。2006年重新修订了《招用农民合同制工人管理办法》。

（三）劳务用工

2001年，制定了《实行劳务用工管理的暂行办法》，规定劳务输出人员在生产工作期间由用人单位负责，本人与原单位劳动关系保留，劳务输出期间不办理正式调动手续。实行劳务输出（入）用工形式，为下岗职工的安置以及关闭破产单位职工安置发挥了积极的作用。2003年，为解决集体企业工的就业问题，制定下发了《使用集体企业劳务管理办法》，经集团公司批准，由集体企业公司与用人单位协商一致，采取劳务输出的方式，到集团公司所属用人单位从事生产工作。

第二节　辅业改制

一、主辅分离辅业改制

（一）总体方案的批复。2004年，按照河北省国资委《关于省属15户企业实施主辅分离辅业改制的通知》（冀国资字［2004］112号）文件精神，结合集团公司的实际情况，经过反复研究，集团公司制定了《主辅分离辅业改制整体改革方案》。4月23日，改制方案经集团公司党政联席会和经理办公会通过；4月26日，经集团公司第一届职代会第五次会议讨论通过；4月29日，河北省国资委组织财政厅、劳动厅、国土资源厅、总工会等有关部门对改制方案进行了联合论证；5月27日，河北省国资委以冀国资字［2004］196号对集团公司主辅分离辅业改制总体方案予以批准。集团公司的主辅分离辅业改制组织实施工作正式开始。

（二）清产核资、财务审计和资产评估。根据辅业改制单位大小不同、资产状况不同，集团公司决定对辅业改制单位分批组织开展清产核资、财务审计和资产评估工作。从2004年7月初，安排了第一批单位开展清产核资、财务审计和资产评估工作，并上报河北省国资委申请选聘中介结构。省国资委通过公开招聘程序，选聘了河北新世纪会计师事务所、邯郸通达会计师事务所、邯郸华信地产评估咨询有限公司为财务审计、资产评估单位。中介机构到集团公司辅业改制单位开展财务审计、资产评估工作。辅业改制单位的清产核资、核销资产损失和资产评估结果，经省国资委通过网站进行了公示，予以审核批准。2005年5月全面完成了8个单位的清产核资、财务审计和资产评估工作。

（三）职工安置方案的编制和审批。按照河北省冀政办［2004］6号文《关于国有企业改制规范操作意见》的要求，在改制过程中要落实民主监督、民主管理和维护职工的合法权益，要求职工安置方案必须交职代会审议和无记名表决通过。因此8个辅业改制单位的职工安置方案，按程序全部经过公示，并分别在单位职代会或职工大会上，以无记名投票的方式表决通过。集团公司要求改制单位对职工的经济补偿金和安置费必须三榜公示，并在发放职工补偿金和安置费过程中，由劳资、社保、财务、审计、工会和纪委等有关部门到现场进行指导、监督，确保安置费用公开、公平、公正，阳光操作。

（四）资产处置方案和改制实施的编制和审批。在财务审计和资产评估的基础上，依据河北省劳动和社会保障厅审批的职工安置方案执行。辅业改制单位编制的资产处置方案，严格按照上级辅业改制文件的政策规定执行。经缜密研究，并经集团公司党政联席会研究通过。辅业单位编制的改制实施方案，都经过集团公司组织的有关部门论证，集团公司党政联席会通过，交本单位职代会审议，充分征求职工意见。集团公司内部程序完成后，再上报河北省国资委有关部门指导和审核。

二、辅业改制的实施结果

（一）人员情况

8个改制单位共涉及人员11129人。通过职工安置方案组织实施，共分离安置职工7093人。其中：利用有效资产重组安置就业3701人（含集体混岗工186人），内退安置职工653人，选择自谋职业安置2739人（含混岗集体企业工1869人）。

（二）资产情况

8个改制单位原账面资产总额4.3893亿元，负债3.2734亿元，净资产1.1159亿元。经中介机构评估，河北省国资委产权处核准后，8个单位的资产总额4.5529亿元，负债3.5639亿元，净资产为9890万元。

8个辅业单位通过改制，转换了经营机制，实现产权和职工身份双置换。国有资本在新公司中投资4457万元，占注册总资本金1.9428亿元的22.9%，国有资本退出比例达77.1%。其中二矿支护厂国有资本全部退出改为民营，神风公司国有参股占30%，其他6个改制单位国有参股都在20%以下。8个辅业单位在改制过程中吸引个人资本1.4971亿元，其中现金5481万元。

（三）资金缺口处理

8个单位改制成本费用2.5309亿元，其中支付自谋职业人员一次性安置费或经济补偿金6375万元，支付在新企业重组职工经济补偿金9060万元，支付内退、离退休、工残、职工遗属等有关费用9874万元。上述费用用国有净资产9890万元和土地出让金2562万元支付后，尚有改制资金缺口1.2857亿元。经与中国信达公司、中国华融公司协商，资金缺口全部由河北省国资委承担，相应冲减省国资委实收资本。

（四）组建公司情况

8个辅业单位全部改制为独立法人的有限责任公司。认真审核了拟组建公司的《股东出资协议书》和《公司章程》，合理设置了股权结构和法人治理结构，并经集团公司批复同意，组织召开了新组建公司的创立大会。

1. 河北神风重型机械有限公司。该公司是由集团公司辅业单位机械制造分公司改制组建的，于2004年10月27日召开创立大会，注册资本1.2000亿元，其中集团公司以债转股方式出资3600万元，占注册资本的30%；职工用改制经济补偿金和现金以自然人股东信托方式入股8400万元，占注册资本的70%。安置职工1909人。

2. 河北六0七化工有限公司。该公司是由集团公司辅业单位六0七厂改制组建的，于2004年11月5日召开创立大会，按对其控制力定为集团公司的相对控股子公司。注册资本2080万元，其中集团公司以货币和债转股方式出资312万元，占注册资本的15%；职工用改制经济补偿金和现金以自然人股东信托方式入股1768万元，占注册资本的85%。安置职工633人。

3. 邯郸市翔龙地质勘探有限公司。该公司是由集团公司辅业单位地质勘探处改制设立的。2004年10月23日召开创立大会，注册资本510万元，其中集团公司以债转股方式出资101.7万元，占注册资本的19.94%；职工用改制经济补偿金以职工持股会方式入股408.3万元，占注册资本的80.06%。安置职工134人。

4. 河北纵横工程有限公司。该公司是由集团公司的全资子公司工程处辅业改制设立的。于2005年4月20日召开创立大会，注册资本2518万元，其中集团公司以货币出资243万元，占注册资本的9.65%；职工用改制经济补偿金和现金以自然人股东信托方式入股2275万元，占注册资本的90.35%。安置职工618人。

5. 河北大兴建设工程有限公司。该公司是由集团公司全资子公司建筑总公司辅业改制设立的。于2005年8月30日召开创立大会，注册资本1858万元，其中集团公司以债转股方式出资175.8万元，占注册资本的9.46%；职工用改制经济补偿金和现金以自然人股东信托方式入股1082.2万元，占注册资本的58.25%；河北纵横工程有限公司出资600万元，占注册资本的32.29%。安置职工331人。2008年底，与河北纵横工程有限公司合并重组。

6. 邯郸市瑞达工程设计有限公司。该公司是由集团公司辅业单位设计院改制设立的。2004年10月18日召开创立大会，注册资本238万元，其中集团公司以债转股方式出资8万元，占注册资本的3.36%；职工用改制经济补偿金和现金以自然人股东信托方式入股230万元，占注册资本的96.64%。安置职工56人。

7. 邯郸市枫美印刷有限公司。该公司是由《峰峰矿工报》社印刷厂辅业改制设立的。2005年9月5日召开创立大会，注册资本164万元，其中集团公司以货币出资16.4万元，占注册资本的10%；职工用改制经济补偿金和现金以自然人股东信托方式入股147.6万元，占注册资本的90%。安置职工53人，其中全民工3人，集体混岗工47人。

8. 邯郸市峰峰矿区华达机电制修有限公司。该公司是由二矿支护制修厂辅业改制设立的。2004年10月17日召开创立大会，注册资本59.8万元，全部为个人出资入股。除参与重组31名职工用改制经济补偿金和现金入股外，还吸纳社会自然人12人入股。安置职工53人。

三、移交社会职能

为贯彻落实国家经贸委《关于国有大中型企业主辅分离辅业改制分流安置富余人员的实施办法》（国经贸企改［2002］859号），以及河北省委、省政府《关于加快推进国有大中型企业主辅分离辅业改制分流安置富余人员工作的通知》（冀经贸企改［2003］289号）、《河北省国有大中型企业主辅分离辅业改制分流安置富余人员实施细则》（冀经贸企改［2003］237号）、《全省国有企业分离办社会职能工作的实施意见》（冀经贸［2003］19号）、《省属企业分离办社会职能工作程序》（冀经贸企改［2003］422号）和《关于推进省属36户重点企业加快改革暨实施“两分”工作的通知》（冀经贸企改［2003］423号）等一系列分离改制文件精神，集团公司成立了分离办社会职能工作领导小组。

2003年11月23日河北省政府150号函批复：23所学校全部移交地方政府管理；峰煤公安分局纳入邯郸市公安局编制。

学校移交情况：集团公司23所学校（含集团公司教育管理中心人员）移交地方政府的实质性工作是在2003年11月末进行的，其中22所学校移交给峰峰矿区，1所学校移交给邯山区。共移交教职工2358人，其中专任教师1997人、教辅人员361人；离退休人员936人；资产总计6181万元，其中固定资产6157万元，流动资产24万元，在用低值易耗品30万台（件）；土地51万平方米，房屋建筑物18万平方米。2005年11月1日，又移交了漏报的15名退休教师。学校移交后，留归企业人员总数321人（教师83人、教辅人员220人、离退休职工18人）。另有校办工厂及集体企业工118人。

公安移交情况：集团公司自办公安机构人员共计1518人，符合条件移交的人员109人（其中男107

人、女2人），移交专业资产41万元。剩余企业保卫人员1409人，其中干部127人、经济民警1139人、消防员143人。

第三节　关闭破产工作

一、背景情况

1998年，国家开始对国有煤炭企业、有色金属企业、核工业企业实施政策性关闭破产，这是国家经济结构和产业结构一次战略性大调整。2000年，中央出台了中办发［2000］11号文件，全国企业兼并破产和职工再就业工作领导小组办公室为认真贯彻落实好11号文件，随即出台了［2000］33号文件，这两个文件是资源枯竭矿山实施关闭破产的主要政策依据。1999年，国家把第一批政策性关闭破产企业定为“1440”工程，即为14个矿务局和40对矿井。四矿就是被列入“1440”工程之一的峰峰局第一个关闭破产项目。

二、资源枯竭矿井关闭破产前企业基本状况

到2000年，峰峰局17对矿井中，有8个为资源枯竭矿井。由于矿区衰老，有一批矿井资源枯竭、衰老报废，后劲严重不足，企业包袱沉重，负担大。在对资源枯竭矿井实施关闭破产前，当时企业处于极为困难时期。特别是1996年因小煤窑越界开采引发奥灰水突出，造成孙庄矿井被淹，进一步加剧了企业亏损和困难局面。1998年以来，全国煤炭总量过剩，煤价大幅度下跌，煤炭销售收入大量减少，用户拖欠货款严重，资金极度紧张，生产经营遇到空前困难。面对严重困难，峰峰局按照河北省委、省政府的工作部署，以扭亏脱困为中心，外拓市场，内强管理，推进技术进步，在极为困难的情况下，通过大量艰苦细致的工作，保证了企业生产经营的正常运行和职工队伍的基本稳定。但是由于全国煤炭总量过剩影响和企业内部一批矿井资源枯竭、衰老报废，企业经营状况仍十分困难。在这样特殊的历史背景下，国家出台了资源枯竭矿井关闭破产政策，为峰峰局扭亏解困带来了历史性机遇。

三、资源枯竭矿井关闭破产项目实施情况

2000年以来，峰峰局（峰峰集团）按照国家政策，在国家、省、市有关部门的正确指导和大力支持下，资源枯竭矿井关闭破产工作取得了明显成效。先后稳定地完成了四矿、通二矿、三矿、二矿、五矿、孙庄矿、牛儿庄矿等7个项目关闭破产。7个项目涉及总人数45351人，其中离退休职工15307人，在职职工30044人，在职职工中全民工18907人，合同制职工4146人，混岗集体工6991人；资产总额3.2493亿元，负债总额14.7884亿元。通过资源枯竭矿井的关闭破产，对企业结构调整、减轻负担、提高效益、保持稳定产生了重大影响，职工数量、资产结构、经营状况随之也发生了重大变化，对峰峰集团改革与发展具有重要意义。7个关闭破产项目情况如下：

（一）*四矿*。该矿前身为太行人民政府实业公司利太煤矿。1949年峰峰局成立后，该矿为峰峰矿务局四矿。建矿时可采储量2878.9万吨。年设计能力35万吨，1962年核定生产能力年产45万吨。从建矿至1998年累计为国家生产原煤2790万吨。1999年5月，四矿被列入国家资源枯竭矿井实施关闭破产“1440工程”项目计划。1999年1月6日四矿分立为独立法人，注册资本1736万元，企业类型为国有独资。2000年7月20日，四矿第九届职代会第一次会议讨论并通过了关于四矿关闭破产工作报告的决议。2000年11月20日全国企业兼并破产和职工再就业工作领导小组办公室下发［2000］5号《关于同意江西萍乡局高坑矿等12个煤矿和小寺沟铜矿进入破产程序的通知》，同意四矿进入破产程序。2000年11月21日，峰峰局以峰煤财［2000］367号《关于四矿进入破产程序的申请》，向河北省煤炭局提出四矿已具备启动关闭破产实施条件，申请四矿进入破产程序。同日，河北省煤炭局下发冀煤办字［2000］35号文件《关于同意峰峰四矿进入破产程序的通知》，同意四矿进入破产程序。2000年11月21日，四矿向邯郸市中级

人民法院提出关闭破产申请，申述的主要事实和理由为：矿井资源枯竭，生产能力早已注销；企业资不抵债；企业扭亏无望，到期债务无力偿还。11月24日，邯郸市中级人民法院受理四矿破产一案。11月26日，邯郸市［2000］邯经破字4－2号裁定书宣告四矿破产还债。12月12日，破产清算组进驻四矿并召开进驻大会。12月13日，邯郸市中级人民法院下达［2000］邯经破函字第4－4号函，指定了四矿清算组组长。2001年7月27日，四矿破产清算组召开建陶焦化厂资产重组动员大会。2001年10月10日、19日，河北省产权转让中心在《燕赵都市报》两次刊登公告，对四矿破产财产进行公开拍卖。10月25日，河北省产权转让中心在峰峰局第二招待所举行四矿破产财产公开拍卖会，峰峰局在竞买中受让。11月30日，四矿破产清算组向邯郸市中级人民法院提出申请，要求终结四矿破产程序。12月31日，邯郸市中级人民法院以［2000］邯经破字第4－19号下达四矿破产终结裁定书，宣告四矿破产还债程序终结。

（二）*通二矿*。该矿是20世纪50年代由前苏联援建我国的156项工程之一。1957年11月25日开工建井，1960年8月1日移交生产。在矿井四十多年的开采过程中，由于长期超强度开采，致使矿井生产能力急剧下降，产量逐年降低，矿井萎缩，资源枯竭。1994年12月，经煤炭部煤规字［1994］650号文件批准注销了生产能力。该矿井自建矿至2002年，共为国家生产原煤5067.2万吨。截至2002年底，全矿在职职工5642人，其中：全民固定工3861人，劳动合同制职工524人，混岗集体工1257人。全矿资产总额为6650.42万元，负债总额1.1569亿元，所有者权益为－4918.93万元，累计亏损1.0332亿元。核销工行贷款755万元。1994年10月1日，通二矿以峰通［1994］60号文件，向局请示，核销矿井生产能力。12月26日，煤炭部下发煤规字［1994］650号《关于核销峰峰矿务局通二矿生产能力的批复》文件，批准核销通二矿生产能力。2001年9月12日，峰峰局以峰煤［2001］356号文件，向河北省煤炭局提出关于通二矿关闭破产的申请。9月12日，河北省煤炭局以冀煤办字［2001］43号文件，向河北省经贸委提出关于峰峰矿务局通二矿等8个煤矿企业申报列入2001年国家破产计划的请示。12月20日，河北省煤炭局下发文件，批准通二矿分立为独立法人企业。注册资本470万元。企业类型为国有独资。2002年8月9日，全国企业兼并破产和职工再就业工作领导小组下发［2002］18号文件，批准通二矿列为2002年全国209户企业关闭破产项目。12月26日，通二矿第七届职代会第八次会议通过了关于通二矿关闭破产工作报告的决议。2003年3月10日，全国企业兼并破产和职工再就业工作领导小组下发［2003］5号文《关于同意垣曲中条山篦子沟铜矿等27个项目进入破产程序的通知》，正式批准通二矿进入破产还债程序。4月18日，河北省煤炭工业办公室下发冀煤办函［2003］12号《关于同意峰峰矿务局通二煤矿进入破产程序的函》，同意通二矿进入破产还债程序。7月3日，通二矿向邯郸市中级人民法院提出破产申请，主要理由是矿井资源枯竭，亏损严重，扭亏无望。7月23日，邯郸市中级人民法院依法受理通二矿破产一案。2003年8月7日，邯郸市中级人民法院以［2003］邯民破字第4－8号民事裁定书裁定，宣告通二矿破产还债。2004年6月29日，河北省产权转让中心在《邯郸日报》刊登公告，宣布对通二矿破产财产进行公开拍卖。7月7日，河北省产权转让中心在邯郸市吉梅宾馆举行通二矿破产财产公开拍卖会，集团公司在拍卖中受让。11月10日，邯郸市中级人民法院下达［2003］邯市民破字第4－17号民事裁定书，终结通二矿破产还债程序。2005年1月19日，河北省国资委下发冀国资字［2005］25号《关于峰峰矿务局通二矿破产后重组为邯郸通顺矿业有限公司的批复》，批准通二矿破产后重组为邯郸通顺矿业有限公司。

（三）*三矿*。该矿前身是20世纪30年代的私立小煤窑。由于长期超强度开采，致使矿井生产能力急剧下降，矿井萎缩，资源枯竭。1991年7月12日，峰峰局以峰煤计［1991］379号《关于峰峰矿务局三矿注销矿井设计能力的请示》，向中煤总公司河北公司请示，核销峰峰局三矿生产能力。1992年5月8日，中煤总公司河北公司下发中煤冀计字［1992］47号《关于同意注销峰峰矿务局三矿设计能力30万吨的批复》文件，同意三矿注销生产能力。2003年2月24日，峰峰局以峰煤呈［2003］103号《关于三矿分立为独立法人企业的请示》，向河北省煤炭工业办公室提出三矿分立为独立法人企业的请示。2003年2月25日，河北省煤炭工业办公室下发冀煤综［2003］3号《关于峰峰矿务局三矿分立为独立法人企业的批复》文件，同意将三矿分立为独立法人企业。2003年6月13日，三矿分立为独立法人企业。2003年

10月20日，全国企业兼并破产和职工再就业工作领导小组下发［2003］15号文件，将三矿列为2003年全国109户企业关闭破产项目。2004年8月9日，全国企业兼并破产和职工再就业工作领导小组办公室下发［2004］10号文《关于同意军队保障性企业3510厂等6户企业进入破产程序的通知》，正式批准三矿进入破产还债程序。8月24日，河北省国资委下发冀国资字［2004］360号《关于同意峰峰矿务局三矿政策性破产进入破产法律程序的函》。9月1日，三矿向邯郸市中级人民法院正式申请破产还债。2004年10月8日，邯郸市中级人民法院依法受理三矿破产一案。10月27日，邯郸市中级人民法院下达［2004］邯市民破字第7－7号民事裁定书，宣告三矿破产还债。2005年4月20日，河北大众拍卖有限责任公司在《人民法院报》刊登公告，宣布对三矿破产财产进行公开拍卖。2005年4月29日，河北大众拍卖有限责任公司在邯郸市吉梅宾馆举行公开拍卖会，峰峰集团在拍卖中受让。2005年11月23日，邯郸市中级人民法院下达［2004］邯市民破字第7－13号民事裁定书，裁定终结三矿破产还债程序。

（四）*二矿*。该矿前身属1913年创立的中和煤矿股份有限公司，曾经历资本家和日伪开采。1945年八路军解放峰峰煤矿后称为二厂，属于利民煤矿公司。1949年9月，正式更名为峰峰局二矿。2000年4月，经河北省煤炭局冀煤规字［2000］9号文件批准注销生产能力。2002年，因无煤可采而关闭。2003年3月，经河北省煤炭工业办公室冀煤综［2003］4号文批准，分立为独立的法人企业。2003年3月15日，峰峰局以峰煤呈［2003］124号文件，向河北省煤炭工业办公室提出《峰峰矿务局关于二矿、五矿关闭破产的申请》。3月17日，河北省煤炭工业办公室下发冀煤综［2003］4号文件《关于峰峰矿务局二矿分立为独立法人企业的批复》，同意将二矿分立为独立法人企业。同日，河北省煤炭工业办公室以冀煤办［2003］27号文件，向河北省企业兼并破产和职工再就业工作协调小组发出《关于峰峰矿务局二矿、五矿申请关闭破产的请示》。3月18日，河北省企业兼并破产和职工再就业工作协调小组以［2003］8号文件，向全国企业兼并破产和职工再就业工作领导小组呈报《关于申报峰峰矿务局二矿、五矿列入全国企业关闭破产计划的请示》。5月25日，二矿从峰峰局分立，成为独立法人企业。2004年12月30日，全国企业兼并破产和职工再就业工作领导小组下达［2004］18号《关于下达江淮航空仪表厂等81户企业破产项目的通知》文件，将二矿列为2004年全国81户企业破产项目。2005年9月2日，全国企业兼并破产和职工再就业工作领导小组办公室下发［2005］19号《关于同意峰峰矿务局二矿等四户企业进入破产程序的通知》。2005年9月14日，河北省国资委下发冀国资字［2005］462号《关于同意峰峰矿务局二矿等三户企业进入破产法律程序的函》。2005年9月26日，二矿向邯郸市中级人民法院申请破产还债。2005年10月10日，邯郸市中级人民法院依法受理二矿破产一案。10月14日，下达了［2005］邯市民破字第9－7号民事裁定书，宣告二矿破产还债。2006年1月20日，第一次债权人会议通过二矿破产清算组提交的破产财产处置方案，委托河北大众拍卖有限责任公司对二矿破产财产进行整体拍卖。2006年8月30日，河北大众拍卖有限责任公司在《河北经济日报》刊登公告，对二矿破产财产进行公开拍卖。2006年9月6日，河北大众拍卖有限责任公司在邯郸市吉梅宾馆举行二矿破产财产公开拍卖会，峰峰集团在竞卖中受让。2006年12月20日，二矿破产清算组以峰二破清字［2006］4号文件《关于提请终结峰峰矿务局二矿破产程序的报告》，向邯郸市中级人民法院申请终结二矿破产程序。2006年12月22日，邯郸市中级人民法院下达［2005］邯市民四破字第9－14号民事裁定书，裁定终结二矿破产还债程序。

（五）*五矿*。该矿前身是怡立公司，1955年峰峰矿务局五矿正式成立，老井恢复生产，1958年新井投产。2000年1月3日，峰峰局以峰煤规［2000］22号文件，向河北省煤炭局请示核销五矿生产能力。4月17日，冀煤规发字［2000］10号文件《关于核销峰峰矿务局五矿矿井生产能力的批复》，同意五矿核销生产能力。2003年3月12日，峰峰局以峰煤呈［2003］121号文件向河北省煤炭工业办公室申请，将五矿分立为独立法人企业。3月17日，河北省煤炭工业办公室下发冀煤综［2003］5号《关于峰峰矿务局五矿分立为独立法人企业的批复》，同意将五矿分立为独立法人企业。3月15日，峰峰局以峰煤呈［2003］124号文件，向河北省煤炭工业办公室提出《峰峰矿务局关于二矿、五矿关闭破产的申请》。3月17日，河北省煤炭工业办公室以冀煤办［2003］27号文件，向河北省企业兼并破产和职工再就业工作协调小组呈报《关于峰峰矿务局二矿、五矿申请关闭破产的请示》。3月18日，河北省企业兼并破产和职工再就业工作协调小组以［2003］8号文件，向全国企业兼并破产和职工再就业工作领导小组呈报《关于申报峰峰矿务局二矿、五矿列入全国企业关闭破产计划的请示》。2004年10月13日，河北省以冀政［2004］112号文件向国务院呈报《关于提前启动峰峰集团有限公司牛儿庄矿、五矿关闭破产的请示》。12月30日，全国企业兼并破产和职工再就业工作领导小组下发［2004］18号《关于下达江淮航空仪表厂等81户企业破产项目的通知》文件，将五矿列为2004年全国81户企业破产项目。2005年9月2日，全国企业兼并破产和职工再就业工作领导小组办公室下发［2005］19号《关于同意峰峰矿务局二矿等四户企业进入破产程序的通知》，正式批准五矿进入破产还债程序。9月14日，河北省国资委以冀国资字［2005］462号《关于同意峰峰矿务局二矿等三户企业进入破产法律程序的函》，函致邯郸市中级人民法院，同意五矿进入破产还债程序。9月26日，五矿向邯郸市中级人民法院申请破产还债。10月10日，邯郸市中级人民法院依法受理五矿破产还债一案。10月14日，下达［2005］邯市民破字第8－7号民事裁定书，宣告五矿破产还债。10月29日，五矿破产清算组成立并召开进驻企业大会，2006年1月20日，第一次债权人会议通过五矿破产清算组提交的破产财产处置方案，委托河北大众拍卖有限责任公司对五矿破产财产进行整体拍卖。2006年8月30日，河北大众拍卖有限责任公司在《河北经济日报》发布公告，公开对五矿破产财产进行拍卖。9月6日，河北大众拍卖有限责任公司在邯郸市吉梅宾馆对五矿破产财产进行公开拍卖，峰峰集团在拍卖中受让。2007年8月23日，五矿破产清算组以峰五破清字［2007］1号文件《关于提请终结峰峰矿务局五矿破产程序的报告》，向邯郸市中级人民法院申请终结五矿破产程序。9月10日，邯郸市中级人民法院下达［2005］邯市民四破字第8－14号民事裁定书，裁定终结五矿破产还债程序。

（六）孙庄矿。该矿始建于1958年8月，1969年12月续建，1972年10月1日简易投产。2000年11月29日，峰峰局以峰煤规［2000］377号文件，向河北省煤炭局提出《关于峰峰矿务局孙庄矿核销生产能力的请示》。2001年3月9日，河北省煤炭管理局下发冀煤规发字［2001］35号文件《关于峰峰矿务局孙庄矿核销生产能力的批复》，同意孙庄矿核销生产能力。2003年12月17日，峰峰集团以峰集呈［2003］125号文件，向河北省企业兼并破产和职工再就业工作协调小组提出《关于孙庄矿关闭破产的申请》。2004年12月30日，全国企业兼并破产和职工再就业工作领导小组下发［2004］18号《关于下达江淮航空仪表厂等81户企业破产项目的通知》文件，孙庄矿被列为2004年全国81户企业破产项目。2005年1月19日，河北省国资委下发冀国资字［2005］24号《关于峰峰集团有限公司孙庄矿分立为独立法人企业的批复》，同意将孙庄矿分立为独立法人企业。3月18日，孙庄矿从峰峰集团分立，成为独立法人企业。9月2日，全国企业兼并破产和职工再就业工作领导小组办公室下发［2005］19号《关于同意峰峰矿务局二矿等四户企业进入破产程序的通知》，正式批准孙庄矿进入破产还债程序。9月14日，河北省国资委下发冀国资字［2005］462号《关于同意峰峰矿务局二矿等三户企业进入破产法律程序的函》，同意孙庄矿进入破产还债程序。9月18日，孙庄矿召开股东会议，一致通过孙庄矿关闭破产的决议。9月26日，孙庄矿向邯郸市中级人民法院申请破产还债，理由主要为矿井资源枯竭，亏损严重，扭亏无望，不能清偿到期债务。10月10日，邯郸市中级人民法院依法受理孙庄矿破产一案。10月14日，邯郸市中级人民法院下达［2005］邯市民破字第10－7号民事裁定书，宣告孙庄矿破产还债。10月29日，孙庄矿破产清算组成立，进驻企业并召开进驻大会。2006年1月20日，第一次债权人会议通过孙庄矿破产清算组提交的破产财产处置方案，委托河北大众拍卖有限责任公司对该矿破产财产进行整体拍卖。2006年8月30日，河北大众拍卖有限责任公司在《河北经济日报》发布公告，对孙庄矿破产财产进行公开拍卖。9月6日，河北大众拍卖有限责任公司在邯郸市吉梅宾馆举行拍卖会，公开拍卖了孙庄矿破产财产。峰峰集团在拍卖中受让。2007年8月23日，孙庄矿破产清算组以峰孙破清字［2007］1号文件《关于提请终结峰峰集团孙庄矿破产程序的报告》，向邯郸市中级人民法院申请终结孙庄矿破产程序。9月10日，邯郸市中级人民法院下达［2005］邯市民破字第10－14号民事裁定书，裁定终结孙庄矿破产还债程序。

（七）牛儿庄矿。该矿始建于1957年11月26日，1960年7月1日竣工投产。2003年1月1日，牛儿庄矿以峰局牛政［2003］45号文件，向峰峰局提出《关于矿井核销能力的请示》。8月25日，河北省煤炭工业办公室下发冀煤规［2003］134号《关于峰峰矿务局牛儿庄矿核销生产能力的批复》，同意牛儿庄矿核销生产能力。12月17日，峰峰集团以峰集呈［2003］124号文件，向河北省企业兼并破产和职工再就业工作协调小组呈报《关于牛儿庄矿关闭破产的申请》。2004年10月13日，河北省政府以冀政［2004］112号文件，向国务院呈报《关于提前启动峰峰集团有限公司牛儿庄矿、五矿关闭破产的请示》。2006年6月8日，峰峰集团再次以峰集呈［2006］72号文件，向河北省企业兼并破产和职工再就业工作协调小组呈报《关于牛儿庄矿关闭破产的申请》。6月9日，河北省企业兼并破产和职工再就业工作协调小组以［2006］5号文件，向全国企业兼并破产和职工再就业工作领导小组呈报《关于峰峰集团牛儿庄矿关闭破产的申请》。6月27日，峰峰集团以峰集呈［2006］78号文件向河北省国资委呈报《关于牛儿庄矿分立为独立法人企业的请示》。7月4日，河北省国资委下达冀国资发改革［2006］186号《关于峰峰集团牛儿庄矿分立为独立法人的批复》文件，同意将牛儿庄矿分立为独立法人企业。7月28日，全国企业兼并破产和职工再就业工作领导小组下发［2006］14号《关于下达萍乡矿业集团有限责任公司白源煤矿等17户企业破产项目的通知》，将牛儿庄矿列为2006年全国17户企业破产项目。12月5日，全国企业兼并破产和职工再就业工作领导小组办公室下发［2006］16号《关于同意八宝山煤矿等13户企业进入破产程序的通知》，正式批准牛儿庄矿进入破产还债程序。12月21日，河北省国资委下发冀国资字函［2006］93号《关于同意八宝山煤矿、峰峰集团牛儿庄矿业有限公司、井陉矿务局元氏矿三户企业进入破产法律程序的函》，同意牛儿庄矿进入破产还债程序。2007年3月7日，牛儿庄矿业有限公司向邯郸市中级人民法院申请破产还债。3月21日，邯郸市中级人民法院依法受理牛儿庄矿业有限公司破产一案。3月28日，邯郸市中级人民法院下达［2007］邯市民破字第1－6号民事裁定书，宣告牛儿庄矿业有限公司破产还债。4月13日，牛儿庄矿破产清算组成立并召开进驻企业大会。2008年1月3日，河北大众拍卖有限责任公司在《河北经济日报》刊登公告，宣布对牛儿庄矿业有限公司破产财产公开拍卖。1月10日，河北大众拍卖有限责任公司在邯郸市吉梅宾馆对牛儿庄矿业有限公司破产财产进行公开拍卖，峰峰集团在拍卖中受让。9月9日，牛儿庄矿业有限公司破产清算组以峰牛破清字［2008］4号文件《关于提请终结峰峰集团牛儿庄矿业有限公司破产程序的申请》，向邯郸市中级人民法院申请终结牛儿庄矿业有限公司破产程序。10月18日，邯郸市中级人民法院下达［2007］邯市民四破字第1－16号民事裁定书，终结牛儿庄矿业有限公司破产还债程序。

四、实施资源枯竭矿井关闭破产主要工作

（一）加强领导，精心组织，做好前期各项准备工作

一是健全机构，明确责任。为积极稳妥、严密组织好关闭破产工作，峰峰局（峰峰集团）专门成立了资源枯竭矿井关闭破产领导小组，明确了责任。领导小组下设关闭破产办公室，具体负责关闭破产日常工作，并由一名副总经济师负责主抓关闭破产工作。同时，成立了综合组、资产财务资金组、职工安置组、思想政治工作暨稳定组。各组组长由机关有关部委主要负责同志担任，并抽调思想素质好、业务能力强、政策水平高、责任心强的业务骨干组成工作队伍。按照局（集团公司）的要求，关闭破产单位也相应成立了专门组织，建立健全了组织机构，层层落实了工作责任制，形成了上下统一、协调有力的组织体系。各工作组根据职责分工，积极主动、深入细致地开展工作，确保了关闭破产工作平稳有序进行。

二是统一思想，层层发动。首先加强政策学习培训，举办了关闭破产单位领导干部培训班，认真组织学习上级文件精神，局（集团公司）党政领导到会摆形势、讲政策、提要求，有关部门领导对国家政策进行具体辅导学习。按照关闭破产领导小组统一安排和部署，各关闭破产单位也分层次、有重点地举办了各类人员培训班，以提高广大干部职工的思想认识，让全体干部职工明白关闭破产的重要意义。下发1万多份关闭破产政策指导手册，充分利用报纸、广播、电视等宣传工具，广泛深入地宣传企业面临的形势与任务，宣传国家关闭破产有关政策，大力营造正确的舆论氛围，积极引导职工群众正视现实，转变观念，理解、支持和参与关闭破产。

三是精心组织，周密安排。根据煤炭企业关闭破产实施办法，对关闭破产前期需要做好的9项工作和

取得的10个文件，以正式文件明确工作和任务，提出完成的时间要求，层层分解到部门，落实到人头。并定期召开关闭破产调度会议，及时了解工作进展情况，协调平衡解决有关问题。组织专业人员深入破产单位，摸清职工和资产底数，按照上级要求认真编制关闭破产预案。在深入宣传关闭破产政策，做好充分准备工作的基础上，严格按照规定和程序召开职工代表大会，将破产预案和职工安置方案提交职工代表大会讨论审议，经职工代表充分讨论、审议通过后，形成正式决议。

四是争取立项，启动程序。在完成关闭破产前期各项准备工作，实施的时机和条件成熟后，及时向省、国家领导小组提出申请。国家下达同意启动文件后，按法律要求，及时向市中级人民法院提出破产申请，并为法院提供破产相关法律文件，积极配合法院做好立案资料准备。法院下达破产还债民事裁定后，配合法院做好清算组成立有关工作，并抽调业务骨干组成工作组，进行具体清算工作。工作组下设综合协调组、资产财务组、债权债务组、职工安置组、思想政治工作组暨稳定组、保卫组。

（二）严格执行政策，依法规范操作，开展破产清算

破产清算组在邯郸市中级人民法院的领导下，以稳定为前提，以国家政策为依据，以法律法规为准绳，积极稳妥地进行破产清算工作。

建章立制，规范破产，落实破产清算工作责任制。一是建立健全了破产清算工作资金管理、接待工作、例会制度、公文管理、印章管理等一系列的工作制度和管理规定，为规范操作提供了制度保障。二是制定了破产清算工作整体方案，安排了破产清算工作进度，对整体目标任务进行分解，制定下发各业务组工作职责，层层落实了工作责任制，并及时进行督促检查。三是依据《破产法》规定接管原企业，接收破产企业印章、文件、档案和全部资产，严格办理交接手续，封存原企业所有银行账户，启用清算组公章。四是坚持每周工作例会制度，及时研究、平衡和解决操作过程中遇到的问题，安排部署下一步工作。五是加强与省、市有关部门的联系。在实际操作过程中，对遇到的一些政策不明确的棘手问题，及时向上级有关部门反映，取得法院及上级有关部门的支持。

积极开展债权债务清查，按照法律程序进行债权清欠。及时建立了债权申报处，对已知债权人发出债权通知书，负责债权申报和往来财务对账。对全部债权债务账目认真进行清查。向债务人发出债权清偿通知书，对债权情况进行排查分类，根据债务人情况，积极开展债权清收工作。按照破产清算法律程序，召开债权人会议。另外，对拖欠职工工资等费用进行审计核查，明确补欠办法，按照规定和程序进行补发。

开展资产清查、财务审计和资产评估，加强财务管理，按照法律规定进行财产变现和分配。一是建立财务清算工作机构，成立了土地、房屋建筑、机器设备、存货、低值易耗品等清查组，对破产企业资产进行核实清查，做到账、卡、物一致，编制清查表，逐一登记造册，认真办理资产移交手续。加强财务管理和会计核算，实行预算管理。二是积极做好财政部破产补助资金的申请拨付工作，补助资金到位后，制定专项办法，加强破产补助资金管理。三是积极开展了生产自救工作，逐月进行经济指标考核。加强生产自救期间的安全生产管理工作，签定责任状，层层落实责任，强化安全管理，确保安全生产。四是按照有关法律法规，聘请具备资格的中介机构进行财务审计、资产评估和土地评估。五是根据评估结果，依据法律规定，经法院批准，委托有资格的拍卖机构对破产财产进行公开拍卖。

按照公开、公平、公正原则，积极稳妥地安置职工。职工安置是关闭破产工作的重中之重和关键环节。确定了“实施规范操作、严格执行政策、保证群众监督”的工作方针，严格执行国家政策，按政策、条件，分渠道地妥善安置职工。凡是提前退休、等退、工伤鉴定、补发拖欠职工费用、领取一次性安置费或经济补偿金等涉及职工利益的问题，都坚持实行张榜公布，三榜定案，增加工作透明度，主动接受职工群众的监督。一是对符合退休、等退条件的职工，整理档案资料，提交河北省劳动和社会保障厅审核，办理退休、等退手续。二是严格审核，对拖欠职工费用按程序分步骤进行补发。三是集中时间、集中办公为职工发放一次性安置费或经济补偿金。四是对领取一次性安置费或经济补偿金的职工，千方百计帮助他们实现再就业。

（三）充分利用破产企业优良资产，进行资产重组

为最大限度地妥善安置职工，利用优良资产进行重组，首先制定破产企业重组方案。坚持以维护职工

利益为出发点，以有利于职工安置和资产重组为目的，以公开、公平、公正为原则，依照国家有关政策，结合实际，因厂制宜，一矿一策。界定重组范围，以破产企业存有的优良可盘活资产为基础，对盘活后有经营效益的单位进行重组。二是按照现代企业制度的要求和《公司法》规定，采取多种形式进行重组。成立资产重组筹备组，在破产清算组领导下，开展重组前的各项工作，按照一矿一策原则，制定重组方案和有关制度，拟定公司成立的有关法律文件，办理成立公司的有关事宜，明确各厂点重组的具体形式。三是召开企业重组动员大会，向职工讲清重组的意义、企业性质、经营前景，按照双向选择原则，由职工自愿参加重组。重组后实现企业转制，职工身份置换。

（四）层层落实责任，发挥政治优势，维护稳定

始终把稳定工作当作头等大事，层层落实稳定工作责任制，充分发挥政治优势、组织优势和联系群众的优势，有针对性地加强思想政治工作，在保持稳定的前提下，积极稳妥地推进关闭破产。

一是加强领导，层层落实稳定工作责任制。局（集团公司）关闭破产领导小组负总责，关闭破产单位党委负主要责任，基层各支部负直接责任，在关闭破产过程中保持党工团组织不散、职责不变、工作不停，有条不紊地开展思想政治工作，全力以赴保稳定。

二是加强政策宣传，转变职工群众思想观念。各级领导干部和思想政治工作人员经常深入基层，及时掌握职工群众思想动态，针对职工群众对关闭破产存在的主要思想障碍，制定了做好宣传工作的安排意见，深入宣传国家关闭破产政策，把职工思想统一到国家政策上来，使职工群众对国家关闭破产政策由开始不理解到逐步理解、接受和认同，从而支持和参与关闭破产。

三是充分发挥党工团组织作用，加强和改进思想政治工作。认真贯彻落实中组发［2000］4号文件精神，充分发挥关闭破产单位党组织的政治核心作用、战斗堡垒作用和党员的先锋模范作用；充分发挥工会组织联系职工群众，维护职工利益作用；充分发挥团组织团结带领团员青年积极参与关闭破产的作用，做到组织不散、职责不变、工作不断，为关闭破产提供了强有力的思想、政治和组织保证，并及时在新成立的企业和社区建立健全党工团组织。

四是成立职工来访接待站，做好关闭破产期间的职工来访接待工作。举办信访接待工作人员培训班，提高接待工作人员的政策水平，制定职工来访接待制度、工作程序，依法规范信访人员和来访职工行为。抽调集团公司信访部门和关闭破产单位人员专门成立职工来访接待站，坚持每天负责接待职工群众来信来访，向职工群众解释有关政策，反映职工群众的意见和要求，答复职工群众提出的问题。

五是采取有力措施，切实关心职工群众基本生活。在关闭破产期间，努力做到“三个确保”：千方百计确保职工工资、下岗职工生活费和离退休职工养老金正常发放；千方百计确保水、电、气、暖后勤服务正常运转；千方百计确保特困职工家庭得到及时救助。

六是加强治安保卫工作，维护矿区稳定大局。制定了治安保卫工作方案和突发性事件处置预案。加强了法制宣传教育，增强职工法律意识和法制观念。张贴邯郸市公安局治安公告，维护企业正常的生活工作秩序。

峰峰局（峰峰集团）在九年时间，先后实施了7个项目关闭破产，涉及人员达45000人之多，对企业结构调整、减轻负担、提高经济效益、实现扭亏脱困产生了较大影响。职工数量、资产结构、经营状况发生了巨大变化，为推进企业改革和发展，起到了积极的推动作用。

第四节 管理体制改革

一、财务管理体制

2005年，根据国务院关于国有大中型企业建立现代企业制度和加强管理基本规范，集团公司实行了集中统一的财务管理体制。

统一预算管理。集团公司统一预算编制原则、标准和制度。所有收入和支出均纳入预算管理，以预算

为依据，组织和控制生产经营活动。

统一货币资金管理。实行统一的资金管理机制，集团公司成立结算中心，对银行账户实行统一管理，内部单位通过结算中心进行内部结算，货币资金收支实行预算管理。

统一销售和货款回收。集团公司实行煤炭产品收购制，对煤炭运销由煤炭运销分公司实行统一管理，售价、销量、质量、客户统一管理，集中回收货款。

统一物资采购。实行集中采购、集中储备、集中配送，推行物资超市，所有煤矿实现零库存。推行集中招标采购，建立健全公开透明的招标采购运行机制，企业所有工程、物资、药品的采购均纳入招标采购，实行阳光操作。

统一大额资金支付。集团公司制定企业内部价格目录和管理办法，统一发布执行。

统一价格管理。集团公司制定企业内部价格目录和管理办法，统一发布执行。

统一缴纳税费。属于峰峰矿区和邯郸市区的税金，由集团公司统一对税务部门缴纳。地方收费由集团公司统一协调，统一对外缴纳。

统一财务管理制度。集团公司制定全面预算管理、资金管理、投资管理、销售管理、财务稽查、财务分析、资产损失处理制度，加强财务管理，规范财务行为。

统一绩效考核。集团公司定期对内部单位进行绩效考核，由财务、审计、工资、企管、纪监等部门共同参加，核实经营成果，兑现经济政策。

统一会计核算制度。按照财政部《企业会计制度》制定本企业会计核算办法，实行统一会计政策。

二、煤炭运销体制

（一）“五统一”销售原则

2005 年，煤炭产品由煤炭运销分公司对外统一进行销售，即“统一订货、统一定价、统一调运、统一结算、统一回款”。

对矿（厂）所有煤炭产品实行全量收购。收购基价在年初根据市场情况及各矿（厂）的煤质状况确定，并作为集团公司测算各单位利润指标的依据。原则上一年内不再调整。如遇不可抗力或市场大幅波动，经集团公司内部研究确定可适当调整。具体的收购价格随矿（厂）每批次的煤质情况而浮动。无论汽运或路运，均按照“车板交货”的原则，执行“车板交货”价格。煤炭运销分公司与各矿（厂）为买卖关系。

对子公司（含破产改制矿井）实行煤炭产品销售代理制，由煤炭运销分公司与其签定代理协议，按协议价格实行代理销售。具体操作与收购制相同。

对内部调入洗原煤收购后，由煤炭运销分公司以同样的价格转售给中央洗煤厂，再对洗煤厂生产的精煤及副产品按确定的基价实行收购。

煤炭产品收购和销售的计量，由煤炭运销分公司驻矿（厂）销售部负责，矿（厂）派员监磅。运销分公司与各矿（厂）以轨道衡或汽车衡为煤炭收购的交接点。

商品煤和内部调入洗原煤质量以集团公司质检中心化验结果为准，既作为煤炭运销分公司与矿（厂）双方的结算依据，同时也作为对外销售以质论价的结算依据。用户对商品煤化验数据与集团公司质检中心数据相差较大时，煤炭运销分公司可要求质检中心重新化验备查煤样，协商处理。

（二）实行煤炭收购制取得的成效

实行煤炭收购制，统一销售管理模式，取得了明显的成效。

一是提高了产品竞争实力。实行收购制之前，由于分散销售，各矿（厂）分别与用户接触，其讨价还价的能力较低。统一销售后，有效地解决了内部相互竞争，形成了一致对外的合力。提高了与用户讨价还价的能力，也提高了与用户各方面的谈判能力。

二是实现了资源的优化配置。峰峰集团的煤炭产品矿点分散、品种多，既是优势也是劣势。优势是各煤种在用途上可以调剂和补充，劣势是用户对某些品种会有所偏好或舍弃，因而会出现部分产品供不应求，部分产品滞销的现象。实施收购制后，销售由煤炭运销分公司统一管理，采取了以相同品种矿点间调剂或不同品种矿点间搭配的捆绑式销售。如利用炼焦煤销售的优势，将新开发的烧结煤、喷吹煤产品与炼焦煤捆绑销售给冶金企业，为新品种打开了销路，实现了资源优化配置，提高了集团公司的整体利益。

三是优化产品和销售结构。实行收购制后，煤炭运销分公司以集团公司的整体利益和长远利益为出发点，完全依据市场、各煤种的销售情况灵活迅速地调整产品结构、销售结构及去向。当精煤市场火爆时，就果断决策，调整产品结构，增加原煤入洗，减少动力煤产量，扩大精煤的销售比例。此外，在煤炭产品供不应求时，优先保证战略用户和路运的销售，确保了集团公司的整体利益和长远利益。

四是信息反馈更加及时全面。实施收购制后，与煤炭销售相关的计量、销售等工作及人员都由煤炭运销分公司直接管理，信息集中。且随着运销信息化网络的建成，缩短了信息反馈时间，使销售、市场、用户等信息能够及时被集团公司领导及各部门掌握和共享。

五是价格管理更加规范有力。煤炭运销分公司专门成立了由分公司领导及有关业务部门和纪委组成的价格管理委员会，及时捕捉市场信息、预测市场需求、分析用户和竞争对手状况，制定适应市场变化的销售价格并迅速公布执行，做到了及时、充分讨论，集体研究决策，透明、公开执行，杜绝了人情价。

六是规范了销售行为。统一销售后，运销分公司对销售流程进行了规范，销售工作严格按程序执行，形成了各部门分工明确、规范严谨、环环相扣、相互制衡的管理运行机制。此外，加强了衡器等计量设备、设施的专业化管理，保证了计量准确。通过汽车衡防作弊系统的应用，减少了汽运销售中的跑冒滴漏现象。

三、物资供销体制

2003 年，集团公司推行“三集中”新型物供管理体制。其具体内涵：

集中采购。各矿（厂）所用物资由集团公司统一招标采购。招标后的物资，实行代储代销超市化管理。集团采购取消了二级单位的采购权，进一步明确了物资供销分公司和各矿（厂）的职责，保证了采购的公开、公平、公正。

集中储备。所有物资由物资供销分公司集中储备，在各生产单位建立物资市场，实行代储代销、超市化管理。代储代销的物资全部由供应商提供，不占用集团公司资金。集中储备，代储代销，避免了新的物资积压、报废现象，实现了矿（厂）企业零库存，为生产单位节约了大量资金。

集中配送。物资供销分公司成立配送中心，根据矿（厂）所在地理位置，以及物资设备的规格大小，科学选择配送方式，实行 24 小时全天候服务。集中配送，有效地避免了分散提货、装载效率不高的现象，不仅保障了各生产矿井小批量物资的生产急需，而且节省了大量的运输费用。

“三集中”改革取得了巨大的经济效益。2003 年至 2008 年，物供“三集中”改革创效达 5. 19 亿元。集中采购累计降低采购成本 3. 75 亿元（招标采购率达 85% 以上）；集中储备后，储备资金由改革前 1. 1 亿元降至 1200 万元（特种储备），盘活多年积压物资 4500 万元；通过代储代销、建立井口超市，实现了矿（厂）零库存；累计代储代销物资 32 亿元，减少资金占用节约利息 3600 万元；集中配送节约运输费用 4600 万元；减人创效 6200 万元。

第五节 现代企业制度建设

一、债转股

实施债权转股权，是 20 世纪 90 年代末国务院决定的搞活国有大中型企业、实现三年国企脱困的重大举措。峰峰局在 1999 年债转股方案被国家经贸委批准后，多次与有关银行协商，2000 年 4 月 14 日在石家庄市签约。峰峰局共转股 6. 7151 亿元，其中中国信达资产管理公司转股 5. 0851 亿元，中国华融资产管理公司转股 1. 6300 亿元，从 4 月 1 日停息。债转股后，使峰峰局的资产负债率由转股前的 65. 57% 降为

54.1%，峰峰局形成了河北省煤炭工业办公室（2003年9月份以后改为河北省国资委）、中国信达资产管理公司、中国华融资产管理公司三大股东，局资产负债率降低10%左右，每年减少利息支出1200万元。通过债转股，降低了资产负债率，改善了企业资产负债结构，减轻了债务负担，为下一步转换经营机制、建立现代企业制度奠定了基础。

2005年8月，经股东会讨论通过，将2003年改制时信达资产管理公司持有的股权5151.40万元（系中国建设银行委托持有的股权）变更为中国建设银行持有。2005年末，注册资本仍为28.5094亿元。股权结构为：河北省国资委21.8261亿元，占比76.56%；中国信达资产管理公司由5.0588亿元，减去中国建设银行委托持有的5151.40万元，变为4.5437亿元，占比15.94%；中国华融资产管理公司仍为1.6245亿元，占比5.70%；中国建设银行股份有限公司5151.40万元，占比1.80%。

根据2006年12月28日股东会决议，中国建设银行股份有限公司将持有峰峰集团5151.40万元的股权，转让给河北省国资委持有。2007年末，注册资本仍为28.5094亿元。其中：河北省国资委出资由21.8262亿元，加上中国建设银行转让的5151.40万元后，变为22.3412亿元，占比78.36%；中国信达资产管理公司为4.5436亿元，占比15.94%；中国华融资产管理公司为1.6245亿元，占比5.70%。

2008年6月13日，河北省国资委下发《关于转发<河北省人民政府同意组建冀中能源集团有限责任公司的批复>的通知》（冀国资字［2008］79号）文件。根据该文件，金能集团与峰峰集团的国家资本金归并整合，组建冀中能源集团有限责任公司。6月16日，峰峰集团召开股东会，审议通过河北省国资委将其持有的峰峰集团78.36%股权划转给拟成立的冀中能源集团。本次股东变更完成后，峰峰集团股权结构变更为：冀中能源集团有限责任公司，以净资产出资22.3412亿元，占注册资本比例78.36%；中国信达资产管理公司，以转股债权出资4.5437亿元，占注册资本比例15.94%；中国华融资产管理公司，以转股债权出资1.6245亿元，占注册资本比例5.7%。

二、公司制

峰峰局顺应历史潮流，紧紧抓住国家实行债转股政策的大好时机，按照党中央、国务院和河北省委、省政府关于推进国有企业改革发展的总体部署，精心组织，积极运作，于2000年4月14日正式签定了债转股协议，并与中国信达公司、中国华融公司协商一致，于2003年7月8日召开了峰峰集团有限公司创立大会，确立了公司法人治理结构。至此，由河北省煤炭工业办公室、中国信达资产管理公司、中国华融资产管理公司共同持股的峰峰集团有限公司宣告成立。集团公司的成立，标志着企业实现了由工厂制向公司制的过渡，在产权结构调整和建立现代企业制度方面，又迈出了可喜的一步，标明峰峰局这个老企业从此揭开了新的一页，走向一个崭新的历史发展阶段。自峰峰局债转股、公司改制以来，集团公司所属各矿（厂）及几个专业处室办理了分公司设立登记；根据集团公司的主辅分离辅业改制要求，改制企业办理了子公司工商设立登记。集团公司自此成为一个依照《公司法》运行、多元持股的公司制企业。

2008年6月30日，经河北省人民政府批准，峰峰集团有限公司和河北金牛能源集团有限责任公司联合重组为冀中能源集团有限责任公司。峰峰集团有限公司作为冀中能源子公司，企业名称由“峰峰集团有限公司”变更为“冀中能源峰峰集团有限公司”。

第六节　出资企业监管

一、制度建设

为了加强对国有资产的管理，确保国有资产保值增值，防范和降低财务风险，满足集团公司生产经营和发展的资金需要，以及规范子公司的设立、运行及监管，维护集团公司的利益，先后制定了以下管理制度：《公司设立工作程序》（峰集［2005］37号）、《子公司管理实施办法》（峰集［2005］37号）、《对子公司受托人员业务管理办法》（峰集［2005］75号）、《国有产权管理办法》（峰集［2005］37号）、

《规范各类借款的暂行管理办法》（峰集［2005］37号）、《对外融资（借款）管理办法》（峰集［2005］37号）、《对外投资管理办法》（峰集［2005］37号）、《企业产权结构多元化中降低国有股比例的实施办法》（峰集［2005］37号）、《关于子公司若干事项的通知》（峰集［2005］114号）、《关于国有产（股）权处置事项的审批规定》（峰集［2005］374号）、《公开选聘资产评估机构管理暂行办法》（峰集［2005］37号）、《关于企业公司制改建有关国有资本管理与财务处理的暂行规定》（峰集［2005］37号）、《省属国有企业改制涉及原划拨土地处置有关问题的补充意见》（峰集［2005］37号）、《改制过程中资产损失处置实施办法》（峰集［2005］37号）、《关于对子公司受托人员表决事项审批程序的规定》（峰集［2005］376号）、《关于规范子公司管理的若干规定》（峰集［2005］381号）、《关于进一步落实〈资产保全管理办法〉的有关规定》（峰集［2005］378号）、《资产保全管理办法》（峰集［2005］37号）、《关于进一步落实〈资产保全管理办法〉的有关规定》（峰集［2005］378号）、《关于闲置资产、废旧物资处置规定》（峰集［2005］37号）、《盘活资产管理办法》（峰集［2005］37号）、《土地资产管理办法》（峰集［2005］37号）、《建设项目用地预审及报批程序实施办法》（峰集［2005］37号）、《关于下发清产核资具体工作安排的通知》（峰集资本［2004］83号）、《2005年清产核资工作安排的意见》（峰集［2005］375号）、《关于对子公司实行分级管理和扶持的若干规定》（峰集资本［2006］12号）、《财务总监管理办法》（峰集财务［2007］23号）、《关于加强子公司监督管理的规定》（峰集资本［2008］9号，附财务总监联签办法）、《委派财务总监管理细则》（峰集资本监管［2008］1号）、《出资企业重要事项报告管理办法》（峰集出资办［2008］1号）。

二、子公司新型监管模式

随着企业改革改制，破产、兼并重组步伐的加快，集团公司以资本为纽带的控、参股子公司越来越多。强化出资人职责，规范子公司的管理，成为集团公司产权管理越来越重要的一项工作。在子公司管理方面，峰峰集团按照《中华人民共和国公司法》和子公司《公司章程》，进一步加强出资人职责，规范了子公司管理。

（一）健全制度体系。为科学规范管理子公司，创新管理方式，按照《公司法》的相关规定并结合企业实际情况，先后制定了峰峰集团《公司设立工作程序》、《子公司管理实施办法》等14个管理制度。

（二）实行归口分级管理。归口管理：子公司业务管理牵头部门为设在资本运营部的子公司管理办公室管理。相关部门有财务管理部、劳动工资部、组织人事部、企业管理部和非煤产业部。分级管理：首先将所有对外投资统一转入集团公司资本运营部核算。其次，对子公司实行分级管理体制。根据子公司的投资和组建情况，凡子公司组建前为集团公司直属单位改建或直接组建的，仍由集团公司直接管理；凡子公司组建前归集团公司所属单位改建或组建的，集团公司委托所属单位对其进行管理。第三，对子公司实行分级考核办法。资本运营部牵头组织有关部门进行测算，由集团公司绩效考核委员会统一下达建议指标。属于集团公司直接管理的子公司，由集团公司委派到该公司的受托人员通过股东会、董事会确保指标的完成；属于集团公司委托所属单位管理的子公司，按投资比例将各类指标纳入所属单位指标体系进行考核。并由所属单位根据集团公司下达的指标和子公司的实际情况，对子公司下达各类考核指标的建议指标，通过委派人员确保完成。

（三）规范法人治理结构。按照《公司法》的要求，在组建子公司时通过建立股权多元化的股权结构、具有决策能力的董事会、具有经营能力的经理层和有效监督机制监事会来规范子公司的法人治理结构。集团公司通过委派到子公司的受托人员来管理子公司。包括委派股权代表、董事、监事、提名推荐的董事长、副董事长、监事会主席、（总）经理。向控股子公司委派的受托人员，包括推荐董事长、董事、监事或监事会主席（根据与其他出资方协商情况定）候选人，以及提名（总）经理层候选人；向参股子公司委派的受托人员，包括推荐董事、监事候选人的职数（根据股权比例的多少确定）和推荐监事会主席或财务负责人（根据与其他出资方协商情况定）候选人等。

所属控、参股子公司基本情况一览表

单位：万元

序号	公司名称	公司性质	注册资本	集团公司		董事长		经理		主要产品					土地使用情况	公司成立日期	主管单位
				出资额	股权比例（%）	集团公司	其他股东	集团公司	其他股东	名称	设计能力	2007年经营情况 产量产值	销售收入	利润总额			
一	全资、控股		60,586.84	34,773.53									487582	3339			
1	鼎峰物流	全资	1,000.00	1,000.00	100.00	李建忠		李建忠		批发零售各种材料		379680万元	379680	1120	无	2006.4.21	集团公司
2	峰煤建材	全资	555.00	555.00	100.00	柴彦军		陈玉仓		水泥	17.6万吨	10万吨	2429	26	无偿	2002.11.21	集团公司
3	孙庄采矿	全资	797.93	797.93	100.00	王玉新（代）		王建立		原煤开采	45万吨	9万吨	3840	-36	划拨	2007.7.18	集团公司
4	大力矿业	控股	1,010.95	785.95	77.74	武运生		武运生		原煤开采	15万吨	9万吨	4768	-0.4	划拨	2007.8.20	集团公司
5	通顺矿业	控股	1,352.00	862.00	63.77	王进田		赵云佩		原煤开采	45万吨	44万吨	13220	770	划拨	2004.11.8	集团公司
6	牛儿庄采矿	控股	1,399.26	957.76	68.45	周银法		周银法		原煤开采	60万吨				划拨	2008.8.28	集团公司
7	利泰实业	控股	232.00	120.00	51.72	王进田		王建军		原煤开采	6万吨	5万吨	1662	-53	租赁	2002.4.30	集团公司
8	峰煤焦化	控股	35200	22968	65.25	王务平		王宪贵		焦炭甲醇	100万吨 10万吨	21万吨 -万吨	23387	314	出让	2007.8.28	集团公司
9	兴泰焦化	控股	700.00	497.49	71.07	薛瑞峰			杜根林	焦炭	10万吨	11万吨	11007	32	租赁	2001.4.1	集团公司
10	阳光煤电	控股	748.00	417.40	55.80	田金栋		康金刚		发、供电	0.75万kw	2736万度	1151	401	租赁	2001.11.30	羊渠河矿
11	方兴种猪	控股	991.70	715.00	72.10	李金海		张成岩		种猪	10000头	8801头	775	20	租赁	2001.7.1	牛儿庄矿
12	冀南安检	控股	600.00	420.00	70.00	索海滨		索海滨		检测检验		478万元	478	6	无	2004.11.5	集团公司
13	峰滨经贸	控股	1,500.00	765.00	51.00	刘悦胤			田辉	动力配煤	100万吨	22万吨	4999	169	租赁	2004.10.1	马选厂
14	神风机械	相对控股	12,000.00	3,600.00	30.00	董久赤		崔涛		机械制造		34270万元	34270	1002	出让	2004.10.28	集团公司
15	六〇七化工	相对控股	2,500.00	312.00	12.48	刘永敏		刘永敏		雷管 炸药	2500万发 9500吨	989万发 8670吨	5337	-240	出让	2004.11.18	集团公司

序号	公司名称	公司性质	注册资本	集团公司		董事长		经理		主要产品					土地使用情况	公司成立日期	主管单位
				出资额	股权比例（%）	集团公司	其他股东	集团公司	其他股东	名称	设计能力	2007年经营情况					
												产量产值	销售收入	利润总额			
16	环生制砖	相对控股	750.00	350.00	46.67	武文斌		郭风生		标砖	3000万块	3238万块	529	－30	租赁	2003.5.1	孙庄矿
17	洁能煤化	相对控股	1,531.22	379.59	24.79	王玉新			原运平	焦碳	15万吨		50	－162	租赁	2003.1.1	孙庄矿
二	参股		191,156.02	13,179.34									123452	5952			
1	翔龙地勘	参股	556.43	123.08	22.12		郭志强		郭志强	勘探		1844万元	1844	1	出让	2004.11.8	集团公司
2	纵横工程	参股	2,518.00	243.00	9.65		许振国		许振国	矿山工程机电安装		16949万元	16949	487	出让	2005.4.20	集团公司
3	大兴建设	参股	2,018.00	190.94	9.46		郭耀臣		李喜柱	建筑施工		8774万元	8774	2	出让	2005.8.30	集团公司
4	羊渠河建材	参股	800.00	150.00	18.75		李全有		周风生	标砖	6000万块	4567万块	718	－74	无偿	2003.7.1	羊渠河矿
5	枫美印刷	参股	164.00	16.40	10.00	王智明		王智明		报纸、资料印刷		87万元	87	－42	租赁	2005.9.5	多经公司
6	瑞达设计	参股	238.00	8.00	3.36		赵文庄		赵文庄	勘察设计		974万元	974	54	无	2004.10.20	集团公司
7	丰达冶金原料	参股	35,200.00	10,032.00	28.50		杨成文		李如怀	焦炭 石灰石	80万吨 32万吨		64133	1193		2006.6.20	集团公司
8	国控担保	参股	20,000.00	2,000.00	10.00		石运兴		李令成	担保投资			24	1013		2007.3.22	集团公司
9	中联煤炭销售	参股	8,300.00	100.00	1.20		刘彩英		刘彩英	煤炭销售			2060	274		2000.6.6	集团公司
#	聊城发电	参股	88,700.00	400.00	0.45		任子芳		胡学东	火力发电	2×60万Kw			－222		2006.3.7	集团公司
#	重钢朵力房地产	参股	33,218.02	39.00	0.1174		黎伟		曾朝夕	房地产开发			27889	3266		1993.10.28	集团公司
合计			251,742.86	47,952.87									611034	9291			

（四）对重大决策事项的管理。各子公司根据《公司法》和其《公司章程》的规定涉及的七个方面重大事项，按照集团公司《关于对子公司受托人员表决事项审批程序的规定》进行申报和审批：公司董事会秘书准备材料和填写审查表，分别由各董事审核并说明理由，然后报资本运营部，由其按专业将事项分送给集团公司各部门进行审核，并将审核意见汇总整理，提出审核结论，报集团公司主管领导或董事会、经理办公会确定，将最终审核结果填入审核表，返送给各董事进行表决。

（五）对委派人员的管理与考核。结合本企业情况制定的子公司管理制度，规范了对委派到子公司受托人员的管理，明确了受托人员对子公司的监管责任。并定期组织受托人员述职和对其考核。

（六）强化财务监督，推行财务总监联签制。为切实加强对子公司财务监管，完善子公司监管体系，向子公司派出财务总监，实行财务联签，强化子公司财务监管事项，维护国有股利益。制定了《联签实施办法》，对财务总监委派方式及财务总监实施联签的范围、必须联签的事项、资金支付额度、联签流程、联签工作方法及时间、人员管理、报告制度、工作纪律、联签子公司的职责等方面都作了明确规定。

（七）对子公司的扶持政策。为切实扶持子公司发展壮大，进一步提高子公司的管理水平和运营效益，结合集团公司实际制定了《关于对子公司实行分级管理和扶持的若干规定》（峰集资本［2006］12号），明确了对子公司扶持的具体政策。

第六章　资源开发及整合

峰峰局（峰峰集团）经过长期开采，本部所属矿井后备资源十分有限。2003年，集团公司委托煤炭工业发展研究中心组织专家对企业的未来发展进行了规划，确定了“煤炭产业，内挖外扩”，实施“走出去”战略，开拓外部资源，扩张产业规模，提高资源保障能力，巩固煤炭产业基础地位的发展思路。在“内挖”方面，重点抓好梧桐庄矿、大淑村矿、万年矿和羊渠河矿等矿井技术改造，提高综采、综掘生产能力，加快对地方煤矿整合重组的工作进程，推动重组取得实质性突破，整合可采储量1.8亿吨，增加原煤产量400万吨/年。在“外扩”上，从2004年开始，集团公司积极向省外寻找资源，最后确定在内蒙古锡林郭勒盟进行资源开发。2005年办理了红格尔煤田、查干淖尔煤田的探矿权证，完成了两块煤田的地质勘探。2007年，集团公司委托武汉设计院对查干淖尔矿区进行规划，2008年3月，查干淖尔矿区总体规划通过国家发改委组织的专家评估，一号煤矿项目可研报告和铁路专用线项目可研报告编制完成。2008年9月经过河北省国资委批准，锡盟煤电化路一体化项目开工建设。

为充分发挥内蒙古自治区煤炭资源优势和向河北省输煤、输电的良好条件，解决河北省经济持续发展对能源迫切需求。同时为实施两省区能源合作战略，河北省政府、内蒙古自治区政府和中国国电集团公司三方，于2004年11月6日，签署了共同规划投资开发内蒙古鄂尔多斯煤电一体化项目的框架协议。中国国电集团公司和河北建设投资公司共同投资建设内蒙古鄂尔多斯煤电一体化项目。国电电力发展股份有限公司和河北省建设投资公司各持股50%，于2005年11月18日在鄂尔多斯市注册成立了国电建投内蒙古能源有限公司。为发挥河北省建设投资公司与峰峰集团各自的优势，顺利进行内蒙煤电项目的开发，双方通过友好协商，本着互利共赢的原则，就共同开发建设煤电项目事宜于2007年6月签定了合作框架协议。经河北省建投公司与集团公司协商，2008年10月16日，由峰峰集团派出人员组建矿井筹建处，协助国电建投内蒙古能源有限公司进行矿井建设施工和投产前的准备、生产技术管理工作。

从2005年开始，集团公司投入了大量资金对磁西区进行普查、精查以及地质勘探。到2008年，基本完成了一号区和三号区北部的勘探工作。下一步将根据勘探设计逐步进行磁西二号勘探区及磁西三号勘探区南部的勘探工作，预计全部勘探工作将在2011年完成。

第一节　内部挖潜

一、现有矿井改造

（一）梧桐庄矿技改

项目建设规模：矿井生产能力由120万吨/年提高到210万吨/年，新增生产能力90万吨/年。新增井巷工程量总长度1.6848万米，新增地面行政、公共建筑总面积9665.8平方米，矿井服务年限为29.3年。

该项目共投资1.09亿元，于2005年开工建设，2006年底主要工程全部完工。

（二）羊渠河矿井改扩建

羊东扩大区开发一期工程于1998年9月开始，范围为-620米水平以上；二期工程于2007年3月开始，范围为-620米水平以下（即-850水平）。主要工程有：1999年10月至1999年12月新建-110压风机房，1999年11月至2000年3月新建-400压风机房。2001年7月至2001年11月，对主斜绞车房进行改造，改换主斜提升绞车。2002年3月至2004年5月，-400水平新掘一条皮带运输大巷，将原-400大巷电机车运输，优化为-400皮带运输机运输。2003年6月至2004年9月，为适应羊东四二扩大区深部通风的需要，并建羊东扩大区佐城风井和井底回风道。2006年1月至2008年6月，新建四一、四二区排水、通风、供电等系统，井巷工程量总长度2.0408万米，掘进总体积31.2750万立方米，项目总投资2.9731亿元。2008年6月全部完工，2008年7月10日至2008年9月30日进行了联合试运转，并通过河北省专家组评审。

（三）大淑村矿技术改造

开采技术方面。轻放工作面三机配套提高回采工作面生产率，保证了安全生产。薄煤层综采设备工业性试验，取得了较好效果。

掘进技术方面。岩巷锚网喷支护，推广“三小”、“三掘三喷”工艺，试用了自钻锚杆加固底板和巷壁注浆加固新技术。2#煤工作面切眼摸底掘进、煤巷摸顶掘进采用了锚（锚杆锚索）网带支护新技术。

机电技术方面。副井电控系统进行数字化改造。主井电控系统于2005年9月进行升级改造，转子柜改为可控硅组件，低频拖动装置改为全数字变频控制装置，同时监控柜进行数字化改造。

（四）万年矿资源开发

水平延深。主要生产水平-240水平所剩储量不多，南大巷延深800米至井田边界。北大巷延深1500米至北四采区中部。三水平北翼（-440）三条下山、下部车场及主要硐室完工，泵房、变电所安装完成。三水平南翼采区主体工程完工。2008年，北四采区和三水平南三采区施工，并积极准备野青煤配采。

为增加矿井储量，延长矿井寿命，积极勘探开发万东扩大区，争取开采到-1000米水平。同时，对浅部下组煤开采进行可行性研究，最大限度地回收资源，延长矿井寿命。

2008年，为确保2010年集团公司原煤产量达到1650万吨，峰峰集团重新制定了扩能技改方案。明确到2009年底，牛儿庄公司达到90万吨生产能力，黄沙矿达到120万吨生产能力，大淑村矿达到150万吨生产能力，九龙矿达到210万吨生产能力，万年矿、梧桐庄矿达到300万吨生产能力，梧桐庄矿新主井在2009年底前建成，形成400万吨的生产能力。

二、重组地方煤矿

2006年7月16日，峰峰集团与磁县、峰峰矿区政府签署了联合重组地方煤矿协议，并成立了联合工作组，整体推进联合重组工作。2007年3月，完成了磁县中兴煤矿、峰峰矿区黑龙洞煤矿、富峪煤矿的重组，分别划归孙庄矿和新三矿（后为三矿社区管理处）管理。2007年11月，向河北省国资委上报了《关于整合煤炭资源重组地方煤矿的请求》，并得到批准，与磁县8个地方煤矿、峰峰矿区两个地方煤矿初步商定重组方式、协议条款等，并积极开展了与磁县两个国有地方煤矿重组的前期工作。

第二节 锡盟开发

一、项目背景

根据企业发展战略，面对企业资源储量不断减少，部分矿井资源枯竭关闭破产的实际情况，峰峰集团积极向省外寻找资源。通过考察，主要从资源量、价款、投资环境以及当地优惠政策等方面进行筛选比较，最后确定在内蒙古进行战略发展。2004 年 7 月，河北华源电子科技有限公司委托河北省煤田地质局物测地质队在内蒙古自治区锡林郭勒盟阿巴嘎旗境内进行风险初探。在探明红格尔有丰富煤炭资源后，华源公司申请获得了红格尔煤田探矿权。由于资金问题华源公司寻找合作伙伴，以期共同进行煤炭的开采和开发。集团公司获此信息后，从长远发展考虑积极与对方接触和协商。2004 年 11 月，峰峰集团、大唐河北发电有限公司、华源公司共同与盟政府签定了开发内蒙古锡林郭勒盟阿巴嘎旗红格尔煤、电、化一体化项目协议，并以峰集［2005］38 号文上呈河北省国资委，国资委于 2005 年 2 月 3 日以冀国资［2005］64 号文予以批复，原则同意峰峰集团对开发红格尔煤、电、煤化工综合项目开展前期工作。

开发内蒙古锡林郭勒盟阿巴嘎旗红格尔煤、电、化一体化项目，不仅是集团公司总体发展战略的重要组成部分，而且是企业做大做强，实现又好又快可持续发展目标的重要战略举措，该项目得到了河北省委、省政府和省国资委的充分肯定和大力支持。项目签定后，集团公司高度重视，立即成立了锡盟项目开发领导小组，并抽调精干力量于 2005 年 5 月组建了锡盟能源化工开发办事处，主要负责省外资源开发。

2005 年，河北省国资委、中国信达资产管理公司及监事会有关领导多次亲临现场考察指导工作。

二、红格尔煤田

（一）获得探矿权

红格尔煤田，最初锡盟政府承诺给华源公司探矿权。华源公司没有实力开发，由峰峰集团、大唐河北发电有限公司、华源公司三家签署协议，共同开发锡盟煤、电、化一体化项目。在合作过程中，大唐河北发电有限公司因项目开发难度大退出了合作。华源公司是民营企业，不具备开发能力。在集团公司的努力和锡盟当地政府的协调下，集团公司从华源公司手里最终单独获得了红格尔煤田的探矿权。2005 年 6 月 13 日，取得了内蒙古自治区国土资源厅颁发的探矿权证，探矿权人为峰峰集团有限公司，勘查许可证号为 1525000510002，有效期限 2005 年 6 月 13 日至 2006 年 6 月 13 日，勘查许可证批准勘查面积 149. 54 平方公里。2006 年 5 月 16 日办理了红格尔探矿权延续，有效期限至 2009 年 6 月 13 日。

（二）缴纳探矿权价款

1984 年，国家出资在红格尔煤田进行了煤田预查，钻探 11 个孔，圈定预测煤炭储量 5. 8 亿吨，属于国家出资勘查形成的煤田勘查区，矿业权价款要进行评估后再行缴纳，且缴纳的矿业权价款比空白区要多。

2007 年 10 月，红格尔煤田探矿权价款经过了内蒙古科伟评估有限公司的评估，探矿权价款为 2. 0742 亿元。

2008 年，冀中能源集团成立后，加快了对锡盟项目的开发进度。2008 年 10 月，缴纳了红格尔煤田探矿权价款 2. 0742 亿元，为下一步工作打下了基础。

（三）地理位置

红格尔煤田位于内蒙古自治区锡林郭勒盟阿巴嘎旗境内，隶属阿巴嘎旗管辖。红格尔煤田北东距阿巴嘎旗所在地 40 公里，西距苏尼特左旗 75 公里，东距锡林浩特市 120 公里，东南距查干淖尔煤田 40 公里，南距查干淖尔湖 30 公里，北距锡（锡林浩特）—赛（赛汗塔拉）公路（即 101 省道）40 公里，地理坐标为北纬 43°34′45″— 43°45′00″，东经 114°31′30″— 114°44′30″。

区内地形平坦，道路以沙石路为主，交通比较方便。

（四）煤田面积

红格尔勘探区呈北东—南西向的长条状，面积149.54平方公里。红格尔煤田位于勘探区中部，其面积约71.23平方公里。

（五）地形地貌

红格尔盆地属内蒙高原的一部分，红格尔煤田海拔高度1088—1181米，主要为草原平坦地形，仅北部和南部边缘一带为低山丘陵，东部系由玄武岩组成的台地。区内水系不发育，仅有小的季节性河流及季节性湖泊。

（六）煤田勘查及获得资源情况

2004年，华源公司准备投资勘查利用红格尔煤田的煤炭资源，拟建一个年产90万吨的矿井。2004年7月，华源公司委托河北省煤田地质局物测地质队编制了《内蒙古自治区阿巴嘎旗红格尔庙煤田综合勘查设计初步方案》，河北省煤田地质局对此方案进行了初审，2004年8月10日以冀煤地字［2004］173号文予以批复。河北省煤田地质局物测地质队按照此方案进行了二维地震勘查和煤田普查勘查工作。

2005年6月13日，集团公司取得了红格尔煤田的探矿权。根据峰峰集团和内蒙古自治区地质调查院提出的委托和要求，在149.54平方公里勘查区范围内进行综合勘查工作，在21线以北至东北部煤层零点边界以内面积为50平方公里的区域内，勘查精度达到勘探（精查）程度，其他地段达到普查程度。先期开采地段确定为5线—13线及Ⅴ线—Ⅸ线之间范围，满足建设大型以上矿井的需要。河北省煤田地质局物测地质队又组织各专业技术人员，结合有关部门的意见，在原设计方案和已有地震、钻探勘查成果的基础上，重新编制了《内蒙古自治区阿巴嘎旗红格尔庙煤田综合勘查设计》。

红格尔庙煤田勘探工作分两个年度进行，地震勘查工作于2004年7月25日进入现场施工，至2004年9月19日完成野外采集，历时56天，施工测线36条。钻探施工于2004年9月17日进入现场，2004年11月6日结束，施工钻孔11个。

地震勘探于2005年5月3日进入现场施工，至2005年5月22日完成野外采集，历时20天，施工测线12条，完成设计全部工程量。钻探施工于2005年3月28日进入现场，7月13日钻探工作结束。

2005年7月17日，集团公司与河北省煤田地质局物测地质队等有关单位和部门在阿巴嘎旗召开了“红格尔庙煤田勘查”中间资料审查会议。应集团公司的要求，会议决定将设计中使用的名称“红格尔庙煤田”变为“红格尔勘查区”，并将设计中提出的勘探（精查）面积50平方公里范围与其他地段一并提交勘探报告。

2005年7月，红格尔煤田勘探（精查）工作完成，于2005年7月底提交《内蒙古自治区阿巴嘎旗红格尔勘查区煤炭勘探报告》。勘探报告经国土资源部矿产资源储量评审中心以国土资矿评储字［2005］100号评审通过；国土资源部以国土资矿评储字［2005］295号文完成对报送矿产资源/储量评审材料的备案。获得煤炭资源/储量（121b＋122b＋333）6.4316亿吨。其中：探明的经济基础储量（121b）为9503万吨；控制的经济基础储量（122b）为5827万吨；推断的内蕴经济资源量（333）为4.8986亿吨；另有预测的资源/储量（334?）为2.5264亿吨。

（七）煤质及用途

勘查区煤质总体上为中灰、中硫、低磷、高挥发分、中热值褐煤，化学反应活性好，适合于发电和煤化工用煤。煤层埋深95—345米，有8^{上}、8#两个可采煤层，层间距5.69米，8^{上}煤厚7.62米，8#煤厚11.49米。8#煤为主采煤层，原煤水分平均8.21%，灰分平均27.02%，挥发分平均44.1%，发热量平均17.23兆焦/千克。煤层的灰分为低熔灰分，煤灰粘度为弱还原，煤灰结渣性为中强及中结渣性。8#主采煤层的视密度在1.39—1.51吨/立方米之间，平均值为1.44吨/立方米。

（八）地质

勘探工作查明了矿区地质构造、煤层赋存条件及开采技术条件。矿区内煤层稳定，为中厚及特厚煤层。区内地质构造形态较复杂，总体呈走向北东、倾向北西的单斜层。含煤区中部地层平缓，呈缓波状延伸，倾角一般小于10°。在含煤区西北边缘，受断层影响地层倾角相对较陡，地层倾角略大于15°。勘查区地表均被新生界地层所覆盖，无基岩出露，自下而上揭露地层为：

侏罗系上统：厚度40.07—113.50米，岩性为紫红色安山岩、凝灰岩夹火山角砾岩，及紫红色、灰绿色泥岩、粉砂岩夹细砂岩、中砂岩。

中生界白垩系下统：钻孔最大揭露厚度为472.60米，主要为一套陆相细碎屑岩石，岩性主要为泥岩、粉砂岩，夹砂砾岩、砾岩、泥质粉砂岩，局部含有少量铝土质成分，泥岩中常含有硅质小砾石，夹薄煤层、炭质泥岩，个别钻孔见角砾状灰岩。本地层为含煤地层。

上第三系：厚17.48—274.73米，平均厚63.62米，岩性为灰、紫红、灰黄、灰绿色及杂色泥岩、砂质泥岩、砂砾岩及粉砂岩、细砂岩、中砂岩、粗砂岩，夹石膏薄层，底部以砂砾岩、砾岩或含砾中粗砂岩与下伏地层巴彦花组不整合接触。

第四系：厚0—13.25米，平均厚4.90米，岩性为黄色、土黄色夹褐黄色、褐红色风成中细砂、中粗砂、少量含砾粗砂，局部夹有褐红色黏土薄层。

（九）煤矿开发建设条件

1. 资源条件

红格尔勘查区煤层埋藏浅，厚度大，较稳定，富煤区集中，水文地质条件简单。地表地形平坦，地面无村庄，可采用斜井开拓方式，生产系统不受地形限制。矿井开采井上、下生产系统布置比较简单，开采技术条件较简单，适合建设大型及特大型矿井。

2. 矿井服务年限

经计算，矿井服务年限为77.12年。

3. 水源条件

勘查区东南30公里处，有一地表水体——查干淖尔湖。查干淖尔湖分东（小）、西（大）两个湖。查干淖尔湖东北至西南长约24公里，西北至东南宽约5公里，是锡林郭勒较大的湖泊，东北距查干淖尔煤田约15公里。

高格斯台河与灰腾河两条支流，于德力格尔苏木偏东约5公里处的大黑山汇合形成巴音河。巴音河长80.3公里，河水由东向西流经查干淖尔煤田南部，距查干淖尔煤田4公里，最终注入查干淖尔东小湖，形成闭流体系，流域面积5560.73平方公里。

东小湖面积约2866.68万平方米（4.3万亩），平均水深2米以上，水面高出西大湖水面4.2米，该湖蓄水量为5734万立方米。根据2004年3月内蒙古自治区水利水电勘察设计院《锡林郭勒盟阿巴嘎旗巴音河地表水资源评价报告》，查干淖尔湖每年可供用水量962万立方米。当地政府利用国家对病险水库除险加固资金，通过对湖坝加高和对湖挖深改造后，供水量可增加到2296万立方米，可作为矿区未来开采和生产考虑的主要供水水源。

西大湖，面积约7733.37万平方米（11.6万亩），主要由东小湖与苏尼特左旗的恩格尔河补给水源。1976年后由于干旱碱化，水位逐渐降低，水质逐渐碱化，无水生物生存的环境。

三、查干淖尔煤田

（一）获得探矿权

在进行红格尔煤田勘探过程中，经过对当地煤田的调查了解，获知在距红格尔煤田40公里的查干淖尔附近可能有煤，集团公司于2005年初安排翔龙公司在查干淖尔预测煤田进行了风险勘查，施工了4个钻孔，其中有一个孔见煤5米。集团公司于2005年6月29日及时办理了查干淖尔煤田探矿权手续，取得了国土资源部颁发的探矿权证，探矿权人为集团公司，有效期一年，勘探面积366.22平方公里。2006年8月6日办理了探矿权延续手续，有效期限至2008年6月29日。2008年6月办理了查干淖尔煤田探矿权变更延续手续，查干淖尔煤田勘查范围经过缩小后，勘查区面积202.75平方公里，其中，一井田面积75.4平方公里。该勘查区探矿许可证由国土资源部颁发，编号为T01120080701011489，有效期限至2010年6月29日。

（二）探矿权价款缴纳

由于在集团公司2005年进行风险勘查以前，查干淖尔煤田无人进行过煤炭勘查，属于国家空白煤田预测区。2006年8月在办理探矿权延续时，集团公司按最低1万元/平方公里的价格缴纳了365万余元探矿权价款。

（三）地理位置及交通条件

查干淖尔煤田，位于阿巴嘎旗政府所在地新浩特镇南东约50公里处，行政区划隶属阿巴嘎旗查干淖尔镇管辖。地理坐标为东经：115°08′00″—115°23′00″，北纬：43°30′00″—43°44′00″。北东距锡林浩特市约70公里，西北距红格尔煤田约40公里，西距查干淖尔湖15公里。

查干淖尔矿区交通以公路为主，草原自然路四通八达与各镇相通。其中：查干淖尔煤田北距锡（锡林浩特市）—赛（赛汗塔拉）公路（101省道）约50公里，有高等级砂石公路连通；至阿巴嘎旗驻地约65公里；东距207国道（锡林浩特市—张家口市）90公里，有2008年10月份修建的混凝土三级公路连通。

（四）煤田面积

查干淖尔煤田呈北偏东、南北向条带状展布，含煤区走向长18.3公里，倾斜宽7.7公里，面积约141.3平方公里，约占勘查区面积的36.4%。其中一井田走向长约10.40公里，倾斜宽约7.25公里，井田面积75.40平方公里；先期开采地段位于井田西部，首采区面积10.24平方公里。

（五）地形地貌

查干淖尔盆地全区四周为低山丘陵，中部为山间凹地，海拔高程1002—1070米。煤田位于盆地的北部边缘，东北部地势较高西南部较低，南部牧草丛生，是天然牧场，中部为沙漠，北部为沙化草原。

地貌按成因类型可分为：构造剥蚀地形—低山丘陵；剥蚀堆积地形—台间低地；堆积地形—山前倾斜平原、冲洪积平原、冲湖积平原等。

（六）煤田勘查及获得资源量

1. 查干淖尔煤田详查

集团公司委托内蒙古自治区第九地质矿产勘查开发院于2005年在查干淖尔煤田进行了预查工作；2006年进行了查干淖尔煤田普查工作；2007年，内蒙古自治区第九地质矿产勘查开发院在2006年的普查工作基础上进行了详查工作。2007年8月提交《内蒙古自治区阿巴嘎旗查干淖尔煤田详查报告》。通过详查，获得各类煤炭资源27.92亿吨。共获得查明的煤炭资源/储量为22.3648亿吨，其中控制的资源量（332）：11.4890亿吨，推断的资源量（333）：10.8758亿吨，另有预测的资源量（334）：5.5552亿吨。详查报告经中国矿业联合会矿产储量评审中心评审通过，文号为中矿联储评字［2007］51号。国土资源部于2007年11月12日，以国土资储备字［2007］318号文完成对报送的查干淖尔详查报告矿产资源/储量评审材料的备案。详查工作查明了煤田地质构造、煤层赋存条件及开采技术条件；区内煤层稳定，为中厚及特厚煤层，结构较简单，倾角一般小于5°，开采技术条件简单，适合建设大型及特大型矿井。

2. 一井田勘探（精查）

2007年11月，集团公司委托中煤国际工程集团武汉设计研究院根据查干淖尔煤田详查报告对查干淖尔煤田进行了总体规划设计，划分了一井田范围和先期开采地段。受峰峰集团委托，内蒙古自治区第九地质矿产勘查开发院于2008年对查干淖尔煤田一井田进行了勘探（精查）工作。本次工作从2008年3月25日开始施工，2008年6月25日结束野外工作。于2008年8月提交《内蒙古自治区阿巴嘎旗查干淖尔煤田一井田煤炭勘探报告》，2008年9月5日经中国矿业联合会矿产储量评审中心评审通过，有待国土资源部对评审材料进行备案。

通过本次勘探，一井田共获得各类煤炭资源量24.8489亿吨，其中探明的内蕴经济资源量（331）：5.4511亿吨，控制的内蕴经济资源量（332）：9.4465亿吨，推断的内蕴经济资源量（333）：9.9513亿吨。另有预测的内蕴经济资源量（334）：6354万吨。赋煤标高500—950米。资源量估算基准日为2008年7月31日。先期开采地段各类资源量总计为10.2027亿吨，其中，探明的内蕴经济资源量（331）

5.4511 亿吨，控制的内蕴经济资源量（332）：2.2204 亿吨，推断的内蕴经济资源量（333）：2.5312 亿吨；探明的内蕴经济资源量（331）占先期开采地段资源量总和的53.4%，探明的和控制的内蕴经济资源量占先期开采地段资源量总和的75.2%。

（七）煤质及用途

煤质总体上为中灰、中硫、低磷、高挥发分、高热值褐煤。埋深60—410米，有1#、2S2、2#三个可采煤层。1#煤厚2.13米，2S2煤层厚3.75米，2#煤厚18.68米，2#为主采煤层。主采煤层原煤水分平均12.76%；灰分平均25.5%；挥发分平均43.4%；发热量平均18.86兆焦/千克。可作为优质动力煤和煤化工原料煤。

（八）工程地质、地层、煤层及构造

勘探区内地层有白垩系下统巴彦花组、第三系、第四系，主要含煤地层为巴彦花组中段（K_1b^2）；含2个煤组，1—6个煤层，1—36个独立分煤层；其中可采煤层3层，为1#煤层、2S2煤层和2#煤层，2#煤层为区内的主要可采煤层。查干淖尔煤田为北东向的向斜构造，盆地边缘断层较发育，煤系地层中无岩浆岩侵入，地层倾角5—10°，构造属中等类型。

（九）开采条件及矿井服务年限

1. 技术条件

查干淖尔煤田煤层倾角不大，水文地质条件简单，水文地质类型为二类一型偏中等。组成煤层顶、底板的岩石主要以泥岩、砂质泥岩为主，其次为各类砂岩，工程地质类型为三类二型。煤层瓦斯分带均属二氧化碳—氮气带，瓦斯含量低。地温变化正常，煤尘具爆炸性，煤易自燃。初步评价环境地质类型为二类。

2. 一号矿井服务年限

一号矿井主要可采煤层的可采储量为14.2833亿吨，取1.4的储量备用系数，矿井计算服务年限为127.5年。

四、项目规划

（一）红格尔总体规划

根据内蒙古自治区文件［2004］281号规定，取得配置煤炭资源的企业和已取得煤炭生产资格的企业，在区内就地转化量必须达到50%以上。因此，集团公司从开始就计划在锡盟建设煤、电、化一体化项目。由于红格尔煤矿前期工作做的比较早，集团公司最早的规划是在红格尔建设煤电化一体化项目。

2006年3月，受集团公司委托，中煤邯郸设计工程有限公司编制完成了《红格尔煤炭矿区总体规划》。2006年10月25日和26日，国家发改委委托煤炭工业规划设计研究院组织专家在内蒙古锡林浩特市对《红格尔煤炭矿区总体规划》进行了评审，2006年12月上报国家发改委。《红格尔煤炭矿区总体规划》规划的建设项目为：煤矿总建设规模为500万吨/年，综合利用电厂规模为2×135兆瓦，甲醇2×20万吨/年，电石、PVC项目规模为年产电石18万吨，年产PVC20万吨，年产烧碱20万吨。

2005年至2007年，对该项目做了大量前期工作，并取得了大部分支持性文件。

2008年1月26日至28日，国家发改委委托煤炭工业规划设计研究院组织专家在北京对《红格尔煤炭矿区总体规划》及红格尔是否是一个独立矿区进行了论证。国家发改委于2008年3月25日以能煤函［2008］47号文对《红格尔煤炭矿区总体规划》进行了批复。批复意见为：一是同意红格尔含煤盆地划分为一个井田开发，矿井规模暂定为400万吨/年，具体在矿井可行性研究阶段进一步论证确定；二是红格尔含煤盆地与拟规划的查干淖尔矿区合并，作为一个矿区编制总体规划；三是红格尔矿井位于国家核准煤炭规划矿区，项目开发进度必须符合国家煤炭工业发展规划，并报国家发改委核准。

（二）查干淖尔总体规划

随着查干淖尔煤田勘查的深入，集团公司意识到先开发查干淖尔煤田比开发红格尔煤田更为有利：一是开发查干淖尔煤田，已交探矿权价款，以后不用再交探矿权价款（国土资发［2000］309号文规定，探矿权人在其勘查作业区内申请采矿权的，矿业权可不评估，登记管理机关不收取价款）；二是查干淖尔煤田储量大，主采煤层煤质比红格尔煤田主采煤层好；三是查干淖尔煤田距水源近，比红格尔煤田近约20公里；四是查干淖尔煤田距铁路和距G207比红格尔煤田近，G207至查干淖尔煤田三级公路已基本修通。

2007年初，集团公司把工作重点转向了查干淖尔。2006年7月7日，国家发改委发布了《关于加强煤化工项目建设管理，促进产业健康发展的通知》，规定煤化工甲醇的建设规模必须在100万吨/年以上；同时，国家发改委发布的《产业结构调整目录》规定，电力在内蒙古自治区限制单机容量在300兆瓦及以下的常规燃煤火电机组。根据国家政策变化，集团公司停止了2×135兆瓦电厂、2×20万吨/年甲醇、电石及PVC项目，及时调整了规划。集团公司委托西南化工研究设计院于2006年11月编制完成了《峰峰集团内蒙基地煤化工产业发展规划》及年产120万吨甲醇项目可研报告，并于2007年元旦期间，在北京友谊宾馆组织全国知名煤化工专家进行了论证。专家确定的峰峰集团内蒙基地煤化工技术路线为：煤炭—电力—煤气化—甲醇—丙烯—丁辛醇/聚丙烯及下游产品链。

根据内蒙古自治区发改委内发改能源函［2007］333号《关于委托编制〈内蒙古锡林郭勒盟阿巴嘎旗查干淖尔煤炭矿区总体规划〉的函》，集团公司委托武汉设计院于2008年2月编制完成了《内蒙古锡林郭勒盟阿巴嘎旗查干淖尔煤炭矿区总体规划》。2008年8月23日至24日，国家能源局委托煤炭工业规划设计研究院组织专家在内蒙古锡林浩特市对《内蒙古锡林郭勒盟阿巴嘎旗查干淖尔煤炭矿区总体规划》进行了评审。规划建设的主要项目为：煤矿总规模为1600万吨/年，矿区均衡服务年限70年以上。其中查干淖尔一号煤矿设计能力800万吨/年；查干淖尔二号煤矿设计能力400万吨/年；红格尔煤矿总规模400万吨/年；电厂1座，规模为4×660兆瓦；甲醇厂1座，规模为120万吨/年；查干淖尔矿区至锡桑铁路白银库仑站铁路专线86.64公里；水泥厂和矸石砖厂各1座。

五、煤矿建设时序

2007年，国家下发了《关于完善煤矿项目建设时序的通知》。集团公司通过多方做工作，将查干淖尔煤矿、红格尔煤矿的建设时序列入“十一五”后三年和“十二五”前两年的内蒙古煤矿开工项目。其中，查干淖尔煤矿排第七位，列为2008年开工项目；红格尔煤矿列为2011年开工项目，并上报国家发改委。

六、前期工作进展

（一）红格尔煤矿

红格尔煤矿前期工作做的比较早，取得的前期文件较多。红格尔矿区总体规划经国家发改委批复，红格尔煤矿项目取得了内蒙古自治区政府对红格尔煤矿用水、地质灾害评价、水土保持方案报告书、煤矿选址、环境影响报告书等批复文件，在国家煤矿安全监察局对红格尔煤矿安全预评价报告进行了备案。

（二）查干淖尔煤矿

《内蒙古锡林郭勒盟阿巴嘎旗查干淖尔煤炭矿区总体规划》于2008年8月23日至24日经过专家评审，待国家发改委批复。

2008年8月，中煤国际工程集团武汉设计研究院编制完成了《查干淖尔一号井可行性研究报告》。2008年11月22日至23日，《查干淖尔一号井可行性研究报告》在集团公司组织专家进行了内审，专家组提出了意见。根据专家组提出的意见，中煤国际工程集团武汉设计研究院对《查干淖尔一号井可行性研究报告》进行修改完善。

查干淖尔一号矿井工业广场（占地871亩）、施工道路（占地35亩）、临时火药库等完成预征地工作。2008年10月，在查干淖尔一号矿井工业广场施工临建房5栋，“四通一平”工作开展：2008年10月，临时变电站土建、临时水池及临时供水泵房土建工程施工完毕；两眼供水水源井完成施工，单井供水量为30—50吨/小时；工业广场3.02公里施工道路于2008年9月底通车；6.98公里供电线路和4公里供水管路工程开始施工。

（三）煤化工项目

委托西南化工研究设计院于2006年11月编制了《峰峰集团内蒙基地煤化工产业发展规划》，及120

万吨/年甲醇项目可行性研究报告，并于2007年元旦期间在北京友谊宾馆组织全国知名煤化工专家进行了论证，专家确定的集团公司内蒙基地煤化工技术路线为：煤炭—电力—煤气化—甲醇—丙烯—丁辛醇/聚丙烯及下游产品链。

2007年，120万吨/年甲醇项目取得了内蒙古自治区发改委同意开展前期工作的函。甲醇项目水资源论证、取水工程可研报告编制中。

（四）查干淖尔铁路专线

查干淖尔铁路专用线规划接轨于锡桑铁路线上的白银库仑站，线路全长86.64公里，全线共设4座车站，3座会让站，1座终点装车站；区段输送能力近期1290万吨/年，远期2270万吨/年；建设工期24个月，2009年初开工，2010年底完工。

2008年1月，中铁工程设计咨询集团有限公司对该项目进行了总体规划和组织安排。2008年2月14日到锡盟开展勘查与调研工作。2008年3月30日，按照《铁路建设项目预可行性研究、可行性研究和设计文件编制方法》（铁建设［2007］152号）中有关要求，中铁工程设计咨询集团有限公司编制完成了《内蒙古锡林郭勒盟查干淖尔煤田至锡桑线铁路专用线工程可行性研究报告》。2008年10月，铁道部工程设计鉴定中心在北京组织专家对该报告进行了评审。中铁咨询公司根据专家提出的意见着手进行《内蒙古锡林郭勒盟查干淖尔煤田至锡桑线铁路专用线工程可行性研究报告》的编制工作。

（五）与其他公司合作

2008年11月11日，冀中能源峰峰集团与山东鲁能集团有限公司协商合作框架协议，共同开发内蒙古锡盟煤电化路项目。甲乙双方一致同意：查干淖尔矿区煤矿及铁路专线由甲乙双方共同出资成立合资公司，由甲方（峰峰集团）控股，出资51%，乙方出资49%；电厂项目甲乙双方共同出资成立合资公司，由乙方控股，出资51%，甲方出资49%。煤化工项目根据合作进展情况另行商议，适时启动，可引进有煤化工技术和资金实力的第三方共同参与建设煤化工项目。

七、锡盟项目启动奠基仪式

2008年9月28日，冀中能源峰峰集团在内蒙古自治区锡林郭勒盟隆重举行查干淖尔矿区煤电化路一体化项目启动奠基仪式。

第三节 鄂尔多斯项目

一、鄂尔多斯项目建设的背景及合作情况

2004年11月6日，河北省政府、内蒙古自治区政府和中国国电集团公司三方，签署了共同规划投资开发内蒙古鄂尔多斯煤电一体化项目的框架协议。由中国国电集团公司和河北建设投资公司共同投资建设，各持股50%，于2005年11月18日在鄂尔多斯市注册成立了国电建投内蒙古能源有限公司。

为发挥河北省建设投资公司与峰峰集团各自的优势，顺利进行内蒙煤电项目的开发，双方通过友好协商，本着互利共赢的原则，就共同开发建设煤电项目事宜于2007年6月签定了合作框架协议。合作方式为，就开发建设内蒙鄂尔多斯煤电一体化项目，双方成立合资公司，股比为省建投公司80%，峰峰集团20%，与中国国电集团公司电力发展股份有限公司共同开发国电建投内蒙古能源有限公司煤电一体化项目。

2007年8月，峰峰集团组织5人到国电建投内蒙古能源有限公司，与2007年4月先期到达的1人共计6人组成鄂尔多斯项目工作组，主要工作是配合河北省建设投资公司进行鄂尔多斯煤电一体化项目察哈素和刘三圪旦煤矿项目的施工准备工作。

为了强化项目的管理工作，使矿井和洗煤厂、电厂同步投产，经河北省建投公司与冀中能源峰峰集团协商，2008年10月16日，峰峰集团成立了矿井筹建处，协助国电建投内蒙古能源有限公司进行矿井建设施工和投产前的准备、生产技术管理工作。

二、煤电一体化项目的组成

（一）煤电一体化项目的总体思路

在煤炭资源丰富的内蒙古伊金霍洛旗和准格尔旗分别建设两个大型煤炭基地。按照内蒙古自治区政府2004年281号文件精神，同意将两个井田内的40亿吨煤炭资源储量配置给煤电一体化公司。

在两个煤炭基地内分别建设两座坑口电站，将煤炭基地生产出的末煤和煤泥就地消耗，精煤通过铁路销往河北省。

两座电厂发出的电力通过高压输送线路以点对网的方式，50%送到电力负荷集中的河北南部网。

本工程的建设有利于发展循环经济，改善当地生态环境。项目业主除主体工程的水土保持和绿化投资费用外，计划再拿出工程总投资的3‰用于改善当地的生态环境，实现煤—电—运及其废弃物利用的循环经济产业链，建成内蒙古自治区乃至全国的循环经济示范项目，促进当地生态及社会经济的可持续发展。

（二）煤电一体化项目组成

煤电一体化项目由伊金霍洛旗煤电一体化和准格尔旗煤电一体化两个煤电一体化项目组成，其中伊金霍洛旗煤电一体化项目由察哈素矿井和布连坑口电厂组成，矿井一期建设规模为1000万吨/年，最终规模1500万吨/年，电厂一期工程建设规模为2×660兆瓦，最终规模6×660兆瓦；准格尔旗煤电一体化项目由刘三圪旦矿井和长滩坑口电厂组成，矿井一期建设规模为800万吨/年，最终规模1500万吨/年，电厂一期工程建设规模为2×660兆瓦，最终规模8×660兆瓦。本次设计的察哈素矿井及选煤厂为内蒙古煤电一体化中的一个子项目。

（三）地理位置

察哈素矿井及选煤厂位于国家大型煤炭基地——神东煤炭基地内的东胜煤田新街矿区，行政区划隶属内蒙古自治区鄂尔多斯市伊金霍洛旗乌兰木伦镇管辖，矿井主井工业场地距布连乡约1.5公里。察哈素井田目前勘探程度为勘探，井田探矿权面积157.99平方公里，总体规划面积173.38平方公里，井田内煤为特低灰、特低硫、特低磷、特高热值的不粘煤及少量长焰煤，是良好的环保型民用及动力用煤，适用于火力发电、各种工业锅炉、蒸气机车等，也可在建材工业、化学工业中作焙烧材料。各煤层均为富油煤，可作低温干馏原料煤。煤种为不粘煤（BN31）为主，少数为长焰煤（CY41），资源可靠。矿井西邻正在建设的包（头）西（安）铁路，具备铁路运输条件，区域电源充沛，供水水源较可靠，矿井建设的外部条件优越。

（四）矿井规划建设情况

矿井初期布置3个井筒，分别为主斜井（净宽5.4米、倾角16°），装备1.8米宽钢绳芯带式输送机；副立井（井筒净直径9.2米），装备一个7.6×3.7米大罐笼和一个交通罐笼，担负全矿井人员、材料、设备、胶轮车升降和矸石提升，并兼作进风井，采用5×6（Ⅲ）落地式多绳摩擦提升机，3000千瓦36转/分低频交流同步电动机，最大提升速度为9.42m/s。特制双层大罐笼双层装车，乘载WCQ－3B Ⅰ型无轨胶轮车2辆，最大班作业时间4.2时；回风立井（井筒净直径7.2米），选用ANN－2725/1250B矿用轴流式通风机2台，1台工作，1台备用；配1400千瓦、10千伏、990转/分交流异步电动机驱动。矿井正常涌水量150立方米/时，最大涌水量300立方米/时，选用PJ150×7型矿用高扬程多级离心泵3台，每台泵配矿用一般型电动机（630千瓦，10千伏，1488转/分）。正常涌水时1台工作，1台备用，1台检修，排水时间13.5时；最大涌水时2台工作，排水时间13.5时。压风采用地面集中供气方式，选用3台M250风冷型螺杆式空气压缩机，2用1备。

井下煤炭运输全部采用胶带输送机，辅助运输采用无轨胶轮车。

井底车场为“卧式”环形车场，井底车场设3个总容量为7500立方米的大型井底煤仓。

到2008年底，主斜井、洗煤厂、电厂地面场平工作基本完成，主斜井明槽开挖已经开始施工，一期工程计划工期27个月，预计2011年6月投产，实现一井一面达到年产1000万吨水平。二期工程计划2012年完成，达到年产1500万吨水平。

第四节 磁西勘探

一、基本情况

磁西区位于峰峰矿区东部，行政区划隶属磁县、邯郸县、邯山区管辖。该区是大淑村矿、羊渠河矿羊东井田、九龙矿、梧桐庄矿4个矿井的东部自然延伸部分，全区总面积约215平方公里。煤层自上而下为2#、4#、6#、7#、8#、9#煤，估算地质储量为29.7亿吨，其中2#煤地质储量为11.4亿吨。

2007年10月，峰峰集团在国土资源部取得了磁西区的探矿权，办理了《矿产资源勘查许可证》（国土资源部探矿权批准文号为0100000710651），勘查面积100.89平方公里。

磁西区探矿权范围。依据自然地理及构造分区情况以CF2和CF7断层为界将磁西区分为三个勘探区，即磁一区、磁二区、磁三区，估算地质储量为15.3亿吨，其中2#、4#煤地质储量为7.2亿吨。

磁一区（九龙矿及羊东东部），面积33.55平方公里，估算地质储量为5.6亿吨，其中2#、4#煤资源量2.9亿吨（2#煤2.4亿吨，4#0.5亿吨）。煤种为肥煤、焦煤。

磁二区（梧桐庄矿东部），面积48.05平方公里，估算地质储量为5.2亿吨，其中2#、4#煤资源量2.1亿吨（2#煤1.7亿吨，4#煤0.4亿吨）。煤种为肥煤。

磁三区（大淑村矿和羊东深部），面积22.21平方公里，估算地质储量为4.5亿吨，其中2#、4#煤资源量2.2亿吨（2#煤1.8亿吨，4#煤0.4亿吨），煤种为瘦煤、贫煤、无烟煤。

二、全区资源勘探工作

（一）*磁西区二维地震勘探*。河北省煤田地质局物测地质队进行了磁西区二维地震勘探，并于2008年8月8日提交了磁西区二维地震勘探报告。

（二）*地质勘探*。普查勘探于2007年12月至2008年7月完成钻孔18个，工程量2.4169万米。2008年8月编制完成《河北省邯郸市磁西勘查区煤炭普查报告》，2008年10月6日，普查报告通过了中矿联组织的专家评审，2008年10月31日，完成了国土资源部备案。

三、分区勘探工作

（一）*磁西一号勘探区*

本区北起CF2断层，南至CF7断层，西起九龙矿、羊渠河矿羊东井田的深部边界，东至大煤－1500米等高线，南北长约10.1公里，东西宽约3.4公里，面积为33.55平方公里。

2005年以来，在本区已经进行了两期普查工程，完成了17个钻孔，工程量2.1665万米。2007年3月，由河北省煤田地质局水文地质队编制完成《磁西一号井普查地质报告》。

2007年8月，中国煤炭地质总局第一勘探局勘查院完成了磁西区普查及磁西一号区的勘探（精查）设计。勘探工作从2007年12月钻机进场开工，2008年底完成野外施工，编制完成《磁西一号煤炭勘探报告》。

（二）*磁西三号勘探区*（*北部*）

本区位于大淑村矿史村区，勘探区面积约为13平方公里。

前期勘查工作。为了查清史村区的地质条件，自2004年以来陆续在史村区进行了三次钻探施工。到2008年，共施工钻孔17个，完成工程量1.7298万米，使该区达到了普查程度。由中煤119队编制完成了《普查地质报告》。

史村区二维地震勘探工作。河北省煤田地质局物测地质队于2006年8月10日完成了史村区二维地震勘探工作，并提交了《史村区二维地震勘探报告》。

精查勘探。史村区精查勘探设计钻孔24个，2008年1月施工，2009年初完成煤炭勘探报告的编制。

（三）磁西二号勘探区及磁西三号勘探区南部

2008年，按设计要求组织施工，预计2011年前全部完成勘探工作，并提交勘探成果报告，为磁西新矿井开发建设奠定基础。

第七章　多业发展

峰峰局自20世纪70年代起，根据生产和就业形势需求，开始发展多种经营，逐步打破单一煤炭产品的格局。先后成立电器修配厂、备件厂，发展机械产业；扩建六0七厂，发展火工品生产；成立建材厂，发展建材产业。当时，各基层单位成立了“五·七”生产科，围绕煤炭生产发展服务厂点。局于1980年成立了集体企业公司（1983年改为集体企业总公司；1988年更名为多种经营总公司）。各基层单位相应成立了集体企业科，大力发展多种经营。相继建设了煤矸石砖厂、水泥厂、塑料编织厂、家具厂、塑钢门窗厂、炼铁厂、瓷板砖厂、印刷厂等中小型项目。

1989年后，峰峰局（峰峰集团）结构调整力度进一步加大，提出了“以煤为主，多种经营”，把多种经营集体经济作为“三个主体”之一，深化改革，清理整顿，进一步理顺了内部经营关系。为增强集体企业滚动发展的实力，按照“抓住重点、发展一般”的思路，有选择地进行了新项目建设。1993年1月，局制定了《多种经营发展纲要》，明确了发展思路、目标和配套政策，提出了“经营、管理、服务”“三位一体”新机制。1999年后，以主副分离、主服分离为内容的“两分离”继续深化和完善，全局多数单位建立了实业公司，实现了领导到位、资产分清、财务分账、人员划开，向企业化管理迈进。2002年以后，峰峰局（峰峰集团）提出实施结构调整的“五个一批”工程，主辅分离、辅业改制任务顺利完成。随后又提出构建“一二三”产业发展格局：巩固开发煤炭一个基础产业；培植电力、煤焦化两个支柱产业；发展建材、机械制造、化工三个支持产业（后改为：巩固开发煤炭一个基础产业；培植电力、煤化工两个支柱产业；发展建材、机械制造、现代物流三个支持产业）。2006年，集团公司制定了建设现代化能源化工集团的发展目标，提出了“一基多业”的发展思路。“多业”主要是指以煤炭为基础的产业和其他相关产业，实施“煤基产业、做大做强”战略。重点发展电力、焦化支柱产业，积极发展建材、机械制造、物流等支持产业，形成专业化协作的产业运作体系，延伸产业链，提高附加值。

多业发展方面，在原有孙庄矿焦化厂、羊渠河焦化厂、四矿焦化厂基础上，倾力谋划发展峰峰集团大型煤化工项目。2005年9月28日，煤化工项目一期工程开工，2007年7月4日一期工程竣工投产。在一期工程基础上成立了河北峰煤焦化有限公司，并积极筹备二期工程建设，谋划三期工程建设（磁县煤化工项目）和内蒙古锡盟煤化工项目。电力产业稳步发展，完成了五矿矸石热电厂、孙庄矿矸石热电厂、九龙矿矸石热电厂二期扩建工程，新建的薛村矸石热电厂正式并网发电，开工建设低浓度瓦斯发电站，规划建设峰峰2×300兆瓦热电联产电厂。做强做大装备制造业，努力打造邯郸地区最大的机械制造企业。机械制造水平不断提升，开发了定型产品，形成了“以造为主，以配为辅，以修为补”的生产格局。火工产品更新换代，产品涵盖煤矿、冶金矿山、工程施工等多个行业。建材产业充分利用电厂粉煤灰和炉渣，发展水泥等加工项目，并适时改革改制。集体企业在努力经营好原有项目的同时，根据市场需求积极发展新型项目。

孙庄矿焦化厂于1991年12月建成投产，后改制为洁能煤化公司，属孙庄矿管理；羊渠河焦化厂兴建于1995年5月，属羊渠河矿管理；四矿焦化厂于1996年4月建成，2002年改制为兴泰焦化公司；河北峰煤焦化有限公司成立于2007年8月，其前身为峰峰集团煤化工项目筹备处，成立公司后，为集团公司二级单位。

电力管理部门1989年至1994年6月为供电部，属局机电处管理；1994年7月供电部从机电处分流出来，成为独立经营、自负盈亏的经营实体；2002年6月27日，五矿矸石热电厂和原峰峰局供电部合并成立邯郸峰煤电业有限责任公司；2005年1月，经峰峰集团批准实行“一套班子两块牌子”的管理模式，成立峰峰集团电业分公司。

机械制造。2002年以前，机械总厂、机电设备厂、马头机械厂各自经营，同为局二级单位。2003年，机械总厂、机电设备厂、马头机械厂组建为集团公司所属机械制造分公司。2004年10月，河北省国资委批准机械制造分公司改制为国有参股（相对控股）的有限责任公司。2005年1月，经峰峰矿区工商行政管理局批准，注册了河北神风重型机械有限公司。2009年2月，更名为河北天择重型机械有限公司。

火工品生产单位是六0七厂，2004年改制前属集团公司二级单位。2004年11月18日，六0七厂改制为河北六0七化工有限公司。管理体制为峰峰集团控股子公司，行业上受河北省国防科工办领导。

建材主要生产单位是建材厂，原为局二级单位，业务上接受峰峰局供应处指导。2002年7月，组建为峰煤建材有限责任公司。

集体企业的管理部门原是峰峰局集体企业总公司。1988年10月26日，因形势发展和工作任务需要更名为峰峰局多种经营总公司；1995年11月成立了峰峰局多种经营管理处，保留多种经营总公司，为一套机构两块牌子，负责全民多经与集体企业的管理。2002年11月，多种经营管理处变更为非煤产业部。2004年2月，集体企业与全民多经分离，重新组建峰峰矿务局多种经营总公司。

第一节　煤化工

一、整体规划

峰峰集团煤化工项目建设总规模为年产500万吨焦炭、100万吨甲醇（其中焦炉煤气制甲醇50万吨）、60万吨醋酸、30万吨煤焦油加工、10万吨粗苯精制、20万吨醋酸酯、18万吨醋酸乙烯、5万吨醋酐、5万吨醋酸纤维，配套建设两座37兆瓦余气余热电力车间项目。项目总投资为155亿元，计划2010年全部建成。项目建成后预计年产值158.84亿元，年利税达42.18亿元。

一、二期工程在峰峰矿区境内。一期工程包括年产100万吨焦炭、10万吨甲醇项目。二期工程包括年产200万吨焦炭、20万吨焦炉气制甲醇、20万吨醋酸，配套37兆瓦余气热电力车间项目。

三期工程在磁县境内。包括年产200万吨焦炭、70万吨甲醇（其中焦炉煤气制甲醇20万吨）、30万吨煤焦油加工、10万吨粗笨精制项目。

二、一期工程

（一）建设情况

一期工程选址在峰峰矿区和村镇西北，距原四矿东北约1公里，距和村镇八特村约1公里，在邢都公路北侧。

工程由中国化学工业第二设计院（太原）设计，建设规模为100万吨焦炭/年，10万吨甲醇/年。

2005年9月28日，煤化工项目一期工程正式开工。

2007年7月4日，2号焦炉推出了第一炉焦，标志着峰峰集团煤化工项目一期工程实现了投产。经集团公司检测中心检验，焦炭质量达到了一级冶金焦标准。10月12日，1号焦炉也实现了投产。12月份前化产品焦油、粗苯、硫铵相继投产。2008年7月31日，年产10万吨焦炉煤气制甲醇生产线试车成功、顺利投产，甲醇质量达到国家一级标准。至此，一期工程建设全部结束，生产规模为100万吨焦炭/年、10万吨甲醇/年，其他主要产品还有焦油、硫铵、粗苯、硫膏等。

（二）经营情况

2007年生产焦炭21.0008万吨、焦粉1.0600万吨、焦粒3960吨、回收焦油6755吨、粗苯1260吨、硫铵295吨，折合产量23.2175万吨。产值完成3.0508亿元，比计划超8万元。营业收入总额2.3387亿元，其中焦炭2.1207亿元，其他副产品2181万元。实现利润314.2万元。

2008年1月至8月，累计生产焦炭56.4万吨、焦粉3.6万吨、焦粒1.5800万吨、焦油1.8000万吨、粗苯5750吨、硫铵4780吨、甲醇121吨。实现销售收入12.3800亿元，实现利润1.0900亿元。

受金融危机影响，2008年8月份以后，全国钢铁市场出现限产和压产，焦炭市场由卖方向买方市场转变，价格大幅度下滑，利润空间迅速缩减，形成产品积压。公司在10月份被迫大幅度降产，结焦时间由9月份的36小时逐步延长到11月份的84小时，焦炭生产缩减至维持焦炉运行的较低水平，甲醇及其他化工产品也被迫停产。2009年1月恢复生产。

三、二期工程筹建

（一）建设规模

二期工程建设规模为年产200万吨焦炭、20万吨焦炉气制甲醇、20万吨醋酸、2×140吨/小时干熄焦装置、配套37兆瓦余气余热发电及供水、供电、铁路等外围配套设施，总投资47.6亿元。计划2010年全部完工。项目建成后，预计年利润可达10亿元。

（二）前期筹备

二期工程与一期工程接壤，位于一期工程东北部。

二期工程场地平整工作从2007年10月23日开始，2007年底前完成二期前期投资253万元。

二期工程场平和围墙施工于2008年4月6日正式开工。截至6月底，焦炉区、化产区、甲醇区以及罐区、库区场平基本完工，完成土方开挖66万立方米，砌筑围墙挡土墙900多米，现场具备了开工条件。

（三）进展

二期工程由鞍山焦耐院负责焦化系统的设计，并兼任总体院职能，焦炉采用焦耐院6M93的顶装专利炉型。甲醇项目采用中国化学工业第二设计院专利技术，由该院设计。醋酸项目由上海化工院设计。发电项目由华北冶金设计院设计。

200万吨焦炭和20万吨甲醇项目设计合同签署后，按进度要求，2008年11月底前交付全部图纸。20万吨醋酸项目可研报告于2007年5月完成，技术方案确定。20万吨醋酸和20万吨甲醇项目均于2007年12月在河北省发改委备案。利用邯郸市兴泰焦化公司异地技改80万吨焦炭/年项目和洁能煤化异地技改80万吨焦炭/年项目，分别于2008年3月和11月在邯郸市发改委备案。

2008年8月以后，受钢铁市场疲软影响，焦化行业普遍亏损。在市场低迷的情况下，2008年底以前二期工程全面开工的计划未能实现。

四、三期工程情况

2007年12月6日，集团公司与磁县政府就合作开发建设煤化工磁县园区项目举行了签约仪式。

五、其他煤化工项目

除集团公司所属大型煤化工项目之外，还有孙庄矿洁能煤化公司、羊渠河焦化厂、兴泰焦化公司，以及进行前期建设准备工作的集团公司锡盟煤化工项目。

（一）洁能煤化公司。其前身为孙庄矿焦化厂。1991年12月建成，年产焦炭5万吨、煤气1.5万立方米。从2003年开始，煤气厂二期工程扩建动工，由原来的矿办企业，改制为股份制企业，由矿上资产评估入股、职工自愿参股和利用外资入股，三方入股共计1000多万元。2004年10月，孙庄矿洁能煤化有限公司正式挂牌成立并投产，年产量由原来的5万吨增加到15万吨，年产焦油600吨，年产煤气3.5万立方米，年产值达1亿元。根据国家政策和邯郸市政府指令，洁能煤化公司为关闭对象，于2008年11月关闭。

（二）羊渠河焦化厂。1995年5月21日，羊渠河矿煤气焦化一期工程破土动工，年设计生产二级冶金焦炭10万吨，日生产城市标准煤气11万立方米。1998年5月18日一期工程竣工投产。2000年5月20日二期工程施工，7月竣工投产，达到年设计生产焦炭20万吨能力。2004年5月三期工程施工，7月竣工投产，达到年设计生产焦炭30万吨、煤焦油1.08万吨、粗苯2200吨、日供城市标准煤气15万立方米能力。1998年7月开始向集团公司内部居民和峰峰矿区居民供应煤气，可供2.5万户居民使用。2008年生产总值达4.8亿元。

（三）兴泰焦化公司。其前身为四矿焦化厂。1996 年 4 月建成投产，年产量 5 万吨。由于四矿破产，2002 年 5 月 8 日，改制为峰峰局控股、焦化厂职工参股的峰峰矿区兴泰焦化有限责任公司。根据国家政策和邯郸市政府指令，兴泰焦化公司为关闭对象，于 2008 年 10 月关闭。

（四）锡盟煤化工项目。2004 年 11 月，峰峰集团有限公司、大唐河北发电有限公司、河北华源电子科技有限公司共同与内蒙古锡盟政府签定了开发内蒙古锡林郭勒盟阿巴嘎旗红格尔煤、电、化一体化项目协议。集团公司委托西南化工研究设计院于 2006 年 11 月编制了《内蒙基地煤化工产业发展规划》及 120 万吨/年甲醇项目可行性研究报告，并于 2007 年元旦期间在北京友谊宾馆组织全国知名煤化工专家进行了论证，专家确定的集团公司内蒙基地煤化工技术路线为：煤炭—电力—煤气化—甲醇—丙烯—丁辛醇/聚丙烯及下游产品链。2007 年，120 万吨/年甲醇项目取得了内蒙古自治区发改委同意开展前期工作的函。2008 年 9 月 28 日，集团公司在锡林郭勒盟隆重举行查干淖尔矿区煤电化路一体化项目启动奠基仪式。

第二节 电 力

一、矸石热电厂

（一）基本情况

峰峰局（峰峰集团）共有 4 座矸石热电厂，归电业分公司管理。总装机容量为 125 兆瓦。其中，五矿矸石热电厂装机容量：UG75/3.82－M29 锅炉两台，DG35/3.82－M102 锅炉 1 台；C6－3.43/0.49、N6－35－2、C12－3.34/0.49－1 汽轮机各 1 台；TQC5466－2 发电机两台，QF－15－2 发电机 1 台，装机容量 24 兆瓦。孙庄矿矸石热电厂装机容量：6 兆瓦汽轮发电机两台，3 兆瓦的汽轮发电机 1 台，35 吨循环流化床锅炉 3 台，装机容量 15 兆瓦。九龙矿矸石热电厂装机容量：2×6 兆瓦配 2×35 吨/小时循环流化床锅炉，1×24 兆瓦配 2×75 吨/小时循环流化床锅炉，装机容量 36 兆瓦。薛村矿矸石热电厂装机容量：2×25 兆瓦抽凝式汽轮发电机组＋2×130 吨/小时循环流化床锅炉，装机容量 50 兆瓦。

（二）科技进步

五矿矸石热电厂一期工程 1994 年底投运。孙庄矿矸石热电厂 1996 年 11 月投运。九龙矿矸石热电厂一期工程 2000 年 11 月建成投产。薛村矿矸石热电厂 2008 年 1 月建成投产。

1. 五矿矸石热电厂技术升级

为满足五矿供热要求，增加 1 台 35 吨/小时沸腾炉，即 3#炉，型号 DG/3.82－M102，1998 年 8 月投运，配套一台水膜除尘器；2006 年改造为 35 吨循环流化床锅炉，型号 YG35/3.82－M10，2006 年 10 月投运，同期配套静电除尘器一台。

为满足峰峰集团供热要求，取缔了效率低、污染严重的民用小锅炉，扩大电厂装机容量，二期工程建设规模为 1 台 75 吨/小时循环流化床锅炉，配套 1 台 12 兆瓦抽汽汽轮发电机组。除尘设备为 1 台静电除尘器。2003 年 10 月投运，满足了峰峰集团机关以南供热要求。

2005 年对 1#、2#沸腾炉进行技术改造，将两台 35 吨/小时沸腾炉改造成为 1 台 75 吨/小时循环流化床锅炉，将两台水膜除尘器改造为 1 台静电除尘器。2006 年 10 月投运，提高了机组热效率，降低了污染排放量。

2006 年将 3#35 吨/小时沸腾炉，改造为 35 吨/小时循环流化床锅炉，型号 YG35/3.82－M10，2006 年 10 月投运。同期将 3#锅炉的水膜除尘器改造成为静电除尘器，降低了污染排放量。

2008 年加大环保力度，增设两项工程：一是增加烟气脱硫工程，建设脱硫塔两座，分别为：1#75 吨/小时与 3#35 吨/小时两台锅炉合建一座脱硫塔，型号为 LXSJ110 型；4#75 吨/小时锅炉建一座脱硫塔，型号为 LXS75F 型，2008 年 6 月投运。二是在烟道上加装了烟气在线监测系统，并与邯郸市环保部门联网，2008 年 3 月投运。

2. 孙庄矿矸石热电厂技术升级

为满足孙庄矿供热要求，2000 年将两台 20 吨/小时循环流化床锅炉，即 1#、2#炉，改造成 23 吨/小时循环流化床锅炉。

为满足孙庄矿供电要求，2003 年 8 月扩建二期工程，建设规模为 1 台 35 吨/小时循环流化床锅炉，配套 1 台 6 兆瓦凝汽汽轮发电机组。除尘设备为 1 台静电除尘器。2003 年 12 月投运。

2006 年对 1#、2#循环流化床锅炉进行改扩建，将两台 23 吨/小时沸腾炉改造成为两台 35 吨/小时循环流化床锅炉，将两台水膜除尘器改造为两台袋式除尘器。2006 年 10 月投运，提高了机组热效率，降低了污染排放量。

2006 年将 2#3 兆瓦汽轮发电机组改造为 6 兆瓦汽轮发电机组，型号为 C6－3.43/0.49。2006 年 10 月投运。

2008 年加大环保力度，增设两项工程：一是增加烟气脱硫工程，建设脱硫塔两座，分别为：1#75 吨/小时与 3#35 吨/小时两台锅炉合建一座脱硫塔，型号为 LXSJ110 型；4#75 吨/小时锅炉建一座脱硫塔，型号为 LXS75F 型，2008 年 6 月投运。二是在烟道上加装了烟气在线监测系统，并与邯郸市环保部门联网，2008 年 3 月投入运行。

3. 九龙矿矸石热电厂技术升级

九龙矿矸石热电厂一期工程自 2000 年运行，电厂的除尘系统为水膜除尘。2002 年 6 月水膜除尘改为静电除尘。2004 年二期工程开始设计，扩建规模为两台 75 吨煤泥循环流化床锅炉，配 1 台 24 兆瓦汽轮发电机组。2005 年 6 月正式破土动工，2007 年 12 月正式并网发电。2008 年 2 月脱硫工程正式动工，同年 10 月竣工。

二、其他电厂

（一）钢铁厂煤气发电厂

1991 年 1 月 1 日，峰峰局钢铁厂煤气发电厂正式运行，发出了第一度电，结束了峰峰局只用电不发电的历史。这座 1.5 千瓦的煤气发电厂，是峰峰局发展多种经营的主要项目之一，于 1989 年 10 月 1 日在钢铁厂破土动工，经过 15 个月的建设后正式运行，年发电量约 600 万千瓦时。2001 年，随着钢铁厂停产而关闭。

（二）邯郸市阳光煤气电厂

羊渠河矿于 2002 年 7 月建成燃气轮机组发电厂，即邯郸市阳光煤气电厂，年发电 2800 万千瓦，所发电量并网后主供矿井使用。2005 年 5 月对电厂进行技改，技改后电厂年发电量 6570 万千瓦。

（三）大淑村矿低浓度瓦斯电站

大淑村矿低浓度瓦斯电站于 2007 年 5 月开工建设，安装了 8 套低浓度瓦斯发电机组。同年 9 月 22 日第一台机组点火并网成功，年发电量约 1500 万千瓦。

第三节 机械制造

峰峰局的机械制造单位是神风公司，即原机械总厂、机电设备厂、马头机械厂。2009 年 2 月，神风公司更名为河北天择重型机械有限公司。

一、发展情况

（一）机械总厂

1. 生产经营

1989 年以前，机械总厂主要是承担局属生产单位的配件制作、非标准设备制造以及机械设备和电器设备大修任务。

1989年至1993年，主要保障煤矿机电设备的正常运转，以提供机电设备配件、大修设备、赴矿检修、保证生产为重点。

1994年，实行了“自主经营、自负盈亏、自我发展、自我约束”的市场经营模式。

1994年至1996年，重点在市场开发上寻找出路，弥补任务不足，并积极开发了采煤机、掘进机等大修理项目，主动开发冶金市场。

1996年，提出了“以造代修、规模经营”的工作思路，加快了发展速度，生产经营规模也迅速扩大，市场份额增加。

1999年至2003年，实现了“以造为主，以配为辅，以修为补”的生产格局，产品远销到全国26个省、市、自治区300多家单位，并出口到南非、印度、印尼、菲律宾等国家。煤炭系列主导产品有井下采煤机系列、刮板输送机系列、液压支架系列、矿山运输与提升绞车系列、乳化液泵站系列等。在冶金方面，主要进行冷热成套轧钢生产线的装备设计、制造安装、生产指导与技术服务，主要产品有1450毫米以下冷热轧带钢、直径800毫米以下线棒材、直径250毫米以下无缝钢管、450毫米以下H型钢等成套生产线设备。

2. 市场开发

1989年以前，主要完成局内机电制修任务。到1992年，与38家钢厂建立了业务往来，承揽任务量由开始的100多万元迅速增加到1000万元以上。1992年后，业务扩大到冶金、煤炭两个市场。1996年，承揽任务的重点开始向全国煤炭行业延伸，冶金市场扩展到钢铁设计院等科研部门。1997年10月在北京参加了煤炭系统设备展销会，100多家煤矿相继使用了峰峰局生产的采煤设备。1996年开始，通过与北京冶金设计院合作，开展了轧钢生产流水线成套设备的制造，后又与中直、中重、山西、福建三明等多家钢铁设计单位合作，先后完成了10多条轧钢生产线的成套设备制造。2004年又独立完成了淄博钢厂窄带钢生产线整套设备的设计和制造。

2003年底，市场承揽任务突破1亿元，年制修产量达3万吨。特别是采煤配套机械设备畅销全国200余家单位，三机成套设备装备能力在全国109家煤机产品制造企业中处于首位，其中皮带运输制造能力排第6位，采煤机制造能力排第7位，液压支架制造能力排第8位，刮板运输机制造能力排第13位。

3. 科技开发

1989年，为适应局普及采煤机械化工作，研制开发了MB100－170型采煤机大修理、ELMB－55型掘进机大修理以及FH绝缘电机、乳化液泵的大修理项目，基本做到了采煤机械不到外地修理，保证了煤矿生产。1990年又为邯钢进口减速机解决了震动难题。随后又完成了北京特殊钢厂的大模数轴齿轮、航天工业部的数控转台等疑难活件的技术攻关。1996年完成了三矿箕斗和罐笼、邯钢出渣机、九龙矿洗煤厂震动筛、薛村矿主井绞车等技改项目，完成了喷砼机、乳化液泵、锚杆机、进口震动筛等新产品的测绘、设计和试生产。1998年开发了采煤机、刮板运输机、轻放支架、乳化液泵站、采煤机配套设备新产品。1999年采煤配套成套设备研制先后获得了河北省科技进步二等奖、河北省煤炭科技进步一等奖。2002年研制开发了电牵引采煤机、露天采煤机、大马力乳化液泵站、大功率刮板运输机。2003年，MG300－BW型薄煤层采煤机获河北省科技进步三等奖、河北省煤炭工业科技成果一等奖。2004年又自行独立完成40万吨窄带钢生产线所有设备的设计、制造。

（二）机电设备厂

1988年以前，主要产品是胶带输送机系列、调度绞车系列、电动机系列、托辊等。1988年，销售收入达到195.8万元，实现利润11.4万元。1989年之后，建立了技术、管理工作三大标准体系，制定了生产、技术、设备、安全、财务、劳资等方面的管理制度26项，编制了生产工艺、操作、产品设计、质量、设备维修、安全生产等六大规程，各项管理走向规范化制度化。1996年至1997年，严抓产品质量管理和产品开发工作，取得了ISO9002质量体系认证证书。2003年以前，先后与江苏、山东、河南、东北等地开展了业务联系。

（三）马头机械厂

1988年以前，主要产品有：单体液压支柱、洗选备件、震动筛等。1989年以后，先后研制了单体液压支柱、多种型号轻放支架、L·T型斗式提升机。单体液压支柱和L·T型斗式提升机，先后经国家技术监督局和机电部矿山机械产品质量监督检测中心检验测定，达到设计标准和国内先进水平，颁发了许可证和煤安标志。1990年至2000年，该厂先后获“河北省先进企业”、河北省和邯郸市“守合同重信用”单位和国家“质量兴企，争创名牌示范企业”等称号。1998年通过了ISO9002质量体系认证。2003年1至6月完成工业产值1606万元，实现利润53万元，销售收入增长率13.7%。

二、改革改制

2003年12月26日，集团公司组建了峰峰集团有限公司机械制造分公司，撤销了机械总厂、机电设备厂、马头机械厂建制。

2004年10月21日，河北省工商行政管理局核准机械制造分公司预名为河北神风重型机械有限公司。2004年10月27日，河北省国资委批准改制为国有参股（相对控股）的有限责任公司。

2005年1月25日，经峰峰矿区工商行政管理局批准，注销了峰峰集团机械制造分公司营业执照，注册了河北神风重型机械有限公司。

2009年2月，经集团公司批准、河北省工商局核准、峰峰矿区工商局注册，更名为河北天择重型机械有限公司。

三、河北神风重型机械有限公司的发展

（一）市场开发

对销售思路进行了调整，调动了销售人员积极性。重新调整了市场区域，确定了华北、东北、西北、中南为工作重点，并实行了区域经理负责制。2004年共承揽集团公司内煤矿设备制修任务1.1391亿元，集团公司外煤矿设备制修任务8564万元，冶金市场任务5332万元。随后又相继开发了山西上良、黄土坡等新用户。投资共建了内蒙古神风煤机有限公司和北京澳来福环境科技有限公司。截至2008年12月，公司承揽合同总额达16.9925亿元。

（二）技术创新

在煤炭机械方面，相继完成了ZC3800/15.5/28.5充填液压支架、MG150/375液压采煤机、300B薄煤采煤机、LMG560、LMG900露天采煤机等新型号采煤机和7种中等型号刮板输送机、5种型号大倾角皮带机、SZB730/75转载机、EBZ型掘进机、YBS－110型电机等设计制作。在冶金机械方面，相继完成了350毫米热轧窄带钢主轧线、60万吨350热轧生产线、40万吨233窄带钢生产线、50万吨H型钢工程精整、1050六辊可逆冷轧机组等新产品的设计制作。

第四节 火 工

一、发展概况

峰峰局1959年建厂生产火工品，1961年2月投产，称火工厂。1962年6月改称峰峰矿务局六0七厂，生产铵锑炸药（一车间）。1970年由大同化工厂分迁181名职工，成立二车间，开始生产雷管。1986年成立三车间，生产乳化炸药。2004年改制前六0七厂属集团公司二级单位。2004年11月18日，峰峰集团六0七厂改制为河北六0七化工有限公司，2005年3月31日在峰峰矿区工商局注册。管理体制为峰峰集团控股子公司，行业上受河北省国防科工办领导，生产工艺和安全要求按规范标准实施。

20世纪70年代，主要生产煤矿许用瞬发电雷管，随后发展到了以自主研制的毫秒电雷管为主，兼有瞬发电雷管和导爆管雷管的多品种生产线。年产量从建厂初期的222万发，发展到2500万发。

膨化硝铵炸药生产线始建于1959年。1999年引进了南京理工大学的膨化硝铵炸药生产线。产品品种由原来的以煤矿许用型为主转化为以岩石型为主，兼有煤矿许用产品。年产量由建厂初期的1258吨，发

展到了8000吨。

乳化炸药是自主研发的炸药品种，于20世纪80年代开始研制生产。产品品种包括直径32毫米和直径27毫米的二级煤矿许用型、三级煤矿许用型和岩石型乳化炸药等系列品种。

1989年以后，广泛调查市场需求，走访用户，千方百计满足用户需求。产品涵盖煤矿、冶金矿山、工程施工等多个行业，用户达数十家。2008年2月，毫秒电雷管销往柬埔寨。

二、科技进步

（一）粉状炸药

1999年引进膨化硝铵炸药生产线；2001年6月通过了河北省国防科工办组织的生产线验收，国防科工委批复年生产能力为6000吨。2004年8月，凉药盘直径由3500毫米扩大至4200毫米，凉药面积扩大了44%，同时将冷风通至筛凉药机内，提高了凉药效果。2005年9月，在膨化工序出料位置安装了一台凉硝机，使膨化硝酸铵的出料温度下降20度左右，并达到粗碎的效果。2005年10月，对膨化工序真空系统进行改造，膨化速度提高40%。2006年4月17日，膨化硝铵炸药生产线电子监视系统通过了河北省国防科工办组织的验收。2006年，煤矿膨化硝铵炸药产品取得煤安标志。2007年，膨化硝铵炸药年生产能力由6000吨扩能为8000吨。2008年10月，购置了炸药自动包装设备，提高了包装自动化水平。

（二）乳化炸药

1989年，煤矿许用乳化炸药通过河北省煤炭厅组织的新产品鉴定。1997年至1998年，完成了乳化炸药生产线年产3000吨能力改造设计。2001年6月，乳化炸药生产线通过了河北省国防科工办组织的验收。2005年，乳化剂采用高分子表面活性剂和Span－80混合乳化剂，提高了乳化炸药质量。2006年，采用新型复合油相材料取代沥青、机油、石蜡和凡士林；购置一台乳化炸药自动装药机，增加Φ70毫米岩石乳化炸药品种；同年4月17日，乳化炸药生产线电子监视系统通过了河北省国防科工办组织的验收。

（三）电雷管

2001年10月，购买雷管机械编码设备，12月28日实现了纸壳雷管编码。2002年5月，购买了雷管激光打号机，7月1日实现了金属壳雷管编码，12月通过了河北省国防科工办验收。2004年，引进雷管桥丝自动焊接机。2005年9月，对雷管装配生产线进行了建设项目初步设计。2007年10月，建成雷管装配新工房，购置安装了雷管气动装配生产线，12月试生产。2008年10月，雷管气动装配生产线通过河北省国防科工办组织的投产验收。

（四）导爆管雷管

2003年，对导爆管雷管生产线进行工程设计；研制成功毫秒导爆管雷管1－20段配方。2004年，研制成功半秒导爆管雷管1－10段配方。2005年，建成塑料导爆管雷管生产工房；从长沙矿山研究院引进了塑料导爆管生产技术。2006年4月，塑料导爆管生产线通过河北省国防科工办组织的验收；当年，塑料导爆管生产采用自动在线分切技术。

（五）获国家发明专利的两种产品

1. 煤矿许用无起爆药电雷管

煤矿许用无起爆药电雷管的研制始于1987年，列入煤炭科学研究总院1989年科研计划一般项目，由六０七厂与煤科总院抚顺分院共同研制。经过双方共同努力，于1989年研制出煤矿许用型无起爆药瞬发电雷管，通过了煤炭科学研究总院的设计定型鉴定。1990年获国家实用新型专利。1993年3月，煤矿许用无起爆药瞬发电雷管生产线通过了中国煤炭物资总公司组织的生产定型鉴定。1993年12月，煤矿许用无起爆药毫秒电雷管通过煤炭科学研究总院的设计定型鉴定。其中瞬发雷管1993年获河北省优秀新产品三等奖。1996年9月，煤矿许用无起爆药毫秒电雷管生产线通过煤矿爆破器材管理办公室组织的生产定型鉴定。煤矿许用无起爆药瞬发电雷管与煤矿许用无起爆药毫秒电雷管，分别于1993年、1996年通过省级新产品鉴定。其中，煤矿许用无起爆药瞬发电雷管被国家经贸委列入1995年国家级重点新产品试产计划项目；煤矿许用无起爆药毫秒电雷管被国家经贸委列入1997年国家级重点新产品试产计划项目。毫秒管1997年获河北省优秀新产品二等奖。该项目获国家实用新型专利，专利号：90208604.9。

2. 乳化炸药

20世纪80年代，自行研制开发了乳化炸药产品。1988年煤矿许用乳化炸药获国家发明专利，专利号：88103816.4。1990年获河北省煤炭科技进步一等奖，1991年获河北省优秀新产品一等奖。1993年研制了煤矿许用小直径（Φ27毫米）乳化炸药，1998年又研制开发了三级煤矿许用乳化炸药新品种。2001年获河北省国防科技进步二等奖。产品各项性能指标均符合GB18095-2000《乳化炸药》标准。

三、改革改制

2004年，根据河北省委、省政府关于国有大中型企业辅业改制要求，由峰峰集团与六0七厂43名自然人股东共同投资组建为河北六0七化工有限公司。

2007年4月经国防科工委和河北省国防科工办批准，六0七化工有限公司与邢台云山化工股份公司、磁县二一九厂、邯邢矿山局七0三一厂共同创立了河北云山化工集团有限公司。

第五节　建材及钢铁

峰峰局（峰峰集团）建材和钢铁产品的主要生产单位是建材厂、制品厂、钢铁厂等。

一、建材

建材厂1989年生产水泥15.0446万吨，生产速凝剂2211吨，生产电石1005吨，生产碎石19.4434万吨，总产值987万元，利润326万元。受市场供求变化的影响，1992年，水泥产量完成18.3952万吨，实现利润120.3万元；1993年水泥产量完成17.1994万吨，实现利润2万元。从1994年起，水泥产量销量逐步饱和，销售价格低迷，原材料价格上涨，生产成本上升，当年亏损451万元。之后，直到2006年，历年均为亏损。

2002年7月，峰峰局将建材厂组建为峰煤建材有限责任公司。注册资本为555万元，全部由峰峰局持有，公司成为峰峰局全资子公司。

由于公司水泥产品生产许可证有效期截止到2008年7月3日，且水泥生产线多项不符合《水泥产品生产许可证实施细则》的要求，不能换发新证。另外公司机立窑已被邯郸市政府列入2010年节能减排关停淘汰范围。2008年12月2日，峰峰集团原则同意水泥主业停产。

制品厂主要生产混凝土、钢丝绳、螺丝。1993年至1994年上半年，建成一条设计能力为单班年产14万根S-2型混凝土铁路轨枕生产线。1994年6月调试运转成功，7月26日试生产，并于9月通过了铁道部质量检验中心质量检验。产品销往郑州、新乡、石家庄、邯郸、西安等地。1999年开发了J-2型预应力混凝土轨枕，同年6月21日获得产品生产许可证书。当时还生产走道板、桥板、涵板、薄腹梁等建材产品。这期间，该厂还开发了镀锌钢丝、预应力混凝土钢丝、新25U型钢可缩型支架等新型产品。受市场变化影响，该厂从1991年起效益滑坡，1994年发生亏损。之后不断加大改革和管理力度，努力改善产品结构，2001年一度盈利。但亏损趋势难于扭转，于2004年10月进入破产程序，2005年破产终结。

此外，峰峰局为了帮助四矿转产，投资开发了建筑陶瓷墙地砖项目，成立了邯郸市正泰建筑陶瓷有限责任公司，1997年8月投产，年产彩釉墙地砖80万平方米。

各矿还开工建设了一批建材厂点。主要厂点有：羊渠河矿煤矸石砖厂，年产标砖6000万块，2003年6月改制为邯郸市羊渠河煤矸石建材有限责任公司；孙庄矿于1992年兴建的水泥厂和塑料门窗厂，年产水泥3万吨，年生产塑料门窗6000平方米；孙庄矿于2001年筹建的环生制砖有限公司，年产矸石砖3000万块；以及四矿水泥厂、通二矿水泥厂、三矿粉磨站等厂点。

二、钢铁

钢铁厂主要生产炼钢、铸造用各牌号生铁。产品质量曾达到国际先进水平，畅销国内外。1991 年至 1995 年，年生铁产量保持在 3. 3165 － 4. 2445 万吨之间。1996 年以后，受钢铁市场变化影响，出现亏损。虽然曾经一度扭亏，但未能持久。2000 年，生铁产量完成 5. 6888 万吨，但再度亏损。2001 年，受环保政策的限制和原燃料价格的影响，全厂生产经营极度困难，于 12 月 25 日停产。2004 年 10 月进入破产程序，2005 年破产终结。

第六节　集体企业

峰峰矿务局多种经营总公司前身是峰峰矿务局集体企业总公司，因体制原因，仍沿用“峰峰矿务局多种经营总公司”名称，为独立法人单位。集体企业有 94 个生产经营单位，其中多种经营总公司直管企业 9 个。在册集体企业职工 4305 人，其中在岗 3601 人，下岗 704 人，退休 2069 人，随矿井关闭破产和辅业改制解除劳动合同 8886 人。

集体企业以生产煤矿用产品为主，其主导产品有煤矿支护系列产品、通风安全产品，以及煤矿矿用设备修理和配件制作、CO 保护焊丝、胶管系列、工装系列、锚杆系列、乳化油系列、新型自救器、芯编制胶管、100#抗磨润滑油、矿用隔爆控制器、机电设备安装、矿工服装系列等。

一、劳务管理

2003 年 9 月，集团公司出台《关于使用集体企业劳务工管理办法的通知》，规定符合条件的集体企业工男性职工可以输出从事井下工作。由此，集体企业劳务工输出工作开始启动。

2006 年 1 月，集团公司依据劳务工输出现状，为便于操作，统一规范管理，下达了《关于规范使用井下集体企业工的通知》，明确多种经营总公司对关闭破产和辅业改制单位下属的集体企业公司所输出的劳务工实行接收统一管理。多种经营总公司作为用人单位和派遣单位，与用工单位签定劳动用工协议，与劳务工签定劳动合同，建立劳动关系。

（一）井下劳务输出。2004 年 4 月，根据集团公司《关于分流安置富余人员的安排意见》精神，对符合条件的集体企业工男性职工，劳务输出从事井下工作。输出单位有 15 个集体企业公司，用工单位有 9 个矿，共计输出劳务工 231 人。成立劳务工管理部后，先后接收因破产和辅业改制以及其他集体企业公司输出的 763 名劳务人员。劳务工分别输入到集团公司 11 个矿井、两个地面厂，共计 577 人。以上两次输出到 11 个矿、1 个工程处共计 994 人。

（二）劳务派遣。根据集团公司峰集劳资［2007］18 号《关于限制整顿规范用工程序的通知》精神，2008 年 1 月，集团公司总医院、第二医院、孙庄矿矸石热电厂等 10 个单位与多种经营总公司签定劳务派遣协议，多种经营总公司以派遣形式，将护理工、操作工、服务员等工种的 276 人分别派遣到 10 个单位。

根据峰局多经总公司峰煤多经［2008］37 号《关于解决集体企业工相关问题的指导意见》和峰煤多经［2008］44 号《关于从零就业家庭中招聘女工的通知》精神，2008 年 8 月开始通过劳务输出形式向集团公司各矿营养餐食堂输出人员，主要解决安置零就业家庭和下岗失业与企业解除劳动关系的原集体企业职工，输出单位有 25 个集体企业公司，用工单位有 10 个矿，共计输出营养餐食堂劳务工 603 人。

二、非煤产品管理

峰峰集团的内部非煤类产品市场管理机制始建于 2003 年底。2003 年 8 月 22 日，集团公司党政下发了《关于加强集体企业稳定工作的通知》，通知明确提出了解决集体企业实际困难的八条措施，其中第五条：为集体企业营造良好的经营环境，加大内部产品市场保护力度，集体企业凡是证件齐全、质量合格、价格合理的非煤产品，各单位一律不准外购，违者按有关要求严肃处理，对于集体企业的货款，各单位要及时结算，不得拖欠。根据该文件精神，集团公司分别下发了《非煤类产品质量认定管理办法》、《非煤产品定点厂管理办法》、《企业内部非煤类产品市场管理办法》等文件，明确了集团公司内部市场管理委员会及其办公室的职能，基本确立了集团公司内部定点厂和非煤类产品内部市场管理的机制。2008 年 8 月 15 日，集团公司内部市场管理职能和定点厂管理职能，划入峰峰局多种经营总公司。

三、科技进步

羊渠河矿、小屯矿、孙庄矿等集体企业公司投入 800 多万元用于焊丝、水泥、胶管、自救器、乳化油等设备技术改造和基础建设，引进和采用新设备、新技术、新工艺，开展技术革新 100 多项。集体企业多种渠道实施“技改外扩”战略，在 CO 保护焊丝、胶管系列、工装系列、锚杆系列、乳化油系列、新型自救器等方面开发了特色产品。

2007 年，多种经营总公司投资 120 余万元对焊条厂设施、设备、生产工艺进行了改造。焊条厂成为具备年生产产品 2400 吨、产值 1700 万元、利税 350 万元的规模型企业。

博雅公司服装厂研制开发出 05 款矿工服，采用海蓝色纯棉布料，仿照作训服制式加以多处改进，经特殊工艺处理，具有耐磨、阻燃、抗静电、不起皱、缩水率低的特性，填补了峰峰集团矿工装多项空白。被峰峰集团指定为矿用工装定点厂。并陆续开发了藏蓝色安检服、橘红色群监服、牛仔装、地面装等 05 款矿工装系列产品。

羊渠河矿集体企业公司锚杆厂、化工厂产品质量较高。小屯矿、薛村矿、万年矿、马头洗选厂、邯郸洗选厂集体企业公司加大技术创新投入，提升产品附加值，研制开发了芯编制胶管、100#抗磨润滑油、矿用隔爆控制器等产品。

四、改革改制

2003 年以来，多种经营总公司大力推进产权制度改革和结构调整，借助国家实施的矿井关闭破产和辅业改制政策，使 18 个集体企业参加关闭破产和辅业改制，12 个进行了产权制度改革，5 个依法终止经营，共有 35 个集体企业实现了改制。7 个未改制的公司，内部也有 30% 的厂点实现改制。83. 33% 的集体企业进行了产权制度改革，实现了集体企业产权主体多元化。

2008 年 10 月，集体企业已改制 72 个单位，改制后企业实现了体制、机制、管理创新。

多种经营总公司直属单位改制按照“归属清晰、权责明确、保护严格、流转顺畅”方针，先后与工商、税务、劳动等有关部门沟通，探讨集体企业改制途径。根据企业经济状况、经营模式和资产架构，以企业产权改革为重点，因企制宜，推行改制。

第八章　后勤管理

峰峰局十分重视抓好职工生活福利工作。建国初期，局办公室设置了总务股，之后成立行政处。各矿也设置了主管生活后勤的股或科。1978 年，煤炭部、全国煤矿地质工会制定了全国煤矿系统《职工生活福利管理标准》文件之后，在峰峰局召开了全国煤矿职工生活福利工作会议。1983 年 8 月，局行政处下设生活管理科，对全局职工的生活福利实行业务指导和质量达标检查。当年，全局生活福利摊点增加到 259 个，管理达标为 139 个。1984 年，全局生活福利战线开展了矿际达标竞赛，完成了“六五”期间的生活福利达标任务。1985 年 8 月 24 日，时任煤炭部部长于洪恩来局视察工作，同时察看了小屯矿职工食堂管理，称赞说：“是全国煤炭系统第一流食堂”。1986 年，全局生活福利达标率为 89. 2% 。局属医院由一座发展到两座，各矿、厂都设有医院或保健站。医疗技术力量不断增强，尤其是局属两座医院医疗设施不断更新换代。职工教育由扫盲、文化补习向专业化教育发展。中小学、幼儿教育得到普及和提高。各项保险事业开始起步。

1989 年以后，峰峰局（峰峰集团）的后勤工作在改革中深入发展。20 世纪 80 年代，局明确提出“生产为了生活。抓生活就是抓生产，重视生活就是重视生产”的观点。随后围绕实现生活福利达标局的目标，扎实推进职工生活福利事业，努力创建整洁卫生、绿化美化的优良生活环境。坚持把搞好矿山建设，解决职工群众关心的具体问题，作为企业的重要工作来抓。1989 年 11 月 24 日，峰峰局被命名为“职工生活福利管理和设施达标矿务局”。峰峰集团成立以后，后勤工作力度继续加大，生活福利达标不断升级，环境建设不断优化，职工住房条件显著改善，一线职工生活保障得到显著提高。医疗卫生事业在改革中转换机制，在市场竞争中发展壮大，医疗人才结构明显改善，医疗设施先进，医疗技术领先，医疗市场不断向周边和邯郸市内扩大。职工教育实现了专业化、职业化、高等化，技工教育由中级技工教育发展成为高级技工、技师教育，成人学历教育由中等教育发展成为高等教育、研究生教育。中小学和幼儿教育稳步发展，教职工队伍在壮大中进一步优化，入学、入园学生和幼儿数量不断增加，教育教学质量不断提升。各项社会保险事业迅速发展完善，养老、失业、医疗、工伤、生育等项保险步入正轨。沉陷区治理项目正式实施，完成了前期征地、规划设计任务，抓紧进行勘探、施工图设计等项招标工作。2008 年 12 月 30 日，邯郸市采煤沉陷区综合治理工程住宅小区项目举行了隆重的开工奠基仪式。

后勤管理工作原由行政处、房地产处负责。2002 年 11 月，峰峰局进行机关机构改革，成立后勤管理部，对全局各二级单位的生活后勤工作进行宏观业务指导。医疗工作 2002 年以前由卫生处管理；2002 年后由卫生处、计划生育办公室、医药管理处合并筹建的医疗管理中心管理。2003 年峰峰矿务局改制成立峰峰集团有限公司后，改为峰峰集团有限公司医疗管理中心筹备组。2008 年 8 月，改为医疗管理中心。2003 年以前，职工教育管理由峰峰局教育培训中心负责，2003 年以后，改为峰峰集团教育培训中心。2003 年以前，中小学教育管理由峰峰局教育处负责。2003 年后，中小学移交地方，教育处撤销。社会保险工作由 1994 年 9 月成立的峰峰局劳动保险事业处负责。1997 年 11 月更名为社会保险事业处。2005 年 5 月，集团公司设立沉陷区治理办公室，专门负责峰峰矿区采煤沉陷区综合治理工作。同年 10 月受邯郸市采煤沉陷区综合治理办公室委托，成立峰峰矿区采煤沉陷区综合治理办公室（项目法人），全面负责峰峰矿区采煤沉陷区综合治理项目管理工作，受峰峰集团和邯郸市采煤沉陷区综合治理办公室的双重领导。

2008 年 12 月 24 日，集团公司成立了后勤管理事业部。主要负责贯彻执行上级后勤服务工作的方针政策；制定集团公司后勤服务系统管理的各项政策性意见、集团公司后勤服务管理及改革改制方案；负责集团公司房地产管理及开发、迁村征地的宏观管理；负责绿化委员会、爱卫会的日常工作；集团公司医疗卫生、人口与计划生育以及卫生防疫等社会化管理职能。

第一节　后勤服务

一、生活福利达标

1989 年，峰峰局被中煤总公司命名为生活福利管理和设施达标先进局。小屯矿、万年矿、孙庄矿、马头洗选厂被授予“生活福利管理和设施达标先进矿（处）级单位”。小屯矿食堂、万年矿环境、孙庄矿食堂、通二矿业余休养所被授予“生活福利管理和设施达标先进生活福利点”。

1990 年，按照中煤总公司和河北省煤炭厅的规定，局下发了《关于提高我局井下职工班中餐标准的通知》，班中餐标准从 0.6 元提高到 1 元，从 1991 年 1 月 1 日执行。5 月份，能源部在万年矿召开了全国电力系统生活管理现场会，参观了万年矿、孙庄矿、五矿、马头洗选厂、钢铁厂、局小学、机关生活后勤管理工作，参加会议的各位代表和领导对峰峰局的生活管理给予了高度评价。

1991 年，中煤总公司河北公司在万年矿召开河北统配煤矿职工生活福利达标总结表彰会，参观了万年矿、孙庄矿。会上下发了《关于表彰奖励煤矿职工生活福利管理和设施达标先进单位和先进个人的决定》。小屯矿食堂、澡塘；万年矿澡塘、职工宿舍；孙庄矿食堂、澡塘；通二矿坑修宿舍；一矿福利澡塘；二矿生产澡塘、食堂、班中餐；五矿矿内食堂；羊渠河矿六采区宿舍、一坑食堂；薛村矿食堂、福利澡塘；牛儿庄矿班中餐、澡塘、西地食堂；马头洗选厂宿舍等，被命名为生活福利管理和设施达标先进生活福利点。24 名领导干部被命名为生活福利优秀管理干部；40 名管理人员被命名为生活福利先进工作者。

1991 年 9 月初，中煤总公司在江西萍乡召开生活福利工作会议，出台了生活福利工作“八五”暂行新标准。10 月 4 日，局在万年矿召开生活福利工作会议，传达了萍乡会议精神，提出了落实意见。

1992 年，下发了《关于印发 < 河北公司“八五”期间和今后七年生活福利工作规划的意见 > 的通知》，对“两堂一舍”达标考核制定了具体考核标准。

1994 年 10 月，为促进生活福利达标工作，下发了《关于印发 < 职工生活福利达标奖励办法 > 的通知》。

1996 年 5 月，下发了《关于提高井下班中餐费用标准的通知》。井下班中餐标准由原来的 1 元提高为井下辅助工 1.5 元，井下生产工 2 元。

1998 年 12 月，下发了《后勤服务考核计分标准》，对环境面貌、职工食堂、生产澡塘、集体宿舍规定了考核计分标准。

2001 年，随着后勤机制改革深化，全局职工食堂逐步由企业经营模式向国有民营、租赁经营、个体经营方式转变。

2002 年 6 月 6 日，局在小屯矿召开了全局生活后勤现场会，小屯矿、九龙矿、新三矿、黄沙矿、万年矿介绍了经验。

2003 年 3 月，局对“两堂一舍”考核计分标准进行补充，下发了《关于加强“两堂一舍”管理考核办法的通知》，强化了“两堂一舍”管理工作。

2004 年 4 月，集团公司在梧桐庄矿召开了生活后勤管理创新经验交流会，推广了生活后勤 6S 管理先进经验。

2005 年 5 月，集团公司制定了“两堂一舍”制度、规定、守则等。6 月 24 日，集团公司在九龙矿召开了后勤服务现场交流会，参观了九龙矿工作服公管化工作，推动了集团公司生产澡塘改造和工作服公管工作。

2005 年 6 月，决定对集团公司机关周边实施煤气延伸工程。其中受益的有九龙矿、二矿、工程处、建筑总公司、制品厂、钢铁厂和五矿 7 个单位。总概算为 1710.46 万元。2006 年 4 月 28 日，集团公司在五矿召开煤气工程竣工典礼大会。近万户居民告别了延续几十年的蜂窝煤和液化气罐生火做饭的历史。

2006 年 9 月，集团公司在万年矿召开后勤系统安全制度管理现场会，万年矿、新三矿作了经验介绍。会上，集团公司下发了《关于推广新三矿、万年矿智能型节水控制的安排意见》，促进了后勤系统安全管理和推行澡塘刷卡洗浴管理工作。

2007 年，集团公司下发《关于加强井下职工班中餐管理工作的指导意见》，将班中餐标准调整为 6 元/工。

2008 年 7 月，下发了《关于井下员工实施营养餐工作的安排意见》，对井下职工实施营养餐，标准为 8 元/工（不含水、电、燃料、工资、租赁杂费），每餐配备主食不低于 5 种，副食不低于 8 种，并对食品卫生安全管理等作出详细规定。8 月 1 日起，集团公司所属 13 个矿全部让井下职工吃上了营养餐。

二、生活后勤改革

（一）实行“三条线”管理

1996 年，煤炭部下发《关于煤炭企业构建“三个一”格局，实行“三条线”管理的若干意见》、《煤炭企业“三条线”管理与核算办法》。峰峰局为贯彻执行煤炭部文件精神，制定了《关于构建“三个一”格局，实行“三条线”管理的实施意见》，界定了煤炭生产线、多种经营线、后勤服务线范围，对后勤服务采取福利价收费、差价补贴、定额补贴的方式经营管理。后勤服务由纯福利型向市场化经营服务型转化，后勤服务作为企业的其他业务进行收支、损益、补贴核算，线型核算机制初步形成。

（二）移交企业办社会职能

按照河北省政府的统一部署，集团公司于2003年7月成立了分离办社会职能工作机构。2003年11月23日，按河北省政府150号函批复，将所属23所学校全部移交地方政府管理。

2004年，根据河北省《关于全省国有企业分离办社会职能工作的实施意见》和《关于实施县城电网改造工程有关问题的通知》精神，集团公司决定，将居民用电推行社会化管理作为企业分离办社会职能一项重点工作去抓，尽快形成生活后勤企业化经营、专业化管理、社会化服务相互协调运转的经营格局。相继下发了《关于实施主副、主服分离的指导性意见》、《关于生活后勤模拟法人运行的实施意见》和《关于居民电网改造移交地方管理的实施意见》，在全集团公司推广了薛村矿、羊渠河矿试点单位的经验。共计20个单位的居民供电全部移交地方供电部门。

经多次与地方政府协商，邯郸洗选厂990余户居民供水、供电、供暖、供气和马头洗选厂1000余户居民供暖，全部移交当地政府。

（三）后勤服务“三分离”

根据集团公司［2004］262号文件精神，2004年6月23日召开后勤主服分离工作会议。此次改革分离共划出4860人，其中：马头洗选厂62人，二矿325人，教培中心50人，工程处45人，羊渠河矿486人，万年矿710人，邯郸洗选厂94人，九龙矿878人，黄沙矿273人，孙庄矿409人，小屯矿366人，五矿432人，牛儿庄矿413人，薛村矿317人。后勤资产合计原值4.8001亿元，净值2.1516亿元，其中：设备资产原值9000.65万元，净值3499.04万元；设备1111台件；房屋建筑物资产原值3.3325亿元，净值1.2341亿元；建筑面积71.95万平方米；土地价值5675.22万元，土地面积147.59万平方米。

（四）后勤服务“三个体系”

集团公司生活后勤建立了价格体系、财务核算体系、责权利体系，将生活后勤社会化的服务职能与主体经营分离，作为一种产业去谋划、经营、发展。

三、环境建设

（一）绿化现状

2001年以来，陆续建成了15个河北省园林式单位（局机关、九龙矿、新三矿、梧桐庄矿、黄沙矿、牛儿庄矿、小屯矿、薛村矿、大淑村矿、万年矿、羊渠河矿、总医院、教育培训中心、物资供销分公司、设备租赁分公司）；1个河北省园林式居住小区（九龙矿）。薛村矿矸石热电厂、铁路运营分公司于2008年9月通过了河北省园林式单位验收。梧桐庄矿于2006年3月31日在人民大会堂受到了国务院的表彰，跨入了全国绿化模范单位行列。2007年6月，峰峰集团被评为“河北省绿化先进单位”。2008年4月，峰峰集团跨入了全国绿化模范单位行列。到2008年，集团公司总绿化面积629.0842万平方米，绿化覆盖率32.06%，园林绿地150.5353万平方米，人均绿地7.6平方米。

（二）工作进展

1989年至1994年，全局造林绿化工作进行了大面积、大环境栽植，绿化覆盖率大幅度提高，吸引了众多参观学习者。

1995年至2002年，煤炭市场走入低谷，造林绿化工作处于巩固保持阶段。

2003年集团公司成立后，相继制定下发了《园林绿化管理办法》、《环境卫生管理办法》、《公共卫生行为规范》及《环境卫生、绿化美化百分考核计分标准》等一系列规章制度。通过招聘、承包、托管等方式建立了一支专业技术强、管理素质高的绿化管护队伍，将管理责任层层分解，直接落实到个人，实行树木上账建卡、挂牌负责制度。引入现代化管理手段，对树木实行6S定置定位管理。集团公司和各基层单位从提高职工生活环境质量入手，共投入资金1000多万元，修建了一批高水平的集绿化美化、体育健身、休闲娱乐为一体的文化活动场所。全公司建成健身娱乐场所近50处，安装健身器材400余件。

为了推动绿化工作向生产区延伸，使矸石山和煤场周围处处见绿，在新三矿、小屯矿矸石山进行试栽种，成活率达到了95%以上，不仅形成了抗风降尘的绿色屏障，还创造了矸石山树木成活率最高记录。

全集团公司在矸石山栽植成活的树木两万余棵，为集团公司跨入全国绿化模范单位奠定了基础。

四、土地、房产与社区

（一）国有土地资产管理

1. 企业国有土地现状

集团公司拥有、使用及在册的国有土地总面积为2288.9263万平方米（折合3.4334万亩），划分为321宗。用地单位分为34个矿、厂、公司、医院、学校。按用地方式划分，国有划拨土地使用权317宗，面积2169.4893万平方米；出让土地使用权4宗，土地面积119.4370万平方米。地域行政归属分别涉及邯郸市复兴区、邯山区、峰峰矿区、武安市、磁县、邱县共6个县（市）、区。

2. 土地管理机构的历史沿革及工作进展情况

1995年以前，峰峰局国有土地管理一直没有专职管理机构，使用的所有国有土地均无土地证书。

1995年5月，峰峰局房地产处正式设立了土地管理科。11月8日，土地管理科正式挂牌，对外称为"峰峰矿区土地管理局峰峰矿务局土地管理所"，成为全国第一家由企业人员组成、同时具备政府行政执法双重职能的管理机构，在原国家土地局召开的西安会议上作为典型经验向全国介绍推广。

自1996年起至2000年底，经过近五年的土地边界权属调查、测量制图、组卷上报审批，解决了全局各单位680条边界的权属纠纷，使全局各单位3万多亩国有土地95%以上得以确权并颁发了国有土地证书。不仅避免了过去因土地权属纠纷每年支付数百万元的土地赔偿，而且仅土地确权发证工作就节省541万元的专项费用。同时，也为峰峰局2003年以债转股形式整体改制提供了合法的土地评估证书依据。

2004年至2006年，为机械制造分公司、建筑总公司、工程处、地质勘探处、六0七厂5个主辅分离、辅业改制单位的土地分割、测量、地价评估，以及证书变更过户组卷上报工作提供了法律依据。

2005年至2008年，顺利完成了集团公司煤化工、薛村矿矸石热电厂以及羊渠河矿羊东副井工业广场新增用地的选址、测量、项目用地调规组卷上报审批、征地组卷上报审批及挂牌出让等大量工作任务。

2007年至2008年，为解决万年矿7宗土地的确权发证工作发挥了关键作用，获得了国有土地证书。同时，积极配合完成了泰国万浦、香港建韬、中煤能源、中化集团等多家公司与集团公司合作涉及的土地调查工作；集团公司与金能集团联合组建冀中能源集团涉及的土地摸底调查；冀中能源集团委托的北京国泰君安、金杜律师事务所调查所需的土地调查工作；冀中能源集团委托的河北新世纪评估公司办理划拨用地方式改为授权经营方式手续土地评估工作。均提供了全面、详实、大量的土地证书、照片、报表、图纸及资料，使集团公司的国有土地管理工作和管理水平迈上了一个新台阶。

（二）住房制度改革与社区管理

1. 探索职工住房商品化建设。1987年，峰峰局按照煤炭部《关于统配煤矿试行职工住宅商品化的通知》、《关于统配煤矿大力推行职工住宅商品化及有关政策的通知》文件精神，在全局开展了职工住宅商品化建设。到1990年，商品房建设达到30万平方米，缓解了职工住房的紧张局面，减轻了企业的建房负担，为解决职工住房探索出一条新路子，受到中煤总公司、邯郸市政府的表扬。

2. 住房制度改革。1991年，峰峰局成立了住房制度改革领导小组和办公室。并对职工住房状况进行了一次全面摸底调查，经过实物核对、财务对账，全局职工住房有了一个清楚的数据。截至1991年底，全局职工住房129.96万平方米，人均住房面积6.3平方米。

1992年，按照国家、省、市住房制度改革政策要求和国务院房改领导小组对《中国统配煤矿总公司住房制度改革指导性方案》的批复精神，峰峰局制定了《住房制度改革实施方案》。经广泛征求职工意见后，在第十届职工代表联席会议审议通过，并上报中煤总公司和河北省、邯郸市住房制度改革小组审核通过，标志着峰峰局住房制度改革工作全面展开。每年的住房建设开工面积达到了近20万平方米。到1994年底，职工住房面积总量达到179万平方米，人均住房面积达到9平方米。职工住房租金标准平均为每平方米0.45元。

1993年，为做好住房的评估工作，向煤炭部呈报了《关于成立房产评估领导小组和评估机构的请示》，煤炭部当年予以批复。

1994年，按照国务院《关于深化城镇住房制度改革的决定》和煤炭部《关于深化煤炭行业住房制度改革的实施办法》、邯郸市《深化住房制度改革实施办法》的要求，峰峰局制定了《深化住房制度改革实施办法》。3月24日经第十一届职代会第三次联席会议审议通过，经河北省煤炭厅批准后，报煤炭部备案。于1995年5月全面实施。

3. 集资建房。1996年，峰峰局根据住房制度改革的实际情况和深化房改的需要，制定下发了《关于集资建房的实施意见》。明确规定了企业的责任和个人的住房负担。提出了"造价不高水平高、等级不高质量高、面积适中功能全"的标准。并将此类住房列入经济适用住房。

4. 已售房改住房确权发证。1998年，峰峰局下放为河北省管理。按照国务院房改政策"房改工作属地化管理"原则，峰峰局不再制定新的房改方案。根据国务院、河北省、邯郸市《关于进一步深化城镇住房制度改革、加快住房建设实施方案》的相关政策要求，对已经按照房改政策购买的住房进行确权发证。峰峰局于1999年制定了《关于房改已售住房办理确权发证工作的通知》，截至2007年底，全局（集团公司）已有35300余户居民取得了房屋所有权证，其中楼房住户25300余户，平房住户1万余户。

2000年，职工住房的租金标准平均为每平方米2元。

2003年，为规范集团公司职工住房管理，下发了《关于住房有关问题的处理意见》。

2005年，按照集团公司［2005］474号文的规定，职工住房的租金标准平均为每平方米3.5元。

2006年8月，在全国煤炭住房小康建设表彰会上，集团公司获"小康局"称号。

5. 社区管理公房确权。2001年11月29日，峰峰局下发了《开展公有房屋产权产籍确权工作的安排意见》、《关于公房确权实施中的若干规定》，首次在全局范围内开展公有房屋的产权登记工作。历时两年多，涉及邯郸市、武安市、峰峰矿区、磁县4个房产主管部门，完成测绘、登记、确权发证28个单位，产权证书218本，总计195万余平方米，填补了国有煤炭企业公有房产无权属证书、无法律文本的空白。2004年2月，集团公司下发了《公有房屋管理办法（试行）》，对公有房屋的办证、划拨、灭失、报废、装修、账物核实等管理内容作了相关规定，从制度上有效保障了国有资产的完整性和保值增值。

五、农转非工作

煤矿井下固定职工家属农转非是国发［1984］91号文件规定的，是党中央、国务院照顾煤矿井下职工生活的一项特殊政策。办理井下固定职工家属农转非必须具备三个条件：从事井下工作的生产工工龄满10年，辅助工工龄满15年，并且仍在井下工作的职工；具有探亲假的职工；符合计划生育规定的职工。办理农转非后，职工家属和子女可以迁矿居住。

峰峰局的井下固定职工家属农转非始于1984年，先期分别在羊渠河矿、五矿、通二矿搞试点工作，之后在全局各矿以及工程处、六十三处、救护队进行，开始每年按符合条件要求的人数向河北省煤炭厅申请指标，分期分批办理井下固定职工家属农转非。

1994年，为缓解煤矿住宅、就业及子女就学压力，经河北省政府批准，开始在邯郸地区办理就地农转非工作，即职工家属在当地转为市民不迁矿，局给予一定的经济补偿，当地的村民政策不变。

2001年随着企业用工制度的改革，企业不再招收井下固定职工，合同制和农民轮换工不在政策范围之内。局农转非办公室在完成阶段性工作后撤销。

1984年到2000年，峰峰局共办理井下固定职工家属农转非13989户、47141人。

六、供暖系统改造

2008年，集团公司有居民50033户，居住总面积270万平方米，其中成套住房190万平方米，平房60万平方米。20世纪70年代、80年代，各单位陆续实行了集中供暖。经过努力，集团公司所属单位的工业厂区约200万平方米全部实行了集中供暖，居民住房的供暖面积达到65%以上。

集团公司机关周边8000余户居民实行了集中供暖；邯郸洗选厂、总医院供暖移交地方，实现了供暖社会化；马头洗选厂投资900余万元，将1200户居民供暖移交给马头电厂管理；薛村矿投资1700万元，利用电厂余热使4200户居民实现了集中供暖。集团公司有2万户居民实行了电厂余热集中供暖，使生活后勤减少燃煤锅炉25台，年节约用煤15万余吨，节约资金1350万元。

截至2008年，集团公司有各种采暖锅炉98台，总吨位730吨，汽水交换器42台，主管线及支管线长达230千米。

七、居民水网改造

2007年初，针对集团公司4万余户居民供水时间短和五、六层楼房群众吃不上水的历史欠账以及供水单位收费难、欠账多的矛盾，集团公司后勤管理部门深入调研，创新管理，确立了“一户一管一表，水表集中控制”的改造方案。二矿、五矿、黄沙矿、万年矿、生活服务分公司、六0七公司和通二矿社区管理处先期对本单位供水系统实施投资改造。总投资2150余万元，共计改造16820户，实现了全天候供水。

据统计，此项改造每年可为企业平均节约排水60%，节约用电45%，三年即可收回全部投资。实现了真正意义上的节水、节电、节能和经济效益、社会效益的双赢。

第二节　医疗卫生

一、医务工作

（一）医政工作

1. 等级管理

1989年12月，卫生部颁发《综合医院分级管理标准》后，各省逐步开始医院分级管理评审工作。峰峰局各医院从1992年开始参与评审。

1993年6月，第二医院经河北省卫生厅审核批准为国家二级甲等医院。

1994年5月，第一医院经河北省卫生厅审核批准为国家三级甲等医院。

1993年、1994年、1996年，邯郸市卫生局审核批准羊渠河矿医院、五矿医院、九龙矿医院、四矿医院、通二矿医院、孙庄矿医院、三矿医院、薛村矿医院、牛儿庄矿医院、邯郸洗选厂医院、马头洗选厂医院、万年矿医院、小屯矿医院、黄沙矿医院、二矿医院、机械总厂医院为一级甲等医院。

2003年，峰峰局共有医疗机构28所。其中，三级甲等医院1所；二级甲等医院2所；一级甲等医院14所。专科医院1所；保健站（门诊部）10所。

2. 批准设置和注册

1996年2月，按照《邯郸市社会办医管理规定》文件要求，峰峰局各医疗单位办理了《邯郸市社会办医执业许可证》。此后各矿（厂）医院开始面向社会提供医疗服务。

2001年4月，邯郸市卫生局开展了医疗机构分类登记审批工作，将医疗机构分为营利性和非营利性医疗机构。峰峰局各医疗机构均被确定为非营利性医疗机构。

2005年，中国华冶职工总医院合并到集团公司总医院，变更名称为峰峰集团总医院邯郸分院。

2006年，在邯郸市卫生局审批的医疗机构校验过程中，因二矿医院、牛儿庄矿医院、九龙矿医院、孙庄矿医院、通二矿社区管理处四矿医院等5所医院，不能达到100张以上床位一级综合医院的基本标准，降低床位后在峰峰矿区卫生局重新申请进行了注册。同时马头洗选厂医院因达不到一级综合医院的基本标准，改为马头洗选厂保健所，在马头生态工业城进行了注册。

2003年至2008年，集团公司医疗机构批准设置和注册情况如下：河北省卫生厅批准设置的2所；邯郸市卫生局批准设置的8所；峰峰矿区卫生局批准设置的17所；马头生态工业城卫生局批准设置的1所。

2007年4月6日，在总医院成立了中华创伤学会、中国煤矿创伤学会峰峰创伤研究所。

3. 管理标准和制度

1990 年 1 月，中煤总公司河北公司制定了《河北统配煤炭企业矿、厂、处合格医院检查评比标准》，峰峰局各医院按此标准开展了标准化达标工作。

1992 年 1 月 15 日，峰峰局下发了《关于建立局级医院技术专家下矿、厂无偿指导服务制度的通知》。第一医院、第二医院对各医疗单位提供无偿技术指导。

1993 年 5 月 3 日，峰峰局下发了《关于在第一医院设立医疗器械设备维修中心的通知》，要求第一医院技术人员无偿为各医疗单位提供医疗器械设备维修服务。

1998 年 12 月，为进一步加强医院管理，促进医疗质量和管理水平的提高，峰峰局制定了《医院管理工作考核标准》。按此标准每年对各医院工作进行监督检查。

2000 年，峰峰局制定了《关于对局属院校实行承包经营考核奖罚的暂行办法》，开始对两所直属医院实行承包经营年度绩效考核。

2004 年 9 月，按照河北省卫生厅《住院病历书写质量评估标准》、《医院感染管理质量评估标准》，集团公司进行了质量评估，促进了住院病历书写和医院感染管理质量的提高。

2005 年，集团公司转发卫生部《医院管理评价指南》、河北省卫生厅《医院管理评价实施细则》等文件，要求各单位认真贯彻执行。

2008 年 5 月，集团公司转发河北省《医疗机构住院病历书写规范细则》和《医疗机构门诊病历书写质量评估标准》，要求进一步提高病历书写质量。

4. 文明服务、优质服务和治理行业不正之风

（1）文明服务星级单位创建

1997 年 10 月，河北省卫生厅下发《卫生行业创文明服务星级单位管理考核标准》、《医疗卫生单位星级文明服务考评试行标准的通知》。峰峰局开始参加全省医疗卫生单位争创文明服务单位工作。

1998 年 8 月，峰峰局转发了《关于评选全省医疗单位 1998 年度“十佳窗口”的通知》。局属各医疗单位依照《文明服务规范考核标准》开展了创建“十佳窗口”工作。

（2）创建优质服务“百佳”医院活动

2001 年 6 月，按照邯郸市卫生局《关于深化医院改革、创建优质服务“百佳”医院活动实施方案》、《“百佳医院”评审细则（试行）》要求，峰峰局开展了争创“百佳医院”活动。总医院、第二医院、牛儿庄矿医院被评为邯郸市“百佳医院”。

（3）开展“诚信在卫生、满意在医院”活动

2004 年 5 月，按照邯郸市卫生局《2004 年开展“诚信在卫生、满意在医院”活动实施方案》精神，集团公司在各医疗单位开展了“诚信在卫生、满意在医院”活动，使卫生系统行风建设再上一个新台阶。

（4）治理行业不正之风工作

2000 年 5 月 23 日，峰峰局下发了《关于加强卫生职业道德建设，集中整顿行业不正之风的安排意见》，在各医疗单位开展了纠正行业不正之风活动。经邯郸市纠风办检查组对第二医院、五矿医院、孙庄矿医院、羊渠河矿医院的纠正医药购销中的不正之风工作进行检查，给予了充分肯定。

2006 年 5 月 25 日，集团公司召开加强卫生行风建设工作会议，下发了《加强卫生系统行风建设工作实施方案》，开展了为期 4 个月的以治理医药购销领域商业贿赂和卫生行业不正之风为重点的专项整治活动，收到了良好效果，行业风气明显好转。

（5）重要会议

1989 年 11 月，中煤总公司河北公司在万年矿召开了“河北煤矿卫生工作会议”。

1990 年 5 月，邯郸市“围产保健现场会”在峰峰局召开，全体代表到第二医院参观。

1991 年 2 月、10 月，邯郸市卫生局在第二医院先后召开了“手术室现场管理会”、“医院分级管理创二级甲等医院筹备工作现场会”。

1992 年 7 月，峰峰局出席 14 省（市）红十字会经验交流会，《开展群众性的创伤急救工作，更好地

为煤矿安全生产服务》作为大会交流材料进行了发言。

1997年12月，峰峰局在煤炭部卫生工作会议上以《加强创伤急救工作，努力实现煤矿安全生产》为题作了大会发言，受到与会领导和兄弟单位的一致好评。

（二）卫生技术人员管理

1. 医师管理

1999年《执业医师法》颁布实施后，峰峰局对全局医师进行了医师资格认定工作。2001年9月，对650名认定取得医师资格人员发放证书，对在职的520名医师开展注册工作。2003年发放了医师执业证书。

1999年组织开展执业医师考试报名工作。2008年开始实行网上报名，卫生部门审核。

2002年12月，按照邯郸市卫生局的安排，峰峰局组织各医疗单位开展了住院医师规范化培训公共必修课考试报名与考试工作。

2007年和2008年，依据卫生部《医师定期考核管理办法》、河北省卫生厅《医师定期考核实施细则》的标准和条件，峰峰集团对符合简易和一般考核程序的人员上报了名单，医师定期考核工作开始实施。

2. 护士管理

卫生部于1993年颁布《护士管理办法》。峰峰局1994年开始了护士注册工作，每两年一个周期。2006年开始，峰峰集团各医疗机构购买了卫生部《护士注册管理信息系统》，注册工作实行计算机管理。2008年5月12日《护士条例》颁布实施，《护士管理办法》废止，护士注册周期延长为5年。

3. 医学类高等教育自学考试

从1989年至2008年，峰峰局（峰峰集团）开展中医、临床、药学、卫生管理等医学专业高等教育自学考试报名和日常管理工作。

4. 卫生专业技术资格考试

2001年，国家开始了卫生专业技术资格考试工作。峰峰局381名卫生专业技术人员参加了相应级别的考试。

5. 岗位练兵与技术比武

1989年5月、10月，先后举办了“护理岗位练兵比赛”活动和创伤抢救练兵比赛活动。

1990年，组织10名急救员参加了河北省煤炭厅组织的创伤救护比赛，取得了第一名。

1993年、1996年，分别邀请专家对井口急救员进行培训。

2000年，组织井口急救员开展了急救比赛活动。

2004年4月，组织井口急救员开展了工伤抢救模拟演练比赛活动。

2006年11月，参加邯郸市举办的全市卫生系统护理技能竞赛，总医院1人、第二医院2人、三矿医院1人获得“护士优秀选手”称号，第二医院夺得团体奖，总医院、三矿医院、万年矿医院、羊渠河矿医院、黄沙矿医院获“优秀组织奖”。

（三）药品管理

为更好地加强企业内部管理，规范局内医药系统的采购行为，杜绝乱采乱购、重复采购及违法乱纪现象，净化局内医药市场，保证医疗单位的用药质量。1986年4月，峰峰局组建医药公司，实行“集中采购，统筹供应”。公司成立后，对医药采购和供应建立了严格的工作程序，所要采购的药品或医疗器械，必须按照国家规定，从国有主渠道择优定点。先由主管编制采购计划的科室，根据各医疗单位上报的使用计划，结合库存量及市场销售行情编制采购计划，然后由有关业务科室的主要人员参加集体讨论研究，对采购的品种、规格、数量、价格、产地作出明确规定，交业务科室按计划进行采购。业务科室在执行采购计划及签定购货合同时，必须有两人以上参加。1996年至1998年，先后与上海、北京、广州、天津、石家庄、武汉及东北、西北、西南的数十家国有制药企业及医药科研机构建立了稳固的采供关系，为企业内部各医疗单位临床提供了充足的优质药品和器械。供应时本着“服务基层，保证供应”的原则，坚持送货上门，提供24小时服务。药品和器械的供应率始终保持在90%以上，工伤及危重病人的抢救用药供应率保持了100%。公司于2002年11月撤销，其业务并入医疗管理中心筹备组。

2000年，国家药品监督管理局下发《医疗机构制剂许可证》验收标准。峰峰局总医院、第二医院、四矿医院、通二矿医院制剂室因不能达标而停止生产大输液制剂。

2001年7月开始，峰峰局每年按照《药品管理法》和上级药品监督管理部门的要求，组织直接接触药品从业人员进行一次体检，从业人员做到了持健康证上岗。

2004年4月28日，集团公司转发了邯郸市峰峰矿区药品监督管理分局《关于开展药品不良反应监测工作的通知》，按照国家食品药品监督管理局《药品不良反应监测管理办法》的规定，各医疗单位建立了药品不良反应监测组织机构和药品不良反应报告制度。

2005年11月22日，根据《麻醉药品与精神药品管理条例》的规定，按照邯郸市卫生局的要求，集团公司在第二医院举办了麻醉药品临床使用与规范化管理培训班，共培训511人。

2008年5月至10月，按照《邯郸市医疗机构"规范药房"建设标准》，集团公司各医疗单位分别按照二级以上医疗机构、一级医疗机构、卫生所（医务室）标准开展了"规范药房"建设工作，使药房管理水平上了一个新台阶。

（四）工伤急救工作

1992年5月10日，通二矿发生一起肝破裂、肝静脉损伤的重工伤，伤员急需大量血液。峰峰局立即组织全局职工为伤员献血，及时挽救了伤员的生命。

1996年6月12日，峰峰局成立了创伤急救领导小组专家分析组，根据《加强创伤急救管理工作规定》，对创伤急救工作进行了规范。

2005年3月23日，集团公司下发了《医疗和工伤急救安全专项整治工作实施方案》，分四个阶段在各医疗单位、井口急救站开展了为期一年的安全专项整治工作，取得明显成效。

2005年7月25日，集团公司下发《工伤急救管理实施办法》，对组织指挥、医疗救治、三级工伤急救网络的管理、监督检查作了明确规定。并成立了工伤急救领导小组和工作小组。

2007年4月19日，大淑村矿发生煤与瓦斯突出事故后，集团公司紧急启动应急预案，及时调集各医疗单位的医护人员、药品、救护车辆紧急救护。

2008年11月10日，万年矿发生皮带断裂事故。集团公司及时组织抢救，将伤员分流到总医院、第二医院和万年矿医院进行救治。三所医院投入医护人员70余人，出动救护车辆50余辆次，及时挽救了伤员生命。

（五）红十字会工作

1. 宣传活动

每年"5.8"世界红十字日期间，峰峰局（峰峰集团）都要组织开展宣传活动和专家义诊。

1992年、1994年、1995年、2000年、2002年、2003年、2005年、2008年，在"5.8"期间分别举办了8期红十字知识竞赛。在2000年邯郸市红十字会举办的知识竞赛活动中分获干部组三等奖和会员组二等奖。

在中国红十字会成立90年之时，峰峰集团为基层红十字会购买《中国红十字90年》500册。15年来征订《中国红十字报》800余份、《博爱》杂志240份。

2004年，配合邯郸市红十字会编撰《邯郸市红十字会15年征程》一书，对集团公司15年来的红十字会工作进行了总结。

2. 救灾、救助

1991年10月，峰峰局组织向邯郸市武安、涉县灾区捐献被褥、衣物8500余件。

1996年，邯郸地区遭受洪涝灾害，峰峰局募集救济款11.3万元，单衣9244件，棉衣87件，毛衣307件，棉被23条，其他生活日用品266件。成立了医疗救护小分队，选派专家40余人到磁县等地农村义诊，发放防病知识宣传单1000余份，免费发放价值1000元的药品。

1996年11月，孙庄矿矿井被淹。在邯郸市红十字会的大力支持下，为孙庄矿受灾群众发放河北省红十字会分配给邯郸市的国际联合会捐赠的救灾粮白面4100公斤、大米3250公斤。

2000年7月，邯郸市部分地区连降暴雨。局组织1000余名会员向灾区捐款8000余元。

2004年9月，按照中国红十字总会《关于发布救助2004年洪涝灾害呼吁的通知》精神，集团公司在卫生系统开展了以“捐一元善款，为灾民解难”为主题的募捐活动，共接受19所医院个人和单位捐款3643元，被褥21套，并将募捐款物送到邯郸市红十字会。

2007年，河北省红十字会在全省开展“博爱一日捐”活动，集团公司4万余名职工参加了此项活动，分别向峰峰矿区和邯郸市红十字会捐款5万元和106万元。

2008年5月14日，集团公司举行了向四川地震灾区捐款和“博爱一日捐”启动仪式，参加捐款共52874人，捐款总额达239.9978万元。

3. 卫生救护培训

1992年，对2370名汽车驾驶员进行了救护培训，提高了驾驶员的自救互救水平。

2004年，邀请邯郸市红十字会专家为180余名红十字会员举办自救互救培训班。

4. 无偿献血工作

1989年至2005年，峰峰局（峰峰集团）共有5290余人参加了无偿献血活动，献血量达121.6000万毫升。

1997年11月3日，峰峰局下发《关于成立峰峰矿务局献血领导小组的通知》，转发了1996年10月颁布的《邯郸市公民义务献血管理办法》和1997年4月颁布的《邯郸市公民无偿献血奖惩办法》，将献血工作纳入了法制管理的轨道。

1998年10月1日，《无偿献血法》开始施行。按照邯郸市政府和血站的安排，峰峰局开始每年组织各单位开展无偿献血工作。

2004年9月20日，集团公司转发《邯郸市公民无偿献血应急预案的通知》，各基层单位制定了无偿献血应急预案。

2004年，邯郸市血站用血告急，集团公司组织万年矿267人参加了无偿献血活动，超额完成了任务。

2005年3月，为贯彻峰峰矿区卫生局《关于在既往有偿供血人群中开展艾滋病病毒抗体检查的通知》精神，集团公司安排各单位对1990年以来有偿供血（卖血）人员进行了摸底统计，调查46279户、137421人，核实到真实身份的有20人，有20人未查到。

5. 社会服务

1997年，在邯郸市红十字会老年护理院成立之际，峰峰局捐款5000元，总医院和第二医院也分别捐赠了款物，为老年护理事业作出了应有的贡献。

2004年7月14日上午10时左右，峰峰矿区义井镇东庄村、金村19名村民在田间避雨遭遇雷击，造成5人死亡，14人受伤。所有伤员被火速送到最近的通二矿医院展开抢救。集团公司接到报告后立即组织总医院、第二医院派医护人员和救护车赶往现场协助抢救，将所有伤员分别转往条件较好的集团公司总医院、第二医院和邯郸市第四医院，14名伤员全部脱险并痊愈出院。

2004年11月14日12点40分，磁县黄沙上庄村桥东饭店发生一起误将亚硝酸盐当作食盐使用的24人集体食物中毒事件。事件发生后，患者陆续被送到附近的黄沙矿医院抢救。集团公司接到报告后，迅速组织救治和开展流行病学调查，并将患者及时疏导到集团公司总医院、第二医院和邯郸市第四医院进一步进行救治，所有患者全部获救，无一死亡。

（六）处理突发公共卫生事件

2003年，非典型肺炎在广州、北京等地暴发流行。峰峰局为应对突如其来的疫情，下发了《关于印发＜非典型肺炎应急控制预案（试行）＞的通知》，成立了峰峰局防治非典型肺炎工作领导小组，办公室设在局卫生处医政科。同时成立防治非典型肺炎疫情控制专家技术小组、防治非典型肺炎疫情应急处理小分队。局属37个单位相应建立了防治“非典”工作领导小组和工作机构。全局建立了局、矿（厂）、区（科）、班组四级疫情监测报告网络，网络报告员1716人。同时还建立了局、矿（厂）、区（科）、班组四级摸底排查网络体系，全局建立留观站21个，均设有诊疗室、消毒室、留观室，配备工作人员200多人，负责对返乡回局人员进行体检和消毒。按上级要求，峰峰局6名医疗工作者赴邯郸市中西医结合医院工作；10名医疗工作者、会员到邯郸市防“非典”办公室督察组工作。建立了总医院、第二医院两个局级发热门诊，轮换9批126名医务人员；二级发热门诊29个，配备医务人员45人；派驻8名卫生防疫人员到总医院、第二医院发热门诊协助开展流调和疫情报告。

2004年2月3日，针对全国部分地区发生高致病性禽流感疫情，根据上级卫生行政部门的要求，集团公司制定下发了《高致病性禽流感疫情应急预案（试行）》，指导各单位做好防治人感染禽流感工作。

2004年11月26日，集团公司下发《关于印发<2004—2005年冬春季传染性非典型肺炎及流感防治工作实施方案>的通知》，指导各单位做好非典型肺炎及流感防治工作。

2005年9月23日，根据国务院颁布的《突发公共卫生事件应急条例》、邯郸市《突发公共卫生事件应急实施办法》，集团公司制定下发了《突发公共卫生事件应急处理工作预案（试行）》，为集团公司处置突发公共卫生事件提供指导。

2005年12月6日，集团公司下发《关于应对流感大流行准备计划与应急预案（试行）的通知》，为有效应对流感大流行提供指导。

2007年6月，集团公司将各种应急预案进行合并，制定了《突发公共卫生事件应急处理预案》，作为集团公司应急管理工作预案的一部分。

2008年5月9日，安徽阜阳等地发生手足口病疫情。集团公司下发了《关于加强手足口病防治防控工作的通知》，对各单位开展疫情监测、报告、医疗救治、预防控制提出了具体要求。同时启动了手足口病零报日报制度，及时掌握手足口病疫情动态。在生活服务分公司幼儿园小四班发生2例手足口病病例后，医务人员深入幼儿园指导手足口病防治与防控工作。经河北省疾病预防控制中心确诊其中一例EV71病例后，对幼儿园从5月16日至6月2日采取了全园放假措施。并协助矿区疾病预防控制中心对30余名幼儿采集了大便和咽拭子样本，送检到河北省疾病控制中心进行检验，均未检出新的EV71病例。

2008年9月16日，三聚氰胺“三鹿奶粉事件”曝光后，集团公司按照上级卫生行政部门的要求启动了零报日报工作，每天按照规定时间对有关数据进行上报，并对所有服用问题奶粉的就诊婴幼儿实行了免费检查和救治。峰峰矿区卫生局将集团公司总医院确定为定点筛查机构，第二医院为定点筛查和定点救治机构。截至10月7日，共检查和救治服用问题奶粉婴幼儿3140名，发现患有泌尿系结石患儿83名，住院2人。

（七）妇幼保健

1. 创建爱婴医院

集团公司第二医院于1994年9月经河北省卫生厅创建爱婴医院评审团验收，在邯郸市首批跨进了爱婴医院行列；总医院于1995年9月，五矿医院于1996年8月，先后获河北省“爱婴医院”称号。

2. 助产技术服务单位和助产技术服务人员管理

2008年5月，根据《中华人民共和国母婴保健法》和卫生部《母婴保健专项技术许可证人员资格管理办法》，集团公司在医疗保健单位开展终止妊娠、结扎手术等保健技术申报、培训工作。经检查验收，15个单位取得了终止妊娠、结扎手术技术服务许可证。46人取得了终止妊娠、结扎手术技术服务合格证。

3. 孕产妇、儿童保健系统管理工作

（1）孕产妇保健系统管理工作。集团公司为孕产妇建立保健手册，定期进行产前检查，严格进行高危筛查和管理。做好产后的访视工作，访视率100%，系统管理率95%以上，达到了上级要求的93%标准。2006年1月至2008年10月，共接生3315名婴儿，没有发生过孕产妇死亡事故。

（2）儿童保健系统管理工作。集团公司为儿童建立保健手册，对新生儿进行访视工作，认真筛查体弱儿，并对筛查出的体弱儿进行治疗。做好母乳喂养宣传，进行0—7岁儿童每年体检工作。体检率98%以上，VD投药100%。2008年集团公司地段管理的0—7岁儿童2128人，无5岁以下儿童死亡。

（3）新生儿疾病筛查工作。2004年，集团公司根据峰峰矿区卫生局《关于在全区进一步做好新生儿疾病筛选工作通知》精神，在助产单位开展了此项工作。集团公司医疗单位新生儿疾病筛查率达到了98%以上，超过了上级部门85%的规定指标。签延期采血单和拒采单100%。2006年，第二医院被邯郸市卫生局授予“新生儿疾病筛查工作先进单位”称号。

（4）母婴保健保偿工作。邯郸市从1987年推行母婴保健保偿责任制。集团公司2004年3月1日开展此项工作。

（5）《出生医学证明》管理。1993年，峰峰局助产单位实行了新生儿办理《出生医学证明书》工作。1996年6月，开始使用新的《出生医学证明》和专用章。2007年12月，按照邯郸市卫生局要求，《出生医学证明》进行电脑信息管理，并使用统一打印的证件。

二、人口和计划生育工作

1989年至1990年，峰峰局计划生育工作主要延续执行了1987年《关于计划生育工作制度暂行规定》和1988年《计划生育工作双轨承包目标管理责任制考核验收办法》。

1991年至1992年，峰峰局计划生育工作进行了两年滚动承包，制定了峰峰局《计划生育工作目标管理责任制实施办法》等文件。按照《邯郸市计划生育管理办法》，峰峰局对以下问题作出规定：专兼职计划生育工作人员的岗位津贴；符合照顾生育第二个子女条件，而自愿不再生育的夫妻，经签定不再生育合同后，分别一次性发给100－200元的奖金；各级党政一把手对计划生育工作要亲自抓、负总责，进一步制定和完善计划生育综合治理和搞好本系统计划生育工作的具体措施和规定。

1992年，峰峰局正式下发了《计划生育管理标准》。

1993年1月3日，峰峰局召开了计划生育第二轮双轨承包大会，局与各单位签定了计划生育合同书。

1994年10月，峰峰局召开了计划生育协会第二次会员代表大会，选举了第二届理事会理事、常务理事、副会长、会长。截至1994年，建有局级协会1个，二级单位协会35个，车间级协会236个。

1996年，峰峰局与各二级单位签定了第三轮计划生育“双轨”承包合同书。

1996年11月11日，峰峰局在羊渠河矿召开了计划生育“双基”建设现场会。

1997年8月，为了进一步落实好计划生育“双轨”承包目标任务，峰峰局修订、完善、编写了《计划生育管理制度岗位责任》。

1997年11月，峰峰局在牛儿庄矿召开了计划生育规范管理现场会。

1999年，峰峰局成立了“四项清理”领导小组。召开了专项会议，对1991年以来人口出生情况、党员和干部违纪超生情况、计划外生育费征收和使用情况、避孕节育措施落实情况进行了一次全面清理。共清理出计划外生育110人。

2000年，峰峰局推行了计划生育干部责任追究制。

2002年9月1日，我国第一部《人口与计划生育法》正式实施。峰峰局与峰峰矿区区委、区政府于8月30日至9月1日，在矿区新世纪广场等地联合举办了新型生育文化艺术节。

同年，峰峰局下发了《关于各单位现用劳务工计划生育管理及落实各种奖励的通知》。规定：局内单位之间劳务输出的，由原单位将输出劳务工的计划生育婚育情况介绍到用工单位，由用工单位负责计划生育管理；用劳务工的单位负责落实独生子女父母奖励及计划生育假，落实好独生子女入托、上学、就医等费用报销；对输出局外的劳务工超过一个月的，单位要为其办理《流动人口婚育证明》，移交流入地或用工单位对其进行计划生育管理。

2003年1月，为了加强计划生育工作的管理和领导，峰峰局对计划生育领导小组、计划生育委员会进行了调整。

2004年8月，集团公司根据计划生育协会的章程规定，按照民主决策的程序，选举产生了集团公司计划生育协会组织机构。

2004年4月，集团公司下发了《关于提高独生子女父母奖金的通知》，将独生子女父母奖金由原来每月5元提高为每月10元。

2005年1月，根据河北省《人口与计划生育条例》、《人口与计划生育条例实施细则》，集团公司制定了《人口和计划生育管理制度》。

2005年6月，集团公司下发了《关于落实独生子女父母奖励有关问题的通知》。规定自2003年10月1日起，对符合《条例》规定可以生育第二个子女而自愿不再生育的夫妻，在其领取《独生子女父母光荣证》后，分别给予不低于1000元的一次性奖励。独生子女父母达到国家法定退休年龄并办理退休手续后，分别由所在单位发给不低于3000元的一次性奖励。

2006年，针对管理体制的变化，集团公司下发了《关于人口与计划生育目标管理责任考核兑现办法》，对各单位实行人口和计划生育工作目标管理责任制。

2007年3月，集团公司开展了人口和计划生育“四清三落实”活动，对2001年至2006出生、现孕、应落实避孕节育措施和政策外生育情况进行了清理，澄清了底数，净化了人口环境。

2008年8月，集团公司根据领导变动情况，及时调整了人口和计划生育领导小组、人口和计划生育委员会、计划生育协会组织机构。

由于改制和一些下属单位破产，部分职工与本单位解除了劳动关系。集团公司按照计划生育工作属地管理的原则，及时将这部分人员移交地方。截至2008年，共移交4931人，其中女工3755人，男工1176人。

三、卫生防疫

（一）免疫规划工作监督与管理

1989年，峰峰局免疫规划工作实行档案管理，在邯郸市名列前茅。

1992年，峰峰局计划免疫标准化管理工作在河北省经验交流会上介绍经验。

2002年12月，峰峰局按国家要求将乙肝疫苗纳入了儿童计划免疫。

2006年，集团公司创建了一流规范化接种门诊。其中7个预防接种门诊达到“河北省示范化接种门诊”标准，16个预防接种门诊达到了“河北省规范化接种门诊”标准。

2008年7月，按照省、市要求，集团公司启动实施了扩大国家免疫规划工作。由过去的5种疫苗扩大到13种疫苗，从预防7种传染病到预防15种传染病。

2008年11月，集团公司19个预防接种门诊通过了国家审批，纳入了国家信息系统管理网。

2008年12月1日，集团公司儿童预防接种信息管理工作开始试运行。

（二）传染病防治与管理

1988年，急性出血性结膜炎发生大流行。峰峰局部分单位流行，当年报告1.2759万例，年报告发病率达4253.00/10万。峰峰局及时采取各项防控措施，控制了传播流行。

1996年7月30日，为加强传染病管理工作，峰峰局根据《中华人民共和国传染病防治法》及《实施办法》，制定下发了《传染病管理办法》。

1998年8月，峰峰矿区发生“02”病疫情，到峰峰局住院病人17例。峰峰局成立了防治“02”病领导小组，实施了一系列综合防治措施，在短期内控制了“02”病的传播流行。

2003年，全国发生传染性非典型肺炎疫情。峰峰局按上级要求做好了系列防治工作，确保全局无一例传染。

2004年，全国部分地区发生人感染高致病性禽流感疫情。集团公司做好高暴露人群的摸底排查和监测防控工作，防止了禽流感疫情的发生。

2004年2月26日，集团公司传染病疫情信息网络直报工作正式启动。

2005年2月17日，为进一步做好防控高致病性禽流感工作，保证“力争不发生，确保不扩散”防控目标的实现，集团公司制定了《防治高致病性禽流感应急预案》。

2005年以来，集团公司先后编印了《传染病防治突发公共卫生事件工作手册》、《禽流感防治指导原则汇编》、《艾滋病防治手册》、《传染病防治法》等宣传册4.2万余册，印发防病宣传单11.28万张。

历年传染病总发病率统计表

年　度	总发病数	发病率（/10万）	备　注
1989	607	202.33	
1990	2681	893.67	（当时红眼病流行）
1991	790	263.33	
1992	661	220.33	
1993	400	133.33	
1994	3453	1151.00	（当时红眼病流行）
1995	766	255.33	
1996	625	208.33	
1997	261	87.00	
1998	188	62.67	
1999	143	47.67	
2000	100	33.33	
2001	122	40.67	
2002	155	51.67	
2003	245	81.67	
2004	153	51.00	
2005	258	86.00	
2006	231	77.00	
2007	393	131.00	
2008	369	123.00	

防疫站建站前十年（1976年—1985年）与后十年（1986年—1995年）相比多创效益一览表

项目	痢疾	肝炎	合计
建站前10年职工家属发病总数	22531人	3375人	25906人
建站后10年职工家属发病总数	3803人	2547人	6350人
前后10年相比职工家属少发病数	18728人	828人	19556人
后10年共节约医药费	18728人×（500元+5元×5天）=983.22万元	828人×（3000元+5元×30天）=260.82万元	244.04万元
建站前10年职工发病总数	11315人	1219人	12534人
建站后10年职工发病总数	1909人	920人	2829人
前后10年相比职工少发病数	9406人	299人	9705人
后10年共节约劳动日	9406人×5天=47030天	299人×30天=8970天	56000天
后10年多创经济效益	47030工×1.15吨×52元=281.24万元	8970工×1.15吨×52元=53.64万元	334.88万元
后10年仅以少发生痢疾、肝炎节约医药费和多创经济效益总计：1578.92万元			

注：1. 一个痢疾病人按住院5天计算，一个肝炎病人按住院30天计算；2. 一个痢疾病人治疗费按500元，一个肝炎病人治疗费按3000元，住院费按5元/日计算；3. 后10年全员效率年均1.15吨/工（工资处提供），原煤商品销售年均52元/吨（财务处提供）计算。

（三）食品卫生监督与管理

1989 年以后，峰峰局（峰峰集团）一手抓宣传，一手抓监督管理，全面贯彻实施《食品卫生法》和《食品卫生“五四”制》，加强对食品加工、制作、储存、销售的规范化管理。

1996 年 4 月，河北省卫生厅委托邯郸市卫生局授权成立“邯郸市卫生局峰峰矿务局公共卫生监督科”，行使执法权力，主体为邯郸市卫生局。

2004 年 11 月 14 日，磁县黄沙上庄村桥东一街头个体饭店，发生一起因误用亚硝酸盐引起的食物中毒事件。集团公司快速启动突发公共卫生事件应急处理机制，提出了治疗方案，对症治疗，住院患者全部痊愈。

2007 年，根据河北省食品卫生监督量化分级管理评定要求，对集团公司 65 个餐饮单位进行了卫生许可审查、经常性卫生监督量化评定，进行量化分级单位挂牌 65 个，其中，B 级单位 60 个，C 级单位 5 个。

2008 年 9 月，为确保集团公司职工班中餐配送食品卫生安全，对 12 个单位的班中餐配送食品卫生状况进行了安全检查。

1987 年至 2008 年，共对食品从业人员体检 48810 人，办理健康证 47797 人，职业禁忌人员调离 1013 人。食品监测采样 829 份，年均合格率为 78.3%。餐具监测 5524 份，年均合格率为 80%。

历年食品从业人员体检统计表

年度	食品从业人员体检人数	办理健康证数	职业禁忌人员调离数
1989	3763	3610	153
1990	3889	3760	129
1991	4117	4025	92
1992	3811	3773	38
1993	3292	3258	34
1994	3086	3076	10
1995	2642	2631	11
1996	2357	2355	2
1997	1914	1904	10
1998	1318	1309	9
1999	1000	997	3
2000	892	883	9
2001	897	889	8
2002	1054	1042	12
2003	1114	1097	17
2004	982	970	12
2005	1016	1001	15
2006	1126	1108	18
2007	1176	1160	16
2008	1783	1757	26
合计	41229	40605	624

（四）饮水卫生监督与管理

1988 年，根据河北省《城镇集中式供水卫生监督管理办法》及《实施细则》，峰峰局开展了生活饮用水源卫生调查，建立了生活饮用水水源卫生技术档案。并督导供水单位购置饮水消毒设备，对饮水实施正常消毒。

1990 年，卫生部颁发《生活饮用水卫生标准》，峰峰局依据标准加大了对水源水、出厂水、末梢水的监督管理，并进一步强化了生活饮用水的理化和细菌学检验项目的分析普查工作。

1998 年 8 月，峰峰矿区生活饮用水受到污染，造成“02”病流行，峰峰局由于坚持了饮水消毒工作，有效地防止了“02”病的发生。

2001 年，根据卫生部《生活饮用水水质卫生规范》，峰峰局制定下发了《生活饮用水卫生管理办法》。

2007 年，集团公司制定了《生活饮用水卫生管理办法》，原《管理办法》同时废止。

2004 年至 2008 年，集团公司各单位共投入 400 余万元资金对 40 台饮水消毒设备进行了更新，对 35 个水厂进行了卫生改造。截至 2008 年底，47 个水厂安装消毒设备 45 台，消毒设备配备率达到了 95.7%，有效控制和降低了介水传染病的发生和流行。

（五）公共场所卫生监督与管理

2004 年，牛儿庄矿发生严重突水事故后，集团公司对牛儿庄矿人群聚集的公共场所进行了灭蚊、灭蝇、灭虫消毒，消毒面积达 2700 平方米。

2007 年，集团公司下发了《关于加强住宿业、沐浴业和美容美发业卫生管理的通知》。

1989 年至 2008 年，每年对从业人员进行一次健康检查，取得“健康合格证”后方可上岗工作。

历年公共场所从业人员体检统计表

年　度	公共场所从业人员体检人数	办理健康证数	职业禁忌人员调离数
1989	2261	2178	83
1990	2528	2461	67
1991	2529	2458	71
1992	2476	2440	36
1993	3623	3498	125
1994	3979	3866	113
1995	3305	3219	86
1996	2874	2827	47
1997	1757	1726	31
1998	1318	1288	30
1999	1539	1503	36
2000	1158	1129	29
2001	1192	1166	26
2002	1257	1224	33
2003	1442	1407	35
2004	1790	1760	30
2005	1638	1618	20
2006	1642	1599	43
2007	1663	1624	39
2008	1805	1769	36
合计	41776	40760	1016

（六）学校卫生监督与管理

1994年，峰峰局开展了对局属学校卫生情况调查工作，指导学校建立了卫生管理组织制度。

1996年，峰峰局开展了学生寄生虫病患病情况调查。共调查中学生50人、小学生66人，蛔虫感染率为零。

2001年，峰峰局开展学生预防保健监测，对全局学生体格检查情况进行了抽查。

（七）卫生检验工作

1994年，峰峰局配备PP3/386计算机一台，检验报告步入微机管理系统。同年，向河北省技术监督局申请计量认证，并取得合法资质，成为邯郸市首家获得计量认证资格的县级（企业）防疫站。

1998年，峰峰局增加环境理化检测室、食品理化检验室、原子吸收室、精密仪器室、高温仪器室等检验场所，配备酸度计、生物显微镜、生化培养箱等44台（件），检验项目增至162项。

2002年，配备大型精密仪器AA7003原子吸收分光光度计、紫外分光光度计、自动电位滴定仪等10多台检测设备，设备资产总值达到60余万元，数量达到103台（件），检测数据精密度由原来的百分位提高到万分位。

2008年，集团公司建立了P2级生物安全实验室，检测质量、实验室安全、检测人员健康、环境保护等重要问题都得到了有效改善，为提高实验室技术服务能力奠定了基础。

截至2008年，共完成食品、生活饮用水、健康体检、食饮具、消毒剂等五大类18.0648万份各类样品的检测分析，为准确判断疫情、快速控制疫情提供了可靠依据。

（八）职业卫生监督与管理

1. 职业病防治与健康检查工作

1990年，峰峰局普及使用高仟伏投照尘肺病检查，每年在尘肺胸片优质选片中上报20张不等优质片，代表邯郸市参加全省的优质评片会议。

1991年，首次送17人到北戴河疗养院进行大容量全肺灌洗治疗，截至2007年底，峰峰局（集团公司）共选送实施肺灌洗治疗122人。

1991年3月，峰峰局成立职业病防治所，每期住院两个月治疗及疗养，截至2008年底累计治疗及疗养1864人次。

2007年，集团公司按照《职业健康监护管理办法》规定，执行从事岩石粉尘1年、煤尘2年、其他粉尘3—5年健康检查的办法，共组织10748人接受检查。

2. 职工健康建档工作

1995年，峰峰局下发《关于加强工业卫生档案和接害职工健康档案管理工作的通知》，建立了25个所属单位工业卫生档案，接害职工健康档案35000人。2005年，集团公司依据《职业病防治法》规定，第二次建立25份工业卫生档案。

2005年，集团公司成立了职业病防治领导小组，所属单位组建了相应的职业病防治机构。

2007年，27个矿（厂）单位全部建立了工业企业职业卫生档案，对接触有害作业职工建立21844份个人健康档案。

第三节　教育培训

一、职工教育

（一）发展概况

峰峰局（峰峰集团）坚持职工教育为企业生产建设和社会经济发展服务的方向，在教育培训范围上全员覆盖，在教育培训层次上不断提升。

1989年至2003年，职工培训主要对干部开展岗位培训，对工程技术人员进行继续教育。共开展岗位培训10390人，其中“一长三总师”（即局长、矿长、总工程师、总会计师、总经济师）、党委书记培训197人，区科长培训603人。继续教育培训12796人次。工人技术培训主要是中技培训、班组长培训、安全教育。中技培训9331人，班组长培训8850人，安全培训349153人次。组织职业技能鉴定2032人。职工文化教育和学历教育主要是开展扫盲教育、高中教育、大中专学历教育。共开展扫盲教育441人，高中教育1324人（培训后参加全市统考），大、中专学历教育6059人。

2004年至2008年，职工培训增加了组织职称考试报名工作，共组织职称外语、计算机、监理工程师、注册安全工程师、造价工程师、质量工程师及会计、卫生、审计、统计、经济等专业职称考试报名6621人。坚持严格落实职工安全培训计划，按要求办理各种特种专业、特种设备操作和煤矿管理人员的安全培训资格证。组织一般通用技术工种的职业技能鉴定工作，共鉴定4676人。同时不断提升技工和大专以上学历教育层次。

20年来，职工教育培训发展迅速。安全技术培训由1989年年培训近1000人次，发展到2008年的万余人次；技工教育由原来的在校生不足1000人上升到2008年的近3000人，由单一的中级技工教育发展成为中级、高级、技师三者并重的技工教育，为企业和社会提供了不同层次的技能人才，改善了职工队伍的技术等级结构。举办了工程技术人员和管理人员计算机、工商管理等专业知识培训班，提高了管理人员素质。同时承担河北省地方和乡镇煤矿管理人员安全技术培训，为河北省煤炭安全生产提供支持。成人学历教育由原来的中专、专科、本科教育发展到研究生教育。

（二）职工安全技术培训

职工安全技术教育分为局（集团公司）、矿（厂）两个层次。局（集团公司）主要培训区队长和特殊工种人员，并进行中、高等职业学历教育，由局（集团公司）教育培训中心负责实施；矿（厂）级主要培训一般技术工种人员，由本单位职工教育培训中心负责实施。

1. 局（集团公司）培训

（1）培训机构

安全技术培训机构为安全技术培训中心，设在教育培训中心。该中心1983年经煤炭部批准筹建，1988年正式成立，2001年被认定为国家二级煤矿安全培训基地，2005年被确定为河北省三级煤矿安全培训机构资质和河北省三级安全培训机构资质。

（2）培训对象

主要是峰峰局（峰峰集团）的区队长（包括矿副总工程师）、班组长、安全管理人员和井下电钳工、主提升机司机、采煤机司机、安全检查工、瓦斯检查工、井下爆破工等特种作业人员和地面持证上岗人员，以及河北省乡镇煤矿矿长和地方国有煤矿矿长。

（3）招生办法

局（集团公司）每年下达培训计划，由各下属单位选派学员参加。河北省乡镇煤矿矿长和地方国有煤矿矿长由河北省煤矿安全监察管理局下达培训计划，由各单位选派学员参加培训。

（4）培训内容

培训内容为生产需要的采、掘、开、机、运、通等专业基础知识和最新安全技术，以及煤矿行业安全生产法律法规、规章制度。

（5）安全技术培训统计

历年安全技术培训统计表

层次 年度	特殊工种（人数）	班组长（人数）	区（队）长（人数）	合计
1989	904		119	1023
1990	368	141	173	682
1991	568		119	687
1992	629			629
1993	117			117
1994	300			300
1995	1262	1289		2551
1996	1516	137	793	2446
1997	1128	297	334	1759
1998	940	216	172	1328
1999	1056	402	250	1708
2000	1310	334	237	1881
2001	1149	468	91	1708
2002	2355	34		2389
2003	4097	1415		5512
2004	6307	71		6378
2005	8175	316	1463	9954
2006	7740	1873	517	10130
2007	10015	1050	172	11237
2008	9018	658	667	10343
合计	58954	8701	5107	72762

2. 矿（厂）培训

（1）培训机构

矿（厂）培训分脱产培训和业余培训两种。脱产培训由矿（厂）职工教育培训中心实施；业余培训由各区科实施。

（2）培训对象

矿（厂）职工教育培训中心主要负责班组长和一般工种人员的系统培训。区科负责本单位职工的日常培训。

（3）招生办法

矿（厂）每年下达培训计划，由各区科选派学员参加职工教育培训中心培训。区科培训要求全员参加。

（4）培训内容

矿（厂）生产需要的安全技术知识，本专业、本岗位安全技术知识。

（三）职工学历教育

1. 峰峰煤矿技师学院

峰峰煤矿技师学院前身为峰峰煤矿技工学校。2003 年 6 月，国家劳动和社会保障部批准峰峰煤矿技工学校为国家重点技工学校和高级技工学校，更名为“峰峰煤矿高级技工学校”。2004年9月河北省劳动和社会保障厅批准学校加挂“峰峰煤矿技师学院”牌子，隶属于峰峰集团。高级技校和技师学院业务隶属于河北省劳动和社会保障厅，中技业务隶属于邯郸市劳动和社会保障局。

（1）职工中等专业教育

开设了综采机械、综采电器、综采支架、井上电钳、机工、钳工、井下机电维修、机电安装、土木建筑、水暖、机采、洗选、药剂、通风与安全、冶炼、焦化、铸造等专业。井下各专业招生对象全部为峰峰集团职工之子，年龄一般在16周岁至22周岁。技师招生对象为峰峰集团在职职工，具备本工种的高级工资格。技工教育实行毕业证书和职业资格证书的“双证制”，毕业生合格率达95%以上，技术等级合格率达90%以上，当年推荐就业率达90%以上，体育达标率达95%以上，操行考核优良率达95%以上，学生、家长、用人单位满意度达85%以上。2002年前技校生为峰峰局内部定向培养，定向分配就业。2003年以后招生改为推荐就业与自主择业相结合。2005年推荐就业445人，2006年推荐就业718人，2007年推荐就业798人（含女生317人），2008年推荐就业1030人。其中向北京二七机车车辆厂、邯郸海军机械厂等单位推荐就业120人。

（2）职工高等学历教育

1979年2月，经河北电视大学、邯郸市电大工作站批准，成立“峰峰矿务局电大教学班”，与峰峰煤矿技工学校合署办公。1979年至1989年开设电子、机械、数学、中文、财会、统计、党政专业。1989年后专（本）科教育主要开设采矿工程、机械电子工程、机电一体化、财务会计电算化和计算机信息管理共5个专业；研究生教育主要开设采矿工程、选矿工程、管理科学与工程共3个专业。

（3）函授教育

1983年中国矿业大学恢复峰峰函授站；1996年河北煤炭建筑科技学院（后改名为河北工程大学）在峰峰局设立“峰峰函授站”；2000年燕山大学在峰峰局设立“峰峰函授站”。

2. 党校学历教育

1993年，峰峰局党校经请示局党委，报中共河北省委党校函授学院批准，在党校设立了中共河北省委党校函授学院峰峰矿务局直属函授站，举办大专层次学历教育班，当年考生达到900余人，招收学员730人。1994年申请开办了大学本科层次学历班。至2007年，相继开办了大专层次经济管理专业、法律专业、市场营销专业，本科层次经济管理专业、法律专业、会计专业；共培养党校函授大专和本科毕业生3386人，其中大专班毕业生2414人，本科班毕业生972人。到2008年，在读学员1151人。

3. 医科学历教育

1975年，峰峰局职工医科大学在第一医院成立。1980年经河北省人民政府批准，国家教委备案，更名为“峰峰矿务局职工医科大学”，后改为“峰峰煤炭职工卫生学校”。2008年在校学生1169人。

二、中小学及幼儿教育

峰峰局原有23所中小学校，其中局属中学2所、小学1所，矿（厂）所属中小学20所。1989年至2003年，峰峰局大力支持普教事业，按照“教育要面向现代化，面向世界，面向未来”的发展方向，认真贯彻落实党的教育方针，中小学教育不断取得新的成绩。1990年河北省煤炭系统教师节庆祝大会在峰峰局召开，峰峰局被命名为尊师重教先进单位。

教职工队伍不断发展壮大，截至2003年6月，在职教职工2298人。教师的文化层次、自身素质、教学水平大幅度提高。1991年，峰峰局获“邯郸市师资培训先进单位”称号。

教学环境不断优化，教学设施不断完善。实验室、电教室、电脑室应有尽有。体育场标准不断提高，体育器材不断更新。1989年局小学被河北省煤炭系统命名为办学条件标准化单位；1991年，峰峰局获“邯郸市电化教育先进单位”称号；1997年孙庄矿学校获部颁“标准化学校”称号；2001年局小学被河北省命名为“园林式单位”。

教学质量不断提升。峰峰局第一中学、第二中学和局小学的教育教学水平一直保持在全局、全矿区上等层次，每年的初、高中升学率、高考升学率在峰峰矿区名列前茅，教学质量得到社会认可，成为闻名遐迩的地方名校。局下属单位20所中小学校，在所属矿（厂）的大力支持下，教师队伍结构不断优化，教学设施不断增添和更新，教学质量不断提高，高中、中专、职业高中升学率稳步提升，在当地学校中处于先进行列。招生规模连年扩大。2001年底，全局在校生总数为29415名，其中小学在校生16734名，初中在校生9144名，高中在校生3537名。

2003年11月，按照上级安排，峰峰集团中小学校全部移交地方。

峰峰集团共有幼儿园21所。幼儿教师由原来的初中毕业水平，提高到幼师毕业水平。教育内容由原来的简单识字、算术，发展到双语、识字、美术、舞蹈。按照《幼儿园教育指导纲要》规定，开展了五大领域的语言、数学、科学、艺术、体育等综合性教育活动。教学设施由原来的单一黑板，发展到电视机、VCD，教学实现电教化、趣味化、游戏化。加深了幼儿记忆力，发展了幼儿思维能力，丰富了幼儿想象力。并建有大型活动室、室外大型玩具、寝室、食堂、厕所等，每班配有空调、消毒柜、水杯餐具，为幼儿健康成长创造了良好环境。

中小学校移交人员汇总表

序号	学校名称	2001年底在校生数				移交2001年底在职教职工			2002.1.1–2003.6.30新增人数	移交离退休人数			移交在职总数	封定后统筹项目内由社保机构支付的养老金（元）
		小计	小学	初中	高中	小计	专任教师	职工		小计	2001年底	2002年后		
1	第一中学	4283		2298	1985	265	203	62	23	127	117	10	278	99637.28
2	第二中学	2328		776	1552	206	129	77	26	38	35	3	229	28020.69
3	峰峰集团小学	2434	2434			199	156	43	10	111	105	6	203	87079.76
4	九龙矿一校	1150	788	362		91	81	10	3	63	60	3	91	50215.34
5	九龙矿二校	665	665			45	40	5	4	6	5	1	48	4261.70
6	二矿中学	565		565		57	47	10	1	40	38	2	56	31143.20
7	二矿小学	1013	1013			81	75	6		48	47	1	80	35198.80
8	三矿中学	1037	548	489		77	67	10	4	41	41	0	81	30500.11
9	三矿小学	611	611			50	45	5	2	18	18	0	52	13188.69
10	四矿学校	1093	839	254		66	58	8	2	75	75		68	52650.12
11	五矿学校	1819	1317	502		191	166	25	2	83	76	7	186	64166.47
12	通二矿学校	1648	901	747		110	96	14	3	66	63	3	110	12512.06
13	通二矿二校	334	334			24	21	3		17	16	1	23	48799.19
14	万年矿学校	1683	1287	396		107	94	13	9	22	20	2	114	16584.08

序号	学校名称	2001年底在校生数				移交2001年底在职教职工			2002.1.1－2003.6.30新增人数	移交离退休人数			移交在职总数	封定后统筹项目内由社保机构支付的养老金（元）
		小计	小学	初中	高中	小计	专任教师	职工		小计	2001年底	2002年后		
15	牛儿庄矿学校	1205	784	421		95	83	12	3	28	27	1	97	21798.84
16	薛村矿学校	1674	1133	541		92	79	13	19	30	26	4	107	22791.79
17	小屯矿学校	617	437	180		51	45	6	12	12	12		63	8822.82
18	羊渠河矿学校	1974	1191	783		122	111	11	21	57	52	5	138	43640.80
19	孙庄矿学校	1207	714	493		107	93	14	5	15	13	2	110	10798.80
20	黄沙矿学校	864	610	254		48	41	7	16	17	16	1	63	12232.98
21	机械总厂学校	429	429			35	34	1	4	37	34	3	36	27425.69
22	工程处学校	189	189			18	16	2	1	16	15	1	18	11427.30
23	马头洗选厂学校	593	510	83		48	44	4	3	29	25	4	47	19951.51
	合计	29415	16734	9144	3537	2185	1824	361	173	996	936	60	2298	752848.02

第四节 社会保险

一、养老保险

（一）养老保险行业统筹

峰峰局（峰峰集团）根据原河北省煤炭厅《关于核定上缴养老基金基数和比例的通知》，从1993年10月起缴纳职工养老保险基金，实行煤炭行业统筹。当时上级根据峰峰局的离退休人数、养老金支出水平等因素，每年核定上缴或受益数额。局对基层单位没有实运转。1995年12月，峰峰局印发了《关于实施社会保险制度改革的总体方案》和《职工养老保险基金统筹实施办法》，从1996年1月起，对基层单位按照统一制度、统一标准的原则，实行职工养老保险统筹，局统筹的养老金实行"全额记账、差额缴拨"。

历年单位和个人缴纳养老保险费基数和比例一栏表

<table>
<tr><th rowspan="2">时　　间</th><th colspan="2">单位缴费比例</th><th rowspan="2">个人缴费比例</th><th rowspan="2">备　　注</th></tr>
<tr><th>统筹内</th><th>统筹外</th></tr>
<tr><td>1996 年</td><td>29.50%</td><td></td><td>3.50%</td><td rowspan="12">1. 单位缴费基数为上年月平均工资总额；
2. 个人缴费基数为上年月平均工资收入；
3. 1999 年以后缴费基数改为当年月工资收入；
4. 1999 年以前单位缴费比例是基层单位对局的缴费比例。</td></tr>
<tr><td>1997 年</td><td>40.10%</td><td></td><td>4%</td></tr>
<tr><td>1998 年 1－6 月</td><td>51.07%</td><td></td><td>4.50%</td></tr>
<tr><td>1998 年 7－12 月</td><td>34.38%</td><td></td><td>4.50%</td></tr>
<tr><td>1999 年 1－6 月</td><td>40.69%</td><td></td><td>5%</td></tr>
<tr><td>1999 年 7－12 月</td><td>53.60%</td><td></td><td>5%</td></tr>
<tr><td>2000 年</td><td>20%</td><td>6%</td><td>5%</td></tr>
<tr><td>2001 年</td><td>20%</td><td>4%</td><td>6%</td></tr>
<tr><td>2002 年</td><td>20%</td><td>3%</td><td>6%</td></tr>
<tr><td>2003 年</td><td>20%</td><td>3%</td><td>7%</td></tr>
<tr><td>2004 年－2007 年</td><td>20%</td><td>3%</td><td>8%</td></tr>
<tr><td>2008 年</td><td>20%</td><td>1.5%</td><td>8%</td></tr>
</table>

1995 年 7 月，峰峰局根据煤炭部社保局煤社保字［1995］24 号文件，下发了《关于统一印制、填写<煤炭行业职工社会保险登记表>的通知》，建立了职工社会保险档案的基础资料。

为适应养老保险统筹工作的需要，1996 年设计编制了《离退休人员养老保险金统筹报表程序》。2007 年由 DOS 系统升级到 Windows 系统运行，对离退休人员的开支发放以及养老保险社会统筹实现了计算机程序管理；2000 年至 2002 年先后开发研制了《离退休养老金银行开支系统》、《养老保险个人账户系统》、《离退休养老金管理系统》，并推广应用到各基层单位。一是实现了养老金社会化发放率 80% 以上，达到了上级主管部门的工作要求；二是解决了原《煤炭行业保险管理信息系统》中个人账户的计算方法无法使用的问题，按时完成了在职职工对账工作；三是提高了工作效率和工作质量，可以准确及时地掌握离退休人员及应支付养老保险金的情况，实现了 3 万多名离退休人员养老金的动态管理。

（二）*养老保险行业统筹移交地方管理*

根据《国务院关于实行企业职工基本养老保险省级统筹和行业统筹移交地方管理有关问题的通知》（国发［1998］28 号）的有关规定，从 1998 年 9 月 1 日起铁路、煤炭等 11 个行业统筹企业全部移交地方管理。河北省劳动保障厅、河北省财政厅于 1998 年 9 月下发了《关于基本养老保险行业统筹移交地方管理有关问题的通知》（冀劳［1998］98 号），明确了行业统筹移交地方管理后的有关政策和事项。主要内容：一是行业统筹移交地方管理后，直接纳入省级统筹，由省直接管理，不再下放到市、县。二是养老保险个人账户规模统一按缴费工资的 11% 建立（煤炭行业统筹时为 12%）。三是在地方政府机构改革初期，原行业统筹时的社保经办机构及各单位的人员不变，业务人员仍要各司其职，负责本系统、本企业养老保险费的收缴和离退休人员养老金的发放，仍实行“差额缴拨”的方式运作。四是 1998 年的企业和职工个人的缴费比例不变，从 1999 年 1 月起，逐步调整企业的缴费比例，煤炭、银行等企业过渡期为五年，最终与全省统一费率（20%）并轨。五是已离退休人员原待遇维持不变。1998 年 9 至 12 月退休人员，仍按原行业办法计发养老金。1999 年 1 月以后退休人员待遇的计发由省主管部门制定过渡办法，五年以后与省计发办法并轨。六是统筹项目按国家劳财两部批准的项目执行，由省级统筹基金支付，统筹项目外的费用由企业负担。七是从 9 月 1 日行业统筹移交地方管理后，职工的退休手续经逐级审核后，最后报河北省劳动和社会保障厅审批。

1999 年 12 月，峰峰局下发了《加强社会保险管理，实行养老金全额征缴和社会化发放实施办法》

（峰煤［1999］449 号），从 2000 年 1 月起，局对上级主管部门及对基层单位的养老保险金均实行“全额征收、全额拨付，收支两条线”管理，即：按规定应缴纳的养老保险费，由基层单位每月 3 日前申报，经审核后于 8 日前将资金缴到局养老保险基金专户；基层单位按规定应支付的离退休金和抚恤费、救济费，由单位每月 10 日前报社保处，经审核后于当月 20 日如数拨付到单位的养老保险金支出专户，由单位发给离退休人员或其遗属。局按规定应缴纳的养老保险费，每月 3 日前向河北省社保局申报，经审核后于 10 日前向省主管部门缴纳；当月按规定应支付的统筹项目内的养老保险金，每月 3 日前汇总上报，经河北省社保局审核后将资金拨付到局养老保险基金专户。

2000 年 －2008 年缴纳养老保险费情况表

单位：万元

年度	2000	2001	2002	2003	2004	2005	2006	2007	2008
缴纳养老保险费	12277. 25	13641. 34	16491. 30	17311. 67	20615. 59	27021. 48	33286. 96	36245. 89	46365. 45
合计	223256. 93								

截至 2008 年底，集团公司在职职工全部参加了养老保险。离退休人员为 37821 人，其中：离休 419 人，符合劳人险［1983］3 号文件规定建国前参加革命工作的老工人 519 人，退休 36747 人，退职 136 人。

（三）个人账户管理

1994 年河北省煤炭厅下发了《关于使用 <职工养老保险手册> 和 <社会保险卡片> 的通知》（冀煤劳字［1994］23 号），对手册和卡片的使用、填写方法、保管都作了具体规定。峰峰局于 1993 年为职工建立了《职工养老保险手册》和《社会保险卡片》。

按照基本养老保险社会统筹与个人账户相结合的原则，从 1995 年起，对参加养老保险的职工，逐人建立了基本养老保险个人账户，并对个人账户的建立、账户记载的内容、个人缴费记录等作出了详细规定。1997 年 4 月对每个参保职工的基本养老保险个人账户进行了第一次对账。2001 年整理和完善了养老保险基础信息，对养老保险基础信息从“煤炭行业养老保险管理信息系统”向“河北省养老保险基础数据库”进行了转换。2002 年开始推广应用河北省“保险之星”软件。峰峰局提出了《关于 <省软件> 及 <转换软件> 推广应用的实施意见》，对计算机硬件配置、软件应用、录入内容、时间安排等提出具体意见，并举办了计算机技术应用培训班，培训 50 人次，提高了社保业务人员的计算机应用水平。

为了加强养老保险个人账户管理，规范养老保险数据库，于 2004 年 12 月成立了数据库中心，配备了专职人员管理养老保险个人账户。2005 年 4 月，开始使用“缴费基数统计表”、“基数校验程序”，使录入的基数逻辑错误降为零，缴费基数出错率由 2003 年的 4. 7% 降为 2. 31‰。2007 年 9 月，开始使用“新增人员查验相同身份证号程序”，避免重复建账及冒名顶替现象的发生。经过多次数据整合、信息核对与调整，数据库信息日趋完善与准确。2007 年 9 月开始使用“保险之星”数据库信息系统计发退休待遇，提高了计算的准确性。

（四）养老保险关系转移

根据国家和省、市有关规定，对职工与企业终止或解除劳动关系及调往其他企业工作或由其他企业调到局（集团公司）工作的，均按规定办理了养老关系转移。1999 年至 2008 年办理养老保险关系转移 1714 人，其中转出 1421 人，转入 293 人。破产单位集体转移养老保险关系 1220 人，辅业改制单位集体转移养老保险关系 890 人。

二、失业保险

(一) 缴费沿革

按上级规定，峰峰局从1986年10月起，开始向地方统筹部门（邯郸市社会保险事业管理所，后改为邯郸市社会保障中心）缴纳职工待业保险金。

1993年国务院批准煤炭部等行业的养老保险实行行业统筹后，煤炭部于1995年制定印发了《煤炭行业社会保险制度改革总体方案》。峰峰局从1993年4月以后没再向地方统筹部门缴纳待业保险金。按规定应享受待业保险有关待遇的人员，也没有向市社会保障中心移交。

1999年初国务院颁布了《失业保险条例》，在提法上由原来的“待业保险”，过渡到“失业保险”。同年6月，邯郸市劳动局以“劳动监察限期整改指令书”的形式，要求峰峰局办理社会保险登记、缴纳失业保险费。局按“指令书”的要求向邯郸市社保中心写出了专题报告，从1999年1月起，按规定的范围和标准恢复缴纳失业保险费。

(二) 资金情况

1986年10月至1993年3月，共缴纳待业保险金493.2146万元。

1999年-2008年失业保险缴费情况表

单位：万元

年　度	年末缴费人数	缴纳金额
1999	67763	350
2000	66152	801.25
2001	66861	1500
2002	63178	1426.96
2003	61461	1759.47
2004	55599	2244.43
2005	49918	2879.83
2006	49303	3635.73
2007	48196	3385
2008	47617	5127.61
合　计		23110.28

截至2008年，集团公司共有3514名原企业职工与破产单位解除了劳动合同。其中：领取了一次性安置费的1922人，领取了经济补偿金的1247人，共办理了符合享受失业保险待遇1232人，其中关闭破产单位581人。

(三) 职工待业风险补贴

1995年，峰峰局制定印发了《职工待业风险补贴实施及管理办法》。从1995年7月起，各用人单位按照规定范围内职工本人标准工资的3%提取并缴纳。1999年，峰峰局下发了《关于职工待业风险补贴缴纳办法及有关事项的通知》规定，职工待业风险补贴调整为按本人标准工资的8%缴纳，由单位在开支时代扣代缴。随着国家和地方政府失业保险制度的不断完善，职工待业风险补贴制度于2000年6月停止执行。1995年7月至2000年6月共收缴待业风险补贴3444万元，支出2860万元。结余部分全部于2007年7月清退。

三、医疗保险

（一）制度改革

1996年之前，峰峰局一直实行的是国家政策规定的劳保医疗制度。1992年前后，由于企业医疗负担的不断加重，各基层单位都结合自身的实际情况，对劳保医疗的部分政策进行了调整。主要是实行了发给职工个人一定数额的医疗费补贴，门诊药品费用依照工龄长短个人负担一定比例等。

1996年，按照煤炭部的统一要求和河北省煤炭局的指导意见，准备启动实施以局为统筹单位的行业职工医疗保险制度改革。1997年10月，峰峰局下发了《职工医疗保险试行办法》、《职工医疗保险医药费报销办法》、《职工医疗保险就诊管理试行办法》等有关配套管理办法，从1998年1月1日起实施。1998年3月，由于煤炭部撤销，刚刚启动的以峰峰局为单位的职工医疗保险没有再推行下去。同年，峰峰局下发了《关于调整社会保险工作有关事项的紧急通知》，对社会保险工作进行必要调整，要求各单位按照《职工医疗保险试行办法》的规定，在本单位范围内进行操作运行。医疗保险由局统一实施调整为局统一政策，以基层单位为实施单位进行运作，社保处负责政策指导和解释。之后，基层单位结合自身情况重新制定了管理办法，不少单位又逐步恢复了以往执行的劳保医疗制度。

峰峰局直属机关1998年起实行了医疗费用定点定额由第二医院管理的办法。至2002年，考虑到医疗费用支出上涨的因素，结合《邯郸市市本级城镇职工医疗保险实施办法（试行）》的政策规定，制定了《局直属机关医疗管理和医药费审核报销暂行办法》，从当年7月1日起实行。主要内容为：按照年龄发放一定数额的医疗补贴；门诊医疗费用按比例补助报销；设立住院医疗费用支付的起付标准；超过起付标准的费用分段计算和按比例报销，基本上与职工医疗保险制度相类似。

2003年6月，邯郸市政府要求，峰峰局在年内要按照邯郸市的城镇职工基本医疗保险改革政策规定，实施职工医疗保险制度改革，参加邯郸市市本级城镇职工基本医疗保险。8月，邯郸市医疗保险督查小组到集团公司督查职工医疗保险工作进展情况。结合当时的实际情况，集团公司从参保人员数量庞大、基层单位较多而且分布偏远、地域跨度大等多方面因素考虑，认为在内部封闭运行职工医疗保险，对企业和职工更为有利，也更便于启动和实施。2003年9月，集团公司向邯郸市劳动和社会保障局提出了《关于职工基本医疗保险制度改革实行内部封闭运行的请示》。2003年10月，邯郸市劳动和社会保障局批复：经请示市政府批准，同意峰峰集团职工医疗保险制度改革接受邯郸市委托先内部封闭运行。并于2003年12月底，实质性启动运行职工医疗保险。

2003年12月，集团公司制定了《关于实施<邯郸市市本级城镇职工医疗保险实施办法（试行）>的暂行规定》，经集团公司首届职代会二次会议审议通过，自2004年1月1日起正式实施。

（二）医保内容

集团公司职工医疗保险方案，基本上是按照《邯郸市城镇职工基本医疗保险实施方案（试行）》和《邯郸市市本级城镇职工医疗保险实施办法（试行）》的政策规定实施的，结合集团公司的实际情况以及职代会的意见，在个别方面进行了一些调整，如医疗保险费筹集标准按照职工工资总额的6%收缴，实行“单基数”运作，退休人员养老金不纳入缴费基数；参保人员住院起付标准较市本级规定的标准适当下调50－100元左右，分段报销个人负担比例适当下调3－5%。

大额医疗保险按照邯郸市主管部门的批复随职工基本医疗保险同时启动。发生超过基本医疗保险统筹基金支付最高限额以上部分的医疗费用（每人每年最高3万元），由商业保险公司负责赔付。大额保险费按邯郸市统一规定的标准缴纳，2004年为每人每年80元，单位和个人各负担一半；2006年起调整为每人每年110元（单位60元，个人50元）。大额医疗保险最高支付额为每人每年15万元。

实施基本医疗保险封闭运行以来，参保职工共报销医疗费2.27亿元。

四、工伤保险

（一）参保情况

2003 年 4 月，国务院颁布《工伤保险条例》，自 2004 年 1 月 1 日起施行。2004 年 11 月，《河北省工伤保险实施办法》颁布，自 2005 年 1 月 1 日起施行。集团公司的工伤保险纳入河北省直管企业统筹和管理。

2005 年 6 月，河北省社保局传达了《河北省工伤保险业务管理规程》和《关于工伤保险费率的通知》，部署了省直管企业纳入工伤保险统筹工作，省直管企业全部按国务院《工伤保险条例》实行时间参加工伤保险，并补交 2004 年的工伤保险费。

集团公司的工伤保险从 2005 年 1 月 1 日起正式运作实施。2005 年 8 月，按照《河北省省直管企业工伤保险统筹暂行办法》及有关规定，集团公司制定了《工伤保险实施办法》。当年，集团公司 50288 名在职职工纳入了河北省直管企业工伤保险统筹。

2006 年，集团公司工伤保险业务工作全面展开。3 月份，河北省社保局审核拨付首笔工伤保险待遇 92.2 万元。

2007 年 11 月，集团公司为在职职工办理了团体意外伤害保险，投保标准为每人每年 12 元，最高赔付额为每人一个保险年度 2 万元。

（二）资金情况

2004 年 –2008 年工伤保险费缴纳及待遇结算情况统计表

单位：万元

年度	缴纳	费率	结算待遇金额	结算人次
2004	1132	1.64%		
2005	1571	1.64%		
2006	1790	1.64%	1206	448
2007	1963	1.64%	1382	1348
2008	2775	1.64%	2991	1698
合计	9231		5579	3494

五、生育保险

2007 年 12 月，集团公司下发了《关于印发实施〈邯郸市城镇职工生育保险实施办法（试行）〉暂行规定的通知》，随基本医疗保险政策，采取内部封闭运行。集团公司职工生育保险从 2008 年 1 月 1 日起正式启动。生育保险实施后，各单位共有 7068 名在职女职工纳入生育保险。2008 年共结算待遇 219 人次、221.2 万元。

六、财务管理制度

（一）制度管理

峰峰局根据《会计法》和财政部《关于印发〈会计基础工作规范〉的通知》以及河北省《关于转发〈社会保险基金财务制度〉的通知》，陆续制定了《会计人员岗位责任制》、《稽核制度》、《会计事项处理程序制度》、《内部牵制制度》、《财产清查制度》、《财务收支审批制度》、《会计工作交接制度》、《原始记录管理制度》、《会计档案管理制度》、《电子计算机会计核算管理制度》、《电算化软、硬件和数据管理制度》、《电算化档案管理制度》等财务管理制度。

1997 年，峰峰局制定下发了《关于完善养老保险等基金上缴手续的通知》。1999 年转发了河北省财政厅、河北省劳动和社会保障厅《关于转发〈社会保险财务制度〉的通知》。

（二）社保基金管理

1999 年 12 月，峰峰局下发了《加强社会保险管理，实行养老金全额征缴和社会化发放实施办法》。局社保处负责离退休人员养老金、抚恤金、救济费等统筹费用的造表、审核、汇总、发放。按照养老保险金实行社会化发放的要求，养老保险金针对不同情况采取直接给离退休人员发放或委托银行代发，对异地安置的离退休人员，通过邮局定期邮寄等形式。

2000 年 12 月，峰峰局下发了《关于印发 < 进一步加强和规范养老保险管理工作的实施细则 > 的通知》，对养老保险基金管理作了详细规定。统一了核算办法、会计科目、会计分录、账簿的设置和填制、记账凭证和原始凭证的要求和规定，对因各种原因不能按月及时发放的养老金要设立待发台账，每月向局社保处报送《养老金应付未付明细表》和《养老金应付未付汇总表》。随时掌握未付养老金的动态。未经离退休人员本人同意，任何单位和个人都无权扣发其养老金以及用养老金抵偿债务。

2003 年 3 月，针对一些单位经济效益不好，造成社会保险基金征缴不能及时到位、征缴率偏低等情况，峰峰局下发了《关于进一步加强社会保险费征缴和管理的规定》，明确了局财务管理部负责社会保险费的预算管理，对在结算中心开户的单位实行扣缴划拨，由局社保处提供社保费预算；局企业管理部负责将各单位缴纳社保费情况列入单位的绩效考核内容，加大了征缴力度。当年的收缴率达到 100%，清理了以前年度的拖欠。

2007 年 12 月，集团公司为适应社会保险工作的需要，使广大职工和离退休人员尽快领取到由社保基金支付的费用，减少社保费周转环节，对社会保险有关费用发放及财务管理进行了相应调整，下发了《关于进一步完善社会保险有关费用发放及管理的暂行规定》，规定凡社保规定范围内离退休人员的养老金以及在职职工的住院医疗费、工伤保险待遇费用、生育保险待遇费用等费用，均通过各单位社保办事处在国有商业银行开设的养老保险支出账户拨付。

（三）基金缴纳支付

随着社会保障事业的不断发展和完善，养老、失业、医疗、工伤、生育保险在集团公司范围内陆续开展。一是各险种按规定进行了收缴、上缴和支付。二是农民轮换工回乡生产补助金收 1.3625 亿元，支出 1.0179 亿元，结余部分全部清退局财务。三是积极向上级主管部门反映养老金欠发情况，上级主管部门分别于 1999 年 9 月和 11 月拨给峰峰局养老金 2269 万元和 1389 万元，用于补发 1999 年 6 月底前欠发的养老金。2000 年 5 月经国家财政部审核，补发 1999 年底前欠发的养老金 1992 万元。

第五节　沉陷治理

一、总体情况

1989 年至 2008 年，峰峰局（峰峰集团）因开采造成沉陷土地涉及到峰峰矿区、磁县、武安三个县（区、市）的 18 个乡镇、100 多个村庄。截至 2008 年底，开采沉陷土地共计 10.97 万亩。其中：扒裂减产土地 10.8 万亩；沉陷绝产土地 0.17 万余亩。

在沉陷土地治理方面，峰峰局（峰峰集团）严格按照《中华人民共和国土地法》和河北省《土地复垦条例》的规定，对沉陷扒裂减产土地按照年度实际产量吨煤提取一定的费用，专门用于沉陷土地复垦，复垦率达 100%；对沉陷绝产土地，自 1989 年以来，筹措专项资金先后对羊渠河矿、一矿、二矿、三矿、四矿等周边沉陷绝产地 1600 余亩进行了复垦，复垦率达 94% 以上。

1989 年至 1995 年，由于国家和地方政府相关政策尚未出台，为融洽地企关系，支援农村发展经济，企业根据土地塌陷情况，经村企协商，对塌陷土地进行复垦。方式是企业出资，村集体复垦，每年按实际产量提取 0.15—0.2 元/吨煤专项费用，用于沉陷土地复垦。

1993年，《河北省土地复垦实施办法》颁布，河北省煤炭厅和省土地管理局联合下发冀煤地测字［1993］60号《关于煤炭行业缴纳土地塌陷整治费标准及有关问题的通知》。峰峰局按照《办法》和《通知》规定，及时与峰峰矿区政府协商，参照1990年至1993年三年地塌费发生情况，对1993至1995年间形成的沉陷土地，拿出120余万元进行了一次性处理。在此基础上，按照企业年度实际产量吨煤0.2元提取沉陷土地整治费，交矿区政府土地管理部门，由矿区土地管理部门按照国家规定实施复垦。峰峰矿区政府土地管理局、财政局、物价局联合下发峰土［1995］14号《关于煤炭行业缴纳土地塌陷整治费具体标准及有关问题的通知》，使土地塌陷整治工作走向了规范化、法制化轨道。1995年至1997年吨煤费用0.2元；1998至2000年吨煤费用0.25元；2001至2003年吨煤费用0.3元；2004至2007年吨煤费用0.4元。每三年协商一次。

二、项目治理

（一）项目简介

1. 项目背景

为解决峰峰矿区历史遗留的采煤沉陷区问题，改善矿区严重恶化的生态环境和生存条件，国家发改委以发改投资［2005］751号文件对河北省峰峰矿区采煤沉陷区综合治理有关问题进行批复，河北省发改委以冀发改投资［2005］466号文件对批复精神进行转发。该项目初步设计由河北省发改委于2005年12月30日以冀发改投资［2005］1140号文批复。

2. 项目治理目标

采煤沉陷区综合治理项目涉及面广，政策性强，工作量大。针对峰峰矿区的实际情况，实行异地搬迁、择址重建、加固维修和货币补偿等方式进行综合治理，彻底改变沉陷区居民的生活环境，局部改变城市面貌，缓解因各类基础设施破坏而造成的对城市运转功能的严重影响。

3. 项目构成及概算情况

项目初步设计批复总概算8.0508亿元。分项概算及工程量如下：新建住宅小区4.3307亿元，总建筑面积68.1440万平方米，安置居民10271户；货币补偿（择址自建）农村住宅5128万元，受损建筑面积27.8478万平方米；择址重建学校353万元，建筑面积6190平方米；择址重建医院890万元，建筑面积1.3699万平方米；维修加固住宅7516万元，建筑面积101.1238万平方米；维修加固学校690万元，建筑面积6.0502万平方米；维修加固医院247万元，建筑面积1.7813万平方米；城镇基础设施维修加固工程3377万元；供水工程1716万元；搬迁后空地平整与绿化221万元；工程建设其他费用1.2506亿元（含土地费用7449万元）；其他费用4557万元。

项目总投资中，中央预算内资金（国债）3.2203亿元，占总投资的40%；河北省财政资金7245万元，占总投资的9%；邯郸市财政资金8051万元，占总投资的10%；企业自筹资金2.3718亿元，占总投资的29.46%；搬迁居民自筹9291万元，占总投资的11.54%。

4. 项目治理范围

对受损严重的居民住宅、学校、医院进行择址重建；对受损较严重的居民住宅、学校、医院进行维修加固；对受损严重的公益性建筑及受损的工业企业、商服网点采取货币补偿；对受损较严重的公益性建筑进行维修加固；对受损的道路、给排水、供热、供电、通信等市政基础设施进行加固维修；对迁出的住宅、学校、医院的空地区域进行复垦。

该项目涉及到1区1市1县，共12个乡镇、52个自然村、集团公司内部20多个矿（厂），以及邯郸市主城区和峰峰矿区3个新建住宅小区。新建3个住宅小区占地约1000亩，建筑面积64万多平方米，安置住户27314户。

5. 工程规模

（1）新建3个住宅小区用地范围内的住宅、公建及室外配套工程。

（2）择址重建6所学校，总建筑面积9809平方米；择址重建1所医院，总建筑面积2.5685万平方米。

（3）货币补偿农村住宅2442户。

（4）维修加固住宅70.0539万平方米、学校34所6.0502万平方米、医院9所1.7813万平方米和受损道路、上下水管网、燃气管网、供热管网、通信线路、广电线路、供电线路等。

峰峰矿区采煤沉陷区综合治理项目含丰泰、丰逸和美雅三个新建住宅小区，是项目的主要组成部分。丰泰、丰逸住宅小区位于邯郸市主城区联纺西路北、前进大街西、北环以里，合计占地43.786公顷。其中，丰泰小区用地25.0746公顷；丰逸小区用地18.7114公顷。美雅住宅小区位于峰峰矿区太行东路北，规划跃进大街东，小区用地20.8329公顷。

（二）项目进展情况

1. 住宅小区征地工作情况

2008年6月15日，完成了丰泰、丰逸小区农业地进地圈地工作；集体和个人企业开始搬迁；国有地进地工作，邯郸市政府明确一位副秘书长负责协调、落实。

2007年10月20日，峰峰矿区政府成立了“美雅小区建设指挥部”，正式开展工作。

丰泰、丰逸小区和美雅小区供地手续报邯郸市和峰峰矿区国土局待批。

2. 住宅小区详细规划设计情况

（1）按照邯郸市城市发展规划要求和市沉陷地综合治理办公室提出的多层、小高层、高层住宅建筑面积各占三分之一的规划设计政策，丰泰、丰逸小区详细规划方案进行了多次调整。2008年8月4日，根据6月30日市长现场办公会要求，邯郸市规划局听取了邯郸市规划设计院关于丰泰、丰逸小区规划方案汇报。11月23日和26日，分别通过了专家论证和邯郸市规委会评审。根据专家和规委会的意见，丰泰、丰逸小区规划方案修改完善后主要经济技术指标为：总建筑面积76.5万平方米，其中住宅建筑面积71万平方米，公建建筑面积5.5万平方米。

（2）受峰峰矿区跃进路北延工程的影响，美雅小区用地规划于2008年4月初重新进行了调整，调整后跃进街北延工程占用小区土地15亩，为保证美雅小区建筑面积和安置户数不低于初步设计批复的要求，多方咨询有关专家，提交邯郸市规划设计院进行小区详细规划修改。

（3）确定了项目招标代理机构。根据《河北省国家投资工程建设项目招标代理机构比选文件》的规定（冀发改招标［2007］704号），峰峰矿区采煤沉陷区综合治理办公室通过比选确定了项目的招标代理机构。并进行勘探、施工图设计等项招标工作。

3. 住宅小区开工奠基

2008年12月30日，邯郸市采煤沉陷区综合治理工程住宅小区项目举行了开工奠基仪式。

（三）项目管理机构和体制情况

2005年5月，峰峰集团设立沉陷区治理办公室，专门负责峰峰矿区采煤沉陷区综合治理工作。同年10月受邯郸市采煤沉陷区综合治理办公室委托，成立峰峰矿区采煤沉陷区综合治理办公室（项目法人），下设动迁安置科、工程科、财务室、综合科，全面负责峰峰矿区采煤沉陷区综合治理项目管理工作。

峰峰矿区采煤沉陷区综合治理办公室受峰峰集团和邯郸市采煤沉陷区综合治理办公室的双重领导。

该项目从峰峰矿区的实际出发，对沉陷区急需解决的问题进行综合治理。以居民住宅、学校、医院为重点；以搬迁新建、加固维修、补偿相结合为治理原则；充分利用现有基础设施，统一规划，科学管理，节省资金投入；采取分片包干、静动结合、确保安全的措施，为广大沉陷区人民解除后顾之忧，提供安全可靠的居住条件，改善城市环境，也为邯郸市经济发展和社会稳定创造必要条件。

第九章　股东会　董事会　监事会工作

2002 年 12 月 18 日，河北省经贸委同意峰峰矿务局改制为多元持股的公司制企业，组建峰峰集团有限公司。2003 年，峰峰局通过债转股改制为由河北省煤炭工业办公室（2003 年 9 月份以后改由河北省国资委）、中国信达资产管理公司、中国华融资产管理公司共同出资组建的有限责任公司。2003 年 7 月 8 日，召开了峰峰集团有限公司创立大会暨首次股东会会议。7 月 18 日公司注册登记，注册资本金 28. 5095 亿元，其中：河北省煤炭工业办公室 21. 8262 亿元，占比 76. 56%；中国信达资产管理公司 5. 0588 亿元，占比 17. 74%；中国华融资产管理公司 1. 6245 亿元，占比 5. 70%。

2008 年 6 月 13 日，河北省国资委下发《关于转发 <河北省人民政府同意组建冀中能源集团有限责任公司的批复> 的通知》（冀国资字［2008］79 号）文件。根据该文件，河北省人民政府同意将金能集团与峰峰集团国家资本金归并整合，组建冀中能源集团有限责任公司。6 月 16 日，峰峰集团召开股东会临时会议，审议并通过了河北省国资委将其持有的峰峰集团有限公司 78. 36% 的股权划转给拟成立的冀中能源集团有限责任公司持有。

2008 年 8 月 17 日，峰峰集团有限公司更名为“冀中能源峰峰集团有限公司”，并换领了《企业法人营业执照》。

股东会、董事会、监事会自峰峰集团有限公司召开创立大会暨首次股东会、董事会、监事会会议始，依照《公司法》和《公司章程》的要求，审议了集团公司每年的《工作报告》及重大事项，并作出了许多重要决定。

第一节　股东会

一、峰峰集团有限公司创立大会暨首次股东会会议

2003 年 7 月 8 日，在峰峰矿务局鼓山庄宾馆召开了峰峰集团有限公司创立大会暨首次股东会会议，出席这次会议的股东代表有河北省煤炭工业办公室主任方承文、中国信达资产管理公司石家庄办事处副主任魏建慧、中国华融资产管理公司石家庄办事处经理周金泽。会议由出资最多的股东代表即河北省煤炭工业办公室主任方承文主持。

会议议程内容：一是根据验资报告，认定股东各方出资额。二是审议通过并签署《股东协议书》。三是审议通过并签署《峰峰集团有限公司章程》。四是选举公司董事会董事，推荐公司董事长、副董事长人选；选举公司监事会监事，推荐公司监事会主席人选。五是授权办理新公司预名和注册登记相关事宜的代理人。六是审议新公司开办费支出情况。

会议审议并表决通过了峰峰集团有限公司设立的有关议题，形成了以下决议：一是同意河北省煤炭工业办公室以原峰峰矿务局的净资产值对公司出资，中国信达资产管理公司和中国华融资产管理公司以债转股的形式对公司出资。二是峰峰集团有限公司拟注册资本为人民币 28. 5094 亿元，其中河北省煤炭工业办公室出资 21. 8262 亿元，占出资比例的 76. 56%；中国信达资产管理公司出资 5. 0588 亿元，占出资比例的 17. 74 %；中国华融资产管理公司出资 1. 6245 亿元，占出资比例的 5. 70 %。三是同意河北省委推荐的孙保玉、张文学、张汝海、陈亚杰、陈志林、段西兴、雷明亮，中国信达资产管理公司推荐的侯向阳、魏建慧，中国华融资产管理公司推荐的谢方勇，峰峰矿务局职代会推荐的职工代表任连顺，为公司董事会董事，任期三年。同意河北省煤炭工业办公室推荐的王志成、安玉堂、安翠华、宋有林、房文顺，中国信达资产管理公司推荐的张森鸣、曹彦辉，中国华融资产管理公司推荐的安双全，峰峰矿务局职代会推荐的冯

小工，为公司监事会监事，任期三年。上述任职，经股东会审查确认，均符合法律、法规规定的任职条件，具有董事和监事的任职资格。四是会议审议通过并签署了《股东协议书》。五是会议审议并通过了《峰峰集团有限公司章程》。六是股东各方共同授权马保良、杨文芳，办理新公司名称预先核准和注册登记等有关事宜。

二、峰峰集团有限公司第二次股东会会议

2005 年 8 月 19 日，在峰峰集团有限公司会议楼二楼中会议室召开了峰峰集团有限公司第二次股东会会议。出席这次会议的股东代表有王振友、魏建慧、安双全，列席董事有张文学、魏建慧、侯向阳、张汝海、雷明亮、陈亚杰、陈志林、任连顺，列席监事有宋有林、安双全、安翠华、房文顺、王志成、冯小工，其他列席人员有王喜堂、王并、王清海、李合义、栾维申、张之政、程文科、宋万富、刘凤朝、穆树琪、许树、周绪凯、郝曙华、张建峰、齐敏江、李在忠、侯立超、任宏明、邢文献、杨文芳、刘石铮。会议由峰峰集团有限公司董事长张文学主持。

会议议程内容：一是听取和审议《董事会报告》。二是听取和审议《监事会报告》。三是听取和审议《关于企业发展战略的报告》。四是听取和审议《关于合作投资项目计划的报告》。五是听取和审议《关于集团公司总部迁址的意见》。六是关于听取和审议《建立以资本为纽带的煤电、煤钢长期战略伙伴关系的报告》。七是听取和审议《关于河北省政府国资委承继出任公司股东的议案》。八是听取和审议《关于信达公司股权变更事宜的议案》。九是听取和审议《关于监事会进行改组的议案》。十是听取和审议《关于修改＜公司章程＞经营范围的议案》。十一是听取和审议《关于峰峰集团有限公司董事变更的议案》。十二是听取和审议《2003 年财务决算、利润分配方案》。十三是听取和审议《2004 年财务决算、利润分配方案和 2005 年财务预算方案》。十四是听取《关于牛儿庄矿抢险救灾及损失情况的报告》。十五是听取和审议《关于设立集团公司董事会经费的意见》。十六是听取和审议《＜公司章程＞修正案（草案）》。

会议审议并表决通过了有关事宜，形成了以下决议：一是审议并批准了张文学董事长所作的《董事会报告》。二是审议并批准了宋有林代曹彦辉主席所作的《监事会报告》。三是审议并通过了《关于企业发展战略的报告》。四是审议并通过了《关于合作投资项目计划的报告》。根据《峰峰集团发展战略》，同意与大唐集团、国电集团、邯钢集团等合作投资建设内蒙古红格尔庙煤电化一体化综合开发、峰峰热电厂、聊城电厂二期、峰峰集团煤化工等项目计划。五是审议并通过《关于集团公司总部迁址的意见》。根据企业改革发展的新形势要求，同意将峰峰集团公司总部迁至河北省邯郸市主城区中。六是听取了《关于建立以资本为纽带的煤电、煤钢长期战略伙伴关系的报告》。七是审议并通过了《关于河北省政府国资委承继出任公司股东的议案》。由于河北省政府机构改革，原峰峰集团有限公司股东之一河北省煤炭工业办公室已被撤销，同意由河北省人民政府国有资产监督管理委员会承继出任峰峰集团有限公司股东，并对《公司章程》相应条款进行修改。八是审议并通过了《关于信达公司股权变更事宜的议案》。同意将中国信达资产管理公司持有的 5151. 4012 万元股权变更为中国建设银行股份有限公司持有，并对《公司章程》相应条款进行修改。峰峰集团有限公司各股东出资及所占注册资本比例调整后为：河北省国资委以净资产出资 21. 8262 亿元，占注册资本比例的 76. 56%；中国信达资产管理公司以转股债权出资 4. 5437 亿元，占注册资本比例的 15. 94%；中国华融资产管理公司以转股债权出资 1. 6245 亿元，占注册资本比例的 5. 70%；中国建设银行股份有限公司以转股债权出资 5151. 40 万元，占注册资本比例的 1. 80%。九是审议并通过了《关于监事会进行改组的议案》。同意公司监事会改组后人员组成为：河北省人民政府国有资产监督管理委员会委派 4 名，中国信达资产管理公司委派 1 名，中国华融资产管理公司委派 1 名，中国建设银行股份有限公司委派 1 名，职工监事 2 名。公司监事会设监事会主席 1 名，由河北省人民政府国有资产监督管理委员会推荐，设监事会副主席 1 名，由中国建设银行股份有限公司推荐。同意王志成、安玉堂、安翠华、宋有林、房文顺、曹彦辉等同志辞去公司监事职务，增选王振友、王喜堂、王并、王清海、王彦青等同志出任公司监事职务。经股东会审查确认，符合法律、法规规定的任职条件，具有监事的任职资格。需增补的 1 名职工代表出任的监事，由集团公司职工民主选举产生。十是审议并通过了《关于修

改<公司章程>经营范围的议案》。同意根据公司实际生产经营和业务发展情况，对《公司章程》经营范围进行修改。修改后的公司经营范围为：煤炭开采、洗选、销售；焦炭及焦化产品、煤化工产品（不含危险化学品）、建筑材料、机械、电器设备制造、销售；电力、煤气制造、销售；建筑施工；铁路专用线及自备车辆设备运营；物资销售；仓储、物业管理服务；广告；印刷；住宿；餐饮；中西医医疗；电影放映、职业技能培训、图书馆、室内娱乐活动、游乐园、群众文化活动、艺术表演场馆、文艺创作与表演；房屋、设备及场地租赁；房屋修缮；房地产代理；经营本企业自产产品及技术的出口业务和本企业所需的机械设备、零配件、原辅材料及技术的进口业务；供水、供电、供热、供气服务；管道维修；通信、计算机信息、有线电视业务代理；公路运输；环卫及家政服务；园林绿化；食品、花卉销售；烟酒、饮料、日用百货、日用化学品（不含危险化学品）零售；机械、机电设备及零配件加工、修理；木器加工；学前教育；洗浴等，以工商登记核准的经营范围为准。十一是审议并通过了《关于峰峰集团有限公司董事变更的议案》。一致同意免去孙保玉峰峰集团有限公司董事会董事职务，决定程文科任峰峰集团有限公司董事会董事。经股东会审查确认，符合法律、法规规定的任职条件，具有董事的任职资格。十二是审议并通过了《2003 年财务决算、利润分配方案》。峰峰集团有限公司 2003 年补贴后实现利润 1680 万元，按峰峰集团有限公司章程第九十一条规定，对当年实现的利润按 10% 比例提取法定公积金 168 万元；按 10% 的比例提取法定公益金 168 万元；当年不再提取任意公积金；可供投资者分配的利润为 1344 万元，按股东出资比例对投资者进行分配，其中河北省国资委按占注册资本比例 76. 56% 计算，可分配利润 1028. 97 万元；信达公司按占注册资本比例 17. 74% 计算，可分配利润 238. 43 万元；华融公司按占注册资本比例 5. 70%，可分配利润 76. 60 万元。十三是审议并通过了《2004 年财务决算、利润分配方案和 2005 年财务预算方案》。峰峰集团有限公司 2004 年实现利润 2521. 7 万元。因牛儿庄矿淹井抢险救灾、堵排水恢复生产需要大量资金投入，同时集团公司做大做强发展战略、产业结构调整和资本运营也需要大量资金，为了集团公司的可持续发展，依据《公司章程》，对 2004 年实现的利润分别按 10% 计提法定公积金和法定公益金，剩余可供分配的利润拿出三分之一按各股东出资比例进行分配，其中河北省国资委占 76. 56%，可分利润 514. 8 万元；信达公司占 17. 74%，可分配利润 119. 3 万元；华融公司占 5. 7%，可分利润 38. 3 万元。将财务决算中实收资本恢复原状。对于清产核资和主辅分离、辅业改制的损失处置，由下次股东会进行专题研究，作出决议。凡涉及实收资本变动的问题均以股东会决议为准。十四是听取《关于牛儿庄矿抢险救灾及损失情况的报告》。2004 年 9 月 26 日，峰峰矿区永顺煤矿（原牛儿庄村 4 号煤矿）非法超层越界开采下架煤层，引发奥灰水突出，通过采空区溃入集团公司牛儿庄矿井下，导致牛儿庄矿被淹，五矿停产，周边矿井安全受到严重威胁。受河北省人民政府临时组织的峰峰集团有限公司牛儿庄矿透水事故联合调查组委托，承德天元资产评估有限责任公司于 2004 年 12 月 28 日出具了牛儿庄矿透水事故经济损失评估报告书，经评估经济损失 3. 8275 亿元，其中直接经济损失 2. 3721 亿元，间接经济损失 1. 4554 亿元。十五是审议并通过了《关于设立集团公司董事会经费的意见》。十六是审议并通过了《峰峰集团有限公司章程修正案》。以上议题涉及的重大投融资项目，同意按规定程序开展前期准备工作，具体方案经董事会批准后，报股东会审议。

2005 年 10 月 30 日，在峰峰集团有限公司会议楼二楼中会议室，召开了 2005 年第一次临时股东会会议。参加这次会议的股东代表有河北省国资委代表王振友、信达公司代表魏建慧、华融公司代表安双全、中国建行代表王彦青。公司董事、监事列席了会议。会议由峰峰集团有限公司董事长张文学主持。

会议议程内容：一是听取和审议《关于信达公司股权变更的议案》。二是听取并审议《关于峰峰集团有限公司董事变更的议案》。三是听取并审议《关于监事会进行改组的议案》。四是听取并审议《关于修改公司章程经营范围的议案》。五是听取并审议《峰峰集团有限公司章程修正案》。

会议就新的股东会成立及其他有关事项进行了认真听取和审议，形成了如下决议：一是审议并通过了《关于信达公司股权变更的议案》。根据国务院有关规定及中国建设银行股份有限公司和中国信达资产管理公司签署的《终止非剥离债转股委托关系协议》，同意中国建设银行股份有限公司作为峰峰集团有限公司的股东，并一致通过组成新的股东会。一致同意中国建设银行股份有限公司向峰峰集团有限公司委派一名监事，担任监事会副主席，不再委派董事。二是审议并通过了《关于峰峰集团有限公司董事变更的议案》。一致同意免去孙保玉峰峰集团有限公司董事会董事职务，由程文科出任峰峰集团有限公司董事会董事。经股东会审查确认，符合法律、法规规定的任职条件，具有董事的任职资格。三是审议并通过了《关于监事会进行改组的议案》。同意公司监事会改组后人员组成为：河北省人民政府国有资产监督管理委员会委派4名，中国信达资产管理公司委派1名，中国华融资产管理公司委派1名，中国建设银行股份有限公司委派1名，职工监事2名。公司监事会设监事会主席1名，由河北省人民政府国有资产监督管理委员会推荐，设监事会副主席1名，由中国建设银行股份有限公司推荐。同意王志成、安玉堂、安翠华、宋有林、房文顺、曹彦辉等辞去公司监事职务。改选省国资委推荐的王振友、王喜堂、王并、王清海；增选中国建设银行股份有限公司推荐的王彦青、职代会选举的宋有林出任公司监事职务。经股东会审查确认，均符合法律、法规规定的任职条件，具有监事的任职资格。四是审议并通过了《关于修改<公司章程>经营范围的议案》。同意根据公司实际生产经营和业务发展情况，对经营范围进行修改。修改后的公司经营范围为：煤炭开采、洗选、销售；焦炭及焦化产品、煤化工产品（不含危险化学品）、建筑材料、机械、电器设备制造、销售；电力、煤气制造、销售；建筑施工；铁路专用线及自备车辆设备运营；物资销售；仓储、物业管理服务；广告；印刷；住宿；餐饮；中西医医疗；电影放映、职业技能培训、图书馆、室内娱乐活动、游乐园、群众文化活动、艺术表演场馆、文艺创作与表演；房屋、设备及场地租赁；房屋修缮；房地产代理；经营本企业自产产品及技术的出口业务和本企业所需的机械设备、零配件、原辅材料及技术的进口业务；供水、供电、供热、供气服务；管道维修；通信、计算机信息、有线电视业务代理；公路运输；环卫及家政服务；园林绿化；食品、花卉销售；烟酒、饮料、日用百货、日用化学品（不含危险化学品）零售；机械、机电设备及零配件加工、修理；木器加工；学前教育；洗浴等，以工商登记核准的经营范围为准。五是审议并通过了《峰峰集团有限公司章程修正案》。六是峰峰集团有限公司的经营管理机构不再调整。表决结果：持赞同意见股东所代表的股份数为100%；占出席股东会的股东所持股份总数的比例为100%，无反对、弃权意见。

2006年7月20日，峰峰集团有限公司召开了2006年股东会第一次临时会议。出席这次会议的股东代表有河北省人民政府国有资产监督管理委员会代表赵世洪、中国信达资产管理公司代表魏建慧、中国华融资产管理公司代表谢方勇、中国建设银行股份有限公司代表孙福州。

会议议程内容：因原峰峰集团有限公司董事、副董事长段西兴和董事雷明亮分别于2005年底达到退休年龄，河北省人民政府国有资产监督管理委员会冀国资干字［2005］69号文件，决定段西兴不再担任峰峰集团有限公司董事会董事、副董事长职务，退休；雷明亮不再担任峰峰集团有限公司董事会董事职务，退休。河北省人民政府国有资产监督管理委员会冀国资干字［2006］35号文件，决定张汝海任峰峰集团有限公司董事会副董事长；任连顺、刘万义任峰峰集团有限公司董事会董事。2006年7月峰峰集团有限公司第一届第十二次职代会，同意任连顺不再任峰峰集团有限公司职工董事，选举郭志武为峰峰集团有限公司职工董事。

根据《公司法》和《公司章程》规定，峰峰集团有限公司股东会形成如下决议：一是一致同意免去段西兴峰峰集团有限公司董事会董事、副董事长职务和雷明亮峰峰集团有限公司董事会董事职务。二是一致同意任连顺、刘万义任峰峰集团有限公司董事会董事。经股东会审查确认，符合法律、法规规定的任职条件，具有董事的任职资格。三是一致同意张汝海为峰峰集团有限公司董事会副董事长候选人。四是一致同意郭志武任峰峰集团有限公司职工董事。经股东会审查确认，符合法律、法规规定的任职条件，具有董事的任职资格。

三、峰峰集团有限公司第三次股东会会议

2006年8月31日，在峰峰集团有限公司会议楼二楼中会议室，召开了峰峰集团有限公司第三次股东会会议。出席会议股东代表有河北省国资委邹世华、信达公司石家庄办事处魏建慧、华融公司石家庄办事处谢方勇、建行河北分行邯郸分行王志强，列席会议董事有张文学、张汝海、魏建慧、侯向阳、谢方勇、

任连顺、刘万义、陈亚杰、陈志林、程文科、郭志武，监事有邹世华、王志强、吴建军、贾明刚、孙淑珍、张金贺、许树、张磐、冯小工、宋有林、安玉堂、杨新民、张永军，列席会议其他人员有宋万富、刘凤朝、何长海、穆树琪、马保良、郝曙华、张建峰、齐敏江、侯立超、于智杰、徐高轩、任宏明、邢文献、王文新、杨文芳、周显怀、穆睿宏、宋军剑、李德刚、孙立。会议由峰峰集团有限公司董事长张文学主持。

会议议程内容：一是宣读公司董事、监事推荐文件及公司职工董事、监事职代会选举结果，介绍董事、监事个人简历。二是选举产生公司董事会董事，推荐公司董事长、副董事长人选。三是选举产生公司监事会监事，推荐公司监事会主席、副主席人选。

会议就有关议题进行了认真听取和审议，形成如下决议：一是按照《公司法》和《公司章程》规定，根据股东的董事推荐函，经股东投票选举，张文学、张汝海、魏建慧、侯向阳、谢方勇、任连顺、刘万义、陈亚杰、陈志林、程文科等10人均以全票当选为公司第二届董事会董事。根据公司第一届职代会第十三次会议选举结果，郭志武当选为公司第二届董事会职工董事。二是按照《公司法》和《公司章程》规定，根据股东的监事推荐函，经股东投票选举，邹世华、王志强、吴建军、贾明刚、孙淑珍、张金贺、许树、张磐等8人均以全票当选为公司第二届监事会监事。根据公司第一届职代会第十三次会议选举结果，冯小工、宋有林、安玉堂、杨新民、张永军等5人当选为公司第二届监事会职工监事。三是一致同意张文学为公司第二届董事会董事长候选人，张汝海、魏建慧为副董事长候选人。四是一致同意邹世华为公司第二届监事会主席候选人，王志强为副主席候选人。上述任职，经股东会审查确认，符合法律法规规定的任职条件，具有董事、监事的任职资格。

四、峰峰集团有限公司第四次股东会会议

2006年8月31日，在峰峰集团有限公司会议楼二楼中会议室，召开了峰峰集团有限公司第四次股东会会议。出席会议的股东代表有：河北省国资委邹世华、信达公司石家庄办事处魏建慧、华融公司石家庄办事处谢方勇、建行河北分行邯郸分行王志强，列席会议的董事有：张文学、张汝海、魏建慧、侯向阳、谢方勇、任连顺、刘万义、陈亚杰、陈志林、程文科、郭志武，监事有邹世华、王志强、吴建军、贾明刚、孙淑珍、张金贺、许树、张磐、冯小工、宋有林、安玉堂、杨新民、张永军，列席会议的其他人员有宋万富、刘凤朝、何长海、穆树琪、马保良、郝曙华、张建峰、齐敏江、侯立超、于智杰、徐高轩、任宏明、邢文献、王文新、杨文芳、周显怀、穆睿宏、宋军剑、李德刚、孙立。会议由峰峰集团有限公司董事长张文学主持。

会议议程内容：一是听取和审议董事会工作报告。二是听取和审议监事会工作报告。三是听取和审议关于集团公司与地方煤矿联合重组的报告。四是听取关于锡盟煤电化一体化项目投资方案的报告。五是听取和审议关于煤化工项目投资方案的报告。六是听取关于峰峰热电联产及薛村矿矸石热电厂、九龙矿矸石热电厂建设进展情况的报告。七是听取主辅分离辅业改制工作结果的报告。八是听取关于实收资本增减变动的报告。九是听取和审议《公司章程》修订草案。十是听取和审议关于2005年财务决算、利润分配方案和2006年财务预算方案的报告。

会议就有关议题进行了认真听取和审议，形成如下决议：一是审议并通过了张文学董事长所作的《董事会工作报告》。二是审议并通过了邹世华主席所作的《监事会工作报告》。三是审议并通过了《关于集团公司与地方煤矿联合重组的报告》。四是听取了《关于锡盟煤电化一体化项目投资方案的报告》。五是审议并通过了《关于煤化工项目投资方案的报告》。六是听取了《关于峰峰热电联产及薛村矿矸石热电厂、九龙矿矸石热电厂建设进展情况的报告》。七是听取了《主辅分离辅业改制工作结果的报告》。八是听取了《关于实收资本增减变动的报告》。九是审议并通过了《公司章程》修订案。十是审议并通过了《关于2005年财务决算和2006年财务预算方案的报告》。对于辅业改制结果处置、实收资本增减变动和2005年度利润分配方案，会后各股东进一步协商，经董事会批准后，报股东会审议。

2006年11月27日，在峰峰集团有限公司调度会议室召开了2006年股东会第二次临时会议。河北省

国资委、中国信达资产管理公司、中国华融资产管理公司的股东代表参加了会议。会议由峰峰集团有限公司董事长张文学主持。

会议就发行短期融资券融资事项进行了认真讨论和审议。会议认为，为解决集团公司流动资金缺口问题，经过分析和论证，通过发行短期融资券融资既可以降低融资成本，调整企业融资结构；又能尝试新的融资品种，拓宽融资渠道，置换短期借款。经测算，发行短期融资券分三期融资 11 亿元与银行借款相比，可节约利息支出 1000 万元左右。会议形成了如下决议：同意短期融资券发行方案。分三期发行，一期为人民币 3 亿元整，二期为人民币 4 亿元整，三期为人民币 4 亿元整。

与此同时，股东会临时会议就向国电聊城发电有限公司投资入股 1.84 亿元事项进行了认真讨论和审议。会议认为，与中国国电集团等三方合作，参与山东聊城电厂二期项目建设，符合峰峰集团发展战略总体目标，可以拓宽峰峰集团公司万年矿、大淑村矿无烟煤的销售渠道，实现企业可持续发展。会议形成了如下决议：同意向聊城电厂二期出资 1.84 亿元，占注册资本的 20%。

2006 年 12 月 28 日，峰峰集团有限公司召开了 2006 年股东会第三次临时会议。出席这次会议的股东代表有河北省人民政府国有资产监督管理委员会代表赵世洪、中国信达资产管理公司代表魏建慧、中国华融资产管理公司代表姚维平、中国建设银行股份有限公司代表杨毓。

会议就中国建设银行转让所持峰峰集团有限公司股权事项进行了认真的讨论和审议，并形成了如下决议：一致同意中国建设银行股份有限公司河北分行将其持有的峰峰集团有限公司的股权 5151.401182 万元，占公司注册资本的 1.807%，按七折取整即 3600 万元转让给河北省人民政府国有资产监督管理委员会。

2007 年 6 月 20 日，峰峰集团有限公司召开了 2007 年股东会第一次临时会议。河北省国资委、中国信达资产管理公司、中国华融资产管理公司的股东代表参加了会议。

会议就发行企业债券融资事项进行了认真的讨论和审议，会议认为，本次债券的筹集资金全部用于羊渠河矿改扩建工程、综采机械化改造、选煤厂升级改造、薛村矿矸石热电厂、九龙矿矸石热电厂扩建工程、煤矿安全改造及煤化工一期工程等项目，可保障集团公司项目建设需求、加快建设进度，优化企业融资结构，降低财务成本，进一步提高公司的综合实力。会议形成了如下决议：同意发行企业债券人民币 10 亿元整。

2007 年 10 月 15 日，在峰峰集团有限公司会议楼二楼中会议室，召开了 2007 年股东会第二次临时会议。河北省国资委、中国信达资产管理公司、中国华融资产管理公司的股东代表参加了会议。会议由峰峰集团有限公司董事长张文学主持。

会议议程内容：鉴于中国建设银行股份有限公司将其持有的股权转让给河北省人民政府国有资产监督管理委员会，与会股东代表就股权转让后的有关事宜和议题进行了讨论和审议。会议形成如下决议：一是审议并通过了《峰峰集团有限公司章程》修正案。二是同意免去中国建设银行股份有限公司王志强的峰峰集团有限公司监事会监事职务。三是同意由中国信达资产管理公司推荐的徐金萍任峰峰集团有限公司监事会监事，并为监事会副主席候选人。四是同意中国信达资产管理公司侯向阳不再任峰峰集团有限公司董事会董事职务，由该公司张森鸣任峰峰集团有限公司董事会董事。上述任职，经股东会审查确认，符合法律法规规定的任职条件，具有董事、监事的任职资格。

2008 年 3 月 25 日，在河北省石家庄市平山温塘白鹿温泉国际会议中心，召开了峰峰集团有限公司股东会第一次临时会议。出席会议的股东代表有河北省国资委邹世华、中国信达资产管理公司李康京、中国华融资产管理公司张冬雪，列席会议人员有公司董事、监事、财务负责人、董事会秘书、总法律顾问。会议由峰峰集团有限公司董事长张文学主持。

会议议程内容：一是公司副总经理程文科作《峰峰集团有限公司关于与中化集团合资合作情况的报告》。二是公司董事会秘书穆树琪作股东会临时会议决议（草案）的说明。三是股东代表就《方案》和决议（草案）进行审议和表决。

与会股东代表就《峰峰集团有限公司关于与中化集团合资合作情况的报告》进行了讨论和审议，形成如下决议：一是同意峰峰集团引入中国中化集团定向增资扩股。原股东以峰峰集团评估后确认的净资产入股，中化集团以货币资金入股。二是同意由峰峰集团和河北省国资委与中化集团具体商谈合作协议等相关法律文本，经各股东履行程序同意后签署。各方股东一致同意，在此次增资扩股中妥善解决信达资产管理公司、华融资产管理公司的股权。鉴于国家正在研究制定资产管理公司股权处置的有关政策，可以在此次合作中暂按委托管理方式作为过渡，共同协商形成协议，各方股东分别履行程序后签署。

2008 年 5 月 20 日，在峰峰集团有限公司会议楼召开了峰峰集团有限公司股东会第二次临时会议。河北省国资委、中国信达资产管理公司、中国华融资产管理公司的股东代表参加了会议。

会议议程内容：因峰峰集团有限公司原董事长张文学工作变动，根据河北省人民政府国有资产监督管理委员会冀国资干字［2008］24 号《关于郭周克等同志任免职的通知》，峰峰集团有限公司股东会根据《公司法》和《公司章程》规定，形成如下决议：一是一致同意免去张文学峰峰集团有限公司董事会董事、董事长职务。二是一致同意郭周克任峰峰集团有限公司董事会董事，并为董事长候选人。经股东会审查确认，郭周克符合法律法规规定的任职条件，具有董事的任职资格。

2008 年 6 月 16 日，集团公司召开股东会第三次临时会议。河北省国资委股东代表周杰、信达公司股东代表李康京、华融公司股东代表四艳珍参加了会议。会议就峰峰集团有限公司与金牛能源集团有限责任公司实施联合重组，组建冀中能源集团有限责任公司的方案及股权划转等事项进行了认真讨论和审议。

会议认为，按照河北省委、省政府关于组建冀中能源集团有限责任公司的决策部署和省国资委关于冀中能源集团有限责任公司的组建方案，峰峰集团有限公司与金牛能源集团有限责任公司实施强强联合与战略重组，将省国资委持有的峰峰集团有限公司 78.36% 股权、河北金牛能源集团有限责任公司 100% 股权划转给即将成立的冀中能源集团有限责任公司，建设紧密型、高效型、可持续发展的大型企业集团，有利于河北省产业布局调整，有利于建设沿海经济社会强省，应予积极支持。会议形成如下决议：同意将省国资委持有的峰峰集团有限公司的股权 22.3413 亿元（占比 78.36%）划转给冀中能源集团有限责任公司持有。

五、冀中能源峰峰集团有限公司第五次股东会会议

2008 年 12 月 25 日，在冀中能源峰峰集团邯郸办公楼三楼一会议室，召开了冀中能源峰峰集团有限公司第五次股东会会议。出席会议的股东代表有冀中能源集团有限责任公司刘凤朝、中国信达资产管理公司李康京、中国华融资产管理公司四艳珍。列席会议董事有郭周克、陈亚杰、李康京、陈志林、张森鸣、樊洪生、任连顺、邵太升、王务平、陈宇、郭志武。列席会议监事有邹世华、吴建军、郭义怀、孙淑珍、张金贺、徐金萍、许树、周金泽、冯小工、安玉堂、杨新民、宋有林、张永军。列席会议其他人员有侯向阳、杜玉生、何长海、谢德瑜、张党育、陈爱军、穆树琪、张振峰、李宏立、李志明、马保良、邢文献、杨立祥、穆睿宏、孔东昕。会议由冀中能源集团有限责任公司刘凤朝主持。

会议议程内容：一是听取和审议《公司章程》修正案。二是宣读公司董事、监事推荐文件及职工董事、监事职代会选举结果和个人简历。三是选举公司董事，推荐公司董事长、副董事长人选。四是选举公司监事，推荐监事会主席、副主席人选。

会议就有关议题进行了认真听取和审议，并形成如下决议：一是审议并通过了《公司章程》修正案。二是按照《公司法》和《公司章程》规定，根据股东关于董事的推荐函，经股东代表表决选举，郭周克、陈亚杰、李康京、陈志林、张森鸣、樊洪生、任连顺、邵太升、王务平、陈宇等 10 人为公司董事会董事。根据公司第二届职代会第四次会议选举结果，郭志武当选为公司董事会职工董事。三是按照《公司法》和《公司章程》规定，根据股东关于监事的推荐函，经股东代表表决选举，邹世华、吴建军、郭义怀、孙淑珍、张金贺、徐金萍、许树、周金泽等 8 人为公司监事会监事。根据公司第二届职代会第五次会议选举结果，冯小工、安玉堂、杨新民、宋有林、张永军等 5 人当选为公司监事会职工监事。四是一致同意郭周克为公司董事会董事长人选，陈亚杰、李康京、陈志林为副董事长人选。五是一致同意邹世华为公司监事会主席人选，徐金萍为公司监事会副主席人选。上述任职，经股东会审查确认，符合法律法规规定的任职条件，具有董事、监事的任职资格。

第二节　董事会

一、峰峰集团有限公司第一届董事会会议

（一）峰峰集团有限公司第一届董事会一次会议

2003年7月8日，在峰峰矿务局鼓山庄宾馆召开了峰峰集团有限公司董事会首届一次会议，出席这次会议的有峰峰集团有限公司董事会董事任连顺、孙保玉、张文学、张汝海、陈亚杰、陈志林、段西兴、侯向阳、谢方勇、雷明亮、魏建慧，列席会议的有峰峰集团有限公司监事王志成、冯小工、安双全、安玉堂、安翠华、宋有林、张森鸣、房文顺、曹彦辉，会议由股东指定的董事长候选人张文学主持。

会议议程内容：一是根据股东推荐意见，选举产生公司董事长。二是根据董事长提名，会议审议表决聘任公司总经理。三是根据总经理提名，会议审议表决聘任公司副总经理和总工程师。四是根据总经理提名，会议审议表决聘任公司财务负责人。五是根据董事长提名，会议审议表决聘任公司董事会秘书。

会议审议并表决通过了有关事宜，形成了以下决议：一是会议经过对公司董事长和副董事长候选人的任职资格进行了认真审查，以全票选举张文学任峰峰集团有限公司第一届董事会董事长，为公司法定代表人，任期三年；全票选举段西兴、魏建慧任峰峰集团有限公司副董事长，任期三年。二是一致同意张汝海任峰峰集团有限公司总经理，一致同意陈亚杰、陈志林、程文科、陈宇、宋万富任峰峰集团有限公司副总经理，一致同意陈宇任峰峰集团有限公司总工程师。三是一致同意聘任周和平为峰峰集团有限公司财务负责人。四是一致同意聘任刘凤朝为峰峰集团有限公司董事会秘书。

（二）峰峰集团有限公司第一届董事会二次会议

2004年3月16日，在峰峰集团有限公司鼓山庄宾馆召开了峰峰集团有限公司第一届董事会二次会议，出席这次会议的有峰峰集团有限公司董事会董事张文学、段西兴、魏建慧、侯向阳、谢方勇、张汝海、雷明亮、陈志林、任连顺，列席会议的有峰峰集团有限公司监事宋有林、安双全、张森鸣、安翠华、房文顺、安玉堂、王志成，其他列席人员有任利民、郭国章、孙士跃、程文科、陈宇、宋万富、索亚昌、刘凤朝、穆树琪、郝曙华、张建峰、张宏斌、齐敏江。会议由峰峰集团有限公司董事长张文学主持。

会议议程内容：一是听取并审议关于2003年工作总结及2004年工作安排的报告。二是听取并审议关于产权制度改革情况的报告。三是听取并审议关于2003年财务决算、利润分配草案和2004年财务预算草案的报告。四是听取并审议机械制造分公司关于兼并重组邯郸市轧钢备件制造厂的意向书。五是听取并审议关于香港投资贸易洽谈会产权转让项目的报告。六是听取关于2003年项目建设和2004年项目谋划情况的报告。七是听取并审议关于清产核资工作的实施方案。八是听取关于资源枯竭矿井关闭破产工作进展情况的报告。九是听取关于担保情况的报告。十是听取关于分离企业办社会职能工作的报告。十一是表决关于董事会秘书、财务负责人等人事变动的意见。

会议审议并表决通过了有关事宜，形成了以下决议：一是审议并通过了总经理《关于2003年工作总结及2004年工作安排的报告》。二是审议并通过了《关于2003年财务决算、利润分配草案和2004年财务预算草案的报告》。峰峰集团有限公司2003年补贴后实现利润1680万元，可供投资者分配的利润为1344万元，按股东出资比例对投资者进行分配，其中信达公司按占注册资本比例17.74%计算，可分配利润238万元，华融公司按占注册资本比例5.7%计算，可分配利润76.6万元。三是审议并通过了《关于董事会秘书、财务负责人等人事变动的方案》。一致同意聘任刘凤朝为峰峰集团有限公司财务负责人、穆树琪为峰峰集团有限公司董事会秘书。

（三）峰峰集团有限公司第一届董事会三次会议

2005年8月19日，在峰峰集团有限公司会议楼召开了峰峰集团有限公司第一届董事会三次会议，出席这次会议的有峰峰集团有限公司董事会董事张文学、魏建慧、侯向阳、张汝海、雷明亮、陈亚杰、陈志林、任连顺、谢方勇（授权委托安双全代表出席），列席监事：宋有林、安双全、安翠华、房文顺、王志

成、冯小工、曹彦辉、张森鸣、安玉堂，其他列席人员王振友、王喜堂、王并、王清海、李合义、栾维申、张之政、程文科、宋万富、刘凤朝、穆树琪、许树、周绪凯、郝曙华、张建峰、齐敏江、李在忠、侯立超、任宏明、邢文献、杨文芳、刘石铮。会议由峰峰集团有限公司董事长张文学主持。

会议议程内容：一是听取和审议《2004 年工作总结和 2005 年工作安排的报告》。二是听取和审议《关于企业发展战略的报告》。三是听取和审议《关于合作投资重点项目计划的报告》。四是听取和审议《关于集团公司总部迁址的意见》。五是听取和审议《关于 2004 年财务决算、利润分配草案和 2005 年财务预算草案的报告》。六是听取《关于企业重组上市情况的报告》。七是听取《关于建立以资本为纽带的煤电、煤钢长期战略伙伴关系的报告》。八是听取《关于主辅分离、辅业改制工作报告》。九是听取《关于 2004 年清产核资工作报告》。十是听取和审议《关于张党育、刘凤朝同志聘任职务的报告》。十一是听取和审议《董事会报告》（草案）。

会议审议并表决通过了有关事宜，形成了以下决议：一是审议并通过了张汝海总经理所作的《关于 2004 年工作总结和 2005 年工作安排的报告》。二是审议并通过了《关于企业发展战略的报告》，并提请第二次股东会会议审议。三是审议并通过了《关于合作投资重点项目计划的报告》，并提请第二次股东会会议审议。四是审议并通过了《关于集团公司总部迁址的意见》，并提请第二次股东会会议审议。集团公司总部迁址具体方案报董事会审议。五是审议并通过了《关于 2004 年财务决算、利润分配草案和 2005 年财务预算草案的报告》，并提请第二次股东会会议审议。将财务决算中实收资本恢复原状。对于清产核资、主辅分离辅业改制的损失处置，由下次董事会进行专题研究，作出决议，并提请股东会审议，凡涉及实收资本变动问题均以董事会、股东会决议为准。六是听取了《关于企业重组上市情况的报告》。七是听取了《关于建立以资本为纽带的煤电、煤钢长期战略伙伴关系的报告》。八是听取了《主辅分离、辅业改制工作报告》。九是听取了《关于清产核资工作报告》。十是审议并通过了《关于张党育、刘凤朝同志聘任职务的报告》。一致同意聘任张党育为峰峰集团有限公司总工程师，刘凤朝为峰峰集团有限公司总会计师，陈宇不再担任峰峰集团有限公司总工程师职务。十一是审议并通过了张文学董事长所作的《董事会报告》，并提请第二次股东会会议审议。以上议题涉及的重大投融资项目，同意按规定程序开展前期准备工作，具体方案报董事会审议。

2006 年 4 月 18 日，在峰峰集团有限公司会议楼召开 2006 年董事会第一次临时会议。出席这次会议的董事有张文学、段酉兴、魏建慧、张汝海、侯向阳、谢方勇、雷明亮、陈亚杰、陈志林、任连顺、程文科，列席人员有全体监事、公司副总经理、财务负责人、董事会秘书。会议由峰峰集团有限公司董事长张文学主持。

会议就《关于聘任何长海为峰峰集团有限公司副总经理的报告》进行审议。会议认真听取并审议了总经理所作的《关于聘任何长海为峰峰集团有限公司副总经理的报告》，形成如下决议：根据总经理提名，一致同意聘任何长海为峰峰集团有限公司副总经理。经董事会审查确认，符合法律、法规规定的任职条件，具有副总经理的任职资格。

2006 年 7 月 20 日，峰峰集团有限公司召开了 2006 年董事会第二次临时会议。出席这次会议的董事有张文学、魏建慧、侯向阳、谢方勇、张汝海、陈亚杰、陈志林、任连顺、刘万义、程文科、郭志武。

根据 2006 年 7 月 20 日临时股东会会议决议，对集团公司董事会副董事长的任职资格进行了认真审查，全票选举张汝海为峰峰集团有限公司董事会副董事长。

二、峰峰集团有限公司第二届董事会会议

2006 年 8 月 31 日，在峰峰集团有限公司会议楼二楼中会议室，召开了峰峰集团有限公司第二届董事会一次会议。出席会议的董事有张文学、张汝海、魏建慧、侯向阳、谢方勇、任连顺、刘万义、陈亚杰、陈志林、程文科、郭志武，列席会议的监事有邹世华、王志强、吴建军、贾明刚、孙淑珍、张金贺、许树、张磐、冯小工、宋有林、安玉堂、杨新民、张永军，列席会议的其他人员有宋万富、刘凤朝、何长海、穆树琪、马保良、郝曙华、张建峰、齐敏江、侯立超、于智杰、徐高轩、任宏明、邢文献、王文新、

杨文芳、周显怀、穆睿宏、宋军剑、李德刚、孙立。会议由峰峰集团有限公司董事长候选人张文学主持。

会议议程内容：一是宣读董事长、副董事长候选人名单；经理层及其他高管人员拟聘任名单及个人简历。二是选举峰峰集团有限公司董事长、副董事长。三是聘任总经理、副总经理、总工程师、总会计师和财务负责人、董事会秘书、总法律顾问。四是听取和审议总经理工作报告。五是听取和审议关于峰峰集团与地方煤矿联合重组的报告。六是听取关于锡盟煤电化一体化项目投资方案的报告。七是听取和审议关于煤化工项目投资方案的报告。八是听取关于峰峰热电联产及薛村矿矸石热电厂、九龙矿矸石热电厂建设进展情况的报告。九是听取主辅分离辅业改制工作结果的报告。十是听取关于实收资本增减变动的报告。十一是听取和审议《公司章程》修订草案。十二是听取和审议关于2005年财务决算、利润分配草案和2006年财务预算草案的报告。十三是听取关于董事会经费使用情况的报告。十四是听取和审议《董事会工作报告（草案）》。

会议就有关议题进行了认真听取和审议，形成如下决议：一是根据第三次股东会会议推荐意见，一致同意张文学任峰峰集团有限公司董事会董事长，张汝海、魏建慧任副董事长。二是一致同意张汝海任峰峰集团有限公司总经理，陈亚杰、陈志林、程文科、陈宇、宋万富、何长海任副总经理，张党育任总工程师，刘凤朝任总会计师和财务负责人，马保良任总法律顾问，穆树琪任董事会秘书。上述任职，经董事会审查确认，符合法律法规规定的任职条件，具有任职资格。三是审议并通过了张汝海总经理所作的《关于2005年工作总结及2006年工作安排的报告》。四是审议并通过了《关于峰峰集团与地方煤矿联合重组的报告》。五是听取了《关于锡盟煤电化一体化项目投资方案的报告》。六是审议并通过了《关于煤化工项目投资方案的报告》。七是听取了《关于峰峰热电联产及薛村矿矸石热电厂、九龙矿矸石热电厂建设进展情况的报告》。八是听取了《主辅分离、辅业改制工作结果的报告》。九是听取了《关于实收资本增减变动的报告》。十是审议并通过了《公司章程》修订草案。十一是审议并通过了《关于2005年财务决算和2006年财务预算草案的报告》。十二是听取了《关于董事会经费使用情况的报告》。十三是审议并通过了张文学董事长所作的《董事会工作报告》。同意将有关议题提请第四次股东会会议审议。对于辅业改制结果处理、实收资本增减变动和2005年度利润分配方案，会后各股东进一步协商。

2006年11月27日，在峰峰集团有限公司调度会议室召开了2006年董事会第三次临时会议。出席这次会议的董事有张文学、张汝海、魏建慧、侯向阳、谢方勇、陈亚杰、陈志林、任连顺、刘万义、程文科、郭志武。会议由公司董事长张文学主持。

会议就发行短期融资券融资事项进行了认真讨论和审议。会议认为，为解决集团公司2006年底及2007年初流动资金缺口问题，经过分析和论证，通过发行短期融资券融资既可以降低融资成本，调整企业融资结构；又能尝试新的融资品种，拓宽融资渠道，置换短期借款。经测算，发行短期融资券分三期融资11亿元与银行借款相比，可节约利息支出1000万元左右。会议形成了如下决议：一是同意发行短期融资券融资，融资规模为人民币8亿元整。二是同意短期融资券发行方案。分三期发行，一期为人民币3亿元整，二期为人民币4亿元整，三期为人民币4亿元整。

与此同时，董事会临时会议就向国电聊城发电有限公司投资入股1.84亿元事项进行了认真讨论和审议。会议认为，向国电聊城发电有限公司投资入股，符合峰峰集团发展战略总体目标，可以延伸煤基产业链，提高煤炭附加值，发展综合利用电力项目，拓宽峰峰集团万年矿、大淑村矿无烟煤的销售渠道，实现企业可持续发展。会议形成了如下决议：一致同意向国电聊城发电有限公司投资入股1.84亿元。

2007年6月20日，在峰峰集团有限公司调度会议室召开了2007年董事会临时会议。出席这次会议的董事有张文学、张汝海、魏建慧、侯向阳、谢方勇、陈亚杰、陈志林、任连顺、刘万义、程文科、郭志武。会议由集团公司董事长张文学主持。

会议就发行企业债券融资事项进行了认真的讨论和审议，会议认为，本次债券的筹集资金全部用于羊渠河矿改扩建工程、综采机械化改造、选煤厂升级改造、薛村矿矸石热电厂、九龙矿矸石热电厂扩建工程、煤矿安全改造及煤化工一期工程等项目，可保障集团公司项目建设需求、加快建设进度，优化企业融资结构，降低财务成本，进一步提高公司的综合实力。会议形成了如下决议：同意发行企业债券人民币

10 亿元整。

2008 年 3 月 25 日，在河北省石家庄市平山温塘白鹿温泉国际会议中心，召开了峰峰集团有限公司 2008 年董事会第一次临时会议。出席这次会议的董事有张文学、张汝海、魏建慧、谢方勇、张森鸣、任连顺、刘万义、陈亚杰、陈志林、程文科、郭志武。会议由公司董事长张文学主持。列席会议的人员有公司监事、财务负责人、董事会秘书、总法律顾问。

会议就峰峰集团与中化集团合资合作进展情况和增资扩股合作事宜进行了讨论和审议，一致同意将《峰峰集团有限公司关于与中化集团合资合作情况的报告》提交公司股东会临时会议审议。

2008 年 5 月 20 日，在峰峰集团有限公司会议楼召开了峰峰集团有限公司 2008 年董事会第二次临时会议。

会议议程内容：根据 2008 年 5 月 28 日股东会临时会议决议，会议对峰峰集团有限公司董事长的任职资格进行了认真审查，全票选举郭周克为峰峰集团有限公司董事会董事长。

2008 年 6 月 16 日，集团公司召开了 2008 年董事会第三次临时会议。出席这次会议的董事有郭周克、张汝海、张森鸣、谢方勇、任连顺、刘万义、陈亚杰、陈志林、程文科、郭志武。会议由集团公司董事长郭周克主持。

会议议程内容：会议就峰峰集团与金牛能源集团实施联合重组，组建冀中能源集团有限责任公司股权划转事项进行了认真讨论和审议。会议认为，根据省委、省政府关于组建冀中能源集团有限责任公司的决策部署和省国资委关于冀中能源集团有限责任公司的组建方案，峰峰集团有限公司与金牛能源集团有限公司实施强强联合与战略重组，建设紧密型、高效型、可持续发展的大型企业集团。方案要求，将省国资委持有的峰峰集团有限公司 78.36% 股权，划转给即将成立的冀中能源集团有限责任公司持有。

会议形成如下决议：一致同意将省国资委持有的峰峰集团有限公司的股权 22.3413 亿元（占比 78.36%）划转给冀中能源集团有限责任公司持有。

三、冀中能源峰峰集团有限公司第三届一次董事会会议

2008 年 12 月 25 日，在冀中能源峰峰集团邯郸办公楼三楼一会议室，召开了冀中能源峰峰集团有限公司第三届一次董事会会议。出席会议董事有郭周克、陈亚杰、李康京、陈志林、张森鸣、樊洪生、任连顺、邵太升、王务平、陈宇、郭志武。列席会议监事有邹世华、吴建军、郭义怀、孙淑珍、张金贺、徐金萍、许树、周金泽、冯小工、安玉堂、杨新民、宋有林、张永军。列席会议其他人员有刘凤朝、侯向阳、杜玉生、何长海、谢德瑜、张党育、陈爱军、穆树琪、张振峰、李宏立、李志明、马保良、邢文献、杨立祥、穆睿宏、孔东昕。会议由峰峰集团有限公司董事会董事长郭周克主持。

会议议程内容：一是根据第五次股东会会议推荐意见，选举公司董事长、副董事长。二是宣读冀中能源集团有限责任公司关于陈亚杰等任免职的通知。三是根据董事长提名函，表决聘任公司总经理。四是根据总经理提名函，表决聘任公司副总经理、总工程师和财务负责人。五是根据董事长提名函，表决聘任公司董事会秘书。

会议就有关议题进行了听取和审议，经出席会议的董事表决，形成如下决议：一是根据首次股东会会议推荐意见，一致同意郭周克任冀中能源峰峰集团有限公司董事会董事长，陈亚杰、李康京、陈志林任副董事长。二是同意聘任陈亚杰为冀中能源峰峰集团有限公司总经理。三是同意聘任陈志林、邵太升、王务平、陈宇、何长海、谢德瑜为冀中能源峰峰集团有限公司副总经理；张党育为冀中能源峰峰集团有限公司总工程师；王务平兼任公司财务负责人。四是同意聘任李志明为冀中能源峰峰集团有限公司董事会秘书。上述任职，经董事会审查确认，符合法律法规规定的任职条件，具有任职资格。

第三节　监事会

一、峰峰集团有限公司第一届监事会会议

（一）峰峰集团有限公司第一届监事会一次会议

2003 年 7 月 8 日，在峰峰矿务局鼓山庄宾馆召开了峰峰集团有限公司监事会首届一次会议，出席这次会议的有峰峰集团有限公司监事会监事王志成、冯小工、安双全、安玉堂、安翠华、宋有林、张森鸣、房文顺、曹彦辉，会议由股东会指定的临时召集人曹彦辉主持。

会议议程内容：根据股东推荐意见，选举产生公司监事会主席。

会议经过对公司监事会主席候选人的任职资格进行认真审查，以全票选举曹彦辉任峰峰集团有限公司第一届监事会主席，任期三年。根据监事会主席提名，宋有林主持监事会日常工作。

（二）峰峰集团有限公司第一届监事会二次会议

2005 年 8 月 19 日，在峰峰集团有限公司会议楼二楼中会议室，召开了峰峰集团有限公司第一届监事会二次会议，出席这次会议的有峰峰集团有限公司监事会监事宋有林、安双全、安翠华、房文顺、王志成、冯小工。会议由宋有林主持。

会议议程内容：审议监事会报告（草案）。会议经过认真听取和审议，一致通过了宋有林代曹彦辉主席所作的《监事会报告》，并提请第二次股东会会议审议。

（三）峰峰集团有限公司第一届监事会三次会议

2005 年 8 月 19 日下午 2 时 30 分，在峰峰集团有限公司会议楼（原鼓山庄宾馆）二楼小会议室，召开了峰峰集团有限公司第一届监事会三次会议。出席这次会议的有峰峰集团有限公司监事会监事王振友、王彦青、王喜堂、安双全、王并、王清海、冯小工。会议由王振友主持。

会议议程内容：根据第二次股东会会议决议，选举监事会主席、副主席。会议以全票选举王振友任峰峰集团有限公司监事会主席、王彦青为峰峰集团有限公司监事会副主席。

二、峰峰集团有限公司第二届监事会会议

2006 年 8 月 31 日，在峰峰集团有限公司会议楼二楼小会议室，召开了峰峰集团有限公司第二届监事会一次会议。出席会议的监事有邹世华、王志强、吴建军、贾明刚、孙淑珍、张金贺、许树、张磐、冯小工、宋有林、安玉堂、杨新民、张永军。会议由监事会主席候选人邹世华主持。

会议议程内容：一是根据股东会推荐意见，选举产生公司监事会主席、副主席。二是新当选的监事会主席即席讲话。三是听取并审议《监事会工作报告》。

会议就有关议题进行了认真听取和审议，形成如下决议：一是根据第三次股东会会议推荐意见，一致同意邹世华任峰峰集团有限公司监事会主席，王志强任副主席。二是审议并通过了邹世华主席所作的《监事会工作报告》，并提请第四次股东会会议审议。

2007 年 10 月 15 日，在峰峰集团有限公司会议楼二楼小会议室，召开了峰峰集团有限公司 2007 年监事会临时会议。出席会议的监事有邹世华、吴建军、贾明刚、孙淑珍、张金贺、徐金萍、张磐、冯小工、安玉堂、杨新民、宋有林、张永军。会议由集团公司监事会主席邹世华主持。

会议就有关议题进行了认真审议，并形成如下决议：一是同意免去王志强公司监事会副主席职务。二是根据 2007 年 10 月 15 日公司股东会临时会议推荐意见，一致同意徐金萍任公司监事会副主席。

三、冀中能源峰峰集团有限公司第三届一次监事会会议

2008 年 12 月 25 日，在冀中能源峰峰集团邯郸办公楼三楼一会议室，召开了冀中能源峰峰集团有限公司第三届一次监事会会议。出席会议的监事有邹世华、吴建军、郭义怀、孙淑珍、张金贺、徐金萍、许

树、周金泽、冯小工、安玉堂、杨新民、宋有林、张永军。会议由邹世华主持。

会议议程内容：根据第五次股东会会议推荐意见，选举公司监事会主席、副主席。会议就有关议题进行了认真听取和审议，经出席会议的监事表决，形成如下决议：一致同意邹世华任冀中能源峰峰集团有限公司监事会主席，徐金萍任副主席。

第四节　股东及股权结构

2003 年，峰峰矿务局通过债转股改制为有限公司，由河北省煤炭工业办公室（2003 年 9 月份以后改由河北省国资委）、中国信达资产管理公司、中国华融资产管理公司共同出资组建，于 2003 年 7 月 18 日注册登记，注册资本金 28. 5095 亿元，其中：河北省煤炭工业办公室 21. 8262 亿元，占比 76. 56%；中国信达资产管理公司 5. 0588 亿元，占比 17. 74%；中国华融资产管理公司 1. 6245 亿元，占比 5. 70%。

2005 年 8 月经股东会讨论通过，将 2003 年改制时信达资产管理公司持有的股权 5151. 40 万元（系中国建设银行委托持有的股权）变更为中国建设银行持有。2005 年末，注册资本仍为 28. 5095 亿元。股权结构为：河北省国资委 21. 8262 亿元，占比 76. 56%；中国信达资产管理公司由 5. 0588 亿元，减去中国建设银行委托持有的 5151. 40 万元，变为 4. 5437 亿元，占比 15. 94%；中国华融资产管理公司仍为 1. 6245 亿元，占比 5. 70%；中国建设银行股份有限公司 5151. 40 万元，占比 1. 80%。

根据 2006 年 12 月 28 日股东会决议，中国建设银行股份有限公司将持有峰峰集团有限公司 5151. 40 万元的股权，转让给河北省国资委持有。2007 年末，注册资本仍为 28. 5095 亿元。其中：河北省国资委出资由 21. 8262 亿元，加上中国建设银行转让的 5151. 40 万元后，变为 22. 3413 亿元，占比 78. 36%；中国信达资产管理公司为 4. 5437 亿元，占比 15. 94%；中国华融资产管理公司为 1. 6245 亿元，占比 5. 70%。

2008 年 6 月 13 日，河北省国资委下发《关于转发 <河北省人民政府同意组建冀中能源集团有限责任公司的批复> 的通知》（冀国资字［2008］79 号）文件，根据该文件，河北省人民政府同意将金能集团与峰峰集团有限公司国家资本金归并整合，组建冀中能源集团有限公司。6 月 16 日，峰峰集团召开股东会，审议通过河北省国资委将其持有的峰峰集团 78. 36% 的股权划转给拟成立的冀中能源。本次股东变更完成后，峰峰集团股权结构变更为：冀中能源集团有限责任公司，以净资产出资 22. 3412 亿元，占注册资本比例 78. 36%；中国信达资产管理公司，以转股债权出资 4. 5437 亿元，占注册资本比例 15. 94%；中国华融资产管理公司，以转股债权出资 1. 6245 亿元，占注册资本比例 5. 7%。

第十章　行政服务工作

1949 年峰峰局成立后，就设立了办公室，负责行政服务工作，工作职责主要是负责综合性文件的起草及各种会议的通知、记录、文字材料、文档管理、外事接待等。1955 年，局办公室制定了《文书处理暂行办法》，规定了总则、程序、体式、文书处理、行文关系等 8 章 51 条和 18 种表格。1961 年，制定了《技术档案管理办法》（草案）。1962 年，制定了《矿（厂）级档案管理办法》，使全局档案管理工作走上了正轨。1965 年，局新建一座 300 平方米的档案室楼，并进行了文书、技术档案的清理和鉴定工作。同时，全局普遍加强了档案工作的业务建设，增加了人员，健全了管理制度，改善了保管条件。1982 年，局对文书档案再次进行了鉴定，按规定对部分档案进行了销毁。1988 年，办公室开展了档案管理达标升级工作。20 世纪 80 年代，随着国家逐步进行改革开放，各国外宾来峰峰局的人数和次数也逐渐增多，自 1983 年至 1990 年 5 月，办公室先后接待了美国、日本、苏联、朝鲜、匈牙利、德国、瑞士、捷克斯洛伐克、奥地利、香港等 11 个国家和地区的共 52 批计 131 人。每批接待工作严格按照上级通知精神办理，并根据峰峰局的条件，努力做好外宾的食宿安排和安全保卫工作。

1989年后，办公室紧紧围绕企业的中心工作开展服务，努力当好领导的参谋和助手。按要求召集、筹办各类会议并抓好会后落实督办工作，结合峰峰局（峰峰集团）生产经营、改革改制等各阶段的重要工作展开调研。每年对基层单位上呈文件和文件管理工作进行检查和评比，促进了公文处理工作上台阶。完善了各项管理制度，编写了档案全宗介绍，紧紧围绕企业各项工作，积极开发档案信息资源，积极、主动为机关部门及基层单位提供档案信息服务。1989年和2005年，被邯郸市档案局评为"档案工作先进集体"。车队健全完善了车辆管理制度，提高了车辆使用效率，车辆管理工作走向了正规化，实现了安全行车。

在办公室管理体制上，1989后，办公室下设秘书科、文书科、档案科、接待科、司法科和小车队。1995年9月，政策法规处成立，司法科的职能从办公室分离。2002年11月，局机关处室进行调整，法律事务中心挂靠办公室。2003年，峰峰集团董事会成立，董事会日常工作挂靠在办公室。同年，会议楼（原第二招待所）由办公室管理。2006年2月，法律事务中心成为集团公司独立职能机构，不再挂靠办公室。2008年8月，行政办公室、党委办公室、董事会秘书处合署办公。2008年9月，集团公司驻北京办事处划归办公室管理。

第一节　文书工作

办公室设有专职文书处理人员，配备了日常的文件存放柜和机要文件存放柜，具备文件传阅、存放、保管和提供利用的基本条件。文书处理人员经常参加上级单位和本单位组织的专业人员岗位培训。

1989年后，文书工作处理程序不断规范和完善。每年初，办公室都要对文书工作进行安排、布置，年底对各基层单位上呈文件和文件管理工作进行检查和评比，并以会议和下发文件的形式通报管理情况。每年3月份之前，收集整理当年的峰峰局（峰峰集团）文件，年底按照邯郸市政府安排，进行三级文件（即国务院、河北省政府和邯郸市政府的红头文件）的清退和收缴工作。20世纪90年代，企业开展了达标升级工作，文书处理和档案工作也发生了很大的变化，在每年的邯郸市保密工作和机要文件管理工作检查中都受到表彰。

对机要文件的管理，来文渠道是每周派人到邯郸市政府取文，机要人员分类登记和保管，年底整理归档一份，其他如数收回，上缴邯郸市政府办公厅。上三级文件是由市政府确定的发放范围，共16份，一直延续。机密文件按保密工作规定管理。

在公文处理程序上，文件用纸规格发生了变化，由原8开纸折叠使用改为A4规格的标准用纸。发文方式也有了转变，由各主办部门自己发文改为办公室文书科集中发文，周三装袋，周四通信员到收发室签收后取走。在基层上呈文件渠道上，20世纪90年代，各基层单位呈报文件随意性较大，一文多投。1992年，峰峰局下发峰局办［1992］9号文件《关于严格按制度行文的通知》，解决了个别单位不按程序乱呈报公文的问题。2003年，又下发峰局办［2003］3号文件《关于进一步规范我局党政机关公文格式的通知》，要求基层单位公文统一呈报局办公室文书科，进一步规范了基层单位呈文。之后，峰峰集团党政办联合行文，对改制后公文的机关代字也进行了规范。

2007年11月12日，河北省国资委专网峰峰集团终端开通，峰峰集团按要求配备了设备，接收河北省国资委电子传输文件，或进行查阅浏览，文书工作实现了办公自动化、网络化。2008年，峰峰集团机关搬迁至邯郸市，局域网络实现互联。同年10月，峰峰集团下发峰集［2008］155号文件《关于推广应用OA协同办公系统的实施意见》，要求凡非涉密文件，都要通过电子网络系统进行接收和浏览，真正实现了公文的电子传输。

第二节 秘书工作

办公室下设秘书科，负责行政服务方面的文字材料写作工作。主要任务是起草每年峰峰局（峰峰集团）年度和半年工作会议报告；起草局（集团公司）主要领导讲话；向上级提供调研、汇报和信息材料；组织重要会议和例会。

20世纪80年代，秘书工作围绕投入产出总承包和一系列配套措施，结合企业实际，参与了一系列重大政策的制定，负责完成了局年度行政工作报告、半年行政工作报告、向上级领导工作汇报材料、信息调查材料等大量重要文稿的起草工作。

1992年，社会主义市场经济体制改革目标确立，秘书科强化调研工作，创办了《改革与管理》内部刊物，收集资料，认真编辑筛选，及时传达贯彻上级有关文件、政策，宣传企业改革、发展等方面的新经验、新做法，探索新形势下搞好企业工作的新思路、新途径。

1998年，针对煤炭市场疲软，煤炭行业形势困难的情况，以强化管理、深挖内潜、节支降耗、提升企业效益为主要方向，认真研究国家有关产业政策，深入基层开展调查研究，起草调研报告，为领导决策提供了翔实、准确的参考依据。

2003年7月，峰峰局改制为峰峰集团有限公司，企业管理体制实现了重大转变。秘书工作积极适应企业管理体制的重大变化，遵循集团公司的工作思路和思想，结合企业实际，认真做好文字工作。平均每年起草文字约50余万字，各种汇报材料10余篇，调研材料5篇，上报企业重大信息80余条。连续四年获河北省国资委“信息调研优秀单位”称号。

20年间，在完成集团公司主要文稿起草的同时，圆满完成了矿井关闭破产、峰峰集团成立、采煤沉陷区治理、牛儿庄矿和大淑村矿抗灾抢险、冀中能源集团有限责任公司成立、锡盟煤电化路一体化项目启动仪式、集团公司邯郸新办公楼启用等一系列重大活动的组织筹备工作。

第三节 接待工作

1989年以来，峰峰局（峰峰集团）的接待工作坚持从制度规范入手，不断创新工作方法，确保了接待工作在制度化、规范化的轨道上运行。

一、制度建设

1997年，下发峰煤办发［1997］11号和峰局办［1997］15号《关于加强局机关招待费管理的几项规定》，明确了招待工作原则、招待标准、招待审批程序、招待费使用纪律等方面的内容。

1998年，下发峰煤办发［1998］10号和峰局办［1998］6号《关于严格控制局机关招待费支出的规定》，要求对招待费用严格控制。

1999年，下发《关于外宾接待工作的若干规定》，对接待外宾工作进行了规范。

2002年，下发峰煤办发［2002］13号和峰局办［2002］8号《关于进一步改进和加强局机关接待工作的规定》。

2003年，下发峰煤办发［2003］5号和峰局办［2003］5号《关于局机关接待工作的补充规定》。

2004年，下发峰集办发［2004］35号和峰集办［2004］26号《关于接待来宾的暂行规定》，对安排接待的范围、原则、审批程序、纪律等重新进行了明确。

2008年，下发峰集［2008］158号《接待工作管理规定（暂行）》，进一步明确了接待工作的主要任务、基本原则、工作程序、工作规范和接待标准。

二、规范接待

峰峰局（峰峰集团）接待来宾主要在企业内部招待所，包括会议楼（原第二招待所、鼓山庄宾馆）、吉梅宾馆（原第三招待所）和驻京办事处。

会议楼位于原局（集团公司）机关，占地面积1万平方米，建筑面积1.5万平方米，主楼6层，拥有客房104间，大、中、小会议室9个，中、西式餐厅10间。设有餐饮部、客房部、大拇指餐厅、保安部、工程维修、办公室等6个部门和商务中心、健身房等服务项目，有管理服务人员110人。2008年，会议楼共安排会议460余次，接待4万余人次，接待就餐近7万余人次。

吉梅宾馆隶属生活服务分公司，位于邯郸市贸易街，1991年开业，建筑面积5400平方米，有客房116间，其中标准客房42间，中小型会议室4个，有大餐厅1个，雅间8个，可以接待200多人同时就餐。宾馆有管理服务人员27人。在完成集团公司来宾接待、安排会议等任务的同时，吉梅宾馆积极走向市场，面向社会开拓业务，取得了较好的经济效益和社会效益。

1989年10月15日，峰峰局在北京市东城区东和旅馆首次设立驻京办事处，负责为峰峰局到京办事人员提供餐饮、住宿、会务等服务，协助有关部门办理在京的有关业务。之后，驻京办事处几经搬迁。2008年6月，搬迁至丰台区西四环南路81号。办事处有客房30间，60张床位，有会议室、商品部等配套设施，管理和服务人员17人。

在接待工作中，峰峰局（峰峰集团）明确了相关招待结算标准，严肃接待招待制度，节约接待费用，对接待场所的价格严格审查，并就会场、餐厅、客房内的布置标准作了详细规定，增强了接待工作的可操作性，有效防止了接待工作中的浪费现象，提高了接待工作质量。

三、侨务工作

1989年以来，峰峰局（峰峰集团）严格贯彻落实国家、省、市关于侨务工作的有关方针政策，努力为归侨侨眷办实事。1998年，建立健全了侨情资料库。2000年，根据上级侨务部门安排，对全局归侨青年、归侨子女、华侨子女和侨眷高知子女考生的中、高考身份进行了认证，并在元旦、春节期间开展了向归侨侨眷送温暖活动。当年，峰峰局侨办受到邯郸市侨务办公室表彰。2001年，局以峰煤办发［2001］1号、峰局发［2001］1号文件下发《关于开展春节慰问活动的通知》，开展了向归侨侨眷送温暖活动。2002年，进行了归侨青年、归侨子女、华侨子女和侨眷高知子女考生出证工作。2003年，根据上级部门的安排，对集团公司贫困归侨侨眷进行了摸底调查，并进行了救助。

四、帮扶新农村建设

1995年，河北省扶贫开发领导小组下发了关于实施“共富工程”的意见，要求各大中型企业按照行业特点和自身优势，帮助贫困地区解决问题。峰峰局积极参与了这一工程，并被邯郸市政府评为“扶贫工作先进单位”。1998年，根据邯郸市委、市政府的安排，峰峰局对口帮助了曲周县的8个村。1999年，按照邯郸市扶贫办的安排，峰峰局又开展了扶贫攻坚活动月，对对口扶贫农村进行了进一步的帮扶。2007年，按照邯郸市委、市政府关于选派第三批市直单位帮扶文明生态村的通知精神，峰峰集团又帮扶了磁县、峰峰矿区的9个村。

第四节　档案管理

一、基本情况

1990年至2007年，集团公司档案室共接收档案6577卷；航测图3.3935万件；立卷6577卷；编制目录191本。截至2007年，馆藏各类档案已经达到1.6941万卷（盒），1401幅约10万余张航测图，底图

7820张，资料4297册，照片档案580张。其中永久保存的档案共计2019卷（盒），长期保存档案1.3609万卷（盒），短期档案1313卷。档案排架长度为500米。在这些档案中，包括科技档案1.0118万卷，航测图12.6805万件；其中永久档案465卷，长期档案9377卷，短期档案276卷。文书档案6823卷，资料4297册；其中永久档案1284卷，长期档案4379卷，短期档案1160卷。提供利用档案4481人次，2.3248万件次。

1996年6月，制定了峰峰局档案分类编号规则，同年在全局推行了新的档案分类规则。

2004年，下发了《档案工作管理办法》，详细规定了集团公司档案管理工作的基本任务、归档范围、归档时间、归档要求、归档整理、档案管理、档案利用等，使档案管理更加科学化、规范化、制度化。

2000年3月，下发了峰煤办［2000］293号《关于进一步加强档案工作意见的通知》，要求基层档案管理部门查找存在的问题并进行整改，按照新的分类规则做好档案的立卷归档及分类整理。通过对基层各单位档案工作的检查、指导，促进了基层档案管理工作的科学化、规范化和制度化建设。

在省、市档案部门对基层档案管理验收工作中，档案管理部门对基层进行了多次业务指导，帮助基层单位建立健全了档案管理制度。1996年，全省档案系统开展了院校档案管理上等升级活动，经河北省主管部门委托邯郸市档案局和峰峰局组成的考评组考核，第二中学、总医院档案管理晋升为省级先进单位。2006年，河北省档案局对大淑村矿、梧桐庄矿两个矿井进行档案管理验收，两个单位均顺利通过验收。2008年，河北省档案局又对梧桐庄矿改扩建档案管理进行了验收，获得通过。为提高档案管理人员的业务水平，档案管理部门多次组织档案管理人员参加全国煤炭协会、河北省、邯郸市档案局组织的档案研讨班、培训班，通过学习，提高了档案管理人员的业务水平和管理能力。在做好档案工作的同时，档案室不定期对基层单位档案工作进行检查、指导。1990年，峰峰局和基层18个单位档案管理晋升为省级先进单位。万年矿、机械总厂晋升为国家二级。1989年和2005年，档案管理部门被邯郸市档案局评为“档案工作先进集体”。

2008年9月，峰峰集团档案管理部门开始在邯郸市新办公大楼办公。新的档案库房面积650平方米，装具全部采用密集架及铁皮档案柜。档案室配置了防磁柜、刻录机、复印机、微机等现代化管理设备。

二、文书档案

1991年至1992年，为加强档案管理工作，编写了峰峰局《大事记》和组织沿革表及档案全宗介绍，对不符合规范标准的242卷档案进行了归类整理，将部分财会档案进行了清理鉴定，并重新立卷。对已过期、无保存价值的档案进行了销毁处理。在基层单位档案升级工作中，深入基层业务指导36次，使基层单位逐步实现了档案管理科学化、规范化、制度化。

1995年，为推行新的档案分类标准，组织部分人员赴山东考察学习。制定了峰峰局档案（文书档案）分类编号规则，开始按照新的档案分类标准对接收的档案进行整理、组卷。

1996年6月，召开了全局档案管理人员会议，基层单位按照局要求制定本单位档案分类大纲，同年在全局推行新的档案分类规则。7月，组织全局档案人员参加了邯郸市宣传、贯彻修改后的《中华人民共和国档案法》知识竞赛，获组织奖，8人获三等奖。9月，下发了峰煤办发［1996］23号《关于举办档案法规和管理知识竞赛活动的通知》。10月，举办了百题档案法规知识竞赛，各基层单位领导和档案人员积极参与答题，增强了职工《档案法》意识。

2001年，下发了峰局办［2001］13号《关于企业内部废旧资料销毁处理的规定》，对没有保存价值的、需要销毁的资料提出了具体要求。

2002年10月，下发了峰局办［2002］15号《关于转发＜企业档案管理规定＞的通知》，对破产、改制单位档案管理提出了具体要求。

2004年，下发了峰集办发［2004］17号《关于印发峰峰集团有限公司声像档案管理办法的通知》，对如何做好声像档案工作提出了要求。

2007年9月，编写了新的《峰峰集团有限公司文件材料归档范围》及《文书档案保管期限表》，并上报市档案局批准。

三、技术档案

1991 年至 1992 年，完成了 4672 项科技档案的填制工作，编写了 2100 多字的峰峰局《大事记》和组织沿革表，写出了 1500 多字的档案全宗介绍，对不符合标准的 447 卷科技档案进行了归类整理。

1995 年，开始执行借阅科技档案实行押金制度。

1996 年 6 月，制定了峰峰局档案（科技档案）分类编号规则，同年在全局进行了推行。

1999 年 1 月，补充修订了《关于借阅档案实行押金制度的通知》，完善了技术档案的借阅制度。

2006 年，对集团公司档案机构、人员情况、馆藏量检索工具、档案开发利用情况、档案库房、装具、设备情况以及档案工作目标管理情况进行了调查，加强了档案管理基础工作。配合河北省档案局开展了省属单位档案资源调查工作，对集团公司档案资源进行了调查统计，对馆藏档案的类别、数量、年度与保管期限（每 5 年为一个统计单位）进行了详细的调查，整合了档案资源。8 月，按照国家档案局《全国档案事业统计年报制度》的精神，安装了"全国档案事业统计年报计算机管理系统"，开始对集团公司档案室基本情况统计实行计算机管理。11 月，对大淑村矿、梧桐庄矿技术档案进行业务指导，使矿井档案验收工作顺利通过。

2008 年 7 月，对梧桐庄矿矿建档案进行业务指导，使技术改造验收工作顺利通过。9 月，参与河北省档案局《河北省志·档案志》编修工作。按要求上报《冀中能源峰峰集团有限公司档案室介绍》。11 月，对冀中能源集团若干管理办法（试行）中的档案工作管理办法提出修改性建议 9 条。

第五节　车队管理

办公室车队（原峰峰局小车房）成立于 1950 年初，当时隶属峰峰局行政处。20 世纪 70 年代，归局行政办公室管理。

1990 年，车队由小组改为科级。为便于车辆管理，节约成本，1992 年，峰峰局把由各处室分散管理的车辆统一收回，由车队集中管理。在编制扩大、车辆增加的情况下，车队健全完善了各项用车管理制度，并把安全管理和安全行车列为工作的重中之重，把搞好优质服务作为工作重点，对安全工作做到了警钟长鸣，服务工作做到了常抓不懈，实现了安全行车，杜绝了死亡责任事故，一般事故逐年下降，每年平均行车里程达 200 余万公里，连年被交管部门评为"安全行车先进单位"。

2008 年 9 月 12 日，集团公司总部由峰峰矿区搬迁到邯郸市，车队也随之迁入邯郸市新址。车队管理进行了改革，建立了单车费用核算制、安全行车奖罚制和岗位责任考核制，车辆的费用奖罚公开上墙公布，使车辆管理工作上了一个新台阶。

截至 2008 年底，车队共有车辆 70 余辆，职工 69 人。

第四编

党群工作

第一章　组织人事工作

峰峰局党委自1956年5月成立后，下设组织部，具体负责组织、干部、档案等工作。1964年11月，取消党委组织部，党委设政治部，政治部下设组织部，其职能与任务同过去大体相同。1967年3月，“文革”中群众组织夺权，成立了峰峰矿务局革命委员会，原有机构基本瘫痪。1971年局党委政治部下设组，其中有组织组、干部组。1974年2月恢复了党委组织部建制。1975年12月，确定组织部机构，设组织科、干部科、监察科、审干办公室4个科室，负责组织、干部、纪检等各项工作。1980年12月23日，将监察科从党委组织部分出，设立中国共产党峰峰局纪律检查委员会。1984年4月，局设人事处，实行组织、人事工作分开。人事处设办公室、干部科、科技干部科。1989年干部调配和干部统计工作从干部科分离出来，设干部调配科。1995年局机关机构改革，人事处共设综合科、干部管理科、科技干部科、干部调配科等4个科室。党委组织部1986年7月增设综合科，1989年4月缩减为组织科、干部科。根据中央［1989］9号文件精神，党委组织部又于1990年10月增设了干审科。1995年11月，峰峰局组织部的档案管理工作从干部科分离出来，单独成立为档案室（科）。2002年12月，局党委组织部与人事处合并，成立组织人事部，下设组织科、干部管理科、科技干部科、干审科、调配科、档案科、综合科7个科室。2003年7月，峰峰矿务局改制为峰峰集团有限公司，同时成立“中国共产党峰峰集团有限公司委员会”，相应“中国共产党峰峰矿务局委员会组织人事部（人才资源部）”更名为“中国共产党峰峰集团有限公司委员会组织人事部（人才资源部）”。2009年3月，集团公司党委组织人事部增设培训科。至此，集团公司党委组织人事部共设组织科、干部管理科、科技干部科、培训科、干审科、调配科、档案科、综合科8个科室。

1989年以来，峰峰局（峰峰集团）党委认真贯彻执行党和国家的方针政策，紧紧围绕企业中心工作，坚持以改革创新精神，大力加强领导班子建设、干部和人才队伍建设、党组织和党员队伍建设，开创了党建工作的新局面，为企业改革、发展、稳定提供了坚强的组织保证。集团公司党委先后多次获河北省委、河北省国资委党委、邯郸市委及邯郸市国资委党委“先进基层党组织”等称号。2006年，获“全国先进基层党组织”、“全国国有企业创建‘四好’领导班子先进集体”等称号。

第一节　领导班子建设

峰峰局（峰峰集团）党委始终高度重视领导班子建设，围绕企业的中心任务，大力加强领导班子的思想建设、组织建设、作风建设和制度建设，融入发展抓班子，抓好班子促发展，各级领导班子及领导干部的素质不断增强，能力不断提高。

一、思想政治建设

1989年以来，局（集团公司）党委始终坚持把思想政治建设贯穿于领导班子建设的全过程。加强领导班子政治理论学习，用科学理论武装头脑，开展了以马列主义、毛泽东思想、邓小平理论、“三个代表”重要思想、科学发展观等为主要内容的学习教育活动。1989年，连续召开八次全局会议，学习贯彻中央精神，在思想上、行动上和党中央保持高度一致，保持了安定团结的政治局面。1991年至1997年，开展了社会主义理论教育，组织学习党史党建理论、《邓小平文选》、邓小平南巡讲话等，坚持用中国特色社会主义理论指明方向，统一思想，坚定了社会主义信念，树立了“三个有利于”的标准，各级领导班子以经济建设为中心，深化改革，转换机制的意识逐渐增强。1998年至2001年，兴起了学习邓小平理论和“三个代表”重要思想的热潮，认真贯彻落实《中共中央关于国有企业改革和发展若干重大问题的决定》，确立了闯难关、保生存、求发展的工作思路，带领广大干部职工艰苦奋斗，扭亏增盈。2002 年至 2007 年，深入学习邓小平理论、“三个代表”重要思想和科学发展观，突出加强领导班子思想政治和能力建设，完成了公司制改革和扭亏脱困两大任务，制定并实施了企业发展战略。2008 年，学习贯彻河北省委、省政府决策部署，把握国企改革方向，推进与金能集团强强联合，组建了冀中能源集团。集团公司利用党校阵地，坚持每年举办矿（厂）级领导干部培训班。坚持中心组理论学习制度，有效发挥中心组学习对领导班子武装头脑、提高认识、统一思想、创新思路的作用。广泛运用课题研究、专题辅导、理论研讨等形式，多种途径提高各级领导班子的思想政治素质。

二、民主集中制建设

1989 年以来，不断加强民主集中制建设，严格执行民主集中制的各项制度和规定，健全集体领导和个人分工负责相结合的制度，保证了企业重大决策的民主化、科学化。1993 年建立了《党政联席会议事规则》，1994 年建立了《党委会议事规则》。2003 年集团公司成立后，对《党政联席会议事规则》、《党委会议事规则》等进行了修订和完善，并建立了《董事会议事规则》。同年，制定下发了《关于同新提拔领导班子成员进行民主集中制教育谈话的意见》，采取主要领导亲自辅导、班子成员新老结对等方法，帮助新任领导干部加深理解、提高认识，增强了按规矩办事、按制度办事、按程序办事的意识。2005 年对《党政联席会议事规则》、《党委会议事规则》、《董事会议事规则》进行了修订和完善，并针对“三重一大”事项，制定了《决策控制程序》，规定：凡属生产经营的重大决策、重大项目安排、大额资金使用和重要人事任免，均要按照“集体研究、分别体现、双向反映、科学民主”的原则，集体研究决定。同时要求，主要领导要带头执行民主集中制的各项制度，善于集中班子成员的智慧，调动其他同志的积极性；班子成员要坦诚相见，团结共事，互相信任，互相支持，互相谅解，互相补台，共同维护建立在党性原则、民主集中制和同志友谊基础上的团结，在班子内部形成心齐气顺、风正劲足、团结协作的局面。

三、作风建设

1989 年以来，局（集团公司）党委坚持不懈抓领导干部作风建设。1990 年，局党政制定下发了《关于贯彻六中全会决定，解决好当前党群、干群关系几个问题的若干意见》，以整风精神狠抓思想作风、工作作风和生活作风的转变。1994 年，制定下发了《关于加强领导班子思想作风建设的若干意见》，就加强理论学习、坚持民主集中制、加强团结和廉政建设、转变作风等提出具体要求。1997 年制定下发了《关于进一步加强领导干部思想作风建设的若干规定》，强调继承发扬理论联系实际、密切联系群众、批评和自我批评、艰苦奋斗和廉洁勤政作风。同年，下发《关于进一步弘扬艰苦奋斗精神，领导班子带好头、领导干部做表率、全体党员当模范的意见》和《关于发扬艰苦奋斗优良传统，推动企业改革与发展的决定》。1999 年，提出克服“粗、浮、松、虚、满”的现象，以艰苦奋斗、深入调研、真抓实干、严细认真、谦虚谨慎的作风克服困难，渡过难关。2002 年，局党委制定下发了《关于贯彻落实 < 中共中央关于加强和改进党的作风建设的决定 > 的实施意见》。同年，在全局开展了作风建设活动，召开了进一步加强和改进作风建设专题会议，大力加强思想作风、学风、领导作风、工作作风和生活作风建设。查处了借学习出差名义外出旅游、截留职工工资等案件，刹住了公款吃喝、机关“倒服务”等不良风气。同时制定了《关于实行作风建设责任制的规定》，建立和健全了接待、外出考察、车辆管理、干部下井和检查通报等一系列制度规定。2004 年开展了“转作风、树形象、促发展”主题活动和《把信送给加西亚》一书的学习讨论活动。加强机关自身建设，重点解决存在的“软、懒、散、傲”等问题。2005 年，制定了《关于重申领导人员转变作风、深入井下的管理规定》，每季度对生产矿井领导班子成员下井情况进行检查通报。2008 年，集团公司党政下发《关于进一步加强领导干部作风建设的意见》。9 月后，围绕 2010 年完成原煤产量 1650 万吨、精煤产量 1000 万吨的奋斗目标，集中开展了“抓作风、做表率、促发展”作风整顿活动。

四、领导班子调整充实

1989 年以来，坚持德才兼备原则，以改善结构、提高素质为重点，认真做好领导干部选拔和领导班子调整工作。1990 年 4 月至 10 月，历时半年考察了全局 31 个对口单位的领导班子和 277 名领导成员，在考察基础上，对 23 个单位领导班子进行了调整充实，任免领导干部 145 名。1992 年至 2001 年，按照“相对稳定，个别调整”的原则，对基层班子进行了调整。2002 年下半年，对各单位领导班子进行了考核考察，在此基础上，对 21 个单位领导班子进行了调整充实，任免领导干部 173 名。2008 年，调整充实 30 个基层单位领导班子，新提拔 130 名领导干部。通过不断调整，基层单位领导班子的年龄结构、知识结构、专业结构进一步优化，领导企业改革发展的能力不断增强。截至 2009 年 3 月，集团公司所属单位及机关部室领导干部共计 387 名，平均年龄 47.2 岁；大专以上学历达到 91%，大学本科以上学历达到 67%；中级以上职称达到 87%。

自 1989 年以来，峰峰局（峰峰集团）向上级机关、兄弟单位等输送副局级以上领导干部 25 名。

五、领导班子及领导干部考核

在 1990 年对基层领导班子和领导干部全面考核的基础上，峰峰局（峰峰集团）总结经验，逐步建立起领导班子及领导干部考核制度。

1990 年是“七五”承包的最后一年，按照中煤总公司要求，为全面考察了解局对口单位领导班子及领导干部在履行总承包合同和任职期间的工作情况，合理选拔和使用干部，进一步加强领导班子建设，为“八五”承包打好基础，3 月，局党委下发了《关于考核所属单位领导班子的意见》，对考核的范围、内容、方法步骤、时间安排、组织领导等作出规定。从 4 月上旬到 11 月底，采取述职、测评、民主推荐、个别谈话、汇总反馈的方法步骤，对各单位领导班子及领导干部进行了考核。

1996 年，制定了《局机关处室及干部考核暂行办法》，之后对机关职能处室、事业性单位及受聘管理人员、专业技术人员进行了考核。

2002 年，对考核制度进一步修订和完善，制定了《关于对局属单位领导班子及领导成员考核的意见》。按照《意见》要求，先后对 47 个局机关部室 134 名领导干部和 34 个基层单位 250 名领导班子成员进行了考核，评出优秀领导班子 9 个，称职领导班子 21 个，基本称职领导班子 3 个，不称职领导班子 1 个。2003 年初，依据上年对所属单位领导班子及成员的考核情况，召开专题会议进行讲评，对基本称职的进行了诫勉谈话，对不称职的进行了免职处理。

集团公司坚持每年对基层单位领导班子进行考核评价，并不断改进和完善考评的方式方法。2004 年实行年度考核与述廉评廉考廉、职代会民主评议领导干部统一安排，一并进行；2006 年又增加了党建工作述职的内容，形成了领导班子和领导干部动态考核评价机制。

六、“四好”领导班子创建活动

2005 年 4 月，中组部和国务院国资委党委联合下发了《关于在国有企业开展“四好”领导班子创建活动的意见》，对在全国国有企业中开展以“政治素质好、经营业绩好、团结协作好、作风形象好”为主要内容的“四好”领导班子创建活动作出了全面部署。峰峰集团把领导班子“四好”目标纳入党建工作质量管理体系，细化了“四好”标准，在集团公司、矿（厂）、区（科）三级领导班子中开展了“四好”领导班子创建活动。2006 年 12 月，集团公司进一步强化“四好”领导班子创建活动，成立了创建工作领导小组，研究制定了《关于开展“四好”领导班子创建活动的实施意见》、《“四好”领导班子考核评价办法（试行）》、《关于开展“四好”领导班子创建活动的实施方案》等一系列文件。坚持对创建工作进行专题安排，先后组织召开创建活动推进会、调度会、经验交流会，采取检查督导、收听汇报等形式，指导基层单位扎实深入地开展了创建活动。

围绕“四好”创建目标，抓学习提高素质，强能力提升效益，讲团结凝聚人心，树正气整饬作风，政治素质和能力水平有了新的提高，创造力、凝聚力和战斗力有了新的增强，作风形象有了新的改善，创建活动取得了明显成效，有力推动了企业改革发展各项工作。2006 年 12 月，在全国国有企业创建“四好”领导班子先进集体表彰暨经验交流会上，峰峰集团作为河北省唯一一家国有企业被中组部、国务院国资委党委授予“全国国有企业创建‘四好’领导班子先进集体”荣誉称号。2007 年 11 月，峰峰集团“四好”领导班子创建经验在河北省国资委党委书记活动日进行了介绍。2008 年 4 月，河北省委组织部、省国资委党委授予峰峰集团“河北省国有企业创建‘四好’领导班子先进集体”荣誉称号；同年 10 月，冀中能源集团“四好”领导班子经验交流会暨党委书记活动日在峰峰集团召开，薛村矿、梧桐庄矿在大会上作了经验介绍，峰峰集团党委及 16 个基层单位的经验作了书面交流。

第二节　后备干部队伍建设

1989 年以来，根据企业不同时期领导班子建设的需要，坚持每年对后备干部工作进行专题安排，明确工作重点，在后备干部的选拔、培养、管理、使用上探索创新实践，逐步健全了后备干部工作机制，不断加强了后备干部队伍建设。

一、后备干部选拔

峰峰局后备干部工作始于 1983 年。1987 年，为进一步加强后备干部队伍建设，提出对后备干部要不断调整充实，大力选拔优秀年轻干部进入后备干部队伍的要求。当年，对已经不符合条件、年龄较大的后备干部调整出名单，选拔充实一批年纪轻、素质高、潜力大的年轻干部到后备干部队伍。之后 20 余年，不断加强对年轻后备人才的选拔力度，坚持对后备干部实行“滚动式”管理，后备干部队伍的结构日益完善、素质不断提高，形成一支数量充足、结构合理、门类齐全、素质优良的后备干部队伍。1989 年、1991 年、1997 年，局后备干部工作经验先后在中煤总公司、河北省煤管局后备干部工作会议上介绍。

二、后备干部培养

1989 年以来，本着“缺什么、补什么”的原则，有针对性地确定培养目标，制定培养计划，把丰富组织领导经验、提高理论政策水平、增强改革创新意识作为培养工作的重点，采取多种渠道、多种方式，不断加强对后备干部的培养。一是对缺乏基层工作经验的后备干部，有计划的选派到基层单位锻炼，对长期在基层单位工作的，选调到机关综合部门任职。同时，采取在不同部门、不同岗位交流，放在关键岗位压担子等方式，丰富了后备干部的工作经验。二是采取“请进来、送出去”、党校办班、外出培训、参观考察等方式方法培养干部。1991 年以来，坚持每年举办一至两期青年干部培训班，对优秀年轻后备干部进行系统培训；对文化偏低的后备干部选送到院校深造，接受系统的知识教育；为增强改革创新意识，有计划的组织后备干部外出参观考察，扩大视野，更新观念。

三、后备干部管理

后备干部的管理包括对后备干部的考察、考核、调整、档案管理等。自 1987 年，后备干部的管理由同级党委（总支、支部）和局（集团公司）党委组织部共同负责，以同级为主，后备干部名单由组织掌握。1987 年以来，不断规范后备干部管理工作，1992 年、1997 年分别制定了“八五”、“九五”期间后备干部队伍建设规划，2004 年出台了《关于加强后备人才队伍建设的规定》。坚持考核考察制度，各单位后备干部坚持每年定期考核一次，并填写“年度考核登记表”；对新选拔的后备干部，经过组织考察、上会研究、讨论决定等程序后上报名单。坚持同后备干部谈话制度，根据后备干部的考核情况，由基层党委指定有关领导同后备干部谈话，肯定成绩，指出缺点和不足，明确下一步的努力方向，同时，教方法、传经验，帮助尽快成熟。规范和改进后备干部档案管理，按照干部管理权限，矿（处）级后备干部档案由局党委组织部（集团公司党委组织人事部）管理，区（科）级后备干部档案由基层组织部门管理。2002

年，建立了集团公司、基层单位两级后备干部数据库，实现了后备干部管理工作的信息化、科学化。

四、后备干部使用

1987 年，对后备干部的提拔作出规定：各单位呈报拟进领导班子的人选，要求必须从近期后备干部中挑选。这项规定保证了备用衔接原则的贯彻执行。1992 年又进一步明确：选拔任用干部原则上必须从后备干部中挑选，特殊情况要向局写出报告，否则不予审批。之后，不断健全完善备用衔接机制，并在实践中严格掌握，严格把关，严格落实，实现了备用衔接的制度化、规范化，后备干部的使用率始终保持在 90% 以上，不断增强了后备干部队伍的生机和活力。

第三节　干部人事制度改革

一、实行领导干部试用期制

为了保证选拔干部的质量，避免任人失当，从 1989 年 4 月开始，峰峰局就试行了领导干部试用期制，对新提拔的副处级行政干部实行试用期一年。1993 年 3 月，局党政制定下发了《在加强领导班子建设中关于选拔任用干部的意见》，结合试用期制执行情况，对领导干部试用期制度进行了规范，明确规定凡属越级提拔的干部、提拔到本级岗位任职不到两年又提拔的干部、改变专业的干部、某些方面有争议的干部，均实行试用期制。试用期限为一年，试用期满，组织人事部门进行考察，胜任的履行正式任命手续，不宜正式任命的干部仍回原岗位或另行安排工作，不胜任的按原职级安排工作。并规定在试用期内，行使同级正式领导干部职权，享有同级正式领导干部的政治、生活待遇。

二、完善聘用制干部管理

为了加强从工人中聘用干部的管理工作，1993 年 8 月，局党政制定了《贯彻执行 < 中组部、人事部全民所有制企业聘用制干部管理暂行规定 > 的实施细则》，明确了从工人中聘用干部的条件、程序、聘期以及管理，规定聘用干部必须在本单位定编、定员、定岗基础上进行，干部满编的单位不得从工人中聘用干部。

三、建立领导干部聘任制

1995 年，峰峰局进行了三项制度改革，同年 8 月，局党政下发了《关于管理人员和专业技术人员实行聘任（用）制的暂行办法》，以此为标志，峰峰局领导干部任用方式由任命制变为聘任制，按照干部管理权限，行政副处级以上领导干部由局党政联席会讨论，局长聘任；党群部门副处级以上领导干部由局党委常委会讨论决定。

四、推行公开招聘、竞争上岗

为进一步推进和深化干部人事制度改革，形成公开、平等、竞争、择优的用人机制，根据工作需要，从 2001 年起，峰峰局先后在梧桐庄矿和局机关个别处室对部分管理岗位和专业技术岗位实施了公开招聘、竞争上岗。并对招聘的实施程序和受聘人员的有关待遇及劳动关系管理进行了有益探索。集团公司成立以后，此项工作日臻完善和成熟，成为集团公司选人用人的主要渠道，多次组织了公开招聘、竞争上岗。

2002 年 11 月，配合局机关机构改革，出台了《关于局机关管理人员竞争上岗的意见》，成立了竞聘工作领导小组和竞聘上岗评审委员会，规定除由局长直接聘任和局党委研究决定安排的部门主要负责人，以及按规定通过选举产生的各级负责人外，部分副处长、主任师、全部科级及科级以下管理人员，实行了竞争上岗、双向选择，组织了 19 个副处长、主任师岗位的公开竞聘，其中 3 个副处级干部面向全局范围招聘。2003 年，为战略发展部、财务管理部、设计院等单位和部门在全局范围内公开招聘 20 名工作人员。2004年，在全局范围内先后对党政办、组织人事部、宣传部、纪委、团委、党校、铁路运营分公司等单位部门公开招聘了15名工作人员。同年，在集团公司范围内组织了团委书记的公开选拔。2005年，在全局范围内公开招聘安全监督局2名主任工程师和3名安监员。2006年，组织了企业管理部工作人员公开招聘，3名同志被录用。2007年，面向社会公开招聘了电视台工作人员，从48名竞聘人员中录用了2人。2008年，公开选拔基层单位副总工程师，从71名竞聘人员中，聘任了11人。

五、机构改革

1995年8月，为了落实煤炭部三项制度改革工作会议精神，局机关进行了以“转换企业经营机制，深化内部体制改革，转变机关职能，提高工作效率”为主要内容的机构改革工作。按照划清职能机构、经营机构、事业性机构界限的原则，采取划出、合并、撤销、合署办公等方式，把具备经营条件的处、科从机构处室中分流出去，成为单独经营的经济实体，将供应处、设备租赁站、通信信息中心等9个单位分流为经营性单位；把不具备企业管理职能或只有部分管理职能的原管理处室划出管理处室序列，成为事业性机构，实行费用包干，划出峰峰矿工报社、社会保险事业处、救护队等12个部门为事业性机构。这次机构改革，组建了20个行政职能处室、7个党群职能部门，核定定员481人，精简652名管理人员。

2002年11月，为了适应现代企业制度的要求，逐步建立与公司制相适应的机关管理体制，对局机关进行了改革。这次机构改革重在转变机关职能，突出决策中心地位，围绕强化决策调控、战略研究、发展规划、资本运营、综合管理、监督、考核等职能，共设置20个党政职能部门，管理人员编制控制在300人以内，其中14个行政管理部门，人员编制206人；6个党群工作部门人员编制76人。同时成立了6个专业性机构、3个事业性单位和7个专业化公司。2003年3月，在局机关机构改革完成后，基层单位也进行了机关机构改革，确定了各单位机关管理人员编制，理顺了管理体制，提高了管理效率。

2008年8月，为适应冀中能源集团成立、管理体制变化的需要，通过新设、撤销、划转、调整、合署等方式，对集团公司机关机构进行了改革，调整后机关职能部室由23个减少为19个，进一步理顺了管理体制，提高了管理效率。与此同时，选择薛村矿、梧桐庄矿、新三矿、牛儿庄公司、马头洗选厂等5个不同类型的单位进行了机构设置及管理人员定编定员试点。在试点的基础上，2009年3月，制定了《基层单位机构设置及定编定员的意见》，对二级单位的机构设置和定编定员工作提出了指导性的意见，将所属单位按照生产规模、职工总数、单位性质的不同进行分类，按类别统一了机构设置的数量和名称。

历年管理人员构成基本情况

<table>
<tr><th rowspan="2">年度</th><th rowspan="2">总人数</th><th colspan="5">学历结构</th><th colspan="6">年龄结构</th></tr>
<tr><th>硕士研究生</th><th>本科</th><th>专科</th><th>中专</th><th>高中及以下</th><th>35岁及以下</th><th>36岁至40岁</th><th>41岁至45岁</th><th>46岁至50岁</th><th>51岁至55岁</th><th>56岁至60岁</th></tr>
<tr><td>1989</td><td>10182</td><td></td><td colspan="2">2329</td><td>3263</td><td>4590</td><td>4007</td><td>1384</td><td>1009</td><td>1496</td><td>1593</td><td>693</td></tr>
<tr><td>1990</td><td>10367</td><td></td><td colspan="2">2584</td><td>3242</td><td>4541</td><td>3976</td><td>1601</td><td>1069</td><td>1448</td><td>1539</td><td>734</td></tr>
<tr><td>1991</td><td>10383</td><td></td><td colspan="2">2652</td><td>3296</td><td>4435</td><td colspan="2">5677</td><td colspan="2">2418</td><td>1321</td><td>967</td></tr>
<tr><td>1992</td><td>10018</td><td></td><td colspan="2">2713</td><td>3248</td><td>4057</td><td colspan="2">5579</td><td colspan="2">2339</td><td>1164</td><td>936</td></tr>
<tr><td>1993</td><td>9681</td><td></td><td colspan="2">2700</td><td>3219</td><td>3762</td><td colspan="2">5500</td><td colspan="2">2257</td><td>1060</td><td>866</td></tr>
<tr><td>1994</td><td>9811</td><td></td><td colspan="2">2849</td><td>3348</td><td>3614</td><td colspan="2">5578</td><td colspan="2">2361</td><td>1021</td><td>851</td></tr>
<tr><td>1995</td><td>9681</td><td>5</td><td colspan="2">2956</td><td>3377</td><td>3343</td><td colspan="2">5489</td><td colspan="2">2547</td><td>894</td><td>751</td></tr>
<tr><td>1996</td><td>9592</td><td>6</td><td colspan="2">3434</td><td>3328</td><td>2824</td><td colspan="2">5192</td><td colspan="2">2950</td><td>752</td><td>698</td></tr>
<tr><td>1997</td><td>9241</td><td>6</td><td colspan="2">3506</td><td>3341</td><td>2388</td><td colspan="2">5065</td><td colspan="2">3108</td><td>528</td><td>540</td></tr>
<tr><td>1998</td><td>8983</td><td>7</td><td>1228</td><td>2428</td><td>3493</td><td>1827</td><td>3753</td><td colspan="2">3352</td><td colspan="2">1489</td><td>389</td></tr>
<tr><td>1999</td><td>9081</td><td>4</td><td>1264</td><td>2592</td><td>3470</td><td>1751</td><td>3653</td><td colspan="2">3491</td><td colspan="2">1536</td><td>401</td></tr>
<tr><td>2000</td><td>9422</td><td>2</td><td>1234</td><td>2802</td><td>3711</td><td>1673</td><td>3333</td><td colspan="2">3607</td><td colspan="2">2111</td><td>371</td></tr>
<tr><td>2001</td><td>9549</td><td>2</td><td>1253</td><td>3286</td><td>3769</td><td>1445</td><td>3262</td><td>1508</td><td>2014</td><td>1494</td><td>1046</td><td>332</td></tr>
<tr><td>2002</td><td>9451</td><td>2</td><td>1215</td><td>3180</td><td>3756</td><td>1338</td><td>3147</td><td>1839</td><td>1503</td><td>1638</td><td>1107</td><td>318</td></tr>
<tr><td>2003</td><td>8052</td><td>6</td><td>974</td><td>2535</td><td>3267</td><td>1270</td><td>2382</td><td>1617</td><td>1274</td><td>1771</td><td>699</td><td>309</td></tr>
<tr><td>2004</td><td>7407</td><td>14</td><td>918</td><td>2401</td><td>2849</td><td>1277</td><td>2061</td><td>1165</td><td>1388</td><td>1627</td><td>838</td><td>337</td></tr>
<tr><td>2005</td><td>6864</td><td>20</td><td>980</td><td>2351</td><td>2645</td><td>859</td><td>1916</td><td>928</td><td>1449</td><td>1465</td><td>795</td><td>311</td></tr>
<tr><td>2006</td><td>6824</td><td>26</td><td>1158</td><td>2482</td><td>2380</td><td>763</td><td>1885</td><td>842</td><td>1487</td><td>1233</td><td>1037</td><td>340</td></tr>
<tr><td>2007</td><td>6723</td><td>31</td><td>1399</td><td>2462</td><td>2153</td><td>648</td><td>1964</td><td>762</td><td>1404</td><td>1087</td><td>1092</td><td>414</td></tr>
<tr><td>2008</td><td>7505</td><td>43</td><td>1895</td><td>2796</td><td>2095</td><td>676</td><td>2219</td><td>927</td><td>1429</td><td>1203</td><td>1352</td><td>375</td></tr>
</table>

1995年峰峰矿务局组织机构图

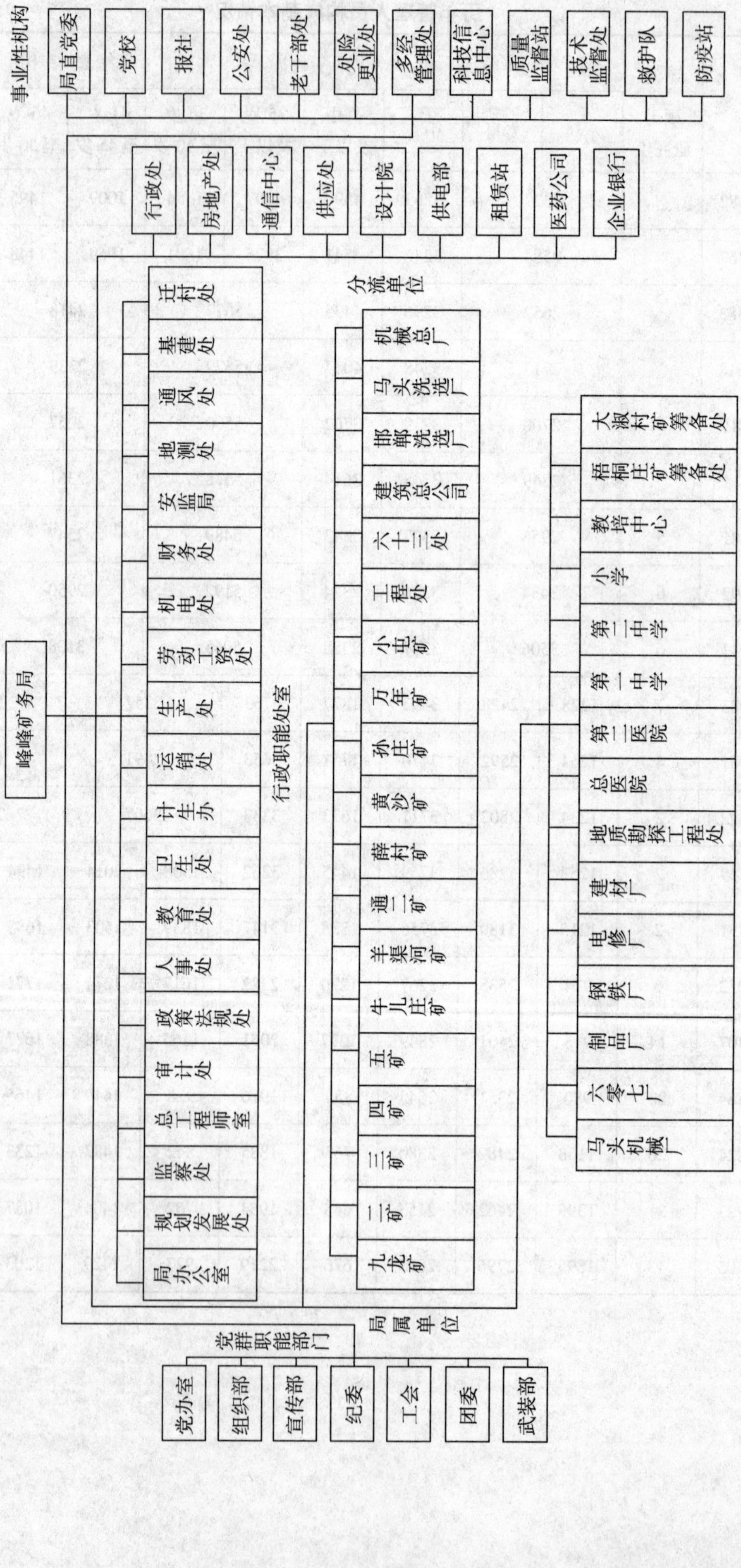

2002年峰峰矿务局组织机构图

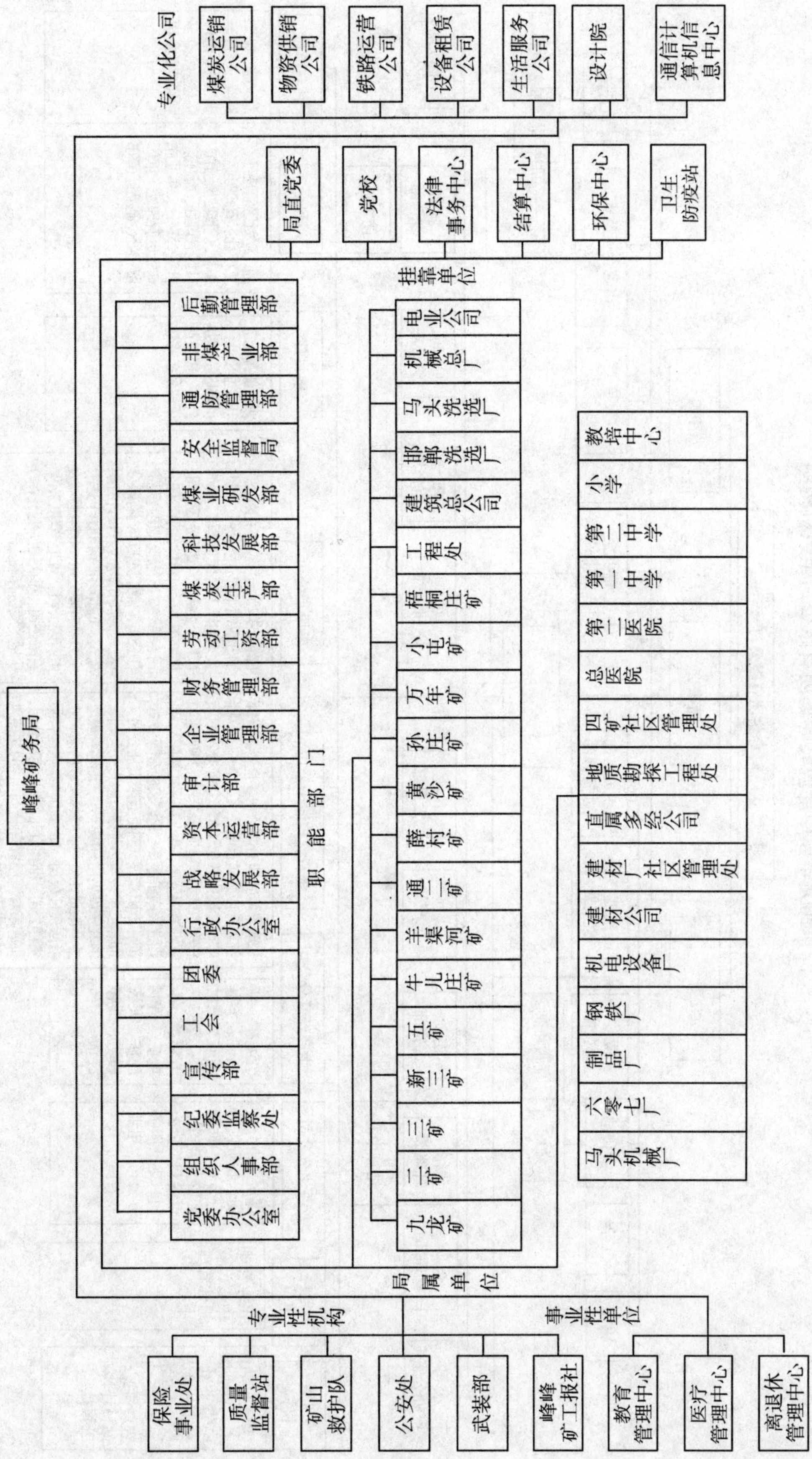

2008年冀中能源峰峰集团有限公司组织机构图

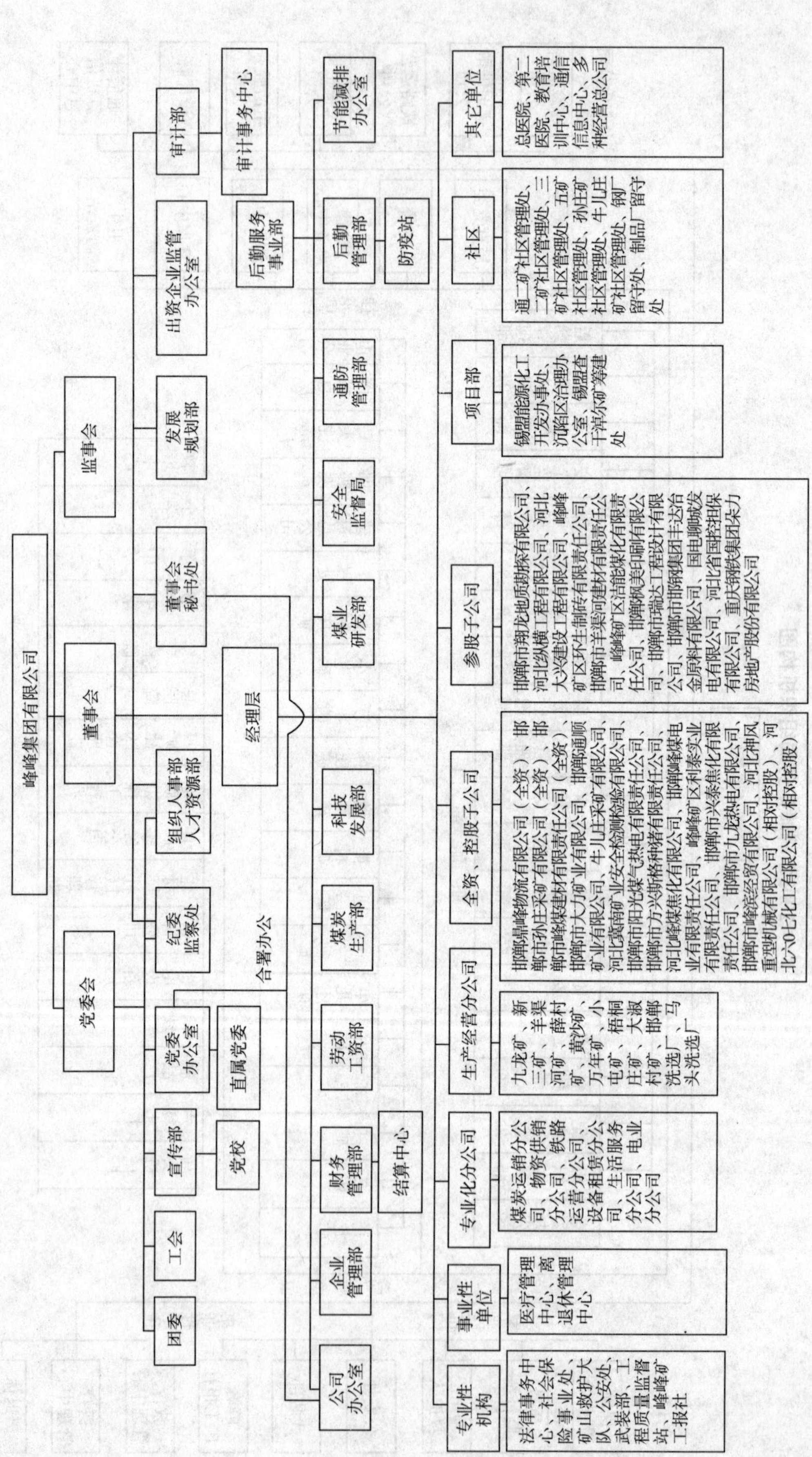

第四节　党组织重要会议和组织调整

一、全委会

1994年12月21日，中国共产党峰峰矿务局委员会三届十次全委会召开。会议认真贯彻党的十四届四中全会《关于加强党的建设几个重大问题的决定》和河北省委四届八次会议精神，安排部署了局党委1995年及以后一个时期的工作，制定了《关于贯彻党的十四届四中全会精神，进一步加强和改进我局党的建设的意见》、《关于在全局党员中开展建设有中国特色社会主义理论系统教育的三年规划和实施意见》、《基层党委（总支）向局党委请示报告制度》等文件。

二、党代会

1991年，九龙口矿、三矿、五矿、羊渠河矿、牛儿庄矿、孙庄矿、万年矿、马头洗选厂、工程处、电器修配厂等10个基层党委（总支）召开了党员代表大会，进行了改选换届工作。

1992年，二矿、四矿、小屯矿、邯郸洗选厂、机械总厂、制品厂、第一医院、局小学等8个基层党委（总支）召开了党员代表大会，进行了改选换届工作。

1992年2月，中国共产党峰峰局地质勘探处第一次党员大会召开，选举出第一届总支委员会。1992年3月，中国共产党峰峰局钢铁厂第一次党员大会召开，选举出第一届委员会。1992年3月，中国共产党峰峰局教育中心第一次党员大会召开，选举出第一届委员会。1992年4月，中国共产党峰峰局第一中学第一次党员大会召开，选举出第一届总支委员会。

1995年7月10日，中国共产党峰峰矿务局代表大会召开。会议选举产生了峰峰局出席中国共产党邯郸市第五次代表大会的代表。大会以无记名投票直接差额选举的办法，选举王志成、刘真清、李纪生、李春生、吴虎群、张泉、张德祥、陈业祥、范秀生、王振营、张国仲、耿万勤、田成所、李二太、周福连等15名同志为出席中国共产党邯郸市第五次代表大会代表。

1995年7月28日，峰峰局党委书记张泉同志当选为中国共产党邯郸市第五届委员会委员。

2001年6月22日，中国共产党峰峰矿务局代表大会召开。会议选举产生峰峰局出席中国共产党邯郸市第六次代表大会的代表。大会以无记名投票直接差额选举的办法，选举牛水林、王志成、王翠芬（女）、石福生、任连顺、孙建国、宋万富、张泉、张文祥、李二太、李永昌、李树荣、段西兴、柴日华、耿万勤等15名同志为出席中国共产党邯郸市第六次代表大会代表。

2001年7月10日，峰峰局党委书记张泉同志当选为中国共产党邯郸市第六届委员会委员。

2001年8月，峰峰局党委书记张泉同志当选为出席中国共产党河北省第六届代表大会代表。

2006年7月13日，中国共产党峰峰集团有限公司代表大会召开。会议选举产生峰峰集团有限公司出席中国共产党邯郸市第七次代表大会的代表。大会以无记名投票直接差额选举的办法，选举王铁记、任连顺、刘存玉、杜林胜、李二太、李大屯、李水龙、张文学、周娟华（女）、耿星辉、高武、金魁英等12名同志为出席中国共产党邯郸市第七次代表大会代表。

2006年7月31日，中国共产党邯郸市第七次代表大会召开。会议选举峰峰集团党委书记、董事长张文学同志为中国共产党邯郸市第七届委员会委员和邯郸市出席中国共产党河北省第七次代表大会代表。

2007年4月24日，中国共产党河北省代表大会选举峰峰集团党委书记、董事长张文学同志为出席中国共产党第十七次全国代表大会代表。

2007年10月15日，中国共产党第十七次全国代表大会在北京人民大会堂隆重开幕。十七大代表、峰峰集团党委书记、董事长张文学同志参加会议。

三、党组织调整情况

2000 年 7 月，中国共产党峰峰金属支架厂委员会不再由峰峰局党委管理，划归中共邯郸市经贸工委管理。

2002 年 6 月，根据冀煤行管一字［2002］7 号文件精神，六十三处成建制划归中煤第一建设公司，同时，该党委也隶属中煤第一建设公司党委。

2003 年 11 月，第一中学、第二中学、小学移交地方管理。同时，中国共产党峰峰集团第一中学总支部委员会、中国共产党峰峰集团第二中学总支部委员会、中国共产党峰峰集团小学总支部委员会隶属中国共产党峰峰矿区委员会。

2003 年 12 月，原机械总厂、机电设备厂、马头机械厂整合组建为机械制造分公司。2004 年 1 月，经峰峰集团党委常委会研究决定，成立中国共产党峰峰集团有限公司机械制造分公司委员会。原中国共产党峰峰集团机械总厂委员会、中国共产党峰峰集团机电设备厂委员会、中国共产党峰峰集团马头机械厂委员会撤销。

2006 年 3 月，根据工作需要，四矿社区管理处与通二矿社区管理处合并组建为新的通二矿社区管理处。经峰峰集团党委常委会研究决定，重新成立中国共产党通二矿社区管理处委员会。原中国共产党四矿社区管理处委员会撤销。

2007 年 7 月，根据工作需要，建材厂社区管理处并入二矿社区管理处，原中国共产党建材厂社区管理处委员会撤销。

2007 年 7 月，根据工作需要，经峰峰集团党委常委会研究决定，成立中国共产党河北峰煤焦化有限公司委员会。

2008 年 8 月，根据中国共产党邯郸市公安局委员会邯公委［2007］35 号《关于成立峰煤分局党委的意见》和邯公委［2007］43 号《关于峰煤分局党委班子成员组成的意见》，经峰峰集团党委常委会研究决定，成立中国共产党邯郸市公安局峰煤分局委员会，隶属峰峰集团有限公司党委。

2008 年 12 月，经峰峰集团党委常委会研究决定，成立中国共产党冀中能源峰峰集团有限公司后勤服务事业部委员会。

2008 年 12 月，河北纵横工程有限公司与河北大兴建设工程有限公司合并，组建为新的河北纵横工程有限公司。经峰峰集团党委常委会研究决定，重新成立中国共产党河北纵横工程有限公司委员会。原中国共产党河北大兴建设工程有限公司委员会撤销。

2009 年 3 月，经集团公司党委常委会研究决定，成立中国共产党冀中能源峰峰集团有限公司铁路运营分公司委员会，撤销中国共产党冀中能源峰峰集团有限公司铁路运营分公司总支部委员会。

第五节　党支部建设

峰峰局（峰峰集团）党委十分重视抓好党支部建设。2004 年，重新修订了《党支部工作条例》，对党支部的地位、作用、经费以及职责任务等进行了明确的规定，有效促进了党支部工作的健康发展。

一、党支部达标升级

1987 年开始实行党支部达标升级，1991 年进一步修改和完善了《基层党支部工作达标升级标准和考核办法》，将其上升为规范。2004 年再次修订，制定了《基层党支部工作达标升级考核办法》。各党支部按照达标升级考核标准每季逐项自查一次。

二、党支部工作示范与经验交流

从 1989 年初开始，在各单位开展了支部工作示范点活动，先后在 4 个矿、1 个厂、64 个党支部开展了示范活动。此项工作得到了河北省委组织部、邯郸市委组织部的肯定，《河北组工通讯》第20期介绍了这一经验。1991年，总结了党员活动室、党员责任区、生产一线发展党员、抓党小组建设等示范经验在全局推广。1997年9月，召开了全局党支部建设经验交流会，会上交流了7个方面14篇经验材料。2000年8月，在羊渠河矿召开了全局加强基层党支部建设现场研讨会，研讨并推广了羊渠河矿党委的《强化督导讲评，扎实推进支部建设》的经验做法。

三、党支部书记培训

坚持把提高党支部书记素质作为加强党支部建设的一项重要措施。1992年至2008年，先后举办党支部书记培训班38期，培训1900人（次）。

第六节　党员队伍建设

一、党员教育管理

（一）制度建设。1989年以来，特别是2005年开展保持共产党员先进性教育活动以来，集团公司党委根据党员队伍实际，建立和完善了《关于加强党员经常性教育的实施意见》、《关于建立党员教育联系会议制度的通知》、《民主评议党员规则》、《党员责任区规则》、《党员议事规范》、《党员活动规范》、《关于流动党员管理的暂行规定》、《关于加强下岗职工党员教育和管理的意见》、《离退休职工党员管理暂行办法》等一系列制度。

（二）电化教育。党员电化教育工作从1990年初开始，在局党委的支持下，初步形成了以播放点为主，以电视差转台和闭路电视系统为辅的区（科）党支部、矿（厂）党委、局电教服务站三级电教网络。1993年、1994年、1996年、1998年，峰峰局先后获河北省委组织部、邯郸市委组织部党员电化教育播放收看先进单位和党员电化教育先进单位，并多次在省、市作了经验介绍。1998年10月、2000年9月、2002年11月，峰峰局先后组织了三届党员电化教育专题片观摩评比活动。

（三）阵地建设。党员活动室是加强党的基层组织建设，提高党员整体素质的一个重要阵地。峰峰局党委于1989年首先在通二矿试点，随后在全局推开。2007年开始，采取下拨党费的方式，帮助13个基层党委建立了13个设备先进、功能齐全的现代化党员干部电教中心。

（四）目标管理。1990年开始实施党员目标管理，经过实践和完善，于1991年形成《党员目标管理规范》。2004年，对党员目标管理考核标准进行修改完善，并重新下发基层执行。党员目标管理对于加强党员的教育和管理，更好地调动党员的积极性起到了重要作用。这项工作受到了基层党支部的重视，积累了宝贵的经验。

二、发展党员工作

抓好发展党员工作，不断吸收新鲜血液，壮大党的力量，是保持党的先进性的关键和基础。1961年至1964年，根据当时中央指示精神，重点抓了党员队伍的整顿提高，停止了党员发展工作。“文革”期间，正常的党员发展受到严重干扰。1984年至1985年，峰峰局党委认真贯彻落实中央、河北省委、邯郸市委关于大量吸收优秀知识分子入党的指示精神，注重在优秀中青年知识分子中发展党员，基本解决了知识分子入党难的问题。1986年，建立健全了发展党员的工作程序和制度。1987年以后，在全局实行填写《入党积极分子考察表》制度，加强对入党积极分子的教育，坚持严格政审、严格公开考察、严格预审等措施，对发展党员严格把关。实行发展党员向一线倾斜的政策，注重在生产一线、专业技术人员和空白班组中发展党员，发展生产工作一线党员的比例达到70%以上，较好地改善了党员队伍的结构。2000年制定了《关于进一步提高发展党员质量的若干意见》，2004年制定了《发展党员工作规则》、《发展党员工作责任制》等制度，不断加强了新形势下发展党员工作。在发展党员的主要环节，积极推行公示、票决和群众认可度测评等做法，并多次召开经验交流会和研讨会，推广先进经验，研究解决问题办法，有效保证了发展党员的质量。

历年发展党员情况统计表

年度	党员总数	发展党员数	发展工人党员	发展干部党员
1989	14774	443	325	116
1990	15399	487	358	129
1991	15692	549	411	138
1992	15993	651	483	168
1993	16339	694	522	172
1994	16730	643	484	157
1995	17127	725	520	205
1996	17589	781	533	248
1997	17801	711	466	245
1998	17820	660	445	188
1999	18044	560	369	188
2000	17616	379	251	127
2001	17565	378	241	135
2002	17118	375	235	138
2003	17100	391	207	181
2004	16135	383	215	165
2005	15930	415	238	170
2006	15828	357	218	134
2007	15916	418	275	140
2008	16152	419	276	140

三、民主评议党员

民主评议党员是从严治党、提高党员素质的一项重要措施，是通过制度建设加强对党员进行经常性教育、管理和监督的有效方法，也是激励和调动党内的积极因素、克服消极因素、清除腐败分子和妥善处理不合格党员的有效方法。峰峰局从 1988 年开始执行民主评议党员工作制度。

历年“评选树”工作情况统计表

年度	先进党支部	优秀党员	优秀党务工作者	不合格党员	暂挂党员
1989	144	1836	170	15	22
1990	162	1386	178	18	4
1991	138	1491	163	5	0
1992	134	1486	158	15	5
1993	142	1536	247	5	3
1994	132	1590	197	12	10
1995	150	1575	221	7	10
1996	148	1370	215	8	9
1997	146	1332	223	15	5
1998	145	1337	159	22	13
1999	139	1410	199	4	17
2000	118	1380	175	29	7
2001	143	1494	212	5	22
2002	136	1332	186	11	10
2003	158	1390	184	17	11
2004	150	1418	210	5	5
2005	120	1256	159	2	0
2006	111	1365	202	3	0
2007	140	1421	191	1	0
2008	209	1508	212	0	0

第七节 党建活动与规范化管理

一、党建主题实践活动

自1989年以来，围绕党政的中心工作，结合党员、干部的思想实际，坚持一年一个主题，组织开展多种形式的党建活动。

1991年，在全局开展了“共产党员奉献号工程”，确立并完成水上公园、人造湖、标准井巷等“共产党员奉献号工程”31项，较好地彰显了广大党员的风采，得到上级的高度评价。中组部《组工通讯》肯定了这一做法。局党委组织部录制的《共产党员奉献号工程巡礼》电视片，在全市进行播放。

1995年以后，局党委开展了“凝聚工程”活动。活动着重加强思想政治教育，从思想上凝聚；强化班子建设，从组织上凝聚；抓住重点难点，从效益目标上凝聚；动之以情，晓之以理，从感情上凝聚。这一经验，在河北省煤炭系统思想政治工作会上进行了介绍。

2004年以后，相继开展了以“创新、创优、创先、创效”为主题的党建系列活动，取得较好效果。

先后有“打造党建工作质量管理平台”、“实施‘双培’工程，打造最优秀的人力资源队伍”、“党员安全先锋岗”、“党员课题制攻关”等一大批优秀项目成果得到河北省国资委党委的表彰。

二、党建学习教育活动

1997年，为落实党的十四届六中全会精神，对矿处级以上领导干部进行了以“讲学习、讲政治、讲正气”为主要内容的党性党风教育。这次教育活动，采取党内批评和自我批评相结合的方式，使领导干部受到了一次深刻的党性党风教育，达到了预期效果。

2001年1月至2002年6月，在全体党员干部中开展了“三个代表”重要思想教育活动，全体党员干部参加了学习。这次活动收到了“干部受教育、群众得实惠”的效果，广大党员干部的思想觉悟有了新提高；学习实践“三个代表”重要思想的自觉性明显增强；干部作风得到较大改进，工作出现了新气象；解决了一批涉及群众切身利益的问题，密切了党群、干群关系，进一步提高了党组织的创造力、凝聚力、战斗力，推动了企业发展。

2003年11月至2004年2月，按照河北省委要求，在集团公司和基层单位领导班子中集中开展了民主集中制学习教育活动，制定了《关于同新提拔领导班子成员进行民主集中制教育谈话的意见》等制度，着力解决了各级领导班子成员民主集中制意识不强和不懂决策程序、不按规矩办事的问题，有效提高了两级领导班子贯彻执行民主集中制原则的自觉性，增强了搞好企业改革与发展的事业心和责任感。

2005年7月24日至11月22日，在全体党员中开展了保持共产党员先进性教育活动，全集团公司16000余名党员参加，在职党员参加率达到100%，离退休、下岗和流动党员参加率达到98.7%。按照学习动员、分析评议、整改提高三个阶段进行，突出抓了“三个代表”重要思想、全面落实科学发展观等内容的学习教育。坚持正面教育、自我教育为主，坚持理论联系实际，坚持教育与生产经营工作“两不误、两促进”，主题鲜明，领导有力，工作扎实，达到了“提高党员素质、加强基层组织、服务职工群众、促进各项工作”的目标，取得了丰硕的思想成果、实践成果和制度成果。“两堂一舍”改造、修建文化娱乐场所、供水供电供气管路改造、下岗职工再就业等一大批民心工程赢得了职工群众的广泛赞誉和好评，群众满意率和基本满意率达到99.2%。集中教育活动结束后，按照上级要求，建立健全了涉及党员队伍建设、党组织建设、领导班子建设、作风建设等方面的制度60余项，初步形成了富有集团公司特点的长效机制。

2007年12月至2008年3月，集团公司党委认真贯彻落实河北省委、省国资委党委和邯郸市委的安排部署，以解放思想为先导，以破解难题为重点，以促进发展为目的，集中深入开展了“贯彻科学发展观、促进企业大跨越”为主题的解放思想大讨论活动。各级领导干部打开解放思想这一“总阀门”，带头解放思想，调查研究，破解难题。对征集到的职工群众意见建议，召开专题民主生活会进行讨论和聚焦，建立了整改销号台账。组织举办领导干部论坛、专题报告会、征求意见会、干群恳谈会，共同剖析发展难题。印发任务分解表，落实党政领导责任制，实行项目课题制，深入调查研究，制定整改措施，形成了一批解放思想、促进发展的重要成果。

2008年4月10日至9月22日，集团公司作为全国试点城市之一邯郸市的重点企业，在解放思想大讨论活动基础上，利用5个多月的时间，在全集团公司各级领导班子、党员领导干部、党员和党员干部中，扎实开展了深入学习实践科学发展观活动。按照学习调研、分析检查、解决问题、完善制度四个阶段的安排，强化领导，严密措施，积极探索，认真实践，取得了扎扎实实的效果。先后编印学习辅导材料2600册，大张旗鼓地宣传造势，形成了良好氛围。坚持突出实践特色，深入调查研究，针对制约科学发展的体制、资金、资源、结构调整、节能减排、安全生产、人才与科技创新等九大“瓶颈”难题，制定整改措施，破解企业难题。集团公司和基层各单位共梳理规章制度787项1.4443万条，删减修改3814条，新增2103条，形成了包括839项1.6103万条规章制度的完整体系。通过学习实践活动，各级领导班子和广大党员干部进一步加深了对科学发展观的理解，找准了实践科学发展观的切入点和着力点，增强了学习实践科学发展观的自觉性。

2008年9月30日至11月15日，集团公司在全体领导干部中开展了“抓作风、做表率、促发展”作风整顿活动。把学习教育作为作风整顿的前提，提高了领导干部的思想和工作水平；把查摆问题作为作风整顿的重点，各单位领导班子及成员通过对照检查，查摆出问题1278项，制定整改措施1784条；把整改落实作为作风整顿的关键，使一些突出问题得到了有效解决；把督导检查作为作风整顿的手段，保证了整顿活动的效果。活动中，各单位高度重视，精心组织，普遍采取广泛征求意见、开展批评与自我批评等多种方式，增强了执行力和落实力，为推动集团公司各项任务目标的完成和发展战略的实施提供了坚强保证。

三、党建规范化管理

1989年以来，峰峰局（峰峰集团）党委坚持把党建工作的规范化管理作为提升党建工作的着力点，不断探索，积极实践，有力提升了党建工作的水平。

从1986年开始，明确提出了基层党组织建设逐步迈向科学化、系列化、规范化的基本思路，并逐步形成了“五大系列十九种工作规范”。“党员管理系列”包括：发展党员工作规范、民主评议党员规范、退休职工党员管理规范、党员责任区规范、党员议事规范；“党员教育系列”包括：正规培训规范、阵地建设规范、党员活动规范；“组织管理系列”包括：基层党组织选举工作规范、基层党支部工作条例、基层党支部示范活动规范、基层党支部文书工作规范；“班子建设系列”包括：党委会全体会议议事规范、党委（总支）委员双重组织生活制度规范、领导班子建设考核标准（试行）、机关党组织建设规范、联系群众规范；“监督保障系列”包括：党员目标管理考核规范、基层党支部工作达标升级考核办法。基层党组织按照这一规范进行操作，收到较好效果。

在不断总结，积极探索的基础上，从1988年开始，形成了局（集团公司）对基层党委、基层党委对各支部、各支部对党员、两级党委对两级职能部门的“三级四层”目标管理考核体系。经过逐年探索、实践、完善，形成了一套比较科学规范的党建工作目标管理考核体系，有效保证了党建各项工作的落实。

为进一步加强企业党的建设，2005年制定下发了《党组织工作规则》，对党组织的指导思想、目标任务、工作原则、职责任务、机构设置、经费保障、工作责任制等作出了规定，进一步规范了企业党组织的工作行为。

第八节　党建工作质量管理体系

党建工作质量管理体系，是以党组织的规范化建设为基础，借鉴产品质量管理的理念和方法建立起来的一套能够促进党建工作质量不断提高、持续改进的科学管理体系。峰峰集团党建工作质量管理体系的建和运行，取得了显著成效，使党建工作实现了程序化控制、规范化运行、标准化考核、持续化改进。峰峰集团党委编撰的《党建系统质量管理体系建立与实施》一书，由中国标准出版社于2008年4月出版，填补了ISO9000族质量管理标准的一项空白。

一、党建工作质量管理体系的引入与建立

2004年5月，峰峰集团党委组织部分单位的党委书记和组织部长到江西铜业集团学习了建立党建工作质量管理体系的经验。随后结合集团公司实际提出了学习推广的意见，并写入了下半年党委工作报告，进行了积极的探索。

2004年底，河北省国资委党委确定峰峰集团为建立党建工作质量管理体系试点单位。峰峰集团党委将建立党建工作质量管理体系作为2005年的重点工作，在集团公司年度党委工作会议上专题作了部署，专门成立了领导小组和工作机构。为确保这项工作的顺利推进，在广泛听取意见，充分讨论研究的基础上，提出了“试点先行，两条腿走路；宣传发动，形成氛围；典型示范，整体推进；总结整改，全面深化”的推行思路，并制定下发了《实施意见》，具体安排了学习试行、全面推进、内部审核、总结整改等

四个阶段的工作。为保证推行工作有序开展，集团公司还制定了推行党建工作质量管理体系进度表，对各个阶段的工作重点、完成时间、责任部门和责任人员都进行了明确，使推行工作按时间、按要求逐步有序推进。

2005年1月，在认真学习和研究的基础上，建立了党建工作质量管理体系，形成了以《质量手册》、《程序文件》、《作业指导书》等三级文件为主干，《记录规范》支撑文件为补充，具有峰峰集团特色的党建工作质量管理体系，并率先在羊渠河矿、大淑村矿、九龙矿、马头洗选厂等单位试运行。

2005年4月19日，集团公司党委在认真总结试点单位工作经验的基础上，在全面推行条件基本具备的情况下，组织召开了推行党建工作质量管理体系动员大会，标志着这一先进的管理方法在集团公司得到全面推行。

二、党建工作质量管理体系的内容与特点

在党建工作中引入ISO9000族质量管理理念和标准，是新形势下加强和改进国有企业党建工作的新思路、新尝试，是与先进的管理方法和科学的管理理念、管理思想接轨，是党建工作标准化、制度化、规范化的进一步深化。峰峰集团党委按照ISO9000族标准的要求，在对党建工作的各类制度、流程等党建资源，进行认真梳理、整合的基础上，上下结合、反复修改、四易其稿，形成了“以过程控制为重点、以《质量手册》、《程序文件》、《作业指导书》三级文件为支撑，按照PDCA（即策划、实施、检查、改进）闭合循环和5W1H（即做什么、为什么做、谁来做、何时做、怎么做和做到什么程度）管理要素运行”的党建工作质量管理体系，实现了“凡事必规定、规定必执行、执行必记录、记录必考核、考核必有效、有效必鉴证”。这一体系把“增强创造力、凝聚力和战斗力，为集团公司做大做精做强、实现跨越式发展提供保证”作为党建质量方针，把“党组织建设好、领导班子好、员工队伍好、运行机制好、工作创新好”作为党建质量目标，将党建工作归纳为自身建设、决策、领导和支持群众组织工作、稳定工作、企业文化建设、特色工作、临时性工作等七大过程38个操作规程，对每一项工作、每一个环节、每一步流程都进行细化，做到有计划、有实施、有记录、有检查、有反馈、有持续改进，创新了党建工作机制，使党建工作从“柔性”管理迈向“刚性”操作，走上了科学化、规范化、制度化、系统化和持续改进的轨道，有效地提升了党建工作的质量和水平。

党建工作质量管理体系具有四个突出的特点：一是规范化管理。将党建工作进行梳理整合优化，用规范的程序和可衡量的具体标准描述出来，增强了可操作性和可控性。二是程序化控制。将党建工作及其实施过程都分别制定了控制程序，使工作由过去的“结果管理”变为“过程控制”，强化了落实制度的推动力和执行力。三是标准化考核。要求将工作的实施过程完整地记录下来，作为证明工作过程实施和衡量工作质量的依据，并严格按照标准考核。四是持续化改进。通过“发现问题—解决问题—再发现—再解决”的闭合循环，不断提升党建工作的质量和水平。

党建工作质量管理体系的建立和运行，对提高党建工作的质量和水平起到了积极作用。一是实现了党建工作与企业中心工作的相融互动，二是较好地解决了随意性问题，三是强化了抓落实的执行力，四是形成了党建工作持续改进的闭合循环机制。这项工作得到了上级党组织的肯定。2005年5月27日，河北省委组织部、省国资委党委在集团公司召开推行党建质量管理体系试点工作座谈会，在全省国有企业中全面推广了这一经验。

三、意义和影响

建立党建工作质量管理体系，是深化国有企业党建工作的新探索，是规范国有企业党建工作的新形式，是国有企业党组织发挥政治核心作用的新途径，找到了国有企业党建工作与生产经营新的结合点，具有示范意义和推广意义。

2006年4月27日至29日，北京方圆标志认证集团有限公司对集团公司党建工作质量管理体系进行了现场审核。同年5月10日，取得了ISO9001：2000质量认证证书。峰峰集团是党建工作获得ISO9000

质量管理体系认证的特大型企业中，党员人数最多、组织规模最大的企业，也是河北省唯一的党建工作通过认证的特大型企业。

2006 年 5 月 30 日，河北省国资委党委在人民大会堂为峰峰集团举行了隆重的颁证仪式。原中组部部长张全景对这一做法给予了高度评价，并题词“搞好党的建设、增强企业凝聚力”；原中共河北省委副书记刘德旺；国务院国资委副主任王瑞祥；中共河北省委常委、省委组织部部长付志方；《人民日报》社副总编梁衡；中共中央政策研究室副主任郑新立；全国政协委员、国家标准化管理委员会原主任、中国标准化协会理事长、方圆标志认证集团管理委员会主任李忠海；河北省政府省长助理、省国资委主任、党委书记赵世洪；国家认证认可监督管理委员会副主任、中国认证认可协会常务副会长朱光沛；国务院国资委副秘书长、党建局局长刘晓滨；中共邯郸市委书记聂辰席；中共河北省委组织部副部长谢计来；中共中央党校原教育长、中国市场经济研究会会长王瑞璞；国家认证认可监督委员会机关党委书记王向东；国家认证认可监督管理委员会认可监管部主任、中国认证认可协会秘书长生飞；河北省国资委党委副书记范玉书；河北省国资委副主任赵波；方圆标志认证集团公司总经理张伟；中共中央组织部组织局处长牛巧娣以及集团公司有关领导 70 余人参加了会议。

2006 年 7 月 4 日，《人民日报》发表了《看峰峰如何引入“标准”求长效》的文章，从建立党建工作长效机制的角度，在显著位置大篇幅报道了这一做法；新华社、《工人日报》、《河北日报》、河北电视台、河北《共产党员》等数十家媒体也对此给予了深入报道；中央政策研究室、中央党校党建部、河北省委、河北省委组织部、河北省委研究室、河北省国资委、邯郸市委组织部、邯郸市委研究室等领导先后到峰峰集团实地调研；中国航天科工集团、中国兵器集团、中国广电总局、天津冶金集团、河南平顶山集团等省内外 170 余家企事业单位 1300 余人前来探讨学习。这一创新成果分别被全国和河北省企业现代化管理创新成果审定委员会评为二等奖和一等奖。

第九节　专业技术队伍建设

一、专业技术人员历年构成状况

加强专业技术队伍建设是实施“科技兴企”的重要举措。局（集团公司）历届党政领导十分重视专业技术队伍建设，通过 20 年的努力，专业技术干部队伍专业结构比较齐全，层次结构较为合理，学历层次逐年提高，年龄结构不断优化，为集团公司的改革发展提供了人才保证和智力支持。

历年专业技术人员构成基本情况表

年度	总数	学历结构					各专业系列人员状况						专业技术职务资格状况					年龄结构					
		硕士研究生	本科	专科	中专	高中及以下	工程	卫生	财经统	政工	教学	其它	正高	副高	中级	初级	未聘	35岁及以下	36岁至40岁	41岁至45岁	46岁至50岁	51岁至55岁	56岁至60岁
1989	7686		951	1227	2879	2629	2193	2030	1419		1957	87		571	2151	4964		4285	1240	573	763	642	183
1990	7809		991	1401	3080	2337	2269	2025	1394		2039	82		531	2060	5218		3556	1175	712	927	1017	422
1991	7737		1007	1368	2880	2482	2257	1997	1389		2015	79		486	2029	5222		3340	1427	751	785	855	579
1992	8453		1090	1515	3025	2823	2250	1922	1344	879	1978	80		487	2346	5620		3343	1723	953	844	875	715
1993	8294		1117	1507	3003	2667	2203	1902	1332	806	1972	79		428	2201	5665		3297	1722	1021	755	802	697
1994	8535		1118	1667	3168	2582	2356	1931	1346	824	1996	82		473	2366	5696		3377	1787	1127	763	784	697
1995	8480	5	1122	1754	3168	2431	2246	1975	1325	879	1964	91	6	580	2343	5551		3430	1603	1301	783	743	620
1996	8450	6	1162	2112	3093	2077	2188	2012	1317	895	1952	86	5	596	2329	5520		3541	1261	1561	896	611	580
1997	8171	6	1193	2174	3120	1678	2109	1983	1345	814	1860	60	5	494	2184	5488		3638	1067	1735	855	424	452
1998	7969	7	1207	2284	3266	1205	2060	1885	1269	835	1841	79	3	626	2327	5013		3581	1093	1777	855	337	326
1999	8075	4	1211	2454	3379	1027	2069	1890	1289	881	1871	75	3	583	2348	5141		3406	1154	1565	1109	462	379
2000	8273	2	1218	2601	3450	1002	2094	1986	1323	878	1925	67	3	526	2499	5245		3146	3092		1712		323
2001	8138	2	1203	2767	3345	821	2004	1932	1283	932	1922	65	5	698	2456	4979		2936	2909		2013		280
2002	8201	2	1171	2884	3370	766	1959	1981	1277	959	1964	61	5	674	2493	5029		2903	2810		2221		267
2003	6489	6	948	2167	2727	641	1925	2068			211	2285	12	528	1891	4058		1996	1379	1002	1371	508	233
2004	6217	14	908	2183	2528	584	1699	2032	1221	959	221	85	27	510	1756	3626	298	1838	1040	1171	1334	583	251
2005	5882	20	981	2096	2324	461	1563	2065	1111	846	217	80	22	511	1721	3422	206	1758	847	1278	1163	599	237
2006	6026	26	1152	2280	2170	398	1639	2080	1128	895	207	77	43	526	1827	3454	176	1745	797	1345	1034	835	255
2007	6011	31	1353	2284	1929	414	1676	2092	1104	853	204	82	41	527	1893	3267	283	1721	745	1291	956	890	408
2008	6778	43	1873	2562	1929	371	2005	2087	1284	934	201	267	42	593	2067	3682	394	2190	839	1260	1059	1074	356

注：1. 1992 年开始有政工职称统计项目；2. 专业技术人员状况栏目中“其他”项中含新闻、农林、图书、档案、体育等专业；3. 专业技术职务资格状况栏目中，1989 年至 2003 年“初级”项中的数包含了“未聘”项；4. 1989 年至 1994 年“正高”项未单独统计，包含在“副高”项中；5. 2003 年总数中不含中小学教师，“其他”项增含了财经统、政工专业；6. 2004 年至 2007 年总数不包括控股、参股子公司；7. 2008 年按照冀中能源集团的要求，总数包括了控股、参股子公司；8. 硕士研究生硕士研究生中含硕士毕业生和获得硕士学位人员。

二、享受政府特殊津贴专家、优秀人才和专业技术拔尖人才的推荐和选拔

（一）享受国家政府特殊津贴专家评审情况

1992年以来，按照国家享受政府特殊津贴专家评选的条件，为作出突出贡献的专家、学者、技术人员发放政府特殊津贴，所需经费由中央财政拨给。实施这项工作以来，局（集团公司）共有24名同志被评为享受国家特殊津贴专家。

享受国家特殊津贴专家名单

序号	单位	姓名	性别	出生年月	获得年份	从事专业	备注
1	峰峰矿务局	孟昭励	男	1923.09	1992年	工程技术	
2	峰峰矿务局	夏家腾	男	1930.09	1992年	工程技术	
3	峰峰矿务局	王友瑜	男	1933.09	1992年	工程技术	
4	峰峰矿务局	张光熙	男	1929.11	1992年	工程技术	
5	峰峰矿务局	邢安仕	男	1941.11	1992年	工程技术	
6	马头洗选厂	朱仲琪	男	1905.06	1992年	工程技术	1997.10去世
7	通二矿	李吉昌	男	1929.10	1992年	工程技术	
8	建材厂	吴传曾	男	1934.04	1992年	工程技术	
9	第一医院	方绍孟	男	1932.08	1992年	卫生技术	
10	第一医院	贾立人	男	1927.02	1992年	卫生技术	1997.03去世
11	第一医院	郝玉珩	男	1926.07	1992年	卫生技术	
12	峰峰矿务局	王树声	男	1922.08	1993年	工程技术	
13	峰峰矿务局	尹家俊	男	1932.08	1993年	工程技术	
14	峰峰矿务局	符永光	男	1933.03	1993年	工程技术	
15	六0七厂	鲍光一	男	1934.06	1993年	工程技术	
16	孙庄矿	王启尃	男	1932.06	1993年	工程技术	2005.12去世
17	第一医院	陆世英	男	1931.05	1993年	卫生技术	
18	第一医院	张延鸿	男	1926.07	1993年	卫生技术	
19	第一医院	王淑玉	女	1942.04	1994年	卫生技术	1996.12调离
20	第二医院	路贵鑫	男	1923.02	1993年	卫生技术	
21	峰峰矿务局	王光国	男	1940.04	1995年	工程技术	
22	峰峰矿务局	刘延安	男	1941.06	1996年	工程技术	
23	峰峰矿务局	顾少华	男	1956.04	1996年	工程技术	2000.10调离
24	峰峰矿务局	梁春林	男	1938.12	1998年	工程技术	

（二）优秀人才和专业技术拔尖人才评审情况

1990年9月，中煤总公司开展评选优秀青年知识分子工作，郝曙华、王振营、李炳照、秦文昌、汤斌、徐亚平被评为“中煤总公司优秀青年知识分子”，郝曙华还被树为“中煤总公司优秀青年知识分子标兵”。

1991年6月，根据中煤冀人字［1990］48号《关于评选“中国统配煤矿总公司河北公司优秀青年知识分子”的通知》，峰峰局31名同志获此殊荣：郝曙华（女）、杨志国、李树文、张德军、汤斌、陈宇、

刘贵喜、郭伍群、郝志春（女）、陈志林、范文庆、黄建喜、秦文昌、李树荣、许振国、谢太平、任忠元、牛水林、王翠芬（女）、高子琪、陈玉仓、申剑侠、李华春、徐亚平、李韶平、王振营、李炳照、耿万勤、黄矿生、刘广兴、纪振栓。

1996 年 5 月，根据冀煤人字［1996］31 号文件，纪振栓、彭增甫、武梅良、董久赤、张素霞（女）被评为河北煤管局专业技术拔尖人才。

1999 年 11 月，根据邯郸市人事局邯人字［1999］47 号文件，王振营、白立根（女）被评为邯郸市第二批跨世纪学术和技术带头人。

2005 年 4 月，根据冀国资字［2005］26 号文件，何长海、王屹被评为河北省新世纪“三三三人才工程”第三层次人选。

2006 年 10 月，孙峰、杨连根被评为邯郸市第四批专业技术拔尖人才。

2006 年 7 月，根据冀人发［2005］40 号文件通知，孙峰被评为 2005 年度河北省新世纪“三三三人才工程”二层次人选。

2006 年 10 月，根据邯科协［2006］28 号关于表彰“首届邯郸市青年科技奖”的决定，王铁记获首届邯郸市青年科技奖。

1996 年 10 月，局下发了《专业技术拔尖人才选拔和管理办法》，2004 年 10 月进行了修订，并下发了峰集［2004］425 号《关于印发＜峰峰集团有限公司选拔和管理专业技术拔尖人才试行办法＞的通知》。先后于 1997 年、1999 年、2002 年、2005 年、2007 年评选了五批共 103 名集团公司级专业技术拔尖人才。

三、毕业生的接收、招聘及管理工作

（一）毕业生的接收、招聘

国家统招性质的大中专毕业生是企业管理人员和专业技术人员的主要来源，局（集团公司）历届领导十分重视大中专毕业生的接收安置和招聘工作，采取了一系列措施和办法，不断满足了企业发展对人才的需求。

1997 年以前，国家实行计划分配政策，采取的是企业与学校双方供需见面的形式。1998 年以后国家实行了“双向选择、择优录取”的市场化毕业生分配原则。局（集团公司）积极参加省、市及有关院校的毕业生就业双选会进行招聘工作，1989 年至 2008 年，共接收毕业生 4793 名，其中硕士研究生 14 名、本科生 1167 人、专科生 1288 人、中专生 2324 人。

历年大中专毕业生接收情况统计表

年度	合计	硕士研究生	本科	专科	中专
1989	192		66	30	96
1990	246	1	82	58	105
1991	256		81	36	139
1992	245		86	39	120
1993	242		53	56	133
1994	278		52	58	168
1995	326		48	68	210
1996	319		55	84	180
1997	269		52	67	150
1998	242		60	32	150
1999	289		34	108	147

年度	合计	硕士研究生	本科	专科	中专
2000	161		19	28	114
2001	200		24	45	131
2002	218		29	56	133
2003	214		43	70	101
2004	140	1	48	65	26
2005	177	1	52	53	71
2006	318	2	98	111	107
2007	266	6	99	158	3
2008	195	3	86	66	40
合计	4793	14	1167	1288	2324

1998 年至 2001 年，煤矿企业效益下滑，企业对人才的吸引力受到严重影响。为扩大企业影响，吸引煤矿主体专业毕业生，1997 年 9 月，峰峰局在中国矿业大学设立了“峰峰助学金”，在淮北煤炭师范学院设立了“峰峰奖学金”。2001 年 6 月，下发峰煤［2001］264 号《关于对 2001 年大学本科毕业生和部分专科毕业生实行‘保底工资’的通知》。2003 年 6 月，下发峰煤［2003］308 号《关于做好 2003 年大中专毕业生接收安置工作的通知》，对毕业生执行保底工资。2005 年 4 月，下发峰集［2005］219 号《关于做好 2005 年大中专毕业生招聘及管理工作的意见》，提出对紧缺专业本科及以上毕业生发给安家费 3 万元，对井下生产管理、技术工作的全日制本科毕业生年保底工资不低于 2.5 万元，从事井上工作的急缺专业的全日制本科毕业生保底工资不低于 2 万元。

（二）毕业生见习期的管理

注重做好毕业生见习期的管理工作，做到分得来、留得住、用得上，每年组织进行一至两次的见习生管理工作检查，发现问题及时督促整改。从 1989 年至 1998 年，每年 10 月组织召开上一年度优秀见习生表彰和本年度毕业生见习动员大会，由局党政主要领导参加并作重要讲话，会上表彰优秀见习生、优秀见习指导教师、见习管理先进单位。1997 年 5 月，《我们是如何做好毕业生管理工作的》在河北省煤炭干部工作会议上作了经验介绍。

1997 年和 2004 年，结合毕业生见习期管理工作的实际，两次对局（集团公司）见习管理暂行规定进行了修订。2004 年 7 月，下发了《大中专毕业生见习管理工作暂行规定》（峰集［2004］513 号）。

1991 年 3 月 10 日至 12 日，中煤总公司 1991 年度毕业生分配计划协调会在万年矿召开。

四、职称工作

（一）专业技术职务任职资格评审、考试

1989 年 12 月，根据中煤总公司河北公司《关于进行专业技术职务复查工作的安排意见》，在全局范围内对专业技术职务进行了复查，对确有不符合文件规定的评聘结果予以纠正。复查的重点是：在专业技术职务评审中伪造学历、资历，开具假证明、假学历，剽窃他人成果，抄袭或让人代写论文、技术报告，虚报成绩和贡献，谎报工作量的；不在专业技术岗位，按规定不属于评聘范围而评聘了专业技术职务的。1990 年 2 月自查结束。经复查，全局有 9 人不具备任职条件，按规定进行了处理。1990 年 4 月顺利通过了中煤总公司职改办的检查验收。

1991 年 12 月，中煤总公司河北公司在峰煤宾馆召开了专业技术职务评聘转入经常化工作会议。1992 年职称评审工作转入正常化，每年都进行正常的职称评审工作，高级专业技术职务任职资格的评审由河北省煤炭厅负责，局负责工程、卫生、中小学、会计、经济、职教（技校）等专业系列中级专业技术职务任职资格的评审。

1992 年以后，国家陆续开始了会计、经济、统计、企业法律顾问、计算机软件、卫生等十多个专业技术职务中、初级任职资格考试工作，实现了以考代评。并先后开始了执业药剂师、执业医师、注册会计师、注册安全工程师、监理工程师、造价工程师、质量工程师、资产评估师等执业资格的考试。

2002 年 11 月，政工、专业技术职务评审统一由局组织人事部科技干部科负责。

2003 年 11 月学校正式移交地方，中小学评委会撤销。2005 年技校系列中级专业技术职务资格参评人数少，集团公司技校系列中级评委会不再召开，参加人员材料统一上报河北省国资委后进行委托评审。2008 年冀中能源集团成立后，工程中级、政工初级评委会由冀中能源集团负责，峰峰集团仅有工程技术初级评审委员会。

1989 年到 2008 年，共有 6300 人获得了相应的专业技术职务任职资格，其中正高 94 人，高级 1025 人，中级 3180 人，初级 2056 人。

（二）政工职称评审

1989 年，为了调动广大政工人员的积极性，峰峰局根据当时的形势，制定了企业内部的政工职称评审条件，并进行了评审。1990 年国家开始进行政工职称的评审。1991 年 7 月，根据中煤总公司政工职称评审有关政策，局进行了正常的政工职称评审工作，同时对 1989 年通过企业内部评审获得政工职称资格的人员进行了认定。以后政工职称开始了每年一次的正常评审。

（三）历年正高级专业技术职务评审情况

1988 年，根据煤炭部［1988］27 号文件，方绍孟、张延鸿、崔贺元、刘德沛、贾立人、和清嵩、郝玉珩被评为主任医师，汤德芳被评为主任药师。

1989 年，根据中煤总人字［1989］219 号文件，孟昭励、夏家腾、王树声、刘起才、王友瑜、张光熙、张积仁、常健被评为教授（研究员）级高级工程师。

1993 年，根据煤办字［1993］112 号文件，聂锡钧、白厚基、孙琰（女）、吴宝芹（女）、宋玉荣（女）被评为主任医师。

1994 年，根据冀煤职改字［1995］1 号文件，瞿志然被评为主任医师。

1995 年，根据冀煤职改字［1995］21 号文件，刘延安、王光国、桑银堂、赵宁、梁春林、邢安仕、董智明、钱祖炯被评为成绩优异的高级工程师。

1997 年，根据冀煤人字［1997］70 号文件，王玉、秦学本、刘福盛、赵关群、高彩鹏被评为成绩优异的高级工程师。姬曙光被评为主任医师。

2001 年，根据冀煤职改字［2001］29 号文件，王振营、刘一平、张炳钧（女）被评为主任医师，王兴无被评为主任药师。根据冀煤职改字［2002］28 号文件，冀光荣、黄涛、樊瑞芬（女）被评为主任医师，耿建芳（女）被评为主任技师。根据冀煤职改字［2002］33 号文件，陈亚杰、张汝海、陈志林被评为正高级工程师。

2002 年，根据冀煤职改字［2002］261 号文件，张文学、刘书灿被评为正高级工程师。根据冀煤职改字［2002］74 号文件，吴志强、田德棒、张海林、田小运、温凤娥（女）被评为主任医师。

2003 年，根据冀职改办字［2003］63 号文件，王务平、何长海被评为正高级工程师。根据冀职改办字［2004］11 号文件，王溥、张慧欣、李芳枝（女）、李宝芹（女）、仝超、孙淑芹（女）、许建强、左燕红（女）、孟英杰（女）、彭风芹（女）被评为主任医师。

2004 年，根据冀职改办字［2004］288 号文件，陈宇、尚书海、孙峰被评为正高级工程师。根据冀改办字［2004］326 号文件，宋克忠被评为主任医师。

2005 年，根据冀职改办字［2005］220 号文件，邵太升被评为正高级工程师。根据冀职改办字［2005］177 号文件，马清平、柯小宁（女）、张玉祥、安小刚被评为主任医师。

2006 年，根据冀职改办字［2006］31 号文件，任连顺、孙建国被评为正高级政工师。根据冀职改办字［2006］200 号文，张党育、孙晋响被评为正高级工程师。根据冀职改办字［2006］255 号文件，杨连根、李瑞平、赵沧海、孟淑萍（女）、朱朝霞（女）被评为主任医师。

2007 年，根据冀职改办字［2007］256 号文件，王铁记、赵军凯被评为正高级工程师。根据冀职改办字［2007］225 号文件，李建明、孙英华（女）被评为主任医师。

2008 年，根据冀职改办字［2008］6 号文件，付京斌、关永强被评为正高级工程师。根据冀职改办字［2009］30 号文件，许如福、庞爱莲（女）、韩守江被评为主任医师。根据冀职改办字［2008］50 号文件，吴海林被评为正高级政工师。

五、专业技术职务的聘任与考核

局专业技术职称改革从 1988 年 1 月开始。经过近一年的努力，顺利完成了高中初级专业技术职务的推荐、评审工作，完成了首次职称改革工作。

1989 年 2 月，下发了《关于职改工作转入任命阶段的通知》，在首次职称改革中，专业技术职务实行任命制，对具备专业技术职务任职资格的人员，按照干部管理权限，由各单位行政领导任命，任期从 1989 年 1 月 1 日开始，每个任期三年。

1991 年 5 月，根据中煤总公司河北公司下发的煤冀人函字［1991］第 12 号《转发中国统配煤矿总公司关于认真做好专业技术人员考核工作的通知》，按照每三年一个任期进行任期届满考核，对考核称职者续聘，基本称职者缓聘，不称职者不聘，考核结果与职称晋升挂钩。本次考核是 1988 年职改后的首次考核，涉及到十几个专业系列。局建立了考核工作领导小组，成立了工程、卫生、财经统、教育及其他专业系列考核组，制定了相应系列的考核标准，按准备、评议考核、总结、整理等四个阶段进行了实施。经过半年的工作，圆满通过了上级的验收。

1991 年，根据中煤冀人函字［1991］第 12 号文件的有关要求，建立了专业技术人员考绩档案。考绩档案包括：简历表、业务自传、职称评审情况、著作和论文目录、创造发明和技术革新的评价、业务评定、参加国内外科学技术活动的情况、人才培养情况、业务奖励以及培训学习情况等。所属单位班子成员和集团公司机关专业技术人员的考绩档案由局组织人事部负责，其他人员由所属单位组织人事部门进行管理。2003 年，集团公司党委组织人事部对所属单位班子成员的考绩档案管理调整为只管理班子正职，副职由所在单位负责管理。

1992 年职称工作正常化以后，专业技术职务实行了聘任制。一个聘期仍为三年，考核形式为聘期届满考核。

2002 年开始，职称工作正式纳入河北省管理，按照河北省人事厅的要求，在聘期期满考核的基础上，每年都要进行年度考核。

六、干部培训

1989 年 1 月至 2003 年 8 月，干部培训工作由局培训处负责，组织人事部门负责矿处级领导干部的培训。2003 年 8 月，干部队伍培训工作由组织人事部负责。2004 年至 2008 年，根据《管理人员培训制度》（峰集［2004］58 号），组织人事部负责制定集团公司管理的干部和集团公司机关干部队伍的年度培训计划，并负责组织实施，通过外请专家授课、派出人员参加学习、自我组织学习、鼓励自学等多种方式开展了大规模的培训学习。

同时，根据国家有关规定，开展岗位证书培训，先后开展了会计、统计、卫生、安全等岗位证书的培训，并将培训档案纳入专业技术人员的考绩档案管理。加强培训学习的管理工作，每年对所属单位的培训学习进行检查，针对出现的问题及时提出整改意见。

2003 年，教育部出台了针对煤炭企业及所在市实行的“对口单招”政策，即在企业选拔优秀青年和“三校生”（中专、技校、职高）毕业生范围内推荐人员，通过参加高考学习煤矿主体专业、毕业后回到企业工作的方式缓解煤炭企业的人才短缺状况。从 2003 年至 2008 年，有 249 名企业优秀青年被中国矿业大学、山东科技大学、辽宁工程技术大学、河北工程大学、河南理工大学、华北科技学院等院校录取，所有被录取的企业优秀青年均与集团公司签定了委托培养协议，并进行了法律公证。

从2003年开始，集团公司委托河北工程大学举办改专业课程培训班，通过非煤矿主专业毕业生参加一年期的采煤、通安、地质、测量课程培训班培养煤炭主体专业人才，先后共有296人参加了改专业的学习，缓解了煤矿生产一线专业技术人员短缺的状况。

七、其他工作

1989年至2000年，根据邯郸市有关部门的文件要求，共办理科技干部“农转非”71户146人。

1989年，下发峰人［1989］404号《关于对中年知识分子、领导干部进行体检工作的通知》。以后每年都安排相应的体检工作。

1990年5月30日，中煤总公司受能源部委托，组织中国矿工休假团赴捷克休假。通二矿总工程师李吉昌参加。

1989年至2008年，组织技术交流、考察等因公出国134人次。

1989年至2008年，峰峰局（峰峰集团）努力克服条件艰苦等不利因素，采取年度体检、解决两地分居、改善住房条件、提高工资水平等措施，千方百计巩固人才。

第十节 干部档案及其他工作

一、干部档案工作

（一）干部档案管理体制和范围

峰峰局（峰峰集团）干部档案工作，实行集中统一和分级负责的管理体制。局（集团公司）党委组织人事部负责管理的范围是：各矿（厂）领导班子成员、副总工程师的档案；集团公司副总工程师、集团公司机关处级、科级及一般干部的档案；基层非党委建制单位的档案；管理档案不足100卷的单位档案。各矿（厂）党委组织部（政工科）负责管理的范围是本单位科级以下干部档案。

2008年底，集团公司共管理干部档案1.4997万卷，其中集团公司党委组织人事部管理干部档案1963卷，包括代保管干部档案166卷（铁路运营分公司42卷、瑞达公司68卷、翔龙公司56卷）；各矿（厂）党委组织人事部管理干部档案1.3034万卷。

（二）干部档案管理制度

1989年以来，峰峰局（峰峰集团）根据档案管理规定，结合实际，先后制定了干部档案借阅制度、查阅制度、档案转递制度、档案管理制度以及档案材料收集归档制度等，以局（集团公司）党委组织人事部正式文件下发到各基层单位，不断加强了干部档案管理工作。2004年，又对干部档案管理制度进行了完善和修订，并将《档案工作人员职责》、《干部档案管理制度》、《查阅档案制度》、《借阅档案制度》、《干部档案保密制度》5项制度制作成牌板，发放到各基层单位档案管理部门，进一步规范了集团公司干部档案管理工作，提高了干部档案管理工作的水平。

（三）干部档案的管理与使用

1. 材料收集归档。根据中组部关于干部人事档案材料收集归档规定，结合实际情况，制定了《干部人事档案材料收集归档规定》，强化了档案材料收集归档工作。坚持把好干部档案材料“入口关”，对收集的干部档案材料认真鉴别，严格审查，坚持原则，防止和杜绝伪造档案材料、不符合归档要求的档案材料进入干部档案，有效保护了干部档案材料的真实性。

2. 整理装订档案。1989年以来，局（集团公司）多次组织人员整理装订干部档案，1991年、1993年、1999年、2003年均对干部档案进行了整理装订。特别是2003年以后，按照中组部、河北省委组织部整理装订档案标准和要求进行整理装订，统一了集团公司干部档案卷皮、档案目录纸、档案分类纸，规范了档案用品，并对填写档案目录、编写页码、材料排序提出了统一要求，进一步提高了干部档案质量，促进了干部档案标准化管理。

3. 服务和使用。1989 年以来，干部档案为党组织和干部工作提供了大量服务，主要是干部考察、任免、入党、政治审查、办理退休、福利待遇等。坚持严格执行查阅档案制度，按规定办理查阅档案手续，在阅档室或指定地点查阅档案。严格执行干部档案一般不外借制度，特殊情况由借阅单位写出借档报告，经主管领导批准后方可借用。严格干部档案转递，始终坚持通过机要交通转递和派党员干部专人送取，杜绝本人自带档案，保证了干部档案安全转递。

4. 保管与保护。干部档案的安全保护，主要是防盗、防火、防虫、防潮、防晒、防高温等“六防”措施。1989 年以来，不断加强干部档案的保管和保护措施，档案管理部门的“六防”措施落实到位，建立了专用档案库房，安装了防盗门、防盗窗以及其他防护设施，实行专职、专人档案管理员，确保了干部档案的安全保存，保证了及时为党组织和干部工作提供服务和使用。

二、离退休工作

1989 年至 2008 年，峰峰局（峰峰集团）认真按照国家退休政策和煤炭行业、政府部门制定的各项退休规定，共为 5925 名干部办理了正式退休手续，为 1322 人办理了离休手续。2001 年，根据河北省冀办字［2001］10 号文件，为离休干部解决了企业与机关事业单位离休人员待遇不平衡问题。

1989 年以来，根据上级文件规定，多次为离、退休干部调整了离休金和养老金。

三、退休军转干部基本养老金调整

2005 年，根据上级关于贯彻落实中办发［2003］29 号文件有关政策问题意见的通知精神，企业退休军转干部的基本养老金达不到所在设区市职工基本养老金水平的，补助到平均水平。在社区市职工基本养老金平均水平的基础上，加发基本养老金补贴。加发补贴标准为：转业时原营职以下、团职、师职（均含相应的技术级）人员分别为每月 200 元、300 元、400 元。1953 年底前参军、转业时为营级以下职务的企业退休军转干部，其基本养老金补贴标准按团职标准给予补助；团级职务的按师职标准给予补助。从 2005 年 7 月 1 日开始执行。

2005 年 7 月，报河北省国资委退休军转干部 96 人，资金 26.4 万元；2006 年 1 月，104 人，资金 30.36 万元；2007 年 1 月，106 人，资金 30.8324 万元；2008 年 3 月，118 人，资金 36.33 万元。

2008 年 11 月 3 日，河北省国资委通知在原来的基础上再次提高企业退休军转干部生活补贴标准，每人每月再增加 100 元，从 2008 年 7 月 1 日执行。2008 年 11 月 7 日，报河北省国资委退休军转干部 118 人，2008 年下半年需求资金为 7.08 万元。

四、企业社会职能移交工作

根据河北省冀机编办［2003］102 号、冀机编办［2000］77 号文件。2003 年 11 月，下发了峰集发［2003］36 号、峰集发［2003］154 号《关于学校、公安移交地方的安排意见》。

第二章　宣传思想工作

建局以来，峰峰局党委根据党在各个历史时期的要求和重点部署，结合企业实际，坚持开展多种形式的宣传教育工作。1956 年 5 月，中共峰峰矿务局委员会成立后，设立了党委宣传部。围绕党的中心工作，分别开展了学习贯彻“八大”会议精神、毛主席著作学习教育活动和反右派、总路线、大跃进、人民公社等社会主义宣传教育活动。“文化大革命”开始后，一派群众组织夺权，党委宣传部工作陷于瘫痪状态，全局宣传思想工作处于不正常状态。1971 年 6 月，中共峰峰矿务局委员会设政治部，党委宣传部更名为宣传组，隶属政治部。1974年恢复党委宣传部。1978年，以宣传贯彻党的十一届三中全会精神为重点，拨乱反正，开展了实践是检验真理唯一标准的讨论，从根本上端正了宣传思想工作的指导思想，使宣传思想工作开始走上正确轨道。在之后的工作中，以《关于建国以来党的若干历史问题的决议》、党的十二大精神等为主要内容，开展多种形式的学习教育活动。按照1983年国务院"每年三月为全国文明礼貌月"规定，峰峰局于1984年成立了"五讲、四美、三热爱"委员会，开展精神文明建设活动。1986年，局成立了思想政治工作研究会，建立了普法领导小组。

从1989年以来的20年间，宣传思想工作在继承和发扬已有成绩的基础上，围绕党在新时期的中心工作，紧密结合企业改革发展实际，坚持与时俱进，发扬创新精神，不断研究新情况，解决新问题，深入调查研究，积极探索宣传思想工作的特点和规律。先后开展了"一个中心、两个基本点"的基本路线、邓小平理论、"三个代表"重要思想和科学发展观等一系列学习教育活动，坚持每年一个主题开展主题教育活动，开展学习型企业、企业文化、精神文明等创建活动，充分发挥了宣传思想工作在统一思想、武装头脑、教育引导、鼓舞斗志等方面的重要作用，为企业改革发展提供了有力的思想保证。2003年以来，集团公司先后获"全国企业文化建设优秀单位"、河北省"文明单位"、"思想政治工作先进集体"等称号。

1989年，党委宣传部下设宣传科、理论科、统战科、对外报道科（《中国煤炭报》记者站）、综合科、电视台6个科室。1995年峰峰局机构改革，党委宣传部下设宣传科、理论科、统战科、电视制作中心4个科室，撤销综合科，对外报道工作划归《峰峰矿工报》社管理。2002年11月起，局党校挂靠党委宣传部。2003年8月，峰峰局改制为峰峰集团有限公司，党委宣传部下设宣传科、理论科、统战科、电视制作科4个科室。2006年8月，对外报道工作由《峰峰矿工报》社划归宣传部设科管理，党委宣传部下设科室调整为宣传科、理论科、统战科、新闻报道科、电视制作科5个科室。2008年3月，增设网络信息科。

第一节　理论武装

1989年，针对北京等地发生的政治风波，重点组织学习了中央领导同志的一系列讲话精神、《告全体共产党员和全国人民书》、《人民日报》社论《必须旗帜鲜明地反对动乱》以及中共北京市委宣传部《认清动乱的实质和戒严的必要性》、《北京发生反革命暴乱的事实真相》等文章，澄清了大家的模糊认识。

1992年至1994年，结合形势发展，先后举办了7期领导干部强化经营意识学习班和8期党的十四大精神、《邓小平文选》第三卷、《中共中央关于建立社会主义市场经济体制若干问题的决定》学习研讨班。

1996年至1998年，重点组织学习了党的十四届六中全会精神、党的十五大精神、邓小平理论、《煤炭法》等，组织开展了"'三条线'管理大家谈"征文活动和庆祝香港回归"学理论、迎回归"读书知识竞赛、"讲学习、讲政治、讲正气"教育活动等。

1999年，局党委大力加强理论学习制度建设，先后制定下发了《理论学习规章制度》、《理论学习检查考评意见》、《关于对领导干部理论学习考核的实施意见》等一系列规章制度。

2000年，局党委下发《关于学习"三个代表"重要思想的有关安排意见》和《关于在领导班子及成员中开展"三个代表"重要思想学习教育活动的实施方案》，组织召开了领导班子"学习'三个代表'重要思想，加强思想政治工作，推进扭亏，确保稳定"专题学习讨论会，在全局广泛开展了"三个代表"重要思想学习活动。

2001年至2002年，局党委下发了《理论学习中心组理论学习基础规范（试行）》、《理论学习中心组理论学习考核程序》和《关于进一步加强党委中心组理论学习的意见》，进一步加强和规范了全局理论学习。

2004年，在领导班子和领导干部中开展"如何做一个把信送给加西亚的领导干部（班子）"专题学习讨论活动，大力加强执行力建设。同年，集团公司党委召开了理论学习经验交流会，10个单位介绍了理论学习的经验。

2005年至2006年，先后举办集团公司所属单位领导干部学习研讨班14期，对所属各单位领导干部、集团公司副总师、集团公司机关各部门正副职分期进行培训。

2006年，重点组织开展了胡锦涛同志在庆祝中国共产党成立85周年暨总结保持共产党员先进性教育活动大会上重要讲话精神和《江泽民文选》学习活动。

2007年，组织开展了认真学习宣传贯彻党的十七大精神活动，并成立学习十七大精神宣讲团，深入各单位巡回宣讲，在全集团公司掀起了深入学习党的十七大精神、贯彻落实科学发展观的热潮。

2008年，结合冀中能源集团的组建，专题编辑印发了《做大做强，在新起点上奋勇前进——中心组学习辅导材料》，并组织深入学习河北省委、省政府和省国资委关于推进国有企业改革重组的一系列会议精神，推动了企业联合重组的顺利进行。围绕2010年冀中能源建设5000万吨大集团、挺进煤炭企业前十强和集团公司原煤产量1650万吨、精煤产量1000万吨以上奋斗目标，深入开展了学习宣传冀中能源集团争创5000万吨目标动员大会精神活动。召开党委中心组学习扩大会，邀请专家就执行力和宏观经济形势进行了专题辅导。

2008年下半年以来，坚持每季度组织集团公司理论学习中心组学习扩大会。

1989年至2008年，每年根据学习内容编发《干部党员学习教材》和《学习导读》，确保了每年理论学习有条不紊逐步深入。为提高学习效果，增强学习的吸引力，每年都定期举办矿处级领导干部、青年干部、理论骨干培训班，利用专题辅导、座谈讨论、经验交流、知识竞赛以及征文、宣讲等多种方法深化理论学习，使理论学习切实起到了武装头脑、转变观念、提高素质、开阔思路、指导工作的目的。

第二节　宣传教育活动

一、主题教育

（一）教育内容

1986年，在认真思考、广泛调研的基础上，局党委确定了每年一个主题系列教育活动的思路，即在党的基本理论、基本路线指导下，根据每年企业的重点工作，确定一个教育主题，围绕这个主题有计划、有重点、分层次采取多种形式开展一系列宣传教育活动，保证思想政治工作落到实处，取得实效。在确定每年的主题系列教育时，局（集团公司）党委立足于贯彻党的路线、方针和政策，结合企业重点工作任务，贴近职工的思想动态，使主题系列教育保持了前瞻性、针对性和时代感，为教育取得实效创造了良好的前提条件。

1989年，围绕统一思想这个中心任务，开展了“坚持四项基本原则、反对资产阶级自由化”主题教育活动，引导职工全面、正确看待十年改革，改善和理顺心理状态，增强对深化改革的承受能力，树立长期同资产阶级自由化、同“和平演变”作斗争的思想。

1990年，开展了以热爱祖国、热爱社会主义、热爱集体、热爱企业为主题的“四热爱”教育活动。

1991年，按照中共中央部署，扎实开展了深入学习科学社会主义理论、坚定社会主义信念和基本国情、基本路线的“双基”主题教育活动。

1992年，开展了“主人翁意识”主题教育。

1993年，重点开展了以认清形势，艰苦奋斗，提高效益为重点的“社会主义市场经济意识”主题教育，增强了职工谋求发展、振兴企业的责任感。

1994年，开展了“我与企业共命运”主题教育，重点抓了市场经济、形势任务、提高效益等教育，增强了职工克服困难、与企业共渡难关的意识。

1995年、1996年和1997年，根据外部市场环境不利和企业内部资金紧张的形势，连续三年开展“艰苦创业、爱岗奉献”主题教育活动，广泛开展了形势任务、局情矿情、市场经济、爱岗敬业、安全生产、优良传统等一系列教育，统一了职工思想，坚定了职工克服困难的信心和决心，激发了职工艰苦奋斗、无私奉献的积极性。

1998年，根据严酷的市场竞争、艰巨的扭亏增盈任务和繁重的改革调整工作，有针对性地开展了“适应新形势，树立新观念，再创新业绩”主题教育活动，深入扎实开展了形势任务、市场经济、安全生产、艰苦奋斗、自立自强等教育，引导广大职工适应激烈竞争的形势，树立与市场经济体制相适应的新观念，立足岗位再创新的业绩。

1999年至2001年，为了稳定职工队伍，在困难情况下实现扭亏脱困，连续开展了“鼓斗志，闯难关，抓扭亏”、“抓机遇、攻难关、创效益”、“学《建议》、转观念、抓调整、创业绩”主题系列教育活动，发挥了保驾护航的作用，保持了职工队伍的稳定，为企业在极其艰苦的环境中求生存提供了保证。

2002年至2004年，为了适应企业体制的变化和改革调整的需要，相继开展了“创新、创业、创效”、“团结、奋进、创新、超越”企业精神、“新形势、新形象、新发展”等主题系列教育活动，推动了企业体制的变革和结构的调整。

2005年和2006年，围绕企业文化建设，开展了“一基多业，做精图强”、“自立有为，强企为民”主题教育，促进了企业文化建设的深入开展。

2007年，为深化和谐企业建设，开展了“共建和谐，促进发展”主题教育，动员广大职工积极投身于和谐企业建设，共谋企业发展。

2008年上半年，为进一步增强企业竞争力，实现再造两个峰峰集团的目标，开展了“跨入新阶段，立足新起点，争创新业绩”主题教育活动。下半年，围绕冀中能源集团的成立，开展了“新集团、新目标、新举措、新面貌”主题教育活动，提高了职工融入大集团、热爱大集团、奉献大集团的自觉性。

（二）教育方式

1. 广泛宣传。利用广播、电视、报纸等宣传工具，集中进行宣传教育；利用集中培训、经验交流、理论研讨等方式，让职工在亲身参与中互相商讨、自我教育；利用知识竞赛、演讲、征文、主题辨论等形式，寓教于乐，使广大职工群众在潜移默化中接受教育。

2. 开展讨论。每年围绕主题，结合实际，有针对性地开展大讨论活动。2004年根据企业改制调整工作的实际，开展了“把握机遇创水平，改制调整促发展”大讨论。2005年，结合企业战略的实施，开展了“实施战略促发展，立足岗位作贡献”大讨论。2006年，为动员职工积极工作，开展了“保安全，降成本，提质量”大讨论。在大讨论活动中，一方面分步骤有计划地进行；另一方面，紧密联系职工的思想和工作实际，使大讨论活动既轰轰烈烈，又扎实有效，推动了主题教育工作深入开展。

3. 典型示范。在主题教育中，大力宣传全国劳动模范、全国“五一”劳动奖章获得者等各类先进典型事迹，引导职工把爱国家、爱企业的热情浓缩于立足岗位、争创一流的实际行动之中。2005年，结合保持共产党先进性教育活动，在全集团公司开展了向全国劳动模范、河北省优秀共产党员李水龙同志学习的活动。

4. 实践推进。在每年的主题系列教育活动中，立足于实践，把教育转化为艰苦创业、岗位奉献的强大动力，找重点，定项目，攻难关，创效益，积极为企业发展作贡献。根据每个时期企业的重点工作，相继开展了“比产量、比进尺、比奉献”、“创水平、创效益”等各种劳动竞赛，“班组无轻伤、区科无重伤”和“安全创水平”等安全生产竞赛，以及“向管理要质量，向管理要效益”和“适应新体制，不断创新管理”等各种实践活动，调动了职工的积极性，使主题教育活动取得了实际的效果。

（三）教育机制

为确保主题教育有条不紊地进行，并取得实实在在的效果，局（集团公司）自上而下对此项活动给予了高度重视。每年主题教育启动之前，党委都要进行认真的讨论，从大局和宏观上分析形势，上下研究，确定教育主题和工作思路。每年都调整成立主题教育领导小组，形成了党委统一领导、党政工团齐抓共管的领导机制。每年以党委文件在工作会议上下发安排意见，提出具体要求。每年编发主题教育宣传材料，并在《峰峰矿工报》和电视台开辟专栏专题，引导教育活动深化。把主题教育活动每一阶段的目标任务层层分解，落实到单位、区队、班组、个人，做到了任务清楚，目标明确，形成了一级抓一级、一级保一级、一级促一级、一级对一级负责的管理体系。制定考核办法，坚持做到年初安排，季度督查，年终总评。每月一检查，每季一小评，每年以局（集团公司）党委名义命名表彰主题教育先进单位。

二、普法教育

1985 年 11 月 5 日，中共中央、国务院批转《中央宣传部、司法部关于向全体公民基本普及法律常识的五年规划》，同年 11 月 22 日，第六届全国人大常委会第十三次会议表决通过了《关于在公民中基本普及法律常识的决议》。峰峰局（峰峰集团）按照上级部署，由局（集团公司）党委宣传部牵头，从 1986 年开始，分别对“一五”、“二五”、“三五”、“四五”、“五五”普法进行了总体规划，成立了局（集团公司）及各二级单位普法教育领导小组，每年对普法教育下发专题文件，进行具体安排。把每月最后一个学习日法定为干部职工法制宣传教育日。编发了每一个五年普法期内的《职工学法知识读本》，开展“以案说法”、“遵纪守法在矿山”、“学法懂法守法”、“法律知识进企业、进班组、进社区、进家庭”等知识竞赛、试卷答题、演讲会。每年组织矿处级以上领导干部参加河北省、邯郸市普法考试。坚持每年对普法情况进行总结、检查、考核，并作为衡量企业治安综合治理工作效果的重要内容，提高了职工的法律意识，为企业改革改制、整合重组、维护权益、科学发展等提供了法律保障和稳定和谐的人文环境。

三、政研工作

峰峰局思想政治工作研究会始建于 1986 年 10 月。1989 年以来，先后建立健全了《关于做好职工思想反馈工作的规定》、《月度职工思想动态反馈表》、《季度职工思想情况调研》等一系列工作制度，自上而下建立健全了政研会工作网络，做到了年初总体谋划，每年召开一次大型研讨活动，年终总结工作，日常加强了对二级政研组织的督导检查。累计出版《宣传动态》94 期，刊登文章 800 余篇，编辑了《优秀研究成果汇编》、《把握生命线》、《优秀文章汇编》、《企业文化知识读本》、《思想政治工作 90 例》、《铸造生命线，唱响主旋律》等书籍。

1991 年 4 月，召开了第三届年会，共设理事 56 人，常务理事 14 人。

1992 年 10 月 9 日，局首次召开了班组建设经验交流会，并确定每年的 10 月 9 日为全局的“班组长活动日”。

1995 年，局党委下发《关于认真学习贯彻中宣部、国家经贸委 <关于加强和改进企业思想政治工作的若干意见> 的通知》，进一步明确了思想政治工作的重点和思路。

1996 年 6 月，召开了第四届理事会，共设理事 54 人，团体会员单位 36 人，个人会员 44 人，特约通讯员 21 人。本届理事会设常务理事，常务理事会由会长、常务副会长、副会长和正副秘书长组成。

1998 年，局党委下发《关于当前进一步加强思想政治工作的意见》，引导职工认清形势，振奋精神，理顺情绪，化解矛盾，树立与社会主义市场经济相适应的新观念。

2000 年，召开了思想政治工作会议。交流了基层单位思想政治工作方面的经验做法，针对企业经营困难形势，提出了思想政治工作的思路和方法。

2007 年 6 月 21 日，召开了思想政治工作会议，会上选举产生了集团公司思想政治工作研究会首届会长、常务副会长、副会长和秘书长、副秘书长及理事会其他成员，通过了《峰峰集团有限公司思想政治工作研究会章程》，成立了集团公司思想政治工作研究会。集团公司首届思想政治工作研究会理事会成员 55 名。

2008 年 10 月，为认真贯彻落实冀中能源集团［2008］12 号《关于成立思想政治工作研究会的通知》精神，结合集团公司各单位人员调整变动的情况，经集团公司党委同意，对集团公司职工思想政治工作研究会有关组成人员进行调整充实。调整充实后的理事会成员 47 名。

峰峰集团政研会是全国政研会、全国煤炭系统政研会、河北省政研会、河北省国资委政研会、邯郸市政研会的团体会员单位。

四、对外新闻报道

1983 年《中国煤炭报》创刊时，在各大煤炭企业设立了记者站。峰峰局在党委宣传部设立记者站后，企业加强了对外新闻报道工作。1995 年局机关机构改革后，对外报道任务由峰峰矿工报社负责。2006 年 8 月，党委宣传部设新闻报道科，对外新闻报道任务重新划归党委宣传部。在工作中，主要围绕企业的重点工作组织对外报道，提高企业的知名度。

加强对外新闻报道队伍建设。把各基层单位通讯干事纳入对外新闻报道的骨干力量进行管理，成立了对外新闻报道小组，及时上报本单位对外新闻报道线索。每年组织部分单位通讯干事和通讯员参加上级举办的培训班。2008 年 12 月，集团公司对各单位和机关部室的近百名信息员进行了培训。

加强对外新闻报道制度建设。2006 年，根据河北省国资委《关于规范和加强新闻宣传工作的意见》，制定下发了《新闻宣传报道工作考核办法》和《关于进一步加强和改进新闻报道工作的实施办法》。并下发了峰峰集团《突发事件新闻报道预案》，实行了“新闻记者来访登记申报表”制度，进一步规范了对外新闻报道工作。

五、电视、广播

（一）电视。20 世纪 80 年代初，随着我国广播电视事业的蓬勃发展，在河北省和邯郸市的统一规划下，峰峰局在距办公大院 1.5 公里的西山，建设了峰峰局电视差转台，先后由局工会和局党委宣传部负责管理。转播中央 1 套、2 套节目。

进入 90 年代后，转播 6 套电视节目。同时，以培训职工名义，申请在差转台内插播一些影视节目和自编专题片，并于每周六播放“峰煤新闻”，周三重播。1995 年，局机关机构改革，局成立了电视制作中心，西山发射台交由局通信中心管理，收转 26 套中央、省、地市广播电视节目。2000 年，传输电视节目 35 套。全局有线电视覆盖率达 85% 以上，接入近两万个家庭用户。

2003 年，峰峰集团成立后，“峰煤新闻”改为“峰峰集团新闻”。

2004 年，经河北省广播电视局批准，集团公司有线广播电视正式建台，开通集团公司电视中心自办节目专用频道。“峰峰集团新闻”由每周 1 期增加为每周 2 期。

2006 年，电视节目达到 40 套，调频广播节目 3 套，自办节目 1 套。“峰峰集团新闻”由每周 2 期增加为每周 3 期，并根据形势任务要求编播专题节目。能利用完善的传输网络，完成集团公司重大活动及文艺演出活动的电视直播。

2008 年 6 月，冀中能源集团电视“新闻联播”与“峰峰集团新闻”实现了双向传输。

2009 年 1 月 7 日，在邯郸电视台 2 套开始设《走进峰峰集团》栏目。每周二、四、六 20 时 45 分播放峰峰集团新闻，每次 15 分。

（二）广播。建局以来，局直属机关和一些二级单位相继设立了广播站，形成了一套较为完整并富有特色的栏目体系，实行早、中、晚定时播放本单位新闻、文艺节目和转播广播电台新闻节目等。

2007 年 6 月 6 日，集团公司与邯郸人民广播电台合作开办了《峰峰集团风采》专题新闻栏目，每天 7 时 25 分至 7 时 30 分定时播放峰峰集团新闻。

部分单位电视台、广播站情况统计表

单位	电视		广播	
	办台时间	主要设备	办站时间	主要设备
九龙矿	1995 年	摄像机、非编机、提词器等	1991 年	音频工作站
薛村矿	1990 年	摄录编 1 套	1962 年	自动播出系统
小屯矿	1991 年	光接收机、用户寻址箱、放大器等	1970 年	调音广播控制台、广播扩音器
万年矿	1987 年	摄像机、中成广电硬盘播等	1981 年	中成光电音频工作站
黄沙矿	1990 年	非编机、摄像机等	1980 年	广播机
大淑村矿		非编机	2004 年	全自动广播机
牛儿庄采矿公司	1990 年	非编机、摄像机、录像机等	1960 年	广播机
孙庄采矿公司	1992 年	非编机、DV 机、录像机	1972 年	播音桌、扩音器
通二矿社区	20 世纪 80 年代初	光接收机、发射机、非编机、用户寻址箱、DV 机、DVD 等	20 世纪 60 年代初	电脑控制系统、扩音机、功放系统、DVD 等
大力公司	1981 年	有线电视系统硬盘播出	1965 年	2006 年因设备故障无法修复停播
邯郸洗选厂			1967 年	中成光电音频工作站
总医院	2008 年 3 月至 2008 年底邯郸分院在邯郸电视台 1、3 套开办了医德医风、健康门诊等健康节目			
直属机关			1963 年	广播器、电脑

六、网站

2000 年，峰峰局申请注册了互联网网站英文域名 www. ffcoal. com，构建了第一个静态外部网站平台。2001 年至 2002 年，外部网站主机在邯郸网通托管。2003 年，峰峰局申请了公网 IP，外部网站平台主机迁回通信中心机房，并重新建设了外部网站和内部网站两个网站系统平台，内部网站英文域名 www. ffweb. com。峰峰局改制为峰峰集团后，峰峰集团增加注册了互联网网站英文域名 www. ffjt. com。2004 年底撤销 www. ffcoal. com 域名。2005 年，升级了网站内容管理平台，增加了中文域名“峰峰集团”。2008 年，冀中能源集团成立后，峰峰集团外部网站新增注册了互联网网站英文域名 www. jznyffjt. com。2008 年，内部网站实现了企业内部信息的发布、浏览功能，链接了多个业务系统和网站，外部网站实现了对外宣传功能。

为进一步加大企业形象宣传力度，扩大企业知名度、美誉度，提高网络媒体信息传播的重要作用，2005 年 6 月，向河北省国资委《河北国资》网站报送信息工作划归集团公司党委宣传部负责。2008 年 5 月，集团公司将企业网络媒体宣传划归党委宣传部管理，通信中心负责网站日常维护。党委宣传部专门组建了网络信息科，具体负责集团公司内外网信息更新、向《河北国资》报送信息等工作。2008 年 7 月开始承担向冀中能源集团内部网站发布信息任务，并聘请专家对网站版面进行了重新设计，峰峰集团内外网站全面改版，信息容量进一步扩大，信息更新更加及时，信息质量进一步提高。

集团公司加强了网络信息管理制度建设和队伍建设，配备了专职人员，建立了网络信息管理制度，出台了激励政策，并自上而下层层选拔、组建了兼职网络信息员队伍，明确了工作职责，把网络信息任务分解、落实到各单位、各部门，形成了良好的运行机制，确保了网络信息工作的规范运行。2008 年，先后制定下发了《关于印发 <峰峰集团网络信息管理规定（试行）> 的通知》和《关于印发 <峰峰集团网站

信息员管理办法>的通知》，对36个单位和38个机关部室全部开通了内部网站信息发布权限，网络信息工作迈入了规范管理、科学管理的轨道。

到2008年底，集团公司内、外网站平台进行了几次较大改版，网站栏目和内容不断丰富，主要栏目有：新闻中心、产品信息、资讯中心、企业文化、集团简介、集团动态、媒体报道、业界消息、供求信息、人才信息、公益信息、技术服务、企业精神、企业礼赞、领导关怀、领导致词、领导班子、组织结构等。

第三节　企业文化建设

峰峰局（峰峰集团）企业文化建设自20世纪80年代中期开始，经历了三个阶段。

第一阶段：初始阶段（20世纪80年代中期至2002年上半年）

20世纪80年代企业文化理论传入中国时，峰峰局党委给予了高度重视，组织力量，收集相关情况，广泛开展研讨，逐步对企业文化的概念、内涵、作用和影响力有了初步的认识。1986年提出了“艰苦奋斗、实干拼搏、勇于献身、开拓进取”的企业精神，并开展了征集局徽、局歌等活动，初步建立了企业的外显标识。20世纪90年代之后，局党政对企业文化建设的认识逐步深入，制定了职工道德行为规范和企业道德行为准则，突出了企业价值观的宣传教育。同时，大力治理脏乱差，改善煤矿环境，树立企业形象。

第二阶段：探索阶段（2002年下半年至2003年）

2002年底，局党政下发了《关于开展创建学习型企业活动的安排意见》，明确提出要“以创建学习型企业为载体，加强有峰峰煤矿特色的企业文化建设，形成体现企业精神的价值取向和行为规范，为企业可持续发展提供平台”。围绕转变思想观念、抓好团队学习、实现自我超越等工作重点，普及理念，营造氛围，把握环节，健全机制，大力推进企业文化建设。学习型企业活动的创建和深化，为开展企业文化建设夯实了基础。

2003年，重新提炼出集团公司新的企业精神“团结、奋进、创新、超越”，并广泛进行了宣传灌注。

第三阶段：文化引领企业改革发展阶段（2004年以后）

2004年，集团公司确定了“培育企业之魂、确立经营之道、牢固以人为本、塑造企业形象、凝聚企业之力”的企业文化建设的总体目标，大力建设企业文化。集团公司党政下发了《开展企业文化建设的决定》和《企业文化建设安排意见》等文件，重点普及企业文化基本知识，征集企业理念，建立含企业标识、集团公司之歌等企业视听觉识别系统。形成了集团公司5个核心理念（企业价值观：自立有为、强企为民；企业战略目标：一基多业、做精图强；企业精神：团结、奋进、创新、超越；企业形象：文明、整洁、严谨、诚信；企业作风：求真务实、雷厉风行），10个系统理念（安全理念：以人为本、安全为天、紧严细实全；人才理念：事业聚才、岗位成才、企业育才；管理理念：科学规范、严密精细；成本理念：精打细算、调控始终；质量理念：产品透视人品、质量决定生存；学习理念：终身学习、成就未来；服务理念：用真诚赢得满意；市场理念：优势加机遇、就是最大效益；科学理念：博采众长、科技兴企；创新理念：峰外有峰、以变求进）。

2005年，集团公司编辑了《企业文化手册》，形成了“以企业发展战略和企业理念为引领，以FRIP人本精细化管理为基础，以安全为重点，以视听觉识别系统、员工行为养成、环境建设为支持”的具有自身特色的企业文化建设总体框架。下发了《全面推行FRIP（责任、互动、绩效）精细化管理，努力实现管理创新的决定》，提炼了包括“4E标准、6S管理、ABC三卡、管理人员走动管理、日清日结、三工并存动态转换机制、班前讲评和礼仪、看板管理、周期评议”等9个基本要素。组织了全集团公司系统的企业文化观摩。薛村矿被评为全煤系统8个企业文化示范矿之一。

2006年，集团公司开始全面推行精细化管理，并把4E标准升级为5E标准，同时把“军事化管理”列入精细化管理要素。2月，集团公司组织26个基层单位党政一把手、党委副书记、党委宣传部长以及集团公司机关11个部门的主要负责人共130人，对20个基层单位进行了企业文化建设现场观摩。4月，河北省国资委在集团公司召开企业文化建设现场会。8月，全煤系统在集团公司召开安全文化现场推进会，大淑村矿被评为全煤系统21个企业文化示范矿之一。当年，集团公司被评为“全国企业文化建设优秀单位”。

2007年，集团公司在企业文化建设中突出安全文化建设重点，形成了以“责任、预防、培训、奖惩、督查、创新”六大机制为经、以“铸魂、塑形、基础、素养、亲情、环境”六大工程为纬的“六六”安全文化架构，并成为全国煤炭系统集团公司层面仅有的安全文化建设模式，受到中煤政研会领导肯定。同时，对精细化管理要素进一步完善，形成了“5E标准、6S行为规范、ABC三卡、管理人员走动巡查、手指口述工作法、军事化管理、日清日结、三工并存动态转换机制、班前讲评和礼仪、集体升入井、看板管理、定期评议”等12个支撑要件。8月，“全国安全生产万里行”活动在集团公司展开，时任国家安全生产监督管理总局党组书记、局长李毅中对集团公司全面推行FRIP人本精细化管理、规范员工行为、确保安全生产等方面工作给予了充分肯定和高度评价。11月，集团公司参加了由中国企业文化研究会、国务院国资委联合主办的“2007年中外企业文化太原峰会”，在会上作了主题讲演。这期间，梧桐庄矿军事化管理、小屯矿“手指口述”、羊渠河矿岗位价值精细管理、九龙矿岗位操作“四位一体”、万年矿制度文化建设、黄沙矿集体升入井等企业文化亮点明显，集团公司再次获全国企业文化建设优秀单位。

2008年，在继续巩固深化精细化管理的基础上，全面推行精细、精准、精确、精益、精美“五精”管理，大力建设凝聚力、亲和力、执行力、管控力、经营力、现场力、创新力、学习力、文化力的“九力”团队，积极打造企业文化软实力，取得了明显成效。1月，集团公司召开企业文化建设“五精”管理推进会议，具体部署推进“五精”管理工作，确定7个基层单位为“五精”管理试点。10月，全国煤炭系统企业文化示范基地示范矿命名暨“五精九力”现场推广会议在集团公司召开，集团公司获“全国煤炭工业企业文化示范基地”称号，小屯矿、梧桐庄矿跨入“全国煤炭工业企业文化示范矿”行列。

冀中能源集团成立之后，峰峰集团认真实施冀中能源集团企业文化建设纲要，按统一要求，对视觉识别系统进行了修订完善。

第四节　精神文明建设

1989年以来，峰峰局（峰峰集团）坚持以邓小平理论、“三个代表”重要思想和科学发展观为指导，认真贯彻“以人为本、重在建设”的方针，深入持久地开展了精神文明建设活动。

1989年，围绕坚持四项基本原则，反对资产阶级自由化，利用各种教育形式，引导广大职工增强社会主义理想和信念。

1990年至1991年，按照“一要稳定、二要鼓劲”的指导思想，在全局开展了“学雷锋、学赖宁”精神文明建设活动，教育职工树立正确的人生观、世界观和价值观。1990年，峰峰局被评为邯郸市“红旗文明单位”。邯郸市委在万年矿召开了精神文明建设现场经验交流会。

1992年，联系企业实际制定了“八五”期间加强社会主义精神文明建设规划，明确了精神文明建设的指导思想、奋斗目标、重点工作，健全了精神文明建设领导机制，对局精神文明建设委员会成员进行了调整和充实。

1993年，为响应邯郸市委、市政府提出的“用三年时间把邯郸建成国家文明城”的号召，4月3日，局召开了创建文明卫生单位动员大会，提出在全局广泛开展“爱峰局、创‘三优’、建设文明卫生单位”活动。各单位精心组织，全面发动，以治理脏、乱、差为突破口，使企业环境卫生面貌发生了很大改观。同时，深入开展了“做四有职工、建五好班组、创六好区队”活动，下发了实施意见，制定了考核标准，在五矿召开了六好区队建设经验交流会。

1994年至1995年，为深化“爱创建”活动，巩固已取得的成果，先后在全局开展了“奉献在岗位、满意在峰局”，“十大窗口争先创优”和“推广文明用语”等活动，全局优质服务水平得到明显提升。

1996年，为认真贯彻落实党的十四届六中全会精神，进一步加强企业精神文明建设，制定了关于“九五”期间加强社会主义精神文明建设的意见，进一步明确了精神文明建设的基本目标、指导原则和重点工作，建立健全了精神文明建设管理运行机制。组织职工参加国家21部委联合举办的社会主义精神建设知识大赛。为提高文明单位创建水平，局党委先后两次组织部分基层单位党委书记和局有关处室的负责同志，到江苏省张家港市和华西村等地进行实地考察，进一步开阔了视野，丰富了对建设有中国特色社会主义的认识。

1997年，根据煤炭部关于在全国煤炭行业开展创建文明矿活动的要求，局党委决定在多年来创建双文明建设先进单位和“做四有职工、建五好班组、创六好区队”等活动的基础上，大力开展创建文明矿活动，明确规定了文明矿“班子建设好、思想道德建设好、队伍建设好、区队建设好、社会秩序好、环境建设好、文体科教好、民主管理好、安全生产好、企业信誉好”10项基本标准和考核细则。全局以创建文明矿为龙头，统揽双文明建设总体工作，有力地推进了精神文明建设。

2002年，为认真贯彻落实党的十六大精神和《公民道德建设实施纲要》精神，在全局广泛开展了以职业道德建设为重点的“以德兴企、以德育人”实践活动，把思想道德建设提到了更加突出的地位。

2003年至2005年，为深化职业道德建设，在全集团公司持续深入地开展了“以德兴企、以德育人”实践活动，以培育“创业、勤业、敬业、精业”为基本目标，广泛开展道德实践活动。针对企业改制以后岗位变化的实际，及时下发了《关于修订完善职业道德规范的通知》，各单位根据改革的进展，重新规范职工岗位职业道德规范，并以争创“文明单位、六好区队、五好班组、四有职工、文明岗位、文明窗口、文明机关、文明家庭、文明社区”为基本内容的“九争创”活动为载体，强化职业道德建设，使道德建设不断得到深化。

2006年至2008年，为认真贯彻落实胡锦涛总书记关于树立社会主义荣辱观的讲话精神，加强职工队伍思想道德建设，着重在集团公司广泛开展了社会主义荣辱观教育活动。各单位利用各种宣传形式，大力宣传社会主义荣辱观的科学内涵、基本内容和精神实质。集团公司举办了“树立社会主义荣辱观”征文活动，结合实际分层次开展了大讨论活动。及时总结选树在社会公德、职业道德和家庭美德中表现优异的典型人物，大力宣传他们的先进事迹和崇高精神，用先进典型的高尚情操感染教育职工，形成了良好的道德风尚。

峰峰局（峰峰集团）党政坚持每年评选、表彰文明建设先进单位和个人。并规定，文明单位、红旗六好区队（2007年名称改为“模范区队”）、特等四有标兵（2007年名称改为“模范员工”）为同一层次最高荣誉称号。

第五节　《峰峰矿工报》

《峰峰矿工报》最早前身是《峰峰矿报》，创刊于1946年5月，为峰峰利民煤矿公司的机关报。版面用蜡纸刻印，油印八开单面，不定期出版。无专职办报人员，编辑、记者均为兼职。后因利民煤矿公司改组、领导成员人事变动和编采人员不固定，不久停办。1946年9月2日，根据形势需要，在纪念峰峰矿区解放一周年纪念日，《峰峰矿报》复刊。1948年12月，峰峰煤业公司主办的《职工小报》创刊。1958年春，为适应“大跃进”形势，创办《大跃进》报。7月1日，峰峰局党委决定停办《大跃进》报，创办《峰峰矿工报》，定位为局党委机关报，并调配5名专职办报人员，于当年8月1日正式创刊。版面为四开两版，初定为每周两刊，每期印刷2000份左右。报纸刚开始只是生产小报，分“战报”和“号外”两种。“战报”即各单位掘进、开拓进尺与创纪录等方面的评比内容，以鼓舞士气。“号外”专门报道基层单位生产上的新纪录和突出业绩。1965年，《峰峰矿工报》统一改为四开四版，每周三刊。1982年，《峰峰矿工报》社升格为处级单位。1985年在全国煤炭系统首家采用胶印印报，当年7月1日出版了第一期彩色报纸。截至2009年3月31日，《峰峰矿工报》共出刊8137期。

一、发展概况

1989年以来，随着企业的不断发展、经济水平的不断提升和社会生活的日益丰富多彩，《峰峰矿工报》为了满足各个层面读者的要求，各种专刊陆续诞生。1994年9月15日，《峰峰矿工报·社会版》与读者见面。经一年试刊，于1995年9月10日改为《峰峰矿工报·星期刊》。为使媒体更好地为企业改革发展服务，强化经济建设方面的深度报道，1998年12月26日，《峰峰矿工报》增加了《经济专刊》，到1999年2月13日，正式采用了《峰峰矿工报·经济刊》报头。2000年12月29日又创办了《峰峰矿工报·消费市场》。2003年，为适应形势的需要，将《峰峰矿工报·消费市场》改为《峰峰矿工报·经济生活》。根据市场经济的不断深入发展，2004年8月18日，又创办了《峰峰矿工报·信息市场》，并彩色印刷。2007年9月，报社在人员少经费不足的情况下，主动压任务担风险，抓住有利时机，用最少的投入，使《峰峰矿工报》实现了数字化、网络化，读者能够在网上浏览《峰峰矿工报》数字版，扩大了报纸影响力，强化了报纸的辐射功能，提升了报纸的地位。2008年2月4日，峰峰矿工报社与峰峰集团工会联合创办了《峰峰矿工报·职工之家》。至此，《峰峰矿工报》由一张不定期的油印小报，逐渐演变成为拥有国家统一刊号、平均期发行量1.4万份、每周出刊6期28个版的一报五刊和数字版格局的企业报纸。

1989年，峰峰矿工报社设有编辑部、新闻科、通联科、印刷厂、财劳科。1994年编辑部改为正刊科和专刊科，同年创立新星广告公司。1998年，通联科和代管的史志办合并到综合办公室。2004年设置微机摄影科。2005年，峰峰矿工报社印刷厂改制为邯郸市枫美印刷有限公司，成为独立的法人企业。

二、办报思想及工作机制

《峰峰矿工报》自创刊之日起，就遵照党的办报方针，担负起了团结、引导职工群众，为企业发展营造舆论氛围的任务。始终不渝地坚持“全党办报、群众办报”的方针，旗帜鲜明地支持正义，歌颂先进，反对邪恶；积极认真地传播先进思想，宣传新的观念、新的道德风尚，反映群众呼声，贯彻执行“三贴近”的办报原则；坚定不移地坚持以企业的中心工作为主要报道内容，不折不扣地宣传贯彻企业党政的方针政策及基层单位执行情况和经验成果；客观报道广大职工在企业发展中的卓越贡献；及时反映职工群众意见和正当诉求，鞭挞不良行为，维护职工群众的合法权益，揭露和批判社会生活中的丑恶行为。特别是1989年以来，《峰峰矿工报》按照邓小平理论、“三个代表”重要思想和科学发展观的要求，不断探索行之有效的企业办报规律。在企业党政的正确领导和支持下，在采编人员的共同努力下，克服各种困难，成为50年中发展最快的时期，成为企业的主流新闻媒体。

进入21世纪，峰峰矿工报社根据企业形势的发展变化，为确立报纸的地位、作用及办报方向，经深入思考总结，明确提出宣传舆论工作必须确立“七个意识”，即：领导意识、政治意识、服务意识、阵地意识、正面意识、人才意识和“福祸”意识，为进一步办好《峰峰矿工报》提供了理论上的支持。提出了企业报必须坚定不移地把服从服务于企业中心作为立报之本。提出了新闻创新、版面创新、策划创新、考核创新“四个创新”，打造企业和地域主流媒体的办报理念。提出“三个第一”，即企业的重大新闻事件是矿工报采编人员第一发现的、重大典型是矿工报第一推荐的、最有价值的新闻事件是矿工报第一报道的。“三个第一”把报纸服务企业、服务职工群众的宗旨更加具体化，促使采编人员以更加高度的政治敏锐性和大局意识去思考新闻、发现新闻、打造新闻，在企业媒体竞争中使《峰峰矿工报》始终“站有地”、“立有根”、“长有源”，报纸版面年年都有新变化，在办报实践中获得良好效果。

在对企业报功能、作用、受众定位、生存路径、服务企业中心的认识上，《峰峰矿工报》不断予以升华。正确分析《峰峰矿工报》的企业地位和区域地位，在长期的实践活动中，认知不断得到深化，实事求是地总结归纳提炼出企业报受众的“四圈论”，即：“核心圈”，包括企业决策层；“中纬圈”，包括矿处、区科干部层；“外纬圈”，包括企业内部员工层；“扩张圈”，包括企业离退休人员、家属、师生以及其他社会成员，为正确办好企业报提供了较为科学的依据。

在报业纷纷走向市场化形势的压力下，峰峰矿工报社确定了“外部是市场，外部有市场；企业内部是市场，内部也有市场”的思路，坚定地坚持“两个市场”一起要，“两个效益”一起抓。以内部市场、内部创效为主；以外部市场、外部创效为辅。在这一原则的指导下，《峰峰矿工报》坚持把服务企业中心作为第一位的任务和责任，确保了报纸的健康稳步扎实发展。

1994年以来，报社的各项工作更加制度化、规范化，制定和完善了各项行之有效的管理制度，特别是形成了工资联挂考核机制、稿件评优机制、通讯员培训考核机制、报纸发行订阅机制等，为报纸的正常出刊与发行提供了制度保障。

从1997年开始，报社实行科室绩效考核，对采编人员的工作任务、工作质量、工作作风等各方面都作了具体的严格的规定，制定标准，定性定量相结合，每月一考核，考核结果与部分工资联挂。根据工作任务、工作质量和人员的变化，每年进行修订和完善，使这一机制得到很好坚持。

1996年3月，开始实施报纸评找差错机制，并于1997年、2006年、2008年进行了三次补充和修改。在实施过程中，公开向读者实行有奖找差错，做到公开、公正。这项机制的有效运行，不仅调动起读者参与办报的积极性，而且强化了采编人员的责任意识，使报纸的编校质量不断、持续提升。

坚持和完善通讯员队伍的目标激励机制、考核评比机制、表彰奖励机制，不断拓展队伍建设的新途径。特别是把各单位年度通讯报道工作考核内容纳入了集团公司党委对基层单位的考核系列，促进了各单位党委对通讯报道工作的重视和加强，使报纸稿件来源在数量和质量上得到了有效保证。报社坚持自办和请进来、走出去的方法，每年举办1至2期通讯干事和通讯员培训班，累计培训2100人次。坚持每月初召开通讯干事例会，不定期召开骨干通讯员、特约通讯员会议，通报情况、沟通信息、布置工作、相互交流，建设巩固了队伍，有效提高了队伍素质。到2008年，《峰峰矿工报》有通讯干事35人，骨干通讯员170人，通讯员626人，特约通讯员77人，遍布集团公司下属所有二级单位和车间班组。

1996年至2006年，报社担负起对外报道任务，并建立了对外报道通讯员队伍，发挥了宣传企业形象的作用。

三、办公设施与印刷设备

《峰峰矿工报》创刊初期，只有几间小平房，70年代末盖起了办公楼，但办公设施依然简陋。1989年以来，通过几次改造，办公条件大大改善，报社院内环境进行了硬化和美化，办公环境焕然一新。2002年，编辑部全体采编人员实现了人手一台微机，并且建立了网络工作平台，稿件修改、审定、排版，均可通过网上传递，基本实现了办公自动化。随着科学技术的发展和进步，摄影器材由最早的海鸥120相机，换成单镜头理光5型单反相机，又换成135型凤凰单反相机、135型美能达单反相机和120型勃朗尼卡单反相机。1995年，开始使用D100型尼康单反新闻相机。自2000年起，开始使用数码相机，由原来的尼康4500型陆续更换为尼康500型、D40型、D100型、D200型数码新闻相机，并陆续装备了录音机、数字微型采访机等，为采编工作高效运转提供了良好的条件。

1991年之前，《峰峰矿工报》采用活字排报（凸版）胶印印报。1991年，引进了北大方正汉字录入排版新技术，购置了7台计算机和激光打印设备，通过计算机录入、排版，直接输出适合胶印平版制版的胶片。1995年又补充购置排版系统1套，激光印字机1台，图片扫描仪1台，自动冲片机1台。至此，《峰峰矿工报》实现了激光照排印报。图片制作淘汰了制版照相机，稿件和图片同时呈现，报纸印刷质量发生了根本性的变化，排版速度大幅度提高。2000年又购置了胶印轮转印报设备2台，使每期套红双色印报速度由原来的16个小时缩减到2小时；四开四色双面胶轮机使彩色报纸每期印刷时间由原来的32小时缩减到6小时。

第六节　统战工作

一、民主党派工作

2008年，峰峰集团有民革（中国国民党革命委员会）、民盟（中国民主同盟）、农工党（中国农工民主党）、九三（九三学社）、民建（中国民主建国会）、民进（中国民主促进会）6个民主党派成员，共56名同志。1986年6月，农工党邯郸市委在第二医院设基层支部1个。其他党派成员随各党派在峰峰矿区设立的基层支部参加组织生活。

民主党派成员主要为总医院和第二医院的医护人员。同时，也吸纳了其他单位中的科技、卫生、教育等界别中的高、中级知识分子和其他界别中有一定社会影响的人士。大多是在中共十一届三中全会以后加入民主党派的，少数同志是“文革”前加入民主党派的老成员。各党派成员在企业改革发展稳定方面发挥了积极作用，在公众中树立了良好的形象。

峰峰局（峰峰集团）党委在党派工作方面所做的主要工作：一是加大对统战理论政策的宣传力度。各级党委对党派工作非常重视，特别是中共中央《关于坚持和完善中国共产党领导的多党合作和政治协商制度》（中发［1989］14号）文件下发以后，采取了行之有效的方式方法，让广大职工群众了解民主党派的性质、历史和成员在本单位、本部门所作的贡献，把对党派工作的宣传教育融入党的政治工作之中。二是为党派基层组织在企业发展成员把好政治入口关。各级党委认真执行中央有关精神，经常与统战部门沟通情况，严格标准，认真考察。并对各民主党派新成员进行党派章程、任务、历史和传统的教育，帮助他们提高认识。三是加强政治引导，帮助党派提高政治素质。四是充分发挥他们在企业改革发展中的积极作用。在经常开展的“三增强、四热爱、比贡献、促发展”和“我为企业献一策”活动中，有多名同志被中共邯郸市委统战部评为先进个人。

二、党外知识分子工作

党的十一届三中全会以后，峰峰局党委认真落实中共中央关于知识分子的有关政策，进一步消除了党内和社会上对知识分子“臭老九”的偏见，做到了政治上一视同仁，工作上放手使用，生活上关心照顾，对德才兼备、年富力强、有组织领导能力的同志，大胆提拔到领导岗位上。不仅使广大知识分子在组织上落实了政策，而且激发了献身企业、服务企业的责任心和自豪感。

20世纪90年代初，峰峰局高、中、初级知识分子人数有了大幅度上升，正高级知识分子12名，副高级知识分子百名以上，中级职称人员数百名。这个时期，企业各级党委通过各种形式向广大知识分子宣传解释党的路线、方针、政策，以生动、实际、有效的形式进行爱国、爱企教育，表彰他们为企业科技发展作出的贡献。1998年，邯郸市委统战部下发了《邯郸市企业统一战线工作条例》（邯统发［1998］2号）文件，把认真做好党外知识分子工作列为企业党委工作的主要内容。峰峰局在尊重知识、尊重人才前提下，做到了政治上充分信任。局机关1990年至1999年，有260名知识分子被吸收为中共党员。一大批优秀中、青年知识分子被安排在各级领导岗位上。

进入21世纪以后，企业吸纳了一大批大、中专毕业生。2005年，峰峰集团党外知识分子3061名，其中取得高级技术职称125名，取得中级技术职称632名，取得初级技术职称230名。这个时期，各级党政对知识分子工作极为重视。在中央统战部、国务院国资委党委《关于进一步加强和改进国有企业统战工作的意见》（统发［2004］37号）文件精神指导下，各级党委在“尊重劳动、尊重知识、尊重人才、尊重创造”方针指引下，积极引导他们将实现个人价值与企业发展紧密结合起来，鼓励和支持他们在科技兴企、改革强企、以法治企、文化塑企方面发挥积极作用。

三、民族工作

2008年，集团公司有9个少数民族成分，共1230人（含家属子女）。其中回族1019人，职工408人（退休127人）；满族166人，职工93人（退休22人）；其他民族如蒙古族、布依族、侗族、壮族、彝族、朝鲜族、撒拉族共45人，职工27人（退休5人）。其中，中共党员74人，共青团员27人；大专以上学历46人，中专学历43人；矿（处）级领导干部5人，科级干部26人；高级职称15人，中级职称18人。

在民族工作方面，峰峰局（峰峰集团）是峰峰矿区和邯郸市的重点单位之一。民族成分多，回族人口较多，分布面较广。各单位坚持对职工群众进行民族政策以及法律法规的宣传教育。在尊重少数民族的风俗习惯和宗教信仰，围绕建成“平等、团结、互助、和谐”民族大家庭，广泛开展“民族团结进步、共建和谐企业”主题教育和“民族团结进步”创建活动。羊渠河矿、万年矿被邯郸市评为“民族团结进步先进单位”。按照河北省人大常委会颁发的《关于河北省散居少数民族权益保障条例》和国家《城市民族工作条例》有关规定，局（集团公司）认真落实党的民族工作政策，在生活上给予诸多照顾。

四、宗教工作

2008年，集团公司辖区内信仰基督教、天主教、佛教、道教群众925人（不含伊斯兰教）。其中基督教580人、天主教228人、佛教115人、道教2人，职工（含集体企业职工、退休职工、下岗职工）257人，其他为职工家属。有较大聚会场所10处。

峰峰局（峰峰集团）党委始终牢牢把握宗教工作的方针政策，形成了宗教工作健康、稳定、有序和依法聚会活动的良好局面。把贯彻党的宗教信仰自由政策与企业文明建设结合起来，引导信教群众把意志和力量凝聚到企业的改革发展上来。对职工群众进行马克思主义宗教观以及社会主义荣辱观教育，让广大职工群众自觉抵制各种腐朽、愚昧思想和邪教组织的侵蚀。并利用各种方式千方百计解决信教职工的困难问题。

五、对台工作

按照中共河北省委办公厅转发《全省台胞接待工作会议纪要》（冀办［1988］14号）文件精神，1988年11月，峰峰局党委成立了对台工作领导小组。1989年，峰峰局有台籍同胞2人、去台人员亲属（台属）66户。至1992年，接待来峰峰局探亲的台胞18户21人。在接待台胞探亲方面，做到了主动、热情、文明、廉洁，既为他们提供优质服务，又不卑不亢、落落大方，给来探亲的台胞以良好的印象。

1995年前后，是峰峰局对台工作的高潮时期。1997年，峰峰局台属人数由62户上升为103户，接待回峰峰局探亲台胞27人（次），赴香港与亲人会面的2户（3人），到外地（原籍）会亲的5人，在峰峰定居1人。同时，接待了台湾歌手万里晴来峰峰局与局文工团同台献艺，接待天津美院教授王麦杆在峰峰局举办个人“台湾风光画展”等。

随着两岸关系的进一步发展，对台工作的重点放在宣传党的“和平统一、一国两制”方针政策和反对陈水扁“台独”势力分裂祖国、鼓吹“一边一国”论的罪恶行径上来，编发多期《两岸关系》学习资料。

2006年，中国国民党主席连战等上层人士来大陆的破冰之旅之后，对台工作又进入一个崭新的阶段。峰峰集团除继续对职工群众进行党的对台方针政策宣传外，还加强了国共两党第二次合作、共同抗击日寇的历史、宝岛台湾的风土人情和工农业生产情况、两岸民众盼望祖国早日统一的呼声等宣传。

六、政协工作

企业中的政协工作，主要是与地方统战工作部门协商，把有影响、有代表性的人物推荐到各级政协组织，并发挥他们的作用，积极参政议政，反映社情民意。

1989年至2008年，为各级政协推荐委员情况：向政协河北省推荐第六届委员2名，第七届委员增补1名；向政协邯郸市推荐第六届委员11名，第七届委员11名，第八届委员10名，第九届委员8名，第十届委员4名；向政协峰峰矿区推荐第七届委员10名，第八届委员12名，第九届委员12名，第十届委员11名，第十一届委员11名，第十二届委员12名。

第三章 纪检监察工作

建局以来，峰峰局（峰峰集团）纪检监察工作在历届党委和上级纪委的正确领导下，根据党在各个历史时期的要求和工作部署，结合企业实际，认真履行职责。1956年6月设立纪律监察机构。“文革”期间机构一度撤销，1980年12月，设中共峰峰局纪律检查委员会。1983年9月30日，正式设立纪检委组织机构，书记由局党委副书记兼任，配专职副书记，设办公室、检查科、审理科，延续到1998年。1989年6月成立监察处。1995年8月，纪委与监察处合署办公。1957年到1976年，先后进行了干部甄别工作、“四清”运动、平反冤假错案等重点工作。党的十一届三中全会后，纪检部门在新的历史时期，坚决拥护和支持党的改革开放政策，坚持四项基本原则，认真履行《党章》赋予的三项任务，充分发挥“保护、惩处、监督、教育”四项职能，协助党委抓党风，维护党规党纪，查处违纪违法案件等，为保证党的基本路线和方针政策在企业的贯彻落实，作出了积极贡献。

1989年以后，随着改革开放的深入，纪检监察部门对在市场经济条件下如何开展党风廉政建设进行了深入探索，加大了反腐败斗争力度，提出了“发挥纪检职能，为深化改革和经济发展创造有利条件”，牢牢树立“两手抓、两手硬”的思想，明确了“加强领导干部廉洁自律，认真纠正不正之风，查处违法违纪案件”三项工作格局。认真落实党风廉政建设责任制，健全完善反腐倡廉领导体制和工作机制，在企业发展进程中，融入中心，服务大局，把反腐倡廉作为系统工程来抓，着力构建具有峰峰局（峰峰集团）特色的惩治和预防腐败体系。坚持标本兼治，综合治理，惩防并举，注重预防，不断加大治本力度，加强教育，强化监督，创新机制，各项工作取得了新进展，为企业健康快速发展提供了有力保障。

1998年12月，纪委监察处设立教育研究室。2001年1月，纪委监察处设立效能监察室。2003年1月局成立督查室，挂靠在纪委监察处。纪委监察处机构设置为：办公室、案件检查（监察）室、案件审理室、教育研究室、效能监察室。

第一节 领导干部廉洁自律工作

1989年以来，峰峰局（峰峰集团）纪检监察部门，按照上级要求，把领导干部廉洁自律工作作为全面抓好党风廉政建设的关键环节，加强学习教育，不断提升对廉洁自律重要性的认识，健全完善制度规定，认真规范廉洁从业行为，强化监督制约，促使领导干部严以律己。针对存在的倾向性问题，开展专项治理，领导干部廉洁自律工作取得了明显成效。

1989年，重点对职工反映强烈的工资奖金分配、分房、罚扣款、农转非和业务招待等方面的问题建章立制，实行“两公开，一监督”，加大群众参与监督力度。

1990年，建立和实行对所属单位党政领导干部党风廉政考察制度，对各单位党风廉政状况每半年进行一次检查；按照干部管理权限，对副科级以上干部建立廉政档案；根据上级纪委有关精神，开展对用公款宴请和报销子女学费问题的专项检查。

1991年，开展党内法规教育。局矿两级成立教育领导小组，制定教育安排意见，印发《党内法规汇编》，建立严格的学习制度和考核办法，并采取多种形式进行教育。在邯郸市纪委教育工作交流会上介绍经验。

1992年，转发省委八条纪律规定，针对阜平问题教训，要求各单位领导班子召开民主生活会，增强拒腐防变意识，解决好对反腐败斗争从认识到实践的转变；贯彻落实中办17号文，对公款大吃大喝、铺张浪费问题进行专项治理，这项工作在中煤总公司纪检监察会议上介绍经验；对截留克扣职工工资奖金、乱罚款、私设“小金库”等问题开展专项治理。

1993年，制定了《关于在经济活动中若干问题的意见》、《关于纪检工作为企业深化改革和经济建设服务的意见》，对基层单位贯彻执行《全民所有制企业转换经营机制条例》进行监督检查，推动企业经营机制的转换；深入亏损单位，帮助剖析原因、建章立制，促其扭亏为盈。局纪委提出搞好党风廉政建设三项工作，即：领导干部带头廉洁自律自查自纠、集中力量查处一批案件、认真纠正不正之风，召开廉洁自律专题民主生活会；对企业“三资”（资金、资产、技术资料）流失问题进行了专项清理。

1994年，制定《关于狠刹婚事大操大办歪风的规定》、《全局干部廉政勤政和艰苦奋斗的若干规定》、《对新任领导干部廉政教育谈话制度》等。开展了对截留职工工资奖金、乱收费乱罚款和职能部门办实体中的不正之风专项治理。

1995年，围绕中纪委五次全会对企业领导干部提出的廉洁自律“四条八不准”，全局各级领导班子普遍召开生活会；认真开展了专项治理，狠刹公款大吃大喝歪风，清缴“小金库”，查纠基建工程承包中的不正之风，清理违反规定购买更换小汽车、机关对基层吃拿卡要“倒服务”等问题。局纪委监察处被煤炭部授予“纪检监察工作先进集体”，在表彰大会上作了《紧密联系企业实际，深入开展反腐倡廉工作》经验介绍。

1996年，印发《党内监察和经济法规选编》，发至副科级以上领导干部进行学习。抓了“三项制度”的贯彻落实；采取个人申报、单位审查、局统一复查的办法，对领导干部住房方面的问题进行纠正；对违反规定购买和乘坐小汽车问题进行清理纠正，对各单位的配车标准、审批程序、抵债车处理等规定进行了完善；对“两款一金”（应收款、其他货款、账外资金）和资金使用中的不正之风进行了清理。

1997年，组织领导干部认真学习中央颁发的《中国共产党党员领导干部廉洁从政若干准则（试行）》；围绕中共中央、国务院《关于党政机关厉行节约制止奢侈浪费的若干规定》，下发了《关于发扬艰苦奋斗优良传统，推动企业改革发展的决定》，狠刹公款大吃大喝歪风，实行了招待费单项列支、招待费使用审批卡；加强了小汽车使用管理；认真清理公费配置通讯工具的问题；严格控制庆典活动，减少会议支出；开展了清缴“小金库”等。在河北省煤炭系统纪检监察工作会议上介绍经验。

1998年，认真开展党的政治纪律教育，制定《关于全局党员干部在扭亏增盈工作中加强政治纪律的若干规定》、《关于进一步加强政治纪律自觉维护企业稳定的通知》，教育党员干部强化组织观念、全局观念，为保证企业稳定大局和扭亏增盈发挥积极作用；认真贯彻落实制止奢侈浪费八条规定，制定《关于加强移动电话管理的办法》、《关于对小汽车实行定编管理的规定》等，积极开展工作，分别在煤炭部、河北省国有企业廉洁自律工作会议上介绍了经验。

1999年，认真贯彻党风廉政建设责任制，制定《关于认真学习贯彻 < 中共中央、国务院关于实行党风廉政建设责任制规定 > 的实施意见》、《关于领导干部实行党风廉政建设责任制的若干规定》，推动党风廉政建设责任制落实；局矿两级实行了新任领导干部廉政谈话制度，并一直延续；与峰峰矿区检察院成立了预防企业工作人员职务犯罪联合指导委员会。

2000年，召开了学习“三个代表”重要思想座谈会，要求把“三个代表”重要思想贯穿于反腐倡廉的各项工作中去；制定《关于组织领导干部深入学习“五条规定”的通知》，要求各单位对“三重一大”进行规范；纪委监察处、峰峰矿区检察院联合举办预防企业工作人员职务犯罪讲座巡回演讲；开展“常敲枕边钟，当好贤内助”教育活动，对矿处级领导干部配偶全部进行家庭助廉教育；根据上级关于利用胡长清、成克杰重大典型案件对党员干部进行警示教育的要求，组织观看反腐倡廉电影电视、举办警示教育书画展、召开警示教育体会交流会；举办纪检监察干部培训班，对纪检监察工作人员进行了培训。组织对反腐倡廉工作开展调研，被邯郸市纪委、市监察学会评为“调研先进单位”。

2001年，在领导干部中开展了“读廉文、思反腐、筑防线”活动，每月选择一篇反腐倡廉方面的文章，送发所属单位领导班子成员和直属机关副处级以上领导干部，这一做法被《中国监察》杂志报道；在《峰峰矿工报》开辟“反腐倡廉大家谈”、“我为峰局反腐倡廉进言献策”专栏，营造反腐倡廉学习教育氛围。

2002年，认真贯彻落实中纪委对国有企业领导人员提出的“五条规定”和《关于各级领导干部接受和赠送现金、有价证券和支付凭证的处分规定》，对全局领导干部执行情况进行清理纠正；组织矿处级领导干部和“三管”人员到磁县漳河监狱，听取在押服刑的职务犯罪人员现身说法，开展警示教育；召开“读廉文、思反腐、筑防线”心得体会交流会；“三八”妇女节期间，通过《峰峰矿工报》发表《致领导干部妻子一封信》，召开领导干部配偶座谈会，向全局领导干部妻子发出倡议，积极营造家庭助廉氛围；举办了廉政书法漫画展览；根据局党政《关于加强和改进作风建设的实施意见》，对招待费使用、各类外出考察活动、小汽车管理使用等进行了监督检查。

2003年，认真学习贯彻落实中纪委对国有企业领导人员的“五条新规定”和《省属企业领导人员廉洁自律若干规定实施办法》，并进行监督检查；修改完善峰峰集团《党风廉政建设责任制实施细则》；组织“领导干部勤廉事迹演讲团”，到所属单位巡回演讲；开展“艰苦奋斗，廉洁从业”主题教育和廉洁假日活动；在抗击“非典”工作中，制定了《关于党员干部在防治非典型肺炎工作中应遵守的纪律规定》、《关于党员干部违反防治非典型肺炎工作纪律的处理规定》，按照上级要求，对防治“非典”物资的采购、招标和防治“非典”的专用款进行监督检查；针对集体企业工聚集上访，下发了《关于党员干部在加强集体企业稳定工作中应遵守的纪律规定》，对党员干部维护集团公司改革稳定大局提出具体要求。

2004年，集团公司党委与基层单位签定《党风廉政建设责任书》；组织领导干部认真学习“四大纪律八项要求”、“三个不得”和廉洁自律有关规定，对有关情况进行了调查了解和通报；制定了《领导干部廉洁自律若干规定实施办法》、《严格遵守党的政治纪律的规定》、《行政过错责任追究制度》；开展了诺廉、述廉、评廉、考廉工作，并一直延续；健全完善领导干部廉洁档案；开展了“抓学习、守法纪、兴勤廉、促发展”主题教育活动；举办了“勤廉杯”党纪政纪知识竞赛；举办了党风廉政建设工作展览。开展了对在职和退休技术人员违反规定在乡镇个体煤矿兼职问题的清理纠正，下发了《关于集团公司人员不得在乡镇煤矿兼职任职的通知》，经过深入调查，专项清理，对为违法开采小煤矿提供技术服务的人员给予了行政处分并进行通报，为维护矿井安全生产起到了积极作用。

2005年，把学习贯彻《建立健全教育、制度、监督并重的惩治和预防腐败体系实施纲要》摆上重要日程，在党校办班进行培训，与《峰峰矿工报》联合举办学习《实施纲要》笔谈征文活动；认真学习贯彻四部委颁发的《国有企业领导人员廉洁从业若干规定（试行）》；修订完善《领导干部重大事项报告、礼品登记、收入申报的暂行规定》、《党风廉政建设谈话实施意见》等；开展了“讲学习、抓预防、促勤廉、强发展”主题教育活动。集团公司被评为“全省纪检监察先进集体”（全省唯一一家省属企业获此称号）。

2006年，在全体党员中开展学习《党章》、遵守《党章》、贯彻《党章》、维护《党章》教育，将《党章》学习纳入党校领导干部培训计划，进行了专题辅导；按照中纪委、监察部深入开展社会主义荣辱观教育的要求，召开了纪委书记座谈会、学习心得交流会等，开展“八荣八耻”教育；组织开展“勤廉从业促发展”主题教育活动。

2007年，认真组织党员干部学习中纪委七次全会精神，教育和引导广大党员干部深刻领会胡锦涛同志倡导的八个方面良好风气；开展“为民、务实、清廉”主题教育，邀请河北省纪委领导为集团公司处级领导干部进行作风建设专题辅导；召开警示教育会，组织矿处级以上领导干部观看专题教育片；学习贯彻落实中纪委《关于严格禁止利用职务上的便利谋取不正当利益的若干规定》，制定实施方案，组织各级领导干部进行自查自纠，党员干部填写自查自纠报告表，全部进行公示。

2008年，认真贯彻落实中纪委廉洁自律“七项要求”，制定《关于对贯彻落实国有企业领导人员廉洁自律“七项要求”开展专项检查活动的实施意见》，采取廉洁承诺、专题生活会、填写自查表和调查问卷等形式进行自查；组织学习《建立健全惩治和预防腐败体系2008年—2012年工作规划》，在《峰峰矿工报》开辟专栏，举办知识竞赛，制定《贯彻落实<建立健全惩治和预防腐败体系 2008 年—2012 年工作规划>实施意见》；开展“树清风正气，促和谐发展”主题教育活动；制定了《关于进一步加强领导干部作风建设的意见》、《关于严禁违反规定饮酒和大操大办婚丧事宜的规定》，修订完善《关于所属单位党员领导干部述职述廉的暂行规定》、《关于对所属单位党员领导干部进行诫勉谈话和函询的暂行办法》等，促进领导干部廉洁自律工作深入开展。

第二节　查处违纪违法案件

纪检监察部门始终把查办违纪违法案件作为反腐倡廉工作重要环节，纪委监察处每年召开会议专题研究查案工作，召开案件调度会，研究发案的特点和规律，有针对性地制定查办案件重点，不断强化措施，狠抓落实，保持了查案工作的强劲势头。1989 年以来，共受理信访举报 2141 件次，查处各类违法违纪案件 911 起，查处科级以上违法违纪人员 466 人，其中矿处级 30 人，科级 436 人，通过办案为企业挽回直接经济损失 1085.22 万元。

1989 年，为认真贯彻落实中纪委《党的纪律检查机关案件审理工作条例》，制定了《关于建立案件审理小组的意见》；组织人员对所属单位查办案件质量进行检查，案件合格率均为 100%，连续三年被邯郸市纪委评为“案件审理先进单位”。中纪委主办的《党风与党纪》第六期刊登了峰峰局《我们是如何处理党员违纪案件，把好质量关的》经验材料。

1990 年，制定了《关于处分违反党纪的党员批准权限的规定》，明确规定了处理违纪党员审查和批准权限。在河北省纪委召开的全省党风党纪教育工作会议上介绍了《我们是怎样做好受处分党员思想转化工作的》经验，《河北建设》第六期予以刊载。

1991 年，制定了《关于案件检查程序的暂行规定》，从立案、成立调查组、调查取证、分析鉴别定性、写出调查报告、写出错误事实见面材料、移送审理都作了明确规定，进一步规范了案件检查工作。

1992 年，制定了《关于党内违纪案件调查取证阶段阅卷评定的规定》，编发了《案件审理手册》，规范了案件检查和审理程序。在中煤总公司纪检案审工作会上介绍《搞好协审备案，提高案件质量》工作经验。

1993 年至 1998 年，制定下发《关于受处分党员案卷装订顺序的通知》、《关于报送审批、备案案件材料要求的通知》，修订完善了《关于处分违反党纪的党员批准权限的规定》等，进一步提高了查办案件质量。在河北省煤炭厅纪检监察工作会议上介绍《我们查处案件的几点做法》查办案件经验；在全国煤炭系统纪检监察党纪政纪条规教育和案件审理工作座谈会议上作了《严格案件审理程序，确保办案质量》经验介绍。

1999 年至 2000 年，根据河北省煤炭局文件精神，制定《关于设立查处违纪案件奖励基金的实施细则》，用于奖励办案有功人员及在反腐败工作中为企业挽回经济损失作出贡献人员，改善办案设施；根据《中国共产党纪律检查机关案件检查工作条例》，制定了《关于在案件检查工作中正确运用“两规”措施的暂行规定》，规范“两规”运作行为。

2001 年，根据省、市纪检监察机关《案件质量检查标准》，制定了《关于案件质量检查标准的实施意见（试行）》，实施百分评比标准。制定实行了《关于案件材料立卷的规定》，对案卷立卷作了统一规定。

2002 年，实行《关于落实党政纪处分决定责任制的规定》，由局纪委监察处牵头，定期召开由纪检监察和组织人事部门参加的联席会议，研究落实处分决定，并进行检查，保证党政纪处分决定落实到位。

2003 年，制定了《关于实施联查办案的安排意见》，较好解决了基层单位办案力量不足的问题，提高了办案效率；通过查办截留职工工资奖金的案件，提出了治理截留职工工资的措施，制定了《关于规范工资支付和车间活动经费规定》，减少截留职工工资、私设“小金库”等违纪现象的发生。

2004 年，制定了《关于所属单位查办案件实行联查联审措施的意见》，整合办案力量，保证执纪办案工作深入开展。在河北省国资委、邯郸市纪检监察工作会议上分别作了《强化措施，保持查案工作强劲势头》、《创新机制、实行联审、不断提高企业案件审理工作质量》经验介绍。

2006 年，制定了《受理信访举报工作实施办法》、《查办案件工作实施办法》，印发《实行“一案三责”制度的暂行办法》、《实行“一案三会”制度的暂行办法》、《实行“一案三报告”制度暂行办法》、《实行“一案三延伸”工作制度暂行办法》等制度，进一步规范了查办案件的机制，使案件查处工作较好地发挥了标本兼治的作用。在邯郸市纪委案件审理工作会议上，介绍了《严格程序，完备手续，建立和完善审理工作机制》的工作经验。根据中央、省、市治理商业贿赂有关会议精神和《实施方案》要求，开展治理商业贿赂专项工作，制定了《关于开展治理商业贿赂专项工作的实施方案》，把工程建设、物资采购、产权交易、医药购销确定为专项治理工作的重要方面，认真开展自查自纠和监督检查。

2007 年，修订《案件审理指导手册》，进一步完善了案件检查和审理程序；建立集团公司、矿（厂）、区（科）三级信访信息网络，广辟案源；开展治理商业贿赂专项工作，积极推进信用体系建设，完善信用档案，实施“廉洁合同”等，治理商业贿赂专项工作受到河北省国资委和省检察院、监察厅联合督导检查组的高度评价。《中国纪检监察报》以《管理流程再造，“老树”开出新花》为题，刊登峰峰集团预防并治理商业贿赂的做法。

2008 年，提出查办案件要坚持“三促”，即：以查促建、以查促管、以查促改，进一步发挥了查处案件标本兼治功能。在河北省国资委纪委工作会议上作了《始终保持查办案件强劲势头，为企业又好又快发展提供保障》经验介绍；集团公司被邯郸市纪委评为“案件检查先进单位”。

第三节　效能监察

2000 年之前，效能监察业务设在检查室，主要围绕提高企业经济效益、扭亏增盈、建立现代企业制度、加强经营管理和安全生产等内容进行监督监察。

2001 年 1 月效能监察室成立后，制定了《效能监察暂行办法》，每年印发效能监察工作安排意见。坚持“查漏、促管、增效、保廉”的原则，紧密围绕企业生产经营的重点、管理的难点和职工群众关心的热点问题，先后对工程发包、物资招标、井口物资超市、产品销售、盘活资产、全面预算管理、辅业改制等进行效能监察。

2003 年，进一步完善了《效能监察暂行办法》、《效能监察实施细则》等制度，建立健全了效能监察工作机制，开展了“查漏洞、促管理、降成本、增效益”为重点的效能监察。

2004 年，效能监察工作提出了“四个延伸”，即监察对象由管理人员向领导人员延伸、监察办法由事后监察向全过程延伸、监察内容由业务项目向井下生产管理延伸、监察作用由加强管理向提高整体效益延伸。制定《效能监察立项表》、《效能监察终结报告表》和《效能监察情况统计表》，规范了工作流程。

2005 年，建立优秀成果评审机制，每年由集团公司纪委监察处指导审查所属单位效能监察立项实施，年底综合评价，确定效能监察优秀成果。建立考核机制，将效能监察工作任务细化分解到年、季、月度，纳入重点工作绩效评价范围。此后每年召开效能监察成果发布会暨经验交流会，总结推广效能监察工作成果，表彰先进单位和个人，推动工作开展。

2006 年，建立集团公司、矿（厂）、区（科）效能监察工作三级网络，制定《效能监察员管理办法》，选聘专业素质强的管理人员担任效能监察员，建立效能监察员数据库。

2007 年，推行《效能监察工作卡》，实施《效能监察工作记述制》，坚持统一立项和自主立项相结合，在区队、班组开展“提质降耗、增收节支”专项监察活动，促进现场管理水平提高。

2008 年，围绕节能减排、扩能技改、大型工程项目审批、安全生产责任制落实、资金管控等重点工作和领域开展效能监察。编印《效能监察工作文件选编》、《效能监察工作资料选编》，总结推广效能监察“十步法”，即：调查研究、选题立项、制定方案、组织实施、查清问题、分析原因、整改处理、总结工作、成果评定、跟踪监督。

集团公司连续六年被河北省国资委纪委评为“效能监察工作先进单位”，有 8 个项目被评为“十佳优秀成果”，25 个项目被评为“优秀成果”，获奖数目每年位居全省第一。

第四节 廉洁文化建设

2005 年，认真学习贯彻《建立健全教育、制度、监督并重的惩治和预防腐败体系实施纲要》，提出通过征集提炼理念、创新方式方法、积极推进企业廉洁文化建设。

2006 年，制定下发《关于加强企业廉洁文化建设的实施意见》，明确了廉洁文化建设的指导思想、基本原则、阶段目标、重点工作。提出了构建以科学理论为统领，以先进的廉洁理念为指导，以丰富多彩的廉洁文化活动为载体，以健全的廉洁制度为支撑，具有峰峰集团特色的廉洁文化体系。组织开展了征集廉洁理念的活动，从集团公司领导到普通党员都参与撰写推荐，经过认真提炼，确定了“勤廉成业、正气兴企”的核心理念，以及教育、道德、自律、用权、监督等系统理念，形成了比较完整的廉洁理念体系。总结了廉洁文化“十二法”，构建了廉洁文化领导、责任、教育、督导、考核、激励六项长效机制。制定了《关于大力宣传灌注企业廉洁理念的意见》，广泛开展了理念学习教育活动。对理念进行释义，汇编成《峰峰集团廉洁文化手册》。按照“熟记、认知、领悟、实践”的要求，采取多种方法，对广大职工进行培训教育。按照廉洁文化“六进”（进班子、进机关、进区科、进班组、进社区、进家庭）要求，各单位积极拓展廉洁文化阵地，挖掘提炼历史文化资源，在广播、电视、报纸上开辟廉洁文化专栏，在局域网上开通廉洁文化网站。一些单位相继建立廉洁文化展室和多功能活动室，在重要岗位摆放廉洁文化标识牌，在工业广场、车间、社区、街道、走廊建立或设置廉洁文化园区、宣传栏和廉洁格言灯箱。纪委监察处采撷集团公司廉洁文化建设取得的丰硕成果，编印了《风正帆远》大型画册，摄制了《清风助航》、《源洁流清》电视专题片。通过群众喜闻乐见的文艺演出、歌曲传唱、摄影展示、格言警句创编、书画篆刻、展室展览、诗词朗诵等活动，增强廉洁文化建设的感染力和影响力。被评为河北省国资委“反腐倡廉文艺作品创作先进组织单位”，选送作品均获奖项。在河北省国资委纪委工作会议上介绍了经验。

2007 年，各单位按照要求都开发提炼了各具特色的廉洁文化观，集团公司纪委监察处结集编印了《强基之本》一书。按照廉洁理念制度化要求，把勤廉成业融入岗位职责，以制度彰显廉洁理念内涵。各单位分层次制定了廉洁从业规范和岗位勤廉标准。纪委监察处在物资供销分公司、梧桐庄矿、小屯矿召开了廉洁文化建设现场观摩会。

2008 年，制定了《关于深化廉洁文化建设“本质廉洁型”企业的实施意见》，提出创建“本质廉洁型企业”，通过做好“五、四、三”工程，即：构建五个体系（理念引领、宣传教育、行为规范、氛围感染、监督制约），开展“四个创建”（创建本质型领导班子、机关、区科、岗位），实施“三个争当”（争当勤廉领导干部、勤廉工作者、勤廉家庭），着力塑造本质廉洁型队伍，构筑本质廉洁型机制，规范本质廉洁型行为，营造本质廉洁型环境，逐步实现人的勤廉双优，制度机制科学完善，教育监督实用有效，廉洁氛围风清气正，促进企业健康持续和谐发展。集团公司开展廉洁文化建设的做法受到上级好评，7 月份，作为会议代表参加国务院国资委在长春召开的国有企业廉洁文化建设座谈会，作了题为《积极探索，勇于实践，深入开展企业廉洁文化建设》的经验介绍。

第五节 源头治腐

集团公司结合企业经营管理实际，不断加强企业党风建设和反腐倡廉工作，以物资采供管理体制改革为突破口，同时推进煤炭营销和财务资金管理体制改革，实行管理流程再造。

2003 年以来，建立了集中采购、集中储备、集中配送的物资采供新机制。将分散在各矿、厂和原供应处的采购权、供应权收归集团公司。集中采购：实行招标、评标、采购三分离，计划、采购、付款分段管理，有效避免了少数人说了算以及领导干部干预招标的问题。纪检监察部门对招标活动进行全程监督，主要把好纪律关、审查关、开标评标关、合同签定和履行关。集中储备：推行超市化管理，建立代储代销机制，清理取缔所有小仓库，变分级储备为集团公司集中储备。纪检监察部门加强准入、价格、验收、结算“四个环节”的监督，保证在物资采供过程中严格执行规章制度，按流程办事，公开透明。同时，积极推进信用合同体系建设，完善供应商信用档案。集中配送：以配送中心为依托，设置物资配送流程，通过物流管理信息网络平台实现，有效防止了虚报计划、无序采购和运输过程中以权谋私、以物谋私行为。

煤炭管理营销体制实行“五统一”，即：统一销售、统一调运、统一定价、统一结算、统一汇款，严格程序，实现产品定价公开化，遇有价格调整，由煤炭价格管理委员会集体研究决策，签字备案，实行阳光操作，彻底改变了煤炭销售权力分散、各自为政的状况，纪检监察部门加强对煤炭销售内部监督制约情况的监督检查，有效避免了业务人员随意降价、优质低价、收受好处等违纪违法问题的发生。

实行“集中管理、统一开户、分户核算”集中统一的财务资金管理机制，集团公司成立结算中心，取消二级单位外部银行账号，每项资金支付都在结算中心监控下进行，建立了全面预算管理体系，把一切资金收支纳入预算管理，形成了规范的内控制度管理体系。纪检监察部门对资金管控和全面预算管理进行监督，有效遏制了私设账户、截留收入、套取资金、胡支乱花等现象，封堵了违法违纪资金渠道。

2005 年，制定了《开展推进行政权力公开透明运行工作的意见》，建立了投诉受理、责任追究、绩效考核、信息管理等制度，集团公司推行了权力公开透明运行工作。先后召开推进会、调度会，加强业务培训指导。对涉及职工利益的热点问题和企业人、财、物、事等权力部位，按类别逐项登记，编制了职权目录和运行流程图，共清理登记权力 1183 项，其中集团公司本级 74 项，机关职能部门 146 项，专业机构 95 项，基层单位 868 项，辑印成册，公开运行。按照“实际、实用、实效”的原则，各单位利用板报、橱窗、公开栏等传统载体进行公开的同时，建立了权力公开透明运行网站、电子显示屏、触摸屏等，定期录入内容进行公开，职工的知情权、监督权较好地得到落实。为使这项工作规范化开展，在大淑村矿召开权力公开透明运行现场观摩会。

2006 年，集团公司源头治腐的做法受到上级的关注重视，中央和省市多家媒体进行了报道。河北省委研究室在集团公司调研时，撰写了《一个国有企业从源头上防治腐败的成功经验和有益启示——峰峰集团公司营销体制创新的几点做法》。时任河北省委书记白克明同志签阅，时任省委副书记、纪委书记的张毅同志批示：“峰峰的经验很好，请进一步调研总结，适时采取恰当方式在全省国有企业推广”。9 月 25 日，省纪委在集团公司召开全省国有企业反腐倡廉工作座谈会，河北省纪委、监察厅、国资委领导；各市纪委书记和监察局长、省直厅局纪检组长（纪委书记）；各市国资委纪委书记；省国资委所出资企业及其他国有大型企业主要负责人 100 多人参加了大会。会上张毅同志作重要讲话，峰峰集团党委书记、董事长张文学作了《推进体制改革、实行权力公开、建设廉洁文化，努力从源头上预防和治理腐败》的经验介绍。省国资委在国资委系统宣传推广峰峰集团经验。12 月 22 日，河北省委常委、省纪委书记臧胜业同志到峰峰集团调研工作，对峰峰集团反腐倡廉工作给予高度评价。省内外多家企事业单位参观学习。

2007 年，全面推进集团公司、矿（厂）、区（科）三级权力公开透明运行体系建设，集团公司纪委监察处采取“听、查、评”方法，组织职工代表对所属单位权力公开透明运行情况进行满意度测评，制定《关于推行党务公开的实施意见》，要求各级党委按照指导原则和主要内容，将党组织履行职责和自身建设的情况向党员和群众公开。

2008 年，以“四个规范”（规范公开阵地、规范公开内容、规范公开程序、规范资料管理）为重点，进一步深化权力公开透明运行和党务公开工作。9 月，集团公司作为会议代表参加了中纪委监察部在天津召开的国有企业反腐倡廉建设座谈会，并作了题为《建立健全源头治腐机制，推动企业反腐倡廉工作深入开展》的经验介绍。

第六节　督查工作

2003 年 1 月督查室成立后，围绕企业中心工作，突出重点，狠抓落实，强化督察，确保了各项工作的贯彻落实。

2003 年，制定了《关于督促检查工作暂行办法》。根据领导批示，开展对领导班子集体议决重大问题规定、全局煤炭购销集中统一管理、物资采供集中统一管理、职工养老保险缴纳、医保金使用、局首次联合招标药品落实情况等重点工作进行监督检查，写出汇报材料，为领导决策提供依据。

2004 年，制定《关于进一步加强督查工作的意见》、《督查工作考核办法（试行）》、《关于强化直属机关部门职能建设的意见》。加强对机关管理自身建设进行监督检查，每季度对生产矿井领导干部转变作风、深入井下解决问题的情况进行监督检查。根据河北省国资委要求，组织对外部环境侵害企业利益、制约企业发展的突出问题进行专项调查，撰写了《关于外部因素侵害企业利益制约企业发展问题的调查报告》，受到河北省国资委领导的好评。

2005 年，按照河北省国资委纪委要求，组织对集团公司纪检监察队伍建设的专题调查，撰写了《关于对纪检监察队伍建设的调查报告》，受到了河北省国资委纪委的关注。开展对汽运入洗原煤管理情况监督检查，就部分单位制度不健全、管理不到位的问题进行通报，对造成严重经济损失的个别单位进行了严肃处理，对相关人员进行了责任追究。

2006 年以来，采取职工评议、自查互查、现场检查等方式，每年对领导干部作风和机关效能建设进行监督检查。

2008 年，制定《监督联席会议制度》，加强各监督部门之间的联系与合作，发挥监督体系的整体优势。围绕冀中能源集团组建加强监督检查，积极督导党员干部认真学习省国企改革会议和领导讲话精神，有针对性地对领导干部进行政治纪律教育，并对执行情况进行监督检查，促进冀中能源集团顺利组建。围绕奥运安保进行监督检查，组织督查组，采取现场检查、电话抽查、查看资料和暗访等形式，督促各单位做好思想疏导，强化防控措施，促进奥运期间集团公司井下安全、井上稳定。

第四章　党委办公室工作

自峰峰煤矿党委成立后，党委办公室根据党委各个历史时期的工作部署，发挥参谋助手和综合协调作用，开展调查研究，发现典型经验，督导工作落实。“文革”期间，一派群众组织夺权，使党委办公室工作处于混乱，一些工作陷于瘫痪。1972 年以后，尤其是粉碎“四人帮”以后，党委办公室工作逐步恢复正常。党的十一届三中全会后，全党工作重心转移到生产建设上来，在企业实行党委领导下的厂长负责制。1987 年《企业法》颁布后，党委办公室围绕企业体制改革，承担了体制改革办公室的任务，开展调查研究，制定企业改革实施方案。党委办公室作为党委职能部门和基层党组织的服务办事机构，在党委领导下，负责党委文件、文稿起草和会务工作，党委重要工作部署贯彻落实的督促检查，党委领导批示的转达与催办落实；负责党委系统信息报送、调研、值班工作；负责党委文件、机要、保密、公章管理工作；负责信访稳定工作；承担党委交办其他事项等。先后制定了《局党委全委会会议制度》、《常务会议规则》等重要文件，创办了《信息》、《调研》（后更名为《开拓》）、《工作简报》（后更名为《峰煤通讯》）和《信息反馈》等内部刊物。建立健全保密机要工作制度，自 1985 年起，推广使用“文件周转袋”。牵头组织了河北煤炭系统党委办公室主任联席会，外出参观学习，开展业务竞赛，提高办公室人员素质。

1989 年以来，党委办公室紧紧围绕企业中心工作，发挥综合协调和参谋助手职能作用，不断提升“三服务”水平，狠抓工作任务落实，完成了党委领导讲话、工作报告、经验介绍等文稿的起草工作，制定了《党政联席会议事规则》、《党委常委会（委员会）议事规则》，组织筹办党委各类会议，做好文件流转和机要保密工作，牵头组织和参与了党委开展的作风建设、保持共产党员先进性教育、解放思想大讨论、学习实践科学发展观等重要活动。两次辑印办公室工作规范，促进了办公室工作制度化、规范化建设。

1989 年党委办公室设秘书科、调研科、信访科和文书科。1995 年底，调研科撤销，其主要工作并入秘书科。2002年，直属机关党委挂靠党委办公室。2004年至2008年，增设党、政办公室政策研究科。2008年，党、政办公室和董事会秘书处合署办公。2008年底，党委办公室设有秘书科、信访科、文书科。

第一节　文秘调研

一、秘书工作

1989年以来，完成了峰峰局（峰峰集团）党委年度和半年工作报告、党委领导讲话的起草工作及各种调研、汇报、经验材料的起草上报工作，完成了党委会、党政联席会和党委工作会等重要会议和政工例会等日常会议的组织、筹备、记录工作。1995年，组织了全局性“开拓杯”文秘竞赛活动。在2001年四矿关闭破产，2002年作风建设，2003年集团公司改制、集体企业工集体上访、防治“非典”，2004年牛儿庄矿抢险救灾，2005年保持共产党员先进性教育活动，2007年大淑村矿事故抢险、解放思想大讨论，2008年深入学习实践科学发展观、作风整顿活动等重大事件、重要活动中，圆满完成了《实施意见》、领导讲话、转段报告和各类文件、汇报、信息、经验材料的起草任务。参与了峰峰局（峰峰集团）重要会议、重大活动、重要庆典等组织筹备工作。

二、目标考核

实行年度党委工作目标管理考核，是保证集团公司党委全年工作部署贯彻落实的重要手段。在每年的党委工作目标管理考核标准中，都按照局（集团公司）党委年度工作报告中重点工作，由党委部门对每项工作任务进行细化和量化，明确考核内容、考核分数、考核标准和考核部门。以党委文件下发机关政工部门和基层单位党委。年底，由党委领导组成目标管理考核领导小组，办公室设在党委办公室秘书科，采取部门考核、办公室汇总、领导评议、领导小组确定的方式，实行千分制计分，考核结果反馈基层党委并作为每年评先选优的依据之一。

三、联系点工作

峰峰局（峰峰集团）党委从1992年开始实行政工部门联系点工作制度，重点是组织各政工部门深入所联系的基层单位开展调查研究，了解掌握联系单位的生产经营情况，改革调整的重大措施和进展情况，党建工作、思想政治工作、企业文化建设和维护稳定等重要工作进展情况以及工作中存在的问题和原因；及时对局（集团公司）党政重要会议精神贯彻落实情况和重大决策、重要部署的执行情况，以及局（集团公司）和联系单位确定的重点工程、重要项目建设情况进行督促检查；根据局（集团公司）党政要求和部署，结合联系单位存在的实际问题，认真负责地为联系单位出主意，想办法，帮助克服困难，解决问题；反映联系单位在生产经营中遇到的重大问题和主要困难、对局（集团公司）党政工作的意见和要求、干部职工中具有普遍性和代表性的思想动态、稳定工作中存在的重大隐患和集体越级上访苗头等。于每月初召开政工例会，通报情况、研究措施、推进工作。2003年制定下发了《关于进一步加强和改进联系点工作的通知》，2005年、2008年先后进行修订完善。

四、制度建设

为加强党委办公室规范化、标准化、制度化建设，2000年，编印了《党委办公室系统工作规范》。2004年，再次编印《办公室系统工作规范》，内容包括了《公文处理工作实施办法》、《督促检查工作制度》、《调研工作规范》、《信息工作规范》、《接待来宾暂行规定》、《值班工作标准》、《办公室工作人员行为规范》等23项规范、制度和标准。自2002年起，每年编印峰峰局（峰峰集团）《文件资料选编》，将一年来企业党政主要文件、领导重要讲话、其他重要资料以及大事记等收编成册。

五、《开拓》、《峰煤通讯》

《开拓》杂志为地市级刊物，由党委主办，党委办公室承办，每季一刊，准印证号为 JL02－0003。设有本刊特稿、企业纵横、党建政工、企业文化、工团工作等栏目，主要刊发局（集团公司）领导讲话、党委工作报告等重要资料和各类理论调研文章。1995 年底调研科撤销后，《开拓》杂志由党委办公室秘书科继续负责编辑出版。1989 年至 2008 年共编辑出版 87 期，刊发各类文章 2000 余篇。以《峰煤通讯》为主要载体，不定期刊发基层各单位在党建、思想政治工作、企业文化建设、作风建设以及生产经营、安全管理等方面好的经验和做法。

六、信息工作

主要由党、政办公室负责，向河北省国资委、邯郸市等上级部门报送局（集团公司）各类重大突发性事件、重点工作、经验总结等方面的信息，并收集编发基层单位各类信息，以《信息快报》刊发基层，以《信息专报》向局（集团公司）党政领导报送。先后两次举办了全局信息工作培训班，并制定下发了《关于进一步加强紧急重大事件报告工作的通知》，对机关部门、基层单位各类重大事件报告的范围内容、方式渠道、工作要求等进行了明确规定，确保各类信息特别是各类突发性事件信息能及时准确反馈局（集团公司）和上级领导，为领导决策提供参考。

七、值班工作

1989 年以来，由党委部门人员坚持每天 24 小时值班制度，设专门党委值班室。主要负责收集基层信息、接收传达上级指示、文件等。2008 年集团公司机关搬迁邯郸市后，改由党、政办公室负责值班。

第二节 文书工作

自党委办公室成立以来，党委文书事务工作由文书科负责，主要承办中央、河北省委、邯郸市委来文的收发、传阅和上交清退，以及局（集团公司）党委、党委部门行文的登记、编号、分发、归档和党委、党委办公室印章管理工作。事务性工作主要有党委召开的各种会议会务工作、党政领导签批的各种信函的督办、党委领导交办的临时事项、党委部门的对外接待以及各单位征订内部刊物等专项工作。

一、文书处理

（一）机要文件的管理

1985 年初专门配备了到邯郸市委收取机要文件的机要交通车，每周两次派专职机要人员到邯郸市委办公厅取上三级机要文件。2004 年，由于上级文件减少，改为每周取文件一次。在文件待遇上按地市级对待，中央、河北省委发至县团级的每个文件 23 份，为全市最多。2005 年，邯郸市委又增发一份省军级文件，2008 年停发。上三级机要文件收取后严格按照密级文件的管理规定进行登记造册，填写机要文件传阅单送党委书记阅批后（2003 年改由主管副书记阅批），由机要人员负责单向传阅。设立了专门阅文室，需要处级领导阅知的到阅文室阅看，需要借阅的由主管领导批准后，办理借阅手续并于当日归还。阅批文件周转完毕后，由机要人员负责归档。向二级单位发送的上三级机要文件，在填写专门的机要文件发文单后，采用机要文件周转袋，由各二级单位专门人员领取，并严格按照《密级文件管理规定》传阅、周转和上交。

1990 年初，制定《机要文件管理制度》、《机要文件交换制度》、《借阅文件制度》、《清理、移交、销毁文件制度》等。

2000 年，在局《党委办公室系统公文处理工作规范》中，统一了“文件签收登记表”、“文件登记簿”、“党委办公室文件传阅单”、“文件传阅登记表”、“文件借阅登记表”等各类表格。

2004年，在《办公室系统工作规范》中，对一系列规范进行了重新修订。

1992年，开始通过邯郸市机要局为有关处室及二级单位订购由新华通讯社出版的《内部参考》和《国际参考》。2006年两刊合一，改为《内部参考》。2003年增订由中央办公厅出版的《中办通讯》。

按照邯郸市委规定，上三级文件除市委文件可留存一份外，每年初要将上年度的机要文件全部上缴市委办公厅。按照机要文件发文单，各二级单位在规定的时间内将机要文件、内部刊物上交局（集团公司）党委办公室，清点核定后统一上交市委办公厅。自1989年至2008年，每年上交率均为100%，连年被邯郸市委评为"机要文件管理先进单位"。

（二）内部文件的印发管理

1989年以来，局（集团公司）党委印发正式文件，由党委领导签发后，党委办公室文书科负责编号下发。党委办公室正式文件，由党委领导或党委办公室主任签发后，党委办公室文书科负责编号下发。党政联合行文，1989年至2007年上半年，由党政主要领导签发后，党委办公室、行政办公室分别编号，使用党政联合文件印发。2007年下半年，根据工作需要，党政联合行文由党政主要领导签发后，只编党委文号，用党委文件印发。2008年下半年，重新恢复为党委办公室、行政办公室分别编号，使用党政联合文件印发。文件印发后，按照公文处理工作规范办理，每年底由文书科负责分类归档，统一存放档案科。2008年底，制定《冀中能源峰峰集团有限公司公文处理工作实施办法》，并开始通过OA协同办公系统下发电子公文，取消纸质文件。

二、党委印章管理

党委、党委办公室及党委书记印章，自1989年以来由党委办公室保管。党委印章经党委书记批准、党委办公室印章经党委办公室主任批准后方可使用，党委书记个人印章经本人同意后方可使用。2000年重新修订了《印章管理使用制度》和印章使用登记簿。2004年，进一步完善了《印章管理使用制度》，并使用印章审批单。

三、事务性工作

（一）会务服务

党委系统召开的各类会议的通知、会议室的安排布置、就餐等均由党委办公室负责。1999年专门制定了《接发通知的规定》，实行了填写"会议筹备交办卡"制度。2004年专门制定了《会务工作标准》，规定了不同会议的规格标准。统一了"下发通知登记表"、"接收通知登记表"，细化会议筹备交办卡为：会议服务事项卡、会议食宿安排卡、会议资料报到卡、会场布置卡、会议通知卡等。

（二）交办工作

重点是党政主要领导签批的各类信函、批示等的接转督办工作及领导临时交办的各项事务性工作。2000年，制定了《督促检查工作制度》，规范了"督促检查登记表"、"批阅信函催办单"、"督察事项办理情况反馈报告单"等。

（三）对外接待、招待

1989年以来，凡政工部门需要对外招待客人的，均要填写"招待申请单"，由部门领导签批后，党委办公室负责安排和统计费用。2000年制定了《招待费使用规定》，并实行"招待登记卡"和"河北省党政机关、国有企事业单位招待费使用审批卡"。2003年制定了《接待工作标准》、《关于接待来宾的暂行规定》和《接待活动中应严格遵守的九条纪律》，从接待的范围、原则、审批、安排等方面进行了明确的规定。2004年起，负责第二招待所（后改为会议楼）的日常管理工作。2008年，制定下发《接待工作管理规定（暂行）》，会务、接待工作分为邯郸办公区和峰峰办公区两块管理。

第三节　保密工作

1989 年以来，峰峰局（峰峰集团）按照邯郸市委保密委员会、邯郸市保密局有关工作要求，结合企业实际开展保密工作。成立了以党政主要领导为主任的保密委员会，办公室设在局（峰峰集团）党、政办公室，分别负责保密委员会的日常工作。1994 年，峰峰局被河北省保密协会吸纳为团体会员。1998 年，被评为河北省“保密工作先进单位”。20 年来，未发生失泄国家秘密事件。

一、保密宣传教育

1989 年 5 月 1 日国家颁布实施《保密法》以来，局（集团公司）每年都开展《保密法》相关知识教育。1992 年将《保密法》及有关知识编印成册，1994 年翻印《保密知识问答 200 题》，下发机关部门和各二级单位。从国家“二五”普法教育开始，在每年的普法教育活动中，都将《保密法》和相关知识作为重要内容，开展宣传教育。坚持在领导干部当中开展《党政领导干部保密责任制》、《领导干部保密工作责任追究制》、《领导干部保密须知》教育，在涉密岗位、机要人员中开展《保密法》、《保密法实施办法》、《关于保密工作的规定》教育。1997 年将保密教育纳入党校矿处级领导干部培训班课程。1998 年购买保密电视教育片进行电化教育。2000 年开展了“企业商业秘密的保护”专题讲座。2001 年、2002 年在《开拓》杂志开办了保密工作专栏。2005 年、2007 年举办了“企业商业秘密的保护”讲座。1995 年以来，每年为机关有关部室和各二级单位订阅《保密工作》杂志。

1992 年以来，根据邯郸市保密局安排，每两至三年组织涉密岗位人员进行专题培训和测试。2000 年 4 月，组织全局涉密岗位人员参加由邯郸市保密局组织的专题讲座和培训考试，并取得了岗位资格证书。2004 年组织参加了全市保密知识答题。2005 年参加了全市保密知识竞赛并取得了第二名的好成绩。2006 年组织参加了全市“保密在我心中”演讲活动。2007 年组织 1386 人参加了全省保密知识答题。2008 年对涉密部门计算机操作人员和网络信息工作人员进行了保密知识、网络信息发布流程辅导培训。

二、保密制度建设

1989 年峰峰局保密委制定下发了《保密工作目标考核办法》。1992 年起，将保密工作纳入局（集团公司）党委《基层党委（总支）工作目标管理考核标准》。1991 年制定下发了《关于加强保密工作的规定》，包含了总则、依法定密、保密工作机构和职责、文件资料的保密、涉外工作的保密规定等共十章 46 条。1993 年转发了《对外经济合作提供资料保密暂行规定》。1995 年，峰峰矿工报社印刷厂被邯郸市保密局确定为国家秘密载体定点复制单位。1997 年转发了中共中央保密委《关于党政领导干部保密工作责任制的规定》，并根据企业实际制定了峰峰局《关于保密工作领导责任制的规定》。同年，转发了国家经贸委《关于加强国有企业商业秘密保护的通知》，并提出了具体工作要求。1999 年重新修订了《加强密级文件管理的规定》。2002 年根据邯郸市保密局要求制定了《关于企业内部废旧资料销毁的规定》。2004 年邯郸市保密局开展了保密要害部门（部位）确定工作，峰峰集团党、政办公室被市保密局确定为国家秘密事项保密要害部门（部位）。峰峰集团根据有关要求，将 18 个有河北省委、中共中央密级文件的二级单位确定为峰峰集团保密要害部门（部位），并制定了《保密要害部门、部位管理办法》和《要害部位保密制度》。

三、定密工作

1992 年根据邯郸市保密局统一安排，峰峰局开展了定密工作，制定下发了《关于贯彻执行国家秘密及其密级具体范围的规定开展划密工作的安排意见》，并组织了划密培训班。按照国家保密局编制的《国家秘密及其密级具体范围的规定》，将划入国家秘密的事项逐一填写一览表上报邯郸市保密局。此后，随着国家秘密及具体范围的修订，企业的国家秘密主要为上三级密级文件。为进一步加强企业内部事项的保密工作，2000 年专门组织了企业秘密（内部事项）确定工作培训班，根据国家 1993 年颁布的《反不正当竞争法》中对商业秘密的定义，将不为公众所知悉、一旦泄露会给企业带来危害、给权利人带来经济利益、具有现实使用价值的事项划分为企业秘密（内部事项），并将确定的 33 个部门的若干项企业秘密（内部事项）以《内部事项保密范围》的形式，下发有关部门。各部门根据要求，对本部门产生的企业秘密事项及时进行划定并明显标注于载体左上角，同国家秘密一样填报企业内部事项一览表。

第四节　信访稳定工作

峰峰局成立以后，即责成专人负责处理职工群众的来信来访工作，由党委办公室管理。20 世纪 60 年代初期，峰峰局信访接待室正式挂牌，配备了专职人员，并成立信访办公室，建立了信访工作制度，信访工作人员逐步由原来的 2 人增加到 6 人，并由 1 名党委办公室副主任主管信访工作。党的十一届三中全会后，一直到 20 世纪 80 年代初期，信访接待的主要任务集中在落实政策方面。从 1985 年开始，建立了以局信访办为中心的信访信息反馈网络，全局信访工作主要围绕落实政策、解决历史遗留问题、平反冤假错案开展工作。1986 年推行了信访工作目标管理责任制，对提高信访工作质量、控制越级信访数量、调动各单位做好信访工作的积极性起到了明显促进作用。1987 年实行了局、矿（厂）领导信访接待日制度，各级党政领导及时受理职工群众的来信，定期接待来访，解决职工群众反映的问题，解释有关政策法规，有效控制了越级上访的发生。

1989 年以来，信访工作主要围绕企业的中心任务，维护企业稳定，受理职工群众反映的历史遗留、福利待遇和难点热点问题开展工作。2003 年 8 月之后，信访工作主要围绕关闭破产、主辅分离、辅业改制等做好信访工作。2008 年 6 月峰峰集团与金能集团联合重组为冀中能源集团有限责任公司之后，峰峰集团进一步加强了对信访工作的领导，完善了信访工作制度，健全了信访工作组织，使信访工作进一步走上规范化道路。

机构设置上，随着信访办公室的成立，建立了全局性的信访工作责任制和信息反馈网络，各二级单位相继成立信访工作部门，到 1989 年，32 个基层单位建立了信访工作机构，配备了专兼职信访工作人员，各车间区队建立了信访工作网络。随着机构和人员调整，1995 年峰峰局信访办公室设专职信访工作人员 1 名，2008 年底，集团公司信访专职工作人员为 4 人。为加强对信访工作的领导，1987 年成立了峰峰局信访工作领导小组。之后，根据人事变动，1990 年、1993 年两次进行了调整。1999 年，峰峰局成立了维护稳定领导小组。2003 年 10 月，峰峰集团有限公司成立后，在原峰峰局信访工作领导小组的基础上，成立了峰峰集团信访工作领导小组。之后，根据人事变动，于 2007 年 9 月、2008 年 12 月两次进行了调整。

一、制度建设

1986 年，信访工作引入目标管理责任制。1988 年，对信访目标管理进行了进一步修订完善，把目标管理体系概括为“一高、两降、三无”，即：提高办结率，降低越矿越局千人上访率和降低重信重访率，实现无 3 人以上集体上访、无重大节日职工进京上访、无精神病患者越矿（厂）上访。

1989 年，进一步完善了信访目标管理体系，形成了目标、工作、反馈、考核等四大体系，并形成《信访工作考核指标的统计口径》、《目标管理考核验收计分办法》两个配套文件。

1990 年，为规范信访工作，制定了《信访工作实施细则》，按照“分级负责，归口办理”的原则，理顺了领导与信访群众、信访部门与信访人、信访部门与其他部门的关系，以及信访问题的归属问题。

1995 年，根据局合并机构、精简人员、切块分流等改革，制定了《关于做好稳定工作的意见》，提出了做好稳定工作的 21 条措施，明确了各部门主要负责人、各单位党政主要领导是信访稳定工作的第一责任人。并转发了邯郸市委《关于严禁党员、干部参与、煽动和串联组织群众集体上访的暂行规定》，保证了峰峰局改革的顺利进行。

1995 年，根据国务院和河北省颁发的《信访条例》及《逐级信访制度》，峰峰局制定了《信访工作规范》。

2000年，明确了信访工作领导机构、集体上访的处理、群众来信的办理、信访问题排查与信访信息反馈、信访案件的办理及基础管理等各项内容，信访工作迈上了规范化的道路。

2005年，根据国务院修订的《信访条例》和河北省《信访事项办理程序》，结合集团公司实际，制定了《信访工作管理规定》，对办理来信、接待来访和信访事项办理等程序进行了规范。

2001年2月，对《信访工作考核办法》进行了修订和完善，制定了"定期研究信访工作、信访苗头排查、坚持领导接待群众来访日、职工持'意见书'逐级上访"四项定性工作制度，明确了"职工到局及局以上机关集体上访排查率达到100%、职工群众到局及局以上机关集体上访重访率为零、局交办的信访案件按期结案率100%、错案率为零"四项定量工作，完善了"各类信访档案、信访统计、信访台账、信访工作卡"四项基础工作。11月，再次对《信访工作考核办法》进行修订，将四项定性工作、四项定量工作和四项基础工作补充完善，降低了集体访排查率和逾期一个月未结案及错案的扣分标准，使信访工作考核进一步贴近实际。

2002年开始，为减轻多头重复考核，将信访目标考核纳入局（集团公司）年度党委目标管理考核体系之中。

2003年，制定了《信访工作责任制》。

2004年，转发了中共邯郸市纪委、邯郸市监察局、邯郸市信访局《关于信访工作责任追究的办法》。

2005年，对《信访稳定工作责任制》进行了进一步完善，分为总则、信访工作责任制度、责任范围、责任要求、考核、附则共六章20条，信访稳定工作的责任进一步明确。

2008年，制定了《信访工作责任追究办法》，对追究的对象、形式、方法以及程序和权限进行了明确规定。

2008年7月，为切实做好北京奥运会期间的信访稳定工作，制定了《奥运期间稳定工作应急预案》。《预案》分为总则、组织指挥体系及职责、事件分级、事件监测和报告、群体性突发事件的应急响应与终止、善后处理、事件应急处置保障、附则等八个方面的内容，并在奥运会后继续沿用，处理信访稳定突发事件有了可操作的依据。在总结奥运信访稳定工作的基础上，制定了《关于健全和完善信访稳定工作长效机制的意见》，对基本思路、工作重点、目标要求和责任制，以及完善矛盾纠纷、安全隐患排查化解机制，依法规范信访秩序、信访行为，健全督查、考评、奖惩机制提出了可操作的意见。同时，制定了《信访稳定工作考评办法（试行）》，明确了考核的指导思想、范围、指标、办法及奖惩，对促进信访稳定工作起到了积极的作用。

二、稳控工作

1989年以来，信访稳定工作的主要任务是贯彻落实国务院《信访条例》，完善信访稳定工作责任制，受理职工群众的来信来访，协调处理信访事项，排查不稳定因素，指导基层的信访工作，对信访稳定情况进行分析，提出完善和改进工作的建议，服务企业中心工作，维护企业稳定，为企业改革发展提供保证。

20世纪80年代后期至90年代中期，根据企业转换经营机制以及深化改革中出现的集体访增多的情况，信访工作把"维护企业稳定，为企业深化改革服好务，为经济建设保驾护航"作为工作重点，继续完善目标管理责任制，坚持领导信访接待日制度，建立了信访动态预测分析会制度，不断转变工作作风，变坐等上访为深入下访，变被动应付为主动办理，超前预测、超前反馈、超前工作，把大批集体访稳定在了基层。特别是在1990年北京亚运会期间，在进一步完善信访各项制度的同时，在全局信访队伍中开展了"热心办、马上办、办得好"的"三办"竞赛活动，解决了职工群众反映的一些热点难点问题，杜绝了进京上访。

1990年，在20世纪80年代辞退的原家属工群体，由于受外界的影响，上百人频繁到局上访，要求享受没有政策规定的退养待遇。通过艰苦细致的工作及各项措施，先后控制了13起250多人次的越局集体访。1992年党的十四大召开期间，正值家属工要求生活费问题频繁上访期间。局、矿领导亲自带队，挨家挨户做思想疏导工作，将集体越级访隐患稳定在局内。1993 年 5 月份，局在财政资金非常困难的情况下，筹措资金 258.9953 万元，按 0.05 元/工为已经辞退的家属工发放了一次性生活补助费。2008 年，在奥运会召开前，集团公司又筹措资金对家属工进行了一次性生活救助。

从 1996 年开始到 2002 年，在计划经济向市场经济转变的过程中，新旧体制交织在一起，各种矛盾交织在一起。当时峰峰局经营困难，出现了职工精简下岗、离退休职工养老金不能正常发放、内退职工要求与在职职工同样待遇、岳城水库移民要求政府补助以及集体企业工要求再就业、由企业缴纳养老保险、退还集资款等问题，信访形势出现了比较严峻的局面。信访工作把控制和解决集体访作为工作的重点，坚持“控制局部，稳定全局”的工作方针，成立了维护稳定工作领导小组，明确了工作职责，提出了维护稳定工作的意见、措施和解决问题的思路。局党委下发了《关于做好维护稳定工作的意见》，要求领导干部要站在信访工作的前沿，亲自办案，解决信访问题。同时，转发了邯郸市《实行群众逐级上访的执行办法的实施细则》，进一步规范群众的信访行为，保持企业内部秩序和社会秩序的稳定。

1997 年，为迎接香港回归和党的十五大的召开，在稳定工作领导小组的基础上，又成立了由有关责任部门参加的矛盾纠纷排查小组，定期对本部门职责范围内的不稳定因素进行排查，在全局开展了“无越级集体访竞赛活动”。

1998 年，全局经营形势紧张，职工工资、医药费、养老金发生拖欠，职工思想出现波动，上访较多。局下发了《关于进一步加强政治纪律，自觉维护企业稳定的通知》，建立了领导干部联系困难户制度和扶贫解困基金会，各级领导干部亲自到上访群众中做思想疏导工作，开展谈心家访和向困难职工捐款活动，化解不稳定因素。配合河北省工作组共同做好岳城水库移民职工的思想稳定工作。坚持了稳定责任制的考核，并与经济责任挂钩，增强了基层做好信访稳定工作的责任感。

1999 年，局党政联合下发了《维护稳定和社会治安综合治理工作领导责任制》和《关于进一步加强信访工作，维护全局稳定的若干规定》，明确了局、矿（厂）党政主要领导是稳定第一责任者。调整了维护稳定领导小组，按照“分级负责、归口办理”的原则，把涉及到信访问题的热点、难点较多的工资、财务、社保、多经等职能部门负责人纳入到维护稳定领导小组中来。先后召开七次会议，对 18 个信访苗头和隐患进行了研究、分析，提出了解决处理措施。实行了信访问题交办卡制度，提高了解决信访问题的时效性。

2000 年 3 月，因要求养老保险实行社会统筹、下岗要发生活费、和全民工一样享受医疗待遇等问题，上千名集体企业工集体上访。对集体企业工的上访，河北省委、省煤炭局、邯郸市的领导先后到局与集体企业工代表座谈，但集体企业工的上访势头没有完全得到遏制。为正确处理改革、发展、稳定的关系，妥善处理新形势下企业出现的各种矛盾，化解不稳定因素，局党政下发了《关于进一步改进和加强信访工作若干问题的决定》，要求各级领导站在讲政治、讲大局的高度，把信访工作作为维护企业稳定的突出环节，切实带着感情做好群众工作，使信访工作真正在思想认识上有一个大的深化，工作作风上有一个大的转变，工作质量和效率有一个大的提高。随着各项工作的落实，全局信访稳定局面趋于好转。

2000 年至 2006 年，四矿、通二矿、三矿、二矿、五矿、孙庄矿、牛儿庄矿相继列入国家资源枯竭矿井关闭破产项目。按照“以稳定为前提，以法律法规为基础”的指导思想，制定了《资源枯竭矿井关闭破产期间信访接待工作实施办法》，成立思想政治工作暨稳定工作组，负责接待职工来访、解答相关政策、归纳整理职工群众反映的意见，积极参与、指导各单位的关闭破产工作。特别是 2000 年至 2001 年，在峰峰局第一个关闭破产矿井四矿关闭破产期间，局党政成立了专门的工作机构，通过举办关闭破产政策培训班、印发政策宣传材料、做好党团员及领导干部等重点人的工作、建立政策咨询站等形式，讲解宣传关闭破产政策，做好职工群众的思想疏导工作，为四矿关闭破产的顺利进行提供了保证，也为以后实施资源枯竭矿井关闭破产积累了信访稳定方面的工作经验。

2001 年，围绕庆祝建党 80 周年和企业生产、经营、安全等中心工作，加大信访稳定工作力度，进一步完善信访基础工作，加强矛盾纠纷排查，为企业的发展创造了稳定的环境。

2002 年，局确立了“减少信访源，加大解决问题力度，控制越级访”三位一体的工作思路，设立了

60平方米的信访专门接待场所，改善了接待环境。

2003年8月，峰峰局改制为集团公司之后，信访工作主要围绕落实信访稳定工作责任制、解决职工群众反映的实际问题、加强矛盾纠纷排查等重点开展工作。2003年8月19日至28日，集体企业工大规模上访发生。河北省有关部门领导、集团公司党政领导极为重视，集团公司一方面积极向上级反映集体企业工上访提出的意见和诉求，主动配合上级有关部门研究解决问题，一方面紧急下发了邯郸市公安局关于遵守治安、信访条例和《集会游行示威法》的宣传《通知》，并于24日与8个单位30多名上访集体企业工代表进行座谈。集团公司党政主要领导主动变上访为下访，分成5个工作组分别到二矿、五矿、制品厂、建筑总公司、工程处等单位，与上访集体企业工代表座谈。组成由集团公司职能部门负责人带队的7个工作组，派驻到7个重点单位帮助工作，做好宣传解释和信息反馈工作。各基层单位也组织大量人员做好上访职工的思想工作和家访工作。同时，集团公司党政专题下发《关于加强集体企业稳定工作的通知》，提出八条工作措施：一是做好对特困集体企业工的救助工作。要求集团公司工会牵头，各级工会组织具体实施，非煤产业部和各集体企业公司做好配合，对集体企业特困职工救助覆盖面要达到70%，救助标准按平均每人200元掌握。二是建立扶贫救助基金。由集团公司筹集扶贫资金100万元，专项用于集体企业下岗职工自谋职业、自主创业的小额无息贷款。三是多渠道为下岗集体企业工创造就业机会。四是加快集体企业产权制度改革步伐。因企制宜，一厂一策，一点一策，多种形式放开搞活，盘活资产。五是为集体企业营造良好的经营环境。加大内部产品市场和建筑市场保护力度。六是规范养老保险金缴纳管理工作。七是扩大下岗特困集体企业工享受最低生活保障的覆盖面。八是主动向上级有关部门反映集体企业的实际困难，尽最大努力争取国家政策。通过这些措施，力所能及地扶持集体企业发展，帮助集体企业工克服眼前困难。通过大量艰苦细致的工作，到29日，已不再出现大规模的集体上访。之后，集团公司对6100名集体企业工进行了救助，并通过建立专项基金、举办再就业培训班、帮助下岗集体工自谋职业、自主创业，采取清退临时工、适龄男青年下井等形式，使811名集体企业男职工得到安置。

2003年9月14日，集团公司党政专题召开稳定工作会议，全面分析了信访稳定工作面临的形势，下发了《关于进一步加强信访工作，畅通信访渠道的若干意见》，提出要逐步健全完善责任保证机制、预警机制、信息反馈机制、信访机制、应急快速反应机制、思想政治工作保证机制、扶贫帮困救助机制、民主监督机制、管理机制、以防为主的工作机制等十个方面的信访稳定工作机制。

2004年，集团公司开展群体性事件隐患苗头大排查大调处工作。信访稳定工作本着“宜散不宜聚、宜疏不宜堵、宜解不宜结、宜化不宜激”的原则，重点排查企业劳动关系变更、工资福利待遇、职工生活保障、涉及职工群众利益和政策措施及工程项目等方面的问题，集中排查调处可能引发群体性事件的隐患和苗头，做到对群体性事件及其苗头“发现得早、化解得了、控制得住、处置得好”，维护了企业改革发展稳定的大局。

2005年，集团公司重点开展了矛盾纠纷排查调处工作。要求基层单位每月最少召开一次矛盾纠纷排查分析会、实行领导包案制度、发挥矛盾纠纷排查信息员作用、做好信息和报表的上报工作。针对排查出的60年代下放、企业除名等信访老户问题和家属住宅区水电气暖供应、工农关系、企业退休职工待遇、工伤政策问题等，都按照相关政策给予了解释和答复。4月，集团公司组织开展对新修订的《信访条例》的宣传教育和培训工作。

2006年，按照“统一领导、部门协调、统筹兼顾、标本兼治、各负其责、齐抓共管”的信访工作大格局的要求，通过联席会议、建立排查调处机制、建立信访督导工作制度等方式，及时化解矛盾和纠纷。集团公司提出要把信访稳定工作全面纳入精细化管理模式，要求领导干部对待信访稳定工作必须做到“四个到位”（责任感情到位、解决问题到位、思想工作到位、法律教育到位）、“四个负责”（对党的事业负责、对国家社会负责、对企业发展负责、对职工利益负责）的总体要求，信访稳定工作的思路进一步开阔，责任进一步明确。

2007年，由于关闭破产、改革改制算账人员增多，出现了退休职工要求享受一孩化待遇和住房补贴、原家属工要求解决生活费、集体企业工要求就业等问题，信访工作出现了信访量高、重访率高、集体访人数相对偏多、上访行为偏激的特点。集团公司审时度势，提出要增强政治意识、大局意识、责任意识、发展意识，按照“谁主管、谁负责”的原则，建立“畅通、有序、务实、高效”的信访新秩序，执行“案件到人，压死责任”、“件件有着落、事事有回音”的标准。集团公司围绕和谐企业建设目标，切实解决职工群众反映的突出问题，加大再就业工作力度，提高了职工群众的生活质量和健康水平。

2008 年 2 月 26 日，集团公司召开信访稳定工作暨表彰会议，全面总结了 2007 年的信访稳定工作，对在 2007 年中作出突出贡献的 8 个信访工作优秀单位、19 个信访工作先进单位、7 个信访工作先进集体、71 名信访工作先进个人进行了表彰。安排部署了 2008 年信访稳定工作，明确提出了探索建立信访稳定工作长效机制、进一步畅通群众反映问题渠道、加大解决实际问题力度、加强信访稳定工作的源头治理、建立健全预警和应急反映机制、加强信访队伍建设等方面的具体要求。

为迎接北京奥运会和残奥会的召开，围绕“井下安全生产、井上稳定有序”总体目标，提出了奥运期间确保“不发生重大及以上人身伤亡事故、不发生具有重大社会影响的恶性事件、不发生同类性质的零星事故、不发生具有重大社会影响的群体上访和群体性事件、不发生越级上访或违反《信访条例》上访事件”的“五个确保”具体要求。集团公司党政严明工作纪律，研究制定了奥运期间对领导干部的纪律要求和责任追究办法，转发了中纪委等四部委联合颁布的《关于违反信访工作纪律适用<中国共产党纪律处分条例>若干问题的解释》和《关于违反信访工作纪律处分暂行规定》。先后制定印发了《关于进一步加强信访稳定治安保卫工作紧急通知》、《督查处理信访突出问题及群体性事件工作实施方案》、《稳定工作应急预案》，开展了信访法制宣传教育活动和领导干部大接访活动，把握“公示、接访、包案、落实”四个环节，将领导干部接访的时间、地点和形式，提前利用广播、公开栏予以公布。建立了奥运安保和大接访联系点制度，各级领导班子成员分别包保重点单位，采取集中接访、主动约访、带案下访、合理化访等方式，当面听取群众意见，现场做好思想工作，及时解决突出问题。各级班子主要领导坚持每月至少公开接访两天、至少调度解决两个信访案件、至少包案解决 1 个信访突出问题，使一批信访矛盾得到及时化解。

奥运安保期间，成立了以政工部门为主的 10 个奥运安保和大接访活动督查组，通过“听、查、看、访”等形式，及时对联系单位的工作进行集中调度和日常督导。成立了 4 个执纪督查组和两个专职工作督导组，采取明查暗访、电话抽访、夜间查岗等方式，对各单位的工作和值班情况进行督查，发现问题，一律进行责任追究。实行了基层单位每天一汇报、信访办每天一收集、集团公司党政每周一调度的工作机制，及时发现存在问题，指导基层改进工作。在多次组织拉网排查的基础上，对于特殊群体和重点个体访，采取超常举措，加大工作力度。对曾赴省进京非正常上访人员、上访老户进行重点帮教和稳控；对可能进京上访的逐人见面、逐人谈话、逐人解决问题、逐人落实稳控措施；对情绪激烈、执意进京，甚至可能非正常上访或实施极端行为的，采取举办法制学习班、领导包案或“几包一”等方式进行稳控，实现了奥运期间集团公司“零集体访、零越级访、零登通”的“三零”奋斗目标。

奥运会结束之后，集团公司于 11 月 7 日专题召开奥运信访稳定工作总结表彰大会，对奥运安保工作进行了全面细致的总结，对作出突出贡献的 12 个奥运信访稳定工作先进单位和 105 名奥运信访稳定工作先进个人进行了表彰。结合奥运会期间信访稳定工作经验，提出了健全和完善信访稳定工作长效机制的意见，对健全信访稳定工作责任制、矛盾纠纷排查化解、依法规范信访秩序和信访行为、基层信访稳定工作机制等提出了明确要求，并制定了《信访稳定工作考核办法（试行）》，进一步推进了信访稳定工作的规范化、制度化建设。

第五章　党校教育工作

峰峰局（峰峰集团）党校的前身，是1958年建立的峰峰局“党训班”。1962年初正式组建中共峰峰矿务局委员会党校。1966年“文革”初期停办。1971年恢复设立党校。1980年初，为适应大规模培训干部的需要，峰峰局成立干部学校，并将其合入党校。1986年11月又将峰峰局机关职工学校合入党校，成为党校、干校和局机关职工学校三位一体的综合式学校，称党干校。但局机关职工学校合入党干校后，在体制上未承担其职能。2009年4月7日，在集团公司党校的基础上，成立了冀中能源集团党校，并举行了揭牌仪式。

1989年以来，党校积极适应社会主义市场经济体制建立和企业市场主体地位确立的要求，始终坚持以马列主义、毛泽东思想为指导，以邓小平理论、“三个代表”重要思想和科学发展观的学习培训为主线，紧紧围绕企业生产经营实际和干部队伍建设实际，开展干部培训、轮训工作和调科研活动，发挥理论武装的重要阵地作用，为企业培养了大批干部和理论骨干。1990年被评为邯郸市“先进基层党校”，1991年被评为邯郸市“先进企业党校”，1992年被河北省委宣传部授予“河北省先进基层党校”称号。

20世纪80年代中后期，为适应大规模培训干部和干部学历达标的需要，除承担政治理论和党史党建教学任务外，党校还相继开办了党政干部中专学历班、写作培训班、中专证书班等班次。1990年以后，随着大规模培训干部工作的收尾，主要职能转向以干部轮训和青年后备干部培训为主体，以形势任务为导向的常规培训。1993年，经河北省委党校函授学院考察和峰峰局党委批示，设立了河北省委党校函授学院直属函授站，开展党校学历教育工作。至此，峰峰局（峰峰集团）党校逐渐发展成为一所以干部政治理论学习和形势任务教育为主体、以调科研活动为支撑，兼顾企业管理培训、干部素质和能力教育、党校系统学历教育、党群干部培训、写作骨干培训的综合型学校。

第一节　干部培训

党校围绕各个历史时期党的路线、方针、政策和企业中心工作，及时开办各种类型的学习班、培训班、研讨班、进修班，发挥干部培训轮训的主渠道作用。并坚持开门办学，送教到矿（厂），努力提高干部队伍政治业务素质。

一、矿处级领导干部轮训班

矿处级领导干部轮训班是党校培训的主体班次。以局（集团公司）副总师、所属单位领导班子成员和机关处室副处级以上领导干部为轮训对象。学习内容以党的基本理论、历次党的代表大会和中央全会文件精神、中央领导重要讲话、中央和省重大政策、涉企重要法律法规、企业重大战略部署、当年企业中心工作为重要内容。轮训方式以党校教师授课为主，兼请专家学者、有关领导、机关有关处室负责人授课，学习时间根据学习内容需要，每期安排1至2周，一般安排在每年的春季开班，遇有特殊重大轮训需要时，春秋两季开班，确保每名矿处级干部每年轮训一次。20年间共举办矿处级领导干部轮训班142期，培训领导干部6558人次。

二、青年干部培训班

青年干部培训班同属党校的主体班次。以各单位副科级以上青年后备干部为主要培训对象。学习内容安排马克思主义基础理论、中国特色社会主义理论、党性修养、党史、市场经济知识、企业管理知识、法律法规、领导科学、逻辑、社会人文知识等。此外还开设演讲、思维方法、军训、拓展训练等科目，以提高青年干部理论水平、管理技能、领导素质和强化党性意识、品德意志为培养目标。青年干部培训班从1991年开办，每年举办1至2期，每期培训时间1至2个月。每班培训45人左右。开办以来，共举办29期，培训青年干部1357人次。

三、党支部书记轮训班

以基层党支部书记为培训对象。培训内容主要安排马克思主义哲学、政治经济学、科学社会主义、中国特色社会主义理论、党史、《党章》和党的基本知识、党规党纪、党的建设、党的基层支部建设规范、党支部书记应备素质讲座、支部文书等。培训主要目的是提高党支部书记的素质和能力，促进基层支部建设。在培训方式上，坚持每隔几年进行一次集中轮训，每期培训时间为两周。共举办基层支部书记轮训班30期，培训支部书记1744人次。

四、理论骨干培训班

以各单位党委宣传部长、理论干事、党支部书记等为培训对象。培训内容为历次党的代表大会和中央全会文件精神、中央领导重要讲话、中央及省重大政策、涉企法律法规、企业重大战略及重点工作部署。以提高理论骨干的政策理论水平，提高理论宣传和理论辅导能力为培训目标。坚持每年举办1期，每期3天。从1989年到2008年，共举办理论骨干培训班18期，培训理论骨干860人次。

五、党群干部培训班

以各单位党群干部为主要培训对象。培训内容以邓小平理论、“三个代表”重要思想、财务经营知识、市场分析和市场营销、企业管理知识、煤炭生产知识、电脑操作知识为主。培训目的主要是提高党群干部的政治理论修养、业务技能、工作责任心和积极性，使党群干部在业务上对基本的生产经营和管理知识做到知情、懂行、明理，向复合型干部迈进。培训时间为每期1周，根据形势和任务的要求，适时开办。1989年到2008年共举办8期，培训党群干部375人次。

六、写作培训班

以各单位政工干部和有写作潜质的通讯干事、通讯员为主要培训对象。培训内容安排政治理论、语文基础、公文写作、新闻通讯、形式逻辑等课程。以为基层单位培养文秘人才、新闻报道人才，提高党工团干部公文写作水平为目标。不定期开办，每期办班时间为2至3个月。共举办3期写作培训班，培训文秘写作人才117人。

七、机关干部轮训班

以机关干部为主要培训对象。学习内容安排党史党建、哲学、科学社会主义理论等。从1989年开始，每年一个主题系列，分三年进行。共举办19期，培训机关干部3037人。

在坚持主体班次培训和党校办班培训的基础上，党校还积极发挥自己的政治理论优势，走出校门，送教到矿（厂），把党的路线方针政策和企业的战略部署、重点工作安排通过办班培训的形式传送到基层矿（厂）。一是与基层单位联合举办各种类型的培训班，组织教师主动走出校门，到基层培训，协助基层单位办班20余期，培训基层干部10800人次。二是组织开展各种宣讲活动，先后组织了“经济前沿阵地的战斗堡垒”、历次党的代表大会精神、扭亏脱困、“学邯钢”、年度工作会议精神、形势任务等宣讲活动。

第二节　调科研

党校调科研工作坚持以马列主义、毛泽东思想和中国特色社会主义理论为指导，以研究中国特色社会主义建设重大问题和企业改革发展中的重大问题为重点，坚持解放思想、实事求是、与时俱进的思想路线，努力发扬创新精神，树立认真学习、积极探索、民主讨论、求真务实的风气，坚持为提高党校教学质量服务、为领导决策咨询服务、为基层单位服务的方向，大兴调查研究之风，形成了一批调科研成果。锻炼了教师队伍的素质和能力，促进了教学培训质量的提高，提升了党校的实力和知名度，扩大了党校的影响力，发挥了党校的职能作用。

1989 年以后，党校教师和管理人员紧紧跟进党的理论创新步伐，紧紧围绕改革发展中的热点和难点，每年开展深入的调科研活动，取得了丰硕的成果。单独或与其他院校单位合作编写出版图书 12 种，在国家级报刊发表论文或理论研究成果 17 篇，在省级报刊发表论文 34 篇，在地市级报刊或各类校刊学报发表论文 61 篇。《实施品牌经营，促进企业做精做强》、《实施全面风险管理，促进煤炭企业健康持续发展》、《关注职工心态变化，推进企业安全发展》、《改制企业党建工作调查》、《企业扭亏靠什么》《煤炭企业实行精益化管理势在必行》等多项调科研成果分别获河北省煤炭行业管理现代化创新研究成果奖、河北省企业管理与改革论文奖、河北省党建研究奖、河北省党校系统优秀科研成果奖、《人民日报》新闻中心研究成果奖等。在对外发表调科研成果的同时，还积极推动调科研成果进课堂，把对集团公司改革发展中的难点问题和职工群众关注的热点问题的研究成果，贯彻到教学工作和培训工作中去，帮助大家理清政策，提高认识，统一思想，转变观念。

第三节　函授教育

1993 年，党校为满足广大干部职工渴望学习、充实自我、提高素质的愿望，为干部职工搭建一个学习的平台，经请示局党委，报中共河北省委党校函授学院批准，在党校设立了中共河北省委党校函授学院峰峰局直属函授站，举办大专层次学历教育班。当年参考考生 900 余人，招收学员 730 人。1994 年申请开办了大学本科层次学历班。至此，党校函授学历教育成系统成规模在党校开展。

党校直属函授站的设立，为广大干部职工提供了接受继续教育的平台，为提高干部职工队伍政治理论素质、科学文化素质、业务技术素质、法律法规素质创造了条件。15 年来，共培养党校函授大专和本科毕业生 3386 人，其中大专班毕业生 2414 人，本科班毕业生 972 人。到 2008 年，有在读学员 1151 人。

在开办函授教育的过程中，党校坚持根据企业改革发展需要和干部职工队伍知识需求实际，及时同河北省委党校函授学院联系沟通，设立相应专业，调整学习课程，以满足广大学员的需要，使党校学历教育始终做到为企业服务，为干部队伍建设服务。大专层次开办了经济管理专业、法律专业、市场营销专业等课程，本科层次开办了经济管理专业、法律专业、会计专业等课程，适应了不同群体的需要。

在办学过程中积极借鉴外地经验，健全各项管理制度，使函授教育工作和函授教育质量始终保持在较高水平，被河北省委党校函授学院授予“函授教育 20 年优秀直属函授站”称号。

第六章　工会工作

峰峰煤矿工会组织最早组建于 1925 年 9 月，第一次国内革命战争时期、第二次国内革命战争时期和抗日战争时期，在中国共产党的领导下，多次领导煤矿工人同资本家、日本侵略者作斗争。1945 年 9 月，峰峰煤矿和六河沟煤矿先后解放，峰峰煤矿职工总会和六河沟煤矿职工总会相继成立。之后开展了救济工人、组织工人纠察队、废除旧式把头包工制、反奸反霸斗争等，并发动工人群众，参加矿山管理。1947 年至 1949 年间，峰峰煤业公司职工总会的主要工作是发动工人开展劳动竞赛，献工献金，支援前线。新中国成立后，于 1950 年 3 月 4 日，召开了中国煤矿工会峰峰矿区委员会第一届会员代表大会。

在不同的历史时期，峰峰局各级工会组织动员职工积极参与企业管理，大力开展劳动竞赛，不断加强劳动保护和生活保险工作，组织开展形式多样的宣传教育和职工文体活动，为促进企业发展，维护职工权益发挥了不可替代的作用。

1988 年 7 月 25 日，峰峰局工会第七次会员代表大会在工人剧院召开。参加会议的代表 487 人。郑今朝代表上届工会委员会作了工会工作报告。大会选举产生了由 37 人组成的峰峰局工会第七届委员会，选举郑今朝为工会主席，赵思根、雷明亮为工会副主席。

1989 年以来，在党委的领导和行政的支持下，峰峰局（峰峰集团）各级工会组织得到了进一步发展壮大。民主管理作用突出，劳动竞赛如火如荼，群众安全成效显著，宣教文体有声有色，帮扶工作形成机制，女工工作卓有成绩，团结、动员、组织广大职工为完成企业不同时期的各项任务目标而建功立业。1993 年被全国总工会命名为“全国模范职工之家”。

进入新世纪以来，峰峰局（峰峰集团）工会坚持在党的领导下，融入企业中心工作，突出工会维护职能，在民主管理、维权保障、建功立业、帮扶特困、就业援助等方面，创造了许多宝贵的经验，多次受到上级工会的表彰，并分别与1998 年、2000 年经全国总工会复查验收，保持了“全国模范职工之家”称号。

2007 年 6 月 26 日，峰峰集团有限公司工会第一次会员代表大会在工人剧院召开。郭志武代表峰峰集团有限公司工会作了工会工作报告。选举产生了由 37 人组成的峰峰集团工会第一届委员会。选举郭志武为工会主席，冯小工、吴海林、邢存华为工会副主席。会议积极探索“建设什么样的企业工会，怎样建设企业工会”这一重大时代课题，适时提出了新时期建设“特色工会、有为工会、满意工会、品牌工会”的企业工会建设新思路。依据时代特点、行业特性、企业特色，确定了打造“安全之家、和谐之家、文化之家、创新之家、小康之家”的职工之家建设的新目标。

2008 年为适应强强联合、战略重组、做大做强的新形势，集团公司工会进一步调整思路，明确定位，确立了融入大集团，立足新起点，争做新贡献，建设具有国有企业品格、冀中能源气派、峰峰集团特色的“四会五家”的工作目标和工作举措。

1989 年，峰峰局工会机关设办公室、组织部、生产部、民主管理部、劳动保护部、生活保险部、宣传教育部、女工部、财务部。1995 年峰峰局机关机构调整，工会生产部与劳动保护部合并为生产保护部，原生活保险部更名为维权保障部。由原来的 8 部 1 室，调整为办公室、组织部、生产保护部、民主管理部、维权保障部、宣传教育部、女工部、财务部。各矿（厂）工会一般设置为 4 部 1 室或 3 部 1 室，其他单位根据实际情况，配备了专职工作人员。

第一节　组织工作

一、组织建设

1989 年至 1998 年，在企业面对市场经济的建立、逐步深化三项制度改革的同时，各级工会组织不断发展壮大。这期间，局党委先后于 1989 年、1991 年、1995 年、1998 年制定下发了《关于进一步加强工会组织建设的实施意见》、《关于加强工会干部工作的若干规定》等文件。峰峰局及所属二级单位工会组织得到进一步健全和完善，工会主席、副主席的政治经济待遇基本得到了落实，200 人以上和井下的车间工会基本配备了专职主席，全局专职工会干部的定员保持在 4‰左右。

1998 年至 2002 年，在企业遇到暂时困难时，各级工会组织做到了队伍不散、机构不撤、人员不减。通过加强会员会籍管理、健全会员档案、换发工会会员证等措施，使会员入会率始终保持在 95% 以上。针对企业改革改制和部分单位关闭破产情况，局工会先后召开专题会议，制定了《关于在加快推进企业改革中充分发挥工会组织作用的意见》，提出凡改制、新建、重组、分立单位都要及时依法建立健全工会委员会和经费审查工作委员会、劳动法律监督工作委员会、女职工委员会。凡到期的工会组织都按期进行换届改选。推行每年至少召开一次工会会员大会或会员代表大会制度。

2003 年以来，企业步入了改革发展新阶段，集团公司各级工会组织进一步得到加强。在企业关闭破产、辅业改制的进程中，坚持“哪里有职工，哪里就要建立工会”的工作方针，重点抓好改制、重组单位的工会组织建设。工会组织组建率始终保持在100%，职工入会率始终保持在95%以上，各二级单位工会会员代表大会都能够按期换届选举。2004年集团公司工会参加了河北省总工会召开的全省工会组织工作会议，在会上作了《适应企业改制形式要求，切实加强工会组织建设》的经验介绍。

2006年5月，以峰峰集团有限公司工会第一届会员代表大会的召开为标志，工会组织建设进入全面发展的阶段。根据“组织起来，切实维权”的工作方针，集团公司工会不断加大工作力度，推动工会组织规范化建设，加强会员发展和管理。修订了工会会员管理办法，加强会员会籍管理，尤其在吸收农民工入会的工作中取得突破性进展，职工入会率得到了大幅度提高，2007年职工入会率达到了99%，各级工会组织得到了巩固和发展。到2008年底，有35个基层工会、436个车间工会和4320个工会小组。35个基层工会全部依法按党政同级副职级条件配备了工会主席，同时配备了专职副主席。

2008年，冀中能源集团成立后，峰峰集团工会进一步加强工会自身建设，认真贯彻落实关于加强工会会员管理工作的意见，注重会员发展工作，强调无论何种劳动用工方式都要加入工会组织。坚持会籍管理随劳动关系变动而流动的原则，加强会员会籍管理，避免了会员的流失。以文化为引领，以作风为基础，以考核为手段，在不断提升工会干部水平中树立新形象，使各级工会组织工作执行力和落实力显著提高。2008年12月，集团公司工会在全省工会基层组织建设暨工会主席产生机制工作经验交流会上作了题为《创新建设“四会五家”，推动企业工会组织建设》的经验介绍。

二、职工之家建设

1990年5月全国总工会发出《关于继续深入开展建设职工之家活动的决定》，峰峰局工会在局党委的正确领导下，按照全总、省总和市总工会安排，在全局广泛开展了职工之家建设活动。制定下发职工之家建设安排意见、职工之家建设评比考核细则，坚持每年对职工之家建设进行检查、验收、评比、表彰，使全局职工之家建设得到不断发展。1993年峰峰局工会被全国总工会评为“模范职工之家”。

1997年至2002年，在企业生产经营面临困难的情况下，职工之家建设没有削弱，各级工会组织结合企业实际，以维护职工利益、团结动员职工为扭亏解困建功立业为重点，于1998年、1999年、2000年，先后三次修改了职工之家建设实施意见，保证了职工之家建设健康发展。

2003年以来，随着新形势的发展，峰峰集团党委连续两次转发《峰峰集团有限公司工会关于进一步加强新形势下职工之家建设的意见》。职工之家建设步入了良性发展的轨道。进一步建立完善职工之家、职工小家建设检查、验收、考核、评比、奖惩和表彰制度，加大工作考核力度，努力形成一级抓一级、层层抓落实的良好氛围。同时开展了“建家交友”活动，作为深化职工之家建设的一项重要措施。

2006年集团公司工会提出了创建“特色工会、有为工会、满意工会、品牌工会”和“安全之家、和谐之家、文化之家、创新之家、小康之家”的奋斗目标，全面修订完善了职工之家建设竞赛实施意见和考核办法，将基层35个基层工会划分为七个赛区，深入开展了职工之家建设季度红旗竞赛。以文化建设为引领，以会员参与为基础，以会员评家为抓手，以会员满意率为标准，依靠会员群众建家、管家和评家，坚持每季对职工之家建设竞赛情况进行现场检查考核，并按期进行总结考评。

峰峰集团工会继续保持了“全国模范职工之家”的称号，先后有羊渠河矿、薛村矿、九龙矿、小屯矿、万年矿5个基层单位工会获“全国模范职工之家”称号，梧桐庄矿、新三矿、煤炭运销分公司获“河北省模范职工之家”称号，大淑村矿获“全国煤炭系统先进工会”称号，23个单位获“邯郸市模范职工之家”的称号。

三、工会干部培训

1989年以来，坚持每年举办一至两期工会干部培训班，由局（集团公司）工会各部门负责人作为主讲，分别就各自分管的业务工作授课。同时，聘请上级工会和工会院校的有关人员和教师授课。其间，1991年至1994年，连续四年举办了“工会专职干部规范化岗位培训”，学习了《马克思主义基本原理》、

《当代工人运动》、《经济管理概论》、《简明工会学》、《劳动法学》、《工会领导学》等课程，全局492名专职工会干部参加了学习，并经考试合格，领取了由全国总工会颁发的“岗位培训合格证书”。

1998年至2006年，进一步健全了工会干部培训制度，不断加强工会干部教育培训工作力度。在坚持每年举办培训班的同时，选派一批工会干部分别参加市、省、全国煤矿地质工会、全国能源化学工会和全国总工会举办的工会干部培训班。

2007年，为进一步提高工会干部素质，集团公司工会采取了更加多样、更加规范、更加有效的培训方式，强化了工会干部培训工作，使培训规模越来越大，培训效果越来越显著。集团公司工会与中国劳动关系学院联合举办工会干部培训班，聘请中国劳动关系学院知名教授授课，组织201名工会干部赴京参加了学习。2008年集团公司工会与河北工运学校联合，举办工会干部培训班，212名工会干部参加了培训。

20年来，共举办本级工会干部培训班30期，培训工会干部2228人次，参加上级培训人次达623人次，使工会干部队伍整体素质得到了进一步提高。集团公司工会先后多次被河北省、邯郸市总工会评为“工会干部培训教育工作先进单位”。

第二节　民主管理

一、职工代表大会

（一）职工代表大会制度

1989年至1997年，先后制定了《关于全心全意依靠职工群众办企业的实施意见》、《贯彻职工代表大会条例实施细则》等制度文件，加强了职代会组织建设和制度建设。峰峰局及所属二级单位全部建立了职代会，职代会组建率达到100%。同时，各车间区科也建立了职代会或职工大会，形成了以职代会为基本形式的民主管理网络。并通过开展职工代表大会观摩、民主管理达标竞赛等活动，不断提高职代会的质量和水平。

1998年至2002年，重点从落实职权上下工夫，坚持凡是企业重大决策和涉及职工利益的重要问题，都要经过职代会审议通过。特别是在企业安置富余人员、关闭破产和辅业改制中，职工安置方案必须经过职工代表大会审议通过后方可实施。由于职代会职权的全面落实，保障了企业民主决策和科学决策，维护了职工合法权益，促进了四矿、通二矿、三矿等单位的关闭破产工作顺利进行。在巩固深化职代会制度的同时，创新发展了职工参事员、职工代表值班、职工代表巡视、工人厂长、民主对话等多种形式的民主管理。

2003年至2007年，峰峰集团有限公司第一届职工代表大会和第二届职工代表大会先后召开，集团公司及所属单位在全面落实职代会职权的基础上，开展了职工代表大会星级创建认证活动，推行了会议制、申报制、预审制、票决制、报告制和档案制等制度建设。

冀中能源集团组建后，冀中能源峰峰集团第三届职工代表大会于2008年12月30日至6日召开，标志着峰峰集团职代会建设进入了一个全面发展的新阶段。集团公司及各单位在发挥以职工代表大会为基本形式的企业民主管理制度作用的同时，开展了民主管理创新实践活动，打造了“金牌职工代表联系群众、提案一卡通畅通渠道、民主恳谈会平等协商、职代会共商共决”的民主管理工作新链条。集团公司工会多次在中国能源化学工会和河北省、邯郸市有关会议上介绍经验。

（二）历届职代会基本情况

1988年12月28日至29日，分别召开了峰峰局第九届职工代表大会预备会议和第九届职工代表大会第一次会议。会议选举产生了局第九届职工代表大会主席团、主席团主席、副主席、秘书长和副秘书长。主席团主席：高凤志。副主席：魏天祥、郑今朝。秘书长：郑今朝（兼）。副秘书长：孟养元、朱焕玉、雷明亮。选举产生了局第九届职工代表大会生活福利工作委员会、经济管理工作委员会、安全生产工作委员会。选举产生了参加局企业管理委员会、劳动争议调解委员会的职工代表。审议通过了局长许世亮所作的《行政工作报告》、财务处处长胡学礼所作的《财务工作报告》。审议通过了局《职工代表大会工作委员会暂行条例》。局党委书记高风志代表局党委致词，局党委常委、局工会主席郑今朝主持会议，并致开幕词和闭幕词。

1989年12月12日至13日，峰峰局第九届职工代表大会第二次会议召开。会议审议通过了局长尚庆武所作的《行政工作报告》、财务处处长胡学礼所作的《财务工作报告》。并对第九届职工代表大会代表团长联席会议通过的局《关于给实现质量标准化和企业升级奋斗目标的单位实行奖励浮动升级的试行办法》和《安全生产奖惩暂行规定》两项议案予以了确认。局党委常委、局工会主席郑今朝主持会议，并致开幕词。局党委书记高风志致闭幕词。

1990年12月10日至12日，峰峰局分别召开第十届职工代表大会预备会议和第十届职工代表大会第一次会议。会议选举产生了局第十届职工代表大会主席团、主席团主席、副主席、秘书长和副秘书长。主席团主席：高风志。副主席：张泉、郑今朝。秘书长：郑今朝（兼）。副秘书长：雷明亮、吴俊英、安玉堂、赵兴龙。选举产生了局第十届职工代表大会生活福利工作委员会、经济管理工作委员会、安全生产工作委员会。选举产生了参加局企业管理委员会、劳动争议调解委员会的职工代表。审议通过了局长尚庆武所作的《行政工作报告》、财务处处长胡学礼所作的《财务工作报告》。审议通过了局《贯彻职工代表大会条例实施细则》、《职工代表大会工作委员会暂行条例》。局党委书记高风志代表局党委致词，局党委常委、局工会主席郑今朝主持会议，并致开幕词和闭幕词。

1991年12月17日至18日，峰峰局第十届职工代表大会第二次会议召开。会议审议通过了局长尚庆武所作的《行政工作报告》、财务处处长胡学礼所作的《财务工作报告》。局党委常委、工会主席郑今朝主持会议。

1992年12月21日，峰峰局第十一届职工代表大会第一次会议召开。会议选举产生了局第十一届职工代表大会主席团、各专门工作委员会和参加局企业管理委员会、劳动争议调解委员会的职工代表。审议通过了局长尚庆武所作的《行政工作报告》、财务处处长胡学礼所作的《财务工作报告》。并对第十届职工代表大会联席会议原则通过的局《住房改革实施方案》予以了确认。局党委常委、工会主席郑今朝主持会议。

1993年12月11日，峰峰局第十一届职工代表大会第二次会议召开。会议审议通过了局《关于贯彻实施〈邯郸市市区公有住房出售实施方案〉的有关规定》。局党委书记张泉在会上讲话。局党委常委、局工会主席雷明亮主持会议。

1994年2月7日至18日，峰峰局第十一届职工代表大会第三次会议召开。会议审议通过了局长尚庆武所作的《行政工作报告》、财务处处长胡学礼所作的《财务工作报告》。原则通过了《关于峰峰矿务局一九九四年工资总额与经济效益挂钩办法》、《关于经济承包全员风险抵押金的实施意见》、《安全生产奖罚暂行规定》、《矿、厂承包经营考核奖罚试行办法》。并对第十届职工代表大会第一次、第二次代表团长联席会议通过的《一九九三年职工效益工资升级工作安排意见》、《关于富余职工安置的暂行规定》予以了确认。局党委常委、局工会主席雷明亮主持会议。

1995年1月14日，峰峰局第十一届职工代表大会第四次会议召开。会议审议通过了局长刘延安所作的《行政工作报告》、财务处处长胡学礼所作的《财务工作报告》。局党委书记张泉在会上讲话。局党委常委、局工会主席雷明亮主持会议。

1995年6月16日，峰峰局第十一届职工代表大会第五次会议召开。审议通过了局《实行劳动合同制实施办法（试行）》。原则通过了局《岗位技能工资实施办法（试行）》。局党委书记张泉、局长刘延安在会上讲话。局党委常委、局工会主席雷明亮主持会议。

1996年1月8日至10日，分别召开峰峰局第十二届职工代表大会预备会议和峰峰局第十二届职工代表大会第一次会议。会议选举产生了局第十二届职工代表大会主席团、主席团主席、副主席、秘书长和副秘书长。主席团主席：张泉。副主席：段酉兴、雷明亮。秘书长：雷明亮（兼）。副秘书长：冯小工、李正盛、赵兴龙、胡洪杰。选举产生了局第十二届职工代表大会资格审查委员会、内部分配规章制度委员会、生活福利工作委员会、安全生产工作委员会四个专门工作委员会。选举产生了参加局企业管理委员会、劳动争议调解委员会的职工代表。审议通过了局长刘延安所作的《行政工作报告》、财务处处长李敏子所作的《财务工作报告》。并对十一届职工代表大会第五次代表团长联席会议审议通过的局《关于矿、厂承包经营考核奖罚试行办法》、《工资总额与经济效益挂钩办法》、《深化住房制度改革实施细则》三个议案予以了确认。局党委书记张泉在会上作了重要讲话。局党委常委、局工会主席雷明亮主持会议。

1997年1月15日，峰峰局第十二届职工代表大会第二次会议召开。审议通过了局长刘延安所作的《行政工作报告》、财务处处长李敏子所作的《财务工作报告》。局党委常委、局工会主席雷明亮主持会议。

1997年10月17日至28日，峰峰局第十二届职工代表大会第三次会议召开。会议审议通过了局《职工医疗保险试行办法》。局党委副书记段酉兴、副局长王魁升在会上讲话。局党委常委、局工会主席雷明亮主持会议。

1998年1月7日至15日，峰峰局第十二届职工代表大会第四次会议召开。审议通过了局长刘延安所作的《行政工作报告》、财务处处长李敏子所作的《财务工作报告》。听取审议了《关于业务招待费使用情况的报告》。大会还对第十二届职工代表大会第一次代表团长联席会议通过的《职工扶贫基金会章程》和第二次代表团长联席会议通过的《职工代表大会关于评议企业领导干部的实施办法》予以了确认。局党委副书记雷明亮和局党委常委、局工会主席任连顺分别主持会议。

1998年12月1日至11日，峰峰局第十二届职工代表大会第五次会议召开。会议审议通过了局长刘延安所作的《行政工作报告》、财务处处长李敏子所作的《财务工作报告》，听取审议了《关于业务招待费使用情况的报告》。会议还审议通过了局《集体合同》，并举行了集体合同签字仪式，局长刘延安代表行政方、局工会主席任连顺代表职工方在《集体合同》上进行了签字。局党委副书记雷明亮和局党委常委、局工会主席任连顺分别主持会议。

1999年12月16日至19日，峰峰局第十二届职工代表大会第六次会议召开。会议审议通过了局长刘延安所作的《行政工作报告》、财务处处长李敏子所作的《财务工作报告》，听取审议了《业务招待费使用情况的报告》。局党委副书记雷明亮和局党委常委、局工会主席任连顺分别主持会议。

1999年12月24日，峰峰局第十二届职工代表大会第七次会议召开。会议审议通过了局《调整职工工资的实施方案》、《关于房改已售住房办理确权发证的实施细则》、《关于加快公房出售的意见》。局党委常委、局工会主席任连顺主持会议。

2000年12月21日至25日，峰峰局第十二届职工代表大会第八次会议召开，会议审议通过了局长刘延安所作的《行政工作报告》、财务处处长李敏子所作的《财务工作报告》，听取了《关于业务招待费使用情况的报告》。局党委副书记雷明亮和局党委常委、局工会主席任连顺分别主持会议。

2001年12月15日至19日，峰峰局第十二届职工代表大会第九次会议召开。会议审议通过了局长刘延安所作的《行政工作报告》、财务处处长李敏子所作的《财务工作报告》，听取审议了《关于业务招待费使用情况的报告》。局党委副书记雷明亮和局党委常委、局工会主席任连顺分别主持会议。

2001年12月19日，峰峰局第十二届职工代表大会第十次会议召开。会上，冯小工当选为国有企业监事会兼职监事（职工代表）。

2002年2月7日至8日，峰峰局第十二届职工代表大会第十一次会议召开。会议审议通过了局《关于职工晋升技能工资的实施意见》。局党委常委、局工会主席任连顺主持会议。

2002年5月23日至31日，峰峰局第十二届职工代表大会第十二次会议召开。会议审议通过了《峰峰矿业（集团）有限责任公司实施方案》、《峰峰矿业（集团）有限责任公司章程》、《峰峰矿业（集团）有限责任公司发展规划》。局党委书记、局长张文学在会上讲话。局党委常委、纪委书记、工会主席任连顺主持会议。

2003年1月8日至5日，峰峰局第十二届职工代表大会第十三次会议召开。会议审议通过了局长张文学所作的《行政工作报告》、财务管理部部长周和平所作的《财务工作报告》、《关于经营者年薪制试行办法》。会议听取审议了《关于业务招待费使用情况的报告》。局党委副书记雷明亮和局党委常委、纪委书记、工会主席任连顺分别主持会议。

2003年7月4日至7日，峰峰局第十二届职工代表大会第十四次会议召开。会议选举任连顺为峰峰集团有限公司董事会职工董事，冯小工为峰峰集团有限公司监事会职工监事。局党委副书记、纪委书记、工会主席任连顺主持会议。

2003年7月16日至21日，峰峰局第十二届职工代表大会第十五次会议召开，审议通过了局《建立企业岗位工资制度（试行）方案》。局党委副书记、纪委书记、工会主席任连顺主持会议。

2003年10月29日，峰峰集团有限公司第一届职工代表大会第一次会议召开。会议选举产生了第一届职工代表大会主席团、秘书长、副秘书长。秘书长：任连顺，副秘书长：冯小工、刘凤朝、穆树琪。选举产生了第一届职工代表大会经营管理工作委员会、安全生产工作委员会、生活保障工作委员会、民主评议干部工作委员会四个专门工作委员会和参加公司劳动争议调解委员会及平等协商委员会的职工代表。会议审议通过了集团公司《贯彻〈河北省企业职工代表大会条例〉实施细则》、《贯彻〈河北省集体合同〉实施细则》、《贯彻〈河北省厂务公开条例〉实施细则》、《职工代表大会民主评议领导班子及成员实施办法》。集团公司党委书记、董事长张文学在会议上讲话。集团公司副董事长段西兴致开幕词，集团公司党委副书记雷明亮和集团公司党委副书记、纪委书记、工会主席任连顺分别主持会议。

2003年12月12日至19日，峰峰集团召开第一届职工代表大会第二次会议，审议通过了集团公司《关于实施〈邯郸市市本级城镇职工医疗保险实施办法（试行）〉的暂行规定》。集团公司党委副书记、纪委书记、工会主席任连顺主持会议。

2003年12月24日至30日，峰峰集团第一届职工代表大会第三次会议召开。审议通过了集团公司董事长张文学所作的《行政工作报告》、财务管理部部长周和平所作的《财务工作报告》；审议通过了集团公司《安全质量奖惩条例》和《集体合同》。集团公司董事长张文学代表行政方、集团公司工会主席任连顺代表职工方在集体合同上签字。集团公司党委副书记雷明亮和集团公司党委副书记、纪委书记、工会主席任连顺分别主持会议。

2004年3月18日至25日，峰峰集团第一届职工代表大会第四次会议召开。审议通过了集团公司《水电价格及补贴办法》。集团公司党委副书记、纪委书记、工会主席任连顺主持会议。

2004年4月24日至26日，峰峰集团第一届职工代表大会第五次会议召开，审议通过了集团公司《主辅分离辅业改制整体改革方案》。集团公司党委副书记、纪委书记、工会主席任连顺主持会议。

2004年9月1日至7日，峰峰集团召开第一届职工代表大会第六次会议。选举冯小工为河北省国有企业监事会兼职监事（职工代表）。集团公司党委副书记、纪委书记、工会主席任连顺主持会议。

2005年1月4日至14日，峰峰集团第一届职工代表大会第七次会议召开。审议通过了集团公司董事长张文学所作的《行政工作报告》、财务管理部部长刘凤朝所作的《财务工作报告》。会议听取审议了《关于社会保险费用收缴、管理和使用情况的报告》、《关于业务招待费使用情况的报告》。集团公司党委副书记雷明亮和集团公司党委副书记、纪委书记、工会主席任连顺分别主持会议。

2005年7月6日至12日，峰峰集团第一届职工代表大会第八次会议召开。审议通过了集团公司《关于对调整岗位工资标准规范岗位工资管理的规定》。集团公司党委副书记、纪委书记、工会主席任连顺主持会议。

2005年10月14日至19日，峰峰集团第一届职工代表大会第九次会议召开。会议根据峰峰集团第二次股东会会议决议和《峰峰集团有限公司章程修正案》，增选宋有林为峰峰集团监事会职工监事。集团公司党委副书记、纪委书记、工会主席任连顺主持会议。

2006年1月6日至13日，峰峰集团第一届职工代表大会第十次会议召开。审议通过了集团公司董事长张文学所作的《行政工作报告》、财务管理部部长刘凤朝所作的《财务工作报告》。会议还听取审议了《关于社会保险费用收缴、管理和使用情况的报告》、《关于业务招待费使用情况的报告》。集团公司党委副书记、纪委书记、工会主席任连顺分别主持会议。

2006 年 3 月 8 日至 10 日，峰峰集团第一届职工代表大会第十一次会议召开。与会代表一致同意推荐张文学为全国“五一”劳动奖章获得者候选人。集团公司工会副主席冯小工主持会议。

2006 年 7 月 12 日至 14 日，峰峰集团第一届职工代表大会第十二次会议召开。会议根据有关规定，同意因职务变动，任连顺不再担任峰峰集团有限公司董事会职工董事，并对任连顺担任职工董事期间所作的突出贡献，予以了充分的肯定和高度评价。按照规定程序，选举郭志武为峰峰集团有限公司董事会职工董事。集团公司工会副主席冯小工主持会议。

2006 年 8 月 28 日至 29 日，峰峰集团第一届职工代表大会第十三次会议召开。会议选举郭志武为峰峰集团有限公司第二届董事会职工董事；选举冯小工、杨新民、宋有林、张永军、安玉堂为峰峰集团有限公司职工监事会职工监事。集团公司工会副主席冯小工主持会议。

2006 年 11 月 24 日，峰峰集团第二届职工代表大会预备会议和第二届职工代表大会第一次会议分别召开。选举产生了峰峰集团第二届职工代表大会主席团、秘书长和副秘书长。秘书长：郭志武。副秘书长：冯小工、穆树琪。选举产生了峰峰集团有限公司第二届职工代表大会经营管理工作委员会、安全生产工作委员会、民主评议干部工作委员会、生活保障工作委员会、提案工作委员会五个专门工作委员会。选举产生了参加平等协商委员会的职工代表和劳动争议调解委员会的职工代表。审议通过了峰峰集团《职工代表大会规范化操作规程》和《职工代表大会提案工作实施办法》。集团公司党委书记、董事长张文学在会上作了重要讲话。集团公司党委副书记、纪委书记任连顺和集团公司党委常委、工会主席郭志武分别主持会议。

2007 年 1 月 6 日至 16 日，峰峰集团第二届职工代表大会第二次会议召开。审议通过了集团公司董事长张文学所作的《行政工作报告》、总会计师刘凤朝所作的《财务工作报告》。审议通过了集团公司《工资总额同经济效益挂钩考核办法》和《集体合同》。听取讨论了集团公司《关于社会保险费用收缴、管理和使用情况的报告》、《关于业务招待费使用情况的报告》。集团公司董事长张文学代表行政方、集团公司工会主席郭志武代表职工方在集体合同上进行了签字。集团公司党委副书记、纪委书记任连顺和集团公司党委常委、工会主席郭志武分别主持会议。

2008 年 1 月 8 日至 17 日，峰峰集团第二届职工代表大会第三次会议召开。审议通过了集团公司董事长张文学所作的《行政工作报告》、总会计师刘凤朝所作的《财务工作报告》。听取审议了集团公司《关于社会保险费用收缴、管理和使用情况的报告》、《关于业务招待费使用情况的报告》、《关于职代会提案征集和处理情况的报告》。审议通过了集团公司《集体合同》。集团公司董事长张文学代表行政方、集团公司工会主席郭志武代表职工方在集体合同上签字。集团公司党委副书记、纪委书记任连顺和集团公司党委常委、工会主席郭志武分别主持会议。

2008 年 7 月 28 日至 31 日，根据冀中能源人字［2008］10 号文件精神，冀中能源峰峰集团有限公司召开第二届职工代表大会第四次会议，选举郭志武为冀中能源峰峰集团有限公司董事会职工董事。集团公司党委副书记、工会主席郭志武主持会议。

2008 年 8 月 7 日至 12 日，依据《公司法》等有关法律法规和上级要求，冀中能源峰峰集团有限公司召开第二届职工代表大会第五次会议，选举冯小工、安玉堂、杨新民、宋有林、张永军为冀中能源峰峰集团有限公司监事会职工监事。审议通过了集团公司《调整岗位工资标准规范工资支付行为的规定》和《关于增加职工工资收入的实施方案》。集团公司党委副书记、工会主席郭志武主持会议。

2008 年 11 月 11 日至 17 日，冀中能源峰峰集团召开第二届职工代表大会第六次会议，审议通过了集团公司《职工医疗保险“结算制”试行办法》。集团公司党委副书记、工会主席郭志武主持会议。

二、矿务公开工作

1998 年 8 月至 9 月，胡锦涛、尉健行等中央领导同志先后六次对河北省石家庄天同拖拉机有限公司实行“厂务公开、民主监督”的经验作出批示。集团公司积极贯彻落实党中央和全国总工会的一系列指示精神，于 1998 年 10 月 29 日组织有关人员到石家庄天同拖拉机有限公司和煤机厂学习考察。结合企业实际，采取了“选择试点，典型引路，总结经验，全面铺开”的工作步骤，选择7个单位作为试点推行厂务公开制度。局党委、局工会多次召开试点单位调度会，听取汇报，总结经验，保证了试点工作的扎实进行。

1999年6月，局召开了第一次矿务公开工作会议。会上，试点单位羊渠河矿、孙庄矿、小屯矿、五矿、薛村矿、机械总厂、马头洗选厂作了经验介绍，局党委常委、工会主席任连顺宣读了《关于在全局推行矿（厂）务公开、民主监督制度的实施意见》，局长刘延安、党委副书记段酉兴分别作了重要讲话，党委副书记雷明亮主持了会议。会后，成立了由党委书记、局长任组长的矿务公开工作领导小组，同时成立了监督评议小组和工作小组。至此，矿务公开制度在全局普遍推开，初步形成了党委统一领导、党政齐抓共管、工会组织实施、纪委监督检查、职能部门各负其责、职工群众积极参与的矿务公开工作格局。

从1999年开始，局每年对矿务公开工作进行专题研究、专项部署，每两年召开一次矿务公开工作会议，并根据工作进度，不定期召开调度会、推进会。每年对矿务公开工作进行一次全方位的检查和评比表彰。2000年和2001年，矿务公开领导小组分别在薛村矿、九龙矿召开矿务公开工作现场经验交流会，全面推行薛村矿和九龙矿不断深化公开内容、丰富公开形式、拓展公开网络、规范公开程序的先进经验，促进全局公开内容不断向企业决策、经营管理、维权保障、廉政建设等方面深化。公开形式在充分利用职代会基本形式、公开栏主要形式的基础上，创新了矿情发布会、经济状况发布会、民主对话会、咨询会等多种形式。同时公开工作向车间、班组延伸，形成了公司、矿（厂）、区（科）、班组四级公开网络体系。峰峰局先后多次在河北省、邯郸市有关会议上介绍经验，2002年获“河北省厂务公开工作先进单位”称号。

2003年以来，矿务公开工作不断向规范化、程序化推进，工作质量得到了进一步提高。2004年探索建立了目标责任制、责任追究制、定期报告制和公开建议书、公开报告书、整改通知书、责任追究建议书的“三制四书”制度。2005年借鉴ISO9000质量管理理念，规范了“4+1”控制程序，编制了《矿务公开质量手册》，建立了矿务公开质量管理体系，使矿务公开工作从安排部署、任务分解到组织实施、检查考核、表彰奖励、持续改进等环节更加规范有序。2006年以来，加强了矿务公开质量体系的内审和管理评审工作，使矿务公开质量体系得到了顺利有效运行，保证了矿务公开工作不断深入发展。2007年集团公司获“全国厂务公开民主管理先进单位”称号。2008年集团公司党委副书记、工会主席郭志武出席了全国“纪念推行厂务公开十周年座谈会暨企业民主管理高层论坛”，并作了典型发言。

三、平等协商集体合同

1988年，伴随企业经营承包责任制的实施，峰峰局在所属矿、厂推行了带有集体合同性质的双保合同，在区科和班组推行了共保协议。1994年两次召开了“双保合同”经验交流暨研讨会，不断充实双保合同内容，规范双保合同管理。通过签定双保合同和共保协议，提高和改善了职工的劳动报酬、生活福利等劳动条件。1995年，根据全国总工会《工会参加平等协商和签定集体合同试行办法》、《关于在建立集体协商和集体合同制度中做好工会工作的意见》等文件精神，为了适应改革开放和发展社会主义市场经济的需要，推进企业劳动关系协调机制建设，依法规范企业和职工双方行为，改善和加强企业管理，局工会把平等协商集体合同制度作为构建和谐劳动关系的重要举措，建立了企业平等协商工作委员会，在双保合同和共保协议的基础上，开始向集体合同过渡。1996年开始，在局和所属生产经营单位全面推行了平等协商集体合同制度。坚持每年根据形势发展，通过平等协商工作委员会的平等协商，确定集体合同的内容，通过职工代表大会组织职工代表对集体合同草案进行审议表决，企业法人代表企业方，工会主席代表职工方签定集体合同。

1998年至2002年，局及所属生产经营单位在健全了平等协商集体合同制度的基础上，主要抓住平等协商、中期管理和履约兑现等关键环节，在企业遇到暂时困难的情况下，保障了职工的合法权益，调动了职工主动性和积极性，促进了企业扭亏脱困。

2003年《河北省集体合同条例》颁布实施，峰峰集团进一步研究制定了《贯彻〈河北省集体合同条例〉实施细则》，加强了集体合同“六率”管理，进一步提升了工作质量。2004年开始，创新实践了集体合同“1+X”模式，构建了以集体合同为主体，以工资集体协议、劳动安全卫生协议、女职工特殊保护协议为补充的协调劳动关系新机制，狠抓主动要约、平等协商、审议审核、共同约定、履约兑现五个关键环节，保证了集体合同和专项协议的平等、公正、务实、有效，促进了企业劳动关系的稳定和谐。2006年开展了“集体合同要约行动”，每年年底职代会召开前，集团公司及所属单位工会组织主动向行政要约，确定平等协商的时间、地点和内容，就劳动关系诸方面开展平等协商，签定或续签集体合同及专项协议。

2008年，在全面推行集体合同“1+X”模式的基础上，加大了“工资集体协商”的工作力度，进一步规范了协商的程序，严格了协议的内容。

集团公司多次在河北省、邯郸市会议上介绍平等协商集体合同工作经验，先后获河北省、邯郸市“集体合同先进单位”称号。2008年4月23日至25日，集团公司工会主席郭志武作为全省唯一的的企业代表，出席了全国总工会、国际劳工局在成都举办的工资政策和立法国际研讨会，并作主旨发言。

四、创建劳动关系和谐企业活动

2004年，根据党中央一系列指示精神，集团公司工会按照上级工会和集团公司党委的安排部署，会同有关部门，广泛开展了创建劳动关系和谐企业活动。明确了创建活动的指导思想，确立了“促进企业发展，维护职工权益”的创建理念，制定并实施了创建劳动关系和谐企业活动的实施意见。当年，集团公司被评为河北省“劳动关系和谐单位”。

2005年，集团公司根据全国总工会、河北省、邯郸市有关文件精神，进一步完善了创建活动的各项制度，健全了组织领导和工作机构。明确了创建活动的原则和和谐单位的标准，召开了创建活动推进大会，集团公司董事长、党委书记张文学与各基层单位负责人签定了《关于开展“劳动关系和谐单位”创建活动责任书》。并根据形势发展，不断细化、量化创建活动考核评价标准，提高了创建质量。扩大延伸创建范围，把创建活动拓展到了区科和班组。建立了创建活动定期汇报和集中调度制度，把创建活动纳入党政工作绩效考核目标。开展了互查、联查和重点检查活动，形成了一级抓一级、一级对一级负责的创建工作格局。

2008年4月3日，集团公司召开了创建劳动关系和谐企业活动推进大会。集团公司副总经理陈亚杰主持了会议，集团公司党委常委、工会主席郭志武宣布表彰决定。集团公司党委副书记、纪委书记任连顺作重要讲话。会上梧桐庄矿等4个单位介绍了经验。集团公司工会把切实维护农民工合法权益，作为协调稳定劳动关系的重要环节来抓，创造出“五个百分之百”工作法。2008年8月29日，集团公司党委副书记、工会主席郭志武在全国工会维护农民工合法权益经验交流暨表彰电视电话会议上作了题为《切实维护农民工合法权益，共建共享企业发展成果》的经验介绍。

集团公司被河北省命名为“AAA”级劳动关系和谐企业。集团公司及所属单位获得“AAA”级、“AA”级、“A”级劳动关系和谐单位的达到29家。

第三节　群众生产保护

一、群众生产工作

1989年至1997年，在企业步入市场经济、深化三项制度改革、转换经营机制和增长方式中，组织开展了“上纲要创水平”、“五杯竞赛”和“促改革、强管理、创效益”等劳动竞赛。

1998年至2002年，围绕企业扭亏脱困，各级工会组织开展了以扭亏脱困为目标的“创业兴企”等劳动竞赛。

2003年，围绕企业改革发展的新形势，根据发展循环经济、提高自主创新能力、建设创新型和节约型企业的要求，组织开展了“四争”、“创建工人先锋号、争当明星员工”等竞赛活动。

2007年集团公司召开了明星员工表彰大会，表彰了1000名明星员工。全国总工会和省、市总工会分别授予集团公司1个国家级工人先锋号、2个省级工人先锋号、8个市级工人先锋号。

2008年，团结动员广大职工融入冀中大集团，立足峰峰新起点，组织开展了“创先锋、当明星、立新功”和“保稳定、抓安全、促环保、迎奥运”竞赛活动。组队参加了全国职工节能环保知识竞赛，并获二等奖。

2008年12月3日，河北省煤炭石油化学医药信息工会在集团公司召开河北省煤炭石油化学医药系统重点企业工会节能减排劳动竞赛工作座谈会，集团公司工会在会上介绍了开展节能减排劳动竞赛的经验。

2008年12月19日，在河北省总工会召开的河北省工会经济技术工作会议上，集团公司工会以《多措并举，全力推进节能减排目标的实现》为题，介绍了开展节能减排劳动竞赛的经验。

二、劳动保护工作

1989年以来，峰峰局（峰峰集团）工会建立了安全生产群众监督检查委员会，形成了局（集团公司）、矿（厂）、车间、班组四级群监组织网络体系，并探索构建了女工、家属协管安全委员会、单身职工宿舍等群众安全工作防线。坚持每年通过职代会安全生产工作委员会对企业安技措计划和落实情况进行一次审议，开展了安全教育、检查监督等群众安全活动。

2002年，在河北省总工会召开的全省工会劳动保护工作现场经验交流会上介绍了经验。

2004年10月，集团公司工会被全国总工会授予“全国先进基层工会劳动保护监督检查委员会”称号。

2005年进一步修订了峰峰集团《群众安全工作实施细则》。根据全国总工会有关精神，积极推行“一法三卡”，邯郸市总工会在峰峰集团召开了现场经验交流会。

2006年以来，集团公司工会创新确立了“维护职工合法权益，首先保证职工安全”的指导思想，制定了《关于在安全生产中充分发挥工会组织作用的决定》，围绕企业“三零”安全目标和争创最长安全周期，举办了安全宣誓、安全事故案例展、工会干部与职工安全谈心、帮助职工细算安全账、职工代表安全巡视、“安康杯”竞赛、安全生产双百日承诺行动等。建立了安全展览室、安全文化园、安全文化走廊，不断拓宽了群众安全工作渠道。

2007年，加强群监员队伍建设，建立了行政、工会联合确认群监员制度，推行了群监员统一标识上岗规范化管理。

集团公司1999年、2002年、2004年、2005年、2006年五次获“全国‘安康杯’竞赛优胜企业”称号。

三、合理化建议活动

1989年以来，局（集团公司）工会坚持每年围绕企业生产经营的重点、难点和关键环节，组织职工开展合理化建议活动。2003年，工会根据企业改革改制形势发展和中心任务，把5月份作为合理化建议月，先后开展了“当主人、献良策、促发展、作贡献”、“促管理、降成本、增效益”、“提高经济运行质量、提高经济效益”、“创新、创先、创优、创效”、“争创产品优势、争创循环发展优势、争创技术领先优势、争创企业文化优势”等为主题的合理化建议活动。2003年以来有91条合理化建议分别被评为全国煤炭工业一、二、三等奖。

四、技术练兵比武

1986年以来，坚持每年组织开展群众性的技术培训、岗位练兵和技术比赛。在层层比武的基础上，局（集团公司）每年举办一次职工技术大比武，截至2008年共举办了22届。2003年和2005年承办了邯郸市职工职业技能大赛。积极选拔选手参加上级组织的技术比赛，涌现出一批全国煤炭系统和省、市技术状元和能手。1998 年获河北省“十行百岗千手”职工技术选拔赛先进单位。2003 年至 2006 年 3 次获“全国煤炭行业职工职业技能大赛优秀组织单位”称号；1 次获“河北省职工技术比赛先进单位称号”，两次获“邯郸市职工技术比赛先进单位称号”。1998 年薛村矿职工邢学军获河北省“十行百岗千手”职工技术比赛锚杆工技术标兵，五矿职工李学堂获井下机电工技术标兵。2008 年 12 月，大淑村矿职工李水龙获“全国技术能手”称号。

五、劳动模范培养管理

峰峰局（峰峰集团）工会高度重视劳模培养、选树推荐和管理工作。1989 年以来，加强劳模管理，建立健全劳模管理档案，并实现了微机管理。2005 年修订完善了集团公司《劳动模范管理办法》，2007 年创新建立了后备劳动模范人才库，规范评选程序，实现了劳模培养、评选、推荐、管理的程序化、制度化、规范化。大力弘扬劳模精神，开展“学劳模、讲理想、比贡献”等活动，多次组织劳模事迹报告团巡回到各单位讲演。组织开展劳模培训，提高劳模素质。关心劳模生活，自 2001 年以来，每年组织劳模外出疗休养。特别是 2006 年以来，落实劳模政治经济待遇，每年对劳模进行一次健康体检，组织实施帮扶特困老模活动，营造了劳动光荣、知识崇高、人才宝贵、创造伟大的良好氛围。1989 年以来，先后在优秀职工中推荐树立了一批全国、省（行业）、市劳动模范。

2009 年，推荐树立了全国“五一”劳动奖章获得者金哲涛；河北省劳动模范郭周克、张振伟、杜林胜、范顺刚。同时，峰峰集团被授予“全国‘五一’劳动奖状”。

第四节 维权保障

一、职工生活福利

1989 年后，局工会会同有关部门专门组成联合检查组，按照标准，对各单位以“两堂一舍”为重点的生活福利点的设施和管理进行检查评比。坚持和实行每季度检查，半年讲评，全年表彰奖励的制度。1991 年 5 月，河北省总工会在万年矿召开职工生活工作现场会。来自全省各地市工会主要负责人 70 余人参加了会议。省总工会主席刘智生等领导出席了会议并在讲话中高度评价峰峰局工会所做的工作。随后，全国煤矿地质工会、邯郸市总工会也先后在峰峰局召开了职工生活福利工作现场经验交流会议。期间，先后担任过中煤总公司总经理和全国总工会副主席、书记处第一书记的于洪恩同志，曾两次来到峰峰局视察职工生活福利达标竞赛活动，给予了高度评价。

1997 年至 2002 年期间，局及所属单位工会组织充分发挥职代会生活福利工作委员会的作用，定期组织职工代表每年对职工生活福利工作进行视察。特别是针对职工食堂转换经营机制带来的服务质量下降的问题，多次向有关部门提出整改意见，促进问题的解决。局工会还就改进职工“两堂一舍”工作深入调查研究，提出了许多切合实际的意见和建议。在此期间，局工会源头参与了企业职工住房制度和职工医疗制度的改革，并参加了改革方案的起草制定。

2003 年，集团公司成立后，各级工会组织加大了对职工生活福利工作的参与力度，各级职代会生活工作委员会加强了对“两堂一舍”的巡视和检查。与此同时，集团公司职代会每年听取审议社会保险费用的收缴、管理和使用情况的报告，生活福利工作委员会定期对这项工作进行视察，使职工享受各项社会保险的权益得到保障。

2008 年，根据冀中能源集团的指示精神，峰峰集团在短时间内实现了井下班中餐、免费营养餐和为职工宿舍安装空调等惠民工程。集团公司工会及时组织职代会生活福利工作委员会对三项惠民工程的实施情况进行了全面深入的巡视检查。各级工会组织结合职工之家建设，积极配合行政有关部门，采取职工代表视察、召开听证会、咨询会、对话会等形式，监督、协助有关部门搞好职工福利工作，使企业职工生活福利工作提高到一个新的水平。

二、困难职工帮扶工作

1992 年，峰峰局工会响应全国总工会的号召，在元旦、春节期间，开展了“进万家门、知万家情、解万家难、暖万家心”的送温暖活动，为生活遇到困难的职工排忧解难、雪中送炭。此后每年元旦、春节期间，都开展大规模的送温暖活动。

1994 年以后，峰峰局工会遵照全国总工会的指示精神，根据帮扶工作的需要，将一年一度的送温暖活动拓展为“送温暖工程”，推行领导干部联系困难职工户制度，筹措“送温暖工程”基金，开展定期救济等方式帮扶困难职工。

1998 年，各级工会组织在实施“送温暖工程”的基础上，针对企业面临的形势和职工群众的实际困难，积极开展了“帮困入保”活动。一方面向广大职工宣传城镇居民最低生活保障制度的有关规定，让职工家属了解政策内容，清楚申办社会保障救助程序。另一方面加强与地方民政部门和街道社区的联系，定期向他们通报企业生产经营状况和职工生活情况，随时提供特困职工档案，多次派人帮助工作，取得了较好的效果。全局由最初 365 户，1104 人，每月享受低保金总额 4.1 万元，发展到 8277 户，22594 人，每月享受低保金总额达 89.5 万元，使特困职工基本达到了应保尽保。

1998 年至 1999 年，各级工会组织在原有基础上，整合健全了车间一级的职工互助储金会（412 个，储金额 160 万元）、矿（厂）一级的职工互助保险基金会（21 个，基金额 536 万）和帮困基金会。组建了峰峰局扶贫基金会（储金额 430 万），为 576 名下岗职工再就业提供了小额借款。同时，全局建立了 20 个职工消费合作社，为职工提供平价消费品，每月可为职工减少 20 元消费支出。至此，以“四会一社”为载体的职工互助互济体系基本形成，成为具有峰峰局特色的帮扶特困职工的重要手段。

2004 年开始，针对特困职工子女上学难问题，积极筹措资金，对考上大学的特困职工子女，开展了“金秋助学”活动。至 2008 年，全集团公司为 501 名考上大学的特困职工子女发放助学金 144.95 万元，使每一名考上大学的特困职工子女都能按时入学。

2006 年，集团公司工会修订下发了《特困职工档案管理办法》，制定了《帮扶组织工作条例》，建立了集团公司困难职工帮扶中心，各二级单位的帮扶工作站和各区（科）、车间的贴心人服务队等组织机构，打造了一个集困难救助、互助互济、就业帮扶、政策咨询、信访接待、法律援助等功能为一体的工作平台，为实现帮扶工作经常化、制度化迈出了坚实的一步。

2007 年，针对职工因病致贫问题，制定下发了《对患重大疾病职工实施医疗救助办法》，开展了“帮困助医”活动。截至 2008 年末，共对 102 名患大病职工发放救助金 14.3 万元，缓解了职工家庭生活困难。同时，动员职工参加了河北省总工会“职工大病医疗互助活动”，为 71 名职工申请、办理手续，领取医疗互助补助金 61.5 万元。在各级工会中层层组织开展了实事好事征集承诺活动，年初作出承诺，年末检查验收，兑现承诺。2007 年集团公司共征集立项好事实事 243 件，经检查验收，兑现率达 97%，深受职工好评。

2008 年，冀中能源集团成立后，各级工会组织贯彻“发展依靠职工，发展为了职工，发展成果惠及职工”的理念，积极推进以改善民生为重点的和谐企业建设，制定和实施了《关于加强维权保障机制建设，进一步做好困难职工帮扶工作的意见》，健全完善了以特困职工档案为基础的预警预报体系，以“四会一社”为依托的互助互济体系，以“六项活动”为载体的日常救助体系，以培训中介为重点的就业援助体系，以诉求代理制度为途径的职工诉求体系等“五大支撑”的帮扶工作长效机制，保障了困难职工的基本生活。2008 年继续开展了实事好事承诺活动，全年共立项 256 件，兑现率达到 100%。

三、劳动争议调解工作

1989 年以来，局（集团公司）工会根据形势的需要，会同企业行政建立了劳动争议调解委员会，在区科、车间建立了劳动争议调解小组，在班组设置了劳动争议调解员，形成了劳动争议调解的四级网络。制定了《劳动争议调解工作条例》。各级调解组织按照处理争议的基本程序和原则，坚持“双维护”的宗旨和“预防、调解、基层为主”的方针进行调解，较好地维护了职工的利益，保持了企业的和谐稳定。

1997 年至 2002 年，随着企业改革改制步伐的加快，各级劳动争议调解组织充分发挥协调稳定劳动关系的作用，主动工作，依法办案，科学调处，化解了大量因劳动关系的存续、解除和其他劳动权益引发的矛盾，有效维护了企业和职工队伍的稳定。

2003 年以后，重新调整充实了集团公司及所属单位的劳动争议调解组织，进一步加大了劳动争议调解工作力度。特别是 2004 年，在辅业改制过程中，建立健全了劳动关系预警机制，随时掌握改制单位劳动关系动态，及时协调、化解劳动关系置换中出现的问题和矛盾，保证了改制工作的顺利进行，保障了职工合法权益。

2006 年再次调整充实了劳动争议调解组织，建立了职工诉求代理制度，完善了劳动争议调解程序。各级工会组织按照维护职工合法权益的要求，围绕涉及职工劳动权益的问题，代理职工进行合理诉求，规范职工信访秩序，表达、反映和解决职工的实际问题。2006 年 5 月，集团公司劳动争议调解委员会被河北省劳动和社会保障厅、河北省总工会、河北省企业家协会授予“河北省劳动争议调解工作先进组织”称号。

2008 年，为了积极构建和谐企业，切实预防、化解和调处企业劳动关系中的各种矛盾和纠纷，集团公司工会和所属二级单位工会全部建立了职工维权法律服务站，挂牌并积极开展工作，依法调解和处理职工反映的问题和合理诉求，帮助职工解惑释疑，排忧解难。

四、职工疗养与休养

1989 年后，峰峰局积极筹集创办职工疗休养事业，每年局行政挤出部分福利资金，委托局工会在外地各疗养院，开办职工疗养和休养活动。疗养对象主要是以治疗慢性病职工为主，疗养时间在 2 至 3 个月。休养对象主要是各生产工作方面上的劳动模范、先进工作者、工会积极分子以及工作在 20 年以上的老职工，休养时间在 10 至 20 天。截至 1993 年底，全局每年在外地签定疗休养床位 95 张，共选派疗休养人员 6200 人。

1993 年 9 月，因全国煤炭生产经营形势下滑，全局流动资金紧张，为缓解这一状况，局采取了紧急措施，下发了峰局［1993］394 号文件，规定从 1993 年 9 月 3 日起，局不再统一组织职工外出疗休养。此后，在局工会的指导和帮助下，各单位根据实际情况，分别组织劳动模范、先进生产（工作）者和先进集体的代表赴各地休养。

2003 年以后，根据上级工会和集团公司党委的指示精神，集团公司工会每年组织市级以上劳动模范赴外地休养。同时，各单位加大了职工疗休养的工作力度，结合本单位实际，适时组织本单位劳动模范、先进标兵和先进集体代表休养。

1989 年－1993 年职工赴各地疗养院疗休养情况

院　别	起止时间		参加人数	床位数	地 点
	起	止			
河北煤矿北戴河疗养院	1989 年	1993 年	750	10	北戴河
河北省平山温塘疗养院	1989 年	1993 年	200	10	河北平山
中国煤矿临潼疗养院	1989 年	1993 年	400	10	西 安
中国煤矿昆明疗养院	1989 年	1993 年	500	10	昆明
中国煤矿南京疗养院	1989 年	1993 年	750	10	南京
江苏无锡休养所	1989 年	1993 年	3600	45	无锡
合 计			6200	95	

第五节 宣教文体

一、职工思想教育

1989年至1998年，各级工会组织举办了“社会主义市场经济知识竞赛”、“我与改革演讲会”、“爱岗创业故事会”、“三项制度改革板报展”等活动，在职工中广泛开展了“适应新形势，转换新观念”、“投身改革作贡献”等教育活动。

1998年至2002年，各级工会组织在职工中开展了“企业有困难，我们怎么办”、“我为扭亏脱困作贡献”等教育活动，通过文艺演出、图片展览、演讲比赛、知识竞赛的形式，鼓舞职工斗志，振奋职工精神，团结凝聚职工。

2003年，各级工会组织开展了“一基多业，做精图强”、“自立有为，强企为民”、“讲形势、明任务、作奉献”、“立足新起点，争创新业绩”等教育活动。举办专题展览、专题演出、专题演讲活动。2007年，为弘扬正气，振奋士气，在集团公司广泛开展了推荐、评选“感动矿山”模范人物活动，举办了“感动矿山”模范人物事迹报告会，巡回报告25场次，受教育职工达36000余人。

2008年，各级工会组织充分利用自身优势，迅速在职工中开展了“融入大集团，争作新贡献”教育活动，利用板报、橱窗、专栏、广播、电视、演出、展览等形式，宣传强强联合的重要意义，引导动员职工为建设好、发展好新集团的各项事业贡献智慧和力量。8月，按照冀中能源集团的安排部署，积极配合党委开展了“新集团、新目标、新举措、新面貌”主题教育活动，举办了专题报告会和宣讲会。

二、职工自学活动

1989年至1997年，各级职工读书自学活动不断发展壮大，局和所属各单位均建立了职工读书自学活动指导委员会，车间建立了读书自学活动指导小组，以职工自发组织、自愿结合建立的读书自学小组为载体，通过读书会、书评会、学习会等形式，调动职工读书自学的积极性。

1998年，峰峰局工会对职工读书自学组织进行调整，提出“读书自学，岗位成才”的号召，动员职工立足自身，结合实际，学技术、学业务，岗位成才，岗位奉献。涌现出一批以李水龙为代表的读书自学成才的职工。局工会连年被邯郸市总工会评为“职工读书活动先进单位”，1992年局工会被河北省直机关总工会命名为“职工读书自学先进集体”，1993年局工会被全国总工会命名为“全国职工读书活动先进集体”。

2003年，在职工读书自学活动的基础上，按照上级工会和党委的安排部署，集团公司广泛开展了“创建学习型组织，争当知识型职工”活动，制定下发了“创争”活动《实施意见》，成立了集团公司、矿（厂）、区（科）三级领导小组，实施了“创争”活动目标责任制，规定了集团公司“创争”活动三级考核评价要素指标。2004年及时推广了薛村矿、羊渠河矿、小屯矿、新三矿、马头洗选厂、机械制造分公司、工程处、大淑村矿灯房等单位“创争”活动的经验，落实了“创争”活动考核办法，推动活动进一步发展。

2005年初，集团公司被河北省总工会列为全省“创争”活动试点单位。以此为动力，集团公司制定了“创争”活动“5234”工程，确立了薛村矿等5个示范单位，20个示范区科、30个示范班组、40个带头人。2005年9月，河北省“创争”活动领导小组在峰峰集团召开了现场观摩经验交流会，集团公司作了题为《深入开展“创争”活动，促进企业跨越发展》的经验介绍。

2006年，集团公司工会结合职工之家建设，推广“构建职工文化宿舍，营造职工自学环境”的做法，号召各级工会组织为职工读书自学创造条件。2007年集团公司获“河北省‘创争’活动标兵单位”称号。

2008年，集团公司工会制定下发了《关于建设职工书屋的实施意见》，规定了职工书屋建设的目的、原则、标准和考核验收办法，提出了年内建成标准化职工书屋100个的目标，为进一步深入开展“创争”活动提供了有利条件。2009年1月集团公司被命名为“全国学习型组织优秀单位”。

三、职工文化

1989年至1997年是峰峰局职工文化活动广泛发展、平稳推进的时期。全局建有16座俱乐部、9座文化楼，32个图书馆。有美术、书法、摄影、音乐舞蹈协会。局文工团发展成为一支拥有40余名演职员，集声乐、器乐、舞蹈、曲艺、小品表演的综合文艺演出团体，每年坚持编排4台节目，下矿演出不少于50场。12个生产矿井都有业余文艺演出队伍，常年为矿工演出。局工人俱乐部成为开展群众性文化娱乐活动的中心，长期组织职工业余书法、美术、摄影、戏曲等日常活动。局工会每年对职工文化体育工作作出周密的安排部署，利用元旦、春节、“五一”、“七一”、“十一”等节庆，组织各种大型文化活动不少于15项次。各单位在按照局统一安排，积极参加局举办活动以外，还结合实际，自行举办各种活动，全局呈现出“天天有活动，周周有演出，月月有比赛，经常有展览”的局面。1989年，建局40周年之际，局工会组织了以“演、唱、书、画、摄、写、展”为形式的系列活动，举办了文艺汇演、歌咏比赛、书法笔会、美术展示、摄影展出、征文比赛和“与共和国一起成长”为题的大型图片展览。局文工团编排了大型音乐舞蹈史诗《煤城颂歌》。1990年局获全国总工会“全国职工文化工作先进集体”称号。1991年河北省总工会在峰峰局召开职工文化工作现场经验交流会，会上介绍了峰峰局的经验，参观了局和各矿（厂）的文化阵地。1993年局工人俱乐部被河北省总工会评为“先进俱乐部”。1995年局工人俱乐部被全国总工会授予“全国先进俱乐部”称号。

1998年至2002年，局工会健全了职工文化工作考核办法，坚持每年评比“文化工作十强”单位。坚持每年举办大型示范性文化活动不少于10项，连续举办了第十五届至第十九届职工“祖国颂”歌咏比赛。各单位根据实际情况，举办小型多样、丰富多彩的文化活动。在困难条件下，局级文化协会发展到7个，协会会员发展到423人。局文工团和九龙矿、羊渠河矿文艺队坚持每年编排一批文艺节目，为矿工演出。1999年、2001年分别举办了庆祝建局50周年和庆祝建党80周年大型广场文艺晚会。

2003年至2007年，企业改革发展进入一个跨越发展时期，职工文化工作也得到进一步繁荣。职工文化设施得到改善，建成了15个文化广场、11个文化中心、37个图书馆，藏书达130万册。职工文化队伍得到加强，经过调整整顿，职工文化协会发展到13个，协会会员达1349人。职工文化活动次数更多，内容更新，形式更加丰富。2003年举办了庆祝集团公司成立《走向辉煌》大型广场晚会，2004年、2006年连续举办了两届职工文化艺术节，书法、美术、摄影等展览活动不断。2006年为庆祝建党85周年，又举办了《党旗颂》大型广场文艺晚会。同时，积极参与各级汇演、比赛、展览，打造峰峰集团职工文化品牌，组队参加全国、省、市举办的各种文化活动，展示了峰峰集团职工的精神面貌和整体文化艺术水平，取得了较好的成绩。组织参加了“开滦杯”第六届全国煤矿美术展览、“焦煤杯”第六届全国煤矿书法展览、“大同杯”全国煤矿摄影展览、“枣矿杯”第四届全国煤矿集邮展览，获金奖2个、银奖1个、铜奖5个、入选奖16个，取得了历史以来最好水平。组织参加河北省纪念红军长征胜利70周年职工歌咏大赛，获一等奖第一名。参加了第二届中国职工艺术节声乐比赛、小品比赛和曲艺比赛，获两个铜牌和一个优秀奖。参加了河北省国资委、省总工会、省纪委等组织的演出活动，均获得了优异成绩。

2008年冀中能源集团成立后，职工文化工作融入大集团，围绕大目标，努力开创新局面。举办了“四新”主题教育图片展览，编排了宣传强强联合的文艺节目，国庆期间举办了参加人数最多、演唱阵容最强的“祖国颂”歌咏比赛。集团公司董事长、党委书记郭周克和领导班子全体成员参加了合唱，并在演出前接见了文工团全体演职员。2008年10月23日，成功举办了文工团建团50周年庆典活动，省、市文联领导、兄弟单位应邀参加了庆典。冀中能源集团董事长、党委书记、总经理王社平和冀中能源集团副董事长、峰峰集团董事长、党委书记郭周克为庆典题词，冀中能源集团党委副书记、工会主席刘万义莅临庆典并代表冀中能源集团党政工致辞，峰峰集团副董事长、总经理陈亚杰代表集团公司党政致辞，集团公司党委副书记任连顺、杜玉生出席了庆典，集团公司党委副书记、工会主席郭志武作了重要讲话。

四、职工体育

峰峰局（集团公司）体协为中国煤矿体协常务理事。局体协下属各二级单位体协35个，并分别成立了篮球、乒乓球、羽毛球、太极拳等分会。

1989年至1998年期间，峰峰局职工体育活动十分活跃，体协每年按照全年工作安排举办“劳动杯”乒乓球比赛、“国庆杯”篮球比赛、“拼搏杯”足球比赛、趣味运动会等10至12项各类体育赛事。于1989年8月成立了峰峰矿务局业余体校。体校设有篮球班、乒乓球班、羽毛球班、田径班等。1990年、1991年，体校男篮连续夺得邯郸市中学生联赛冠军。局体协还积极组队参加了各级体育赛事，三矿职工王运强在全省、全国残疾人运动会上摘金夺银。1992年局男子羽毛球队、女子羽毛球队在河北省第七届运动会上分别获男团亚军和女团季军。1992年、1997连续两次获“河北省产业职工体育工作先进单位”称号，1998年获“河北省全民健身达标单位”称号，并被国家体委命名为“群众体育工作先进单位”。与此同时，局及所属各单位加大了体育设施的建设，1992年五矿率先建立了塑胶篮球场。1993年9月局体育场和牛儿庄矿也先后修建了塑胶篮球场，一批灯光球场、乒乓球室、游泳池等体育设施相继建成，对全局的体育工作起到了积极的推动作用。

1999年至2002年，在企业遇到了暂时困难的情况下，局工会坚持开展职工体育活动，局体协每年开展10余项职工体育比赛，同时，加强了体育工作目标管理，建立健全了职工体育工作考核评比办法。每年评比体育“十强”单位和“十优秀”单位，激励各基层单位积极组织职工体育活动，增强职工体质，振奋职工精神。2002年中国煤矿体协五届一次会议增选局工会主席任连顺为中国煤矿体协常务理事。

2003年后，职工体育活动逐步走上了制度化、规范化。职工体育活动更加广泛，职工运动水平得到提高。2003年7月局体校被列入河北省邯郸市体育俱乐部训练网点。2004年集团公司组队参加了邯郸市第六届职工运动会，取得了团体总分第一名，金牌总数第一、奖牌总数第一的佳绩，并获“最佳入场奖”、“最佳组织奖”、“特殊贡献奖”、“体育荣誉奖”。2005年女子篮球队、女子健美操队和女子拔河队代表邯郸市参加河北省第三届职工运动会，均获铜牌，得到了邯郸市政府和市总工会的嘉奖。2006年中国煤矿体协六届一次会议选举集团公司工会主席郭志武为中国煤矿体协常务理事。2007年组织了男女篮球、男女拔河、象棋、保龄球、桥牌、领导干部乒乓球、职工乒乓球、羽毛球队伍，参加了全国煤矿第四届运动会，在63个参赛单位中，团体总分排名第15位，并获四煤运动会优秀组织奖。在这届运动会上，保龄球队获团体第三名，女子拔河队获铜牌，桥牌队取得了历史性的突破，获第七名，女子羽毛球单打获第六名，领导干部乒乓球队获第七名。

五、推进企业文化建设，加强工会文化建设

2003年以来，根据集团公司《关于加强企业文化建设的决定》和《2004年加强企业文化建设的实施意见》，各级工会组织充分利用各种宣传工具和文化阵地，积极参与，大力推进企业文化建设。通过举办各种培训班、学习班，广泛宣传企业文化建设的重要意义。开展了企业文化研讨活动，共收到论文217篇。组织开展征集、整理、提炼集团公司企业理念活动。同时，完成了《前进，峰峰集团》集团之歌的制作工作，举办了辅导班，在集团公司广为传唱。按照集团公司党政工作会议精神，利用板报、专栏、演讲、讨论、文艺演出等多种形式，营造氛围，大张旗鼓宣传集团公司企业文化建设的基本思路和实施意见，宣传和普及企业理念。积极开展“一基多业，做精图强”主题教育活动，引导职工把思想统一到企业的目标任务上来。各级工会组织在推行“六六”安全文化架构、开展亲情嘱托活动、加强群监队伍建设、营造安全文化氛围方面都发挥了作用。集团公司工会于2006年12月20日召开了工会系统文化建设现场推进会，交流了经验，对工会进一步推进企业文化建设作出了部署。

2007年，集团公司工会提出“加强工会文化建设，实施文化强会”的工作思路。各级工会积极探索，努力建塑具有峰峰集团特色的工会文化。把工会文化建设融入企业文化建设大系统，结合实际，征集、提炼、形成了具有企业特点、工会特色的工会理念。编制了《工会文化手册》。在工会干部和广大会员群众

中大力宣灌 6 个核心理念和 10 个系统理念，深入宣传工会文化的内涵。经过努力，初步形成了以“四会五家”建设为目标，以工会理念为引领，以 FRIP 精细化管理为基础，以职工之家建设为载体，以理论创新、作风建设、机制构建为保障的文化建设基本框架，有效推进了工会文化建设的顺利进行。在全国总工会、河北省总工会推进企业文化建设经验交流会上介绍了经验。邯郸市总工会在集团公司召开了现场经验交流会。

第六节　女工工作

一、巾帼建功立业

1989 年至 1990 年，峰峰局工会紧贴企业改革发展中心任务，在全局女职工中开展了“巾帼建功十杯”、“五最佳”等竞赛活动。1991 年积极响应全国总工会《关于动员女职工广泛开展“学先进、比奉献”为实现“八五”计划建功立业活动的决定》号召，通过“双增双节”、“三好”等载体，动员组织广大女职工建功立业。1996 年开展了“百名人才”竞赛和评选活动，在生产一线、工程技术人员、中小学和幼儿园教师、后勤服务、统计、会计、计划、预算、审计等岗位培养选树了一大批人才。为提升女职工建功立业的本领，使女职工适应新形势、新任务需要，2004 年以来，贯彻落实全国总工会女职工委员会《关于实施女职工建功立业工程的指导意见》和《关于实施女职工素质提升工程的指导意见》，在女职工中广泛开展了以“树立新观念，学习新知识，掌握新技能”为主题的群众性的读书自学竞赛、“学会一门新知识、掌握一门新技术、文化层次迈上一个新台阶”素质达标竞赛和以“增产增效、提质降耗、优质服务、高效管理”为内容的岗位立功创新能手竞赛。2007 年以来进一步扩大女职工知识面，创办了女职工业余学校，举办了汽车驾驶、营养与烹饪、衣物的洗涤与保养、茶艺与调酒、能动英语等培训班，培训女职工 420 余名，提升了女职工队伍素质。

二、女工家属安全协管

1989 年以来，在巩固家属安全协管工作的基础上，针对井下一线农民轮换工增多和集体宿舍单身职工工亡、工伤、“三违”人员增多的状况，拓宽家属安全协管渠道，在职工集体宿舍和服务员中开展了争当“安全宿舍”和“优秀服务员”活动。1992 年以后根据农转非家属增多和散居户安全协管工作空白的情况，又将安全协管工作延伸到农转非家属和散居户当中，使安全协管工作实现了全覆盖。1996 年制定了《女职工家属协管安全委员会工作条例》，充分发挥女工家属在安全中的作用，组织开展了送“安全汤”、缝“安全衣”、“夫妻（母子）共签安全公约”、亲人安全嘱咐、全家福等亲情安全互动活动。2008 年全集团公司统一配发了协管员上岗标志，先后组织开展了“争当安全好矿嫂”、原创安全节目大赛、“一封安全家书”、女工家属协管工作观摩等活动，定期进行检查，促进了企业安全生产。多次在全国和河北省煤矿工会系统会议上介绍经验。五次获全国、省、市工会系统女工家属安全协管工作先进单位称号。

三、女工权益维护

1989 年以来，峰峰局（峰峰集团）工会高度重视女职工权益保障工作，依法落实女职工“四期”保护。1992 年《妇女权益保障法》颁布后，通过《峰峰矿工报》、《峰煤工运》等形式进行了广泛宣传，并坚持每一至两年对女职工劳动保护和合法权益情况进行一次调查，积极协调推动了女职工卫生费、哺乳室等问题的解决。2003 年企业改制后，集团公司工会从强化源头维护入手，在首届职工代表大会上增加了女职工代表的比例，坚持每年对女职工进行一次健康普查。2007 年，根据全国总工会办公厅《关于推进女职工权益保护专项集体合同工作的意见》，将女职工权益维护纳入集体合同管理，每年通过职代会签定女职工特殊保护专项协议，从源头和整体上维护女职工的特殊权益。坚持每年举办一次女职工法律知识和保健知识讲座，共举办120余场。

从2004年开始，集团公司工会积极推行“女职工妇科疾病团体保险”，当年有32个单位参保，入保女工8000多人。2004年至2008年10月，全集团公司入保女工35680人，共计为患病女工理赔10多万元，缓解了患病女工的经济压力。

2006年以来，针对大龄单身女工增多和再婚难的问题，工会女职工委员会积极充当红娘，为大龄、单亲女工牵线搭桥，先后4次在石家庄野三坡、峰峰矿区元宝山和福林园等地举办鹊桥联谊活动，使许多大龄、单亲女工喜结良缘。

四、下岗失业女工再就业

1998年以来，伴随企业深化改革、辅业改制，特别是一部分资源枯竭矿井和经济效益不佳的地面厂实行了破产、改制，出现了大批下岗女工，全局最多时下岗女工达5100多名，给企业发展和稳定带来了巨大压力。局工会积极为党政分忧，为职工群众解难。一方面广泛宣传，教育引导下岗女工自强自立，增强自主择业观念。同时，协调和创造条件，在二矿、三矿、四矿、羊渠河矿、牛儿庄矿、万年矿建立6个下岗女工钩编基地，邀请石家庄市长安钩编厂厂长等专业人员授课，举办钩编培训班等，1998年至2003年6月共培训下岗女工2300多名，培养选树钩编能手600多名。2万余件钩编产品远销到日本、美国、欧洲、巴拿马等国家，缓解了下岗女工的生活压力。2003年下半年，集团公司工会又进一步创新拓展帮扶下岗女工再就业渠道，抓住北京等地需用家政服务员的机遇，组织人员赴京考察家政服务市场。9月举办家政服务培训班，并输送第一批9名下岗女工进京从事家政服务工作。之后几年来，集团公司工会领导率领有关人员4次到北京、天津、山东等地考察家政服务市场，再就业岗位也由家政、育儿嫂拓展到保洁工、病房陪护工、食品包装工、收银员，不断扩大了输出渠道。为鼓励下岗女工外出务工，制定了优惠政策，为每一名外出务工就业的女工免费发放一只皮箱，连续务工半年以上的报销一次往返车票，并给予50元的中介费补贴。2003年至2008年10月，共举办家政服务员再就业培训班49期，培训下岗女工3150名，为考试合格的2215名女工免费办理了国家劳动和社会保障部颁发的家政服务员、育婴员、育婴师资格证书，共输出下岗女工1493名，在京津地区叫响了“峰峰女工”家政服务的品牌。工会下岗女工再就业的经验和做法受到了各级领导的重视，全国总工会女工部、河北省总工会女职工委员会来集团公司工会调研。集团公司工会在中国能源化学工会、河北省总工会等有关会议上介绍了经验。《工人日报》、《中国妇女报》、《中国煤炭报》、《河北日报》《河北工运》等多家媒体进行了报道。

五、女工活动

1989年至2006年，连续举办了“巾帼风采”演讲比赛、“三好”女职工巡回演讲、服装表演大赛、“与奥运同行”女职工集体跳绳比赛等庆“三八”系列活动。每年对先进女职工集体和先进女职工进行表彰。1995年7月，局工会女工部代表全局2万余名女工赴京将女工创作的百米书画长卷送到全国妇联，受到全国妇联办公厅副主任顾兰陵等领导的接见，并举行了接收仪式，全国妇联回赠了证书和有关“世妇会”的资料。“煤城巧女艺术作品展”现场摄影作品作为河北省唯一作品入选“世妇会”。2006年9月，参加河北省总工会举办的女职工建功立业风采演讲比赛，煤炭运销分公司选手获一等奖。2007年9月20日，邀请全国总工会文工团来集团公司举办了“爱心礼赞”预防艾滋病大型公益演出。2007年10月，集团公司工会组队参加全国能源化学工会煤炭系统“平煤杯”巾帼话安全演讲比赛，万年矿选手获三等奖。

第七节　理论调研

1987年，为适应新的形势和任务需要，提高工会干部的思想理论素质，峰峰局工会制定下发了《关于开展工会理论政策研讨活动的通知》，在全局工会干部中组织开展了第一次理论调研活动，从不同方面对工会工作进行了研讨。此后，每年组织一次理论调研活动，形成制度。局（集团公司）工会每年根据形势任务的变化下发调研通知，每次调研活动历时三个月。调研活动结束后组织评委对调研来稿进行评选，并组织召开调研成果发布会。

1989 年至 1997 年，以贯彻《企业法》、《劳动法》为契机，以“在社会主义市场经济条件下，如何加强企业工会组织建设”、“在企业深化改革中发挥工会组织四项职能”、“工会组织与企业改革”为课题，开展理论研讨活动，形成了一批优秀调研成果。

1998 年至 2002 年，以“发挥工会组织作用，促进了企业扭亏脱困”、“改革发展与稳定的关系”、“深化‘送温暖工程’，帮扶特困职工”、“履行工会职能，推进再就业工程”等课题，开展理论调研活动。

2003 年至 2006 年，进一步整顿健全理论调研组织，建立了与机关有关职能部门联系制度。围绕工会工作重点、热点、难点问题，举办理论调研活动，涌现出一大批调研成果。围绕贯彻落实工会工作基本思路，结合企业加快改革步伐、建立现代企业制度、做精图强实现跨越式发展的实际，引导工会干部根据企业体制、机制、职工队伍发展变化和建立十大运行机制新形势的要求，及时把握企业发展的特征和变化趋势，以“在辅业改制中如何发挥工会组织作用”、“保护调动发挥好职工群众积极性，促进企业改革发展”等为课题，进行理论调研。

2006 年以来，围绕工会工作面临的新情况、新问题，以科学发展观为指导，为深入贯彻落实走中国特色社会主义工会发展道路，树立工会维权观，创新工会工作，集团公司工会提出了“以理论创新，推动工会工作创新”的指导思想，先后召开了理论创新工作会议、理论调研工作会议。进一步充实整顿了理论调研组织，健全理论调研机制，明确了目标责任，在工会干部中深入开展了以“建设什么样的企业工会，怎样建设企业工会”为课题的大调研活动，形成了建设“特色工会、有位工会、满意工会、品牌工会”，打造“安全之家、和谐之家、文化之家、创新之家、小康之家”的理论成果，进一步明确了工作思路，促进工会整体工作水平的提高。

工会理论调研活动每年形成一批优秀理论调研成果，多次被全总、省总、市总授予“理论调研工作先进单位”。期间，各级工会组织还围绕企业改革发展中出现的各种突发性事件进行调查研究。1994 年以来先后围绕周边小煤窑非法越界越层开采、孙庄矿被淹事件、三矿被淹事件、困难职工生活问题、集体企业工群体上访事件等进行调研，先后被邯郸市、河北省、中华全国总工会和中共中央办公厅、国务院办公厅等《情况反映》和《内部参考》采用，为上级制定决策，解决问题发挥了重要作用。

1988 年，为进一步加强工会思想理论建设，编辑创刊了《峰煤工运》，每季度编辑出版一期，到 2008 年末已印发 77 期，主要栏目有领导讲话、专题报道、工作动态、工作研究、民主管理、四会五家、职工艺苑等栏目，三次改版，由原来单一的理论刊物提升为融政策性、知识性、文学性为一体的综合性刊物。1984 年以来，编辑印发《工会简讯》，平均每年印发 60 至 80 期。

第七章　团青工作

峰峰煤矿团的活动最早始于 1931 年 9 月。1950 年 12 月，组建峰峰煤矿新民主主义青年团。1956 年 5 月成立共青团峰峰局委员会。“文化大革命”开始后，全局共青团工作受到干扰，团组织的活动处于不正常状态。1969 年底，全局开始整团建团工作，整建后局属团组织 29 个，基层团支部 258 个，团员总数 9504 人。“文革”结束后，共青团的工作重点迅速转移到社会主义现代化建设上来，各级团组织以生产建设为中心，带领青年参与安全生产，投身“四化”建设。1982 年开始，全局团的工作全面活跃，学雷锋活动、“五讲四美三热爱”活动做到经常化、具体化、制度化、群众化，新长征突击手活动成效显著，青少年活动阵地建设得到进一步巩固和加强，少先队工作得到全面发展，团的工作呈现出一片欣欣向荣的新气象。1984 年，围绕局管理体制和管理方式的变化，局团委以经济效益为中心，适应青年特点，加强团青思想建设，开展了各种形式的劳动竞赛、青年安全监督岗、提合理化建议等活动。1987 年开始，以“育‘四有’新人，为‘四化’建设立功”为主题，先后开展了“学、赛、建”工程和“上等级、创水平”劳动竞赛，极大调动了青工的劳动生产积极性。

1989 年以来，在企业各级党组织的领导下，各级团组织紧紧围绕中心、服务大局，以竭诚服务企业改革发展、服务青年成长成才为出发点和落脚点，主动适应新形势、新任务对共青团组织提出的新要求，大力加强团的各项建设，把握机遇，乘势而上，以作风树形象，以作为求地位，通过形式多样的青年思想教育活动、鼓舞士气的岗位建功活动、丰富多彩的青年文化活动，团结和凝聚团员青年，充分发挥了团组织的助手和后备军作用。

在机构设置上，1995 年根据工作需要，局团委机构设置由以前的 3 部 1 室（组织部、宣传部、学少部、办公室），改为 2 部 1 室：组宣部、青工部、办公室，撤销学少部，学少工作划归办公室管理（2003 年底，学校划归地方，学少工作终止）。截至 2008 年底，集团公司团委共下辖 33 个二级团委，团（总）支部 310 个，专（兼）职团干部 348 名，35 岁以下青工 16000 人，团员 5312 名。

第一节 团代会

1991 年 9 月，召开共青团峰峰局第七次代表大会。出席会议的正式代表 300 名，代表中团员比例占 70%，党员比例占 30%，平均年龄不超过 26.5 岁。主要任务是：认真贯彻党的十三届七中全会和团的十二届三中全会精神；讨论制定全局团的整体化建设方案；总结三年来的工作，明确今后的工作方向；选举共青团峰峰局第七届委员会。

2002 年 12 月，全局实行竞聘上岗，峰峰局团委书记由竞聘产生。

2004 年 4 月，峰峰集团团委书记由竞聘产生。

第二节 组织建设

一、基础建设

1989 年以来，团员纳新和推优入党工作不断加强，团员队伍逐步壮大和优化，为党组织输送了大量新鲜血液。

1990 年，峰峰局团委着眼于自身活力的增强，从加强基层团组织建设、增强基层团组织活力出发，分别按标准、先进、红旗团支部三个台阶，在全局开展了大规模的“三级团支部升级竞赛”活动，使基层工作逐步走向程序化、制度化、科学化、标准化，全局 110 个支部达到了“红旗”标准、220 个达到了“先进”标准。

1991 年，局党委下发《关于进一步加强我局共青团工作的意见》，对团的活动经费、干部配备、待遇等方面提出具体要求，为加强共青团工作提供了有力的支持和保障。

1992 年以来，以“达标升级，争先夺旗”为主线，通过抓制度完善、抓“两支队伍”、抓目标考核、抓政策落实、抓全团带队，打造组织建设基础工程。

1996 年，局党政制定下发《关于进一步加强我局共青团工作的若干意见》，对加强党对共青团工作的领导、基层组织建设、团干部配备、推优入党、活动经费等问题进一步提出明确规定和要求，使团的工作有了可靠的政策依据。

2000 年，认真开展团工作调研，从组织上、机制上、政策管理上进一步强基固本，下大气力把源头、减流失、及时纳新，并在各支部及时换届，配齐、配强团支委。

2004 年，及时指导煤炭运销分公司、物资供销分公司、铁路运营分公司、电业分公司等一批新建制单位建立团组织，消除了团工作的空白点，巩固了团的基础组织建设。

2005年，集团公司团委精心组织举办了团的自身建设论文征集活动，并适时召开团建工作经验交流会，对在实践中探索、培育的团建典型做法和经验进行广泛推广。

2007年，积极围绕“班子建设好、主题活动好、支部建设好、阵地建设好、工作创新好”的团建目标，进一步加强团建工作规范化建设。团的宣传工作实现了新的突破，见报稿件达400余篇，并有多篇报道被中青网、中国共青团、河北省国资委网站刊登。

2008年，开展了以学习型、服务型、创新型为内容的“三型团组织”创建活动，基层组织创建水平大幅提升。

二、队伍建设

1990年，首次开展团员教育评议活动，对提高团员素质、严格团的纪律、纯洁团的组织起到了积极作用。

1996年以来，在团员中大力开展“重温入团誓词”、“学习新团章，争做合格团员”、“共青光荣史、奋斗成才路”等一系列教育活动，使广大团员的角色意识、组织观念得到明显增强。

1997年以来，着重在提高素质、改进方法、提高效率上下工夫，通过自学、办班培训、挂职锻炼及利用工具书引导团干学业务、长技能、强素质，广泛开展“三讲三比三提倡”活动。

2003年以来，大兴学习之风，大力开展了“争创学习型团组织，争做学习型团青”活动。针对团干理论水平参差不齐、自动化办公水平不能有效适应现代化办公工作需要的现状，进一步强化团干培训，举办了以企业管理概论、财务经营管理知识、现代企业制度基本知识、企业发展战略、企业文化基础知识、青年干部素养与锻炼、团务知识、应用文写作、演讲知识、新闻宣传与报道常识、计算机知识等为内容的团干培训班5期，使团干部综合素质得以提高。

2005年、2006年，为增强广大团员的政治意识、组织意识和模范意识，广泛开展了以“永远跟党走”为主题的增强共青团员意识主题教育活动。

2008年，四川汶川“5.12”地震后，集团公司团委迅速行动，及时开展抗震救灾缴纳特殊团费活动，在团员中掀起了“抗震救灾，团员当先”的热潮，全局5312名团员在较短时间内共缴纳特殊团费11.2276万元。

三、团建创新

1997年，团支部建设迈出了新步伐，大胆探索了区域化管理等适应新的用工机制下团支部活动的有效途径，促进了基层工作的活跃开展。

2001年，针对用工机制的变化，在一些团员较少、不足以建立支部，有青年无法进行管理的区科单位，设立青年工作委员，及时有效地解决了团青管理空位现象。

2004年，为全面掌握各单位团组织的整体工作情况，了解各单位团组织围绕党政中心工作开展的特色和专项工作，在所属单位团组织中实行了月度工作汇报制度。

2006年，学习、借鉴集团公司党建工作质量管理体系的成功经验，将ISO9000管理体系引入共青团工作，组织编制、颁布、推行了《质量手册》、《程序文件》、《作业指导书》、《记录规范》等团建工作质量管理体系。召开团建工作推进会，广泛交流团建工作经验和基层团组织建设的先进做法，促进了团建工作标准化、制度化、规范化建设。同时，积极推行电子团务管理，进一步规范共青团工作相关信息输入、上报、管理等工作，实现了统计数据的自动生成汇总和团务工作电子档案管理。成功举办“青春杯”共青团网站（页）设计大赛，并以大赛为契机，按照统筹规划、整合资源、分步实施的原则，初步建立起以集团公司局域网为依托、以集团公司团委网站为联结的共青团网络交互平台，10个基层单位建立了共青团网站，与集团公司团委建立链接，实现了集团公司阵地建设的新突破。

2008年，集团公司团委在进一步强化团建工作质量管理体系工作的同时，在团的工作思路、工作机制、工作方式等方面进行了进一步的探索和尝试，使团组织焕发出蓬勃的生机和活力。

第三节 教育和活动

一、青年思想教育

1989年以来，局（集团公司）坚持用科学理论武装青年头脑，强化团员青年对马列主义、毛泽东思想、邓小平理论、“三个代表”重要思想、科学发展观的学习，打牢青年思想基础。注重在内容、方式、方法上紧贴实际，紧跟形势，开展入耳、入脑、入心的思想教育活动，做到团青思想教育年年有主题、有重点。

1989年至1991年，在广大团青中相继开展了“三反对，四提倡，五不丢”、“兴益除害”、“双基”、“三比三看”、“三爱三好”等教育活动，坚定团青社会主义信念，引导青年以实际行动做高尚道德的实践者和社会主义新风的传播人。

1992年至1995年，在团青中广泛开展“争当坚强后备军，争做合格峰煤人”主题教育活动，创建牢固的思想教育核心工程，实现了青年思想教育工作内容和形式上的新突破。在合同工和农民轮换工中进行“热爱矿山献青春，同是矿山好主人”“合同有期，贡献无限”教育，在集体企业青年中开展“爱岗创业”教育，激发了他们热爱矿山、奉献矿山的热情。

1996年，紧扣时代脉搏和企业发展史，结合纪念红军长征胜利60周年，组织开展了“党魂、团魂、长征魂”、“颂党恩、忆党史、望未来”、“红军事迹报告会”、“踏着先烈的足迹、进行新的长征”、“烈士墓前诉心愿”、“升国旗、唱国歌、话心声”等活动。

1997年至1999年，围绕局扭亏增盈、“三条线”管理、以产定人、减人提效等重点工作，适时开展了“‘三条线’改革主题宣传”、“知形势、明任务”知识竞赛、“‘三条线’管理以产定人”团青心态及对策大调研和“改革与团青责任”大讨论活动。下发《关于进一步加强改革宣传的安排意见》等一系列文件，通过讲形势、讲家底、讲市场、讲任务、讲发展，坚定了团青与企业同舟共济、共渡难关、走出困境的信心。抓住生产经营、本职岗位、思想状态、队伍稳定等重点，组织了一系列“讲大局、讲政治、谈思想、表决心”活动，举办了“市场、企业与我”百题知识竞赛、“企业形势任务50问”等活动，做到形势任务教育有声有色，使广大团青认清了形势，看到了前景。通过开展“青年文明家庭”、“优秀农轮工”、“峰局青年兴业领头人”评选树活动及举办事迹巡回报告，进行正面典型教育，调动了广大团青为企业振兴、扭亏增盈再立新功的积极性，形成了全局“万名团青学典型，千名青工当能手”的良好氛围。

2001年，开展“反对邪教，维护稳定，崇尚科学，坚定信念”教育活动，教育广大团员、青少年认清邪教“法轮功”的反动本质，坚决与“法轮功”作斗争。举办“职业、理想、人生”教育演讲及“‘路在脚下’先进事迹巡回报告”活动，引导青年自觉把理想、价值与企业命运有机融为一体。

2002年，紧紧抓住党的十六大召开和建团80周年有利契机，围绕学习实践“三个代表”重要思想的主线，扎实开展政治理论学习和思想政治教育，同时对团青进行了优良传统教育、公民道德教育和奉献意识教育。

2003年至2005年，以“知形势、明任务、促发展、作贡献”、“认清形势、抢抓机遇、争作贡献”、“统一认识、凝心聚力、共促发展”等为主题，组织开展了形式多样的教育活动，2万余名团青参加到各种答题、考试、竞赛等活动中，广大团青支持改革、参与改革的热情空前高涨，对改革的信心和决心倍增。特别是2003年面对“非典”疫情，迅速组织动员团员青年抗击“非典”，印制中小学生防治“非典”知识问答2万份，组织为一线勇士捐款9600余元。由于行动迅速、组织得力、措施到位，被团邯郸市委评为“先进集体”。

2006年，在广大团青中开展了树立、践行社会主义荣辱观实践活动，引导广大团青在工作实践中弘扬以爱国主义为核心的伟大民族精神，弘扬中华民族的优秀传统美德和职业文明。

2007年，在加强技校生思想引导方面下工夫，举办座谈会、事迹报告会，开展“优良传统永不丢”主题教育等活动，帮助他们树立正确的价值观、从业观。在团青中还广泛开展了“立足新起点，再做新贡献”主题实践活动。

2008年，紧密结合集团公司发展形势，举办了大规模的“知形势、创业绩、促发展”团青知识竞赛，使团员青年进一步明确了肩负的工作任务和使命，进一步坚定了与企业同发展的信心。特别是在冀中能源集团组建后，集团公司团委在团青中深入开展“四新”教育和“我是冀中能源人”系列活动，引领团青为峰峰集团、冀中能源集团实现新腾飞贡献力量。开展“企业发展我成长”主题教育、青工思想教育研讨等活动，强化了青工的爱岗敬业意识。特别是扎实抓好了在校技校生的思想引导，联合集团公司关心下一代工作委员会对在校技校生进行了思想教育。

二、青春岗位建功

围绕企业生产经营中心任务，各级团组织扎实开展青年突击队竞赛、青年文明号创建、青年安全监督岗检查、青年安全生产示范岗创建、青年志愿者服务等岗位建功、劳动创效活动，团结带领广大团员青年为促进企业生产经营各项奋斗目标的实现作贡献。

1989年至1991年，峰峰局团委致力于企业生产经营的发展，卓有成效地开展了“高效杯”、“保安杯”、“技能杯”、“智慧杯”、“争优夺杯劳动创造”、“两杯一奖”等竞赛活动，在全局青工中形成了“勇挑重担顾大局，艰苦创业多贡献”的强大合力。全局团组织开展的以创高速度、高效率为重点的生产突击和以献计献策、修旧利废为重点的节约节支活动高潮迭起，成效显著。

1992年以来，以“发挥优势献智慧，诚实劳动创财富”为主题，建筑“劳动创造”主体工程，大力开展“五小”竞赛、技术比武、修旧利废、“青年采掘队上纲要创水平”竞赛等活动。围绕安全生产，在做好青安岗日常监督检查的同时，组织了星期日突击查岗活动，并编印《安全事故案例》，促进了青工安全生产。

1996年，下发《青年岗位能手活动实施意见》、《青年岗位能手活动考核办法》、《青年岗位能手活动评比表彰办法》，使青年岗位能手活动向规范化、制度化、科学化进一步迈进。

1997年，把青年岗位能手活动作为团工作向生产、经营转移、切入的重点，特别是根据团中央提出的“导师带徒当能手”活动，局团委把以“兴质量、降成本、练技能、当能手”为目标的青工拜师学艺活动迅速推开。被团中央确定为“全国导师带徒活动示范单位”。

1998年，开展了以“树职业青年文明形象，立足本职岗位成才建功”为主题的青年文明号创建活动，使青年文明号生产线、突击队、工程、窗口等创建活动纳入正常运转轨道。开展了多种形式、不同规模、不同范围的青工工种技能培练比，呈现出青工人人争创佳绩、人人争当能手的良好局面。组织开展“岗位尽责、献计献策”、为企业扭亏解困献一计、提合理化建议等活动，树立了全局广大团青在企业特殊时期的良好形象。

1999年，召开突击竞赛动员会、誓师会，举办宣誓、授旗仪式，设置龙虎榜、竞赛台，推动了竞赛活动健康开展。充分发挥“安全卫士”作用，多次组织“集体上岗”、“夜鹰行动”，加大对“三违”的监督力度。

2000年，进一步巩固和加强青年文明号创建活动，建立争创点345个，在青年突击队竞赛与回收创效相结合的新方式上进行了积极探索。

2001年，对全局各级青年文明号的评选实行公示制，并大力开展文明号自查自纠，下发了相关制度及办法，进一步健全、完善了青年文明号的评选机制，加强了对青年文明号的监督管理。同年，下发了《关于青年突击队竞赛活动管理办法》，进一步加强了对突击队竞赛活动的管理。

2002年，广泛开展劳动竞赛，发动团青在企业生产、管理、销售、节支、创新等工作中争创业绩。以定期不定期青年安全监督岗自查、联查、互查和“安全漫画、警句”征集等特色安全宣教活动为主要手段，深化青工安全工作。开展“我与成本”大讨论活动，增强了青工岗位讲节约、减物耗、降成本的自觉性和主动性。

2003年，围绕企业深化改革、扭亏脱困、结构调整中心任务，开展了“大战红五月”、“青工百日安全创效竞赛”等活动。进一步加强青年文明号创建管理工作，制定下发了《管理办法》、《考核标准》和《检查验收标准》，并在145个创建点开展青年文明号达标创建活动。

2003年以后，集团公司团委连年深入基层开展安全巡回宣教活动，并刻录成光盘下发各单位，增强了职工的安全责任意识，促进了企业安全发展。

2004年，在集团公司大力推行青年科技项目立项、成果申报制度，广泛开展青年科技创新活动，62项创新成果得到推广和应用。修订了《青年安全监督岗工作条例》，并印制成册，岗员人手一册，并及时组织了大规模的学习活动，促进了青安岗“安全哨兵”作用的发挥。以杜绝青工本岗位上的跑、冒、滴、漏等各种浪费现象为目的，以“搞节支、降成本、创效益”为主题，组织开展了多种形式的青工修旧、复用、节支、增效等活动。年底，集团公司团委举行“青工技能振兴计划”启动仪式，对推行“青工技能振兴计划”工作进行了全面部署，下发了《青工拜师学艺活动管理办法》。

2005年，集团公司共组建青年突击队132支。各级青安岗组织和广大青安岗员共排查隐患近19万条，抓“三违”649人次，制止“三违”1795人次。以普遍提升青年技术工人的技术水平为目标，以青工拜师学艺为龙头，以建立完善青年技术工人技能培训运行机制和广泛深入开展青工技能培训、技术练兵、技能竞赛、技能鉴定等为重要举措，全面组织实施了“青工技能振兴计划”。当年，结成师徒对子3836对；举办青工技能培训1041期，参培青工16000人；建立青工技能学习小组409个；建立操作示范岗（台、车）290个；组织示范课148次，听课人数7643人；组织开展青工技能竞赛143期，参赛青工13000人；1926名青工通过技能鉴定。同时，集团公司团委广泛开展先进操作技术征集整理活动，并编印成册，普及推广。2006年，集团公司共结成师徒对子4298对；举办多工种的技能培训1937期，参培青工9713人；开展青工技能竞赛893期，参赛青工6134人，3881名青工通过技能鉴定。

2006年以来，先后组织开展了多层次、多形式的以“争当创效先锋、争做贡献明星”、“唱响主旋律，当好生力军”等为主题，以创高产、保安全、提质量、降成本、增效益、争上游等为主要内容的青年突击队劳动竞赛活动。举办了安全事故案例牌板展、安全巡回宣讲、安全生产双百日承诺行动倡议、“青年和谐杯”安全生产月知识竞赛、“安全生产，青年当先”等一系列安全主题活动，不断强化了对岗员的培训、管理，进一步加大了青安岗检查力度。以创建精品工程、文明工程为目标，不断深化青年文明号创建活动，丰富活动内涵，拓宽活动领域。开展以“我为企业节能减排献力量”为内容的节能减排活动等，不断掀起了劳动创效高潮。

2007年，集团公司团委着眼于创新安全工作手段，创造性地开展“青年安全生产示范岗”创建活动，制定下发了集团公司《“青年安全生产示范岗”管理办法》和《“青年安全生产示范岗”考核细则》。在全集团公司组织开展了“万名青工大拜师”活动，同时，以被团中央确定为“青年技能卡”试点单位为契机，发放“青年技能卡”2万张。7月，集团公司团委在团中央组织召开的全国青工技能振兴计划经验交流会上作了《深化青工学技，推进技能强企》的经验介绍，反响强烈。

2008年，发放“青年技能卡”万余张，充分利用“青年技能卡”试点单位的优势，积极营造浓厚的青工学技氛围，不断提高青工的职业技能水平。

在积极组织开展青工劳动创效活动的同时，各级团组织从服务企业稳定大局出发，广泛开展“学雷锋、树新风”及青年志愿者服务活动，使帮扶人员真正感受到了企业的关爱和温暖。1990年以来，各级团组织进一步拓宽学雷锋的领域，在规模更大、内容更广上下工夫，使“日日有贡献，周周送温暖，月月有服务”的学雷锋活动在各单位普遍开展。1996年，局团委大力实施以“阳光工程”为主要内容的“青年志愿者”活动，在全国煤炭系统专业会议上作了经验介绍，受到与会者的高度评价。1997年，局青年志愿者协会成立，制定下发了《青年志愿者协会章程》及《青年志愿者行为规范》等一系列规章制度，进一步加强了青年志愿者的管理。积极探索尝试，以“学雷锋为您服务”和志愿者活动为抓手，广泛开展精神文明创建活动。“阳光工程”活动的做法，在煤炭部社保工作会议上作了经验交流，并在《煤炭工业动态》杂志上刊发。特别是在1998年、1999年企业困难时期，青年志愿者积极向职工群众、离退人员耐心细致地讲局情、讲政策、讲现状、讲前景，有效促进了企业的稳定发展。2001年，青年志愿者活动坚持以“讲文明树新风，送温暖献青春，作贡献受教育，保稳定促发展”为宗旨，扩展服务途径，把井下岗位、井口、生活区、宿舍楼等拓展为服务战场，把搞回收、讲安全、破疑难、解疙瘩、写春联、促环保等作为服务内容，真正做到“哪里有困难，哪里就有青年志愿者最真挚的帮助”。2003年，扎实开展纪念学习雷锋活动40周年及青年志愿者行动十周年系列活动。2004年至2008年，充分利用元旦、春节、“3.5”、重阳节等时机，组织大批青年志愿者深入开展上门服务、结对服务、便民一条街、“爱老助老”健康义诊、志愿服务进社区等全方位、多层次的文明服务活动，切实为需要帮助的离退休职工和困难职工群众送去了温暖和关爱。2008年，集团公司团委紧紧抓住北京奥运会的有利契机，广泛开展“迎奥运、讲文明、树新风”活动，进一步增强了广大青年志愿者的文明意识，为营造奥运会文明和谐的氛围作出了积极贡献。

三、青年文化建设

各级团组织活跃青年文化生活，以内涵丰富、形式多样、健康向上、寓教于乐的活动为载体，吸引团青，为团青搭建施才展智的广阔舞台，使广大团青在活动中陶冶情操、展示风采、增长才干。

1989年、1990年，本着“完善活动阵地，加大活动频率，提高活动质量，丰富活动内涵”的方针，开展了“青春时光”联欢舞会、“青年爱好”博览会、“群星闪烁”演唱会、“创业奉献”主题小节目比赛等一系列文化娱乐活动，吸引了青年的广泛参与。

1990年，成功举办了融思想性、趣味性、科学性、艺术性于一体的“首届青年文化艺术节”。

1991年，坚持周周有舞会、旬旬有活动、月月有比赛，开展了以“展现煤海青年一代精神风貌，宣传扎根煤海先进事迹”为内容，以演唱、展览为主要形式的“煤城之光”系列活动，举办了“寻党史、颂党恩、跟党走”纪念建党70周年系列活动及“青年杯”马拉松赛、交谊舞比赛等活动。

1992年，举办了峰峰局首届“十佳”礼仪小姐大赛。

2001年，为纪念建党80周年，组织了“颂党恩”青少年党史知识竞赛、“党在我心中”征文、卡拉OK歌手赛、“创造新的业绩，为党旗添光彩”献礼等活动。

2002年，开展纪念建团80周年系列活动，举办了纪念建团80周年暨表彰文艺晚会、“光荣的共青团”牌板展、团的知识竞赛、“在鲜红的团旗下”征文、“我是团支部书记”演讲比赛、乒乓球比赛等活动。

2006年以来，集团公司团委将全面构建充满活力、积极向上、富有特色的青年文化作为团工作的重点内容，积极开展青年文化建设活动，坚持用先进文化凝聚青年，用先进典型引导青年，通过青年才艺展示、乒乓球赛、篮球赛、书法绘画展等文化娱乐活动，以及先进评选、青年先进典型教育等形式，促进团青的健康成长和全面发展，增强了团青对企业的认同感和归属感。在加强青年文化建设的同时，集团公司团委还通过在基层建立“青年人才库”的方式和途径，把在各类活动中涌现出的青年人才吸纳到“人才库”中，进一步加强青年人才培养，为团组织开展活动提供了人才基础。

1989年至2008年，各级团组织牢牢抓住“五四”青年节这一契机，扎实开展系列活动。举办了“迎‘五四’、传文明、展风采、作贡献”纪念座谈会、“新世纪、新青年”征文、“青春颂”各类先进青年典型人物事迹牌板展、表彰暨文艺晚会等活动，进一步传承和弘扬“五四”精神，展示团青时代风貌。

四、学少工作

1989年至2003年，学少工作作为团的一项重要工作，在各级团组织的高度重视、精心组织下得到了长足发展，有力促进了少年儿童的健康成长。

1988年起利用暑假，在武装部和学校的协同下，先后在局属各单位中、小学开展“少年军校”训练，每年训练学生3000—3500人。

1990 年，局团委通过在少年儿童中开展共产主义教育、巩固和加强团队组织基础建设、丰富团队活动等举措，使全局团队工作呈现出繁荣发展的良好局面。开展的旨在培养少先队员自理和实践“两个能力”的“332”系统工程，以及“开启智慧之宫游艺”、“学雷锋，红领巾在行动”、“学赖宁，争当红花好少年”、“争当安全小功臣，争做矿山小主人”等活动，有力推动了学少工作的健康发展。

1991 年，设立了适合少年儿童特点的健康有益的“第二课堂”，开展了“唱好歌、学英雄，争做好少年”队列歌曲演唱比赛，并结合煤矿实际，开展了“为矿工叔叔写安全信”、“送安全言”等活动。下发《关于全面加强我局少先队工作的意见》，使少先队辅导员的来源、配备、待遇、活动经费等有了政策保证。

1992 年，广泛开展了以公益劳动、家务劳动、手工劳动为主要内容的劳动实践教育，以及“少先队风采”大型检阅、“爱我家乡、太行寻宝”一日游、“团结杯”首届篮球联赛、“争做知法、守法小模范”法律知识竞赛等丰富多彩的文体活动。

1996 年，下发了《关于在我局少年儿童中实施〈中国青少年“雏鹰”行动〉安排意见》，举办了“峰峰局首届十八岁成人仪式”和规模盛大的“庆‘六一’红领巾风采检阅”，充分展示了全局少年儿童蓬勃向上、健康成长的精神风貌。

1997 年，局团委组织开展学生思想道德专题研讨活动，并精选优秀作品专辑成册，下发各校进一步指导德育工作。

1998 年，以深化“雏鹰”行动为龙头，组织开展了丰富多彩的少先队争章达标竞赛，扩大了“雏鹰”行动的覆盖面和参与面。特别是在经济形势严峻的情况下，克服困难，使社会实践活动及少年军校活动取得新成绩，受到邯郸市少工委、国防办的大力表彰。

1999 年，以“五四”运动 80 周年、建国 50 周年、建队 50 周年、澳门回归等为契机，开展了形式多样的爱国主义教育活动。

2000 年，重点加强青少年法制教育，开展了“法制教育课”、“校警共建”、“与少年犯面对面公审”等活动。对推行“假日团支部”进行了有益探索和尝试，为学生团员提供了锻炼和实践的机会。

2002 年，全面启动了“我做合格小公民”活动，并在学生中广泛开展了手工、小科技研制和小发明活动。

2003 年，为促进学生在德、智、体、美、劳等各方面协调发展，在中、小学生中深入开展了“兴文明校风、做文明学生”主题活动。

1989 年以来，各级团组织通过开展国旗下讲话、“向不文明行为告别”大讨论、手拉手“八助一”献爱心、“红领巾志愿服务”、少年军校、暑期社会实践、夏令营、革命纪念等活动，使广大学生在活动中受到教益，综合素质显著提高。

2003 年 11 月，学校划归地方，学少工作终止。

第八章　老干部工作

老干部的专门管理工作是从 1983 年峰峰局成立老干部处后开始的。峰峰局从探索老干部工作的管理和落实老干部的政治、生活两项待遇等基础工作做起，逐步研究制定了一系列管理和服务措施，基本形成了较为完善的老干部工作管理体系。同时，针对老干部特点，开展了一些经常性、有益于老干部身心健康的活动，充实老干部精神生活，发挥老干部余热，做好老干部的思想政治工作。至 1988 年底，局老干部处设管理科（前为政工科）、服务科、机关老干部科、小汽车司机班。全局 32 个单位都建立了老干部管理机构或明确专、兼职人员负责老干部工作。

1989 年后，峰峰局（峰峰集团）结合企业改革发展形势，进一步完善了老干部工作各项管理制度。

坚持以创新老干部工作思路为目标，从老干部的管理服务、组织建设、思想政治工作、老干部工作文化、文体娱乐活动、发挥老干部的潜能等方面入手，结合新时期老干部工作的特点和需要，深入研究探讨不同时期、不同阶段、不同环境下老干部工作的重点、难点问题。制定完善了一系列管理制度，老干部工作逐渐形成了制度全、分类细、职责明确、管理科学、创新发展的工作局面。

根据形势发展需要，老干部工作机构几经变革。1995 年，峰峰局机构改革，老干部处设管理科、机关科。2002 年 11 月，随着改革改制力度的加大，在老干部处的基础上，成立了峰峰局离退休管理中心筹备组，负责管理中心的筹备工作，和老干部处一个机构两块牌子，下设临时办公室（后改为综合科）、管理科、机关科。2005 年 10 月，老干部处对原工程处、建筑总公司、地质勘探队 3 个改制单位的离休干部上收管理，原设计院的退休干部也由老干部处集中管理。2008 年 8 月，集团公司成立离退休管理中心，直属机关职能处室的离退休职工划归离退休管理中心集中管理。老干部处（离退休管理中心）设综合科、政工科、管理科和机关科。所属基层单位设专职管理机构 19 个，兼职管理机构 17 个；设离退休党支部 32 个，党小组 238 个。

第一节 落实两项待遇

1990 年，峰峰局退休干部逐年增多。在做好离休老干部工作的同时，经局党委决定，把老干部管理范围扩大到局属单位退休时仍享受正、副矿（厂）级待遇的领导干部，以及局机关副处级以上的退休干部。划归老干部部门管理的退休干部，可参加老干部部门组织的活动，订 1 份《河北日报》，可与同级离休干部阅读文件，可随同离休干部一起发挥余热和健康疗养以及参观工农业生产建设项目。党组织活动及节日慰问等可包括这部分老同志。除以上内容外，不享受离休干部的其他待遇。

1993 年 1 月，根据河北省委组通字［1992］18 号文件《关于离退休干部实行统一管理的通知》精神，峰峰局对全局离退休干部归口纳入局属各级老干部部门，实行离退休干部统一管理。实施“政治学习统一安排、活动设施统一使用、文体活动统一参加、发挥作用统一组织、党的组织统一组建”的“五个统一”工作机制。

一、政治待遇的落实

1995 年至 2008 年，根据企业经营形势，每年按级别为老干部订阅报刊。在保证 1 份党报和 1 份《老人世界》杂志的基础上，老干部还可根据规定个人应享受的金额，按个人需要自订报刊，保证政治学习有报看、有刊阅。坚持“每月组织老干部一次政治学习、每月组织一次对老干部家访、每月坚持有文必阅、每季组织一次对老干部进行生产经营及经济情况通报、每半年组织一次为老干部作形势报告”的“五项制度”。加强离退休干部党支部建设，按照集团公司党建工作质量管理体系的作业程序，坚持“三会一课”制度。2007 年，为进一步加强离退休干部党支部建设，集团公司党委下发峰集发［2007］35 号《关于加强离退休干部党支部建设的意见》，从组织建设、制度建设、思想政治建设等方面作了明确规定。离退休干部党支部建设严格按照 ISO9000 族党建工作质量管理体系，进行了规范化、程序化和体系化。拓宽政治教育的渠道。2003 年后，每年组织老干部外出参观学习，让老干部亲身感受改革开放后祖国的新变化、新面貌，引导老干部积极支持和维护改革发展稳定局面。遇重大节日和重大活动，邀请老干部代表参加座谈会和到主席台或老领导贵宾席就座，体现各级党组织对老干部政治上的关怀。

二、生活待遇的落实

峰峰局（峰峰集团）党政对老干部生活待遇问题非常重视。为做好老干部医疗保健工作，1989 年 10 月，制定下发峰煤老［1989］484 号文件《关于加强老干部医疗保健工作的安排意见》，对老干部看病、住院、治疗、取药、会诊、巡诊、建立家庭病房等作出了详细规定。1990 年，为解决部分老干部住房难问题，下发峰煤老［1990］78 号文件《关于解决部分离休干部住房难问题的通知》，对离休干部的住房问题作了特别规定，要求房管部门在分配住房时优先照顾老干部，还明确规定离休干部暂不购买商品房。从1994年开始，由于受市场因素影响，企业经营形势紧张，持续拖欠老干部医药费。为解决这一问题，2003年3月，根据上级“千方百计解决老干部的药费问题”的要求，局研究制定了《关于解决拖欠离退休老干部药费问题分步报销的方案》，要求在2004年底全部解决拖欠离退休干部的1445.3516万元医药费，实现老干部医药费基本不拖欠。坚持中秋节、春节等重大节日对老干部进行节日慰问，发送大米、油、月饼等节日慰问品，传统节日以现金形式对全体离退休干部进行救济。坚持老干部祝寿制度，对老干部生日造册登记，按级别及离休、退休所应享受的待遇发放生日慰问品。对老干部遗孀造册登记，发生因病、生活特别困难等情况和在重大节日期间，实行特殊困难救济。

为保证老干部两项待遇的落实，按照级别规定，两项经费每年初进行测算核实，经主管领导签字后落实到位，确保老干部经费专款专用。

第二节　思想工作

为保障老年人的合法权益，1989年2月，根据河北省冀老字［1988］14号和河北省煤炭厅冀煤老干函字［1989］1号文件精神，峰峰局下发了峰煤［1989］62号和峰煤工［1989］2号联合文件，强调在重大节日要广泛宣传老干部历史功绩和先进事迹，弘扬尊老敬老爱老的传统美德。1996年8月《中华人民共和国老年人权益保护法》颁布后，又利用征文活动、印发资料、知识竞赛、报纸报道等多渠道宣传教育，在企业形成了保障老年人合法权益的浓厚氛围。

1996年至2001年，峰峰局经济拮据，老干部两项待遇落实出现困难，尤其是在药费报销和养老金发放上，各单位都有不同程度的拖欠，老干部队伍不稳定因素日渐明显。抓好思想教育、进行正面引导，将不稳定因素消除在萌芽状态，成为当时老干部工作的重点。2001年1月，老干部部门结合面临的经济困难形势，在全局老干部队伍中开展了“在单位树立好形象、在党内当个好党员、在家庭做个好家长、在社会做个好公民”的“四好”老干部评选活动。2006年，在原“四好”老干部评选条件的基础上，又进一步充实了“与时俱进，政治思想好；勤于锻炼，身体素质好；发扬传统，模范作用好；乐于奉献，发挥余热好”的新“四好”评选条件，开展了“双四好”评选活动。2006年9月开始，每年开展“十佳老人”（与时俱进，政治思想好；牢记宗旨，永葆本色好；发扬传统，模范作用好；热爱生活，积极进取好；勤于锻炼，身体素质好；破除迷信，行为文明好；家庭和睦，互谅互让好；助人为乐，邻里团结好；教育子女，和谐稳定好；乐于奉献，发挥潜能好）和“十佳孝星”（饮食起居，生活照顾好；健身防病，创造条件好；精神抚慰，经常问候好；患病医治，床前护理好；父母财产，尊重意愿好；尊老爱幼，家庭和睦好；老人情感，理解支持好；物质需求，尽量满足好；破除迷信，崇尚科学好；与时俱进，奋发图强好）“双十佳”评选活动。

2003年8月，部分单位集体企业工大规模上访，老干部部门及时召集老干部代表进行座谈，要求做好子女、亲属、朋友、邻居等上访集体企业工的思想工作。同时，制定下发峰煤老干通字［2003］2号文件，要求离退休干部统一思想认识，充分发挥思想及政治优势，以自我影响力做好子女及身边人的思想工作，保证自己的子女不上访，为保持企业稳定作贡献。

2007年，集团公司加强老干部文化建设，提炼形成了老干部理念，即老有所学、老有所为的价值观；生命不息、学习不止的学习观；永葆本色、适度发挥的责任观；德高为本、身正为范的操守观；正直坦荡、保持晚节的形象观；乐观豁达、安享晚年的健康观。老干部文化既是集团公司企业文化的有机组成部分，同时也构成了集团公司老干部文化的思想体系。老干部部门将老干部文化制成牌板，悬挂在办公及活动场所，营造了浓厚的文化氛围，对老干部产生了潜移默化的影响。

2008年，集团公司党委下发《关于印发<离退休干部思想政治工作站工作规定>的意见》，要求进一步加强老干部思想政治工作站建设，变老干部松散管理为有一定组织性的管理，为离退休干部思想政治建设提供组织保证。离退休干部的现实思想、热点问题、生活情况等信息，通过思想政治工作站反映，使党组织能够有针对性地开展思想政治工作，为创建和谐企业创造了条件。

峰峰局（峰峰集团）坚持对老干部“重大节日必访、重病住院必访、有特殊困难必访、思想有不稳定情绪必访、突发意外情况必访、红白事必访”的“六必访”制度，把温暖送到老干部的心中，激发广大老干部积极向上的精神风貌。

第三节　老干部活动

峰峰局（峰峰集团）注重加强老干部的活动阵地及基础设施建设，充分利用活动中心及活动场所，组织开展文化、娱乐、体育、书画、健身等健康向上的活动，为广大老干部老有所学、老有所乐搭建平台。1990 年 5 月，制定下发峰煤发［1990］19 号文件《关于成立老干部书画协会的意见》。1991 年 3 月，为推动老年体育工作的进一步开展，制定下发峰煤［1991］170 号、峰煤发［1991］20 号文件《关于建立老年体育协会的通知》，对加强老年体育工作领导、加强科学指导、开展适合老年人特点的活动等提出具体要求。

1995 年至 2008 年，按照国家全民健身的要求，每年春季，在基层选拔的基础上，分别举办一次全局（集团公司）老干部象棋比赛、门球比赛、乒乓球比赛，每年秋季举办健身舞、健身操、太极拳（剑）等表演赛，活跃老干部的体育生活，陶冶老干部的情操。充分利用活动设施，开展丰富多彩的文体娱乐活动。乒乓球大厅、健身房、阅览室、麻将室、象棋室等各种活动场地，专人负责，定时开放，保证不同爱好老干部的需要。坚持室内活动和室外活动相结合，选送优秀文体活动项目，多次参加河北省国资委和邯郸市老干部局、老龄委、老年体协等部门组织的活动，并取得较好名次。

为搭建老年教育平台，实现“老有所教、老有所学、老有所为、以学促为”，2006 年 7 月，建立了集团公司老年大学。2006 年 7 月，制定下发峰集发［2006］75 号文件《关于成立“关心下一代工作委员会”的通知》，成立了集团公司“关心下一代工作委员会”。2007 年和 2008 年，“关心下一代工作委员会”成员多次到教育培训中心为青年学生作传统和法制教育报告。2006 年 7 月，制定下发峰集发［2006］76 号文件《关于成立老干部工作顾问领导小组的通知》，成立了集团公司老干部工作顾问领导小组。领导小组成员多次深入基层开展工作调研，为企业的发展献计献策、当好参谋。

第四节　老干部工作创新

一、服务创新

为提高工作人员的服务意识和质量，2003 年，推行了用“真心、热心、耐心、诚心”和“嘴勤、脑勤、手勤、腿勤”的“四心四勤”工作法，实现了老干部工作由被动管理服务向主动管理服务的转变。2006 年，提出了“问一声您好、搬一把椅子、说一声请坐、倒一杯茶水、谈一谈事由、容一句牢骚、做一件好事、送一次温暖、托一个祝福、道一声再见”的“十个一”服务理念。2007 年，开展了“微笑服务、热情服务、周到服务”的“三服务”活动。2008 年，为进一步提高老干部工作人员的服务效能，提出了“会分析思考、会组织协调、会调研反馈、会运用现代化办公设备”的“四会”工作理念。

二、管理创新

2004 年，提出了管理人员要“有较深厚的理论修养、较高的政策水平、与时俱进的创新精神、对老干部有真诚的感情、良好的服务意识、合理的知识结构、较强的协调能力、扎实的工作作风和调研能力、有一定的宣传和文字表达能力、敬业爱岗的奉献精神”的“十项素质”，以及“全天候、全方位、全身心投入工作，为党的事业勇于负重，为领导决策当好参谋助手，协同各个方面创造性的开展工作，善做思想工作，尽心尽责办实事”的“六种功夫”。2005 年，根据基层老干部工作存在的薄弱环节，提出了要加强基层离退休党支部建设和加强基础设施建设的“双基建设”意见。同时要求，在管理上由“要我为老干部服务”，转变为“我要为老干部服务”；由传统管理模式，转变为创新管理模式的“两个转变”运行机制。2006年，为加强老干部管理部门的自身建设，提出了“树立敬老爱老、热爱本职工作之正气，把党的各种关怀落实到位；树立办好事、办成事、不提任何要求之正气，把为老干部的各项服务落实到位；树立健康向上活动氛围之正气，把文化娱乐活动落实到位；树立与时俱进，开拓创新之正气，把传播新思想、新理念落实到位；树立严格管理，认真负责的工作态度之正气，把集团公司‘管理讲制度，办事讲效率，工作讲程序’的新举措落实到位”的“五种正气”“五个到位”的工作思路。在原来培养“十项素质”、砺炼“六种功夫”的基础上，经过进一步完善，提出了“要有较深理论修养的政治素质；较高政策水平的业务素质；与时俱进的创新素质；深厚感情的心理素质；良好服务的公仆素质；合理知识结构的研讨素质；较强协调能力的精神素质；扎实工作的总体素质；深入调研能力的思想素质；流畅文字基础的文化素质”。在砺炼功夫上，要具备“把握全局的功夫；管理到位的功夫；会干工作的功夫；解决难题的功夫；勇于负重的功夫；周密思考的功夫；协同共事的功夫；善于参谋的功夫；创新思路的功夫；超前谋划的功夫”的“十项素质”、“十种功夫”。2007年，为提高工作人员的业务能力和管理能力，提出了“在提高工作人员业务能力的方法上进行创新，在提高老干部工作人员管理能力上进行创新”的“双能力”建设。同时，形成了在学习理念上要“学以致用，好学不倦，终生努力，学而不厌”；在管理理念上要“深入精细，服务为基，严格效能，制度有力”；在服务理念上要“爱岗敬业，诚心热情，甘于奉献，行为文明”；在创新理念上要“周密思考，与时俱进，和谐发展，稳中求新”；在执行理念上要“真抓实干，言出必践，行有建树，动有规范”；在群体理念上要“思想进步，队伍稳定，树立形象，发挥潜能”的老干部工作文化。

第九章　武装保卫工作

根据国防建设和煤矿建设需要，为做好民兵队伍的组织建设、思想教育、武装训练及征兵工作，1958年10月，峰峰局成立武装部。从1979年起，武装部下设政工科、作训科、动员科、人防科。所属二级单位均设武装部。1968年开始，每年坚持对民兵进行军事训练。1984年到1988年，遵照上级指示，全局民兵训练任务逐年减少，并由原来的步兵训练为主转为专项技术分队训练为主。1967年峰峰局各单位开始构筑人防工程，总面积约3万平方米。从1983年起，全局各单位开始利用人防工程设施开展养殖和种植工作，人防工程利用率达到了25%以上。2002年，根据河北省人防办要求，峰峰局武装部和人防办对外“两块牌子”，对内一套人员。在治安保卫工作方面，1945年9月峰峰煤矿解放后，就组建了约300人的峰峰煤矿工人纠察队（后改为矿卫队）。1951年峰峰矿区公安分局先后向一矿、二矿、三矿、四矿、电厂派出公安特派员，同年在峰峰局组建保卫科。1953年5月成立保卫处。1984年4月10日保卫处更名为“邯郸市峰峰矿务局公安处”，属企业内保组织，主要负责矿山保卫、维护内部秩序以及矿山消防等工作。

1989年以来，武装工作始终坚持“党管武装”的原则，建立和巩固民兵预备役组织，按时进行年度民兵组织整顿，适时开展活动，保证民兵预备役工作“组织、政治、军事”的“三落实”。在企业经济建设、安全生产和改革发展中，充分发挥民兵组织的作用。公安保卫工作按照上级部署，结合企业实际，严厉打击各种刑事犯罪活动，强化治安防范，狠抓运煤护路工作，规范要害部位、易发案部位管理，加强对危爆物品的监督管理，维护了企业内部秩序的稳定，为企业的改革发展作出了积极贡献。

武装部机构沿革上，2003年武装部调整为政工科、作训科、人防科。公安机构沿革上，2000年7月25日，根据河北省机构编制委员会办公室、河北省公安厅联合下发冀机编办［2000］77号《关于全省企业事业单位公安机构体制改革暨核增公安行政编制的通知》精神，经河北省政府批准，峰峰局公安处改变隶属关系，列入当地公安机关序列，编制民警120人，名称按地方公安序列相应改变。由于体制改革过程中的种种原因，直到2007年6月8日，邯郸市公安局峰煤分局正式成立，分局设立指挥中心、政工监督室、警务保障室、法制科、国保大队、刑侦大队、治安大队、经侦大队、消防科。2007年9月30日，峰煤分局又成立了控申科。原基层矿（厂）的19个公安分处、1个派出所，拟改设13个派出所。峰煤分局的成立，标志着企业公安体制改革顺利完成。

第一节　民兵武装工作

一、组织建设

1989年至2008年间，局（集团公司）历年均设置民兵师。局（集团公司）党委副书记主抓武装工作，局长（董事长）兼民兵师师长。相当于县团级的所属单位设民兵团，非县团级的所属单位设民兵营或连。按照上级军事机关民兵整组工作实施方案，武装部坚持每年进行民兵组织整顿工作，确保民兵组织建设依法开展，在企业做到了制度化、规范化、标准化。

二、基层建设

1989年以来，结合国家“科技强军”战略的实施和企业改革发展的需要，不断提高训练水平。采取多种形式，加强国防法律法规宣传教育。对新入队民兵举行宣誓仪式，学唱《民兵之歌》，组照“全家福”，增强民兵的职责意识和国防观念。将每年退出现役的复转退伍军人及时编入民兵预备役组织，纳入基干民兵队伍。按照基层武装部和民兵连（营）部规范化建设标准严格管理。2008年5月，邯郸军分区在峰峰集团召开“民兵基层建设工作”现场会，各区、县主管武装工作的书记、部长、政委，到峰峰集团矿山救护大队民兵连进行民兵基层建设参观学习，并对矿山救护大队民兵连应急技能演练进行了现场观摩。河北省军区政治部主任高义勋（少将）出席会议，并作重要讲话，对峰峰集团的民兵工作高度评价和赞扬。

三、政治教育

根据中共中央军委总政治部指示精神，认真贯彻落实民兵政治思想教育工作，积极为企业文明建设作贡献。依据全国民兵政治教育课内容，以《中国民兵》为教材，常年坚持民兵政治教育制度，做到每季一堂政治课。把国防教育同民兵预备役人员参加文明建设、完成军事训练、执勤任务、拥军优属等实际工作相结合，在实践中进一步增强国防观念，深化教育效果。在教育中，坚持做到民兵政治思想教育工作结合国际国内形势、结合民兵工作的特点任务、结合企业实际。围绕企业中心工作，坚持常年开展“民兵号”工程活动，充分发挥民兵在安全生产中的生力军作用。1996年至2000年，在民兵组织中，开展创建“六好民兵连队”，争创“四好民兵”活动，组织民兵连队开展劳动竞赛。2002年，在民兵组织中开展了学习和实践“三个代表”重要思想活动，并组织民兵参加“新理论、新伟业、新辉煌”百题知识学习竞赛。

四、军事训练

根据国家中心工作的战略转移和上级军事机关的指示精神，坚持年度专武干部军事业务训练，组织基干民兵参加基地民兵军事训练。军事训练由原来普通步兵训练为主向专业技术分队训练转变。基层各单位武装部组织本单位民兵应急分队训练，充分发挥民兵组织的作用，以应付各类突发事件的发生。

1989 年－2006 年军事训练统计表

单位：人

年度	步兵	高射机枪	37 高炮	应急分队	基层应急分队
1989	70	80	30		680
1990	80	80	30		700
1991	70	80	30		660
1992	60	80	30	30	680
1993	80	80		30	720
1994	70	80		30	690
1995	70	80		30	700
1996	80	80		30	660
1997		80	30	60	680
1998		80	30	60	590
1999		80		90	600
2000		80			620
2001		80		60	600
2002		80	30	70	650
2003		80	30	60	630
2004		80		80	620
2005		80	30	70	600
2006		80	30	60	640

2007 年，根据邯郸军分区《关于组织民兵应急分队实兵实装拉动演练通知》精神，集团公司应急民兵连（基干民兵 170 人）参加了军分区组织的以反恐维稳为背景的应急分队拉动演练。基层武装部组织完成了民兵应急分队 650 人的军事训练任务。

2008 年，根据上级军事机关指示精神，对峰峰集团矿山救护大队民兵连 40 人进行民兵应急技能训练，迎接邯郸军分区在峰峰集团召开“民兵基层建设工作”现场会。8 月份开始，为“迎奥运保稳定”，组建民兵应急分队 40 人，担负机关民兵巡逻执勤任务。10 月份，组织 82 无后座力炮小分队训练，参加邯郸军分区组织的民兵军事技术比赛。基层武装部组织完成了民兵应急分队 591 人的军事训练任务。

五、武器管理

1973 年，邯郸市武装部配备峰峰局“三七”高炮。1980 年，又配备 56 式高射机枪。在武器管理上，各种武器装备到位后，立即建立了一系列保管制度，管理上有条不紊，从未发生过任何事故。在历年的武器普查中，均受到上级军事部门的好评。

六、少年军校

局武装部协同局团委和教育部门，从 1988 年起利用暑假，先后在局属各单位中、小学开展“少年军校”训练，每年训练学生 3000 —3500 人。局小学以年级训练为主，主要为国旗班挑选人员。其他学校以队列训练为主，采取封闭或半封闭军事训练方式，进一步增强了广大青少年的体质，提高了学生的组织纪律性和爱军习武的国防意识。先后有 5 所学校被评为市级“先进少年军校”。

七、军事化训练

为打造具有峰峰集团特色的企业文化，提高职工执行力和整体素质，从2005年开始，武装部协同有关部门开展企业文化建设，先后对4万余名职工实施了军事化训练。

八、兵役工作

1989年到2008年，按照国防部、公安部有关征兵的政策规定、原则和程序，做到了保质保量，圆满完成了各年度征兵工作任务，共为中国人民解放军输送兵员381名。

九、全民国防教育工作

1989年以来，根据上级指示精神，在职工、家属和师生中，开展全民国防宣传教育工作。每年结合民兵整组工作，以庆祝和纪念“八一”建军节为契机，开展全民国防宣传教育活动。组织协同有关部门和领导，开展为军烈属和伤残军人“送温暖”活动，将党和政府的关怀、企业的温暖送到军烈属和伤残军人家中。利用党校阵地，将国防教育纳入教学计划，开展领导干部国防教育；利用中、小学校和技校阵地，开展学生国防教育；利用广播、电视、报刊等宣传媒体，开展全民国防教育宣传活动。

1995年，开始了普及国防法律法规宣传教育活动，不断增强广大职工群众的国防意识和依法履行国防义务的自觉性。2001年，围绕“关注国防，就是关心自己的家园”主题，开展了“全民国防教育日”活动。2002年，开展了“国家安全是全社会的共同责任”主题活动。2003年，开展了“国防连着你我他，安宁维系千万家”主题活动。2004年，开展了“勿忘国耻，强我国防”主题活动。2005年，开展了“牢记历史、珍爱和平、心系国防”主题活动。2006年，开展了“弘扬长征精神，共建钢铁长城”主题活动。2007年，开展了“热爱军队，情系国防”主题活动。2008年，开展了“维护国家安全，共筑和谐家园”主题活动。

十、拥军优属工作

1989年以来，峰峰局（峰峰集团）先后接收安置部队转业干部186人，退伍军人1620人。在上级党政和军事机关的正确领导下，坚持长期开展拥军优属活动。特别是在春节期间，积极组织广大民兵和青少年开展拥军优属活动，为军烈属和伤残军人办好事、办实事，排忧解难。1986年至1995年，连续十年获省、市级“拥军优属先进单位”称号，为邯郸市创建“全国双拥模范城”作出了突出贡献。

十一、人防工程建设与管理

1988年、1990年，组织了两期中学生“三防”夏令营活动，受到河北省、邯郸市人防部门的好评。1990年，二矿中学被邯郸市授予“‘三防’知识教育两化建设先进单位”，被河北省授予“‘三防’知识教育先进集体”称号。

2002年，根据上级人防部门指示精神，为加强人防通信指挥建设，局装备防空警报器2台，分别装备在五矿矸石热电厂和局机关办公楼上。按照河北省人民防空“警报示鸣日”的要求，每年在邯郸市人民防空办公室程控下，组织防空示鸣活动。

2002年4月，为深入贯彻《人民防空法》和中共中央《关于加强人民防空工作的决定》，河北省基层人防管理体制建设和“六位一体”的防空知识教育工作现场会在邯郸市召开，峰峰局作为全省唯一企业代表，在会上作了经验介绍，并受到河北省军区、河北省人防办公室的表彰。

2007年，集团公司对所属单位人防工程进行了普查建档（含电子档）工作，并成立医疗、消防、通信人防专业分队，共计130人。

第二节　公安保卫和综合治理工作

一、严厉打击各种刑事犯罪活动

按照邯郸市公安局的部署，峰峰局（峰峰集团）公安部门始终保持“严打”高压态势，适时开展打击各类刑事犯罪活动。工作中采取一般案件以基层公安分处侦办为主，与刑侦部门具体指导相结合的工作方法，重特大案件采取集中优势兵力打歼灭战的方法，抽调精干力量组成专案组全力攻坚。1989 年至 2008 年，先后组织开展“反盗窃”、“严打整治百日会战”、“破大案、追逃犯、打团伙”、“猎鼠行动”、“冬季亮剑”等严打整治专项斗争 16 次。峰煤分局成立后，开展了声势浩大的“雷霆行动”，提出了“四个明显、一个确保”（全集团公司的经济发展环境明显好转，干部职工的安全感明显提高，预防和控制犯罪能力明显增强，打击犯罪水平明显提升；确保取得实效）的目标。建立了内部激励和竞争机制，实行十天一调度，战果十天一排名，实行“三定一包”（定人员、定时间、定任务，包破案）责任制，开展破案攻坚大会战。

把打击盗窃企业财产的犯罪案件作为主攻目标，尤其是对大要案、团伙盗窃案，每发一案都成立专案组，由主要领导牵头，抽调精干力量予以攻关。先后破获了“1993. 7. 6”通二矿团伙盗窃工字钢案，抓获犯罪分子 13 人；“1995. 2. 15”黄沙矿井下设备部件团伙盗窃案，挖出团伙 23 人；“1996. 3. 18”孙庄矿摩托车被盗案；“1997. 3. 15”局机关机动车系列被盗案，“1999. 6. 16”五矿团伙盗窃案等一大批侵蚀企业财产的大要案。

2000 年，全局治安形势严峻，连续发生抢劫、杀人、伤害、寻衅滋事等暴力案件 16 起，在社会上造成恶劣影响。各级领导和公安机关高度重视，迅速组织开展了为期三个月的“严打战役”，并根据地域不同、案件性质不同分成 3 个战区，主要领导亲自挂帅，处刑警队与涉案单位的公安分处密切配合，协同作战，先后破获了“8. 15”羊渠河矿二坑澡塘门前的伤害致死人命案、“2. 18”局机关中兴花园寻衅滋事案、“5. 13”九龙矿持枪持械聚众斗殴案、“7. 31”总医院故意杀人案、“12. 5”羊渠河矿宿舍抢劫案等一批影响大、群众反映强烈的重大刑事案件，净化了治安环境。

2007 年 7 月 31 日，为配合严打整治专项斗争，分局在集团公司灯光球场召开严打整治“雷霆行动”专项斗争公捕大会，对 30 名违法犯罪嫌疑人的犯罪事实予以公布，并依法对其宣布逮捕和刑事拘留，有力地打击了违法犯罪的嚣张气焰，维护了企业和社会的治安秩序稳定。此次行动破获刑事案件 190 起，抓获犯罪嫌疑人 79 人，逮捕 55 人，抓获网上逃犯 9 人，是历次严打专项行动战果显著、效果最好的一次，被评为邯郸市“严打整治先进单位”。

1995 年 12 月 31 日，万年矿发生一起凶杀案，犯罪嫌疑人负罪潜逃，被定为省督办“12. 31”重案逃犯。2008 年，经过峰峰局民警与邯郸市公安局技侦支队紧密合作，南下广州进行抓捕，一举在广州将负案在逃 13 年之久的犯罪嫌疑人之一缉捕归案。

1989 年以来，共破获各类刑事案件 1250 起，其中重大案件 312 起、经济案件 90 起，打掉犯罪团伙 139 个，打击处理犯罪嫌疑人 3813 人，其中依法逮捕 756 人，劳教 85 人。查处治安案件 566 起，行政拘留 340 人，行政罚款 226 人。先后组织召开公捕（公布罪行）大会 8 次，有力地震慑了犯罪分子。

二、强化治安防范，规范要害部位、易发案部位管理

每年初根据实际对要害部位、易发案部位进行重新判定，确定为一、二、三级要害和防范部位，并进行登记造册建档，建立部位台账，明确岗位责任。日常管理以监督检查为主，所在单位公安分处每月定期对要害部位场所和易发案部位进行检查，公安处（分局）治安管理部门每年进行两次联合大检查，对发现的治安隐患及时下达隐患整改通知书，限期进行整改，消除安全隐患。每年对治安防范工作成绩突出的单位和个人予以表彰，对整改隐患不力、解决问题不及时甚至出现治安问题的单位和个人通报批评和处

罚。以上管理办法几经修订完善，形成了《治安防范管理标准》。1989 年以来先后组织全局性治安防范联查 60 余次，发现和整改治安隐患 3600 余处，堵塞了安全漏洞，确保了重点部位的安全。加强要害部位和易发案部位治安防范的科技含量，由原来的以人防、物防为主，逐步转变为以技防为主，不断增加技防投入，安装了电视监控设备、报警器等技术含量高、覆盖面大的设施，提高了抵御不法侵害的能力。截至 2008 年底，全集团公司建立电视监控室 40 个，公共场所安装摄像机 338 台，社区单位安装摄像机 259 台，安装入侵报警探测器 225 个。通过技防设施发挥作用，预防发生被盗案件数十起，减少了企业的财产损失。坚持对发生的盗窃案件实行“三不放过”（找不出问题发生的原因不放过、责任者受不到处理不放过、从问题教训中接受不了教育不放过）的原则，认真分析查找管理漏洞。坚持对每一起盗窃案件进行责任分析，100 余名责任者受到追究处理。

保卫组织、经济护卫队在其中发挥了重要作用。2003 年 7 月 1 日起，根据公安部对经济民警队伍改革的有关精神和河北省公安厅（冀公治［2003］211 号）文件精神，全省经济民警组织改为“经济护卫队”。峰峰局（峰峰集团）的经济民警组织都依次改为经济护卫队组织，仍然执行大队和中队建制，全局队员 890 名。经济护卫队继续履行原经济民警所肩负的职责和任务，在维护企业治安稳定、守卫重点要害部位、强化单位安全防范、金融押运、危爆物品守护以及协助公安机关打击违法犯罪活动等方面发挥了积极作用。为加强对经济护卫队的管理，2005 年 8 月 29 日，集团公司制定了《经济护卫队管理办法》，进一步规范了管理。

随着企业改制步伐的加快，企业用工形式呈多元化。为了弥补经济护卫人员不足的问题，部分单位从邯郸和峰峰矿区保安公司聘用保安为本单位服务，作为维护企业治安稳定的一支辅助力量。从 2006 年起陆续有 10 个单位聘用保安，共聘用保安人员 150 名。

三、加强对危爆物品的监督管理，确保安全使用

坚持把爆炸物品、剧毒物品、放射源和射线装置物品等危爆物品的监管作为工作的重中之重，在爆炸物品的管理上，针对集团公司爆炸物品使用面广、数量大、接触人员多，并有一个生产厂的特点，坚持严细管理，制定了《爆炸物品安全管理办法》，加强了对爆炸物品产、购、销、运、储、用、退各环节的管理力度，完善了爆炸物品管理制度，日常严把审批关，实行定量供给。使用中坚决做到领、用、退三对口，发放点做到“账、卡、物”三对照，避免了流失。同时，对接触爆炸物品人员每年进行审核和考试，发放合格和上岗证，定期组织安全培训和教育。坚持每年从矿（厂）、区（科）、班组到个人，层层签定责任状，实行安全目标考核，严格责任追究。日常工作中坚持经常性检查不放松，专管员定期不定期深入井下进行检查，及时发现和解决存在的问题。除在井下安排专人负责检验和督查外，还在井口设检查站，检查升井人员，防止爆炸物品流失社会。在节假日和重要活动期间，还对职工宿舍、澡堂更衣箱进行集中清查。20 年间，共组织进行爆炸物品专项检查 200 余次，发现和整改隐患问题 3000 余处。通过严细的工作，确保了爆炸物品的安全使用，没有发生过大的涉爆案件。

四、深入调查研究，严密掌握敌社情动态

围绕重大节日、重要事件、重要会议期间和企业不同阶段的重点工作，及时深入开展调查研究，广辟信息来源。从机关到基层，全部建立了信息网络，每个单位明确信息员，专职负责情报信息的收集、研判、整理、反馈。制定了情报信息工作制度和考核办法，坚持每月汇报例会制度，全面掌握各种不稳定因素。根据“保护合法，制止非法，打击犯罪，抵制渗透”的宗教工作方针，严格掌握宗教动态，特别是对改制、破产单位宗教人员的变化情况，及时进行了解统计，确保了在企业辖区内未发生一起非法宗教活动事件。针对同“法轮功”邪教组织的斗争长期性、复杂性的特点，持续开展了帮教转化和同顽固分子的斗争工作，建立了长效防控机制，坚持了定期排查分析，并根据人员流动的变化情况，及时向有关单位和社区进行移交，做到了底数清、情况明、不失控。2005 年，根据上级公安机关的统一部署，为严厉打击“法轮功”顽固分子利用互联网、电视插播技术进行破坏活动，开展了“天网、静波”专项行动，成

立了领导小组，启动了6个督导组进行督导，并与各单位公安分处第一责任人签定了责任状，压死责任。对各类人员（包括有上网技术、插播技术、曾被处理过的重点人）进行了摸排，对电视信号网络进行巡回检查，避免了插播现象的出现。

五、消防工作

根据邯郸市1994年3月17日消防工作会议精神和峰煤公［1994］245号文件精神，1994年9月9日，峰峰局建立了岭西消防分队，分队地点设在通二矿内，日常管理由通二矿负责，业务管理由局公安处负责。1996年4月消防队搬迁至二矿，承担起辖区灭火和社会救援工作。峰煤分局成立后，根据工作需要，将当时的消防队改组为岭东消防大队和岭西消防大队，分别负责岭东和岭西范围内的消防灭火和救援工作。两个消防队共有消防队员57名，配备消防车9部，具备了消防灭火、应急救灾等实战能力。实际工作中，坚持“预防为主，防消结合”的工作方针，定期对全局消防重点部位进行监督检查。每年的“119”消防宣传日都开展大型的消防知识咨询和消防法规宣传活动，开展技术练兵和消防灭火演练，先后举办消防培训班30余期，2万余名职工接受培训，掌握了扑灭初期火灾的能力。为使消防工作规范化管理，2000年开始对消防工作实行目标管理和百分考核，制定了《消防安全目标管理考核办法》和《消防安全管理奖惩办法》，实现了规范化管理。从矿（厂）到区（科），从班组到个人，每年层层签定消防安全责任状。先后进行消防安全大检查100余次，发现和整改火险隐患2500余处，出动火警474次，为企业和个人挽回经济损失数百万元。

六、运煤护路工作

2006年11月15日，经集团公司研究决定，从各单位抽调人员，组成护路队，与矿（厂）押运人员配合，负责集团公司煤炭运输专用线的护运煤炭工作，并适时进行重点路段的整治。护路队成立后，以专业力量为主，各公安分处积极配合，适时组织开展了打击盗抢运输煤炭活动，并在农闲时节盗抢猖獗时期组织进行集中打击活动。奥运安保期间，组织了铁路沿线14个单位参加的专项打击“猎鼠行动”，出动警力3210人次，破获盗抢煤炭案件5起，抓获违法犯罪嫌疑人21人，有效地遏制了违法犯罪活动的嚣张气焰，运煤环境有了明显改善。护卫科和护路队成立以来，共出动警力2万余人次，抓获偷抢煤炭违法犯罪嫌疑人300余名，截获大量盗抢煤炭和运输工具30余辆，为企业挽回经济损失500余万元。

七、重大活动的安全保卫

奥运会安全保卫。2008年，在邯郸市公安局党委和集团公司党委的领导下，按照上级统一部署，紧紧围绕“平安奥运”的总目标，以“人、事、物、地”四个方面为稳控重点，相继开展了各项奥运安保工作。采取实行工作责任制、建立督导通报制、严格一日一报制、严肃责任追究制、实施末位淘汰制等工作措施，开展了政治隐患、内部矛盾隐患、群体性事件隐患、信访隐患、各类刑事案件和治安案件隐患、安全生产隐患、火灾隐患、枪支弹药和危爆物品隐患的排查工作，消除和整治了各类隐患。会同有关部门成功处置了原家属工、集体企业工聚集示威、围堵机关大门和矿（厂）与周边农村工农纠纷、工亡家属闹事等群体性、突发性事件170余起，息诉罢访涉法涉诉案件4起，保持了总体治安大局的平稳。组织破案攻坚和追捕逃犯，奥运安保期间共破获各类刑事案件124起，抓获违法犯罪嫌疑人75名，抓获逃犯12名。加强了对涉及安全生产255处要害部位的安全检查，提高了安全防范的警惕性。进行了拉网式消防安全监督检查，消除了一大批火灾隐患。以实现危爆物品“不漏管、不流失、不炸响、不打响、不被盗”为目标，坚持严管、严防、严治、严打，全面加强辖区枪支弹药、爆炸物品、管制刀具、剧毒化学品、放射性物品等各类危爆物品的安全监管力度，共收缴各类子弹2622发、雷管1830枚、管制刀具2把以及钢珠枪、猎枪、火药枪13支，先后三次对集团公司17个涉爆单位、16个放射源使用单位和19个放射源存放点、6个剧毒化学品点、308处重点要害和易发案部位进行了专项检查，通过排查共发现和整改隐患151处。通过工作实现了“三个确保”，即：确保不发生造成负面影响的群体性事件；确保北京奥运会各赛区不发生来自峰峰集团的涉恐干扰；确保枪支弹药、危险物品不从峰峰集团流入北京等赛区。

锡盟查干淖尔项目启动仪式异地执勤。2008 年 9 月 28 日，冀中能源峰峰集团锡盟查干淖尔煤电化路一体化项目启动仪式在锡盟查干淖尔举行。按照集团公司的部署，分局负责项目仪式中涉及领导来宾车辆接送、现场维护秩序和消防安全、车辆看护等工作任务。成立了异地执勤领导小组，组成沿途警卫、现场警卫、驻地警卫、消防安全警卫、后勤保障五个工作组，于 9 月 23 日开赴锡盟。与锡林郭勒盟公安局、锡林浩特市公安局、阿巴嘎旗公安局和查干淖尔派出所取得联系，协商配合搞好项目启动仪式的事宜。27 日全体执勤民警提前进驻仪式现场开展工作，保证了参加仪式的领导、来宾 200 余部车辆顺利到达仪式现场，确保了启动仪式的安全、顺利进行。

处置群体性事件。1989 年以来，公安部门组织警力全力协助有关部门处置各类群体性事件 860 余件起，18500 余人次，维护了内部治安秩序。1994 年 2 月筹建大淑村矿时发生的大淑村村民打砸抢烧事件，公安处调集 300 余名警力积极与邯郸市公安局维护秩序和配合调查处理工作。2003 年持续数日的集体企业工大规模聚集、游行、围堵机关事件，公安处组织全局警力，全力维护机关秩序，并协助有关部门积极做劝解疏导工作。

领导视察指导工作安全保卫。按照级别不同安全保卫标准不同的要求，每次重点活动都制定具体周密的安保方案，明确职责，主要领导亲自挂帅，成立专门的领导小组及警卫、护卫、保卫组，随行警卫和部位保卫相结合，全力做好行程安全和道路疏导。

外事活动保卫。1989 年以后，按照“热情、大方、礼貌、诚恳、保密”的接待原则，圆满完成了 19 个国家、地区的外宾和港澳台朋友来企业参观、学习、考察、技术磋商、商业洽谈、项目合作、文化交流、探亲访友等外事保卫任务。

七、综合治理

根据中共中央、国务院 1991 年 2 月 19 日《关于加强社会治安综合治理的决定》及中共河北省委、河北省人民政府 1991 年 3 月 15 日《河北省社会治安综合治理工作会议纪要》、《河北省社会治安综合治理条例》和中共邯郸市委、邯郸市人民政府 1991 年 4 月 29 日《关于加强社会治安综合治理的意见》，峰峰局于 1991 年 7 月成立内部治安综合治理委员会，并明确了综治委、办公室的工作职责。根据工作职责，重点抓好了上级治安综合治理的方针、政策和指示的贯彻落实，研究制定全局内部治安综合治理各项措施的总体规划，部署检查综合治理各项措施，解决综合治理中的一些重大问题和实际问题，协调各部门的综合治理工作，促进综合治理各项工作的完成，实现全局综合治理的各项目标。2001 年，获“邯郸市社会治安综合治理先进单位”称号。

第十章 直属党委

中共冀中能源峰峰集团直属委员会，前身是中共峰峰矿务局机关委员会。1989 年至 1995 年 9 月，名称为中共峰峰矿务局机关委员会。1995 年 11 月，名称变更为中共峰峰矿务局直属委员会。2003 年 8 月，名称变更为中共峰峰集团有限公司直属委员会。2008 年 6 月，名称变更为中共冀中能源峰峰集团直属委员会。

1989 年 6 月至 1992 年 12 月，职能科室及管理人员：党办室 3 人、组织科 3 人、宣传科 2 人、纪委 1 人、团委 2 人、工会 4 人。2002 年 9 月至 2003 年 8 月，职能科室及管理人员：政工科 4 人、纪委 1 人、团委 1 人、工会 2 人、公安分处 4 人。2008 年 6 月以后，职能科室及管理人员：党办室 1 人、组织科 1 人、纪委 2 人、工会 2 人、公安分处 2 人。

2008 年，下辖党总支 3 个，党支部 50 个，总支、支部成员 533 名，党小组 95 个，党员 1339 名。

第一节　党组织和党员队伍建设

1989 年，在党员中开展了四项基本原则教育活动。

1990 年，首次开展企业思想政治工作人员专业职务评聘工作。

1991 年，为增强党员的模范意识和党性观念，组织开展了“凝聚工程”活动。组织机关 1000 余名党员参加了“西山湖——党员奉献号工程”。

1992 年，组织党员学习邓小平南巡讲话，开展了“议中心、创效益”和“党员奉献日”活动。

1993 年，组织党员学习建设有中国特色社会主义理论和市场经济理论。

1994 年，组织干部职工学习《邓小平文选》。针对企业困难，充分发挥党员的先锋模范作用。

1995 年，督促各单位认真坚持民主集中制原则，建立完善了《党政联席会议事规则》和《党支部议事规则》。

1996 年，举办了党支部书记和支部委员上岗培训班。下发了《关于〈两个规则〉的检查监督办法》，加大对民主集中制贯彻执行情况检查监督的力度。大力加强“凝聚工程”建设。

1997 年，组织了“三观三德”演讲比赛，并被局党委评为“电化教育先进单位”。

1998 年，组织党员深入学习邓小平理论，不断提高党员理论素质。

1999 年，组织党员学习《中共中央关于国有企业改革和发展若干重大问题的决定》。

2000 年，开展了基层党建工作经验交流活动。进行了党委增补委员工作。

2001 年，围绕纪念建党 80 周年，开展了“做表率、献厚礼”党建系列活动。

2002 年，开展了“新时期保持共产党员先进性大家谈”活动。加强机关作风建设，开展“满意在基层”活动。

2003 年，开展了以“保持共产党员先进性”为核心内容的优秀党课教材评比活动和为党员过政治生日活动，以及“当我站在党旗下”演讲比赛活动。组织对执行两个《议事规则》情况进行检查。

2004 年，开展了党员岗位技能竞赛活动。举办了党支部（党总支）书记及组织委员岗位培训班。

2005 年，积极推行党建工作质量管理体系，取得了初步成效。认真组织开展了保持共产党员先进性教育活动。围绕“党旗在心中，岗位展风采”的主题，组织开展了“党员风采展示”系列活动。

2006 年，举行了以“相聚党旗下”为主题的纪念建党 85 周年活动。指导 24 个基层支部进行了换届选举。

2007 年，举办入党积极分子培训班。开展了以“政治素质好，业务管理好，团结协作好，作风形象好”为主要内容的“四好”领导班子创建活动。

2008 年，组织人员对执行两个《议事规则》的情况进行了普遍检查。组织开展了“抓作风、做表率、促发展”作风整顿活动。开展了“双学、双促”（学报告、学《党章》、促发展、促和谐）主题活动。组织党员缴纳抗震救灾“特殊党费”活动。

第二节　宣传思想工作

1989 年，北京等地发生政治风波期间，党委在机关干部职工中开展了四项基本原则学习教育活动。

1990 年，在机关干部职工中开展了以热爱社会主义为主题的“四热爱”教育。

1991 年，在广大干部职工中进行了基本国情、基本路线教育。对 35 岁以下青年职工进行了轮训。

1992 年，组织干部职工深入学习邓小平南巡讲话精神，坚定改革开放信念。开展了“议中心、创效益”、“党员奉献日”、“我为企业献一计”活动。

1993 年，在干部职工中开展了社会主义市场意识教育，深化了广大干部职工对建设有中国特色社会主义和市场经济理论的理解和认识。

1994 年，组织干部职工学习《邓小平文选》。针对企业困难，积极发挥思想政治工作优势，向职工讲形势、讲困难、讲光明前景，教育职工与企业同舟共济，共度难关。

1995 年，在党员干部中开展了“三学、三查、三克服、一坚持”主题教育活动。在党员干部中开展了讲学习、讲政治、讲正气教育。

1997 年，组织干部职工学习党的十五大精神。

1998 年，深入开展了学习邓小平理论活动，通过研讨会、知识竞赛、征文等多种形式，推进学习活动不断深化。

1999 年，开展学习党的十五大精神和十五届四中全会通过的《中共中央关于国有企业改革和发展若干重大问题的决定》活动。

2000 年，针对企业经营困难的实际，开展了“深化改革求生存，严格管理促发展”大讨论活动。在党员中开展了“学决定，抓机遇，攻难关，创效益”主题活动。

2001 年，在党员干部中开展了“转作风、树形象、促发展”主题教育活动。

2003 年，开展创建学习型机关活动和“团结、奋进、创新、超越”企业精神主题教育活动。4 月起，组织开展传染性非典型肺炎防治工作。

2004 年，开展了加强机关自身建设和推行 6S 管理工作。在加强自身建设中，开展了“五查五改”活动。

2005 年，开展了“一基多业，做精图强”主题教育活动和“以人为本，加强管理，搞好服务”企业文化研讨活动。

2006 年，大力开展企业文化建设，强化理念宣传灌输。开展了征集机关企业文化格言、警句活动。在公司机关大街和主办公大楼制作悬挂了企业文化理念、廉洁文化理念和机关企业文化观念灯箱、牌板。

2007 年，宣传贯彻党的十七大精神。开展了机关文明礼仪教育和 6S 管理活动。

2008 年，开展了解放思想大讨论、学习实践科学发展观活动、作风整顿活动和保证奥运期间一切稳定工作。

第三节　党风廉政建设

1989 年，重点抓了有令不行、屡禁屡犯问题。认真纠正公款请客送礼，大吃大喝，治理乱发奖金和实物，以权谋私、渎职、敲诈、勒索受贿，执纪不严、失之于宽的现象。

1990 年，认真查处党员违纪案件，抓好领导干部、掌管人财物等实权部门两个重点环节的党风和廉政建设，认真解决群众反映的热点问题，贯彻落实党政领导干部抓党风、廉政责任制。

1991 年，狠抓了党风廉政制度的落实；建立副科级以上干部党风廉政档案；清理“小金库”；严肃查处各种案件；抓好纪检信访工作；加强了党风廉政教育。

1992 年，围绕生产经营中心开展纪检工作，积极为企业深化改革搞好服务。进一步明确企业纪检必须服从服务于大局这个中心，积极探索为企业生产经营服务的新路子，制止用公款大吃大喝，取得明显成效。

1993 年，认真抓好对《全民所有制工业企业转换经营机制条例》贯彻落实情况的监督检查，坚决惩治腐败，切实搞好查案工作。

1994 年，加强党风和廉政建设，继续解决群众反映强烈的不正之风问题；认真查处案件；进一步深化党风廉政教育，加强纪检队伍自身建设。

1995 年，围绕三项工作格局，将反腐败斗争进一步深化；深入开展党风党纪教育；抓好党的政治纪律教育、反腐倡廉教育、正反典型教育。

1996 年，按照中纪委作出的国有企业领导干部廉洁自律有关规定，以及上级部门关于“四条规定”的实施办法、“九条补充规定”要求，进行自查自纠；继续治理和纠正不正之风。

1997 年，继续狠刹公款吃喝玩乐歪风；落实领导干部收入申报、礼品登记、业务招待费报告、个人重大事项报告制度。抓好专项治理工作，认真清理检查为小煤窑非法开采提供各种条件损公肥私等问题。

1998 年，抓好领导干部廉洁自律工作，重点抓好制止奢侈浪费“八条规定”的落实，进一步提高民主生活会质量；加大查办案件力度；加大治本力度，充分发挥制度的规范制约作用；认真履行监督职责，完善监督制约机制。

1999 年，认真开展了纠风工作；认真抓了领导干部廉洁自律工作；加强了对公款吃喝、通信工具等方面的管理；开好领导干部廉洁自律生活会；继续贯彻落实领导干部重大事项礼品登记和申报制度。

2000 年，利用胡长清、成克杰重大典型案件在党员干部中开展警示教育活动；认真学习贯彻落实了“五条规定”，召开了廉洁自律民主生活会。

2001 年，聘请 10 名同志为机关党风廉政监督员；进一步抓好党纪政纪条规教育，抓好正反典型警示教育，深化“常敲枕边钟，当好贤内助”教育活动。

2002 年，继续深化“读廉文、思反腐、筑防线”教育活动，搞好典型教育，以正面典型树先进，反面典型敲警钟；继续开展贤内助教育活动，构筑家庭反腐保廉防线。

2003 年，积极开展预防职务犯罪教育；开展机关效能监察工作，不断转变机关工作作风，到基层召开座谈会，征求基层单位对机关各部门工作意见和建议，组织基层单位对机关工作作风和勤政廉政情况进行测评，并进行排序、通报、限期整改。抓好查办案件工作，根据群众举报严肃查处了原鼓山庄宾馆负责人违反财经纪律案件，并按照规定对该负责人给予了开除党籍、留党察看一年的处分，对其他相关人员也都分别给予了党政纪处分。

2004 年，开展机关效能监察工作，不断转变机关工作作风；搞好查案工作，根据群众举报严肃查处了原生活服务分公司社保科社保金案件，并对该负责人给予了党政纪处分。

2005 年，坚持自律和他律相结合，进一步深化领导干部廉洁自律工作；加大查案纠风力度，进一步开展作风整治工作，认真落实党风廉政责任制。

2006 年，认真开展廉洁从业促发展主题教育，促进领导干部廉洁从业；拓展监督渠道，强化对领导干部权力运行的制约和监督；推行权力运行公开透明，开展诺廉述廉评廉考廉，加强廉政档案建设，提高民主生活会质量。

2007 年，对执行纪律情况以及职工群众反映的热点难点问题加强监督检查。突出理念宣传灌输，全面推进机关廉洁文化建设。积极推行权力公开工作，从源头上预防腐败的发生。进一步深化了机关效能建设。

2008 年，进一步深化廉洁文化建设，大力创建“本质廉洁型机关”。着力健全五个保障体系，积极开展“四创三争”活动；完善监督机制，从源头上预防腐败问题的发生；深化权力公开透明运行、搞好党务公开。开展“抓作风、做表率、促发展”领导干部作风整顿活动，把此项活动扩展到机关全体管理干部之中。每位领导干部和科级干部都写出了个人的作风整顿自查报告，在生活会上认真查摆，找准症结，触及灵魂，认清危害，分析原因，制定整改措施。

第四节　工团工作

一、工会工作

直属机关有各部委处室、专业化分公司、车间工会 37 个，车间工会主席 41 人，会员 2015 人。

（一）职工之家建设

1990 年 1 月至 2000 年 6 月，开展了职工之家建设活动，评出先进职工小家 100 个，评出工会积极分子 460 人次。工会被评为峰峰局“合格职工之家”。

2000 年 7 月至 2005 年 4 月，开展了职工之家建设活动，评出先进职工小家 50 个，评出工会积极分子

230人次。工会被评为集团公司“先进职工之家”和邯郸市“模范职工之家”。

2005年5月至2008年，开展了机关处务公开检查，对领导干部收入、职工医疗费报销、废品拍卖、项目中标、招待费使用情况，每年进行4次检查。在职工之家建设活动中，评出模范职工小家18个、先进职工小家36个、优秀工会主席30人、工会积极分子600个。工会被评为“先进职工之家”。

（二）劳动竞赛技术比武

1990年1月至2000年6月，开展电修工、汽车司机、财会人员、烹调人员、救护工等工种比赛18次，共有3000余人次参加。

2000年7月至2005年4月，举办了各工种专业技术人员的培训，共培训7次、1000余人。

2005年5月至2008年，输送专业人才2000余人次参加培训学习。培养汽车高级技师60余人，技术状元、技术标兵等36人。举办了矿山救护工、煤质化验工大型技术比武活动，共计120人参加，评出明星员工43人。

（三）女工工作

1990年1月至2000年6月，开展女工体检普查，评出“三八”先进女职工900人次。

2000年7月至2005年4月，进一步加强女职工工作，开展女工体检普查，评出“三八”先进女职工450人次。

2005年5月至2008年，把女职工工作落到实处，为女职工办实事办好事，女工体检普查1200人次，为40岁以上女职工入了妇科疾病团体保险1800人次，金额1.8万元。评出建功立业标兵30人，“三八”先进女职工315人次。

（四）文体活动

1990年1月至2000年6月，坚持举办了机关田径职工运动会，46个处室参加，人数达3000人次。参加煤炭部、河北省、邯郸市和局篮球、足球、排球、羽毛球、乒乓球、游泳等比赛，均获好名次。

2000年7月至2005年4月，每年举办职工乒乓球、篮球、拔河、象棋、扑克等比赛，参加人数3000多人次。参加上级各类文体比赛，取得冠亚军10项次。

2005年5月至2008年，活动年年有安排、月月有特色。开展了乒乓球比赛、篮球比赛、拔河比赛、广播体操比赛、健美操比赛等文体活动。代表集团公司参加了全国煤炭体协举办的“乌金杯”乒乓球比赛、拔河比赛，分别获第五名、第三名；参加了邯郸市举办的乒乓球比赛，获第一名。2008年被评为“全国煤炭系统体育先进单位”。

（五）职工困难救济

2003年1月至2005年12月，健全了组织领导机构，救济困难职工882人次，发放救济金10.501万元。

2005年5月至2008年，进一步健全了帮扶领导机构，开展了春节送温暖、年中救助、大病救助、金秋助学、军烈属、职工遗孀等帮扶工作，救助、救济职工2251人次，发放救济金28.5049万元。

二、共青团工作

2008年末，直属机关共有团员200余名，设8个团支部。

1989年至1997年，重点加强了团青思想政治教育，不断提高广大团青思想政治素质。加强团员意识、爱岗敬业意识、奉献意识、团结大局意识、市场意识和遵纪守法意识教育；围绕企业中心开展岗位练兵和技术比武；组织团青开展学雷锋、送温暖活动。

1998年至2002年，围绕提高广大团青思想政治素质，大力开展思想政治教育；根据企业当时经济困难，资金紧张的情况，开展了“我与企业共命运”和“我为企业作贡献”主题教育；开展了提合理化建议活动；进一步开展岗位练兵和技术比武活动，不断提高广大团青业务素质和岗位操作技能；开展了青年服务小分队活动，每年组织各支部有专业特长青年，深入到基层单位开展现场服务，帮助解决生产和工作难题。

2003年至2008年，加强了团青思想政治教育，提高改革创新意识，适应集团公司改革改制需要，与集团公司保持一致；继续组织团青搞好为基层服务活动，开展学雷锋、树新风活动，搞好团青技术练兵和技术比武活动。

第五节　治安稳定工作

1989年，参加大型文化活动、重要会议执勤32场次，出动警力560人次。加强治安防范，对机关46个处室、单位要害部位、易发案部位检查47人次，清查出租房80余间，"三工三队"2个、103人。开展消防检查34次；破获案件4起；抓获犯罪嫌疑人3人。

1990年，参加大型活动、重要会议执勤26场次，出动警力450余人次。加强治安防范，共检查42次。破获案件2起，抓获犯罪嫌疑人3人。消防检查46次。

1991年，参加大型活动、重要会议执勤28场次，出动警力650余人次。开展严打整治，清查出租房屋42间，人员78人次，清查重点部位13处，招待所3个，人员103人。破获案件7起，抓获犯罪嫌疑人5人。治安防范集中检查49次。对各单位消防检查50余次。

1992年，参加大型活动、重要会议执勤36场次，出动警力700余人次。对机关45个处室单位、要害部位、易发案部位治安防范检查67次；破获案件5起，抓获犯罪嫌疑人13人。加强消防工作，配备、更换灭火器35个、水带10条。

1993年，参加大型活动、重要会议执勤32场次，出动警力600余人次。对机关各处室治安防范检查39人次，破获案件2起，抓获犯罪嫌疑人1人。加强消防工作，配备消防灭火器30个、水带15条，培训特殊工种人员75名，全年消防检查45次。

1994年，参加大型活动、重要会议执勤21场次，出动警力300余人次。开展治安防范检查47次，破获案件4起，抓获犯罪嫌疑人2人。开展消防检查38次。

1995年，做好稳定工作，在28起上访事件中，依法维护了治安秩序。参加大型活动、重要会议执勤17场次，出动警力310余人次。加强治安防范，检查41次，检查要害部位32处、易发案部位315处。破获案件2起，抓获犯罪嫌疑人1人。消防检查47次。

1996年，做好稳定工作，在82起610人次上访事件中，依法维护了治安秩序。参加大型活动、重要会议执勤42场次，出动警力800余人。开展治安防范检查63次，检查要害部位32处，易发案部位315处，清查出租房屋68间，"三工三队"3个，人数118人。破获案件2起，抓获犯罪嫌疑人1人。开展消防检查，更换灭火器20个、水带15条。

1997年，做好稳定工作，在63起830余人次上访事件中，依法维护了治安秩序。参加大型活动、重要会议执勤56场次，出动警力1000余人次。加强治安防范，检查71次，检查要害部位32处，易发案部位315处。清查招待所2处，出租房屋73间，人数118人，"三工三队"2个。破获案件2起。开展消防检查，更换灭火器30个、水带15条，检查42次。

1998年，做好稳定工作，在79起1.2万余人次上访事件中，依法维护了治安秩序。参加大型活动、重要会议执勤36场次，出动警力800余人次。加强治安防范，检查69次，检查要害部位32处，易发案部位315处。破获治安案件7起，抓获犯罪嫌疑人11人。消防检查48次，更换消防水带20条，消防灭火器40个。

1999年，做好稳定工作，在65起7200余人次上访事件中，依法维护了治安秩序。参加大型活动、重要会议执勤28场次，出动警力600余人次。治安防范检查76次，检查要害部位32处，易发案部位315处。破获治安案件3起，抓获犯罪嫌疑人5人。开展消防检查61次。

2000年，做好稳定工作，在35起1.1万余人次上访事件中，依法维护了治安秩序。参加各种大型活动、重要会议执勤36场次，出动警力780余人次。治安防范检查要害部位32处，易发案部位315处，检查63次。破获案件3起，抓获犯罪嫌疑人4人。对机关45个处室、变电站开展消防检查72次。

2001年，做好稳定工作，在25起830余人次上访事件中，依法维护了治安秩序。参加大型活动、重要会议执勤28场次，出动警力560余人次。对45个处室及要害部位检查82次。破获案件3起，抓获犯罪嫌疑人5人。消防检查63人次，配备消防灭火器50个、水带20条。严打清查“三工三队”39人，出租房屋80间。

2002年，做好稳定工作，在33起1500余人次上访事件中，依法维护了治安秩序。参加大型活动、重要会议执勤40场次，出动警力1500余人次。加强治安防范，对45个处室单位检查76次。对各单位消防检查74次。开展严打整治斗争，破获刑事案件2起，抓获4人，批捕2人，判刑1人。清查“三工三队”50人，出租房屋60间。

2003年，做好稳定工作，在65起1.2万余人次上访事件中，依法维护了治安秩序。参加大型活动、重要会议执勤25场次，出动警力600余人次。开展治安防范检查64次，检查要害部位32处，易发案部位315处，存放剧毒物品单位5处。破获案件3起，抓获犯罪嫌疑人1人。在预防“非典”中，严格检查出入大院车辆、外来人员，留观站消毒后方可进入，每天检查250余人次。开展消防39次，检查部位192处。

2004年，做好上访稳定工作，在102起3589人次上访事件中，依法维护了治安秩序。参加各类大型活动、重要会议执勤26场次，出动警力630余人次。开展治安防范检查49次，检查要害部位32处，易发案部位315处，存放剧毒物品单位5处。破获案件2起，抓获犯罪嫌疑人1人。加强队伍建设，训练民警2期37人。开展消防检查63次，有关部位192处，培训特殊工种人员120余人，更换消防灭火器40个、水带35条。

2005年，接待、疏导、控制上访160起、3407人次。参加各种大型活动、重要会议执勤40场次，出动警力1000余人次。治安防范检查78次，检查要害部位32处，易发案部位315处，存放剧毒物品单位5处。加强消防工作，培训特殊工种人员75名，消防检查76次，配备消防灭火器40个、水带21条。破案2起，抓获犯罪分子3人。

2006年，接待、疏导、控制上访164起、1647人次。参加各种大型活动、重要会议执勤38场次，出动警力700余人次，定做停车牌150个。监控“法轮功”习练者22人，重点人员3人。治安防范检查80余次，检查要害部位32处，易发案部位315处，存放剧毒物品5处。消防检查78次，培训85名特殊工种人员，配备消防灭火器150个、水带20条。破案刑事案件3起，抓获犯罪人4人。

2007年，接待、疏导、控制各类上访160起、5800人次。治安防范检查95次，检查重要部位32处、易发案部位315处。对各部门80名特殊工种进行消防知识培训，更换消防灭火器240具，配备消防水带30条。开展严打整治“雷霆行动”，破获刑事案件4起，抓逃犯1人，1人自首。清查宾馆、招待所、出租房屋、“三工三队”房屋120间，人员260人次。参与各种大型活动、重要会议执勤46场次，出动警力900余人次。

2008年，北京奥运会、残奥会期间，排查出租房屋44间，清查招待所2个，检查剧毒物品4处，排查流动人口、暂住人口6处。参与集团公司大型活动、重要会议执勤42场次，出动警力1100余人次；疏导、控制、劝解各类上访人员314起、5296人次。治安防范检查要害部位32处，易发案部位315处。消防检查39次，排查部位216处。

加强对“法轮功”重点人监控，从2001年4月27日开始，对机关原“法轮功”习练者，按上级要求做好转化工作，除做到经常性监控外，在重大节日及敏感时期，按照“谁主管、谁负责”的原则，相关部门和单位及时强化监控措施，派专人进行谈话，了解思想动态及转化情况，防止上京、串联、外出事件发生。

第五编

单位介绍

第一章　九龙矿

第一节　单位概况

一、地理位置

九龙矿位于河北省邯郸市市区西南约27公里，行政区域隶属邯郸市峰峰矿区和磁县管辖。交通条件十分便利。井田西北部有邯郸环行铁路斜穿通过，距新坡车站4公里，距京广铁路马头车站17公里，运煤铁路专线与邯郸环行铁路接轨，经马头站与京广线相连。公路交通四通八达，有邯（郸）—新（矿区）公路和磁（县）—新（矿区）公路从井田穿越通过，并与107国道、京深高速公路相接。

二、历史沿革

九龙矿原名九龙口矿，取自九龙口村村名。1982年9月开始筹备，1991年4月29日投产。原一矿注销生产能力后成建制搬迁到九龙口矿。1992年6月1日改名九龙矿。

三、井田面积

矿井南北走向长8公里，东西倾斜宽约2.5公里，面积20.2268平方公里。

矿区占地面积共80.43公顷。

四、井田境界

煤层位于鼓山背斜东翼，西高东低，平面呈菱形状。井田北部以F9、F9－1断层为界与羊渠河矿相邻，南部以F26大断层为界与梧桐庄矿相邻，西部（浅部）以F8大断层为界与二矿相邻，东部（深部）以各煤层－900等高线为界，东部为技术边界。

五、矿井储量

井田内共有9层煤，实际可采煤层为2#煤和4#煤。截至2008年底，矿井地质储量2.3016亿吨，工业储量1.092亿吨，可采储量7701.6万吨（其中94%为“三下”压煤）。

六、生产规模

1991年矿井投产时，年设计生产能力120万吨。1995年达到设计能力，服务年限52.5年。经过生产系统改造，2007年核定生产能力为150万吨。

七、煤质情况

以焦煤和肥煤为主，并有少量瘦煤。

煤质为主焦煤。极难选。灰分36%，2008年达到35.82%。

八、资产和人员

截至2008年底，总资产净值7.1571亿元；其中流动资产0.3389亿元，非流动资产6.8182亿元。

全矿在职职工4203人，集体企业工420人，离退休职工1756人。

第二节　主要工作

一、煤炭生产

（一）开拓方式

矿主副井筒位于井田中部。矿井开拓方式为立井分水平，第一水平为－600米，服务年限为22.4年；第二水平为－850米，服务年限为30.1年。

（二）掘进工艺

掘进工艺主要采用钻眼爆破法。施工工序为：钻眼、装药放炮、临时支护、装运、永久支护、铺道、移装岩机等。

（三）巷道支护与维修

野青巷道顶板为灰岩，强度较大，为一级顶板；2#下煤顶板属中砂岩，为二类顶板；2#煤顶板属砂质泥岩，易于破碎，属三类顶板。此外，还有雷诺顶板，属四类顶板。对于不同顶板的巷道，采用不同的支护方式。

（四）主要井巷工程施工完成情况

二水平延深工程，设计总工程量1.4264万米，2001年第四季度开工，分为二水平南翼和北翼。2007年底，完成工程量7945米，设计剩余工程量6319米。根据地区变化情况，实际剩余工程量预计为8519米。全部工程预计到2013年2月完工。

（五）采煤

1. 采区分布状况

一水平有7个采区，即南一采区、南二采区、南三采区、北一采区、北二采区、北三采区、中央采区，其中中央采区暂不可采（受地表标高较低及东武仕水库影响）。二水平3个采区，分别为北四采区、北五采区和南四采区。正在开采的水平是一水平。南一采区、北一采区已开采完毕；南二采区、北二采区、北二扩大区正在生产。二水平处于延深阶段。

2. 采煤方式

采煤工作面均采用走向长壁后退式采煤法采煤。

3. 采煤工艺

主要是高档普采、综合机械化采煤和轻型综采放顶煤采煤工艺，其工序为落煤、装煤、运煤、支护、放顶等。

4. 采煤机械化

矿井自1991年投产到2008年，采煤机械化程度均达到100%。采煤工作面月单产12万吨。

（六）调度指挥系统

调度系统为二级全日调度。矿井设调度室，井下设调度站，由运输区负责井上下运输系统的运行调度。各生产与辅助单位设值班室，为区（队）调度。

（七）提升系统

1. 主井提升系统。1990 年，主井绞车型号为 JKMD－3. 25/4，绳速 11. 4 米/秒，最大静张力 450 千牛，最大静张力差 140 千牛。井深 782. 5 米。箕斗设计载重 12 吨。绞车双电机拖动，电机型号 YR143/56－12，功率 1000 千瓦。

2001 年，主井电控系统改造为可编程逻辑控制器控制。

2005 年，更换液压站及制动系统。

2007 年，更换上下天轮及箕斗。

2. 辅助提升系统。副井担负着矿井提矸、运料、升降人员的任务，双层上下人，每次升降 64 人。安装 JKM－3. 25/4 型多绳摩擦绞车一台，绳速 8. 76 米/秒，双电机拖动，电机型号 YR118/44－10，功率 630 千瓦。

2002 年，副井电控系统改造为可编程逻辑控制器控制。

2007 年，更换副井罐笼，使北码罐笼加宽 96 毫米。

2008 年，更换两台主电机，型号 YR118－10，功率 630 千瓦。更换主滚筒、液压站、导向轮。

（八）运输系统

井下主要运输系统及方式

1. 北翼

1991 年至 2004 年，井下主要运输系统：由工作面溜子、皮带→采区上下山皮带→采区煤仓→大巷主皮带→北翼主煤仓→主井卸载坑。

2. 南翼

1991 年至 2006 年，井下主要运输系统：由工作面溜子、皮带→采区上下山皮带→采区煤仓→大巷主皮带→南翼主煤仓→主井卸载坑。

3. 南、北两翼采用的运输方式

采用 ZK10－6/550 型电机车，牵引 16 辆 MD3. 3－6B 型底卸式矿车运输。2004 年和 2006 年，北翼、南翼分别采用了主皮带直接运至主井卸载坑运输方式。

运输系统：由北三正前、北二轨道坡、北二二水平轨道坡→北二大巷→北一大巷→井底一石门→井底二石门车场→副井底。

（九）通风系统

1. 通风方式及设施

通风方式为两翼对角式，即主、副井进风，南、北风井回风。2008 年，核定矿井通风能力为 150 万吨。

南风井安装两台 GAF－26. 6－17－2（GZ）型轴流式通风机，使用、备用各 1 台。北风井安装两台 GAF－26. 6－14－1（GZ）型通风机，使用、备用各 1 台。

矿井总进风量为 1. 2035 万立方米/分钟（矿井所需风量 1. 1986 万立方米/分钟），通风等级孔为 4. 86 平方米，属易通风矿井。

2005 年 10 月，对北风井风机进行了改造，更换为 GAF26. 6－14－1 型风机，电机 Y560－6，功率 1250 千瓦，电压 6 千伏。

2007 年 10 月，对南风井风机进行了改造，更换为 GAF26. 6－17－2 型风机，电机 Y560－10，功率 800 千瓦，电压 6 千伏。

2. 瓦斯抽采与综合利用

矿属高瓦斯矿井，实际绝对瓦斯涌出量 25 — 45 立方米/分钟，相对瓦斯涌出量 8—20 立方米/吨 . 天。

地面建有瓦斯抽放系统，包括瓦斯抽放泵站、井下管路系统及瓦斯利用系统。泵站安装四台水环式抽放泵，SK－30 型两台，SKA－253 型 1 台，SKY－303 型 1 台。抽采的瓦斯存入 5000 立方米瓦斯储藏罐内，供职工食堂、招待所、工人村1000多户居民使用，浓度在30%以上。

3. 预防瓦斯喷出和突出

根据瓦斯喷出量的大小和瓦斯压力的高低，采取“探、排、引、堵”等措施。为预防瓦斯突出，严格按照预测预报、防突措施、效果检验、安全防护“四位一体”执行。

4. 井下火灾的防治

矿井及时密闭采空区；工作面结束45天内进行永久密闭；轻放工作面回采期间采空区注盐水；闭防火墙，留注浆孔，进行注浆；所有皮带机安设烟雾传感器；安监人员对入井人员搜身检查；各机电硐室及火药库存放灭火器材；井下和井口附近不得从事电焊、气焊和喷灯焊接等工作。

5. 除尘措施

除尘措施：一是通风排尘；二是除尘装置捕集除尘。

防尘管路：井下进回风大巷、采掘工作面巷道等地点，均安装了防尘管路，主管路直径150毫米，各采掘工作面支管路为直径50毫米。主要大巷和各采掘工作面，共敷设防尘管路4.15万米。

6. 安全监测监控

使用KJ2000型瓦斯监测系统，监测各工作面的瓦斯、风机开停、馈电、一氧化碳、温度，主要风道的风速和风门开、停，瓦斯泵房的抽放参数等。

井下监测分站有各种不同型号瓦斯传感器194台，使用147台。

7. 爆炸材料管理制度

制定落实了装卸运输、储存保管、防火警卫、销毁处理等10项46条管理制度。

（十）排水系统

设计矿井正常涌水量10.18立方米/分钟，最大涌水量23.68立方米/分钟。主排水系统为中央卧泵房和潜水泵房，装有3台MD250－85×10型卧泵，电机功率1250千瓦；4台潜水泵，3趟φ426管路，通往地面蓄水池。

2007年，矿井最大涌水量35立方米/分钟。对主排水系统进行了改造，增加了1台MD250－85×10型卧泵，电机功率1250千瓦；潜水泵增加到6台。

（十一）供电系统

电源引自距矿井5公里的泉头110/35/6千伏变电站，以两截面为LGJ－150、电压35千伏的输电线路向该矿送电。6千伏系统由自配电厂以6兆瓦×2发电机组，作为6千伏母线的辅助电源。

地面广场用电负荷，全部引自地面35/6千伏变电所，电压等级为6千伏和380伏。井下供配电从地面35千伏变电站供电，采用4趟MCVMAZV－6.3×185型电缆，通过副井筒引至井下中央变电所。

1998年，从地面35千伏变电站通过副井筒，重新铺设了一趟MCVMAZV－6.3×185型电缆，代替原47#电缆。2008年，井下供电仍保持4趟电缆从地面35千伏向井下6千伏中央变电所供电。

（十二）压风系统

1991年矿井投产后，压风机房设在地面，安装有6台5L－40/8型活塞式压缩机，电机功率250千瓦。

2008年，随着矿井二水平延深，井下用风量增大，对压缩机进行了改造，更换为4台M300－2S螺杆式压缩机，电机功率300千瓦。

二、科技管理

1992年，矿成立科研科，由总工程师主管，下设科技、节能、环保、计量、“三电”五个组，负责全矿科技管理工作。

1992年，全矿工程技术人员（包括医疗卫生专业）56人，工程师以上职称12人。

2008年，工程技术人员305人，其中工程师110人，高级工程师12人，教授级高级工程师1人。

1992年至2007年，共完成技术改造及科技项目300余项。其中获局（集团公司）级科技进步奖项目

54 项、市级以上 23 项，创经济效益 2 亿元以上。

三、安全管理

矿井投产以来，始终坚持“安全第一、预防为主”的生产方针，制定落实了一系列规章制度。1991 年至 2008 年，共下发 537 个安全文件，形成了党委管党、行政管长、工会管网、团委管岗的党政工团齐抓共管，具有自身特色的“96”安全管理体系模式。

（一）安监机构

矿长是矿安全生产的第一责任者。副总工程师以上矿党政副职是分管各专业安全生产的第一责任者。各科室负责人、各基层单位党政正职是本单位（部门）安全生产的第一责任者。安监科负责全矿安全生产的监督、检查、信息反馈、技术措施、生产会审和日常管理工作。

（二）安全基本情况

矿井地质条件复杂，具有“三大、一深、一多、一破碎”的自然特点，即：矿井水大，瓦斯大，煤尘大（含量高）；井深 782.5 米；工作面断层多；煤层顶板破碎。

（三）安全管理制度

严格执行每周一次安全办公会制度；安全检查制度；安全活动及班前会制度；事故分析制度；安监人员跟班、包头、包面、包片制度；安全技术例会制度；质量标准化讲评制度；安全技术培训制度；管理人员走动式管理制度；领导干部跟班、值班后夜班查岗制度；安全网员、岗员上岗检查联挂制度；职工现场交接班等安全生产管理制度。

（四）群监机构

矿井投产以来，矿和基层单位分别成立了群监组织，区、队、班组配备了兼职群监人员，矿团委成立了青年监督岗，坚持每周上岗。

（五）安全教育

利用板报、专栏、简报、广播、电视和安全画展等多种形式，对职工进行安全教育；从区（科）到班组，各工种、各岗位人人制定了安全保证书，落实了安全目标责任制；对“三违”人员进行重点帮教；在居委家属、中小学生中开展写安全信、送安全谜语、赠安全诗篇等活动，进行程序化教育。

（六）安全活动

1991 年至 2008 年，矿一年一个重点，开展了“质量、品种、效益年”、“安全百日教育”、安全知识竞赛、安全大检查、“工程和安全质量会战”、“六个十佳”、“安全宣誓千人签名”等 54 项系列活动。

（七）事故教训

建矿至 2008 年，工亡职工 38 名。

四、经营管理

（一）计划管理

结合安全生产和经营工作实际，矿编制了长远规划、中期规划和近期计划。

1. 近期计划

（1）月度计划编制内容和原则

根据局（集团公司）下达的任务指标，矿分别编排区、队计划。如受地区条件等因素影响，上下调整幅度不超过局（集团公司）下达计划的 10%，累计保持不低于局（集团公司）下达的计划指标。

月度计划主要分为回采、开掘、主要巷道整修、辅助单位作业计划、作业计划分区汇总表、计划汇总表。根据生产管理需要，以工作面名称、生产天数、工作量、劳动力配备、材料定额、煤质和标准化达标为内容进行编制。

（2）编制计划的时间程序要求

每月 20 日，由技术科提供下月生产地区相关资料，各生产单位技术人员结合有关部门，组织地区调查，按要求编制次月本单位作业计划，经本单位主管领导和矿领导审核签字后，23日前（包括辅助单位计划）交企管科。

各职能科室根据职责要求，按技术科提供的生产地区资料及工作量，分别制定各专业计划考核标准，25日前交企管科汇总，召开全矿计划会议。

(3) 验收与考评

调度室月末牵头，技术科、安监科、经管科等相关单位人员参加，按月初下达的生产计划，对各工作面、掘进头，分区、队逐项验收产量、进尺、整修进尺、材料费、煤质、质量标准化、通风标准化、设备完好率、回采率等指标完成情况进行考评，并认真做好验收记录。参加人员签字盖章后，送交企管科考核。

2. 专项资金计划

每年的季度编制专项资金计划和次年资金使用建议计划，报局（集团公司）审查。凡列人专项资金范围的工程项目，基层单位必须在二季度末把项目计划工程量、工作量报送企管科。对专项资金的使用，执行了十项管理制度。

（二）劳动工资管理

1. 劳动用工制度

1991年，用工制度有全民固定工、劳动合同制和农民轮换工。

1995年7月1日，签定了全员劳动合同，实行全员劳动合同制。

1999年1月1日，依据政策规定，对农民轮换工进行了劳动合同制改签，实行农民合同制管理。

2003年7月18日，依据有关政策法规，全部职工实行劳动合同管理，职工个人与企业法人（委托）签定劳动合同。

2. 定员定额劳动效率

1995年，实行定员指标控制，采煤区（队）按定额，实行以地区条件和计划产量定员，开掘区（队）实行以生产地区和计划进尺定员，辅助、服务单位以岗位及岗位工作量确定定员。

3. 劳动组织与劳动力配备

生产作业为全日连续作业方式。井下分三班作业：早班6点至14点，中班14点至22点，夜班22点至次日早6点。回采工作面为两采一准备作业方式，开掘工作面为三班连续作业方式，机电、运输、通风等井下辅助单位，配合采掘生产工艺，均为全日三班作业方式。

建矿以来，按区（科）队、班组编制形式，对井下生产、辅助区（科），配备180人至500人，设区（科）长1人，党支部书记1人，副区（科）长若干人，主管技术员1人，技术员1至2人。采煤队劳动力配备160人至220人，开掘队劳动力配备55至70人。

4. 职工培训

1991年，以教育职工学技术为主，开办机电工种培训班、电焊班等中等职业技术教育，重点对岗位操作进行培训。

1995年，全面实行特殊工种培训。

2005年，被河北省安监局批准为四级培训机构后，授权对一般从业人员进行培训考试，颁发证书。

5. 工资分配

1991年至1999年，根据生产地区条件、生产任务、单位劳动定额，编制工资计划，按单位性质实行吨煤（米）单价工资、定员计时加奖工资等分配办法，各基层单位按生产任务和工资计划，内部采取“圆班计件、分班计量、个人计分、以分计资”等工资分配管理办法。

2000年至2007年，实行零点工资管理，把“三大公司”利润和成本指标作为否决指标，执行分线累计考核，分月结算。各公司工资总额随本公司经营效益好坏上下浮动，职工个人的工资随本人劳动成果上下浮动。同时实行内部工资分配公开公示制度。

2008年1月，全矿推行内部市场化管理，各项经营指标落实到每个班组、岗位、个人，对班组员工核算到岗，日清日结，使员工及时发现和解决生产中存在的问题。

（三）财务管理

1. 财务体制

1991 年至 2007 年，设三级核算，峰峰局（峰峰集团）为一级核算，矿为二级核算，矿所属核算点为三级核算。2008 年为四级核算体制（班组为四级核算）。

2. 会计核算

1991 年至 1993 年 6 月，执行能源部制定的《煤炭工业企业会计核算办法》和《煤炭工业企业成本管理办法》。

1993 年 7 月至 1996 年，执行财政部制定的《企业会计准则》和《企业财务通则》，以及《工业企业财务制度》和《工业企业会计制度》。

1997 年至 2001 年，执行《煤炭企业"三条线"管理与核算办法》，期间（1998 年至 1999 年），执行煤炭主体与实业公司两分离的财务管理办法。

2002 年至 2008 年，执行财政部修订的《企业会计准则》，会计核算进一步规范。

3. 流动资产

主要分为煤炭产品、库存材料、应收账款、其他应收款、货币资金及其他流动资产。

库存煤炭产品主要有原煤、洗原煤、洗混煤、煤泥等。2002 年前，其产品销售由矿自产自销，主要管理部门为销售科。

2002 年，局收回煤炭销售权，实行局内部统一收购制。

2006 年 7 月，矿属洗煤厂划归马头洗选厂，煤炭产品仅原煤由营选科管理。

应收账款原由矿销售科负责管理。2002 年，局收回销售权后，矿成立清欠办，负责管理原遗留的应收账款，后移交法律顾问室代管。其他应收款和货币资金由财务科管理。

4. 成本管理

1991 年至 2007 年，先后实行目标成本管理、四位一体（经营调度、内部经营承包、车间核算、内部银行）全面预算管理。

2008 年，开始推行内部市场化成本管理模式，具体管理部门为内部市场化结算中心。

5. 利润管理

1991 年后，局（峰峰集团）对矿基本上实行利润承包、超利分成、减利自补的管理形式。每年初，将全矿利润指标及其他相关指标测算分解到各部门和单位，制定相应的配套政策，按政策考核，兑现奖惩，与各单位工资挂钩。

2008 年，各原煤基层单位均为市场核算主体，实行内部利润考核，与工资挂钩。

五、多种经营

（一）洗煤厂

1988 年 5 月开始建设，设计生产处理原煤 120 万吨/年。

1991 年 12 月 26 日正式生产，总投资 6150 万元，职工 450 人。

1995 年达到设计能力。

1999 年 9 月增设了粗精煤重介分选系统，形成跳汰粗选、重介旋流器精选、煤泥浮选联合工艺流程。

2005 年对精煤脱水系统进行了改造，生产能力达到处理原煤 150 万吨/年。

2006 年 7 月 1 日，划归集团公司马头洗选厂。

（二）电厂

2001 年 11 月 28 日正式成立，2 台 6 兆瓦发电机组，年发电量 9000 万千瓦。2002 年达到设计发电能力。

2005 年 6 月进行二期工程改造，年发电总量达 1.6 亿千瓦。资产总值 7200 万元，产值 5527 万元，人员260人。

2006年6月18日，由九龙矿与马头电厂共同出资，成立邯郸市九龙热电厂。

2008年5月，马头电厂撤资，为单独经营、自负盈亏单位。

2008年11月，划归集团公司电业分公司。

（三）多经公司

1994年5月，矿多经公司成立，员工14人。主营业务是修托辊，售居民生活液化气。资产60万元。后增加塑料网，卖脏矸煤、煤泥、洗矸等经营项目，人员逐步增到60人（其中企业工占60%以上）。

2006年，年产值达1775万元，上缴利税242.27万元。

2006年7月，洗矸销售业务划归马头洗选厂时一并被收购，资产总值870万元。

（四）集体企业公司

一矿集体企业公司的前身是“家属生产科”。1991年，九龙矿投产后，矿加大了对集体企业公司的扶持力度，一矿残留煤田由集体企业公司负责开采。四次投资500余万元，对修配厂、水泥厂、橡胶厂进行了厂房扩建和设备更新，投资100余万元新建了支护材料厂、联营洗煤厂。集体企业公司的年产值连续多年保持在1000万元以上。

2003年，根据《关于推行集体企业体制改革的实施意见》，对水泥厂、橡胶厂、修配厂、支护厂分两批进行了企业改制，水泥厂、橡胶厂实行法人租赁经营制，修配厂、支护厂实行资产量化，解除身份后成立民营企业，成为“四自”法人实体。

2008年，集体企业公司固定资产580万元，产值870万元，在册人数406人，其中229名劳务输出到九龙矿工作，101名劳务输出到一矿片厂点工作。

六、后勤管理

（一）供水

由一矿井下水排至一矿水厂，供一矿居民生活区生活用水和九龙矿生产、生活用水，月排水量60万吨。

（二）供暖

全矿总供暖面积23.37万平方米，其中一矿居民生活区9.3万平方米，九龙矿工人村6.2万平方米，生产主体7.87万平方米。一矿居民生活区由4台6吨锅炉供暖，九龙矿由电厂发电余热供暖，供暖系统均为水暖。

（三）澡塘

澡塘建筑面积600平方米，有淋浴间24间，淋浴头326个，更衣箱1220个，工作服洗涤烘干室1处。

1991年至2008年，行政科洗衣组坚持了工作服公管。2005年6月，峰峰集团在矿召开现场经验交流会。

2004年4月，对澡塘进行了整体改造。

2008年11月1日，实行了刷卡洗浴。

（四）园林绿化

1991年至2008年，先后建成了体育场花园、怡园、悦园、恬园、惬园、葡萄园，植树1.3306万棵，花灌木7330棵，绿化面积12.3210万平方米（绿化覆盖率达42.8%）。购置安装船型路灯、观赏路灯38盏。获全国煤炭系统、省、市“先进单位”、省“园林式单位”等称号。

（五）职工食堂

1991年建矿后，职工食堂先后经历了矿收支统管、切块经营、集体承包、分摊经营、自负盈亏等阶段，职工由146人减至17人。

2007年12月1日，实行了井下班中餐。

2008年10月1日，开始增设井下职工免费营养餐。共有80名炊管人员，就餐职工3100多人，资产299.25万元，年营业收入98.04万元，支出145.77万元，矿补贴营养餐47.37万元。

（六）医疗卫生

矿一院以九龙矿职工、家属和离退休人员为主要服务对象，矿二院以一矿生活区职工、家属和离退休人员为主要服务对象。设有井口急救站、工伤救治和卫生防疫，为一级甲等医院，有病床110张。拥有500MAX光机2台、300MAX光机1台、100MAX光机10台、B超2台、手术床2部、全自动生化分析仪10台等医疗器械。

七、党群工作

1991年11月29日至30日，召开中共九龙口矿第一次党代会，选举产生了党委书记、副书记、纪委书记、纪委副书记。

1991年，全矿建有19个党支部，1个党总支，714名党员。2008年，建有32个党支部，83个党小组，746名党员。其中在职党员499名、离退休党员247名、干部党员195人、工人党员306人。

1991年至2008年，共发展党员368名，其中技术人员98名，女党员49名。

（一）党委工作

1991年，学习贯彻了党的十三届六、七中全会精神，在党员中开展了“忆党史、颂党绩、为党增辉”活动，在职工中开展了“学‘双基’、育‘四有’、创新业”主题教育和“做‘四有’、建‘五好’、创‘六好’”活动。

1992年，组织党员干部系统学习了党的基本路线和有关方针政策，在领导干部中开展了“当公仆，讲服务”、在党员中开展了“议中心，创效益”、在职工中开展了“做主人，挑重担”主题教育活动。

1993年，学习贯彻了党的十四大精神，在班子中开展了“六不六多”教育，在党员中开展了在社会主义市场经济条件下，党性、党的纪律和党员先锋模范作用的教育，在职工中开展了“讲‘四职’、兴九龙”主题教育活动。

1994年，学习了党的十四届三中全会精神，在班子中开展了“团结互补、互补创新”和“六讲”教育，在党员干部中开展了“树形象、创效益、作贡献”活动，在职工中开展了“五讲四严、振兴九龙”主题教育，完成议创项目90个，创效91.2万元。

1995年，学习了党的十四届四中全会《决定》，在党员干部中开展了“三学、三查、三克服、一坚持”活动和“站关键岗、站标准岗、站模范岗”活动，在工人中开展了“爱矿爱岗、敬业创新”主题教育，完成议创项目84个，创效332.6万元。

1996年，在党员干部中开展了“当四手、站五岗、做到六个闪光，争创一流佳绩”活动和“三三三一”系列活动，在职工中开展了“明地位、挑重担、练内功、高素质、创新绩、塑形象”主题教育和“四美七不准”、“自主保安”等系列教育活动。

1997年，学习了党的十四届五中、六中全会精神，在党员干部中开展了“争创五好班子、争当优秀公仆、争做模范党员、树三观、做表率”活动，在工人中开展了“尽主人职责、比岗位技能、创四个一流”主题教育。实施了“九大工程”建设，与全矿27个单位、179个班组、5140名职工签定了综合治理责任状。

1998年，学习了党的十五大精神，在党员干部中开展了“四学四深入”活动，在职工中开展了“改革意识、效益意识、主人意识和争创一流”主题教育活动。

1999年，学习了党的十五大报告、四中全会《决定》，在党员干部中开展了“鼓斗志、提素质、闯难关、抓增效”主题教育活动，在职工中开展了以“鼓斗志、提素质、闯难关、抓扭亏”为主题的系列教育。

2000年，学习贯彻了党的十四届五中全会和工会十三大精神，举办了干部政治理论和业务学习培训班，在职工中开展了“学《决定》、抓机遇、攻难关、创效益”主题教育活动，分阶段编发了宣讲提纲。

开展了“金秋助学”系列送温暖活动。

2001年，系统学习了邓小平理论、“三个代表”重要思想和江泽民“七一”重要讲话精神，在党员干部中开展了“做表率、献厚礼”系列活动，在职工中开展了“振奋精神、坚定信心、苦练内功、夯实基础、适应市场、促进发展”主题教育活动。举办了建党80周年“忆党史、颂党绩、为党争光”演讲比赛等系列活动。

2002年，学习贯彻了党的十五届六中全会精神，在党员干部中开展了“学《决定》、强作风、树形象、作贡献”和“五查五看、四个带头”活动，在职工中开展了“创新、创业、创效”主题教育活动和“把握形势明任务、实现目标促发展”大讨论活动。

2003年，在全矿掀起了学习党的十六大精神、贯彻“三个代表”重要思想的高潮，在党员干部中开展了“学报告、学《党章》、争先进、争创效”活动，在职工中开展了“团结、奋进、创新、超越”主题教育活动。开展了“安全是相对的、事故是可以预防的”大讨论和演讲比赛活动。

2004年，学习了党的十六届三中、四中全会精神和峰峰集团党政工作会议精神，在党员干部中开展了“新机制、新形象、新发展”主题教育活动，在职工中开展了“摆正个人利益与企业发展、本矿发展与集团公司整体发展”系列教育活动。

2005年，在党员干部中开展了“四创”活动，在职工中开展了“精细管理节支降耗，提效增盈创先创优”主题教育。编印了《安全文化管理体系“96”模式》手册。

2006年，学习了党的十六届五中全会精神、“三个代表”重要思想，认真贯彻落实科学发展观，在党员中继续开展了“四创”活动，在职工中开展了“精细管理夯基础、提素质，创先创优控成本、提效益”主题教育。编印了《企业文化手册》和《岗位操作要领》手册。

2007年，学习了党的十六届六中全会精神、河北省委第七次党代会精神和峰峰集团党政工作会议精神，在党员干部中开展了“提素质、抓融入、促和谐”主题教育，在职工中开展了以“精细管理夯基础、提素质、保安全，创先创优抓双控（成本、原煤灰分）、保产量、提效益”主题教育活动。开展了“解放思想大讨论”活动。

2008年，学习贯彻落实了党的十七大精神，开展了学习实践科学发展观和作风整顿活动，在党员干部中开展了“学报告、学《党章》、促发展、促和谐”主题教育，在职工中开展了“认识矿情、破解难题、促进发展”教育和“四新”主题教育活动。开展了“四好”领导班子创建活动，严格按照5W1H策划、实施PDCA闭合管理开展党建工作。开展了“送温暖献爱心”活动，为四川灾区捐款30.9891万元，其中党员缴纳特殊党费11.9701万元。

（二）纪监工作

1991年以来，坚持“教育、制度、惩治、预防”并举的方针，先后立项监察42个项目，避免和减少经济损失2120余万元。查处查办了各种违规违纪案件60起，结案54起，43人受到处分和处理，追回和挽回经济损失537万余元。

1991年至2008年，先后制定完善了40多项管理制度。利用广播、板报、专栏、学习班、座谈会、签责任状等多种形式，对党员干部进行教育。半年召开一次廉洁生活会、上一次廉洁党课。党员干部和各类经济管理人员每月进行一次党规党纪学习。对新任领导干部进行廉洁谈话，对离任领导干部进行审计。开展了廉洁承诺、签定家庭廉洁公约等活动，建立了廉洁文化活动中心、廉洁文化两条街，制作了200多块牌板、12个宣传栏，征集了300多条廉洁文化警句，完善了各类岗位规范717条。

（三）工会工作

1991年，矿工会成立，设工会主席1人，副主席2人，干事12人。干部职工共55人（包括文工团）。

1991年至2005年，先后召开三次会员代表大会。

1. 职代会情况

1991年7月8日，召开峰峰局九龙口矿一届职代会。

1994 年 1 月至 1996 年 12 月，先后召开峰峰局九龙矿二届职代会八次。

1997 年 1 月 16 日至 1998 年 12 月 29 日，先后召开三届职代会二次。

2000 年 7 月 14 日至 2003 年 10 月 27 日，先后召开四届职代会 14 次。

2004 年 1 月 9 日至 2008 年 11 月 5 日，先后召开峰峰集团九龙矿一届职代会 22 次。

2. 劳动竞赛

1991 年至 1995 年，组织全矿开展了流动红旗赛、车间擂台赛。共有 4685 人受到奖励。

1996 年至 2001 年，组织职工先后开展了对手赛、擂台赛、争夺红旗赛、技术比武赛、合理化建议赛，评选出先进区科 36 个、先进班组 272 个、“四有职工” 4285 名。

2002 年至 2006 年，组织全矿职工开展了“创水平，破记录”、“超计划，上台阶”、“月度上纲要”竞赛和“争创百元个人、千元班组、万元区科”立功竞赛，先后有 300 个班组、5200 人次分别荣立一、二、三等功。

2007 年至 2008 年，组织全矿职工开展了“创先锋、当明星、立新功”竞赛、“安全生产千分”竞赛、“安康杯”竞赛、“创水平、破记录”竞赛和“质量上等级、安全创水平”竞赛。先后有 20 个区科、2215 人立功受奖。

（四）团青工作

1991 年 8 月矿团委成立，有 20 个团支部，1 个团总支，团员 425 名。

1992 年 8 月，召开第一次团代会，选举产生团委书记。

2008 年，有 15 个团支部，团员 312 名。

矿团委一年开展一个适合青年特点的主题教育活动。广泛开展了志愿者、“阳光工程”、“一助一”扶贫帮困等活动。截至 2008 年，全矿有青年志愿者 512 人，志愿者服务队 41 支，“一助一”结对 126 对。

1991 年至 2008 年，围绕矿中心工作，先后开展了“五小”、“五手”、“青年采掘队上纲要创水平”、青年突击队竞赛、“岗位练兵技术比武”、“在岗一分钟，安全 60 秒”等 38 项活动。青年突击队、青年文明号、青年安全生产示范岗活跃在生产经营的各个领域。

（五）企业文化建设

2003 年，开展了企业文化建设、创建学习型企业活动。

2004 年，在推行 6S 管理的基础上，下发了《关于开展企业文化建设的实施意见》和《推行 6S 管理，加强安全文化建设的决定》。

2005 年 3 月 20 日，组织 34 名中层以上领导干部到山东龙煤集团学习企业文化建设经验。5 月，在全矿推行以“控制、互动、有序”为核心、以 8 种管理模式为支撑的 CMR 精细化管理。

2006 年，开展了全员军事训练、流动红旗竞赛、班前礼仪、安全确认、岗位安全汇报、背诵岗位操作要领等一系列活动，编发了《企业文化手册》和《职工岗位操作要领》。

2007 年，开展了“手指口述”、岗位安全确认、岗位操作要领、安全风险预控等系列活动。

2008 年，组织职工学习了峰峰集团和矿编发的《团队之魂》、《不歇的脚步》、《“四位一体”岗位精细化规范程序手册》等读本，下发了《关于深化企业文化建设，推进“五精”建设的实施意见》，召开了“打造团队九力”推进会。

第三节　主要经济技术指标完成情况

历年指标完成情况统计表（一）

年份	原煤产量（吨）			精煤产量（吨）			总进尺（米）			原煤灰分（%）		
	计划	实际	超亏	计划	实际	超亏	计划	实际	超亏	计划	实际	超亏
1992	700000	424474	−275526	250000	62750	−187250	6000	4867	−1133	21	28.73	7.73
1993	950000	582565	−367435	300000	183245	−116755	11000	8215	−2785	27	29.9	2.9
1994	900000	1054784	154784	350000	370286	20286	12500	12827	327	29.2	29.19	−0.01
1995	1200000	1291025	91025	400000	496998	96998	15000	15010	10	28.2	27.98	−0.22
1996	1200000	1447988	247988	500000	608782	108782	16000	16900	900	28	25.67	−2.33
1997	1380000	1395485	15485	600000	627115	27115	17000	17118	118	28	27.45	−0.55
1998	1350000	1376369	26369	540000	546179	6179	16500	16506	6	28	23.99	−4.01
1999	1210000	1211126	1126	550000	430008	−119992	14900	15033	133	27	26.23	−0.77
2000	1250000	1260571	10571	500000	395469	−104531	15000	16200	1200	27	26.96	−0.04
2001	1250000	1350088	100088	450000	597290	147290	14300	17049	2749	28	28.25	0.25
2002	1250000	1435388	185388	500000	682031	182031	14900	16922	2022	28	28.13	0.13
2003	1350000	1500088	150088	520000	847569	327569	15500	15594	94	32	31.99	−0.01
2004	1430000	1440066	10066	800000	816978	16978	15800	16366	566	32	32.38	0.38
2005	1430000	1480008	50008	810000	824912	14912	16000	16006	6	32	34.53	2.53
2006	1430000	1467736	37736	410000	367379	−42621	15000	15051	51	36	37.12	1.12
2007	1430000	1448906	18906				15000	15008	8	37	34.16	−2.84
2008	1400000	1460000	60000				12490	12490	0	36	35.84	−0.16

历年指标完成情况统计表（二）

年度	员工年末在册	员工平均在册	工资总额（万元）	平均工资（元/人年）	其中：煤炭生产（元/人年）	原煤产量（吨/年）	原煤效率（吨/工）	回采效率（吨/工）	掘进效率（吨/工）
1991	3727	3457	1033.1	2988					
1992	4001	3889	1145.1	2944		424474	1.010	17.172	0.099
1993	4421	4083	1467	3594		582565	0.905	16.193	0.113
1994	4575	4576	2776.4	6067		1054784	1.965	14.831	0.124
1995	4725	4788	3561.9	7439		1291025	2.310	17.602	0.138
1996	5330	4957	4253.1	8580		1447988	2.322	18.003	0.150
1997	5114	5362	4823.9	8996		1395485	2.369	15.339	0.141
1998	4895	4998	3737.1	7477		1376369	2.451	15.581	0.144
1999	5319	5193	3510.0	6759		1211126	2.513	15.419	0.145

年度	员工 年末在册	员工 平均在册	工资总额 （万元）	平均工资 （元/人年）	其中： 煤炭生产 （元/人年）	原煤产量 （吨/年）	原煤效率 （吨/工）	回采效率 （吨/工）	掘进效率 （吨/工）
2000	5316	5284	3900.0	7381	8843	1260571	2.607	16.293	0.152
2001	5397	5412	4820.0	8906	10173	1350088	2.603	15.857	0.153
2002	5347	5416	6091.0	11246	12867	1435388	2.603	16.614	0.154
2003	5077	5346	6685.0	12505	13833	1500088	2.603	16.639	0.153
2004	4878	5032	7851.7	15604	16945	1440066	2.601	16.459	0.156
2005	4926	4975	9994.4	20089	21771	1480008	2.600	17.163	0.156
2006	4469	4656	10407.4	22353	25331	1467736	2.562	18.120	0.156
2007	4317	4247	11212.9	26402	28591	1448906	2.573	18.375	0.157
2008	4218	4169	16128.4	38686	41480	1460000	2.575	17.854	0.168

原煤实物劳动效率统计表

年度	原煤产量 （吨/年）	原煤效率 （吨/工）	回采效率 （吨/工）	掘进效率 （吨/工）
1992	424474	1.010	17.172	0.099
1993	582565	0.905	16.193	0.113
1994	1054784	1.965	14.831	0.124
1995	1291025	2.310	17.602	0.138
1996	1447988	2.322	18.003	0.150
1997	1395485	2.369	15.339	0.141
1998	1376369	2.451	15.581	0.144
1999	1211126	2.513	15.419	0.145
2000	1260571	2.607	16.293	0.152
2001	1350088	2.603	15.857	0.153
2002	1435388	2.603	16.614	0.154
2003	1500088	2.603	16.639	0.153
2004	1440066	2.601	16.459	0.156
2005	1480008	2.600	17.163	0.156
2006	1467736	2.562	18.120	0.156
2007	1448906	2.573	18.375	0.157
2008	1460000	2.575	17.854	0.168

主要指标完成情况表

年份	原煤产量（吨）	利润（万元）	原煤制造成本（元/吨）
1991	44641	－2518	160.61
1992	424474	－2381	98.2
1993	582565	－2995	108.26
1994	1054784	－623	89.86
1995	1291025	1451	80.64
1996	1447988	2357	85.6
1997	1395485	2336	86.6
1998	1376369	1962	80.58
1999	1211126	－2395	96.72
2000	1260571	－3864	89.51
2001	1350088	－1521	107.47
2002	1435388	1621	102.77
2003	1500088	2643	111.71
2004	1440066	－3855	152.31
2005	1480008	－8096	200.81
2006	1467736	－4472	190.25
2007	1448906	－4098	225.02
2008	1460000	－13272	297.92
合计	21671308	－37720	

第四节　市级以上荣誉称号

一、国家、部级荣誉

1992 年，全国煤矿体育工作达标竞赛先进单位

1998 年，全国煤炭地矿系统建功立业先进单位

1999 年，全国煤炭系统造林绿化工作先进单位

2000 年，全国煤炭系统造林绿化工作先进单位

2004 年，全国煤炭行业“百万职工健身活动”先进单位

2005 年，全国工会系统模范职工之家

2006 年，全国企业文化建设先进单位、全国煤炭康居建设小康矿

2007 年，全国煤矿体育工作先进单位

二、省级荣誉

1991 年，河北省群众体育工作先进单位

1992 年，河北省煤矿先进工会

1993 年，河北省“守合同重信用”单位、煤炭系统先进工会

1994 年，河北省煤炭工业纪检监察先进单位

1995 年，河北省工会生活保险工作先进集体

1996 年，河北省文明单位

1997 年，河北省文明单位、煤矿群众安全工作先进群监会

1998 年，河北省煤炭行业节能管理先进单位

2001 年，河北省园林式单位、河北省红旗团委

2002 年，河北省环境保护先进单位

2003 年，河北省模范职工之家

2004 年，河北省环境保护先进企业、园林式居住小区、“五四”红旗团委创建单位、思想政治优秀成果三等奖

2005 年，河北省“安康杯”竞赛优胜企业、国资委先进基层党组织、国资委“五四”红旗团委

2007 年，河北省煤炭行业企业管理现代化应用成果一等奖

2008 年，河北省国资委“五四”红旗团委

三、市级荣誉

1992 年，邯郸市民主管理达标单位

1993 年，邯郸市花园式单位

1995 年，邯郸市文明单位、庭院绿化先进单位、模范职工之家、工会生活保险工作先进集体、治安防范先进单位

1996 年，邯郸市文明单位、治安防范先进单位、思想政治工作优秀企业、绿化先进单位

1997 年，邯郸市文明单位、职业道德先进集体

1998 年，邯郸市文明单位、民主管理工作先进集体

2000 年，邯郸市文明单位

2001 年，邯郸市文明单位、群众体育工作先进单位、民主管理工作先进单位

2002 年，邯郸市环境保护现场管理先进单位

2003 年，邯郸市企业文化建设先进单位、环境保护现场管理先进单位

2004 年，邯郸市集体合同工作先进单位、先进女职工委员会集体、“五四”红旗团委标兵、环境保护现场管理先进单位、先进女职工委员会

2005 年，邯郸市先进星级职代会、先进女职工委员会集体、卫生居民区、先进女职工委员会、集体合同工作先进单位、国资委先进基层党组织

2006 年，邯郸市企业文化建设先进单位、国资委先进基层党组织、国资委先进基层党组织、工会干部教育培训工作先进单位、星级和谐社区、先进女职工委员会、集体合同工作先进单位

2007 年，邯郸市集体合同工作先进单位、“安康杯”竞赛优秀组织奖

2008 年，邯郸市二星级职代会、国资委先进基层党组织

（资料提供：刘会伟、黄宁）

第二章　羊渠河矿

第一节　单位概况

一、地理位置

羊渠河矿位于鼓山复背斜约5公里处，河北省邯郸市峰峰矿区东北部新坡镇境内。

二、历史沿革

1959年4月21日，羊一矿投产，年设计生产能力90万吨。1959年9月28日，羊二矿投产，年设计生产能力45万吨。当时两个矿分设各自的组织机构和生产指挥系统。1960年7月，两矿合并。1962年8月，两矿又分设。1965年1月，羊一、羊二两矿再次合并为羊渠河矿。矿井设计年产135万吨，最高年产达197万多吨，成为当时峰峰局的主力生产矿井之一。1992年后，生产地区由－110水平逐步转入－240、－400、－620水平。先后更新了大批采掘、通风和运输机电设备，并加快羊东新区开发力度。至2008年，年产量维持在110万吨左右。

三、井田面积

井田分为羊一、羊二、羊东三个矿井。井田均以断层作为自然分界。总面积为30.322平方公里，其中原井田面积13.2322平方公里，羊东井田面积16.8平方公里。

四、地质情况

井田除东部为技术边界外，其他均以断层作为自然边界。井田煤层基本为单斜构造，小型断层在井田内非常发育。羊东井田系羊渠河矿一、二坑口向东自然延深部分，均以断层作为自然边界。井田断裂构造发育，其构造规律及特征与羊渠河矿及区域基本一致。

五、储量情况

截至2008年底，井田总储量9316.6万吨，工业储量2465.4万吨，远景储量6851.2万吨。羊东井田总储量1.9820亿吨，工业储量1.4623亿吨，远景储量5196.7万吨。

六、煤质情况

商品煤牌号为焦煤、瘦煤、贫瘦煤。含水分M t6－7%，灰分Ad20－25%，挥发分vdaf18－23%，含硫分st0.4－0.6，发热量Qnetar23－28MI/KG，15500－6700cdl/kg。

七、资产情况

资产情况统计表

单位：万元

项目 年度	合计	流动资产	固定资产	其他
2008	45504	18512	26024	968

八、人员情况

2008年末，全矿职工4983人，其中全民固定工2270人，劳动合同制工人1351人，农民轮换工1362人。全矿有井下生产工1808人，井下辅助工1389人，地面生产工人548人，矿机关145人，焦化厂471人，后勤服务及其他531人，离开单位保留劳动关系91人。

第二节　主要工作

一、煤炭生产

（一）采煤工艺

可采煤层为大煤、野青、山青。采煤方式采用走向长壁后退式回采工艺，野青回采工作面采用高档回采工艺，大煤工作面采用轻放工艺。采煤层共有6层，即大煤、野青、山青、小青、大青及下架煤。其中小青、大青、下架煤受奥灰水威胁暂不可采。从2000年起主采煤层为大煤。采煤方式均采用走向长壁后退式，采煤工艺为轻放或高档工艺。1999年以前大煤采用分层高档、π型梁放顶煤回采工艺，主要采用轻放采煤工艺；野青采用炮采或高档回采工艺；山青采用高档回采工艺。巷道支护方面：大煤采用工字钢支护，山青煤采用工字钢、竹锚杆封帮、顶板采用锚梁支护。从1999年开始主要采用U型钢或锚网梁支护，野青煤支护采用金属锚杆封帮、顶板锚索支护。从2002年开始采用树脂锚杆封帮、顶板打设锚索支护，主要靠回采边角残煤、孤立块段、大巷煤柱、村庄煤柱等，靠条采、跳采、复采措施维持生产。2002年，进行采煤方法调整、通风系统调整和运输系统调整。2008年，安排两组采煤队伍，一组回采大煤工作面，一组回采山青工作面。1989年至2008年，上纲要采煤队64个。

（二）开拓掘进

采取立井、石门、暗斜井水平的开拓方式。巷道支护方式：大煤采用U型钢，山青采用锚网梁、两帮采用树脂锚杆支护。主要开拓±0、-110、-240、-400至-620水平。1990年，全矿进入调整发展阶段，集中力量扭转采掘失调困难局面。1998年7月，羊东延深工程实施，开拓工程量1.7万米，解放可采储量3170万吨。1999年3月，羊东工程向-620水平全面延深，2003年竣工。2008年，全矿有18个掘进工作面，其中4个延深掘进工作面，14个生产准备掘进工作面。从1989年到2008年，开掘上纲要队共222个。

（三）通风与监测

矿井有独立、完整、合理的通风系统，有5个入风井和两个回风井，通风方式为混合抽出式。井下主要进回风道之间的联络巷，均砌筑了永久挡风墙或两道正反向风门，所有风门全部安设了风门连锁装置，主要风门安设了开停传感器，实行建档和挂牌管理。

矿井装备了先进的KJ90NB瓦斯监测系统。井下KJ90型瓦斯监测中心站具有检测功能，能对分站、电源、传感器、电缆等设备进行自诊，能报警和记录，采掘工作面安设了瓦斯监测装置，实现了瓦斯超限自动报警断电。安设了瓦斯抽放监测系统，及时监控瓦斯抽放管路内瓦斯浓度及流量情况，实现了自动断电和报警。

（四）防火、防尘与抽采

对开采的大煤回采工作面，采取一氧化碳检查和定期取样化验分析管理，实施注黄泥浆、喷洒阻化剂、注盐水等综合防治措施，防止轻放工作面采空区自然发火。

矿井综合防尘洒水管路系统的水源，取自本矿奥灰水源孔，水压1.25—2.3兆帕，总水量每分钟8立方米。井下共安装防尘管路5.099万米。主要运输道、采区进回风道、采掘工作面、胶带运输巷道均按规定设置了防尘管路及三通阀门。

瓦斯抽采系统始建于1966年。1990年和2002年，对瓦斯抽采系统进行了两次大规模的改造，安装了各类管径的抽放管路达1.642万米。截至2008年，抽采地区5个，抽放钻孔总深度为1.5538万米，抽放瓦斯总量为20立方米/分钟左右，矿井瓦斯抽放率达到40%以上。

（五）提升

羊一提升系统担负着矿井提煤、升降人员、进风的任务。羊二提升系统担负着矿井排矸、下放物料和设备及升降人员、进风的任务。

（六）排水

矿井±0、-110、-240、-400、-620各水平均建有水仓、泵房和排水系统，采取一级排水方式，承担井下排水、生产和生活用水。

（七）供电

羊一坑口供电，由东大井变电站引出6千伏三路电源和羊二站6千伏一路电源，其中63#、66#架空线路直接进入一坑地面变电所。羊二站640#架空线路直接进入一坑地面变电所。东大井64#架空线路供原霍庄风井，并通过原霍庄风井与一坑地面变电所联络。

羊二坑口供电，均由邯郸市电业局羊二变电站6千伏两段母线直接供给。羊二地面变电所分三段母线，四路电源进线均来自羊二变电站。

（八）运输

井下主运煤系统为：采区运煤皮带→区域皮带→-400水平集中皮带→东南区钢丝绳牵引皮带→一坑主斜强力皮带→一坑主井底装载煤仓。

（九）压风

二坑井上、下有3个空压机房，由地面井口空压机站和井下-110及-400两个水平空气压缩机房，共同构成全矿井压风网络系统。

二、科技进步

省、部级科技成果获奖情况

年度	获奖项目	获奖等级
1989	cz-25型拆柱机	能源部三等奖
1990	利用可缩托梁架更换钢梁工艺	省煤炭行业三等奖
1990	封堵矿井无效排水	省煤炭行业三等奖
1992	cmc-1型微机瓦斯监测软件开发	全煤行业三等奖
1993	岩巷利用液压钻车	全煤行业四等奖
1999	村庄建筑物下永久煤柱巷式开采	全煤行业三等奖
2004	深部山青带压开采QC成果	全煤行业优秀成果奖
2005	上官庄化学注浆堵水技术研究	全煤行业三等奖
2006	引用新技术封堵涌水QC成果	全煤行业优秀成果奖
2006	通风系统优化QC成果	全煤行业优秀成果奖
	深部动压软岩巷道锚注支护	省煤炭行业三等奖
2007	风险预控QC成果、控制围岩变形QC成果	全国优秀QC奖
	实施风险预控、提升安全管理水平 党建工作互动管理网络体系构建与实施	省管理创新成果奖

局（集团公司）级科技优秀成果奖统计表

年度	项目个数	年度	项目个数	年度	项目个数	年度	项目个数
1989	4	1994	3	1999	5	2004	8
1990	3	1995	5	2000	3	20005	7
1991	5	1996	1	2001	2	2006	4
1992	6	1997	1	2002	5	2007	省以上 4
1993	6	1998	6	2003	2	2008	3

局（集团公司）级科技优秀论文奖统计表

年度	篇数	年度	篇数	年度	篇数	年度	篇数
1989	8	1994	6	1999	4	2004	4
1990	7	1995	6	2000	3	2005	3
1991	5	1996	9	2001	5	2006	3
1992	2	1997	6	2002	3	2007	2
1993	5	1998	10	2003	1	2008	3

三、节能减排情况

大力发展煤焦电产业链，努力提高企业综合效益。矿焦化厂部分煤气供居民使用，剩余煤气全部用于发电，产生余热生产蒸汽，蒸汽供焦化厂生产及澡塘使用，剩余蒸汽再次发电，实现资源综合利用。集体企业公司利用矸石渣生产建筑用砖，减少矸石占地面积，年生产矸石砖能力由400万块提高到6000万块，远销外省。

四、安全管理

（一）主要规章制度

1989年6月，制定了《顶板管理暂行规定》。8月制定了《安全奖惩条例》。

1996年至2005年，矿先后制定了各级安全生产管理责任制、顶板管理规定、“一通三防”制度和煤与瓦斯突出、矿井防治水、矿井大面积停电等应急救援预案，健全了各专项安全管理制度。

（二）安全网络管理

2005年2月，下发《关于安全隐患处理实行网络运行的暂行规定》。为进一步搞好网络信息管理，不断设计、修改、完善安全信息网络的传递功能。2008年，网上发布的主要安全信息包括：每日生产安全隐患；领导干部跟班、管理人员入井情况；“三违”情况、职工安全档案；每月安全自查、安全事故与生产事故登记、质量标准化检查与评比、机电设备完好率检查与评比、精品工程建设情况；网岗员信息统计、职工安全资格证管理情况；职工安全活动、安全管理制度等。

（三）风险预控管理体系

2006年12月，下发《关于全面推行安全风险预控体系的决定》，囊括了全矿各工种、各岗位的安全风险预控体系。对各生产工艺、工序存在的安全风险，进行了辨识、排查、分级，制定了科学完善的操作程序、工作标准、控制措施和考核标准。安全风险划分为A、B、C三级。

A：重大。一旦发生事故可能造成人员严重伤害，必须控制。

B：一般。即使发生事故也不会造成人员严重伤害，应该控制。

C：轻微。即使发生事故也不会对人身造成伤害，一般控制。

风险预控体系共分为11个部分（10个专业）、263个工种的风险预控，每个工种包括存在风险、工作程序、必备物品、工作标准、控制措施等。

（四）职工安全档案管理

职工安全档案中，每个员工每年设定安全分100分，按年度考核。

按照个人违规行为性质和程度不同，将“三违”界定为：轻微“三违”、一般“三违”、较严重“三违”、严重“三违”、特别严重“三违”。员工“三违”记录卡由安全监察部统一印制发放，与亲情卡、上岗证、风险预控卡相同，入井时随身携带。劳动工资、安全监察、经营调度、企业管理等职能部门根据职工安全档案月度、季度及累计扣分结果，进行考核兑现。

自2004年3月，实行职工安全档案管理，严重“三违”行为得到遏制，生产事故、人身伤害事故逐年下降，安全形势有了较大改观。

（五）群众性安全活动

1. 青年安全监督岗

青年安全监督岗设分岗17个，岗员214名。总岗长和分岗长分别由矿团委书记和车间团支部书记担任。

2. 女工家属群监会

女工家属群监会下设16个分会，24名分会主任，担负全矿2600名单身职工、1500户井下职工家庭的安全服务工作。

3. 工会群监网

2008年，14个生产单位有网员236名，网长72名，分别由员工骨干和班队（工）长担任。负责井下安全隐患排查、监督和整改等职责。1999年至2008年，连续十年获局（集团公司）“先进群监会”称号。

（六）安全教育

1. 新工人安全教育制度

新工人入矿必须接受一个月的安全教育，经考试合格后方可分配工作。

新工人分配到单位后，与老工人订立师徒合同。在合同期间，由老工人带领工作，安全由老工人负责。

半年后经复查考核，合格者签定劳动合同，方可持证上岗。

2. “五新”操作人员和特种作业人员安全教育制度

操作新产品、新工艺、新设备、新材料、新技术的人员及特种作业人员，必须进行严格的安全技术培训。培训时间不少于20课时，考核合格后，方可持证上岗。

（七）安全技术培训

1989年至2008年，先后举办各种安全技术人员、新工人、“三违”人员、转岗人员、特种作业人员脱产培训班518期，培训员工56000余人次。一般工种换证考试，每年印制考试卷6000余份。1995年，矿分别制定了抽放、开掘、通风、采区4个专业岗位工作操作程序，编辑成册发放到每个职工。

2008年，累计有56个工种、3100名职工经鉴定取得职业资格证书，有98人参加了技师资格培训并取得毕业证书。2008年1月，矿获峰峰集团“安全生产先进单位”。2008年10月，获全国煤炭工业协会“行业二级安全高效矿井”。

（八）安全生产状况

1988年7月1日至1989年11月22日，创建矿历史上首次安全较长周期。1990年实现建矿第一个安全年。

1989年11月24日至1992年10月20日，连续安全产煤500.0028万吨。到1993年7月2日，实现连续安全生产1318天，产煤604.9124万吨。

2006年，以安全风险预控管理为主线，以精细化管理、走动式管理、班组网岗联动、安全确认、业务保安等为主要内容，抓大控小，实行制度化管理、程序化控制，层层落实安全责任制，从2006年1月3日至2008年5月16日，实现连续安全生产863天，创建矿以来第二个最长安全生产周期。

2004年-2008年事故统计表

年度	事故起数	轻伤人数	重伤人数	工亡人数
2004	22	17	2	3
2005	18	17	0	1
2006	23	24	0	1
2007	13	13	0	0
2008	8	7	0	1

历年伤亡事故统计表

年度＼项目	年产量（万吨）	工亡（人）	百万吨工亡率	重伤（人）	伤亡原因
1989	174.68	1	0.573	1	运输中被罐挤伤
1990	180.66	0	0	0	
1991	170.3	0	0	0	
1992	156	0	0	0	
1993	153.5	2	1.3	1	小绞车翻车打伤头部，造成工亡顶板事故造成工亡
1994	142.49	1	0.7	0	运输事故
1995	136.84	3	2.92	0	瓦斯爆炸死亡2人，顶板事故工亡1人
1996	135	3	2.22	1	运输事故2人、冒顶埋人1人
1997	138.07	4	2.9	0	液压支柱打伤头部工亡1人机电事故1人，采煤机挤伤1人壁煤坍塌埋人事故1人
1998	138	2	1.45	2	顶板事故1人，皮带机架挤人1人
1999	132.05	2	1.51	1	顶板事故1人，运输事故1人
2000	130	2	1.54	2	运输事故1人、顶板事故1人
2001	117.088	1	0.855	0	顶板事故1人
2002	121.2688	1	0.82	4	
2003	128.0338	0	0	1	
2004	125	3	2.4	2	运输事故1人，机械伤害1人，顶板事故1人
2005	129	1	0.77	0	片帮事故1人
2006	125	1	0.8	0	运输伤人事故1人
2007	125.8569	0	0	0	
2008	127	1	0.8	0	机械伤人事故1人

五、经营管理

（一）劳动管理

20世纪80年代，农民协议工逐步转变为农民工、合同工，固定工转为合同工，招工逐步向招技校毕业生转变，劳动用工由单一向多种转变。2000年，职工出勤管理由单位考勤变为统一打卡、电子管理。1999年，矿实施减员增效，下岗分流510人。2005年4月，进行严格考核、末位淘汰，进一步减员增效，重点核减农民工，全矿减员156人。同年制定《关于实行劳动定额管理的暂行规定》，严格按定员组织生产，井上严格按法定出勤管理，形成了定员、定岗、定工资和完利润、完成本费用的管理模式。井下采、掘、开、机、通、运、抽放，实行链式管理，全矿推行班前确认、班中班后ABC卡认证、班后考勤新办法，完善了劳动力的管理。

（二）工资管理

1989年，井下单位以计件为主，辅助单位随全矿产量进尺结算工资，联挂安全、质量、煤质、机电设备完好率等，另加月度安全风险抵押奖。1990年，实行全年安全风险抵押承包。1994年，逐月实行安全风险抵押制度，安全风险抵押奖按1∶1兑现。推行《机关部室绩效评价标准及方法》，对在职中层管理人员实行效绩、薪酬考核。2005年，职工收入纳入链式管理内容，生产单位以工作面、掘进头为单位，定员、定额、定工资、定台阶、定成本，辅助单位定岗、定员、定工资、定成本，增人不增工资，减人不减工资。井上单位由计时工改为承包考核，含利润、补贴、费用支出、本职工作等内容。职工收入逐年提高，2008年人均收入达3万余元。

（三）财务管理

1990年3月，矿成立内部银行，初步实施企业内部市场化管理。1995年1月，对矿内部单位实行切块分流，5月实行生产、生产服务、生活服务“三条线”管理，确立一个母体，实行两个分离。1999年3月，对主副、主服进行财务划分。10月，矿对会计基础工作，包括填制会计凭证、外来原始凭证要求和空白凭证、支票、收据的领用等进行了全面规范化整改。后勤与主体经营分离，分离单位自负盈亏、独立核算、分灶吃饭，实行完全成本核算，并建立价格体系，全面开展有偿服务。2005年，面向区队分解预算目标，测定结算价格，完善运行机制，在原煤主体首先导入链式管理模式。2006年，在班组和岗位之间推行了市场化、精细化运行机制。2007年，整合了生产作业流程，确定了主、支工序链和核算点，测定了相关单价，使企业内部市场化管理得到深化。

（四）物资管理

1990年5月，对物资消耗推行了以旧换新、修旧利废、定额管理。每年开展一次清仓查库，以区、科为清查重点，努力减少库存。1995年5月，对材料科汽车队进行了租赁承包。1999年11月，成立矿物资采购小组，集中采购，实行计划审核、审批制。2000年起，对废旧物资推行了公开拍卖制度。2001年3月，修订了矿内部自制备件结算价格，为企业内部实施市场机制奠定了基础。2005年7月，创建物资供应超市，逐步形成了开放自由选购式物资供应模式，实现材料零库存。2007年1月，将材料预算和材料发放、统计，纳入到内部市场化管理系统。

（五）成本管理

1989年1月，对采、掘、开、机、通、运、制修等单位实行了承包经营，实现零点利润核算。1990年5月，推行了质量成本预防控制、质量成本核算，建立了相应的质量成本核算与管理体系。2004年4月，推行了设备内部租赁管理。6月，为理顺成本管理体系，规范成本运行程序，对支护用品、三钢一带一缆、周转材料、专用工资、修旧利废等进行了规范管理。7月，在全矿各单位推行了全面预算管理。2005年6月，为落实全面预算管理，变行政垂直式管理为全员主动式管理，推广了内部市场化经营管理模式。2006年1月，整合了内部作业流程和工序段。9月，内部市场化结算系统运行，完善了技术操作流程和报表系统。

六、资源开发

经过多年的开采，羊一井煤炭资源枯竭。2002 年 3 月，核销了矿井生产能力。1998 年，启动了羊东延深工程。

（一）井田边界

羊东扩大区系羊渠河矿勘探区的深部，为该矿向东的自然延深部分。井田走向 5.6 公里，倾斜宽 3 公里，井田面积 16.8 平方公里。

（二）可采储量、设计生产能力及服务年限

羊东扩大区设计核定地质储量 1.9920 亿吨，工业储量 1.0472 亿吨，大煤、野青设计可采储量 8055.35 万吨。年生产能力 90 万吨，服务年限 63.99 年。

（三）主要改扩建工程

羊东扩大区开发分一期、二期工程。一期工程 1998 年 9 月动工，范围为 -620 米水平以上。二期工程 2007 年 3 月动工，范围为 -620 米水平以下（即 -850 水平）。2003 年 8 月，成立了羊东工程项目部，主要负责协调羊东改扩建工作。羊东扩大区充分利用了羊二井已有的工程设施设备和工业广场。到 2008 年 6 月，工程全部完工。2008 年 7 月 10 日至 9 月 30 日，工程进行了联合试运转，通过了河北省专家组评审。

七、多种经营

（一）集体企业公司

集体企业公司是独立经营、自负盈亏单位。1996 年，公司厂点实行内部股份合作制改革，先后有矸石砖厂、电修厂、更新厂等 18 个厂点实行内部股份合作制经营。2008 年，公司年生产总值达 3350 万元。

（二）焦化厂

1995 年 5 月 21 日，煤气焦化厂一期工程破土动工，年设计生产二级冶金焦炭 20 万吨，总投资 1.439 亿元，安排职工 560 人。此后，又先后进行了二期、三期建设。到 2004 年 7 月，年生产能力达到了生产焦炭 30 万吨、煤焦油 1.0800 万吨、粗苯 2200 吨、日供城市标准煤气 15 万立方米的规模。1998 年 7 月，焦化厂开始向峰峰局和峰峰矿区 25000 户居民供气，年生产总值达 4.8 亿元。

（三）邯郸市阳光煤气热电有限责任公司

邯郸市阳光煤气热电有限责任公司由峰峰集团、矿工会、矿集体企业公司三家发起成立，是利用羊渠河焦化厂生产的富余焦炉煤气，采用燃气机组发电技术，实现热电联产、联供以及供气的多元化产业主体。有员工 78 人。2002 年 7 月建成投产。2005 年 4 月，实施技改二期工程，投产后煤气全部被利用发电，产生余热生产蒸汽，蒸汽供焦化厂生产及澡塘使用，剩余部分再发电，实现了资源综合循环利用。截至 2008 年 12 月，实现利润 1354.76 万元。

八、后勤管理

（一）职工澡塘

1991 年，一线职工实行了工作服公管化管理。2006 年，井下职工工作服实行了统一发放和管理。

（二）职工宿舍

有职工宿舍楼9座，职工人均居住面积5.5平方米。1989年，职工宿舍全部实现旅馆化一体管理。2008年，为进一步改善职工住宿条件，每个职工宿舍安装了空调。

（三）职工食堂

1990年，羊一食堂建成使用，建筑面积1700平方米。羊二综合楼集食堂、会议室、客房于一体，始建于2004年，食堂建筑面积750平方米，就餐职工达到1898人。

（四）职工营养餐厅

2008年10月，建立营养餐厅，井下员工增添了营养餐（标准8元），升坑后刷卡就餐，井下员工1590人吃上了营养餐。

（五）井下班中餐

在井口建班中餐发放处，新增电热水器、饮水箱两台，为职工24小时供应热水。为每名入井职工配备了背包、保温杯，提高了井下职工就餐质量。

（六）医疗卫生

1978年，矿医院正式启用。建筑面积6385平方米，设内科、外科、妇产科、儿科、眼科、耳鼻喉科、口腔科、中医科、放射科、功能科、药剂科、防疫科。另设急救室、抢救室、矽肺疗养科及羊一、羊二井口急救站。截至2008年底，全院职工111人。

1989年至2008年，妇幼保健工作连续20年获局（集团公司）妇幼保健工作第一名。从1991年至2008年，计划免疫工作连续18年获局（集团公司）“红旗单位”称号。2002年，矿被邯郸市评为“消灭脊髓灰质炎工作先进集体”。

（七）职工住宅

1991年至2004年，工人村新盖楼房31座，建筑面积10.342415万平方米。改建旧楼3座，建筑面积1.8万平方米。

（八）职工福利

2003年，投资51.5万元，修建工人村羊南文化广场，购置了活动器材，改善了职工业余文化生活。

2004年，投资70万元，对工人村供水、供电、供暖管道进行了改造。同年，投资70万元，对电视台进行了网络改造。

2005年，投资30万元，对5000余名员工进行了甲、乙肝接种工作。

2008年7月，投资200万元，将工人村至一坑的矸石渣路面全部整修为水泥路面，方便了职工上下班。2008年2月，矿获峰峰集团“后勤管理先进单位”。

九、党群工作

（一）党委工作

1. 组织建设

1990年，对全矿29个党支部进行了改选。对基层党支部实行了“达标、升级、创优”工作考核，制定了7个方面、35项考核内容，保证了党支部建设具体化、目标化、规范化。

2003年，矿机关机构改革，纪委、监察合并为纪委监察部，工会、团委合并为工团工作部，公安分处、武装部合并为武装保卫部。

2008年，矿党委下设两个党总支，38个党支部，共有党员1246人。

2. 党员队伍发展情况

矿党委注重对先进分子的教育和培养。在发展党员方面，坚持标准，保证质量，慎重发展。从2008年开始，对入党积极分子进行面试答辩，提高了新党员政治理论思想素质。

3. 特色工作

1990年到1992年，在全矿广泛开展了以“做四有职工、建五好班组、创六好区队”为内容的队伍建设活动，有28个单位被评为局、矿“六好区队”；涌现出232个（次）文明班组。

1993年，被评为“河北省思想政治工作优秀企业”、“河北省煤炭系统优秀政研会”。

1995年，积极推行岗位技能工资、劳动合同制、干部聘任制三项制度改革。矿党委提出“围绕经济抓党建，抓好党建促经济”的党建工作思路。下半年“一岗双责”工作进行了试点。

2001年，重新修订了《基层单位“一岗双责”考核办法》，在对党政正职考核同时，加强对副职和一般管理人员考核。制定了《党支部达标升级考核办法》，实行了领导干部任前公示制。围绕改革、调整、扭亏中心任务，出台了干部考评聘任制度，建立了对专业人员和一般管理人员月度考核、年度末位试岗制度。

2005年，提出融入中心抓党建、稳步推进党建质量管理体系的要求。2月，在党建工作中导入了ISO9000族质量管理理念，制定了党建质量管理作业指导书、质量手册和程序文件。党建质量管理体系工作受到河北省、邯郸市国资委的肯定。

2006年，进一步提高了党建质量管理体系的运行质量。6月，创办了峰峰集团第一家“党建信息网络”，先后有50多家省内外政府机关、企事业单位来矿观摩交流。

2008年，被集团公司确定为“五精”管理试点单位。矿在各区（科）、班组推行了以实现“九力”为目的的管理攻关活动，把管控力、现场力、经营力作为企业文化推进的主要任务，明确6个党支部作为试点单位研究探索和攻关，以点带面，共同推进，提升区科班队核心竞争力和战斗力。2008年6月，获集团公司“创建‘四好’领导班子活动先进集体”和集团公司党委“先进基层党组织”称号。2009年2月，获2008年度冀中能源集团党委“先进基层党组织”称号。

（二）纪监工作

1989年，把反腐败、加强廉政建设作为大事来抓，修订和完善了《党政领导干部廉洁建设责任制》、《廉洁考核办法》、《党风检查制度》、《纪检网员活动制度》等，建立了干部廉政考核档案。加强了对基层支部党风、廉政建设情况的监督检查。1990年被局评为“纪检工作目标管理达标先进单位”。

1990年，举办纪检网员培训班，系统进行了马克思主义基本理论、党的基本知识和党的基本路线的培训教育。

1998年，根据局党委《关于领导干部党风廉政工作责任制的若干规定》，制定矿《领导干部党风廉政建设工作责任制》、《基层党支部党风廉政建设工作考核办法》。

2000年，为进一步规范废旧物资拍卖出售管理行为，防止国有资产流失，纠正不正之风，制定了废旧物资公开出售暂行规定。

2001年，印发了《效能监察实施细则》。

2002年，制定出台了矿《副科级以上领导干部报告个人重大事项的实施办法》。

2003年机关机构改革，纪委、监察合并为纪委监察部。其职责是：认真履行教育、惩处、监督、保护职能，积极协助矿党政抓好党风建设和反腐倡廉工作，积极推进惩防体系建设，大力开展廉洁文化建设和效能监察工作。

从2004年起，连续五年被集团公司评为“纪检监察工作优秀单位”。

截至2008年，共受理群众来信来访48件次，初核48件，立案14起，结案14起，14人受到党政纪处分。

（三）工会工作

矿工会共有专、兼职工会干部38名，工会小组163个，会员5863名，职工入会率达100%。

先后制定了《工会机关人员学习制度》、《“一查三保”制度》、《周结月报制度》、《周晨礼仪制度》、《绩效考核制度》及《关于创建“四会五家”、深化“职工之家”建设的实施意见》等制度。1998年10月，被全国总工会授予“全国模范职工之家”称号。截至2008年底，全矿建成省、市模范小家4个，峰峰集团模范小家10个，矿级先进职工小家20个。

按照职代会申报制、预审制、票决制的要求，坚持一年两次职工代表大会，从源头上维护了职工群众的合法权益。2004 年，获峰峰集团工会“职代会星级创建认证优秀单位”称号。2005 年，获邯郸市总工会“先进星级职代会”荣誉称号。

坚持民主评议中层领导干部、民主评议班组长活动。采取个人述职、代表测评、组织谈话的评议方式，从德、能、勤、绩、廉五个方面进行综合评价，并将评议结果提交职代会。建立了“矿务公开文件记录管理手册”，推进了区务公开“建议书”、“报告书”制度，基本形成了区（科）务公开报告书、公开栏、公开资料相互对应一致的管理模式。

坚持了平等协商、签定集体合同制度，将收入分配、社会保障、劳动安全卫生等列为协商的主要内容，对合同的履行情况进行监督、检查。

成立了群众文化工作委员会和摄影、音乐舞蹈、书画、体育、文学等五个协会。职工文化楼内设“八室”（乒乓球、象棋、扑克、台球、图书、阅览、健身、摄影）。2008 年又建立了职工书屋，藏书量达 1 万册。各室每年接待职工群众 19.68 万人次。1998 年，矿职工文化楼、俱乐部被授予河北省首届“大天力”杯企业文化宣传工作优秀文体场所。

2007 年，矿获中国煤矿体育协会“体育工作先进单位”称号。2008 年，获邯郸市女工健身秧歌大赛一等奖第一名。2003 年至 2008 年，连续获中国煤矿体协第十五届、第十六届、第十七届“乌金杯”女子篮球赛第六名。2007 年获河北省第三届职工运动会健身健美操比赛第三名。

在各单位开展了竞赛活动和“创先锋、当明星、立新功”活动，巩固和扩大了群众性技术创新和“四争”竞赛的成果。2004 年获河北省安监局“安康杯”竞赛优胜单位。

（四）团青工作

1989 年至 2008 年，矿团委围绕中心服务大局，开展了学习教育、岗位建功创效活动，积极构建青年文化，加强团的自身建设。

2005 年，矿团委整合完善制度，编制了《共青团工作质量管理体系作业指导书》。2006 年，在党建网站设立了“团青生活”版块，展示团青风采。2007 年，推行团建质量管理体系，按照 PDCA 循环管理模式，加强对团的工作的管理考核。2008 年，健全完善了团的基础资料，规范为“六盒、十八册、三本”，提高了团建质量管理体系运行的质量。

（五）企业文化建设

2005 年，宣传普及峰峰集团企业理念，提炼本矿企业理念，统一视听觉识别系统，进行环境刷新。从 9 月份开始，在全矿推行了精细化管理、6S 管理、走动式管理、安全确认、班前礼仪、链式管理、效绩考核。

2006 年，对精细化管理进行了调标，环境刷新向井下、向现场、向岗位延伸，建立了员工文明行为规范，机关开始推行周晨礼仪活动，重大节日举行升旗仪式，征集提炼了企业理念系统观，创作了矿歌和矿徽，开展了践行“八荣八耻”、推行文明行为规范活动。

2007 年，全面推行了军事化管理。3 月至 5 月，分 10 期对全矿 4200 名干部职工进行了以军训科目和企业文化科目为主要内容的军事训练活动。

第三节　主要经济技术指标完成情况

历年主要经济技术指标完成情况表

年度	原煤产量（万吨）	全部进尺（万米）	开拓进尺（米）	全员效率（吨/工）	原煤灰分（%）	综合成本（元）	利润（万元）
1989	174. 6762	3. 2571	1800	1. 377	22. 03	40. 86	－63. 1
1990	180. 0066	3. 1698	2282	1. 397	22. 0	44. 93	－2494. 2
1991	170. 2993	3. 4704	1991	1. 409	21. 36	50. 66	－3044. 5
1992	156. 0066	3. 3387	1805	1. 367	22. 2	55. 28	－1829. 91
1993	153. 5288	3. 2579	1279	1. 417	22. 5	69. 53	1869. 38
1994	142. 4888	3. 1480	155	1. 454	21. 8	82. 63	1370. 54
1995	136. 8393	3. 0654	－	1. 52	21. 14	88. 81	1028. 0
1996	135. 0088	3. 1452	－	1. 529	22. 13	92. 61	904. 45
1997	138. 0702	3. 0350	－	1. 684	22. 01	97. 26	1324
1998	138. 0066	2. 7134	－	1. 719	23. 9	83. 9	1022. 61
1999	132. 0538	2. 4002	1653	1. 783	23. 1	83. 37	449
2000	130. 0188	2. 0680	1739	1. 852	22. 13	92. 76	383
2001	117. 0088	1. 9400	1057	1. 717	21. 58	108. 75	－1685
2002	121. 2688	2. 2519	3153	1. 803	24. 44	109. 2	477
2003	128. 0338	2. 3572	3500	1. 75	26. 01	151. 13	2135
2004	125. 0000	2. 3207	2760	1. 839	26. 79	166. 87	2180
2005	129. 6152	2. 1317	2000	1. 879	27. 46	241. 5	－2572
2006	125. 1886	2. 0438	1412	1. 869	27. 48	－	－3511
2007	125. 8569	2. 1189	1524	1. 909	27. 05	－	－1898
2008	127. 0000	2. 5917	3466	2. 541	28. 16	－	－31373

历年回采经济指标情况表

年度	回采工作面				煤层生产能力
	个数	总长度（米）	月进度（米）	月产量（吨）	
1989	5. 41	546	67. 69	25555	3. 74
1990	5. 58	630	64. 94	26550	3. 624
1991	5. 0	471	107. 98	28824	3. 213
1992	5. 0	679	59. 73	26986	3. 327
1993	4. 93	508	69. 34	25210	3. 524
1994	5. 0	619	64. 28	23435	2. 945
1995	4. 95	523	75. 14	22661	2. 857
1996	4. 92	570	59. 0	22539	3. 297
1997	4. 73	505	67. 94	24062	3. 314

年度	回采工作面				煤层生产能力
	个数	总长度（米）	月进度（米）	月产量（吨）	
1998	4.00	536	62.69	28447	3.389
1999	4.00	491	62.19	26987	3.534
2000	3.23	401	80.28	32081	3.217
2001	3.59	347	96.37	25969	2.791
2002	3.34	413	74.84	28616	3.095
2003	3.59	340	80.99	28014	3.653
2004	4.00	613	64.95	25630	2.576
2005	4.00	442	73.67	26891	3.307
2006	4.00	319	95.81	25935	3.393
2007	4.00	406	85.6	26103	3.005
2008	3.05	298	111.53	32775	3.01

第四节　市级以上荣誉称号

一、国家、部级荣誉

1989年，全煤系统坑木场管理先进矿

1990年，全国煤炭工业二级企业、全煤系统国家二级节能企业、全国煤矿节能先进集体、能源部节能先进集体、全国煤矿矿际竞赛先进矿

1998年，全国工会系统模范职工之家

2007年，全国煤矿体育工作先进单位

2008年，全国煤炭行业协会“行业二级安全高效矿井”

二、省级荣誉

1989年，河北省工会系统职工读书自学先进集体、工会系统职工体育先进单位、工矿企业消防安全达标单位

1990年，河北省档案管理系统先进单位、煤炭系统“设备管理优秀单位”、经贸系统安全生产先进单位、工业系统思想政治工作优秀企业、煤矿群众安全工作先进集体、煤炭系统煤质管理先进矿

1991年，河北省思想政治工作优秀企业、民主管理先进单位、煤炭系统生活福利点达标先进单位

1992年，河北省模范工会、造林绿化先进单位

1993年，河北省思想政治工作优秀企业、煤矿计划生育工作先进单位、模范职工之家、煤炭系统思想政治工作优秀企业、煤炭系统优秀政研会

1994年，河北省煤炭系统地面安全管理先进单位、煤炭系统科技先进集体、煤炭系统模范工会、煤炭行业节能先进企业

1995年，河北省煤炭系统思想政治工作优秀企业

1997年，河北省工业计量工作先进单位、职工体育工作先进单位

1998年，河北省思想政治工作优秀企业

1999年，河北省“五四”红旗团委创建单位

2000 年，河北省公安系统企业保卫工作先进单位

2002 年，河北省企业工委先进基层党组织

2004 年，河北省“安康杯”竞赛优胜单位

2005 年，河北省国资委“五四”红旗团委、建设系统园林式单位

2007 年，河北省“AAA”级劳动关系和谐企业、国资委系统先进基层党组织

三、市级荣誉

1990 年，邯郸市计划生育先进单位

1991 年，邯郸市先进基层党组织

1994 年，邯郸市创建全国双拥模范城先进集体、先进科技单位、文明单位

1996 年，邯郸市红旗团委

1997 年，邯郸市思想政治工作优秀企业

1998 年，邯郸市文明单位、国防教育先进单位、民族工作先进集体

1999 年，邯郸市红旗团委、思想政治工作优秀企业

2000 年，邯郸市红旗团委、文明单位

2002 年，邯郸市工会系统先进职工活动中心、“送温暖工程”先进单位

2003 年，邯郸市科技先进单位、文明单位

2005 年，邯郸市先进单位、工会系统先进星职代会、国资委先进基层党组织、工会系统文体工作先进单位

2006 年，邯郸市“AA”级劳动关系和谐单位、“五四”红旗团委标兵、工会系统干部教育培训工作先进单位

2007 年，邯郸市“五四”红旗团委标兵、安全生产先进单位

2008 年，邯郸市“安康杯”竞赛优胜单位

（资料提供：陈俊国、李清、王世忠）

第三章　薛村矿

第一节　单位概况

一、地理位置

薛村矿井田位于北纬 36 度 33 分，东经 114 度 11 分，河北省邯郸市峰峰矿区大社镇境内。东北距邯郸市 22.5 公里，南距峰峰矿区 17 公里，西北距武安市 21 公里。井田周边有自然村落 11 个。

二、历史沿革

1953 年，薛村矿井田由华北煤管局第二地质勘探队和峰峰煤田地质办事处共同勘探。1958 年初，由河北峰峰煤矿基本建设局第一建井工程处开始筹建。1958 年 6 月 6 日破土动工，峰峰煤矿基本建设局第一建井处施工。1959 年 11 月 5 日建成投产。

三、井田面积

井田西部以 4 号断层上盘为界；南部以技术边界与牛儿庄矿井田为邻；东部以 3 号断层及技术边界与小屯矿井田为界；北部以技术边界与大淑村矿井田相邻。井田走向平均长约 4. 6 公里，倾向长平均约 3. 7 公里，面积约为 17. 03 平方公里，形状不规则。

四、地质构造

（一）煤田地质

薛村矿地质条件在分类中，构造定为 3 类。井田内的断裂构造较为发育。煤系地层由本溪组、太原组、山西组三部分组成。煤层总厚度 14. 8 米，含煤系数 7. 4%；可采 6 层，总厚度 12. 68 米，含煤系数 6. 34%。2#煤层是主要开采煤层。

（二）水文地质

1959 年 11 月 5 日，薛村矿移交生产。投产初期涌水量为 1 立方米/分钟，后因小窑老空水的流入和开采范围的扩大，水量逐渐增加。1998 年，矿井涌水量 19 立方米/分钟。截至 2008 年，涌水量基本未变，含水系数 6. 3 — 6. 9。矿井水文地质类型为 3 类复杂型，整个井田根据水文条件可划分为三个水文单元，即西翼地堑区、中央地垒区、三水平构造盆地及扩大区。影响或威胁下组煤开采的主要含水层，是奥灰水和大青灰岩水。

五、矿井储量

通过储量测量估算，2008 年末，矿尚有资源储量总计 1. 7289 亿吨。探明经济基础储量 1423. 8 万吨，控制经济基础储量 301. 1 万吨，探明内蕴经济资源量 3531. 5 万吨，控制内蕴经济资源量 832 万吨，推断内蕴经济资源量 1. 1249 亿吨。累计探明矿产资源储量 2. 4351 亿吨。2008 年末，矿井可采储量 3268. 1 万吨，实际可采储量 1137. 3 万吨。按矿井年设计产量 135 万吨计算，矿井实际服务年限 17. 3 年。

六、煤质情况

井田地处峰峰煤田东北部井田煤质带中的贫煤区段，在粘结性能、挥发分及胶质层上均为自北向南有所增加，在接近牛儿庄矿煤田边界处，煤质接近瘦煤。在竖直方向上，上部煤层变质程度较低，煤层层位越低则煤的挥发分越减少，煤变质程度越高。

七、资产情况

固定资产统计表

年度	固定资产（亿元）		
	原值	净值	成新率（%）
2008	8. 3894	3. 9176	47

八、人员情况

矿处级领导 13 人；正科级干部 69 人，其中矿聘干部 4 人；副科级干部 94 人，其中矿聘干部 26 人；一般管理干部 247 人，其中矿聘干部 42 人。

职工分类统计表

年度	在册人数		其　中					
	年末人数	其中各种用工	原煤人员	回采工人	掘进工人	非原煤 人员	服务人员	其他人员
2008	4484	2753	3631	580	1062	571	551	131

第二节　主要工作

一、煤炭生产

采煤方式以走向长壁后退式采煤方法为主。

1991 年，综采支架使用前，大煤煤层工作面分顶、中、底三层回采，人工金属网假顶。1991 年 1 月，使用综采支架，大煤煤层开始采用顶、底两分层回采。1998 年 1 月底，使用轻型放顶煤支架。截至 2008 年，所有大煤工作面均为一次采全高，并保持两个轻放工作面和一个高档普采工作面的生产格局。

二、科技进步

（一）巷道掘进与支护工艺演变

根据巷道布置的煤岩层位、深度、规格大小和用途不同，在支护上采用了不同的材料。

在岩巷掘进中，巷道采用光爆锚喷、耙岩机装载。煤巷掘进采用综合机械化和钻眼爆破两种方式，刮板输送机跟头，与皮带联合运输，使用锚网带、锚索板梁联合支护、U 钢支护、工字钢支护。半煤岩巷掘进采用钻眼爆破，装载同大煤掘进，使用木点柱加锚网封帮、锚索网带或锚索板梁联合支护、U 钢支护、工字钢支护。

（二）采煤工艺的演变

1991 年 1 月至 1997 年 8 月，使用综采 BY3300－13/33 型掩护式支架，后更换为 400－18/38 支撑掩护式支架；采用 AM500 型双滚筒采煤机，工作面采用 SGB－764/264 双边链刮板输送机，顺槽使用 GZB－764 桥式转载机。

自 1997 年 1 月开始，采用轻型液压支架放顶煤开采技术。此项技术经历了三个发展阶段。第一阶段是 1997 年至 2000 年，采用 ZFZ2000－15/24 型无伸缩梁液压支架；第二阶段是 2001 年至 2005 年，采用 ZFZ2000－15/23 型带有伸缩梁液压支架；第三阶段是 2006 年至 2008 年，采用 ZF2600－16/24 型端头液压支架配合 ZFZ2000－15/23 型带有伸缩梁液压支架。上下顺槽采用十字铰接顶梁配合单体支柱支护。

三、安全管理

（一）防突管理

1991 年组建防突组，实施“四位一体”综合防治措施。1992 年，采取了区域性防治煤与瓦斯突出的“开采保护层”措施，有效防止了煤与瓦斯突出事故的发生。在煤与瓦斯突出危险性预测方面，1991 年开始采用 MTY－1 和 ATY 型突出预测仪，采用钻屑法进行煤与瓦斯突出危险性预测，测定最大钻屑量及瓦斯解吸值△h2（钻屑瓦斯解吸释放压力）两项防突参数。1995 年，购置了 WTC 瓦斯突出参数仪，进行瓦斯解吸综合指标（K1 值）测定。2005 年 3 月 25 日，薛村矿定为煤与瓦斯突出矿井。2007 年 4 月，矿下发《关于进一步加强矿井防突管理的规定》。并坚持每周一次的瓦斯普查和专业例会制度，进一步从思想上和行动上重视“一通三防”工作。

（二）质量标准化管理

1988 年 10 月起，先后组织矿、区（科）主要领导到肥城局、鹤壁局和牛儿庄矿参观学习，深化对质量标准化重大意义的认识，并开展了质量标准化创建工作。矿成立了质量标准化领导小组和考评委员会，设置了全质办、质量办、达标办三个专业机构。基层单位成立了以第一责任者为首的质量标准化领导小组17个，班组配备专职和兼职质量验收员147名。制定了质量标准化验收评级办法和奖惩制度，实施了职务否决制度，实行了班评估、日验收、旬检查评级等一系列质量管理办法。2008年，矿井安全质量标准化继续巩固了一级标准，“精品工程”覆盖面达到施工头面的65%以上。

（三）安全检查

安全检查主要有：安全大检查、“一通三防”安全检查、机关科室夜查、电器防爆检查、安全生产督察督办、点检制度检查等。

（四）安全活动

1. 青年安全监督岗

1978年6月，成立青年安全监督岗。随着企业安全管理工作不断深化，矿团委先后于1990年2月、1991年3月和1993年12月，下发《青年安全监督岗暂行管理办法》、《青年安全监督岗硬性工作考核办法》、《安全百分流动红旗夺标竞赛》等制度。2008年2月，实施了《关于强化青年安全监督岗管理专项考核细则》，青安岗队伍不断发展壮大，素质大幅提升。到2008年底，共设青安分岗13个，岗员达到121名，形成了覆盖区（科）、班组、岗位的青安岗安全监督网络体系，在企业安全生产中发挥了重要作用。

2. 群众安全监督网

20世纪60年代末，在各生产班组挑选安全网员，服务安全生产。2008年底，矿群监网员共有210名，其中井下160名，井上52名，集团公司工会特聘群监网员50人。

2007年5月，矿工会为井下160名群监网员统一制作了320套网员专用工作服。制定了《关于群监网员专用服装的使用和管理规定》，推动了安全生产。

3. 安全宣誓

1988年开始，矿党委宣传部、工会、安监处组织职工开展入井前安全宣誓活动。1996年开始，井下职工每月5日举行一次集体安全宣誓活动。2004年，矿安全文化建设开始加强，在原来工作的基础上，增加了安全签名、安全心理咨询、工伤劳保咨询等多项活动。2008年初，矿决定在每月5日组织安全宣誓的基础上，增加15日、25日两次安全宣誓。

（五）职业健康安全管理体系

2004年5月，开始建立职业健康安全管理体系，5月底进行了初始评审。7月27至29日、9月8日至10日，进行了两次内审，随后申请外部审核。外审组分别于11月和12月进行了两次外部审核，矿顺利取得认证。随后，矿研究制定了相应考核规定。2005年至2007年，均通过了外审方的监督审核。2008年外审顺利通过。

（六）干部安全管理制度

制定了干部安全管理制度，包括安全值周制、干部上岗、干部查处“三违”制、基层单位值班“三员制”、现场安全办公制、干部统一着装上岗制、管理人员走动式管理制、生产经营管理人员下井带班制、重点部位点检管理制等。

（七）职工安全管理制度

在职工安全管理制度方面，矿制定了安全联保制、“三违”人员过“五关”制、职工安全生产十项权利制、安全确认管理制、现场工作汇报制、集体升入井制等。

（八）安全责任制

在安全责任制上，制定了安全生产责任制、安全抵押责任制、安全行政责任追究及安全奖惩规定、安全质量隐患整改联系单管理制度、安全处罚处分落实承办管理规定等。

（九）安全状况

历年职工伤亡情况统计表

序号	年度	工亡人数	百万吨工亡率	重伤人数	轻伤人数
1	1989	0	0	5	58
2	1990	1	0. 974	2	26
3	1991	0	0	1	13
4	1992	2	1. 1618	2	13
5	1993	2	1. 553	7	25
6	1994	1	0. 799	1	10
7	1995	1	0. 768	1	11
8	1996	1	0. 788	2	12
9	1997	1	0. 739	1	7
10	1998	3	2. 496	0	3
11	1999	2	1. 447	5	12
12	2000	3	2. 171	2	15
13	2001	2	1. 447	2	8
14	2002	2	1. 368	5	21
15	2003	1	0. 675	2	32
16	2004	1	0. 675	0	18
17	2005	1	0. 762	2	19
18	2006	1	0. 671	1	16
19	2007	1	0. 714	2	10
20	2008	0	0	0	4

历年瓦斯等级情况表

年度	CO_2		CH_4		等级	
	m^3/min	m^3/t	m^3/min	m^3/t	CO_2	CH_4
1989	24. 383	13. 269	48. 926	29. 356	低	高
1990	27. 124	15. 070	54. 722	30. 406	低	高
1991	26. 399	11. 712	48. 626	21. 572	低	高
1992	22. 955	10. 024	68. 523	32. 610	低	高
1993	22. 437	7. 655	48. 272	16. 469	低	高
1994	20. 562	11. 458	42. 554	23. 712	低	高
1995	14. 661	5. 028	49. 247	10. 889	低	高
1996	14. 070	7. 098	38. 445	10. 388	低	高
1997	17. 909	6. 575	47. 748	17. 530	低	高
1998	17. 217	7. 301	68. 886	29. 213	低	高
1999	11. 199	3. 561	36. 349	11. 181	低	高
2000	12. 007	4. 481	51. 494	19. 216	低	高
2001	8. 176	2. 704	37. 322	12. 341	低	高

年度	CO_2		CH_4		等级	
	m^3/min	m^3/t	m^3/min	m^3/t	CO_2	CH_4
2002	8.190	3.045	55.084	20.480	低	高
2003	5.719	1.964	61.575	21.151	低	高
2004	7.767	2.667	40.924	14.053	低	高
2005	9.733	3.801	64.341	25.128	低	煤与瓦斯突出
2006	9.161	3.403	71.604	26.599	低	煤与瓦斯突出
2007	7.987	3.932	51.874	25.538	低	煤与瓦斯突出
2008	9.42	3.43	57.32	20.87	低	煤与瓦斯突出

四、经营管理

（一）工资管理

1. 工资管理办法

1990年后，采、掘、开等生产单位实行吨煤（米）计资，联挂费用考核办法；下属单位实行工资总额承包办法，联挂费用考核；机关科室、地面单位实行绩效考核。2000年后，制定了新的《劳动定额定员标准》。

2. 考勤管理

2005年3月，运用现代化管理手段，开始进行井上、井下考勤。范围包括在厂区工作的所有在册职工。井下职工实行射频打卡考勤，井上厂区职工实行指纹考勤，其他职工、风井区职工按原规定考勤。考勤数据作为职工开支依据。

3. 绩效考核

考评工作主要是对基层各单位的月度绩效考核，即对基层各单位月度经济责任制指标的考核，实行百分制考核，直接与基层各单位的管理人员月度工资结算挂钩。单位性质不同，考核的内容也不相同。同时将副总工程师的月度工作纳入月度绩效考核当中。2008年5月，实行各单位经营指标按年度累计考核，打破了考核工作的常规思维，使考核办法更加科学、实效。

（二）财务管理

1. 流动资金和材料管理

1990年3月，开始执行一支笔批料、批款制度。2000年1月，出台了费用审批程序和权限的规定。2008年4月，又一次调整重申了该规定，进一步规范了费用审批程序，确保了经营管理工作的顺利开展。

2. 采煤队零点利润核算法

1991年1月，首先在四个采煤队试行了零点利润核算法。核算的范围包括产量、煤炭质量和成本。

零点利润核算以采煤队为核算单位，业务上在财务科结算中心的指导下，实行会计核算与统计核算相结合的核算方法。各基层单位建立生产费用明细账、内部银行存款明细账及矿拨款明细账，建立材料消耗统计台账、班组核算统计台账、工资支出统计台账、煤质灰分统计台账，编制盈亏计算表、成本计算表，建立零点利润核算图板。采煤队每月核算工资支付数据，计算工资成本，并建立了登记台账，月末与工资科核对。每月底营选科向财务科及各采煤队提供每月平均灰、水分，计算煤炭价格。财务科月底按实际消耗的材料、工资以及煤质，与各采煤队核对无误后，由各采煤队编制盈亏成本计算表。

3. 全面预算管理

2008年12月，制定了《全面预算管理实施细则》。全面预算管理分经营预算、资本性投资预算、财务预算三方面内容。

矿建立了月度预算编制制度，每月编制月度预算经济指标完成情况报表，提供给矿领导和职能部门，使全矿各项技术经济指标都在预算控制之内，全矿所有单位都列入了考核范围之内。

（三）物资与结算管理

1. 物资管理

1989 年至 2003 年，材料供应科物资实行自主管理。2003 年 3 月，局实行集中采购管理。2005 年 10 月，材料供应科变更为矿生产成本中心，原物资供应站变更为物资超市。2008 年，实行内部市场化管理，增设内部市场结算中心，物资管理实行微机网络化管理，单据结算实行计算机自动化结算。

2. 成本结算与成本控制

2003 年 4 月至 2007 年，实行原煤主体生产成本管理。根据峰煤［2003］21 号文《关于印发峰峰局生产成本管理办法的通知》的要求，矿制定了《原煤主体生产成本管理实施办法》，其主要内容为：《材料成本管理》、《工资成本管理办法》、《用电成本管理》、《机电设备、大型材料管理办法》、《机电设备内部租赁管理办法》、《关于轻放支架高档设备管理办法》、《更新产品和加工制作件的管理办法》、《坑代品管理办法》、《设备物质管理处罚规定》。

（四）内部市场化管理

1. 内部市场化制造成本项目的分解

煤炭生产内部市场成本，包括材料、工资、电费、折旧费、维简费、安全费用、修理费、地面塌陷补偿费及其他支出等费用，都属于内部市场核算及管理的范畴。

2. 链式生产工序的确立

内部市场主导工序是以原煤、进尺为产品的主导工序。根据原煤、进尺生产工艺流程，确定辅助链式流程。辅助单位的工序，按照其服务生产单位的顺序，进行工序设定。同时，对辅助单位之间的服务进行间接排序，做好辅助单位对辅助单位新的工序链，原则上按服务对象确定。

3. 计算机网络结算

各基层单位和各职能科室的网络布局，在 2007 年全部完成。链式单位数据结算工作，能够按照峰峰集团要求，进行正常工作，实现了日清日结，各项成本数据可实时反应，动态成本监控能准确进行。

4. 内部市场仲裁

为及时解决和平衡内部市场运作过程中出现的问题和矛盾，使内部市场经营行为顺畅进行，矿成立了专门的仲裁机构进行仲裁。对于服务双方出现的争议，由提供服务方提出书面仲裁申请后，由仲裁机构根据实际情况予以裁定。同时界定完善有争议的工作标准，结算部门按裁定结果进行结算。

（五）煤炭销售状况

1994 年 -2008 年销售情况统计表

单位：万吨

年度	总销售量	路运	汽运
1994	130.623860	105.5920	25.031860
1995	147.028454	103.6746	43.354154
1996	140.885148	87.4295	53.455648
1997	141.653146	107.2980	34.355146
1998	112.787808	105.4211	73667.08
1999	140.5375	119.8106	20.7269
2000	158.8784	126.6739	32.2045
2001	151.1505	135.8355	15.3150

年度	总销售量	路运	汽运
2002	156.8445	116.8388	40.0057
2003	145.4604	118.7355	26.7249
2004	149.6576	114.3815	35.2761
2005	127.9446	103.9135	24.0311
2006	139.8566	115.1787	24.6779
2007	144.2815	116.0759	28.2056
2008	137.010828	85.7561	51.254728

（六）煤质管理

历年煤质主要指标完成情况统计表

年度	指标完成情况			
	销售量（万吨）	灰分（%）	全水分（%）	发热量（mj/kg）
1989	92.3529	20.84	6.24	25.29
1990	101.8449	20.59	6.08	25.40
1991	115.4173	20.47	5.63	25.63
1992	120.9289	22.59	5.42	25.01
1993	124.5010	21.67	6.29	25.18
1994	130.6238	22.33	6.97	24.47
1995	147.0285	22.87	7.54	24.02
1996	140.8851	23.56	7.55	23.86
1997	141.6531	23.51	6.89	24.15
1998	112.7878	22.78	6.45	24.68
1999	140.5375	23.07	6.5	24.52
2000	158.8784	24.35	6.2	24.16
2001	151.1505	25.51	6.5	23.83
2002	156.8445	24.67	5.9	24.12
2003	145.4604	27.60	6.5	22.85
2004	149.6576	30.14	6.4	22.19
2005	127.9446	29.01	7.0	22.21
2006	139.8566	32.18	6.5	21.13
2007	144.2815	32.09	6.6	21.22
2008	137.010828	32.83	6.5	20.95

（七）节能减排工作

1989年至2008年，用电管理经历了计划用电指标考核向节约用电成本控制的逐级飞跃，装表计量考核范围不断扩大，考核力度由小指标考核对机台、班组，发展到对单位文明百分考核。用电管理文件规定、要求逐年升级，并细化到采掘生产头、面。避峰调荷范围扩大到主生产出煤系统和生产头面。矿井原煤产量发展到2008年140万吨左右，企业用电量仍保持在20年前的水平。

五、资源开发

2006 年，峰峰集团以峰集［2006］152 号文件申请调整矿井边界，将西翼扩大区划归薛村矿井田，2008 年 9 月办理新采矿证，采矿证号：C1000002008091120000813，有效期 2008 年 9 月至 2018 年 3 月。

延深地区位于薛村矿井田西北部，在大淑村矿井田的西部，与矿十一盘区相邻。地区形状极不规则，其走向长约 1400 米，倾向长约 750 米，面积为 1.05 平方公里。大煤可采储量为 731.64 万吨，野青可采储量为 104.56 万吨，合计 836.2 万吨。

六、多种经营

1989 年到 2008 年，煤基多元化发展经历了由体制单一到多家公司相继成立，由经营业务单一到能够进行机电产品维修、矿井支护产品维修与制造、玻璃钢产品制造、家具制作、劳务输出等多种经营摊点，生产技术由简单的手工操作发展到机械化生产，产品销售由围绕以矿为主转变为向外部供销。经营规模不断扩大，发展成为由集体企业公司、华澳公司、光大公司、玉达公司等多家公司和矸石热电厂组成的多种经营发展格局，就业人员发展到 600 多人，资产由几百万元发展到 3 亿多元，产值规模由几百万元提高到了 1.2 亿元左右。多种经营经济的快速发展，既为企业经济注入了新的动力，同时为多种经营培养了一大批懂经营、会管理的技术与管理人才，为富余人员就业开辟了重要渠道。

七、后勤管理

（一）供热

矿井投产时，广场内建有锅炉房 1 座，烟筒高 30 米，安装有 3 台锅炉。工人村家属楼供热，1990 年开始设计，1997 年施工，1997 年 11 月 15 日运转，供热面积 6 万平方米。

2008 年，矿工业广场及西地工人村、集体宿舍实现矸石热电厂集中供热，取代了分散的 9 台中小锅炉采暖，年少耗原煤 2.1 万吨。

（二）职工宿舍建设

全矿有职工宿舍 662 间，入住职工 1471 人。

（三）食堂建设

1983 年，矿投资 36 万元，建成了工业广场职工食堂及附属楼，建筑面积 2285 平方米，可容纳 1000 人就餐。1985 年，又投资 89 万元，建起了工人村食堂及附属楼，建筑面积 3064 平方米，可容纳 1500 人就餐。

（四）医院建设

1980 年，矿投资 55 万元，建成了医院门诊楼及病房楼，建筑面积 5495 平方米，设置病床 120 张。

（五）家属住宅

1989 年，建造 2 栋家属楼。1990 年至 2008 年，共建家属住宅楼 24 栋。至 2008 年底，共出售 550 户、3.4860 万平方米。

（六）井下职工营养餐供应

矿在厂区餐厅设立了井下职工营养餐供应专口，所用管理和服务人员 80 名，由矿开支并负担一切费用，属于服务型经营性质。

八、党群工作

（一）党委工作

1988 年至 1992 年，先后开展了“坚持四项基本原则，反对资产阶级自由化”教育、“双基”教育、“主人翁意识”教育活动。

1993 年至 1994 年，开展了“我与企业共命运”、“爱岗奉献”教育活动。

1995年至1997年，开展了“艰苦奋斗、爱岗敬业”教育活动，开展了创建文明矿活动，首批跨入局级“文明矿”行列。

1999年，开展了“鼓斗志、闯难关、抓扭亏”主题教育活动和“学、研、创”活动。在全矿范围内开展了“迎双庆、鼓斗志、闯难关、作贡献”主题教育，组织举办了“知形势、明任务、作贡献”知识竞赛和“讲政治、顾大局、保稳定”等宣教活动，

2000年，开展了“学《决定》、抓机遇、攻难关、保目标”主题教育、“学习理论、调查研究、创新工作”活动和“深化改革求生存，强化管理促发展”大讨论。制定了《关于加强和改进思想政治工作的意见》和《关于进一步加强政工队伍建设的意见》，试行了《双文明建设百分考核办法》，强化了“一岗双责”制度落实，为加强和改进思想政治工作奠定了基础。

2001年，开展了“学《建议》、强管理、抓调整、谋发展”主题教育活动。组织了“强管理、上产量、保安全、增效益”大讨论活动和“远学赵国锋、近学李水龙”活动。

2002年，开展了“转风、务实、创新、增效”主题教育活动。以创建文明矿为目标，广泛开展了职业道德教育和“十争创”活动，对72个创建示范点进行了挂牌。

2003年，组织开展了“团结、奋进、创新、超越”企业精神主题教育、创建“学习型企业”、“十争创”和“摆正四个关系，实现三个转变”大讨论活动。狠抓了防治“非典”工作。

2004年，开展了“新机制、新形象、新发展”主题教育活动和“抢抓新机遇，提高执行力，促进新发展”大讨论活动。坚持以建设高品位企业文化、打造高标准文明煤矿为目标，制定了三年企业文化建设总体思路和总体目标，积极开展了企业文化知识的普及、企业理念的征集和提炼活动，全面启动了企业文化建设。在机关和制修区实行了6S管理。“一区一道三园”动工建设。整合了15种信息和简报，创办了《薛煤人》，7月8日试刊号出版，10月1日正式创刊出版。

2005年，开展了保持共产党员先进性教育活动。实施了党建质量管理体系运行机制。根据党建质量管理体系要求，规范了发展党员程序图，确保了发展质量。开展了“精细管理强基业，多业并举齐发展”主题教育活动。构建了POC人本精细化管理模式，明确了两大引领体系、四个核心要素、三大支持系统、三条延伸途径为内容的基本框架。搭建了以人为本，以提高绩效为核心，全员、全过程、全方位闭环式控制管理平台。全矿各单位健全完善了各工种4E和6S标准，较为规范地推行了职工岗位绩效三卡、军事化管理、安全“五自问”、现场汇报等文化管理工作。对企业文化建设基础资料进行了归纳整理，编辑了薛村矿《自强之路》一至四辑和《企业文化手册》、《安全文化手册》、《超越》专题片等。9月16日，“全国企业文化煤矿行”活动在矿隆重举行，矿获“全国煤炭工业企业文化示范矿”。10月12日，集团公司在矿召开企业文化建设现场观摩交流会。

2006年，根据峰峰集团“四创”活动安排，在全矿开展了“双培”工作，即把生产骨干培养成党员、把党员培养成生产骨干。各党支部均制定了“双培”规划，共发展党员83人，其中51名是一线生产（业务）骨干。开展了“精细管理强企业、真抓实干树新风”主题教育活动和“保安全、降成本、提质量”大讨论活动。全面深化POC精细化管理，使企业文化建设不断向井下、向现场、向岗位、向员工延伸。在井下单位实施了集体升入井制度，推行了班组长现场安全确认和现场汇报，在职工中全面推行了“手指口述”工作法，推行了编码、定置和标识管理，加强了班组文化建设，企业文化建设内容更加丰富。

2007 年，开展了“四好”领导班子创建和“精细管理固根基、共建和谐促发展”主题教育活动。按照“六个积极”的企业文化总体建设思路，将企业文化分为井下精细化管理、安全文化项目组、绩效管理项目组、分项文化项目组，并积极开展相关工作。研讨开发了各岗位工作理念。完成了由4E 向5E（每人、每事、每时、每处、每物）的转变，修改完善了绩效考核办法，完成了人、物、事、空间的编码，大力推行了军事化管理，深化加强了安全文化建设。

2008 年，开展了“抓学习、强管理、解难题、促和谐”主题教育活动。结合冀中能源集团成立，组织开展了“新集团、新目标、新举措、新面貌”主题教育活动。持续深化企业文化建设，围绕“五精九力”新课题，紧密结合矿井工作实际，在增强学习力、拓展文化力、提升经营力等方面下功夫。组织 20 名基层代表赴山东协庄煤矿进行了为期一周的现场学习和参观。对井上下环境面貌进行了集中整治，对牌板及标识进行了重新设计、制作和更换。对班前礼仪、“手指口述”、现场交接班、现场汇报、安全确认等项目进行了演练和展示。

（二）纪监工作

1989 年，制定了《关于各级领导干部保持廉洁的规定》、《关于廉政建设的补充规定》、《关于矿党政领导干部廉洁责任制》和《关于领导干部回避制度》。

1994 年，制定了《关于各级领导干部个人及家庭重大事项报告制度》、《关于强化民主管理、严格“五公开”制度的补充规定》等廉政管理制度。

1998 年，制定了《关于实行诫勉谈话教育的暂行规定》。

2001 年，开展了“读勤廉文章、增勤廉意识、树勤廉形象”活动。

2002 年，首次在领导干部家属中开展了争当“贤内助”活动。

2003 年，开展了以“八个一”活动为内容的党风廉政宣传教育。

2006 年，推行了权力公开透明运行工作。

2007 年，推行了党务公开工作。

2008 年，开展了“本质廉洁型企业”创建活动。

（三）工会工作

2001 年 12 月 18 日，召开了峰峰局薛村矿第十届职工代表大会。2004 年 10 月 23 日，召开了峰峰集团薛村矿第一届会员大会、职工代表大会。

1992 年 10 月，召开了第四届会员代表大会。2004 年 10 月，召开了峰峰集团改制后薛村矿第一届会员代表大会。

1990 年至 2008 年，“职工之家”建设成为工会工作的重点。矿工会积极维护职工合法权益，加强“职工之家”建设，先后组织开展了“手册式建家考核”、“金牌职工代表评选”等特色活动。

矿工会每年组织开展群众性劳动竞赛活动。2008 年，开展了“安全杯”、“质量杯”、“成本杯”、“效益杯”四杯劳动竞赛。

矿工会每年举办技术练兵、比武活动。通过练比结合，不断提高工人岗位技能，保证安全生产。

2004 年 –2008 年练兵比武活动情况表

年度	练比工种数	练比人数	矿级比赛工种	参加矿级练兵人数	参加集团公司比赛工种	参加集团公司比赛人数	获省级技术能手称号
2004	21	2300	13	96	15	41	
2005	20	1800	11	67	15	35	
2006	19	1900	15	101	15	35	
2007	18	1800	15	85	15	30	2
2008	16	1251	15	83	15	39	

1988 年，矿成立女工家属安全协管会。开展了“十嘱咐”、“五定”、“四包”、到井口送安全绣巾等活动。

（四）团青工作

到 2008 年底，薛村矿共有青工 1516 人，其中共青团员 628 人。团委下设 1 个团总支，21 个团支部。

1992 年 12 月 4 日至 5 日，召开了共青团峰峰局薛村矿第七届代表大会。1996 年 11 月 1 日，召开了第八届代表大会。2004 年 11 月 18 日，召开了共青团峰峰集团薛村矿第一届代表大会。

1988 年至 2008 年，共纳新团员 2012 名。1988 年至 2008 年，共办理超龄团员离团手续 1384 名。

开展了“双推”工作，即向矿党委推荐优秀团员入党，向矿党政推荐优秀团员青年进入重要工作岗位。1991 年，把全矿团支部分为三个区域，每个区域明确一名区域区长，形成了新的创建工作格局。2004 年，推行区域区长“项目负责制”、“项目认购制”、“目标考核制”。建立“五四三”志愿者服务制，即定点、定人、定项、包户定人、包项定人；遇到困难、重大节日、季节变更、特殊天气时必登门走访；被包服务对象家中环境改观、情绪稳定、心情舒畅。2005 年，探索并推行团建 POC 精细化管理。

第三节　主要经济技术指标完成情况

历年主要经济技术指标完成情况表（一）

名称＼年度		1989	1990	1991	1992	1993	1994	1995
年产量（吨）	计划	920000	850000	950000	1150000	1150000	1200000	1250000
	实际	928041	1027063	1138376	1235622	1285888	1251125	1300898
总进尺（米）	计划	16300	16500	16000	17000	17500	17500	17500
	实际	17001	16747	17475	16572	17519	17525	17597
开拓进尺（米）	计划	1900	2140	1600	1300			
	实际	1989	2577	1726	1555			
成本（元/吨）	计划	62.0	61	28.5	58	81.0	84	95.5
	实际	61.98	60.9	58.31	57.89	80.61	85.97	95.20
效率（吨/工）	计划	0.885	0.830	1.020	1.250	1.450	1.500	1.900
	实际	0.885	1.002	1.197	1.388	1.458	1.727	1.901
坑木消耗（米^3/万吨）	计划	50	40	28	35	27	25	22
	实际	47.6	37.6	25.5	31.3	25.2	22.2	18.7
火药（公斤/万吨）	计划	1600	1600	1500	1500	1200	1400	1300
	实际	1581	1313	1131	926	1139	1301	1200
雷管（发/万吨）	计划	4500	4000	3000	2800	2500	2800	2800
	实际	4059	3360	2803	2589	2078	2522	2652
利润（万元）	计划	-941	-2861	-2387	-1686	+318	-416	-804
	实际	-2733	-2839	-2547	-1683	+319	-416	-724
年总产值（万元）	计划							
	实际	2756	3321	4369	5701	11499	13694	14447
灰分（%）	计划							
	实际	20.72	20.46	20.34	22.59	21.67	22.39	22.79
水分（%）	计划							
	实际	6.24	6.08	5.63	5.42	6.29	6.97	7.54

历年主要经济技术指标完成情况表（二）

名称 \ 年度		1996	1997	1998	1999	2000	2001	2002
年产量（吨）	计划	1250000	1250000	1170000	1380000	1370000	1370000	1330000
	实际	1301996	1351997	1201998	1381999	1382000	1383001	1462002
总进尺（米）	计划	18000	17500	13000	9750	10600	10800	13500
	实际	18196	17919	13199	10040	10763	13155	14328
开拓进尺（米）	计划				780	130	380	
	实际				936	179	442	1554
成本（元/吨）	计划	99.5	94.52	92.75	90.7	84.81	88.75	93.24
	实际	99.02	101.81	92.75	85.64	91.18	96.64	104.11
效率（吨/工）	计划	1.99	2.00	2.00	2.35	2.5	2.5	2.5
	实际	1.913	2.039	2.203	2..36	2.501	2.502	2.501
坑木消耗（$米^3$/万吨）	计划	18	18	18	16	16	25	30
	实际	15.1	16.3	16.2	12.9	13.7	19.2	17.0
火药（公斤/万吨）	计划	1400	1300	1000	1000	1000	1000	1200
	实际	1301	1200	741	538	616	799	1007
雷管（发/万吨）	计划	2800	2800	2000	2000	2000	2000	2500
	实际	2676	2685	1915	1393	1676	1990	2468
利润（万元）	计划	-1547	+1100	+900	2500	3595	2250	2125
	实际	-1544	+1102	+2	2130	1641	1137	2433
年总产值（万元）	计划							
	实际	14729	16732	14802	17832	16671	16513	19866
灰分（%）	计划							
	实际	23.46	23.57	23.58	23.07	24.35	25.51	24.67
水分（%）	计划							
	实际	7.55	6.89	6.45	6.5	6.2	6.5	5.9

历年主要经济技术指标完成情况表（三）

名称 \ 年度		2003	2004	2005	2006	2007	2008
年产量（吨）	计划	1350000	1370000	1310000	1370000	1340000	1274000
	实际	1482003	1482004	1312005	1488818	1400023	1372008
总进尺（米）	计划	15000	15000	15000	14500	15500	16300
	实际	15810	15405	15728	15438	16158	18314
开拓进尺（米）	计划	1500	1500	837	700	300	0
	实际	1740	1541	1541	780	781	1306
成本（元/吨）	计划	100.71	124.14	195.94	208.20	214.99	260.53
	实际	104.59	125.20	198.10	207.88	214.01	327.42

名称 \ 年度		2003	2004	2005	2006	2007	2008
效率（吨/工）	计划	2.5	2.5	2.500	2.450	2.463	2.455
	实际	2.502	2.502	2.501	2.470	2.463	2.461
坑木消耗（米^3/万吨）	计划	25	20	18	25	25	25
	实际	17.5	15.8	21.8	22.0	26.2	20.77
火药（公斤/万吨）	计划	1000	1000	1000	1000	1000	1000
	实际	921	876	793	758	874	812
雷管（发/万吨）	计划	2500	2500	2500	2600	2600	2600
	实际	2497	2540	2622	2378	2955	2724
利润（万元）	计划	2324	1787	-1675	-3019	-4067	-8622
	实际	2469	1840	-1010	-2983	-3879	-8332
年总产值（万元）	计划						46661
	实际	20843	23850	26213	31154	31154	50251
灰分（%）	计划						27
	实际	26.51	29.07	29.01	32.18	32.06	32.83
水分（%）	计划						
	实际	6.5	6.4	7.0	6.5	6.6	6.5

第四节　市级以上荣誉称号

一、国家、部级荣誉

1989 年，全国煤矿一级质量标准化矿井

1990 年，全国煤矿特级质量标准化矿井

1991 年，全国煤矿现代化矿井

1995 年，全国煤矿现场管理先进单位、信访工作先进单位、煤质管理工作先进单位

2005 年，全国煤炭工业企业文化示范矿、文明煤矿

二、省级荣誉

1989 年，河北煤炭系统会计工作优秀单位

1990 年，河北省计委工业设备管理先进单位、煤炭系统思想政治工作优秀单位

1991 年，河北省计量标准先进企业

1992 年，河北省煤矿瓦斯工程先进企业、思想政治工作优秀单位

1995 年，河北省“守合同重信用”单位

1996 年，河北煤炭系统多种经营先进单位

1997 年，河北省煤炭系统思想政治工作优秀单位、煤炭系统科技进步先进单位

2002 年，河北省属企业思想政治工作先进集体

2005 年，河北省国资委先进基层党组织
2007 年，河北省“AAA”级劳动关系和谐企业
2008 年，河北省国资委先进基层党组织

三、市级荣誉

1991 年，邯郸市文明单位
1992 年，邯郸市文明单位
1993 年，邯郸市文明单位
1994 年，邯郸市文明单位
1995 年，邯郸市文明单位
1996 年，邯郸市文明单位
1997 年，邯郸市文明单位
1998 年，邯郸市文明单位、模范职工之家
2005 年，邯郸市国资委先进基层党组织
2006 年，邯郸市国资委先进党委
2008 年，邯郸市文明单位、国资委先进基层党组织

（资料提供：刘双芝、杨世海、田常有）

第四章　黄沙矿

第一节　单位概况

一、地理位置

黄沙矿坐落在河北省邯郸市峰峰矿区界城镇与磁县黄沙乡的交界处，北距峰峰矿区 12 公里。邢都公路从矿井东部穿过。彭（城）—孙（庄）—黄（沙）专用运煤铁路直达矿内煤仓。

二、历史沿革

黄沙矿于 1970 年 4 月 10 日动工兴建，边设计、边建设、边生产。1971 年 10 月 1 日简易投入生产，当年生产原煤 4.6462 万吨。1976 年，达到年产 30 万吨的设计生产能力。同年，矿井开始改扩建。1984 年，实际生产原煤 62 万吨，达到了改扩建后的核定生产能力。1994 年 7 月 12 日，因连日暴雨，淹井停产。经过五年多的恢复，到 2000 年，产量才达到 62 万吨。2008 年，产量达到 79.0198 万吨。

三、井田面积

井田北起Ⅰ号勘探线（28100 经纬线），南至漳河北岸（20500 经纬线）。井田面积 15.2805 平方公里。

四、地质构造

含煤地层为石炭系本溪组、太原组、二迭系山西组。煤系地层总厚度 185 — 220 米，平均厚度 190 米。本溪组厚度 6 — 12 米，平均厚度 10 米，含煤一层为尽头煤，极不稳定，也不可采。太原组地层厚度

111.77 — 132.57 米，平均厚度 124 米，含煤 10 — 12 层，煤层总厚度 7.33 米，含煤系数 5.91%。可采煤层有 6#、7#、8#、9#煤层，局部可采两层（3#、4#煤），3#、4#、9#煤层在本区普遍分为二层，其余煤层不稳定，也不可采。山西组地层厚度 50.43 — 90.62 米，平均厚度 60 米，含煤 1 — 4 层，煤层总厚度 6.23 米，含煤系数 9.44%，主要可采煤层为 2#煤，1#煤局部可采，其余煤层不可采。

井田煤层倾角较小，一般在 10 — 15 度之间。辛安区煤层倾角一般为 10 — 25 度。

五、矿井储量

2008 年末，矿地质储量共 9130.9 万吨，工业储量 3064.3 万吨，可采储量 1798.7 万吨。

六、煤质情况

所产原煤为肥煤，洗选后中煤含量为 32.3%。煤层颜色黑色发亮有光泽，硬度 1 — 2，呈颗粒状和块状。2008 年，开采辛安区大煤一层，全部供马头洗选厂作炼焦用煤。

七、资产情况

历年资产情况统计表

年度	资产总额（万元）	工资总额（万元）	平均人数	累计人数
1989	2345	960	2328	3490
1990	4835	1099	3480	2416
1991	5720	1188	3591	3583
1992	4503	1280	3492	3553
1993	4580	1287	3501	3503
1994	4671	1433	3314	3384
1995	5490	1721	3250	3255
1996	5067	2020	3096	3237
1997	5524	2103	3222	2930
1998	4653	1783	3137	3035
1999	8107	1452	2231	2343
2000	6269	2029	3148	3237
2001	6675	2798	3086	3182
2002	7342	3092	3152	3200
2003	16953	3293	3051	2974
2004	9415	3954	2816	2846
2005	9781	5997	2743	2805
2006	10334	6701	2745	2969
2007	9292	7537	2711	2936
2008	18186	10761	2715	3002

注：资产递次增长，主要原因为固定资产投入增加所致，其中 2003 年资产总额 16953 万元为资产评估值。

八、人员情况

1996 年底，全部取消使用临时工。2006 年，全部清退农民轮换工。职工构成主要以长期合同制为主。

历年用工情况统计表

年度	年末人数	其中							
		管理人员	工人人数						
			小计	固定工	长合	农轮	临时工	农合
1989	3384	420	2964	2222	22	713	7	
1990	3633	412	3221	2110	142	962	7	
1991	3583	292	3291	2178	158	948	7	
1992	3553	282	3271	2157	212	895	7	
1993	3493	267	3226	2116	246	857	7	
1994	3384	280	3104	2078	249	770	7	
1995	3255	281	2974	2036	256	675	7	
1996	3237	286	2951	1990	294	661	6	
1997	3090	238	2852	1681	308	863		
1998	3035	294	2741	1579	302	860		
1999	3308	289	3019	1693	315	1011		
2000	3237	284	2953	1659	335	959		
2001	3182	284	2898	1628	349	196		725
2002	3200	280	2920	1618	361	152		789
2003	2974	281	2693	1490	370	130		703
2004	2846	250	2596	1401	368	106		721
2005	2805	253	2552	1277	410	48		817
2006	2969	245	2724	1085	559	2		1078
2007	2936	242	2694	969	623			1102
2008	2942	244	2698	881	694			1123

第二节　主要工作

一、煤炭生产

（一）原煤生产

1989 年至 1993 年，黄沙矿原煤产量稳定在 60 万吨以上。1990 年，实际产量达到 71.84 万吨，创建矿历史新高。1994 年 7 月 12 日，因暴雨冲塌老洞而淹井停产，当年产量仅 16 万吨。经过五年多的恢复，到 2000 年，产量才达到 62 万吨。2001 年至 2007 年，产量稳步提高，到 2008 年，实际产量达到 79.0198 万吨。

（二）生产水平接替

1989 年至 1994 年，主要进行 -100 水平的 1125 区、1126 区和 +32 水平 6#煤的开采。

1995 年至 1996 年，主要进行矿井自救和恢复生产。此间进行了 +32 水平 7#煤的开采和 -100 水平 25 区的开采。

1997 年至 2000 年，主要进行了 -200 水平的 1129 区、1128 区 2#煤的开采。

2001 年至 2003 年，主要进行了 -280 水平的 1128 区、1129 区 2#煤的开采。

2004年至2008年，主要进行了-500水平的11210采区和-280水平的1128区上部小窑抢采区内2#煤的开采。

二、科技进步

（一）回采工艺的变革

1989年至1998年，采煤工艺均为高档普采，2#煤采用分层开采，4#、6#、7#煤采用一次采全高。工作面支护使用单体液压支柱，运煤采用SGB-630/150刮板运输机。运煤巷以SGW-40T刮板运输机为主。

1999年，首次采用轻型综采放顶煤工艺，支护使用轻放支架、MG200-W型采煤机，前溜首次使用SGD-630/220型刮板输送机，功率2×110千瓦。后溜首次使用SGB-630/150型刮板输送机。运煤巷使用SGW-40T刮板输送机和SPJ-800吊挂式皮带。

2005年，首次使用MG355/150-W采煤机，后溜首次使用SGZ-630/220H中单链刮板输送机。运煤巷以DSJ/80吊挂式皮带机运输为主。

2007年，前溜首次使用SGZ-630/264Q中双链刮板输送机，功率2×132千瓦，后溜首次使用SGZ-630/264H中双链刮板输送机。运煤巷以DSJ/80皮带机运输为主。

（二）掘进工艺的变革

1992年，首次推广应用摸顶锚网支护，即采用树脂锚杆配合铁丝网联合支护。

1998年，首次实施锚网索留顶煤支护，在切眼首次实施大跨度锚网索配合W钢带支护技术获得成功。

1999年，在岩巷推广光爆锚网喷新技术，使用树脂锚杆配合钢筋网联合支护，加大了锚杆的锚固力，增强了巷道的支护强度。

2002年，首次使用ELMB-75综掘机配合伸缩皮带综掘工艺，加快了掘进速度。

2003年，在岩巷推广了“三小”工艺（即小钻头、小药卷、小钎子）和“三掘三喷”新工艺，杜绝了空顶作业。

2007年，在-500南翼皮带道使用了岩巷液压钻车和侧卸式装煤机。

（三）机电、运输、通风技术革新

1. 机电方面

供电系统：2006年11月25日至2007年3月16日，新建1个地面变电所，安装了KYGC-Z高压开关14台、TJJ-1-380-200A低压配电柜5台、SRN-M-400/6/0.4变压器1台、SRN-M-630/6/0.66变压器2台（原变电所拆除）。2007年，将油浸式变压器更换成KBSG或KSG型干式变压器，达到了节能效果，提高了安全供电程度。

排水系统：+32泵房于2001年5月扩建，共增加MD280-60×4型号水泵3台。1994年淹井，追排水期间在-100临时泵房新安装了2台MD450-60×6型水泵。2008年10月，在-100扩建泵房新安装MD580-60×6型号水泵4台。1997年，-280泵房安装了3台型号为MD280-43×4的水泵，将水排至-200水平。1999年，更换6台型号为MD280-65×9的水泵，将水排至地面。2006年11月，建成-500泵房，安装MD280-43×7型排水泵7台。

压风系统：2003年，在-280水平建成1个压风机房，安装3台L5.5-40/8型压风机，拆除地面压风机3台。2008年，恢复使用地面压风机房，安装1台MLGF28/7.5-160G移动压风机，作为井下应急避灾。

2. 运输提升系统

1997年10月，副井车房将转子站的接触器更换成真空断路器。2008年10月，更换转子变频开关。

1991年10月，矸石山车房安装2JK2-/20型提升绞车。2006年4月，更换变频控制系统1套，减速机更换为弗兰德减速机，电机更换为Y315L2-8型，功率为110千瓦，电压等级为380伏的低压电机。

2007 年 5 月，将滚筒更换成了 JK2 ×1.5 型绞车滚筒，将角移式制动闸更换成了盘形制动闸。2008 年 11 月，新安装闸瓦间隙保护系统，实现闸瓦间隙保护在线监控、报警。

1992 年 4 月，－280 副暗斜井车房安装了 JK2.5 ×1.5/20 型提升绞车 1 台，用于提升矸石和物料运输。2005 年 10 月，更换 PLC 电控系统。2008 年 10 月，更换 ZHLR－150K 型减速机 1 台。

2001 年 5 月，－280 通风暗斜井车房安装 GKT2 ×1.5/20 型提升绞车 1 台，主要用于－100 水平与－280 水平之间的人员运输。

2004 年 10 月，－500 副暗斜井车房安装 JK2.5/20 型提升绞车 1 台，用于－500 水平与－280 水平之间的矸石、物料运输。

2005 年 3 月，－500 通风车房安装了 JK2.5 ×1.5/20 型提升绞车，主要用于－280 水平与－500 水平之间的人员运输。绞车采用 PLC 电控系统，实现了半自动化控制。

3. 通风系统

1997 年 6 月，辛安风井安装 2K58－N024 型风机 2 台，用于矿井辛安区通风。2004 年 4 月，更换了 GAF23.7－15－1 型风机，同时安装在线监控系统，实现了微机监控。2008 年 6 月，开始进行辛安新风井的施工，以解决－500 地区供风不能适应扩能增产的问题。

1997 年 4 月，风井更换 BKD40－6－N016 型风机 1 台。2004 年 6 月，更换了另 1 台风机。

（四）获奖科技项目

2000 年－2006 年局（集团公司）级以上获奖科技项目

时间	项目名称	等级
2000	《大跨度全煤巷道锚杆支护技术》	局科技进步二等奖
2001	《MRB/200/31.5 乳化液泵站研制》	局科技进步二等奖
2002	《黄沙矿井下火灭火及研究》	局科技进步二等奖
2002	《大流量快速移动系统在综采轻放面的应用》	局科技进步二等奖
2003	《黄沙矿轻放工作面结束无坑木出架的研究与实践》	集团公司科技进步二等奖
2004	《超大倾角度坡度胶带输送机的研制》	集团公司科技进步一等奖
2004	《黄沙矿跃峰渠下采煤研究与实践》	集团公司科技进步二等奖
2005	《超大倾角度坡度胶带输送机的研制》	邯郸市科技进步一等奖
2005	《复杂采掘地质条件下煤炭资源开采技术研究》	集团公司科技进步二等奖
2005	《黄沙矿高顶钻孔抽放瓦斯技术研究》	集团公司科技进步三等奖
2006	《高应力煤炭翻修锚网索支护技术研究与应用》	集团公司科技进步三等奖
2006	《轻型综采放顶煤工作面过 H＝5～10m 断层研究与实践》	集团公司科技进步三等奖

三、安全管理

（一）管理工作

从 1989 年开始，矿每年 1 号文件为安全生产决定，作为全年安全工作总的指导性文件。1989 年至 2004 年的奋斗目标，以杜绝水、火、瓦斯、煤尘、放炮重大灾害性事故为主。2006 年起，安全奋斗目标升级为实现“三无”（班队无“三违”、区科无事故、矿井无工伤）。每年 2 号文件为质量标准化安排意见，3 号文件为安全生产奖罚考核规定。

1996 年起，安全生产实行目标管理。每年初，区（科）长与矿长签定安全生产目标责任状，班组与区（科）签定安全生产责任书，职工作出安全承诺和保证。

2002 年起，连年举行六月“安全月”活动。针对春节等节日期间职工思想活跃、容易忽视安全的特点，每年开展“首季安全生产”活动。

2003 年，制定了《安全生产责任制》，并编印成册。7 月，矿井接受安全评价，被评为 A 类。本年度，获邯郸市和集团公司“安全生产先进单位”。

2004 年 4 月，制定了《放射源安全防护管理办法》。同年，试行“安全确认制”，安全管理从事故追究为主转向事中控制为主。

2005 年，制定了《安全行政责任追究处罚规定》，推行了职业健康安全管理体系。12 月，通过北京联合信诚认证中心的认证。

2006 年，针对单人升、入井容易发生人身伤害事故的问题，建立了集体升入井制度，被集团公司推广。引进日本“手口示意”工作法，推行了“手指口述”安全确认，得到集团公司认可、推广，成为安全管理创新亮点。本年度被峰峰集团评为“安全生产红旗单位”，被中国煤炭工业协会授予 2006 年度“二级安全高效矿井”。

2007 年 7 月，编辑完成《安全风险预控体系》并贯彻执行。同年，从矿到区（科）、班组，层层建立了《安全生产问题排查治理台账》，实现了问题整改处理的闭环管理。对“三违”人员实行程序化教育，开展区（科）、班组“三无”竞赛活动，安全管理模式由事中控制为主转向事前防范为主。本年度获峰峰集团“班组自主管理先进单位”。

2008 年起，开始实行班队、区（科）安全承诺制度。实现了安全生产年。

矿工会建立安全监督检查网，矿团委组建青年安全监督检查岗，开展了群众性安全活动。

历年安全生产状况表

年度	1989	1990	1991	1992	1993	1994	1995
原煤产量（吨）	630630	718408	710461	687799	442362	162401	154159
工亡人数	1	0	0	3	1	1	1
百万吨工亡率	1.59	0	0	4.36	2.26	6.16	6.49
年度	1996	1997	1998	1999	2000	2001	2002
原煤产量（吨）	196966	470542	553334	463787	623066	679678	633056
工亡人数	2	2	1	2	1	3	1
百万吨工亡率	10.15	4.25	1.81	4.31	1.60	4.41	1.58
年度	2003	2004	2005	2006	2007	2008	
原煤产量（吨）	631616	730167	726288	739998	739999	790198	
工亡人数	0	0	1	0	1	0	
百万吨工亡率	0	0	1.38	0	1.35	0	

（二）安全培训

1989 年至 2002 年，主要以文化补习和政治教育、投入产出分析、新的管理方法和企业升级培训为主。

2003年9月，职工教育正式归劳资部管理，加强了安全培训教育。

2005年，加大了培训教育硬件建设，培训计划与矿安全生产相一致，步入正规化发展轨道。

2006年6月，向上级申报了“安全教育四级培训机构”；同年12月，经过验收得到批准。

2007年，修建了安全培训训练场，装配了多媒体教室，职工技术培训迈上新台阶。创建了“三日一题、一周一考”、“班组自主培训”、“实物教学”等多种实用型的培训教学模式。

2008年，7个井下单位配备了多媒体教学设备，区（科）培训实现了网络化教学。

（三）安技措工程

2003年，矿安全监控系统投入运行，主要监控项目有风速、风压、瓦斯探头、风门开关、风机开停、风机电机电流、电压等。2008年，对系统进行了升级、扩容，增加了皮带烟雾、硐室温度项目。

2005年，矿压监控系统在112103采煤工作面投入使用，实现了矿压监控智能化。

2006年到2007年3月，完成了局部通风机“双风机双电源”项目，保证了掘进的不间断通风。

四、经营管理

1989年至1990年，以开展企业升级为主题，以质量标准化和安全工作为重点，狠抓了基础管理和福利点达标工作。1989年12月，被中煤总公司授予“一级质量标准化矿井”；被邯郸市授予“守合同重信用”单位和“花园式单位”。1990年达到“特级质量标准化矿井”，产量计划57万吨，实际完成71.84万吨，创建矿历史新高。

1991年，开展了“质量、品种、效益年”活动，以降耗减亏为目标，制定了各种技术标准、管理标准、工作标准，推行了现代化管理方法。12月20日，经中煤总公司验收，进入现代化矿井行列，并获河北省计划经济委员会“企业管理基础工作达标单位”称号。

1992年至1993年，深化企业内部改革，完善承包责任制。开展了劳动组织整顿，按照“双向选择、竞争上岗”的原则，进行优化组合，实行岗位定员管理，打破了旧的分配格局。开展了“上纲要创水平”竞赛活动和生产地区衔接会战，缓解了工作面衔接紧张的矛盾。

1994年7月12日，因连日暴雨，矿遭受古小窑倾泄洪水，导致淹井停产。矿全力进行排水抢险，到12月20日，追排水抢占－100泵房，27日，－100泵房安泵排水。当年亏损加剧。

1995年至1999年，矿提出“深化改革、理顺关系、以严治矿、强化管理”的指导思想，大力推行三项制度改革，按照“两分离一放开”原则，精简人员，剥离分流，扩大承包经营，挖潜降耗，狠抓巷道整修和工作面衔接，产量保持了稳步提高，完成了局下达的任务指标。

2000年，深入开展了“外学邯钢、内学通二”活动，狠抓节支降耗，增产增收。继续推进下岗分流，实施再就业工程。封存职工档案工资，推行绩效工资管理。回采单位实行吨煤工资，开掘单位实行进尺工资，辅助单位实行“4:4:2”工资分配。实业公司核定补贴，实行零点工资管理。全年完成产量62.3万吨，比计划超产7.3万吨；利润比局下达考核指标减亏3万元。本年度获河北省“资源节约综合利用先进企业”。

2001年至2002年，围绕减亏增盈目标，修订和完善了70余项管理制度。开展了重点地区衔接会战。实行了成本、利润双否决。对辅助和地面单位重新核岗定员。2002年实现利润5万元，告别了长期亏损。

2003年至2007年，围绕“高标准、严要求、强管理、创一流”的管理理念，继续深化劳动、人事、工资分配制度改革，完善工效挂钩办法，建立目标成本控制体系，加大主辅分离的改革力度，精简机关人员，合并基层单位、科室。加强企业文化建设，推行精细化管理和军事化管理，使管理工作走上了科学化、规范化、精细化的轨道。2006年，获峰峰集团“成本管理先进单位”称号。2007年，产量完成73.9万吨，利润实现67万元。本年度获峰峰集团“文明创建先进单位”称号，并被河北省企业联合会授予“河北省先进企业”称号。

2008年，提出“以人为本，科学发展，科技兴矿，人才兴矿”的管理理念，继续坚持高标准，严要求，深化企业文化建设，开展“五精九力”实践活动。建立和完善了工资分配机制、绩效考核机制、高产高效和安全生产竞赛机制，保持了生产经营的好势头。原煤产量完成79.0198万吨，安全生产和经营指标都取得好成绩。

五、资源开发

1994年，在72区对受水威胁的小青煤层，进行了带压试采，获得成功，安全回采小青煤炭资源15万吨。

2006年，与中国矿业大学合作，对辛安区南部漳村下安全采煤进行了可行性研究，并编制了科学合理的开采方案，2008年进入实施阶段。

对辛安区1#小煤的赋存情况进行了详细分析和研究，提出了对1#小煤薄煤层进行试采计划，2008年进入实施阶段。

六、多种经营

黄沙矿由于地处偏远，多种经营发展先天不足，虽然在20世纪90年代进行过探索，但没能发展壮大，形成规模。

1992年3月，矿在黑龙江省黑河成立了黑河边境贸易六十部，9月，由于经营难以为继，人员撤回。

1992年，矿修建了煤气站，供工人村及矿职工食堂燃气用，1999年12月，由于亏损严重，煤气站关闭。

1992年，个人集资、矿投资合建面粉厂，2000年关闭。

1993年8月，矿与山东青岛开发区交通运输公司联合，组建了青岛填海车队，矿出动7部运载车辆，1994年8月车队回矿。

1993年，建涂料厂，2001年关闭。

1995年7月，矿在福建省成立福建省福峰贸易联合公司，经营业绩不佳，1998年7月撤回人员。

七、后勤管理

1989年至1998年12月，后勤管理基本延续计划经济时期的模式。1999年1月，矿成立实业公司，积极推进主副分离、辅业改制，逐步建立健全了“三个体系”，即财务核算体系、价格体系、责权利体系，按照区域化管理、社会化服务、产业化发展的工作思路，加大后勤服务改革力度。2003年10月，实业公司名称不再使用，改为生活后勤服务。

（一）设施建设

1. 职工宿舍建设

2005年，对机电科宿舍楼进行了装修改造，铺设了地板砖，职工宿舍安装了电话和电视机。

2006年至2007年，先后对采煤区、运输区、开拓区、生产准备区、掘进区、通风区宿舍楼的卫生间进行了改造装修；为采煤区、运输区宿舍楼安装了电视机。

2008年8月，采煤区、生产准备区、开拓区、掘进区、机电科、运输区、通风区职工宿舍全部安装空调。

2. 职工家属住宅建设

1989年至2000年，共建成和改造9栋居民楼，职工家属居住条件得到较大改善。

3. 职工食堂、营养餐厅建设

1994年，黄沙矿职工食堂停办。2003年5月，对原职工一食堂进行了改造装修，职工就餐条件得到改善。

2008年8月，开始执行井下职工营养餐，将职工餐厅分为营养餐厅和职工餐厅两大块，共同运营。

4. 班中餐

2007年5月，在井口建立了班中餐发放站，配备了两台电热水器，供职工喝开水，为井下职工配发了饭盒、保温杯和挎包，实现了班中餐“带到井下，吃在班中”。

5. 澡塘

2004年，为职工更换了600个更衣箱。2005年至2006年，对澡塘进行了装修改造，实行了井下工作服公管。2007年，对职工澡塘淋浴系统进行了节能改造，实行了刷卡洗浴，职工洗澡用水得到节约。

6. 办公楼及工房建设

1993年，新建矿党委楼。2007年，翻建了制修厂钳工工房、电工工房，扩建了井口物资超市。2008年，新建了生产指挥中心楼，翻建了机采工房，新建了单体工房，改善了地面职工的工作环境。

（二）地面供水、供暖

1. 供水。2006年至2007年，对工人村楼房及西山6排平房共621户供水系统进行改造，实现了分户装表计量。

2. 供暖。1990年，矿在北大门路西修建了水暖锅炉房，安装3台锅炉，工人村及厂区大部分区域使用了水暖供热。

（三）环境绿化

2000年，在南工人村建成1366平方米的福寿乐园。2003年，建成620平方米的憩苑。2004年，建成1972平方米的文化广场和1960平方米的平安园。2005年，建成1750平方米的幸福园。2006年，建成3600平方米的和谐园。2007年，建成2500平方米的长安园。2008年，绿化职工公寓楼600平方米，绿化物资超市门前300平方米，绿化澡塘水楼周围750平方米，建绿化带500平方米。

八、党群工作

（一）党建工作

1989年至1994年，重点开展了反对资产阶级自由化和学习党的十三大、十四大、邓小平南巡重要讲话精神活动。制定了《党委会议事规则》、《党政联席会议事规则》，参与企业重大问题决策。开展了民主评议党员、党员议事、党员“三保”责任区、“忆党史、颂党绩、为党争光”、“党员奉献号工程”和“六好区队、五好班子、五好班组、四有职工”创建活动。编制了《基层党组织建设规范标准》，修订了党群工作制度。1992年，获邯郸市“支部规范化管理达标单位”称号。

1995年至2003年，重点开展了党的十五大精神、中国特色社会主义理论、党的十六大精神、邓小平理论、“三个代表”重要思想的学习教育活动。进行了机关作风整顿，制定了“十准十不准”规定。开展了学习新《党章》和“学报告、争先进、创效益”活动。举办了党员教学观摩比赛。组织党员缴纳特殊党费，资助贫困地区失学儿童上学。开展了“抗洪救灾赈灾募捐”活动。定目标，交任务，压担子，强化党员责任区管理。围绕“保衔接、上产量、降成本、增效益”，组织全矿干部层层签定责任状，积极推进科室合并、人员精简工作。

2004年，组织了党的十六届三中、四中全会精神的学习，举办了6期党员干部培训班，实行了“40+4”的学习制度，向中层干部赠送了《把信送给加西亚》和《没有任何借口》两本书，提高执行力。选拔任用了11名中层干部，完成了17个党支部的换届工作。开展了党支部工作达标升级季度考核活动和保持共产党员先进性教育活动。下发了《企业文化建设实施方案》，开始实施企业文化建设“五大工程”。

2005年，探索党建质量管理体系建设，举办党建工作ISO9000质量体系培训和内审员培训，对党建工作制度、规定、流程等资源重新进行梳理、整合、优化，编制了《党建工作质量手册》、《党建工作程序文件》和《党建工作作业指导书》等体系文件。党建工作坚持“写所需、做所写、记所做”的理念，提高了党建工作质量。9月，党建工作质量管理体系顺利通过北京方圆认证中心认证，颁发了认证证书，成为全国煤炭企业第一个获得党建质量管理体系认证的党组织。

2006年，对党员安全先锋岗活动规范了“六子工作法”。开通了党建网站。军事化管理延伸到井下，规范了岗位的工作报告礼仪。厂区内实行了“八个严禁”。建立了领导干部谈心谈话制度和对话制度。建立了保持党员先进性教育长效机制。开展了党员“七一”献厚礼系列活动。

2007年，深入开展了“四好”领导班子创建活动。开展了党的十六届六中全会、党的十七大、河北省第七次党代会精神的学习活动。组织了“贯彻科学发展观，促进企业大发展”解放思想大讨论活动。

2008年，开展了解放思想大讨论、学习实践科学发展观和“抓作风、做表率、促发展”作风整顿活动。开展了“学报告、学《党章》、促发展、促和谐”党建实践活动。狠抓稳定和稳控工作，实现了奥运安保期间的稳定。重新规范了基层单位党员活动室，安装了先进的电教设备。创办了《黄沙党群动态》刊物。组织干部职工向四川地震灾区捐款，发动党员向四川地震灾区缴纳特殊党费活动。接受了全煤系统打造团队“九力”现场观摩。摄制了《铸魂》党建工作纪实专题片。

（二）思想政治工作

1989年至1993年，加强了“四热爱”教育、“双基”教育和普法教育，确立政研会章程，成立了精神文明建设办公室。开展了“三个有利于”和“企业有困难，我该怎么办”的大讨论活动。

1994年，开展了政工科室深入基层“四大讲”活动。政研会开展了“学邓选转观念、抓改革求发展”主题征文活动。针对淹井，组织开展了“讲形势、讲任务、明家底、促排水、保稳定”活动，保证抢险救灾工作的顺利进行。

1995年，开展了“矿情号工程”、“改革号工程”、“勤俭号工程”、“奉献号工程”、“凝聚工程”主题活动。加强房改、医改、三项制度改革宣传活动。

1996年至2000年，组织举办了多次形势任务座谈会和经营形势发布会。修订完善了《关于加强和改进思想政治工作的安排意见》。重新制定了《精神文明建设中长期发展规划》。

2001年至2003年，开展了“爱国先爱矿、爱矿先爱岗”活动、思想政治工作交流研讨活动。创建了“包、保、做结合，树、建、创并举”思想工作法。开展了形势任务“四大讲”活动。

2004年至2006年，摄制《奋进中的黄沙矿》专题片进行矿情教育。开展了“新机制、新形象、新发展”主题教育活动。围绕“认清形势明任务、抓住机遇促发展”主题，在全矿广泛开展了研讨征文活动。

2007年，围绕“安全和谐，科学发展”主题，开展了“新机制、新形象、新发展”主题教育活动。

2008年，开展了“解放思想、发挥优势、弥补不足、创新发展”主题实践活动。围绕2010年矿井扩能改造实现年产120万吨的目标，开展了“新集团、新目标、新举措、新面貌”主题教育活动。

（三）纪监工作

1989年至2002年间，矿纪委认真贯彻落实党的从严治党方针，认真履行了监督、教育、保护、惩处的职能。

2005年，《建立健全教育、制度、监督并重的惩治和预防腐败体系实施纲要》颁布后，矿纪委修订了基层单位罚款使用的规定，治理和纠正了吃、拿、卡、要等倒服务现象，治理和纠正了克扣截留职工工资、私设“小金库”的问题。推行了党务、行政权力公开透明运行工作，建立了公开程序、公开阵地和流程图，制定了职权目录。矿、区（科）两级实现了公开规范化，每月对公开情况进行检查考核，加强了党内监督和群众监督。

加强廉洁文化建设。2006年，提炼和整合了廉洁文化理念，编印成册下发到党员干部手中。2007年，制定了创建“本质廉洁型企业”实施方案，开展了评廉考廉工作和效能监察工作。认真开展了治理商业贿赂专项工作，畅通举报渠道，增强了查办案件的能力。

（四）工会工作

1992年1月，召开第三次工会会员代表大会。1999年5月，召开第四次工会会员代表大会。2004年1月，召开峰峰集团黄沙矿第一次工会会员代表大会。2008年9月，召开峰峰集团黄沙矿第二次工会会员代表大会。

1989年至1991年，开展了以安全、质量和文明生产为主要内容的劳动竞赛活动。开展了技术比武练兵和群众性安全监督、安全嘱咐活动。制定了《职工代表大会条例实施细则》。

1992年至1999年，建立了三级民主管理网络和平等协商机制，“双保合同”向“集体合同”过渡。开展了民主评议干部、技术练兵、协管安全、文体、“巾帼建功”活动。实施了“送温暖工程”。

2000年至2003年，开展了《劳动法》的学习贯彻活动，建立了职工代表联系点制度、职工代表视察制度、职工参事员制度，开始推行矿、区（科）务公开。加强了农民合同工入会工作。会员档案开始实行一人一卡管理。加强了文化广场的管理，建立了职工活动室和图书阅览室。2003 年进入邯郸市“模范职工之家”行列。

2004 年，提出团结年、规范年、制度年的思路，文体活动提出抓大放小、扶强不扶弱的思路。2005 年起，着力开展“四会五家”建设。

2006 年，开展了“创建学习型企业，争当知识型员工”活动。

（五）团青工作

1989 年至 1992 年，重点开展了社会主义、爱国主义、集体主义的教育活动和学雷锋、树新风文明活动。1993 年至 1999 年，重点开展了保生产衔接、争当突击队活动。矿井抢险救灾时期，重点开展了义务回收废旧物资、献工时活动。2000 年至 2003 年，重点开展了青年监督岗、群众安全生产活动和青工技能竞赛活动。2004 年至 2008 年，重点开展了团青推优活动，选树优秀团青入党。多年开展了青工劳动创效、拜师学艺、青年文明号创建等活动。

第三节　主要经济技术指标完成情况

历年主要经济指标完成情况表

年度	原煤产量（吨）			总进尺（米）			效率	成本	利润
	计划	实际	+ -	计划	实际	+ -	（吨/工）	（元/吨）	（万元）
1989	630000	630630	630	12000	12207	207	1.272	50.56	-504.6
1990	570000	718408	148408	11000	12094	1094	1.287	53.77	-1293
1991	570000	710461	140461	11500	11538	38	1.349	62.16	-1402
1992	550000	687799	137799	11000	11907	907	1.312	64.15	-881.4
1993	440000	442362	2362	12000	10881	-1119	1.11	128.89	9
1994	203000	162401	-40599	6250	5559	-691	1.117	252.13	-3866
1995	150000	154159	4159	1200	1449	249	0.92	295.99	-3718
1996	100000	196966	96966	4100	4101	1	0.707	298.02	-3770
1997	400000	470542	70542	10500	10549	49	1.43	158.33	-1716
1998	450000	553334	103334	10200	10261	61	1.431	129.6	80
1999	530000	463787	-66213	6800	7004	204	1.331	169.88	-2478
2000	550000	623036	73066	7800	8838	1038	1.427	125.52	66
2001	560000	679678	119678	7400	7414	14	1.515	141.82	-646
2002	560000	633056	73056	7400	8678	1278	1.526	143.68	5
2003	560000	631616	71616	7900	8302	402	1.75	163.91	400
2004	590000	730167	140167	7200	8663	1463	1.82	288.47	168.5
2005	630000	726288	96288	7000	7018	18	1.845	277.18	1366
2006	690000	739998	49998	8000	8068	68	1.836	228.24	-808
2007	700000	739999	39999	7500	7518	18	1.86	311.31	67
2008	720000	790198	70198	7200	7845	645	1.86	268.40	851
合计	10753000	12135584	1382584	163950	169894	5944			

第四节 市级以上荣誉称号

一、国家、部级荣誉

1989 年，全国煤矿一级质量标准化矿井

1990 年，全国煤矿特级质量标准化矿井

1991 年，全国煤矿坑木场管理达标矿、现代化矿井

1992 年，全国煤矿坑木场管理达标矿

2001 年，全国煤炭工业造林绿化先进单位

2006 年，全国煤炭工业二级安全高效矿井

2007 年，全煤系统体育工作先进单位

二、省级荣誉

1989 年，河北省煤炭工业标准化仓库

1991 年，河北省煤炭工业坑木场管理达标矿、安全管理标准达标单位、企业管理基础工作达标单位、煤矿金属支护用品低耗矿

1992 年，河北省“守合同重信用”单位

1993 年，河北省“守合同重信用”单位

1995 年，河北省“守合同重信用”单位

2000 年，河北省经贸系统资源节约综合利用先进企业

2004 年，河北省设备管理优秀企业、园林式单位

2007 年，河北省企联系统先进企业

2008 年，河北省抗震救灾募捐活动先进单位

三、市级荣誉

1989 年，邯郸市花园式单位

1990 年，邯郸市“守合同重信用”单位

2003 年，邯郸市工会系统模范职工之家

2005 年，邯郸市工会系统先进星职代会、“四五”普法活动先进集体、“创建学习型组织，争当知识型员工”活动先进单位、女职工委员会先进集体、“安康杯”竞赛及职工劳动保护工作优秀组织单位

2006 年，邯郸市国资委先进基层党组织、“安康杯”竞赛优胜企业、宣教文体工作先进单位

2007 年，邯郸市国资委先进基层党组织

2008 年，邯郸市国资委先进基层党组织、绿色庭院、煤炭建设工程造价管理先进单位

（资料提供：吕海廷、苏明）

第五章　万年矿

第一节　单位概况

一、地理位置

万年矿位于河北省邯郸市武安市境内，东北距武安市 17 公里，东距邯郸市 50 公里，南距峰峰矿区 25 公里。邯（郸）长（治）及邯郸环行铁路线，通过井田西部，有铁路运煤专线直通本矿。

二、历史沿革

万年矿井田原计划分两对矿井，浅部井型 30 万吨。1970 年 7 月，峰峰局自筹资金，开工建设一号井。1971 年，列入国家基建项目。1973 年，移交六十三处施工，1977 年 1 月投产。深部原计划为二号井，井型 90 万吨，1974 年由武汉设计院设计。1975 年，煤炭部决定将一、二号井合并开采，年生产能力修订为 150 万吨。经过十年建设，1985 年 12 月，移交生产。根据煤炭部精神，增加了 1 部综采设备，年生产能力修改为 180 万吨。

三、井田面积

井田范围分属武安市伯延、磁山、午汲三个镇和峰峰矿区和村镇管辖。西部以 F1 号断层为界；南部以 F11 号断层与通二矿为界；东部以 F15 号断层、F49 号断层、F14 号断层、岩浆岩侵入体、F44 号断层及人为技术边界为界。

矿井南北长约 9 公里，东西宽 1 — 4 公里，面积约 21 平方公里。开采标高为 325 — 750 米。工业厂区 44. 9711 万平方米，工人村面积 18. 1827 万平方米。

四、地质构造

井田位于太行山东麓中段，西以磁山为屏，东以鼓山为嶂，属于丘陵地区，地形起伏不大，地表为第四系地层广泛覆盖。井田内冲沟发育，多呈“V”字型，有 10 条冲沟分布在南洺河东岸、鼓山西麓，其走向多为 NWW 向，切割深度 20 — 30 米之间。区内地面标高在 200 — 330 米，南高北低。

五、矿井煤层

井田内的含煤地层为石炭系的本溪组、太原组和二叠系的山西组，地层的总厚度为 181. 00 米，含煤 14 层，煤层总厚 13. 81 米左右，含煤系数 7. 6%。可采及局部可采煤层 6 层（2#、4#、6#、7#、8#、9#），平均总厚度 10. 05 米，其中 2#、9#煤为稳定和较稳定煤层。

六、矿井储量

2008 年底，地质储量 2.4988 亿吨，其中可采储量 5151.4 万吨，工业储量 9498.3 万吨，尚可服务 18.4 年。

七、煤质情况

矿井主要生产优质无烟煤，品种为混煤、洗精煤和不同粒度精块煤。产品具有低灰、低硫、低磷、发热量高的特点，广泛应用于电力、冶金、建材和居民生活，是城乡发展洁净煤的理想燃料。

无烟煤煤质和品种

品种	粒度（毫米）	灰分（%）	水分（%）	发热量（大卡/千克）	灰发分（%）	含硫（%）
混煤	<13	20－24	3－5	5500－6200	3－5	<0.3
混块	>80	16－19	2－4	6000－6400	3－5	<0.3
洗中块	30－80	14－17	<7	6200－6600	3－5	<0.3
小块	13－30	20－24	3－5	5500－6200	3－5	<0.3

八、资产和人员情况

截至 2008 年底，总资产 6.3069 亿元。其中流动资产 5321 万元，固定资产 1.9095 亿元，无形资产 3.8653 亿元。

全矿在册职工 4851 名。矿党政领导班子成员 10 人。16 个区（科）、20 个机关科室，其中 8 个政工科室。29 个党支部，68 个党小组，811 名党员。全矿干部 357 名（含矿聘干 56 名），其中正科级干部 65 名，副科级 56 名，一般干部 226 名。

第二节　主要工作

一、煤炭生产

（一）采煤工艺

1989 年，矿回采工艺已使用综采。1998 年后，采用轻型放顶煤工艺。到 2003 年，矿井达到设计能力。2005 年，生产原煤 203.5 万吨，创出峰峰集团矿井年产量历史最好水平。到 2008 年底，累计生产原煤 3188.9284 万吨，累计掘进巷道 32.7300 万米。全矿共有 3 个采煤队，采煤机械化程度达到 100%。

开拓施工工艺：凿岩机钻眼，人工装药爆破，耙岩机装载 1.2 吨矿车。支护方式主要为锚喷、U 型钢支架和 U 型钢支架锚喷联合支护。装备有 P－17B 耙岩机、PZ－5 喷浆机、JD－11.4 小绞车和 YTP－26 凿岩机。机械化开拓施工工艺采用 CM17 煤矿用全液压掘进钻车钻眼，ZMC－30 型全液压侧卸式装煤机装岩，SDJ－800 皮带运输。

掘进施工工艺：凿岩机钻眼，人工装药爆破，耙岩机或人工装载。运煤方式为刮板输送机或开口罐，通过皮带转载运入采区煤仓。支护采用 U 型钢、工字钢或锚网梁。装备有 YTP－26 凿岩机、P－17B 耙岩机。SDJ－800 皮带运输。机械化掘进施工工艺采用 EMB－150 型掘进机，进行全断面煤巷掘进，后路 SSJ650/40 可缩皮带运输。

（二）开采能力

1990年，矿井核定生产能力为150万吨。1991年，原煤产量达到151.1万吨。1992年以后，煤炭销售困难，矿井处于停产、半停产状态。1997年，随着煤炭市场的好转和邯峰电厂的建成投产，矿投入资金对生产环节进行了技术改造。2002年后，生产经营步入了健康发展的轨道。2004年，核定生产能力169万吨。2005年，随着一些大的改造工程完成，核定生产能力达到176万吨。之后，投入资金，对制约矿井生产能力的通风系统主扇和井下运输系统进行了改造，2007年核定生产能力200万吨。2008年，又对北风井主扇进行了更换，扩整了北三回风斜井和回风下山，更换了主皮带电机，对运输系统进行了改造，配备了1套大功率综采设备。

（三）通风系统

矿井通风系统为中央分列与对角混合式通风。通风方法为抽出式通风。5个进风井，2个回风井。其中，中部有4个进风斜井和1个回风立井；北部有1个进风斜井和1个回风斜井。

矿为低瓦斯、低二氧化碳矿井。2008年，瓦斯鉴定结果为：瓦斯绝对涌出量10.93立方米/分钟，相对涌出量2.67立方米/吨；二氧化碳绝对涌出量7.17立方米/分钟，相对涌出量1.75立方米/吨。矿井南翼地区瓦斯相对涌出量较大。煤层自然发火期为三类不易自燃。煤尘无爆炸性。

（四）提升运输系统

原煤提升采用GDS－100型斜井钢缆皮带，分为±0水平至地面和－240水平至±0水平两段。主斜井、暗副斜井均为双码串车提升。±0水平大巷全长2700米，－240水平大巷全长4900米，分南北运输大巷。

（五）供电系统

地面供电有店头、通二两回路35千伏高压电源，经过降压站两台主变变为6千伏电压，保证了供电的连续性。井下供电分为±0地区、－240地区和－440地区。

（六）排水系统

矿井主排水泵房有：±0水平中央泵房、－240水平中央泵房和－440水平泵房，其中±0水平中央泵房和－240水平中央泵房直接将水排到地面，－440水平泵房将水排到－240水平。

（七）地面生产系统

矿井建成时，原煤经筛选加工后，产生了两种商品煤，一是直径小于100毫米的混煤；二是直径大于100毫米的手选大块。1997年，在煤场中央自行研制安装了1部高18米、运输长度60米的高架带式输送机，替代了煤堆上的5部刮板输送机，从根本上解决了地面影响矿井生产力的问题。1998年，建立了二次筛选系统，商品煤品种由两种增加到了4种。2004年，对洗煤厂进行了二次改造，建成了入洗原煤100万吨的现代化洗煤厂，商品煤品种增加到12种。2005年，安装了一台美国进口的香蕉筛，地面生产系统带速由原来1.6米/秒提高到2米/秒。2007年，入洗原煤达到100万吨。

二、科技进步

（一）科技成果

1991年，获邯郸市科技进步先进集体。《煤矿企业计算机财务核算系统》获邯郸市科技进步三等奖。

1992年，《大跨度煤巷切眼锚杆支护》获河北省煤炭工业科技进步二等奖；《岩巷锚喷支护锚杆参数优化》获河北省煤炭工业科技进步三等奖。《坑木防腐情报调研》获河北省煤炭工业调研成果1级成果。《岩巷锚喷支护锚杆参数优化》获邯郸市科技进步三等奖。

1993年，《高压缩变形区复杂形状民房抗采动措施的深化试验与研究》获河北省煤炭工业科技进步三等奖。

1996年，《SHF10－13沸腾蒸汽锅炉该水锅炉》获河北省煤炭工业科技进步三等奖。

2000年，《煤巷锚杆参数优化》获河北省煤炭工业科技进步三等奖。

2005年，《复杂应力结构高流变新掘巷道支护技术研究》获河北省煤炭工业科技进步三等奖；《复杂应力结构高流整修巷道支护技术研究》获河北省煤炭工业科技进步三等奖。

（二）管理创新成果

2004年，《推进预算管理，提高企业经济效益》、《应用价值工程原理，实施避峰填谷降低排水费用》获河北省煤炭系统企业管理创新二等奖。

三、安全管理

（一）领导机构

1989年后，建立健全了以矿长、党委书记任组长，各专业矿级领导任副组长的安全管理机构。各基层单位也相应成立了区（科）长、党支书为组长的区（科）安全生产领导小组，建立了自上而下的安全生产网络。

（二）群众安全机构

矿建立了群众安全监督检查委员会，各基层单位（车间）工会建立了群众监督领导小组。团委建立了青年安全监督岗，各基层车间设分岗。工会、团委按时组织进行安全巡视和安全检查活动。

（三）安全生产制度

1989年至2000年，矿对成熟的安全管理经验加以规范，相继制定了《安全生产责任制》、《安全奖惩条例》等文件，逐渐形成安全管理制度化。

2002年，制定了《安全办公会制度》、《关于严肃事故分析处理的管理规定》、《区（科）领导值、跟班制度》、《精品工程考核实施细则》。并在井下实行了“六位一体”安全管理模式。

2003年，制定了《安全生产举报制度》。

2004年，制定了《生产安全事故应急救援预案》、《井下单位班前会（收工会）的规范要求》等。

2005年，制定了《安全生产岗位责任制》、《地面安全管理规定》。

2007年，《安全生产管理制度》汇集成册。针对南洺河铁矿开采意外水害，制定了《南洺河铁矿开采意外水害应急预案》。

2008年，修订完善了《安全质量奖惩条例》。

（四）安全培训教育

2001年，成立科教科，安全培训得到加强。2003年，改为职教中心。2005年，取得煤炭行业四级培训机构资质。2008年，有专、兼职教师58名，普通教室10间，多媒体教室11间，满足了员工培训学习的需要。

（五）安全质量标准化工作

矿井安全质量标准化水平1990年达到特级，并逐年提高。2005年至2007年，矿井质量标准化水平始终名列峰峰集团前列。

（六）安全事故

2008年11月10日早班6时20分，第二部皮带发生飞车断裂事故，造成工亡4人，受伤13人。

四、经营管理

（一）劳动工资

职工队伍：1989年，在册职工5440人。通过整顿劳动组织，优化劳动组合，精干职工队伍，强化劳动定员管理，到2008年底，在册职工4851人。

用工制度：1989年以来，采用了全民固定工、长期合同制、农民轮换工三种用工形式。1995年6月，根据峰峰局《实行劳动合同制实施办法（试行）》，全民性质职工全部实行了劳动合同制。

工资制度：经过1995年、2003年、2005年和2008年的四次工资调整，职工收入水平有了较大幅度的提高，形成了合理的工资收入分配关系。

工资管理及分配：1999年，执行峰峰局统一的劳动定额管理办法。2005年，实行了工资总额同经济效益挂钩考核办法。2007年后，矿制定了《生产经营安全效益结构工资实施办法（试行）》，把各项指标落实到单位，分解到班队，把责任落实到人，实行浮动工资按“四三三结构”，即：安全40%、质量30%、任务30%，形成了相互制约的激励机制。

社会保险：1996年，制定了职工养老保险缴费时间、办法及待业风险补贴有关政策。1998年1月，成立社会保险办事处，逐步建立了养老保险、失业保险、医疗保险、工伤保险和生育保险五个险种。2008年底，在册职工和离退休人员全部参加了养老保险和医疗保险；在册职工全部参加了失业保险和工伤保险；在册女职工全部参加了生育保险。

（二）财务会计管理

财务核算采用原煤主体和后勤“两条线”核算方式。记账方式为借贷复式记账法，共有4个核算点，分别是原煤主体、实业公司、医院和邱县农场。经营成果由矿负担。矿设置了单独会计机构，实行会计人员岗位责任制。日常通过NC财务系统处理资产、负债、收入、费用、所有者权益等会计要素的核算、核对、会计账簿登记等业务。

固定资产管理：矿财务科和供应科是固定资产会计核算和实物管理部门，负责和掌握全矿固定资产的合理使用及增减变动，检查和督促基层单位做好固定资产的保管和使用，办理固定资产的盈亏、报废、租借、出售、上报等事宜，提出固定资产更新改造和修理建议。1993年，进行了清产核资，建立了资本金制度。2002年和2004年，又进行了两次清产核资工作，清理了不良无效资产。

成本管理：设置了基本生产、制造费用科目，月末由制造费用转入基本生产，制造费用期末无余额。基本生产归集的成本费用，于月末转入产品原煤成本中，期末基本生产科目无余额。

资金管理：2001年之前，认真执行计划、合同、发票、验收（或决算）等管理制度，严格按发票上单位账号支付款项。材料、工程、修理费等相关手续签字齐全后入账，资金支付由财务科根据资金情况平衡后付款。2001年局成立结算中心后，外部账号由结算中心统一管理。

物资供应：2003年，峰峰集团对矿实行统购制。矿所需的材料、设备购置，通过峰峰集团驻矿供应站采购供应。

五、资源开发

（一）水平延深

至2008年，南大巷延深800米至井田边界；北大巷延深1500米至北四采区中部。三水平北翼（－440）三条下山、下部车场及主要硐室工程均已完工，泵房、变电所准备安装。三水平南翼采区主体工程已完工；北四采区和三水平南三采区正在施工。

（二）新区开发

为增加矿井储量，延长矿井寿命，积极勘探开发万东扩大区。同时，对浅部下组煤开采进行可行性研究，最大限度地回收资源，延长矿井寿命。

六、多种经营

矿集体企业公司始建于1980年。1988年，为了拓宽经营渠道，成立了多种经营公司。1997年后，多种经营公司和集体企业公司机构合并，成立集体企业公司。2008年，公司有职工473人，其中集体企业工414人。下设编织带厂、U型钢支架厂、锚杆厂、托辊厂、矿车厂、金属网厂、U钢卡缆厂、橡胶制品厂、中部槽厂、煤球厂、制品厂、服装厂、风筒厂、捡煤队等24个厂点。

洗煤厂：始建于1985年，洗选能力90万吨/年，入洗粒度为直径13—100毫米的无烟块煤，选煤工艺为跳汰法选煤。1998年，为了拓宽销售渠道，满足用户需求，投资658万元对洗煤厂进行了技术改造，实现了混煤入洗。2003年，投资810万元，对年久失修、老化或破损严重的设备进行了更新，并对洗煤厂集中控制系统进行了改造，使洗煤生产得到了保证。

邱县农场：1996年4月，矿从峰峰局行政处接管邱县农场。农场占地面积1000余亩，种植小麦、玉米等农作物，种植过300余亩的苹果树，养殖过牲畜和家禽。后土地使用权不在本矿，五年没有经营，留有部分职工看管场地。

七、后勤管理

（一）职工澡塘

1987年，在职工澡塘建成工作服公管室，并投入使用，对3500多名井下职工工作服实行了公管，每人两套工作服，统一管理。1998年以来，澡塘一直沿用淋浴和池浴。2006年，对澡塘进行了全面改造，更新了内部设施，将更衣箱改为吊篮式，墙壁、地板、浴池全部换上了新瓷砖，新建了桑拿浴、冲浪浴、按摩室，实行了刷卡计量淋浴。

（二）职工食堂

1985年，建成职工食堂并投入使用。分别于1996年、2003年、2006年进行了三次改造。餐厅安装了3台电视机、3台空调，配备了14名专职保洁员，实现了冬天有暖气、夏天有空调。碗筷实行了公管，统一洗涤、消毒、收发。2004年安装了ID售饭收费系统，职工就餐实现了刷卡买饭。2007年，对班后餐食堂进行了改造，新配置桌椅80套，对井下职工免费供应了班后营养餐。

（三）职工班中餐

从2008年1月6日起，班中餐由峰峰集团确定的定点单位集中配送。8月1日，对井下职工免费供应了班后营养餐，每人每餐标准为8元。该餐厅使用面积1730平方米，配备服务人员60人。

（四）宿舍及生活区住宅

全矿共有单身职工宿舍楼14栋，标准化宿舍1271间，面积2.2878万平方米，3700多名单身职工居住。2004年，对14栋职工宿舍内墙进行了刷新，上下水管路进行了更新改造，并配备40名服务员。2005年，为单身宿舍职工全部配备了竹制凉席。2008年8月5日，为井下职工宿舍全部安装了空调。

1989年至2008年，新建楼房18栋、平房两排，总建筑面积5.3127万平方米，784户职工家属陆续搬进新居。改造楼房16栋，增加建筑面积3.0842万平方米。

（五）供暖

对厂区、生活区全部实行了锅炉集中供暖。厂区安装有4台10吨锅炉，其中2台汽暖炉，2台水暖炉，总供暖面积8.0122万平方米。生活区锅炉房安装有2台10吨水暖炉，总供暖面积16.4164万平方米。

（六）用水

矿饮用水源有两个，一是矿井水处理场，2008年进行了全面改造，日处理矿井水5200吨；二是新吃水泵房，向生活区2300户职工家属供应饮用水。每户都安装了智能水表。

（七）电力供应

生活区共有两个变电所，年供电总量为500多万千瓦时。2001年，用电子表代替了机械电表，实行了集中管理。2007年，用智能电表代替了电子表。

（八）医院

矿医院是河北省一级甲等医院。装备有彩超、全自动生化仪、500mAX光机等先进设备，拥有医护人员103人。

（九）道路

2002年后，对南、北工人村四周路面进行了大修，实现了水泥化。2005年，对厂区所有便道进行了整修，铺上了彩色瓷板砖或青石板，道边修建了青石栏杆。

（十）活动场所

2004年，在南、北工人村街心花园，安装了各式健身器材30多台（套）。2006年，在厂区和谐园安装各式健身器材10多台（套）。2005年，为离退休干部建造了门球场。2008年，对职工篮球场进行了改造，地板实现了塑胶化。

（十一）环境建设

1. 绿化

1989 年，绿化面积 27.1633 万平方米，绿化覆盖率达到 49.6%，人均绿化面积 50 多平方米。到 2008 年，共种植各种树木 6.8 万余棵，绿地面积 17.3679 万平方米，建有凉亭 8 个、花园 11 个、绿化带（花池子）49 个、雕塑 2 座、假山 1 座、水上公园 1 个。

2. 美化

2004 至 2008 年，对职工宿舍楼、职工食堂、职工澡塘、井下职工工作服公管室、工人文化楼（兼工会楼）、南北机关楼、招待所大楼、机关大会议室、医院等房屋的外墙全部进行了刷新。2004 年，修建了井口安全文化长廊。2005 年，将厂区西大门改造成阁楼式建筑。2006 年，在职工食堂门前广场建造了象征“超越”的不锈钢雕塑。

3. 亮化

2004 年，在迎宾路、国槐路、幸福路修建 9 座不锈钢彩虹桥。2005 年至 2008 年，陆续在厂区西门楼、工人文化楼、南北机关楼、职工大食堂、水塔等建筑物上，安装了各式霓虹灯、射灯、旋转灯，并在厂区路灯灯杆上安装了 90 个企业文化宣传灯箱。2007 年，在北机关楼顶上建造了不锈钢灯塔。

4. 净化

成立了近 60 人的卫生队，对工业厂区、生活区的道路、街面及时进行卫生清扫，做到了全天打扫保清洁。安排洒水车每天对厂区主要道路洒水 4 次。2008 年，将厂区供职工开水的两台燃煤茶炉，更换为 5 台大容量电热水器。

八、改革改制

（一）切块经营改革

从 1995 年开始，实行切块经营。切块经营单位实行了“独立经营，独立核算，对内有偿服务，对外经营创收”。矿对切块经营单位核定占用资产总价值，界定人数。每年下达成本支出总额、创收总额、利润总额。各切块经营单位的各项财务收支和经济往来一律通过内部银行办理，实行月度考核，年终兑现奖惩。

（二）定岗、定员、定编

配合切块经营改革，实行了劳动定岗、定员、定编管理。根据机构设置和生产（工作）任务情况，本着高效率、满负荷的精神，设岗和配置人员。富余人员一律介绍到矿劳动力市场，由劳动力市场负责组织培训、学习和重新竞争岗位。

（三）双向选择竞争上岗

1995 年，实行了双向选择竞争上岗。坚持按劳动定员、定额组织生产，合理配置劳动力，确保各经营承包单位工人队伍相对稳定。

（四）零点利润核算

1995 年，为使矿井适应市场需求，加快改革步伐，对原煤生产主体中的采、掘、开单位实行了零点利润核算，在矿内形成了委托经营、自我管理、单独核算、自负盈亏的核算体系。基层单位一律在矿内部银行开设账户，一切买卖业务均通过内部银行进行核算，核算形式为“零点利润”。

九、党群工作

（一）党委工作

1. 组织建设

1989 年，矿党委有成员 7 人，下设 31 个党支部。经过六次换届选举，2008 年，全矿有 29 个党支部。1991 年后，矿党委全面推行了党支部上等级、党员达标双向考核。1997 年，重新修订下发了《党支部达标升级考核标准》。1998 年，充实完善了党支部上等级考核，制定实施了文明建设双千分考核办法。

2005年5月，推行了党建ISO9000质量管理体系，实现了程序化控制、标准化考核和持续化改进。2008年，党支部工作逐渐规范为“一制、两册、三室、四必帮、五知五必访、六位一体、七必谈、八本、九有、双十、十四档”。

2. 领导班子建设

1989年，在全矿树立了6个示范党支部，其中，三采区党支部的“三包”经验，受到局党委的表扬。1990年，开展了民主评议干部活动，对行政领导干部和114名班组长进行了民主评议。1996年，在加强民主集中制建设上，坚持重大问题集体讨论决定，以“四个服从”为准则，使党支部工作走上了制度化、规范化轨道。1997年，对干部提出“三讲”“四严”要求。1998年，企业停产放假，副总以上领导带头过紧日子，坚持正常上班。2002年，组织全矿党员干部开展了“转作风、树形象、促发展”活动。2003年，制定了《干部任用和管理条例》和《干部民主评议、考核、末位淘汰制度》，先后对18个基层班子进行了调整，共调整任免干部80人，机关由原来的17个科室125人，精简为12个科室80人。2007年和2008年，在全矿各级领导班子中开展了“四好”领导班子创建活动和解放思想大讨论活动，在矿级领导班子中开展了学习实践科学发展观活动。

3. 党员队伍建设

1989年，重点培养入党积极分子140名，在生产一线发展党员16名。1990年，发展党员21人。2007年，发展党员14名，生产一线占100%。1989年至2008年，全矿共发展党员499名。

4. 思想政治建设

1989年，对全矿党员进行了“坚持四项基本原则、反对资产阶级自由化”教育。1990年，在全矿党员中开展了党员议事活动和争先创优活动。1994年，开展了“树形象、创效益、作贡献”主题活动。1997至1998年，深化“凝聚工程”，广泛开展了“树三观、做表率”和“四学四深入”活动。1999年，组织开展了“鼓斗志、闯难关、抓扭亏”党建主题活动。2004年，组织党员开展了“议中心、创效益”主题活动，完成攻关创效19项，创效300多万元。2005年，在党员中开展了“四创”和“三个一”党建主题活动，开展了保持共产党员先进性教育活动。2006年，开展了共产党员先进性实践活动。2007年，开展了党员“四创”和党员先锋岗、议中心、创效益等体现党员先进性系列活动。2008年，严格执行党建质量体系运行标准，进一步完善了体系文件，顺利通过了北京方圆认证公司的外审。

(二) 纪监工作

1. 组织和教育活动

1989年，矿纪委成员5人，2005年增选为7人，各党支部都设有纪检委员、党风廉政监督员。

2002年，对党风廉政建设重点任务进行分解，落实到部门单位领导，建立领导干部诺廉、述廉、评廉、考廉制度。

2005年，制定了《关于党风廉政“大宣教”格局的实施意见》。每年开展“勤廉从业促发展”主题教育活动，每季编印《党风廉政建设学习教育材料》，每月下发《廉政文摘》，开展“读廉文、思反腐、筑防线”活动。建立了对领导干部进行职务犯罪警示教育、新任领导干部任前廉洁谈话制度。2005年以来，矿党政开展推进行政权力公开透明运行工作，矿纪委制定了《推进行政权力公开透明运行投诉受理办法》、《绩效考核办法》、《责任追究办法（试行）》。开展家庭助廉活动，“三八”评选表彰廉洁家庭。

2006年，在全矿开展了领导干部写廉政日志、交流心得体会活动。7月，开展了企业廉洁文化建设，在党员干部中开展征集廉洁文化理念系统观、廉洁文化格言警句等活动，分别编印了廉洁文化3本手册。建成了廉洁文化一条街。

2007年3月，把效能监察工作和权力公开透明运行深化延伸到区（科）、班组，各区（科）设效能监察员。

2008年，在全矿深入开展“本质廉洁型企业”创建工作，开展了“四创三争”活动。

2. 制度建设和案件查处

1989年以来，不断加强反腐倡廉教育，在重大节日期间超前教育，并制定了《矿领导干部党风廉政建设责任制》等规定，矿、区（科）领导干部每年逐级签定党风廉政建设责任书，建立了《关于廉洁建设的若干规定》等党风廉洁建设规定12个文件、党风廉政学习教育制度4个文件、《反腐倡廉建制堵漏责任制》等党风廉政建设责任制规定12个文件以及《党政领导干部党风廉洁情况定期考察制度》等党风廉政、权力公开、监督检查、考核奖惩管理规定10个文件。

1990年矿纪委作出《关于党风党纪教育作风建设的决定》。2001年在企业安全生产经营管理、工资奖金分配、各项罚款、物资购销、工程项目、设备外委修理、招投标、党员干部作风建设等方面开展效能监察工作，效能监察30余项次。

1989年以来，矿查办案件44起，受纪律处分人员61人次，其中受党内纪律处分18人，受行政纪律处分38人，受党纪和政纪双重处分5人。2000年查处了在全局有较大影响的开拓区截留工人工资案件。2008年制定廉洁从业行为规范、岗位勤廉标准37个，不断建立健全党风建设和反腐倡廉的工作机制和制度。

（三）工会工作

1. 工会会员代表大会

1991年1月17日，矿工会召开第三届会员代表大会第一次会议，选举产生了第三届工会委员会和工会主席、副主席。

2002年3月30日，矿工会召开第四届会员代表大会第一次会议，选举产生了第四届工会委员会和工会主席、副主席。

2. 职工之家建设

2006年，工会文化楼内部进行了粉刷，铺设了地板砖，配备了电脑、打印机、传真机，增设和配备了健身房、健身器械。

3. 群监组织

1989年，成立了矿安全检查委员会，下设15个群监会。2008年4月，群监员进行了统一着装。

4. 技术比武

1989年后，每年组织职工开展技术比武活动。2006年以后，有5名职工分获邯郸市职工技术比武大赛井下电钳工技术标兵、“开滦杯”全国煤炭行业职业技能大赛优秀选手、“平煤杯”全国煤炭系统巾帼话安全演讲总决赛三等奖。

5. 文体活动

1989年7月，举办了首届职工“火神杯”篮球比赛，18个单位的200余名运动员参加了比赛。以后每年进行一次比赛。1989年成立矿文工团，招聘演员20人。

6. 扶贫帮困

1997年5月，建立了职工扶贫帮困基金会。1998年1月，成立了职工消费合作社。1999年5月，成立了职工互助储金会。2001年，建立了职工帮扶基金会，开展了“金秋助学”活动。2003年3月，下岗女工暴同风自谋职业，在武安市开办“小天使”幼儿园，被中华妇女联合会授予“全国‘三八’红旗手”称号。2008年1月，矿参加了河北省工会会员重大疾病医疗互助活动，共有3366人参加。至2008年，共救助特困子女上学27人，捐助救助款4.7万元。

（四）团青工作

1989年后，矿各级团组织先后举办了春节舞会、书法作品展、学雷锋一条街服务、安全岗板报比赛、“迎春杯”环保绿化知识竞赛、学雷锋青工摄影展、“学雷锋爱矿山、我为万年作贡献”演讲赛、“奉献杯”回收竞赛、“拼搏杯”排球赛、青工球类比赛、青工岗位能手劳动竞赛等活动。

（五）企业文化建设

矿企业文化建设从2004年起步。2005年，在全矿掀起了学习、宣传、灌注峰峰集团理念系统的高潮；实行了ABCD四卡管理、三工并存动态转换制度；按照6S和4E精细化要求，进一步修改完善了各项考核标准；举办了企业文化和推行FRIP精细化管理培训班，印制了各个工种的考核标准和企业文化知识读本。2006 年，通过筛选、整理，确立了 19 条企业理念系统观；建成了安全文化教育阵地，修建了跨路文化彩虹桥。2007 年，实行了军事化管理和集体升入井制度，地面行走两人成排、三人成列。推行了“手指口述”、岗位现场确认法。同时，制定下发了《关于进一步推行“六六”安全文化架构，确保企业安全发展的安排意见》。2008 年，全力打造“三基九力”团队，重点在二采区进行了管控力、亲和力试验。组织编印了《力的凝聚》宣传画册和《员工行为规范》画册。编辑了《文化铸力》电视片。

第三节　主要经济技术指标完成情况

历年主要生产指标完成情况一览表

年度	原煤总产量（万吨）		掘进进尺（万米）		开拓进尺（米）		全员效率（吨/工）		回采单产（万吨/月．个）	掘进单进（米/月．个）
	计划	实际	计划	实际	计划	实际	计划	实际		
1989	110	117.93	1.2	1.31	1930	2215	1.15	1.42	4.22	101.23
1990	140	148.14	1.05	1.12	2090	2102	1.35	1.85	3.96	113.8
1991	145	151.10	1	1.16	2000	2130	1.7	2.01	4.65	125.46
1992	135	90.41	0.70	0.67	1360	1094	1.6	1.90	4.67	121.22
1993	90	63.05	0.65	0.65	1200	1070	1.72	1.73	3.91	150.81
1994	70	101.12	0.55	1.10	0	306	1.4	1.89	3.75	155.49
1995	80	124.01	0.9	1.22	1000	1974	2	2.14	4.86	142.71
1996	100	134.66	1.3	1.75	1000	1976	2	2.19	5.16	156.71
1997	130	134.77	1.5	1.65	700	947	2.3	2.31	5.13	152.52
1998	34	34.66	0.36	0.37	100	103	2.3	2.20	3.95	132.46
1999	100	105.67	0.75	0.79	350	367	2.5	2.53	4.17	119.65
2000	110	118.72	1	1.05	1100	1106	2.6	2.51	4.65	119.82
2001	95	96.16	1.14	1.18	1170	1219	2.6	2.12	3.71	96.96
2002	125	114.02	1.2	1.20	1500	1122	2.6	2.50	3.06	123.26
2003	130	134.69	1.3	1.30	1650	2002	2.55	2.59	4.45	109.31
2004	139	169	1.3	1.18	2700	2866	2.6	2.78	5.60	122.97
2005	153	203.52	1.43	1.42	2300	2520	2.65	3.10	6.85	128.95
2006	180	190.17	1.4	1.43	1700	1981	2.85	2.87	7.66	147.46
2007	191	200	1.45	1.45	1600	2692	2.85	2.97	7.99	145.53
2008	186	200.00	1.6	1.802	1350	1661	3.2	3.2	8.12	163.25

历年主要经营指标完成情况一览表

年度	原煤成本（元/吨）	利润（万元）		销售量（万吨）	售价（元/吨）	原煤灰分（%）	原煤含矸（%）
		计划	实际				
1989	50.68	-1040	-844	113.63	43.63	18.06	0.03
1990	50.3	-2079	-2054	151.65	37.30	18.16	0.1
1991	55.56	-2080	-2073.5	120.37	41.05	17.93	0.07
1992	69.99	-2481	-2480.7	109.76	47.81	18.04	0.06
1993	91.65	-2636	-2884	80.44	60.83	18.27	0.06
1994	85.89	-1000	-943	101.90	82.06	18.26	0.05
1995	93.17	-800	-751	120.47	94.63	18.3	0.06
1996	108.93	-600	362	131.32	119.30	18.22	0.06
1997	116.58	345	351	110.14	123.44	19.59	0.11
1998	84.74	100	-5265	61.49	87.76	23.13	0.11
1999	84.87	-2040	-3037	99.28	79.62	24.22	0.14
2000	89.07	-1035	-2758	123.68	83.80	23.97	0.14
2001	148	-1757	-780	96.12	119.99	25.6	0.26
2002	144.87	-209	-1411	113.89	135.02	27.89	0.17
2003	109.95	322	236	137.66	139.56	30.24	0.23
2004	145.75	394	4062	177.85	174.25	28.92	0.26
2005	180.41	-2471	7016	200.17	216.20	28.3	0.24
2006	215.86	4156	4819	185.65	236.71	29.75	0.24
2007	217.67	3340	4346	197.29	236.61	28.72	0.25
2008	341.50	1457	2707	198.10	308.83	29.9	0.24

第四节　市级以上荣誉称号

一、国家、部级荣誉

1989年，全国能源工业先进集体、全国卫生先进单位、煤炭工业环境保护先进单位、机电质量标准化达标活动特级

1990年，煤炭工业二级企业

1991年，全国造林绿化先进单位

1992年，全国煤炭系统体育先进矿

1993年，全国环境保护先进单位

1994年，全国造林绿化“300佳”单位

1996年，煤炭部环境保护十佳企业、部级高产高效矿井

2000年，全民健身先进单位

2006年，全国煤炭工业行业级安全高效矿井、中国煤矿康居建设小康矿、中国能源化学工会先进井口接待站、全国煤炭系统先进协管会

2007年，全国煤炭工业行业一级安全高效矿井、全国煤矿体育工作先进单位

2008 年，全国模范职工之家、“安康杯”竞赛优胜企业、中国煤炭工业特级安全高效矿井

二、省级荣誉

1991 年，河北省卫生竞赛流动奖爱卫杯、爱卫“十优”单位
1992 年，河北省煤炭系统思想政治工作优秀单位、煤矿工会“模范工会”
1993 年，河北省煤炭系统先进工会
1995 年，省级高产高效矿井
1997 年，河北省煤炭科技进步先进单位
2000 年，河北煤矿安全监察工作先进单位
2003 年，河北省“守合同重信用”单位
2005 年，河北省先进企业、“安康杯”竞赛优胜企业、国资委先进基层党组织
2006 年，河北省明星企业、国资委团委青年文明号
2007 年，河北省“安康杯”竞赛优胜企业、绿化园林先进单位、园林式单位、国有企业优秀“四好”领导班子、国资委先进基层党组织

三、市级荣誉

1990 年，邯郸市环境优美单位、质量管理先进企业
1991 年，邯郸市科技进步先进集体
2002 年，邯郸市先进职工活动中心、送温暖先进单位
2003 年，邯郸市模范职工之家
2005 年，邯郸市先进女职工委员会、“安康杯”竞赛及劳动保护优胜单位；宣教文体工作先进单位、“四五”普法先进集体、国资委先进基层党组织
2006 年，邯郸市文明单位、“五一”劳动奖状、工会干部培训工作先进单位、“五四”红旗团委、国资委先进基层党组织
2007 年，邯郸市文明单位、集体合同工作先进单位、先进女职工委员会、青年文明号
2008 年，邯郸市“AA”级劳动关系和谐企业、“五四”红旗团委

（资料提供：李鸿斌、赵怀生）

第六章　小屯矿

第一节　单位概况

一、地理位置

小屯矿位于河北省邯郸市峰峰矿区东北部，地处峰峰矿区与磁县和武安市的交界地段。矿井工业广场隶属峰峰矿区管辖。

二、历史沿革

矿井于 1958 年 6 月开工建设，1963 年 10 月底正式移交生产，当时称大淑村矿。1964 年末矿井停产，1965 年 3 月与牛儿庄矿合并，成为牛儿庄矿小屯坑口。1982 年 1 月 1 日，小屯坑口与牛儿庄矿分开独立

建矿，称峰峰局小屯矿。2003 年 7 月，峰峰集团改制后，称峰峰集团小屯矿。

三、井田面积

2008 年 5 月 15 日，国土资源部复函批准、界定了小屯矿井田范围：西部以 F3 断层及薛村矿东风井煤柱线为界，与薛村矿及牛儿庄矿井田毗邻；北部以 F14 断层为界，与大淑村矿井田毗邻；南部隔 F7、F22 断层组合带，与羊东扩大区相邻；东部以人为技术边界，与磁西井田相邻。

井田南北走向长度 2 公里，倾斜平均宽 4.2 公里，井田面积为 8.4 平方公里。

四、地质构造

矿地质构造十分复杂。1991 年，矿井地质评定为Ⅲ类井田，断层落差在 5 米以上，多达 44 条，均为正断层。断裂构造多为 NNE 方向，严重破坏了各煤层的完整性，局部形成独立块段，对采区和回采工作面布置造成很大困难。

-50 水平西翼 14248 工作面揭露一椭圆型陷落柱，长轴 110 米，短轴 55 米，无水，与构造无联系。

五、矿井煤层

井田内煤系地层为石碳二迭系地层。可采煤层有六层，总厚度 13.9 米。上三层为大煤（2#），平均厚度 5.5 米；野青（4#），平均厚度 1.4 米；山青（6#），平均厚度 1.3 米，均为开采煤层。大煤（2#）为主采煤层。山青（6#）最低可采标高 -240 米。下三层为小青（7#），平均 0.9 米；大青（8#），平均厚度 1.2 米；下架（9#），平均厚度 2.92 米。下三层受水威胁，暂不能开采。

六、矿井储量

2008 年 1 月 1 日，煤炭资源储量核实：地质储量 1.08383 亿吨，工业储量 5005.7 万吨，可采储量 3065.1 万吨。可采储量中，大煤（2#）2312.2 万吨，野青（4#）602.5 万吨，山青（6#）150.4 万吨。

七、煤质

煤种牌号均为贫煤，变质程度自上而下略有增高。其煤质工业分析主要指标：内在水分平均 0.33 — 1.07%；灰分平均 18.58 — 25.06%；挥发分平均 12%；固定碳平均 67.7%；发热量 20 — 30 兆焦耳/公斤。

原煤可选性等级为较难选。

八、资产和人员情况

固定资产统计表

单位：万元

项目 年度	固定资产年末原值			折旧总额	固定资产净额
	合计	生产用	非生产用		
2008	26555	25423	1132	19567	6988

人员情况统计表

年度	在册人数	其中					
		地面		井下			
		固定工	合同制	固定工	合同制	农轮工	农合工
2008	2982	671	140	385	731	5	1250

第二节 主要工作

一、采煤

（一）采煤方法

多数回采工作面采用倾斜长壁仰斜采煤法，个别工作面采用走向长壁采煤法。采煤机械化程度100%。

大煤工作面在采用轻放采煤工艺之前，均分顶、中、底三层高档普采开采。1998年5月，开始使用轻放工艺开采大煤，一次采全高。

薄煤层均一次采全高。2006年3月前为高档普采，之后，在14459回采工作面，首次采用薄煤综采新工艺获得成功。

2008年6月，使用矸石膏体充填采煤，在南旺村庄下试行分两层开采大煤，探索“三下”煤炭开采新工艺。

（二）采煤工艺

薄煤综采和大煤轻放回采，进刀方式均为两头斜切或中间开刀，局部受断层影响，采用放炮超前处理。

薄煤综采支架选用ZY3000/09/19，采煤机为MG200/456－WD机组。工作面选用SCW－730可弯曲刮板运输机，溜子道为SGW－150、SGW－44T和SPJ－80皮带输送机。

大煤轻放工作面使用ZFZ2000/15/23型支架，采用2MG375－W双摇臂采煤机落煤。前后溜子均为SGZ－630/264刮板运输机。液压泵站为MRB－200/31.5。一次采全高，采放比1∶2，一般采用两刀一放。

2002年，矿科技人员发明轻放支架后尾梁配套使用的节煤器装置，获国家专利，大幅度提高了资源回收率。

（三）顶板管理

顶板管理主要采用全部跨落法，提高了安全系数和采煤效率。

（四）作业方式

基本上采用“两采一准”三班作业，即中、夜班采煤，早班检修准备。

（五）充填开采

矸石膏体充填开采工艺，是将固体废物煤矸石、粉煤灰等固体废料，在地面加工成浆体，利用充填泵通过管道，输送到井下，配合轻放采煤充填支架，适时充填采空区。

矸石膏体充填开采为峰峰集团不迁村采煤进行了有益探索。同时，大量使用煤矸石、粉煤灰，使固体废料得到资源化利用，减少了环境污染。

二、开拓掘进

（一）开拓方式

斜井分水平开拓方式。2008年为4个斜井，分别是主斜井、副斜井、回风井和老副井，其他均为暗斜井，用于提升和通风。三个生产水平，标高分别为－50水平、－190水平和－300水平。－600水平开拓还在进行。

（二）开掘工艺

巷道掘进采用“三小”及岩巷“三掘三喷”新工艺。“三小”即小钻头、小钻杆、小药卷，提高了光爆成型率。掘进装载机械化程度100%。

煤巷掘进：煤巷掘进为梯形断面，矿用工字钢支护，采用气腿式凿岩机打眼，放炮落煤，刮板输送机跟头，人工清理活煤，1.2吨矿车、11.4小绞车接力运输。2007年8月，采用EBZ132综掘机掘进，使用可缩拱型支架或W钢带支护，皮带接力运输，大幅度提升了掘进效率。

半煤岩掘进：野青、山青工作面矩型巷道两帮，打竹锚杆配合竹托板进行护帮，顶板不完整时，采用树脂锚杆或锚索与衍架配合使用支护顶板。

岩巷掘进：-300以上采用锚网喷支护，-300以下采用可缩拱型支架加锚网喷支护，全断面分次爆破，正台阶施工法。

三、提升运输

（一）主皮带出煤系统

1988年，矿井改扩建，新掘一条皮带斜井，1996年建成投产，出煤系统由箕斗提升改为强力皮带运输。

-50以下水平和东翼，均由SPT-800皮带机接力运输至强力皮带，进入地面储装运系统。

（二）副井提升运输

副井为单码串车提升，负责设备、材料、排矸及运送人员，每次提升4个1.2吨矿车，提升人员使用3节XRC-15/6人车。

（三）大巷运输

-50水平、-190水平、-300水平运输大巷，均使用SZK10-6/250架线电机车，牵引人行车或1.2吨矿车，输送人员、设备、材料、排矸等。

四、矿井通风

（一）通风系统

矿井通风为中央并列抽出式通风，四条斜井为三进一回，老通风斜井为总回。各回采工作面均为独立通风系统，开掘头面实行“三专两闭锁”、“双风机双电源”压入式局部通风机通风。

（二）通风设备

矿井主扇为1997年启用的两台离心式扇风机，直径2.8米，电机容量800千瓦，风量9000立方米/分钟，矿井负压2400帕。开掘施工通风，均采用高效对旋式局部通风机。-600水平正式生产后，现有通风能力不能满足生产需要，确定筹建一回风立井。

（三）通风管理

根据矿井实际，制定了“一通三防”管理制度和具体措施，根据生产需要调整风量，扩大通风断面，降低通风阻力，满足生产需要。

（四）瓦斯管理

2007年冀煤安办35号批复，小屯矿瓦斯绝对涌出量21.44立方米/分钟，相对涌出量14.96立方米/吨，煤尘爆炸指数13.01—13.87%，经鉴定为高瓦斯低二氧化碳矿井。

2004年12月，矿更换安装4台SK-253型真空抽放泵，进行瓦斯抽放。

2008年，新安装1套KJ92N监测系统，对井下主要采掘工作面、机电峒室，按规定安设了各种传感器，进行即时数据监测监控。

（五）防灭火管理

各煤层经鉴定为不易自燃，但历史上曾出现过煤炭自燃现象。为防止自然发火，大煤轻放工作面采取注阻化剂、注水、注黄泥浆、均压调风等措施，保证了安全生产。

五、矿井排水

随着矿井改扩建完成，-600水平延深，涌水量不断增加。2008年，矿井有3个主排水泵房：

-50水平泵房：安装4台MD280-43×8水泵，两趟Φ273×10管路，排至地面。

-190水平泵房：安装7台MD450-60×7水泵，三趟Φ377×14管路，通过钻孔直排地面。

-300水平泵房：安装4台MD155-30×5水泵，两趟Φ219×10管路，排至-190水平水仓。

六、矿井供电

（一）电源

矿35千伏变电站电源，引自羊二110千伏变电站、五矿35千伏变电站、大淑村矿35千伏变电站，由羊屯、淑屯、五屯联络三趟35千伏高压线路供电，经两台主变，负荷出线6千伏。低压660伏、380伏由矿管理使用。

（二）井下供电

2008年，6千伏下井电缆五趟，其中两路供-50水平，为并列双回路供电。另三路供-190水平，总长度为2850米。井下总装机容量2.9155万千瓦时。

七、矿井压风

1996年，在-190水平建立一处压风机房，安装4台压风机。另有1台移动式压风机，保证矿井供风需要。

八、矿井供热

（一）采暖

厂区内实行集中供暖，地面生产系统、皮带走廊、转载点、筛分楼，选用DN100排管散热；厂房车间、绞车房、变电所，采用耐压铸铁板散热器。

（二）供热

职工浴池采用蒸汽直接加热，食堂炊事用气、洗衣房洗衣烘干采用蒸汽。供热系统已经形成。

（三）井口防冻

三个进风斜井筒采用自制蒸汽排管散热器防冻。

（四）锅炉房

2008年有锅炉5台，其中4台沸腾炉，1台往复炉。厂内3台，供澡塘及厂区取暖。工人村2台，供生活区冬季取暖。

九、科技管理与成果

（一）科技管理

科技管理工作实行总工程师负责制，下设采煤、开掘、机电、通风安全四个专业。副总工程师、技术科长分别对全矿采、掘、开、机、运、通等专业技术人员进行技术管理，确保矿井生产安全。

（二）科技成果

矿积极开展科技攻关、技术创新，取得了丰硕成果。

1997 年 - 2003 年获市以上科技奖项目表

获奖时间	名　称	主研人员	获得等级
1997	采用微机技术监测通风系统各项参数	范占国、郭景修、桑银堂、李瑞敬、冯忠义、王东江、张之良	省科技进步三等奖
1998	SZW6.5 - 13 - AII 蒸汽锅炉改 SZXF4.2 - 0.7/95/70 - P 循环流化床热水锅炉	丁殿来、张昌建、梁春林、焦世统、王志栋、王石生、孙保敬、丁学增、田振华、方振光	省科技进步三等奖
2000	轻放工艺在仰采工作面的应用研究	李瑞净、武好智、李建军、范占国、高树仓、武铁刚、王光国、何瑞忠、李海	省煤炭科技进步二等奖
2002	KZG - 1 全矿井胶带运输集中监控系统	高武、孙保敬、孙晋响、高树仓、孙文书、陈峻山、耿中强、郭香林	省煤炭工业科技成果二等奖、邯郸市科技进步二等奖
2003	矿井运输集中监控系统的研制与应用	高武、牛玉山、耿中强、李智新	省煤炭行业协会企业管理现代化成果二等奖
	原煤主提升系统的改造与完善	高武、牛玉山、耿中强	省煤炭行业协会企业管理现代化成果二等奖
	创新“三掘三喷”工艺提高岩巷进尺水平	高武、张国仲、宋振刚、付廷春、李智新	省煤炭行业协会企业管理现代化成果三等奖
	运用目标管理提高井巷工程质量	高武、武铁刚、宋振刚、付廷春、李智新	省经贸委企业管理现代化成果奖三等奖
	科学管理实现轻放工作面高产高效	高武、武铁刚、史泽波、李智新	省经贸委企业管理现代化成果奖三等奖

十、安全管理

（一）安全管理网络信息

1. 安全职责

1989 年以来，安全管理工作实行行政领导负责制，矿长对安全负总责，分管副矿长负责专业安全管理，区（科）长负责单位安全管理，安全责任层层落实到人。

2. 安全管理网络

技术管理：总工程师负责矿井“一通三防”和技术科；副总工程师负责本专业安全技术管理工作。专业管理：调度室主任负责平衡各专业的生产与衔接、安全管理等。群众监督：实行工会管“网”、团委管“岗”、家属协管，网岗联动抓隐患排查。

安全监察：以安监处为主，督察组为辅，对全矿行使安检人员的监察权利。最先推行安全信息管理，成为峰峰集团第一家建立“领导指令卡整改台账”的矿井。并率先推行安监信息 24 小时管控，严格执行《安监信息管理系统网络运行管理规定》，使安全信息管理日臻完善。

（二）质量标准化管理

狠抓质量标准化管理，以质量保安全，以安全促生产。实行班评、日查、旬定类、月考核、季度奖惩。推行质量责任包保机制，安监处实施动态检查，动态验收。1999年，机电、运输专业被峰峰局命名为“精品工程”样板专业。

（三）安全会议制度

1. 安全会议

安全办公会、“一通三防”专题会、隐患排查例会、基层安全办公会、一次班前会、二次班前会、安全收工会。

2. 主要安全制度

机关干部值周制度。1991年，实施《机关干部值周制度》，值周成员由矿领导和机关部门负责人组成。

干部现场管理制度。1991年，制定《干部深入井下加强现场管理的规定》，明确规定领导干部入井次数。2008年，制定《安技调正职及副总以上矿领导带班管理规定》。

安全监督检查制度。一是日常检查，即一周天天有检查；二是动态检查，3个安全监督检查小分队，随时进行动态检查；三是隐患排查，即专业矿长、副总为专业隐患排查第一责任者，基层行政正职为单位隐患排查第一责任者。

管理干部包保机制。安全包保人，对所包保的职工进行“五单教育”。值班人员值班前一天，下井熟悉地区，主持班前会六道程序，“六不准”签字不能缺项。跟班人员与所在地区员工同上同下，带头执行“手指口述”确认，做好重要岗位巡查。

走动管理和“点检”制度。根据峰峰集团安全“点检”制要求，矿制定了“走动式、数字化管理”的“点检”规定。

（四）安全教育培训

1. 安全教育

1989年以来，矿组织安全案例演讲、安全知识竞赛、安全文艺汇演、安全技术比武、职工代表安全巡视、安全算账对比、为“‘三违’职工送红包”、6月“安全月”、12月“警示月”等活动，促进了安全生产。

2. 安全培训

按照“强制培训、分级管理、考试考核、持证上岗”培训要求，推行了“教考分离”，实施了四类培训：

新工人入矿培训。必须过“九关”，经岗前军训、培训合格后，安排到用人单位，签定师徒合同，实习4个月考核合格，方能上岗作业。

特种作业、特殊设备、管理人员培训。送峰峰集团培训，坚持考试合格，持证上岗，按期复训。

职工正规业余培训。矿每年组织职工脱产培训3—6天。2006年至2008年，在东武仕水利培训中心举办管理人员、班组长封闭培训班28期，举办员工“手指口述”、“十字行为”、“岗位技能”、“五精九力安全素质”等培训班87期。

“三违”职工培训。按照过“七关”程序化培训教育。

（五）安全状况

1989年以来，狠抓干部规范管理、员工规范操作，先后创出连续安全生产646天、1205天、1547天的好成绩。特别是2004年以来，坚持“安全第一、生产第二”，“风险预控、手指口述”，深严细实抓安全，连续安全生产1893天（截至2009年2月19日），创出了矿井安全生产较长历史周期。

历年伤亡事故统计表

项目 年度	产量（万吨）	伤亡（人）		伤亡原因
		重伤	工亡	
1989	47.0173		3	掘进冒顶事故
1990	41.3637	1	1	运输事故、机械事故
1991	45.0089		2	其他事故、机械事故
1992	44.6111		3	运输事故1人、机电事故2人
1993	45.0888			
1994	50.0888			
1995	50.8888		2	顶板事故、机械事故
1996	58.9888		3	机械事故1人、顶板事故2人
1997	57.8088		1	顶板事故
1998	64.5888	1		其他事故
1999	72.8888		2	运输事故、顶板事故
2000	77.3300			
2001	77.2100			
2002	85.6600	2		机电事故、顶板事故
2003	78.5900		2	顶板事故
2004－2008	392.6600			连续五年实现安全生产

十一、经营管理

（一）劳动工资管理

1. 劳动管理

1989年，制定了《招用农合制工实施意见》，形成了固定工、农合工、农轮工等多种形式的用工制度。

1995年，贯彻峰峰局三项制度改革精神，推行劳动合同制管理，经过双项选择，公平竞争，有2878人与矿签定了合同。

2. 劳动定额

1989年至2003年，先后实行档次定额制结算工资、定员工资总额包干、联产计酬以质保产加价工资结算、对生产单位实行吨煤（米）工资结算办法。

2004年至2008年，对生产单位实行吨煤（米）工资单价结算办法，对超出生产计划部分，按1－5倍加价结算工资。

3. 工资管理

1990年、1992年，对职工实行了效益、浮动升级。

1995年，实行了岗位技能工资制。

1999年，实行工资套改，理顺了企业与地方的工资关系。

2003年，实行岗位工资制。

2008年7月，调整岗位工资标准。

历年职工人数、人均收入及全员效率一览表

项目 年度	职工人数	人均收入 （元）	全员效率 （吨/工）
1989	2679	2860	1.029
1990	2802	3159	0.938
1991	2892	3316	1.010
1992	2819	3585	1.052
1993	2814	3917	1.134
1994	2705	5249	1.511
1995	2580	6642	1.602
1996	2661	7964	1.673
1997	2741	9318	1.847
1998	2699	7188	1.883
1999	2650	9148	2.003
2000	2641	8643	2.115
2001	2640	9515	2.118
2002	2521	11424	2.228
2003	2423	11531	2.306
2004	2457	14414	2.256
2005	2610	20081	2.305
2006	2934	22240	2.328
2007	2949	27212	2.316
2008	2982	38193	2.250

4. 奖金与津贴

（1）奖金

1991 年，制定《关于奖金包干联挂安全、质量、效率，全员风险抵押的奖惩办法》，根据单位的工作性质、岗位责任、安全状况，分别定出各类人员的抵押金标准，实行以分计奖。

2008 年，制定《全员风险抵押及安全效益奖发放考核办法》，调整了风险抵押金的标准，月度考核，季度兑现。

（2）津贴

矿龄津贴：1988 年 7 月，开始执行矿龄津贴。2003 年 9 月，矿龄津贴改为年功工资。2008 年 7 月，调整年功工资标准。

夜班津贴：1989 年，夜班津贴为地面 0.6 元/工，井下 1 元/工；2006 年，井下夜班津贴调整为 10 元/工，地面仍按 2 元/工标准执行。

入井津贴：1989 年，生产工 1.6 元/工，辅助工 0.8 元/工。2006 年调整为生产工 20 元/工、辅助工 10 元/工。

班组长津贴：2005 年，开始实行《班组长健康安全有效管理岗位津贴》，井下生产班队长 350 元/月，组长 300 元/月；井下辅助班工长 120 元/月；地面原煤主体及锅炉房班工长 70 元/月；其他单位班工长 50 元/月。

（二）计划、投资管理

1. 计划管理

根据峰峰局（峰峰集团）下达的指令性计划，编制本矿年度、季度、月度计划及长远发展规划。1987 年，制定了《1988 年—2000 年长远规划》。1999 年，制定了《2000 年—2008 年长远规划》。2008 年，制定了《2009 年—2015 年长远规划》。矿长全面负责计划管理工作，每月下旬主持一次下月作业计划的审查、综合平衡会，确定下月计划指标和工作措施。各生产单位既是完成计划指标的单位，也是落实计划的管理单位。各职能科室负有管理、帮助、监管、检查完成计划的责任。1989 年至 2008 年，计划产量 1181 万吨，实际完成 1293. 5 万吨，超计划 112. 5 万吨，平均完成计划达 109. 52%。其他各项经济技术指标计划也完成较好。

2. 投资管理

2001 年至 2007 年，更新改造投资 3760. 75 万元；大修工程及设备投资 1950. 9 万元。

2002 年至 2007 年，－600 延深工程项目投资 7684. 51 万元。

2004 年至 2007 年，安全投资 7634. 44 万元。

（三）财务会计管理

1. 会计核算

矿严格按国家财务制度及上级有关规定，设置财会岗位和人员，认真做好会计和核算工作。1989 年 1 月，成为峰峰局首批会计工作达标单位，在凭证展评中取得第一名。1991 年，由局财务处批准，成为第一批甩掉手工记账，全面实行电算化单位。1993 年，按上级统一部署，顺利实现了新旧会计制度接轨。1996 年，根据财政部《会计基础工作规范》，认真进行了会计工作整改，进一步制定和完善了会计核算制度。认真按《稽核制度》对各种账目审核，做到了准确无误。2001 年，更换安易财务软件。2006 年，正式使用 NC 用友财务软件。每年按时参加峰峰集团举办的会计证继续教育培训。

2. 固定资产管理

固定资产实行了三级管理，即一级财务科；二级设备管理部门和房地产管理部门；三级使用单位。一级和二级均设有专职管理人员，设有总账、明细账及卡片。三级建立使用了保管卡片，定期进行核对清点，及时办理增加、减少及报废手续。

固定资产折旧的计算，1989 年起，改为一产一率提取折旧。2003 年，按新折旧年限计提折旧。2008 年 10 月，按照峰峰集团固定资产折旧年限进行调整的整体要求，对 2008 年 1 月至 9 月折旧额进行了补提。

3. 资金管理

1993 年 6 月前，实行资金分项、计划管理、专款专用。7 月，实行新会计制度，资金管理改为统一的计划管理。采取货币资金统一预算、收支两条线、量入为出的资金审批单管理。

2003 年以后，物资采购、原煤销售划归集团公司管理，物资由物资分公司统一配送，货款由运销分公司集中划拨。

4. 成本管理

1993 年，按制造成本法实行成本核算及管理。

1994 年，在零点利润核算的基础上，全面推行“切块经营，内部核算”模式。

1998 年，推行“主副、主服”两分离的管理模式。在成本管理上采取了与市场相适应的“倒推成本”管理模式，在成本指标的分解上采取“谁主管，谁负责”的方法，奖惩与成本管理单位联挂考核办法。

1999 年，建立了月度成本经营管理会审制度。每月由经营矿长主持，职能部门参加，对上月成本盈、亏原因，进行汇报、分析。

2006 年，全面推行成本“链式”管理机制。

2007 年，加大了内部市场化管理投入力度，投入“链式”管理软件及硬件 104 万元，使内部市场化管理进一步延伸和细化。

(四) 材料管理

材料管理主要由材料计划、材料进购、仓库管理、发放供应组成。1992 年矿制定了《关于吨煤材料费用目标管理考核及奖惩办法》，1996 年制定了《关于加强材料管理的暂行规定》、《关于材料供应管理办法》等。

2006 年 9 月，为实现零库存加快资金周转，矿建立并运行了井口物资超市，设置定员 10 人，管理 6 类物资，共计 600 多个品种，均为井下常用物资。

(五) 煤质管理

为确保煤质达标，组建了煤质管理组，依据《煤质管理规定》，对井上下各生产环节的煤质进行监督检查。2008 年 10 月，根据上级《安全效益、工资挂钩考核分配办法》，规范了煤质管理。2002 年 4 月，投资建成洗煤厂，进一步提高了煤质。

十二、集体经济

集体企业公司实行“四自”管理，开展多元化经营项目，生产适销对路产品，销售收入由 1988 年的不足 50 万元，发展到 2007 年的 3000 多万元，连续多年获局（峰峰集团）“明星公司”、“红旗公司”和“先进基层党支部”称号。

其主要产品有万利加润滑油、各种高中低压胶管制品和液压胶管及总成、竹锚杆、金属网、钢网、水泥制品及金属锚杆、锚固剂、锚索等。

十三、后勤管理

(一) 职工生活

1. 职工食堂

1981 年，职工食堂餐厅面积 966 平方米。2001 年，矿投资 100 余万元，对餐厅改造和装修，命名为“新世纪餐厅”，并改革管理办法，转换经营模式。2002 年 6 月 6 日，峰峰局在小屯矿召开生活后勤工作现场会；7 月，厂里班中餐食堂实行个人承包，改造成“世纪星”餐厅。2008 年 7 月，“世纪星”餐厅改为营养餐专用餐厅。2008 年 8 月，在实行班中餐的基础上，增加了每人 8 元标准的班后营养餐，制定了卫生、食品加工、食品消毒等管理制度，坚持 5E 标准、6S 规范等精细化管理，保证了职工的饮食健康。

2. 职工澡塘

2005 年对女澡塘扩建，建筑面积达到 618 平方米，改善了女职工洗澡条件。2006 年对男职工澡塘改造整修，人均使用面积达 1.75 平方米。在客房澡塘配备了浴池、桑拿浴房。投资 25 万元，更换更衣箱 2800 个；购置大型洗衣机和烘干机。对生产单位职工每人配备两套工作服，并实行公管。曾被河北省煤炭厅命名为标准化样板澡塘。

3. 职工宿舍

(1) 职工宿舍建设

1982 年以来，共建职工宿舍楼 5 栋，建筑面积 1.1257 万平方米，居住职工 600 余人。

2002 年至 2008 年，先后对职工宿舍楼进行改造装修。

2008 年，为职工宿舍安装了空调。

(2) 职工宿舍管理

职工宿舍由用人单位负责日常管理，由后勤部组织标准化工作动态考核检查。

(3) 宿舍设施

宿舍配备了床、衣柜、书桌、暖瓶等设施，冬有暖气，夏有空调。设立了图书室和娱乐室，为职工文化活动提供了场所。

4. 家属住宅

1980年至2007年底，建造19栋家属楼，改造2栋家属楼，建筑面积6.2244万平方米，安置1202户。1988年，实行住宅楼商品化。

5. 群众健身

2002年5月，投资30余万元，建成健身乐园、门球场等5处1150平方米的活动场所。

6. 生活区水、电、暖

（1）生活供水

1996年9月，在实业公司院内打1眼水井，缓解了生活区饮水困难。为进一步解决水质差、水量小问题，2005年，峰峰集团筹资1421.76万元，抽取薛村矿井下钻孔奥灰水，2008年11月开始供水。

（2）生活供电

生活区供电配备100平方米变电所1座，变压器2台。2001年，对生活区变电所改造扩建，增容变压器2台。2005年5月，划归峰峰矿区农电管理。

（3）生活供暖

1994年，矿对居民生活区投资建成了供暖系统，实行集中供暖。

（二）医疗卫生

1. 医疗建设

1989年，矿医院大楼落成使用，占地面积3436平方米，设12个医疗科室，64名医务人员，45张床位。更新了部分医疗设备，先后开展了股骨骨折内固定术、胆囊摘除术、甲状腺瘤切除术、子宫全切术等，实施工伤及其他抢救工作，为职工、家属及周边村民提供了方便。

2. 卫生防疫

成立职业病防治科，实施职业病防治，微机动态管理，建立个人健康档案，建档率100%。

开展妇幼保健工作，每年为在职女工体检一次，按时为婴幼儿进行计划免疫疫苗接种。计划免疫连续五年获峰峰集团“红旗单位”称号。

2004年以来，每年组织一次中层干部及中级职称以上人员体检，建立个人健康档案。

强化传染病宣传、防治管理，设立专科病房，进行隔离治疗，严防传染病传播。

（三）绿化美化

1984年以来，共种植各种树木1726棵，建大小绿地29块，绿篱2544米，草坪1388平方米。绿化面积达1.0358万平方米，人均绿地3.85平方米，全矿绿化覆盖率达到47.67%。

2005年，在矸石山植树4200棵，立体绿化矸石山面积1000平方米。

十四、党群工作

（一）党委工作

矿党委紧紧围绕中心工作，强力推进党建体系建设、思想政治工作、企业文化建设等，全方位融入中心抓党建，抓好党建促发展。

1989年后，根据“坚持标准、保证质量、改善结构、慎重发展”的原则，严把党员发展关，累计发展党员367名。2008年底，在册党员456人。

1993年，贯彻落实党的十四大精神，提出思想观念和经营机制根本转变，加快改革步伐工作的要求。

1994年，开展“创效益，比贡献，树形象，争一流，振兴小屯矿”主题教育活动。

1995年，开展了“爱岗奉献上台阶”主题教育活动，提出了“团结务实、敬业创新”的企业精神。

1996年至1997年，开展了“爱矿敬业塑形象”主题教育活动，从形势任务入手，广泛开展企业精神教育。

1998年，开展了以“适应新形势，树立新观念，再创新业绩”、“职工素质教育年”为内容的主题教育活动。

1999 年，深入开展了“鼓斗志、闯难关、抓增盈、保千万”主题教育活动，动员全矿干部职工团结奋斗、实干拼搏，以优异成绩向建党 78 周年和建国 50 周年献厚礼。

2000 年，开展了“凝聚工程、细胞工程、形象工程”主题教育活动。

2001 年，开展了“学《建议》、转观念、抓管理、创业绩”主题教育活动和党小组长小政委、党小组小堡垒、扩大党的阵地建设的“两小一大”活动。

2002 年，开展了“做学习型职工，建学习型企业”活动。

2003 年，开展了“党员过政治生日、重温入党誓词”活动。充分发挥党员干部的模范带头作用，众志成城抗击“非典”。

2004 年，开辟了党建经费渠道，强化了基层组织建设。

2005 年，推行党建质量管理体系，开展党支部升级达标竞赛、争当“十星级”党员等活动。

2006 年，开展“六型”班子建设，为 22 个党支部配备电脑和打印机。

2007 年，开展创建“四好”领导班子创建活动和解放思想大讨论活动。

2008 年，深入学习实践科学发展观，开展作风整顿活动。396 名党员为汶川地震灾区捐献特殊党费 9.7150 万元。

（二）纪监工作

1995 年，出台了《党风廉政建设责任制》，签定党风廉政建设责任状。

2000 年后，围绕工程承建、废旧物品拍卖、资金管理、安全生产等重点工程项目招投标和效能进行监察。

2003 年，开展了《党纪处分条例》和《党内监督条例》的学习，组织党政纪条规知识竞赛，对新任领导干部实行廉政谈话。出台了《领导干部个人收入及重大事项申报制度》，组织领导干部和“三管”人员到漳河监狱接受警示教育。

2004 年，编撰出版了《廉政文摘》。

2005 年，成立了行政权力公开透明运行领导小组，出台了《行政权力公开透明运行工作责任制》，建立了行政权力公开透明运行电子显示屏和公开栏，制定了《矿级领导干部绩效考核实施细则》。

2006 年，创建了“廉洁文化教育室”、“廉洁文化长廊”和“廉洁文化广场”，编制了《廉洁文化手册》，建立了廉政网站，制作了《风正帆远》廉洁文化专题片，承办了集团公司廉洁文化建设现场观摩会。

2007 年，开展了领导干部自查自纠、逐级谈话活动。

2008 年，开展了廉洁假日教育、春节送廉洁楹联等活动。

1989 年至 2008 年，立案处分违纪党员 12 人、违反政纪人员 28 人。

（三）工会工作

1990 年至 2003 年，召开了三届会员代表大会，选举出历届工会主席。

加强职代会建设。矿工会按规定召开职工代表大会，认真落实职代会“六项制度”，做好职代会的提案征集和解决落实工作，定期组织职工代表上岗巡视检查。矿工会每年与矿行政签定和续签《集体合同》。2003 年起，又签定了《劳动安全卫生协议》、《工资集体协商协议》和《女职工特殊权益保护协议》，形成了“1 +3 模式”。

坚持“建家兴企、建家育人、建家强会”的指导方针，2005 年投资 60 万元，将俱乐部改造为职工文体活动中心。2008 年，又投资 60 万元，对工会办公楼进行了整修，职工文化书屋达到峰峰集团一级标准。为 14 个车间工会配备了多种文体活动器材和学习资料，为 22 个车间工会配置了照相机。开展了“职工小家”建设争星夺旗竞赛、“文体双五强”竞赛等活动。

全面推行矿务公开民主监督制度。1998 年，作为峰峰局试点单位，开始实行矿务公开制度。2003 年，建立了《矿务公开民主管理质量手册》。积极开展“职工代表轮岗”、“职工代表履职档案”、“职工代表竞选”等活动。

建立了职工互助基金、扶贫基金会、“金秋助学”基金会，先后为159名考上大学的困难学生累计救助33.26万元。2008年，工会组织2757名会员，参加了邯郸市会员大病互助基金会。1989年至2008年，累计救助贫困家庭6300人，款物达84万元。

开展岗位创新和职工技术比赛活动，2000年至2007年，有15人获峰峰局（峰峰集团）技术状元、47人获技术标兵、能手称号。2008年，开展了“向职工问计”活动，采用“职工合理化建议跟踪卡”的形式，收集到“矿车清理机改造”、“改进金属网规格，节约支护成本”等140多条、价值5万元以上的建议，有60条合理化建议获峰峰集团奖励。

2004年，建成了安全教育展览中心，每年组织职工和新入矿工人参展。编辑《职工安全教育读本》、《职工正确操作与错误操作图解》、《员工安全教育材料》等，采取工伤、“三违”人员现身说法的方式，警示和教育职工规范个人行为，搞好安全确认。

成立了文学创作协会、体育协会、摄影协会、音乐舞蹈协会等6个协会。

加强女工工作。1992年至2003年，召开三届女工代表会。选举产生了历届女工委员会。

（四）团青工作

1989年，全矿青安岗设1个总岗，5个分岗，80名岗员。

1991年10月，开展了“支部达标月”活动，10个团支部实现了工作目标图板管理。

1993年，组织开展了学雷锋广场服务活动。

1997年，开展了季度“四好”团支部流动红旗竞赛活动。开展了首届“杰出（优秀）农轮工”评选活动。

2000年，开展了“五手”竞赛活动。

2001年，开展了“争四佳团支部”季度流动红旗竞赛活动。在无团支部的单位设立青年委员，实现了团青工作全覆盖。

2002年，创建“团委工作组”，形成了安全生产、团青教育、文体活动、组织建设、通讯报道“五个小组”的分工负责制。组织了青年志愿者“三大工程”服务活动。2002年至2008年，组织了历届“团青杯”篮球赛、“青安杯”乒乓球赛、“奋进杯”象棋赛。2002年至2008年，每年举办青年岗员脱产培训班。全矿共设立10个青年安全监督分岗，98名青岗员。不定期组织“夜鹰”安全检查。

2003年，矿出台了《进一步加强共青团工作的若干意见》，提高并规范了团干部经济待遇。组织了“亲人的期盼”、“安全在我心中”演讲比赛。

2006年，开展了团建质量体系建设。

2007年，下发了《关于规范优秀青年推优入党程序的通知》。11月，峰峰集团在小屯矿召开了团建工作现场会。

（五）企业文化

2002年，矿谱写、制作了《安全三步曲》，在全矿传唱。

2005年10月，全面推行了企业文化建设，确立了目标愿景，全方位开展FRIP人本精细化管理。投资40万元，建立了安全文化长廊、安全宣传牌板等。

2006年，编发了《现场主义》、《安全五原则》、《防患于未然四步骤》、《“手指口述”三要点》，形成了环状闭合安全文化“1299”运作体系，确立了以“安全第一、生产第二”系统安全观为统领的安全工作核心理念。强势推行“十字”行为养成、全员军事化管理。

2008年，努力打造“五精九力”团队，企业文化建设进一步深化、细化。10月，获“全国煤炭工业企业文化示范矿”称号。

第三节　主要经济技术指标完成情况

历年主要经济指标完成情况表

年度	原煤产量			工业总产值（万元）	总进尺（米）	开拓进尺（米）	原煤质量		全员效率（吨/工）	单位成本（元/吨）	利润（万元）	坑木（立方米/万吨）	火药（公斤/万吨）
	计划（吨）	实际（吨）	完成率（%）				灰分（%）	含矸（%）					
1989	450000	470173	104.48	1023	6592	1293	18.65	—	1.029	46.07	-298.6	29.41	1723
1990	410000	413637	100.89	906（1990年价格2663）	7656	1569	21.33	—	0.938	61.82	-1228	31.94	1908
1991	410000	450089	109.78	2285	7507	2007	21.85	—	1.010	64.34	-1310	28.64	1720
1992	400000	446111	111.53	2144	7201	1511	21.61	—	1.052	63.75	-841.3	22.98	1480
1993	400000	450888	112.72	2165	8025	1424	21.61	—	1.134	82.23	158.45	16.88	1935
1994	450000	500888	111.31	2388	7501	955	21.14	—	1.511	84	-365	9.10	1403
1995	500000	508888	101.78	2419	7025	1148	23.29	—	1.602	100.97	-208	13.56	1268
1996	550000	589888	107.25	2810	7026	1314	21.81	—	1.673	111.12	-704	16.70	1574
1997	580000	678088	116.91	3241	8512	1702	25.70	—	1.847	114.19	-626	16.83	1401
1998	590000	645888	109.47	3050	8319	603	23.42	—	1.883	95.09	363	25.07	1093
1999	670000	728888	108.79	3498	9164	684	25.07	—	2.003	93.69	1199	17.45	1023
2000	630000	776888	123.32	3737	9672	—	25.67	—	2.115	83.42	1727	18.28	1017
2001	650000	770088	118.48	9980（2001年以后为现价）	8343	—	24.72	—	2.118	89.42	1416	20.72	936
2002	650000	855688	131.64	11649	8731	804	24.67	—	2.228	89.99	1588	15.52	1111
2003	700000	788370	112.62	11309	9633	1602	29.36	—	2.306	114.98	1492	25.83	1133
2004	760000	731168	96.21	12206	10700	1706	29.01	—	2.256	123.21	818	30.34	1407
2005	780000	789558	101.23	15199	12083	1605	29.06	—	2.305	182.76	206	32.69	1356
2006	870000	869960	100.00	20921	11765	1508	29.68	—	2.328	216.15	-1746	17.00	1193
2007	710000	760066	107.05	19367	12937	1220	28.73	—	2.316	223.54	-3329	10.08	1424
2008	650000	710000	109.23	20718	12497	1222	29.84	—	2.250	296.55	-7578	19.04	1448

第四节　市级以上荣誉称号

一、国家、部级荣誉

1989 年，全国煤矿省级质量标准化矿井

1990 年，全国煤矿省级质量标准化矿井

2004 年，全国煤炭系统模范职工之家

2008 年，全国模范职工之家、全国煤炭系统文明煤矿、全国煤炭工业企业文化示范矿

二、省级荣誉

1989 年，河北省煤矿职工生活福利管理标准化矿

1990 年，河北省煤矿花园式单位

1991 年，河北省煤矿特级通风质量标准化矿井

1995 年，河北省煤矿民主管理先进单位、先进工会

1999 年，河北省煤炭系统文明煤矿、造林绿化先进单位

2001 年，河北省园林式单位

2005 年，河北省工会系统模范职工之家

2005 年，河北省国资委红旗团委

2006 年，河北省“AAA”级劳动关系和谐企业、国资委红旗团委

2007 年，河北省“安康杯”竞赛优胜企业、国资委先进基层党组织、国资委红旗团委

三、市级荣誉

1989 年，邯郸市红旗文明单位、卫生红旗单位

2002 年，邯郸市工会系统模范职工之家

2003 年，邯郸市工会系统先进女职工委员会

2004 年，邯郸市集体合同工作先进单位、职工体育先进单位

2005 年，邯郸市工会系统先进星级职代会、“安康杯”竞赛优胜企业、“AA”级劳动关系和谐企业、先进女职工委员会

2006 年，邯郸市文明单位、国资委先进基层党组织

2007 年，邯郸市文明单位、危爆物品目标化管理先进单位、安全防范红旗单位、安全生产先进单位

2008 年，邯郸市先进女职工委员会

（资料提供：郭兰阶、王国燕、王海山、许彦强）

第七章　新三矿

第一节　单位概况

一、地理位置

新三矿位于河北省邯郸市西南部，属邯郸市峰峰矿区辖区。矿井地处鼓山东麓，东距京广铁路马头站20公里，东北距邯郸市45公里，东南距河南省安阳市35公里，北距京珠高速公路20公里，运煤支线直通矿内。

二、历史沿革

1991年3月组建，当时为吝家沟矿筹备处，与三矿共同使用一个生产系统。1995年11月5日建成投产后，正式利用吝家沟矿生产系统出煤，撤销吝家沟矿筹备处，在建制上仍然隶属三矿。1997年12月25日，与三矿实施分离，成立新三矿。矿井只设原煤生产及其服务机构，不设家属区、医院、学校等，成为峰峰局第一个新井新制矿井。

三、井田面积

新三矿建井初步设计主要是针对吝家沟精查勘查区。2001年在办理采矿许可证时，为加强对周边小煤窑的管理，最大限度保护和利用原有煤炭资源，其采矿权范围有所扩大。按采矿许可证确定的范围，吝家沟勘查区为矿区主体，西南部包括北大峪勘查区一部分，北部包括黑龙洞勘查区和泉头扩大区的一部分。矿区范围由44个拐点圈定，西至鼓山煤层露头，东以F8断层与九龙矿井田为界，北至F29断层与峰峰矿区接壤，南部以F26断层和技术边界分别与梧桐庄矿井田和三矿井田为邻。开采深度205.74米至-700米标高，井田面积13.8307平方公里。

四、地质构造

新三矿属于鼓山背斜东翼，断裂构造非常发育。大中型断裂构造，宽缓的背斜、向斜构造遍布井田，并构成井田总体构造格架。井田内煤层走向大致为南北向和北东向，倾向东—北东，煤层倾角大部分地段在5度至15度之间。只是在井田东南部局部地段煤层倾角较大，最大可达20度。共含可采煤层六层，自上而下依次为2#、4#、6#、7#、8#和9#煤。

五、矿井储量

矿井资源储量依据《河北省峰峰矿区吝家沟井田勘查地质勘探报告》，资源储量6688.2万吨，$2^{上}$、3、$5_{下}$煤层作为不可采煤层处理（储量1203.3万吨）。2001年办理采矿证时，根据峰煤总［2000］314号，冀煤资源字［2000］59号文批复进行了扩界，将原属三矿井田的北大峪区和黑龙洞区划归新三矿井田，增加储量3160.2万吨。矿累计查明储量1.1147亿吨。

经过储量核实，至2007年底，矿井地质储量9079.3万吨，其中，可采储量为1871.7万吨。矿井设计生产能力45万吨/年，后经生产系统改造，2006年生产能力核定为72万吨/年。

六、煤质情况

新三矿井田内2#、4#、6#煤为肥煤，7#、8#、9#煤为焦煤。煤炭产品具有“四高、一低、一不稳定”的特征。“四高”，即挥发分高（随灰分指标波动一般在30.77 — 36.26间）、粘结指数高（一般在94 — 100之间）、胶质层最大厚度Y值高（一般在26 — 36之间）、灰熔点高（大于1500度）；“一低”即全硫含量低（一般在0.4 — 0.6之间）；“一不稳定”即灰分指标不稳定。

七、资产情况

1995年 - 2008年固定资产投资情况统计表

单位：万元

年度	固定资产原值额	固定资产折旧额	固定资产投资额
1995	6561	329	97
1996	11100	817	113
1997	10480	1017	95
1998	10628	1443	43
1999	11008	1870	495
2000	11202	2411	216
2001	11427	2884	358
2002	12225	3416	837
2003	18457	5941	355
2004	16819	9369	539
2005	16598	10319	1619
2006	17264	11627	643
2007	18643	12737	1772
2008	19268	13905	767

八、人员情况

1995年11月5日至1997年12月，新三矿人员管理隶属峰峰局三矿工资科。1998年用工制度分固定工、农民轮换工、合同工。当年固定工在册1115人，1999年在册1206人。1999年5月开始招收农民合同制工人。2000年停招农轮工，全矿在册职工1377人。到2008年底，全矿在册职工1560人。

第二节　主要工作

一、煤炭生产

（一）开拓、掘进

矿井开拓方式为立井—暗斜井。矿井利用原北大峪矿井的 - 3.5水平作为中转提升水平，在 - 390水平设井底车场及大巷，将井田划分为南北两翼，实施单水平上、下山开拓。 - 390水平主要生产系统包括：轨道大巷、回风大巷、皮带大巷。回采工作面设计，直接在水平大巷上下两侧开口掘进工作面，石门与工作面上下顺槽连接。

掘进工艺及设备。建矿以来一直采用炮掘工艺。煤巷掘进采取全断面掘进一次支护成巷施工方法。采用钻爆法掘进破煤，人工攃煤，架棚支护（其中1995年至2005年期间采用工字钢支护，2005年以后采用U形钢支护），2001年以前均采用耙岩机装煤，后路小绞车接力运输，2001年后采用皮带、溜子跟头运输。

岩巷掘进。2004年以前采用正台阶掘进方式，2004年后采用“三掘三喷”作业方式。每队分为4个生产班组，3个生产班，1个复喷班。掘进班负责爆破、初喷、打锚杆、扒矸，复喷班负责耙岩机后锚喷成巷和砌筑水沟工作，每天一个循环，使掘喷平行作业。掘进班分为迎头、后勤两大块，迎头负责打眼、初喷、打锚杆，后勤负责出矸、拌料。施工时，采用迎头锚杆支护、打迎头炮眼与后部出矸、拌料平行作业，迎头施工与后部出矸平行作业时，要求耙岩机挂钩距离迎头7米以上。

巷道采用的临时支护形式。工字钢和U形钢支护巷道：采用铰接式前探梁支护。锚网带支护巷道：采用单体挑W钢带支护。锚网喷支护巷道：采用喷浆封闭临时支护。

巷道掘进施工工艺流程。煤巷：钻眼—装药—放炮—通风—审帮问顶—临时支护—洒水—出煤—永久支护。岩巷：分掘进班和复喷班。掘进班工艺流程：打上班喷浆封闭段锚杆—按比例掺配料—打前进眼—装药—放炮—审帮问顶—耙岩机扒头—跟头喷浆封闭50毫米至70毫米（保证巷道成型规整）—出矸。复喷班工艺流程：按比例掺配料—打锚杆眼—安装锚杆—复喷成巷。

人员配备及劳动组织。矿共配备6支开掘队伍，其中岩巷队伍2支，煤巷队伍4支。每支岩巷队伍人员配备在40人左右，煤巷队伍人员配备在30人左右。岩巷主要完成矿井的开拓及工作面石门任务，月进尺在60—100米之间；煤巷完成工作面的顺槽及切眼掘进。采用“三八”制作业，岩巷采用“三掘三喷”作业方式，小班循环1个，日循环3个，小班平均进尺1.0米，日平均进尺3米；煤巷随掘随支护，一次成巷，小班循环2个，日循环6个，小班平均进尺1.7米，日平均进尺5米。

（二）采煤方法及技术革新

1995年11月5日至1999年2月，矿井采用高档普采工艺。工作面主要设备以MMS－170单滚筒采煤机配合SGW－150C可弯曲刮板输送机进行落煤运输，HDJA－1000铰接顶梁配合DZ系列单体液压支柱支护顶板，溜子道以SGW－40T刮板输送机为主运输。

1999年3月，开始采用综合机械化采煤。工作面主要设备以FMG－200W双滚筒采煤机破煤，并配合前部溜子铲煤板装煤。前部溜子采用SGD630/220，后部溜子采用SGW－150C可弯曲刮板输送机。溜子道采用SPJ－800皮带输送机运输为主。支护以轻型综采放顶煤液压支架支护顶板，使生产能力和安全系数大为提高。2007年3月，进行回采设备技术改造，前溜子采用了较为先进的SGZ630/264双速启动溜子，采煤机采用FGY－150/375瓦大功率采煤机，后部溜子由SGW－150C可弯曲刮板输送机改为SGD630/220可弯曲刮板输送机，提高了生产能力，降低了事故发生几率。

（三）煤炭运输

1995年11月5日至2002年11月，原煤运输方式是经工作面溜子道运至北翼162206煤仓，煤仓下口使用ZK10－6/250型电机车牵引35个MGC1.1－6型矿车，放煤后通过大巷轨道运输到－390翻罐笼处，经翻罐笼翻车后，原煤进入主暗坡底煤仓，而后经主暗斜井提升至－3.5水平煤仓，再经－3.5转载皮带将原煤运至主井底斜煤仓，最后经主立井提升至地面。2002年11月，－390北翼皮带机道投入运行，原煤运输方式改变为经工作面溜子道直接运至皮带机道后，经皮带机道运至主暗坡底煤仓。

（四）煤炭销售

煤炭销售以满足局（集团公司）内部调拨为主。建矿投产以来，历经自产自销、内调与自销交替同时进行两个阶段。2004年，按照集团公司要求，所产原煤完全内调入洗，由峰峰集团煤研部驻矿质检站采样以质计价，峰峰集团运销分公司按内部市场价结算，铁运分公司负责组织调度运输、组织汽车装车运输。

（五）矿井通风

1. 矿井通风系统

（1）新三矿瓦斯鉴定为高瓦斯矿井。自1995年11月5日投产以来，矿井通风方式为中央并列式抽出式通风。主、副立井进风，回风立井回风。进风系统：从地面通过两个立井（主井、副井）到－3.5 水平，从－3.5 水平通过两个暗斜井（主暗、副暗）到－390 水平。回风系统：反风进入总回道后，经回风暗斜井至回风立井，排出地面。

（2）主要通风机

矿井原设计能力 45 万吨/年，设计最大风量 6000 立方米/分钟。建井时，地面安装两台 630 千瓦的 G4－73№28F 型离心式主要通风机，主扇风量 6062 立方米/分钟。

随着矿井生产能力的逐步扩大和地区的延深，矿井瓦斯涌出逐年增高，瓦斯绝对涌出量由 1996 年的 8.55 立方米/分钟，增加到 2005 年的 28.87 立方米/分钟。为了满足生产要求，2006 年 1 月，将地面主扇风机由原来的离心式更换为轴流式。更换后型号为：BDK65－8－NO－28，风量可调范围 4680 — 11760 立方米/分，静压可调范围 218 — 5613 帕，1 台运转，1 台备用。矿井总回风量由更换风机前的 5300 立方米/分钟增加到 6900 立方米/分钟。

2. 瓦斯治理

2005 年 5 月，矿组建了瓦斯抽放队。2005 年 7 月，对回采工作面运料道布置钻窝施工高位钻孔，进行了高位钻孔临时抽放。钻孔直径为 89 毫米，孔深 120 米，终孔距大煤顶 12 — 15 米，封孔采用水泥浆人工封孔，封孔长度不小于 4 米，封孔压力不小于 2MP。工作面实施临时抽放，抽放负压 110Pa，抽放瓦斯浓度为 17 — 25%，抽放混量为 22 立方米/分钟左右。平均瓦斯抽放量为 2.5 — 3 立方米/分钟。回采工作面随着瓦斯抽放工作进行，瓦斯涌出量逐渐降低，保证了工作面正常回采。在局部通风方面，2006 年掘进工作面使用了“双风机双电源”自动切换装置。通过加强对矿井瓦斯的治理，瓦斯超限报警次数逐年大幅度下降。

3. 瓦斯抽放系统

2004 年 5 月，采用移动式瓦斯抽放泵，型号：2BEA－253－0，最大排放量 20 立方米/分钟，抽放范围为北副巷，抽放方法为本煤层预抽。

2005 年 7 月，采用移动式 ZWY33/75 型瓦斯抽放泵进行高位钻孔抽放，抽放能力 30 立方米/分钟。在工作面运料道布置抽放钻场，每个钻场布置 4 个钻孔，抽放管路 6 寸，抽出的瓦斯排入总回风巷。

2007 年 12 月，在地面建立了永久抽采系统，安装了 3 台水环式瓦斯抽放泵。抽放泵型号：2BEA353，执行标准：JB/T7255－1994，最大气量：73 立方米/分。1 台工作，1 台备用，1 台检修。

4. 瓦斯监测监控系统

1996 年 5 月，矿第一套监测系统投入运行，系统型号：A8000，运行操作系统为 WIN3.1。2002 年 10 月，更换为 KJ95 监测系统，同年 11 月，该系统正式投入运行。

2004 年 1 月，为满足井下各生产地区安全监测监控，矿井安全监测监控系统进行了补套设计，将 KJ95 系统更新为 KJ70 监控系统。同年 10 月，KJ70 监控系统在该矿投入运行。

2007 年 8 月，矿井对 KJ70 系统进行再次更新升级。同年 12 月，监控系统更新为 KJ70N 系统。

5. 综合防尘系统

煤尘爆炸性指数为 16.55%，为易爆煤层，煤炭自然发火倾向为Ⅲ类不易自燃煤层。

综合防尘系统：2004 年 10 月，工作面采煤机安装风水喷雾，加强了外喷降尘的效果。工作面安装使用了架间自动喷雾和架后放煤口自动喷雾。上下两巷安装了风流净化喷雾并使用了挡尘帘。2007 年 7 月，溜子道各转载点安装使用封闭式自动喷雾。2008 年，工作面进行了煤体短壁注水及上下两巷每班洒水灭尘。掘进工作面坚持湿式钻孔，按规定安装使用了净化水幕和挡尘帘，锚喷坚持潮料喷浆。2007 年，岩巷掘进工作面使用了锚喷除尘器。所有掘进工作面安装使用了放炮喷雾，放炮使用水炮泥，各转载点安装使用封闭式自动喷雾，工作面巷道每班洒水灭尘。

进回风大巷防尘：2004 年 10 月，进回风大巷安装使用了光控自动喷雾，并坚持每月冲尘一遍，皮带运输各转载点安装使用喷雾，消灭了煤尘堆积现象。

隔爆措施：矿井按规定安装隔爆设施，大巷永久隔爆 6 道，水量 400 升/平方米。回采工作面和煤与半煤岩掘进工作面安装辅助隔爆，水量200升/平方米。

2008年，职工佩戴3M型防尘口罩，自建矿以来职业病发病率为零。

（六）矿井排水

矿井共有排水泵房两个。一个是位于－390水平的中央泵房，设计正常排水能力12.5立方米/分，最大排水能力25立方米/分。矿井投产时设计安装PJ200×7型水泵5台，配套功率1250千瓦、电源电压6千伏的高压异步电动机。2007年10月，对泵房的水泵进行了无煤安标志设备改造，全部更换为MD450－90×7型水泵，并在预留泵位处安装KD450－90×7型水泵1台，配套电动机仍为JSQ15－4高压异步电动机。该水泵理论扬程630米，理论排量为450立方米/小时，排水管路为四趟∮325×8的钢管一级排水，两用两备。泵房设两个水仓，容积分别是2531立方米和1969立方米。2007年，－390水平的实际涌水量为120立方米/小时，矿井排水系统完全满足－390水平的排水要求。

另一个为－3.5新泵房，是1996年三矿淹井后，为缓解－390泵房的排水压力而增设的抢险泵房。共安装D450系列水泵6台，有两个水仓，其容积分别是1256立方米、822立方米。排水管路为两趟钻孔管路，一级排水，一用一备，直接排到标高为＋164.6工业广场内，经泄洪沟排水至矿外供农田灌溉或流入滏阳河。－3.5泵房设计正常总排水能力15立方米/分钟，最大排水能力30立方米/分钟，主排该水平来自三矿渗透的老空水。矿井隔离工程结束后，－3.5水平的实际涌水量减至0.6立方米/分钟左右。

（七）矿井供电

1995年投产初期，矿井供电利用原北大峪矿35千伏变电站供电。两回路供电电源分别引自峰峰发电厂和彭城110千伏变电站，均为架空线路。站内安装两台3200千伏安主变压器，1997年三矿被水淹抢险期间，增安1台S7－6300/35型主变压器作为备用，正常投运两台3200千伏安主变压器。2002年5月，在矿大门内路北建设1座新35千伏变电站并投入运行。新站两回路供电电源线路，一路引自峰峰发电厂，另一回路引自申家庄110千伏区域变电站，一用一备。

1. 地面供配电

35千伏变电站6千伏母线供给地面各用户的馈出线，投产初期为8回路，其中：主井绞车、副井绞车、主通风机、工业广场6/0.4千伏变电所各两回路主供电源，均采用VLV22－6/6电力电缆线路埋地敷设。2007年2月，地面新建1座瓦斯抽放站，增加两回馈出线路，沿厂区北围墙敷设。2008年10月，因原G4－73－NO.28F离心式主扇风机更换为BDK65－8－NO.28对旋式主扇风机后，为保证主扇风机的安全供电，将原两回路VLV22－6/6；3×70平方毫米主供电缆的其中一路更换为MYJV22－6/6；3×95平方毫米。

地面工业广场设6/0.4千伏变电所1座，所内设置S9－400/6/0.4型变压器两台，随着负荷的增加，所外又增设了S9－630/6/0.4型变压器1台，KS7－315/6/0.69型变压器（供井下设备试验用）1台。所内安装PGL1型低压配电屏14台，PGJ1补偿屏4台，供地面工业广场低压动力和照明用电。其中地面生产系统和主副井绞车房、井口、排矸系统、选煤系统、通信设备、矿灯房均为双回路供电。

2. 井下供配电

矿井投产初期，全矿下井电缆共5回路，其中3回路由地面35/6千伏变电站6千伏母线经副立井、主回风下山至－390水平中央变电所，采用YJV33－6/6；3×185平方毫米电力电缆，3回路同时工作，互为备用。2005年10月，将主回风下山3回路电力电缆改为副暗斜下山铺设，并更换为MYJV22－6/6；3×185平方毫米电力电缆。另外两回路由地面35/6千伏变电站6千伏母线经副立井至－3.5水平井底变电所，采用YJV33－6/6；3×70平方毫米电力电缆，2回路同时工作，互为备用。1997年三矿被淹后，为提高矿井抗水灾能力，于－3.5水平新建抢险泵房及变电所各1座（现－3.5新泵房变电所），在地面铁路南侧选煤楼处打入井电缆钻孔2个，由地面35/6千伏变电站6千伏母线经电缆钻孔至－3.5新泵房变电所铺设2回路YJV42－6/6；3×95平方毫米电缆，同时工作，互为备用。

（八）提升与运输

矿井提升系统为二级提升，分煤线、辅线两条线，分别承担原煤和人员、材料、矸石的提升任务。煤线设备包括主立井、-3.5皮带、主暗斜井及皮带机道；副线设备包括副立井、副暗斜井、矸石山、地面及大巷的轨道运输。

1. 主（煤）线提升

原煤运输方式是经工作面溜子道运至北翼2206煤仓，煤仓下口使用ZK10-6/250型电机车牵引35个MGC1.1-6型矿车，放煤后通过大巷轨道运输到-390翻罐笼处，经翻罐笼翻车后，原煤进入主暗坡底煤仓，经主暗斜井提升至-3.5水平煤仓，再由-3.5转载皮带将原煤运至主井底斜煤仓，最后经主立井提升至地面。2002年11月，-390北翼皮带机道投入运行，原煤运输方式改变为经工作面溜子道直接运至皮带机道后经皮带机道运至-390煤仓。

2. 副线提升与运输

井上下矸石、物料的平巷运输全部采用架线式电机车带1吨矿车运输，电机车型号为ZK10（7）-6/250型。现共配备电机车6台，地面运输使用1台，-3.5水平运输使用1台，-390水平运输使用4台。

副立井：副立井担负着矿井地面至-3.5水平矸石、人员、物料的提升任务。提升绞车采用JK-3/20型双滚筒提升机，按照落地单绳缠绕式布置。2005年7月，电控系统由TDK控制系统更换为JTDK-ZN型PLC数字智能型绞车控制系统，提升容器为GG1型1吨单层单绳单车罐笼两台。井口采用标准井口摇台及操车系统。2004年11月，井底安装THT型自动补偿托罐摇台，安装有NB型缓冲托罐两套。井底、井口的操车设备与提升容器位置、安全门、提升信号、绞车电控进行联锁。

副暗斜井：副暗斜井担负着矿井-3.5水平至-390水平人员、材料提升任务。提升机为2JK-3/30型双滚筒提升机单滚筒运行，滚筒直径3米，绳速为3.8米/秒，最大静张力13吨，最大静张力差8吨。2002年9月，更换为XL-30行星轮减速机，速比为30，电动机型号为JR158-8，功率380千瓦，供电电压6千伏的绕线式三相异步电动机。电控系统为TKDNT1矿用一般型高压交流提升机PLC电控系统。提升容器为MGC1.1-6型矿车，每次提升6个。提人容器为三节XRC15-6/6型斜井人行车，采用插抓式防坠抓捕器。人车信号采用KXT-5型斜井通讯信号机。井筒中安装两套SRC-102型防跑车雷达控制器。

二、科技成果

1999年，《井下打钻注浆、井下隔离封堵围岩加固综合堵水技术》获河北省煤炭工业科技进步三等奖。

2001年，《主立井绞车TDK电控系统技术改造》获邯郸市科技进步三等奖。

2002年，《主立井绞车TDK电控系统技术改造》获河北省煤炭工业科技成果项目三等奖。

2005年，《锅炉分层给煤装置改造，分层燃烧》获河北省煤炭系统科学技术二等奖。《应用科学合理的施工组织方法、提高岩巷单进水平》获河北省煤炭系统企业管理创新（应用）成果三等奖。

2006年，《量角法拐线在巷测工程中的应用》获2006年度冀、晋、陕三省地质测量学术研究二等奖。

2007年，《轻型综采放顶煤工作面粉尘控制技术研究》获中国煤炭工业科技进步二等奖。

2007年，《厚层炭质泥岩顶板大跨距切眼复合主动支护系统》获河北省煤炭工业科技进步一等奖。

2008年，《厚层炭质泥岩顶板大跨距切眼复合主动支护系统》获中国煤炭工业科技进步三等奖。

三、安全生产

（一）安全机构

1995年11月5日矿井投产时，由于行政上仍隶属三矿管理，矿井设立安监组，接受三矿安监科领导。1997年12月25日，矿安监组划归新三矿生产技术部，设安全副部长一名。2007年4月，为加强矿安全工作，专设安监科。

（二）安全工作及安全教育方式

1. 考试上岗。对于查处的“三违”人员采取封闭式教育，考试合格后方允许上岗。

2. “五关”教育。对于严重“三违”人员采取过“五关”教育：学习关、考试关、单位领导劝诫关、给家属通信联系告知关、在井口等公众场合曝光关。

3. 全员市场化运作。2007 年 12 月，首先在井下 4 个单位、生产技术部、安监科等部门，试行将工资收入的 30% 纳入安全工资进行考核。安全工资部分包括：入井、带班、查处“三违”、质量标准化、安全活动、安全信息等共计 6 部分。2008 年 1 月，正式在井下 4 个单位及生产技术部、安监科执行安全工资。同年 4 月，地面两个单位及矿两位副总参与安全工资考核。

4. 流动红旗竞赛活动。每周六由安全管理部门（一般为安全矿长或安监科长组织）组织基层单位行政正职参加，对工程质量非常好或者非常差的作业场所，进行观摩。每季度评选出较好的单位在值班室悬挂流动红旗，对较差的单位在值班室悬挂黄旗以示警告。

（三）党政工团齐抓共管

建矿投产以来，矿每年组织开展一次民主评议领导干部和班组长活动。矿工会代表职工和矿行政定期签定工资集体协议、劳动安全卫生协议、集体合同、女职工特殊保护协议。连续开展了十届技术练兵比赛活动。利用元旦、春节、“三八”、“五一”、“十一”等节日，举办了十届“安全杯”篮球比赛、“拼搏杯”羽毛球比赛和“奉献杯”乒乓球比赛。

（四）青年监督岗

青年监督岗成立于 1997 年 7 月，总岗设在矿团委，由团委书记兼任青年监督岗总岗长。总岗下设分岗，设在各基层团支部，由团支部书记兼任分岗长。2008 年全矿共设有 6 个分岗，46 名岗员。

四、经营管理

（一）生产计划

1. 编制计划

编制计划的内容。生产经营计划分长远规划和年度、季度计划，月份生产作业计划和日（班）实施计划。类型上分工业生产、基本建设投资、维简费、安全投资、重点进尺及大修理计划等。长期规划的内容有：矿井改造和基建投资规划、主要技术经济指标规划。在长期规划指导下，都有年度、季度、月度计划。

计划编制的依据。编制生产计划不论长远规划、年度、季度、月度计划，首要依据矿井的综合生产能力。具体分为主副井提升能力、排水能力、运输能力、采掘生产能力、地面储装能力。

2. 指令性、指导性计划

局（集团公司）下达的指令性、指导性计划指标，建矿以来不断变化。每年局（集团公司）下达的指标有产量、产值（总产值、商品煤产值）、总进尺、开拓进尺、煤炭质量（原煤灰分、含矸率）、全员工效、回采工效、掘进工效、生产工效、单位成本、利润、主要材料消耗（坑木、火药、雷管）、回采率、坑木回收率、工人出勤率等。指导性计划指标有产量、开掘进尺、电力、全员工效、回采率、商品煤质量、利润、坑木消耗等技术经济指标。其中产量必保，电力是最高限额。

3. 计划的贯彻落实

年（季）度计划，由矿在上年末或当年初向职工代表大会报告工作，审议各项指标。自 1998 年 1 月开始，改为计划下发，由各区（科）组织落实。实行五保（个人保组、组保班、班保队、队保区、区保矿），以保证计划的完成。

4. 计划检查与监督

在保证矿井生产经营计划目标实现的前提下，矿主要抓计划、统计、核算、分析、检查和审计。一切按计划办事，企业生产经营活动过程中的一切都纳入计划轨道，按计划、按比例开采，组织生产，按计划支付费用。采购有计划，消耗有定额，考核有标准，月月有核算。

5. 全面岗位精益化管理

2006 年，全矿推行全面岗位精益化管理。全面岗位精益化管理体系可以概括为“一个核心，三个支撑”。“一个核心”是以人本管理为核心；“三个支撑”是企业改造过程中所实施的全面化、岗位化、精益化管理。

运作流程：精细测算出工序岗位单价，借助 A 卡的考核与计算，汇总到班队的 B 卡上，再输入到计算机上，达到日清日结。

（二）财务管理

成本管理。1995 年至 1997 年 12 月，隶属三矿管理。1998 年 1 月至 2006 年 4 月，新三矿财务管理采用目标成本管理法；2006 年 4 月以来，采用内部市场化管理。充分利用价值规律、经济杠杆和竞争机制，使基层单位之间、基层单位与矿之间变单纯的行政隶属为行政隶属与经济关系有机结合的机制，实现管理职能的扁平化及员工自主式管理，激发企业内部活力，形成长期有效的成本控制机制。

投资管理。主要是维简资金和安全资金。维简资金又分集团公司管和矿管两部分，矿管部分按集团公司政策提取，实行以收定支。安全资金分国补资金、集团公司管和矿管三部分，矿管按集团公司有关政策提取，实行以收定支。

货币资金管理。由建矿初的单一自主管理，逐步过渡到了货币资金集团网络信息化管理。

财务管理创新。自 2004 年起，采用全面预算管理。本着效益优先、综合平衡，量入为出、以收定支，全员参与、全过程控制的原则，建立完善了全面预算管理的组织机构、管理流程及相关管理制度。

（三）工资管理

1998 年 1 月至 2001 年 12 月，采煤区实行吨煤工资单价结算，开掘区实行以队为单位，以每米单价结算工资。井下辅助和地面单位实行吨煤单价、进尺单价挂钩结算的办法。管理人员按单位人均工资的系数计发工资。2002 年 1 月至 2005 年 12 月，采煤区实行吨煤工资单价结算，开掘区以米计资，以区为结算单位，区内部以队为单位进行考核，多劳多得。辅助和地面单位实行吨煤单价、米单价挂钩结算的办法。管理人员按单位人均工资系数计发工资。2006 年 1 月以来，采煤区实行吨煤工资单价结算，开掘区以米计资，以区为结算单位，区内部以队为单位进行考核，多劳多得。辅助和地面单位实行内部市场化单价结算，全矿技术员以上的管理人员实行岗薪结算。

五、物资供应

（一）物资管理机构设置

1995 年 11 月至 1997 年 12 月，物资管理工作主要由三矿材料科供应生产用料。具体程序是由各基层单位编制用料计划，由区（科）长、经营副矿长审批后交材料科进行汇总，并组织货源、保管保养发放。各基层单位根据预算持领料单到材料仓库进行开票领料，储存到各基层单位小仓库进行上架，上账挂卡，保管保养，单位内各班队需用料时，需持领料单到本单位的仓库开票领取。

1998 年 1 月成立了生产服务部，设立了材料管理组，建立了仓库，由计划、保管、统计机构负责收集各基层单位材料预算进行汇报。

2003 年 8 月，峰峰集团物资供销分公司设立了驻矿供应站，取消了矿物资供应科，矿供应科部分人员归供销公司管理，取消了各单位的小仓库。各单位生产用料全部到生产服务部仓库领取，生产服务部负责内部结算，报矿财务科。

（二）物资分类

1998 年以来，矿把所需要的各类物资按占用资金多少、消耗量大小、作用轻重等划分为一类物资、二类物资和三类物资。一、二类物资计划报局物资供应处组织货源，并按计划自行提货到矿仓库，进行验收、保管、保养、上账上架，实行五五摆放、四号定位。

（三）物资仓储与发放

1. 仓储与发放管理

1998 年 1 月至 2003 年 8 月，矿物资仓储实行二级管理，一级为生产服务部仓库，二级为各单位的小仓库。各单位的材料首先要入生产服务部仓库，然后各单位持领料单将材料领至各单位的小仓库进行管理。2003 年 8 月，各单位取消了小仓库，实现了零库存，各单位用料全部到生产服务部开票领取。

2. 井口物资超市

2005 年 10 月，矿在副井口建立了物资超市。各基层单位用料计划由经营调度室、主管矿长和经营矿长审批，报生产服务部物管组进行汇总后报集团公司驻矿供应站，由峰峰集团物资供销分公司配送到驻矿供应站和新三矿井口物资超市。各单位用料按审批计划到生产服务部物管组协同驻矿供应站人员开票领料，共同验收。

3. 物资供应管理制度

1998 年 1 月，逐步建立完善了物资验收、保管、发放管理制度。2003 年 1 月，建立了《废旧物资回收制度》和《废旧物资回收目录》，大大降低了生产成本。2005 年，完善了《物料验收制度》及标准和《物资超市发料管理有关规定》，严格实行了三人验收制，严把材料质量关。

六、党群工作

（一）党委工作

1998 年，组织全矿干部认真学习贯彻落实党的十五大会议精神、《中共中央关于加强社会主义精神文明建设的若干规定》、社会主义市场经济和现代企业制度知识。

1998 年至 1999 年，开展了“鼓斗志、闯难关、抓扭亏”主题教育活动，促进了企业的改革、发展和经济效益的提高，实现了扭亏为盈。

1999 年，针对“法轮功”问题集中开展了学习教育，组织全矿基层支部召开了“不准修炼法轮功”专题民主生活会。

2000 年至 2002 年，为全面贯彻落实好党中央《公民道德建设实施纲要》和河北省《全民道德实践活动实施意见》，动员全矿职工积极参与社会主义道德建设，在全矿广泛深入开展“以德兴矿、以德育人”实践活动；开展了“创新、创业、创效”主题教育活动。

2002 年，组织党员干部学习“三个代表”重要思想、党的十五届六中全会精神、有关法律法规和上级方针政策。

2003 年 4 月份，面对“非典”疫情，矿党政认真研究部署，建立强有力的防疫工作统一领导机制，有效地控制了“非典”疫情。

2003 年至 2004 年，普及企业文化基本知识，征集提炼企业理念，培育企业文化建设专职队伍，用企业文化提升文明创建水平。

2004 年，结合峰峰集团改制工作，开展了“新机制、新形象、新发展”的“三新”主题教育活动。

2005 年，开展了保持共产党员先进性教育活动，实施了党建质量管理体系运行机制。

2006 年，在全矿干部职工中广泛开展“强素质、强管理、强责任”主题教育活动。

2007 年，加大了企业理念及岗位精益化管理宣灌力度，使全矿干部职工形成了共同的价值取向。开展了“四好”领导班子创建活动、“共建和谐，促进发展”主题教育活动。按照“四好”标准对领导班子进行了考核评价。

2008 年，组织领导干部深入学习党的十七大会议精神。开展“珍惜岗位，爱岗成才”、“认清形势明任务，立足岗位作贡献”、“跨入新阶段，立足新起点，争创新业绩”主题教育活动。6 月，峰峰集团与金能集团联合重组为冀中能源集团后，矿党委及时对上级相关文件精神进行了学习和宣传。

（二）纪监工作

1995 年 11 月 5 日至 1997 年 12 月 25 日，纪监工作隶属三矿党委管理。之后，在新三矿党委领导下开展工作。

1998 年 3 月，在局党风廉政工作会议上介绍了《勤政廉洁当好公仆》经验。4 月 2 日，矿召开了第一次党风廉政建设工作会议。

1999 年，组织党员干部学习了《邓小平论党风廉政建设和反腐败》一书，观看了《中国共产党纪律处分条例》教育片，开展了论文交流、座谈会、典型案例展。

2000 年，认真落实《关于实行党风廉政建设责任制的规定》，制定了《基层党支部党风廉政责任制考核办法》。

2001 年，开展了“读廉文、思反腐、筑防线”教育活动；制定下发了《效能监察暂行办法》。

2002 年，学习了江泽民在中纪委七次全会上的重要讲话及中央对国有企业领导干部廉洁自律“五条规定”；组织党员干部观看党风廉政教育片《廉内助与贪内助》，签定了《反腐保廉承诺书》。

2003 年 2 月，组织党员干部认真学习贯彻局纪委监察处《关于党员干部在防治非典型肺炎工作中应遵守的纪律规定》。

2004 年，组织党员干部学习了《中国共产党党内监督条例（试行）》和《中国共产党纪律处分条例》；开展了“抓学习，守法纪，兴勤廉，促发展”主题教育活动；建立了领导干部廉政档案。

2005 年，在党员干部中开展了“讲学习、抓预防、促勤廉、强发展”主题教育活动；充分利用“三会一课”、中心组学习、知识测试、课题调研等形式，深入学习《建立健全教育、制度、监督并重的惩治和预防腐败体系实施纲要》。

2006 年，运用集体学习、组织讨论、知识测试、组织演讲等形式，对《廉洁文化手册》进行学习；开展了“勤廉从业促发展”主题教育活动，推动了廉洁文化向更深一步发展。

2007 年，开展“为民、务实、清廉”主题教育和“廉洁文化在企业”征文活动，制定了“勤廉六进”标准、廉洁行为规范和廉洁守则，进一步规范了勤廉从业行为，营造了“勤廉成业、正气兴企”的氛围。

2008 年，围绕创建“本质廉洁型”企业，制定了《创建“本质廉洁型”企业的实施意见》和《实施方案》；开展了“家庭助廉”座谈会、送廉洁楹联和廉洁光盘、《建立健全惩治和预防腐败体系 2008 年—2012 年工作规划》答题等活动。

（三）工会工作

1998 年 3 月，矿工会召开了第一次会员代表大会和第一次职工代表大会。开展了评选建功立业“五佳”先进集体和岗位明星活动，制定了《车间工会职工储金会资金管理办法》、《关于民主评议企业领导干部的实施细则》。

1999 年至 2007 年，相继开展了“联手互动、和谐共赢”活动、“创三零、保安康、促和谐、立新功”竞赛活动、“反麻痹、反松劲、反事故，查隐患、查‘三违’、查漏洞”活动。开展了明星员工评选、创建“工人先锋号”活动。

2000 年至 2007 年，有 5 人获局（集团公司）技术状元，3 人获得局（集团公司）技术标兵、能手称号。

2003 年建立了《矿务公开民主管理质量手册》，形成了矿、车区（科）两级公开体系，建立了矿务公开和区（科）务公开栏，规范了公开内容。

2006 年建成了安全教育展览室，每年组织全矿职工和新进矿工人参观，警示和教育职工规范个人行为，搞好安全确认。

2008 年，工会组织 1530 名会员参加了邯郸市会员大病互助基金会。自 1995 年以来，累计救助贫困家庭 6300 人，款物达 84 万元。

1995 年至 2007 年，召开了四届女工代表大会。选举产生了历届女工委员会。

（四）团青工作

1995 年至 1997 年底，隶属峰峰局三矿团委，开展一些相关活动。

1998年至2008年，矿团委围绕矿中心工作，在广大团青中开展了“学技术、提素质、上产量、创佳绩”活动；实施了以“青春立功”为主题的文明工程和人才工程，重点围绕青年安全、创效方面开展活动，开展了以“开发一项新产品、创造一项新工艺、推广一项新技术、创新一项新成果”为主要内容的“四个一”活动，同时抓好“青年文明号”的创建和青年突击队的劳动竞赛等活动。

第三节　主要经济技术指标完成情况

1995年－2008年主要经济技术指标完成情况表

年度	原煤产量（吨）	开拓进尺（米）	原煤成本（元/吨）	煤售价（元/吨）	利润（万元）
1995	47468	441	374.57	107.74	－1195
1996	280242	6	146.41	118.01	－1083
1997	128124	481	93.11	122.05	－132
1998	261508	665	127.11	96.97	－1646
1999	544945	231	97.33	114.82	289
2000	648348	604	86.31	107.01	751
2001	695188	478	86.34	108.97	624
2002	728165	709	85.45	121.4	1008
2003	705037	291	93.67	124.71	1153
2004	690000	1127	110.32	174.32	2790
2005	701838	1520	166.09	240.57	3229
2006	700000	1655	173.09	255.5	3651
2007	700000	1203	171.08	260.01	3023
2008	591645	6176	204.49	273.8	368

第四节　市级以上荣誉称号

一、国家、部级荣誉

2000年，全国造林绿化先进单位

2003年，全国煤炭系统文明煤矿

二、省级荣誉

2000年，河北省文明单位、工业污染治理达标企业

2001年，河北省文明单位、煤炭工业造林绿化先进单位

2008年，河北省模范职工之家

三、市级荣誉

2002年，邯郸市文明单位、先进基层党组织

2003年，邯郸市先进基层党组织、模范职工之家、质量标准化样板矿

2004 年，邯郸市集体合同工作先进单位、“安康杯”竞赛暨职工劳动保护工作优胜企业
2005 年，邯郸市国资委先进基层党组织、绿色庭院、“安康杯”竞赛暨职工劳动保护工作优胜企业
2007 年，邯郸市“AA”级劳动关系和谐单位
2008 年，邯郸市国资委先进基层党组织

（资料提供：张国胜、尚金平）

第八章　梧桐庄矿

第一节　单位概况

一、地理位置

梧桐庄矿井位于河北省邯郸市峰峰矿区东南部、磁县西部、岳城水库以北，东距磁县县城 15 公里，东北距京广线 35 公里。地理坐标北纬 36°19′，东经 114°12′，行政区划属邯郸市峰峰矿区及磁县管辖，交通条件便利。

二、历史沿革

梧桐庄矿于 1989 年 2 月正式筹建，是峰峰局利用国家开发银行贷款和国家资本金建设的大型现代化矿井。矿井设计生产能力为 120 万吨/年，服务年限 80 年。矿井采用立井开拓方式，初期布置主井、副井和中央风井三个井筒，以两个综采工作面达产，井下采用综掘机组、综采机组和胶带运输等比较先进的技术装备，各系统机械化、集约化程度较高，完全按照高产高效要求进行设计和建设。矿井经过十余年的建设，到 2000 年 12 月，已基本按设计完工，安全设施、各生产系统供电、供水、通讯等配套设施已经满足生产的需要，于 2001 年 5 月开始联合试运转。经过两年的试生产，各项系统运行正常，稳定可靠。2003 年 10 月开始正式生产，并达到矿井设计生产能力。

三、井田面积

梧桐庄矿井田西以 F26、F25 两断层形成的地堑与三矿为界，北及西北均以上述地堑分别与九龙矿、新三矿为界，西南以 F26、F53 断层与小梧桐庄井田为界，东至 F5 断层，南部以 28 号勘探线为界，井田范围由 26 个拐点圈定。井田南北长 11. 5 公里，东西宽 0 — 5 公里，为北窄南宽的近似等腰三角形形态。井田面积为 37. 36 平方公里。

四、地质构造

该井田为新生界组成的构造剥蚀丘陵地形，地面高程为 + 150— + 257. 26 米，丘顶大部分为红土卵石层，丘顶浑圆，山坡平滑，坡度为 10°左右，冲沟非常发育，方向多为北西—南北向。

该区属大陆性季风气候区，四季变化显著。最高气温 41℃，最低气温 - 15. 5℃，年平均降雨量 564. 03 毫米，最大降雨量 1273. 4 毫米。年平均蒸发量 1846. 5 毫米，年相对湿度最大 71%，最小 55%，最大积雪厚度 150 毫米，最大冻结厚度 220 毫米。

地震烈度：本区地震烈度属于 7 度区。

地温：该区属于低温热水异常区，在 1510 钻孔附近地温高达 42. 8℃，水温最高达到 47℃，一般为 37—39℃，矿井有地温异常现象。

五、矿井煤层

该井田含煤地层属石炭二迭系，包括石炭统本溪群、上石炭统太原群及下二迭统山西组共含煤26层，其中可采和局部可采煤层7层，自上而下为2#、3#、4#、6#、7#、8#、9_2#煤，可采煤层总厚度9.33米。

六、矿井储量

建井初期，矿井探明的地质储量为4.3770亿吨，设计利用地质储量为4.2626亿吨，其中，上组煤为2.5117亿吨，下组煤为1.7509亿吨，上组煤工业储量2.1059亿吨，可采储量1.3452亿吨，其中，2#煤可采储量为8700万吨。

截至2008年底，矿井地质储量为3.9970亿吨，工业储量1.3569亿吨，可采储量7900万吨。

七、煤质情况

本井田处于肥煤带的边缘，并有向焦煤带过度的趋势，属于较高挥发分的低、中等变质程度的烟煤，主要为肥煤类，次为焦煤类，各层煤煤质沿走向无一定变化规律，是我国比较稀缺的优质主焦煤。

原煤灰分：各煤层原煤灰分一般在15—24%之间，属中等灰分煤，2#煤原煤灰分为15%。

硫分：各煤层以2#煤含硫最低，其平均值为0.6%，属低硫煤，其他煤层原煤硫分2.37—3.8%之间，属中硫或富硫煤。

磷分：各煤层原煤的含磷不一，无变化规律，除4#、6#、7#、8#煤外，2#、3#、9_2#煤层磷分均大于0.01%，其中9_2#煤含磷最高达0.021%。

八、资产和人员情况

截至2008年底，矿井资产10.9911亿元，其中：固定资产6.4169亿元，无形资产4.0249亿元，流动资产5492万元。流动资产主要包括货币资金990万元，应收款项4361万元，库存商品141万元。

到2008年底，全矿有员工2728名，其中：固定工和长期合同制1608名，农合工1120名。全矿有管理人员190名，矿领导10名，副总工程师5名。有高中级职称53人，其中：高级职称14人，中级职称39人。管理人员具有大专以上学历130人。

第二节　主要工作

一、煤炭生产

（一）开拓掘进

开拓方式。矿井煤层埋藏较深，一般均在500米以上，最深达1200米，井田被百余米厚的冲积层覆盖，故采用立井开拓方式。

巷道支护。巷道支护形式以锚喷和锚网支护为主，峒室采用钢筋混凝土支护。

机械配备。煤巷掘进机配备EBZ150型掘进机、QZP-160型掘进用装载机、SSJ-800/2×40型可伸缩胶带输送机、调度绞车、局部扇风机、小水泵、激光指向仪等设备，组成煤巷综合机械化掘进线。岩巷掘进组配备风动凿岩机、侧卸式装岩机、液压钻车、局部扇风机、激光指向仪、混凝土搅拌机及喷射机、探水钻、小水泵等设备，组成岩巷掘进作业线。煤巷普通掘进机组配备煤电钻、风镐、耙斗装岩机、局部扇风机、混凝土搅拌机及喷射机、调度绞车、小水泵等设备，组成普通掘进作业线。

（二）采煤方法

矿井主要开采2#煤层，根据煤层赋存情况和开采技术条件，2#煤层采用走向长壁采煤法，顶板管理方式为全部跨落法。1996年矿井初步设计优化中，以两个综采工作面、6个掘进工作面保证矿井生产能

力。综采工作面长 150 米，年推进度 990 米。

初期采煤工作面装备为综采，配备滚筒式采煤机落煤，自动装煤，工作面采用可弯曲刮板输送机运煤，顺槽采用落地式可伸缩胶带输送机运煤。

（三）矿井通风

通风方式采用中央并列式，通风方法采用抽出式。主、副井进风，中央回风井、西风井回风。中央风井直径 6 米，配有 2 台 GAF28－14－1 型通风机，1 台工作，1 台备用，电动机型号为 TD800－8，设计供风量 198 立方米/秒。矿井内采区实行分区通风，采掘工作面实行独立通风，中央泵房、潜水泵房、爆炸材料库、采区绞车房实行独立通风，其他机电硐室独立通风或处于进风流中。

（四）矿井瓦斯

矿井相对瓦斯涌出量为 24.1 立方米/吨。2001 年 11 月，煤炭科学研究总院抚顺分院对梧桐庄矿瓦斯含量进行了鉴定，结论为：－470 米水平南翼、北翼采区达产后矿井相对瓦斯涌出量为 1.805 立方米/吨，绝对瓦斯涌出量为 4.726 立方米/分钟，属低瓦斯矿井。

矿井在精查勘探时，采出 2#煤煤尘爆炸两个试验样，鉴定结果为：2#煤煤尘有爆炸性，煤尘爆炸指数为 30.25%。矿井煤层有自燃倾向，属二级自然发火矿井。

（五）矿井排水

井下中央水泵房装有 MD450－90×8 型离心泵 7 台，配套电动机 Y500－10－4，1400 千瓦，6 千伏，1480 转/分。主排水设备满足矿井排水要求。另有 1 套潜水泵系统，安装有 4 台 6825－15 型潜水泵，作为突水时的排水设备。

（六）矿井运输

矿井原设计大巷，初期煤炭运输采用胶带输送机，辅助运输采用架线式电机车；后期煤炭及辅助运输均采用架线式电机车。

技术改造后煤炭的运输流程为，南三采区出煤→南一采区集中胶带输送机→原卸载站煤仓→现有南翼胶带输送机巷→井底煤仓。南四采区出煤→南翼胶带输送机巷→原卸载站煤仓→现有南翼胶带输送机巷→井底煤仓。

后期煤炭运输流程：采区出煤→胶带输送机巷→原卸载站煤仓→现有南翼胶带输送机巷→井底煤仓。

矸石运输系统：采区矸石→－470 米水平运输大巷→井底车场副井重车线。

材料及设备运输流程：地面→副井井筒→井底车场副井空车线→－470 米水平运输大巷→各采区上、下部车场。初、后期辅助运输仍为架线式电机车运输方式。后期人员运输采用架线电机车牵引平巷人车运输方式。

（七）矿井提升

主井提升设备为 JKM－3.25×（Ⅲ）型塔式多绳摩擦提升机，摩擦轮直径 3.25 米，最大静张力 490 千牛，最大静张力差 140 千牛，绳速 9.87 米/秒。配套电动机为 ZKTD250/50，58 转/分。钢丝绳首绳为 32 毫米 6×25T FC 1700 型，d＝32 毫米，PK＝4.295 公斤/米，Qp＝863 千牛。尾绳为 p8×4×9－143×24－1370－1－甲镀型扁尾绳。原设计提升容器为一对绳罐道 12 吨四绳提煤箕斗，为提高提升能力，改为 13 吨箕斗，提升高度 649.363 米。

副井提升设备为 JKM－3.25×4（1）C 型塔式多绳摩擦提升机，摩擦轮直径 3.25 米，最大静张力 450 千牛，最大静张力差 140 千牛，绳速 10.17 米/秒。配套电动机 ZD－99/35 型直流电动机，1000 千瓦，

600 转/分。钢丝绳首绳为 6△（34） -32 -1665 - 特 - 镀型，d = 32 毫米，pK = 4.295 公斤/米，Qp = 738 千牛。绳尾为 p8 ×4 ×9 -143 ×24 -1370 -1 - 甲镀型扁尾绳。提升容器为一对钢管道 1 吨矿车双层 4 车四绳罐笼。提升高度 666 米。

二、科技进步

优化矿井开拓。将南翼延深大巷由岩巷转化为煤巷，节资降耗，减少出矸量，加快六采区的开发力度。

优化四、七采区设计。综合考虑四、七采区的联合布置，增加单个综采面的长度和储量，为安全高效奠定基础。

开展村庄下采煤研究，最大限度回收资源。矿井田内有 13 个村庄，压煤量达 59%，矿井生产布局和发展将受到村庄下压煤的严重制约。组织完成了村庄下深部压煤协调式跳采技术项目研究，该项目创效益 13.82 亿元。在“三下”采煤上属首创，具有广阔的推广前景，获国家煤炭协会科技进步一等奖、河北省煤炭协会科技进步一等奖。

自行设计、完善了排矸系统。形成了出煤排矸各自独立的系统，并在排矸系统实行了矸石破碎，充填后注浆等先进工艺。2009 年 4 月份投入使用。

开展了矿井热害治理技术研究。提出了热害综合治理措施，编制了《三采区局部降温设计》。在国内首次引进德国产风冷 DV290、DV400 井下降温设备，并获成功。开展大倾角综采工作面采煤工艺研究，成功解决了受褶曲和断层两大构造影响，大倾角工作面开采的难题。

研究综合防治水技术、确保安全生产。组织完成的《梧桐庄矿底板综合防治水技术研究》获中国煤炭工业十大科技项目、河北省科技进步三等奖；《梧桐庄矿温度异常型高压隐伏强导水陷落柱超前识别探查治理技术》获中国煤炭工业十大科技项目、河北省煤炭协会科技进步二等奖。

大水工作面开采工艺研究。在科学分析水文地质条件的基础上，实行了综合防治水、改变通风系统、运输方式和疏水等措施，成功采出煤炭 13 万吨，创产值 7800 万元，创效益 5374 万元。

澄清系统。2004 年 8 月，投资 700 多万元，建成了井下水澄清系统。通过对矿井水沉淀、过滤、放化学药物，使煤泥和絮状物沉淀，再通过压力机形成泥饼，达到了矿井水清澈的目的。

回灌工程。2008 年 3 月，投资 3900 万元，开工建设了“矿井水回灌工程”，将矿井水经过澄清系统净化回灌到奥灰含水层中，实现了矿井水零排放，每年可削减悬浮物排放量 788.4 吨，削减盐排放量 4.0293 万吨，极大地减少了矿井水对周边环境的影响，具有明显的社会效益。

技术改造。矿井所产的优质肥煤是集团公司配制炼焦煤的稀缺煤种。根据市场需求，为充分发挥煤炭资源优势，2004 年 9 月，集团公司决定对矿井进行技术改造，到 2008 年矿井产量达到 210 万吨。矿井技术改造后设计规模 210 万吨/年，矿井服务年限为 46.7 年。矿井技术改造后，新增井巷工程量总长度 5303 米，新增地面行政、公共建筑总面积 9665.8 平方米。改造工程主要包括：设计对矿井开拓部署进行优化，将原设计 1 个 -470 米主水平、2 个辅助水平（-720 米和 -920 米辅助水平），优化为 1 个 -470 米主水平和 1 个 -800 米辅助水平；设计以两个采区、两个综采工作面、1 个备用工作面和 1 个治水工作面保证矿井生产能力，新增 1 套综采设备；改造矿井原有通风系统，新增 1 个西风井，增加主井进风巷、南翼进风巷、南翼回风副巷，扩掘西翼进、回风巷，并更换中央风井两台风机。西风井安装两台 GAF21.2 -13.3 -1 型轴流式风机；中央风井将原有的两台 GAF28 -14 -1 型轴流式风机更换为两台 GAF31.5 -18 -1 型风机；矿井后期运煤系统由原来矿车运输改为胶带输送机运输。提升系统改造：主井提升系统改造，主要是将箕斗容积由 12.6 立方米增加到 14.6 立方米，单斗提煤量由 12 吨增至 14 吨；重新整定电控系统、调整减速点和爬行速度、改造井上下装卸载系统，将一次提升循环时间缩减为 106 — 113 秒。副井提升系统改造主要是对副井电控系统、井上下操车系统进行改造。压风系统改造将地面压风机房原有 4 台 5L -40/8 型空气压缩机更换为 3 台 LU320W -8 型螺杆式空气压缩机。地面生产系统改造 102、105、107、108、109、110、125 胶带输送机，筛分车间振动筛、原煤仓配仓及仓下胶带机等设备，将带速由 1.6 米/秒提高至2.0米/秒，运量由357吨/小时提高至450吨/小时。井下运输系统改造主要对南翼胶带输送机进行了局部改造，增加1套驱动装置，使其运量由300吨/小时提高至700吨/小时。供电系统新增1个井下中央变电所，改造地面35千伏变电站。供热系统地面新增1台10吨锅炉，并将1台6吨气暖锅炉改造为水暖。地面建（构）筑物增加1栋单身宿舍楼、1栋任务交代楼、1个原煤储煤仓和主、副井空气加热室、西风井地面构筑物，改造现有锅炉房等。

矿井技术改造于2007年8月份基本竣工。2007年11月，河北煤炭建设工程质量监督中心站对矿井技术改造单项工程进行了质量认证，认证结果为优良。2007年12月，河北煤监局组织对梧桐庄矿井技术改造工程安全设施进行了竣工验收，验收合格。矿井在生产系统、安全方面已具备了210万吨/年的生产能力。2008年进行了新一轮扩能技改，主要任务包括：新建1个2号主井，更换5部强力皮带，皮带宽由1.0米更换为1.4米；更换35千伏变电站两台主变，由原来的1000千伏安、2500千伏安更换为2000千伏安；西风井主扇更换，风道要扩刷；井下南北翼皮带输送机更换电机、减速机、调速；5000米的巷道扩刷；增加1组工作面；液压钻车增加，综掘机增加，开掘回采队伍增加300人。另有1000吨的煤仓要完成，与之配套的住宿、生活条件要完善，地面新增1台LU320W－8型压风机。666米的主井筒打建，新的提升安装完成，井底500米绕道、联络巷300米均完成。2009年，梧桐庄矿全力以赴进行300万吨技改工作。

三、安全管理

认真贯彻执行上级的指令、文件、制度，并结合实际，制定了比较健全的安全规章制度，安全监察机构健全，职责明确。

（一）安全机构

矿正式投产后，配备了安全副矿长和副总工程师抓安全，成立了安全管理部，配备了专职安全检查员27名。各单位、各专业口都配备了主抓安全技术员。矿党委参加安全办公会，下井检查，加强对党员的安全教育。行政每周一定期召开安全办公会。矿工会设有群监会，各基层工会都配备了群监员。矿团委设青年安全监督总岗，基层团支部设分岗，形成了党政工团齐抓共管的局面。

（二）安全制度

矿先后建立了《安全办公例会制度》、《安全检查制度》、《事故分析制度》、《安全质量标准化奖惩条例》等安全管理制度50多项，安全责任制度380多项。建立《精细化操作规程》，安全质量标准涵盖了矿井所有岗位。健全了《事故隐患排查制度》、《区科管理人员跟班制度》、《安全生产投入保障制度》、《安全技术审批》等多项安全管理举措，应用于安全生产的全过程。

（三）安全活动

坚持安全活动不断线。周一全矿综合安全大检查，周二青年岗员安全检查，周三防治水检查，周四机电安全检查，周五安全网员安全检查，周六各单位安全自查，周日“一通三防”检查。

每周二为员工安全技术培训日，每周五员工安全学习日。每年对特殊工种进行轮训。

规定每年6月为安全活动月，一年一个主题。6月1日举行6月“安全月”活动动员誓师大会，各基层单位进行军训演练和举办大签名活动。对军事化进行总结，对当年军事化进行安排。

（四）职业健康安全管理体系

2004年7月，推行了职业健康安全管理体系。2004年12月，通过了职业健康安全管理体系认证。

（五）风险预控管理体系

2008年1月，实施了风险预控管理，建立了安全风险辨识评估、安全风险监控和预警、安全风险干预和控制、应急管理“四个机制”，变事后处理为预先分析，变被动整治为主动管理，层层分解指标，坚持逐级负责，增强了安全风险预控管理水平，促进了本质安全的实现。

（六）安全创新

2005年开始，矿以建设高品位安全文化作为企业文化建设的突破口，以文化力促进安全发展。根据矿井的实际，确立了矿井发展的六大系统理念，创立了"8-1=9"和"安全生产一个都不能少"的安全生产新理念。这些理念逐步成为指导生产和工作的指针，员工的安全认识实现了从"要我安全"向"我要安全"的根本性转变。在管理层创造性地提出了"三现"、"三事"管理。"三现"即现场、现时、现物；"三事"即事前、事中、事后，实现了安全管理全覆盖。2005年，在集团公司率先推行准军事化管理，形成了比较规范的"六项准军事化安全管理"模式，即：准军事化班前会、准军事化集体升入井、准军事化安全行走、准军事化安全确认、准军事化"手指口述"、准军事化安全汇报。制度和管理的创新，收到了较好的效果。截至2008年12月底，已连续安全生产2802天，安全产煤1107.9556万吨。

（七）安全装备

在全国煤炭系统首家安装应用了"井下人员位置监测与管理系统"。建立了瓦斯监测监控系统，实现了信息化管理。

四、经营管理

（一）劳动用工

矿井组建的原则是新井新制，管理人员从集团公司内公开招聘，全部员工从集团公司内劳务输出。2005以后，随着劳务输出单位矿井破产，职工的档案正式转到梧桐庄矿。

2003年-2008年职工工资和效率一栏表

年度	在册人数	平均人数	工资总额（元）	人均工资（元）	全员效率（吨/工）
2003	138	1274	22204968	17429	5.03
2004	428	1242	24679832	19817	5.508
2005	1291	1428	42901196	30043	6.199
2006	2007	2040	63327709	31043	6.105
2007	2264	2130	70998899	33333	6.22
2008	2728	2516	116111309	46149	6.73

（二）工资管理

工资构成主要有三大部分：岗位工资、奖金（年终奖金与特殊专项奖金）与各种津补贴。

工资分为月度岗位工资、年功工资、季度绩效工资。

月度岗位工资分为固定工资（岗位工资的60%）和月度绩效工资（岗位工资的40%）。

工资基数的确定：采、掘、开及钻机队按照矿确定的生产地区和计划任务，依据定员人数和确定的工资水平，计算出分头面月度吨（米）工资单价和打钻注浆米（吨）工资单价，实行计件工资结算。机、运、通等其他井下辅助及地面和机关部室按照矿确定的定员人数及各岗位工资标准确定各单位工资基数，工资基数年度包干、分月下达。

单项工程年度预算按矿计划和预计工作量进行编制，月度根据具体调查结果和验收情况进行预算和结算。

节日加班工资在实际发生月份对各单位单独核定下达。

计件单位按实际产量、进尺、打钻进尺和注浆量乘以矿核定的吨（米）计件单价提取工资；单项工程按立项验收工程量支付工资。计件单位月度绩效工资基数按本月结算工资总额的40%计算；计件工资包括管理人员和勤杂人员月度工资。非计件单位按矿下达工资基数进行控制。

每月10日前，人力资源部依据企业管理部提供的各单位（部门）绩效考核结果对单位进行绩效工资结算，各单位再根据内部考核对个人进行结算。

对单位的绩效考核满90分对应绩效工资系数为1，绩效工资按核定基数100%提取，绩效考核超过（或低于）90分按下列公式计算绩效工资系数和提取工资：

绩效工资系数=实际考核得分÷90

实得绩效工资=核定绩效工资基数×绩效工资系数

每月15日前，计件单位在矿结算的月度工资总额内，以员工个人应得计件工资经考核后进行分配。实行计时工资的单位，以员工实际岗位出勤为依据计算固定工资和各类津补贴，但出勤不得超过法定工作日，个人绩效工资联挂单位（部门）考核结果及个人考核结果浮动支付。

管理人员月度工资由所在单位按绩效考核结果考核发放，季度绩效工资由矿劳动工资部按矿有关规定考核后造表兑现。

季度绩效工资按矿定各工种的季度绩效工资标准结合矿对各单位绩效考核结果兑现。

各单位（部门）按矿绩效考核制度严格考核兑现绩效工资。

（三）财务管理

1. 管理形式。1989年至2002年，矿为基建矿井，2003年正式投产，由峰峰局垂直管理，独立核算。2005年8月由峰峰集团垂直管理，转变为非独立核算单位。

1989年至2002年基建矿井期间，由局下达矿管理费用指标，按进度结算工程款。矿实行内部基建核算，不核算盈亏和上缴税金。

2003年至2005年7月，矿属于经营矿井，为独立核算单位。经营期间形成的利润不上缴集团公司，税金上缴当地税务机关。

2005年8月，正式转为峰峰集团非独立核算单位。集团公司年初下达各项预算指标，矿上缴集团公司利润和管理费，按集团公司绩效考核办法兑现奖惩，超产留利分成矿留20%，集团公司分80%，税金上缴当地税务机关。从2005年至2007年底，矿上缴利润及超产分成4.5849亿元。

从2001年开始，局成立资金结算中心，对资金实行统管，外部银行由局（集团公司）统一管理，矿只对局（集团公司）结算中心进行资金往来结算。

2. 内部管理模式。生产单位及各区（科）为三级核算单位，车间设专职或兼职成本核算员。2003年开始利用网络和成本管理软件，对各生产单位和区科部门设立账簿，进行成本核算内部过程控制。2005年，专门成立矿成本结算中心，利用自主式成本管理系统，对全矿各单位、区（科）代理记账业务，做到日清日结，每周编制报表，汇总各单位、区（科）的日常成本费用完成情况。经营副矿长每月10日召集一次经济活动分析会，分析各单位、区（科）上月的成本费用完成情况，对单位兑现奖惩情况。

3. 流动资金管理。矿各项资金归集团公司统一管理，统一控制。矿内资金采用分口管理办法，材料储备资金由材料科安排使用，地面土建资金由企管部安排使用，设备中小修和大型材料由设备管理部门安排使用，其他非定额资金由财务部门负责。资金的收付均通过财务部门编报预算，经集团公司审批，然后编报资金付款单，经审批后才能付款。财务负责及时清理债权债务，及时与集团公司和银行核对资金收支，编制银行对账单和调节表。

4. 专项资金管理。专项资金分为维简折旧资金、大修理资金、国拨资金、安全资金以及借款资金。2005年前，由集团公司批复计划，矿自提自用。2005年后，提取的维简折旧费按产量自留2元/吨属自管资金，矿安排计划由集团公司批复使用，其余资金属于集团公司管维简由集团公司安排使用。提取的安全资金按产量10元/吨属于自管资金，但要上交集团公司代管，其余的安全资金由集团公司统一安排使用。大修理资金由矿申报预算，集团公司审批后，矿按预算安排使用。

5. 成本管理。2003年开始实施成本二级核算，2005年实施成本三级控制，2007年引入内部模拟市场化管理体制，推行了自主式成本管理模式。该模式以信息系统为平台，在内部模拟市场机制的前提下，划分作业中心，制定内部价格体系，从全面预算和基础定额两个角度分解控制目标、明确控制责任，进行全员、全过程、全层次的成本管理。

五、后勤管理

2001年试生产以来，后勤工作始终坚持“加强管理、提高效率、服务员工、保障生产”的原则，一切以服务矿山、服从安全、服务生产、服务职工为宗旨，积极推行“市场化运作，社会化服务”运行机制。在管理上推行了A管理模式、6S管理、目标管理与绩效考核准军事化等管理手段，有效地推动了后勤工作的健康发展。矿先后获河北省“造林绿化先进单位”、河北省“园林式单位”、峰峰矿区“绿化红旗单位”、集团公司生活后勤“红旗单位”等称号，在2003年至2005年度集团公司后勤评比中，矿后勤环境绿化、宿舍、澡塘被评为第一名。

在后勤管理的最初阶段，矿就确定了对部分摊点实行国有民营机制。自2001年4月开始，先后对宿舍楼、绿化、招待所、理发馆等，以租赁承包的形式分别与各承包人签定了租赁合同，要求承包人遵照企业管理模式，实行市场化运作。内容主要包括：一是每月向矿方缴纳水电费，体现了市场化运作；二是缴纳租赁押金，体现了经营风险自担；三是由承包人向服务对象收取服务费，体现了有偿服务；四是自行招聘临时工，为员工提供优质服务，体现了自主经营；五是在承包期内，对承包范围内的所有设施负责维修，保证设施完好使用，体现了经济责任。

在生活管理科设置了考核机构，配备了专职考核员，负责对后勤各摊点、班组以及地面环境进行考核，并制定了考核标准。考核员每日不定期对各摊点、班组的服务情况进行检查，生活管理科每周组织班组长联查，每月公布考核处罚情况。

2008年7月，为安置破产、改制后的单位下岗职工和集体企业工，矿把民营摊点收回，归综合管理科管理。

六、党群工作

（一）党委工作

矿党委成立于2002年7月26日，基层党支部由当时的9个增加到2008年的16个。党委按照一年一个重点、一年一个主题的思路推进工作。

1. 党建工作

2003年，确定为“基础工作加强年”，健全了党委领导机构、工作机构、基层党支部、党小组，围绕贯彻落实党的十六大精神，开展了“学报告、争先进、促发展”党员主题教育活动。启动了党支部达标升级竞赛。

2004年，确定为“提升年”，在党员中开展了“搞好‘四创’、争当‘三先’”主题实践活动。

2005年，确定为“规范年”，组织开展了保持共产党员先进性教育活动。推行了ISO9000党建质量管理体系，成为集团公司体系建设观摩点。

2006年，确定为“争先年”，在党员中开展了“三比一创”主题实践活动，创建了“和谐对话”、“党支部委员与员工谈心谈话”等和谐企业建设方面的制度举措，全面推进了“四好”领导班子创建，创建经验先后在峰峰集团和冀中能源集团介绍。

2007年，确定为“巩固年”，在党员中组织了“抓融入、知责任、保安全”为主题的“四创”活动，被河北省国资委党委评为“先进基层党组织”。

2008年，确定为“深化年”，开展了解放思想大讨论活动、学习实践科学发展观活动、“转作风、树形象、促发展”活动，在党员中开展了“双学”“双促”主题教育和季度党性分析活动。

2. 宣传思想工作及企业文化建设

2003年，围绕矿井实现120万吨达产，开展了企业精神主题教育，组织了学习型企业创建活动，在集团公司《开拓》杂志出版了《思想政治工作论文专辑》。

2004年，成立了政研会，创建了政研交流、思想分析等一系列思想政治工作方面的制度，反映思想政治工作成果及企业管理成果的论文辑——《梧桐果》创刊。此后，每年编辑1本。

2005年，围绕150万吨扩能目标，开展了“提高产量，做精图强”主题教育，启动了以6S管理为起点的企业文化建设，推行了FRIP精细化管理模式。

2006年，开展了“从严和谐、强企康员”主题教育，以安全文化建设为重点，全面推进了准军事化管理，打造梧桐庄矿文化特色。

2007年，围绕建设和谐矿山，实现安全生产，开展了“建和谐，保三重”主题教育。

2008年，开展了“保安全、立新功、创品牌”主题教育活动，强力推进以“三基五精九力”为重点的企业文化建设，获“全国煤炭工业企业文化示范矿”称号。

（二）纪监工作

2002年10月，党委纪检机构成立，配备了专职干部，并开展工作。

2003年，从建立《党风廉政责任制》、《领导干部廉洁自律专题民主生活会》等一系列制度入手，在教育监督等各方面奠定了纪检工作的基础。

2004年，以“倡导廉政文化、增强勤廉意识、服务经济建设”为主题，全面加强党风廉政建设。

2005年，制定了《行政权力公开透明运行制度》，健全了源头防腐机制，被集团公司纪委评为“先进单位”。

2006年，全面开展廉洁文化建设，开展了“八进十个一”活动。

2007年，全面落实中纪委《建立健全教育、制度、监督并重的惩治和预防腐败体系实施纲要》、《国有企业领导人员廉洁从业若干规定》，深化廉洁文化建设。

2008年，以创建“本质廉洁型企业”为重点，创建了宣传教育体系、行为约束体系、文化感染体系、监督保证体系，扎实开展了“四创三争”活动。

（三）工会工作

矿工会成立于2002年9月12日，基层工会由当时的9个增加到2008年的16个。

民主管理工作。2003年1月，成立首届职代会，并严格按届次组织召开职代会。到2008年，已至二届八次。2003年开始推进矿务公开工作；2006年建立《ISO9000矿务公开质量管理体系》，推行了矿、车间、班组三级公开工作。2005年起，积极开展劳动关系和谐企业创建活动。

群众性创效工作。广泛开展了“工人先锋号”创建活动和“安康杯”竞赛活动。每年开展贯穿全年、持续推进的职工培、练、比活动，选拔表彰技术拔尖人才300余人。

扶贫帮困工作。开展了“送温暖工程”、领导联系困难户、“金秋助学”、职工互助互济等活动，每年发放困难救济资金5万余元。

文化体育工作。2004年建起了篮球场、健身房。2005年完成了网球场建设。2006年创建了图书室。2008年着手规划谷驼体育场，并进入前期施工。以重大节假日为契机，每年开展元旦、春节、“五一”等六大系列文化活动和乒乓球比赛等“五大”赛事。

女职工工作。每年组织女工为井下职工送安全鞋垫2000余双。每年开展“三八”系列活动、女工“四自”教育、“巾帼建功立业”活动等。

（四）团青工作

2002年10月成立团委，设置团支部。共青团组织围绕企业经济建设，开展了青工理想道德教育，实施了“青工振兴计划”，开展了师徒合同、技术练兵等活动，发挥了青年突击队作用。连年被集团公司团委评为“先进团委”，2006年被共青团邯郸市委评为“红旗团委”。

第三节　主要经济技术指标完成情况

2003 年－2008 年主要经济技术指标完成情况表

年度	产量计划（万吨）	原煤产量（吨）	进尺（米）	利润（万元）	原煤成本（元/吨）	全员效率（吨/工）	产值（万元）
2003	95	1200118		2008	150.32	5.03	21309
2004	120	1211688	13368	2450	211.56	5.508	24862
2005	150	1718118	14818	5928	231.50	6.199	57842
2006	172	1850098	16538	3148	237.50	6.105	55954
2007	179	1938888	17888	9858	259.05	6.22	58393
2008	199	2100000	18008	35550	193.13	6.73	

第四节　市级以上荣誉称号

一、国家、部级荣誉

2006 年，全国绿化模范单位、全国煤炭工业高效矿井

2007 年，全国煤矿体育先进单位、全国煤炭工业先进集体、全国煤炭行业一级安全高效矿井、全国煤炭工业“双十佳”煤矿

2008 年，全国煤炭系统文明煤矿、全国煤炭工业企业文化示范矿

二、省级荣誉

2003 年，河北省煤矿造林绿化先进单位、园林式单位、先进企业

2005 年，河北省“AAA”级劳动关系和谐企业

2006 年，河北省科技进步先进矿井

2007 年，河北省安全生产先进单位、明星企业、模范职工之家

2008 年，河北省国资委先进基层党组织

三、市级荣誉

2005 年，邯郸市“AA”级劳动关系和谐企业

2006 年，邯郸市先进基层党组织、文明单位、模范职工之家、女职工工作先进单位

2007 年，邯郸市文明单位、安全生产先进单位、民主管理矿务公开工作先进单位

（资料提供：潘雷坤、贾赶良、冯彦平）

第九章 大淑村矿

第一节 单位概况

一、地理位置

大淑村矿井田位于河北省邯郸市峰峰矿区东北部，地处河北省武安市、磁县和峰峰矿区接壤地带，行政区划属武安市所辖，东距邯郸市22公里。

二、历史沿革

大淑村矿井由石家庄煤矿设计研究院设计，于1994年12月开工建设，2002年建成进行试生产，同年11月矿井通过河北省煤矿安全监察局验收，2003年12月23日正式投产。

三、井田边界及面积

井田北以F1号断层为界，南隔F14号断层与小屯矿深部扩大区相望，西侧浅部以6号勘探线、2#煤层－300米底板等高线与薛村矿为界划开，东侧深部以2#煤层－800米底板等高线为技术边界。井田东西长5公里，南北宽2.5公里，面积约9.7658平方公里。

四、地质情况

地形地貌及水文。井田地表地貌属太行山前丘陵地貌，海拔高程＋232米至＋155米，总体上西北高、东南低。工业广场位于井田中部，井口高程＋206.5米。地表水系不发育，有数条冲沟，季节性排泄地表径流。

地层。本井田为半隐蔽煤田，基岩出露零散，除北部、东部丘陵及南部中部几条切割较深的冲沟中有石盒子、石千峰组成的地层零星出露外，皆为第四纪所覆盖，发育的地层从老到新依次为奥陶系、石炭系、二迭系、三迭系、第四系。

煤层。井田属华北型石炭—二迭系含煤建造，主要含煤地层为太原组、山西组。含煤地层平均厚182米，含煤9—12层，其中可采煤层6层，自上而下依次为2#、4#、6#、7#、8#、9#煤层，总厚约12.83米。6#、7#、8#、9#煤层因受煤系地层基底奥陶系石灰岩含水层水的威胁暂不能开采，矿井设计开采2#、4#煤层，2#煤为主采煤层，一般厚5.49米，埋深500—1000米，4#煤层为配采煤层，厚1.11米，与2#煤层间距一般34米左右。

地质构造。井田位于鼓山复背斜东翼，为薛村矿、小屯矿两穹窿的延深部分，井田构造总体上呈一个被一系列北东东向断裂所破坏的向东倾伏的平缓背斜，煤岩层走向NW2900—SE1380、倾角一般10—20度。区内断裂构造发育，且发育极有规律，走向主要呈北东东向展布，性质均为正断层。已探明的大中型断层9条，其中落差大于100米的有5条：F1、F9、F14、F19、F29；落差50—100米的有1条：F22；落差10—50米的有4条：F104、SF17、F23、F18。由于断层破坏，使地层形成一系列地垒、地堑及阶梯式断块，F9断层把井田分割成两大块，构成采区的自然边界。断块在沿断层面滑动过程中，在断块内挤压形成一系列平缓次级褶曲。井田内主要发育工广煤柱向斜、工广煤柱东背斜、前塔子村—郭拖村背斜。

五、储量情况

截至2007年12月31日，地质资源总量1.1991亿吨，其中保有基础储量4660.3万吨，资源量7330.8万吨，储量1237.6万吨。

储量情况统计表

单位：万吨

煤层	储量	基础储量	资源量	资源总量
合计	1237.6	4660.3	7330.8	11991.1
大煤	1078.4	3930.6	1592.1	5522.7
野青	159.2	729.7	199.3	929.0
山青小			62.3	62.3
山青			986.6	986.6
上组煤	1237.6	4660.3	2840.3	7500.6
小青			1344.5	1344.5
大青			968.6	968.6
下架			2177.4	2177.4
下组煤	0.0	0.0	4490.5	4490.5

六、煤质情况

煤种牌号为贫煤和无烟煤，以无烟煤为主，贫煤次之，其中山西组2#煤层煤质最好，低硫、中灰、热稳定性好，太原组4－9#每层均属富硫中灰煤层。

原煤灰分。各层原煤灰分一般在20－25%之间，属中等灰分煤。

硫分。各煤层以2#煤含硫最低为0.32%，属特低硫煤；4#煤层含硫在1.62－2.97%之间，平均2.51%属富硫煤。各煤层硫分平均值为0.87%，属特低硫煤。

磷分。4#、6#煤层磷含量小于0.013%，属特低磷煤；2#煤层磷分适中，平均为0.065%。

七、资产情况

2003年－2008年固定资产余额一览表

单位：元

固定资产 \ 年度	2004	2005	2006	2007	2008
房屋	29212995.83	29467314.94	38147791.60	41865291.60	45008891.60
地面建筑物	119466771.64	126054719.93	133663354.87	133663354.87	138209354.87
矿井建筑物	259898179.47	259898179.47	259898179.47	259898179.47	259898179.47
动力设备	57553737.03	56841503.34	61130211.67	65430609.77	71292433.99
传导设备	3028095.59	3028095.59	4506239.42	4506239.42	6476239.42
生产设备	110915668.15	115378490.06	151193589.50	175418399.80	187379397
运输设备	2616655.14	3210502.97	4432274.97	4762814.47	4396793.47
工具仪器及管理用具	9392797.73	9978906.92	12433649.17	17514195.39	22137826

2003 年－2008 年流动资产余额一览表

单位：元

流动资产＼年度	2003	2004	2005	2006	2007	2008
货币资金	9640000	1930596.46	3067162.63	18185340.99	3111431.96	7069268.53
应收账款	40000	36786037.82	19174281.23			0
其他应收款	17850000	10003654.26	22464079.48	9014046.82	5705736.18	1350939.54
预付账款	110000		1264174	150000		0
存货	30000					20310265.10

八、人员情况

2003 年－2008 年人员情况一览表

年份	在册人数	其中				
		地面		井下		
		固定工	合同制	固定工	合同制	农合工
2003	382	0	0	35	29	318
2004	506	29	24	47	25	381
2005	1032	41	240	94	54	603
2006	2280	285	411	621	257	706
2007	2258	324	375	543	273	743
2008	2590	334	326	520	620	790

第二节　主要工作

一、煤炭生产

矿采用立井单水平（－450 米水平）上下山开拓方式，中央边界式、抽出式通风，“一轻一高”双面保产，全部跨落法管理顶板，矿井供电系统、排水系统、瓦斯抽放系统、注浆系统、监测监控系统、储装运系统等各大系统完善。

按矿井设计，开采 2#煤（大煤）、4#煤（野青煤）、6#煤（山青煤）三煤层，井田内 6#煤属受下伏大青、奥灰含水层水威胁煤层，其开采水文地质条件正在勘探中。大煤为主采煤层采用放顶煤回采工艺，野青煤作为配采煤层和大煤的“解放层”开采，采用高档普采工艺。采用走向长壁全部垮落采煤法管理顶板。2#煤（大煤）最深开采 650 米，4#煤（野青煤）采深最深 790 米。

截至 2007 年底，矿井开采储量 3127.4 万吨（村庄压煤 1889.6 万吨）。矿原设计年产 90 万吨，矿井剩余服务年限 26.7 年（不均衡系数按 1.3 计算），如果按矿井核定生产能力 150 万吨计算，矿井服务年限为 16 年（不均衡系数按 1.3 计算）。

二、科技管理与成果

（一）开采技术方面

轻放工作面推行三机配套装置，提高了回采工作面生产率，保证了安全生产。三机即：大功率采煤机MCY150/375－W、刮板运输机SGD630/220、双速启动电机和水冷式减速机；工作面端头使用ZF2600－16/24型大尾梁轻放支架及配套设备。

薄煤层综采设备工业性试验取得了较好效果。工作面采用MG－456采煤机，选择ZY3000－09/19型两柱掩护式液压支架；工作面使用SGZ－730/264型弯曲刮板输送机运煤，SPJ－800型胶带输送机运煤。

（二）掘进技术方面

岩巷锚网喷支护，推广“三小”、“三掘三喷”工艺，试用了自钻锚杆加固底板和巷壁注浆加固新技术。

掘进机械化方面，采用了液压钻车和侧卸式液压装岩机，使用了大功率岩巷综掘机掘进，提高了掘进效率。

半煤巷支护采用了锚网带、锚索支护技术。

2#煤工作面两巷摸底掘进、切眼摸顶掘进采用了锚（锚杆锚索）网带支护新技术。

（三）机电技术方面

1. 副井电控系统于2003年5月进行数字化改造，把原来的模拟控制系统改为全数字式控制，自动化程度进一步提升；副井口操车系统，淘汰拆除链式操车系统，代之以销齿操车系统，提高了井口作业效率。

主井电控系统于2005年9月进行升级改造，转子柜改为可控硅组件，低频拖动装置改为全数字变频控制装置，同时对监控柜进行数字化改造。

2. 中央泵房于2004年全部更换为主排泵，采用MDF型高效水泵。2005年把水泵主电机全部更换为防爆电机，中央变电所内所有KY型电器设备在2005年时依据“防突”要求，全部更换为防爆型，满足矿井“防突”要求。

3. 主通风机房于2005年底、2006年初分别更换了主电机，由原先560千瓦增大到1250千瓦，增加矿井的通风量，满足矿井通风要求。

4. 地面压风机房于2008年进行升级改造，淘汰3台L8－60/8型活塞式压缩机，全部更换为LU35SW－8型螺杆式压缩机，为井下采掘工作面生产用风提供有效保障。

5. 井下高压供电2008年进行技术改造，实现了在线监测，提高了井下高压供电系统的安全可靠性。

（四）“一通三防”技术方面

1. 172201工作面是大淑村矿第一个大煤回采工作面，由于该工作面地质条件的特殊性，没有野青保护层。因此，在距该工作面切眼230米处施工一条高顶抽放巷，在该巷道设计了两个高位钻场，一个距工作面切眼150米，另一个距第一个钻场80米，每个钻场布置3个直径为Φ200毫米的钻孔，采用高位钻孔抽放方法，治理工作面回采期间上隅角瓦斯。该项目在峰峰局乃至河北省开创了高顶抽放瓦斯的先例，并得到了广泛应用和推广，获峰峰局2002年度科技进步一等奖。

2. 174104野青工作面掘进时，在距174104野青工作面切眼150米处，没有设计掘进尾巷，在运料巷做一个高位钻场，高位钻场距野青工作面顶板高8—15米。然后，在钻场内施工6个直径为Φ200毫米钻孔，抽放野青工作面回采期间大煤卸压的瓦斯，即用大直径钻孔代替尾巷抽放临近层卸放的瓦斯。该项试验取得了明显的效果，并获集团公司2003年度科技进步三等奖。

3. 研究使用了“风门自动连锁器”。该设施的投入使用，杜绝了采、掘工作面风流短路现象，被集团公司列入2004年度强制应用和推广项目。

4. 在矿井回采工作面综合防尘工作治理上，针对采煤机内外喷雾装置使用效果不好的情况，通过对机组喷雾装置进行加工和改进，研制成功了“移动式风水炮弹”，对回采工作面进行综合降尘，降尘率达到了85%以上，使回采工作面的粉尘浓度得到有效的捕获。同时，也起到了冲淡煤壁的瓦斯和降温的作用。该项目被集团公司列入2005年度强制推广应用项目。

5. 回采工作面溜子道转载点安装使用了电磁仪一体化防尘装置。在回采工作面的防尘管路上，安装使用了“水质净化器”设备，有效解决了净化水幕喷头被堵塞的问题，取得了明显的效果，被集团公司列为强制推广应用项目，并获集团公司2004年度科技进步二等奖。

6.《过保护层边界线煤与瓦斯突出及冒顶事故防治研究》获2004年度集团公司科技进步二等奖，《提高野青保护层采空区瓦斯抽放率的研究》获三等奖。

7.《煤层气发电技术应用与研究》、《瓦斯综合治理技术研究》、《KJ90监控系统在矿井“一通三防”中的应用》获2005年度集团公司科技进步二等奖。

8.《低透气性煤层瓦斯治理技术研究》、《瓦斯突出防治技术研究》获2006年度邯郸市科技进步三等奖。

9.《轻放工作面综合防灭火技术研究》获2007年度集团公司科技进步三等奖。

（五）绘图方面

1. 推广应用CAD计算机绘图技术。全矿井实现计算机绘图，提高了绘图精度和效率。

2. 煤炭资源“三量”管理推广应用了地测管理系统应用软件，提高了矿井资源利用。

三、安全管理

（一）安全机构

2003年12月23日矿井正式成立后，原大淑村井口安监科，更名为大淑村矿安监科，2008年4月更名为大淑村矿安全监督监察部。设部长1名、技术员1名和各专业安全监察员17名，分为通风组、开掘组、回采组、机电运输组、质量检查组、信息站，负责全矿的安全质量检查，参加、主持安全事故分析，对设计、作业规程进行审查、审批，同时负责安全信息的收集反馈和管理人员的入井等安全管理工作。

（二）安全管理网络

矿长是矿井安全生产的第一责任者，对矿井的安全生产负责。安全副矿长对矿长负责，主管矿井各生产环节、各作业场所的安全生产。专业副矿长对各自分管专业的安全生产负责。总工程师及各专业副总工程师技术上保证生产的安全性。工会、共青团分别组织群众安全监督网、青年安全监督岗，对矿井现场环境、工艺操作的安全工作进行监督检查，形成了党、政、工、团、技齐抓共管的安全管理网络。

（三）质量标准化

矿成立了质量标准化和“精品工程”创建领导小组，设立了标准化创建办公室，负责全矿井上、井下质量标准化的具体工作。基层单位成立以区（科）长为组长的质量标准化领导小组12个，班组配备了专职和兼职质量验收员112名，形成了“矿—区（科）—班组”三级质量管理网络。同时，建立了一整套制度，修订完善了质量标准化验收评级办法和奖惩制度，推行了安全质量风险预控、“手指口述”安全确认制度，实行质量标准化一票否决制，以及班评估、日验收、旬检查、月评级奖惩等一系列质量管理办法。

（四）安全检查

2006年，制定下发了《安全监督检查工作规定》，进一步明确了安全监察部门的职权范围，规定了安监人员的工作制度和工作方法。规定每周一上午进行全矿安全大检查，检查范围包括井上、下的所有工作场所，参加人员为安检人员和机关职能科室人员及各基层单位区长、支书、技术员等约60余人。检查人员按专业分组，对生产现场全面检查，查出的问题，由基层单位负责落实整改。2008 年以来，矿井的安全检查进一步加强，监督检查工作实现了规范化、程序化和制度化，提高了工作质量，增强了安全检查的科学性和实效性。

（五）安全活动

1. 群众安全监督网。矿工会成立了群众安全监督检查委员会，通过开展“区域化管理”、“零点夜查”、“岗网联动”、“集体上岗”等一系列活动，有力地推动了矿井安全工作的进行。到 2008 年 12 月，全矿群众安全网员发展到了 178 人。

2. 青年安全监督岗。2003 年 12 月，矿团委建立起青年安全监督岗，在井下主要生产、辅助单位设监督分岗 10 个。2008 年，基本达到了区（科）、班、组都有青安岗员，岗员队伍发展到了 110 人。

3. 员工安全活动日。2008 年 4 月 1 日，矿推行了每月一次的“员工安全活动日”，全矿停产一天，组织员工进行安全培训、业务培训，广大员工安全意识明显提高，安全操作行为进一步规范。

（六）安全管理制度

为进一步强化安全管理，巩固“以严治矿、规范管理”的成果，矿先后制定并完善了《矿井安全生产奖惩管理规定》、《关于加强当前安全管理工作的特别规定》、《关于加强集体升入井、安全确认的特别规定》等涉及安全管理的相关文件、制度、规定 175 项，规范了基层单位 24 项安全基础管理制度，实行了安全风险抵押金制度，形成了安全管理基本框架。

（七）安全教育培训

2003 年以来，矿积极组织安全案例演讲、安全知识竞赛、安全文艺汇演、安全技术比武、职工代表安全巡视、安全算账对比、6 月“安全月”、“安全警示日”等活动，促进了安全生产。同时加强员工培训，凡新工人进矿，都必须进行安全技术培训。培训工作由劳动工资部负责组织，培训内容有矿规矿纪、入井安全知识、生产技术知识等，学习结束考试合格后方可上岗。

（八）安全事故

2007 年 4 月 19 日，矿发生煤与瓦斯突出事故，死亡 17 人。尽管事故造成了严重影响，但是由于反应迅速，措施得力，安全基础工作比较扎实，矿井承受住了事故的冲击，生产系统保持了完整，避免了次生事故的发生。

四、经营管理

（一）劳动工资管理

2003 年 12 月 23 日，矿井成立时组建了劳动工资科，管理项目 6 个。截至 2008 年 12 月，有各类管理人员 8 人，管理项目有工资、统计、奖金分配、工人调动、劳动定额、农民轮换工管理、员工档案管理、员工退职退休管理、工伤管理、医疗保险管理、社保管理。

（二）财务管理

2003 年 12 月 23 日成立财务科，负责全矿的会计核算和财务管理工作；负责全矿生产经营过程中发生的一切会计事项的账务处理，及时编写报送财务报告；负责全矿资金的管理工作，按月编制资金收支计划，做到量入为出，并保证计划的实施；认真搞好内部经营核算，严肃内部结算纪律，及时准确地反映各单位的经营成果，并及时兑现奖惩政策；定期、不定期组织有关部门人员对全矿的财产物资进行清查，防止国有资产的流失；强化对折旧资金、维简及大修资金使用的管理和监督，结合矿井的实际情况做好资金计划的收益预测，合理安排资金使用，严格工程预算审批，强化施工过程的监督。

五、资源开发情况

据冀国土资储评［2006］49 号文评审通过的《河北省峰峰集团有限公司大淑村矿 2004 年度矿产资源储量检测报告》，截至 2004 年 12 月 31 日，矿资源储量总计 2.1527 亿吨。大淑村矿井田边界调整后，据国土资储备字［2008］103 号通过的《河北省峰峰矿区大淑村矿煤炭资源储量核实报告》，截至 2007 年底，矿煤炭资源储量总计 1.1991 亿吨。

截至 2008 年底，矿井累计动用储量 719.8 万吨，其中，采出原煤 491.6 万吨，矿井损失量 228.2 万吨，矿井回采率 68.2%。

六、后勤管理

大淑村矿是新建矿井，无家属生活区，后勤管理相对简单。2003 年 12 月 23 日矿井成立时，组建了武装保卫后勤科，管理范围为厂区绿化、员工餐厅的承包和管理、员工澡塘、治安消防、民兵管理等工作。2008 年 10 月，矿明确一名副矿长主管后勤工作，同时由原武装保卫后勤科分离出后勤管理部，主管厂区绿化和环境卫生、员工餐厅、洗浴澡塘、供水供暖、污水处理厂等工作，设管理人员 5 人，在册员工 68 人。

七、党群工作

（一）组织工作

党员队伍建设。建矿以来，矿党委认真贯彻“坚持标准、保证质量、改善结构、慎重发展”的方针，认真抓好组织发展工作，党员队伍不断得到壮大和发展。2003 年底在册党员 83 人，2004 年底在册党员 129 人，2005 年底在册党员 221 人，2006 年底在册党员 234 人，2007 年底在册党员 253 人，2008 年底前在册党员 273 人。同时，不断加强党员队伍建设，建立健全了“三会一课”制度、党员民主生活会制度等，认真开展了保持共产党员先进性教育、党员目标管理考核、党建“四创”、党员先锋工程、民主评议党员等活动，使党员的先锋模范作用得到了充分发挥。

基层组织建设。2003 年 12 月 23 日矿井正式成立时，矿党委下设 4 个基层党支部，2004 年底 6 个，2005 年底 9 个，2006 年底 11 个，2007 年底 11 个，2008 年底 13 个。建矿以来，矿党委高度重视党的组织建设，为基层支部统一建立了规范的党员活动室，统一配置了电脑、牌板、文件柜、档案盒等硬件设施，认真开展了支部升级达标竞赛活动，促进了组织建设的健康进行。特别是 2005 年在党建工作中引入 ISO9000 质量管理体系后，有效保证了党建工作的规范运行，党建质量管理体系始终保持了集团公司先进水平。矿党委推行党建质量管理体系的做法，在 2006 年《人民日报》上刊登。多次代表峰峰集团接受北京方圆标识认证公司对党建体系的年度复审，受到了上级领导和权威部门的好评。

人事管理工作。矿党政把搞好人事管理工作作为一项重要工作来抓，先后出台了一系列加强人才培养、人才管理的制度，推行了干部聘任制、公开竞聘的人事制度改革，促进了干部队伍的“四化”建设。2008 年 12 月，全矿干部在册 241 人，其中：高级职称 11 人，中级职称 31 人，初级职称 94 人；大学本科以上学历 65 人，大专学历 91 人，中专 43 人，有效改善了干部队伍结构，为企业可持续发展奠定了坚实的人才基础。

（二）宣传工作

矿党委制定完善了理论学习制度，结合企业实际开展一系列主题教育活动，加强了职工思想道德教育、爱岗敬业教育、形势任务教育、安全思想教育。结合职工思想实际，开展了安全生产大签名、集体安全宣誓、安全文艺汇演、事故分析讲评会、安全漫画展、安全知识竞赛、安全趣味活动、事故案例教育等活动，提高了职工的安全意识，增强了职工按章操作的自觉性和主动性。2005 年获“全国煤矿安全思想宣传教育优秀单位”称号。矿建有广播电视、党建宣传教育网、《大矿文化》内刊、黑板报以及 300 多块宣传教育栏、牌板等，营造了浓厚的宣传舆论氛围。

（三）纪监工作

矿纪委成立以来，认真贯彻《建立健全教育、制度、监督并重的惩治和预防腐败体系实施纲要》，严格落实集团公司党风建设和反腐倡廉工作会议精神，狠抓领导干部党风廉政学习，开展了“树清风正气，促勤廉发展”反腐倡廉主题教育、党纪条规教育、廉洁警示教育、勤廉知识竞赛、“四创三争”、诺廉述廉评廉考廉等活动，努力创建“本质廉洁型企业”。大力开展廉洁宣传教育，建成了占地 216 平方米的廉洁教育室，开展了家庭助廉活动，实现了廉洁宣传教育进班子、进机关、进区（科）、进广场、进家庭、进宿舍。建立了廉洁文化网站，营造了浓厚的文化氛围。强化了监督制约机制建设，开展了权力公开透明运行，设立了矿、区（科）两级权力公开透明运行栏、权力公开透明运行网站、公开触摸屏、电子屏等设施，建立了一系列规章制度，确保了权力公开透明运行的顺利进行。2004 年开展的《加强全面预算管理，提高企业经济效益》效能监察项目获河北省国资委优秀成果奖。2004 年至 2006 年，连续三年获集团公司“效能监察优秀单位”称号。2005 年至 2008 年，连续四年获集团公司“纪检监察工作优秀单位”称号。

（四）党办、信访工作

政工部负责党委办公室和信访稳定工作。建矿以来，认真落实矿党委各项工作部署，积极做好党委各职能部门工作的协调，完成领导讲话材料起草、会议组织、文件传阅、保密工作；积极开展党建工作调研，抓好协调和督导落实，保证了党委各项工作的顺利开展。

建立了信访稳定各项工作制度，设立了信访信箱，在各车间设信访员，形成了信访稳定工作网络体系。开展了矿领导信访接待日活动，积极处理职工信访事项，保证了企业稳定。建矿以来，没有发生进京、赴省、到市上访事件，保持了企业健康发展的良好环境。

（五）工会工作

2004 年 3 月 5 日，矿工会委员会正式成立。同时，依据《工会法》要求，在所属 7 个单位设立了相应的基层工会委员会。

2004 年 10 月 15 日、18 日，分别召开了首届职工代表大会第一次、第二次会议，建立健全了职代会组织机构、工作机构和工作制度；审议通过了《大淑村矿职工代表大会实施办法》、《民主评议干部工作实施办法》、《集体（双保）合同实施细则》、《矿、区（科）务公开实施细则》；建立了职代会五个专门工作委员会和平等协商、劳动争议调解工作委员会，形成了集体合同“1 +3”模式。首届职代会先后组织召开了职代会 16 次。2009 年 1 月 6 日，召开了大淑村矿二届一次职代会，实现了职代会按期换届。

2004 年 11 月 30 日，召开了矿第一届工会会员代表大会第一次会议，选举产生了六个委员会，选举产生了矿工会新一届领导班子。

健全规范了职工代表大会制度，职代会 5 项职权得到落实。建立了矿务公开质量体系。加强平等协商集体合同工作，建立健全了集体合同工作制度。深入开展了“劳动关系和谐单位”创建活动。创新帮扶特困职工长效机制，坚持每年开展送温暖活动。以开展“四争”竞赛活动为主线，开展了“安康杯”、生产劳动、技术创新、节能降耗等竞赛活动。

（六）团青工作

矿团委成立于 2004 年 3 月 5 日，团员 240 人，青年 468 人，下设 12 个团支部。矿团委在矿党委的领导下，紧紧围绕企业中心工作，突出加强形势任务教育、安全教育、改革发展教育和思想政治教育，着力培育学习型、创新型、效益型团员青年队伍，充分发挥共青团组织党的助手和后备军作用，联系青年的桥梁和纽带作用，推动企业改革发展的生力军作用和突击队作用，各项工作得到了全面的巩固和加强。积极抓好“双推工作”，先后有 63 名优秀团员加入了中国共产党。

（七）企业文化建设

突出抓好企业文化建设。认真学习宣灌集团公司理念，结合实际编印了《企业文化手册》，创建了 HERO 企业文化建设模式。2006 年 7 月，获“全国煤炭工业企业文化示范矿”称号。积极开展“五精九力”建设，精心打造具有大淑村矿特色的“团队十二力”，推动了企业管理的升级。2008 年 11 月，中煤政研会组织的“九力”团队现场观摩会到矿观摩交流。

第三节　主要经济技术指标完成情况

2001 年－2008 年主要经济指标完成情况表

年度	原煤指标				掘进指标									效率				工业总产值（万元）
	总产量（吨）		回采产量（吨）	掘进产量（吨）	总进尺（米）		其中：开拓进尺（米）		煤巷（米）	半煤（米）	岩巷（米）	掘进率（米/万吨）		全员效率（吨/工）		商品煤销售量（万吨）	精煤产量（吨）	
	计划	实际			计划	实际	计划	实际				生产	开拓	计划	实际			
2001		32420																
2002		323300																
2003	450000	512003	477988	34015	7900	9000	—	—	2584	4797	1619	175.78	—	2.200	2.413	50.414	—	8101
2004	920000	1038618	1036359	2259	8800	9008	—	—	2601	4785	1622	86.73	—	3.000	3.405	108.578	—	18146
2005	1000000	1075028	1068576	6452	8600	9304	1000	1321	239	6525	2540	86.55	12.29	3.200	5.005	109.694	—	22383
2006	1144600	1205080	1195058	10022	10025	11221	1401	1410	4008	5068	2145	93.11	11.70	3.850	5.001	113.008	—	29114
2007	950000	1036370	1029881	6489	7650	7658	950	1753	2228	2919	2511	73.89	16.91	4.150	4.739	103.241	392683	29649
2008	1020000	1110000	1104945	5055	10200	10236	1850	2296	3061	3271	3904	92.22	20.68	5.6	5.621	105.854	450068	37799

第四节　市级以上荣誉称号

一、国家、部级荣誉

2005 年，全国煤矿安全思想宣传教育优秀单位

2006 年，全国煤炭系统文明煤矿、全国煤炭工业企业文化示范矿、全国“安康杯”竞赛优胜企业

2008 年，全国能源化学系统先进工会

二、省级荣誉

2004 年，河北省“安康杯”竞赛优胜企业、园林式单位

2005 年，河北省“安康杯”竞赛优胜企业、国资委先进基层党组织

2006 年，河北省“安康杯”竞赛优胜企业、国资委优秀“青年文明号”

三、市级荣誉

2005 年，邯郸市工会系统模范职工之家、工会系统先进星职代会、工会系统先进女职工委员会集体、“五四”红旗团委

2006 年，邯郸市国资委先进基层党组织、工会干部教育培训工作先进单位、工会宣教文体工作先进单位

2007 年，邯郸市公安系统先进集体、综合治理红旗单位、经济技术创新工作示范岗

（资料提供：刘志国、张庆春、韩利军）

第十章　邯郸通顺矿业有限公司

第一节　单位概况

一、地理位置

邯郸通顺矿业有限公司位于河北省邯郸市峰峰矿区和村镇以东，义井镇以北，地理坐标为东经 144°9′4.7″，北纬 36°29′3.8″；井口海拔标高为 +264.0 米，东及东南以鼓山大断层为界，南以原邯郸矿务局王凤煤矿及浅部煤层露头为界，西以和村镇保护煤柱线为界与四矿相接，北以 F11 和 F8 号大断层为界与万年矿相接。

二、历史沿革

邯郸通顺矿业有限公司的前身是峰峰局通二矿，是国家第一个五年计划建设时期，苏联援助中国 156 项工程项目之一。1956 年 2 月，该矿井根据通顺井（峰峰局一矿）排列顺序，经河北省煤管局批准命名为峰峰局通顺 2 号矿井，简称“通二矿”。1957 年 11 月 25 日，由峰峰局基本建设局第二建井工程处承建。1960 年 8 月 1 日正式投产，矿井设计生产能力为 120 万吨/年。1965 年 1 月 1 日，四矿并入通二矿，改称通二矿西坑。1971 年 1 月 1 日，恢复原四矿建制。2003 年 3 月 10 日，通二矿进入破产程序，办理破产手续。

2004 年 8 月，邯郸通顺矿业有限公司创立，为峰峰集团控股的子公司。2004 年 11 月 8 日，通顺公司

举行揭牌仪式。2004 年 11 月 10 日，终结通二矿破产还债程序。2005 年 1 月 19 日，河北省国资委同意峰峰矿务局通二矿破产后重组为通顺矿业有限公司。2006 年 3 月 23 日，邯郸通顺矿业有限公司与通二矿社区管理处分离。

三、井田面积

矿区面积 13.707 平方公里，开采深度 +250—800 米，生产规模 45 万吨/年。

四、地质构造

井田位于太行山复背斜东翼九山与鼓山之间的和村—孙庄向斜北部，整体构造形态为两翼不对称的向斜，向斜轴自义井深部由 NNE 向转 NNW 向进入张家庄区，继续转为 N30 — 40°W，向北进入集贤村区后向斜轴开始下沉，在Ⅳ－Ⅳ至Ⅴ－Ⅴ剖面间下沉最深，再向北向斜轴逐渐上升到仙庄附近，在整个集贤村区形成一个盆形构造，然后向斜轴在 NNE 方向进入万年井田。区内断层发育，由于断层的纵横切割使得向斜轴不连续，地层走向大部分平行向斜轴方向，但在向斜轴下沉和次级褶皱发育的区域与向斜轴斜交，地层倾角变化较大，不同的区域、不同的构造单元倾角不同，一地层倾角 15—25°，个别地区也有近水平或大于 25°。根据井田构造复杂程度和褶皱、断裂的组合关系，可以划分为三个大的构造区，即张家庄向斜构造区、通二单斜构造区和集贤村向斜盆地构造区。

五、矿井储量

截至 2008 年底，矿井剩余煤炭资源储量为 7566.2 万吨。工业储量 613.0 万吨，其中可采储量 318.5 万吨，南大巷 63.0 万吨，集贤村地区 255.5 万吨。另外，工业广场充填式开采能解放煤量 52 万吨；张庄、拔剑坑口还有零星可采储量。公司已考虑矿井扩界、扩层开采方案，预计可增加可采储量 160 余万吨。

六、开采方式

矿井为立井主石门及水平开拓方式，建企以来一直采用盘区式开采，根据褶曲和断层构造划分为盘区，开掘轨道上山和皮带上山，然后由石门连接相邻煤层，沿煤层走向开上、下顺槽，沿走向分层长壁开采，一般大煤、野青煤联合布置，把主要盘区上山布置在伏青层位，然后用石门联系山青煤。

七、煤质情况

矿区煤质分带规律明显，平面上由南向北变质程度由低到高，从张家庄区的焦煤到集贤村区变为瘦煤—贫煤—无烟煤；埋深上由浅至深变质程度逐渐升高，如大煤一水平为焦煤，二水平为瘦焦煤，到三水平变为瘦煤；从层位上分析，下层煤的变质程度高于上层煤。大煤：煤质分类为焦煤。大煤煤层在张家庄区、通二区一水平一般为焦煤，在通二区二水平、张家庄区三水平下部一般为焦瘦煤，而在集贤村区主要为瘦煤和贫煤。野青煤层：煤质分类为焦煤。煤质的分布与大煤煤层基本一致。下架煤层：煤质分类为焦煤。煤质的分布与大煤煤层基本相同。

八、资产和人员情况

截至 2008 年底，公司流动资产 6246 万元，固定资产 2057 万元。合计 8303 万元。净资产 1949 万元。

劳动用工情况表

年度	全部用工	其中：						
		固定	劳合	农合	轮换	临时	返聘	企业工
2008	1715	445	128	75		882	185	

第二节 主要工作

一、煤炭生产

（一）开拓掘进

建矿以来，开拓掘进主要以炮掘为主，装载经历了人工装载向机械装载的转变，装载机械以装岩（煤）机为主。1992 年，集贤村延采工程经河北省煤炭厅批准停建。2001 年，作为延寿工程一部分，集贤村地区恢复建设，将原设计标高 -550 提高到 -500 水平，矿井开拓准备工程主要为本区排水系统及采区上山剩余工程。随后积极推进开掘工艺、支护工艺、支护材料、后路运输设备等配套改革，积极推行安全质量标准化工作，引进先进的管理方法，施工进度、工程质量及劳动生产率大幅提升，开掘生产和管理提高到一个新的水平。

（二）巷道支护

在巷道支护方面，积极推广岩巷光爆锚喷等支护新技术、新工艺，逐渐淘汰落后支护形式。推广使用无纵筋螺纹钢树脂锚杆，直径 18—22 毫米，长度一般 1.8—2.0 米，配合直径 6 毫米钢筋网，喷砼厚度一般为 100—150 毫米。采用预应力锚索加强支护，对较大断面加钢梁（槽钢或工字钢）形成了锚网喷、锚网索、锚网梁等联合支护形式，在集贤村地区主要巷道施工中取得了较好的效果。进而推广到单项工程，如交叉点、煤仓、碴仓及巷道扩、整修等工程。

U 型钢可缩性支架支护逐渐减少，并在 U 型钢支护巷道开口施工时，试验研制出 U 型钢开口专用支架，集贤村 -505 煤巷段试用 36U 可缩性支架。

沿煤巷巷道施工原多采用矿用工字钢支护，2008 年着力推广煤巷锚网索支护。同有关科研院校针对井下煤层地质条件，设计了煤巷沿顶掘进及全煤巷道支护，在 02812 顶层工作面和 0212013 下工作面通过工业性试验后在全矿井煤巷施工中推广使用，逐步淘汰矿用工字钢支护。

在集贤村 02179 切眼掘进时，由于煤层松软，倾角大，施工困难，采用煤层超前注化学浆新技术加固煤层获得成功；二水平南正巷扩修采用底板锚注加固新技术取得较好效果。

（三）巷道爆破

岩巷掘进采用风锤湿式打眼，放炮器起爆，毫秒雷管引爆，火药采用煤矿安全乳化炸药。煤巷淘汰煤电钻，用风钻钻眼，放炮器起爆，毫秒雷管引爆，煤矿用乳化炸药爆破。

（四）采煤生产

从 1988 年以来，采煤方法主要有单一长壁采煤法、走向长壁倾斜分层采煤法、走向长壁放顶煤法。单一长壁采煤法主要用于 4#煤、6#煤的开采，走向长壁倾斜分层采煤法用于 2#煤的开采。1999 年开始采用走向长壁 π 型梁放顶煤采煤法，2006 年开始采用走向长壁整体顶梁组合支架放顶煤法。

工作面支护。1988 年至 1998 年，支护为单体液压支柱，型号为 DZ2.2/100、DZ2.0/100、DZ2.5/100、DZ1.6/100、DZ1.4/100 和铰接顶梁，型号为 HDJA -1000。1998 年以后，支护有两种：一种为单体液压支柱，型号为 DZ 系列配合 2.4 米 π 型梁，另一种为整体顶梁组合支架，型号为 ZH1600/15/35。

爆破。打眼设备工具由煤电钻、麻花钎子、钻头三部分组成，使用毫秒瞬发电雷管集中爆破，用硝铵、乳化煤矿安全炸药，用水泡泥封堵炮眼。1989 年至 1998 年，工作面有炮采和机采两种；1998 年以后工作面全部为炮采。溜子道铺设有刮板输送机，型号为 SGW -40 型；吊挂式皮带机，型号为 SPG -800 型；工作面运输机型号为 SGW -150 型。

（五）矿井运输

矿井运输方面，井下采用皮带、矿车运输，承担全矿井所有原煤的井下运输任务。

井上下矸石、物料的平巷运输主要采用 ZK14 -9/250 型架线式电机车牵引 3 吨矿车列运输，配 PRC -18 型平巷人车运送人员。井上（下）运输采用串车运输。

（六）矿井通风

矿井建井初期为中央边界式，主副井入风，和村风井回风。投产初期，和村风井采用了苏制轴流式扇风机2台。1967年至1971年，先后在零盘区斜井安装了国产70B221－16型轴流式扇风机2台，1986年停机。张庄斜风井安装了国产70B221－18型轴流式扇风机2台，1985年更换为国产1K58－№18轴流式扇风机；拔剑斜风井采用了70B221－18型轴流式扇风机1台和2K58－18轴流式扇风机1台，并建立了反风设施。和村风井为地道式反风系统，零盘区斜井、张庄斜风井、拔剑斜井均为无地道式通风。1994年将和村风井1台苏制轴流式扇风机更换为BD40－6－№14型对旋轴流式通风机，张庄风井1台1K58－№18轴流式扇风机更换为BDK40－6－№16型对旋轴流式通风机。

2003年至2007年，由于矿井集贤村地区恢复生产，矿井先后进行了两次通风系统优化改造。2003年、2004年，分别将和村风井两台主要通风机更换为BDK70－8－№24型对旋轴流式通风机和BD（K）№26型对旋轴流式通风机。2007年2月，和村风井系统由原和村风井回风改为由原管子井回风（原管子井改名为中央风井，以下称中央风井）。将安装于和村风井的BD40－6－№14型对旋轴流式通风机调整安装到了拔剑风井。

2008年，矿井的通风方式为多风井、多台主扇联合运转的混合式通风。矿井共有8个井筒，其中进风井5个，回风井3个。大井主井、副井和张庄主井、拔剑主井、西风井为进风井；中央风井、张庄副井、拔剑副井为回风井，主要通风机工作方式均为抽出式通风。中央风井为主要通风机反转反风，张庄斜风井、拔剑斜风井为无地道式通风和主要通风机反转反风两种方式。

（七）矿井排水

1997年，一水平泵房拆除了2台饮用水泵，至2007年底，有5台200D43×8水泵，二水平泵房仍然为15台200D65×8水泵，担负着全矿井的排水。

矿井一水平中央泵房排水管路有五趟：Φ219一趟，Φ273三趟，Φ325一趟，其中有两趟Φ273与二水平中央泵房排水管路共用。矿井二水平中央泵房排水管路有七趟：Φ426两趟，Φ325一趟，Φ273四趟，其中有两趟Φ273与一水平中央泵房排水管路共用。

2008年，公司加大了对节能技改项目的投入，对主排水管路进行了除垢和更换，先后更换为五趟¢273管路，年节电98万千瓦。原一、二水平中央泵房主排水泵型号分别为200D43×8、200D65×8，由于服务时间长，结垢严重，排水阻力大，效率低。于2008年3月开始，更换为高效主排水水泵D280－65×8型7台，D280－43×8型2台，增大了排水能力，保证了节能、安全。

（八）矿井供电

矿井供电电源来自通二110千伏变电站（归属邯郸供电局）。电源为双回路，一路来自店头变电站，一路来自王凤变电站。通二110千伏变电站站内两台主变压器（31500千伏安）二次出线通过4路架空线（639#、634#、635#、638#）引至通二6千伏配电站（归属峰峰集团电业分公司），通二6千伏配电站负责全公司井上下各用户安全用电。

供电回路：通二110千伏变电站－通二6千伏配电站为架空线路，共4路（639#、634#、635#、638#）。每一相截面为双股240平方毫米铝线，即［3相×（2×240平方毫米）］×4路。两路（639#、635#）同时运行，两路（634#、638#）同时热备用，为双回路。

供电方式：上述4路架空线中，两路（639#、635#）同时运行，两路（634#、638#）同时热备用。供电电压6千伏。

1995年以来，先后对井下变电所硐室进行了拆除。到2008年，井下硐室由20余个减至12个，地面供电系统保持不变。对井下不能保证安全生产的淘汰设备，公司投入了大量资金进行更换。原一、二水平中央变电所的供电设备型号为G6系列的多油开关柜，保护不灵敏，事故多，更换为保护灵敏、供电安全的KYGC－Z系列的真空开关柜。井下各变电所硐室的高、低压电气设备也更换为BGP9L和BKD400真空开关。变压器型号更换为KBSG－R，地面的主、副井车房、压风机房、中央风井的开关柜也更换为KYGC－Z真空开关柜。

（九）通讯网络

2001 年，对通讯网络系统进行了改造。通讯分为井上下调度通讯和地面程控电话通讯两部分。调度通讯设备型号为矿用 KT7009 型，矿井上下电话可直接拨峰峰集团内部单位，并可通过通二社区 ZXJ10A 型数字程控交换机与全国各地联系。

2005 年，公司领导、机关科室、基层单位共安装了 33 台电脑，并全部和峰峰集团域网相连，提高了办公自动化程度。

二、科技进步

1998 年 5 月，引进 π 型梁放顶煤技术，当年在 02138 工作面进行了试采，试验效果良好，1999 年正式采用。02172、021204、021207、021206、021203 等工作面成功地采用了这项新技术。

2004 年，利用三维地震勘探技术，对集贤村地区 -500 水平进行了地质勘探。经过地震扫描、电子切面、计算机数控分析，当年 5 月提交了《通二矿集贤村区 -500 水平三维地震勘探报告》。2005 年 2 月 10 日至 2007 年 5 月 21 日，公司对勘探区首采工作面（02179 工作面）进行了试采，经验证该资料符合实际，有力地指导了设计和开采。

2005 年 6 月，引进组合液压支架采煤技术，当年在 021209 工作面进行了试采，效果良好，2006 年正式采用。0212013、02179、0212011 等工作面成功地采用了这项新技术。

2005 年，引进“超前钻注化学浆、加固煤层稳固性”新技术。在 02179 切眼进行了试用，效果良好。

2006 年 6 月，引进岩巷锚杆、锚网索支护新技术。采用预应力锚索加强支护，对较大断面加钢梁（槽钢或工字钢），形成了锚网喷、锚网索、锚网梁等联合支护形式，在集贤村地区主要巷道施工中取得了较好的效果，进而推广到单项工程，如交叉点、煤仓、碴仓及巷道扩、整修等工程。

2006 年 6 月，引进煤巷锚网索支护新技术。沿煤巷掘进施工，原多采用矿用工字钢支护，后推广采用煤巷锚网索支护，逐步淘汰矿用工字钢支护。

2007 年 7 月，引进锚网索技术。U 型钢可缩性支架支护逐渐减少，并在 U 型钢支护巷道开口施工时，研制出 U 型钢开口专用支架，集贤村 -505 煤巷段试用 36U 可缩性支架。

2008 年，引进底板锚注加固新技术，在二水平南大巷扩修工作中应用，取得了较好的效果。

2008 年 5 月，新进惠普 5500 打印机，用 CAD 制图工艺可以直接打印彩色图纸，进一步提高了图纸质量。

2008 年 4 月，引进奥灰水观测系统，及时掌握了井下奥灰水位动态变化，保证了安全生产。

2008 年 10 月，膏体充填开采项目签约。

三、安全管理

（一）安全机构

1989 年之后，成立了安全生产管理委员会，主任由矿长担任，副主任由安监处长和副矿长、工会主席担任，成员由安监科、调度室、技术科、地质科、工资科、财务科、宣传部、工会、团委、党政办等机关科室负责人组成。2004 年公司成立后，企业牢固树立了“安全第一、生产第二”的新理念，进一步明确董事长是公司安全生产第一责任者，经理负责全公司安全生产工作，安监处长（副经理）主管公司安全工作，公司成立了安全生产管理部，配备了安全管理人员。

（二）安全教育

1989年，以教育科为主，多种形式对全矿工人、干部及特殊工种人员进行系统培训，经考试合格，由安监部门发合格证，凭证上岗。2003年开始，根据上级要求，特种作业人员全部到峰峰集团教培中心脱产培训或复训，经考试合格发证，其他从业人员由公司培训。2005年，通顺公司取得四级安全培训机构资格证书，专职教师3人，兼职教师9人，工作人员3人，进一步完善了制度、健全了机制，使安全培训更加规范。

（三）安全活动

企业始终坚持每周一次安全办公会、一次职工安全教育活动的制度。在此基础上，1989年至2003年，每年开展一次安全质量月活动。2004年以来，每年开展首季安全季、质量标准化月、安全生产月、“三无”竞赛、决战后百天等活动，坚持安全活动不断线。

（四）安全检查

每周一由安全生产管理部牵头，公司领导带队组织工程技术人员及有关单位负责人到现场检查安全质量，排查安全隐患，发现问题填写二联单，定人限时解决。质量检查组每旬到现场检查，每月汇总通报。2008年上半年和三季度经峰峰集团验收，矿井安全质量标准化达标一级，其中二面二头二硐室、副井底至0273水眼、通风专业分别达标为精品工程。2005年10月12日至2008年10月12日，实现连续安全生产三周年，创建企以来安全生产最新水平。

四、经营管理

（一）生产计划

生产计划分为长远计划（五年计划、三年滚动计划）和年度计划、季度计划、月度计划。

计划管理。局（集团公司）对矿（公司）实行一上一下的计划管理模式。先由矿（公司）根据生产地区情况上报年度、季度计划，局（集团公司）根据总体安排，以文件形式下发矿（公司）年、季生产计划（含月度指标），内容包括原煤产量、开掘进尺、日产日进、单产单进、主要材料单耗等指标；矿（公司）依据下达的生产计划，编制月度生产计划下达到所属各单位，各单位根据月度计划任务指标，组织本单位的生产经营，确保任务完成。

计划执行。矿（公司）职能科室每月检查单位产量、进尺及各项指标的完成情况；业务科室根据绩效考评文件规定，对照计划指标完成及材料费使用情况，经过考评兑现奖惩，结算工资。

（二）物资供应

1989年至2008年，所需各种材料及工矿配件由矿（公司）向局（集团公司）报送年度、月度用料申请计划，由局（集团公司）平衡后，统一订货，按月度申请计划供货。供应不足的物资，如建材、日杂、非标准件加工，由矿（公司）采用招标的方式，选择信誉好的供货商自行采购或处理。

仓储管理：在原有制度的基础上，仓储业务分解成了三个阶段：入库验收、保管保养和出库阶段。根据ISO9000质量体系认证的要求，不断健全和完善仓储管理和规章制度。仓储管理贯彻“快进、快出、合理储备、保管好、费用省”十四字方针，严格贯彻以下规定：把搞好货物的接送和交接作为验收的条件；把好入库验收关，按合同订单的要求对货物的内在质量及时送检，进行外观质量、数量和重量检验并做好记录；根据货物的特征进行合理堆码，提高库位利用率；根据货物的性质和保管要求，控制好储存环境，对普通货物进行科学的养护；搞好库存盘点和日常检查；搞好出库发料，按生产要求提供优质服务；严格按安全技术操作规程，进行各种生产作业，掌握各种消防器材的合理配置和使用方法。

（三）财务管理

核算与记账方式。1989年至2003年7月，矿为局的二级核算单位，各种税费统一上缴局，由局按计划下拨使用。财务报表为局合并方式。2003年8月7日，根据全国企业兼并破产和职工再就业工作领导小组办公室［2003］5号文，批准进入破产程序。2003年8月至2004年8月，财务账由峰峰集团破产组接管。2004年8月，成立邯郸通顺矿业有限公司，公司性质为独立法人，峰峰集团控股63.77%，15位自然人股东占36.23%。1989年至2008年，记账方式为借贷记账法。

固定资产的管理。固定资产实行集中管理形式，财务部门负责和掌握全公司固定资产增减变动的账务处理，编制固定资产的报表，建立完整的凭证、账簿的记录，区（科）为固定资产的保管和使用单位，负责管好用好固定资产，建立严格的岗位责任制，及时进行维护和检修；财务部门掌握固定资产的核算和综合管理，及时反映占用和增减变动情况。

流动资金及来源。1989年至2003年7月，流动资金来源主要是销售产品收入和国家拨入。2004年11月，资金来源由产品销售取得。

专用基金的管理。专用基金包括从成本中提取的折旧基金，以及按生产量提取的维简费、井巷费和安全费。维简及井巷费按生产量的吨煤8.5元提取，主要用于生产矿井延深、技术改造等所需设备、固定资产的更新、零星土建工程及职工宿舍等建设。安全费从2004年开始按生产量吨煤提取，2004年按吨煤8元提取，2005年按吨煤45元提取，2006年至2007年，按吨煤30元提取，2008年按吨煤45元提取。主要用于"一通三防"、矿井机电防护、运输提升防护、顶板管理、安全设备购置及更换等，资金由公司统一安排使用。

成本管理。根据统一领导、分级管理的原则，推行公司、区（科）、班组三级核算的组织形式，公司为成本决策控制中心，是成本管理、成本核算的中心，区（科）是成本直接消耗、管理的基层组织，班组是成本消耗、管理的最小单位。基层单位根据公司成本控制中心下达的目标成本，按成本项目纵横分解、层层展开、落实责任，并进行绩效考核，奖优罚劣。

（四）劳动工资

1. 用工制度。1988年至2003年，劳动力主要有固定工、农民合同工、劳务工、临时工。2004年公司成立后，按照建立现代企业制度的要求，依据《中华人民共和国劳动法》和《河北省劳动合同管理办法》，企业取消了员工身份界限，变身份管理为岗位管理，建立了企业与劳动者双向选择、能上能下的用工制度。根据企业生产经营的需要，实行了灵活多样的用工制度，2004年有600余名企业股民竞争上岗，对矿井破产前的农民工中的700多名骨干，以接受劳务派遣的形式留用在企业。同时，聘用了一批已按照破产政策办理了等退、退休的生产、技术、管理骨干。2005年又招收了一批合同制工人。

2. 工资分配。1988年至1995年，职工工资总额由峰峰局集中控制，月度按照下达的工资指标进行分配。企业内部的分配方法有三种，一是对井下采、掘、开生产单位实行吨（米）效益工资；二是对井下机、运、通生产辅助单位实行工资包干制；三是对井上服务单位及机关实行基本工资加政策性补贴的工资分配办法。

1996年至1999年，实行了岗位工资。期间煤炭市场疲软，煤矿经济效益低下，企业工资总额与经济效益挂钩，即工资总额随矿井的利润状况上下浮动。矿对基层的工资分配是与单位的产量、进尺、商品煤灰分、原煤售价、安全状况联挂。

1999年8月起至2003年，实行了岗位绩效工资分配办法，即在局下达的工资总额基础上，对基层单位实行绩效考核，考核结果与工资联挂。

通顺公司成立后，在峰峰集团控股下，企业内部的工资政策由公司自主制定。公司在实行岗位工资、绩效考核的基础上，把职工收入与企业经济效益结合起来、按劳分配与按生产要素分配结合起来、工资分配与岗位贡献结合起来，在额度上倾斜于生产一线、劳动强度大、科技含量高、责任大的岗位，职工收入与责任风险相对称。

历年职工人均收入统计表

年度	1989	1990	1991	1992	1993	1994	1995	1996	1997	1998
人均工资（元）	2825	2958	3206	3327	3737	4652	5533	7061	7401	5767
年度	1999	2000	2001	2002	2003	2004	2005	2006	2007	2008
人均工资（元）	7236	7503	9540	10836	9661	17168	20712	21637	23957	37148

五、资源开发

由于矿井资源枯竭，1994 年经煤炭部煤规字第 650 号文批准核销生产能力。

1995 年，开始对南大巷永久煤柱进行开发。先后开采了 02166、02169、02139、02138、021203 工作面，采出原煤 242 万吨。

1998 年，对因地质构造复杂而报损的十二副盘区进行巷探工程。2000 年以后，先后开采了 021204、021206、021209、021210、021211 工作面，采出 161 万吨原煤。

积极开发“三下”资源。1999 年至 2000 年，02172 工作面采出工业广场煤柱 26.6 万吨。2005 年，021208 工作面采出铁路煤柱 13.2 万吨。2008 年，0212013 工作面采出新东庄村煤柱 2.5 万吨。

2004 年，经河北省煤炭工业办公室以冀煤办［2004］22 号文件批复，将集贤村地区可以开采的 2#煤储量 394.9 万吨转入平衡表内后，对该地区加强了资源开发的力度，目前生产系统即将形成，新增开拓储量 220 万吨。

六、多种经营

1991 年，建设田力宝厂。1996 年矿以峰通［1996］38 号文件向局申请改扩建田力宝厂，后因多方原因停产。

1992 年，矿对矿属水泥厂进行改扩建。1998 年至 2003 年，水泥厂归矿多种经营服务公司管理。2003 年至 2004 年 10 月 29 日，随着原通二矿破产，水泥厂实行生产自救。2004 年 10 月 29 日，改制为峰峰矿区通顺水泥有限公司，由 50 名股东买断经营。

建筑公司于 1989 年 11 月通过能源部基本建设司审查后，成立了通二矿施工处，为建筑四级全民企业。1990 年至 1992 年，资质年检合格；1994 年 4 月，通过煤炭部资质审查后，由四级企业升为三级企业；1994 年至 1997 年，资质年检合格；1998 年 3 月，通过煤炭部基本建设司资质审查后，成立了峰峰局第二建筑安装公司，由三级企业升为二级企业，隶属峰峰局；1999 年至 2000 年，资质年检合格；2005 年 11 月 21 日，改制为邯郸市宏润建筑安装有限公司，资质为三级建筑总承包企业。

1994 年 2 月，成立矿多种经营处，撤销矿多种经营服务公司。

1995 年 5 月，在姚庄报废井口动工兴建了金属镁厂。该厂于同年 9 月投入试生产，设计生产能力 500 吨/年，但因市场过剩该厂于 1995 年底停产，期间共生产金属镁 35 吨。

1995 年 5 月，成立矿多种经营公司华通炼铁厂，一年后停产。

1995 年，利用厂内原职工第三食堂建成了电子真空集热管厂，后因多方原因停产。

1996 年，矿据田力宝厂、水泥厂及其他化工产品厂家所需，利用原塑编厂可利用设施与上海塑料二厂联合改扩建塑编厂，后因多方原因停产。

七、后勤管理

1989 年至 1990 年，职工宿舍达标率 92.1%，在全局名列第三。职工疗养所保持了一流水平。坑修区宿舍和绿化美化保持了省级样板福利点水平。家属招待所和生活用水保持了全局一流水平。建成了姚庄公路，解决了一孩化楼和铁路楼供暖问题。

1991 年，改造二食堂操作间。翻新家属招待所“游艺室”。植树 2.9096 万棵。与集贤村共建“友谊园”500 亩。

1992 年，制定关于园林绿化、管理的暂行规定。

1993 年，强化了集体宿舍、工房门窗管理办法，制定了低值易耗办公用品管理制度。医院狠抓创伤急救和防治病工作，控制了传染病的发生。

1993 年，开展了“爱通二、创‘三优’、争一流”建设文明卫生单位活动。

1995 年，持续开展“爱、创、建”活动，以“两堂一舍”为重点，开展绿化美化矿山活动。

1997 年，医院设立“峰峰矿务局心脑血管血洗治疗中心”。

1996 年至 2004 年，在全矿贯彻执行《职工行为规范》，开展“十禁止”活动，推行“文明用语”。

2004 年以来，全力推进企业文化创建和精细化管理。对职工宿舍进行集中规范管理，更换宿舍塑钢窗户 1700 平方米，改造职工食堂、澡塘，整修公司南门至东门大道 500 余米，修建职工文化广场 1 个、文化园 3 个、草坪 1000 多平方米。

2008 年，为职工宿舍安装了空调，职工宿舍区修建了篮球场，增建了摩托（自行）车房。井下职工全部吃上班中餐和营养餐，后勤服务实现了质的飞跃。

八、党群工作

（一）党建活动

1989 年，开展了以党员标准为主题的新时期党员形象大讨论。

1990 年，开展了党课观摩活动，使党员和入党积极分子普遍受到一次深刻教育。

1991 年，开展了以建设“共产党员奉献号工程”为主题的“忆党史、颂党绩、为党增光”活动，为建党 70 周年献厚礼。

1992 年至 1993 年，开展了“议中心、创效益”活动。

1994 年至 1996 年，为贯彻党的十四届四中全会精神，开展了“凝聚工程”活动。

1997 年，广泛开展了“树三观、做表率”活动。

1998 至 1999 年，为认真贯彻党的十五大精神和深入学习邓小平理论，开展了“四学四深入”、“鼓斗志、闯难关、抓扭亏”主题活动。

2000 年至 2003 年，以庆祝建党 80 周年为契机，相继开展了“做表率、献厚礼、转作风、树形象、促发展”活动。

2004 年以来，围绕峰峰集团开展的“四创”活动，卓有成效地开展工作。

2005 年，开展了保持共产党员先进性教育活动。

2006 年，推行了 ISO9000 党建质量管理体系。

2007 年至 2008 年，开展支部达标竞赛、“四好”领导班子创建活动和“讲党性、重品行、作贡献”主题教育活动，充分发挥了党支部的战斗堡垒和党员的先锋模范作用。先后开展了解放思想大讨论活动、学习实践科学发展观活动、“转作风、树形象、促发展”活动，有效促进了企业的科学发展、和谐发展。

（二）宣传工作

1989 年，针对北京发生的政治风波，矿党委及时下发了思想政治工作要点，在全矿开展了党员形象大讨论活动。

1990 年，开展了形势教育、责任意识教育活动和以“爱党、爱社会主义、爱祖国”为内容的“三热爱”教育活动。

1991 年，在干部中开展了党史和党建理论教育活动、社会主义理论和“双基”教育活动，继续开展班子、队伍、矿风三项建设。

1992 年，在党员干部中分三个类别进行了《马克思主义党的建设理论学习纲要》的学习，对副科级以上干部和中级以上职称人员办脱产培训班 237 人次。同时下发了《建设思想政治工作站的安排意见》

和《精神文明建设考核标准》。

1993年，学习党的十四大精神，举办了中层干部学习十四大精神培训班。深入进行市场经济意识教育，使广大职工系统地掌握了市场经济知识。

1994年，开展了“树形象、创效益、作贡献”和“我与企业共命运、我为企业作贡献”活动。

1995年至1997年，开展了“艰苦创业、爱岗敬业”主题教育活动，围绕“爱通二、创‘三优’、争一流”目标，在职工中开展了“体现时代特色，树立行业新风”和“十大窗口”优质服务活动，极大地推动了文明建设。

1998年至1999年，重点组织学习党的十五大精神，开展了“适应新形势、树立新观念、再创新业绩”主题教育活动。

2000年，围绕企业改制重组，积极进行生产自救宣传，组织开展了“深化改革求生存、严格管理促发展”大讨论活动。

2001年至2004年，开展“学《建议》、转观念、抓调整、创业绩”主题教育、学习“三个代表”重要思想、创建“学习型企业”、企业精神教育等项活动。

2005年上半年，在全公司实施企业文化建设，积极推进精细化管理，全面实行6S、4E和TRIP精细化管理模式。

2005年至2008年，相继开展了“新企业、新面貌、新业绩”、“自立有为、创新做强”、“共建和谐，促进发展”、“跨入新阶段，立足新起点，争创新业绩”和“新集团、新面貌、新形象、新业绩”等主题教育活动。

（三）纪监工作

1989至1990年，制定了《党纪目标管理考评制度》、《密切联系群众转变干部作风的若干规定》，建立了副科级以上领导干部的廉政档案。查处违纪案件5起。

1991年，实行了“四公开”制度，完善了《党纪目标管理考核内容及标准》。当年共查处违纪案件6起。

1992至1993年，开展了党风廉政建设教育、专项治理和典型模拟案例警示活动。查处违纪案件3起，受理来信来访7件次。

1994至1995年，开展了“学习孔繁森”和“反对新形势下的自由主义”等教育活动。查处违纪案件4起。

1996年至1998年，组织实施《党风廉政建设责任制》。认真落实上级《关于清理党员违反党纪政纪参与小煤矿、小铁矿生产经营活动的意见》，对矿井周边小煤窑开展了专项治理。同时在领导干部中开展了“学准则从我做起，严自律向我看齐”廉政勤政承诺活动。实行了政务公开制度。

1999年至2000年，实施了《党政领导干部党风廉政建设责任制实施细则》，对物资采购、工程项目招标等进行效能监察。

2001年，在党员干部中开展了“读廉文、思反腐、筑防线”教育活动。

2002年，对党员领导干部和管钱管物工作人员进行预防性教育，在推行物资招标、比质比价采购、工程项目招投标和废旧物资公开拍卖工作中突出效能监察。当年立案查处违纪案件4起。

2003年，认真贯彻落实《中央纪委监察部关于坚决刹住用公款大吃大喝歪风的紧急通知》，开展了“艰苦奋斗、廉洁从政”、“预防职务犯罪”、“争当贤内助”教育活动。

2004年，制定了《领导干部廉洁自律若干规定实施办法》、《行政过错责任追究制度》、《开展诺廉、述廉、评廉、考廉工作的意见》、《建立领导干部廉政档案的实施意见》等多项措施。

2005年，学习贯彻《建立健全教育、制度、监督并重的惩治和预防腐败体系实施纲要》。制定了《关于推进行政权力公开透明运行工作的实施办法》。修改完善了《效能监察实施细则》、《招标管理办法》、《关于实行比质比价采购的管理规定》等制度。受理群众来信6件次。

2006年至2007年，开展了“读廉文、思反腐、筑防线”、“加强作风建设，促进勤廉成业”活动。

建立了廉洁文化电子网页。

2008 年，制定了《创建本质廉洁型企业实施意见》，积极构建“五个体系”。确定了廉洁从业行为规范和岗位勤廉标准。开展了述廉评廉考廉工作，提高了各级领导干部的党性觉悟和防腐拒变能力。

（四）工会工作

1989 年以来，工会组织以提高职代会质量和实效为目标，强化职代会作用，适时按届次召开职代会。2002 年，获局职代会星级创建先进单位。推行了《集体合同》、《工资集体协商协议》、《劳动安全卫生协议》和《女职工特殊保护协议》工作。开展了职代会民主评议干部活动。强化了企务公开和区（科）务公开工作，全面推行 ISO9000 企务公开质量管理体系。

广泛开展了“安康杯”竞赛和“四争”竞赛活动。每年征集合理化建议 2000 余条，主题建议 60 余条，实施采纳率达 80% 以上。2006 年以来，连续获邯郸市“安康杯”竞赛优胜企业称号。2007 年以来，开展了贯穿全年、持续推进的职工培训、练兵、比武活动，每季的第一个月为培训月，第二个月为练兵月，第三个月为比武月，提高了职工的业务技能。

1989 年以来，每年评选先进和劳模标兵。工会利用报喜、广播、庆功会、贺信等形式，表彰奖励在各工种竞赛中涌现出来的先进个人和先进集体。培养选树了全国“五一”劳动奖章获得者石福生等一批劳模、标兵人物。1989 年至 1995 年，每年组织 300 名先进人物在矿疗养所疗养，每年安排 60 名先进人物赴外地休养。公司成立后，每年组织各类先进人物外出学习、考察、休养。

坚持以丰富的活动为载体凝心聚力，鼓舞士气，用异彩纷呈的活动吸引人、感染人、鼓舞人、激励人。每年元旦、春节、“五一”、“十一”，组织集喜庆、祝福、向上于一体的文艺节目。各基层单位均设立了游艺室、图书屋，组建了篮球队和乒乓球队。矿（公司）每年组织比赛，做到了大型节日有联欢，日常文体活动不断线。

1989 年以来，女工组织积极开展安全协管、亲情嘱咐、送安全信、送安全汤、为井下职工送安全鞋垫、安全祝福语等活动，筑起了安全生产的第二道防线。开展了女工“四自”教育、“巾帼建功企业”等活动，有效地发挥了女职工的作用。

（五）团青工作

1989 年至 1991 年，组织开展了“爱我矿山、兴我企业、树我团威”活动。把学雷锋、树新风活动制度化。

1992 年至 1994 年，以培育“四有”青工队伍为目标，加强了团的思想政治工作，围绕一个主线（做党的后备军），坚持一个原则（在实践中育人），强调三个坚定（坚定共产主义信念、坚定社会主义信念、坚定跟党走信念），在全矿形成了“一一三”教育工程体系。

2004 年，公司成立后，共青团工作始终以“在巩固中深化、在创新中发展”为基本要求，广泛开展学习教育活动，深入推进青年突击队、青年文明号等岗位建功创效活动，着力构建企业青年文化，切实加强团的自身建设。

2005 年，全面启动“青工技能振兴计划”，在团员青年中开展青工拜师学艺活动，努力提高青工的技术水平。

2007 年，开展了“青年安全生产示范岗”创建、“青字号工程”、“奉献在煤矿、岗位立新功”等活动，促进了公司的安全生产。广泛开展了“子夜行动”、“集体上岗”、“互查联查”等安全质量检查活动，为企业的安全生产作出了积极的贡献。每年“五四”、“六一”组织文艺联欢，活跃了青少年的节日文体生活。

2008 年 3 月，举办了“弘扬雷锋精神，共建和谐企业”青年志愿者服务签字仪式，掀起了学雷锋活动的新高潮。

第三节　主要经济技术指标完成情况

历年主要经济技术指标完成情况表

年度	原煤产量（吨）	开拓进尺（米）	全员效率（吨/工）	原煤成本（元/吨）	利润（万元）
1989	1127004	1598	0.966	47.31	－1768
1990	1019251	13044	0.930	67.04	－3608
1991	940428	9132	0.813	75.08	－3747
1992	870290	14082	0.832	74.57	－3411
1993	850041	13281	0.860	86.81	－2311
1994	751356	11635	0.996	97.1	－2660
1995	721819	9792	1.251	90.61	－1444
1996	690132	9653	1.314	102.26	－801
1997	657505	10834	1.104	115.6	－408
1998	680021	90130	1.272	90.91	－418
1999	707556	10247	1.339	96.02	－705
2000	713818	8338	1.427	81.32	279
2001	680000	6818	1.455	81.26	1286
2002	675166	918	1.456	100.29	124
2003			1.477		－262
2004	108742	2231	1.226	369.59	293
2005	456318	4966	1.333	243.95	1209
2006	438228	4672	1.463	256.23	543
2007	438012	3896	1.566	237.25	770
2008	375028	4034	1.360	308.75	3727

第四节　市级以上荣誉称号

一、国家、部级荣誉

1989 年，全国“讲理想，比贡献”先进集体、全国煤炭企业思想政治工作优秀企业

1995 年，中国煤矿地质工会全国委员会、中国煤矿文化宣传基金会全国煤炭系统群众文化先进单位

二、省级荣誉

1992 年，河北省煤矿工会模范工会

2003 年，河北省经贸工委先进基层党组织

三、市级荣誉

1990 年，邯郸市先进基层党组织

1996 年，邯郸市文明单位

2003 年，邯郸市送温暖先进单位

2004 年，邯郸市送温暖先进单位

2005 年，邯郸市送温暖先进单位、“安康杯”竞赛优胜企业

2006 年，邯郸市维权保障先进单位、“安康杯”竞赛优胜企业

2007 年，邯郸市花园式单位、劳动保障守法诚信示范单位、维权保障先进单位、“安康杯”竞赛优胜企业

2008 年，邯郸市太极委员会突出贡献单位

（资料提供：王言志、许长生、吝祥峰）

第十一章　邯郸市大力矿业有限公司

第一节　单位概况

一、地理位置

邯郸市大力矿业有限公司前身是峰峰矿务局五矿。位于河北省邯郸市峰峰矿区峰峰镇。东距京广铁路马头车站 19 公里。

二、历史沿革

1955 年 10 月，成立了峰峰局第五矿。五矿由“老东大井”和“新东大井”两部分组成。两井以井下 +25 米水平为界，上为老井，下为新井，于 1965 年两井正式合并为一个生产系统。老东大井 1953 年进行整修恢复，1955 年投入生产，1966 年 12 月由 +74.5 米水平延深到 +25 米水平，改为五矿的回风井，随即老东大井被注销。新东大井，1955 年 3 月 15 日动土兴建，1958 年 6 月 16 日投入生产，设计生产能力 60 万吨/年，设计服务年限 47 年。1967 年 3 月 16 日成立革命委员会，将五矿改为“红旗矿”，1972 年恢复原五矿名称。1981 至 1985 年，矿井技术改造后，设计生产能力达到 85 万吨/年。20 世纪 80 年代矿井年产量一直维持在 100 万吨/年以上，最高年产达到 121 万吨；矿设选煤厂 1 座，年洗精煤 40 万吨；1990 年经中煤总公司能源综合利用开发公司批准立项，建设跨行业的装机容量为 12 兆瓦的煤矸石热电厂，1994 年底正式投产发电，年发电量 6500 万千瓦时。从 20 世纪 90 年代起矿井产量呈逐年递减趋势，1997 年生产能力核定为 60 万吨/年。经过 40 余年的开采，矿井储量已近枯竭，于 2000 年 1 月 1 日注销了矿井生产能力，预计 2011 年资源开采完毕。

因资源枯竭，依据国家破产政策，于 2005 年 10 月 14 日实施了政策性破产，2007 年 8 月 28 日重组为邯郸市大力矿业有限公司，成为峰峰集团控股子公司。同时成立了五矿社区管理处。

大力公司：在职职工 1485 人。其中，366 人为入股职工，1119 人为合同制职工。下设 8 个机关部室、10 个基层单位，两个采区，两个掘进区，1 个运输区，1 个机电区，1 个通风区和营选科、制修厂、材料科 3 个辅助单位。

五矿社区管理处：在册职工 651 人，下设房产水电科、后勤服务科、医院、社保处、老干科、保卫科、电视通讯中心、计生办。

三、井田面积

井田面积：井田南北走向长度约 3 公里，东西倾斜长度约 2.6 公里，面积约 10.14 平方公里。

井田范围：东部为羊渠河矿，以 F12 号断层为界，西部为煤层露头线，西北部以 F3 断层和 607 厂煤柱为界，南接二矿和原峰峰集团机关，西南以 F10 断层为界，东南是二矿与本矿井人为技术边界煤柱线，北部为牛儿庄矿与本矿井田人为技术边界煤柱线。

四、地质情况

（一）地形地貌：矿井井田位于鼓山东麓，西部奥陶系灰岩出露形成鼓山，海拔 660 米，为当地唯一山峰。从西向东地形由陡变缓，标高由 280 — 175 米之间变化。地形没有明显变化，属山区丘陵倾斜平原。

（二）含煤地层：井田煤系地层从二迭系下统的山西组到石炭系上统的太原组，全厚为 200 — 220 米。共有薄厚煤层 15 — 17 层，局部达 19 层。其中可采煤层 7 — 8 层。山西组层厚 75 — 80 米，含煤 4 — 5 层，可采 1 — 2 层，即 2#顶煤和 2#底煤。太原组层厚 110 — 130 米，含煤 10 — 13 层，其中可采煤层 6 层，即 3#、4#、6#、7#、8#、9#煤。3#煤、2#底煤为不稳定型煤层，7#煤大部分不可采，为极不稳定型煤层。本溪组亦称基底沉积，岩性为灰白色和暗紫色的铝土质页岩及残余铁矿的标志，厚度为 5 — 30 米。

（三）地质特征：矿井井田地质构造较为复杂，分布着一系列大大小小的褶皱断裂地带，主要由三个褶曲地带组成矿井半穹窿形构造。中部为矿井背斜，南部是 5299 向斜盆地，北部是 5257 向斜区。矿井地质构造定为三类，即Ⅲa。根据地质条件分类，煤层稳定程度为第二类，即Ⅱd，其他开采地质条件为二类，即Ⅱeg，矿井地质条件分类代码为Ⅲ - ⅢaⅡdⅡeg。

井田南北向的断裂构造将井田切割成三部分，即西北区、中央区、东翼区。在构造区内赋存着不同形式的构造形态，在主采煤层底 2#煤、野青煤、山青煤中，落差在 20 米以上的断层每平方公里 2.5 — 5 条。井田地层产状变化较大，北东向的小断层也很发育，对煤层的破坏作用和对开采有较大的影响，井田内褶曲构造比较发育，对煤层开采有较大影响。由于断裂构造和褶曲构造的影响，对煤层的完整性和连续性破坏很大，致使一部分工作面被切割成条带状和不规则形状，给开采带来很大困难。

（四）水文情况：井田内地表无河流，有冲沟数条，最深 12 米，系主要排水沟，平时干涸无水，仅雨季有暂时性水流。下流注入滏阳河。井田西部冲沟还有山伏青、大青灰岩以及大青下架煤层出露。在井田西部和贯穿井田东西的有用于农田灌溉的跃峰支渠。

井田地下水丰富，矿井涌水量在 1705 — 1818 立方米/小时之间。矿井井田由于受北东向大断裂的影响，井田中央区内矿井背斜轴对浅部煤层起主导控制作用。在背斜两侧，小断层和小裂隙发育，形成地下水迳流、补给、蓄存的良好条件。因此，矿井水文地质条件极复杂，地下水十分丰富。井田西部奥陶系灰岩大面积裸露，接受大气降水补给；井田东部、南部又有 F10、F11、F12 断层连续上升，造成奥灰含水层与煤系含水层水力联系和补给；同时由于断层的切割，造成地下水排泄受阻，使矿井水文地质条件复杂化。矿井大青和奥灰含水层富水性极强，且有水力联系，对深部煤层和下三层煤的开采造成严重威胁。根据水文地质条件分类，矿井水文地质类型为：Ⅳ - 水文地质极复杂型矿井。矿井安全受水害威胁严重，防治水工程量大，难度大。

五、矿井储量

截至2008年底，矿（公司）累计采出原煤4549.2841万吨。2008年1月，工业储量260.9万吨，可采储量131.6万吨，实际可采储量为98.2万吨。

2008年矿井实际可采储量分布表

单位：万吨

煤层＼地区	东翼采区			109采区			中央区			合计
	大煤	野青	山青	大煤	野青	山青	大煤	野青	山青	
-50水平	0	2.7	0	0	0	0	0	0	0	2.7
-125以上	0	28.8	30.9	3.8	0	0	0	0	0	69.5
-125以下	0	0	0		9.4	0	0	22.6	0	37.7
小计	0	31.5	30.9	3.8	9.4	0	0	22.6	0	
合计	62.4	13.4	22.6	98.2						

六、煤质情况

矿井可采煤层的煤类以焦煤和肥煤为主，并有少量的瘦煤，均属炼焦用煤类。

七、资产情况

历年生产经营指标、资产情况汇总表

年度	原煤产量（吨）	总进尺（米）	主营业务收入（万元）	利润总额（税前）（万元）	单位制造成本（元/吨）	资产总额（万元）	精煤产量（吨）	备注
1989	1090014	18025	8120	-863	46.8	2543	452590	
1990	1043947	17390	6906	-1306	51.82	4757	497870	
1991	900000	10223	7710	-1903	67.03	7213	508865	
1992	902516	15166	11260	-250	63.02	6100	524120	
1993	884651	14890	10574	624	89.61	7788	650181	
1994	856512	13739	9733	605	102.47	7127	458746	
1995	826684	13296	10298	742	105.77	10963	529139	
1996	768276	13078	12821	589	110.66	12311	497617	
1997	859120	13408	15143	981	112.55	15106	510539	
1998	831518	12749	13977	-234	105.29	13418	478624	
1999	674170	10103	10210	-3388	116.22	10911	359464	
2000	703788	9884	8631	-2130	108.95	10175	371954	
2001	680812	9884	7916	-1122	128.76	5417	37156	
2002	610902	9258	8218	-363	136.42	5329		
2003	401002	6426	6560	-429	174.61	10795		
2004	356750	7035	6423	-1000	200	9146		

年度	原煤产量（吨）	总进尺（米）	主营业务收入（万元）	利润总额（税前）（万元）	单位制造成本（元/吨）	资产总额（万元）	精煤产量（吨）	备注
2005	344300	7684	8773	－11702	350.69	9027		11月进入破产期间
2005.11—12					329.29	2927		
2006	306680	7508	10555	－185	329.29	3235		
2007	287028	7012	11326	－442	333.45	1496		9月大力公司成立
2007.9—12					487	4488		
2008	300000	7106	15332	670	442.55	4229		

八、人员情况

1958年新井投产后，五矿（新、老井）在册职工4522人。其中，男职工4384人，女职工138人。1978年开始招收协议工、轮换工。1985年在册职工6908人，其中矿级干部21人，科级干部184人，党员885人，团员883人，农民轮换工600人。1988年职工在册6118人。2008年底在册职工941人。

历年人数、工资统计表

年度	年末人数	年平均人数	年工资总额（元）	年平均工资（元）
1989	6022	5848	16794170	2872
1990	6039	5988	18543651	3097
1991	5811	5906	20333716	3443
1992	5705	5569	21207956	3808
1993	5628	5588	25309349	4529
1994	5526	5514	33097886	6003
1995	5311	5362	36836940	6870
1996	5368	5266	40064420	7608
1997	4899	4980	41930896	8420
1998	4759	4790	36930202	7710
1999	4693	4681	28650468	6121
2000	4627	4533	30200767	6662
2001	4553	4414	32428344	7347
2002	4059	3816	32740636	8580
2003	3880	3234	28166077	8709
2004	3474	2765	33035910	11948
2005	2444	2374	35210798	14832
2006	1451	1013	12364194	12206
2007	1068	1169	15470206	13234
2008	941	969	20023341	20664

第二节　主要工作

一、生产管理

面对矿井储量逐年下降、地区摆布困难的现实情况，坚持“合理开采，开掘先行”的指导方针。1989年以来，对东翼采区生产系统进行了生产能力技术改造，改大罐运输为东翼皮带运输，减少了运输环节，使东翼采区生产能力由原设计30万吨上升为60万吨。在生产管理上，制定了《生产管理考核制度》，大力引进生产管理新工艺，回采工作面推广了“三四”排支护管理、铺底网、穿铁鞋新工艺；掘进工作面应用了“三小”即“小锚杆、小药卷、小钻头”新工艺；机、运、通三条线实现了安全系列化管理。全矿形成了生产技术指挥和采、掘、机、运、通等为一体的标准化、规范化管理格局。积极推广应用新工艺和新设备，最先在505采煤队推行高档普采和液压支架支护。采掘机械化程度连年提高，到1995年达到100%，极大地减轻了职工的劳动强度。回采单产由1985年的1.9241万吨上升到1995年的2.4272万吨，回采工效、掘进工效，1995年比1986年分别提高了5.6%和5.34%。同时，积极开展了“回采创水平，掘进上纲要”劳动竞赛活动。特别是1995年，为进一步提高生产效率，对3个回采区和3个开掘区全部实行了高产高效区队管理，实现了高产高效集中生产，为矿井的安全高效均衡生产奠定了坚实基础。十年间，全矿共有25个采煤队、37个掘进队达到纲要水平，其中505采煤队连续七年获全国高档普采前七名。共产原煤780多万吨，占全矿总产量的80%以上，推进掘进进度11.6万米，占全矿总进度的72%以上，实现了稳定高产。

1992年，《采动区民房受力理论分析结构措施优化设计》获河北省煤炭厅科技进步一等奖。1993年，《矿井主排水泵微机监测系统》和《SXL/G型系列锅炉烟气净化器》获河北省煤炭厅科技进步三等奖。1994年，《SZL/G型系列锅炉烟气净化器》获河北省煤炭厅科技进步三等奖、《五矿计算机话视网络系统》获邯郸市科技进步三等奖。

1993年至1999年，QC小组取得矿级成果66项，局级成果14项，市级成果5项，省级成果2项。《运用价值工程降低巷探成本》获河北省三等奖；《推行目标成本管理，提高企业经济效益》和《运用系统工程理论指导109采区设计方案的实施》分别获河北省经委二等奖、河北省煤炭厅一等奖；《运用网络计划技术搞好副井管道敷设》获河北省煤炭局二等奖。

二、安全管理

1989年至2008年，矿党政始终把安全工作当作重要工作来抓，坚持党政工团技人员每周上岗检查制度，形成了党政工团技齐抓共管的安全保证体系，建立了一系列的安全生产管理制度。1986年7月8日至1990年9月7日，实现安全生产1523天、产煤453万吨；1992年5月23日至1995年11月19日，安全生产1275天，产煤304万吨；2000年11月21日至2006年1月12日，连续安全生产1836天。2005年，开展了企业安全文化建设。2006年，在井下单位开展了“手指口述”、安全确认和集体升入井活动，在井下管理人员中推行了“走动式管理”，实施了ABC三卡考核、三工并存动态转换、班前礼仪讲评。大力公司成立后，及时健全完善了各种安全管理制度，安全管理工作不断向岗位精细化管理延伸。

三、经营管理

1989年至1999年，矿建立和完善了适应市场要求的考核制度。1992年，推行了目标成本管理，将成本费用纵向分解到单位、班组以至个人，横向分解到各职能科室，实行双向承包，将承包费用与工资收入挂钩，制定了超一罚一、节一奖半，月度考核、季末兑现的激励政策，提升了管理水平，实现了节支降耗。在资金管理上，建立了内部银行运行机制，使资金得到合理流动和使用。制定了《产成品资金和储备资金管理办法》，大力压缩库存，使有限的资金盘活用好。在日常管理上，坚持每月一次经营活动例会制度，合理安排使用资金，减少非生产性支出。同时，还充分发挥经营信息反馈作用，使经营管理始终处于动态性的管理之中。在材料供应管理上，严把材料采购、储存发放关，严格执行材料交旧领新制度，成立材料使用跟踪管理小组，堵塞跑、冒、滴、漏现象。广泛开展节支降耗、修旧利废和“质量、品种、效益”竞赛活动，深挖企业内潜，使企业目标成本管理更加系统化、科学化、规范化，经营管理取得较好成果。从1993年开始，扭转了企业连续七年亏损局面，当年盈利624万元，1994年盈利605万元，1995年盈利742万元，1996年盈利598万元，1997年盈利981万元。1998年受亚洲金融危机的影响，煤炭市场疲软，企业经济效益开始下滑。为适应市场需求，矿把提高产品质量作为占领市场促销创效的重点，树立“信誉第一，用户至上”的经营理念。一方面加强煤炭生产，合理搭配地区，严格执行井下分装分运，超灰扣产办法和采、制、化一条龙管理。另一方面，不断改善洗选工艺，推广应用自动化洗选流程，提高精煤回收率，降低精煤灰分。1995年投资73万余元，建起了配煤工程，进一步调整产品结构，稳定了精煤品牌，为企业渡过困难时期奠定了基础。2000年至2007年，企业资源逐渐进入枯竭阶段，为维持企业正常生产和保障职工最低生活，企业大力压缩非生产投入，根据市场变化，及时调整经营思路，实施预算管理，以收定支，维持了企业基本运行。

四、资源开发

1989年，矿实施了环改运煤输送系统工程之后，使矿井生产能力由设计的60万吨/年逐步提高到120万吨/年。2000年，在局首次采用综采轻型液压支架沿大煤底层送巷放顶煤，一次采全高，工作面回采率达到90%以上，提高了资源的回收率。随着资源减少，大胆尝试采用π型梁放顶煤工艺，解放边角残煤。对深部山青受水威胁山青煤实施疏水降压开采；在中央区、109采区和东翼采区实施回采，解放受水威胁山青煤140万吨。对工业广场煤柱、牛五边界进行开采性科学研究，实施后，共采出各类永久性煤柱煤量230万吨。

五、改革改制

为适应改革和市场经济发展的新形势，1995年推行了三项制度改革，成立了煤炭生产部、经营销售部、生产服务部、后勤服务部。机关科室由原来25个减少到17个，机关人员全部实行定岗、定员、定编、定责，形成了小机关、大服务、高效率的运行机制。同时，对医疗和住房制度进行了改革。1995年，共分流人员1840人，节约费用23万元，外部创收246万元。1997年，推行了“三条线”管理，成立了再就业服务中心，实行了定岗定员，全矿共精简职工373人。其中：全民职工109人，矿用集体企业工149人，辞退全部临时工115人。2004年一季度，对全矿职能部门和人员进行了优化组合，机关由原来的14个科室缩减为8个部室，人员由81人精简为50人。

六、后勤管理

从20世纪80年代后期开始，矿加大了对职工生活福利设施的投入。对职工澡塘、食堂和职工宿舍进行了改造。1989年建成了小公园塑胶篮球场；1990年建成矿内运动体育场；1992年工人村建成标准游泳池；2004年对职工俱乐部进行了改造，俱乐部内部改建成多功能文体活动场。同时建成东、西两个活动广场；2008年实现了班中餐集中配送，建立了井下职工营养餐食堂，为职工宿舍安装了空调。职工生活基础设施和后勤管理工作得到了改善和加强。

五矿破产终结后，生活后勤管理由五矿社区管理处负责。

七、党群工作

（一）党建工作

矿党委始终把党员教育放在首位，不断改进教育方式和方法，增强教育的科学性。通过举办党员培训班、上党课、组织党员参加公益活动、举办“大型党员活动日”等多种方式和方法对党员进行教育。

2005年至2008年，党委在全矿22个支部中开展了“党员模范岗”和“党员实事承诺”活动，广大党员紧密结合岗位实际，争站模范岗，进行实事承诺，促进了企业各项任务的完成。狠抓了党建质量管理体系建设。2005年，举办了党建质量管理培训班，提升了党建质量管理水平。

2005年，矿党委紧密结合企业实际，围绕企业生产自救、安全生产和稳定等中心工作，在全矿开展了保持共产党员先进性教育活动，建立了保持共产党员先进性教育活动长效机制。

2006年10月至2008年12月，矿党委坚持每季组织举办一次“大型党员活动日”活动，共举办“爱矿山，做模范”、“我为党旗增辉”等不同主题的大型党员活动日9次。狠抓了领导班子创建活动。

2007年至2008年，公司党委提出了争创集团公司“四好”领导班子，基层单位50%达到“四好”领导班子要求的奋斗目标。紧密结合企业实际，开展了党员实践创新活动。

（二）宣传思想工作

矿建立健全了以党委为核心、政工干部为骨干、党政工团齐抓共管的思想政治工作运行机制。强化了对党的十四大、十五大、十六大、十七大精神和邓小平理论、“三个代表”重要思想、科学发展观的学习，紧密结合局（集团公司）和矿的实际，狠抓了宣传和思想政治工作的落实。

1989年至1999年，在计划经济向市场经济过渡的变革时期，矿党政为适应市场要求，从强化职工效益意识、市场经济意识入手，大力开展了“树立社会主义市场经济新观念，我与企业共命运”、“企业效益靠职工创造，职工利益靠企业效益”、“爱矿山、创效益、做主人”等一系列教育活动。

2003年至2008年，先后开展了“改革与发展”、“如何搞好生产经营”、“搞好安全与职工利益”、“如何加强农民工、青年职工思想教育”、“如何建立和谐的党群干群关系”、“新集团、新目标、新举措、新面貌”等研讨交流活动，交流研讨成果300余篇，推动了思想政治工作的深入开展。

2005年，矿党政加强了企业文化建设。

2007年，针对五矿破产和大力公司的成立，党委在全公司范围内开展了“立足新起点、争创新业绩”主题教育活动。开始了大力公司《企业文化手册》的编辑工作。

2008年，冀中能源集团成立后，广泛开展了“新集团、新目标、新举措、新面貌”主题教育活动。采取多种形式，对职工进行了形势任务、安全意识、艰苦奋斗、立足岗位作贡献教育，激发和调动了广大职工的积极性和创造性。

（三）纪监工作

狠抓了党风教育和廉洁教育，举办各种不同类型的党员学习班22期，提升了党员和党员领导干部遵章守纪、廉洁自律的自觉性。共查处案件24起，其中党纪处分14起、免予处分4起、行政处分6起，对违纪党员干部，按照党的方针政策和处分党员干部的批准权限进行了处理。

2003年，开展了效能监察工作，每年对重点项目进行效能监察立项。

2005年，在领导干部中开展了“党风廉政建设承诺书”活动。

2006年至2008年，召开了“读廉文、思反腐、筑防线”学习交流会。

2006年，开展了“家庭助廉”活动，建立了廉洁文化展室。

大力公司成立后，公司纪委建立健全了各项纪检规章制度，制定了领导干部岗位行为规范，编辑了企业《廉洁文化手册》，建立了领导干部廉洁档案，健全了领导干部述廉、评廉、考廉制度。

（四）工会工作

矿工会在矿党委的正确领导下，加强工会自身建设，紧紧围绕企业中心工作，不断组织群众性的劳动竞赛，积极开展民主管理系列活动，组织丰富多彩的群众文化娱乐活动，激发了职工的劳动热情，活跃了职工生活。

1991年1月，召开了矿第十一届职代会。1996年1月，召开了矿第十二届职代会。1999年12月，召开了矿第十三届一次职代会。2001年11月，召开了矿第十四届职代会。2005年1月，召开了矿第十五届一次职代会，成立专门工作委员会。2005年3月，召开了矿第十五届二次职代会，通过了破产重组方案。2007年12月21日，召开了大力公司首届一次职代会，表决通过了职代会主席团成员、大会秘书长、职代会专门工作委员会成员以及平等协商委员会、劳动争议调解委员会职工代表。2008年7月29日，召开大力公司第一次会员代表大会，选举产生了工会委员会和经费审查委员会等组织机构。

1989 年至 1999 年，每年五月组织一次全矿职工运动会，共举办 11 届。

1998 年，组织职工业余疗养。

2002 年至 2007 年，共举办下岗女职工再就业培训班 7 期，培训下岗女工 549 人，输送从事家政服务的下岗女工 320 人。2004 年起，连年被集团公司工会评为“下岗再就业先进单位”。

职工及会员人数统计表

年度	职工总数	企业工及农合工	会员人数
1988	6118	企业工 1200	6100
1989	6022	企业工 1180	6005
1997	4899	企业工 282	6113（含企业工）
2000	4627		5612（含企业工）
2003	3880		4989（含企业工）
2005	2444		3548（含企业工）
2007	957	农合工 850	1451

（五）团青工作

矿共青团组织成立初期是团总支，随着团组织的逐步健全和团员青年队伍的不断发展壮大，于 1957 年建立了中国共产主义青年团峰峰矿务局五矿委员会。

1989 年至 1999 年，连续 11 年组织开展了“展示青年风采”青年歌手比赛活动。1999 年开展了“强化责任，力保稳定”主题活动，“双学、五争、一保”和“保护母亲河”募捐活动。2001 年组织举办了“爱岗敬业从我做起”巡回演讲会。2003 年组织举办了“安全在我心中”巡回宣讲活动。2006 年开展了“争当企业文化建设先锋”和“学习林秀贞精神，争做新时代青年”活动。2007 年开展了“我与祖国共奋进，我与企业同发展”主题实践和青工安全“双争”竞赛活动。2008 年开展了“企业发展我成长”主题教育活动和“我为奥运添光彩，立足本职作贡献”大签名活动。1991 年 5 月 16 日，召开了矿共青团第七次团员代表大会。1994 年 5 月 12 日，召开了矿共青团第八次团员代表大会。2007 年 8 月，五矿破产终结，共青团邯郸市大力矿业有限公司委员会随之组建。

历年入党入团统计表

年度	入团数	入党数	年度	入团数	入党数
1989	165	54	1999	95	31
1990	151	51	2000	103	37
1991	145	51	2001	88	21
1992	156	55	2002	76	18
1993	163	49	2003	0	3
1994	155	38	2004	0	2
1995	146	42	2005	0	2
1996	131	42	2006	0	1
1997	158	39	2007	0	1
1998	120	36	2008	0	0

注：入团数中包括学生团员

第三节　主要经济技术指标完成情况

历年主要技术指标完成情况表（一）

单位：万元

项目＼年度	1989	1990	1991	1992	1993	1994	1995	1996	1997	1998
主营业务收入	8120	6906	7710	11260	10574	9733	10298	12821	15143	13977
利润总额	－863	－1306	－1903	－250	624	605	742	598	981	－234
税金	194	145	133	219	367	135	154	184	202	175
售价（元/吨）	31.29	33.19	39.01	52.22	85.83	95.65	100.84	103.94	111.41	109.75
售价成本（元/吨）	46.65	52.02	66.71	63.03	83.64	89.68	90.7	100.45	107.35	101.35
管理费用	448	767	982	853	1052	2405	2788	1396	565	2422
财务费用	–	–	–	–	37	64	103	291	441	475
原煤产量（吨）	1090014	1043947	900000	902516	884651	856512	826684	768276	859120	831518
掘进进尺（米）	18025	17390	10223	15166	14890	13739	13296	13078	13408	12749
原煤制造成本（元/吨）	46.8	51.82	67.03	63.02	89.61	102.47	105.77	110.66	112.55	105.29
应付工资	1679	1854	2033	2121	2498	3154	3748	3894	4198	3485
资产总额	2543	4757	7313	6100	7788	7127	10963	12311	15106	13418
洗煤产量（吨）	452590	497870	508865	524120	650181	458467	529139	497617	510539	478624
洗煤售价（元/吨）	67.63	66.9	81.54	97.3	158.6	203.18	203.56	233.07	249.34	238.1
洗煤成本（元/吨）	55.03	55.31	60.02	77.44	121.38	145.22	149	167.82	190.47	200.51

历年主要技术指标完成情况表（二）

单位：万元

项目＼年度	1999	2000	2001	2002	2003	2004	2005	2006	2007	2008
主营业务收入	10210	8631	7916	8218	6560	6423	8773	10555	11326	15332
利润总额	－3388	－2130	－1122	－363	－429	－1000	－11702	－185	－442	670
税金	127	71	70	95	9	56	62	106	172	1791
售价（元/吨）	108.86	103.92	122.14	135.17	163.52	180	558.19	343.34	851.8	511.12
售价成本（元/吨）	110.73	103.49	111.97	112.63	174.57	200	607.96	329.29	801.07	442.52
管理费用	1965	1400	1937	2078	1239	2118	2749	496	663	1173
财务费用	389	406	313	290	－3	68	10	22	－2	－2
原煤产量（吨）	674170	703788	680812	610902	401002	356750	354300	306680	287028	300000
掘进进尺（米）	10103	9884	9884	9258	6426	7035	7648	7508	7012	7106
原煤制造成本（元/吨）	116.22	108.95	128.76	136.42	174.61	200	610.77	329.29	820.45	442.55
应付工资	3087	3095	3988	3563	2833	3087	3413	881	707	1086

项目 \ 年度	1999	2000	2001	2002	2003	2004	2005	2006	2007	2008
资产总额	10911	10175	5417	5329	10795	9146	11954	3235	5948	4229
洗煤产量（吨）	359464	371954	37156							
洗煤售价（元/吨）	195.1	176.18	190.28							
洗煤成本（元/吨）	203.11	171.88	191.36							

第四节　市级以上荣誉称号

一、国家、部级荣誉

1989 年，全国能源工业先进集体、特级质量标准化矿井

1990 年，特级质量标准化矿井、煤炭工业二级企业、特级运输区队

1991 年，特级质量标准化矿井、特级运输区队、现代化洗煤厂、标准化洗煤厂（一级）、溪水闭路循环三级标准厂、生产调度室标准化一级、职工生活福利先进单位

1992 年，特级质量标准化矿井

1993 年，特级质量标准化矿井

1994 年，特级质量标准化矿井

1995 年，特级质量标准化矿井

1996 年，先进矿级仓库

二、省级荣誉

1989 年，河北省生活福利管理设施达标先进单位、煤炭系统生活福利达标矿、审计工作先进单位、设备管理先进单位、安全生产先进企业、文化生活先进集体

1990 年，河北省煤炭厅生活福利达标矿、设备管理先进单位、二级消防安全先进单位、煤炭系统优秀思想政治工作单位、安全先进企业、煤矿群众安全工作先进集体

1994 年，河北省思想政治工作优秀企业、煤炭系统科技进步先进集体、标兵企业、支持省体育工作先进单位

1995 年，河北省劳动保护先进单位、治安防范先进单位、“创优争先”竞赛先进单位

1998 年，河北省改革和加强企业保卫工作先进单位

2004 年，全省国有企业“四创”活动项目三等奖

2005 年，全省国有企业“四创”活动项目二等奖

2006 年，全省国有企业“四创”活动项目三等奖

三、市级荣誉

1989 年，邯郸市花园式单位、安全生产先进单位、先进工会委员会、消防工作先进单位

1990 年，邯郸市文明单位、花园式单位、职工群体工作先进单位

1992 年，邯郸市综合治理先进单位

1993 年，邯郸市治安综合治理先进单位、职工体育工作先进集体

1994 年，邯郸市煤炭系统科技进步先进集体、治安综合治理先进单位

1995 年，邯郸市治安综合治理先进单位、职业道德先进集体

2001 年，邯郸市治安综合治理先进单位、“严打”整治斗争先进单位

2007 年，邯郸市国资委先进基层党组织

（资料提供：李书印、申保平、张化安）

第十二章 邯郸市孙庄采矿有限公司

第一节 单位概况

一、地理位置

邯郸市孙庄采矿有限公司前身是峰峰局孙庄矿。位于河北省邯郸市峰峰矿区西南部，在鼓山和九山之间的峰峰矿区界城镇与彭城镇辖区内。其中心地理坐标为东经 110°9′46″，北纬 32°9′04″。

二、历史沿革

1958 年 4 月，北京煤矿设计院编制设计方案时，矿井名称定为孙庄矿。1958 年 8 月破土动工，开始建设。1961 年 6 月停建，留下部分人员护矿，改为孙庄矿留守处。1969 年经上级批准继续建设孙庄矿。1970 年 7 月孙庄矿改名为向阳矿。1972 年 9 月，成立峰峰局孙庄矿革命委员会。1972 年 10 月 1 日，孙庄矿正式投产。1996 年 11 月 27 日，因地方小煤窑越界开采，导致矿井被淹停产。后经多方努力，于 1998 年 7 月 1 日正式复产。2005 年 10 月 14 日，因矿井资源枯竭，按国家政策宣告破产。2007 年 9 月破产终结。2007 年 8 月 18 日改制，成立邯郸市孙庄采矿有限公司和孙庄矿社区管理处。

三、井田地质

孙庄矿井田原边界为：东以 F6 断层为界，南部及西部均以小窑采空区为界，北以滏阳河上游河岸为界，西北以 F5 断层与沙果园煤矿为界。井田沿煤层走向长约 7 公里，倾斜宽约 2 公里，面积 13. 3 平方公里。后经多次井界变动，现井田东仍以 F6 号断层为界，西部和西北部仍以各煤层露头和 F5 号断层为界，南部以坐标点孙 10、孙 11、孙 12、孙 13 连线为界，北部以 4032800 纬线为界。井田南北走向约 5. 5 公里，东西宽约 2 公里，面积 11. 8303 平方公里。

四、矿井储量和煤炭质量

历年资源储量动态变化表

单位：万吨

年度	年初保有资源储量	本年度采出量	本年度损失量	增减量	年末保有资源储量
1989	8551. 9	89. 5	11. 5	−43. 5	8407. 4
1990	8407. 4	90. 8	19. 8	−4. 3	8292. 5

年度	年初保有资源储量	本年度采出量	本年度损失量	增减量	年末保有资源储量
1991	8292.5	92.3	12.5	-48.6	8139.1
1992	8139.1	98.7	956.8	-195.7	6887.9
1993	6887.9	106.3	41.8	-128.8	6611.0
1994	6611.0	95.0	23.3	37.3	6530.0
1995	6530.0	90.1	21.3	-27.1	6391.5
1996	6391.5	72.1	17.5	-212.7	6089.2
1997	6089.2	矿井被淹			6089.2
1998	6089.2	20.1	13.0	6.0	6062.1
1999	6062.1	47.7	18.8	12	6007.6
2000	6007.6	24.8	10.2	0.8	5973.4
2001	5973.4	35.5	6.9	-14.1	5916.9
2002	5916.9	52.4	7.1	-13.6	5843.8
2003	5843.8	40.6	3.7	1.9	5801.4
2004	5801.4	17.6	3.1	2.7	5783.4
2005	5783.4	14.2	4.0	-1.6	5763.6
2006	5763.6	2.2	0.1	-0.9	5760.4
2007	5760.4	11.5	1.9	2.1	5749.1
2008	5749.1	7.4	0.3	1.0	5742.4

各煤层煤质特征表

煤层	水分（%）	灰分（%）	挥发分（%）	发热量（卡/克）	硫分（%）	磷（%）	固定炭（%）	胶质层厚度（毫米）
2	1.0-4.4 1.5	16.24-37.44 25	26-32 30	6800-7800 7460	0.4-0.8 0.45	0.006-0.07 0.019	43-64 58	28.5-31 29.9
3	0.9-4.2 1.6	15.12-26.0 19	26-30 28	6900-7900 7540	0.9-2.3 1.6	0.004-0.07 0.03	50-68 60	29.4-32.34 30.78
4	0.8-5.3 1.8	14.00-40.0 22	26-33 29	6854-7880 7480	1.3-3.2 2.2	0.005-0.03 0.014	46-68 59	25.5-28 26.5
6	0.6-2.3 1.1	19.12-34.0 22	27-31 29	6818-7990 7500	.3-31.5 2.1	0.002-0.05 0.032	42-64 55	33-37.5 35.3
7	0.5-2.2 0.9	9-37 17	25-35 28	6813-7896 7424	1.1-3.1 1.9	0.001-0.06 0.05	41-66 58	26-48 38
8	0.3-3.5 1.2	8-36 15	26-32 28	7061-8572 7466	1.8-4.7 2.3	0.025-0.07 0.04	45-68 64	26-42 34
9	0.5-2.7 0.9	11-32 23	25-33 27	6856-8436 7455	1.8-5.2 3.4	0.003-0.05 0.04	35-63 58	25-45 31

五、资产人员情况

历年固定资产统计表

年度＼金额＼项目	固定资产年末原值（万元）				固定资产净值（万元）
	合计	工业生产用	非工业生产用	未使用与不需用	
1989	7107	5109	1433	565	4427
1990	7003	4948	1496	559	4252
1991	7103	4946	1600	557	4284
1992	7148	4749	1842	557	4268
1993	7506	4749	2003	557	4249
1994	8921	5707	3214		5192
1995	16385	12179	4206		10875
1996	17122	8639	3352	5131	10875
1997	17224	7784	4309	5131	10584
1998	15505	10723	2312	2470	8658
1999	13141	10832	2309		7660
2000	11543	10333	1210		6572
2001	10272	9292	980		5745
2002	7485	6655	830		4129
2003	8321	7571	750		4513
2004	8060	7510	550		3088
2005	7765	7765			2666
2006	4316	4316			128
2007	2530	2530			804
2008	2648	2648			766

历年人员一览表

年度	在册人数	其中		年度	在册人数	其中	
		固定工	农轮工			固定工	农轮工
1989	4863	3685	1178	1999	2610	2092	518
1990	4842	3670	1172	2000	2632	2066	566
1991	4810	3647	1163	2001	2647	2007	640
1992	4795	3635	1160	2002	2653	1920	733
1993	4771	3605	1166	2003	2507	1543	964
1994	4699	3545	1154	2004	2040	1236	804
1995	4602	3502	1100	2005	1951	1203	748
1996	4564	3420	1144	2006	1620	840	780
1997	2572	2288	284	2007	1116	624	492
1998	2596	2189	407	2008	519	515	4

第二节　主要工作

一、生产管理

（一）开拓掘进

矿井为中央并列式立井，单水平上下山开拓。

岩石巷道的凿岩工具使用 ZY－24 型凿岩机。煤巷、半煤岩巷道掘进工具使用电钻、电钎子、电钻头等，采用光面爆破掘进，使用耙斗装岩机装煤岩。

爆破。岩巷、半煤岩巷、煤巷均采用硝铵炸药、电雷管爆破。2008 年改用乳化炸药，均为湿式作业。

开拓掘进支护。1989 年至 1995 年，开拓巷道采用锚喷支护方式（以后没有开拓巷道），大断面峒室采用碹支护，交叉点采用钢筋锚喷支护；回采煤巷均采用金属棚子支护，半煤巷山青采用架棚支护，野青顶板完好时采用裸体支护，过断层及顶板破碎时采用架棚支护。

（二）采煤

回采工作面均采用走向长壁后退式采煤法。

1989 年至 2002 年，大煤回采使用 MLS3－170 型双滚筒采煤机，1998 年矿井恢复生产到 2002 年，回采工作面采用轻放支架维护顶板，工作面单月产量达到 62000 吨/个，效率为 10.6 吨/工，减轻了工人的劳动强度，保证了安全生产。2002 年 3 月以来，开始回收边角残煤，轻放工作面不再适应，适时采用 π 型梁放顶煤回采工艺回收剩余边角残煤，回采工作面单月平均产量为 20800 吨/个，效率为 3.5 吨/工。

爆破。爆破采煤使用的工具和爆破材料与开拓掘进相同。

运输方式。机采工作面落煤（炮采工作面人工装煤）至工作面为运输机→溜子道运输机→皮带道胶带输送机→主井煤仓。

采煤工艺。主要是炮采法和机采法。其工序为：落煤、装煤、运煤、支护、放顶等工序。

（三）矿井通风

通风方式为中央边界和对角式，井田中央有副井、管子井两个入风井，有井田中央上部边界西风井和井田南翼边界南风井两个回风井，通风方法为抽出式。

南风井安装两台 GAF20－11.8－1 型风机，配备电机型号为 JSQ148－6，额定功率为 310 千瓦，风机运行叶片安装角度－10 度，负压 1863 帕，等积孔 1.74 平方米；西风井安装两台 BK54－4－NO11 型通风机，额定功率为 30 千瓦，风机运行叶片安装角度 36 度，负压 303 帕，等积孔 1.45 平方米。2008 年末矿井总进风量为 4796 立方米/分钟，综合等积孔为 2.62 平方米。矿井通风为容易通风矿井。两风井主要通风机是 1 台使用、1 台备用。

（四）矿井排水、供电

矿井排水系统有两套，即：－45 水平中央排水系统（矿建时期建成）和－45 水平治水工程（1990 年建成）。－45 水平中央排水系统设在一水平井底车场内，一级排水到地面，排水高度 250 米。－45 水平治水泵房设在一水平井底车场东侧与井底车场相邻，是为矿井开发下三层而设，于 1990 年竣工。

地面 35 千伏变电站 1 座，两回路电源线路分别引自彭城 110 千伏变电站、黄沙 35 千伏变电站。两回路电源线路均为 LGJ－120 架空线路，线路长度为 4.5 公里。矿井 35 千伏变电站安装 2 台主变压器，1 台型号为 SFG－12500/35，1 台型号为 SF7－10000/35，其中 1 台工作，1 台备用。该矿设备装机总容量 2.1920 万千瓦时，运行设备总容量（各台设备运行电量之和，包括暂时不运转设备）为 1.8479 万千瓦时，全矿实际用电（矿井现生产所需设备用电量）1691 千瓦时，井下最大涌水量时的井下用电负荷为 4169 千瓦时，地面管子井用电负荷为 6000 千瓦时，总用电负荷为 1.0169 万千瓦时。

（五）科技工作

从 1989 年至 2008 年期间，矿（公司）科技工作不断发展，期间按回采工作面装备水平，大致经历了三个阶段：

1989 年至 1997 年期间，回采工作面为高档普采回采工艺，工作面落煤采用 MLS3－170 型双滚筒采煤机。巷道开掘实现了光面爆破，开拓巷道采用锚喷支护。回采煤巷均采用金属棚子支护，半煤巷山青采用架棚支护，野青顶板完好时采用裸体支护，过断层及顶板破碎时采用架棚支护。工作面落煤采用 MZ－1.2 煤电钻打钻，煤破落煤；运输采用 F－30B 装岩机装煤到 1.2 吨罐，JD－11.4 调度绞车拉至主井或副井升坑，掘进机械化程度达到 95% 以上。

1998 年至 2003 年期间，回采工作面采用轻型综采放顶煤后退式采煤法。

2003 年至 2008 年期间，回采工作面采用 π 型梁放顶煤采煤法。

在 1998 年至 2008 年十年间，掘进工艺基本未发生变化，但在特殊条件下施工时采用了注浆工艺（水泥浆或化学浆），效果良好。

科技创新项目一览表

序号	内　容
1	工业广场煤柱开采
2	寻找残煤资源 延长服务年限
3	12661 工作面注浆孔使用自压水
4	12661 工作面底部音频电透视探水
5	孙庄矿地面注浆站设计方案优选
6	孙庄矿成本管理改进
7	六采区深部山青地质条件研究与分析
8	12462 回采工作面上带下带开采技术
9	减速机四轴滑扣情况改造
10	大坡度延长机尾（使用绞车、滑轮组）改造
11	主提升容器卸载改造

（六）安全生产

1989 年至 2008 年，在创新安全工作管理中，主要抓了四个方面工作：

1. 建立安全目标管理机制。根据局（集团公司）每年度安全工作目标，结合本矿实际，把安全生产各项指标量化、细化，分解到各基层区队、班组，做到一级抓一级。凡发生工亡和一级非伤亡事故的单位，实行安全“一票否决制”。

2. 建立安全制约机制。建立健全《安全生产现场管理处罚办法》和各级领导干部安全责任制、各业务科室安全责任制的安全规章体系，狠抓“八个坚持”，以人为本、安全为天，树立“紧、严、细、实、全”安全理念，对安全生产的全员、全过程、全方位、全天候进行管理。

3. 建立安全生产激励机制。对“三违”人员，由安监处负责举办安全规程学习班，进行教育及经济处罚。实行安全风险抵押奖惩办法、安全竞赛优胜奖励办法、把安全工作好坏直接与基层单位和职工收入紧密挂钩等办法，充分发挥经济杠杆对安全工作的促进作用。

4. 建立安全资金投入机制。结合每年度矿安全工作的需要，做到安全投入定项目、定资金、定时间、定责任，有计划、有步骤实施，确保安全资金正常投入。从 1989 年至 2008 年，共计投入安全资金 800 多万元，有力地促进了安全生产的持续稳定。

历年事故统计表

年度	产量（万吨）	伤亡人数						伤亡/百万吨			重大事故	安全天数	安全生产周期
		轻伤		重伤		工亡		轻伤	重伤	工亡			
		上	下	上	下	上	下						
1989	117.0616		3	1				2.56					
1990	118.3205	3	28	1				23.66	0.84				
1991	117.0265	4	32	2				27.34	1.709				
1992	113.0015	6	39	1				34.51	0.88				
1993	109.2588	7	45					41.18					
1994	96.8	14	32			4	1	33.05		1.03		1884	1989.01.1－ 1994.02.26
1995	90.018	9	37					41.1					
1996	74.7135	3	34			2	1	45.5		1.3	11月24日 淹井	917	1994.02.28－ 1996.09.2
1997	0										淹井停产		
1998	22.5704	10	12			3	1	53.16		4.4		105	1998.02.1－ 1998.05.16
1999	49.394	6	17			1	1	34.41		2.02		315	1998.05.18－ 1999.03.27
2000	31.4108	7	15					47.75					
2001	43.008	7	16	2		3	3	37.2	4.65	6.97		868	1999.03.28－ 2001.08.13
2002	60.666	10	6	1				9.89	1.64				
2003	55.0666	9	2	1				3.63	1.81				
2004	46.6072	1	4	1				8.58					
2005	41.0474	3	3	1	1			7.3	2.43			871698	2001.08.14－ 2001.11.10 2001.11.12.－ 2005.07.6
2006	30.0476	1	12					39.93					
2007	28.2896	3	1										
2008	25	2										121	2005.7.8－ 2008.10.31

注：1.1997年6月16日至1998年1月分为排水恢复期；2.轻、重、亡负伤率按井下伤亡核算。

二、经营管理

（一）计划编制

生产计划编制层次。每月中旬由技术科、计划科根据当月生产动态情况，对下月采掘生产地区进行初步摸底。总工程师召集技术、计划、地质、设计、机电等专业技术人员进行审议研究采掘生产地区。计划科负责向矿务会汇报，待矿务会审查同意后，由分管采掘的技术人员向各采掘队交代下月生产地区，然后各采掘队编制专业月度计划，包括材料计划、财务成本计划、劳动工资计划、机电设备制修检修计划、采掘工作面地质预报表、采掘工作面水文水情预报表、各回采工作面对地面建筑物影响的预报表。生产计划经矿长、总工程师审定后，由矿长或副矿长向全矿各单位贯彻计划。

（二）物资供应

1. 物资管理办法。实行“三集中”、“五统一”。“三集中”即人、财、物集中管理，取消各基层单位的小仓库。“五统一”即计划、采购、分配、调度、管理统一。

2. 采购管理。实行“三平衡”（即使用单位、计划员、材料科长平衡），接受计划后先用库存和代用材料，再安排采购计划。严格把关，坚持到货验收制度，确保到货物资的质量。物资采购认真执行《招标管理办法》，实行公开招标采购。

3. 对基层单位供应办法。认真按照“两定一限”（即定额、定量，限金额）的规定，为各单位建立了资金卡片，逐笔审批和登记每一份料单。对资金不足的单位采取提前通知的办法，严禁超指标审批；对没有资金或没有资金来源的单位，拒绝审批；对不符合要求或不符合单位材料使用实际情况的拒绝审批。

4. 仓储管理。严格按标准化管理，实行日清月结制度，每月对仓库物资资金、账、卡、物进行“四对口”检查。在材料发放上，坚持以旧换新和交旧领新制度，计划员、保管员严格把好审批、发料关，减少跑、冒、滴、漏现象的发生。

（三）财务管理

1. 管理方式

1975 年至 1988 年，分别采用增减记账法、借贷记账法。1989 年至 2005 年 10 月，建立了内部银行管理机制，成立了内部单位模拟市场化结算模式，组建了 21 个核算点，通过内部结算中心对全矿的成本、资金进行了有效的管理。

2. 财务管理制度

根据《会计法》和集团公司财务部要求，结合矿实际情况，先后建立健全了会计管理制度、财务管理制度、预算管理制度、内部控制规范等。

3. 固定资产管理

1958 年建井至 1961 年，国家投资 376.21 万元。

1969 年矿井续建至 1988 年，矿井全部固定资产总额 6928.4 万元。

1989 年至 1996 年淹井，矿固定资产总额为 1.7122 亿元。

1998 年复产至 2005 年 10 月 14 日宣告破产，矿固定资产总额为 7765 万元。截至 2008 年末，采矿公司固定资产总额为 2648 万元。

4. 专项资金管理

专用资金种类主要包括：维简基金、安全基金、大修理基金、职工福利基金等。专用资金管理，由矿计划部门制定专用资金项目计划，财务科专户集中核算按计划拨款，完工结算。安全基金、维简基金、大修基金由上级计划部门掌握。矿按年度提出工程项目计划，经矿务会审定后，编制专用资金计划报批，按计划施工。计划、财务部门执行监督。职工福利基金按专用资金计划由财务部门掌握使用。

5. 成本管理

成本计划分为按年度、季度、月度编制，对生产费用、其他费用作出成本预测，进行定额控制，作为考核成本指标完成情况的依据。

成本分管。根据生产计划，财务部门把单位成本费用分解下达到各基层单位，归口落实，分级管理。各基层单位按下达的各项费用指标，再落实到班组，实行全员、全过程成本管理。

成本核算。1989 年至 2005 年 10 月，建立了内部银行管理机制，成立了内部单位模拟市场化结算模式，组建了 21 个核算点，通过内部结算中心对基层生产单位实行产量进尺下拨的定额流动资金核算，辅助单位按矿产量分旬下拨资金核算，有关职能科室按月定额、定费用。

成本分析。1989 年，建立经济活动分析会制度，由经营副矿长主持，每月召开一次经济活动分析会。有关科室以及各生产辅助单位分管成本的副区（队）长、成本核算员、保管员、材料员、办事员等参加会议。主要分析生产成本、利润、资金等项指标完成情况。

降低成本的办法和措施。1989 年，矿实行单位成本核算，建立成本核算责任制，将成本完成情况与经济责任结合起来，其指标分解到各单位、班组及个人，做到经济考核指标与奖励挂钩。

6. 利润管理

根据上级下达的年利润控制指标，编制年度计划，经矿务会审定后，召开专门会议，下达给各有关单位。

历年利润完成情况表

单位：万元

年度	利润总额	年度	利润总额
1989	2141	1999	-1
1990	1000	2000	-6505
1991	843	2001	-2125
1992	1572	2002	-4455
1993	5030	2003	-1960
1994	3605	2004	-606
1995	4065	2005	-3665
1996	2384	2006	20
1997	-102	2007	-36
1998	16	2008	-48

（四）劳动工资

1989 年至 1995 年期间，工资管理支配形式推行全方位目标定额工资制。根据企业生产任务，单位劳动定额和定编定员，编制工资计划，实行了台阶工资、目标责任工资、单位工资包干、计时嘉奖等多种形式的分配办法。基层单位按照工资计划推行了原班计资、以组计量、以量定分、以分计资的分配考核办法。

1995 年局借鉴外地先进经验，在矿和马头洗选厂率先试行了岗位技能工资制。经过半年试行，对存在的问题进行了修改和完善，同年 7 月正式实行岗位技能工资制。

从 1995 年 7 月以来，实行全员合同制管理，采用了有限期、无限期和劳务输入工的签定劳动合同形式。

历年人员、工资及效率情况一览表

年度	在册人数	其中		年工资总额（万元）	人均工资（元）	全员效率（吨/工）
		固定工	农轮工			
1989	4863	3685	1178	1837	3777.5	2.005
1990	4842	3670	1172	1898	3919.9	2.001
1991	4810	3647	1163	1993	4143.5	1.973
1992	4795	3635	1160	2109	4398.3	1.901

年度	在册人数	其中		年工资总额（万元）	人均工资（元）	全员效率（吨/工）
		固定工	农轮工			
1993	4771	3605	1166	2495	5229.5	2.039
1994	4699	3545	1154	2761	5875.7	2.204
1995	4602	3502	1100	3576	7770.5	2.012
1996	4564	3420	1144	4017	8801.5	1.924
1997	2572	2288	284	1158	4502.3	淹井停产
1998	2596	2189	407	1750	6741.1	1.371
1999	2610	2092	518	2103	8057.5	2.334
2000	2632	2066	566	2319	8810.8	1.388
2001	2647	2007	640	2467	9320.0	1.604
2002	2653	1920	733	2725	10271.4	1.864
2003	2507	1543	964	3086	12309.5	1.754
2004	2040	1236	804	2590	12696.1	1.8
2005	1951	1203	748	2475	12685.8	1.333
2006	1620	840	780	3606	22259.3	1.357
2007	1116	624	492	2948	26415.8	1.493
2008	519	515	4	2019	38899	1.312

三、多种经营

1989年至2001年，建有蜂窝煤厂、水磨石厂、养鸡场、养猪场、土建队、商店等十多个厂点，多种经营总产值达到300多万元。

1991年12月，建成了年产焦炭5万吨、年产煤气1.5万立方米的焦化厂，居民生活使用上了煤气。2003年开始，煤气厂改制为股份制企业。2004年10月，孙庄矿洁能煤化有限公司正式挂牌成立和投产，年产量由原来的5万吨增加到15万吨，年产焦油600吨，年产煤气3.5万立方米，年产值达1亿元。

1992年，为进一步发展第三产业，矿自行筹资借贷200余万元，兴建了投资少、见效快、效益好的来料粉末加工水泥厂和塑料门窗厂，年产值达600多万元。

1995年，立项申办井口矸石热电厂。筹资3500多万元，于1996年8月，矸石热电厂正式挂牌成立，两台3兆瓦发电机正式投产运行。2003年，电厂进行第二次扩建工程，投资1800多万元，新增6兆瓦汽机1台，利用技改，将原来的1台3兆瓦汽机改为6兆瓦汽机，由原来的6兆瓦扩建为12兆瓦（剩原来3兆瓦汽机1台），年发电量8600万千瓦，年产值3000多万元，并对孙庄矿所有厂区、职工宿舍、家属住宅冬季供热取暖，总面积达13万余平方米。矸石热电厂于2005年4月划归峰峰集团电业分公司。

2001年，筹建环生制砖有限公司，采取以集体企业公司投资入股为主，职工带资入厂参股的办法，共筹股金750万元。2002年2月份投产，建有3条多孔砖生产线，年产矸石砖3000万块，年产值600万元。

四、后勤管理

（一）两堂一舍

1. 食堂

1989年至1996年，矿食堂分工业广场和工人村两个大食堂，下设托儿所、医院、招待所、班中餐4

个小食堂，实行集体经营。自1996年孙庄矿淹井到2007年，根据局（集团公司）后勤管理要求，经营方式由集体经营转变为个体租赁经营。2007年孙庄矿社区管理处成立后，按照集团公司要求，对个体租赁摊位实施收编，改为集体经营，主要负责井下职工班中餐、营养餐的供给和职工就餐。在售饭方式上实行了刷卡制度。

2. 澡塘

矿澡塘有厂区生产澡塘和社区居民澡塘。社区管理处成立前，澡塘实行收票洗浴，主要是淋浴和池浴。2007年至2008年，根据节能减排工作要求，陆续将澡塘改为IC卡智能洗浴系统。

3. 职工宿舍

1989年至1996年，矿共有10栋职工宿舍楼，住宿职工1600多人。全部实行标准化管理，为职工配备了立柜、床单、被罩、枕巾、暖瓶等，并配有专职服务人员管理。1996年11月淹井后，职工输入到其他矿井，宿舍标准化管理曾一度停止。2006年又恢复了职工宿舍标准化管理。2008年7月，配备了空调、电视机、DVD机，改善和提高了职工的住宿质量。

4. 家属住宅

1989年至2008年，相继建造住宅楼房15栋，建筑面积7.4751万平方米。由职工宿舍改建住宅楼4栋，建筑面积1.3156万平方米。1989年，住房分配实行商品化。2000年，经局房改办同意，在局房改办的监督和协助下，把收租金的成套楼房对职工进行出售。2002年，为职工办理了房屋所有权证，职工住房实现了商品化。

（二）水、气、暖管理

自建矿以来，生产和生活用水全部由井下水泵排到地面使用。1996年，因工人村供水紧张，在居民区范围内打了3眼深水井，建了3个泵房、两个蓄水池，1996年8月投入使用。

1992年，孙庄矿煤气厂投产，矿职工食堂和工人村全部居民使用煤气燃灶。2008年11月，煤气厂按国家政策关停。2008年9月，社区管理处和峰峰矿区煤气公司达成接通天然气协议，社区居民日常生活改用天然气。

1989年至1996年，为煤烧锅炉集中供暖，分工业厂区和工人村居民两个锅炉房。1996年8月，矿矸石热电厂建成投产，实行蒸汽集中供暖。2008年，又投入资金170余万元，对厂区和居民区的1.4500万米供暖主支管道全部进行了更换。

（三）环境绿化、美化及环卫管理

1989年，建立苗圃和花房，占地面积704平方米，主要用于培植普通草花和储藏使用。2002年，在南北工人村投资32.2万元，建成了两个街心花园，占地面积1.0511万平方米，较好地改善了职工的居住环境。2007年，投资32.5万元，分别对工业广场、工人村俱乐部实施改建，建成了文化广场，并对广场实施了绿化工程，为职工健身娱乐提供了舒适的环境。

（四）医疗计生

1989年，医院共有医护人员106人，床位100张。2005年10月实行办公信息化管理，提高了办公效率。截至2008年，医院共有医护人员45人，床位60张。设妇产科、内外科、病房、门诊、防疫科、供应室、挂号室、病案室等。

1989年，内科可进行心脑血管、一氧化碳中毒等多种疾病的治疗。1994年，开展了乳腺癌的根治手术、腰间盘突出手术和显微外科的治疗。妇产科开展了子宫次全切和子宫全切手术及剖宫产手术。2007年，化验室开展了血流变检查，给临床医生提供了诊断依据。自2006年到2008年承担了全矿职工的体检工作。

计划生育办公室严格按照国家有关计生政策，健全组织机构，严细制度管理，狠抓目标落实，全矿杜绝了计划外生育。截至2008年，社区育龄女工181人，其中一孩化171人，计划生育工作逐年达标。

五、党群工作

（一）党委工作

1989年至1990年，抓班子带队伍，开展现代化矿井建设。提出孙庄矿“开拓进取、争创一流”的企业精神。

1991年至1993年，开展了坚持四项基本原则和改革开放教育，在党员和职工队伍中开展建功立业活动。

1994年开展市场经济知识学习教育。

1995年至1996年，开展“党员队伍素质提升年”活动。矿成立政治学校，对党员、青工进行脱产培训。

1997年至1998年，围绕矿井复产工作，开展了“一个支部一面旗，一个党员一颗星”活动。

1999年至2002年，弘扬抗洪精神，重铸孙庄矿辉煌，开展“支部先锋号、党员先锋岗”活动。

2003年至2004年，提高党课质量，强化党员教育，开展了“党员评优”和“党员活动日”活动。

2005年至2006年，全面推行党建质量管理体系，开展党支部升级达标竞赛，围绕矿井破产重组、生产自救开展思想政治工作。

2007年，开展“四好”领导班子创建、争先创优和解放思想大讨论活动。

2008年，学习实践科学发展观，开展“四新”主题教育，加强作风整顿，着力提高党员干部队伍素质。

矿党委不断建立和完善党的建设和思想政治工作制度。遵循党的宗旨，紧跟时代步伐，在工作上坚持了“八条主线”。发挥政治核心和组织协调作用，创新工作方法，两个文明建设取得了显著的成绩。一是培养锻炼了一支过硬的干部职工队伍。二是保证了企业生产经营各项工作任务的完成。先后获全国统配煤矿“特级质量标准化矿井”、“现代化矿井”、河北省“先进企业”、邯郸市“红旗单位”等称号。三是精神文明建设取得长足发展，干部职工思想道德素质不断提高。先后获全国煤炭系统“思想政治工作先进企业”、河北省“文明单位”、邯郸市“红旗文明单位”等称号。特别是在企业重大工作开展、转型、突发事件等过程中，如现代化矿井建设、六年总承包、发展市场经济、改革开放以及矿井被淹、职工分流、矿井复产、矿井破产、企业重组等工作中，干部职工始终保持了一种奋发向上的精神面貌。

（二）纪监工作

1990年至1995年，重点围绕加强教育、建立制度、强化监督、重点惩处开展工作。

1996年，制定了《党风建设及反腐倡廉工作责任制》、《党风廉政建设责任追究制度》，明确了企业党风廉政建设的性质和任务，与基层党支部签定党风廉政责任制。

1999年，围绕“三重一大”开展效能监察，对企业重大决策问题进行公开。

2000年，围绕工程项目建设、废旧物资拍卖、物资采购、资本预算管理、安技措资金使用等重大问题进行招投标和效能监察，矿成立了招投标管理小组。

2003年，向全矿党员干部发放《党纪处罚条例》和《党内监督条例》，同时出台《新任领导干部任前诫勉谈话制度》，组织新任领导干部集体廉政宣誓，为中层以上领导干部建立了廉政档案。

2004年，制定了《领导干部个人收入及重大事项申报制度》，设立了举报箱。并成立了行政权力公开透明运行领导小组，出台了《行政权力公开透明运行工作责任制》，建立了行政权力公开透明运行公开栏。

2005年，开展领导干部月度廉洁承诺制度，每月公示领导干部的廉洁承诺。

2006年，推行廉洁文化建设，编辑《廉洁文化手册》，为中层领导干部制作了廉洁自律座右铭座牌。

2007年，印发了《关于贯彻落实〈中纪委关于严格禁止利用职务上的便利谋取不正当利益的若干规定〉的安排意见》，深入开展廉洁文化“六进”活动。

2008年，开展了创建“本质廉洁型企业”活动，制定了“四创三争”实施细则，构建了“五个体系”，初步建立“教育、制度、监督”“三位一体”的大宣教格局。

自1989年以来，立案处分违纪党员21人，处分违反党政纪人员17人。

（三）工会工作

形成了《集体合同》和《工资集体协商协议》、《劳动安全保护协议》、《女职工特殊权益保护协议》的“1+3”模式。

开展了建功立业、劳动竞赛、合理化建议、技术练兵、技术比武、节支降耗等活动，促进了企业经济效益的提高，在企业生产经营、安全管理和改革、改制中充分发挥主力军作用。

大力实施“送温暖工程”、“帮扶工程”、“金秋助学工程”等为民工程。建立了困难职工档案，对有困难的职工进行及时救助和帮扶。

大力开展形式多样、丰富多彩的职工文化活动，为企业的改革发展加油助力。

积极开展了“安全之家、和谐之家、文化之家、创新之家、小康之家”为主要内容的职工之家建设。

（四）团青工作

始终坚持“服务企业中心工作，服务青年成长成才”的主导方针，不断加强自身建设，强化服务职能，创新工作模式，着力抓好青年思想教育、青年安全监督岗建设、青工劳动创效、青年文明和谐建设等团的特色工作，不断提升团组织的影响力、凝聚力和带动力，为企业的改革发展、和谐稳定作出积极的贡献。

第三节　主要经济技术指标完成情况

历年主要生产经济指标完成情况明细表

年度	产量（吨）		进尺（米）		全员效率（吨/工）	企业坑木（立方米/万吨）	质量（%）			成本（元/吨）	成本（元/吨）	实现利润（万元）
	原煤	精煤	总进尺	开拓进尺			原煤灰分	原煤含矸	精煤灰分	原煤	精煤	
1989	1170616	673185	15189	1502	2.005	37.85	23.86	0.74	10.58	41.33	58.76	2140.6
1990	1183205	687562	17130	1221	2.001	36.35	23.91	0.76	10.8	39.62	67.29	1000.2
1991	1170265	657284	19367	998	1.973	29.98	21.95	0.76	10.71	50.82	68.9	843.1
1992	1130015	616000	18139	720	1.901	26.57	24.07	0.77	10.55	51.49	88.2	1572
1993	1092588	630015	14640	978	2.039	26.99	24.87	0.77	10.42	68.49	145.48	5030
1994	968000	628408	12119	1128	2.204	31.74	26.39	0.78	10.42	82.63	148.74	3605
1995	900180	627377	11206	312	2.012	39.34	25.91	0.78	10.27	89.59	170.15	4065
1996	747135	565638	9861	0	1.924	38.15	25.9	0.77	10.46	95.23	218.05	2384
1997		176267							10.48		214.51	-102
1998	225704	238770	2997		1.371	60.26	23	0.79	10.06	125.8	200.33	16
1999	493940	356560	3216		2.334	23.48	24.39	0.78	9.77	89	168.76	-1
2000	314108	169712	3087		1.388	36.26	28.32	1.38	9.52	150.84	163.24	-6505
2001	430008	206112	4472		1.604	34				100.3	145.44	-2125
2002	600666	348531	8153		1.864	30.5	31.19	1.84	10.54	107.5	194.48	-4455
2003	550666	313272	9835		1.754		29.99	1.24	10.6	122.63	301.89	-1960
2004	466072	448919	10601		1.8	33.34	35.64	0.85	10.94	194.83	338.57	-606
2005	410474	461518	10187		1.333	38.74	37.82	1.71	10.81	229.98	464.63	-3665
2006	300476	242236	5108		1.357	55.78	33.08	1.26		321.9	650.56	20
2007	282896	0	7062		1.493	86.78	28.94	0	0	406.3		-36
2008	250000		7012		1.312	64.88	29.26			550.6		-48

第四节 市级以上荣誉称号

一、国家、部级荣誉

1989 年，现代化矿井、国家二级企业、全国质量管理奖、全国煤矿职工生活福利和管理设施先进单位

1990 年，全国煤矿矿级竞赛先进单位、全国能源设备管理优秀单位

1992 年，全国煤炭系统思想政治工作优秀企业

二、省级荣誉

1989 年，河北省先进单位、优秀思想政治工作单位、煤炭系统坑代管理标兵矿

1990 年，河北省文明单位、先进企业

1991 年，河北省设备管理 A 级企业

三、市级荣誉

1990 年，邯郸市“守合同重信用”单位、第一个五年普法合格单位、红旗文明单位、环保先进单位、工会系统职工生活福利点先进单位

1991 年，邯郸市规范化管理达标红旗文明单位

2003 年，邯郸市总工会先进俱乐部、总工会先进群检会

2006 年，邯郸市劳动保障守法诚信示范单位

2007 年，邯郸市“安康杯”竞赛优胜企业

2008 年，邯郸市“安康杯”竞赛优胜企业、“守合同重信用”单位

（资料提供：檀桂林、杨维奇、赵东升）

第十三章 邯郸市牛儿庄采矿有限公司

第一节 单位概况

一、地理位置

邯郸市牛儿庄采矿有限公司前身是峰峰矿务局牛儿庄矿，位于河北省邯郸市峰峰矿区东北部。井田中央的主井中心地理坐标为东经 114°14′02″，北纬 36°30′38″，主副井坐标分别为 x = 42286. 072、y = 20867. 489、z = 205. 991；x = 42346. 517、y = 20885. 924、z = 206. 491。

二、历史沿革

牛儿庄矿于 1957 年破土兴建，1960 年 7 月 1 日投产时建制为矿，后改为五矿一个坑口，因井田位于峰峰矿区牛儿庄村界内，故称牛儿庄坑口。1961 年 8 月与五矿分开，独立成为牛儿庄矿，隶属峰峰局。1965 年 3 月与原大淑村矿（即小屯矿）合并为一个矿，统称峰峰局牛儿庄矿。1967 年至 1976 年改称东风矿。1982 年 1 月 1 日，与小屯矿分开仍称牛儿庄矿。2003 年 11 月，峰峰局牛儿庄矿改称峰峰集团牛儿庄

矿。2007 年 3 月 28 日因资源枯竭，矿进入关闭破产程序。2008 年 9 月 29 日，邯郸市牛儿庄采矿有限公司举行了揭牌仪式。

三、井田面积

牛儿庄矿井田西以 F4 断层为界；东部自北向南分别以 F18、BF7、F22 断层与羊渠河矿相隔；东北角与小屯矿毗邻；北以 F11 断层和技术边界与薛村矿为界；南与五矿井田相连，以技术边界为界。井田走向平均长 3 公里，倾斜平均宽为 2.8 公里，面积 8.5888 平方公里。

矿区范围拐点坐标一览表

序号	纬度（X）	经度（Y）	序号	纬度（X）	经度（Y）
1	4041300.00	38518175.00	19	4043710.00	38523380.00
2	4041385.00	38518275.00	20	4043788.00	38523733.00
3	4041670.00	38518515.00	21	4043538.00	38523547.00
4	4041760.00	38518605.00	22	4043345.00	38523325.00
5	4042000.00	38518905.00	23	4043160.00	38523230.00
6	4042225.00	38519225.00	24	4043100.00	38523155.00
7	4042450.00	38519415.00	25	4042960.00	38523135.00
8	4042697.00	38519555.00	26	4042275.00	38522550.00
9	4042890.00	38519655.00	27	4042165.00	38522295.00
10	4043150.00	38519715.00	28	4042050.00	38522140.00
11	4043405.00	38519700.00	29	4041965.00	38522095.00
12	4043515.00	38519655.00	30	4041960.00	38521837.00
13	4043670.00	38520590.00	31	4041285.00	38521735.00
14	4044150.00	38521090.00	32	4041055.00	38521605.00
15	4043535.00	38521630.00	33	4040923.00	38521475.00
16	4043453.00	38521733.00	34	4041112.00	38521343.00
17	4043477.00	38522720.00	35	4041130.00	38519800.00
18	4043617.00	38522955.00	36	4041150.00	38518365.00

四、地质构造

（一）断层分布情况

建矿以来，通过钻探工程和采掘工程，揭露 30 米以上断层 7 条，5 —30 米断层 17 条。其中 5 米以下小断层尤为发育而密集，对煤层破坏极为严重。东区和九、十盘区最为突出。反映了矿井构造主要受边界 F11、BF7、F18 断层以及与香山褶曲形成的南北向构造应力场控制，以由北向南的挤压扩展趋势为主，矿井构造以北部断层发育，南部断层不发育。

断层情况统计表（落差≥10米）

断层编号	产状			落差（米）	性质	走向长度（米）
	走向	倾向	倾角（度）			
F4	N60°~30°E	SE	70	90~120	正断层	2650
F9	N30°~60°E	SE	70	30~400	正断层	3500
F5	N20°E	SW	50	5~10	正断层	520
F3	N20°E	NW	50	5~17	正断层	900
F19	近似SN	W	70	13~20	正断层	2050
F20	N15°E	NW	75	15	正断层	1400
F22	N30°E	NW	60	35~45	正断层	1700
F2	N45°E	SE	60	20	正断层	800
F10/	N30°E	NW	50	5~10	正断层	650
F10	N45°E	NW	55	5~10	正断层	1050
F7	N45°~90°~30°E	SE~S~SE	70	20~50	正断层	3000
F12	N60°~80°E	NW	70	20~35	正断层	550
F13	N45°E	NW	70	5~15	正断层	350
F13/	N35°E	NW	65	5	正断层	350
F20/	N45°E	SE	60	12	正断层	1500
F14	N45°~75°E	SE	70	15	正断层	850
F15	N65°E	NW	60	10	正断层	500
F16	N45°E	NW	70	3~11	正断层	1400
BF7	N40°E	SE	80	340	正断层	1100
F18	N40°E	NW	70	30	正断层	650
F11	N60°E~EW	SE~E	70	20~55	正断层	1500
F17	N35°E	NW	70	6~20	正断层	1100
F17/	N50°E	NW	65	2~18	正断层	900
F21	N30°E	SE	65	15	正断层	400

（二）褶曲分布情况

井田内对煤岩层产状影响最大的褶曲是香山向斜，其北端延伸至薛村矿井田内，南端至BF7断层，枢纽轴走向近于南北，北端向东北弯曲，南端倾伏被BF7断层切割，两翼岩层微不对称，西翼东倾10°—25°，局部可达45°，东翼煤岩层西南倾5°—16°。

褶皱基础数据统计表

褶皱名称	形态	幅度（米）	宽度（米）	两翼倾角		延展长度（米）	轴向	控制程度
				左翼	右翼			
南岗穹隆	开阔	100	800	5	10	1000		
牛儿庄背斜	开阔	100	1500	15	18	700		
牛儿庄向斜	开阔	50	1000	16	18	600		
香山向斜	开阔	150	2500	17	15	1300		
上官庄背斜	开阔	20	200	8	15	1000		
上官庄向斜	开阔	80	500	20	8	800		

（三）煤（岩）层变化情况

井田南部受上官庄向斜影响，煤（岩）层倾向为N65°—80°E，倾角15°—30°，井田中部逐步过渡为倾向S55°—75°E，井田北部发育有香山向斜，受其影响煤（岩）层倾向变为S20°—40°W，倾角5°—20°。

井田内煤系地层属石炭二迭系，包括本溪组、太原组及山西组，共含煤15—20层，总厚度19.55米，含煤系数9.54%，可采煤层6层，至上而下分别为2#（大煤）、4#（野青煤）、6#（山青煤）、7#（小青煤）、8#（大青煤）、9#（下架煤），其中2#煤、4#煤、6#煤为上组煤，7#煤、8#煤、9#煤为下组煤。

各煤层的可采性、稳定性评价一览表

煤层	厚度（米）最小~最大	厚度（米）平均	煤层间距（米）	含夹矸层数	稳定性
2#	3.7~7.9	5.5		3	中层夹矸局部地区因河流同生冲蚀而增厚，最厚可达4~6m，将煤层分为上下两层，上分层厚度一般为2.2~3.0m，下分层厚度一般为1.1~1.7m。
4#	0.56~1.68	1.36	23~40	0~1	夹矸不稳定，煤层中含有黄铁矿结核。
6#	0.38~2.43	1.50	25~31	0~1	夹矸不稳定，且厚度较薄。
7#	0.04~2.83	1.24	16~23		煤层不稳定，局部不可采。
8#	0.29~1.56	1.12	26~35	0	
9#	1.26~4.09	2.85	1.5~3.5	2~3	厚度0.1~0.2

（四）含水层分布情况

井田含水层主要有8个，其中大青灰岩与奥陶系灰岩含水层为威胁矿井安全生产的主要含水层。大青灰岩含水层在本井田具有明显的分区特征。奥陶系灰岩岩溶裂隙发育、富水性强，直接威胁深部6#煤和“下组煤”（7#煤、8#煤、9#煤）的开采。

井田含水层特征表

名称	岩性	厚度	水力联系	水位	渗透系数	水质类型
冲积层	砾石层	0－25	潜水孔隙水	+180		
石盒子砂岩	砂岩	12－28	裂隙承压水			
2#煤顶板砂岩	砂岩	1.12－14.53	裂隙承压水			HCO_3^- － SO_4^{--} － Ca^{++} － K^+ － Na^+
野青	灰岩	0.28－2.88	岩溶裂隙水			SO_4^{--} － HCO_3^- － Ca^{++} － Mg^{++}
伏青	灰岩	0－0.88	岩溶裂隙水			SO_4^{--} － HCO_3^- － Ca^{++} － Mg^{++}
小青	灰岩	0.3－3.48	岩溶裂隙水			
大青	灰岩	3.62－7.06	岩溶裂隙水			HCO_3^- － SO_4^{--} － Ca^{++} － Mg^{++}
奥灰	灰岩	584	岩溶裂隙水	112～125	3－8	HCO_3^- － SO_4^{--} － Ca^{++} － Mg^{++}

五、矿井煤炭储量

1956年，全国储委会65号文批准牛儿庄矿井地质储量为5762万吨，可采储量为4435.22万吨。1972年，河北省煤炭厅确定矿井A＋B＋C级储量为6584.4万吨，D级储量7290.1万吨，可采储量4560.9万吨。1973年，冀革煤字第172号文批准的矿井储量为地质储量1.38745亿吨，工业储量6584.4万吨，远景储量为7290.1万吨，可采储量4560.9万吨。1978年，冀革煤字第18号文确定矿工业储量A＋B＋C为7851.4万吨，但未提供详尽的地质储量和可采储量。截至2008年底，剩余资源储量6333.3万吨。

六、矿井生产能力

矿井1960年投产，1965年达到设计生产能力60万吨/年；1980年核定生产能力为80万吨/年；1991年核定生产能力为70万吨/年；1997年核定生产能力为65万吨/年；2006年核定生产能力为63万吨/年。

七、煤质情况

井田内煤种分类为瘦煤、贫煤，属可配洗煤。工业分析：8#、9#煤为贫煤，2#、4#、6#、7#煤为瘦煤。

煤质特征表

煤层名称	水分 Mad (%)	灰分 Ad (%)	挥发分 Vdaf (%)	硫分 St.d (%)	磷 Pd (%)	发热量 Qb, ad (Mj/kg)	胶质层厚度Y (mm)	粘结指数 G	煤种
2#	4.04－0.52 1.185	26.08－15.90 20.54	23.06－16.76 19.27	0.94－0.25 0.45	0.0897－0.097 0.8532	36.14－31.62 35.42	3.5	23	瘦煤
4#	3.16－0.44 1.92	25.19－14.78 18.92	20.72－14.90 17.07	5.82－1.72 2.66	0.006－0.003 0.005	36.34－35.76 36.05		6	瘦煤
6#	1.05－0.0.36 0.67	30.02－9.22 22.57	24.24－9.63 18.43	3.27－1.01 2.38	0.0705－0.029 0.6931	36.63－35.13 35.72	2.5	15	瘦煤
7#	3.03－0.35 1.04	31.68－14.05 20.50	21.27－14.08 17.13	3.93－1.34 2.85	0.0118－0.003 0.0075	36.42－35.29 36.02			瘦煤

煤层名称	水分 Mad (%)	灰分 Ad (%)	挥发分 Vdaf (%)	硫分 St. d (%)	磷 Pd (%)	发热量 Qb，ad (Mj/kg)	胶质层厚度 Y (mm)	粘结指数 G	煤种
8#	3.52 - 0.39 1.50	27.00 - 8.01 14.38	20.08 - 12.89 1.185	4.12 - 2.31 3.05	0.0704 - 0.003 0.0265	36.21 - 35.21 35.74			贫煤
9#	4.68 - 0.20 1.28	35.08 - 20.56 26.64	18.40 - 13.23 15.27	5.71 - 2.33 3.67	0.022 - 0.0071 0.013	35.46 - 33.89 34.72			贫煤

八、人员及收入情况

1989 年 -2007 年人员及收入统计表

年度	期末人数	工资总额（千元）	人均工资（元）
1989	4939	14344	3089
1990	4909	16155	3369
1991	4878	16624	3400
1992	4872	18762	3906
1993	4773	21304	4431
1994	4683	27515	5796
1995	4563	32850	7098
1996	4685	37734	8350
1997	4243	36391	8067
1998	3931	27419	7009
1999	3881	24266	6287
2000	3806	30945	8044
2001	3822	36681	9722
2002	3769	38903	10495
2003	3465	39229	11196
2004	3293	44626	13421
2005	3424	65712	20433
2006	3292	72723	22585
2007	2372	63476	23007

第二节 主要工作

一、煤炭生产

矿井自投产以来，产量逐年上升，尤其是20世纪80年代后期至90年代初期，矿井年产量最高达102万吨以上水平。90年代中期以后，受矿井资源储量减少和地质条件恶化等诸多因素的制约，矿井生产能力逐年下降，矿井产量进入递减期。

2004年9月26日，因峰峰矿区永顺小煤矿违法越层越界开采9#煤层，导致奥灰水突然涌出，通过采空区溃入牛儿庄矿，30日，矿井被淹。2005年4月1日，恢复二水平生产系统，第一个回采工作面－52901工作面正式生产。2005年4月8日，峰峰集团在矿召开恢复生产暨表彰大会。

1989年至2008年，矿井累计生产原煤1551.0451万吨。

历年产煤量统计表

单位：吨

年度	产量	年度	产量
1989	1020489	2000	823342
1990	988913	2001	821468
1991	911716	2002	795031
1992	890566	2003	840016
1993	880240	2004	572231
1994	859400	2005	357930
1995	856688	2006	561980
1996	830668	2007	535909
1997	833188	2008	600000
1998	740158		
1999	790518	合计	15510451

二、科技进步

1989年至2008年，共召开科技工作会议16次，对技术创新人员进行奖励。20年来，获局（集团公司）级以上科技进步奖项56项。其中河北省科技进步二等奖1项、三等奖1项、邯郸市科技进步一等奖1项，局（集团公司）级特等奖1项、一等奖6项、二等奖8项、三等奖39项，另有13篇论文获局（集团公司）优秀论文奖。

三、安全管理

（一）安全管理组织机构

1. 安全办公会

矿长主持下的安全办公会是安全生产管理的最高权力机构，其成员由矿领导班子成员和安监处、技术部、调度室、通风区、企业管理部、矿办室、党办室、教育科、团委等部门负责人组成。邯郸市牛儿庄采矿有限公司成立后，董事长主持下的安全办公会成为公司安全生产管理的最高权力机构，其成员由公司领导班子成员和相关部门负责人组成。

安全办公会的主要职责是：贯彻国家安全生产方针政策和法律法规及各级政府关于安全生产的规定、决定；制定年度安全生产方针目标和措施；制定安全生产针对性对策和安全奖惩政策；决策安全生产过程中发生的重大问题；听取专业副总工程师、安全监察处安全生产情况汇报，分析安全生产动态形势等。

2. 安全监察处

安全监察处是企业内部的专职安全生产监督管理机构。行政上隶属牛儿庄矿，业务上受局（集团公司）安全监察局指导，在形式上既是牛儿庄矿安全监察科，又是局（集团公司）安全监察局驻矿安全监察处。2008 年 10 月，变更为邯郸市牛儿庄采矿有限公司安全监督处。主要负责现场安全检查管理和安全信息管理。

3. 群众安全管理组织

为体现安全生产工作的群众性，矿工会组建了群众安全生产监督岗，矿团委组建了青年安全监督岗，分别在工会和团委设立总岗，按单位组织建制下设群监分岗和青监分岗。群众安全生产监督岗和青年安全监督岗定期组织岗员开展活动，为企业安全生产工作作出了贡献。

（二）安全信息管理

1989 年 2 月，在副井口设立了隶属矿安全监察处的“安全信息站”。其主要职责是：逐日收集井下安全信息，整理、筛选井下安全隐患；填制安全日报，通报管理人员入井、隐患问题、现场处理问题、电器失爆、“三违”、停头停面和上级指示等安全重大问题；审阅干部入井安全信息表，掌握干部入井考勤等。

（三）安全质量标准化管理

从 1983 年开始，矿从治理井下环境脏、乱、差入手，开始了工程质量建设，经过治理整顿和质量会战，1987 年，被煤炭部首批命名为河北省第一家“特级质量标准化矿井”。局在质量标准化建设上提出了“远学肥城，近学牛儿庄”的要求，确立了牛儿庄矿质量标准化建设在局范围内的样板矿地位。1989 年以来，虽然质量标准化标准几经修订，但牛儿庄矿质量标准化工作持续保持了局（集团公司）一流水平。

历年安全生产情况统计表

年度	轻伤	重伤	工亡	三违	非伤亡事故
1989	33	—	—	253	36
1990	25	—	—	248	35
1991	15	—	1	251	32
1992	21	—	—	220	29
1993	9	—	—	202	29
1994	18	—	—	232	25
1995	13	—	1	198	31
1996	15	—	3	215	28

年度	轻伤	重伤	工亡	三违	非伤亡事故
1997	19	—	—	188	30
1998	18	—	—	167	33
1999	21	—	1	193	35
2000	20	—	—	219	27
2001	22	—	1	220	24
2002	19	—	1	235	23
2003	20	—	3	183	29
2004	19	—	—	167	22
2005	23	—	—	175	20
2006	26	—	—	155	19
2007	9	1	—	162	21
2008	—	—	—	96	17
合计	365	1	11		545

四、经营管理

（一）会计基础工作

1989年以来，严格按国家财务制度及上级有关规定，进行会计核算和财务管理。1989年1月，成为全局首批会计工作达标单位，同年在全局凭证展评中取得第一名。

1991年，成为全局第一批甩掉手工记账，全面实行电算化单位。同年获局“会计电算化先进集体”称号。1993年7月，按照上级统一部署，顺利实现了新旧会计制度接轨。

1996年6月和11月，根据《会计基础工作规范》和《河北省企业会计基础工作规范实施细则》，对会计基础工作进一步完善。1999年以来，多次获局（集团公司）会计报表“一快三好”竞赛一等奖。

（二）原煤成本管理及内部经营核算管理

1989年至1993年6月，按完全成本法进行成本核算及成本管理。1993年7月起，依照国家规定改为按制造成本法进行成本核算及成本管理。

1989年始，每月由财务科提出经济活动分析资料，主要分析当月利润、成本、流动资金等指标的完成情况，实际与计划比、实际与上年同期比，找出超、降原因，提出下一步改进措施。

1990年1月，作为局零点利润核算试点单位，对基层单位实行了零点利润核算办法。在财务科设立了矿内部银行，负责办理矿内部各单位生产经营环节的耗费、资金的占用和内部往来经营业务的结算。同时，建立了月度经济活动分析制度。由财务科根据各单位经营情况进行分析，找出各单位存在的问题，并制定相应的措施。

1994年1月份开始，全面推行内部模拟市场经营管理模式，将全矿划分为矿业公司、后勤服务公司、多经总公司及矿本部四大块进行核算与管理。

1996年底，按照煤炭部及局统一部署和安排，开展了“三条线”管理，实行了较为完善的内部经营核算。

1998年底，取消内部模拟市场经营管理模式，推行“主副、主服”管理模式和“倒推成本”管理模式，在成本指标的分解上采取了“谁管理谁负责”的方法，奖惩与管理单位联挂。

2004年1月，实行全面预算管理，形成了财务部门总体监控、横向职能部门实行分块控制管理、基层单位自主纵向控制管理的运行和控制机制，根据经营业绩兑现工资。

（三）资金管理

1989年，在局设立内部银行账号，在工商银行设立外部账号，矿与局属各单位之间的上缴下拨及业务往来通过局内部银行结算，与局外单位往来业务由外部银行结算。

1989年至1993年6月，实行资金分项（流动资金、固定资金及专项资金三项）计划管理，专款专用。

1993年7月份，实行新会计制度后，资金不再分专项进行管理，实现统一的计划管理。

1996年以来，由于局（集团公司）采取了统一回收煤款的政策，牛儿庄矿属电煤矿，绝大部分资金由局（集团公司）统收，支出时报计划由局（集团公司）兑付。

（四）固定资产管理

1989年以来，固定资产实行三级管理。即：一级财务科，二级设备管理部门和房地产管理部门，三级使用单位。一级和二级设有总账、明细账及卡片，三级建立使用保管卡片，定期进行核对清点。

固定资产折旧的计算：按直线法分类提取折旧。

（五）利润考核指标完成情况

1989年－2007年利润考核指标完成情况表

单位：万元

年度	计划	实际	比较
1989	－499	－312	187
1990	－786	－1186	－400
1991	－825	－1952	－1127
1992	－969	－965	4
1993	705	1634	929
1994		－1177	
1995	－906	－485	421
1996	－943	－741	202
1997	－716	－714	2
1998	420	－745	－1165
1999	399	－789	－1188
2000	－579	－679	－100
2001	420	420	0
2002	381	401	20
2003	1000	1036	36
2004		－1242	
2005	1023	1104	81
2006	－6989	－6888	101
2007	－1761	－1759	2

五、资源开发

截至2008年底，矿井累计动用储量5974.4万吨，累计产煤3537.6万吨，采区回收率为87.1%，超过国家规程规定要求，其中2#煤为牛儿庄矿的主要煤层，占矿井采出煤量的76.7%，薄煤由于受矿井地质条件复杂影响，占矿井采出煤量的23.2%。

矿井采出量、回收率利用分析统计表

单位：万吨

名称 煤层	矿井动用量	采区动用量	采出量		回收率（%）		分煤层采出量/总采出量（%）	备注
			采区	矿井	采区	矿井		
全矿井	5974.4	3906.3	3403.7	3537.6	87.1	59.2		
2#	4344.8	3011.0	2585.7	2717.4	85.9	62.5	76.8	矿井采出量包括已摊销完的工厂煤柱的采出量
3#	7.5	6.3	5.4	5.4	85.7	72.0	0.2	
4#	1093.5	612.1	563	565.2	92.0	51.7	16.0	
6#	528.6	276.9	249.6	249.6	90.1	47.2	7.0	

六、煤基多元化发展

煤基多元化工作经历了家属生产科、集体企业、多种经营公司三个时期。家属生产科成立于1965年，1979年解体。1979年12月成立集体企业公司，主要经营厂点有拣煤厂、建筑队、耐火材料厂、印刷厂、修配厂、橡胶厂、电修厂、聚氨酯厂、托辊厂、编网厂、石料厂、门市、饭店等。

1992年12月，矿成立了多种经营公司。主要经营项目有煤炭销售，以及免烧砖、热水器、仿古花瓶、无纺布、铸件、制绳、棉垫、运输、顶梁制作、机械制修、建筑安装等。

2001年12月，成立多种经营管理科，先后接管了多种经营公司、众兴机电制修有限责任公司、鼎正支护用品有限责任公司、鼎鑫矿用机械备件股份合作公司、广兴物资有限责任公司、华汇橡胶制品有限责任公司、聚兴聚氨酯有限责任公司、安兴汽车运输队、金源印刷厂、美林电器修配厂、建筑安装施工处、耐火材料厂、方兴斯格种猪有限责任公司、瑞兴机械有限责任公司、科翔计算机有限责任公司和原集体企业公司所属厂点，构成了矿多经系统体系。

随着改制工作的进行，2007年5月1日，多种经营管理科撤销，多经各厂点善后事宜由矿企业管理部负责处理。

1992年－2006年多种经营销售收入、利润（利税）、新增资产规模一览表

项目 年度	销售收入（产值）（万元）	利润（利税）（万元）	新增资产规模（万元）
1992	6.66	-6.35	
1993	73.49	-0.52	
1994	45.52	7.85	
1995	58.44	12.09	
1996	85.35	17.22	
1997	53.33	15.83	
1998	1009	33.34	
1999	718.38	-29.71	
2000	755.63	19.15	
2001	1188.5	23.4	376

年度＼项目	销售收入（产值）（万元）	利润（利税）（万元）	新增资产规模（万元）
2002	1751	20	80
2003	2269	210	755
2004	3080	185.3	275
2005	3580.7	208.9	150
2006	3610	285.7	100

七、后勤管理

1989 年以来，后勤管理工作进行了五次体制改革。

第一次改革（1995 年 4 月至 1998 年 9 月）：

1995 年 4 月，将矿生活科、行政科、工程科、运转队锅炉房工部、调度室电话总机、工会俱乐部、文化楼、广播站、电视台、招待所等单位合为一体，成立了生活服务总公司，负责矿后勤管理、保障工作。

第二次改革（1998 年 10 月至 2004 年 6 月）：

1998 年 11 月份，成立了实业总公司，下辖正荣公司、企业公司、物业管理公司、医院、学校、环卫部、房地产公司、社保、计生办、文明办、再就业等单位和科室，负责矿后勤管理、保障工作。

1999 年 6 月，实业总公司下辖单位进行机制转换。正荣公司、企业公司实现法人注册，与企业完全脱钩；物业公司、房地产公司、环卫部向经营服务型转变，实行以收抵支；医院、学校、康复、社保、计生办、文明办、再就业实行费用保干。

2002 年 8 月，撤销文明办，成立一社区和二社区，社区工作隶属矿、大社镇双重领导。2003 年 12 月，学校人员及资产成建制归属地方管理。

2004 年 5 月，实业总公司撤销。

第三次改革（2004 年 6 月至 2006 年 7 月）：

按照“人员、资产、财务”三分离原则，对后勤单位进行分离，成立了后勤管理科、物业管理部、生活服务部、环卫部；另有社保办、计生办、一社区、二社区等挂靠单位。

2006 年 2 月底，后勤所属单位及挂靠科室划归矿主体，第三次后勤改制工作结束。

第四次改革（2006 年 6 月至 2008 年 10 月）：

2006 年 6 月份，对后勤体制进行了第四次改革。2006 年 8 月，成立物业管理处，负责全矿后勤工作的组织管理。物业管理处设综合管理科和经营核算科，下辖生活服务部、物业管理部、环卫部、社保办、计生办、一社区、二社区。

第五次改革（2008 年 10 月以后）：

2008 年 9 月 29 日，改制为邯郸市牛儿庄采矿公司，并成立牛儿庄矿社区管理处。

社区管理处下设综合管理科、经营核算科、社保办事处、物业生活科、武装保卫科、通信中心、社区。

八、党群工作

（一）党委工作

1960 年 7 月 1 日投产时设党总支，在五矿党委领导下开展工作。1961 年 8 月与五矿分开独立成矿，成立中共峰峰局牛儿庄矿委员会。1967 年 3 月 19 日，成立东风矿革命委员会。

1971 年 3 月 7 日至 9 日，召开了中共峰峰局牛儿庄矿第二次党员代表大会，选举产生了由 7 人组成的中共峰峰局牛儿庄矿第二届委员会，党委工作恢复正常。1986年10月13日至15日，召开了中共峰峰局牛儿庄矿第三次党员代表大会，选举产生了由7人组成的中共峰峰局牛儿庄矿第三届委员会。1991年12月10日至12日，召开了中共峰峰局牛儿庄矿第四次党员代表大会，选举产生了由7人组成的中共峰峰局牛儿庄矿第四届委员会。

1989年4月8日，矿党委召开会议，传达贯彻上级讲话，进一步提高干部职工对党的十三届三中全会精神的认识和理解。

1992年1月2日，召开党委工作会议，号召各级党组织和全体共产党员，鼓足干劲，奋力拼搏，以优异成绩向党的十四大献厚礼。

1993年，矿党委在全矿党员中开展了轮训工作。轮训的主要内容是学习党的十四大精神和邓小平南巡重要讲话内容。

1996年，为更好地发挥党组织的政治核心作用、战斗堡垒作用和党员的先锋模范作用，矿党委组织开展了“凝聚工程”建设活动。

1997年1月21日，矿召开党委工作会议，号召全体党员和广大职工群众，和衷共济，艰苦奋斗，夺取两个文明建设的新胜利。

2000年，矿党委组织开展了“学决定，闯难关，迎矿庆，保利润”活动。

2002年1月11日，矿党委组织全矿党员干部开展了“转作风，树形象，促改制”活动。

2005年1月21日，召开党委工作会议，号召全矿各级党组织和广大党员团结和带领全矿员工，发扬“临危不惧、众志成城、爱矿如家、敢打必胜”的抢险救灾精神，夺取各项工作的全面胜利。

2005年，实行了党员目标考核PDCA循环管理，按照党员自省、小组互评、支部评议、党委评审的四级考核体制，对党员实行百分制考核；建立了党建工作质量管理体系，形成了“按程序办事”的良好运行机制；组织全矿党员开展了保持共产党员先进性教育活动；下发了《关于加强企业文化建设的决定》和《关于推进企业文化建设的实施意见》，全力开展企业文化建设工作；实行了领导班子集体接访；组织开展了落实FRIP精细化管理九个支撑要素的实践活动。

2006年1月18日，召开党委工作会，提出了“珍惜资源、降低物耗、缩编减员、优质双效”的战略发展思路和“建设安全、优质、高效矿井，建设文明、整洁、和谐企业，建设优秀、精良、一流团队”的企业发展目标。

2006年，下发了《关于加强关闭破产期间党建工作的意见》，提出了关闭破产期间党建工作的指导思想、工作目标和工作要求，确保了党建工作在关闭破产期间的正常开展。下发了《关于适应新形势，切实加强和改进思想政治工作的意见》，进一步加大了关闭破产工作中的思想政治工作，确保了关闭破产和改制工作的稳步有序推进。

2007年1月12日，召开了党委工作会，提出了“落实‘五大’机制，致力‘五零’目标，实现安全生产长治久安；积极稳妥推进改革调整，顺利完成企业改制工作”等任务。

2007年，开展了以“政治素质好、经营业绩好、团结协作好、作风形象好”的“四好”领导班子创建活动；组织全矿党员开展了“展示先进性、岗位作贡献”，庆祝建党86周年系列活动；组织开展了“贯彻科学发展观、促进企业新发展”解放思想大讨论活动。

2008年1月18日，召开了党委工作会，提出了“五大”任务，明确了六项工作重点。

2008年，在全矿党员干部中组织开展了为期五个月的深入学习实践科学发展观活动；下发了《关于做好奥运期间信访稳定和治安保卫工作的有关规定》，在全矿组织开展了声势浩大的奥运保卫工作；组织职工开展了“新集团、新目标、新举措、新面貌”主题教育活动；以增强凝聚力、提高创新力为重点，全力开展打造“九力”团队工作。

（二）纪监工作

1989年以来，纪检监察工作紧紧围绕企业中心任务，广泛开展党风廉政建设，营造了反腐倡廉的浓厚氛围。

2006 年，下发了《关于全面学习宣灌廉洁文化体系的通知》，提出了矿“五五”廉洁文化体系的具体内容，兴建了廉洁文化教育墙。

2007 年，下发了《关于深化廉洁文化建设，创建“本质廉洁型企业”的实施意见》和《关于开展“树清风正气、促和谐发展”反腐倡廉教育活动的安排意见》文件，提出了构建“五个保障体系”、开展“四创”、“三争”活动的工作目标，全力推动“本质廉洁型企业”建设。编印了《廉洁文化手册》。第一次拍摄制作了廉洁文化专题片，在集团公司展播一周。制作了牛儿庄矿廉政网页。

2008 年，为进一步深化廉洁文化，制定了全公司中层以上管理人员、“三管”人员岗位勤廉标准和廉洁从业行为规范，并辑印成册。

（三）工会工作

1989 年 1 月 25 日，召开第五届职工代表大会。1991 年 1 月 1 日，召开第六届职工代表大会第一次会议。1993 年 2 月 1 日，召开第七届职工代表大会。1996 年 1 月 29 日，召开第八届职工代表大会第一次会议。2000 年 11 月 3 日，召开第九届职工代表大会第一次会议。2006 年 9 月 13 日，召开峰峰集团牛儿庄矿第一届首次职工代表大会。

1991 年 10 月，组织举办了女职工劳动保护知识竞赛活动；组织召开了掘进区 03 队使用国产综掘机单孔月进 831 米、五创全国水平祝捷大会。

1992 年 6 月，组织召开了掘进区 03 队使用国产综掘机创单孔月进 1262. 6 米创全国新纪录祝捷大会；10 月，组织召开了民主管理工作经验交流会暨表彰会议；组织开展了首届迎“国庆”歌咏比赛。

1993 年 5 月 1 日，举办了纪念毛主席诞辰 100 周年文艺晚会。

1995 年，组织举办了“女职工与企业改革”专题讨论会；组织召开了安全生产 1500 天庆祝大会；组织举办了迎世妇会妇女知识竞赛和“巾帼风采”文艺晚会。

1996 年，组织开展了庆“三八”献爱心活动服务日和“做文明女性”演讲会；组织举办了女职工会计珠算比赛。

1997 年，组织举办了“爱在矿山”春节系列文化活动及庆“七一”迎回归歌咏晚会和首届矿歌歌咏比赛；举办了全民健身月活动。

2001 年 2 月，下发了《关于评比表彰 2001 年度先进职工之家的通知》；2001 年 9 月下发了《安全协管评比考核办法》，组织女工和家属积极开展安全协管活动。

2002 年，组织了第一届“金牛杯”安全知识竞赛和“转换经营机制知识”抢答赛；下发了《关于对基层单位公开工作检查情况的通报》，推动了基层单位公开工作的健康进行；下发了《关于开展“展巾帼风采、创工作佳绩”活动的安排意见》，组织开展了庆祝“三八”妇女节系列活动。

2003 年，下发了《关于开展群众性“创业兴企”竞赛活动的安排意见》、《关于开展合理化建议活动的通知》、《关于举办纪念毛泽东同志诞辰 110 周年活动的通知》、《关于表彰技术状元、标兵、能手和拔尖人才的决定》。

2004 年，下发了《关于进一步加强“职工之家”建设的安排意见》、《关于开展“创建学习型组织、争当知识型职工”活动的实施意见》、《关于开展“生产成本管理竞赛年”活动的安排意见》；举办了“创建学习型组织、争当知识型职工”知识竞赛；开展了职代会星级创建认证活动；举办了第一届“安全杯”职工篮球比赛和彩色周末活动。

2005 年，下发了《关于着力构建帮扶工作机制的安排意见》、《关于规范基层车间民主管理工作的通知》、《矿务公开实施办法和“三制四书”实施细则》、《关于开展班组竞赛活动的通知》；对 10 名“优秀班队长”进行了表彰；开展了月度“十佳优秀员工”和季度“十佳班队长”评比活动。

2006 年，下发了《关于借鉴 ISO9000 标准，建立矿务公开民主管理质量体系工作的安排意见》；第一次组织开展了十件大事征集活动；组织开展了群众性“四争”竞赛活动；组织开展了安全生产知识电视培训和“迎国庆、保安全、献厚礼”活动；下发了《强化工会工作，有序推进关闭破产工作的安排意见》。

2007 年，组织开展了“创先锋、当明星、立新功”劳动竞赛活动、“安康杯”竞赛活动、第六届

“金牛杯”安全知识竞赛活动和百名明星员工评选工作；举办了第四届“安全杯”职工篮球比赛、迎“五一”劳动者之歌比赛、“七一”大合唱和“祖国颂”歌咏比赛等活动。

2008年，组织了第五届“安全杯”职工篮球比赛、第七届“金牛杯”安全知识竞赛；组织了“春的旋律”春节文艺晚会、“闹新春”民间花会表演、“新春乐”职工乒乓球、扑克、象棋比赛和“祖国颂”歌咏比赛活动；组织开展“创先锋、当明星、立新功”劳动竞赛活动。

（四）共青团工作

1995年，参加局团委组织的“凝聚杯”知识竞赛，获第一名和最佳组织奖。

1999年，组织开展了“创建文明矿、争文明先锋”、“强化责任，力保稳定”、“双学、五争、一保”活动。组织开展了“保护母亲河”募捐活动，募集资金1880.5元。

2004年，与小屯矿团委联合举办“青年歌会”活动。

2006年，正式开通共青团网站，并获集团公司团委网站设计大赛二等奖。组织开展了“争当企业文化建设先锋”、“学习林秀贞精神，争做新时代青年”活动。

2007年，组织开展了“学雷锋、树新风、讲奉献、促和谐”青年志愿者服务活动和“一条短信、十分真诚”活动。

2007年，组织开展了争创“优秀青年安全监督岗”、争当“十佳（先进）青年安全监督岗员”竞赛活动。

2008年，组织开展了“知形势、创业绩、促发展”有奖征答活动，并获集团公司三等奖。组织开展了“安全迎奥运，竞技展风采”大型安全文体活动和“安全与奥运火炬同行”活动。

历年发展团员情况表

年度	人数	年度	人数	年度	人数
1988	26	1997	123	2006	11
1989	52	1998	104	2007	41
1990	79	1999	61	2008	32
1991	106	2000	113		
1992	88	2001	50		
1993	99	2002	86		
1994	133	2003	28		
1995	65	2004	40		
1996	80	2005	46		

第三节　主要经济技术指标完成情况

历年主要指标完成情况统计表

年度	原煤产量（吨）	工业产值（万元）	进尺（米）	利润（万元）	单位成本（元）	全员效率（吨/工）	原煤质量（%）	
							灰分	含矸
1989	1020489	2524	13491	-312	46.11	1.278	17.88	0.04
1990	988913	2435	10868	-1185.6	44.36	1.278	18.51	0.05
1991	911716	5206	13338	-1952	57.86	1.232	17.65	0.04
1992	890566	5032	12642	-964.7	59.23	1.2	16.89	0.04
1993	880240	4938	12560	-84.8	90.03	1.205	18.37	0.05

年度	原煤产量（吨）	工业产值（万元）	进尺（米）	利润（万元）	单位成本（元）	全员效率（吨/工）	原煤质量（%）	
							灰分	含矸
1994	859400	4897	12968	-1177	95.97	1.287	18.98	0.06
1995	856688	4920	12790	-485.3	106.74	1.423	18.39	0.06
1996	830668	4855	12522	-741	136.52	1.452	18.85	0.05
1997	833188	4598	12214	-714	106.37	1.539	18.89	0.06
1998	740158	4183	8461	-745	101.14	1.603	20.26	0.1
1999	790518	4468	8555	-789	97.34	1.701	22.99	0.18
2000	823342	4653	7606	-100	97.19	1.898	20.46	0.18
2001	821468	4576	7880	420	102.21	1.901	20.72	0.18
2002	795031	4467	8721	401	115.92	2.043	22.35	0.19
2003	840016	4738	7571	-39	124.85	2.258	25.82	0.2
2004	572231	3210	5049	-1242	151.83	1.928	29.46	0.14
2005	357930	8175	2482	-741	314.87	1.652	25.84	0.36
2006	561980	15552	5250	-7107	320.65	1.619	28.37	0.94
2007	535909	16160	5546	-375	257.06	1.621	27.61	0.91
2008	600000		5026			1.619	28.89	0.81

注：本表产值是按现价计算的，单位成本1989年至1997年是指原煤成本，1998年后是指制造成本。2005年后含矸率改为硫分。

第四节　市级以上荣誉称号

一、国家、部级荣誉

1989年，全国煤炭工业二级质量标准化矿井

1990年，全国煤炭工业二级企业

2000年，全国造林绿化先进单位

二、省级荣誉

1995年，河北省煤炭工业群众安全工作“创优争先”先进单位

1999年，河北省煤矿群众安全工作先进单位、河北省煤矿建功立业先进单位

三、市级荣誉

2003年，邯郸市工会系统模范职工之家

2006年，邯郸市优秀思想政治工作研究会

2007年，邯郸市文明单位、国资委先进基层党组织

2008年，邯郸市国资委先进基层党组织

（资料提供：胡峰生、武和平、周学堂）

第十四章　马头洗选厂

第一节　单位概况

一、地理位置

马头洗选厂位于河北省邯郸市邯山区马头镇铁西区。北距邯郸市15公里，南距磁县14公里，西至峰峰矿区20公里，东至成安县25公里。

厂东邻京广铁路马头站、京深高速公路和107国道，西邻马头镇车骑关村，南邻成峰公路、马峰铁路支线、河北天择重型机械有限公司马头分公司、河北马头铝业有限公司、马头工业园区及马头镇西村、杏园营村，北邻大唐马头发电有限责任公司、马头镇关东洼村、邯峰公路和邯郸飞机场。厂内有铁路运输专线与马峰线接轨，生活区有市内51路公交车往返。

二、历史沿革

马头洗选厂（原名峰峰中央选煤厂）是国家第一个五年计划期间苏联援华建设的156项重点工程项目之一。1953年开始进行厂址勘探和选择，1954年由国家批准建设计划，由苏联列宁格勒矿山设计院设计，苏方提供主要工艺设备并派专家指导。1957年9月9日开始动工兴建，1959年9月24日正式建成投产。项目计划总投资3339.5万元，实际耗资2165.9万元。当时该项目因机械化程度高、工艺设备最先进、生产能力最大而称“亚洲第一”。

三、厂区面积

厂占地总面积63.9047万平方米，其中生产区占地面积34.8708万平方米，生活区占地面积18.0834万平方米，矸石山占地8.9481万平方米，厂外下湾街货场占地1.8018万平方米，厂外泵房占地2006.68平方米。生产主厂房面积为7.5794万平方米，浮选车间扩建后，主厂房面积达到8.6852万平方米。主厂房共8层，高42.5米，地下建筑深达14.68米。

四、生产能力、规模

厂原设计能力为年入洗原煤200万吨，生产精煤121万吨。主产品原为12级冶炼焦精煤，副产品为洗混煤及尾煤。经过更新改造，1987年入洗原煤达到275万吨，生产精煤196万吨，为企业改制前的最好历史水平。2000年以后，为适应市场的变化和需要，不断进行技术改造和设备更新，产品质量稳步提高，生产入洗能力达到400万吨以上，比原设计能力翻了一番。2008年生产精煤400.3万吨，创建厂以来历史新高。

五、产品品种、质量和工艺

马头洗选厂主产品为10级冶炼焦精煤，产品质量技术指标分别为：灰分10%以下，水分13%以下，硫分小于0.8%，挥发分18－28%，粘结指数70－85%，是冶金工业理想的优良燃料。从20世纪80年代中期开始，实施科学配煤入洗。主要入洗梧桐庄矿、黄沙矿、新三矿、九龙矿、羊渠河矿等矿原煤。精煤主要销往邯钢、新兴铸管、武钢、包钢、湘钢、北京焦化厂等大型企业，洗混煤主要供应马头发电总厂。现行生产工艺为：不脱泥无压三产品重介、煤泥直接浮选、尾煤两段浓缩两段回收联合流程。

六、资产、装备和人员情况

(一) 资产情况

截至2008年底，固定资产总额3.63亿元，其中房屋建筑1.1059亿元、生产设备1.9481亿元、运输设备337.42万元、其他辅助设备507.97万元、土地4898.75万元。

(二) 装备情况

根据生产工艺要求，在历次技术改造中不断淘汰老设备更换新设备，以适应生产的需要。2008年，主要运行设备1230台。其中：德国申克公司产振动筛10台、河北唐山森普矿山装备有限公司产振动筛1台、澳大利亚约翰芬雷公司和唐山森普矿山装备有限公司产离心机11台、澳大利亚约翰芬雷公司北京代表处和英国MMD矿山机械集团公司产破碎机2台、河南洛阳矿山机械厂产真空过滤机2台、山东莱芜煤矿机械厂产加压过滤机2台、广东佛山水泵厂产真空泵2台、宁夏大武口矿山机械厂和唐山国华科技有限公司产浮选机5台、安徽淮北中芬矿山机器有限公司产浓缩机3台、河北石家庄工业泵厂和河北虹银泵业公司产渣浆泵72台、河北衡水海江压滤机有限公司和北京中水长固液分离技术有限公司产压滤机8台、河南焦作起重运输机械有限公司产皮带运输机14台、河北秦皇岛华科煤矿机械有限公司产刮板运输机27台、陕西鼓风机厂和上海英格索兰公司产鼓风机11台、美国艺利公司产磁选机10台、美国CLI公司产磁选机2台、苏制给煤机21台、河南新乡正元机械设备有限公司产给煤机8台。

(三) 人员情况

建厂初期全厂职工总数为1193人，只有1名高级工程师和2名工程师。到2008年底，全厂共有员工1790人。其中管理人员173人，高层管理人员8人、中层管理人员66人、一般管理人员99人。管理人员中高级职称18人，中级职称62人，初级职称65人；研究生学历3人，本科学历44人，大专学历64人，中专学历56人，高中以下文化程度10人。

第二节 主要工作

一、精煤生产及经营管理

(一)“八五”时期

“八五”计划时期，根据局工作部署，把“振奋企业精神，争创一流企业；加快技术改革，发展多种经营”作为方针目标，以“产品创国优，企业争一流”的经营思想来指导生产工作，企业管理稳步提高，节能、审计、设备管理和合同管理分别获省级先进单位。

1992年7月，由中煤总公司援助的生产调度计算机集中控制系统投入使用，提高了现代化管理水平。

1993年以后，精煤外销走向市场，计划调拨比重减少，市场价格部分增大。

1994年，为适应市场经济的需求，实行转产分流、减人提效工作；转变工作作风，由过去等客户变为主动找客户；由以产定销变为以销定产；以销售为龙头，抓销售促生产。

1995年，根据市场发展需要，7月份将副产品低热煤改为洗混煤，使副产品发热量由原来的3500大卡，提高为5000大卡，经试销反映良好，价格比过去提高了3倍，收到了可观的经济效益。根据局关于后勤改革的精神，厂部实施了“两分离、一放开”，分流出12个非生产单位、371人。实行“自主经营，定额补贴；盈利分成，超亏自负”的经营原则。后勤改革初见雏形。

这个时期的主要生产任务完成情况：精煤产量完成963.5万吨，超计划65.6万吨；精煤回收率67.63—55.39%，平均62.26%；上缴利润2.9132亿元。

(二)“九五”时期

“九五”计划时期，是最困难的阶段。精煤销售遇到前所未有的困境，精煤销售无去向，造成精煤积压、停产待销的局面。厂根据形势，审时度势，克服困难，外学邯钢，内学通二，加强管理，推行成本否决管理制度，在洗邯钢煤中采取了分仓装运，使精煤灰分平均保持在9%以下，达到了客户的满意。根据局“走向市场，扭亏为盈”的战略，建立扭亏增盈责任制，把责任分解到车间，车间分解到班组，班组分解到个人，形成“千斤重担大家挑，人人肩上有指标”全员风险局面。

这个时期累计生产精煤548.06万吨，超计划5.2万吨；精煤回收率58.01—50.50%，平均53.74%；上缴利润1.7126亿元。

（三）“十五”时期

由于宏观调控政策的作用，煤炭市场出现转机，价格上涨。根据市场的变化，局调整了销售政策，允许原煤矿地销，这直接影响了生产任务的完成。厂派专人驻矿催运，加强原煤路运和汽运的调运，把责任落实到人。2001年调入原煤203.8万吨，其中路运178万吨，汽运25.5万吨；销售精煤113.5万吨，混煤32.2万吨，煤泥9795吨，尾煤17.3万吨。同年被评为第三届全国“十佳”选煤厂。

2002年根据局发展战略，及时调整结构，加强原煤调入和产品销售工作，制定了调运目标，分解了详细任务，落实了责任，兑现了政策，充分调动了广大职工的积极性，当年实现了产销两旺的新局面。

2004年，围绕集团公司“五大任务、五大跨越”及“三步走”的战略目标和思路，认真落实各项工作。生产经营、技术改造、企业文化建设和安全生产等方面都取得了可喜成绩，主要经济技术指标再创历史新水平。

2005年，是各项工作取得历史性突破的一年。面对新形势、新机遇、新任务，从强化内部管理入手，进一步创新管理方法，深化精细化管理，完善绩效考核，落实安全措施。主要经济技术指标再次取得历史性新突破，顺利完成了集团公司下达的各项任务目标。

这个时期生产精煤705.4万吨，超产90.4万吨；精煤回收率63.76—54.43%，平均58.96%；上缴利润8714万元。

（四）“十一五”时期

根据峰峰集团总体发展战略和“十一五”改革发展的总体思路，厂确立了“做大做强洗煤主业，发展配煤、副产品综合利用”的发展思路：扩建100万吨生产能力，提高系统适应能力和效率、实现优质高产高效的可持续发展目标；走循环经济之路，形成与资源相匹配的煤炭产业链，提高煤炭附加值，建设资源节约、环境友好的经济效益型企业。

2006年，总投资达1.17亿元的扩能技改工程全面开工。7月，先后接管了孙庄矿洗煤厂和九龙矿洗煤厂。企业进行整合后，充分利用总厂的资源，互相协调，密切配合，提高分厂的综合水平。在平均每天生产时间高达22小时的超负荷情况下，10月份创下了双系统连续生产106小时无机电事故的记录，为精煤超产打下了坚实的基础。2006年，生产精煤262.38万吨。实施专业化管理后，九龙矿洗煤厂完成40.61万吨，孙庄矿洗煤厂完成32.65万吨。精煤回收率：总厂完成62.67%；九龙矿洗煤厂完成40.34%；孙庄矿洗煤厂完成66.31%。全厂精煤加工费完成34.63元/吨精煤，比计划降低0.25元/吨精煤；利润完成3548万元，超计划2138万元；安全状况稳定，实现了安全生产20周年。

2007年，围绕集团公司700万吨精煤创水平目标，积极投身到精煤生产和扩能技改上来，通过广大干部职工的努力，完成了各项工作任务。全年累计入洗原煤624.1万吨，生产精煤374.9万吨，与计划相比超产80.9万吨；原煤加工费完成22.49元，比计划降低0.01元；全年实现利润4021万元，超利1354万元；后勤补贴完成103万元，比计划降低18万元。扩能技术改造一期工程基本完工，并投入使用；安全生产状况良好，实现了年初制定的目标。

2008年，集团公司要求马头选选厂边技改边生产，必保精煤大幅增产。采取的主要措施是：创新现场管理体制，全面推行点检制；加快信息化建设，推进精细管理；加强作风建设，提高队伍执行力；全面落实扩能技改工作，大力实施人才兴企战略；加大节能减排工作力度，打造绿色选煤厂，取得了生产技改两不误的显著成效。

2008年，全年累计入洗原煤699.9万吨，生产精煤400.3万吨，与计划相比超产80.3万吨；原煤加工费调整后实际26.02元/吨，比计划提高1.24元/吨；集团公司定利润计划-930万元，调后计划-

1.0782 亿元，账面完成－3060 万元，调后实际－8778 万元，比计划增利 2004 万元；后勤补贴 452 万元，比计划降低 24 万元。其中，总厂入洗原煤 371.3 万吨，生产精煤 215.2 万吨，超计划 28.1 万吨，精煤回收率 57.95%。孙庄矿洗煤厂调入原煤 126 万吨，生产精煤 79 万吨，超计划 26 万吨，回收率完成 63.74%。九龙矿洗煤厂入洗原煤 210.9 万吨，生产精煤 106 万吨，超计划 26 万吨，精煤回收率完成 51.83%。

二、设备改造和技术更新

（一）工艺改造

1989 年，浮选工艺参数自动化改造，采用微机管理，实现浮选药剂自动添加，浓度、流量自动调节，改后降低精煤灰分，节省浮选药剂，浮选抽出率提高 1.42%，每年可节电 22.3 万千瓦时，节油 400 多吨，综合效益上百万元，并获局科技进步一等奖、河北省煤炭厅科技进步二等奖。

1991 年，选煤生产工艺集中控制系统进行改造，淘汰原苏联集中控制设备，采用现代化的计算机集中控制系统，并用彩色大屏幕显示生产工艺流程，增加了煤位、水位计量检测，用程控调度通讯设备使生产管理实现了现代化集中控制，开停车时间由原来的 40 分钟缩短到 2—3 分钟。

1991 年至 1995 年，实施了由联合国出资援助的跳汰系统改造，更新了 4 套前苏联产跳汰机和脱水筛，改造后入洗原煤能力由 200 万吨增加到 260 万吨。

1997 年，12 级焦精煤受整个煤炭销售市场疲软的影响，产品没有市场，连续四个月职工只能领到 70% 的工资。用户提出了提质降灰的新要求。

1998 年，厂决定对选煤工艺再次改造，上重介技改，将跳汰洗选改为粗精煤重介选煤。投资 1819 万元增加了脱介筛、旋流器等主要设备 37 台，用 200 天时间完成了重介改造，在困境中闯出了一条生路。

（二）设备改造

2006 年 6 月，实施扩能提效技术改造，总投资 1.176 亿元。一期工程新建 1 个 200 万吨洗煤系统，并对进、出煤系统进行技术改造，洗煤工艺由跳汰加重介改变为三产品重介；二期工程对原有的老系统进行拆除更换为三产品重介；改造工程包括一期、二期、原煤、压滤、灌仓、装车六大项，新上设备 217 台。

2006 年 6 月，投资 809 万元，新建 2×5500 吨的原煤仓两座，方便配煤入洗保证入洗原煤稳定，2007 年 9 月 20 日竣工。

2007 年 4 月，投资 1060 万元兴建钢结构单系统主厂房，占地面积 933 平方米，总面积 5315 平方米，层数 6 层，2007 年 9 月 30 日竣工。

一期工程于 2008 年 1 月投产运行，2008 年 6 月 26 日完成了二期工程改造。这次改造工程是该厂历次改造中投资最大、工期最长、实施改造项目最多的一次技改工程。改造完成后大幅度提高了分选效率和自动化程度，小时处理量达到 800 吨以上，年处理量达到 500 万吨。浮选车间安装了两台快开压滤机及附属设备风机、风包、刮板机、泵、管路，有效提高了浮选处理能力。

后续的配套改造工程，在 201#走廊上方增加一条 404#走廊，七、八道装车系统全部完工，改造后绞车速度由过去 0.08 米/秒提升到 0.15 米/秒，每次对位由 12 节车皮提高到 18 节车皮。

2008 年 5 月 12 日和 8 月 31 日，对孙庄矿洗煤厂浮选系统实施技术改造，新增两台 XMGZ350/1600 压滤机，分别一次调试成功并顺利投入生产，从根本上解决了孙庄矿洗煤厂多年来存在的浮选系统制约生产的瓶颈问题。改造后浮选机油耗、浮选系统电耗的降低每年节约生产成本700余万元，原煤处理量从150吨/年增加到220吨/年。力争到2010年底，将孙庄矿洗煤厂打造成现代化中型选煤厂。

2008年11月，对九龙矿洗煤厂完成了中煤皮带改造，由600毫米改为800毫米，减少了掉煤，减轻了工人劳动强度；完成了精煤仓上配仓刮板机的改造，由600毫米改为1000毫米，提高了运输能力，降低了事故率。安装了1台FJZ-850型旋流器及管道，实现了双系统生产，提高了生产能力，满足了生产的需要。2009年，进一步实施扩能技改，计划到2010年具备210万吨的处理能力。

扩能提效改造工程全部完成后，将具备“技术领先，打造国内一流大型洗选厂”的条件，为集团公司打造中国第二大主焦煤生产基地的目标奠定了基础。

1989年-1992年主要生产设备使用情况

序号	设备名称	数量	生产厂家
1	洗煤机	4	乌克兰
2	振动筛	9	鞍山重型矿山机械厂
3	振动筛	4	乌克兰
4	斗子提升机	16	马头配件厂
5	离心机	8	洛阳矿山机械厂
6	破碎机	2	辽宁
7	真空过滤机	5	洛阳矿山机械厂
8	真空泵	5	佛山水泵厂
9	浮选机	7	大武口矿山机器厂
10	浓缩机	2	苏制
11	渣浆泵	48	石家庄工业泵厂
12	皮带输送机	14	四平矿山机械厂
13	刮板输送机	25	马选
14	风机	9	陕西鼓风机厂
15	给煤机	27	苏制
16	给煤机	10	洛阳矿山机械厂

1993年-1997年主要生产设备使用情况

序号	设备名称	数量	生产厂家
1	洗煤机	3	乌克兰
2	振动筛	8	鞍山重型矿山机械厂
3	振动筛	4	乌克兰
4	斗子提升机	9	马头配件厂
5	离心机	8	洛阳矿山机械厂
6	破碎机	2	辽宁
7	真空过滤机	5	洛阳矿山机械厂
8	真空泵	5	佛山水泵厂
9	浮选机	6	大武口矿山机器厂

序号	设备名称	数量	生产厂家
10	浓缩机	2	苏制
11	渣浆泵	48	石家庄工业泵厂
12	皮带输送机	14	四平矿山机械厂
13	刮板输送机	26	马选
14	风机	6	陕西鼓风机厂
15	给煤机	27	苏制
16	给煤机	10	洛阳矿山机械厂

1998 年－2000 年主要生产设备使用情况

序号	设备名称	数量	生产厂家
1	洗煤机	2	乌克兰
2	振动筛	16	鞍山重型矿山机械厂
3	振动筛	4	乌克兰
4	斗子提升机	7	马头配件厂
5	离心机	7	洛阳矿山机械厂
6	破碎机	2	辽宁
7	真空过滤机	4	洛阳矿山机械厂
8	真空泵	5	佛山水泵厂
9	浮选机	6	大武口矿山机器厂
10	浓缩机	3	苏制
11	渣浆泵	63	石家庄工业泵厂
12	压滤机	4	江苏锡山 淮北工矿
13	皮带输送机	15	四平矿山机械厂
14	刮板输送机	30	马选
15	风机	6	陕西鼓风机厂
16	磁选机	6	营口磁选机械厂
17	给煤机	27	苏制
18	给煤机	10	洛阳矿山机械厂

2001 年－2006 年主要生产设备使用情况

序号	设备名称	数量	生产厂家
1	洗煤机	2	乌克兰
2	振动筛	10	鞍山重型矿山机械厂
3	振动筛	4	乌克兰
4	斗子提升机	4	马头配件厂
5	离心机	3	洛阳矿山机械厂
6	破碎机	2	辽宁

序号	设备名称	数量	生产厂家
7	真空过滤机	5	洛阳矿山机械厂
8	加压过滤机	2	山东莱芜煤矿机械厂
9	真空泵	3	佛山水泵厂
10	浮选机	5	大武口矿山机器厂
11	浓缩机	3	苏制
12	渣浆泵	62	石家庄工业泵厂
13	压滤机	4	江苏锡山 淮北工矿
14	皮带输送机	16	四平矿山机械厂
15	刮板输送机	28	马选
16	风机	7	陕西鼓风机厂
17	磁选机	4	营口磁选机械厂
18	磁选机	2	美国 CLI 公司
19	给煤机	27	苏制
20	给煤机	10	洛阳矿山机械厂

2007 年主要生产设备使用情况

序号	设备名称	数量	生产厂家
1	洗煤机	2	乌克兰
2	振动筛	10	鞍山重型矿山机械厂
3	振动筛	4	乌克兰
4	斗子提升机	4	马头配件厂
5	离心机	1	洛阳矿山机械厂
6	破碎机	2	辽宁
7	真空过滤机	4	洛阳矿山机械厂
8	加压过滤机	2	山东莱芜煤矿机械厂
9	真空泵	2	佛山水泵厂
10	浮选机	5	大武口矿山机器厂
11	浓缩机	3	苏制
12	渣浆泵	54	石家庄工业泵厂
13	压滤机	4	江苏锡山 淮北工矿
14	皮带输送机	16	四平矿山机械厂
15	刮板输送机	26	马选
16	风机	7	陕西鼓风机厂
17	磁选机	4	营口磁选机械厂
18	磁选机	2	美国 CLI 公司
19	给煤机	27	苏制
20	给煤机	10	洛阳矿山机械厂

2008 年主要生产设备使用情况

序号	设备名称	数量	生产厂家
1	振动筛	10	德国申克
2	振动筛	1	唐山森普矿山装备有限公司
3	离心机	11	澳大利亚约翰芬雷唐山 森普矿山装备有限公司
4	破碎机	2	约翰芬雷工程公司北京代表处 英国 MMD 矿山机械集团公司
5	真空过滤机	2	洛阳矿山机械厂
6	加压过滤机	2	山东莱芜煤矿机械厂
7	真空泵	2	佛山水泵厂
8	浮选机	5	大武口矿山机器厂 唐山国华科技有限公司
9	浓缩机	3	淮北市中芬矿山机器有限公司
10	渣浆泵	72	石家庄工业泵厂　河北虹银泵业
11	压滤机	8	衡水海江压滤机有限公司 北京中水长固液分离技术有限公司
12	皮带输送机	14	焦作起重运输机械有限公司
13	刮板输送机	27	秦皇岛市华科煤矿机械有限公司
14	风机	11	陕西鼓风机厂　上海英格索兰
15	磁选机	10	美国艺利
16	磁选机	2	美国 CLI 公司
17	给煤机	21	苏制
18	给煤机	8	新乡正元机械设备有限公司

三、后勤管理

（一）生活福利设施建设

1. 职工食堂

建厂初期建有临时食堂，有 1000 多人就餐。1984 年，重新修建了大食堂和一个小食堂，建筑面积 1289 平方米，有炊管人员 39 人，就餐人员 500 多人。

1991 年，煤炭企业实行“三条线”管理，职工食堂开始分流经营，按企业内部市场化运作，自负盈亏。

2000 年，职工食堂以租赁形式通过招标承包给职工个人经营，在经营中逐渐发展成营业饭店和超市等经济实体。

2. 招待所

建厂时期因苏联专家在厂指导筹建，设有专家招待所，为专家提供饮食就餐服务。

1984 年 10 月，在生活区新建一座 4 层楼招待所，设有餐厅和会议室。共有普通房间 34 个、高级房间 8 个，床位 113 个。配有管理和工作人员 12 人。1985 年被河北省煤炭厅命名为“样板招待所”。

1991 年，随服务中心分流管理。

2007 年 6 月，招待所三楼整体租赁给马头工业城执法局、城管警察大队办公使用。

3. 托儿所

1959 年投产时有一个两间小平房的临时托儿所，入托儿童有 58 名，有 14 名保育员。

1987 年，新建 790 平方米 3 层楼式托儿所。分哺乳班、大、中、小班，建有 9 项管理制度，有 23 名保育员。对中班以上幼儿实行半托，从小班开始授课，入托儿童有 135 人。

1991 年，随服务中心分流管理。

2008 年 3 月，承包给个人开办了“远航启蒙幼儿园”。

4. 职工澡塘

1959 年建厂时只有 1 间临时澡塘，面积 200 平方米，且设施简单，只有池浴。20 世纪 70 年代后建了一个砖木结构的澡塘。

1987 年，新建 1 座澡塘，内设暖气、更衣箱、穿衣镜，分有池浴和淋浴，达到了中煤总公司要求的“八五”生活福利达标标准。

1991 年，随服务中心分流管理。2004 年，开始对外营业服务。

2008 年初，投资 9 万元对澡塘进行了改造，增设了桑拿浴和更衣柜，实行了智能卡管理。同时安装了太阳能热水器，淘汰了锅炉供热。

5. 职工宿舍

从建厂开始到 20 世纪 70 年代末，职工单身宿舍只有几排简陋平房和几排旧圆顶房，大部分职工居住在家属区，后建造了两幢 3 层的集体宿舍楼。

1984 年，为单身职工修建了高标准的 4 层楼式集体宿舍，实行旅馆化管理。

2004 年 2 月，在职工宿舍建立了职工文化活动中心，先后配置了电视机，开设了棋牌游艺室、图书阅览室、健身房、台球厅、乒乓球室和单身职工思想工作站，更换了床铺衣柜等。

6. 家属住宅

建厂时根据设计规划建立了家属生活区，面积 18.0834 万平方米，分为 3 千米、5 千米、7 千米三个区域，居住家属 200 多户。2008 年居住家属 1200 户。

1998 年前，先后建造了 10 栋楼房，实行福利性分配。

1998 年后，根据国家住房改革精神开始启动集资建房。到 2008 年底，先后集资建房 17 栋，有 552 户家庭迁入新居。同期还修缮旧房 8.1 万平方米，逐步改善了职工住房条件。

7. 文体活动

1959 年，投产后有 1 座俱乐部。

1976 年，动工修建了占地 2000 平方米、建筑面积 2635 平方米，有 1600 多个座位的大型俱乐部。

1977 年，俱乐部正式批准为影剧院，开始进行影、剧、文艺演出活动。内设有图书阅览室和游艺室，藏书上万册，各类报刊杂志 30 多种。

1997 年，为生活区统一安装了有线电视。

2004 年 8 月，修复更新了篮球场和门球场。

2004 年 9 月，在俱乐部前修建了面积 1800 平方米的文化活动广场，配有多类健身器材，供职工家属休闲、健身、娱乐。

8. 生活区水、电、暖

建厂以后，生活区建有自备深水井和水塔，向生活区按时供水。20 世纪 80 年代中期开始，为生活区各户安装水、电表，由总务科实行计量收费管理。2000 年开始全天候供水。

2003 年，投资 34 万元在生活区全部更换了新式电子电表箱，按地方物价局规定市场价格收费管理。

从 20 世纪 90 年代开始，生活区供暖由本厂生产火力锅炉集中供汽，按规定收费。

2006 年，投资 950 万元对生活区供暖管网进行更新改造，由马头电厂热力公司提供热源集中供热，按邯郸市供热市场价格收费管理，并新增供热面积 8 万平方米。

（二）医疗卫生

1959年建厂后设有保健站，建筑面积210平方米，只有门诊无病房，有10余名医务人员。1972年成立了简易病房，医务人员增加到30多人，建筑面积增至750平方米。1988年，全院医护管理人员发展到38人，全年门诊量5万人次，病床周转率为50%左右，配有中型医疗设备和手术器械，同时开展卫生防疫工作。

1997年，医院作为分流单位实施内部市场化分流管理。

2007年4月，医院改为保健所。

（三）文化教育

1. 职工教育

从1962年开始，开展职工文化培训教育。最初由工会代管，设有职工夜校，配备专职教员3人，主要任务是扫盲。

1981年，正式组建了教育科，建立了正规的职工政治学校，配备5名专职教师，有办公室2间30平方米，教室1间50平方米。初期负责职工文化补课，之后开始进行安全、技术等方面的培训，教员增加到7人，办公室增加到6间90平方米，教室增加到2间80平方米。

2003年，撤销教育科，成立安全技术培训中心，建立了可容纳100人的现代化电教室，配有计算机终端设备和电脑投影仪等现代化设备，全年开展安全、技术培训和政治理论教育等活动。

2. 子弟学校

厂子弟学校于1957年开始筹建，1958年开课。1960年命名为马头洗选厂子弟学校。

建校初期只有小学，有学生200余名、教职员工28人。1960年，与马头电厂、马头铝厂等单位合作联办学校。1968年，开始自办两年制中学班，1987年，取消了高中班。到1988年，学校建有图书室、阅览室、电教室、仪器室、音乐室和物理、化学、生物实验室等，有200米标准跑道的体育场和体育训练器材。全校教职员工有64人，在校学生665人。1996年，厂投资500多万元新建了1座3层教学楼，增设了计算机室。2003年，学校划归地方管理。

四、党群工作

（一）党委工作

党委下设基层支部11个，党小组45个，在职党员393名，离退休党员116名。

20年来，党委始终坚定不移地高举马列主义、毛泽东思想和邓小平理论旗帜，坚持走中国特色的社会主义道路，认真贯彻和落实党在各个时期的方针路线，坚持理论创新和管理创新，形成了具有自身特色的工作思路，使两个文明建设不断蓬勃发展。

1989年，党委组织开展了“月荐季评年树十佳”活动。月度由群众推荐好人好事，季度由厂选拔十件好人好事公开宣传，年度组织全厂职工投票选出十名“十佳职工”，在9月24日厂庆时进行表彰。此活动连续开展20年来，在职工队伍建设方面发挥了重要作用。

从1995年开始，为激励职工学技术，提高全员素质，结合全员岗位技术练兵活动，党委推行了岗位星级化管理工作。在岗位管理中设立五个星级，每个星级对应一种岗位技能。通过广泛开展技术比武，使职工掌握本岗位技能，经过理论知识、实际操作考核和综合素质评价、认证，获得一星级职工称号。以后每年以此类推，直至五星级。每一个星级对应一个奖励级别。岗位练兵获第一名者命名为“技术状元”，在每年厂庆时予以表彰，充分调动了全厂职工学技术的积极性。共产生了一星级职工886人，二星级职工735人，三星级职工316人，四星级职工128人，五星级职工16人，技术状元232人。

2003年以来，为提升企业的管理水平，党委牵头推行岗位精细化管理，形成了包括4E标准、班前礼仪、ABC三卡、三工并存动态转换等七项要素的管理机制，达到人人都管事，事事有人管，工作无死角、无缺漏。精细化管理提高了全员素质，使基础管理更加扎实。

2003年以来，厂党政坚持加强作风建设，重点抓管理者的管理。实施干部走动式管理，推行《干部工作日志》制度，制定《责任推定规则》，使干部管理形成了闭合式链条。

2004 年，将党员议创、议比活动和课题制政研活动整合为课题制攻关创效活动。以基层支部为单位，以提高经济效益为中心，以破解生产、安全等工作中的难点为课题，健全制度，规范运作。共攻解课题 48 个，获效益 1160 万元。

2005 年，党委在党建工作中引入 ISO9000 质量管理体系标准，通过中国标志认证公司审核，取得了质量管理体系认证证书，为企业的中心工作和长远发展带来了新的生机与活力。

（二）纪监工作

1989 年至 1994 年，重点贯彻落实中纪委《关于共产党员在经济方面违法违纪处分的若干规定（试行)》、《关于对参与嫖娼、卖淫活动的共产党员及有关责任者党纪处分的暂行规定》，解决党员和领导干部兴办经济实体、购买企业内部职工股及在公务活动中接受和赠送礼金、有价证券等问题。

1995 年至 1996 年，开展贯彻落实《党员领导干部廉洁从政若干准则（试行)》、国有企业领导干部廉洁自律四条规定。1997 年，在全厂党员中开展《纪律处分条例（试行)》教育工作；1998 年，开始在企业推行党风廉政建设责任制。

2001 年开始，在中层以上领导干部中开展“读廉文思反腐”活动；2002 年，加强廉洁自律制度和倡廉治奢规定的落实，认真执行重大事项报告、礼品登记和收入申报制度；2003 年，落实《中共中央关于加强和改进党的作风建设的决定》，对作风建设实行督促检查；2004 年开始，在领导干部中开展“述廉、评廉、考廉”工作，实行廉政承诺工作，在中层干部中建立廉政档案；2005 年，在全厂推行权力公开透明运行工作，开展“勤廉从业促发展”主题教育活动；2006 年，建立大宣教工作格局，在全厂推行党务公开工作；2007 年至 2008 年，认真落实中纪委“七个不准”的要求。

（三）工会工作

1989 年至 2003 年期间，厂工会委员会先后召开了第六届、七届、八届职代会。为解决职工家属住房拥挤问题，经职工代表审议和建议，通过了集资住宅楼的筹建方案并实施。为解决生活区生活用水不足问题，通过了打井取水工作方案。通过决议，对 7 千米居住区的违章煤池实施拆除工作。连续多年组织职工赴北戴河疗养院休养。在生活区筹建了灯光球场。为职工子弟学校修建了体育场等。投资 32 万元为全厂 600 余户职工家庭安装了闭路电视线路。

2004 年 12 月 16 日召开了集团公司成立后厂首届会员（职工）代表大会，对工会进行了换届改选，成立了新一届工会委员会。

2004 年以来，建立了车间级工会委员会 10 个，工会小组 175 个，会员 2212 人，入会率达到了 100%。

2004 年 2 月，在单身楼四楼建立了职工文化活动中心，内设图书室、阅览室、健身房、台球厅、乒乓球室、棋牌室等。

2004 年 8 月，修复更新了篮球场。

2004 年 9 月，兴建了职工文化广场，面积约 1800 平方米。

2006 年 9 月，新建了工会办公楼，增添了办公设施，使工会办公条件得到了极大的改善。

（四）团青工作

厂团委下设团支部 10 个，35 岁以下青工有 480 人，团员总数 110 人，有专职团干部 1 人，兼职团干部 11 人。

1989 年以来，开展了创建“星级文明岗”、青年文明号创建活动。以青年岗位为主体，以厂部星级管理为依托，以岗位建设、岗位创优为重点，推动了全厂的岗位练兵，树立起一批优秀示范岗位。开展青工拜师学艺“星级带徒”活动。通过日常考核，年度评比总结，表彰奖励，有效带动了广大青工学艺的热潮。开展了青年志愿者活动，组织志愿者开展绿化厂区植树活动，为民服务活动等。组织了青年突击队和青年安全监督活动，举办安全牌板展、开展安全演讲活动、散发安全警句宣传单。2004 年，厂团委筹办了青年月度刊物《马选青年》。

第三节　主要经济技术指标完成情况

历年生产指标表（一）

指标	单位	1989 年	1990 年	1991 年	1992 年	1993 年	1994 年	1995 年	1996 年	1997 年	1998 年
入洗原煤	吨	2104310	2167219	2016622	2142369	2296489	2368784	2437199	2491562	1931115	1828902
精煤产量	吨	1361692	1407106	1363894	1373084	1369348	1408484	1350008	1445432	1102603	960713
回收率	%	64.71	64.93	67.63	64.09	59.63	59.46	55.39	58.01	57.10	52.53
灰分	%	10.92	10.88	10.86	10.87	10.8	10.76	10.78	10.89	10.73	10.43
水分	%	11.04	11.61	11.72	11.14	12.09	11.55	11.57	11.01	11.83	11.79
电耗	千瓦时/吨原煤	10.41	10.29	8.74	8.51	9	8.6	8.64	8.47	10.24	9.77

历年生产指标表（二）

指标	单位	1999 年	2000 年	2001 年	2002 年	2003 年	2004 年	2005 年	2006 年	2007 年	2008 年
入洗原煤	吨	1969704	1977883	2030117	1983280	2531061	2476643	2849839	4410845	6241152	7061780
精煤产量	吨	986529	989810	1104998	1093879	1498604	1605012	1816930	2623855	3749015	4002598
回收率	%	50.09	50.04	54.43	55.16	59.21	64.81	63.76	59.49	60.07	56.68
灰分	%	9.69	9.59	9.49	9.65	9.76	9.77	9.81	9.66	9.85	10.26
水分	%	11.99	11.67	11.3	10.49	11.25	11.18	11.25	11.81	11.76	12.01
电耗	千瓦时/吨原煤	11.6	13.04	12.15	12.18	11.19	11.14	11.07	11.15	9.32	9.56

第四节　市级以上荣誉称号

一、国家、部级荣誉

1989 年，全国煤炭工业闭路循环二级标准厂、全国煤矿特级标准化选煤厂、全国煤矿职工生活福利管理设施达标先进单位

1990 年，全国煤矿国家二级企业

2001 年，全国煤炭工业“十佳”洗煤厂

2005 年，全国产品质量监督抽查合格企业

2008 年，全国煤炭企业体育先进单位

二、省级荣誉

1989 年，河北省先进企业、安全生产先进企业、“守合同重信用”单位、会计达标单位

1990 年，河北省 12 级精煤振兴河北经济奖、标准化管理达省三级标准、河北省标准计量系统先进工业企业、“守合同重信用”单位、二级消防安全先进集体

1991 年，河北省煤矿职工生活福利花园式先进单位、煤炭职工宿舍先进生活福利点
1992 年，河北省“守合同重信用”单位、思想政治工作先进单位
1993 年，河北省模范工会、煤炭系统“守合同重信用”单位
1994 年，河北省质量效益型先进企业、工会系统模范工会、煤炭系统“守合同重信用”单位
1995 年，河北省煤炭系统“守合同重信用”单位
1996 年，河北省“守合同重信用”单位
1997 年，河北省“守合同重信用”单位
1998 年，河北省优秀思想政治工作单位、先进工会之家、“守合同重信用”单位
1999 年，河北省“守合同重信用”单位
2001 年，河北省煤炭系统“守合同重信用”单位
2002 年，河北省煤炭系统“守合同重信用”单位
2003 年，河北省煤炭系统“守合同重信用”单位
2004 年，河北省煤炭系统“守合同重信用”单位
2005 年，河北省煤炭系统“守合同重信用”单位
2006 年，河北省煤矿“重质量守信誉”单位
2007 年，河北省先进企业
2008 年，河北省“重质量守信誉”单位

三、市级荣誉

1989 年，邯郸市质量管理先进企业、花园式单位、综合治理先进单位、文明单位、拥军优属模范单位、工会系统先进职工之家
1991 年，邯郸市卫生红旗单位、文明单位、党组织建设规范管理达标先进单位
1992 年，邯郸市计划生育先进单位、文明单位、民主管理达标单位
1994 年，邯郸市先进基层党组织、文明单位、思想政治工作优秀企业、模范工会
1996 年，邯郸市文明单位
1998 年，邯郸市文明单位、工会系统模范工会之家
2001 年，邯郸市综合治理先进单位、文明单位
2003 年，邯郸市文明单位
2004 年，邯郸市“守合同重信用”单位
2005 年，邯郸市“守合同重信用”单位、“安康杯”竞赛优胜企业
2006 年，邯郸市“守合同重信用”单位、“安康杯”竞赛优胜企业、女职工委员会先进集体
2007 年，邯郸市公安系统安全防范先进单位、“安康杯”竞赛优胜企业
2008 年，邯郸市文明单位、“安康杯”竞赛优胜企业

（资料提供：刘有妍、张桂成、车佩军）

第十五章　邯郸洗选厂

第一节　单位概况

一、地理位置

邯郸洗选厂位于河北省邯郸市西南郊外环边缘，占地面积0.4614平方公里。南邻古赵王城遗址公园；北有渚河环流而过；东距京广线1公里；西与邯钢、新兴铸管机械厂相望。厂内有自营铁路7.24公里，与邯郸站、赵王城站铁路相接。厂区公路与107国道、青兰、京深高速相通，地理条件优越，交通十分便利。

二、历史沿革

邯郸洗选厂是我国自行设计、自行施工、自行安装的第一座中央型洗煤厂。于1956年开始筹建，1957年破土动工，国家投资1567.27万元，1959年12月25日正式投入生产。

2003年8月，原管辖的销售、质量检验、材料供应、机车列检划归集团公司。

三、生产能力

2008年，核定生产能力180万吨，实际年处理能力320万吨。

四、主导产品

主导产品：厂可灵活生产灰分在8.5%—12.5%之间多规格多品种精煤。从1959年12月建厂投产到1984年12月，洗10级瘦精煤；1985年1月到1988年8月，洗12级焦精煤；1988年9月到1992年6月，洗11级焦精煤；1992年7月到1998年12月，洗12级焦精煤；1999年到2000年，精煤品级连升四级，改洗当时市场最需要的8级和10级焦精煤；2003年下半年全部生产10级焦精煤。

主导产品10级焦精煤质量稳定，以高粘结指数、低疏等优异特性，享誉国内精煤市场，连续多年获省、部级优质产品、名牌产品。主要供应包钢、武钢、首钢、北焦、邯钢、石焦等大型、特大型钢铁企业和化工企业。

五、资产和人员情况

截至2008年底，固定资产1.5018亿元，职工1038人。其中各类专业人员120人，具有高级职称16人。

第二节　主要工作

一、生产工艺变革

1989年以来，邯郸洗选厂适应市场发展需要，广泛推进科技进步，打破多年沿革的生产工艺，主要进行了五轮大规模的技术改造，实现了生产工艺的重大转折，实现了“从求生存到持续发展”的转变和洗选规模、技术装备的“双升级”。

工艺变化：从跳汰—浮选工艺到跳汰粗选—重介旋流器精选—煤泥分级浮选工艺，实现了历史性跨越和工艺的完善。

设备变化：从全部国产设备到关键环节全部采用大型高效的进口洗选设备，实现了设备长时间、高可靠性运转。

控制变化：从极少数参数模拟量控制到跳汰机、重介、浮选参数全部PLC控制，实现了利用信息技术对传统行业的改造。

生产能力变化：由年入洗原煤150万吨，到2007年突破314万吨，2008年实际332万吨，选煤产能得到了高效发挥，走出了一条低成本扩张、集约化经营的发展道路。

能耗变化：在洗选能力增加的同时，设备总数由改造前的217台到187台，能力增加100万吨，设备减少30台；装机容量由改造前的7636千瓦时到改造后的6475千瓦时，下降1161千瓦；吨原煤综合电耗由14.91千瓦时下降到吨10.20千瓦时，下降4.71千瓦时，节能效果明显。

生产指标完成情况：建厂以来，共入洗原煤8582.1万吨，生产精煤5639.1万吨，为国家上缴利润8.1949亿元，其中从1989年到2007年，共生产精煤2239.6万吨，上缴利润5.5993亿元。特别是2003年后，邯郸洗选厂驶入了发展的快车道。2003年至2007年，共生产精煤823.66万吨、上缴利润2.4347亿元，分别占20年精煤产量、上缴利润的36.78%和43.49%。

二、技术改造

（一）完善储装运系统改造

1989年投资485.79万元，对储装运工程进行扩建，新精煤仓增加存储精煤4200吨。厂内铁路由原来的9股道、全长5.63公里，增扩为12股道、全长7.24公里，较好解决了因精煤仓储量小、没空车就不能生产和厂区铁路线股道少、线路短影响现场车辆调度和存放车辆少的难题。

（二）第一次重介洗煤工艺改造

1998年，受亚洲金融危机的影响，国内煤炭市场极度疲软。随着用户对精煤等级要求的提高，厂生产的12级焦精煤大量积压。面对“设备不改造就没有出路、产品不升级就不能生存”的境况，经过积极争取，在局的大力支持下，于1999年进行了大规模的工艺改造。重点进行了粗精煤重介工艺改造。在较短的时间内完成了此项重大改造。产品等级连跳四级。

（三）分级浮选与精煤压滤技术改造

2002年，与中国矿大合作进行了通过增加浮选柱、分级旋流器、精煤压滤机等装备，对煤泥水实行分级浮选，即粗颗粒煤泥水走浮选机、细颗粒煤泥水走浮选柱的新的浮选工艺路径，使煤泥水质发生了重大变化，精煤产率明显提高。2005年经国内多位专家鉴定为具有国际先进水平的自主知识产权项目，并被评为中国煤炭工业科技进步二等奖。

（四）第二次重介扩能改造

始于2004年、投资848.72万元的重介扩能改造是邯郸洗选厂追求工艺日臻完善、谋求科学发展的根本之举。在反复研究国内外先进技术的基础上，本着“技术高含量、标准高起点”的原则，对更换的4台磁选机、2台脱介筛、2台旋流器、1台卧式震动离心脱水机等13台主要设备，全部选择了进口的先进设备。从2004年10月28日不停产进行改造更换，到11月9日一次试车成功。解决了因重介能力不足、严重影响精煤生产的“瓶颈”制约。原煤处理量由原来的每小时不足280吨提高到每小时480吨，产能较原先扩大了近一倍。

（五）提高运行可靠性的重点环节改造

2008年12月，投资1000多万元，更换7条主要生产运输皮带、3条主要刮板运输机，对筛子、浮洗机、浮选柱等主要设备作进一步技术调整，确保其生产运转的先进性、可靠性，为实现年入洗原煤400万吨奠定了基础。

（六）其他技术改造

1. 原煤配煤仓扩建

1997年11月立项、投资485.79万元的原煤配煤仓扩建工程，于1999年5月竣工并投入使用，原煤容量由原来的2100吨增扩到4800吨。

2. 高压配电改造

1999年投资200万元进行了高压配电改造，使该厂供电电压由6000伏上升到10000伏，与邯郸市升压保持了同步。

3、原煤自动采样机

投资35.69万元的原煤自动采样机于2006年11月开始使用，有效地解决了汽运原煤人工采样误差大、速度慢的弊端。

1988年－2008年技改一览表

改造项目名称	项目立项时间	项目竣工时间	投资（万元）
储装运工程	1988.1	1989.12	485.79
浮选机改造	1988.7	1989.12	55.69
轴制检工程	1989.1	1990.12	37.93
选煤机改造	1990.12	1991.12	43.94
低质煤泥闭路	1991.4	1991.12	17.41
工业广场供热锅改造	1992.6	1992.12	100.53
原煤配煤仓扩建	1997.11	1999.5	485.79
全重介工艺系统技术改造	1997	1999.1	1100
供电线路升压改造	1999.1	2000.12	200
浮选技术改造	1999.1	2001.12	475.36
分级浮选与精煤压滤技术改造	2003	2004.10	540
重介扩能改造	2004.10	2004.12	848.72
原煤汽车采样	2006.1	2006.12	35.69
生产系统关键设备改造	2008.5	2009.3	1000

（七）生产性基本建设

1. 尾煤压滤及干燥成型车间：投资869.76万元的尾煤压滤设备和投资291.91万元的尾煤压滤成型车间，于2005年、2007年先后建成并投入运行。

2. 原煤配煤返仓系统：2007年3月立项、投资1027.06万元、2008年8月建成使用的原煤返仓回装系统，使原煤输运量达到了600吨/时，保证了入洗原煤供应。与此同时，将占地3.5万平方米的尾煤场改建为原煤储煤场，解决了因原煤场地小、储煤量少的现状，实现了汽运原煤分矿（队）别、分煤种存放，为配煤均质化提供了保障。

3. 渚河桥建设：为解决汽运原煤进厂，地销产品出厂线路窄小，影响运输且极不安全的难题，投资259万元新建的渚河桥于2008年8月投入使用。

4. 煤场改造：将原来的汽运原煤场改建为精煤储煤场，使精煤储量由原来的不足3万吨增加到8万吨。

1988年－2008年生产性基本建设一览表

建设项目	立项时间	竣工时间	投资（万元）
压滤车间	2004.4	2005.12	869.76
尾煤成型车间	2006.1	2007.12	291.91
汽运原煤配煤返仓系统	2007.3	2008.6	1027.06
渚河桥建设	2006.4	2008.8	259

20年来，厂强力推进技术进步和技术改造，生产运行运转的可靠性、先进性进一步提高，生产开车时间由原来的每天不足16小时增加到22小时，实现了精煤生产能力的大幅度提升。特别是尾煤压滤车间等技改项目，实现了尾煤水厂内回收、闭路循环，排放污染进一步减少，资源得以充分利用，走出了一条"投资少见效快"、适应市场变化和用户需求的科学发展之路。2007年和2008年，生产精煤433万吨，相对于原设计能力，等于再造一个洗煤厂。

三、汽运原煤资源的开发

针对铁路原煤调运受运能限制的实际，从1993年就尝试用汽车运输外购小批量原煤，以此来缓解因原煤供应不足和煤种单一影响产品质量的情况，并明确了"路运为主、汽运为辅"的调运方针。2005年以来，面对市场用户需求的变化和生产能力的增扩，集团公司可供入洗原煤远远不能满足生产需求的现状。在集团公司的大力支持下，把汽车调运原煤作为保证入洗供应的重要举措，明确了"两路并举、两路并重"的调运方针，开始大批量外购汽运原煤入洗。

由于汽运原煤存在着行停自由、装卸方便、容易出现掺杂使假的弊端。为保证汽运原煤质量，把强化管理作为重中之重，并制定了一整套规范有序、操作性强的管理办法。

（一）运输车队实行注册招标管理

在总结以往汽运时因个别司机素质低下，出现以次充好、掺杂使假事件时有发生的情况，采取整体招标的方法，选择管理严格、信誉度高、运费较低且又有一定实力的车队承包汽运原煤任务，签定了包括运输数量、发运车辆和质量奖惩等内容的合同。

（二）车辆注册、验检封条与沿路督查三措并举

所有参与汽车运输的车辆，必须持司机行车执照和车辆牌号到厂运销科注册登记，期间不准随便更换司机和车辆。所有车辆在原煤矿计量后需粘贴车队或厂部封条，厂部不定期检查。

（三）现场管理

所有汽运车辆进厂后须先经计量复核，车车采样，现场工作人员在查看封条、车辆牌号与运单无误后方可按队别、煤种卸存到指定货位。对吨位、质量出现问题的车队、车辆一查到底，按合同规定严肃处理。同时对现场相关作业人员作出相应的管理规定，确保了汽运入洗原煤的质量。

2005年至2008年，汽车共调运原煤399.94万吨，分别占全年入洗原煤总量的25%、32.4%、37.1%和38.5%。

2005 年－2008 年路、汽原煤调运量表

单位：吨

年度 项目	2005	2006	2007	2008
路运原煤	1821326	1928595	2022968	2033068
汽运原煤	606630	923931	1194508	1274404
其中内运	491043	524835	499136	437989
外购	115587	399096	695372	836415
合计	2427956	2852526	3217476	3307472

四、安全管理

始终坚持“以人为本、安全为天、预防为主、综合治理”的安全管理方针。1989 年以来，以全面落实安全主体责任为基础，以实现本质化安全型企业为目标，在着力构建安全生产长效机制中积极探索，在安全管理方法上努力创新，在重视“硬”管理的同时，更注重“软”管理，走出一条具有自己特色的安全管理工作新路子。

（一）本质化管理

首先从企业安全文化建设和教育入手，在提高整体安全素质上花气力，在提高改进安全管理工作方法上下功夫。

在认真贯彻落实集团公司安全文化理念、宣灌“六六”安全体系的基础上，总结出了一套“单位岗位自律、部门有效监督、厂部总体协调、完善奖罚机制”较为科学规范而又行之有效的安全管理工作方法。单位、岗位自律：在国家有关法律、法规和集团公司、厂部总体安全规定的基础上，各单位、岗位可结合自身特点，在安全管理、安全工作上制定与本单位、岗位实际相配套、适应的管理办法，避免了因信息主体性质有区别、不对称，在执行上而引发“一刀切”的不利局面。部门有效监督：对全厂所有管理人员实行包岗、包单位的走动式管理。明确了每个管理人员的检查单位、检查线路、检查范围、检查标准、每月检查次数和配备安全管理现场记录本。检查记录本由各岗位职工现场签名确认。对检查出来的安全隐患要保证做到及时反馈、及时解决、及时验收、不留死角，确保实效。厂部总体协调：厂部每周组织至少一到两次安全大检查。对各单位、岗位自行难以解决或者影响安全的重大问题由厂部现场组织解决，扭转了过去在安全管理上粗放型、传统型工作方法，使安全生产管理关口前移，管理中心下移，延伸到生产现场和每个工种、岗位，实现了由传统的问题发生型向问题发现型的根本转变。完善奖罚制度：在集团公司统一规定的框架下，厂部建立了网络性的奖惩机制。对“三违”行为和造成事故的责任者和领导实行包括批评教育、全厂通报、经济处罚、责任联挂、行政处分，直至追究刑事责任。对发现、避免、制止“三违”行为和在安全管理工作有创新、有实效的，予以适当的经济奖励。

（二）安全投入

自 1989 年以来，累计投入 5200 多万元，先后对油库、高压配电、原煤场地、渚河桥、原煤返仓系统、主厂房内部加固、主厂房技改工程、跨铁路安全栈桥和生产作业现场安全防护设施进行了大规模的改造和整缮，为职工创造了一个安全、文明、整洁的作业环境。特别是安全栈桥，不仅为职工作业期间跨越铁路提供了安全通道，同时也成为厂区一道靓丽的风景线，被职工誉为“连心桥”。

（三）安全培训

2007 年，落实“企业发展培训在先”、“安全培训是企业投资最少，见效最快，回报最持久”的指导方针，专门设置了职工培训中心。投资 20 余万元建起了有多媒体教室、阅览室、安全展室的面积为 320 平方米的安全技术培训场地，取得了集团公司培训分支机构的资质认证，为科学、有序、系统地对职工进

行安全技能培训创造了条件。

五、经营管理

(一) 稳定产品质量，占领市场，拓展用户

把精煤质量作为生产经营的头等大事，坚持“质量是企业的生命”的原则，探索总结出一整套科学、有效的管理程序。

1. 抓入厂验收，保原煤质量

原煤调运分为路运、汽运和局（集团公司）内供、外购两部分。厂规定，进厂原煤无论汽运、路运均要保证车车采样、批次汇总、以质定价。投资35.69万元设置了汽运原煤采样设备，扩建了汽运原煤储放场，使入厂原煤按批次、煤种和矿（队）分类储放，保证了入洗原煤质量。

2. 抓入洗煤配比，保精煤质量

随着生产能力的不断增扩，入洗原煤的煤种杂多和肥煤供应欠缺的矛盾日渐突出。厂成立了由厂长挂帅的产品质量课题攻关小组。本着“跟踪入洗原煤、准确检测数据、验证配煤比例”的原则，在保证精煤牌号的前提下，科学制定最佳配洗方案，把优质原煤的配比例压缩到25—30%，为效益最大化提供了保障。

(二) 强化现场管理

1. 成立生产指挥中心

将原来的调度室、设备管理科、考评办列入生产指挥中心管辖，负责全厂的生产组织、协调和指挥工作。创设了跟班调度长制度，使生产管理更加快捷有序。

2. 加强课题攻关

厂攻关小组与有关车间技术人员对生产主要设备过滤机、浓缩机反复测试，使水洗浓度和729#溢流水浓度分别控制在60g/L、8g/L以下，小时处理量达到了480吨/年。浮选产率、中煤损失、矸石损失、尾煤灰分和洗煤效率等技术指标一直保持着局（集团公司）的最好水平。

(三) 全面强化预算管理，推行全员绩效工资管理

1. 在不断淘汰高耗低效设备、积极采用洗选工艺设备的进程中，厂把强化预算管理、千方百计降低生产成本作为重要的管理手段。严格推行预算编制运行的标准化、规范化，细化控制体系，对各项指标层层分解，形成全员、全方位、全过程的责任控制体系。指标一经下达，除了不可预见的抗力外，一律不讲任何借口、不作任何调整。明确了事前把关、事中监督、事后分析的运作程序。

2. 在经济分配制度上立足实际，勇于创新。在向一线、二线岗位奖金分配倾斜25%的基础上，把月收入60%列入浮动工资。全员实行计件、工时和指标工资，各单位之间采用劳务用工的管理方法，联挂主要责任指标，按月严格考核兑现。用经济分配的杠杆激励职工主动、积极地投入生产经营和生产建设中去。

六、改革改制

2007年，厂党政本着“职责清晰、重点突出、职能专业化、管理精细化、最大限度地有利于生产发展、提高效益”的原则，对生产管理体制进行了流程再造、重新组合。全厂设11个车间、13个部室、2个中心。11个车间：洗选车间、运转车间、机电维修车间、运销科、尾煤加工车间、质量检验车间、生产指挥中心、总务科、车队、医院、保卫科；13个部室：党办室、组织人事部、纪委、工会、办公室、财务部、劳资部、审计部、企业管理部、技术管理办公室、计生办、社保部、安全科；2个中心：职工培训中心、计算机管理中心。

七、多种经营

集体企业公司共有职工259人，曾组建各摊点及公司27个，由于项目开发上缺乏长远的市场意识，

装备落后，相继倒闭。三分之一的职工在家长期待业，严重影响了企业和谐稳定发展。

2007 年，新组建的厂领导班子把发展多种经营作为“民生”的头等大事，在对集体企业公司领导班子进行调整的基础上，厂部又推出了一系列倾斜政策，积极支持多种经营的发展。两年来，共安置重新上岗和公司外就业 77 人，占职工总数的 30%，2008 年产值达 2935 万元，实现了历史性的突破，为多种经营的持续发展奠定了基础。

2000 年 –2008 年多种经营产值统计表

单位：元

年度	产值
2000	10726483. 19
2001	15060254. 36
2002	16031397. 76
2003	10726576. 26
2004	11003364. 86
2005	8942660. 30
2006	14587289. 60
2007	22834327. 31
2008	29350000
合计	139262353. 64

八、后勤管理

（一）职工住宅

把改善职工居住环境、提高职工生活质量作为重要任务。1989 年 12 月，投资 83. 86 万元，建成面积为 2588 平方米的邯山南大街 116 号院 19 号楼。2008 年，厂原有的 116 号院、陵东街 37 号院全部改建为楼房，住户 690 户，居住面积 4. 0907 万平方米。

1991 年，购置了学院北路 97 号院、面积为 4080. 4 平方米的 3 号楼作为职工住宅，入住职工 70 户；1997 年，又先后购置了学院北路 97 号院 4 号楼、南苑小区 16 号楼和开源小区 26 号楼等共计 7419. 12 平方米的住宅楼，使 122 户职工乔迁新居。2001 年，在丛台路煤指小区购置了面积为 1. 1701 万平方米的 35、36 号楼，供 126 户职工居住。

1989 年以来，共为职工购置商品住宅房 510 套计 3. 1219 万平方米，使 363 户职工乔迁新居。

2008 年末，共有职工住宅 1200 套，面积 6. 9537 万平方米，基本实现了双气供给。住宅区按市内统一规划，实行物业化管理，各家属院秩序井然。人均住宅面积、居住环境在全市各单位居于领先之列。

（二）厂区建设

自 1989 年以来，先后种植树木 1. 5 万余棵，种植绿地 1. 2 万多平方米。

2007 年初，加大了厂区改造力度。在集团公司支持下，按相关政策，厂部对房屋进行了翻新。一个建筑面积为 5430 平方米，148 套有灶房、卫生间、独门小院、整齐有序的生活区已供职工入住。

2007 年，将建厂以来厂门外杂草丛生、污水溢流的东大坑与办公楼前的环境整治划为一体。本着“雅尚、实用、整洁、开放”的思想统一规划、分步实施。在东大坑北部盖建了 1100 平方米的存车库和停车场，在中央地段建造了面积为 6000 平方米的文化休闲广场，东部修建了 3600 平方米、可净化生产生活用水、雨水的蓄水池。

九、党群工作

（一）党委工作

党委下设14个支部，58个党小组，在职党员268人，离退休党员78人，专职党支部书记14人，机关部室专职党务人员10人。

从1989年起，用两年的时间，对全厂党员和职工进行党的基本路线、基本国情主题教育，举办大型图片展览，不断增强全体党员的改革开放意识和坚持四项基本原则的坚定信念。

1991年，针对企业思想政治工作“上头热，中间温，下边凉”的现状，厂党委大胆创新，在全厂建立了“政治班长”工作制。即在全厂各车间生产班增设了34名政治班长，并规定了政治班长的条件、职责范围和工作网络。政治班长在协同行政班长搞好生产管理、生产建设的同时，负责全班职工的思想政治工作。

1994年在全厂推广实施“54321”整体工作法。具体内容是：坚持和完善建立思想政治工作领导体系、以政治班长为主体的政工网员群众思想政治工作体系、思想政治工作目标管理体系、提高经济效益服务体系、一套民主管理体系“5个体系”；发挥宣传教育作用、信息传播作用、转化作用、保证监督作用“4个作用”；采取灌输教育和精神激励手段、经济手段、必要的行政手段“3个手段”；抓住建设一个强班子、一支好队伍“2个重点”；最终实现“1”套科学规范的思想政治工作制度。

从1995年起，利用一年多的时间，在全厂职工中开展了“三观”、“四德”主题教育（即世界观、人生观、价值观；社会公德、职业道德、家庭美德、个人品德），并印制了包括“三观”、“四德”释解、企业形象体系、文明用语规范、文明职工守则、行为规范等内容的必备手册。

1998年到2000年，开展了“鼓斗志、渡难关、增效益”主题教育活动。在领导干部中开展了艰苦奋斗、埋头苦干；深入市场、调查研究；真抓实干、雷厉风行；严细认真、一丝不苟；谦虚谨慎、虚怀若谷等“五个作风”活动，为稳定职工思想和生产发展奠定了基础。

2003年，厂党委把推行党建工作质量管理体系作为党建工作创新提高的突破口，实现了党建工作程序化控制、标准化考核、持续化改进，进一步提升了党建工作的质量和水平。

2003年到2007年，先后编写下发了《企业文化手册（企业理念分册）》、《FRIP精细化管理分册》、《4E标准分册》，征集了企业理念背后的故事，全面实施了精细化管理。对各工种、各岗位进一步完善了4E标准、6S标准、ABC三卡、三工轮换、班前礼仪、走动式管理、看板管理、“手指口述”确认以及设备点检、互检、巡检制度等。从2006年开始，对全厂职工进行军训，推行军事化管理。对岗位人员分期分批进行专业技能培训，使职工的整体综合素质有了显著提高。2006年，厂党委坚持把“四好”领导班子建设摆在党的建设的龙头位置，并初步形成了创建“四好”领导班子活动的长效机制。2007年7月份，厂实施生产流程重组整合，有40多名中层管理人员交流任职，一批政治素质好、学历高、有发展潜力、年富力强的同志走上领导岗位，进一步优化了领导班子的年龄、知识和专业结构，增强了整体活力和战斗力。

（二）纪监工作

厂党委积极探索有效预防腐败的新思路，坚持教育、制度、监督三者并重，由零散抓向系统抓转变，形成预防腐败的长效机制。2007年，厂党委深入开展了权力公开透明运行工作，在厂务公开栏动态公开决策、执行、结果，提高了公开工作的质量和水平。抓住影响企业经济效益的重点和关键环节，深入开展效能监察，突出办案重点，进一步优化了企业内部发展环境。

（三）工会工作

1989年，率先在全局签定了《双保合同书》。1996年，试行“工人厂长工作制度”。1999年至2000年，厂工会推出了评选、树立生产岗位明星劳动竞赛星级活动。2007年以来，投入32万余元，建成了占地面积260平方米的职工文化活动中心。实行了厂领导与职工代表恳谈会制度。

（三）团青工作

团委组建于1960年。截至2008年底，有团员103名，青年工人142人，下设10个团支部。

1989年以来，厂团委注重发挥团青有知识、有朝气、有活力的特长，全方位组织参加各项活动。厂团委于2008年建立了“邯郸洗选厂团青论坛”QQ群，为团员青年交流共进搭建了有益的平台。积极倡导开展“争做学习型团组织、争当知识型职工”，鼓励团员青年学政治、学文化、学技术。先后有两人被命名为市级以上劳动模范。

第三节　主要经济技术指标完成情况

历年主要指标统计表

年度	入洗原煤（吨）	精煤产量（吨）	回收率（%）	灰分（%）	水分（%）	电耗（千瓦时/吨）	油耗（公斤/吨）	洗煤效率（%）	工业总产值（万元）	精煤成本（元/吨）	利润（万元）	加工费（元/吨）
1988	2043395	1317326	64.47	10.72	12.22	12.38	1.56	93.01	2267	59.77	1540.9	7.77
1989	1741228	1080426	62.05	10.41	12.33	12.62	1.69	91.23	1745	65.89	980.2	10.71
1990	1551917	950550	61.25	10.4	11.74	9.85	1.61	91.66	1913	72.58	916.3	12.88
1991	1559341	961333	61.65	10.4	11.89	8.86	1.5	91.51	2844	81.18	1365.6	13.5
1992	1629172	951041	58.38	10.75	11.75	8.93	1.5	89.25	3361	98.68	1880.3	14.22
1993	1651986	922595	55.85	10.92	11.74	8.36	1.54	86.34	5037	172.04	3381.9	19.29
1994	1647871	1079355	65.5	10.83	11.86	8.18	1.35	92.09	15152	176.95	5111.6	21.72
1995	1763961	1040449	58.98	10.91	11.79	9.75	1.38	87.79	13096	222.64	5632	31.19
1996	1668570	1023156	61.32	10.87	11.89	10.89	1.604	89.88	8427	245.7	6160	41.14
1997	1685915	1000045	65.28	10.69	11.44	10.5	1.569	89.62	9320	249.47	4169	25.78
1998	1390173	714461	51.39	10.6	11.84	10.63	1.473	81.84	5951	253.11	1360	27.58
1999	1476486	739791	50.1	9.37	11.81	9.42	1.47	82.49	4300	261.25	-1259	31.36
2000	1442045	750006	52.01	9.38	11.79	10.75	1.379	84.99	4883	244.84	-2	32.76
2001	1533693	814706	53.12	9.73	11.75	10.45	1.315	87.63	6572	253	103	46.27
2002	1306719	815015	62.37	9.81	11.85	10.42	1.24	91.25	6412	265.1	307	44.34
2003	1877000	1235587	65.83	9.93	11.75	8.05	1.492	93.85	5249	256.41	1505	37.7
2004	2130246	1376266	64.61	9.95	12.02	9.329	1.23	95.91	5482	296.91	2454	35.82
2005	2338239	1661514	68.5	9.88	12.27	10.23	1.352	97.37	18476	382.13	4688	40.92
2006	2917577	1790514	61.37	9.83	12.09	10.48	1.239	93.51	14694	439.47	1337	34.96
2007	3141411	2172800	69.17	9.88	12.05	10.67	1.227	90.98	35032	341.08	14363	37.76
2008	3323873	2160689	65.01	9.92	12.19	10.51	1.46	97.51	52470	525.82	7093	39.31
合计	39820818	24557625							222683		63086.8	

第四节 市级以上荣誉称号

一、国家、部级荣誉

1990 年，全国统配煤矿特级质量标准化厂、全国优秀质量管理小组

1997 年，全国优秀管理质量小组

2005 年，煤炭行业煤炭质量信得过产品

2007 年，全国煤炭工业 50 强选煤厂

2008 年，全国质量信得过班组

二、省级荣誉

1989 年，河北省煤矿职工生活福利达标单位、煤矿会计达标单位

1990 年，河北省档案管理系统先进单位、计量标准化先进单位

1992 年，河北省煤炭系统思想政治工作优秀单位

1995 年，河北省工会系统思想政治工作优秀企业、煤炭系统思想政治工作优秀单位、质量效益型企业、工会系统女工委先进集体

2005 年，河北省煤炭行业园林绿化先进单位

2006 年，河北省企业管理现代化单位创新成果二等奖

2007 年，河北省企业管理现代化单位创新成果二等奖

三、市级荣誉

1989 年，邯郸市爱国卫生红旗单位、“守合同重信用”单位、工会系统群众文体活动先进单位、工会系统党员教育先进单位

1990 年，邯郸市先进企业、党员教育先进单位

1991 年，邯郸市先进基层党组织

2003 年，邯郸市抗击非典先进单位、工会系统模范职工之家

2005 年，邯郸市“守合同重信用”单位

2006 年，邯郸市工会系统先进星职代会、爱国卫生先进单位、“守合同重信用”单位

2007 年，邯郸市国资委先进基层党组织、“守合同重信用”单位

（资料提供：王耀环、王勇、郝顺增）

第十六章 河北神风重型机械有限公司

第一节 单位概况

一、地理位置

河北神风重型机械有限公司位于河北省邯郸市峰峰矿区临水镇内。矿山机械分公司和液压机械分公司分别地处峰峰矿区峰峰镇内和邯郸市邯山区马头镇内。

二、历史沿革

河北神风重型机械有限公司前身是峰峰集团机械制造分公司。2003 年 12 月 26 日，峰峰集团撤销了原机械总厂、机电设备厂、马头机械厂建制，组建了峰峰集团有限公司机械制造分公司。分公司总部设在原机械总厂院内。2005 年 1 月 25 日，经峰峰矿区工商行政管理局批准，注销了峰峰集团机械制造分公司营业执照，注册了河北神风重型机械有限公司。2009 年 2 月 3 日，改名为河北天择重型机械有限公司，并取得营业执照。

（一）机械总厂沿革

机械总厂是由资本家办矿时期的怡立公司和中和公司两个公司修理厂变迁而来。1951 年 9 月改名为峰峰矿务局中央修理厂，1953 年由峰峰村南迁至现址。1958 年至 1987 年 6 月，几度易名。1987 年 6 月，改名为峰峰矿务局机械总厂。直至 2003 年底，峰峰集团机械制造分公司成立之前，名称未变。

（二）机电设备厂沿革

机电设备厂于 1969 年开始筹建。1972 年，该厂暂定名为筹建厂，隶属于局生产指挥部。同年，同局马头配件厂合并后更名为局配件厂。1974 年，与马头配件厂分开正式定名为局电器修配厂，成为局属独立单位。1999 年，更名为局机电设备厂。直至 2003 年峰峰集团机械制造分公司成立之前，名称未变。

（三）马头机械厂沿革

马头机械厂始建于 1969 年，1972 年曾与局配件厂合并，更名为峰峰矿务局备件厂，1976 年划归局机修厂，厂名为局机修厂马头分厂（马头配件厂），1986 年经局批准成为独立核算单位，更名为局洗选设备配件厂，为局二级法人单位。1995 年更名为局马头机械厂。直至 2003 年，峰峰集团机械制造分公司成立之前，名称未变。

2004 年 1 月，机械制造分公司被峰峰集团列为第一批主辅分离、辅业改制单位。2004 年 10 月 21 日，河北省工商行政管理局核准机械制造分公司预名为河北神风重型机械有限公司，2004 年 10 月 27 日，河北省国资委批准机械制造分公司改制为国有参股（相对控股）的有限责任公司。2004 年 10 月 28 日，召开了新公司成立大会和揭牌仪式。2005 年 1 月 25 日，经峰峰矿区工商行政管理局批准，注销了峰峰集团机械制造分公司营业执照，注册了河北神风重型机械有限公司。这次改制，企业性质发生了根本性变化，产权实现了多元化，国有职工身份得到转换，重新选举出法人治理机构，经营机制开始按《公司法》运转。

公司股权设置：注册资本金 1.2 亿元，其中峰峰集团以债转股形式出资 3600 万元，占总股本的 30%，23 名自然人信托股东以职工经济补偿金和现金出资 8400 万元，占总股本的 70%。

法人治理机构：股东会由峰峰集团法人股东和 23 名自然人（信托股东）组成，为公司最高权力机构，董事会由 9 名董事组成。其中集团公司委派 3 名，自然人股东选举 5 名，公司职工民主选举 1 名，董事长由集团公司推荐，并经董事会选举产生。监事会由 5 名监事组成，其中集团公司推荐 1 名，23 名自然人股东选举 3 名，公司职工民主选举 1 名，监事会主席由监事会选举产生。经理层设总经理 1 人，副总经理及总工程师 5 人。

三、企业规模

公司占地面积 44.7347 万平方米，其中主厂区占地面积 32.05 万平方米，异地经营的矿山机械分公司占地面积 2.4847 万平方米，液压机械分公司占地面积 10.2 万平方米。

公司有职工 2300 人，其中各类专业技术人员 300 余人，高级工程师 35 人，工人技师 50 余人。

公司总资产 4.5 亿元。

年生产能力 3 万吨，年销售产值 4.5 亿元。

公司拥有铸、锻、焊、热处理以及机加工、电气、检测各类设备 1085 台（套）。其中：有 10 吨电炉、3 吨自由锻锤、800 吨油压机、数控火焰等离子切割机、俄罗斯产 4m 重型滚齿机、俄罗斯 3600 ×

12000mm 龙门铣、俄罗斯 6625Y 龙门镗铣床、日本卧滚、5 米落地车床、德国磨齿机、俄罗斯磨齿机、比利时镗床、120 吨天车等一批大精尖设备，同时还引进了具有国内先进水平的全自动切割机、微排放电镀生产线、托辊生产线、带式输送机生产线、各类矿山运输绞车生产线、单体液压支柱生产线，可承揽矿井采掘工作面工艺设计、装备设计、制造安装、技术服务与生产指导。主要产品有采煤机系列、刮板输送机系列、胶带运输机系列、轻放支架系列等，冶金产品范围有：可制造轧钢生产线所有设备以及非标人字齿轮座、轧机、冷床、飞剪、冷剪、重型齿轮箱等各种机械设备零部件。

第二节 主要工作

一、机械制造分公司组建前（1989 年至 2003 年）

（一）机械总厂

1. 生产发展

1990 年，机械总厂共有职工 1943 人，其中生产和辅助工有 1509 人。固定资产总值 3135.9 万元，净资产 1592 万元。主要有 6 个生产车间、47 个生产班组、26 个职能科室，年生产能力 6000 吨，年产值 2758 万元，拥有设备 755 台。1990 年，投资 40 万元对锅炉进行气改水改造，对铸造电炉安装了可控硅交流双绕组电机及微机自动控制系统，使钢水耗电降到 626 千瓦时/吨以下。1991 年，又购进离子氮化炉、淬火机床等设备 7 台，弥补了设备空白。1992 年，投入 150 万元购置了大型落地镗床等设备 4 台。同年，由国家投资 708 万元，兴建采掘修理中心。1994 年至 1996 年，开发了采煤机、掘进机大修理等项目，并主动开发了冶金市场。1996 年，结合市场行情，提出了以造代修、规模经营的工作思路，并加快了发展速度。1999 年，重新启用了闲置的采掘修理中心，先后完成通电、通水和起重设备，增加生产场地 4500 平方米。2000 年，在东厂区新建了轻型钢结构厂房 4100 平方米。2003 年，筹建了 4000 平方米的重型机械装配车间和 2000 平方米的铸造生产场地，扩大生产场地 1.5 万平方米，投入 2000 余万元购置了 250 落地镗、德国磨齿机、12 米龙门铣、4 米滚齿机、125 吨天车等 50 余台大型设备。2003 年，产量突破 3 万吨，具备了批量制造能力，实现了“以造为主，以配为辅，以修为补”的生产格局，产品远销全国 26 个省、市、自治区 300 多家单位，并出口南非、印度、印尼、菲律宾等国家。煤炭机械系列主导产品有井下采煤机系列、刮板输送机系列、液压支架系列、矿山运输与提升绞车系列、乳化液泵站系列等。冶金机械产品主要有冷热成套轧钢生产线的装备设计、制造安装、生产指导与技术服务，主要产品有 1.45 米以下冷轧带钢、∮ 250 毫米以下无缝钢管、450 毫米以下 H 型钢等成套生产线设备等。

2. 市场开发

1987 年 5 月 3 日，与冶金部配件服务中心签定了《关于共同开发冶金配件生产业务》的协议书。此后每年春、秋在外地召开两次订货会议，业务不断增多，用户范围迅速扩大。1992 年，与 38 家钢厂建立了业务往来，承揽任务量由开始的 100 多万元迅速增加到 1000 万元以上，占全厂产值的 40%。业务范围也逐步扩大，由开始的齿轮、齿轴和各种零部件到轧钢机、冷剪机、出炉辊道、联轴器、推钢机、推焦杆等单机设备。1992 年后，为扩大业务，成立了销售科，分为冶金、煤炭两个市场。1996 年，成立了销售处，下设煤炭、冶金、综合室、成品库等科室。投入 2 万余元在《机电日报》、《中国煤炭报》等媒体刊登广告，提高了企业知名度。之后承揽任务的重点开始向全国煤炭行业延伸，主要产品有：采煤机、刮板输送机、综采支架和乳化液泵站等批量设备或整个工作面配套设备。山西、山东、河南、河北、四川、东北、新疆、内蒙古等 100 多家煤矿相继使用了厂生产的采煤设备。1996 年，通过与北京冶金设计院合作，开展了轧钢生产流水线成套设备的制造，后又与天津中直、中重、山西、福建三明等多家单位合作先后完成了 10 多条轧钢生产线的成套设备制造。

3. 企业管理

1989 年 3 月，机械总厂成立了企业管理办公室。当年制定了企业升级规划。对各项管理工作进行认真整改，制定完善了技术标准1186个，管理标准36个，工作标准262个，重新补充制度23个；完善标准化体系，制定了产品标准34个，设备标准11个，配件标准17种；基础管理，先后有全面质量管理、档案管理、计量节能管理和新产品开发等11项取得省级以上认证资格。1989年7月，经中煤总公司企业升级检查团验收，取得了煤炭行业二级企业资格。1990年，厂成立了全面质量管理办公室，对产品标准进行了整顿和制定工作，自订产品标准32个，修改产品图纸16套，1991年，获能源部全面质量管理奖。1998年下半年，开展了ISO9002质量体系认证工作，制定了《质量手册》和《程序文件》，使全厂产品从原材料采购到加工、销售都处于受控状态。1999年，通过了北京新世纪认证公司的监督审核和国家认证机构认可的稽查审核。2002年开展了ISO14001环境认证，2003年取得了认证资格证书。

4. 经济责任制

从1986年开始，生产车间改进了生产计划考核办法。1989年对承包方案进行了修改。1992年，对承包办法进一步完善，分配开始向生产一线工人倾斜，对直接生产工和苦、脏、累、险岗位实行了2个档次的岗位津贴。1995年，结合局后勤剥离分流政策，重新制定了承包方案，变化较大。对6个生产车间实行分厂制管理，分配实行工效挂钩，供应科划转为供应公司，汽车队成为汽运公司，后勤成为生活服务公司。1996年，工资结构发生了变化，经济责任制也作了部分调整，对经营者首次实行了风险抵押办法，重奖重罚。1997年，经济责任制结合市场变化再次作了修改。1998年开始，打破了岗位技能工资制度，原工资级别只作为档案工资保留，工人执行计件工资，承包经营者实行年薪制，管理人员实行岗薪制。2003年，提高了定额工资基数，增大了利润分成比例。

5. 科技开发

1989年，开发了MB100、170型采煤机大修理、ELMB－55型掘进机大修理以及FH绝缘电机、乳化液泵的大修理项目。1990年，围绕冶金系统高速减速机展开技术攻关，先后完成了邯钢同步减速机、北京特殊钢厂的大模数轴齿轮、航天工业部的数控转台等制作任务。

1996年以后，科技开发加快了速度，成立了科技开发研究所，与科研单位、大专院校联合研制新产品，完成了箕斗和罐笼、出渣机、震动筛、主井绞车等技改项目，完成了喷砼机、乳化液泵、锚杆机、进口震动筛等新产品的测绘、设计和试生产。1998年，开发了采煤机、刮板运输机、轻放支架、乳化液泵站、采煤配套设备新产品，当年承揽批量制造任务3000万元。1999年，采煤配套设备研制先后获得了河北省煤炭工业科技进步一等奖、河北省科技进步二等奖。2002年，先后研制开发了电牵引采煤机、露天采煤机、大马力乳化液泵站、大功率刮板运输机。2003年，MG300－BW型薄煤层采煤机获河北省煤炭工业科技成果一等奖、河北省科技厅三等奖。

6. 设备管理

1987年，机械总厂成为冶金部冶金备件供应服务中心成员后，产品结构逐渐发生了变化，最终形成了以煤炭、冶金两大系列机电产品为主导的格局，设备购置也随之有了相应改变。1989年至1992年，购置的设备主要以生产急需设备为主。1993年，机械总厂成为首批被局推向市场单位，维简费自提自用，设备选型由小型逐渐转向大型、重型发展。1994年1月，投资157万元购置了TX6216C落地镗铣床。1996年开始，相继投资120余万元购置了3台数控等离子切割机，从局租赁了价值168万元的俄罗斯产5843E磨齿机。从1999年开始，进一步加大了对生产的投入，先后自筹资金2000余万元，购置了10余台二手大型机械设备，包括落地镗铣床、磨齿机、卧式滚齿机、车床、外圆磨床、龙门铣床等，扩大了产品加工范围。

7. 安全生产

1989年以前，厂设有安全科。1992年，厂成立了安全生产委员会。1989年至2003年，厂先后召开了五届职工代表大会，均选举产生安全委员会。厂团委在生产车间设立了“青安岗”。1989年至2003年，对职工开展各种安全教育培训64次。1989年至2002年，连续实现无工亡、无重伤、无重大机械和火灾事故。2003年6月11日，发生工亡1人。

8. 职工培训

1989年，结合企业升级，举办TQC电化教育培训30多期，培训人员2000多人次。1990年以后，先后举办了青工技术理论培训、工种持证上岗培训、特殊作业人员持证上岗等培训班。1996年以后，先后举办了管理人员工商管理知识培训班、中层干部市场经济知识讲座。15年来，共举办各种类型培训班301期（个），培训职工8000多人次。1997年，与局技工学校合作，开办了铸造班，学员40人。2000年，又委托局教育培训中心专项为厂培养数控操作班一个，学员30人。2001年，委派40名青工，分两批到河北科技大学深造。2000年，撤销了职工培训科。此后，培训工作职能划归劳动工资科。

9. 后勤管理

1989年至1995年，厂后勤辅助单位有行政科、医院、学校等。1995年，成立了生活服务公司，所属8个班组与企业主体分离。1998年，成立了实业总公司，同时撤销了原生活服务公司、物业管理中心、集体企业公司、综合服务公司、汽运公司。2002年，撤销了实业总公司和党总支建制，成立了实业部。2003年12月，厂职工子弟学校整体移交地方政府管理。2004年，对家属生活区电网进行了改造，并移交地方供电局管理。

1989年，按照国家房改文件精神，将800多户旧楼房出售给职工，同时还加快商品楼房建设。1989年至2003年，共完成19栋职工住宅楼建设，建筑面积达6.1596万平方米，共有792户职工家属乔迁新居。1990年至1996年，共投资57.3万元对全厂漏雨户、危房户进行了维修加固。1991年，完成厂区、生活区供热工程改造。1992年，完成生活区煤气工程，投资6万元为医院购置了x光医疗诊断机。1992年至1993年，投资22.3万元改造了职工澡塘和职工食堂、单身宿舍、托儿所等福利点设施。2002年，投资30余万元，为120间单身宿舍配置了电视，安装了有线信号，并为每位单身职工配置了被褥、毛巾被、床单等生活用品。

（二）机电设备厂

1989年至1995年，机电设备厂开展企业升级，建立了技术、管理工作3大标准体系，制定了管理制度26项，编制了生产工艺等6大规程，使全厂各项管理走向规范化、制度化，被评为河北省先进企业。同时，对全厂管理体制和组织机构进行重大改组和调整，设置了生产部、经营部、政工部、办公室、厂工会，成立了供销公司、技术开发公司、多种经营公司，生产单位取消车间建制，组成6个工段，使生产管理由三级变为两级，并确立了以销售为龙头的经营策略。对生产一线工人试行了计时工资制。1996年至1997年，再次调整组织机构，建立了3部1室、3个公司和3个分厂，合并机构4个，管理人员由65人减为16人。通过了北京新世纪质量体系认证中心的认证审核，取得了ISO9002质量体系认证证书。

（三）马头机械厂

1989年后，马头机械厂劳动人事、财务、计划、生产、物资、档案等管理工作陆续实现计算机化，形成信息网络。同时先后研制了单体液压支柱、多种型号轻放支架、L·T型斗式提升机。单体液压支柱和L·T型斗式提升机先后经国家技术监督局和机电部矿山机械产品质量监督检测中心检验测定，达到设计标准和国内先进水平。镀件漂洗水闭路循环新技术应用生产线成果，通过河北省煤炭工业厅科技成果鉴定。根据市场需求，实行切块分流，成立了机修分厂、铸造分厂、销售部、供应公司、运输队、生活服务公司。1998年，通过了ISO9002质量体系认证。

二、机械制造分公司（2004 年）

2003 年 12 月 26 日，集团公司组建机械制造分公司，总资产 3.0086 亿元，总负债 2.2496 亿元，净资产 5197.67 万元，占地 20 宗，面积 44.1012 万平方米（661.5 亩），其中生产经营占地 7 宗，面积 25.5267 万平方米，价值 4143.09 万元，生活服务、医院、住宅占地 13 宗，价值 5573.89 万元。

组建后的公司职工人数 2280 人，其中全民固定工 1309 人，合同制工人 971 人，离退休人员 1212 人（退休人员 1168 人，离退休干部 26 人，建国前老工人 18 人）。

一年来的主要工作：

1. 对生产销售、供应、财务、工资、人事由分公司集中管理，调整了生产结构，生产单位合并为 6 个，其中异地经营单位 2 个，职能部门 8 个，经营单位 7 个。

2. 重新划分了市场区域，并实行了区域经理负责制。2004 年，共承揽集团公司内煤炭制修任务 1.1391 亿元，外部煤炭制修任务 8564 万元，冶金市场任务 5332 万元。

3. 大胆改革分配制度，取消了原岗位技能工资等级，管理人员实行岗薪制，工人实行计件工资。2004 年，公司完成产值 2.67 亿元，实现利润 327 万元，人均收入达 1.1824 万元。

4. 调整生产布局。新建了大型焖火窑、抛丸室，改造了 2 吨模锻锤、3 吨自由锻锤，装配修建了大型工作平台，完成了东厂区 4100 平方米的工房建设。筹集 2000 万元开工新建重型装配车间和铸工生产场地，共计 6000 平方米。

5. 投资 1000 万元，购置了 250 镗铣床、12 米龙门铣和 75 吨、125 吨天车等大型机加工设备、起重设备。

6. 先后投资 300 万元，用于环保设备的改造，拆除了铁工、铸工所有旧式反射炉，新建环保反射炉 5 座，修建混砂沉淀池 1 座，基本解决了主厂区炉、窑、站、房冒黑烟和水污染问题。2004 年，取得 ISO14001 环保体系认证资格。

7. 先后投入 100 万元，购置微机 200 台，建立了信息管理中心，与北京科希盟软件公司合作，建立 ERP 管理体系，生产现场安装了电子监控系统。

8. 开发了新产品。2004 年，与科研单位合作研究出 LMG560 露天采煤机，改造了 300B 采煤机，自研了大倾角带式输送机、AM50 皮带转载机、乳化液泵电控柜、支架、支柱等新产品。

三、河北神风重型机械有限公司（2005 至 2008 年）

公司是经改制的股份制企业，2005 年 1 月 25 日，办理了工商注册手续。公司注册资本金 1.2 亿元，其中集团公司投资 3600 万元，占总股本金 30%，23 名信托名义股东代表合股 8400 万元，占总股本金 70%，集团公司相对控股，主要领导班子成员由集团公司推荐和委派。党组织为党委建制，下设 1 个党总支，15 个基层党支部。设 10 个生产单位，其中异地经营的 2 个。

（一）生产经营情况

生产经营情况表

年度	销售产值（万元）	主营业务收入（万元）	利税总额（万元）	利润总额（万元）	人均收入（元）
2005	40645	37291	3017	1385	19650
2006	48869	38219	2808	563	19901
2007	40457	34225	3136	1002	18317
2008	46531	35717	984	−871	22496

（二）主要工作

1. 企业改制后续工作进行完善。2005 年，先后两次发动职工募集现金 4300 余万元。按照规定程序，为 23 名信托股东办理了公证手续，依法确认了受托人所带股份。

2. 相继开发了山西、内蒙古等十余家新用户。截至 2008 年 12 月，公司承揽合同总额达 16.9925 亿元。投资 400 余万元建立了内蒙古神风煤机有限公司和北京澳来福环境科技有限公司。

3. 继续开展信息化建设。分 3 期先后完成了供应采购、库存、人力资源、工资、劳保、设备、能源、办公自动化、生产和财务预算管理等 10 个模块的运行工作，实现了公文传递、工资发放、采购计划、发料处理和人事档案等无纸化、自动化和信息化。

4. 调整生产布局，强化流程再造。2006 年，公司整合企业资源，实施专业化生产，完成了冶金机械厂装配车间、采掘机械厂和运输机械厂等基础设施建设。建立了新的成品库和半成品库，并投资 1017 万元购买了卧式镗床、立式滚齿机、数显双面刨台式镗铣床等设备。2006 年，顺利通过北京新世纪认证公司的三合一管理体系认证和监督审核。2008 年末，对基层生产单位和机关管理部门重新进行了调整。

5. 加快新产品研发步伐。2005 年以来，煤炭机械产品相继完成了充填液压支架等数种架型、液压采煤机、薄煤采煤机、露天采煤机和 7 种中等型号刮板输送机、数种型号大倾角皮带机、转载机、电机等设计制作。冶金机械方面相继完成了 350 毫米热轧窄带钢主轧线、60 万吨 350 热轧生产线、40 万吨 233 窄带钢生产线、50 万吨 H 型钢工程精整、收集区域机械设备、1050 六辊可逆冷轧机组等新产品的设计制作。2008 年，先后完成了 800 系列铸造刮板机、MG700 采煤机（机械部分）和冷轧机组等设计等工作，相继取得了 55 种产品的煤安标志证书。

6. 加强安全生产。在安全生产工作中，进一步完善了各项安全管理制度，加大了日常安全巡查和职工培训力度，共组织 324 名职工参加了特殊作业人员安全培训，投资 100 多万元，为全体职工建立了工伤保险。

四、党群工作

（一）神风公司（含机械总厂、机械制造分公司）党群工作

1. 党委工作

（1）党组织沿革

1992 年 3 月 28 日，中共机械总厂第四次党员代表大会召开，选举产生了新一届党委。党委委员由 7 人组成。同时产生中共机械总厂纪律检查委员会，委员会由 5 人组成。

1994 年，对基层党支部进行换届改选。

1999 年上半年，对基层党支部进行换届改选，经选举，产生了实业总公司党总支和 13 个基层党支部新一届支部委员会。

（2）主要工作

1993 年，在党员中开始“议、创”活动。

1994 年，坚持“围绕经济抓党建、抓好党建促经济”，开展了“树、创、做”活动。

1996 年，在职工中大张旗鼓开展了“闯市场、谋发展、渡难关、求生存”主题教育和“五杯竞赛”。

1998 年，积极探索基层党支部考核工作新办法、新思路，促进党支部建设上等级。

2000 年，将生产经营中的重点、难点和关键点，作为党员先锋工程活动的重点攻关项目。

2001 年，以庆祝建党 80 周年为契机，认真开展了“做表率、献厚礼”系列党建活动。

2002 年，坚持以“创新、创业、创效”主题教育活动贯穿全年，适时开展了一系列活动。

2003 年，面对“非典”疫情，厂党委一手防“非典”，一手抓生产，取得了文明建设的良好成绩。

2004 年，针对三厂合一带来的变化，积极开展了“新机制、新形象、新发展”主题教育系列活动。

2005 年，开展了保持共产党员先进性教育活动。

2006 年，坚持把建立质量管理体系作为党建工作创新提高的突破口，党建工作进一步规范。

2007 年，根据企业的历史和产品特点，积极策划和实施打造企业品牌文化，“天择”商标被评为河北省“著名商标”。

2008 年，公司党委不断创新和改进党建工作的方法和途径，有效发挥了党组织的作用。5 月份，积极组织广大党员向四川地震灾区缴纳特殊党费 7.2164 万元，组织职工捐款 18.8336 万元，10 月份又捐款 10.1430 万元。

2. 纪监工作

1989 年至 1995 年，加大查办案件力度，集中查处了一批违纪违法案件。为加强党风廉政建设，聘请了党风廉政监督员。对中层干部建立了廉政档案，每季对党风党纪实绩进行考核。1992 年 3 月，在中共机械总厂第四次党员代表大会上，选举产生了由 5 人组成的厂纪律检查委员会。1994 年 3 月，按照上级要求，纪委、监察合署办公。

1996 年至 2003 年，加大查处案件力度，先后查处了截留职工工资、私设“小金库”、挪用公款、失职为企业造成经济损失等案件，有 8 人次党员干部受到党纪政纪处分。对群众意见较大的领导干部吃喝招待、私设“小金库”等问题进行了专项治理整顿。从 2000 年开始，加大了效能监察工作力度，对物资采购、废旧物资处置、工程招标等进行了效能监察。2002 年 3 月，召开了“常敲枕边钟、争当贤内助”座谈会，对领导干部家属提出了具体要求。2002 年 4 月，组织中层及以上领导干部和“三管人员”前往磁县漳河监狱接受警示教育。

2004 年 1 月，成立了由 7 人组成的机械制造分公司纪律检查委员会。2004 年 3 月，召开了机械制造分公司党风廉政工作会。

2005 年 1 月，成立了由 7 人组成的河北神风重型机械有限公司纪律检查委员会。在查处违纪违法案件方面，先后对物资采购失职、销售人员挪用公款和截留收入私设“小金库”等案件进行了处理，共有 9 人受到党政纪处分。2005 年 5 月，推行了行政权力公开透明运行工作。从 2006 年开始，每年中层及以上领导干部进行廉政承诺。2007 年 5 月，邀请峰峰矿区检察院举办了预防职务犯罪讲座。2008 年制定了《关于深化廉洁文化建设，创建“本质廉洁型”企业的实施意见》，编写了《廉洁文化手册》和《领导干部勤廉标准、行为规范》。2006 年、2007 年被集团公司评为“查办案件先进单位”。

3. 工会工作

（1）会员代表大会和职工代表大会情况

1994 年 9 月，第七次工会会员代表大会召开，选举产生了新一届工会委员会。

1996 年 9 月，第八次工会会员代表大会召开，选举产生了新一届工会委员会。

2006 年 3 月，第一次神风公司工会会员代表大会召开，选举产生了神风公司工会委员会。

1990 年 1 月、1992 年 1 月、1994 年 1 月、1997 年 1 月、2000 年 1 月，分别召开机械总厂第七、八、九、十、十一次职工代表大会。

2004 年 1 月，第一届机械制造分公司职工代表大会召开。

2005 年 1 月，第一届神风公司职工代表大会召开。

（2）主要工作

1994 年，厂工会主席代表职工与厂长签定了“双保合同”。厂工会再次获河北省煤矿“模范工会”称号。

1996 年，厂工会主席代表职工与厂长签定了集体合同。对 66 名中层干部进行了民主评议。建立健全了职工互助补充保险制度。大力开展了群众性的技术练兵和劳动竞赛活动。

1997 年，进一步拓宽民主管理渠道，采取和建立工人参事员、职工代表视察和职工代表联系点等行之有效的民主管理形式和制度，完善了基层工会对二次分配方案的管理和监督。

1998 年至 1999 年，组织开展多种形式的劳动竞赛、技术练兵等活动。

1999 年至 2007 年，推行了厂务公开活动，先后建立健全了管理制度和领导机制、工作机制、监督机制，形成了三级公开网络。

2007 年，对 500 名员工进行健康普查和体检，组织 100 名优秀员工外出疗、休养。为基层“员工之家”购置了各类技术书籍。

2008 年，为 472 名女工进行了健康普查，对 218 名员工进行了职业病检查，评选出了 36 名首席员工、100 名明星员工和 12 名优秀班组长，投资近 2 万元为职工书屋增添了图书等设施。

20 年来，还组织举办各类文艺演出和体育比赛 400 多场（次），丰富了职工的业余文化生活。

4. 团青工作

（1）机构沿革

1991 年 8 月，共青团机械总厂第八次团员代表大会召开。参加大会的正式代表 71 人。会议采用差额选举的方法，选举产生了共青团机械总厂第八届委员会。之后，未召开团员代表大会。团委书记由厂党委考察任命。1996 年 9 月、1999 年 7 月、2003 年 11 月，按照团章规定，对基层团支部进行了换届改选。

（2）主要工作

1989 年至 1991 年，厂团委组织广大青工开展了“争当岗位明星”竞赛活动，评选出了“十佳青工”。1994 年，会同有关部门联合开展了评选“优秀青工知识分子”活动。2004 年，在厂“大干 100 天”会战中，组织青年突击队开展义务奉献活动，清理了多年未清的铸造厂沉淀池。2005 年 7 月，召开了青工技能振兴计划推进会，组织青工拜师学艺，签定师徒合同。2006 年 11 月，开展了青年志愿者服务活动，为离退休老干部发放了青年志愿者便民服务联系卡。

（二）原机电设备厂党群工作

1991 年 11 月，召开党员大会，选举产生了新一届党总支委员会。1996 年和 1997 年，分别对总支成员进行了调整。1996 年，组织开展了“凝聚工程”活动。1998 年，重点在领导干部中开展了“四学四深入”活动。2000 年，开展了系列理论学习活动。2001 年，开展了“为党旗添彩、为职工做表率”系列活动。

1991 年，第五次工会会员代表大会召开，选举产生了新一届工会委员会。至 2003 年按期召开职工代表大会。

（三）原马头机械厂党群工作

1991 年，在全厂开展了基本国情、基本路线的教育和其他系列活动。1992 年，在全厂党员中开展了“议中心、创效益”活动。1998 年，开展了“认清形势、振奋精神、艰苦奋斗、共渡难关”的活动。1999 年，开展了“鼓斗志、闯难关、抓增盈”主题活动，并组织开展了形势任务大讨论。

1990 年，组织开展了群众性的技术比武活动。1995 年，成立了劳动争议调解委员会。1996 年，建立了劳动法律监督小组。2001 年，建立了互助帮贫基金会。

第三节　主要经济技术指标完成情况

历年主要经济技术指标完成情况表

年度	工业总产值（万元）	制修总量（吨）	钢水（吨）	氧气（立方米）	价值效率（元/人）	万元产值耗电量（千瓦时）	万元产值耗水量（吨）
1989	2278	5563	3297	601138	11467	3742	116.21
1990	2758	6064	3636	686862	14116	3148	92.69
1991	2724	5334	2926	641340	15525	2575	85.96
1992	2931	5331	3142	713640	16891	2702	95.19
1993	3609	4088	3415	723702	17855	2727	128.47
1994	4002	3346	2591	581774	17434	2312	135.92

年度	工业总产值（万元）	制修总量（吨）	钢水（吨）	氧气（立方米）	价值效率（元/人）	万元产值耗电量（千瓦时）	万元产值耗水量（吨）
1995	4513	4792	2911	656916	19910	2332	107.65
1996	4503	4649	2904	782276	21834	2242	116
1997	5504	5604	2946	787620	32597	1849	66.53
1998	7003	5158	2228	824640	44603	1222	36.73
1999	7242	6122	2905	954456	45045	1349	32.72
2000	7214	5904	2744	934450	41980	1394	31.01
2001	10237	7997	4436	635652	59938	1170	20.5
2002	11861	10075	4636	694538	67421	1047	21.12
2003	13171	11666	5751	874656	78629	1108	16.71
2004	29122	25733	7367	986976	120126	1108	
2005	38545	30933	8648	943400	173549	555	
2006	41383	34499	7332	903936	187508	517	10
2007	34586	30228	6895	767352	154540	548	8.7
2008	39771	31566	7489	226800	182939	452	7

注：1989 年－2003 年，为机械总厂统计指标。2004 年，为机械制造分公司统计指标。2005 年以后，为神风公司统计指标。氧气自 2008 年 5 月以后不再生产。

第四节　市级以上荣誉称号

一、国家、部级荣誉

1990 年，国家节能企业

1991 年，能源部质量管理奖、冶金部冶金配件生产先进单位、国家二级企业档案管理合格单位

2004 年，全国煤炭环境保护优秀单位

2005 年，全国煤炭机械工业优秀企业、全国煤矿机电制修企业钳工技能大赛优秀团体奖

二、省级荣誉

1989 年，河北省企业档案管理合格单位

1990 年，河北省设备管理 B 级企业、设备管理先进单位

1993 年，河北省“守合同重信用”单位

1994 年，河北省“守合同重信用”单位

1995 年，河北省“守合同重信用”单位

1996 年，河北省“守合同重信用”单位

1997 年，河北省“守合同重信用”单位

1998 年，河北省“守合同重信用”单位、节水型企业

2000 年，河北省“守合同重信用”单位

2001 年，河北省“守合同重信用”单位

2002 年，河北省产品质量信得过企业、优秀发明创造单位、“守合同重信用”单位

2003 年，河北省“守合同重信用”单位

2004 年，河北省企业管理现代创新成果三等奖
2005 年，河北省“守合同重信用”单位
2006 年，河北省“守合同重信用”单位
2007 年，河北省“守合同重信用”单位
2008 年，河北省安全质量标准化机械制造二级企业、用户满意企业、著名证明商标、诚信企业

三、市级荣誉

2003 年，邯郸市文明单位
2004 年，邯郸市“守合同重信用”单位
2005 年，邯郸市环境现场管理先进单位
2006 年，邯郸市环境现场管理先进单位
2007 年，邯郸市园林式单位

（资料提供：关智英、扈玉生、李相成、孙广义）

第十七章　河北纵横工程有限公司

第一节　单位概况

一、历史沿革

河北纵横工程有限公司位于河北省邯郸市峰峰矿区峰峰镇。前身是峰峰矿务局工程处，最早成立于1951 年 1 月，当时称为峰峰矿务局土建大队，先后更名为峰峰矿务局基本建设工程公司、峰峰煤矿基本建设局、煤炭部河北省煤矿管理局基本建设局、峰峰矿务局基本建设处、峰峰矿务局工程处等名称。除1955 年至 1960 年为峰峰煤矿基本建设局期间，直属煤炭部基建总局管理外，一直隶属于峰峰矿务局。1989 年至 2005 年 4 月，企业名称为峰峰局（峰峰集团）工程处。

二、改制情况

2004 年，根据河北省委、省政府关于国有大中型企业主辅分离、辅业改制要求和峰峰集团统一部署，工程处进行改制，由峰峰集团与 29 名自然人信托股东共同出资，组建河北纵横工程有限公司。2005 年 4 月 20 日，召开了公司创立大会。按照《公司法》的规定，完善了法人治理结构。4 月 30 日完成了公司的注册工作。

纵横公司注册资本为 2518 万元，其中：峰峰集团以货币资金出资 243 万元，占新公司注册资本金的 9.65%；29 名自然人信托股东出资 2275 万元（其中：经济补偿金 1698.5197 万元，现金 576.4803 万元），占注册资本金的 90.35%。改制后公司为峰峰集团参股子公司。

三、公司规模

以承担峰峰集团矿建、土建、机电安装工程为主，是建设部批准的施工总承包二级资质企业。主营矿山工程、机电安装工程、房屋建筑工程、市政公用工程、送变电工程、管道工程、钢结构工程、防腐保温工程。是 ISO9001：2000 国际质量体系认证企业，华北电力监管局批准的承装（修、试）电力设施许可证企业。

公司占地面积4.6086万平方米，拥有先进施工机械设备800余台（件），年施工能力2亿元以上，井巷工程进尺1万米以上，房屋建筑面积5万平方米以上，机电设备安装300余台（件），送电线路上百公里。

公司职工684人，其中专业技术人员113人，高级职称7人，中级职称17人，一级建造师8人，二级建造师13人。

公司具备较强的施工能力，施工的羊渠河矿东风井，填补了河北省在采空塌陷区立井施工的空白；施工的黄沙矿辛安南风井井筒工程，创出了立井施工月成井112米的峰峰集团和公司最高施工纪录；施工的山西华晟荣矿315吨主井井架安装工程，实现了大吨位井架一次安装到位；承建的华晟荣矿储煤量1.0500万吨的大型原煤仓工程，受到业主高度评价；施工的高41.6米、重307吨的羊东副井井架制作安装工程，是河北省第一个利用永久井架凿井的箱体式井架，实现了空中一次对接成功，开创了公司制作、安装大型箱体井架新纪元；安装的梧桐庄矿副井井筒上、下机电设备系统工程获全国煤炭行业最高奖项“太阳杯”工程称号。

四、资质变更情况

1997年，工程处的企业资质由矿山建筑安装工程施工总承包二级，晋升为矿山建筑安装工程施工总承包一级资质。

2001年，国家按照工程总承包、专业承包、劳务分包的序列，重新核定企业资质，工程处因注册资本达不到一级资质要求，而被核定为矿山建筑安装工程施工总承包二级资质。

五、对外投资情况

（一）参与局电业分公司改制

2002年6月20日，按照局要求，参与局电业分公司改制为邯郸峰煤电业有限公司的工作，出资200万元，占电业分公司注册资本1000万元的20%。

（二）参与局建筑总公司改制

2005年，纵横公司参与了局建筑总公司的公司制改革工作，出资651.66万元，占河北大兴建设工程有限公司（前身为峰峰局建筑总公司）注册资本金2018万元的32.29%，成为大兴公司的第一大股东。

六、公司合并重组工作

2008年4月，纵横公司召开股东会第五次会议，大兴公司召开股东会第六次会议，作出了《纵横公司和大兴公司合并，晋升企业一级资质的决议》。并呈报集团公司和冀中能源集团，经同意进行了纵横、大兴两公司合并重组工作，2008年12月18日，完成了合并重组工作。重组后，公司名称仍为河北纵横工程有限公司，注册资本5189万元，其中：峰峰集团以货币资金出资601万元，占新公司注册资本金的11.58%；35名自然人信托股东出资4588万元，占注册资本金的88.42%。

合并后公司共有职工949人，其中专业技术人员175人，拥有高级职称9人，中级职称33人，一级建造师20人，二级建造师33人。

第二节　主要工作

一、生产情况

1989年以来，工程处（纵横公司）承担了局（集团公司）矿建、土建、机电安装工程等大部分的建设工程。先后承建了吝家沟矿新副井工程、井下二期和三期工程、主副井井架制作安装工程、风机房工程、地面建筑工程等；大淑村矿主井工程、风井井筒工程、井下全部井巷工程、井上下全部机电安装工程和部分地面建筑工程等；梧桐庄矿西风井工程、主副井绞车安装工程、主副井井筒上下机电设备系统安装工程、35千伏变电站工程、35千伏线路工程等；煤化工工程大型土石方工程、35千伏变电站工程、污水池工程等。承建了羊渠河矿、九龙矿、小屯矿等矿－400至－600、－600至－800的开拓延深工程，井巷施工总进尺7万余米。在工程量不饱满的情况下，坚持“走出去”战略，先后承揽承建了安阳龙山煤矿风井施工工程、二期井巷工程等；井陉矿务局临城三号井井上下机械设备、抽风机、排矸、供电等安装工程，河南巩义煤矿的主、副井筒工程，内蒙神隆矿井井巷工程，山西吕梁南庄煤矿技改工程，山西华晟荣矿主、副井井架安装工程和职工宿舍楼工程、地面联建工程、容纳5000人的体育场工程、储量1.0500万吨的储煤仓工程等。

（一）矿建工程施工

矿山建设分公司是公司井巷施工单位，年施工能力1万米以上，先后承建和参建了20余对大中型矿井，总建设规模1300余万吨。拥有先进的立井、斜井、平巷和反井机械化施工技术和装备，多次获全国煤炭行业等级队称号。随着施工规模的不断扩大，已扩展到8个项目部，矿建施工人员1500余人。

1989年至1992年，承建了吝家沟矿井下二期、三期及新副井工程。

1992年，开始进行大淑村矿全面施工准备工作，风井进行了千米钻机钻孔地面预注浆工程。1993年夏季，施工了净直径6米、井深646米的风井井筒，首次采用“四大”工艺。

1993年4月，承建了黄沙矿辛安风井工程。5月，创立井月成井55.3米峰峰局纪录。

1995年2月，承建了大淑村矿主井工程，净直径6米，井深745米。6月，创月成井60.6米峰峰局立井施工纪录。

1996年，承建了大淑村矿风井和主井二、三期井下全部井巷工程，工程量2万多米，多次创出新纪录。

1997年9月，承建了河南巩义金龙主井工程，创月成井61.6米峰峰局立井施工纪录。

2003年5月，承建了羊渠河矿羊东新风井井筒工程，井筒净直径6米，深度429.6米。该风井选择在采空塌陷区内，施工中创造性地使用了塌陷区内凿井施工技术。

2006年2月，承建了梧桐庄矿西风井工程，井筒净直径6米，深429.6米，首次采用“四大一深”立井施工工艺。7月，创立井月成井80米集团公司新纪录。8月，创出立井月成井108米的集团公司建井最高纪录。提前两个月完工，质量全部优良。

2007年6月，承揽了内蒙神隆矿井井巷工程。使矿建向西北施工迈出了第一步，并积累了外出经验。

2008年5月，承建了黄沙矿辛安南风井工程，井筒净直径6米，深497米。2008年11月成井101米；12月成井112米，创集团公司立井施工新纪录。

2008年8月至11月，对集团公司锡盟查干淖尔一号井进行施工准备工作。首次进入草原沙漠搞施工准备，在表土厚、沙层涌水量大于30立方米/小时的条件下，明槽挖掘风井10.2米，首次采用在沙层上浇筑钢筋混凝土底盘后再浇筑混凝土井壁工艺。

（二）机电安装工程施工

2005年企业改制前，机电安装分公司为工程处机电安装队，施工范围包括加工制作、设备安装、管道安装、防腐、送变电、钢结构、锅炉安装等项目。2004年，取得了华北电监局颁发的四级“承装、承修、承试”资质。

1989年，承建井陉矿务局临城三号井井上下机械设备、抽风机、排矸、供电等机电安装工程。第一次安装井塔式摩擦轮绞车，开创了安装井塔绞车的先河。

1990年9月，承建牛儿庄矿1万立方米储气柜制作安装工程。是工程处第一次施工大型气柜制作安装工程。

1991年，承建梧桐庄矿35千伏变电站设备安装工程。

1992年1月，进行九龙矿主井事故抢险抢修。第一次拆除和施工750米深的井筒装备，第一次利用稳车吊笼进行井筒探险，第一次制作分体式吊盘并在井口锁口盘以下悬吊组装。

1993年，承建吝家沟矿主、副井井架制作安装工程。安装井架采用3台吊车同时起吊，开创了用吊车立井架的历史。

1994年10月，参加黄沙矿抢险排水施工。第一次在地面安装自承载潜水泵。

1995年，承建了三矿矸石热电站安装、二矿井上下机电设备安装、牛儿庄矿井下三水平皮带工程、梧桐庄矿井筒装备安装等工程。

1996年，承建了四矿焦化厂气柜制作安装、观台煤矿井筒装备、万年矿5000立方米煤气柜制作安装、申一黄35千伏线路架设等工程。

1997年，承建了大淑村矿副井井筒装备安装、二矿－620泵房设备及配电设置安装等工程。

1998年，承建了梧桐庄矿副井系统装备、机电设备安装，大淑村矿风井井筒装备、瓦斯管路、防爆门、抽风机房安装工程。

1999年，承揽了峰峰矿区城网改造任务，施工中使用了放线网套、卡线器、过线转钩、支撑滑车、机械剪等先进工具，首次采用了机械放线装置。

1999年5月至2000年5月，施工的梧桐庄矿副井井筒上、下机电设备系统安装工程，采用新技术、新工艺，改进了托座制作压制成型模具，改进了双层吊盘加模具定位、打孔、栽锚杆到托座、钢梁、梯子间等快速成型安装法。在变电站高低压盘柜安装中，采用了两点定位快速就位法，取得了显著的成效。2004年，该工程获全国煤炭行业优质工程。2005年，获中国煤炭建设协会颁发的全国煤炭行业工程质量最高奖“太阳杯”奖。

2000年，承建了大淑村矿主井系统设备、井下中央变电所、中央泵房、管子道设备安装等工程。

2000年5月，在梧桐庄矿主井绞车安装过程中，采用油压法平行装配大型电机转子技术，在现场装配1500千伏电机，填补了峰峰局在这项技术上的空白。

2001年，承建了大淑村矿瓦斯抽放站设备配电及管路安装等工程。

2002年，承建了九龙矿供水改造工程、大淑村矿地面生产系统控制安装和羊二井下四一、四二变电所设备安装等工程。

2003年，承建了梧桐庄矿潜水泵排水系统及供电系统安装、邢北煤矿副井筒装备制作安装等工程。

2004年，承建了山西西南呈矿副井装备安装、九龙矿工业广场35千伏线路改造、通二矿抽风机更换、郑煤集团超化煤矿副井更换组合罐道、邯郸矿务局郭二庄矿副井排水管路和万年矿－440压风机、压风管路安装等工程。

2005年4月至5月，施工的山西华晟荣矿副井井架安装工程，为落地多绳提升单斜撑钢井架，立架为桁架结构，斜架为框架结构，井架高度34米，重量190吨。安装中采用斜架铰接连接，半翻转起立法，在空中进行合拢，首次完成了大型井架安装，被山西省业内同行称之为“样板工程”。

2006年4月至5月，施工了山西华晟荣矿主井井架安装工程。井架高度51米，重量315吨。施工中采取了全新的单抱杆起立井架施工技术，该项施工技术在邯郸、邢台两地的同类单位尚属首例，开创了安装大型井架的新水平。

2007年6月至9月，施工的羊渠河矿羊东副井井架制作安装工程，为箱式钢结构井架，高度41.6米，重量306吨。箱式钢结构井架的制作安装，在集团公司范围内是第一次。在井架制作工程中，采用自动埋弧焊、电弧喷涂防腐等科学规范的施工工艺；在井架安装过程中，采用300吨吊车抬头50度，稳车和吊车配合作业，半翻转提升法起立主斜架，利用主斜架做支撑，采用滑动提升法起立副斜架，主副斜架一次性吊装合拢成功。该工程标志着纵横公司机电制作安装水平取得新突破。

2007年7月至10月，施工的大淑村矿低浓度瓦斯电站安装工程，是集团公司第一座低浓度瓦斯电站，也是公司第一次安装这样的工程。严格按照设计要求、行业规范施工，提前完成了施工任务，并且一次性发电并网成功。该项技术填补了集团公司在低浓度瓦斯电站安装技术上的空白。

（三）土建工程施工

1992年，组建土建工区，主要承建本处工程，年产值50万元。2002年以来，施工能力迅速提高，拥有塔吊、龙门架、混凝土速送泵、强制搅拌机、铲车、钩机等施工机械设备20余台（辆），具备承建各类大型建筑工程的能力。

1998年9月至1999年1月，承建大淑村矿主扇风机房，建筑面积860.39平方米，主体一层高11.3米，附属工程有变电所、电机间、两个19.5米高的扩散塔、65.4米的混凝土风道。

1998年6月至1999年12月，承建第一中学13号家属楼工程，建筑面积4319平方米，工期18个月。

2000年5月至12月，承建大淑村矿副井井口房及风道工程，建筑面积377.4平方米，工期8个月。

2001年5月至2002年5月，承建大淑村矿洗煤准备车间、运煤皮带走廊工程，工期12个月。

2003年6月至2004年7月，承建薛村矿21号—24号家属楼工程，施工面积1.3288万平方米。

2003年9月至2004年1月，承建梧桐庄矿物资超市，施工面积2173.7平方米，钢结构工程。

2005年3月至2006年5月，承建马头洗选厂配煤场工程，面积3377.75平方米，包括1号转载点（框架结构，5层，高29.5米），2号转载点（钢筋混凝土墙，3层，高13.5米），两个长113米和89米的运煤地道，并安装水、暖、电、消防、防雷等设施。

2005年7月至12月，承建煤化工大型土石方工程，土石方量62万立方米，投入了大型工程机械、汽车等150余辆，连续施工，保证了该重点工程工期。

2006年4月至8月，承建山西华晟荣矿职工宿舍楼，建筑面积5250平方米。在施工中采取了内外、上下、水平交叉施工作业法，大胆利用外培附壁脚手架技术和施工工艺，提高施工效率1.3倍以上，创造了4天施工一层楼及4层宿舍大楼主体1个月封顶的纪录。

2006年11月至2007年5月，承建煤化工35千伏变电站工程，长54米，宽9.5米，高11.5米，施工面积1539平方米。

2007年4月至6月，承建集团公司煤化工污水处理泵站工程，是煤化工污水处理的重点工程，由地下污水储水池、地面泵房组成，全部为混凝土结构，储水量3000立方米。

2007年4月至12月，承建山西华晟荣煤矿火车装车煤仓工程，由3个高42.4米、筒径18米、储煤量为1.0500万吨的大型圆筒仓组成。该工程提前7天交付使用。

2008年6月至11月，承建山西华晟荣矿体育场工程，由观众看台、主席台、草坪足球场、400米环形塑胶跑道及周围绿化等设施组成。该工程按期交付使用，被当地有关部门评为优质工程。

二、科技进步

历年获科学技术进步奖项目表

获奖项目	颁奖单位	获奖时间、奖项
立井筒工作面直接注浆技术推广应用	峰峰局	1992年三等奖
立井筒钢罐道快速拆除安装新工艺	峰峰局	1992年三等奖
楼房的控制爆破拆除	峰峰局	1992年三等奖
九龙矿主井机电事故快速抢修工艺	峰峰局	1992年三等奖
LM－120型反井钻机在薛村矿煤仓施工的应用	峰峰局	1992年三等奖
石门震动放炮揭穿突出煤层	峰峰局	1993年三等奖

获奖项目	颁奖单位	获奖时间、奖项
黄沙矿辛安风井普通法过富含水厚砂层施工工艺	峰峰局	1993 年二等奖
立井施工自由升降式柔性稳固吊盘研制和应用	峰峰局	1993 年二等奖
应用反井钻机进行反井施工	河北省煤炭厅	1993 年三等奖
立井富含水厚砂层壁后注浆施工工艺	峰峰局	1994 年三等奖
管路自承载大型潜水泵在黄沙矿排水抢修中的应用	峰峰局 河北省煤炭局	1994 年二等奖 1995 年三等奖
利用永久井塔凿井技术	峰峰局 河北省煤炭局	1995 年二等奖 1995 年三等奖
立井机械化作业线在大淑村风井中的应用	峰峰局	1995 年三等奖
大淑村风井全井深壁后注浆工艺	峰峰局	1997 年三等奖
大淑村矿建井期通风设计优化	峰峰局	1997 年二等奖
深立井施工新型转水法	峰峰局	1997 年三等奖
近距松散大煤底板立井定量装载硐室施工	峰峰局	1997 年三等奖
新型 QFZ－22 轻便防突钻机的推广应用	峰峰局	2000 年三等奖
油压法平行装配大型电机转子技术	峰峰局	2000 年二等奖
小口径大筒身非线型不对称结构井底煤仓机械化施工技术	峰峰局	2000 年二等奖
聚氨酯注浆固化技术处理严重变形的主井箕斗装载硐室	峰峰局	2001 年二等奖
立井过富含水卵石、流沙层施工技术	峰峰局	2002 年二等奖
油压法平行装配大型电机转子技术	峰峰局	2002 年二等奖
羊东风井塌陷区内凿井技术研究	峰峰集团	2004 年一等奖
羊东副井大型钢结构箱体井架安装工艺	峰峰集团	2007 年二等奖

三、安全管理

1989 年 1 月，工程处安全监察机构的名称为峰峰矿务局安全监察局驻工程处安全监察处，下设安全科，负责工程处矿建、土建和机电安装三类工程的安全监督和检查工作。1995 年，安全科改为安全质量科。2005 年，企业改制后，原来的安全质量科、调度室、总工办和培训中心合并为安全监督部，负责公司矿建、土建和机电安装三类工程的安全、质量监督和检查工作。

（一）强化管理，落实责任

2002 年起，每年处（公司）领导与各基层单位安全第一责任者签定安全生产目标管理责任状，内容包括年度安全目标、奖惩考核标准等项内容。从 2003 年起，实行了安全风险抵押金制度，使企业的安全生产工作直接与职工的经济收入相连，增强了安全生产的责任心和危机意识。根据公司点多面广的施工特点，2005 年，将每月定期组织 1 次安全大检查改为 2 次，特别是加强了对矿建项目部的安全检查。

加强安全管理，强化责任落实。先后实行了安全责任追究与处罚、领导干部下井跟班带班制度，采用了走动式管理、集体升入井、“手指口述”安全确认工作法；建立了岗位（工种）安全风险预控体系，实施安全生产承诺和安全保证模式；开展了班前安全宣誓、安全案例图片展览和安全巡回演讲活动；坚持了安全风险抵押金制度，与基层单位签定安全生产承诺书；各基层生产单位推行“安全师徒合同”制度，每个职工签定安全生产保证书，做到安全生产责任一级传一级，层层传递压力。用安全管理的长效机制，真正使安全生产管理纵向到底、横向到边，保证了安全生产工作的持续稳定。

（二）安全培训

1996 年－2008 年安全培训统计表

年度	区队长	班组长	井下电钳	绞车司机	放炮员	瓦斯员	安检员	其他工种
1996	4	12	16	4	2	2		
1998	7	5	8	2	3	3	2	4
1999	8	8	8	3	4	3	2	12
2000	8	8	8	4	6	3	2	2
2001	7	8	17	4	6	2	2	
2002	5	7	61	14	7	2	2	
2003	6	8	90	21	21		3	38
2004	8	96	88	1	8		7	61
2005	8	26	45	5	9		6	561
2006	6	15	70	7	10		5	1014
2007	8	12	28	5	6		6	580
2008	8	22	50	10	10		4	406
合计	83	227	489	80	92	15	41	2678

（三）安全周期

1988 年 8 月 25 日至 1992 年 10 月 29 日，实现安全周期 1527 天；

1993 年 11 月 6 日至 1997 年 1 月 21 日，实现安全周期 1171 天；

1998 年 1 月 6 日至 2002 年 4 月 13 日，实现安全周期 1558 天；

2002 年 12 月 12 日至 2005 年 9 月 23 日，实现安全周期 1007 天；

2006 年 5 月 29 日至 2008 年 12 月 31 日，实现安全周期 948 天。

四、经营管理

（一）财务管理

1989 年至 2005 年，设财务科。2005 年，公司改制后更名财务管理部。

1992 年以前，资金管理体制是处机关和所属区、队均在外部银行设有结算账户，并可根据限额提取库存现金，用于本单位生产经营的收支。

1993 年，不再设立专用基金。

1996 年，对基层单位外部银行账户进行了统一的清理和压缩整顿。

1999 年，实行资金集中管理，分灶核算。按照收支两条线的原则，各单位一切收入交处外部银行账户，外部账户只能支出，并将印鉴交由处财务和单位财务分别保管。

2002 年，设立资金结算中心，对处属二级单位实行处资金结算中心统管账户，按照“集中管理，分灶吃饭，分户收支”的原则，资金结算中心实行账户集中管理。各单位外部资金账户一律撤销，资金集中到处管账户，集中管理。实行货币资金预算管理，对没有预算的支付一律按违纪处理。

2003 年，实行全面预算管理。公司批复下达年度预算后，各单位将指标层层分解，落实到内部责任人和部门，形成全面预算执行与控制责任体系。

2004 年，进一步规范货币资金内部控制，实行货币资金报账制管理模式。各基层单位的所有收、付、转业务必须通过处审批，并集中由处资金结算中心支付资金。

2005 年以来，先后完善下发了《会计基础工作管理办法》、《全面预算管理制度》、《加强资金管理的规定》等十余项财务管理制度。

（二）工资管理

1989 年至 1995 年 6 月，执行煤炭行业技能工资标准，共分 30 个档次。

1995 年，全面实行劳动合同管理后，套改煤炭行业的岗位技能工资制。实行“三条线”管理。单位职工在定岗定编的基础上，对应套入岗位技能工资标准。直到 1998 年煤炭企业由煤炭部划归河北省后止。

1995 年，下发了《岗位技能工资制管理暂行办法实施意见》（峰工［1995］70 号文）。此次推行岗位技能工资制是根据局要求，全面实行劳动合同管理，按照《劳动法》要求，在全面实行合同制的基础上进行的工资改革。

1998 年 8 月开始，煤炭企业转归河北省地方管理，原来执行的煤炭企业岗位技能工资标准对应套入河北省岗位技能工资标准，到 2003 年 9 月止。

2003 年 10 月，实行了岗位工资制。为简化工资项目和净化工资列支渠道，将职工本人的岗位工资、技能工资、11% 的工资性补贴和 40 元的津补贴、洗理费、矿龄津贴捆在一起，建立了新的岗位工资制度。到 2008 年 6 月止。

2005 年 7 月，实行了浮动效益工资，管理人员按岗位工资的 43%，操作人员按岗位工资的 32%，井下岗位按岗位工资的 25% 执行。2008 年 1 月，管理岗位由原来的 43% 调整为 70%，操作人员由原来的 32% 调整为 60%，井下岗位由原来的 25% 调整为 50%。到 2008 年 6 月止。

2008 年 7 月，公司建立了岗位工资制度，与职业技能鉴定结果挂钩，与完成生产任务挂钩。

历年职工队伍及收入变化情况表

单位：元

年度	职工人数	工资总额	平均工资	工资年增长（%）	备注
1989	1699	4255987	2505		
1990	1791	5069754	2831	13.01	
1991	1807	6017624	3330	17.63	
1992	1740	5838325	3355	0.75	
1993	1703	6300923	3700	10.28	
1994	1656	7581987	4578	23.73	
1995	1632	8656321	5304	15.86	
1996	1581	8749779	5534	4.34	
1997	1446	7986258	5523	-0.20	
1998	959	4903216	5113	-7.42	
1999	1087	4197286	3861	-24.49	
2000	1171	8089524	6908	78.92	
2001	1179	8618574	7310	5.82	
2002	1148	8677744	7559	3.41	
2003	1140	11082143	9721	28.60	
2004	1068	13860269	12978	33.50	
2005	815	13867483	17015	31.11	
2006	689	14869929	21582	26.84	
2007	658	17036507	25891	19.97	
2008	949	28957814	30514	17.86	公司合并数

（三）质量管理

1989年至1999年，创全国优质工程3项：大淑村矿通风机设备安装，获2002年度全国煤炭行业优质工程；梧桐庄矿副井井筒上、下机电设备系统安装工程，获2003年度全国煤炭行业优质工程和“太阳杯”工程；羊渠河矿羊东新风井井筒工程，获2006年度全国煤炭行业优质工程。

1989年至1999年，采用的质量管理方法：一是质量标准化管理方法。在认真学习国家、煤炭行业和建筑行业制定的专业工程质量标准的基础上，编制了矿建工程和机电安装工程质量验收标准，并且制定相应的质量标准验收考核办法，每月分三旬进行检查验收评比，最后根据评比结果进行相应的奖励和罚款，鼓励先进，鞭策后进，以达到不断提高工程质量的目的；二是全面质量管理（TQM）。实行全员、全过程、全方位的质量管理，主要采用了PDCA循环的工作程序和数据统计技术以及QC质量管理小组的形式，把不合格品发生控制在一个合理的范围之内，并最终达到提高工程质量的目的。

1999年至2008年，质量管理方法主要是ISO9000质量管理体系。首先建立和健全公司质量管理体系，制定质量方针和质量目标，明确各类人员的职责和权限，通过严格的质量保证和质量控制措施做好过程管理，采取预防和纠正措施控制不合格品的发生，使工程质量得到持续改进，最终满足顾客需求，为其交付满意工程。

1999年5月，召开贯彻ISO9001：2000标准运行大会，下发了《关于进行ISO质量认证工作安排意见》。

1999年9月18至19日，北京新世纪质量认证公司进行检查，对贯标责任进行落实，经考核，同意处申报ISO9001：2000质量认证。

2008年，依据GB/T19001－2000idt ISO9001：2000《质量管理体系》要求，编制完成《质量手册》第四版，阐明了公司质量管理体系的要求、质量方针和质量目标。2008年7月1日起实施。

（四）计划统计管理

1989年至1995年7月，计划统计工作由处调度室负责。1995年8月，处成立计划科，同时计划统计管理工作划归计划科，至2003年9月撤销计划科，成立企业管理部。计划统计按时间划分为年度、季度和月度计划统计报表，按上报权限分为煤炭建设协会年度报表和邯郸市统计局、建设局、企调队、城调队季度报表和集团公司年度、月度报表，实行统一计划。1989年至2005年4月，基建工程施工计划向局（集团公司）报年度和月度计划，自有资金投资及大修计划报局（集团公司）。2005年4月改制后，公司制定了《计划统计管理办法》，规定了目标、机构人员、职责权限、基础工作、报表制度和奖励处罚。自有资金投资计划按照建筑物、设备等提取的折旧额，本着量入为出、轻重缓急的原则，制定自有资金投资计划。统计报表上报主管部门，统一口径、统一表格、统一时间编制，统计资料建有统计台账，统计资料、报表统一归档。

历年工作量统计表

单位：万元

年度	1989	1990	1991	1992	1993	1994	1995	1996	1997	1998
总产值	1830.77	2209.52	2603.39	2709.32	4041.86	3677.47	4801.79	4476.01	6598.61	7365.07
年度	1999	2000	2001	2002	2003	2004	2005	2006	2007	2008
总产值	4463.33	10210.15	10088.85	6782.24	7590.51	10033.37	11697.38	12308.98	16949.29	34476.37

注：2008年工作量为公司合并数。

（五）经济合同管理

1989年至2000年5月，处合同管理科负责全处合同审查、变更、纠纷等管理。1990年，制定下发了《合同管理办法》，加强了合同管理工作。2000年6月，撤销合同管理科，合同管理工作业务划归处行办室。2005 年 5 月，为了规避工程风险，依据《中华人民共和国合同法》，制定了《合同管理办法》，进一步明确了合同管理机构及职责、签定履行制度、监督审查管理、变更解除及纠纷处理、授权委托制度、合同专用章管理制度等。合同的签定履行审批手续，逐级审批，并采用专用文本格式合同。

五、多种经营

（一）集体企业公司

1973 年 3 月 8 日，处成立家属生产科。1987 年 6 月，组建成立集体企业公司。2005 年 11 月 14 日，改制为邯郸市博凯工贸有限公司，注册资金 101.1 万元，共有职工 43 人。经营范围主要是机电安装、汽车运输、钢制安全门、箱柜制作加工、五金销售、工矿配件等。主要产品是生产钢制安全门及防护网，工矿厂房门、工艺大门、民宅户门及防护网等。

（二）物资供销公司

物资供销公司组建于 1984 年，下设一矿发煤站、新后洗煤厂、汽车大修厂等 5 个摊点。共有职工 197 人，由主要提供对内汽运服务，扩展为经营煤炭、建材供销、铁路公路货运、汽车大修等项目。

1996 年 2 月，经处有关部门查证核实，物资供销公司亏损严重，12 月 24 日，处党政联合印发了《关于物资供销公司亏损严重生产难以为继的情况报告》，将有关情况报告局领导。

1997 年 4 月 20 日，物资供销公司因经营不善，造成严重亏损，且扭亏不力，为了加强多种经营管理，分块搞活，处决定将物资供销公司与汽车大修厂分离。物资供销公司主要经营一矿发煤站、洗煤厂、化工厂等摊点。

物资供销公司于 2003 年停产。

（三）汽车大修厂

1997 年 4 月，处汽车大修厂与物资供销公司分离，流动资金 30 万元，拥有封闭式烤漆房，设备有镗缸机、磨缸机、拉瓦机、磨轴车床、元车、6 吨天车等设备。2000 年 11 月，根据生产经营需要，组建成立了机电安装工区。

2003 年 4 月，汽车大修厂经峰峰矿区交通局审核批准，成立了汽车二级保养定点厂，组建了汽车二级保养车间，成为局唯一一家汽车二级保养定点厂。汽车大修厂自 1997 年成立到 2004 年底，在册职工由最初的 42 人增加到 65 人，累计完成产值 1772.8 万余元。

2005 年 1 月，汽车大修厂撤销，机电安装工区划归机电安装队。

六、后勤管理

后勤服务主要是负责公司、通山路生活区、泉头生活区土地、房产管理及公司后勤保障工作。

对通山路北生活区居住环境进行改造。20 世纪 80 年代在二区建 6 栋家属楼。1992 年至 1993 年，在一区建 9 栋家属楼。1995 年至 1996 年，建 3 栋家属楼。1997 年，对一区 7 排平房进行了改造大修。

2004 年 4 月至 2005 年 5 月，对通山路北、泉头、机关家属楼实施了农电改造，从根本上解决了收费和电源不足的问题。

2005 年，为通山路 856 户居民解决了煤气问题。

2007 年 8 月，对通山路 218 户实施水网改造，居民的生活环境有了明显改善。

2007 年至 2008 年，对二区 12 排房进行了改造落地大修。修建休闲广场 500 余平方米，防洪沟 300 多米，主下水道 1500 余米。

保健站工作重点是医疗性保健和计划免疫（含职业病防治）。在医疗保健方面，建立健全了职工医疗救治档案，对离退休人员建立了疾病档案。计划免疫工作实行专人专管，避免了环节混乱。将免疫儿童的登记由属地管理分为长期人员和临时人员两项，强化了免疫工作。在职业病防治方面，建立健全了职业病人员档案，以各单位为基础，对有关人员按疾病种类、年龄、疾病年限等细化分类，对患职业病职工每年进行体检，检查率 100%。

七、党群工作

(一) 党委、纪监工作

1989年至1995年。1989年8月，针对北京等地发生的政治风波，组织开展了“坚持四项基本原则，反对资产阶级自由化”的教育活动。1990年10月，开展了“学习石圪节，加强作风建设”活动。1991年10月，在全处职工中大力开展了“双基”系统教育活动。1992年6月，组织开展了“议中心、创效益”活动。结合上级关于“打破‘三铁’，转换企业内部机制”的要求，具体组织开展了增强主人翁意识和深化改革、提高经济效益的大讨论活动。1993年10月9日，组织开展了第一个班组长活动日。针对1994年2月16日至17日发生的大淑村村民寻衅打砸抢烧事件，处党政号召广大职工以大局为重，重整家园，忘我工作，无私奉献，在较短的时间内恢复正常生产。1994年3月，围绕全年生产经营目标的实现，集中开展了“树、创、做”活动，在职工中开展了“我与企业共命运”大讨论。

1995年至2005年。处党委根据实施国家“九五”计划和2010年远景目标的客观形势需要，着眼于企业全面走向市场和深化改革、转换机制、实现两个根本性转变的历史机遇期，组织开展了“建强企、创五好、树十佳、当明星”活动，作出了《关于发扬艰苦奋斗的优良传统，推动企业改革与发展的决定》，在党员中组织开展了“树三观、做表率”活动，要求广大党员在压缩一切非生产性支出中发挥模范带头作用。针对1998年第四季度以后，企业生产经营形势异常严峻，大淑村矿工程款不能及时到位，资金垫付困难，导致包括大部分党员在内放假的状况，处党委对放假党员作出了“流动性”管理的规定，先后组织开展了“团结一心闯难关，迎接挑战抓扭亏”、“外学邯钢，内学通二”节支降耗等活动，为企业摆脱困境、实现扭亏为盈发挥了应有作用。2000年后，国企改革进入攻坚阶段，国家恢复对大淑村矿的建设，处党委及时组织开展了“抓机遇、鼓士气、创高效、强实力”主题教育。2001年，开展了“鼓干劲、争效益、促发展”主题教育，提出了“创建学习型企业，争当知识型职工”的战略构想。2002年，针对大淑村矿工程竣工、无新的接续工程的状况，对党员提出了“三高一流”的要求，开展了“提建议、创高效、保安全”等系列活动，下发了《关于加强企业文化建设的实施意见》。2005年，根据中央和集团公司党委的要求，紧密结合企业实际，大力组织开展了保持共产党员先进性教育活动和党建质量体系管理。

2005年至2008年。围绕“成功运作新企业，探索发展铸辉煌”中心工作，党委明确了“把自身建设融入企业发展之中，把组织活动融入企业的生产经营管理之中，把思想政治工作融入团结凝聚职工之中”的指导思想，组织开展了“增信心，强责任，保发展”和“三新”主题教育。开展了“四好”班子、“本质廉洁型企业”创建和解放思想大讨论、学习实践科学发展观、作风整顿活动。在各党支部和党员中开展了“提素质、抓融入、作贡献、促和谐”主题系列活动。开展了“五型班组创建”、“三凝聚”、“双培互动”等特色活动。强化企业文化建设，突出打造项目文化，形成了极富特色的施工企业流动文化。

(二) 工团工作

1989年到改制前的时期内，处工会紧紧围绕稳定职工队伍，大力组织开展了“提建议、作贡献”、职工技术培训、争做知识型职工、网员安全监督、“上纲要、创水平、保安全”劳动竞赛、彩色周末等活动，当群众的知心人，为职工解难题等。2005年企业改制后，工会认真落实《工会法》，紧紧围绕增值、增效、增收的中心工作，开展跟进式职工思想教育、“当好主力军、建功十一五”、“创新强纵横，和谐奔小康”、“重点工程显风采，急难险重作贡献”、“争创先锋号，争做明星职工”等活动，实施了企务公开、劳动关系和谐创建、职工大病互助、困难职工帮扶、“金秋助学”活动。团委紧紧围绕企业中心工作和发展战略目标，大力开展了青年之家、青年志愿者、青年突击队、青年安全岗监督和“构建和谐尽职责，实现目标作贡献，急难险重显神威”、“青工技能振兴计划”、“岗网联动”等活动。

第三节　主要经济技术指标完成情况

历年主要经济技术统计资料表

年度	总产值（万元）	总进尺（米）	全员劳动生产率（元/人．年）	电（万千瓦时）	煤（吨）	汽油（吨）	柴油（吨）	水（吨）
1989	1830.77	2814.0	7088	552	1120	85	98	63
1990	2209.52	2181.8	10139	611	1030	76	99	62
1991	2603.39	1674.3	11584	742	1000	78	93	65
1992	2709.32	159.6	13203	760	950	75	95	70
1993	4041.86	897.8	21743	861	920	74	87	68
1994	3677.47	492.7	15554	873	930	74	82	63
1995	4801.79	521.5	17574	750	940	82	86	60
1996	4476.01	673.6	10053	795	950	80	78	64
1997	6598.61	2521.9	46725	803	1100	77	72	62
1998	7365.07	3386.2	61776	749	1140	75	65	61
1999	4463.33	1732.5	34368	126	220	26	21	70
2000	10210.15	6217.8	82413	408	760	72	60	67
2001	10088.85	6357.3	76345	420	750	71	59	66
2002	6782.24	6010.8	97955	360	619	70	58	68
2003	7590.51	7509.4	62778	345	680	65	55	60
2004	10033.37	8520.8	112827	304	690	53	35	55
2005	11697.38	6989.8	61276	363	605	41	30	45
2006	12308.98	6821.7	211859	320	610	54	28	43
2007	16949.29	6086.1	100947	387	600	39	23	40
2008	34476.37	6013.4	137905	395	620	38	25	42

第四节　市级以上荣誉称号

一、国家、部级荣誉

2000 年，全国煤炭行业先进施工企业、优秀等级处
2001 年，全国煤炭行业先进施工企业、优秀等级处
2003 年，全国煤炭行业优秀施工企业、优秀等级处
2005 年，全国煤炭行业优秀施工企业、优秀等级处

二、省级荣誉

1989 年，河北省先进企业
1990 年，河北省“守合同重信用”单位

1991 年，河北省“守合同重信用”单位
1992 年，河北省“守合同重信用”单位
1993 年，河北省“守合同重信用”单位
1994 年，河北省“守合同重信用”单位
1995 年，河北省“守合同重信用”单位
1999 年，河北省“守合同重信用”单位
2000 年，河北省“守合同重信用”单位
2001 年，河北省“守合同重信用”单位
2002 年，河北省“守合同重信用”单位
2003 年，河北省“守合同重信用”单位
2004 年，河北省“守合同重信用”单位
2005 年，河北省“守合同重信用”单位
2006 年，河北省“守合同重信用”单位
2007 年，河北省“守合同重信用”单位
2008 年，河北省抗震救灾募捐活动先进单位

三、市级荣誉

1995 年，邯郸市工会系统先进职工之家
2001 年，邯郸市文明单位
2002 年，邯郸市文明单位、工会系统模范职工之家
2003 年，邯郸市工会系统模范职工之家
2004 年，邯郸市文明单位
2006 年，邯郸市劳动保障守法诚信示范单位
2007 年，邯郸市安全生产先进单位、“AA”级劳动关系和谐单位
2008 年，邯郸市煤炭行业改革创新优秀企业

（资料提供：郝树武、韩峰生、申玉清）

第十八章　河北大兴建设工程有限公司

第一节　单位概况

一、历史沿革

河北大兴建设工程有限公司位于河北省邯郸市峰峰矿区峰峰镇煤材路 10 号。其历史分为三个阶段：

第一阶段，1984 年 9 月至 1986 年。因峰峰局机构调整，将工程处下属的土建一工区、土建二工区、材料厂、预制厂，原二矿土建队、行政处土建队，划归峰峰矿务局企业总公司，更名为峰峰矿务局企业总公司建筑安装公司。1986 年 4 月 1 日，经河北省煤炭厅批准独立建制，成立峰峰矿务局建筑工程公司。

第二阶段，1986 年至 2005 年。1988 年 5 月，峰峰局建筑工程公司更名为峰峰矿务局建筑总公司，其下属的 4 个施工工区，名称变更为第一施工处、第二施工处、第三施工处、第四施工处。1992 年 10 月，经能源部、建设部批准，建筑总公司由建设二级升为煤炭矿井地面建设施工一级，施工范围可承担各类井

型的地面配套工程和市政道路、桥梁工程的施工。1996 年，建筑总公司施行项目部管理，原施工处取消，实行以施工项目为核心的项目部管理机制。

第三阶段，2005 年 9 月 1 日至 2008 年。建筑总公司改制为河北大兴建设工程有限公司，2005 年 9 月 1 日公司工商注册，注册资本金 2018 万元。股权结构及比例为：峰峰集团以债权转股权方式出资 175.8 万元，以未分配利润方式增资 15.1360 万元，共计出资 190.9360 万元，占注册资本金的 9.46%；河北纵横工程有限公司以货币出资 600 万元，以未分配利润方式出资 51.6640 万元，共计出资 651.6640 万元，占注册资本金的 32.29%；20 名自然人信托股东出资 1175.4000 万元（其中：以经济补偿金出资 1082.2000 万元，以未分配利润方式出资 93.2000 万元），占注册资本金的 58.25%。公司设立法人治理结构。

2008 年 12 月 18 日，河北大兴建设工程有限公司与河北纵横工程有限公司合并重组，合并重组后的公司名称为：河北纵横工程有限公司。地址：河北省邯郸市峰峰矿区峰峰镇煤材路 1 号。河北大兴建设工程有限公司于 2008 年 12 月 18 日经邯郸市峰峰矿区工商局核准注销。合并后公司注册资本金为 5189 万元，债权债务由纵横公司承继。合并重组后的股权结构：峰峰集团、原纵横公司自然人股东、大兴公司自然人股东出资。

二、规模、资产、人员情况

经营办公场地占地 30.314 亩，房屋 1.2402 万平方米（2005 年改制前为 281.104 亩，房屋面积 2.6060 万平方米）。公司是经河北省建设厅批准的房屋建筑工程总承包二级资质施工企业，其注册资本金 2018 万元，资产总额 5719.95 万元，2008 年职工 407 人，其中经济技术专业人员 246 人，一级注册建造师 13 人。拥有国内先进水平的各种施工、加工设备 487 台辆，主营矿山地面建筑施工，具有年竣工面积 30 万平方米、完成施工产值 1.5 亿元的施工能力。

三、公司承包工程范围

建筑工程施工总承包二级。可承担单项建安合同额不超过企业注册资本金 5 倍，28 层以下单跨跨度 36 米及以下房屋建筑工程、高度 120 米以下的构筑物、建筑面积 12 万平方米及以下的住宅小区或建筑群体。

铁路工程施工总承包三级。可承担单项合同额不超过企业注册资本金 5 倍的所在省、市辖区内铁路的小型路基土石方、小桥涵及 5 公里及以下地方或专用铁路及铁路专用线的施工。

混凝土预制构件专业三级。可生产除预应力吊车梁、桥梁、房屋梁、屋架和预应力钢筋混凝土管以外的其他各类混凝土预制构件。

起重设备安装工程专业承包二级。可承担单项合同额不超过企业注册资本金 5 倍的 1000 千伏、120 吨及以下起重机和龙门吊的安装与拆卸。

市政公用工程施工总承包三级。可承担专项合同额不超过企业注册资本金 5 倍的市政公用工程的施工，如城市道路工程（不含快速路），单跨跨度 20 米以内桥梁工程，公共广场工程；2.2 万吨/日及以下给水厂，1 万吨/日及以下污水处理工程，1 立方米/秒及以下给水、污水泵站，5 立方米/秒及以下雨水泵站，直径 1 米以内供水管道，直径 1.5 米以内污水管道；总储存容积 500 立方米及以下液化气罐场（站），供气规模 5 万立方米/日燃气工程，2 公斤/平方厘米及以下中压、低压燃气管道、调压站，供热面积 50

万平方米及以下热力工程，直径0.2米以内热力管道；生活垃圾转运站。

钢结构工程专业承包三级。可承担单项合同额不超过企业注册资本金5倍，且跨度24米及以下总重量600吨及以下，单体建筑面积6000平方米及以下的钢结构工程（包括轻型钢结构工程）和边长24米及以下、总重量120吨及以下、建筑面积1200平方米及以下的网架工程的制作与安装。

机电设备安装工程专业承包三级。可承担投资额800万元及以下的一般工业和公共、民用建设项目的设备、线路、管道的安装，非标准钢构件的制作、安装。

第二节　主要工作

一、土建工程

1989年以后，公司以每年总产值平均13.3%的速度递增，20年来，共完成企业产值7.6680亿元，上交利税2925万元，竣工房屋面积526.3587万平方米，公路竣工面积23.8313万平方米，竣工施工项目1020个，其中优良工程162个。

先后建成峰峰局（峰峰集团）下属煤矿的生产改扩建系统，完成大淑村矿、梧桐庄矿的地面生产系统，大型公共设施、民用住宅工程、工业厂房、教学设施、铁路专用线及矿区内公路的施工建设。

（一）生产系统建设项目。1987年以来，承建了五矿硫化铁工程、三矿生产系统扩建工程、小屯矿改扩建工程。五矿硫化铁工程项目包括主厂房、筛粉楼、筛粉破碎车间等11个单位工程，主厂房高29.6米，建筑面积2685.9平方米，体积为2.8050立方米，长度为56米，跨度为30米。三矿生产系统扩建工程包括选矸楼、转载点、主送皮带走廊、绞车房、井口房等13个单位工程。

（二）地面配套设施建设。1991年，承建梧桐庄矿地面联合建筑，该项目包括任务交待室、灯房、浴室等单位工程。建筑面积8185平方米。1992年，承建大淑村矿地面生产系统。

完成了孙庄矿洗煤厂、九龙矿洗煤厂、二矿洗煤厂的厂房承建工作。

（三）公共设施建设。承建了第二医院门诊楼、总医院门诊楼、教育培训中心主教学楼、局工人影院、局工人剧院、羊渠河矿职工食堂、局机关北食堂、峰峰矿区春光中学、峰峰顺田购物中心（金谷仓）项目工程。

（四）公路。承建了峰峰矿区鼓山北街峰峰局机关路段、太行东路临水段、滏阳西路、滨河路段混凝土路面的施工。

（五）铁路。承建了大淑村矿至小屯矿的土石方施工和铁路铺轨的施工任务，承担局范围内200余公里铁路的维护任务。

1989年－2007年主要工程项目表

年度	工程项目名称	工程量（平方米）	工程造价（万元）	鉴定部门	鉴定日期
1989	羊渠河矿食堂	3351		省煤炭厅	1990年5月4日
1991	小屯矿单身宿舍楼	2941		峰煤质检站	1992年1月11日
1991	设备站11号综采库	1030		峰煤质检站	1991年12月11日
1991	局第一中学食堂兼综合楼	2249		省煤炭厅	1991年11月30日
1992	羊渠河矿841住宅楼	2048	53.26	峰煤质检站	1992年6月17日
1992	设备站汽车库	476	22.04	峰煤质检站	1993年12月10日
1992	工程处通山路861住宅楼	3904	118.42	峰煤质检站	1993年1月13日

年度	工程项目名称	工程量（平方米）	工程造价（万元）	鉴定部门	鉴定日期
1992	物资供应处3号材料库	1023	60.11	峰煤质检站	1993年1月4日
1993	牛儿庄矿锅炉房烟囱			峰煤质检站	1993年7月29日
1993	局小学甲乙教学楼	950	77.06	峰煤质检站	1993年12月25日
1994	大叔村矿综采库	750	101.69	峰煤质检站	1994年10月5日
1994	局小学丙丁教学楼	1018	82.26	峰煤质检站	1994年10月20日
1994	孑家沟2号住宅楼	2202	91.38	峰煤质检站	1994年10月25日
1995	大叔村联合建筑	6300	595.91	峰煤质检站	1995年9月21日
1995	孑家沟矿杂煤选矸楼	309	37.24	峰煤质检站	1995年9月29日
1995	局小学5、6号教学楼	1022	78.66	峰煤质检站	1995年8月28日
1995	孑家沟矿厂区道路	1500	30.02	峰煤质检站	1995年5月20日
1995	供电部综合楼	864	70.00	峰煤质检站	1995年10月25日
1996	局房地产处953型住宅楼	4065	300.21	峰煤质检站	1996年12月3日
1996	局小学教学楼	1058	83.98	峰煤质检站	
1996	马头洗选厂教学楼	2317	142.05	峰煤质检站	1996年12月12日
1996	牛儿庄矿95－1号、2号住宅楼	7800	351.57	峰煤质检站	
1997	马头机械厂铆工车间	1841	183.14	峰煤质检站	1997年7月
1997	局二中教学楼	6323	478.46	峰煤质检站	1997年11月
1997	局教培中心住宅楼	2504	183.04	峰煤质检站	1997年11月
1998	局科技文化楼	9338	827.25	峰煤质检站	1998年3月
1998	局一中教学实验楼	4849	423.76	峰煤质检站	1998年7月
1998	局东区95－2型1号住宅楼	2586	179.76	峰煤质检站	1998年10月
1998	局东区U型住宅楼	6526	438.56	峰煤质检站	1998年10月
1998	大淑村矿4号单身楼	1513	101.18	峰煤质检站	1998年11月
2000	梧桐庄矿办公楼	3569	318.28		
2001	局行政处南食堂住宅楼	7914	450	邯郸市质检站	2001年11月
2001	邯郸市山川万里小区5号住宅楼	5909	250.30	邯郸市质检站	2001年11月1日
2001	京张高速公路业务楼	3369	500	河北省交通厅质检站	2001年7月
2001	京张高速锅炉房、浴室、水泵房、变电室、	460	172.24	河北省交通厅质检站	2001年7月
2001	京张高速车库汽修间	1100	125.00	河北省交通厅质检站	2001年7月
2001	邢钢南区28号住宅楼	5656	256.00	邢台市质检站	2000年11月20日
2001	邢钢南区29号住宅楼	5656	256.00	邢台市质检站	2000年11月20日
	邢钢南区30号住宅楼	5656	256.00	邢台市质检站	2000年11月20日
2002	局第二中学20－1住宅楼	3582	193	峰煤质检站	2002年12月
2002	局第二中学99－2住宅楼	4190	218	峰煤质检站	2002年12月
2002	春光中学工程		169	峰峰矿区质检站	2002年12月
2002	大淑村矿广场竖向道路	9061	171	峰煤质检站	2002年12月

年度	工程项目名称	工程量（平方米）	工程造价（万元）	鉴定部门	鉴定日期
2002	大淑村矿铁路装车仓	7583	268	峰煤质检站	2002年12月
2002	大淑村矿广场原煤仓	5312	307	峰煤质检站	2002年12月
2002	大淑村矿主井配套		440	峰煤质检站	2002年12月
2003	煤材路改造	4000	72	峰煤质检站	
2003	顺田购物中心	21501	860	矿区质检站	2003年12月
2003	小屯矿矸石仓		33	峰煤质检站	2003年12月
2003	神木晶牛玻璃厂联合车间	8524	750	质检站	2003年
2004	滏阳西路	13500	174	矿区质检站	2004年
2004	牛儿庄铁路改扩建		385		2004年
2005	福源庄小区2、3、4住宅楼	11582	986	峰煤质检站	
2005	矿区检察院技侦楼	5827	499	矿区质检站	
2005	大淑村矿会议室改造	1567	149.41	峰煤质检站	
2005	邯郸学步桥3号住宅楼	8235	39694		
2005	羊二铁路站场改造		230.87	峰煤质检站	
2006	孙黄线更换枕木		107.68	峰煤质检站	
2006	小屯矿铁路下沉		113.75	峰煤质检站	
2007	马选技术改造原煤仓		808	峰煤质检站	
2007	马头洗选厂技术改造209原煤上仓走廊		108	峰煤质检站	
2007	教培中心实习楼	2886	347.01	峰煤质检站	
2007	梧桐庄矿生产调度楼	2257	149.50	峰煤质检站	
2007	梧桐庄矿生产原煤仓		639	峰煤质检站	
2007	煤化工项目甲醇办公楼	1722	116	峰煤质检站	
2007	煤化工项目中央化验室	1793	152.	峰煤质检站	
2007	滨河路路面		196.67	矿区质检站	
2007	集团公司人民南路改造		122	峰煤质检站	
2007	邯钢丰达焦炉地面除尘站		130.62		
2007	河北分准铸造厂综合楼	1632	100		

二、安全管理

（一）组织机构

1988年5月1日起，“局建筑工程公司安全质量检查科”正式更改为“局建筑总公司安全质量检查科”，负责建筑总公司4个土建分公司和两个厂（材料厂、预制厂）的安全、质量检查工作。2003年10月份，企业优化组合，原来的安全质量检查科、总工办和教育科合并成为安全生产技术部。2005年9月企业改制后，原来的安全生产技术部仍保持不变，延续到2008年12月份河北大兴建设工程有限公司注销。

（二）强化管理、落实责任

2001年起，每年的岁末年初公司经理与各基层单位安全生产第一责任者签定安全生产目标责任状，内容包括年度安全目标、奖惩考核标准等项内容，并实行安全风险抵押金制度，使企业的安全生产工作直接与职工的经济收入挂钩，增强安全生产的责任心和危机意识。根据公司点多面广的施工特点，2003 年 11 月份，公司将每月定期组织的 1 次安全大检查改为 2 次，特别是强化了各项目的安全检查。

2007 年，在原安全生产责任制、安全生产规章制度、安全操作规程的基础上，进行了全面修改和完善，进一步明确了各级领导及职工的安全管理职责和操作规程；并先后以文件的形式下发了安全责任追究与处罚，以及施工现场进行安全确认管理等制度。实行了领导干部跟班管理、走动式管理、现场安全确认；开展了安全生产承诺、安全宣誓、安全演讲以及巡回案例图片展等活动。各基层单位与每名员工签定了安全保证书，做到了安全生产责任一级传一级，一级向一级负责，实行了全员全过程的安全监管，真正使安全生产管理做到纵向到底、横向到边；并建立了安全生产长效机制，保证了安全生产工作的持续稳定发展。

（三）安全培训

1998 年－2008 年安全培训统计

年度	主任、厂长、项目经理	班组长	起重工（运转工）	架子工	电气焊工	电工	场内司机	机修工	安全员	其他工种
1998	12	30	21	16	18	15	4	8	6	38
1999	14	36	20	16	16	13	4	10	6	46
2000	12	32	21	15	16	15	4	9	6	40
2001	16	38	26	24	20	20	6	12	8	30
2002	14	31	21	14	24	20	8	16	8	102
2003	14	35	22	18	22	18	6	14	8	81
2004	15	34	18	4	10	10	14	14	8	67
2005	15	32	16	8	14	16	10	12	8	60
2006	15	30	17	7	18	14	6	12	6	51
2007	14	28	16	7	18	14	6	10	16	86
2008	18	32	16	7	18	14	6	11	20	45
合计	159	358	214	136	194	169	74	128	100	646

（四）安全周期

1988 年 1 月 1 日至 2000 年 7 月 6 日，4571 天。2000 年 7 月 8 日至 2003 年 12 月 16 日，1104 天。2003 年 12 月 18 日至 2008 年 12 月 31 日，1841 天。

（五）安全荣誉称号

峰峰局二中 4 号、5 号住宅楼工程获河北省建设厅“2001 年度省级文明工地”称号；

峰峰矿区春光中学工程获邯郸市建设委员会“2001 年度市级文明工地”称号。

三、经营管理

（一）财务管理

1989 年至 2005 年，设财务科。2005 年公司改制后，更名为财务管理部。1993 年，不再设立专用基金。1995 年以前，资金管理体制是公司机关和所属厂、土建工区均在外部银行设有结算账户，并可根据限额提取库存现金用于本单位生产经营的收支。1996 年，实行项目部管理，原施工处取消，实行以施工项目为核心的项目部管理机制，资金集中管理、分灶核算；各项目单位外部资金账户一律撤销，资金集中到公司财务科账户，实行集中管理，设立资金结算中心，对各项目单位实行资金结算中心统管账户。2005

年企业改制，实行公司、分公司两级管理，全面推行项目法施工，实行项目经理承包责任制。公司在财务设立内部结算中心，对分公司实行会计委派制，按照工程项目独立建账，单独核算、单独考核，各分公司独立使用账户资金，分灶吃饭。2006年，先后制定下发了《会计基础工作管理办法》、《全面预算管理制度》、《加强资金管理的规定》等制度。制定了《绩效考评管理办法》，同时建立了月度绩效考核制度。2007年，继续实行资金集中管理。制定下发了《资金使用注意事项》和《收费收据管理办法》，对资金运行情况及项目盈亏进行事中控制。

（二）工资管理

1989年至1995年6月，执行煤炭行业技能工资标准。1995年，套改煤炭行业的岗位技能工资制。1999年12月开始，原来执行的煤炭企业岗位技能工资标准对应了相应的河北省岗位技能工资标准。2003年10月，实行了岗位工资制。从2006年元月增加了浮动效益工资，管理人员按岗位工资的45%，操作人员按岗位工资的30%。2008年4月，管理岗位由原来的45%调整为60%，操作人员由原来的30%调整为50%。2008年7月，建立和完善了岗位工资制度，与职业技能鉴定结果挂钩，与完成生产任务挂钩。

历年员工人数和收入状况表

年度	员工人数	工资总额（万元）	平均工资（元）	工资年增长（%）
1989	2397	459	1915	
1990	2343	804	3431	79.20
1991	2495	457	1832	-46.62
1992	2654	578	2178	18.90
1993	2573	613	2382	9.39
1994	2419	688	2844	19.38
1995	2364	804	3401	19.58
1996	2280	860	3772	10.91
1997	2218	975	4396	16.54
1998	2040	776	3804	-13.47
1999	2107	949	4504	18.41
2000	2385	1259	5279	17.20
2001	1976	820	4150	-21.39
2002	1879	738	3929	-5.32
2003	1914	816	4263	8.51
2004	1829	1137	6217	45.83
2005	908	589	6487	4.34
2006	443	578	13065	101.4
2007	422	655	15541	18.95
2008	405	896	22139	42.45

（三）质量管理

1989至1999年，创省级优良工程1项，该工程是第一中学食堂工程，经河北省行业质量检查认定为优良工程。

2000年至2008年，创市级优良工程3项，分别是2001年局机关南食堂住宅楼工程，被邯郸市建设委员会评为邯郸优质工程；2002年邯郸市山川万里小区5号楼工程，被评为市优工程；2005年峰峰矿区人民检察院技侦楼工程，获邯郸市建筑协会颁发的市“丛台杯”优质工程称号。

1988年至1999年，采用的质量管理主要方法：一是质量标准化管理方法。二是全面质量管理。

1999年至2008年，质量管理方法主要是质量管理体系的实施。

为促进各级领导和管理人员、工程技术人员认真履行各自的工程质量责任，确保质量的提高，2006年，根据《建设工程质量管理条例》，公司对工程质量进行细化和量化管理，先后制定了《质量处罚规定》、《优质工程申报管理办法》等一系列管理制度，坚持以质量取胜，使工程质量、优质工程不断上升和增多。

（四）计划统计管理

1989年至2003年8月，计划统计工作由计划统计科负责。2003年9月，撤销计划统计科，成立企业管理部；同时，计划统计管理工作划归企业管理部。计划统计按时间划分为年度、季度和月度计划统计报表，按上报权限分为煤炭建设协会年度报表和邯郸市统计局、建设局、企调队、城调队季度报表和集团公司年度、月度报表，实行统一计划。2005年10月公司改制后，公司制定了《计划统计管理办法》，规定了目标、机构人员、职责权限、基础工作、报表制度和奖励处罚。自有资金投资计划按照建筑物、设备等提取的折旧额，本着量入为出、轻重缓急的原则，制定自有资金投资计划。统计报表上报主管部门，统一口径、统一表格、统一时间编制，统计资料建有统计台账，统计资料、报表统一归档。

历年工作量统计表

单位：万元

年度	1989	1990	1991	1992	1993	1994	1995	1996	1997	1998
总产值	9473	2020	3014	4668	3711	3533	5601	3531	4596	2894
年度	1999	2000	2001	2001	2003	2004	2005	2006	2007	2008
总产值	2957	6565	4389	1774	2612	2521	3044	7333	8793	11386

（五）经济合同管理

1989年至2000年5月，工程管理科负责全公司合同审查、变更、纠纷等管理。1993年，制定下发了《合同管理办法》，加强了合同管理工作。2000年6月，撤销工程管理科，合同管理工作业务划归计划统计科。2006年12月，合同管理工作业务划归行办室管理。为了规避工程风险，依据《中华人民共和国合同法》，制定了《合同管理办法》，进一步明确了合同管理机构及职责、签定履行制度、监督审查管理、变更解除及纠纷处理、授权委托制度、合同专用章管理制度等。合同的签定履行审批手续、逐级审批，并采用专用文本格式合同。

四、多种经营

（一）多种经营公司

1989年9月，建筑总公司成立多种经营公司，注册资金17万元。经营范围主要是：建筑机械设备配件，建筑材料、五金交电等。1991年6月，依托主业优势，成立了装饰施工处。多经公司及装饰施工处至2005年，累计完成产值771.06万元，其中施工产值519.62万元，商业产值100.54万元，房地产产值150.90万元。

2005年3月，多种经营公司注销工商登记；同年随公司一并改制。

（二）木材厂

木材厂组建于1962年，组建初期担负着局下属煤矿单位的木材加工任务。随着木材加工任务的逐步减少，1989年后，以加工与民用建筑配套的木门窗为主。由于塑钢门窗的大量使用，木门窗加工逐年减少，2005年10月，木门窗停止加工生产。1989年至2005年，累计完成产值1273万元，共加工锯材9284

立方米，木门窗扇 2.7769 万平方米、木门窗口 17.2820 万米，其他木件 2.4637 万件。

2005 年 11 月，木材厂与峰峰矿区惠通物资有限公司联营生产加工塑钢门窗，2008 年 12 月 31 日联营终止。

（三）综合厂

综合厂组建于 1991 年，下设水泥车间和暖气片车间，由主要提供公司内建材、配件销售使用，扩展为建材市场销售。1991 年至 1998 年，累计完成产值 180.08 万元，完成 425#矿渣水泥 3181 吨，325#矿渣水泥 261 吨，暖气片 1779 平方米。

综合厂于 1998 年停产。

（四）预制厂

预制厂组建于 1970 年 1 月，主要为民用工程加工订做各种规格的预制构件。自 1989 年至 2005 年，累计完成产值 1267 万元，加工生产预应力空心板 22.0473 万块，混凝土梁 5191 块，沟盖板 1.6089 万块，其他混凝土构件 1.9893 万块。

2005 年 12 月停止加工生产。

（五）建筑总公司汽车队

建筑总公司汽车队组建于 1988 年 10 月，主要为社会运输提供服务，回程为公司基建施工提供材料运输。汽车队管理人员及驾驶员为 36 人，运输设备 10 吨汽油拖挂车 4 辆、8 吨加长载货车 4 辆、16 吨汽车吊 1 辆、5 吨自卸车 4 部及其他配套设施。车队组建后，累计完成运输产值 752.72 万元。

建筑总公司汽车队于 1996 年 1 月撤销。

（六）峰峰局建筑深圳公司

1993 年 7 月 6 日，经深圳市建设局、工商局许可，在深圳市注册登记了“峰峰局建筑深圳公司”。其经营范围是：可承担深圳市道路、桥梁工程的施工；水库土石方工程的施工；20 层以下房屋工程的施工。公司派出 6 名管理人员参加管理经营。1994 年 10 月，局建筑深圳公司名称变更为“局建筑深圳总公司”。深圳公司累计完成产值 2323.55 万元，上交公司管理费 60 万元。

1996 年 7 月 10 日，经深圳市建设局、工商局核准注销“峰峰局建筑深圳总公司”。

（七）加油站

建筑总公司加油站建成于 1996 年 5 月，2005 年 12 月，名称变更为河北大兴建设工程有限公司加油站。加油站主要为公司内部和社会运输车辆提供加油服务。有职工 8 人，具有 50 立方米储油罐 3 台、自动加油机 3 部及配套设施。加油站组建以来累计完成产值 115.96 万元。

五、后勤管理

后勤服务主要负责公司、新新 4 街、木材厂南平窑、原一工区房产管理，以及公司后勤保障工作。

对生活区居住环境进行改造。20 世纪 80 年代，在新新 4 街、峰峰矿区各建 1 栋家属楼；1992 年至 1993 年，在峰峰矿区建 1 栋家属楼；1999 年，将公司办公楼改造为家属楼。

2004 年 4 月至 2005 年 5 月，对峰峰矿区两栋家属楼、木材厂南平窑、一矿厂里平房、公司改造楼、新新街家属楼实施了农电改造，从根本上解决了收费和电源不足的问题。

2006 年，为新新 4 街、公司改造楼 76 户解决了暖气、煤气问题。

2007 年，对新新 4 街进行了暖气入户改造；2008 年，进行了瓦斯入户改造。

2007 年，对峰峰矿区 2 号楼、公司改造楼、新新 4 街家属楼进行了楼顶防水大修。

六、党群工作

1986 年 4 月 15 日，建筑工程公司党委成立。1988 年 5 月 25 日，撤销建筑工程公司党委，更名为建筑总公司党委。2005 年 12 月 22 日，经峰峰集团党委批准，成立了中共河北大兴建设工程有限公司委员会。

（一）党委、纪监工作

1989 年，在北京等地发生政治风波期间，组织开展了“坚持四项基本原则，反对资产阶级自由化”

教育活动。

1990 年 3 至 4 月，开展了“企业有困难，我们怎么办”大讨论活动。6 月，开展了“热爱祖国、热爱社会主义、热爱集体、热爱企业”的“四热爱”教育活动。9 月，广泛开展学习石圪节活动。

1991 年 1 月 21 日，围绕全国“质量、品种、效益年”活动，开展了质量大讨论活动。8 月，确立了公司“艰苦奋斗，无私奉献，创新务实，争创一流”的企业精神。

1992 年，在全公司党员中开展了“议中心、创效益”主题实践活动。6 月，为了加强企业民主管理，提高职工代表参政议政能力，进一步增强职工的民主意识，公司党委建立了《职工代表“议政日”制度》。

1993 年 3 月，在广大党员中继续开展了“议中心、创效益”活动，制定了普通党员人创 100 元、干部党员人创 200 元、科级党员人创 500 元、公司领导人创 1000 元、每个支部创 1.8 万元以上的目标，把指标层层分解到班组、个人，确保了目标的实现。

1994 年 3 月，针对公司接转工程不足、资金紧张不到位、职工不能按时开支的实际情况，适时在全体职工中开展了“我与企业共命运”主题教育；在党员中开展了“树形象、创效益、作贡献”主题活动。

1995 年，在全体党员中开展了“凝聚工程”党建主题实践活动。结合公司实际，组织开展了“爱岗敬业，苦练内功，打好翻身仗”主题教育活动。

1996 年，为进一步转变作风，深入基层、服务基层、解决实际问题，党委作出了《关于公司机关政工科室与基层单位实行责任联挂的若干规定》；在党员中深入开展“迎七一、作奉献、创业绩”活动；制定了《1996 年—2000 年治安综合治理工作五年规划》。7 月，为加强对稳定工作的领导，成立了维护稳定领导小组，狠抓稳定工作。

1997 年，围绕生产经营中心任务，在全体职工中开展了“爱岗敬业练内功，增产节支创效益”主题教育活动；在各级党组织和广大党员、干部中开展了“树三观、做表率”活动；加强普法教育，制定了《法制宣传教育第三个五年规划》；加强和改进党的建设，制定了《党支部书记例会制度》、《公司党委政工例会制度》。6 月，为密切干群关系，制定了《关于在全公司推行领导干部联系职工困难户制度》，建立了帮困机制。

1998 年，在全体职工中开展了“适应新形势，树立新观念，再创新业绩”主题教育活动。3 月，党委结合当年党建主题，广泛开展了“四学四深入”活动。5 月，为维护企业稳定，结合公司实际制定了《防范处置突发事件的工作预案》。

1999 年，针对承揽春光中学校园建设工程中的困难，开展了“鼓斗志，抓关键，团结一心闯难关”主题教育活动。

2000 年，开展了“抓机遇，谋发展，创精品，争市场”主题教育活动。6 月，在全公司开展了“深化改革求生存，严格管理促发展”大讨论活动。为加强信访工作的领导，党委调整了信访工作领导小组，制定实施了《关于实行公司领导信访接待日制度》。

2001 年，为推动公司走出困境、求得发展，在全公司深入开展了“学‘两会’、转观念，争市场、要欠款，靠科技、创精品，严管理、增效益”主题教育活动。7 月，公司调整了企务公开领导机构，修改完善了企务公开和民主监督领导小组、工作小组、监督小组实施细则。制定了《关于公司（车间）企务公开工作责任追究暂行规定》、《关于重大问题决策、重要项目建设大额资金使用实行公开的暂行规定》、《关于中层干部任免实行公开的暂行办法》。

2002 年，结合企业面临的形势，开展了以“创新、务实、增效”为内容的主题教育活动；在全体党员、干部中开展了“强素质、转作风、树形象、作贡献”系列党建主题活动。

2003 年，确定了公司企业精神，开展以“团结奋进，优质高效，诚信为本，创建精品”企业精神为主题的教育活动。以“学报告、争先进、比贡献、创效益”为内容，在广大党员中开展系列党建主题活动。按照上级要求，公司党政在全公司开展了创建“学习型企业”活动。

2004 年，根据企业进行改制的实际情况，组织开展了以“构筑新体制、建立新机制、谋划新发展”为主要内容的主题教育活动。按照上级的要求，结合实际，作出了《关于 2004 年加强企业文化建设的安排意见》，企业文化建设全面推开。为加强党风廉政建设，党委印发了《关于认真学习贯彻〈中国共产党党内监督条例（试行）〉、〈中国共产党纪律处分条例〉的通知》。7月，党委进一步修改完善了《理论学习规章制度》。9月，为落实河北省委、省政府关于主辅分离、辅业改制政策，保证改制期间的稳定工作，公司党政联合下发了《关于做好公司改制期间稳定工作的意见》，党委印发了《关于在企业改制过程中党员干部必须遵守的若干纪律规定》。

2005年，为实现各项奋斗目标，推动企业改革发展，在全体干部职工中广泛深入开展了"建立新体制，实行新机制，开创新局面"主题教育活动；在全体党员中开展了以"创新、创优、创先、创效"为主题的党建系列活动。为进一步加强和改进党建工作，促进党建工作更加规范化、制度化、科学化，在党建工作中引入ISO9000族质量管理理念和方法，推行了党建工作质量管理体系建设。7月，在全公司党员中广泛开展保持共产党员先进性教育活动。大力推进企业文化建设，全面推行了DRIP精细化管理。

2006年，结合公司改制后的实际，开展了"建立新机制、谋划新发展、开创新局面"主题教育活动。进一步深入开展"创建学习型组织、争做知识型职工"活动。6月，在全体党员中开展了向建党85周年献礼活动。7月，党委结合生产经营实际，在全公司开展了"保安全、降成本、提质量"大讨论活动。

2007年，按照集团公司党委的统一部署，在两级领导班子中开展了创建"四好"领导班子活动，成立了创建活动机构，印发了专题《实施意见》、《考核评价办法》、《运行台账》。根据全年奋斗目标，在全体职工中开展了"精细管理抓现场，构建和谐促发展"主题教育活动，在全体党员中开展了以"提素质、抓融入、促和谐"为主题的"四创"活动。为全面、客观、公正、准确地考核基层领导班子及中层管理者、机关管理者政治业务素质和履职情况，进一步加强对基层领导班子及中层管理者、机关管理者的管理与监督，促进企业各项工作的扎实开展，党委作出了《关于对所属各基层单位领导班子及中层管理者、机关管理者考核的安排意见》，在党员管理人员中开展了"为民、务实、清廉"主题教育活动。9月，在两级党组织和党员中开展了"迎十七大、建强企、作贡献"主题实践活动。12月，按照集团公司党委的统一部署，在全体管理人员中开展了"落实科学发展观，促进公司大发展"解放思想大讨论活动。

2008年，开展了"立足新起点，谋划新发展，再创新业绩"主题教育活动；在两级领导班子中进一步深入开展了"四好"领导班子创建活动。4月，按照上级的统一安排，开展了深入学习实践科学发展观、"讲党性、重品行、做表率"、"科学发展在身边"主题活动。为了保证奥运会期间的安全稳定，先后制定了《关于奥运会期间成立信访稳定工作小组的实施方案》、《关于在奥运会期间坚守岗位搞好安全生产内部治安综合治理信访稳定工作的通知》、《关于对信访稳定工作实行领导包案制度的安排意见》、《关于奥运期间公司领导成员大接访的安排意见》等文件。9月，根据公司信访稳定形势，党政制定了《处理信访问题和群体上访事件应急预案》。10月，在领导班子成员中开展了"抓作风、做表率、促发展"作风整顿活动。

（二）工团工作

1989年到改制前，工会紧紧围绕稳定职工队伍建设、"六好区队"创建、民主管理、扭亏增盈、安全工作、创建学习型企业等，组织开展了"提建议、作贡献"、职工技术培训、练兵、比武、争做知识型职工、网员安全监督、各项劳动竞赛、彩色周末、大合唱等大型活动，开展当好职工群众的知心人、为职工解难题等活动。团委围绕企业的中心工作，开展了青年之家、青年志愿者、青年突击队、青年安全岗活动。2005年企业改制后，工会认真落实《工会法》，紧紧围绕增值、增效、增收的中心工作，组织开展了"当好主力军、建功十一五"、"创新强企业，和谐奔小康"、"争创先锋号，争做明星职工"、企务公开、劳动关系和谐创建等活动。实施职工大病互助、困难职工帮扶、"金秋助学"活动。紧紧围绕企业中心工作和发展战略，组织开展了"青工技能振兴计划"、"青工拜师学艺"、"岗网联动"等活动。

第三节 主要经济技术指标完成情况

历年主要经济技术指标完成情况表

年度	企业总产值（万元）合计	其中：施工产值	其中：附属产值	其中：多种经营产值	工程量 竣工工程个数（个）	工程量 房屋建筑竣工面积（平方米）	工程量 公路工程竣工面积（平方米）	工程量 铁路竣工（千米）	利税总额（万元）合计	其中：利润	其中：税金	人员、工资、收入 平均人数	工资总额（万元）	人均收入（元/年/人）	生产率 全员劳动生产率（元/年/人）	安全（个）合计	其中：轻伤	其中：重伤	其中：死亡	工程质量（个）合计	其中：合格	其中：优良	固定资产（万元）合计	其中：年末房屋净值	其中：年末设备净值
1989	9473	8833	200	440	110	59361	23359		321	8	313	2397	459	1915	39520	4	4	0	0	39	38		5498	5133	365
1990	2020	1717	303	0	77	33487	10059		75	8	67	2343	804	3431	8621	0	0	0	0	67	67		7205	6851	354
1991	3014	2515	476	23	76	38915	29109		120	21	99	2495	457	1832	12080	0	0	0	0	31	27		8711	8247	464
1992	4668	4008	548	112	83	77742	21802		174	20	154	2654	578	2178	17589	0	0	0	0	39	30		8494	7967	527
1993	3711	3051	450	210	66	27462	27453		142	20	122	2573	613	2382	14423	0	0	0	0	33	30		8361	7891	470
1994	3533	2499	304	730	41	24746	7485		117	0	117	2419	688	2844	14605	0	0	0	0	21	17		795	341	454
1995	5601	3493	352	1756	50	28661	12256		185	0	185	2364	804	3401	23693	1	1	0	0	37	30		1083	684	399
1996	3531	3153	278	100	32	10028	41802		-437	-554	117	2280	860	3772	15487	1	1	0	0	38	32		1058	511	547
1997	4596	4274	215	107	31	25178	4640		155	3	152	2218	975	4396	20721	0	0	0	0	8	5		997	595	402
1998	2894	2718	71	105	20	32041	7800		-527	-623	96	2040	776	3804	14186	0	0	0	0	17	12		668	308	360
1999	2957	2806	91	60	7	3502	3491		-27	-125	98	2107	949	4504	14034	0	0	0	0	2	2		622	295	327
2000	6565	6483	58	24	44	71314	0		326	109	217	2385	1259	5279	27526	0	0	0	0	7	5		731	301	430
2001	4389	4310	67	12	43	19294	3535		160	15	145	1976	820	4150	22212	1	1	0	0	27	14		519	110	409
2002	1774	1715	35	24	79	9888	9061		60	1	59	1879	738	3929	9441	0	0	0	0	20	20		503	167	336
2003	2612	2470	31	111	52	25774	37528		93	7	86	1914	816	4263	13647	1	0	0	1	220	116		1328	1061	267
2004	2521	2416	33	72	37	10085	0		-17	-100	83	1829	1137	6217	13783	0	0	0	0	55	55		1206	1028	178
2005	3044	3025	19	0	58	19817	0		288	188	100	1193	877	7351	25516	0	0	0	0	58	58		178	527	178
2006	7333	7323	10	0	46	984	0		887	645	242	972	1233	12685	75442	0	0	0	0	46	46		555	324	231
2007	8793	8789	4	0	68	14079	0		830	540	290	972	656	6749	90463	0	0	0	0	68	68		899	180	719
2008	11386	11386	0	0	90	7119	0		501	125	376	869	897	10322	117139	0	0	0	0	90	90	0	1327	815	512

第四节　市级以上荣誉称号

一、国家、部级荣誉

1999 年，全国煤炭先进施工企业

二、省级荣誉

1990 年，河北省“守合同重信用”单位
1991 年，河北省“守合同重信用”单位、煤炭系统模范工会
1992 年，河北省“守合同重信用”单位
1993 年，河北省“守合同重信用”单位、煤炭系统模范工会
1994 年，河北省“守合同重信用”单位
1995 年，河北省“守合同重信用”单位
1996 年，河北省“守合同重信用”单位
1997 年，河北省“守合同重信用”单位
1998 年，河北省“守合同重信用”单位
1999 年，河北省“守合同重信用”单位
2000 年，河北省“守合同重信用”单位
2001 年，河北省“守合同重信用”单位
2002 年，河北省“守合同重信用”单位
2003 年，河北省“守合同重信用”单位
2004 年，河北省“守合同重信用”单位
2005 年，河北省“守合同重信用”单位
2006 年，河北省“守合同重信用”单位
2007 年，河北省“守合同重信用”单位
2008 年，河北省抗震救灾先进单位

三、市级荣誉

1991 年，邯郸市先进职工之家
2005 年，邯郸市模范职工之家

（资料提供：张自力、张小平、毕玉兰）

第十九章　河北六０七化工有限公司

第一节　单位概况

一、历史沿革

河北六0七化工有限公司前身是峰峰集团六0七厂，位于河北省邯郸市峰峰矿区峰峰镇境内，西靠鼓山，东临原五矿，北倚九合村，南接中西佐村。1959年建厂，1961年2月19日正式投产，初称火工厂。同年9月，与峰峰局灯泡厂、支架厂合并为峰峰局材料厂。1962年6月，独立设厂后改称峰峰局六0七厂。建厂初期，设党支部、工会、团支部，生产车间仅1个铵锑炸药车间（一车间）。1970年，由大同矿务局化工厂分迁181名职工，开始生产雷管（二车间）。1986年，设乳化炸药生产车间（三车间）。1971年5月，成立党委。1988年，实行厂长负责制。峰峰局改制后，六0七厂也随之改称为峰峰集团六0七厂。

二、公司改制情况

2004年，根据河北省委、省政府关于国有大中型企业主辅分离、辅业改制要求，六0七厂改制，由峰峰集团与六0七厂43名自然人股东，共同投资组建了河北六0七化工有限公司，并于2004年11月18日举行了揭牌仪式。

2005年3月31日，河北六0七化工有限公司在峰峰矿区工商局注册登记，注册资本金2080万元，其中法人股东（峰峰集团）投资312万元，占15%；43名自然人股东投资1768万元，占85%。

改制后的公司管理体制为峰峰集团相对控股子公司，设立了董事会、监事会。行业上受河北省国防科工办领导，生产工艺和安全要求按河北省国防科工办规范标准实施。

2004年6月30日，将公司后勤资产总额616.0312万元移交峰峰集团，由峰峰集团委托河北六0七化工有限公司进行管理。

2004年9月17日，根据河北六0七化工有限公司实际情况和峰峰集团意见，将公司东仓库（铁路专用线）固定资产净值32.8532万元，划入峰峰集团设备租赁分公司。

2006年5月31日，职工股由1768万元扩充至2188万元，增加资本金420万元，注册资本金增为2500万元。其中法人股东（峰峰集团）投资仍为312万元，占12.48%；43名自然人股东投资增至2188万元，占87.52%。

2007年4月，经国防科工委和河北省国防科工办批准，公司与邢台云山化工股份公司、磁县二一九厂、邯邢矿山局七0三一厂，共同创立了河北云山化工集团有限公司。5月19日，在邢台市举行了河北云山化工集团有限公司揭牌仪式。9月，在河北省工商局办理了注册登记。2008年4月30日，在峰峰矿区工商局登记注册了河北云山化工集团有限公司峰峰民爆分公司。

三、企业规模

公司面积35.5万平方米，建筑面积2.8万平方米。主要生产炸药、雷管两种产品。年生产炸药9500吨、雷管2500万发。2008年资产5437万元，职工630人，其中专业技术人员90人。

第二节　主要工作

一、火工生产

公司有膨化硝铵炸药、乳化炸药、工业雷管3条生产线。

膨化硝铵炸药和乳化炸药生产线同属一车间，又称84车间，是公司主要生产单位。

膨化硝铵炸药生产线，是从建厂初期的粉状铵梯炸药生产线演变而来。始建于1959年，几经改造后，于1999年引进了南京理工大学的膨化硝铵炸药生产线，产品品种由原来的以煤矿许用型为主，转化成了以岩石型为主，兼有煤矿许用产品的格局。年产量由建厂初期的1258吨，发展到了2008年的8000吨。生产线主要有膨化、混合、筛凉药、装药、包装等工序。

乳化炸药是公司自主研发的炸药品种，20世纪80年代开始研制生产。由最初的试验线，发展到了2008年批准能力为年生产1500吨的半自动化生产线。2004年以前为三车间，2004年与粉状炸药生产线合并为一车间。产品品种包括直径32毫米和直径27毫米的二级煤矿许用型、三级煤矿许用型和岩石型乳化炸药等系列品种。生产线主要有水相溶化、油相融化、乳化、敏化和装药、包装等工序。

工业雷管生产线始建于1971年，为二车间，又称85车间，为公司主要生产单位之一。建成初期，主要生产煤矿许用瞬发电雷管，2008年发展为以毫秒电雷管为主，兼有瞬发电雷管和导爆管雷管的多品种生产线。年产量也从建厂初期的222万发，发展到了2008年的2500万发。生产线主要有引火元件制造、导爆管制造、延期体制造、火雷管装填、成品装配等工序。

二、科技进步

（一）粉状炸药

1999年，从南京理工大学引进膨化硝铵炸药生产线，并于2001年6月通过了由河北省国防科工办组织的生产线验收。国防科工委批复的年生产能力为6000吨。

2004年8月，对筛凉药机进行了改造，凉药盘的直径由3500毫米扩大至4200毫米，凉药面积扩大了44%。同时将空调系统的冷风通至筛凉药机内，提高了凉药效果。

2005年9月，膨化工序出料位置安装了1台凉硝机，使膨化硝酸铵的出料温度下降20℃左右，并使膨化硝酸铵达到粗碎的效果。

2005年10月，膨化工序真空系统进行改造，使膨化速度提高40%。

2006年4月17日，膨化硝铵炸药生产线电子监视系统通过了河北省国防科工办组织的验收。

2006年，煤矿膨化硝铵炸药产品取得煤安标志。

2007年，膨化硝铵炸药年生产能力由6000吨提高为8000吨。

2008年10月，购置了武汉人天包装设备有限公司的工业炸药自动包装设备，提高了装药包装的自动化水平。

（二）乳化炸药

1989 年，煤矿许用乳化炸药通过河北省煤炭厅组织的新产品鉴定。

1997 年至 1998 年，完成了乳化炸药生产线年产 3000 吨能力改造。

2001 年 6 月，乳化炸药生产线通过河北省国防科工办组织的生产线验收。

2005 年，乳化剂采用高分子表面活性剂和 Span－80 混合乳化剂，提高了乳化炸药的质量。

2006 年，采用新型复合油相材料取代沥青、机油、石蜡和凡士林。

2006 年，购置 1 台乳化炸药自动装药机，增加 Φ70 毫米岩石乳化炸药品种。

2006 年 4 月 17 日，乳化炸药生产线电子监视系统，通过了河北省国防科工办组织的验收。

（三）电雷管

2001 年 10 月，购买雷管机械编码设备，12 月 28 日投入试生产，实现了纸壳雷管编码。

2002 年 5 月，购买雷管激光打号机，7 月 1 日实现了金属壳雷管编码，12 月通过了河北省国防科工办的验收，开始对雷管实施编码信息采集、条码打印。

2004 年，引进雷管桥丝自动焊接机。

2005 年 9 月，雷管装配生产线进行了建设项目初步设计。

2007 年 10 月，雷管装配新工房建成，购置安装了雷管气动装配生产线。12 月，雷管气动装配生产线试生产。

2008 年 10 月，雷管气动装配生产线通过河北省国防科工办组织的投产验收。

（四）导爆管雷管

2003 年，导爆管雷管生产线进行工程设计。下半年，研制成功毫秒导爆管雷管 1－20 段配方。

2004 年，研制成功半秒导爆管雷管 1－10 段配方。

2005 年，建成塑料导爆管雷管生产工房。从长沙矿山研究院引进了塑料导爆管生产技术。

2006 年 4 月，塑料导爆管生产线通过河北省国防科工办组织的投产验收。当年，塑料导爆管生产采用自动在线分切技术。

（五）研制并获国家发明专利的两种产品

1. 煤矿许用无起爆药电雷管

研制时间：1987 年至 1993 年。

研制过程：煤矿许用无起爆药电雷管的研制，始于 1987 年，列入煤炭科学研究总院 1989 年科研计划一般项目，由六 0 七厂与煤科总院抚顺分院共同研制。经过双方共同努力，于 1989 年研制出煤矿许用型无起爆药瞬发电雷管，通过了煤科总院的设计定型鉴定。1990 年，获国家实用新型专利。1993 年 3 月，煤矿许用无起爆药瞬发电雷管生产线，通过原中国煤炭物资总公司组织的生产定型鉴定。瞬发雷管当年获河北省优秀新产品三等奖。1993 年 12 月，煤矿许用无起爆药毫秒电雷管，通过煤科总院的设计定型鉴定。1996 年 9 月，煤矿许用无起爆药毫秒电雷管生产线，通过煤矿爆破器材管理办公室组织的生产定型鉴定。煤矿许用无起爆药瞬发电雷管与煤矿许用无起爆药毫秒电雷管，分别于 1993 年、1996 年通过省级新产品鉴定。其中，煤矿许用无起爆药瞬发电雷管，被国家经贸委列入 1995 年国家级重点新产品试产计划项目；煤矿许用无起爆药毫秒电雷管，被国家经贸委列入 1997 年国家级重点新产品试产计划项目。毫秒管 1997 年获河北省优秀新产品二等奖，并获国家实用新型专利，专利号：90208604.9。

2. 乳化炸药

乳化炸药产品，是 20 世纪 80 年代自行研制开发的。1988 年，煤矿许用乳化炸药获国家发明专利，专利号：88103816.4。1990 年，获河北省煤炭科技进步一等奖；1991 年，获河北省优秀新产品一等奖。1993 年，研制了煤矿许用小直径（Φ27 毫米）乳化炸药。1998 年，又研制开发了三级煤矿许用乳化炸药等新品种。2001 年，该项目获河北省国防科技进步二等奖。产品各项性能指标均符合 GB18095—2000《乳化炸药》标准。

三、安全管理

（一）安全机构。公司成立了由公司领导及各基层正职等21人组成的安全生产委员会，由董事长担任主任。各单位成立安全小组，成员68人。公司设立安全监察站，站长由公司副职担任，副站长、管理人员各1人，专职跟班安全检查人员4人。生产安全部负责公司生产安全管理工作。

（二）安全教育与培训。公司严格贯彻执行工人上岗、换岗培训。坚持开展班前会、班前礼仪、安全宣誓、班后会和周五安全活动日制度，加强员工的安全意识教育。通过每日讲评，对员工进行安全理念和操作规程教育，做到上岗前安全确认，强化了员工的安全意识。

（三）群众性安全活动。党政工团齐抓共管，建立了群众安全监督网、青年安全监督岗，覆盖到各个生产班组，形成了立体安全监督群监网络体系。2008年有群监员40人、青安岗员26人。

（四）增加生产安全配置。公司在资金十分短缺的情况下，竭尽全力提高安全装备水平，大力发展现代化科学技术，改善工作环境。1994年，新建了乳化炸药生产线，使原来的手工作业改为半机械化作业。1999年，新建了膨化炸药生产线。2006年，对炸药生产区域七个重点生产工序实行电子监控。2007年，新建雷管装配生产工房，生产线、库房安全防护设施齐全。

（五）加强安全制度建设。公司始终把安全生产放在第一位，每月至少召开一次安全办公会，组织一次安全大检查，发现隐患及时处理，强化了抓安全的意识，使安全工作逐步形成了制度化、经常化、群众化的长效管理机制。1989年至2008年，重新整理、修订了17项安全管理制度。

四、经营管理

（一）计划统计管理

计划统计工作由生产安全部设专人负责。

1. 根据国家行业发展的需要，结合公司生产技术条件，编制企业长远规划；根据市场需要和企业能力，编制年度、季度、月度生产计划。

维简大修计划项目，坚持“统一领导，归口管理”和“积极平衡，留有余地”的原则，由公司统一平衡，编制计划，做到按时上报、下达。

2. 负责生产统计各类报表的上报；指导、帮助其他业务部门，贯彻上级指示并平衡业务部门间统计数字；收集、积累、汇总、整理资料，掌握企业经济活动的各项指标，向领导提供分析资料，实现统计监督。

3. 按照峰峰局（峰峰集团）的安排，每年对统计人员进行培训。

（二）财务管理

公司设财务管理部，负责公司的财务管理。采用借贷复式记账法进行核算。根据国家有关法律、法规，先后制定和完善了固定资产、流动资产、成本、利润、专项资金、财产清查等各项财务管理标准和规章制度。对各车间和主要部门进行了内部承包核算。

1. 流动资金管理

财务部门对公司的资金进行统一收支，集中管理，任何部门不允许私设“小金库”。各部门落实资金的支付，按照货币资金预算执行，分口管理，严格控制。尤其是应收款项，严格按照公司的《应收款项管理办法》执行，把责任落实到部门和个人，奖惩分明，保证资金安全。

2. 专项资金管理

财务管理部是各项专用资金的管理和核算部门，负责各项专用基金的筹集，与有关部门配合，统筹安排，控制使用。遵循专款专用、先筹后用、量入为出的原则，统一进行核算。

3. 成本管理

根据上级部门下达的指标，编制年度成本计划表。各项费用支付，经主管领导审批后执行。严格区分生产领料和其他领料，保证生产成本的真实性。建立健全了成本分析制度，每月召开由公司领导和职能部门参加的经济活动分析会，重点分析生产计划和重要财务指标的完成情况，分析超降原因，查找管理中的漏洞，提出改进工作的意见和解决问题的办法。

4. 利润管理

公司改制前，由峰峰局（峰峰集团）下达全年的利润指标和年终利润分配方案。改制后，利润分配方案由公司上报峰峰集团出资人监管办公室审核，经股东大会通过后实施。

5. 固定资产管理

固定资产按类别由公司各相关部门分口管理。财务部门负责全部固定资产的台账管理，固定资产增减时，管理部门编制增减表，由财务部门及时进行账务处理。资产管理部门会同财务部门，每年对固定资产进行一次盘点，按类别登记造册，与财务部门的台账核对。对于盘亏或盘盈的资产要述明原因，并依据相关的规定办理处理手续。为保证资产的安全，对重要的资产办理相应的财产保险。

（三）工资与社保管理

1. 20 世纪 90 年代初，厂建立了员工岗位工资标准，综合考核工作也不断加强。考核人员由兼职变为专职，生产车间按产量计工，成本、质量发生问题减系数，安全、劳动纪律发生问题罚款，最后为实际工资。1991 年，制定了经济责任制月考核办法，全厂职工实行岗位、任务、质量同奖金挂钩的综合性月度考核，考核记分实行百分制，提高了经济效益，完善了奖励制度。

2. 2003 年，制定了《关于综合考核工作管理办法》，完善和落实了岗位责任制，以经营承包单位的生产任务和工作任务，实行有效工作日值考核，联产计酬。

3. 2004 年，根据峰峰集团核定的工资总额及工资分配制度，计提并使用，峰峰集团年终进行考核。改制后，根据国家相关政策，签定了《工资集体协商协议》，并上报河北省劳动和社会保障厅备案。实行以岗位工资为主的基本工资制度，以岗定薪，岗变薪变。建立和完善了工资分配、工资增长和工资监督三个机制，使工资集体协商工作更加完善。

4. 社会保险部按国家政策和峰峰集团要求，负责公司职工养老保险、失业保险、医疗保险、工伤保险、职工住房公积金管理，按时缴纳各项费用，办理职工住院医疗报销等工作。

历年职工人数及工资情况表

年度	职工人数	年工资总额（万元）	年平均工资（元）
1989	1064	213.2825	2005
1990	1064	242.0754	2275
1991	1054	258.9457	2457
1992	1040	294.2388	2829
1993	1034	380.9463	3684
1994	1015	431.9683	4256
1995	989	502.8886	5085
1996	966	580.9894	6014
1997	918	573.3282	6245
1998	879	456.3159	5191
1999	868	469.3884	5408
2000	850	423.8591	4987
2001	803	429.0068	5343

年度	职工人数	年工资总额（万元）	年平均工资（元）
2002	749	535.1587	7145
2003	729	591.9850	8121
2004	706	745.4578	10559
2005	679	757.0225	11149
2006	674	1294.8972	19212
2007	652	1069.2013	16399
2008	640	1168.76064	18262

（四）供销管理

1989年以前，供销工作由供销科管理。1995年，供销科改为供销公司，负责材料供应、销售、车队管理。

1. 物资供应管理

物资材料供应：负责公司生产原材料及辅助材料的供应。一是纳入民用爆破器材生产行业专控材料的采购供应。二是市场采购材料。各种物资材料的供应，依照火工企业物资管理的特殊性，从材料计划审批、比价控价招标、签定合同、采购入库验收等方面，制定和完善了物资材料供应管理制度15项。

仓储管理：公司有成品炸药库9间，储量680吨；成品工业雷管库2间，储量400万发；还建有400吨硝酸铵库、油脂化工仓库、小化学品仓库、木箱、纸箱仓库、有色金属库及钢材库、辅助材料仓库等，形成了区域布局合理、管理规范、标准化的仓库格局。对贵重物资、危险产品，按规定分库隔离存放。各库均有防火防潮、防盗措施。成品库建有监控系统，达到了人防、技防、犬防的要求。

2. 产品销售

1985年前，以供峰峰局、邯郸局、邢台局炸药雷管为主。后由于煤炭行业机械化、自动化程度大幅度提高，煤矿管理工作加强，炸药、雷管用量逐年减少，传统销售市场日渐萎缩。1989年，为了企业生存，公司广泛开展了市场调查，积极拓展市场，开辟新的销售渠道。主动走访用户，做深入细致的工作，千方百计满足用户需求，搞好服务工作。至2008年，产品已涵盖煤矿、冶金矿山、工程施工等多个行业，用户达数十家。2008年2月，毫秒电雷管销往柬埔寨。

产品销售实现了数量品种、扫码出库、销售备案全程网络信息管理。

对销售业务人员，按行业规定进行培训，由主管部门核发执业证上岗。销售业务组，担负产品的销售、押运送货、售后服务、信息反馈等工作。

危货运输。按行业规定要求，配备专用危货车辆11台，对大部分用户实行送货。危货司驾人员全部具备危货准驾证、火工品操作证。危运车辆配备了GPS卫星监控系统，在车队建立了网络平台，对车辆运行实现了全程监控。

（五）生产服务管理

1995年前，由机电科负责机电工作。1995年到2004年改制前，由机电节能公司负责机电节能工作。改制后，由生产服务公司负责公司机电、节能和基建工作。

1. 设备管理

设备日常维修。由各车间维修工分片包干负责，司机和专职维修工进行交接班和班中巡回检查，维护保养规定每班至少检查一次。操作司机必须经过培训方可操作，做到“三好四会”。

机电设备定期检修。按不同的检修内容和工作量，分为大、中、小修三类，其检修周期按《煤炭工业企业设备管理规程》执行，达到完好标准的，悬挂完好标志牌。主要生产设备做到台台完好。

设立了专职设备管理员，对设备进行逐台登记，建立台账，对设备使用情况进行季报和年报，把好设备使用、检修、借用、报废关，做到账、卡、物三对口。

2. 供电与节能管理

供电方式：采用电业分公司五矿变电站62#（原22#）和67#（原23#）线路双回路供电，电压为6千伏，供电总负荷1580千伏安，由公司的84、85、泵房3个变电所变为400伏，供生产厂区使用。2004年6月，生活区供电改由峰峰矿区供电公司供电。2005年1月，将九合村供电移交峰峰矿区供电公司。

1989年至2008年，先后投入400多万元，进行了生产、机电设备更新改造，采用避峰填谷等措施，减少了能源消耗，提高了经济效益。

五、多种经营

集体企业公司是一个以内向型为主的独立实体，企业性质为集体所有制。2008年从业人员153人，注册资本63万元，主营聚乙烯袋、聚氯乙烯工业薄膜、纸箱、纸盒等。2004年，在公司改制时，集体企业工均计算了经济补偿金。

1989年后，集体企业公司由服务业为主的经营模式，逐步向工业生产经营模式转变。2002年，购进了1台生产纸箱的三联机。2003年，购进了1套单面机生产线。2004年，购进了1台水墨印刷机，增加了生产纸箱硬件设施，纸箱产品质量大幅度提高，达到了国家GB6543—1986标准。在1991年塑料加工厂福利企业基础上，2003年利用国家退税政策，把纸箱厂、塑料加工厂合办成邯郸市市属福利企业。2003年至2004年，共退税40余万元，为企业发展奠定了基础。集体企业公司先后安置待业青年近300人。

另有乳化炸药塑料筒、爆破线两个多经厂点，独立经营，自负盈亏。

六、后勤管理

建立了比较完善的后勤服务体系和多项管理制度。经过多方努力，为职工家属办实事，使职工家属生活条件得到明显改善。1989年后，建4栋家属楼，建筑面积9622.3平方米。改造了原保健站两栋两层楼，建筑面积888平方米。1991年，职工住宅陆续实行商品化，职工拥有了房产权。

1989年底，工人村新建了锅炉供暖设施，结束了职工家属冬季用煤取暖的历史。2004年公司改制后，后勤资产仍归峰峰集团所有，由六0七公司代管。2007年4月，生活区安装使用了煤气，521户居民告别了用煤做饭的历史。

七、党群工作

（一）党委、纪监工作

2008年，共有9个基层党支部，在职党员168名，离退休党员108名。

结合企业中心工作，不断深化思想政治工作和党的建设。认真贯彻落实上级决策部署，完善管理机制，加强党的建设，改善党群关系，强化信访稳定，认真搞好宣传，切实发挥了党委政治核心作用、党支部战斗堡垒作用和党员先锋模范作用。不断创新思想，加强管理，深化了党建工作质量管理体系建设和精细化管理。进一步强化了行政权力公开透明工作，主动接受群众监督。

1990年，开展了支部上等级活动。9月1日召开了思想政治工作理论研讨会。

1991年，开展了“奉献在岗位，岗位比贡献”和“安全、质量、效益先锋杯”活动。

1992年，实行政工干部下基层“三必问”制度，即必问生产情况、必问安全工作、必问经济效益；召开了厂第三次党员代表大会；在全体党员中开展了“议中心、创效益”主题活动；并对厂第二届政研会进行了组织机构调整。

1993年，组织开展了纪念毛泽东同志诞辰100周年系列活动。

1994年，开展了“树形象、创效益、作贡献”主题教育活动。

1995年，进行了厂第三届政研会换届；制定下发了《关于加强六好车间（科室）建设及考核实施意见》；重点组织学习了十四届四中全会《决定》，于每周四上午进行集中学习；在党员中开展了“建设有中国特色社会主义理论系统教育的三年规划”工作，开展了“凝聚工程”、“世界观、人生观、价值观”教育活动和“树形象、作贡献、创十佳”活动。

1996 年，在全体党员中开展了“灵魂工程”活动、“为党旗添彩、立足岗位争光、为提高企业经济效益作贡献”活动。开展了“讲党性”专题教育。

1997 年，继续深化了“凝聚工程”建设，广泛开展了“树三观、做表率”活动。

1998 年，继续推进“凝聚工程”建设，广泛开展了“四学四深入”活动；开展了“掀起深入学习邓小平理论新高潮”活动。

1999 年，组织党员干部认真学习了十五届四中全会精神；开展了“鼓斗志、闯难关、促效益”活动、“企业求生存、我们怎么办”和“深化改革求生存、严格管理促发展”大讨论活动。重新下发了《各级各类人员思想政治工作责任制》，在全体党员中开展了素质教育活动。

2000 年，开展了“学决定、抓机遇、攻难关、创效益”活动。

2001 年，在全体党员中开展了“做表率、献厚礼”活动，在领导班子及成员中开展了“三个代表”重要思想学习教育活动。

2002 年，开展了“转作风、树形象、促发展”党建活动；认真学习贯彻《中共中央关于加强和改进党的作风建设的决定》。

2003 年，在全厂党员中开展了“打好四个攻坚战”活动（以经济效益为中心，打好扩大销售攻坚战；以促进销售为龙头，打好产品质量翻身仗攻坚战；以加强管理为重点，打好降低成本攻坚战；以安全为天，打好确保火工品安全的攻坚战）。

2004 年，成立中共河北六 0 七化工有限公司委员会。

2005 年，按照集团公司党委工作部署，为加强管理，转变工作作风，在公司全面推行了 6S 精细化管理，掀起了“强管理、转作风、提素质”新高潮；开展了“一先带四保”和“四节”创效活动，成立了行政权力公开透明运行小组，进一步强化了行政权力公开透明工作，主动接受群众监督。

2006 年，深化了党建工作质量管理体系建设，在党员中开展了“学习贯彻《党章》”活动；继续深化了精细化管理；开展了“社会主义荣辱观”教育和“双增、双创、双节”活动，开展了“保安全、降成本、提质量”大讨论。

2007 年，组织领导干部认真学习贯彻党的十七大精神，在党员中开展了“为民、务实、清廉”主题教育活动和“贯彻科学发展观、促进企业大发展”解放思想大讨论活动。

2008 年，根据形势发展需要，开展了“跨入新阶段，立足新起点，争创新业绩”主题教育活动。冀中能源集团组建后，又开展了“新集团、新目标、新举措、新面貌”主题教育活动，使公司员工自觉融入大集团，明确新任务，再创新业绩。10 月份，在领导干部和机关管理人员中，开展了“抓作风、转观念、鼓干劲、促发展”作风整顿活动，领导干部和管理人员作风形象进一步转变，执行力得到进一步增强。

1989 年，成立监察科，纪检、监察合署办公。把纠正不正之风、加强领导干部廉洁自律、查办案件、效能监察和行政权力公开透明作为工作重点，积极开展党风廉政教育、廉洁文化建设、创建“本质廉洁型企业”活动。坚持把教育与注重预防相结合，把创建活动与制度建设源头治理相结合，不断深化了党风建设和反腐倡廉工作。

（二）工会工作

1989 年至 2008 年，共召开了七届职工代表大会。

1989 年至 2008 年，召开了两次会员代表大会。

1991 年，建立了扶贫帮困基金会、职工互助储金会、互助帮困基金会和工伤、医疗互助补充保险基金会。

1994 年，建立了工资集体协商制度。

1997 年，制定并推行了厂务公开制度。

1998 年，建立了困难职工档案。每年开展为困难职工“送温暖”活动。

2006 年，成立了红白理事会。

2008 年，在车间一级工会建成 3 个图书室、3 个乒乓球室、3 个娱乐室，并配备 VCD 音响和娱乐用品；在机关设立了健身房，购置了健身器材；在厂区建立了事故案例安全教育活动室。

（三）团青工作

1988 年至 2008 年，共召开两届团的代表大会，选举产生了新的委员会。2008 年，团委下设 3 个团支部、两个青工委，共有 40 名团员。多年来，在青年文明号、青安示范岗、青年志愿者、青工技能振兴等工作中发挥了团青生力军和后备军作用。

第三节　主要经济技术指标完成情况

历年生产经营主要经济指标表

项目 年度	工业总产值（万元）现行价	工业销售产值（万元）现行价	工业增加值（万元）	产品生产量		产品销售量		主营业务收入（万元）	主营业务成本（万元）	利润总额（万元）
				工业炸药（吨）	工业雷管（万发）	工业炸药（吨）	工业雷管（万发）			
1989	1302			4541	1398	4494	1395	1292	1163	14
1990	1600			4544	1515	4477	1408	1281	1310	2
1991	1608			4580	1343	4505	1340	1436	1323	-31
1992	1977			4876	1392	4800	1422	1842	1633	19
1993	2719	2623	938	5611	1530	5679	1478	1852	1297	37
1994	2546	2694	969	4702	1255	4836	1303	1446	969	10
1995	3233	3263	858	5313	1426	5413	1408	1842	1238	34
1996	3383	3418	940	5551	1454	5543	1460	3433	2721	63
1997	3522	3319	1023	5689	1363	5250	1310	3258	2824	72
1998	2983	3010	1097	4731	1156	5034	1036	2953	2408	78
1999	2564	2600	1087	4507	809	4287	931	2541	2074	118
2000	2661	2504	1076	4432	944	4147	880	2445	1928	182
2001	2474	2670	866	4001	985	4170	1041	2537	2118	145
2002	3261	3123	1092	5737	1043	5283	1056	3092	2582	150
2003	3440	3409	1063	5991	1209	5660	1072	3276	3015	85
2004	3671	3921	820	6019	1182	6415	1166	3708	3388	-426
2005	4891	4520	1521	7688	1249	7741	1257	4736	4192	55
2006	5148	5258	1693	8448	943	8507	1023	5337	4495	132
2007	5265	5376	1832	8599	989	8880	969	5310	4486	-240
2008	5762	5743	1255	8820	1129	8748	1132	6637	5549	62
合计	64010	57451	18130	114380	24314	109781	27700	61046	50713	561

第四节　市级以上荣誉称号

一、国家、部级荣誉

1990 年，全国统配煤矿特级质量标准化厂、全国统配煤矿安全生产先进单位
1991 年，全国煤炭工业二级企业、特级质量标准化厂
1992 年，全国煤矿火工厂安全生产先进单位
1993 年，全国煤矿火工厂安全生产先进单位
1994 年，全国煤矿火工厂安全生产先进单位
1996 年，全国煤炭工业环境保护优秀企业

二、省级荣誉

1989 年，河北省煤炭工业二级企业、统配煤矿会计工作达标单位
1990 年，河北省“守合同重信用”单位
1991 年，河北省“守合同重信用”单位、计经委企业安全管理达标单位
1996 年，河北省煤炭系统第三次工业普查工作先进集体
1998 年，河北省建设系统节水型企业
2000 年，河北省煤炭安全监察工作先进单位

三、市级荣誉

1990 年，邯郸市质量管理先进企业、科技进步先进集体
1994 年，邯郸市文明单位
1995 年，邯郸市文明单位
1996 年，邯郸市文明单位
1999 年，邯郸市文明单位

（资料提供：巩水林、秦焕友、李志刚）

第二十章　邯郸市峰煤建材有限责任公司

第一节　单位概况

一、地理位置

峰煤建材有限责任公司位于河北省邯郸市峰峰矿区境内，东距街儿庄村 0.6 公里，西靠鼓山东坡，南与一矿生活区搭界，北接邯钢石灰石矿。

二、历史沿革

峰煤建材有限责任公司前身为峰峰矿务局建材厂。1951 年 9 月，经峰峰局基本建设处批准，正式成立沙石厂，归属基本建设处副业科管理。1953 年 1 月，改名石料厂，归属峰峰局基本建设工程公司。

1955 年 2 月，归属峰峰煤矿基本建设局土建处。1960 年 6 月，峰峰煤矿基本建设局土建处分成两部分，一部分随四处迁往天津划归天津基建局；另一部分划归峰峰矿务局成立了工程公司。石料厂也分成两部分，一部分归四处管辖，称石料厂；另一部分归工程公司管辖，称砖石厂。1962 年 6 月，四处与工程公司合并，石料厂与砖石厂合二为一，厂名仍称石料厂，归属峰峰局工程公司。1964 年底，峰峰矿务局撤销了工程公司，石料厂直属峰峰局管辖，业务上接受峰峰局器材处指导。

1970 年，峰峰局在石料厂投资建设年产 2 万吨的水泥生产线，当年 1 月 3 日正式破土动工，峰峰矿务局革命委员会于 1970 年 9 月 10 日正式批准石料厂更名为"峰峰矿务局建材厂"，业务上接受峰峰局供应处指导。

三、改制情况

2002 年 7 月 29 日，由峰峰局和建材厂职工持股会共同出资组建了邯郸市峰煤建材有限责任公司，同时设立建材厂留守处（后改为社区管理处）。2002 年 11 月公司注册，取得企业法人营业执照，2003 年 3 月 10 日，公司举行了挂牌仪式。

公司成立时，注册资本人民币 532 万元，其中峰峰局出资 142 万元，建材厂职工持股会出资 390 万元。2003 年，峰峰集团追加投资 23 万元，变更后公司注册资本 555 万元。2007 年 11 月，由峰峰集团出资 390 万元，置换原以峰峰局建材厂职工持股会名义入股的自然人股金 390 万元。公司变更后注册资本为 555 万元，全部由峰峰集团持有，成为峰峰集团的全资子公司。

四、公司规模

公司占地面积 41.6250 万平方米，建筑面积 1.1180 万平方米。地质情况为奥陶系中统峰峰组三段灰岩、峰峰组一段灰岩和第四系，石灰岩储量 1297 万吨。主产品水泥生产能力 23 万吨，生产规模 17.6 万吨。生产装备机立窑 φ2.85×10 米两座，φ2.90×10 米 1 座，球磨机 φ2.4×7 米 1 台，φ2.2×6.5 米 3 台。

1989 年，水泥产量完成 15.0446 万吨，速凝剂完成 2211 吨，电石完成 1005 吨，碎石完成 19.4434 万吨，总产值完成 987 万元，利润完成 326 万元。

晋升煤炭工业国家二级企业考核标准与实际完成标准对照表

项目	考核标准	实际完成标准
企业管理	700 分	825 分
安全生产	无重大伤亡事故	无重大伤亡事故
出厂水泥合格率	100%	100%
富裕标号合格率	100%	100%
袋重合格率	>95%	97.78%
优质产品率	>60%	86.67%
熟料标准煤耗	<140	127.74 公斤/吨
水泥综合电耗	<90	83.50 度/吨
资金利税率	>28%	47.12%
人均利税额	>4000	4740 元/人．年
全员劳动生产率	>8000	8142 元/人．年

1990 年 5 月 29 日，由中煤总公司物资供应局、河北省煤炭厅、省煤炭企协、邯郸市经委、市重工业

公司、峰峰局联合组成考核评定小组，共同对建材厂晋升煤炭工业国家二级企业进行了考核评定，一致认为建材厂在企业管理、安全生产、产品质量、物资消耗、经济效益等方面均达到和超过煤矿水泥企业升级考核标准，居煤矿水泥行业的前列。经报请中国煤炭企协批准，授予“煤炭工业国家二级企业”称号。

1992 年，水泥产量完成 18.3952 万吨，实现利润 120.3 万元。1993 年水泥产量完成 17.1994 万吨，实现利润 2 万元。从 1994 年起，水泥产销量逐步饱和，销售价格低迷，原材料价格上涨，生产成本上升，当年亏损 451 万元。直到 2001 年，历年均为亏损。

公司水泥产品生产许可证有效期截至 2008 年 7 月 3 日，经组织申报，邯郸市技术监督局审核组初审认定，公司水泥生产线多项不符合《水泥产品生产许可证实施细则》的要求，不予换发新证。公司机立窑被邯郸市列入 2010 年节能减排关停淘汰范围。2008 年 12 月 2 日，峰峰集团批复，原则同意水泥主业停产，公司所属的速凝剂、乙炔气两个分厂具有市场生存空间，产品符合市场需求，由职工按中介机构评估价一次性买断，成立独立的法人公司，实行自养。2008 年 12 月 5 日，邯郸通达会计师事务所有限责任公司、河北中正信会计师事务所有限公司对速凝剂、乙炔气两分厂进行了审计和资产评估工作。

五、资产和人员情况

资产 2652 万元，其中流动资产 2375 万元，非流动资产 277 万元。经过改制、重组、分流，2008 年底，职工 173 人，其中：重组 57 人，劳务工 50 人，临时工 60 人，返聘 6 人。

1989 年 –2001 年人员情况统计表

年度	全部人数	固定工				合同制	农轮工
		小计	其中：				
			工人	管理	其中干部		
1989	1449	1056	834	222	160	318	75
1990	1443	1002	788	214	153	366	75
1991	1415	958	729	229	150	382	75
1992	1405	886	658	228	146	444	75
1993	1404	884	654	230	152	445	75
1994	1408	874	655	219	150	459	75
1995	1330	831	674	157	106	425	74
1996	1235	762	634	128	88	400	73
1997	1079	633	518	115	75	382	64
1998	1065	624	531	93	73	381	60
1999	1064	621	528	93	73	382	61
2000	1057	615	525	90	68	382	60
2001	1044	601	513	88	73	383	60

2002 年－2008 年人员情况统计表

年度	全部人数	固定工				合同制	农轮工（劳务工）	临时工	返聘
		小计	其中						
			工人	管理	其中干部				
2002	571	306	255	51	51	206	59		
2003	551	292	236	56	56	200	59		
2004	539	281	226	55	55	199	59		
2005	412	155	100	55	55	198	59		
2006	252	87	67	20	20	106	59		
2007	128	54	34	20	20	22	52		
2008	173	57	37	20	20		50	60	6

第二节　主要工作

一、生产管理

（一）生产管理体制

生产管理分为厂、车间、班组三级。1989 年至 2001 年，下设 7 个生产车间（包括乙炔气分厂和速凝剂分厂）、22 个科室。为峰峰局煤炭生产提供水泥、速凝剂、乙炔气、石子等产品。

2002 年改制后，组建建材公司，合并为 5 个生产车间，9 个部室，按照《公司法》和《公司章程》规范运行。

（二）生产形式及工艺

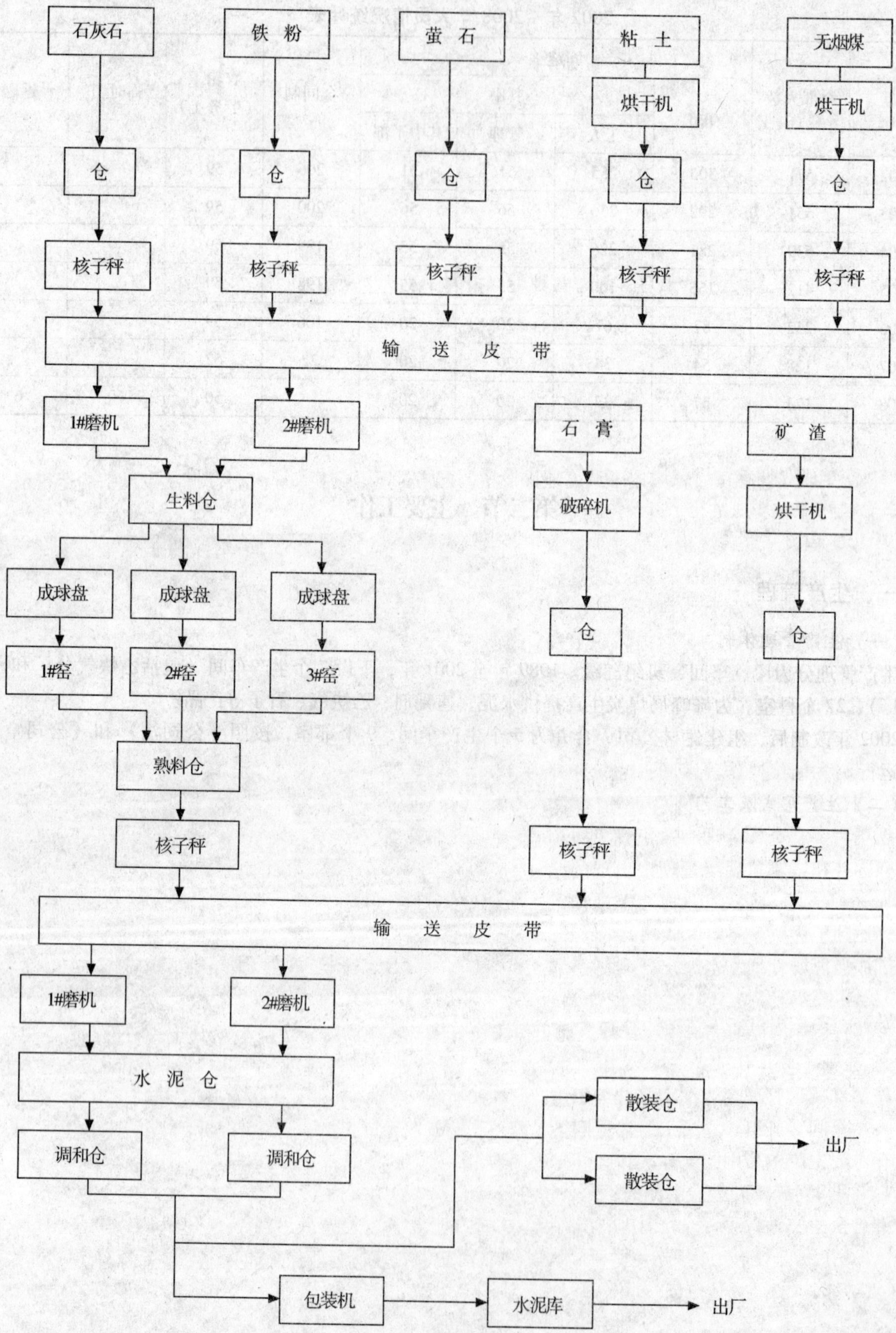
石灰石
铁 粉
萤 石
粘 土
无烟煤
烘干机
烘干机
仓
仓
仓
仓
仓
核子秤
核子秤
核子秤
核子秤
核子秤
输 送 皮 带
1#磨机
2#磨机
石 膏
矿 渣
生料仓
破碎机
烘干机
成球盘
成球盘
成球盘
仓
仓
1#窑
2#窑
3#窑
熟料仓
核子秤
核子秤
核子秤
输 送 皮 带
1#磨机
2#磨机
水 泥 仓
散装仓
调和仓
调和仓
出厂
散装仓
包装机
水泥库
出厂

水泥生产流程控制图

（三）生产调度指挥

生产组织形式分为厂、车间、班组三级形式，实行八小时工作制，分早、中、夜三个班循环。

水泥工艺流程：多种原材料包括石灰石、铁粉、萤石、无烟煤、黏土等原料，按照一定的比例配料，通过球磨机粉磨达到一定细度，制成水泥生料，生料面加水成球、通过机械立窑高温煅烧、速冷、烧成立窑水泥熟料，熟料按一定的配比掺加一定量的混合材（矿渣、粉煤灰）和适量的石膏，通过球磨粉磨磨细，各项指标达到国家标准制成水泥。

1. 调度系统

1998 年至 2001 年，厂设立调度室，有专职人员 7 人。2002 年改制后成立了生产部，有专兼职 2 人，组织协调水泥生产，传递生产信息，汇总各种生产报表，下达生产指令，组织全厂生产。

2. 调度会议制度

有生产调度会、生产计划落实会。

3. 调度逐级汇报制度

包括日生产情况汇报制度；旬、月生产情况盘点汇报制度；专题汇报制度。

4. 调度通讯设备

自 1990 年成立调度室后，增添了调度通讯设备，配备了电话交换机，及时掌握主机设备的运行情况。

（三）现场管理和规范化工作法

1991 年，积极开展“质量、品种、效益年”活动，全面推行规范化工作法。规范化工作法是现代管理科学和行为科学、系统理论和控制理论相结合的产物，以提高职工素质为中心，以经济责任制为基础，以改变人的消极随意性为重点，制定了“三定、五干、五按、一考核”方法。内容包括：编制操作规范，分为岗位操作程序图、时间分列系统图、岗位规范操作表、岗位责任制等，对生产现场诸要素进行合理有效组织、协调和控制，弥补和堵塞了现场管理中出现的漏洞，使人—人、人—机、人—物处于最佳组合状态，达到了优质、高效、低耗目的。

通过加强现场管理，水泥出厂合格率和富裕标号合格率均保持 100%，水泥产量、总产值、利润指标均提前完成生产计划，此工作法在 1992 年全国煤矿水泥工作会议上进行推广。

（四）企业基础工作

1. 按照部质量管理企业细则标准组织生产。1990 年获“煤炭工业国家二级企业”称号。

2. 厂、车间、班组建立了三级计量网络，配备了专兼职计量人员。

3. 在水泥生产中采用国家标准和国外先进标准组织生产，执行高于 GB1344－85 标准的内控标准，成为首家生产 R425#矿渣硅酸盐水泥的厂家，填补了河北省空白。

4. 推行全面质量管理，全厂注册 QC 小组 31 个，明确了攻关课题，有 6 个小组获峰峰局“优秀小组”称号，3 个获邯郸市“优秀小组”称号，4 个获河北省“建材行业优秀和先进小组”称号。

二、技术改造

1989 年，厂年设计生产能力 15 万吨，1991 年为了扩大生产能力，满足销售市场需求，将原来的 ф2.5mx10m 扩改成 ф2.8mx10m，1995 年投资增加了 ф2.4x7m 的生料磨系统，形成了配套的 3 条水泥生产线，年生产水泥达到了20万吨，并同时对变电站进行了技改，增加了变电容量。1994年淘汰了产量低、耗能高的电石产品，建成了乙炔气分厂，2003年对水泥生产用水系统进行改造，建成了水泵房和沉淀池，使废水沉淀后达到了循环利用。2005年对立窑余热改造利用，既节约了煤耗，又解决了职工的洗澡问题。

三、安全管理

（一）坚持“安全第一”方针

厂重视安全生产，坚持“安全第一、预防为主”的安全生产方针。严格实行目标管理和安全一票否决制，通过党政工团齐抓共管，增强了广大干部职工自保、互保、联保意识，使安全工作逐步走上了制度化、规范化、群众化的轨道。

（二）机构设置

厂（公司）成立安全办公委员会，明确各车间党政正职为本单位安全第一责任者，逐步形成了党、政、工、团齐抓共管的安全机构网络。

（三）安全监察沿革情况

1989年至2001年，厂设安全监察科，专职安全管理人员3人，2002年改制后，安全监察工作合并到技术部，兼职安监人员2人。2008年7月，公司重新设立安全监察科，专职管理人员1人。

（四）安全生产活动

1. 营造安全生产氛围。采取多种形式，引导广大职工学习安全知识，提高安全意识。

2. 实行安全承诺、目标考核。公司、车间、班组实行层层承诺，将安全责任目标分解，确保奋斗目标实现。

3. 加强安全教育和培训。组织职工学习安全生产法律、法规和生产技术知识，内容包括：安全技术知识、设备性能、操作规程，经安全考试合格后，持证上岗操作。

四、经营管理

（一）加强生产经营现场管理。严格产量、质量、成本、安全等指标的考核，做到层层分解，落实到班组和个人，认真考核，兑现奖惩。职能部室深入现场，监督原材料进厂、生产工艺、材料领用、安全等方面运行情况，在原材料价格普遍上涨的情况下，公司严格各种材料进厂验收关，堵塞了漏洞。

（二）加强全面预算管理。在原材料、设备配件制作、采购、技改等方面严格执行预算管理的规定，确保资金使用控制在规定范围之内，进一步搞好资金管理及审批，从严控制成本。主动了解原材料市场价格信息，做到货比三家，努力采购价格适中，质量符合要求的物品。公司监事会组织人员进行市场调研和财务审查，提出了问题和整改意见，完善了生产经营方面的规章制度。

（三）抓好销售工作。一是搞好市场调查和分析，加大责任考核。公司党政领导定期收听市场信息反馈，定期带队走访用户征求意见，推销产品、催要货款，发现问题及时协调解决。严格按销量和货款回收率计发工资，兑现奖惩。二是责成有关部室制定管理措施，加强对外包工的监管力度。现场抽检包装和装车码垛质量，确保合格率。三是投入资金对水泥包装系统进行改造，提高了机械化操作水平，减轻了劳动强度，为加快销售工作创造了条件。

五、多元发展

（一）速凝剂分厂概况

速凝剂分厂职工30人，1978年建成投产，年设计生产速凝剂6000吨。1979年至1989年经营略有盈利，1990年至1993年效益逐年滑坡，经营出现亏损，严重时亏损近50万元。随着改革的深入，1994年起，厂对速凝剂车间实行了三轮个人租赁承包，分别每年向厂交30万、40万、55万利润。1999年3月开始第四轮个人承包经营，每年上交承包费55万元。

经过发展，速凝剂分厂成为从事混凝土外加剂水泥工艺开发、生产、经营、服务于一体的企业，是中国混凝土外加剂协会会员单位、河北省混凝土外加剂、水泥外加剂生产重点单位。先后与多家国家级科研机构及大专院校合作，不断增加产品种类，优化产品性能，开发出J85速凝剂、F85水泥速凝剂、CF－97高效泵送剂、CF－98泵送防冻剂、CF－86早强减水剂、CF－99抗裂防渗剂、CFE水泥助磨剂等十几种新产品，广泛应用于桥梁、市政、水利电力、冶金、矿井、隧道、工业及民用建筑工程中。除确保集团公司内部市场外，产品远销浙江、内蒙、四川、河南、湖南等省市。

速凝剂分厂1999年－2008年产量、利润表

年度	产量（吨）	上缴利润（万元）
1999	1700	45.8
2000	2300	55
2001	2000	55
2002	2500	55
2003	2600	55
2004	2500	55
2005	2800	55
2006	3000	55
2007	3400	55
2008	3500	49

（二）乙炔气分厂概况

乙炔气分厂职工35人，占地约9.2亩，建于1992年9月，总投资250万元，年设计生产乙炔气10万立方米，1994年9月建成投产，年生产能力10万立方米，主要原材料电石来源于山西左权地区，产品主要销往峰峰局（峰峰集团）内部及太行水泥厂、邯郸电厂等单位，用于与氧气配套进行各类金属的切割。乙炔气属于易燃易爆产品，国家对此类产品有特殊的要求。2002年以来先后办理了气瓶冲装证、工业产品许可证、安全生产许可证。依照国家行业标准，对所有员工进行了安全资格上岗培训，同时制定了质量保证手册、安全管理制度、安全操作规程、安全生产责任制等制度，保证了安全运行。由于管理严谨，制度到位，责任到人，实现了安全生产无事故无工亡，确保了产量效益连年递增。

1994年投产后，实行个人租赁承包经营，承包人每年向厂（公司）上缴承包费20万元。

乙炔气分厂2002年－2008年经营情况表

年度	产量（千克）	销售量（千克）	上缴利润（万元）
2002	139768	136275.90	20
2003	131322	122588.40	20
2004	128869	137383.32	20
2005	136018	135197.50	20
2006	121725	120957.10	20
2007	123098	124745	20
2008	93000	92052.5	20

（三）集体企业公司概况

集体企业公司占地面积4076平方米，1991年在册职工261人，全部资产242.8万元，是由原“五七”家属生产科、运输组、劳务组发展起来的。下设纸袋厂、铸造厂、养鸡场、汽车队、综合商店、劳务输出等7个摊点，各项经济技术指标逐年增长。1991年完成产值230.65万元，实现利润8.3万元，连续五年实现“无待业厂”，先后多次被煤炭部、河北省、邯郸市、峰峰局评为“生产安置先进单位”和“先进单位”。

六、资源开发

2007年末，厂（公司）石灰岩保有储量1297万吨，1989年至2008年动用储量约300万吨。2006年11月峰峰集团以240.81万元的价款与邯郸市国土局签定了石灰岩矿采矿权协议出让书，矿山资源占地面积0.3633平方公里。

七、后勤管理

总务科是为全厂职工家属服务的后勤工作管理单位，先后称总务组、行政科，1982年改为总务科，一直沿用到2005年底。厂坚持生产与生活同步发展，新建的机井、澡堂，托儿所相继投入使用，职工宿舍旅馆化设施全部配齐，家属楼配备了瓦斯灶具和太阳能淋浴，部分阳台进行了密封，生活区铺设了水泥路面，绿化工作逐年有进展。厂被评为邯郸市“花园式单位”。

2002年公司改制后，总务科划归建材厂留守处、社区管理处管辖，2006年建材厂社管处划归二矿社管处管辖。公司未设后勤管理部门，对涉及后勤的事务问题，明确一名公司领导代管。

八、党群工作

（一）党委工作

厂党委加强党组织的思想、组织和作风建设，努力把提高党员干部的政治素质放在首位，每年进行党的基本理论、基本路线、基本知识的教育和培训。在组织建设上，坚持党管干部的原则，对基层领导班子定期进行考察，使领导班子在整体结构、整体功能和领导水平上有了新的提高。按规定考察后备干部，进行了党支部改选换届和组织发展工作。在作风建设上，建立健全了领导干部作风建设规定，定期进行监督和检查，发现问题及时进行纠正。各级领导干部经常深入基层，现场办公，解决生产经营过程中出现的问题，千方百计解决职工生活当中的困难，进一步密切了党群、干群关系，促进了党风的好转。

厂党委把加强精神文明建设、培养“四有”职工队伍作为企业的一项重要工作，组织全厂职工先后开展职业道德、法律知识、“一个中心、两个基本点”和“爱党、爱国、爱企业、爱社会主义”系列教育及培训，制定了长远规划和近期安排。截至1992年，开办中层干部、班组长培训班9期，培训4676人次；外培316人。4名职工被评为技师，2名职工被选树为邯郸市劳动模范，7名职工被选树为峰峰局标兵，58名职工被选树为厂标兵，1288人（次）被评为双文明职工。

2005年，开展了保持共产党员先进性教育活动。2007年12月开始，开展了解放思想大讨论活动。2008年4月开始，开展了深入学习实践科学发展观活动。2008年9月开始，开展了作风整顿活动。

（二）纪监工作

1989年至1996年，设纪委审理室、纪检科，专职人员3人。1997年至2002年，设纪检科，专职人员2人。2002年8月份改制后，设1人，负责纪检监察、绩效考核工作。所属3个支部，均配备兼职纪检委员。1989年至2008年，未发生党员违规、违纪和被查处案件。

（三）工会工作

1983年7月，第三届职工代表大会第一次会议召开。成立了厂务公开工作领导小组，修建了民主管理公开栏。1988年9月，第四届职工代表大会第一次会议召开。1994年8月，厂第五届职工代表大会第一次会议召开。1998年7月，第六届职工代表大会第一次会议召开。2002年7月，第六届职工代表大会第二次会议召开，会上对厂改制方案进行表决，通过了建材厂改制方案。2003 年 6 月 23 日，建材公司第一届会员代表大会和第一届职工代表大会同时召开。

1989 年 9 月，第四届工会会员代表大会第二次会议召开。1992 年 10 月，第五届工会委员会代表大会第一次会议召开。1996 年 3 月，第六届工会会员代表大会第一次会议召开。2002 年 9 月，建材厂改制，分为建材公司和建材厂社区管理处两个单位，建材公司于 2003 年 6 月 23 日召开公司第一届工会会员代表大会。

第三节　主要经济技术指标完成情况

历年主要经济技术指标完成情况表

年度	产量（吨）	产值（万元）	售价（元）	销售收入（万元）	单位成本（元）	净利润（万元）
1989	150446	987	101.65	1411	102.34	326
1990	136638	2166	131.41	2239	119.14	71
1991	163393	2509	133.02	2179	113.95	102.5
1992	183952	2695	154.63	2879	133.78	120.3
1993	171994	2479	192	2986	147.3	2.00
1994	133035	2278	166.76	1667	133.14	-451
1995	125099	1864	170.85	1362	154.13	-715
1996	113870	1843	176.18	2349	166.19	-651
1997	163607	2517	180.38	3369	173.42	-741
1998	185399	2820	179.26	3672	142.94	-749
1999	171551	2647	177.82	3365	141.68	-30
2000	181068	2856	167.78	3413	142.38	-453
2001	143199	2302	156.23	2653	160.04	-546
2002	150326	2421	156.39	912	166.20	-80
2003	151967	2371	146.72	2427	157.25	-352
2004	205670	3216	154.52	3717	153.89	-71
2005	180058	3512	156.91	3482	173.97	-662
2006	100899	2302	168.70	2451	183.49	-67
2007	101047.04	2421	179.86	2429	175.47	26
2008	34543	1534	216.18	1683	210.17	-120.8

第四节　市级以上荣誉称号

一、国家、部级荣誉

1989 年，全国建材工业计量先进单位、全国煤矿水泥生产先进单位

1990 年，煤炭工业国家二级企业、第二届中国煤炭工业优秀企业管理奖、全国煤矿水泥生产先进

单位

1991 年，全国煤矿水泥生产先进单位

1992 年，全国煤矿水泥生产先进单位

二、省级荣誉

1989 年，河北省先进企业、“守合同重信用”单位、建材行业先进企业

1990 年，河北统配煤矿设备管理优秀单位、企业管理基础工作达标单位

1998 年，河北省用户满意产品

1999 年，河北省用户满意产品、发展散装水泥先进单位

2000 年，河北省用户满意产品

2001 年，河北省用户满意产品

2002 年，河北省用户满意产品

2003 年，河北省用户满意产品

三、市级荣誉

1989 年，邯郸市职工模范之家

2003 年，邯郸市“守合同重信用”单位

2004 年，邯郸市“守合同重信用”单位

（资料提供：徐太生、常秋明、秦瑞堂）

第二十一章　制品厂

第一节　单位概况

一、地理位置

制品厂位于河北省邯郸市峰峰矿区峰峰镇境内。北与二矿社区管理处为邻，南距峰峰矿区政府 6 公里，西临邯峰公路，距邯郸市区 35 公里，东与峰峰镇辛寺庄村隔田相望。厂区占地面积 13.9081 万平方米，建筑面积 2.3462 万平方米。

二、历史沿革

制品厂 1956 年 1 月 25 日正式建厂。名称先后为峰峰矿务局混凝土支架厂、综合更新厂、制品厂。

制品厂创建发展于计划经济时期，是专为峰峰局煤矿生产建设提供生产辅助产品和安置老弱病残职工的一个地面生产单位。1989 年至 2004 年累计创造产值 1.2803 亿元。但因资金严重匮乏，长期亏损，扭亏无望。2004 年 10 月 28 日，进入破产程序。2005 年底破产终结。破产后的厂行使留守和社区管理职能。

三、资产和人员情况

人员情况：破产初期，厂在册职工 438 名。破产中职工分期分批共安置了 416 名。其中：办理各类退休人员 198 人（退休 129 人、等退 37 人、内退 11 人、病退 21 人），分流 89 人，参加集团公司女工竞聘上岗 33 人，参加资产重组 26 人，厂内安置 11 人，自愿解除劳动关系自谋职业 49 人，调到集团公司外 2

人，劳务输出到公安处8人。职工安置率达到99.54%。

1989年-2004年人员变化情况统计表

年度	期末在册	期末在岗	下岗人员	分流人员	劳务输出人员	离退休人员
1998	540	309	226			667
1999	556	289	244			523
2000	538	297	219			527
2001	522	155	356			520
2002	479	173	297	8		513
2003	448	171	268	18		504
2004	333	130	181	56		498
合计	3416	1524	1797	80		3232

资产情况：厂原资产总额902.18万元，进入破产后，经河北省石家庄康隆德会计事务所资产评估后，有效资产为328.62万元，2005年4月29日，由河北大众拍卖公司拍卖，被峰峰集团以336万元收购。根据国家企业破产重组政策要求，制品厂对7个厂点（螺丝车间、混凝土车间、蜂窝煤厂、机电科、防盗门厂、理化室、机电修配厂）进行资产重组，职工重组买断资产总额114.2万元，资产利用率达到34%。资产重组的7个民营厂点正式挂牌营运，成为自主经营、自负盈亏的独立法人实体。

第二节　主要工作

一、生产经营管理

（一）概述

1989年至2008年，厂经历了从转型到破产的曲折历程。由于产品结构、职工素质、体制等原因不适应市场经济要求，从1991年起效益滑坡，1994年亏损666万元。从1994年下半年起，不断加大改革和管理力度，努力改善产品结构，效益实现连年减亏，2001年一度盈利。但由于历史原因，亏损趋势难于制止，1989年至2004年累计亏损3432万元。

（二）产品销售

1989年至1993年，职能管理部门是供销科，负责产品销售、货款回收和对入库产品的管理。1994年，对钢丝绳、混凝土、螺丝三个生产车间实行产供销一体化承包，直接面对市场销售，同时将供销科组建为创收自养的供销公司。1995年推行了供销公司、承包单位和职工三轨竞争销售制，挖掘了推销潜能，扩大了销售规模。1998年，加强了对销售工作的宏观调控和重点攻关，当年产品进入邯济铁路，扭转了轨枕销售被动局势。2000年，与磁山铁路工务段联营成立了峰峰矿区磁山铁路轨枕联营厂，使轨枕产品有了一个较为稳定可靠的市场。2001年针对钢丝绳销售市场恶化局势，调整了营销策略，实行了“多篮子盛蛋”战略和抢、占、围、逼的策略，以新开发的镀锌丝、轴承座、U型钢支架迎战市场，实现销售利润127万元。2002年，对承包单位进行了租股并存形式的改制，形成了自我加压、积极开拓市场的局面。1989年至2004年，全厂累计销售额达1.9671亿元。

（三）新产品开发

1992年11月，新25U型钢可缩型支架通过了局专家小组评定验收，投入批量生产。

1995年，开发了预应力混凝土钢丝（GB5223-85），并获生产许可证书。

S－2 型轨枕。1993 年至 1994 年上半年，由铁道部丰台桥梁厂设计，厂机电科安装施工，建成一条设计能力为单班年产 14 万根 S－2 型混凝土铁路轨枕生产线。期间因资金短缺一度缓建，为减少因丧失机遇而造成的损失，1994 年 6 月，厂党政组织机电、供应科和混凝土车间通力会战，当月调试运转成功，7 月 26 日试生产，并于 9 月通过了铁道部质量检验中心质量检验。由班产 30 根逐渐增加到 200 余根。产品销往郑州、新乡、石家庄、邯郸、西安等地，每年还为本局铁路维修生产 6000 余根。

镀锌钢丝：1996 年 8 月 20 日至 10 月 20 日，仅 70 天建起一条年产 500 吨能力的镀锌钢丝生产线和 1500 平方米的厂房。工期比计划提前 20 天，投资比预算 300 万元减少三分之一。试产出来的产品各项性能均达到或优于国家标准，此类生产线当时在全国只有 3 家，在煤炭系统属首家。

1997 年 12 月，与局物资供应处联营，新上一条特细镀锌钢丝生产线，年生产能力 200 吨，名称为峰峰局特殊钢丝绳厂，后为制品厂买断独资经营。2002 年 6 月，改制为峰峰矿区金达特殊钢丝绳有限责任公司，至 2004 年底，产量达 400 余吨。

1999 年，开发了 J－2 型预应力混凝土轨枕，同年 6 月 21 日获产品生产许可证书。

除以上新产品外，还开发生产了走道板、桥板、涵板、薄腹梁和托辊轴承座等，形成多元化产品结构和多个经济增长点，对企业经济效益起到了减亏增盈作用。

（四）生产、安全

生产管理。1993 年上 S－2 型水泥轨枕，1996 年上镀锌钢丝生产线，1997 年上特殊钢丝绳车间，在原有生产能力、规模基础上，2000 年，全厂共有 4 个产品系列、11 个品种、7 条生产线、158 台主要生产设备。1993 年以前，年、月度生产作业计划通过厂生产调度会议下达，调度室负责组织落实，协调平衡疏通与生产有关的各个环节，保证计划完成。1994 年，厂对生产车间实行产供销一体化承包管理，调度职能转化为参谋职能。2002 年，调度室撤销。1989 年至 2004 年，制品厂各类产品产值 1.2803 亿元。

安全管理。厂长为安全生产第一负责人，每年行政 1 号文件均为当年安全指令，20 世纪 80 年代建立起全厂三级（厂、车间、班组）安全管理网。1990 年，全厂各类安全网员 68 人，形成了党政工团齐抓共管的格局。每天都有安全教育活动。调度室每月组织一至二次安全大检查，每季组织一次安全分析会，厂每年进行一次安全表彰。各项安全制度和设施齐全，单位收益、职工收入分配都与安全挂钩。2001 年，投入 1.7 万元对 233 名职工进行了安全操作规程培训。2002 年，对改制单位的安全都作出明确规定。2003 年开展了“反麻痹、反松劲、反自满、反事故、反‘三违’”的活动。2004 年，建立了特殊设备重特大事故应急救援处置机制。

从 1989 年到 2008 年，连续安全生产。

（五）成本管理

1990 年实行三级核算（厂、车间、班组），建立起目标管理、内部银行、经营调度和车间成本核算为一体的成本管理网。1995 年建立起以基层承包和分流单位成本自控体系。1996 年强化了内部银行职能，加大了集中调控使用资金力度，学习邯钢经验，推行了成本倒算法。2001 年对有效资产合并重组，实现了低成本扩张。成本管理的日益强化推动了全厂各个单位从原材料采购、组织生产、产品销售、外联攻关到办公用品使用等各个环节的提效降耗、增收节支，推动了新产品开发和工艺技术设备改造，维持了企业运转和生存。

（六）产品质量

1989年混凝土构件厂（混凝土车间）被评为国家一级构件厂，圆孔板、大型板、大道枕扣件获国家颁发的生产许可证书。圆孔板被评为邯郸市优质构件。1998年9月对以往管理制度进行了系统规范，形成了新的产品质量管理体系。

1991年召开制品厂第五届QC小组成果发布会。4个获“优秀QC小组”称号，5个获“先进QC小组”称号，其中钢丝绳车间QC小组获局“先进QC小组”称号，参加了河北省煤炭系统QC小组成果发布会，获“优秀QC小组”称号。

1998年，对钢丝绳进行磷化工艺改造。

2001年1月，钢丝绳S－2型预应力混凝土轨枕等7项产品通过了ISO9002质量体系认证；9月通过了质量体系认证复检。

2001年4月，钢丝绳产品取得了河北省质量技术监督局合格证书和国家监督检验抽查合格二级产品证书，并进行了远达牌钢丝绳金属绳索的商标注册。

（七）劳动工资

1995年7月，依据局《实行劳动合同制实施办法》，全部实行了劳动合同制，原合同工、固定工均重新签定劳动合同。1998年1月实行全员下岗、精简人员和重新聘任、竞争上岗，1998年3月成立了再就业服务中心，对下岗职工实行集中统一管理。从1998年到2004年全厂累计下岗1797人次。

严格执行国家政策和局规定，对在岗职工按时发放劳动保护用品。

1989年至1993年，职工奖金和浮动工资同企业经济效益挂钩；1994年后，职工全部收入与企业经济效益挂钩。由于对各单位实行了不同形式的承包和多级考核，拉开了分配档次。1995年9月之前，实行浮动工资制，10月后实行岗位技能工资制。2002年企业改制后，改制单位职工工资由改制单位按公司章程自定，改制以外单位职工仍实行岗位技能工资制。

二、职工生活福利

1989年至1996年，托儿所、自行车房、食堂、澡堂、旅馆化宿舍等职工福利点持续保持达标。随着体制改革和企业发展变化，上述生活福利点于1996年底前先后关停。

1989年，先后新建、翻修职工家属住宅楼3栋、平房11排，总建筑面积7959.16平方米，为226户职工家属解决了住房，改善了居住条件。

2004年，申请资金13万元对生活区12栋楼房、28排平房屋顶进行了修补，解决了300户房屋漏雨防水问题。申请资金11.6万元改造送水管道3200米，使太南一街67户职工家属实现一户一管。2007年扩建西山家属楼泵房水池，容量扩大一倍，解决了115户居民吃水难问题。

2008年，为太南4街生活区铺设长300米、宽2.5米的路面。

2004年至2008年，共筹措资金82.05万元救助困难职工3685人次，筹措“金秋助学”资金12.2万元资助33人。2005年至2006年，主动与地方政府联系，先后为380个困难家庭解决了低生活保障问题。

随着体制和医疗制度的改革，保健站到2002年改制前减少到4人，2008年保健站人数1人，担负着全厂职工医疗和管理任务。

三、党群工作

（一）党委、纪监工作

1. 党员代表大会。1992年2月12日，中共峰峰局制品厂第三次党员代表大会召开，选举产生了中共峰峰局制品厂第三届委员会和第三届纪律检查委员会。

2. 组织建设。1989年至2008年，累计发展党员89人。截至2008年10月，全厂共有136名党员（其中预备党员1名），6个基层党支部，12个党小组。1989年至2007年，全厂共评出厂级优秀党员356人（次）、优秀党务工作者44人（次）、先进党支部38个（次）、党小组60个（次）；被评为局（集团公司）级优秀党员24人（次）、优秀党务工作者11人（次）、先进党支部20个（次）。

3. 思想作风建设。1991年组织党员、干部系统学习了党的十三届七中全会精神、“双基”理论和中央领导讲话精神，开展了“三项建设”活动，制定了领导班子、“六好车间、五好班组、四有职工”和基层单位党风建设考核标准，共5项104条。1996年围绕市场意识、思想道德、工作作风开展了“三个形象”（班子形象、党员干部队伍形象、企业形象）建设、“三观”教育和“查‘三风’、反‘三松’、振奋精神看行动”整风学习活动，制定了《管理人员作风建设若干准则》、《廉洁自律十不准》制度。2004年5月，围绕企业关闭破产中发挥好党员模范作用、维护企业稳定，在党员干部中开展了“树形象、当模范”活动。2005年，开展了“一个党员一面旗”形象建设活动，实施了依据政策、有情操作，建立了信访预警机制，处理遗留职工工资关系、医疗费报销等问题10余件，接受信访200余人次。

4. 党风廉政建设。1989年至2008年，开展了党风廉政建设活动，根据上级要求和企业实际，累计制定有关制度、规定31个。期间分别处理党员干部违纪、违法案件各1起，对责任党员干部分别作出党内警告和开除党籍处分，净化了党的组织。

5. 宣传思想工作。根据上级党委的要求，成立了政治学校，开办7期培训班，每期半月，对35岁以下青工进行了“双基”教育培训，参学青工360人；开办了干部和管理人员社会主义理论培训班，全厂146名干部和管理人员全部接受了培训。1997年10月，采取半脱产形式开办了1期干部和管理人员市场经济理论教育培训班，参训人员52人。2004年6月，针对企业关闭破产前不稳定因素，深入进行形势教育和思想工作，推进破产工作有序进行。

6. 精神文明建设。1991年，建立了精神文明建设体系，包括思想体系和组织保证体系，实行了目标和网络化管理。1996年1月，制定了制品厂“同心同德、负重奋进、务实求效、再铸辉煌”的企业精神，设计了厂徽、编写了厂歌，举办了建厂40周年庆典活动；8月组织以党员干部为骨干的镀锌钢丝生产线会战，70天建成一条年产500吨能力的镀锌钢丝生产线，提炼出“面向市场、艰苦奋斗、自我加压、严细管理、优质高效、团结奉献”的镀锌会战精神。2005年，投资2万元组建了离退休职工秧歌队、太极拳队、乒乓球队。

（二）工会工作

1989年1月14日召开制品厂第六届工会会员代表大会，70名代表出席了会议。

坚持职工代表大会制度，企业重大事项和决策通过职代会讨论、审议、通过后实行。1998年推行厂务公开民主管理制度，建立了厂、车间、班组三级公开制度。2005年之前，建职工之家1个，车间职工之家8个。2006年开展“四会”、“五家”建设活动。职工文化活动从1989年至2008年保持了月月有活动、重要节假日有大型活动。

（三）团青工作

1989年，团委下设团支部9个，全厂35岁以下青工401名，团员104名。随着改革、分流及青工年龄增长，2002年，团青工作业务合并到工会，由1名干事兼管。

1989年至2002年，开展青年安全监督岗活动，开展思想政治教育和精神文明建设活动。1991年，对青工进行“双基”教育，开办培训班7期。1996年至1998年，开展了“团结奉献、艰苦创业”系列活动和岗位练兵、拜师学艺活动。1999年至2002年，对青工开展了维护稳定系列活动。

第三节　主要经济技术指标完成情况

1989年-2004年10月主要经济技术指标完成情况表

年度	产值（万元）	万元产值率（元/人）	产品销售额（万元）	补贴后利润（万元）	实际利润（万元）
1989	907	10000	1735	30	24
1990	814	8975	1772	42	0
1991	1618	18038	1723	88	-85
1992	1233	14371	1573	-84	-196
1993	789	9529	2359	-40	-160
1994	604	7541	836	-236	-666
1995	945	12305	1396	3	-347
1996	853	13938	1378	-285	-290
1997	1532	28214	1985	-100	-100
1998	1220	22593	1527	17	-159
1999	856	15396	1422	9	-62
2000	858	15948	1208	198	-55
2001	500	9579	608	3	3
2002	74	1545	149（1-5月）	-189	-287
2003	—	—	—	-17	-598
2004（1-10）	—	—	—	-32	-454
合计	12803		19671	-593	-3432

第四节　市级以上荣誉称号

一、国家、部级荣誉

1989年，国家二级计量企业

二、省级荣誉

1991年，河北省先进企业、设备管理B级企业

三、市级荣誉

1989年，邯郸市“守合同重信用”单位

1990年，邯郸市优质构件

（资料提供：吴志国、孙长海、袁土城）

第二十二章　钢铁厂

第一节　单位概况

一、历史沿革

钢铁厂始建于1970年7月，厂区面积23万平方米，地处太行山脉鼓山脚下。东邻京广铁路，西邻武安、磁山铁矿，北邻邯峰公路，南邻峰峰矿区。

1970年9月24日，一号高炉建成投产，峰峰局革委会下发《关于启用“峰峰矿务局复兴钢铁厂”新公章的通知》，钢铁厂正式建立。1975年12月，实行党委“一元化”领导。1978年初，峰峰局先后派进三批工作组，对钢铁厂进行企业整顿。1979年5月，钢铁厂归属峰峰局机械修配厂，改为车间建制。1986年6月20日，鉴于高炉车间生产规模扩大以及生产经营管理相对独立的性质，峰峰局确定，机修厂高炉车间改为峰峰局钢铁厂。1986年7月1日，钢铁厂恢复为局属二级单位。

二、生产能力

厂建有两座37立方米高炉，设计年生产生铁4.5万吨。最高年产量达到5.7万吨，年利润880余万元。主要产品是炼钢、铸造用各牌号生铁。产品按照炼钢GB717－82、铸造718－82标准组织生产。产品质量曾达到国际先进水平，畅销国内外。此外，还生产过线材、铁合金等产品。

由于受计划经济体制的束缚，钢铁厂始终未能走出“小而全”的发展模式，加之管理粗放、产品单一、机制不活等诸多因素，没能形成规模经济。在国家产业政策、环保治理和市场制约等诸多因素的影响下，钢铁厂丧失了生存和发展空间。2000年10月31日，邯郸市政府下发“关于关停烧结车间”的通知。2001年12月底，按照峰峰局安排，钢铁厂全面停产。2002年至2004年9月，全厂处于停产状态。2004年10月27日，进入破产程序，当时全厂在册职工453人，其中合同制职工109人，干部47人，集体企业工190人。2005年10月，破产工作终结。

三、人员情况

截至2008年11月底，厂留守人员在册74人，上岗46人。

历年职工人数情况统计表

年度	在册	其中				集体企业职工总数
		合同制	女工	干部总数	女干部	
1989	821	90	164	85	16	176
1990	820	98	159	89	18	176
1991	810	115	162	81	17	178
1992	792	117	164	81	19	178
1993	772	114	166	81	14	179
1994	783	118	169	85	17	189
1995	782	118	159	93	22	199
1996	709	118	158	100	30	194
1997	668	115	142	85	27	194
1998	662	115	135	79	25	194
1999	682	120	135	83	25	196
2000	673	120	134	76	25	196
2001	660	117	133	74	25	192
2002	613	113	116	56	17	191
2003	588	110	107	54	15	190
2004	453	109	57	47	12	190
2005	249	45	41	35	9	186
2006	132	5	5	21	3	
2007	109	4	5	19	3	
2008	74	4	4	16	3	

第二节　主要工作

一、生产经营

1991 年，积极贯彻国务院关于开展“质量、品种、效益年”活动的通知精神和峰峰局“全员动员、真抓实干，打好质量品种效益年攻坚战”活动 10 个方面的奋斗目标，制定了 6 项保证措施。全年生产生铁 3.3165 万吨，发电 431 万千瓦时，完成产值 1848 万元，全员效率达到 2.27 万元/人。

1992 年，按照局深化改革、转换经营机制的总体要求进行改革，划小核算单位，并引入竞争机制。进一步完善经营承包责任制，在炼铁车间实行吨铁工资、烧团车间和原料车间实行吨料工资、电站实行度电工资制，并严格考核和奖罚。全年生产生铁 3.1796 万吨，发电 305.42 万千瓦时。完成产值 1697 万元，价值全员效率 2.12 万元/人。

1993 年，进一步完善各种形式的经营承包责任制，出台了一系列经济政策和措施，相继制定了生铁产量、炉龄管理奖罚规定和补充规定，实行上台阶嘉奖办法。全年生铁产量完成 4.0918 万吨，发电 452 万千瓦时，实现产值 2137 万元，价值全员效率 2.7789 万元/人。实现利润 880 余万元。

1994 年，积极推行内部模拟市场，继续推行和完善了吨铁工资、吨料工资、度电工资及各种消耗的超降奖罚办法。在分配制度上，加大了向苦、脏、累、险和工程技术岗位倾斜力度。根据局多经发展规划精神，制定了《1994年—2000年发展规划》。炼钢工程于当年1月5日开工；完成120立方米高炉立项、可行性报告、贷款申请等工作。全年生铁产量完成4.0349万吨，发电458万千瓦时，价值全员效率2.7609万元/人。实现利润355万元。

1995年，制定了厂总体改革实施方案，经局验收成为第二批推行岗位技能工资制单位。实施了切块经营、剥离分流工作，实行自主经营、独立核算、自负盈亏。根据局"缩编机构、精简人员、转变职能、强化管理、提高效益"原则，厂机关由原来的20个科室精简为8个科室。炼钢改扩建工程7月1日正式竣工投产。全年产钢2374吨、生铁4.2445万吨，发电400万千瓦时，全员效率2.8955万元/人。实现利润1.7万元。

1996年，由于钢铁市场疲软，原、燃料涨价，外欠款多，货款回收难等诸多因素，生产经营遇到很大困难。厂加大扭亏增盈工作力度，强化货款回收、产品销售、节约挖潜、降低成本等工作。全年生产生铁3.8146万吨，发电142万千瓦时；全员效率2.6307万元/人。当年亏损1141万元。

1997年，根据主业、多经、后勤服务三线分离的原则，制定了《内部结算办法》、《内部价格管理办法》、《独立核算单位收入管理制度》。厂模拟市场机制，建立了会计核算中心，对全厂核算工作实行统一管理。严格成本管理，制定了细致的成本考核办法，把成本分解到班组和每个岗位、每个职工，成本与经济利益相联，提高了职工成本管理意识，形成了算细账、重节约的良好风气，生产经营工作收到明显效果。全年生铁产量完成4.258万吨，发电574.24万千瓦时。完成了局下达的-900万元亏损指标。

1998年，围绕扭亏解困中心工作，与厂属12个单独核算单位签定了责任状，并相应制定了《1998年各块经营考核通则及管理办法》、《业主经营考核办法》、《内部价格管理办法》、《厂内结算办法》等具体规定。合并取消了部分职能科室、工段和班组，减少了中间环节和管理层次，建立了高效快捷的工作经营机制。制定下发了《安全办公会制度》、《生产经营工作调度会议制度》、《成本分解会制度》和《月度工作会议制度》，各种会议形成了制度化。狠抓下岗分流、减人提效工作，经营政策向一线倾斜。炼铁职工打破工资界限，实行吨铁工资，有效增强了全厂职工的工作积极性和责任感。全年生铁产量完成5.3021万吨，发电605.9664万千瓦时。实现利润19万元，比上年减亏增利915万元。

1999年，生铁市场进一步疲软，生铁价格一路下跌。厂修订了对12个独立核算单位的合同，并将后勤服务推向了市场，实行独立核算。分别实行了成本联挂工资、利润联挂工资和费用联挂工资考核办法。形成了"效益联挂、整体驱动"的经营管理机制，各项指标与全体职工挂钩。狠抓了下岗分流、减人提效工作，全年精简职工164人，占在岗职工的24%；机关、后勤50%人员放假，执行最低工资。通过一系列措施，收到较好效果。全年生铁产量完成5.7738万吨，发电748万千瓦时。实现利润9.8万元，较计划增盈9.8万元。

2000年，在国家产业政策、环保政策的限制和生铁价格下滑的情况下，内抓管理、外闯市场，生产经营活动得到正常发展，全年生产生铁5.6888万吨，发电640万千瓦时。利润实现-201万元，比目标计划增亏201万元。

2001年，受环保政策的限制和原、燃料价格的影响，全厂生产经营极度困难，于12月25日停产。

二、安全管理

1991年，推行了安全生产目标管理，在全厂范围内实行了风险抵押承包。强化职工安全教育，分层次举办了多期安全培训班。加强班组建设，制定了班组达标计划、标准和管理办法，狠抓"三违"，全年实现安全生产。

1992年，重新修订了《安全奖罚条例》，开展了安全目标管理，被局评为二级消防达标单位。全厂设备管理继续保持一级先进单位水平，实现了安全生产年。

1993年，全年安全检查10次，巡回检查68次，查出隐患46次。下达指令性整改通知书43条，做到了防患于未然。设备管理继续保持了一级先进单位水平。

1994年4月23日，炼铁二车间发生铁口烧穿铁水外溢爆炸事故，2人当场死亡。厂立即在全厂职工中开展了学规程、反“三违”活动，并调整了安全管理机构，增加了专职安检员。购置了4台煤气监视报警器和两台煤气检测仪，对炉前泥炮机进行了改造，使安全装备水平有了提高。

1996年，制定了《关于强化安全工作的具体规定》，开展了“反‘三违’、抓‘三违’”、标准化工房管理及创建“安全文明岗位”活动。按照党政工团齐抓共管的工作格局，厂党委广泛开展了党员干部不“三违”、党员身边无“三违”活动。工会创建了群监组织。团总支开展了“学条例、学规程、学规定”教育活动。举办了“安全为了我”演讲比赛和“安全杯”篮球赛。

1997年，建立了自查、互查、联查制度，强化值班管理。9月23日，1号高炉发生铁口烧穿事故，无人员伤亡。

1998年，深入开展了职工安全教育年和安全生产活动，举办了高炉冶炼技术培训班和烧团技术培训班。加强了安全生产管理工作，制定下发了《强化管理，实现1998年安全生产的决定》和《关于强化安全生产管理的若干规定》。坚持了安全会议制度，强化了厂、车间两级领导的值班管理。严格了考核、奖罚制度，实行了安全、生产与经济效益考核三挂钩。全年实现了安全生产，被局评为年度“安全生产先进单位”。

1999年，制定下发了《关于开展首季安全生产活动的安排意见》和《关于强化管理实现1999年安全生产的决定》。调整充实了安全监察力量，严格对安全生产、安全责任进行考核并与经济效益挂钩，实现了安全生产无事故，被局评为“安全生产先进单位”、“安康杯”竞赛优胜单位。

2000年，调整充实了安全管理队伍，加大了安全检查力度。坚持了厂、车间两级安全办公会和月度安全大检查。开展了“反事故月”、“安全质量管理月”、“机械设备安全月”、“后100天安全生产”等活动，实现了全年安全生产无事故。

2001年6月30日，机电科发生1名工亡。

2002年至2008年，在全厂停产和实施破产过程中，始终注重安全工作，加强安全管理，开展安全活动，全厂实现了安全无事故，连续多年被评为集团公司“安全先进单位”。

三、后勤管理

1991年，7号家属楼竣工，8号楼开始兴建，总建筑面积4367.5平方米；对家属院西平房进行了翻修；为家属住宅安装了暖气。职工食堂建设了小型冷库，配备了电烤箱、打蛋机、绞肉机等设备。养鸡场喂养蛋鸡1600余只，产蛋1万余公斤，为每名职工发放鸡蛋10公斤。植树2511棵，增加绿化面积9310平方米。被邯郸市、峰峰矿区、峰峰镇评为“卫生红旗先进单位”，被峰峰局评为“生活福利三级达标单位”。

1992年，对保健站进行了改造，增加临时病房7间。职工食堂内部进行了改造装修。建立了炉前工生日餐制度，开辟了生日餐窗口。生活福利点全部实现达标。植树3992棵，增加绿地面积3672平方米。继续保持了邯郸市、峰峰矿区、峰峰镇“卫生红旗先进单位”称号。

1993年，被评为邯郸市“卫生红旗单位”，保健站在局地面单位保健站检查评比中名列第一。

1994年，投资21万元，打深水井1口，解决了职工家属生活用水难问题。维修危漏房1537平方米，更新了职工宿舍生活用品，实现了宿舍标准化。南家属区2号、3号楼进行了加层。种植各种树木1000余棵、冬青1万棵、爬墙虎1万棵，增加绿地面积1万平方米。

1995年，在局环境绿化评比中名列第三名。对西家属区600余平方米路面进行硬化，改造下水道213米。清理整修了多年未用的储水仓，更换大水泵1台，彻底解决了家属生活区吃水难问题。南家属生活区2号、3号楼加层竣工，12户住房困难户乔迁新居。

1996年，对家属区1—5号楼供水管路进行更换，对2号家属楼厕所下水管路进行了清理和检修，解决了职工家属生活实际困难。巩固了邯郸市“花园式单位”称号，并获邯郸市和峰峰矿区“卫生流动红旗单位”称号、局地面厂厂区环境绿化前三名。

1997 年，后勤公司在补贴减少的情况下，努力走自创自养的道路，成功开辟了一些服务摊点。堵塞管理漏洞成绩明显，仅不合理水费支出就减少了约 30 万元。

1998 年，后勤公司重新铺设了生活区供电线路，封闭电表，有效控制了偷电现象。完成西生活区供水管路的改造工程，每月节支 3500 余元。实施了利用电站烟道余热为澡堂供热系统工程，对厂区冬季供暖系统进行改造，减少了大量费用支出。对宾馆、食堂和饮食摊点进行租赁，出租房屋开办了养老院。

1999 年，完成了旧职工宿舍楼的改造设计方案和计划审批工作，解决了家属区住宅漏雨等问题。

2000 年，改造了居民用电线路，强化水电计量管理，增加了收入，保证了补贴缩减任务的完成。

计划生育工作。1992 年，计划生育 6 项指标达标，巩固了“四无厂”称号。1993 年，计划生育工作 8 项指标均达到规定，在局计划生育检查中被评为“先进单位”。1994 年至 1997 年，计划生育工作完成局下达各项指标。1998 年，计划生育工作获局“先进单位”称号。1999 年，计划生育工作完成局考核控制指标，首次获局计划生育工作“红旗单位”称号。2000 年至 2008 年，连续多年被评为局（集团公司）“计划生育先进单位”。

四、党群工作

（一）党委、纪监工作

从 1989 年至 2008 年，厂各级党组织按照上级的统一部署，围绕行政中心工作，不断加强党的组织、思想和作风建设，加强两个文明建设，为全厂的生产、经营、改革、发展、安全、稳定提供了强有力的组织和思想保证。

1989 年 8 月，为迎接国庆 40 周年和钢铁厂建厂 19 周年，厂党总支在全厂开展了“双增双节”活动，在各党支部开展了“一手鲜”竞赛活动。10 月 17 日，厂成立了企业升级工作领导小组。10 月 31 日，召开了企业升级动员大会。

1990 年，各支部开展了党课观摩比赛，收到良好效果。5 月 7 日，炼铁车间党支部组织党员积极捐款，建立全厂第一个“党员活动室”。11 月 23 日，召开了晋升省级先进企业考评验收总结大会。

1991 年 9 月 24 日，厂领导班子进行了调整。

1992 年 3 月 10 日，召开了厂第一次党员大会，全厂党员总数 129 人，实到 120 人，厂党总支改建为党委。4 月 21 日，炼铁车间一分为二，成立炼铁一车间党支部和炼铁二车间党支部。12 月 25 日，20 名新党员举行了入党宣誓仪式。

1993 年 9 月 4 日，厂党委在烧团车间召开月度政工例会，传达了局“六好区队”建设经验交流会精神。

1994 年，厂党委号召全厂党员“提一条建议、节约一百元、参加一次奉献”活动，广泛开展“我与企业共命运”教育活动。

1996 年，厂党委组织 190 余名党员及入党积极分子参加了全国党纪、政纪条规知识竞赛。建立了党风、党纪监督员队伍。

1997 年，厂党委组织 70 余名管理人员和 100 余名职工参加了党的十五大知识测试及现场知识竞赛活动。制定了《加强干部思想作风建设的若干规定》，调整了 5 个基层领导班子，考核干部 73 名。开展了“评选树”、议创和党员身边无“三违”活动。发展新党员 6 名。举行了迎香港回归庆祝活动。

1998 年，厂党委组织领导班子中心组认真学习邓小平理论和党的十五大精神，加强党建工作，对全厂 6 个基层领导班子进行了考察，对 24 名中层干部和厂各级领导干部进行了民主评议。开展了“四学四深入”、“评选树”和“双增双节”攻关创效、争当岗位明星及向“七一”、“十一”献礼活动。组织 496 名职工，为女儿患白血病的集体企业女工捐款 7485 元。

1999 年，厂党委全面加强理论学习，建立了《理论学习规章制度》。组织形势任务宣讲，举办黑板报专题宣传，开展了迎“七一”、迎“国庆”献礼活动。加大稳定工作力度，对不稳定因素排查。加强了党风廉政建设，收看了《党员处分条例》电教片，制定了厂级领导干部党风廉政责任制，与 21 名中层干部签定了党风廉政责任状。坚持了党支部工作目标考核制度。

2000 年，厂党委组织了党的十五届四中全会精神和“三个代表”重要思想的学习活动，围绕企业“扭亏解困与生存发展”中心工作，加大思想政治工作的力度。坚持隐患摸排，制定了厂领导接待群众来访值班制度，建立了公示牌、记录本等。

2001 年 12 月，受国家产业政策调整和环保治理的影响，钢铁厂被迫停产。厂党委对干部职工进行了有关政策的学习和宣传。

2002 年至 2004 年 8 月，厂党委开展了“保清欠、保盘活、保安全、保稳定”主题活动，建立了《党员联系制度》和《党员组织生活登记制度》。坚持了每周一次厂领导中心组的学习、每月一次党支部书记和政工部门参加的政工例会、每年一度的“评选树”活动。坚持了党员过政治生日制度，党员过政治生日 400 多人次，增强了党员的党性观念和维护企业稳定、发挥先锋模范作用的自觉性。

2004 年 9 月 9 日，召开了钢铁厂四届二次职代会。10 月 27 日，进入法定破产程序。厂党政认真学习各项破产政策，在安置职工问题上，最大限度地用足用好政策，共安置职工 400 余人，最大限度地保证了企业稳定。企业破产以后，厂党委继续坚持厂领导中心组理论学习、每月一次政工例会、每年度的党员“评选树”活动和领导干部党风廉政建设工作。

2005 年至 2006 年，在党员中开展了保持共产党员先进性教育活动，探索建立“保持共产党员先进性”长效机制。

2007 年，厂领导班子开展了“四好”领导班子创建活动，机关科室和基层党支部按照“四好科室”和“四好党支部”开展活动。12 月，开展了“贯彻科学发展观、促进企业大跨越”解放思想大讨论活动。

2008 年 4 月，厂领导班子开展了“深入学习实践科学发展观”活动，进一步明确了工作定位及“服务、保障、安全、稳定、和谐”的工作重点和努力目标。四川汶川大地震发生后，两次组织全厂员工向灾区捐款 7550 元，组织党员缴纳特殊党费 7900 元。奥运会前后，厂党政集中主要精力，举办了“保稳定、抓安全、促环保、迎奥运”专题宣传教育活动，开展了以“保稳定、保安全”为重点的奥运安保工作，安排了领导干部大接访活动，加强了重点部位巡查及领导值班制度，确保了奥运会期间全厂信访稳定和治安安全。开展了“抓作风、做表率、促发展”作风整顿活动，进一步强化了领导班子的执行意识。

（二）工会工作

1990 年 1 月和 7 月、1991 年 2 月和 7 月，分别召开一届六次、七次和八次、九次职代会。2004 年 9 月 9 日，召开了四届二次职代会，听取审议了关闭破产工作报告。全体职工代表认真负责地进行了讨论，表决通过了报告决议。

1998 年，组织 37 名下岗职工到局工会再就业服务站参加技能培训，为 23 名下岗职工办理了经商免税证。启动扶贫基金 6000 元，扶持了 2 名下岗职工，确定了 15 名扶贫对象。1999 年，筹集慰问品价值 1.5 万元、救济金 4000 元，救济困难职工 41 人，走访职工 43 人。2000 年，筹集慰问品价值 2.4 万元、救济金 8200 元，救济困难职工 174 人。年累计发放救济金 1.705 万元。2001 年末，建立了厂送温暖基金和厂、车间二级帮困组织，建立困难职工档案，配合民政部门使 120 余名职工和家属享受了“低保”。筹集资金 9440 元，对 63 户职工家属进行了慰问救济。

1989 年，组织开展了“争先进、创优质、夺高产、增效益、保安全”竞赛活动。1991 年，组织了第二届技术练兵比武活动，推荐 6 人参加了局练兵比武活动，3 人取得名次，被评为地面厂第一名。1995 年 3 月，在全厂开展了选拔“能工巧匠”活动，下发《合理化建议和技术改进奖励条例实施细则》。6 月，下发《关于开展青工技术比武活动的实施意见》。1996 年 6 月，开展了“爱钢厂做主人、我为钢厂献一计”合理化建议活动。建立了三级劳动争议调解网络，举行了《劳动法》知识培训。对 37 名中层干部及 49 名班组长进行了年度民主评议。2000 年，开展了以建功立业为主要内容的劳动竞赛活动。

1992 年，开放职工文化活动室，进行了“三法一例”知识学习，有 800 多名职工参加了答卷竞赛。1994 年，举办了“唱给党的颂歌、献给党的颂词”知识竞赛庆“七一”系列活动。1996 年，举办了“安全杯”篮球比赛、庆祝建党 70 周年歌咏比赛和电影周活动。1997 年，举办了庆香港回归活动。1998 年，组织了职工篮球赛、“敬业杯”卡拉 OK 歌唱赛、庆“七一”大合唱联欢会活动。

第三节　主要经济技术指标完成情况

1991 年 –2001 年主要经济技术指标完成情况表

年度	生铁产量（吨）	利用系数	焦比（千克）	合格率（%）	利润（万元）	产值（万元）	全员价值效率（元/人）
1991	31165	1.41	793		–16.8	1848	22702
1992	31796	1.48	675	96.86		1679	
1993	40918	1.60		97.13	888	3137	27789
1994	40349	1.68		97.05	355		27609
1995	42445	1.74			1.7		28955
1996	38145				–1141		26307
1997	42580				–896		
1998	53021			99	–196		
1999	57738			99	9		
2000	56888			99.34	–201		
2001	41087						

第四节　市级以上荣誉称号

一、省级荣誉

1989 年，河北省多种经营先进企业
1990 年，河北省地方冶金技术进步先进企业
1993 年，河北省多种经营先进企业

二、市级荣誉

1989 年，邯郸市“安全生产、经营效益”先进企业
1990 年，邯郸市园林式先进单位
1994 年，邯郸市“守合同重信用”单位、计量合格单位
1999 年，邯郸市花园式单位

（资料提供：刘纪生、李新民）

第二十三章　邯郸市翔龙地质勘探有限公司

第一节　单位概况

一、历史沿革

邯郸市翔龙地质勘探有限公司前身是峰峰集团地质勘探处，位于峰峰矿区煤材路东头，毗邻马峰公路，占地面积约2.1万平方米。公司始建于1954年，成立初期名称为峰峰局钻探队，主要承担局内一些矿井井上下煤田地质、水文地质简易钻探任务。“文革”后期，一些矿井的地质钻机队被吸收进来，企业的技术人员和生产设备有所增加，生产能力有了提升。1976年，与水文地质试验队合并成立了“峰峰矿务局地质勘探队”，隶属峰峰局水文地质测量处。1984年9月，与峰峰局地测处分离，成为峰峰局一个自主经营、自负盈亏的二级单位。1991年12月，更名为“峰峰矿务局地质勘探工程处”。2004年10月，改制为邯郸市翔龙地质勘探有限公司。

二、企业规模

公司员工207名，固定资产1300万元，注册资本556.43万元，具有国土资源部批准的地质勘查施工乙级资质，是河北省国土资源厅核准的“河北省矿产资源储量检测机构”，是主要从事地质勘探工程施工、水文地质、工程地质、环境地质调查、固体矿产勘查、液体矿产勘查和矿产资源储量检测的综合生产与服务企业。

三、公司改制情况

按照河北省关于主辅分离、辅业改制的总体部署，根据河北省国资委《关于峰峰集团有限公司地质勘探处改制实施方案的批复》（冀国资字［2004］495号），企业于2004年10月23日，在峰峰集团地质勘探处召开了公司创立大会暨第一次股东大会，同时首届董事会、监事会正式成立。当月在邯郸市峰峰矿区工商局注册，领取了企业法人营业执照。注册资本为510万元，其中，峰峰集团出资102万元，占总股本20%；地质勘探处工会（社团法人出资，资金主要是职工经济补偿金）出资408万元，占总股本80%；为峰峰集团参股子公司。

2004年股权结构及股东情况

股东名称	股份性质	出资数额（万元）	出资比例（%）
峰峰集团有限公司	国有法人	102	20
峰峰集团地勘处工会	职工补偿金	408	80
合　计		510	100

2004年12月，经集团公司党委批准，成立中共邯郸市翔龙地质勘探有限公司委员会（峰集发［2004］85号）。

公司经营范围：矿产地质调查、勘查；工程地质勘查；水文地质勘查；钻机机械修配；零部件加工。

2006年4月1日，经股东会研究决定，峰峰集团将对地质勘探处在改制期间下拨的维简费21.38万元国有独享资本公积转入股本；公司工会将改制时不符合内部退养条件而到新企业就业的职工，以经济补偿金25.05万元纳入股本。至此，公司实际注册资本增至556.43万元。股本增加后，峰峰集团实际出资123.08万元，占总股本的22.12%；公司工会实际出资为433.35万元，占总股本的77.88%。

同年4月18日，经峰峰矿区工商局核准，注册资本数额和“峰峰集团有限公司地质勘探处工会”名称予以修正，并且领取了变更后的企业法人营业执照。

2006年股权结构及股东情况

股东名称	股份性质	出资数额（万元）	出资比例（%）
峰峰集团有限公司	国有法人	123.08	22.12
邯郸市翔龙地勘工会	职工补偿金	433.35	77.88
合　计		556.43	100

按照《公司法》和《公司章程》规定，2007年9月18日，公司董事会如期换届，经选举产生了第二届董事会和监事会。

第二节　主要工作

一、矿井勘探

（一）企业成立至1989年主要生产情况

企业自成立至20世纪80年代末期，主要是围绕峰峰煤田开展生产工作，完成了煤田地质、水文地质、工程地质、矿井防治水勘探及注浆施工、水资源开发与利用等施工项目和钻孔数百项。其中30余项获煤炭部、河北省、邯郸市和峰峰局优质工程或优秀成果等奖项。先后完成了一矿新市区、二矿泉头扩大区、通二矿集贤村、黄沙矿辛安扩大区、万年矿补充勘探等多项煤田地质勘探施工任务，并提交了地质报告，探明地质储量3亿多吨，为峰峰局提高储量级别、扩大井田范围、延长矿井寿命提供了大量而翔实的地质资料。在工程地质勘查方面，实施了局属各矿排水孔、电缆孔、水文观测孔、瓦斯抽放孔、井筒检查孔等多项工程。在矿井防治水方面，完成了四矿、三矿、一矿等注浆堵水工程，为后来的防治水施工奠定了技术基础。

（二）1989年以来生产工作情况

随着矿井生产发展，20世纪80年代以来，矿井勘探任务由原来的资源勘探向工程勘探方面转移，水文孔、工程孔、瓦斯抽放孔以及矿井防治水勘探与注浆施工越来越多。20多年来，完成数十项大中型注浆堵水工程，如牛儿庄矿、新三矿大型注浆工程，三矿、五矿、孙庄矿、黄沙矿等中型堵水工程。除内部注浆堵水工程外，还实施了河北临城岗头煤矿、山西焦煤集团白龙矿等大型堵水抢险工程。河北临城岗头煤矿堵水工程被河北省煤炭工业协会评为优质工程。

1989年至2008年主要抢险堵水工程：1989年三矿小青－20堵水工程；1991年河北邢台岗头堵水工程；1993年6月牛儿庄矿56603工作面注浆堵水工程；1995年梧桐庄矿特大突水封堵工程；1997年新三矿抢险注

浆堵水工程；1999年河北邢台岗头三矿特大突水封堵工程；2002年梧桐庄矿封堵陷落柱工程；2004年牛儿庄矿特大透水事故抢险注浆工程；2007年5月山西焦煤集团白龙煤矿2－1101工作面突水封堵工程。

地质勘探处参加了1993年牛儿庄矿56603工作面抢险，1995年梧桐庄矿特大突水事故封堵，1997年新三矿抢险和2004年牛儿庄矿堵水等大中型抢险工程，并且每项工程都能按照指挥部要求使设备人员及时到位。特别是2004年9月，因小煤窑非法越层越界开采，导致牛儿庄矿发生特大透水事故。接到指令后，即刻组织了3台钻机70余人的抢险队伍，连夜赶到现场，经过昼夜连续奋战，在短短两天之内钻机开钻，五天注浆站全部建好。由于出水量过大，地质条件复杂，按照指挥部命令，工程技术人员迅速研究制定出了钻探施工和注浆具体方案以及技术措施、安全措施。钻机人员克服了地质条件恶劣、小煤窑资料不准等诸多困难，在规定时间内完成了9个优质钻孔任务，为注浆堵水奠定了基础。在注浆堵水过程中按照水量、流速的不同条件，采用了骨料、防水材料、速凝剂、水泥及粉煤灰等不同的材料进行投注，该工程共注水泥2.2476万吨、粉煤灰6727吨、骨料及其他2140吨。经过200天的连续奋战，战胜了水害，为牛儿庄矿复产作出了贡献。同时，在经历了矿井出水量大、流速快的特大透水事故抢险过程之后，为矿井防治水积累了宝贵经验。

20世纪90年代以来，矿井水文孔、工程孔、充填孔不断增加，且钻孔口径大、深度深、精度要求高，给施工带来了难度。因此，企业始终把技术改造、设备更新放到重要位置。一是注浆技术改进。1995年，在梧桐庄矿特大突水封堵工程中，由于钻孔深、精度要求高，传统的技术很难使钻孔准确进入预定地点。为了保证工期和质量，引进了国内较为先进的定向钻进技术，购置了相应的螺杆钻具，培训了操控人员，在短时间内掌握了这项技术，在梧桐庄矿施工中，实现了800多米一次进入靶区，为封堵突水点打下了良好基础。通过十几年的摸索改进，该项技术已经成熟，并能运用定向技术实现一孔分支、一孔多支的效果，提高了钻探效率。二是加强技术革新改造。1990年，开始对注浆工艺及设备进行革新改造。1993年，牛儿庄矿堵水时，注浆系统已不再使用人工方式，而是将送灰、一次搅拌、二次搅拌改为了半自动化。1995年，注浆系统基本实现自动化，并运用到了梧桐庄矿堵水工程中。20多年来，先后改造了注浆系统3套，老式千米钻机6台。三是不断更新设备。自20世纪90年代以来，企业在资金十分紧张的状况下，始终把发展企业后劲，提升生产能力当作重要工作，每年都按计划增添设备，确保了国有资产保值增值。2008年，企业拥有各类设备仪器200余台（套），各种型号钻杆1.3万米，钻铤50余吨；生产用水源重2000钻机3台（套），水源1000钻机4台（套），地质2000钻机1台（套），地质1000钻机9台（套）。四是不断提高工程技术人员业务水平。每年根据生产情况开办技术培训班，请专家和有经验的同志讲授先进的钻探方法、钻探技术、钻探规范及技术标准，同时选派有学历的职工到大专院校进行专业培训，生产技术人员素质明显提高。

坚持每年1号文件是安全生产文件，孔机事故率保持在较低水平。

二、多种经营

1990年，多种经营正式建制，除集体企业外，基建工程勘察为企业多种经营产业。1994年矿用截齿厂开始筹建，1995年3月正式通过国家技术监督局检验，成为全国合格厂家之一。20世纪90年代后期，两厂点营业收入达百万元。按照国家有关规定，基建工程勘察于2003年实现了改制重组。

三、党群工作

2004年12月，成立中共邯郸市翔龙地质勘探有限公司委员会。

公司党委在继续保持和发扬原党总支的优良传统和作风的基础上，积极探索企业改制后新形势下的企业党组织工作方法和途径。充分发挥基层党支部的战斗堡垒作用和党员的先锋模范作用。通过开展“民主评议党员”、“我为党旗添光彩”、新老党员宣誓、重温入党誓词等活动，有力调动了广大党员在各项工作中的积极性。党员队伍成为推动企业发展的中流砥柱和维护企业稳定的骨干力量。建立了以公司股东代表为主的新一届工会委员会。依照《公司法》、《工会章程》等有关规定，大力推进企业民主管理、企务公开。在企业发展和重大问题决策上，充分听取广大员工的意见和建议，使企业管理更加民主科学。

1989 年到 2008 年，共发展党员 45 名。

加强企业文化建设。根据企业实际和行业特点，通过学习借鉴其他公司的先进经验，形成了“团结、奉献、创新、超越”的企业核心理念。党委把改善一线职工生活住宿问题作为重点民心工程来抓，先后投资数百万元修缮了职工宿舍楼，购置了电视机、VCD 机、乒乓球、台球等文化娱乐器材，硬化、绿化了宿舍楼前区域，建立了职工之家，使长年在外施工的一线职工有了一个温馨、舒适的生活娱乐场所。

坚持开展“送温暖”工程和“金秋助学”活动。先后拨付资金 60 多万元，用于特困、伤病职工的家庭救助和困难家庭子女就学。同时，积极参与“博爱一日捐”等捐献活动。2008 年四川汶川发生大地震后，广大党员除了参加正常的捐赠活动外，还缴纳了特殊党费。

第三节　主要经济技术指标完成情况

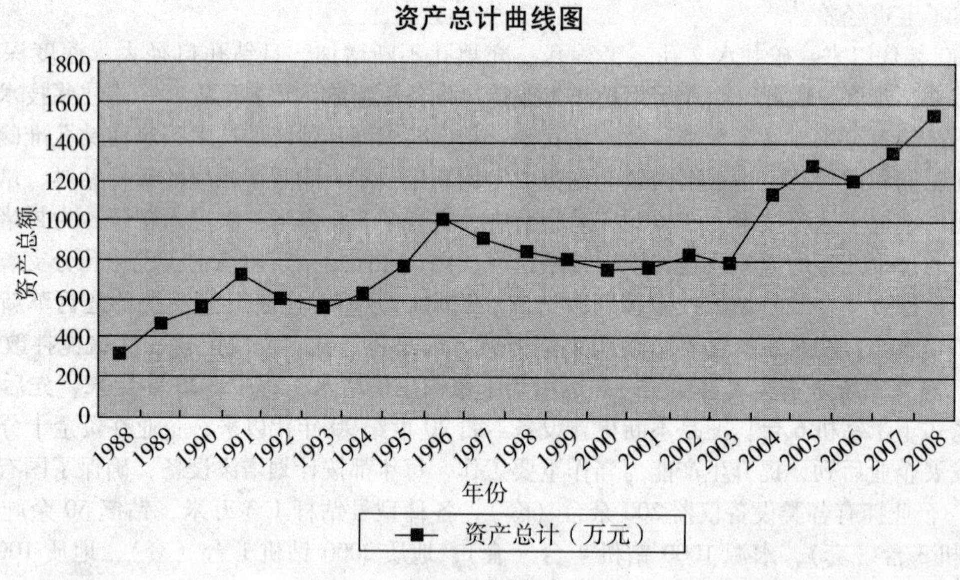

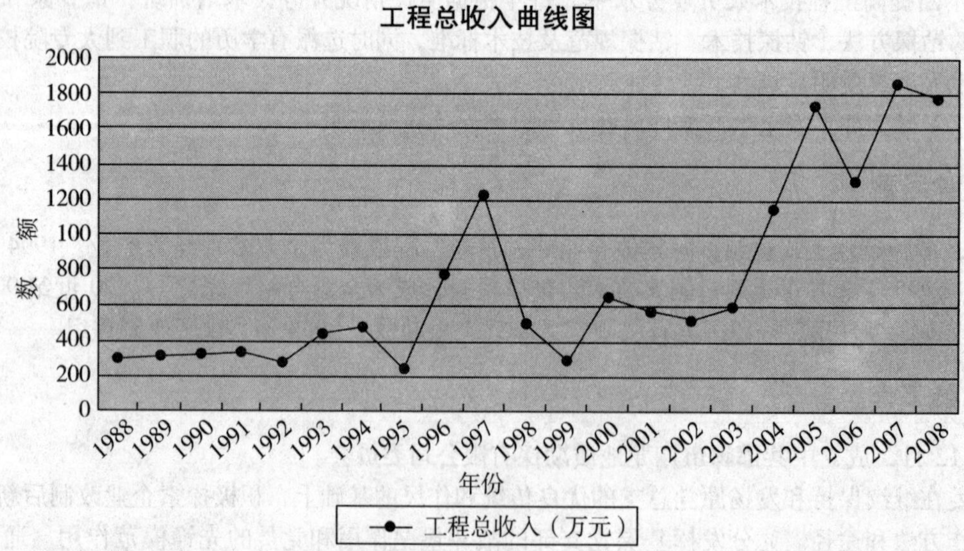

职工人均工资曲线图

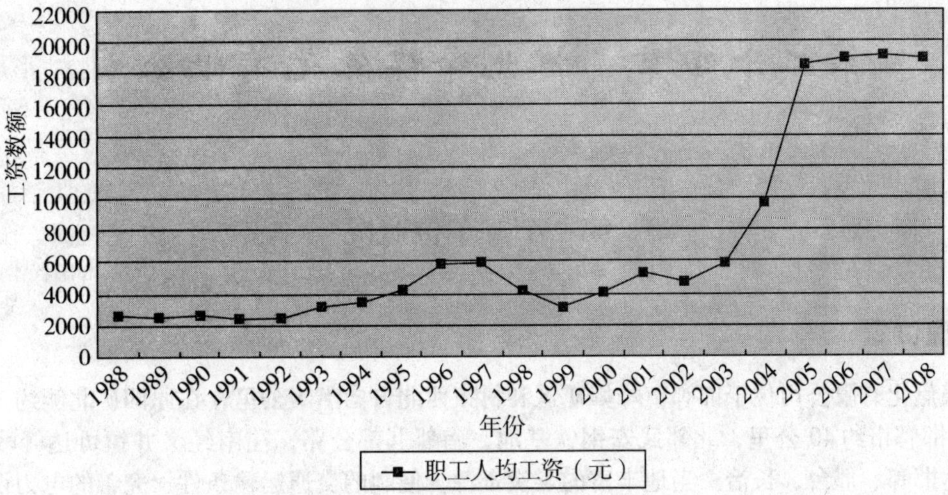

资产负债所有者权益及收入利润和其他相关指标表

单位：万元

年度	收入	利润	税费	流动资产	固定资产原价	减：累计折旧	固定资产净值	固定资产	资产	负债	所有者权益	负责及所有者权益	职工人数	职工工资总额	职工人均工资（元）
1989	315			260	402	187	215	215	475			0	346		2530
1990	324			291	456	183	273	273	564			0	342		2627
1991	338			407	497	183	314	314	721			0	334	82	2444
1992	275		6	284	514	190	324	324	608	360	248	608	330	81	2455
1993	442	1	2	221	548	208	340	340	561	308	253	561	314	100	3185
1994	479	4	2	302	453	131	322	322	624	282	342	624	300	102	3400
1995	250	－147	4	357	634	215	419	419	776	440	336	776	318	136	4276
1996	782	0	1	558	706	250	456	456	1014	678	336	1014	307	180	5863
1997	1230	－39		437	741	269	472	472	909	612	297	909	270	161	5963
1998	496	0	5	447	662	271	391	391	838	537	301	838	242	101	4171
1999	295	－54	3	446	688	326	362	362	808	544	264	808	238	72	3025
2000	653	20	14	427	629	300	329	329	756	546	210	756	250	101	4040
2001	574	3	8	454	519	208	311	311	765	552	213	765	248	123	5207
2002	520	0	2	480	571	229	342	342	822	609	213	822	238	111	4664
2003	598	27	14	324	718	248	470	470	794	585	209	794	230	134	5826
2004	1146	120	39	1650	734	296	438	438	1138	1575	645	1138	219	213	9727
2005	1735	19	92	707	820	370	450	450	1285	561	724	1285	210	389	18527
2006	1302	4	105	592	924	440	484	484	1202	430	772	1202	172	326	18953
2007	1865	1	84	819	935	523	412	412	1354	580	774	1354	168	321	19107
2008	1762	－8	82	1000	1040	618	422	422	1543	777	766	1543	191	361	18899

（资料提供：段纪新、范学甫）

第二十四章　河北峰煤焦化有限公司

第一节　单位概况

一、地理位置

河北峰煤焦化有限公司位于邯郸市峰峰矿区和村镇西北方向1.5公里，在原四矿北侧约1公里，占地637.4亩，距邯郸市约40公里，北邻武安钢铁基地，南邻邢都公路，往南经义井镇可达峰峰新市区，向北经武安可达邯郸、邢台、长治。当地丰富的煤炭资源，便利的交通运输条件，完善的电力设施，为焦化公司的发展奠定了良好的基础。

二、历史沿革

河北峰煤焦化有限公司前身为峰峰集团煤化工项目筹备处，该处成立于2005年6月2日。2007年3月1日，集团公司撤销了煤化工项目筹备处建制，开始筹建“河北峰煤焦化有限公司”。2007年8月12日，经河北省国资委批准（冀国资发规划［2007］106号），同意以煤化工项目一期工程为基础，与邯钢集团、河北晋和贸易公司共同出资组建为峰峰集团控股的有限责任公司，称为“河北峰煤焦化有限公司”。2007年8月28日，召开公司创立大会暨第一次股东会和首届一次董事会、监事会会议。

2007年9月12日，公司正式注册成立，为峰峰集团控股子公司。注册资本为人民币3.52亿元，峰峰集团、邯钢集团、河北晋和贸易公司三大股东持股比例分别为65.25%（2.2968亿元）、28.50%（1.0032亿元）、6.25%（2200万元）。

三、项目规模

峰峰集团煤化工项目是河北省煤化工产业发展规划和河北省重点产业支撑项目，是邯郸市“五个再造”重点工程项目，建设总规模为年产500万吨焦炭、100万吨甲醇（其中焦炉煤气制甲醇50万吨）、60万吨醋酸、30万吨煤焦油加工、10万吨粗苯精制、20万吨醋酸酯、18万吨醋酸乙烯、5万吨醋酐、5万吨醋酸纤维，配套建设2座37万千瓦余气余热电力车间。项目总投资为155亿元，计划2010年全部建成。项目建成后预计年产值近160亿元，年利税达42亿元。煤化工项目一期工程，生产规模为100万吨焦炭/年、10万吨甲醇/年，其他主要产品还有焦油、硫铵、粗苯、硫膏等。

四、项目工艺流程

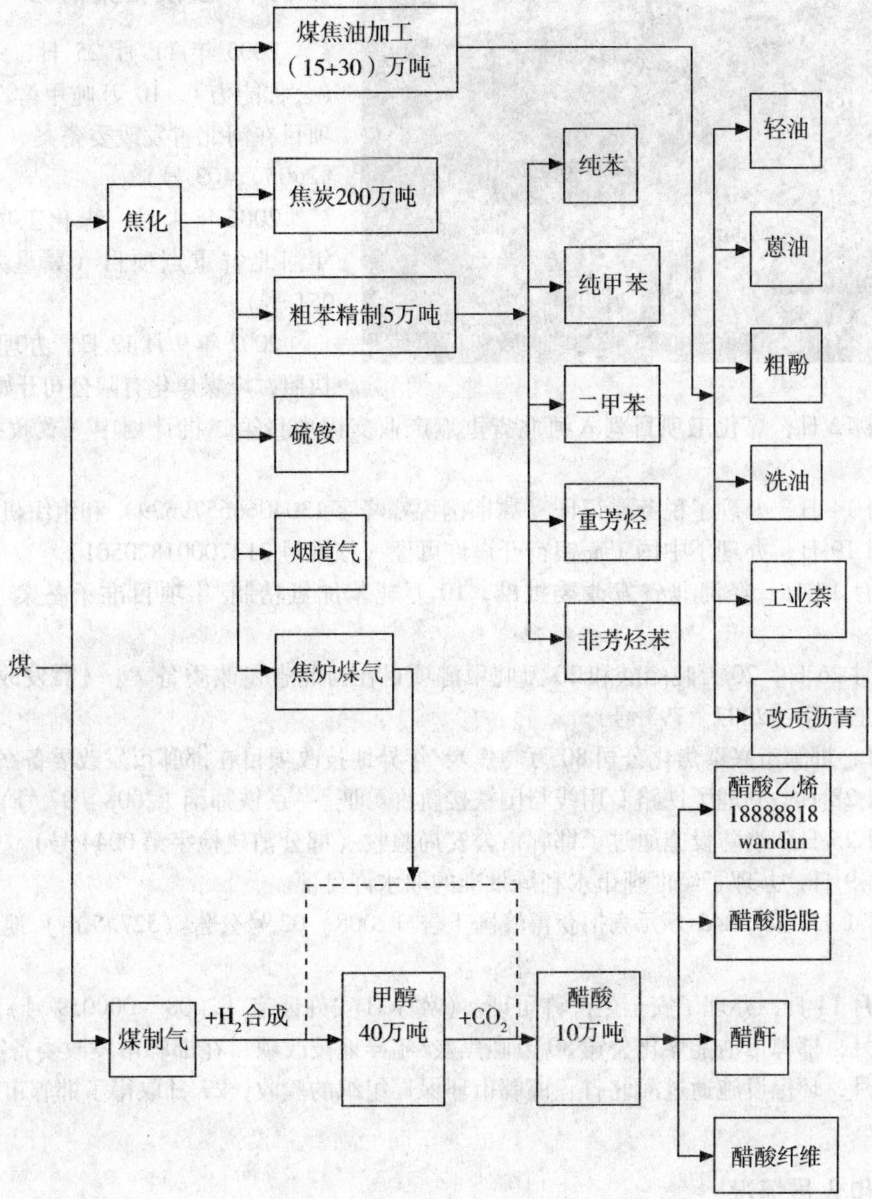

五、投资建设情况

2005 年完成投资 1890 万元。2006 年完成投资 2. 5118 亿元，其中土建 1. 0689 亿元，安装 5636. 73 万元，购置设备 6609. 73 万元，其他投资完成 2182. 44 万元。2007 年完成投资 4. 343 亿元，其中土建 7748 万元，安装 1. 1904 亿元，购置设备 1. 9442 亿元，矿建 678 万元，其他费用 3658 万元。2008 年完成投资 2. 2809 亿元，其中土建 4382 万元，安装 4534 万元，购置设备 2945 万元，矿建 134 万元，其他费用 1. 0814 亿元。

2005 年 9 月 28 日，煤化工项目一期工程正式开工。2007 年 7 月 4 日，2 号焦炉推出第一炉焦，10 月 12 日 1 号焦炉实现投产。12 月份前化产品焦油、粗苯、硫铵相继投产。甲醇系统于 2007 年 3 月 1 日开工，2008 年 7 月 31 日，年产 10 万吨焦炉煤气制甲醇生产线试车成功、顺利投产，甲醇质量达到国家一级标准。该项目的投产标志着公司已成功掌握焦炉煤气制甲醇技术，煤化工项目一期工程的全面投产。至

此一期工程建设全部结束。

六、资质备案情况

2005 年 11 月 25 日，90 万吨焦炭/年（公称能力）、10 万吨甲醇/年（公称能力）项目在河北省发改委备案（冀发改工化备字［2005］403 号）。

2006 年 4 月，煤化工项目被列为 2006 年河北省重点项目（冀重办证［2006］第 051 号）。

2007 年 9 月 12 日，办理了企业法人营业执照，峰煤焦化有限公司开始正式生产经营。

2007 年 9 月 12 日，煤化工项目列入河北省重点产业支撑项目第二批计划中（冀政办函［2007］62 号）。

2007 年 9 月 14 日，办理了税务登记证（冀邯国税峰峰字 13040666579629）和组织机构代码证。

2007 年 9 月 19 日，办理了中国工商银行开户许可证（核准号 31270001820501）。

2007 年 12 月 17 日，经河北省发改委批准，10 万吨苯加氢精制/年项目准予备案（冀发改工备字［2007］719 号）。

2007 年 12 月 26 日，20 万吨醋酸和 20 万吨甲醇项目在河北省发改委备案。（冀发改工备字［2007］792 号、冀发改工备字［2007］793 号）。

2008 年 3 月，邯郸市兴泰焦化公司 80 万吨焦炭/年异地技改项目在邯郸市发改委备案。

2008 年 3 月 28 日，办理了铁路专用线与国铁接轨许可证。（京铁师函［2008］97 号）。

2008 年 4 月 25 日，消防设施通过了邯郸市公安局验收（邯公消建检字第 0044 号）。

2008 年 5 月 9 日，办理了经邯郸市水利局批准的取水许可证。

2008 年 8 月 1 日，以 5245 万元竞拍获得峰国土告［2008］02 号公告（527.5 亩）地块的国有建设用地使用权。

2008 年 10 月 14 日，办理了安全生产许可证。（冀 WH 安许证字［2008］000059 号）。

2008 年 11 月，邯郸市洁能煤化公司 80 万吨焦炭/年异地技改项目在邯郸市发改委备案。

2008 年 11 月，环保设施通过河北省、邯郸市环保局组织的验收，27 日取得了邯郸市环保局颁发的排污许可证。

七、资产和人员情况

截至 2008 年 12 月，公司共有固定资产总额 6.1246 亿元，流动资产总额 2.6163 亿元。

在册职工 840 人（管理、工程技术人员 138 人，操作岗位职工 702 人），其中大专以上文化程度 330 人，占职工总数的 39.3%。由煤化工项目筹备处转入 103 人，从原四矿社区、建材公司招用下岗女工 162 人，录用退伍军人 68 人，成建制从羊渠河焦化厂调进 84 人，招录职工子女大中专毕业生 246 人，其中包括在河北理工大学为二期工程培训甲醇、醋酸操作工 50 人，于 2008 年 8 月结业后分配到各车间。

第二节　主要工作

一、生产情况

2005 年 9 月 28 日，煤化工项目一期工程正式开工，建设规模为 100 万吨焦炭/年、10 万吨甲醇/年。

截至2008年12月，累计生产焦炭69.3535万吨、焦粉4.3431万吨、焦粒1.7956万吨、回收焦油2.3089万吨、粗苯7059吨、硫铵5882吨、甲醇1928吨，折合产量77.0199万吨。产值完成14.85亿元，营业收入总额15.2751亿元，实现利润18.19万元。

2008年8月前，焦化市场异常火爆，焦炭价格一路攀升，从年初1800元/吨迅速上升至6月份3100元/吨。公司抓住有利时机，积极采取措施加强生产组织，产量迅速提高。根据集团公司下达的2008年实现利润1.91亿元、焦炭产量90万吨建议指标，成立了全面预算管理机构，对各项指标层层分解，建立完善了绩效考核管理体系。3月份对2号炉捣固机进行了升级改造，从根本上解决了煤饼粘帮塌饼、严重制约提产的问题。焦炭和各种化产品产量逐月上升，上半年达到了设计生产能力。产量由1月份的6万多吨提升至7万吨以上，5月份最高产量达7.8万吨。2008年1至8月份，累计生产焦炭56.4万吨、焦粉3.6万吨、焦粒1.58万吨、焦油1.8万吨、粗苯5750吨、硫铵4780吨、甲醇121吨，实现销售收入1.238亿元，实现利润1.09亿元。

由于受美国金融危机的影响，2008年8月份以后，全国钢铁市场出现限产和压产，焦炭市场由卖方向买方市场转变，价格大幅度下滑，利润空间迅速缩减，形成产品积压。9月份焦炭库存达2万吨，出现了焦煤倒挂、价格下跌，造成每生产1吨焦炭亏损650元至700元。10月份亏损达3284.58万元。虽然甲醇生产能够相应降低每吨焦炭200元的成本，但其利润远远不能弥补焦炭的亏损。为此，10月份被迫大幅度降产，结焦时间由9月份的36小时逐步延长到11月份的84小时，焦炭生产缩减至维持焦炉运行的较低水平，甲醇及其他化产品也被迫停产。2009年1月恢复生产。

二、科技进步

（一）焦炉消烟除尘技术改造工程使用国际领先的同世达技术，经过调试和改进后，80%以上的焦炉烟尘得到收集复用，提高了能源利用率。随着工程的全部竣工，焦炉烟尘治理水平将达到国内一流。

（二）为解决主要生产设备事故率高、严重制约生产的问题，对2号炉捣固机和熄焦泵进行技术改造。通过周密合理的部署，克服工作量大、技术含量高、改造工作难度大等困难，保证了技改工作的顺利进行和改造中维持正常生产，技改后提高了焦炭产量。

（三）拥有先进检测设备的质检中心，采用多种先进设备开展常规检测，在焦炭生产中利用岩相分析仪测定煤的成分，直接指导配煤比例，实现科学配煤；使用全自动测定仪测定入炉煤、出炉焦的灰分、挥发分、硫分、水分，确保焦炭质量；甲醇生产中利用色谱分析仪测定焦炉煤气的组分，使用微量硫测定仪测定煤气中硫化氢、有机硫含量，为甲醇生产提供重要数据；化产生产利用分光光度计测定脱硫液中PDS含量，固定的周期检测频次及周期定期检测，保证了各项工艺指标严格控制在生产要求范围之内。严格监督检查，加强对各工段仪器仪表进行维护与管理，并定期进行验收，保证了数据的准确性。技术员及时分析数据并进行适当调整，不放过任何细微的无故变化，保证了工艺指标的稳定，确保产品质量。

三、安全管理

始终坚持“安全第一，预防为主”的方针，认真贯彻执行《安全生产法》和集团公司安全生产工作指示精神，以实现安全生产为目标，以杜绝重大机电事故和人身伤亡事故为重点，严抓实管，防微杜渐。成立了安全工作领导小组，切实抓好安全工作的制度建设、监督检查、安监网络的管理、安全检查等基础工作。各车间建立了相应安全组织机构，构建起比较完善的安全监管网络体系。建立完善了安全管理制度。制定下发了《安全管理制度汇编》等系列安全管理制度，使安全管理工作做到了有章可循、有法可依。广泛开展了“反事故、反‘三违’、反麻痹”活动，实行值班领导查岗制度，对脱岗、串岗、岗位睡觉等违反劳动纪律现象进行查处，针对个别单位放松管理、个别人员顶风违纪现象，在全厂进行了通报批评。实行安全联查制度，全面开展安全隐患专项治理工作。逢5（5日、15日、25日）由主管安全副总经理带队，相关部门配合，深入生产一线，组织安全大检查，将安全隐患分条、分类定责任单位、定责任人、定措施限期解决，对逾期未解决的单位按规定进行处罚并在全厂通报。推行了安全生产逐级承诺制，与各单位签定安全生产承诺书，强化了各级领导安全责任意识。制定和完善了45项安全管理制度，制定了专项安全生产预案，补充制定了岗位职责和操作规程等管理制度。对作业现场用火管理、进入受限空间作业、高处作业等实行作业许可证管理，使作业现场管理达到了规范化。制定了《禁烟管理暂行规定》，在全厂禁烟区设置了禁烟标志，设立了吸烟点，安检部门加强日常检查，加大对禁烟区吸烟者的处罚力度，厂区吸烟现象大大减少。坚持每周五职工安全培训，组织了危化品安全知识培训，聘请有关专家对全厂班工长进行了专业培训，提高了班工长的综合素质。坚持周二安全例会和周五安全大联查，加大安全隐患查处力度。加强对外委包工队的安全管理，签定了安全协议，对职工进行了岗前培训，实现了全员持证上岗。

四、经营管理

根据集团公司每年下达的利润指标和焦炭产量指标，成立了全面预算管理机构，对各项指标层层分解，明确了责任领导和责任部门，做到横向到边、纵向到底，建立完善了绩效考核体系，使经营管理工作逐步走向正轨。

狠抓成本管理，努力降低成本费用。坚持科学采购，合理配煤，尽最大努力降低入炉煤成本。加强化验和计量工作，严格控制原材料及产品质量，不合格的精煤严禁入厂。门岗、磅房、质检、化验、结算、财务实行了电脑程序联网，理顺结算程序。制定了内部控制制度和财务支出审批制度，严格资金审批程序，做到收支平衡。加强资金预算管理，对各项支出严格控制，在一期工程资金缺口大的情况下，有效保证了生产及工程建设资金的需要。对一期工程完工项目进行了全面清理，完成了投资统计与财务核算的核对，对现场工程和设备清查，建立了固定资产台账和卡片。在集团公司财务网上开通了固定资产管理程序，对一期工程形成的资产进行有效管理，实现了自动计提折旧，保证了资产的安全和保值。

建立了现代企业管理制度，实现了企业新跨越。严格落实《公司法》，依据公司《章程》办事，完善公司法人治理结构，健全对重大生产经营活动的监管和绩效评价机制，提高公司依法经营能力，确保公司制运行更加科学规范。加强财务资金管理，不断完善全面预算管理体制，健全预算编制、执行、控制、分析和考核制度，提升预算监控水平。加大资金运营监管、稽查和考核力度，确保资金安全，建立一整套内控严格、程序严谨、高效运转的资金管理机制。建立健全财务核算制度，细化成本指标，细化考核单位，建立成本预控、分析、保证体系，实现成本全员、全过程、全方位管理。根据市场变动情况，探索焦煤配比与生产甲醇、焦炭的最佳平衡点，实现企业效益的最大化。建立资产损失责任追究制度，规范资产损失审核、报批程序，防止资产流失。完善企业风险控制制度，制定风险防范措施，建立风险预警控制机制，实现企业风险动态监控。

五、节能减排

（一）减排设施运行状况

1. 煤场及备煤粉尘治理。在储煤场四周砌筑高2.5米的围墙，煤场四周每隔30米设置喷水头，定时对煤场喷水，抑制煤尘飞扬。为防治煤转运和破碎扬尘，实现了密闭皮带通廊和转运站密闭，在破碎站将含尘废气收集后送入脉冲式布袋除尘器净化，除尘率达到98%以上。

2. 焦炉炉体抑尘。在焦炉东侧投资建成二合一式地面除尘站，使推焦时焦炉产生的废气烟尘含量小于每立方米50毫克，废气中95%以上烟尘被吸收处理，装煤时达到NH_3含量不超过每立方米8毫克、H_2S含量不超过每立方米5毫克、SO_2含量不超过每立方米20毫克。为减少熄焦时熄焦蒸汽将粉尘带入大气，在焦炉南侧熄焦塔内增加木折流木格捕尘器，使处理后粉尘含量不超过每立方米120毫克。焦炉装煤时采用高压氨水喷射抑制排烟孔烟尘外逸，焦炉门框使用加厚的箱体断面，炉门使用弹簧刀边炉门，密封效果较好。排烟孔采用球状结构，增加了排烟孔盖的严密性。炉顶上升管设有水封盖，桥管与水封阀采用水封承插式连接，避免了荒煤气外逸。

3. 脱硫脱氨。煤气脱硫采用PDS三级脱硫，脱硫液加PDS+栲胶复合催化剂，确保了后序用每立方米煤气中硫化氢浓度小于 20 毫克。在硫氨工艺上增加旋风除尘器，使得硫氨粉尘的排放含量低于每立方米 120 毫克。经管式炉充分燃烧后的废气中烟尘含量低于每立方米 200 毫克、SO_2 含量低于每立方米 850 毫克。

4. 煤气制甲醇。可使排空的煤气得到利用，同时又减少了焦炉煤气中污染物排放对大气的污染，产生的合成弛放气、精馏塔尾气等，使甲醇弛放气用于焦炉内加热，可节约焦炉煤气每小时 5593 标准立方米，用于生产甲醇，每年可多生产甲醇 2 万吨。甲醇装置建设对改善当地大气环境有显著的正效应。

5. 熄焦废水建有沉淀池，废水经沉淀后可循环使用。

6. 在燃气锅炉烟囱上安装了 SO_2 在线检测仪，便于及时查看废气中的 SO_2 含量，使 SO_2 含量一直处于每立方米 15—20 毫克之间。另一台锅炉为燃煤锅炉，由于蒸汽用量不大一直处于停车状态。该锅炉及辅助设施的环保设备一应俱全，如静电除尘器、锅炉用煤转运粉碎扬尘的布袋除尘器、灰仓的布袋除尘器、SO_2 在线检测仪等设备均已安装到位，且能正常开车使用。

7. 生化水处理。生化处理采用目前国内较成熟的 A^2O 工艺技术，可对 CODcr：每升 3000 毫克、NH_3-N：每升 250 毫克、酚：每升 700 毫克、硫化物：每升 80 毫克、氰化物：每升 30 毫克、油：每升 260 毫克、SS：每升 300 毫克范围内的污水进行处理，处理后水质可达到以下指标：CODcr≤每升 100 毫克、BOD≤每升 20 毫克、NH_3-N≤每升 15 毫克、SS≤每升 70 毫克、油≤每升 8 毫克。冷鼓装置产生的剩余氨水，生活、化验污水及其他装置产生的废水都要进行生化处理，废水经处理可全部用于熄焦补水，实现了全部废水厂内循环和废水零排放。

（二）节能设施的运行情况

1. 加强煤场管理，做到顺序用煤，防止煤料存放过久氧化变质。

2. 焦炉采用捣固焦炉，使煤的堆比重增加，提高热传导效率，减少了燃料煤气耗量。捣固技术的采用，降低了主焦煤配比比例，缓解了紧缺的焦煤资源。

3. 煤气净化采用后脱硫工艺，节约了蒸汽用量和制冷水及制冷循环水，年可节约 50 余万元。

4. 甲醇合成采用低压法工艺，原材料和动力消耗低，可副产蒸汽，能耗比高压法降低四分之一。甲醇精馏选用三塔工艺流程，与两塔相比节能 30%；配置了甲醇回收塔，回收废水中的少量甲醇，达到了节能降耗的目的。

5. 煤气鼓风机、大型电机均采用液力偶合器调速，节约电力。

6. 在厂区建筑了 3000 立方米的雨水收集池。一方面避免了含污染物较高的雨水外排造成环境污染；另一方面，收集雨水送废水处理站处理后，进入循环系统再用，减少了水资源消耗，实现了节能减排。

7. 为了充分利用矿井疏干水，节约宝贵的水资源，与通顺公司共同建设矿井水处理工程。该工程是"十一五"期间重点节能减排项目，由煤炭科学研究总院杭州环境保护研究所进行设计。项目总投资 1598.51 万元，其中土建工程 749.54 万元，矿井水净化处理设备 340.74 万元，辅助办公设备 4.6 万元，安装工程 206.38 万元，工程设计、场地勘探、试运行、工程预备费等共计 297.26 万元。该项目日处理矿井水可达 1.5 万吨，采用净化处理工艺处理矿井水，经原水泵提升后进多介质高效滤池过滤系统完成净化处理，其出水达到煤化工用水要求，并且可每年减少 COD 排放量 336 吨，节约 500 万元的取水费。

六、销售体系

本着利益最大化、市场最大化的销售指导方针，建立了以市场为导向的营销管理机制。

为顺应市场需求，探索市场趋势，创新营销理念，成立了市场调研小组，密切同焦化协会、钢铁协会、煤炭协会的联系，主动了解市场信息，掌握市场变化，建立了市场预警和快速反应机制，适时出台销售政策。研究销售策略，确定市场方向，先后与日照钢铁、邯钢、新兴铸管、济钢、莱钢、邢台德龙、武安普阳、武安文丰等钢铁厂结成了业务关系，促进焦炭销售向规模大、效益好、价格高、回款快的用户倾斜，稳定了销售渠道。强化销售价格管理，实行挂牌销售。销售价格每日在供销部明显部位分布，接受监督，规范了供销价格管理和价格秩序，增强了透明度，做到了按统一、稳定、有序的价格销售和采购。

从2008年8月份开始，面对焦化市场价格下滑，市场由卖方向买方转变的实际，制定了赊销管理规定，明确了赊销企业的资质、数量和审批手续，制定货款回收奖惩考核政策，加快资金周转频率，最大限度地降低经营风险，减少呆坏账损失。制定灵活多样的销售激励政策，鼓励业务员闯市场，不断调动业务员开拓市场的积极性。严格质量管理，从原煤入场到焦炭装车销售，实行层层质量负责制，以一流的质量增强市场“话语权”。采取压低原料煤库存，压低采购价格的方式减少资金占用量。同时，生产技术部、经营部、供销部三级联合，根据焦化市场变化情况和原料煤的采购成本，认真测算生产经营的投入与产出，建立数学分析体系，科学论证盈亏平衡点，为指导生产提供依据。

七、后勤管理

本着优质、高效的服务原则，优先解决群众反映的焦点、热点问题，在管理上采取条块结合、以块为主和专业人员管理与群众监督管理结合的工作方法，提高了工作、生活、环境质量，创造了优美、整洁的企业环境。

在职工生活上，对招待所、职工宿舍、澡塘进行了改造修缮，配置了必要的生活设施并相继投入使用，不仅解决了职工住宿难、洗澡难、吃饭难问题，生活也得到了较大的改善，而且盘活了闲置资产。为适应现代企业制度管理要求，实现后勤服务社会化服务、专业化管理、市场化运作，不断满足职工日益增长的物质文化生活需求，提高后勤服务质量与水平，促进工程建设和生产经营工作。根据集团公司的要求，通过考察部分单位的后勤管理模式，结合企业实际，制定了《后勤管理实施方案》，采取对外公开竞标，实行承包经营、市场化运作的管理模式，与通二矿社区管理处签定了职工宿舍、食堂、澡塘、办公楼服务合同，与峰峰矿区公交公司签定了班车服务合同，同时制定了后勤服务管理百分考核标准，加强对承包单位的考核力度，保证了服务质量。

在后勤管理上，加大对后勤服务单位的检查考核力度，对后勤服务提出了新的要求。定期组织对后勤设施卫生大检查，环境卫生有了较大的改观。宿舍楼设置了文化活动室，专业技术人员房间配置了电视机，职工业余文化活动得到了改善。防暑降温用品及时发放，杜绝了中暑现象。加强班车运行调度安排，基本保证了一线职工能够按时到厂和回家。临时停车场和自行车房投入使用，解决了职工停车难问题。宿舍至厂区沿路安装了路灯照明，为职工夜间安全上下班提供了便利。组织干警、保安定期在厂区、生活区的宿舍、澡塘、食堂及办公区巡逻，确保了后勤生活区良好的治安环境。重新完善了工资分配政策，利用合理的分配差距，工资分配向生产岗位和技术岗位倾斜，促进职工合理流向，职工收入明显上升，生活水平得到了提高，调动了职工的工作积极性。

八、党群工作

党委坚持“融入中心、服务大局、促进发展”指导思想，认真落实集团公司党委的安排部署，有效组织开展了一系列工作。

（一）加强党员队伍和基层党组织建设。在对党员队伍状况进行摸底，做好组织关系接转工作的基础上，建立了党员信息库；根据党员分布情况和工作需要，成立了8个基层党支部，其中有5个符合成立支委会条件的支部，按照有关规定选举产生了支部委员会。基层支部共建立党小组17个，132名党员纳入到了各级党组织管理系统当中。各支部结合形势和任务，普遍开展了党课教育活动，加强党员党性教育，增强了党员的责任感。

（二）围绕中心工作，组织开展党建主题实践活动。针对新行业、新技术迫切需要职工提高相关业务技能的实际情况，在党员中组织开展了“带头学习技能、规范操作，带头遵章守纪、服从工作安排，带头安全生产、杜绝违章，带头苦干实干、完成生产任务，带头互帮互助、共同进步”的活动，较好地发挥了党员的表率作用。根据集团公司党委部署，组织开展了“迎十七大、建强企、作贡献”主题实践活动，并结合单位特点制定了具体活动实施办法，明确了活动内容和要求，促进了活动的不断深入，保证了活动效果。

（三）加强党风廉政建设工作。举办了领导干部廉政教育专题谈话会，教育各级干部强化“责任意识”、淡泊“官权意识”；邀请峰峰矿区检察院领导进行了“算好人生七笔账，过好廉洁自律关”专题讲座，增强了广大干部遵章守纪、廉政勤政的自觉性。签定了党风廉政建设责任状，明确了目标和任务，初步构建起党风廉政建设责任体系。中层干部人人制定了廉政承诺书，进行了公示，接受群众监督，进一步营造了反腐倡廉的良好氛围。

（四）推进企业文化建设。把企业文化建设作为“内建强企、外塑形象”的重要途径和有力措施来抓。加大精力和财力的投入，在生产区域设置了不锈钢宣传栏，在办公楼布置了企业文化宣传牌匾。建立了文明生产考评标准，开展文明岗位创建活动，多次组织厂容厂貌专项整治活动，工作环境有了较大的改善。在厂区主干道设置了永久性大幅标语，使职工受到了潜移默化的教育，展示了企业奋发有为的良好形象。

（五）加强对群团组织的领导。党委高度重视群团工作，及时组建了群团工作机构，并指导群团组织围绕生产车间提产达产中心任务，在职工中广泛开展了“比贡献、保安全、促生产”劳动竞赛活动。建立竞赛栏，完善考评激励机制，保证了活动的不断深入。群团组织结合自身特点，发挥优势，建立了安全生产“网、岗”联动工作机制，并积极参与安全文化宣传、安全大检查、安全知识竞赛等活动，促进了安全生产。

（六）扎实推进和谐企业建设工作。以“团结一心干事业，推进企业大发展”为引领，切实加强思想教育工作，着力培育团结向上、奋发有为的企业文化，增强了职工和谐共事、爱岗敬业的主人翁意识。坚持把思想工作和解决实际问题相结合，克服困难解决了职工普遍关心的就餐、住宿、交通等问题。切实加强综合治理工作，建立了内部综合治理责任制，层层签定了责任书，进驻了公安机关派出机构，营造了良好的生产生活秩序。

第三节　主要经济技术指标完成情况

产量指标完成情况表

产品名称	2007 年产量（吨）	2008 年产量（吨）	累计产量（吨）
焦炭	210008	693536	903544
焦粉	10638.02	43431	54069.02
焦粒	4012.32	17956	21968.32
焦油	6701.80	23089	29791.80
粗苯	1265.31	7059	8324.31
硫铵	295	5883	6178
甲醇		1929	1929
硫膏		104.48	104.48

销售指标完成情况表

产品名称	2007 年销售数量（吨）	2008 年销售数量（吨）	累计销售（吨）
焦炭	209678.36	692302	901980.36
焦粉	10546.14	43523	53239.14
焦粒	3990.20	17878	21447.20
焦油	5395.42	24074	29469.42

产品名称	2007 年销售数量（吨）	2008 年销售数量（吨）	累计销售（吨）
粗苯	1215.10	6663	7878.10
硫铵	276.08	5903	6061.08
甲醇		1929	1929
硫膏		104.48	104.48

销售价格完成情况表

产品名称	2007 年单位售价（元/吨）	2008 年单位售价（元/吨）	同比提升单位售价（元/吨）
焦炭	1216	1734	518
焦粉	488.66	488.88	0.22
焦粒	685.83	729.26	43.33
焦油	1854.52	1961.15	106.63
粗苯	4554	4465	-89
硫铵	749.81	811.97	62.16
甲醇		1964.22	
硫膏		860.28	

峰煤焦化有限公司自开工到2008 年12 月底，销售收入15.2751 亿元，营业利润累计完成18.19 万元。

第四节　市级以上荣誉称号

2008 年，邯郸市重点项目建设先进单位

（资料提供：侯培雄、苏矿生、马博、尹晓锟）

第二十五章　电业分公司

第一节　单位概况

一、地理位置

峰峰集团电业分公司位于峰峰矿区峰峰镇太中路2 号，占地面积为2436.44 平方米。电业分公司五矿矸石热电厂位于原五矿老井工业广场内，占地面积为3.15 万平方米。电业分公司孙庄矿矸石热电厂位于原孙庄矿工业广场内北角，占地面积为2.3107 万平方米，距峰峰矿区6 公里。电业分公司九龙矿矸石热电厂位于邯郸市磁县路村营乡上庄村西，占地面积为4.5 万平方米。电业分公司薛村矿矸石热电厂位于薛村矿矸石山北侧，占地面积为5.1344 万平方米。18 个变电站分布在各生产矿（厂）工业广场，总面积为1.9399 万平方米。

二、历史沿革

1989年至1994年6月，供电部隶属原峰峰局机电处。1994年7月，供电部从机电处分流，成为独立经营、自负盈亏的经营实体，隶属峰峰局。2002年6月26日，邯郸峰煤电业有限责任公司揭牌，负责管理供电部和五矿矸石热电厂，由局控股。2003年7月，峰峰局改制后，由峰峰集团控股。2005年1月，经集团公司批准，邯郸峰煤电业有限公司按“一套班子两块牌子”的管理模式，设立峰峰集团电业分公司，隶属峰峰集团。2005年3月16日，峰峰集团将孙庄矿矸石热电厂从孙庄矿分离，整体划归电业分公司管理。2008年11月，集团公司将邯郸市九龙热电有限公司和薛村矿矸石热电厂划归电业分公司管理，邯郸峰煤电业有限公司、邯郸市九龙热电有限公司由峰峰集团子公司变更为峰峰集团电业分公司五矿矸石热电厂、九龙矿矸石热电厂。

三、业务范围

电业分公司是一个集发电、供电、供热（水产养殖）于一体，融生产、经营、管理于一身的专业化公司，具有管理、经营两大职能。担负着18个变电站和200余公里线路设备维护、集团公司所属矿（厂）可靠安全供电的重要职责和4个坑口综合利用矸石热电厂的发电以及集团公司和部分居民生活区的供热任务。

四、装机容量

截至2008年底，电业分公司总装机容量为125兆瓦。其中，五矿矸石热电厂装机容量：2台75吨/小时循环流化床锅炉、1台35吨/小时循环流化床锅炉，2台6兆瓦汽轮发电机组、1台12兆瓦汽轮发电机组，装机容量24兆瓦；孙庄矿矸石热电厂装机容量：3台35吨/小时循环流化床锅炉，2台6兆瓦汽轮发电机组，1台3兆瓦汽轮发电机组，装机容量15兆瓦；九龙矿矸石热电厂装机容量：2台35吨/小时循环流化床锅炉、2台75吨/小时循环流化床锅炉，2台6兆瓦汽轮发电机组、1台24兆瓦汽轮发电机组，装机容量36兆瓦；薛村矿矸石热电厂装机容量：2台130吨/小时循环流化床锅炉，2台25兆瓦汽轮发电机组，装机容量50兆瓦。

五、资产和人员情况

截至2008年12月，电业分公司总资产8.0295亿元。其中流动资产1.2968亿元，固定资产6.7231亿元。

截至2008年12月，职工总数1060人，党员222人，其中离退休党员22人；共青团员117人；35岁以下青工388人；干部管理人员128人，其中专业技术人员99人。

第二节　主要工作

一、科技进步

公司管辖18个变电站、200余公里供电线路和4座矸石热电厂。1989年至2008年期间，对各电厂、变电站和供电线路进行了较大规模的技术改造和建设，满足了企业和社会发展的需要。五矿矸石热电厂一期建设规模为2台35吨/小时沸腾炉，配套2台6兆瓦汽轮发电机组，1994年底投运。孙庄矿矸石热电厂初期建设规模为2台20吨/小时循环流化床锅炉，配套2台3兆瓦汽轮发电机组，1996年11月投运。九龙矿矸石热电厂一期建设规模为2台35吨/小时循环流化床锅炉，配套2台6兆瓦汽轮发电机组，2000年11月建成投产。薛村矿矸石热电厂建设规模为2台130吨/小时循环流化床锅炉，配套2台25兆瓦汽轮发电机组，2007年9月建成投产。

（一）五矿矸石热电厂技术升级情况

1. 技术升级第一步：为满足供热要求，增加1台35吨/小时沸腾炉，即3#炉，型号DG/3.82－M102，1998年8月投运，配套1台文丘里水膜除尘器；2006年改造为35吨循环流化床锅炉，型号YG35/3.82－M10，2006年10月投运，同期配套静电除尘器1台。

2. 技术升级第二步：为满足峰峰集团供热要求，取缔了效率低、污染严重的民用小锅炉，扩大电厂装机容量。二期工程建设规模1台75吨/小时循环流化床锅炉，配套1台12兆瓦抽汽汽轮发电机组。除尘设备为1台静电除尘器。2003年10月投运，满足了峰峰集团原机关以南的供热要求。

3. 技术升级第三步：2005年，对1#、2#沸腾炉进行技术改造。将两台35吨/小时沸腾炉改造成为1台75吨/小时循环流化床锅炉，将2台水膜除尘器改造为1台静电除尘器。2006年10月投运，提高了机组热效率，降低了污染排放量。

4. 技术升级第四步：2006年，将3#35吨/小时沸腾炉，改造为35吨/小时循环流化床锅炉，型号YG35/3.82－M10，2006年10月投运。同期将3#锅炉的水膜除尘器改造成为静电除尘器，降低了污染排放量。

5. 技术升级第五步：2008年，加大环保力度，增设两项工程：

（1）增加烟气脱硫工程。建设脱硫塔2座，分别为：1#75吨/小时与3#35吨/小时二锅炉合建一脱硫塔型号为LXSJ110型，4#75吨/小时建一座，型号为LXS75F型，于2008年6月投运。

（2）在烟道上加装了烟气在线监测系统，并与邯郸市环保部门联网，于2008年3月投入运行。

（二）孙庄矿矸石热电厂技术升级情况

1. 技术升级第一步：为满足孙庄矿供热要求，2000年，将两台20吨/小时循环流化床锅炉，即1#、2#炉，改造成23吨/小时循环流化床锅炉。

2. 技术升级第二步：为满足孙庄矿供电要求，2003年8月扩建二期工程，建设规模1台35吨/小时循环流化床锅炉，配套1台6兆瓦凝汽汽轮发电机组。除尘设备为1台静电除尘器。2003年12月投运。

3. 技术升级第三步：2006年，对1#、2#循环流化床锅炉进行改扩建，将两台23吨/小时沸腾炉改造成为2台35吨/小时循环流化床锅炉，将2台水膜除尘器改造为2台袋式除尘器。2006年10月投运。提高了机组热效率，降低了污染排放量。

4. 技术升级第四步：2006年，将2#3兆瓦汽轮发电机组改造为6兆瓦汽轮发电机组，型号C6－3.43/0.49。2006年10月投运。

5. 技术升级第五步：2008年，加大环保力度，增设两项工程：

（1）增加锅炉脱硫工程。采用炉内喷射固硫剂脱硫技术，整套脱硫装置由固硫剂储存、固硫剂输送、空气系统和自动控制四个分系统组成，于2008年6月投运。

（2）在烟道上加装了烟气在线监测系统，并与邯郸市环保部门联网，于2008年3月投入运行。

（三）九龙矿矸石热电厂技术升级情况

九龙矿矸石热电厂一期工程自2000年运行，电厂的除尘系统为水膜除尘。2002年6月水膜除尘改为电除尘。2004年二期工程开始设计，扩建规模为两台75吨煤泥循环流化床锅炉，配1台24兆瓦汽轮发电机组。2005年6月正式破土动工，2007年12月正式并网发电。2008年2月脱硫工程正式动工，同年10月施工完毕。

（四）供电系统技术升级情况

1. 变电站改造建设

（1）2003年万年矿35KV变电站异地重建，切改投运；

（2）2004年长乐35KV变电站停运异地重建6KV配电站，切改投运；

（3）2005年马头变电站改造，2006年切改投运；

（4）2007年煤化工35KV变电站建设并投运；

（5）2008年薛村矿矸石热电厂直供薛村矿负荷。

2. 变电站综合自动化建设

（1）2002 年五矿变电站综合自动化改造建设；

（2）2003 年一矿变电站综合自动化改造建设；

（3）2005 年马头变电站综合自动化建设；

（4）2007 年至 2008 年，黄沙矿变电站综合自动化改造。

3. 线路建设

（1）2002 年至 2003 年，五矿—牛儿庄矿 35KV 线路建设；

（2）2004 年至 2005 年，九龙矿——矿 35KV 线路建设；

（3）2004 年至 2005 年，五矿—小屯矿 35KV 线路建设；

（4）2007 年通二矿 110KV 站—煤化工 35KV 通化Ⅰ、Ⅱ线路建设。

4. 调度自动化建设

（1）1991 年第一代电力调度自动化系统建设（烟台东方电子）；

（2）1995 年第二代电力调度自动化系统 DZK－95 建设（烟台东方电子）；

（3）2007 年至 2008 年供发电安全监测系统建设（含 DF8002 调度自动化系统）。

（五）科技成果

《五矿电厂 UG75/3.82－M29 型循环流化床锅炉研究与应用》获 2005 年度集团公司科技进步三等奖。

《孙庄矿电厂 TCM/90 型除氧器技术改造及汽轮发电机组和 DCS 技术应用》获 2006 年度集团公司科技进步二等奖 。

《五矿电厂发电机绝缘在线监测技术应用》获 2007 年度集团公司科技进步三等奖。

《孙庄矿电厂配烧煤泥技术应用》获 2007 年度集团公司科技进步（工业）二等奖。

二、安全管理

组织职工认真学习了《安全生产法》、《安全生产事故隐患排查治理暂行规定》、《安全生产事故报告和调查处理条例》等安全法律法规。结合电力行业特点和安全生产管理工作实际，组织专业技术人员修改完善了 4 大类 37 条规章制度和安全生产事故救援预案；推行了“口述笔记”安全确认工作方法；加强了班组建设，维护了安全发电、供电的稳定局面。

（一）建立完善安全管理制度

2003 年，制定了《领导干部深入基层、加强现场管理的规定》和有关安全制度。2005 年，制定了 23 项安全管理制度。2007 年，编制了整个发电、供电系统比较完善的事故应急预案。2008 年，建立了安全隐患管理方面 4 项制度，整理汇编自 1983 年以来供电和发电方面的 37 起安全生产事故案例，制作了安全宣传牌板，在分公司各二级单位进行了巡回展出。

（二）推行“口述笔记”安全确认工作方法

2007 年 8 月，分公司党政研究制定了“口述笔记”安全确认工作方法。印发了《关于开展“口述笔记”安全确认推行工作的实施意见》，“口述笔记”安全确认工作在各基层单位进行广泛推广。为了把“口述笔记”安全确认工作落到实处，分公司成立了“口述笔记”安全确认工作效绩评价考核组，对分公司所属各单位的“口述笔记”安全确认工作每月进行一次全面的考核、评价。

（三）成立安全技术培训中心

2007年8月10日，通过邯郸市安全生产监督管理局检查验收，峰峰集团电业分公司安全技术培训中心成立。培训中心业务上隶属于峰峰集团教育培训中心，主要负责峰峰集团电力方面的各项安全技术培训工作。

三、经营管理

1989年至1994年6月，供电系统资产由峰峰局机电处管理，机电处电费核算组负责核算全局的电费收支与供电系统的成本业务，汇入局机电处财务报表中。1994年7月，成立供电部，机电处把资产划转供电部，供电部单独核算。负责核算邯郸供电公司和全局的电费收支与供电系统成本费用业务，最后汇入局财务报表中。设立电业分公司后，组建了财务管理部，具体核算分成两大部分：一部分由原来的供电部和孙庄矿矸石热电厂组成电业分公司。供电部核算邯郸供电公司电费收支和全集团公司的电费收支与供电系统的成本业务，孙庄矿矸石热电厂核算电厂的发电收入和成本，汇入供电部报表中上报集团公司。另一部分核算邯郸峰煤电业有限公司发电收入和成本。邯郸峰煤电业有限公司前身是五矿矸石热电厂。五矿矸石热电厂成立于1995年，经营核算1995年至1999年汇入五矿。2000年，五矿矸石热电厂从五矿分离出来，单独核算汇入峰峰局。2004年12月，五矿矸石热电厂一期、二期合并为邯郸峰煤电业有限公司，汇入峰峰集团。九龙矿矸石热电厂、薛村矿矸石热电厂于2008年11月划归电业分公司管理，2009年开始在电业分公司进行财务核算。

分公司财务管理部成立以来，实行精细化管理，建立内部会计管理制度，制定会计岗位责任、稽核、会计档案管理、空白票据领发登记、固定资产管理、财产清查等一系列管理制度。从基础和制度上严格规范。为了进一步搞好预算管理，搞好生产经营，按照分公司的规范要求，制定财务预算支出审批制度及预算预警制度。成本管理实行动态管理，凡支出达到预算的85－90%时，财务管理部向各单位进行预警提示，并进行书面通知。为了增强职工经营意识，提升分公司的经营管理水平，制定了定期召开经营分析会议的规定，根据当月生产计划、经营预算、资金预算对上月完成情况进行公布，对上月完成不好的经营指标重点进行分析、查找漏洞及本月需采取的补救措施。

四、党群工作

（一）党委工作

1989年至1994年6月，供电部设党支部。1994年7月，供电部从机电处分流出来，局机关党委批准成立供电部党总支，下设机关、供电科、运行科3个党支部。2002年8月，成立中共邯郸峰煤电业有限公司委员会，下设综合办公室、政工部和4个基层党支部。2005年1月，成立中共峰峰集团有限公司电业分公司委员会，下设综合办公室、政工部、群工部和5个基层党支部（机关一党支部、机关二党支部、五矿矸石热电厂党支部、供电工区党支部、运行工区党支部）。2005年3月，孙庄矿矸石热电厂党支部改由电业分公司党委管理。2008年11月，邯郸市九龙热电有限公司党支部和薛村矿矸石热电厂党支部改由电业分公司党委管理。2002年至2008年底，累计发展党员31人。

2002年8月，中共邯郸峰煤电业有限公司委员会成立。坚持以科学发展观为指导，以做大做强电力支柱产业为目标，依靠科技创新、制度创新、管理创新，使生产经营工作走上正规化、规范化、科学化的轨道。

2004年，分公司班子调整后，按照“想做事、能做事、敢做事、做成事”的要求，明确工作思路和目标，全身心投入到做大做强电力产业的具体工作之中。

2005年，是分公司深化内部改革、谋求企业发展、做大做强电力支柱产业的起步之年。分公司党政一班人带领全体干部职工真抓实干、克服困难、奋力拼搏，提出了“五四三二一”的指导思想和工作思路，以推行精细化管理为重点，以开展保持共产党员先进性教育活动为动力，加快了企业改革发展的步伐。

2006 年，分公司党政提出“苦战两年，铸就电业新辉煌；创新管理，谋求企业大发展”，以推进企业战略目标实施与和谐企业建设、深入推行 ISO9000 党建质量管理体系与精细化管理为重点，以“一二三四五六”工作项目为抓手，发扬“五大”作风，全面强化党的建设、思想政治工作和企业文化建设。

2007 年，分公司把这一年作为实施电力发展规划，抢抓机遇，艰苦创业，加快电业发展步伐，做大做强电力支柱产业的“上台阶年”。分公司党政以“三个代表”重要思想为指导，以构建和谐企业为重点，深化“四好”领导班子创建活动，按照集团公司党政工作部署和分公司党政确立的“一二三四三三三”工作思路，树立和落实科学发展观，抢抓发展机遇，为促进企业科学发展和谐发展、各项工作上台阶，提供了坚强的思想政治和组织保证。

2008 年，分公司党政深入学习实践科学发展观，紧紧围绕年初确立的“效益提高年”工作思路，充分发挥了党组织的政治核心作用，先后开展了解放思想大讨论、深入学习实践科学发展观和领导干部作风整顿活动，以及“新集团、新目标、新举措、新面貌”主题教育活动。狠抓了奥运期间的信访稳定工作。节能减排工作取得了阶段性成果。完成了电厂整合重组，实现了峰峰集团电力企业的专业化管理。党的建设、思想政治工作和企业文化建设在已有的基础上扎实深入开展，各项工作均取得了新的进展。

（二）纪监工作

2004 年 9 月，中共峰峰集团电业分公司纪律检查委员会成立。纪委委员 5 名。

2004 年，出台了《党风廉政建设责任制》，党支部书记与党委签定党风廉政建设责任状。

2004 年以来，纪委围绕工程项目建设、物资采购、废旧物品拍卖、财务资金管理、安全生产等重点项目招投标进行监督和开展效能监察。

2005 年，开展《党纪处分条例》和《党内监督条例》的学习，组织党政纪条规知识学习，实施“任前谈话”、“廉政谈话”、“工作谈话”制度，科级以上领导干部建立了《廉政档案》。出台了《领导干部个人收入及重大事项申报制度》，组织领导干部和“三管”人员到漳河监狱接受警示教育。

2005 年 4 月，成立行政权力公开透明运行领导小组，编制了《行政权力公开透明运行职权目录》，出台了《行政权力公开透明运行工作责任制》，设立了行政权力公开透明运行公开栏。

2005 年 9 月，创办了内部刊物《勤廉之窗》。

2006 年，推行廉洁文化建设，征集廉洁文化理念，编制《廉洁文化手册》，创建《电业清风》廉政网页，建设“廉洁文化走廊”等。

2007 年，印发了《贯彻落实＜中纪委关于严格禁止利用职务上的便利谋取不正当利益的若干规定＞的安排意见》，开展领导干部自查自纠、逐级谈话活动。开展了“提升德才素质，书写勤廉人生”活动，并给科级以上干部发放了“勤廉日记”本。开展了治理商业贿赂专项治理活动。

2008 年，开展了“春节送廉洁楹联”、“家庭助廉”、向科级领导干部家庭赠送“廉洁光盘”、到“129 师旧址”接受革命传统教育等活动，为领导干部编制定做了“廉洁行为规范”和“岗位勤廉标准”牌板。

2004 年以来，立案处分违纪党员 1 人。

（三）工会工作

2002 年 8 月 12 日，邯郸峰煤电业有限责任公司工会成立。2006 年 8 月 28 日，召开峰峰集团电业分公司工会首届二次会议。2003 年，召开一届二次职代会。2004 年，召开一届三、四次职代会。2005 年，召开一届五、六次职代会。2006 年，召开一届七、八次职代会。2007 年，召开一届九、十次职代会。2008 年，召开一届十一、十二次职代会。

2002 年，建立工会组织和 4 个工作委员会，成立职代会组织及专门工作委员会。

2003 年以来，坚持开展劳动竞赛活动和职工技术比武活动。对困难职工进行救助。加强以创建“四会五家”为主要内容的职工之家建设。建立企务公开质量体系。

（四）团青工作

电业分公司团委于2004年12月26日召开第一届团员代表大会，并正式成立。大会选出共青团电业分公司委员会第一届委员。在五矿矸石热电厂、供电部组建了两个团支部。

2005年，增设了孙庄矿矸石热电厂、供电工区、运行工区3个团支部。

2006年，通过广泛宣传、精心安排，团员意识主题教育、青工劳动创效、青年安全监督岗、青年文明号、青年志愿者等活动都得到广泛开展，各项工作走上了正常轨道。

2007年，以“服务企业安全生产，调动广大青工的劳动积极性；服务青年成长成才，为团员青年学技术岗位成才搭建平台”为工作重点，认真组织了思想政治教育、形势任务教育、安全宣传教育等教育活动。广泛开展了青工劳动创效、青工安全卫士、青年突击队、青年文明号、青工拜师学艺等活动。

2008年，以创建“学习型、服务型、创新型”“三型”团组织为总体目标，以实施青年思想教育工程、青年岗位建功工程、青年人才培养工程、青年文明和谐工程、团建筑基工程等“五大工程”为主线，积极开展了形势任务知识竞赛、安全巡回演讲、“四新”主题教育知识答题、职工技术比武、百日安全生产劳动竞赛等创新创效活动。11月，增设了九龙矿矸石热电厂和薛村矿矸石热电厂两个团支部。

（五）企业文化建设

2004年，在分公司范围内推行6S管理，制定了企业文化建设进度表。

2005年，先后下发了《关于2005年企业文化建设的安排意见》和《关于进一步推进企业文化建设的实施意见》，制定了《五矿矸石热电厂关于准军事化管理的实施意见》，率先在五矿矸石热电厂实行了军事化管理，并实行了管理人员走动式管理。创办了电业职工大学，对五矿矸石热电厂和孙庄矿矸石热电厂的500名职工进行了准军事化培训。

2006年，在分公司范围内推行了FDMR精细化管理。在此基础上，又实行了精细化梳篦式管理模式，进一步深化了精细化管理工作。

2007年，将企业文化建设内容纳入了各单位党政正职年度考评中，实施了全面考核。

2008年，开展了“五精”管理、打造“九力”团队建设活动。

第三节　主要经济技术指标完成情况

历年供电部分主要生产经营指标完成情况表

年度	资产总额（万元）	购入电量（万千瓦时）	销售电量（万千瓦时）	销售收入（万元）	销售成本（万元）	税金返还（万元）
1989		76675.43	74758.54	5791	5446	
1990		76528.35	74615.14	5926	5602	
1991		78155.27	76201.39	6351	5922	
1992		81115.90	79088.00	5692	5298	
1993		84830.08	82709.33	20924	20782	
1994	3569	86703.61	84536.02	9771	8904	1
1995	6447	88366.97	86157.80	24123	23619	320
1996	7670	93116.34	90863.72	31073	30722	424
1997	11118	89003.99	86679.58	32999	32469	409
1998	15557	84148.79	81788.94	31096	30604	354
1999	17724	86186.26	83211.58	31078	30756	344
2000	19982	87402.63	84834.80	31557	31103	358

年度	资产总额（万元）	购入电量（万千瓦时）	销售电量（万千瓦时）	销售收入（万元）	销售成本（万元）	税金返还（万元）
2001	24570	87670.15	85767.22	28741	28341	331
2002	26744	86581.24	84523.34	30601	30200	334
2003	26646	84928.56	83382.62	30111	29900	284
2004	24008	80855.83	79566.81	30630	30498	278
2005	20202	80376.16	79470.67	33507	33832	286
2006	16652	78127.41	77335.20	34965	35194	332
2007	13245	79645.51	78866.59	37496	37495	319
2008	18521	85264.72	84448.38	42056	42741	211

五矿矸石热电厂主要生产经营指标完成情况表

年度	装机容量（兆瓦）	发电量（万千瓦时）	供热量（万吨）	资产总额（万元）	销售收入（万元）
1995	12	5970		4453	1235
1996	12	6720		4331	2071
1997	12	8376		4157	2679
1998	12	9160		4803	2949
1999	12	9148		5187	2705
2000	12	10060		4355	2990
2001	12	10141		6224	3047
2002	12	10163		5814	3094
2003	12	7475		14704	2558
2004	24	14156	19.5	10565	2775
2005	24	13203	21	10997	5999
2006	24	17149	19	10158	7623
2007	24	18300	22.1	7367	8599
2008	24	17547	22.61	8210	9017

孙庄矿矸石热电厂主要生产经营指标完成情况表

年度	装机容量（兆瓦）	发电量（万千瓦时）	供热量（万吨）	资产总额（万元）	销售收入（万元）
2004	12	5536.2	4.99		1852
2005	12	6546	8	3131	2864
2006	15	5325	6.56	6689	2443
2007	15	10076	6.2	6222	4397
2008	15	9307	7.66	3304	4949

九龙矿矸石热电厂主要生产经营指标完成情况表

年度	装机容量（兆瓦）	发电量（万千瓦时）	供热量（万吨）	资产总额（万元）	销售收入（万元）
2001	12	7500	3.4		
2002	12	8500	4.3	7039.84	
2003	12	10205	7	6113.56	2479.97
2004	12	9516	6.7		2372.68
2005	12	9349	7.7		2970.08
2006	12	9349	7.1		3292.93
2007	12	9861	6.3	19475.78	3013.11
2008	36	17072	8.3	18724.93	6234.95

薛村矿矸石热电厂主要生产经营指标完成情况表

年度	装机容量（兆瓦）	发电量（万千瓦时）	供热量（万吨）	资产总额（万元）	销售收入（万元）
2008	50	35294.84	1.9	31535.38	12517.58

第四节 市级以上荣誉称号

1993 年，邯郸市“三电”工作先进单位

1994 年，邯郸市“三电”工作先进单位

2007 年，邯郸市花园式单位、工会系统模范职工之家

（资料提供：杨和平、邵会生、贾宝力）

第二十六章 物资供销分公司

第一节 单位概况

一、历史沿革

峰峰集团物资供销分公司地处河北省邯郸市峰峰矿区境内。2008 年 10 月，分公司机关迁至邯郸市开发区。

1982 年，峰峰局将材料供应处更名为物资供应处。1985 年，峰峰局设立物资供应公司，与物资供应处合署办公，实行一套人员、两块牌子。2002 年 11 月，峰峰局进行物供体制改革，将原来合署办公的物资供应公司、物资供应处，合并为物资供销分公司，为峰峰局下属二级企业。2003 年 7 月，物资供销分公司为峰峰集团组建的专业化公司之一。

二、管理模式

2003年改制后，集团公司将原来的分级采购、分级储备，各矿（厂）都有采购权的物资供应体制，改革为“集中采购、集中储备、集中配送”全新的“三集中”物供管理模式。成立了物资调度中心、物资配送中心，开发建立了现代化信息系统。在各矿、厂设立供应站，建起了井口物资超市。

三、物流基地

2005年10月，在山西设驻山西柳林县办事处，成立了第一个驻外物流基地。2006年5月，成立了邯郸鼎峰物流有限公司，专门从事社会物流，与物资供销分公司合署办公，为一套人员、两块牌子。2007年2月，成立日照峰峰国际物流有限公司。该公司为三方合资公司，鼎峰物流公司相对控股。2008年5月，在内蒙古鄂尔多斯市伊金霍洛旗乌兰木伦镇石圪台村，建立起第二个省外物流基地。

四、经营规模

主要从事物资流通业务，分为企业物流、社会物流、国际物流三大块。2006年，集团公司把物流产业列为三大支持产业之一。2007年，物流产业营业收入达到了50亿元，占集团公司总收入的40%以上。2008年，企业内部物流经营规模近20亿元，社会物流经营规模为80亿元。

五、资产和人员情况

截至2008年底，分公司员工571人，固定资产5169万元，配有占地15.5万平方米的标准化一级超市及后备库，一条铁路专用线，为吊、装、储、运一体化作业。

第二节　主要工作

一、物资供应

1989年至1992年，是计划经济管理时期，物资由国家统一分配管理和由中央直属部委分配管理。包括黑色金属、有色金属、化工建材以及坑木木材和机电产品等，均由中煤总公司直供和管理，直接分配指标到中煤总公司河北公司，再具体分配到峰峰局。供应处参加相应的全国订货会，落实计划数量。钢材计划的落实参加“全国钢材订货会”，坑木木材计划的落实参加每年两次的“全国木材订货会”，机电产品计划的落实参加“全国机电产品订货会”等。在订货会上供需双方签定合同，落实各种具体事项。物资紧张时曾派专人进驻钢厂和东北林区催货，以保证使用。

1992年至1993年，实行的是计划经济与市场经济双轨并行制度，也是计划经济向市场经济的过渡时期。这期间，计划指标越来越少，计划内物资的价格也不再具有优势，有些物资的质量比如坑木的质量得不到保证。市场经济迅速发展，规模逐渐扩大，价格也被市场认可，企业可以从市场上弥补计划内指标的不足，来满足生产的需要。

2002年，国家市场经济体制趋于完善成熟，除了特殊物资外，其余物资完全可以通过市场渠道满足。旧的物资供应体制已经不能适应市场经济的需要，并成为制约集团公司发展的重要障碍。

2003 年，实行“集中采购、集中储备、集中配送”的“三集中”物供管理新体制。充分发挥集团采购的优势，降低了采购成本，杜绝了积压报废，实现了矿（厂）零库存，使物资供应形势顺应了市场经济大趋势。

二、物流产业

（一）企业物流

随着我国市场经济体制的完善，传统的局、矿（厂）两级分级采购、分级储备的物资供应模式，越来越凸显出“采购形不成批量，采购费用高，物资积压报废严重，储备资金占用多，资金周转慢，采购过程不透明、监控难，用人多，效率低，成本不实”等弊端，严重影响着企业发展。

2003 年，集团公司对物供体制进行改革。所属矿（厂）实施“集中采购、集中储备、集中配送”的“三集中”物供管理体制，取消各矿（厂）分仓库。2005 年，分公司对 12 个生产矿（厂）的仓库进行了全面清理，共清理、关闭仓库 132 个，清理沉淀、积压物资 1590 多万元。同时，分公司在 12 个生产矿井设立驻矿供应部，建立井口物资超市。2007 年 8 月，新增驻煤化工供应部，建立煤化工物资超市。除国家规定的特殊储备物资外，其他物资由分公司实行“代储代销，超市化管理”，不占用集团公司资金，有效解决了旧体制的弊端。

实施“三集中”物供管理体制，促使集团公司内部物资供应规模聚集，形成了企业内部物流。新的物供管理体制，保障了集团公司矿（厂）生产所需物资、集团公司基本建设项目所需物资。同时，对非配送物资，分公司按各单位提报的需求计划进行物资供应。

历年企业内部物流收入利润基本情况表

单位：万元

年度	收入	利润
1989	516	80
1990	567	89
1991	453	25
1992	916	99
1993	1054	-74
1994	1501	-246
1995	14349	-575
1996	20566	155
1997	19429	94
1998	19594	314
1999	23181	316
2000	25842	385
2001	28220	69
2002	29155	518
2003	60115	174
2004	89739	638
2005	123243	155
2006	144103	425
2007	229577	742
2008	186554	1947

企业生产能力：分公司机械修配厂前身是局汽车大修厂。2003年，物供体制改革时更名为物资供销分公司机械修配厂，归属物资供销分公司，有员工10人。2003年至2008年，生产总值达1825万元，完成利润395万元。产品主要销往集团公司内部和山西部分煤炭企业。

质量执行标准：刮板按国家MT72－91质量标准要求执行，锚线按国家STANDARD NO GB/T5224－2003质量标准执行。

（二）社会物流

改革后的物供体制不仅顺应了市场经济趋势，而且在运行中缔结了成熟的供应链。2005年，分公司走出去向社会要效益，大力开拓社会物流，谋划出“建一流公司，创物流品牌”的远期目标，做大做强物流企业，开始了企业物流向物流企业的根本性转变，员工观念开始了由“坐商”向“行商”的根本性转变。

1. 社会物流规模

为适应市场经济趋势，2006年5月，峰峰集团成立了邯郸鼎峰物流有限公司，专门从事社会物流。邯郸鼎峰物流有限公司与物资供销分公司合署办公，为一套人员、两块牌子，员工55人，注册资金1000万元。

2006年，邯郸鼎峰物流有限公司营业收入6.6亿元。

2007年，邯郸鼎峰物流有限公司营业收入50亿元。

2008年，邯郸鼎峰物流有限公司营业收入80亿元。

2. 驻外物流基地

2005年9月，分公司在山西柳林县建立第一个省外物流基地，并建立起物资超市，主要为当地民营企业汇丰集团所属的5个矿提供物资服务，年经营规模在3000万元以上。

2008年5月，分公司在内蒙鄂尔多斯市伊金霍洛旗乌兰木伦镇石圪台村建立起第二个省外物流基地，主要对当地煤矿提供物资服务，当年营业额达到2000万元。

省外物流基地的建立，为当地企业节省了大量的人力、物力和财力，实现了“双赢”结果，是峰峰物流产业由企业物流蜕变为物流企业的转折点。

（三）国际物流

2006年，分公司对国际物流进行了为期一年的调研，探讨了发展国际物流的战略规划并进行初步实践。2007年2月，在山东日照成立了日照峰峰国际物流有限公司。公司为三方合资企业，注册资金为1000万元，邯郸鼎峰物流有限公司相对控股。同时，该公司在日照设办事处，常驻人员有分公司主管、办事处主任、会计等3人。

2007年，日照峰峰国际物流有限公司与澳大利亚、罗马尼亚、韩国等国家的多家企业签定了钢材贸易协议。由于国家调整了钢材出口退税政策，钢材贸易未如期实施。

三、改革改制

（一）“三集中”物供管理体制

1989年至2002年，局物供体制一直延续着原有的局、矿两级分级采购、分级储备模式。这种物供体制在物资匮乏的计划经济时代，发挥出了不可替代的作用，为局、矿两级的生产经营作出了贡献。

随着国家改革开放的深化，计划经济逐渐转变为市场经济，旧的物供体制不能适应市场经济的需求，越来越成为影响企业发展的重要障碍。主要存在以下弊端：一是采购形不成批量、采购费用高；二是物资积压、报废严重；三是储备资金占用多、周转速度慢；四是采购过程不透明、监控困难；五是用人多，工作效率低；六是成本不实，不能真实反映生产经营成果。

2003年，集团公司对物供体制进行改革。主要目的是革除旧的物供体制弊端，适应现代市场经济体制需求，促进企业物流融入社会市场、国际市场。

2003年，集团公司推行“三集中”新型物供管理体制。其具体内涵：

集中采购。各矿（厂）所用物资由集团公司统一招标采购。招标后的物资，实行代储代销超市化管理。集中采购取消了二级单位的采购权，进一步明确了物资供销公司和各矿、厂的职责，保证了采购的公开、公平、公正。

集中储备。所有物资由物资供销分公司集中储备，在各生产单位建立物资超市，实行代储代销、超市化管理。代储代销的物资全部由供应商提供，不占用集团公司资金。集中储备，代储代销，避免了新的物资积压、报废现象，实现了矿、厂零库存，为生产单位节约了大量资金。

集中配送。成立了物资配送中心，根据矿、厂所在地理位置，以及物资的批量大小，科学选择配送方式，实行24小时全天候服务。集中配送有效地避免了分散提货、装载效率不高的现象，不仅保障了各生产矿井小批量物资的生产急需，而且节省了大量的运输费用。

（二）“三集中”支撑机制和体系

物供体制改革同步完善了“六大机制”，“三大体系”，建立起先进的物供信息系统，为有效推行新体制奠定了扎实的管理基础。

1. 六大机制

供应商评价机制：加强对供应商的管理，重点抓“准入、价格、验收、劝退”四个环节。根据资证、资信、产品质量、售后服务、价格水平等技术数据，对供应商进行“A、B、C”分类评价。C类供应商实行劝退。建立供应商信用体系档案，对有失公平竞争和诚信原则的列入“黑名单”，一年之内不得参与投标。

物资代储预警机制：依靠现代信息系统，建立科学的代储量预警模型。根据物资的消耗和供求情况，预订每种物资最低和最高代储量，当实际代储量达到最低代储量的90%或最高储备代储量的110%时，信息系统会自动进行预警，使各种物资的代储量始终处于合理状态，既保证了生产需要，又避免了物资积压。

事故应急保障机制：以分公司物资调度中心为龙头，各业务部、驻矿（厂）供应站、物资配送中心为依托，以物资供应链和物资供应网络为基础，建立起统一指挥、协调互动、快速反应的物资保障机制，确保生产矿（厂）发生突发性事故后的物资科学及时供应。

代储代销管理机制：利用集团集中管理的优势，对生产所需的基本物资实行代储代销。代储代销的物资由供应商（厂）提供。其优越性是：一是减轻了供应商（厂）的销售压力和销售费用；二是不占用集团公司资金，实现了企业“零库存”。

物资运行保证机制：制定物资计划管理办法、物资采购管理办法、物资招标及比价管理办法、物资配送管理办法等80多项制度和办法，对各项工作程序、工作行为进行了严细规范，形成了“管理靠制度、办事讲原则、工作按程序”科学的物资运行保障机制。

绩效考核分配机制：建立以工作任务、工作质量、成本管理、技术技能、6S管理为核心内容的绩效考核台账，上到管理干部，下到操作工人，级级填报、级级考核。一日一清、一周一结、月底考核。按效绩分配工资，体现了多劳多得的分配原则，用经济杠杆调动了员工的生产积极性。

2. 三大体系

预算控制责任体系：以预算管理为主线，以费用控制为重点，利用物供信息网络加强对预算的事前、事中、事后的适时监控，保证了经营工作始终控制在预算之内。

物资安全责任体系：加强物资采购质量的控制，把“五查一访”工作贯穿于物资采购管理过程之中，层层签定安全责任书，严格安全责任追究，形成了完善的物供管理安全长效机制，确保实现本质型安全企业。

建立企业文化体系：通过创新管理、刷新环境、宣灌理念、完善制度，提炼特色“鼎新文化”，形成内化于心、外化于行、固化于制，具有物供特色的企业文化体系，最终实现以文化力推动生产力，促进企业又好又快发展。

3. 两个“三分离”

集团公司把物资招标业务从物资供销分公司分离出来，成立招标管理委员会，下设招标办公室、监督检查组和评标组。招标办在物资工程项目招投标工作中负责日常招标的牵头、组织、协调、服务、信息反馈、资料的收集整理等工作；监督检查组负责对招标活动进行事前、事中、事后的全程监督检查；评标组负责评标工作，为招标会一次性机构。同时，集团公司建立起由400多名技术人员组成的评标专家库，评委的选择随时随机抽取（特殊招标项目从专家库中直接确定）。明确规定招标办只能按程序组织招标工作，其他工作不得参与；评标组只能确定供货厂商、物资质量、价格，不能参与采购；招标人只能按招标结果进行采购、验收、入库、配送，实现了物资招标、评标、采购的“三分离”。

2004年，分公司对内部运行机制进行改革，取消了原有的材料科、支护科、二三类科、配件科、设备科等5个业务科室，成立了物资计划部、物资采购部和综合管理部，使物资供销过程由原来的按物资分类管理变按流程分段管理，实现了计划、采购、付款“三分离”。

两个“三分离”，不仅顺应市场经济趋势，而且从源头上形成了相互监督、相互制约的机制，有效地预防了违规违纪现象的发生，实现了机制源头治腐。

2003年至2008年，物供“三集中”改革创效达7.23亿元。

一是集中采购累计降低采购成本5.43亿元（招标采购率达85%以上）。

二是集中储备后，储备资金由改革前的1.1亿元降至1200万元（特种储备），盘活多年积压物资4500万元；通过代储代销、建立井口超市，实现了矿、厂零库存；累计代储代销物资37亿元，减少资金占用节约利息4319万元。

三是集中配送节约运输费用5520万元；减人创效8125万元。对外开展社会物流创效1.1475亿元。

四、科技进步

（一）物供信息系统

1989年至2000年，物供信息化建设发展较慢。局物资供应处有计算机十余台，仅限于财务、管理、劳资等管理部门使用，多用于数据处理、资料管理等业务。应用软件是单机版程序，各项业务及业务部门没有信息网络的支撑。

2001年，物资供应处根据局加强物资供应管理的需要，开始建设物资供销信息化网络系统一期工程。建成了中心计算机房，铺设信息点44个，光纤2.3公里，培训业务人员30人。系统采用当时流行的Client/Server（客户机/服务器）模式，内部网络拓扑结构呈星型，大型关系数据库Oracle8I存储数据，技术先进、安全。2002年12月25日，经过一年试运行的一期工程顺利通过验收。

2003年，物资供销分公司对原有的信息系统进行了二期工程改造。在集团公司12个矿（厂）至供应站铺设光纤6.6公里，建立信息点210个；编制整理物资编码、单位编码、方向编码、计量单位编码、人员编码等各类编码10万余条；举办计算机业务培训班10期，培训员工299人；信息系统共开发197个大型程序模块，涉及152张表、1371个Java程序，其中业务处理模块98个，各类统计查询模块99个。由于人员不同角色不同，进入程序后见到的页面也不同，系统共有1028个WEB页面。2004年1月，物资供应链管理信息系统初始化数据开始试运行，并于同年12月22日通过验收。截至2008年，整个系统运行正常，为物流产业的快速发展提供了强大的技术支撑。

（二）办公自动化

2006年，分公司与河南月太软件有限公司合作开始建设办公自动化OA及电子商务网站系统，在原有信息系统的基础上，进行了软件现场开发、系统集成和系统测试各项工作。2007年5月，分公司各项业务全部甩掉了手工账，实现了网络自动化办公。

物资供应链信息系统、办公自动化OA系统、电子商务网站，已在国家版权局注册了版权，其中各系统之间数据整合同步技术已经通过国家知识产权局的查新检索。

五、安全管理

（一）安全生产组织机构沿革

1989年5月，成立了“三防”领导小组。

1989 年，成立治保领导小组。

1990 年，治安消防由党总支负责。

1992 年 12 月，成立保卫组。

2003 年，物供体制改革，保卫科负责安全工作，共有 19 名员工，隶属分公司政工部。

2008 年 2 月，组建成立安全生产监督办公室。主要负责建立健全安全生产责任体系、贯彻落实《安全生产法》、突出抓好防止各类重大事故等基础性工作。消防安全工作和综合治理工作仍以保卫科为主。

（二）安全教育及培训

2000 年，制定物供［2000］8 号文件《关于违反内部治安综合治理管理规定》。

2001 年，制定物供［2001］31 号文件《消防、治安防范管理办法》。

2003 年以来，贯彻“强制培训，分级管理，统一标准，考核发证”的安全培训原则，实施全员培训。重点加强班组长、特种作业人员、新工人上岗和职工转岗的培训，依法加强和规范特种作业人员的持证上岗工作。凡无证上岗的要按事故进行分析和处理，全面提高员工的岗位安全技能。

分公司每年定期举办安全消防演习。组织保管员和有关人员亲临现场，实际操作，互相观摩，提高了紧急情况下的实战能力和应变能力。组织安全知识演讲和安全知识竞赛、安全宣传月、安全宣传日活动，确保“预防为主，安全第一”深入人心。

（三）安全大检查

20 世纪 90 年代的“三防”领导小组，负责对供应处各部门安全生产工作进行检查，对仓库防盗、防破坏和汽车队车辆安全进行重点检查。

2003 年后，分公司按照精细化管理的要求，强化部门自检自查，每季度组织安全大检查。检查消防组织机构的落实、消防设施的配备和保管保养情况，保证在发生险情时消防设施能够立即启用，人员招之即来、来则能战。检查防盗值班制度的执行情况和防破坏的预防措施。对发现的安全隐患进行现场解决，不能现场解决的限期整改，整改结果进行复查。对安全不到位、没有按期整改的，按制度严格追究责任。同时，定期检查各单位对各种设备、车辆和安全设施进行维护保养的情况，使之始终处于良好运转状态。检查特殊工种持证上岗情况，杜绝了无证上岗。

为保证采购物资的质量，分公司把“五查、三责、一访、二杜绝”这个成功经验与 6S 精细化管理工作相结合，贯穿于物资采购、验收管理工作之中，不断强化完善，保证了采购物资的质量，为集团公司安全生产提供了安全可靠的物资保障。

六、党群工作

（一）机构沿革

1989 年至 2003 年 12 月，物资供应处（分公司）党总支隶属局（集团公司）机关党委，党总支下设机关、汽车队、总仓库、离退休 4 个支部。

2003 年 12 月 18 日，物资供销分公司党委成立。党委下设机关、储运部、驻小屯矿供应部、驻梧桐庄矿供应部、驻九龙矿供应部、驻新三矿供应部、驻万年矿供应部、驻牛儿庄矿供应部、驻羊渠河矿供应部、驻薛村矿供应部、驻大淑村矿供应部、驻马头洗选厂供应部、驻黄沙矿供应部、离退休 14 个党支部。

截至 2008 年底，党委下设 14 个基层党支部，23 个党小组，党员 217 名。

（二）主要工作

1. 党建工作

2002 年，党总支开展“转作风、树形象、促发展”主题教育活动，通过查摆问题，制定措施，落实整改，彻底根治分公司内部存在的“软、懒、散”和官商作风现象。

2003 年，党委围绕改革改制过程中出现的新问题，开展了“适应新机制、树立新观念、再作新贡献”主题教育活动，统一思想，振奋精神，推动物供体制改革顺利进行。

2004 年以来，党委围绕工作重心，适时开展了 11 个主题教育和 6 个思想大讨论活动，及时引导员工知形势，明任务，为企业做大做强奠定了牢固的思想基础。

2005年，推行党建工作质量管理体系，按照PDCA过程控制的要求，规范了党建基础工作。

2007年，党委组织开展了“四好”领导班子创建活动，加强两级领导班子建设，提高了班子成员的素质和能力。

同时，党委坚持带领广大党员长期开展“四创”、“三争”、“五星级员工竞赛评比”、“领导干部述廉民主评议”等特色活动。

2. 宣传工作

在“企业物流”向“物流企业”、职工观念从“坐商”向“行商”的“两个根本性”转变过程中，结合集团公司及分公司各阶段工作实际，重点对职工开展形势任务教育、观念创新教育、精细化管理教育、安全意识教育、企业文化教育、稳定第一教育。

在文明创建过程中，以“流动红旗”、“星级员工”、“金牌员工”竞赛活动为承载，细化、量化文明创建任务，并同绩效考核联挂，促进创建活动深入开展。在“红旗单位”、“五星级员工”中选树“六好集体”、“五好班组”、“四有标兵”、“岗位能手”等，并对先进集体和先进个人进行宣传表彰。

2005年至2008年，在开创社会大物流中，分公司向各报刊、电视台、电台、网络发送稿件5800多篇，见报1100多篇。获集团公司宣传报道先进单位、宣传报道优秀单位和对外宣传优秀单位。

中央电视台、河北电视台、邯郸电视台、《工人日报》、《经济日报》、《中国煤炭报》、《河北日报》、《现代物流报》等新闻媒体对物流的改革创新事迹进行了采访和播报。

3. 纪监工作

2003年12月，成立中共物资供销分公司纪律检查委员会。

2004年至2008年，纪委对物资比质比价、采购等过程进行全方位监督，有效促进了采购资金的合理使用，实现了源头防腐。

在党风廉政建设中，狠抓员工廉洁从业教育，并取得了优异成绩。分公司先后被集团公司指定为廉洁文化教育基地，被邯郸市峰峰矿区、邯山区、复兴区指定为预防职务犯罪教育基地。中国煤炭工业协会、中国物流协会、河北省、河北省国资委、邯郸市等各级领导多次到分公司视察指导工作。至2008年，全国各地350多家企业1万多人次来参观学习和接受预防职务犯罪教育。

4. 工会工作

1989年至2003年，供应处工会是局机关工会直属车间工会。

2004年4月10日，成立物资供销分公司工会委员会。工会下设16个车间工会，33个工会小组，会员总数555人，占员工总数的100%。2008年，会员人数增至578人。

广泛开展群众性“创业兴企”、“创争”、“四争”、“创先锋、当明星、立新功”、“明星员工”、“工人先锋号”、“物流先锋”、“职工之家”季度竞赛等劳动竞赛活动，开展职工技术比武。

2006年－2008年职工技术比武情况汇总表

年度	练兵工种数	参加本公司练兵人数	参加集团公司比赛工种	参加集团公司比赛人数	获集团公司技术能手称号
2006	6	180			
2007	7	360	1	2	1
2008	6	480	1	1	

5. 团青工作

1998年，物资供应处团总支共有青工96人，共青团员32人。团总支下设4个团支部。2008年，公司共有青工123人，共青团员59人。团委下设机关团支部、储运部团支部、驻梧桐庄矿供应站团支部、驻新三矿供应站团支部和供应部联合团支部。

（三）企业文化

2004年，结合实际大力开展企业文化建设。企业文化基本经历了从自发到自觉、从平面到立体、从简单效仿到系统培育的循序渐进发展过程。企业文化建设的总体思路是“坚定信心、全面创建、重点谋划、扎实推进”，分为全面起动、完善推进、发展提高三个阶段。以廉洁文化为中心，安全文化、制度文化、红色文化、节日文化成辐射状惠及每名职工，多种文化相辅相成、互通互融，最终实现了文化防腐、以文化力推进生产力的目的。

文化特色一：廉洁文化。以“鼎新文化广场”为载体，竖立廉洁文化教育警示牌板160多块、廉洁从业格言警句灯箱70多个、行政权力公开栏和厂务公开栏27个。建成310平方米的廉洁文化展室，展室内收集了正反两方面的典型事例100多件，定期对员工进行教育。2008年，分公司创新方式，制作了105块流动廉洁文化教育展板，填补了驻外员工在廉洁从业教育方面的不足。收集整理了大量的古今反腐倡廉资料，编纂成两万多字的反腐倡廉教育材料，定期为员工举办教育讲座，开辟了教育员工廉洁从业的又一渠道。

文化特色二：制度文化。分公司建立健全了《廉洁自律行为准则》、《领导干部、管理人员廉洁自律若干规定实施细则》、《干部公道正派行为准则》等规章制度120多项2800多条，涵盖了员工行为、精细化管理、安全生产、市场营销等各个方面，形成了以防为主，防治结合的一整套反腐倡廉长效机制。基层党政正职实行“一岗双责”，既是生产经营的责任人，又是党风廉政建设的责任人，细化量化责任，每月考核，结果与绩效工资联挂，从制度源头预防犯罪现象的发生。

文化特色三：红色文化。2004年，分公司充分挖掘红色文化，对生长在物供大院的一株350年的老槐树进行考证。经查阅，1945年，晋冀鲁豫军区部队刘伯承、邓小平两位革命前辈在此指挥了著名的“平汉战役”。命名此树为“将军槐”，经常对员工进行革命传统教育。

第三节　主要经济技术指标完成情况

历年工资及人员情况构成表

年度	期末人数	其中		工资总额（元）	平均人数	人均工资（元）	备注
		管理人员	工人				
1989	358	103	255	837674	341	2456	
1990	367	100	267	991232	360	2753	
1991	370	149	221	990444	363	2728	
1992	370	120	250	1235451	365	3385	
1993	374	121	253	1423580	368	3868	
1994	392	114	278	1817536	372	4886	
1995	385	112	273	2409770	384	6275	
1996	378	109	269	2726238	381	7155	
1997	359	101	258	2828984	367	7708	
1998	355	94	261	1667556	355	4697	
1999	346	95	251	2432214	349	6969	
2000	337	90	247	2739751	339	8082	

年度	期末人数	其中		工资总额（元）	平均人数	人均工资（元）	备注
		管理人员	工人				
2001	333	95	238	2498872	335	7459	
2002	332	95	237	3140106	332	9458	
2003	541	160	381	5762085	519	11102	接收各矿供应科220多人
2004	550	165	385	10281672	554	18559	
2005	546	167	379	11561745	555	20832	
2006	551	167	384	12110298	547	22139	
2007	579	197	382	14114039	555	25431	
2008.08	571	209	362	20314249	575	35329	

历年主要物资消耗定额实际情况表

品种 / 年度	坑木（立方米/万吨）	火药（吨/万吨）	雷管（万发/万吨）	钢材（吨/万吨）	水泥（吨/万吨）
1989	42.62	1.93	0.6	7.24	54.25
1990	37.88	1.62	0.49	5.7	50.52
1991	29.46	1.57	0.45	6.14	42.33
1992	29.04	1.57	0.45	4.99	43.71
1993	25.77	1.56	0.46	4.31	40.43
1994	22.91	1.69	0.53	15.94	65.19
1995	24	1.62	0.47	6.65	40.69
1996	21.62	1.62	0.5	7.53	38.68
1997	19.04	1.55	0.47	5.16	34.97
1998	19	1.43	0.45	4.7	19.1
1999	18.61	1.29	0.35	5.43	37.72
2000	17.52	1.16	0.38	4.32	35.45
2001	19.48	1.16	0.4	4.32	32.13
2002	18.75	1.34	0.46	5.77	59.98
2003	17.5	1.21	0.45	6.93	56.38
2004	18.91	1.15	0.43	7.46	92.04
2005	22.86	1.04	0.39	9.74	98.64
2006	21.64	0.97	0.37	8.13	83.62
2007	25	0.9	0.4	7	105.3
2008	25.2	0.95	0.43	8.1	106.4

历年吨煤材料费实际情况表

年度	吨煤材料费（元）	年度	吨煤材料费（元）
1989	15.79	1999	19.83
1990	14.97	2000	20.37
1991	15.82	2001	24.57
1992	15.85	2002	23.22
1993	21.64	2003	26.56
1994	21.4	2004	30.95
1995	21.49	2005	43.95
1996	23.42	2006	30
1997	21.65	2007	42.51
1998	18.86	2008	64.86

主要二类机电产品进货情况表

品种 年度	电磁线		轴承		交流电动机	
	总量（吨）	其中国家分配	总量（套）	其中国家分配	总量台/千瓦	其中国家分配
1989	27	—	141563	—	84/4405	—
1990	23.6	—	135429	—	156/5305	—
1991	16.4	—	123078	—	139/4714	—
1992	18.3	—	89146	—	118/1435	—
1993	19.2	—	108023	—	147/1770	—
1994	24.2	—	144177	—	192/4009	—
1995	34.5	—	254899	—	299/9678	—
1996	23.6	—	246043	—	293/11085	—
1997	26.1	—	203129	—	311/13102	—
1998		—		—		—
1999	16.2	—	220379	—	483/21659	—
2000	29.1	—	243584	—	754/24449	—
2001	27.4	—	206912	—	1231/45399	—
2002	4.1	—	166966	—	648/24755	—

统部管主要设备进货情况表（一）

品种 年度	凿岩机（台）		装岩机（台）		卷扬机（台）		煤车（辆）	
	总量	其中国家分配	总量	其中国家分配	总量	其中国家分配	总量	其中国家分配
1989	300	—	22	—	16	—	1481	—
1990	240	—	41	—	30	—	1212	—
1991	255	—	44	—	42	—	1142	—
1992	88	—	3	—	7	—	129	—
1993	146	—	2	—	3	—	22	—
1994	182	—	12	—	28	—	1231	—
1995	427	—	10	—	50	—	1041	—
1996	389	—	50	—	51	—	824	—
1997	368	—	15	—	25	—	783	—
1998		—		—		—		—
1999	189	—	3	—	45	—	726	—
2000	291	—	18	—	44	—	917	—
2001	203	—	31	—	167	—	1627	—
2002	382	—	28	—	27	—	1510	—

统部管主要设备进货情况表（二）

品种 年度	矿灯（盏）		变压器（台/千瓦）		电力电缆（千米）		刮板机（台）	
	总量	其中国家分配	总量	其中国家分配	总量	其中国家分配	总量	其中国家分配
1989	33299	—	21/28417	—	207.1	—	69	—
1990	29620	—	67/44230	—	145.2	—	104	—
1991	28096	—	57/17914	—	112.8	—	113	—
1992	7386	—	3/900	—	101.2	—		—
1993	2066	—	1/500	—	80.4	—	2	—
1994	49169	—	6/1950	—	203	—	71	—
1995	42904	—	29/10136	—	245.9	—	77	—
1996	39604	—	14/14350	—	336.6	—	19	—
1997	37890	—	21/5214	—	276.9	—	6	—
1998		—		—		—		—
1999	47557	—	25/11026	—	205.5	—	38	—
2000	29902	—	50/90470	—	11426	—	33	—
2001	51695	—	67/79616	—	209.5	—	67	—
2002	41862	—	25/17390	—	259.3	—	17	—

第四节　市级以上荣誉称号

一、国家、部级荣誉

1989 年，全国统配煤矿坑木场管理标兵局

1990 年，全国统配煤矿坑木场管理标兵局、全国统配煤矿油脂化工管理先进集体、全国统配煤矿设备供应管理先进单位

1991 年，全国统配煤矿矿用塑料网推广使用先进单位、全国统配煤矿坑木场管理标兵局、全国统配煤矿物资部门计算机应用软件鼓励奖

1992 年，全国统配煤矿支护工作标兵局、全国统配煤矿油脂管理先进集体

2005 年，中国优秀企业

2006 年，全国煤炭工业物资流通行业先进单位、全国煤矿体育工作先进单位

2007 年，中国优秀企业、全国重质量守信誉诚信联盟单位、全国煤炭工业物资供应与流通先进集体、全国煤炭工业物资供应与流通先进集体

2008 年，中国优秀企业、全国交通物流百强企业、全国煤炭工业物资供应与流通先进集体、中国物流百强企业、中国物流行业十大影响力品牌

二、省级荣誉

2006 年，河北省工商系统重质量守信誉单位、维修行业文明经营优质服务先进单位、质量月优秀企业、产品质量放心承诺单位、园林式单位、绿化先进单位

2007 年，河北省国资委系统先进基层党组织、工商系统重质量守信誉单位、质量月优秀企业产品质量放心承诺单位

2008 年，河北省工商系统重质量守信誉单位、质量技术系统质量信誉保障单位、国资委优秀思想政治工作先进单位、工会系统优秀工会之友、“AAA”级劳动关系和谐单位

三、市级荣誉

2005 年，邯郸市文明单位、模范职工之家

2006 年，邯郸市文明单位、绿化先进单位

2007 年，邯郸市工会系统先进女职工委员会、“AA”级劳动关系和谐单位

2008 年，邯郸市煤炭行业改革创新优秀企业

（资料提供：杜林青、钱世军）

第二十七章　煤炭运销分公司

第一节　单位概况

一、历史沿革

峰峰集团煤炭运销分公司前身是峰峰矿务局煤炭运销公司。1950年初，峰峰局原来管理煤炭销售工作的人员及全部业务划归燃料工业部经理司，峰峰局成立办事处。1953年初，峰峰办事处奉命撤销，重归峰峰局领导，为局经理处下设的销售科。1954年成立营运科。1956年设立营运调度台。1957年与经理处合并，1958年又分开。1967年营运处归口局后勤部，改为营运组，后曾与选煤处合并为营选处。1972年单独成立营运处。1985年改名为运销处。1986年4月成立"峰峰矿务局煤炭运销公司"。公司与运销处合署办公，一套人员，两块牌子。1995年9月，局将加工利用处（选煤处）划归运销处（运销公司）领导。

2002年11月，峰峰局进行体制改革，将局运销处划分为三个部门。一部分改制为煤炭运销分公司，将原矿（厂）运销（营选）科与销售业务密切相关的人员，即销售业务员、轨道衡和汽车衡的司磅人员、验车人员及驻（火车）站员，划拨到运销分公司。同时，将各矿（厂）轨道衡、汽车衡及配套微机、打印机等资产划转到运销分公司。全局统一煤炭销售，由煤炭运销分公司负责煤炭产品收购制的实施。一部分组建为铁路运营分公司，负责局内部专用铁路线设施、自备机车和自备车辆的专业化管理，以及部分专用线路上的调车作业。同时成立煤业研发部，属局职能部室，负责煤炭产品的研发、洗煤厂的生产管理和煤质检验中心的管理工作。

2003年7月，局改制为公司制企业后，煤炭运销分公司、铁路运营分公司、煤业研发部隶属于峰峰集团。

二、煤炭主产品

主要煤炭产品有：冶炼精煤、喷吹精煤、烧结精煤、动力煤和各种洗煤副产品。

三、产品指标

煤炭产品指标为：

（一）冶炼精煤。具有低灰、低硫、低磷、挥发分适中、粘结性强的特点。被焦化、冶金企业誉为"工业精粉"。

厂别	品种名称	灰分 Ad（%）	挥发分 Vdaf（%）	全硫分 St，d（%）	粘结指数 GR. I	胶质层厚度 Y（mm）	全水分 Mt（%）
邯郸洗选厂	焦精煤	9.51～10.00	21～25	≤0.8	70～85	18～25	≤12.0
马头洗选厂	焦精煤	9.51～10.00	21～25	≤0.8	70～85	18～25	≤12.0
九龙矿洗煤厂	焦精煤	10.51～11.00	21～26	≤0.8	75～85	20～25	≤12.0
孙庄矿洗煤厂	肥精煤	10.51～11.00	27～31	≤0.8	85～95	28～31	≤12.0

（二）动力煤。以贫煤和贫瘦煤为主，具有发热量高、硫分低、挥发分适中的特点，是电力行业理想的燃料。

矿（厂）别	品种名称	灰分 Ad（%）	挥发分 Vdaf（%）	全硫分 St，d（%）	发热量 Qnet. ar（MJ/Kg）	全水分 Mt（%）	灰熔点 ST（℃）
薛村矿	混煤	22～27	14～18	≤1.0	22.0～24.0	5～8	>1450
小屯矿	混煤	22～27	13～16	≤1.0	22.0～24.0	6～8	>1450
大淑村矿	混煤	22～27	10～13	≤1.0	22.0～24.0	6～8	>1450
万年矿	混煤	26～30	5～7	≤0.4	20.9～22.2	3～5	>1450
邯郸洗选厂	洗混煤	35～44	26～27	≤1.0	16.8～18.8		>1450
马头洗选厂	洗混煤－优	27～35	25～30	≤1.0	18.4～21.0		>1450
九龙矿洗煤厂	洗混煤	35～44	26～30	≤1.0	16.8～18.8		>1450
	洗混煤－优	20～24	26～28	≤1.0	23.4～25.1		>1450

（三）无烟煤。峰峰集团万年矿、大淑村矿的无烟煤产品具有低灰、低磷、低挥发分、高固定碳的特点，广泛用于冶金、电力、化工、建材等行业。

矿别	品种名称	灰分 Ad （%）	挥发分 Vdaf （%）	全硫 St，d （%）	发热量 Qnet. ar （MJ/Kg）	灰熔点 ST （℃）	限下率 （%）	可磨性 HGI	粒度 （mm）
大淑村矿	喷吹煤	10.51～11.00	9～12	≤0.6	≥27.20	≥1450		≥70	0～25
万年矿	烧结煤	14.00～16.00	4～6	≤0.3	≥27.00	≥1450			0～13
	洗小块	15.00～17.00	4～6	≤0.3	≥27.30	≥1450	≤8		13～25
	洗中块	15.00～17.00	4～6	≤0.3	≥27.20	≥1450	≤8		25～50
	洗大块	15.00～17.00	4～6	≤0.3	≥27.20	≥1450	≤8		50～100

四、人员情况

截至2008年底，煤炭运销分公司有职工334人，其中干部102人，工人232人。

第二节 主要工作

一、1989年至2002年运销管理

1989年至1992年为计划经济阶段，国家对煤炭实行统一分配价格，执行双轨制，用户、数量等通过每年国家统一组织的“全国煤炭订货会议”分配确定，根据分配数量与用户签定供货合同，这期间煤炭执行国家统一定价，价格按煤炭部颁发的“煤炭产品目录”等级以货计价，货款采用银行托收承付，先发煤后付款的办法。计划外超产煤允许自销适当加价。

采取的主要管理模式是：由局运销处根据全国煤炭订货会下达的分配计划，每月对矿（厂）下达销售计划，计划包括路运和地销。各矿（厂）每月15日至20日上报超产煤计划，由局统一考核、平衡，

然后上报中煤总公司河北公司、中煤总公司批准，提报铁路运输计划批准后执行计划外销售。

每年年初与管内重点钢厂、电厂等签定超产煤超运加价协议，充分利用铁路分局管内自备车倒短的优势，增加超产煤的销售，适当提高煤炭销售价格，提高全局经济效益。

对内地销执行调拨单制度，由局运销处（运销公司）对矿（厂）开具调拨单，计划内销售执行国家统一定价，计划外由局随行就市，限定最低限价。

通过实行上述管理模式，基本保证了此阶段煤炭正常生产。

1993年后，煤炭销售由计划经济向市场经济转型，国家取消了煤炭价格双轨制，除电煤价格由国家控制外，其他一律放开。

采取的主要管理模式是：加强集中管理，实行“统一计划、统一订货、统一价格、统一销售、统一调运”的“五统一”管理模式。集中资源优势，增加拳头产品精煤的产量，严格控制可入洗煤的自行销售；制定外购煤炭规定，收购适合入洗条件的小窑煤和山西煤；提高入洗量，对入洗矿实行超运加价、欠运罚款的政策。

对入洗矿和电煤矿继续执行开具调拨单制度，严格控制自销量，每月进行自销煤检查，对执行规定不到位的矿给予通报批评或罚款。

针对无烟煤在这一时期销售继续受阻的形势，对万年矿无烟煤销售，研究确定了局、矿两级销售的策略，局运销处（运销公司）负责订货、提报运输计划；矿方有自行销售的权力，增加了万年矿无烟煤的销售量，维持了万年矿的正常生产。

局对运销处（运销公司）实行销售收入和经费挂钩的促销政策，每月考核销量和回款两项指标，依据考核结果兑现当月经费。运销处（运销公司）内部对各科室进行了指标分解，实行了月度考核制度，考核结果与个人收入挂钩，促进了销售和回款工作。

二、2003年至2008年运销经营管理

（一）工作职能

集团公司所有煤炭产品由煤炭运销分公司对外统一进行销售，实行“统一订货、统一定价、统一调运、统一结算、统一回款”的“五统一”销售原则。

对矿（厂）所有煤炭产品实行全量收购。收购基价在年初根据市场情况及各矿（厂）的煤质状况确定，并作为集团公司测算各单位利润指标的依据，原则上一年内不再调整。如遇不可抗力或市场大幅波动，经集团内部研究确定可适当调整。具体的收购价格随矿（厂）每批次的煤质情况而浮动。无论汽运或路运，均按照“车板交货”原则，执行车板交货价格。运销分公司与各矿（厂）为买卖关系。

对子公司（含破产改制矿井）实行煤炭产品销售代理制，由运销分公司与其签定代理协议，按协议价格实行代理销售。具体操作与收购制相同。

对内部调入洗原煤收购后，由运销分公司以同样的价格转售给中央洗煤厂，再对洗煤厂生产的精煤及副产品按确定的基价实行收购。

煤炭产品收购和销售的计量，由运销分公司驻矿（厂）销售部负责，矿（厂）派员监磅。运销分公司与各矿（厂）以轨道衡或汽车衡为煤炭收购的交接点。

商品煤和内部调入洗原煤质量以集团公司质检中心化验结果为准，既作为分公司与矿（厂）双方的结算依据，也作为对外销售以质论价的结算依据。用户对商品煤化验数据与集团公司质检中心数据相差较大时，运销分公司可要求质检中心重新化验备查煤样，协商处理。

（二）与各矿（厂）的责任划分

实行煤炭收购制后，分公司与各矿（厂）所承担的责任进行了明确的划分：

1. 分公司的职责：（1）对集团公司承担利润、销售收入、货款回收等指标。（2）负责集团公司所有煤炭产品的合同签定、调运、售后服务、货款回收，优化配置资源，实现利润最大化。（3）积极适应市场变化，加强对集团公司煤炭资源的配置与调控，为基层矿（厂）提供高效服务。

2. 矿（厂）的职责：（1）积极与铁路部门配合工作，协同做好与铁路站、段的关系。严格遵守取送车作业时间规定，按铁路部门的要求或相关协议及时组织煤炭装车，包括装车前的验车、清扫车底、坏车修复等原来承担的其他相关工作，并及时处理影响装车的具体问题。（2）积极配合汽运的煤炭装车并确保装车设备完好，保证汽运销售的及时装车、运煤公路等地销环节的畅通。（3）负责从生产源头抓好生产环节的煤质管理，生产出符合合同要求、满足市场需求的煤炭产品。（4）为驻矿（厂）销售部的工作提供必要的便利条件，并承担对驻矿（厂）销售部的办公设施等资产的治安防范工作。（5）强化治安管理，整顿秩序，打击故意扰乱煤炭销售秩序的煤霸和地方恶势力，为汽运拉煤创造良好的外部环境。（6）加强对煤场的管理。各煤炭品种的堆放要界限分明，并及时解决落地煤的搬倒、返仓或返装问题。

3. 驻矿（厂）销售部的职责：（1）执行分公司下达的路运销售计划，按照分公司的统一调度及时协调火车的煤炭发运。（2）负责对所收购和外销的全部煤炭的计量工作，同时负责轨道衡、地中衡等资产设备的管理维护。（3）执行分公司下达的地销计划，并按分公司的授权负责零星汽运用户的销售业务，办理各种结算手续。（4）掌握所在矿（厂）的生产动态，按照分公司的要求及时上报有关情况和基础数据，并向所在单位通报销售情况，做好基础服务工作。（5）为所在矿（厂）其他物资的计量提供无偿服务。

（三）煤炭销售流程

煤炭运销分公司成立后，首先规范了销售流程，并在执行过程中，不断补充和完善。

路运销售流程。所有路运煤炭销售，必须由分公司销售科依据合同管理办法，履行合同审批手续，签定合同。合同签定后，分公司调运中心负责提报铁路运输计划。计划批复后，重点用户可以根据批复的计划组织请车。对于非重点用户和新增用户必须要凭加盖财务收款章（确认收到货款）的请车发运通知单，方可组织请车。车辆到达后，由驻矿（厂）销售部协调矿（厂）运销部门组织验车、清扫车底、修复坏车并装车、过衡计量。

汽运销售流程。重点用户的汽运销售，由分公司销售科依据合同下达重点用户地销通知单，经信息科审核后，通过网络下达相应的矿（厂）销售部。由矿（厂）销售部依据通知单办理取煤手续，通知煤场装车，并过磅计量。

非重点用户和新增用户的地销，必须先收款。由销售科根据价格目录、购煤数量，计算应交款额，填写收款通知单，到财务办理交款手续。信息科根据加盖财务章的交款通知单，依据价格目录及公司的相关规定审核无误后，通过内部网络下达到相应的驻矿（厂）销售部。矿（厂）销售部依据通知单办理取煤手续，通知煤场装车，并过磅计量。

驻矿（厂）销售部可根据分公司下达的销售计划，办理一次性购煤在1000吨以下的零星用户的汽运销售。必须先收款，后办理取煤手续，并严格执行分公司下达的目录价格。

为堵塞漏洞，分公司流程明确规定，办理的汽运取煤卡片必须要由驻矿（厂）销售部销售业务员、收款业务员和经理3人签字，方可生效。

（四）商品煤价格的制定

为加强煤炭销售价格管理，规范操作程序，成立了价格委员会。

重点用户价格的制定与调整。每年订货会之前，由分公司销售科根据当前的市场实际情况，结合已形成的重点用户价格体系，参考相关煤炭企业的价格，提出重点用户的价格方案，经分公司价格委员会讨论后，报集团公司有关领导批准。据此与用户协商，签定煤炭买卖合同。在煤炭市场发生较大变化，需涨价或用户提出降价时，由分公司价格委员会研究，报集团公司有关领导批准后，方可进行价格调整，并与用户签定价格补充协议。

非重点用户的市场销售价格。由运销分公司根据市场行情、相关煤炭企业的销售价格，其他煤炭企业到邯郸地区的结算价格以及各矿（厂）的资源、质量等情况，经价格委员会集体研究后，制定出各品种煤的销售价格，由分公司信息科以价格目录形式通过网络下达，该价格为一定时期执行的钢性价格。在价格执行期内，建立商品煤销售动态监测系统，当销售数据（主要是待客数据）达到规定数值时，分公司销售科或驻矿（厂）销售部随时提出价格调整建议，经价格委员会讨论通过后，予以调整下达并发布。

（五）主要产品用户及销售方式

峰峰集团煤炭产品销售方式以直销为主，直接与用煤单位建立业务关系。销售渠道以铁路运输为主，占总销量的55%以上，汽车运输占45%左右。

现主要煤炭产品有冶炼精煤、无烟精煤、动力煤和各种洗煤副产品。冶炼精煤为峰峰集团的主打产品，年产量在700万吨左右。主要以13个重点用户为基础，这部分销量占80%以上。北方的有包钢、首钢、承钢，南方有武钢、湘钢，山东有济钢、莱钢，本地有邯钢、邢钢、新兴铸管、石焦、天铁和安钢等全国十多个省、市、自治区的大型钢铁企业。小批量的销售给唐山市的建龙、港陆以及本地焦化厂。喷吹煤年产量在50万吨左右，主要销往本地的安钢、邢钢、新兴铸管、天铁和天钢、济钢、莱钢等冶金用户。烧结煤年产量较低，只有14万吨左右，主要销售给天铁、新兴铸管和当地小冶金企业。动力煤产量逐年下降，2008年，年产在300万吨左右，主要销售用户为马头电厂、邯郸电厂、邯峰电厂、聊城电厂，这部分销量占80%以上。

（六）信息化建设

为完善收购制，基于峰峰集团的网络平台，搭建了煤炭运销管理信息系统网络，形成了从分公司各部门，通过集团公司核心交换机，到各个销售部、各装车点和磅房及各信息点，以光纤为主要传输介质的星型网络结构。

煤炭运销计算机管理信息系统软件的开发采用B/S与C/S相结合的数据结构，分公司机关应用的是B/S结构，驻矿（厂）销售部应用的是C/S结构。共分为系统管理、合同管理、计划管理、调度管理、综合统计、矿（厂）销售管理、结算管理及领导查询8大模块。

1. 销售管理规范化。系统应用后，煤炭销售价格目录，经价格委员会确定后，由分公司信息科录入，对所有的客户在条件均等的情况下，煤炭销售价格一致。办理煤炭结算必须从服务器的价格库中读取价格，从技术手段上杜绝人为干预煤炭销售价格。同时，依据销售计划和合同，确定每个矿点的销售去向、数量和销售价格，减少人为控制和干预。

2. 堵塞了漏洞。系统通过计算机自动采集衡器计量数据，自动打印过磅单和出门证，最大限度地减少了各环节的人为因素及由此产生的跑冒滴漏现象。

3. 实现了信息共享。通过该系统的应用，实现各信息点各种销售数据实时上传，企业内部的信息共享。运销分公司各部门可以随时察看各种数据，掌握第一手资料，并随时依据计算机加工整理的信息（尤其是待客存煤信息），提出下一步的销售策略和销售方案。

（七）财务核算

煤炭收购制下的财务核算分为两部分，即对外结算与对内结算。

1. 对外结算是指对用户的销售结算。对于重点合同用户在煤炭发出后根据发煤过磅单、质检报告，依据合同价格作对外销售账务处理，由销售科负责回款。对于非重点用户则采取先收款后发煤再做销售的原则进行账务处理。

2. 对内结算是指对各矿（厂）的销售结算。在煤炭发出后依据集团公司制定的煤炭收购基价，依据集团公司质检中心的化验数据，以质论价计算出实际的结算价格，由矿（厂）对运销分公司开发票结算，然后由运销分公司支付其煤款。

所有煤炭产品的对外销售发票由分公司财务科负责开具。

因万年矿地处武安市境内，受纳税属地的限制，税票的开具仍然由万年矿负责，但开发票的人员隶属运销分公司驻万年矿销售部，其对外销售账务处理只能在万年矿实现。因此，对其采用分割煤款的形式，即由万年矿对用户开具销售发票，依据对外销售价格与对内收购价格做煤炭销售分割单，由分公司与万年矿分别做收入，以实现煤炭的收购制。

集团公司对分公司的资金实行收支两条线管理。所收煤款全部交集团公司结算中心，然后方可进行煤款的分割，相关费用的支出由集团公司财务管理部核定。

三、科技进步

2003年，集团公司抓住精煤市场出现的转机，采取了有力举措。一是调整产品结构，加大入洗量，提高精煤产量；二是依据市场需求，增加适销对路的精煤品种。

在资源有限的前提下，提高精煤产量，除加大原煤入洗量外，最有效的途径之一就是提高洗选效率，减少精煤损失。洗选效率每提高一个百分点，集团公司就能增赢几千万元。对此，峰峰集团下大力气，先后对各洗煤厂进行了机构重组、合并，发挥了马头洗选厂的龙头牵引优势。集中技术力量进行了科技攻关，有效提高了洗煤厂的管理水平。对洗煤厂进行工艺及装备水平的整体改造，淘汰了旧的生产设备和工艺，使洗煤厂的设备工艺水平达到了国内先进行列。如邯郸洗选厂采用了煤泥分级浮选工艺，即入浮煤泥先经过旋流器分选，将煤泥中+0.3毫米的部分选出后再进入浮选机分选，达到了世界先进工艺水平，有效改善了浮选系统的处理效果，提高了分选效率，增加了精煤产量。马头洗选厂采用了国内最先进的三产品重介旋流器分选工艺和加压过滤脱水工艺，达到了国内先进水平。

技术的进步促进了精煤产品的升级和质量的提高。峰峰集团依据市场及用户的具体需求，生产灰分在8.5—11%之间的多规格、多品种的洗煤产品，增强了市场竞争力，确保了精煤产品的产销平衡。由于有技术上的保障，精煤回收率较2002年改造前平均提高近6%，对精煤产量的提高发挥了巨大作用。生产的10级焦精煤、10级肥精煤，以其低硫、强粘结性、结焦性好等特点，深受冶金企业好评，被河北省煤炭协会评为“2005年度用户信得过产品”，并通过了ISO9001-2000国际质量认证。

通过实施精煤发展战略，精煤产量在2002年达到294万吨的基础上，每年以20%的幅度递增；到2007年，精煤产量达到700万吨水平；精煤销量占商品煤总销量的比例由不足30%达到50%以上，实现了煤炭销售收入翻一番，有效积聚资金，带动其他产业链的延伸，最终形成煤、电、建、化多位一体，一基多业的良性发展格局，为集团公司经济腾飞奠定了基础。

四、党群工作

(一) 党建活动

2003年12月成立煤炭运销分公司党委后，健全了工会、纪检、组织，组建了政工科，下设7个基层党支部。有在职党员129人，离退休党员21人，共计150人。2004年至2008年期间，分公司党委按照融入中心抓党建的要求，紧紧围绕运销经营中心，扎实开展各项工作。

“四好”领导班子创建活动方面：开展了以“政治素质好、经营业绩好、团结协作好、作风形象好”为主要内容的“四好”领导班子创建活动，每年终进行党委书记党建工作述职，并对中层领导干部进行年度考核。将“四好”领导班子创建活动向基层延伸，并在机关科室开展了“四好”科室创建活动。

党建质量管理体系方面：2005年在基层党组织中推行了ISO9000党建质量管理体系，党建各项工作严格按照党建体系要求规范运作，对基层支部每季一检查，每年一内审，填写不合格报告单，追踪整改结果。党建工作质量管理体系的推行，促进了党建工作进一步规范。

“四创”活动方面：按照“创新、创优、创先、创效”为内容的“四创”活动要求，结合每年工作实际，先后开展了“党员岗位创效”活动、创“学习型、节约型、效益型、创新型”党支部活动、“双提、双争”主题活动、“促销售、保目标”主题活动。

（二）思想政治工作

结合每年的形势任务，先后开展了“新机制、新形象、新发展”、“一基多业、做精图强”、“自立有为、强企为民”、“共建和谐、促进发展”主题教育活动。

创新思想政治工作思路和方法，建立了分公司党建、纪检、工会网站，及时上传有关宣传资料。实行了周政工例会制度和季度党风监督员、安全群监员、综合治理员“三员”例会制度，做到了工作有安排、有检查、有落实。及时了解职工的思想动态，听取职工的意见和建议，增强了思想政治工作的针对性和有效性，为促进运销经营工作开展提供了保证。

（三）纪监工作

每年组织领导干部开展党风廉政承诺和述廉、评廉、考廉活动。每年召开贤内助座谈会。对煤炭销售价格、外购原煤、全面预算、销售流程等进行效能监察。通过多种有效举措，促进了分公司党风廉政建设。

（四）工会工作

建立健全了两级工会委员会，进行了民主选举车间工会主席。坚持以职代会为基本形式的民主管理工作。每年组织民主评议干部。开展了职工小家红旗竞赛活动。加强群众性安全工作。广泛开展文体活动。

（五）团青工作

广泛开展了“立足新起点，再作新贡献”主题实践活动、“青工技能振兴”活动。扎实开展青年志愿者服务和青年文明号创建活动。开展青年安全监督岗工作，创建“青年安全运销示范岗”。

（六）企业文化建设

在基层驻矿（厂）销售部全面推行了 FRIP 精细化管理、ABC 三卡、三工并存动态转换、走动式管理、看板管理、管理人员工作日志等。

第三节　主要经济技术指标完成情况

历年铁路运煤量表

年度	铁路运量（吨）	占销售煤（%）	备注
1989	6724625	67.39	运量为商品煤运量，不包括邯、马入洗的重复运量及精煤补水运量
1990	7333919	74.96	
1991	6520487	70.40	
1992	6141581	67.62	
1993	6266449	70.80	
1994	6517165	72.76	
1995	6220672	66.82	
1996	6102507	68.59	
1997	5496831	69.33	
1998	5191560	72.20	
1999	5626467	65.72	
2000	5269453	56.55	
2001	5199554	58.15	
2002	5158314	51.75	
2003	5663075	54.67	
2004	6849704	63.23	
2005	7393544	65.82	
2006	7256635	59.80	
2007	7003755	54.97	
2008	7530679	55.31	

历年销售煤量表

年度	售煤总量（吨）	其中精煤（吨）	其中无烟煤（吨）
1989	9978574	3720774	1120569
1990	9783313	3643640	1501405
1991	9262566	3517711	1186414
1992	9082116	3448184	1074541
1993	8851258	3557852	785052
1994	8957497	3872526	1003503
1995	9309323	3938859	1295279
1996	8896481	4058033	1301873
1997	7928050	3344195	1090699
1998	7190825	2864470	608338
1999	8561078	2709918	990609
2000	9317711	2515099	1232397
2001	8941526	2784011	960163
2002	9967765	2942282	1136558
2003	10358960	3898938	1370896
2004	10833411	4260325	1768880
2005	11232965	4690577	1983838
2006	12135756	5015769	1842265
2007	12739913	6718318	992313
2008	13614887	6795518	1347129

历年销售流量表

单位：吨

年度	北京	河北	辽宁	河南	湖北	上海	江苏	山东	湖南	广东	内蒙古	吉林	浙江	安徽	江西	福建	天津	出口
1989	1049508	6751837	245986	299210	783528	92136	103775	202762	61276	76195	138516	36709	63346	4295			69495	
1990	1003049	6396080	343044	273213	687807	175551	160545	83711	105748	90206	249148	37879	86634				90698	
1991	839140	6284486	211876	306802	702506	144949	131638	97019	105829	34757	224026	41225	64822				73491	
1992	595343	6329119	155560	293109	685123	163682	158708	238053	62398	24390	267205	63070	37520				8836	
1993	575292	6355606	107260	322802	775049	18964	223351	140033	76004		199459	35424	8756				13258	
1994	641950	5882664	97095	420570	675384	58738	527438	179249	107242		311377	32554	23236					
1995	488598	5842446	66768	508678	708845	41164	821699	356155	107544		325218	16880	24121				1207	
1996	709949	5346097	27332	285034	634577	19221	819273	445007	102253		463688	12402	31648					
1997	395997	5157469	14204	282772	801725	5396	511143	165653	140094		446142		1466				5989	
1998	382773	5039436	53500	223742	588241		228794	183815	138099		273786	3469	18651	1770	41684	13065		
1999	445797	6581198	29630	108418	415875	33116	170767	289199	83437		281418	3239	92949	1106	15964	5490	3475	
2000	304980	7719617	21440	141270	300863		126493	238635	105580		208408		120848				26874	2703
2001	263849	7577834	3625	6683	403360	77569	80231	233689	39514	55607	133685		55349					10531
2002	214396	8801959	615		342017	33813	27581	263223	96028	22247	148350		13968			3568		
2003	358111	8946298	1538	124935	302209		43692	281707	142158		158312							
2004	339198	8536246		252198	390922	3588	46920	895151	157382		188181				12023			11602
2005	334430	8529375		383599	403097		86587	1E +06	180922	19385	196492		29411	2962				
2006	178771	9124983		690622	451846	77423	84162	1E +06	144932	51915	207891		6581	11952	24045			
2007	113205	9804334		876169	423032	113511	72109	757908	213701	76735	217547				44286	27376		
2008	159893	10874608		689216	492139	110266	88745	569291	168057	31375	417653						13844	

第四节　市级以上荣誉称号

一、省级荣誉

2008 年，河北省工会系统模范职工之家

二、市级荣誉

2007 年，邯郸市工会系统先进女职工委员会、国资委先进基层党组织、工会系统模范职工之家

（资料提供：杜东林、李静华、杨保山、倪东林）

第二十八章　铁路运营分公司

第一节　单位概况

一、历史沿革

峰峰集团铁路运营分公司成立于2002 年11 月，2003 年7 月获得河北省地方铁路运营资格，承担着峰峰集团煤炭运输、铁路专用线路、设施及机车车辆管理与维护和业务拓展、资产增值的重要任务。

20 世纪 50 年代末，峰峰局建成了邯郸、马头两座中央洗选厂，为给邯郸洗选厂、马头洗选厂入洗煤提供运输服务，相继修建了马头—磁山—邯郸环形线及各个中间站，由国铁负责运营。随着峰峰局的发展，依托国铁车站，先后建设了通往一矿、二矿、三矿、四矿、五矿、牛儿庄矿、薛村矿、小屯矿、黄沙矿、孙庄矿、万年矿、新三矿的铁路专用线，分别于 1992 年、2000 年、2002 年修建了九龙矿、梧桐庄矿、大淑村矿线路，使峰峰局所有矿井都实现了与国铁车站的连接。在运营方式上，除马头洗选厂、邯郸洗选厂内线路、孙黄线专用铁路由各矿（厂）负责与国铁站交接运输外，其余都由国铁负责运营。随着局煤炭铁路运输量的增大，煤炭运输难、国铁收取运营费用数额巨大、煤炭调运指挥不畅等问题严重制约着局煤炭运输，甚至影响到了各矿井的正常生产。1997 年，局运销处尝试建立了羊二作业站，负责牛儿庄矿、薛村矿、小屯矿煤炭运输，收到了运量增加、指挥方便、运营费用自收等较好效果。在此基础上，局从提高铁路运输效率、运营费用自留、安置职工等多方面考虑收回了铁路专用线运营权。

2002 年 11 月 29 日，局成立了铁路运营分公司，明确了铁路运营分公司的职能、机构设置、职责范围、资产运营及实施步骤。2003 年 12 月 23 日，成立中共铁路运营分公司党总支委员会；2009 年 3 月 27 日，集团公司撤销中共铁路运营分公司党总支，成立中共铁路运营分公司党委。

二、运输装备和能力

分公司成立之初，职工总数153人，管理人员20人，年运输能力仅240万吨。2004年9月组建了新三矿作业站。2006年8月29日，组建了机车车辆维修站。2008年1月收回了九龙矿、羊渠河矿的铁路运营权，组建了羊九作业站。铁路运营分公司形成了较为完整的运输格局。同时，加强了专用线路的维护改造工作，实现了铁路专用线向专用铁道的提升。

分公司拥有专用铁道108.668公里，机车14台、自备车329辆，道口88处，道岔150组，大小涵洞165个，桥梁19座。截至2008年底，铁路专用线路、站场和装卸车点分布于邯郸、马头、峰峰、武安、磁县等区域，东临京广、邯济铁路，西靠邯长铁路，分别于邯郸、马头、新坡、峰峰、临水、彭城、和村、磁山等国铁车站接轨，具有独特的铁路运输优势，年煤炭运量达千万吨以上。

三、资产情况

2008年固定资产统计表

年度	固定资产（亿元）	
	原值	净值
2008	2.69	1.09

截至2008年底，分公司拥有资产2.69亿元，流动资产450万元。

四、人员情况

截至2008年底，分公司在册职工362人，其中中专以上学历（包括后续获得学历者）95人，管理人员76人，专业技术人员28人。

第二节　主要工作

一、生产运输

（一）多措并举、创新管理，全力保证煤炭运输

分公司主要负责各矿（厂）的原煤、精煤、电煤调运工作。为了更好地做好入洗煤调运工作，分公司对集团公司各矿井的生产进行了详细调研，抓重点抓关键，强调运输效率，较好保障了集团公司洗精煤生产和商品煤运输。2004年2月23日成立新三矿作业站筹备组，同年9月组建了新三矿作业站，接管了临一梧线取送车业务。随着梧桐庄矿的产量不断增加，分公司在2006年4月份将梧桐庄矿的单勾取送车数由30辆增加到35辆，2008年3月份又提升到40辆，基本上满足了该矿煤炭运输的需要。

（二）挖潜提效、培养人才，实现自主运输

羊二作业站承担着牛儿庄矿、小屯矿、大淑村矿、薛村矿4个矿井的原煤、精煤路运。为了挖掘运输作业潜力，2008年一次性购进了3辆大马力新机车，并开始使用自己的员工作业，一方面提高了运输效率，另一方面培养了自己的司机，提升了分公司员工中专业技术人才含量。羊渠河矿、九龙矿煤炭运输工作原先一直由国铁负责，效率低，运量不高。为进一步优化两个矿井的煤炭运输，经过多方努力，于2008年1月份收回羊渠河矿、九龙矿的取送车作业权，组建了羊九作业站，并于当年12月份将羊渠河矿的取送车数由单勾24辆增加到36辆，使分公司实现了辖区内全部自主运输。

（三）运用高科技手段，优化运输程序

在调运管理上优化了调运管理程序，建立健全了运输预案，制定了车辆分流、待避等多种运输方案，

提高了运输的调控能力。细化了两级调度例会制度，使当班人员对现场情况了解到位，提前预想当天的工作落实计划。在运输作业中，按照预想计划主动联系，积极落实，运量有了提高，运输效率有了提升。完善了《技术作业图表》和机车信息化监控管理，加强了运输过程的控制，并根据作业图表记录数据进行运量分析、考核，运用 GPRS 监控技术，对机车进行 24 小时不间断监控，加强了对基层作业站运量信息的跟踪。在此基础上根据相关信息及时指导基层作业站运输工作，总结运输经验，剖析运输案例，初步缓解了产量不均衡和铁路计划性强等影响运输的难题，保证了运输工作科学有序，提高了运能运效。

二、安全管理

加强安全管理，连续五年被评为峰峰集团“安全生产先进单位”。

（一）健全机构，建章立制

按照《安全生产法》等法律法规成立了安全生产委员会，设立了安全监督部，制定了《安全奖罚办法》等安全管理制度，编撰了《三大规程》。为进一步加强分公司整体安全监管力度，2008 年 2 月，分公司在 6 个一线生产运输作业站设立了驻站安全监督室，加强了安全监管。

（二）创新标准化作业模式，实践新型操作法

分公司强化标准化作业，并积极实践科学的操作法，进一步构建安全作业长效机制。2007 年 2 月开始推行“手口示意、呼唤应答”安全确认操作法。制定了“规范作业行为，达到习惯养成，实现自主保安”分阶段目标，严格实行分公司、作业站、班组三级考核。为促进“手口示意、呼唤应答”的有效运用，采取了“样板形象化、教案具体化、要领口诀化”等多种方法。先后录制了调车、机车作业“手口示意”示范光盘，员工做有标准，学有榜样。提炼标准口诀，让员工记得牢、说得准、用得对。编撰印发了《“手口示意”操作法》，做到人手一册。举办了 4 期“手口示意”培训班，开展了“手口示意”竞赛活动。通过强力推行“手口示意、呼唤应答”安全确认操作法，不规范操作、习惯性违章等行为得到有效遏制。

（三）强化现场管理，突出现场监控

一是创新安全管理方法，向先进管理要安全。经过实践调查和反复论证，2004 年 7 月，实施了《车辆闭合循环式安全确认管理办法》，制定了《自备车安全责任区段划分规定》，形成一个从自备车发车到返回闭合循环式安全确认的过程，保证了车辆的安全运行。二是开展了“走动式”管理。2005 年 11 月，出台了《关于领导干部及部室人员转变作风、深入现场的管理规定》，从分公司领导到各部室明确规定下现场次数和考核规定，与绩效考核挂钩，确保责任落实到位。2006 年 10 月，开始实行机车添乘和考核规定，每月公示添乘结果，强化了各站管理人员值班期间对重点环节等跟班检查，进一步增强了现场控制。三是强化了现场作业岗位自控、邻岗互控、班组联控、干部监控、制度强控、设备保控、网络全控的七个控制。四是于 2008 年安装了机车电子添乘设备，制定了《电子添乘考核规定》，配备了调阅运行数据记录台账，加强了对机车乘务员遵守各项规章制度、标准化作业的监控，及时纠正和规范了乘务员的操作行为，强化了现场安全监控。

（四）抓好安全技术培训，提升队伍整体素质

一是严把上岗关。首先进行封闭式理论培训，合格后转入现场学习，实践考核合格才能准予上岗。二是持证上岗。在职的 64 名机车乘务员都经过了国铁正规培训，取得了铁道部颁发的司机证件。2004 年，经河北省铁路管理局对在职的 99 名员工进行职业技能鉴定，其中 7 人获得了高级技能职业资格证书，58 人获得了中级技能职业资格证书，34 人获得了初级技能职业资格证书。三是 2004 年至 2008 年连续举办了五届职工技术比武，先后共有 230 人次参加。四是 2005 年至 2008 年，先后组织 76 人次分期分批到大连机车厂、太原车辆厂进行了实地学习，提高了员工的技术素质。

（五）加大安全投入，以新技术、新装备、新设施促安全

2004 年 4 月，在孙庄矿增建了安全线。2004 年至 2006 年 10 月间，逐步为羊二、羊九、新三矿、孙庄矿作业站配置完善了平面灯显调车设备和列尾装置。2006 年 8 月，在羊渠河矿增建了安全线。同年 12 月，在梧桐庄矿增建了安全线。2007 年，投资 74 万元对峰峰矿区 2 号道口进行改造，铺设了橡胶板铺

面，安装了声光预警系统。2008 年初，在羊二作业站为 3 台新机车试装了列车运行记录仪，有效防止了列车超速运行、溜逸等事故的发生。

三、科技进步

每年列出专项资金，加大对设备、信息化等重大项目的投入，提高了分公司科技装备实力。

（一）运输设备更新

为提升运能、提高运效，积极进行设备更新工作。2004 年，购置了东风 5B 机车 1 台、K18AK 车辆 30 辆。2005 年，购置了东风 5B 机车 1 台、东风 4DD 机车 1 台。2006 年，购置了东风 4DD 机车 1 台、K18AK 车 96 辆、自翻车 5 台。2008 年，购置了东风 4D 机车 3 台。4 年累计投入运输设备更新资金 6927 万元。

（二）专用线技术升级

为了保证行车安全，分公司逐年对所属专用线的超期限钢轨进行更换，对失修路段逐步进行大修，分公司的铁路专用线也随着国铁的发展而进行逐步技术更新。钢轨从建局之初的 P38 钢轨全部更换为 P43 和 P50 钢轨。在铁路专用线建设上，五年来对临—梧线、大淑村线、孙—黄线等路段进行达标整改，先后推广应用了 ABC 管理法、“一调二选三结合”控制法等先进管理办法，有效提升了线路管护水平，使不达标的铁路专用线逐步达到原设计标准，实现了分公司全部铁路专用线向专用铁道的提升。2005 年 6 月新坡—羊二线、羊二—小屯—大淑村线、羊二—牛儿庄—薛村线；2005 年 10 月临水—新三矿—梧桐庄专用线；2006 年 7 月新坡—九龙线、新坡—羊一线相继被铁道部批准为专用铁道。道岔也由原来的拼装道岔全部更换为整铸 P43 和 P50 型道岔，枕木大部分更换为 S－2 型和 J－2 型砼枕，道碴也按照规范定期进行更换，满足了铁路运输的需要。

峰峰集团所属线路明细表

使用单位	长度（米）	桥（座）	道口（处）	涵管（个）	道岔（组）
物资处线	716		1	1	
大淑村矿	5903	1	2	21	6
二矿	875		2		
五矿	3825		4	4	10
邯郸洗选厂	7756	1	2	4	17
万年矿	5343		3	1	12
通顺公司	3360	1	3	1	5
孙庄矿	9006	1	8	10	13
黄沙矿	4591	1	2	6	3
梧桐庄矿	8697	2	2	34	9
新三矿	8666	3	13	20	8
薛村矿	5261		5	6	5
马头洗选厂	13594	1	6	8	26
九龙矿	8228	3	9	23	7
牛儿庄公司	5997		7	5	7
羊一矿	3086		4	5	6
羊二矿	7043	2	4	6	10
小屯矿	6721	3	11	10	6
合计	108668	19	88	165	150

（三）信息化建设

分公司成立之初就把信息化建设作为提升安全管理水平、提高煤炭运效的有效途径。2004初，成立了信息化建设领导小组，认真组织调研，紧跟铁路运输信息化发展方向，制定了切合分公司实际和发展方向的信息化建设方案，并且把机车定位监控系统确定为铁路运营分公司信息化建设首要任务。

2005年，经集团公司批准，公开招投标，选定河北省信息产业厅电子研究所作为该项目的中标单位，完成了GPS定位系统设计开发、设备安装等工作。

2006年，GPS定位系统正式投入运行，年底实现了峰峰集团内部在用机车的全天候不间断定位监控，为生产实时调度提供了可靠的依据。

2007年，分公司实施了站场作业重点区域视频监控建设，将站场内部关键环节、重点道口全部纳入监控范围，基本实现了对一线作业的实时监控和视频资料存储，为安全管理和事后分析提供了有效证据。

2008年，分公司对机车安装的运器设备进行后期开发，实现了对司乘人员操作的动态记录。同年，分公司对现有机车添乘系统进行大修改造，实现了机车添乘的信息化、视频化管理。至此，分公司搭建了以定位监控为调度依据、以视频监控为现场管理平台、以运器监控为操作控制重点、以机车添乘为考核凭据的信息化监控系统。

四、财务管理

（一）财务代理核算管理办法

2005年10月，集团公司推广了财务代理核算管理办法。分公司财务划归集团公司财务核算中心进行核算，是集团公司实行财务代理核算的第一家二级单位。由集团公司财务部指派人员、部门驻分公司负责分公司日常业务的具体核算。不仅加强了对分公司的财务监管，还节约了大量的财务开支，也使财务核算更加趋于合理规范。

（二）全面预算管理办法

分公司实施了全面预算管理办法，把各项经营业务纳入到预算管理工作中，积极推进目标成本管理和成本精细化管理，把每一项经济业务往来纳入到成本管理中，杜绝了不必要的开支，节约了经营成本，保证了各项经营指标的实现。根据铁路运输物资的特点，与石家庄铁路物资有限公司建立了战略合作关系，组建了代储代销式物资仓库，减少了资金占用。制定了物资仓储管理办法、物资计划管理和物资采购管理办法，规范了物资采购程序，并对大宗物资采购和工程施工制定了招投标管理办法，进一步规范了经营程序，加强了监督控制。2006年，在基层单位推行了内部市场化链式管理，形成了全员抓成本的机制。针对基层存在的问题，制定了物资领用、仓库管理、物资计划的审批等管理办法。在分公司领导的组织和参与下，建立了经营工作分析会制度。多部门、人员总结分析经营工作中存在的问题和难点，超前制定措施积极应对。并建立了财务风险预警机制，使分公司经营管理工作保持了健康、平稳、高效运行。

五、党群工作

（一）党委工作

分公司党总支在上级党组织的正确领导下，融入企业中心任务开展工作，为分公司生产经营和发展提供了坚强的思想、政治、组织和纪律保证。

加强了党组织自身建设。2003年12月23日，铁路运营分公司党总支委员会成立时有党员52名。分公司党总支先后组建了9个党支部。2008年底，共有党员114人。

以创建“四好”领导班子为目标，切实加强了两级领导班子建设。2004至2005年，组织领导干部认真学习了两个《议事规则》，强化了分公司两级领导班子民主集中制建设。2006年制定了《关于培养锻炼管理人员的若干规定》，选择有品德、有能力、有潜力的年轻优秀员工进行挂职锻炼，促进了后备领导干部队伍建设。2007年开展了“四好”领导班子创建活动，培育了教练型领导干部队伍，活动经验在集团公司创建“四好”领导班子经验交流会进行了交流。2008年，在领导干部中开展争当“教导员、指挥员、指战员、教练员、服务员”活动，大力提高了领导干部政治理论素质和领导能力，努力培育领导干部“八个方面”良好风气，分公司两级领导班子整体战斗力得到较大提高。

夯实基层党组织基础工作，提升党建工作水平。2004 年，制定了“优胜杯”支部达标竞赛办法，促进了基层支部各项工作的开展。2005 年开始，大力推行党建工作质量管理体系，制定分公司党建工作质量体系流程，不断健全和完善体系内容，认真开展了检查和内审工作，提高了分公司党建工作的科学化和规范化程度。2007 年 4 月接受了北京方圆认证中心的外审，受到了有关专家的好评。

扎实开展党建活动，促进了党员先进性的发挥。2004 至 2005 年，开展了“创新、创优、创先、创效”党建主题活动；2006 年开展了“创新管理，做好做强”党建主题活动；2007 年开展了“抓教育、抓融入、促和谐、促发展”党建主题活动；2008 年开展了“学报告、抓活动、求做强”党建主题活动。引导基层支部广泛开展了安全运量竞赛、党的知识竞赛、“党员先锋岗”和争先创优等活动，激励了广大党员在重点工作、艰巨任务和关键时刻，充分发挥模范带头作用，激发和带动了全体员工的生产工作积极性。

（二）纪监工作

加强了党风廉政建设，保证了党组织肌体的健康。2004 年，制定了分公司《党风廉政建设实施细则》；2005 年，开展了行政权力公开透明运行工作，组织分公司中层干部到漳河监狱接受了警示教育；2006 年，制定了分公司《招标管理实施细则》；2007 年，成立了分公司纪检监察室；2008 年，编印了分公司《廉洁文化手册》，围绕分公司各项工作目标认真开展了能监察工作，促进了分公司生产经营工作的健康开展。

（三）工会工作

2004 年 3 月，筹备组建铁路运营分公司工会委员会；2004 年 3 月 19 日，召开了分公司工会第一届会员代表大会。制定了《关于开展“创业兴企”活动的安排意见》，组织带领广大职工开展了运量竞赛、技术比武、岗位练兵、技术创新、安全监督、提合理化建议等多种形式的建功立业活动。

2005 年，推行了集体合同“1 + 3”模式。

2006 年，将司务公开纳入 ISO9000 质量管理体系。制定了工会干部与职工安全谈心制度。

2007 年，成立了篮球、音乐、棋牌、书法美术、摄影、文学创作 6 个文化协会。开展了“工人先锋号”创建活动和“明星员工”评比活动。制定了《关于开展劳动关系和谐单位创建活动的实施方案》。

2008 年，组织开展了“创先锋、当明星、立新功”活动。成立了职工维权法律服务站。建立了 4 个“职工书屋”。

（四）团青工作

2004 年 6 月，成立了共青团峰峰集团铁路运营分公司委员会。同年 7 月召开了首届一次团代会。

2005 年，开展了推优工作。

2006 年，将分公司团务管理工作纳入了 ISO9000 质量管理体系。

2007 年，开展了学雷锋青年志愿者活动。

2008 年，以“青年文明号机车”创建活动为载体，在广大青年中开展劳动竞赛活动。

（五）企业文化建设

2004 年，确立了以准军事化为特色的分公司企业文化建设思路。12 月，举办了“准军事化作业站建设研讨会”。

2005 年，以新三矿作业站为准军事化作业站建设试点，制定了准军事化“六大标准体系”。

2006 年 9 月，召开了分公司准军事化作业站建设现场推进大会。

2007 年，推行了“手口示意、呼唤应答”安全确认法和编码管理，开展了准军事化作业站挂牌活动。9 月，河北省铁路管理局在峰峰集团召开全省铁路系统安全现场会，会上介绍和推广了铁路运营分公司的安全管理经验。

2008 年，修改完善了分公司“做好做强”战略目标，推进了准军事化向班组、向岗位、向机关延伸，开展了全员军事化训练，实施了生产和工作环境绿化、美化和亮化工程，扎实推进了准军事化作业站建设。

第三节 主要经济技术指标完成情况

运量完成情况表

单位：万吨

年度	2003.5－12	2004	2005	2006	2007	2008
总运量	2655534	5483345	5931213	6784502	7660021	81229126
一．调入洗	1581676	2701778	3086692	3802989	5043146	5290747
1. 新三矿	344954	567705	536451	491368	664964	695692
2. 羊渠河矿	0	0	0	568798	1066770	898719
3. 牛儿庄矿	163860	261516	195054	308387	315452	314950
4. 黄沙矿	384016	612538	696126	721710	723759	772253
5. 通二矿	0	0	0	0	397558	428567
6. 梧桐庄矿	688846	1260019	1659061	1712726	1874643	2180566
二．商品煤	1073858	2781567	2844521	2981513	2616875	2838379
1. 动力煤	1063790	2781567	2762936	2595356	2113292	2164941
①薛村矿	676693	1156579	1095052	1152087	1149670	868786
②小屯矿	348283	707187	737601	601393	641012	704948
③大淑村矿	0	895549	930283	841876	314249	473241
④牛儿庄矿	38814	22252	0	0	8361	92665
2. 精煤	10068	0	81585	386157	503583	3827450
①孙庄矿	10068		81585	84316	67842	207571
②九龙矿	0	0	0	301841	306343	376181
③大淑村矿					129398	89686
3. 副产品	0	0	0	6809	0	0
①孙庄矿	0	0	0	0		
②九龙矿	0	0	0	6809		

注：上述2003年总运量数据仅统计5－12月份。2006年羊渠河矿调入洗量运量为5－12月份统计数据。

运营收入数据表

年度	运营收入（万元）
2003年5－12月	4781.58
2004	5844.86
2005	6434.32
2006	6794.54
2007	7470.48
2008	9495.8

资产数据表

年度	资产情况（亿元）
2003	0.802
2004	0.958
2005	1.000
2006	1.262
2007	1.389
2008	1.356

利润完成数据表

年度	利润完成（万元）
2003 年 5－12 月	792.12
2004	1080.64
2005	1258.85
2006	774.47
2007	890.36
2008	621.9

第四节　市级以上荣誉称号

一、省级荣誉

2004 年，河北省地方铁路系统先进集体

2005 年，河北省地方铁路系统先进集体

2006 年，河北省地方铁路系统先进集体、河北省铁路系统安全生产责任目标管理考核优秀单位

2007 年，河北省铁路系统安全生产责任目标管理考核优秀单位、铁路系统先进单位、交通系统安全生产工作先进单位

2008 年，河北省园林式单位

二、市级荣誉

2006 年，邯郸市文明单位

2008 年，邯郸市园林式单位

（资料提供：王耀宇、王双明、何洪涛）

第二十九章　设备租赁分公司

第一节　单位概况

一、历史沿革

峰峰集团设备租赁分公司前身是设备租赁站，1986年4月份组建，原隶属峰峰矿务局机电处。原设备租赁站仅有少量设备租赁，属科级单位。20世纪90年代开始，企业规模和租赁范围不断扩大，经营业务范围不断拓宽。1994年9月，局对机电处实行经营职能和管理职能分离，将设备租赁站分离出来成为局二级核算单位，改名为设备租赁公司，成为独立经营、独立核算，自我发展、依法纳税的自主经营企业。负责全局煤矿设备租赁、单柱租赁、排水设备租赁等业务。设备租赁公司同时是原煤炭部设定的全国煤矿排水抢险救灾设备峰峰分站。1999年，煤炭部设定的全国排水抢险设备峰峰分站下放管理，交由河北省煤管局管理。2001年，河北省煤管局又将其下放到峰峰局管理。从此，与设备租赁公司设备资产合并。2007年，被“国家安全生产应急救援指挥中心”列为拟建国家11个矿山排水基地之一，即“国家矿山排水峰峰基地”。

二、经营业务

（一）生产设备租赁

主要包括对煤矿的综采、综掘、高档普采及其配套设备和井下流动设备实行经营租赁。通过实施租赁经营收取设备折旧租金、修理费租金、管理费租金，从资金上保障租赁经营的良性循环和持续经营。折旧租金全部用于购买租赁设备，包括各种采煤机、掘进机、绞车、轻放支架和配套的刮板运输机、皮带运输机等新型设备。大修理租金主要用于出租设备的大中修理。管理费租金主要用于分公司日常管理支出（水、电、汽、暖、工资、库区修缮等），以保证租赁经营工作的正常进行。

通过租赁管理，利用租金这个经济杠杆作用，防止了无偿使用国有资产和资产流失。各矿租用设备交租金，租金中的折旧费全部专款专用于购买新设备，有利于国有资产保值增值，有利于设备向租用→更新→再利用→再更新的良性循环发展。

（二）单体液压支柱（简称单柱）租赁

单柱租赁是从1992年1月开始的。当时由局安排将各矿的单柱收到租赁站，比照设备租赁管理办法，实行统一租赁管理。租赁站按各矿生产需求负责单柱的调配、大中修、质检、验收，并结合生产管理部门做新柱选型等项工作。通过租赁，提高了单柱的使用率，减少了闲置，加强了大修。在资金极度紧缺的情况下，为峰峰局高档普采的正常生产起到了积极作用。同时，为各矿减少单柱的更新大修费用，降低吨煤材料费成本。

（三）煤矿抢险排水设备租赁

分公司煤矿抢险排水设备都是2000年以前由煤炭部防排水抢救站峰峰分站合并过来的。多年来，为煤矿排水抢险作出了积极的贡献。先后参加西山矿务局杜儿坪煤矿、河北省下花园煤矿、邢台东庞煤矿、邯郸地方沙果园煤矿、邯郸县姬石煤矿、鸡泽县煤矿和孙庄矿、梧桐庄矿、三矿、新三矿、黄沙矿等煤矿出水、淹井的抢险救灾活动，在区域性煤矿抢险救灾中发挥了重要的作用，社会效益尤为突出。2004年，牛儿庄矿发生特大水灾，在抢险救灾中，分公司全力以赴，几乎动用了全部的抢险设备，充分发挥了抢险救灾设备的效能，为集团公司节省设备租赁费用上千万元，为该矿排水抢险作出了贡献。

三、分公司规模

库区面积5.8万平方米，建筑面积1.8万平方米。其中办公楼面积2627平方米（主楼1312平方米；附楼570平方米；小白楼745平方米）；防排水设备库占地2267平方米；绿化地7850平方米。另建“职工之家”，内有阅览室、图书室、棋牌室、乒乓球室、台球室、健身房等。

固定资产6.5181亿元。其中：动力设备317万元、生产设备7274万元、综机设备5.5295亿元、运输设备217万元、传导设备16万元、工具仪器72万元、地面建筑1990万元。截至2008年10月底，分公司共拥有各种设备3557台套，价值6.5859亿元。其中：采掘运设备3270台，价值6.3393亿元，占资产96%。在采掘运设备中，主要有采煤机49台、刮板机248台、皮带机202台、掘进机27台、支架2268架。另有排水抢险设备104台套；其他设备183台套。

2008年底，在租设备2796台，价值5.6241亿元，出租率为85%。其中：采掘运设备2717台，价值5.5649亿元，占出租设备的99%。在采掘运设备中，主要有采煤机41台、刮板机218台、皮带机194台、掘进机25台、支架1812架，其他设备79台。

库存设备434台，其中：主要采掘运设备331台。在采掘运设备中，采煤机1台、刮板机10台、皮带机3台、支架290架，其他设备91台。

在修设备142台。其中：采煤机6台、刮板机头尾2台、破碎机1台、支架129架、液压钻车1台、移动变电站2台、转载机1台。

2008年底，拥有单柱7.7941万根。

四、人员情况

截至2008年底，分公司有员工77人，其中：干部33人，工人44人；高级职称4人，中级职称8人，初级职称18人。

分公司领导7人，科级干部6人，一般干部20人。专业技术干部23人，其中：工程系列13人，财会系列6人，经济系列3人，统计系列1人。全站高级工程师6人，工程师8人，会计师1人，经济师4人，助理级4人。

技术工人35人，警卫人员9人。

第二节　主要工作

20年来，分公司坚持独立经营、自负盈亏、自我发展的经营宗旨，资产规模不断增大，经济效益不断提高，服务范围越来越广。经过多次清产核资，始终处于优良资产状态。保障了出去的设备必须是完好的，收回的设备必须是完整的，租后服务是优质的，库区管理是标准化的。满足了煤矿生产的需要，促进了煤矿的高效、安全生产，取得了较好的经济效益和社会效益。

一、资产运营

分公司资产运营大体分为三个阶段：1994年9月以前是分公司发展的起步阶段，属机电处的一个科室，业务量少，规模小。1994年9月至2002年，是分公司发展的巩固阶段，业务范围扩大，工作不断规范。2002年至2008年是分公司发展较快的阶段，资产规模迅速扩大，设备大量更新，效益较为突出。

一是加强计划的严肃性，想方设法让购入的设备能够全部租出去。由于集团公司采、掘、运设备全部由设备租赁分公司统一租赁经营，各矿自购设备大大减少。分公司采取提前做工作，深入用户，了解情况，使有限的维简资金充分运用在刀刃上。为避免出现购进的设备闲置不用，防止造成新的资产闲置，每年年初就积极开始落实计划，并与用户双方签定协议。如用户确因地区变化，造成设备需求变化时，就及时进行协调，使新购设备最大限度租赁出去，保证集团公司煤炭生产的需要。二是调剂盘活库存设备。1994年以来，主要通过主动协调，深入各矿现场调查，摸清底数，实现库存设备的调剂盘活，做到新购设备不积压，库存设备多出租，使设备出租率大大提高，这也是租赁收入增加的重要途径。三是充分发挥报废设备再利用效能。通过再利用报废设备，提高报废设备的再利用效益。发挥报废设备的潜能，提高设备利用率和综合效益，缓解维简资金紧张的局面。四是采取措施降低吨煤租赁费。2005年以来，主要通过深入基层，对矿上的设备状况、地区安排情况、生产接替、设备准备与检修等方面的情况进行调查，掌握第一手资料，结合吨煤租赁费情况分析，为基层提合理化建议，努力降低吨煤租赁费。通过协调各租用单位主要生产设备，尽可能统一规格型号，实现全集团公司统一备用，在保证生产的前提下，减少设备的备用总量。

二、规范管理

健全各项内部制度。为进一步规范管理，使租赁经营工作程序化，1997年以来，分公司制定了《内部效绩考核办法》、《招标管理办法》、《员工工效挂钩考核管理办法》、《物资采购管理办法》、《安全生产管理责任体系》、《安全质量监督检查保障体系》、《岗位工资管理办法》及分公司内部十大内控制度等上百项规章和制度。

实现库区管理规范化。1994年以来，从加强基础管理入手，把建立标准化库房管理列入分公司议事日程。结合实际完善标准，健全制度，制定了《标准化仓库实施细则》，取得明显效果。通过建立标准化库房管理，实现设备出、入库流程化，保障设备安全完好，始终处于良好的备用状态。

实行内部效绩考核。2002年以来，分公司实行内部绩效考核。分公司经理对其他领导成员分别进行考核；领导成员对分管科室分别进行考核；各部部长对所属班组长分别进行考核；班组长分别对职工进行考核。通过实行层层绩效考核并与工资挂钩，结合制定岗位工作标准，使各部门工作目标明确，经济责任落实。

加强库区安全管理。为了加强对安全保卫工作的管理，1997年以来，完善了《门卫、巡厂管理制度》，投资安装了分公司全方位的电视监控和红外线报警系统。对分公司内部和外来车辆都进行严格的登记检查，并对照出门证内容认真核对，确认无误后，方可放行。巡厂人员每班不得少于四次对库区内巡视，发现情况及时制止和汇报。电视监控系统全天24小时对分公司内部进行监控。

三、资金管理

1994年8月以前，资金运作及财务核算由局财务处负责。

1994年9月，根据局峰煤［1994］269号文件《关于机电处经营职能与管理职能分离的实施意见》将财务核算移交租赁公司财务科负责。

2005年10月，移交集团公司财务管理部代理记账中心代理核算。租赁分公司负责编制预算、固定资产核算、债权债务清理、税务核算、财务分析和成本费用的审核、控制，并向代理中心报送。

分公司把加强资金管理当作大事来抓。不该支出的项目坚决不支，工程项目坚持质保金制度，杜绝预付款项目，降低应收账款风险，大额度资金支出一律通过经理办公会按《议事规则》办理。把住了企业资金支出关，资金运作没出现任何漏洞。1998年以来，在资金清欠工作方面，面对资金清欠十分困难的局面，积极采取措施，深入基层，搞好服务，在用优质服务让用户满意的基础上与用户签定还款协议。同时向用户征求意见，争取用户的合作和支持。内部实行责任到人。一是责利挂钩，调动有关人员的积极性。二是积极与结算中心加强协调，及时划拨欠款。千方百计，通过追索、诉诸法律等种种措施，2004年收回了超过诉讼期已成呆账的90万元的欠款。

四、搞好服务

坚持“面向矿山，面向一线，用户至上，服务第一”的工作宗旨，努力提高职工服务意识，面对用户始终做到文明用语、热情接待、办事迅速、手续简便，注意倾听用户呼声、虚心接受意见、满足用户需求、保证用户满意。

为方便用户办理各种租赁、退租手续，本着“不但要用户满意，而且要不断超越用户的期望”的目标，制定了《办理业务的有关规定》。用户来分公司办理业务时，安排用户休息，管理人员做到是谁的业务范围，谁负责主动替用户全程办理各种手续，解决了互相扯皮、效率低下的问题。

在设备大修理和单柱大、中、小修中，严格按照有关标准进行界定，按标准进行质量验收。建立了定点修理厂档案制度，对检修的设备、单柱出现的质量问题记录在案，以促使各修理厂提高检修质量，并对各修理厂实行保修期制。通过规范化操作，不仅降低了修理费用，还提高了租赁设备、单柱的质量，让用户用上放心的设备和单柱。

分公司在各矿开展了用户满意度调查。针对分公司各科室下矿业务工作情况，请各矿有关部门给其进行打分，并与分公司效绩考核挂钩，促使分公司员工不断转变工作作风，牢固树立为用户服务的思想理念，及时完善了各项工作，受到了各矿的好评。

五、抢险救灾

分公司组建以来，先后参加抢险救灾的煤矿有：1990年武安贺庄煤矿、邯郸市沙果园煤矿；1992年内蒙古伊盟准格旗牛连沟煤矿、河北张家口地区下花园煤矿、峰峰局新三矿、牛儿庄矿；1994年峰峰局黄沙矿、邯郸地区鸡泽县煤矿；1995年峰峰局孙庄矿、梧桐庄矿；1996年山西省西山局杜儿坪煤矿；1996年河南郑州救灾中心（租潜水泵）、峰峰局新三矿；2003年邯郸县康庄乡煤矿、峰峰矿区大峪镇2号井、邯郸局康二城矿、邢台局东庞煤矿、姬庄煤矿。

2004年，牛儿庄矿因小煤窑非法开采下架煤发生水灾后，分公司及时参加到抢险救灾的斗争中。动用了全分公司的人力和物力，为现场提供大型水泵和管道。干部职工连续数日战斗在第一线，组织运送了水泵19台和管道2733米。在水量急速上升的危急关头，立即向北京排水抢险中心求援，在互联网上发布抢险求援信，向全国各地的煤炭企业和泵业生产厂家电话联系。在短短的几天内，从全国组织抢险物资，先后从开滦抢险中心组织大型潜水泵12台，排水管道3000多米；从焦作矿务局组织大型潜水泵2台，排水管道1000多米。据统计，共投入设备原值4125.4万元，组织运输车辆142辆，动用人力878工，为抢险救灾工作的最终胜利奠定了基础。

六、调查研究

坚持定期组织人员深入各矿、厂，对集团公司设备资产状况、设备供需情况、需增加设备情况进行现场调查。通过对矿上的设备状况、地区安排情况、生产接替、设备准备与检修等方面的情况进行摸底调查，掌握第一手资料，结合实际情况开展资产运营状况总结分析工作，查出存在的问题，分析设备购置增加的原因，明确下一步开展设备管理工作的思路。

七、设备验收

始终把设备进出库质量验收当作头等大事来抓，设立专门的验收组织，坚持把好设备质量关。2002年以来，完善了《设备、单柱维修及验收制度》，制定了《设备、单柱检修验收标准》、《设备大修管理办法》、《单柱打号管理办法》、《修理设备出入库管理办法》、《单体支柱租赁、退租、修理、验收工作流程》等管理制度，建立了质量保证体系。转变工作作风，增强服务意识，提高设备、单柱修理质量。在设备大修理和单柱大、中、小修中，严格按照有关标准进行界定，按标准进行质量验收，建立了定点修理厂档案制度，对各修理厂实行保修期制，满足了煤矿生产急需，保证了安全生产，维护了用户的利益。为了堵塞漏洞，提高设备、单柱的维修质量，分公司通过规范化操作，降低了修理费用，提高了租赁设备、单柱的质量。

八、标准化工作

不断规范管理，使租赁经营工作符合程序。依据峰峰集团《关于原煤生产设备租赁管理规定》，2004年，重新制定了《设备租赁管理流程》、《绩效考核管理办法》，加大了考核力度，完善了工作程序。通过各种制度的建立，增强员工的自我约束和激励机制，促使租赁运营工作逐步实现程序化、标准化，为租赁运营管理工作打下了坚实的基础。

建立标准化标准，实现库区标准化。2005年，制定了《安全质量标准化安排意见》，从加强基础管理入手，把建立标准化库房、标准化变电所、标准化锅炉房和标准化车库的管理列入分公司议事日程，结合实际完善健全标准，制定了《标准化实施细则》。8个仓库、1个变电所和汽车库实现了标准化。通过实施标准化管理，实现设备出、入库流程化，保障了设备始终处于良好的安全完好备用状态，为煤矿提供质量优良的设备，满足了煤炭生产一线需要。

九、精细化管理

围绕精准、高效、和谐的战略目标，坚持先用库存、先内后外、先调剂后补充的原则，增大固定资产投入的透明度，规范租赁设备管理的各项行为。将租赁设备管理由原来的一条线管理模式改为分段管理模式，将设备租赁的关键环节实施公开和相互制约签字，从机制上堵塞了管理的漏洞。

2005年，分公司加强了计划管理，为了做到精准，一是加强设备投资管理。坚持从提高投资效益出发，进一步优化增量资产。重点抓了两个环节：抓投资论证，按照“效益第一、市场需求，优化增量、盘活资产”的原则，加强设备投资前期论证，保证了科学合理；抓效益评估，对新进设备实施效益评估，每台设备是否亏损，实行单台核算，做到精确把握每台租赁设备的盈亏。二是开展摸底调查工作。全面了解租赁设备使用状况和可调剂情况，为设备管理和投资计划提供较为准确的依据。

十、安全工作

2003年以来，组织制定了《安全生产目标管理制度》和《安全生产专项整治工作安排》，要求牢固树立“以人为本、关爱生命、安全第一、共创安康”的安全价值观。着重从安全达标、规范管理、落实责任抓起，从教育培训、重点防范和隐患整改入手抓落实，先后制定了《安全生产管理责任体系》、《安全质量监督检查保障体系》，以此强化分公司安全工作。多年来，无论是人员还是设备均未发生安全事故，实现了安全生产，为创建和谐分公司打下了基础。

针对集团公司各生产矿井的具体情况，根据每个水平使用水泵的不同型号，制定了不同的防排水抢险预案，为紧急抢险排水做好了准备工作。为了加大分公司防排水装备的投入，结合分公司的自身能力和条件，更新和补充了部分装备，将7号仓库建成标准化的排水设备库房。还建造了移动库房，加大防排水设备的储备应急能力。国家安监总局拟投入大量资金和装备增强租赁分公司抢险救灾能力，并于2008年将分公司列为国家级排水基地。这为提升峰峰集团排水救灾应急救援保障能力奠定了基础。

十一、技术管理

1995年以来，为了满足集团公司原煤生产的设备需求，提高采掘装备技术水平，分公司组织人员对各生产工作面的设备使用和需求情况进行了反复的调研和论证，选用新型节能可靠设备替代原有的技术性能落后和状况差的设备，大大增强了原煤生产能力，降低了设备的无效占用和设备备用台数。如：2007年大煤采煤机由原来的200型提升为355型和375型采煤机，梧桐庄矿使用了电牵引730型采煤机进行作业；薄煤采煤机由原来的200B型提升到456型；掘进机由原来的75型提升到150型和160型，大淑村矿使用了200型硬岩掘进机。另外，对大淑村矿、万年矿和黄沙矿岩巷施工工作面设备进行调研后，积极推广了CMJ－17型液压钻车生产作业线，使平均月进尺达60米以上，大大提高了工作效率。对煤巷、半煤巷掘进工作面，尤其是高瓦斯和瓦斯突出的矿井推广应用了新型侧卸式装煤机，取得了很好的效果。为防止地表下沉塌陷，积极推行绿色开采，购置了充填支架在小屯矿进行充填式开采试验。将矸石或地面的建筑垃圾充填到老空区，置换出一批煤炭资源储量，尽可能地减轻对生态环境的破坏，减少了矸石用地。

十二、排水抢险基地建设

分公司经过多年的努力工作，2007年被国家安全生产应急救援指挥中心列为拟建国家11个矿山排水基地之一，即“国家矿山排水峰峰基地”。为了建设好基地，租赁分公司组建了“排水抢险部”，做好了各项准备工作，人员已经到位，设备组织、库房标准化均已完成。根据集团公司各生产矿井的具体情况，每个水平使用水泵的不同型号，制定了不同的防排水抢险预案。2006年更新和补充了部分防排水装备，建成标准化的排水设备库房；2007年建造了移动库房和排水设备广场，加大了防排水设备的储备应急能力。为了保证在排水抢险或处理紧急事故时第一时间将设备运送到现场，将供电系统进行了双回路供电改造，以确保吊装设施的正常运转，为抢险救灾工作创造有利条件。2007年后半年，通顺公司、九龙矿、大力公司井下先后发生突水事故。接到抢险任务后，租赁分公司立即启动抢险预案，在第一时间内将排水设备送到了救灾现场，确保了排水抢险工作顺利进行。在排水抢险工作中，研究成功了流量100立方米、扬程100米的排沙泵接力排水技术，并在九龙矿试验成功。又实现了三组接力的并联运行，在流量300立方米、扬程50米排沙泵上实现接力，在大力公司抢险中取得成功。推广应用不锈钢软管，在九龙矿抢险中受到了各方的赞扬和认可。组建了专业队伍，努力创建好国家级排水抢险基地。

十三、计算机应用

1991年，利用当时的软件技术DBASE3，应用于每台设备租金计算。

1994年9月份，利用FoxBASE自行研发了租金核算系统，使一个月的租金核算在几十秒钟完成，且准确率为100%。

1998年，利用Foxprow自行开发了适应煤矿租赁管理《设备租赁管理信息系统》软件。

2002年，与环路海天公司联合开发了《设备租赁管理信息系统》，其内容涵盖了计划编制、租赁合同、租出与退租、租金核算、维修保障、材料的收支存、人事变动、工资发放、不动产管理以及月租金收入的图表对比分析，数据的任意组合查询等功能，囊括了租赁分公司的全部经营业务，该系统获河北省科技进步二等奖。

十四、党群工作

1994年9月前，分公司党群工作直属机电处党总支领导。

1994年9月，成立党支部。设支部书记、组织委员、宣传委员、纪委委员。

2005年7月，经集团公司批准设立党总支。设总支书记、青年保密委员、组织委员、学习委员、纪委委员。

抓政治思想学习。在强化班子成员个人自学的基础上，坚持把中心组学习作为学习理论、提高素质的主要途径，使领导班子理论水平和思想政治素质有了较大提高。

加强领导班子建设。健全和贯彻执行民主集中制。2005年，制定了《党政联席会议事规则》和《党总支议事规则》。定期召开领导成员民主生活会，经常在领导成员之间加强沟通，增强领导工作的透明度。制定了领导成员政治理论学习制度，不断提高领导干部的政治理论水平、组织领导水平和业务素质。积极开展站务公开活动，坚持政务公开，增强行政工作的透明度。建立了公开栏，对分公司招标、拍卖、绩效考核、人事处理、经济处罚等一律上榜公开。在分公司重大事件的决策前，坚持多方面听取和征求职工的意见和合理化建议。为了鼓励大家提合理化建议，使分公司职工树立起对企业强烈的主人翁责任感，制定了提合理化建议的奖励办法，使每位职工积极参与决策，不断创新，充分体现了“我靠企业生存，企业靠我发展”的理念。

抓思想作风建设。坚持集体领导原则，提高了领导班子决策能力。坚持实行分工负责制，使责任明确，执行力得到加强。坚持搞好班子团结，班子成员之间相互支持、相互配合，形成了正职为副职开展工作创造条件、副职主动维护正职工作的良好氛围。

狠抓党风廉政建设，形成了分公司和谐稳定的新局面。抓政务公开，增强行政权力透明度。严格执行两个《议事规则》，规范公开内容与形式，明确分工与职责，完善管理环节的制约机制，需要集体商定的不搞“一言堂”。抓制度建设，从不断完善制度入手，预防和治理管理中的漏洞，规范人的行为，靠制度管人。以人为本，强化监督，全员参与，共同管理。

坚持思想政治工作引导，努力营造良好的政治氛围，提高企业凝聚力。经常组织分公司全体党员干部和职工群众学习政治理论及科学文化知识、业务知识。通过学习，提高了广大干部、党员、职工的政治思想水平。

广泛开展企业文化建设活动。引导职工树立正确的人生观、世界观、价值观，树立爱岗敬业、诚实守信、奉献社会的良好职业道德。坚持以人为本，积极营造全员动员、全员参与的企业文化建设氛围，不断推进企业文化建设。通过教育培训，使分公司形成了做任何事情都要以“为股东负责，替用户着想”的责任意识，进一步完善了职工行为、道德、修养、管理规范。坚持“以人为本、面向用户、规范化操作、精细化管理”的基本思路和框架，结合自身实际，加大企业文化建设的力度，逐步形成具有设备租赁分公司自身特色的企业文化建设思路、观点和途径，为推进企业文化建设夯实了基础。

第三节　主要经济技术指标完成情况

1994 年 -2008 年经济指标完成情况一览表

年度	利润（万元）	营业收入（万元）	对外营业收入（万元）	费用（万元）	销售费用率	应收账款降低率	设备出租率	吨煤租赁费（元）
1994	39	3750		902	24%	-28%	64.22%	
1995	-231	4691		1156	25%	-19%	70.55%	
1996	297	5563		860	15%	58%	69.68%	
1997	324	6774		1632	24%	-119%	69.32%	
1998	295	5434		1740	32%	-37%	71.93%	
1999	28	6971		2188	31%	-74%	69.80%	
2000	244	7292		2069	28%	-5%	79.95%	
2001	548	7542		1841	24%	-18%	81.89%	
2002	-0.34	7543		2233	30%	-10%	77.63%	
2003	508	7851	0	1755	22%	23%	79.80%	
2004	956	9566	3182	1932	20%	30.88%	83.18%	7.95
2005	1142	12086	4956	1815	15.02%	26.72%	87.92%	9.52
2006	5167	16019	3931	2472	15.43%	33.10%	84.78%	14.95
2007	7709	18616	4851	2828	15%	41%	78.86%	13.88
2008	4650	19654	1028	3028	15.7%	31%	81.77%	13.86

第四节　市级以上荣誉称号

一、国家、部级荣誉

1991 年，全国煤炭综机配件管理先进单位
1995 年，全国设备管理系统优秀单位
1996 年，全国设备管理系统先进单位
2000 年，全国设备管理系统优秀单位
2003 年，全国设备管理系统优秀单位
2005 年，全国设备管理系统优秀单位、全国煤炭工业设备管理优秀单位
2006 年，全国设备管理系统优秀单位、全国煤炭工业设备管理优秀单位
2007 年，全国煤炭工业设备管理优秀单位

二、省级荣誉

1989 年，河北省煤矿设备管理优秀单位
1990 年，河北省煤矿设备管理优秀企业
1991 年，河北省煤矿设备管理优秀单位
1996 年，河北省煤矿设备管理优秀单位
1999 年，河北省设备管理系统优秀单位
2003 年，河北省设备管理系统优秀企业
2008 年，河北省园林式单位

三、市级荣誉

2007 年，邯郸市园林式单位

（资料提供：秦玉学）

第三十章　生活服务分公司

第一节　单位概况

一、历史沿革

生活服务分公司位于峰峰矿区太中路 2 号，其前身是峰峰局行政处。1995 年 10 月，行政处一分为二，分为行政处和房地产处。1997 年 12 月，局行政处和房地产处又合二为一，称局行政处。2002 年 11 月，行政处再分为后勤管理部和生活服务分公司。生活服务分公司为经营服务性专业化单位，主要职责是为峰峰集团机关片区职工及家属、办公提供供水、供气、供暖、供电、餐饮、园林绿化、环境卫生、住宅建设、房屋修缮、公用生活设施维修、幼儿教育等服务工作；负责磁县观台镇原六河沟煤矿的土地房屋和磁县岳城、林峰、邱县等林场的管理工作；负责驻邯吉梅宾馆、驻北京办事处的服务管理工作等。

二、资产和人员情况

2008 年 12 月资产为 5228.8 万元。在职职工 376 人，离退休职工 377 人，其中党员 198 名。设科室 20 个，其中管理科室 8 个，经营服务科室 12 个；设党支部 10 个，其中民营企业支部 1 个，国企与集体企业合署办公支部 1 个。

第二节　主要工作

一、重点工程建设

（一）机关区域供水系统改造

机关区域原供水系统，源头是与机关毗邻的二矿井下 +3 水平钻孔，通过 +3 水平小青泵房，将奥灰水排到地面加压泵房，经地面供水系统到各个用户。2002 年二矿闭井后，该地区奥灰水升至 +120 米— +130 米处，原 +3 水平小青泵房全部淹没。在原址新打 4 个新钻孔，将新钻孔与原来的 8 个旧钻孔连通，把钻孔水汇集到小青泵房，再通过管道与地面加压泵房原来的 12 趟 φ325 钻孔管连通，然后在钻孔管内安装 8 台 250JQC140 - 14 × 8 和 4 台 250JQC140 - 14 × 11 型潜水泵，将水分别排至加压泵房，与原地面供水系统连接。该项目投入资金 918 万元，2002 年 10 月竣工投入使用。供水系统改造后，解决了二矿闭井后机关片区 5 万余名职工家属和机关办公等用水问题。

（二）机关区域电热联供工程

随着国家产业政策、能源利用政策和环境保护政策的变化，结合机关区域锅炉需要更换改造的情况，2002 年 8 月 23 日，通过了《五矿矸石热电厂向机关及周边地区集中供热工程可研性研究报告》，2002 年 9 月 6 日，通过了供热工程的初步设计。该工程方案是：从五矿矸石热电厂扩建后二期工程 12000kw 抽凝式汽轮机调节抽气口抽出 0.49Mpa、235℃的饱和蒸汽，通过 D630 蒸汽管路引至机关东西两锅炉房进行供热汽水端流交换，分别与原供热系统搭接，形成新的供热系统。该工程投入资金 2047 万元，2002 年 11 月 7 日投入运行。

（三）机关水厂净化水源除铁降浊

2006 年 7 月，机关水厂地下水源水质出现意外情况，造成供水区域内铁含量及浑浊度严重超标。为使片区职工家属喝上合格的饮用水，在现有水源的基础上进行工艺改造，增加净化水设施，投资约 264.2 万元，改善了机关片区职工家属饮水质量问题。

（四）机关水厂迁址一期工程投资项目

机关水厂自 2006 年受污染以来，虽采取紧急处理措施，安装净化水设备，基本解决了集团公司机关生活饮用水的安全问题。但随着地下水源受污染情况的日益严重，造成相应取水深井泵的负荷不断增大，取水量逐渐减少，使深井泵和电机相继出现故障，威胁着正常生活用水和办公、公益用水的供应。为从根本上解决吃水难问题，2008 年 5 月，集团公司投资 1210.73 万元，在制品厂院内打 6 眼井寻找新的水源，利用原水厂设施供水，从根本上解决了机关区域用水问题。

（五）煤气南延北扩工程建设

20世纪90年代初开始瓦斯利用工程建设，改变了机关片区职工家属燃煤生活的历史。随着二矿井田关闭，1998年投资300余万元，新铺设φ625毫米、长3.25千米主供气管路，使用羊渠河焦化厂的焦炉煤气。2006年，开始居民煤气用户南延北扩建设，煤气用户扩展到南至一矿工人村、北至五矿工人村，又使8000余户居民用上煤气。至2008年底，共有17000户居民使用煤气。

（六）园区工程建设

1. 西山公园工程建设

西山公园始建于1989年。一期工程（1989年至1992年）包括面积为5700平方米的人工湖、双层湖心亭和80米的曲桥。山腰处，位于公园中心位置建"望邯亭"，北山头建六角亭。望邯亭与北山亭之间由200米环山路贯通，路中有长60米的铁索桥飞跨山涧，连通中部与北部园区。北山脚下建有六角"观湖亭"。公园中部主干道为宽4米的台阶路，直达中亭，雄伟壮观。公园下部建有儿童乐园，儿童乐园内有碰碰车、观览车、周长200米的单轨车、小火车等其他游乐玩具。二期工程（1993年至1998年）将公园围墙外扩，新增面积80余亩。修建原围墙环山路300米。公园南部新建单孔石桥一座，桥孔跨度20米、高18米。新拱桥沟通了公园南部的游乐区，使整个公园园路畅通，实现了公园道路网络化；三期工程（1998年以后）遵循"以绿为主、巩固提高"的原则，连续三年植树近万棵，增加了公园的绿化覆盖率。截至2008年底，西山公园累计投资380万元。

2. 家属园区工程建设

（1）绿地休闲活动园区

此项工程分3个园区总造价为345万元。钢铁厂绿地休闲活动园区（总面积2.9495万平方米）、西山地震台绿地休闲活动园区（总面积1.2326万平方米）、工程处绿地休闲活动园区（总面积8000平方米）。3个园区总拆除面积为1.0918万平方米。于2008年6月2日立项开工，2008年10月完工投入使用。

（2）太中路大修

太中路大修工程道路总长度626米，投入资金110万元，于2008年8月底完工，确保了机关职工、学生、家属行走顺畅安全。

3. 房前屋后硬化美化工程

（1）机关居民区6条路大修

2008年7月，投资14.7万元，对中兴花园南部道路490平方米、西大楼前383平方米、一孩化楼东西路360.5平方米、牛奶场楼区东边道路458.25平方米、人北街二区东边道路455平方米、新新7街至技校路500.25平方米、新新4—5街东西横路264平方米进行了铺设大修，改变了居民的出行条件。

（2）房前屋后硬化美化

1995年投资12万元，拆除机关门前平房，建成机关门前和大院内近4000平方米草坪绿地，改善了居民的生活及办公环境。2008年7月，投资22.7万元，分别对东小区1653平方米、西小区902平方米、富源小区918平方米进行硬化美化。

（七）节能减排工作

1. 澡塘洗浴

集团公司机关澡塘面积385.3平方米，共有淋浴头184个，分男女澡塘和老干部澡塘，高峰时日洗浴人数1100人。2007年前，将原来的池浴及少量淋浴全部改为淋浴冲洗。随着科技进步，2007年全部改为智能插卡淋浴，有效堵塞了管理工作的漏洞，达到了节能减排的目的。据测算，同期相比节水92.17%、节电43.32%、节煤30%，增收7%。

2. 机关住宅区水表集中控制供水改造

根据峰集科技［2007］71号、峰集企管［2007］67号文件批复，结合实际情况，计划投资756万元，分三年完成机关4890余户供水集中控制改造，2008年完成3128户。改造后可减少水资源的浪费，提高供水的收费率。

3. 机关变压器改造

机关东、西配电所建成于20世纪80年代初，共有4台变压器，其中机关东配电所2台S7－1000KVA电力变压器、机关西配电所2台S7－630KVA电力变压器。随着机关家属生活用电转归地方管理，集团公司总部搬迁，为全面贯彻落实集团公司2008年节能减排工作会议要求，减少资源浪费，将在用4台S7型变压器更换为S11新型变压器，实现了节能降耗的目标。

4. 供电移交

2004年7月，将机关片区的居民供电线路进行改造后，根据上级有关部门要求，5200户居民及社会住户用电，移交峰峰矿区供电局管理，分公司配电所只负责公益用电供配和服务维修。

（八）住宅变化

1. 住宅建设

20年来，共投资5285万元，建楼房37栋，面积12.3621万平方米，集团公司机关人均居住面积提高了2倍，基本上消除了无房户、住房拥挤户，减少了三代同堂、等房结婚的现象。

（1）20世纪80年代，人均居住面积为5.32平方米。80年代末，实行了住房制度改革，新建了新新街5—7街商品楼、人民南街商品楼、鼓山北街甲57号商品楼，新建面积2.7142万平方米。人均住房面积由5.32平方米提高到6.82平方米。

（2）20世纪90年代，新建了东小区、西小区、人民南街甲1号楼、鼓山北街北点式楼、东四合院住宅楼、人民东街点式楼、人民北街1区、人民北街2区住宅楼，新增建筑面积10.6559万平方米。人均居住面积由80年代末的6.82平方米，提高到8.2平方米。

（3）2000年至2008年，新建住宅楼东小区7号楼、人民南街10号楼、经理庄小区、滏源庄小区住宅楼，新增建筑面积4.9758万平方米。人均居住面积由20世纪90年代的8.2平方米，提高到13.25平方米。

（4）20世纪90年代后，对机关辖区内的危旧平房进行了改造拆迁，拆迁危旧平房5500平方米，450户居民搬进了新楼房，使1300人改善了居住条件。对50年代危旧平房进行翻建，翻建面积1.55万平方米，使620户居民改善了居住环境。

（5）2008年新增户数1664户，新增建筑面积14.84万平方米，其中有1100户无房户搬进了新居，使564户拥挤户改善了居住条件。

2. 楼房管理

峰峰集团机关生活区因历史原因布局比较分散，主要有人民北街、人民南街、人民东街、新新街、东四合院、南四合院、通山路、东小区、西小区、经理庄小区、滏源庄小区，均实行以街道为单位的管理模式。2000年后，实行了社区化管理，按生活区位置分布，分为5个社区：人民一社区、人民二社区、新新一社区、新新二社区、新新三社区。2007年，对东小区、西小区、滏源庄小区试行初级物业管理，并为这些小区配备了门卫，建立了各项规章制度，为小区居民的安全提供了保障。

3. 房屋修缮

20年来，除投资建新房外，筹资415万多元，分期分批对64栋360户旧平房进行改造和大修，改善了居民的居住条件，提高了生活质量。

（九）其他

1. 水冲厕所

自1991年开始，投资对机关片区居民生活区的旱厕进行改造。2002年机关居民生活区内的32个、1672平方米男女厕所全部改为水冲厕所，居民的生活居住环境得到改善。

2. 机关大院

2002年，投资200多万元改造机关办公大楼，重建了大门、标志墙、更换塑窗、改造厕所、粉刷外墙，拆除机关大院内的两座2层旧楼，扩建为6000多平方米绿地。机关大院成为“三季有花、四季常青”的园林景区。

3. 中兴花园

2001年11月，接管局多种经营总公司管理的“企业家俱乐部”，2004年，取名“中兴花园”餐厅，提供餐饮服务。2008年6月，对餐厅进行投资改造，增设职工食堂，为职工就餐提供服务。

4. 幼儿教育及设施

幼儿园1950年建园时，仅有当年日本留下的3间旧瓦房，10名幼儿，3名教师，1个整托班。经过多年投资建设，该园面积1.0683万平方米，29名在园员工，8个班260名幼儿。投资185万元，建有食堂、寝室、大小型活动室、室外大型玩具。2006年投资20余万元，为各班配置了电视机、VCD、空调、消毒柜等。根据幼儿的特点，办有各类特长班。

5. 吉梅宾馆

吉梅宾馆即原设在邯郸市的局第三招待所。2004年，改称为吉梅宾馆。1991年开业时，客房仅有6个带卫生间的标准间，1个就餐大厅。2003年后集团公司先后投资90多万元改造，客房有37套标准间及套间，餐厅装修并新增8个雅间，整体硬件设施得到改善。2006年投资50万元加入市热力网，改造后实现了集中供暖。2007年投资20万元，改造餐厅，加入市煤气管网，住宿就餐环境得到改善。

6. 驻京办事处

1989年10月，峰峰局在北京市东城区东和旅馆首次设驻京办事处。2008年6月重新选址签定合同，迁至丰台区西四环南路81号，后移交集团公司办公室管理。

7. 洁凯保洁公司

2007年9月，组建了以集体企业工为主的邯郸市洁凯保洁公司，与多经环卫科分离，成为在峰峰矿区工商局单独注册的独立法人实体。

8. 国社林场

有岳城、林峰、邱县3个林场。2007年10月，根据集团公司批复，3个林场商议撤点进入程序。

9. 集资建房

2008年12月31日，经河北省国资委批复，在住宅区利用老城区改造政策集资建房方案开始实施。

10. 机关环境卫生设施维护及职工宿舍管理服务

做好机关办公大楼和周边办公场所及生活区环境卫生的清扫、保洁、设施维护工作。搞好机关周围附近单位单身职工宿舍的管理及服务。

二、党群工作

分公司党总支隶属于局（集团公司）直属党委领导。在上级党委的领导下，适应形势发展的需要，紧紧围绕企业中心工作，组织开展各项活动，努力打造高素质的党员队伍和职工队伍，为企业搞好服务。

（一）重点工作

1994年，在全体党员中开展了“争优创先”活动，评选了党员先进典型。

1996年，在广大干部职工中开展了选树“十大状元”活动，营造了学先进、作贡献的工作氛围。

2003年4月，面对突如其来的“非典”，广大党员干部经受住了考验，确保了正常工作的运行。

2003年底，开展了创建“学习型公司”活动，提出以学习力提升综合竞争力的学习理念，强调学以致用，改进了党员干部学习教育的管理方式。

2004年6月，在党员干部和管理人员中开展了党风党纪和廉洁自律“十查十看”教育活动，收到明显效果。

2004年，在党员干部和管理人员中开展了廉洁自律警示教育活动。

2005年，开展了保持共产党员先进性教育活动，建立了长效工作机制。在党员队伍中开展了“党员先锋号服务组”活动和“党员无职有责责任岗”活动，选树典型，增强了党员干好本职工作的责任心。其做法受到上级党委的肯定和推广。

2005 年，按照 ISO9000 族标准，在各基层党支部实施党建质量管理体系。

2006 年，开展了以“八荣八耻”为主要内容的社会主义荣辱观教育活动，制定了具有自身特色的“八荣八耻”，使社会主义荣辱观教育更加具体化和针对性。

2007 年，按要求在两级班子中开展了“政治素质好、业务管理好、团结协作好、作风形象好”的“四好”领导班子创建活动，制定了考核办法，使活动更具有科学性、规范性和群众性。其做法受到上级党委的肯定。

2008 年，开展了解放思想大讨论、学习实践科学发展观和作风整顿活动。在班子成员中坚持开门搞教育，开展学习教育、自查、征求意见和调研活动，建立了工作台账，实行销号管理。其做法受到上级党委的肯定。

2008 年，四川汶川发生震灾后，在广大党员和干部职工中开展了“博爱一日捐”、缴纳“特殊党费”和“送温暖、献爱心”活动，参加捐款人员 922 人次，捐款 7.4500 万元。

（二）特色工作

2005 年，稳步推进企业文化建设，全面推进 6S 管理，统一了标识、服务标准、服务用语、服务承诺，大力宣传分公司产品，创建安全文化走廊，凸显分公司形象。

2006 年，大力宣灌集团公司企业文化理念，整合执行文化系统，编印了《生活服务分公司企业文化》手册，推行 FRIP 精细化管理，在基层科室开展绩效考核工作。

2007 年，编撰了服务文化、安全文化、廉政文化、和谐文化理念，制作了卡片和警句格言牌板。

2008 年，按照企业文化“进基层、进班组、进岗位、进头脑”的工作思路，将职工身边发生的人和事 60 多篇小故事编印成《理念背后的故事》，引导职工实践企业理念，宣传了典型，推动了工作的开展。

2008 年，制定了《关于推进安全文化建设质量向精细深实发展的实施意见》，推行“六六”安全文化构架，在试点科室推广试行，突出安全确认、安全培训和安全资质认证，探索推进本质安全的路子。

第三节 主要经济技术指标完成情况

1989 年至 1995 年，行政处属于机关管理处室，既具有全局性生活后勤管理职能，又具有部分费用包干经营服务职能，实行部分费用审批制，期间完成了部分费用审批指标。

1996 年至 2002 年，属于管理经营性处室，扩大了单独核算费用包干范围。期间经认定完成了单独核算费用包干指标。

2003 年至 2008 年，生活服务分公司为独立核算经营性专业化公司，人员、资产、经营三分开，实行按劳务量结算，模拟市场化运作。期间完成了集团公司考核指标。

自 1996 年起，固定资产自行核算。提取的折旧费、大修理费全额上交。维简、大修工程项目所需资金，经批准后拨付使用。

1996 年－2008 年经营情况一览表

单位：万元

项目/年度	收入			支出	“+”、“－”
	自营收入	补贴收入	小计		
1996	320	945	1265	1260	5
1997	235	759	994	1036	－42
1998	892	1950	2842	3470	－628
1999	1057	2046	3103	3042	61

年度＼项目	收入			支出	“+”、“-”
	自营收入	补贴收入	小计		
2000	1121	1825	2946	3239	-293
2001	1192	1781	2973	3199	-226
2002	1141	1922	3063	3262	-199
2003	1338	2412	3750	3750	0
2004	1425	2800	4225	4626	-401
2005	1866	2884	4750	5104	-354
2006	1674	3160	4834	4834	0
2007	1976	2963	4939	4939	0
2008	1847	4133	5980	5980	0

第四节　市级以上荣誉称号

一、省级荣誉

2001 年，河北省建设系统园林式单位

二、市级荣誉

1991 年，邯郸市卫生先进单位
1992 年，邯郸市卫生先进单位
1997 年，邯郸市爱国卫生先进单位
1998 年，邯郸市爱国卫生先进单位
1999 年，邯郸市爱国卫生先进单位、园林式单位
2000 年，邯郸市爱国卫生先进单位、园林式单位
2001 年，邯郸市爱国卫生先进单位、园林式单位
2002 年，邯郸市爱国卫生先进单位、园林式单位
2003 年，邯郸市爱国卫生先进单位、园林式单位
2004 年，邯郸市爱国卫生先进单位、园林式单位
2005 年，邯郸市爱国卫生先进单位、园林式单位
2006 年，邯郸市爱国卫生先进单位、园林式单位
2007 年，邯郸市爱国卫生先进单位、园林式单位
2008 年，邯郸市园林式单位

（资料提供：王东明、孙洪图）

第三十一章　通信信息中心

第一节　单位概况

一、历史沿革

峰峰集团通信信息中心前身是局通信信息中心。20 世纪 80 年代，通信管理隶属于生产处，名称为电信队；后隶属于行政处水电科，名称为局总机；1990 年成立通信科；1994 年 7 月从行政处分离，成立局通信中心。

1985 年，局信息化机构成立，为局煤炭科学研究所计算机室。1995 年 10 月，信息化机构进行了调整，成立了科技信息中心。主要工作的重点转移到计算机局域网络的设计及建设。

2000 年底，取消科技信息中心单位设置，原计算机业务并入通信中心，成立通信计算机中心。2002 年 11 月，局机构改革后，更名为局通信信息中心。2003 年局公司制改革后，更名为峰峰集团通信信息中心。

二、经营业务

通过几十年的发展，主要经营固定电话、宽带、有线电视、信息化等业务。通信传输网络 300 多公里，基本覆盖整个企业的所有单位。共有 4500 个固话用户、1400 个宽带网络用户、2800 台电脑用户。

三、资产情况

1994 年 - 2008 年固定资产统计表

单位：万元

项目 / 年度	固定资产年末原值			折旧总额	固定资产净额
	合计	生产用	非生产用		
1994	1194	1194		150	1044
1995	1704	1580	124	301	1403
1996	1626	1502	124	309	1317
1997	1747	1623	124	403	1344
1998	1955	1831	124	502	1453
1999	1962	1838	124	598	1364
2000	2000	1876	124	713	1287
2001	1933	1809	124	812	1121
2002	2133	2009	124	913	1220
2003	2847	2767	80	1083	1764
2004	2601	2598	3	1012	1589
2005	2741	2738	3	1226	1515
2006	3295	3292	3	1373	1922
2007	3355	3352	3	1615	1740
2008	3558	3555	3	1983	1575

四、人员情况

1994 年 – 2008 年职工人数、人均收入一览表

项目 年度	职工人数（人）	人均收入（元）
1994	58	5215
1995	79	6033
1996	88	6670
1997	87	7312
1998	85	5520
1999	86	7426
2000	89	9235
2001	96	8214
2002	95	8710
2003	96	10662
2004	97	17324
2005	96	23793
2006	89	27070
2007	86	29201
2008	81	40632

第二节　主要工作

一、通信技术

1980 年以前，主要通信设备交换机是磁石和共电式人工交换机，最大容量 400 门，到各矿的传输线路均为架空明线，一般与每个单位有两条中继线和一条生产调度专线。局内传输使用铅皮电缆。1980 年以后，交换机改为纵横制自动交换机，最大容量 800 门，传输线路逐步采用了全塑通信电缆，到主要生产矿井的中继线增为 4 条，淘汰了铅皮电缆。

1989 年，通信网络由西安煤矿设计研究院进行了总体规划，由邯郸煤矿设计研究院进行了初步设计。1990 年后逐步更新交换设备，使用了爱立信程控交换机、微波通信技术、光缆传输技术。1991 年通信中心大楼动工，竣工面积 2350 平方米，用户扩容到 3000 门，开通了局对黄沙矿、九龙矿和孙庄

矿的数字微波，施工开通了煤炭系统第一条光缆传输线路（局—牛儿庄矿—小屯矿—薛村矿），中继线路实现了数字中继，增加到30条。1995年引进美国数字集群通信，实现了局矿生产调度指挥系统的无线联通，增加了抗拒发生自然灾害情况下的调度指挥能力。

2000年，全局交换机实现数字化程序控制，传输线路全部采用光缆，交换机用户容量增加到4200户。为了快速科学合理的促进通信网络的发展，集团公司于2004年下发了《通信网络发展管理办法》。2008年集团公司办公楼迁往邯郸，在邯郸办公大楼安装了华为程控交换机C&C08，通过光缆和峰峰交换设备互联成完整畅通的通信网络。

二、电视技术

20世纪80年代初，随着我国广播电视事业的蓬勃发展，在河北省和邯郸市的统一规划下，在距局机关办公大院1.5公里的西山，建设了局电视差转台，架设6米卫星地面接收站1座、50米天线发射塔一座，利用50W和100W发射设备，转播中央1套、中央2套节目。

20世纪90年代，原来的两套节目已不能满足广大职工的收视要求，局投入资金建设了230MHz公用天线传输系统，转播6套电视节目。电视传输技术在不断发展，局传输网络改造为550MHz，建成卫星地面接收站4.5米两座、3.2米两座，架设QRS40干线10千米，用户同轴线路40千米，收转26套中央、省、地市广播电视节目。

2000年，国家对有线电视执行属地管理，对网络传输提出更高的技术要求。通信信息中心成立后，自筹资金改造传输主干线路为光纤，完成了局属17个单位的电视联网工程，建光纤站点9个，敷设光缆线路500千米，传输电视节目35套。全局有线电视覆盖率达85%以上，接入近2万个家庭用户。

2004年，积极研究国家有线电视网络建设的相关政策，在充分论证集团公司电视网络的规模和发展的情况下，本着尊重历史、共谋发展的原则，与峰峰矿区广电局签定《峰峰局设站联网协议》，并通过了河北省、邯郸市和峰峰矿区三级验收，由河北省广电厅发放了“峰峰局有线广播电视站行业许可证”，使集团公司有线广播电视事业，走向有序健康的发展轨道。

2006年，为解决二级单位电视收看中的难点，引入峰峰矿区广电局电视信号，同步收看，电视节目达到40套，调频广播节目3套，自办节目（新闻）1套。利用完善的传输网络，与集团公司电视制作中心合作完成重大活动及文艺演出活动的电视直播。

2008年集团公司办公楼迁往邯郸，通信信息中心调整光纤路由，使用先进的1550um光纤传输技术和设备，完成了峰峰到邯郸办公大楼的电视信号传输工程。

三、信息化建设

企业信息化的发展，始于1984年。20多年来，经过了从起步→应用→推广→普及→调整→发展→整合→提高等历程。可分四个阶段。

（一）第一阶段：*初级阶段（1990年以前）*

1990年以前，全局信息化建设处于起步阶段，从无到有，从袖珍计算机和微机到小型机，从初级探索到逐步的业务系统应用。

1985年，仅有两台微机。从微机的学习与培训工作开始，逐步开展了电子信息化业务。同年，在煤炭部支持下，购王安VS-100型计算机一套，属当时国际先进产品与技术。

初级阶段的信息化应用，主要有财务部分业务管理系统、机关职工工资开支管理系统、生产调度系统、综合统计管理系统、物资供应统计系统等，应用范围有限，应用软件仅是单机版程序，数据相互独立，信息化建设发展较慢。

1988年，在航天部502研究所协助下，制定了局第一个《管理信息系统分析及总体设计报告》。

（二）第二阶段：*应用阶段（1991年至2000年）*

1991年，自主开发了局财务系统管理软件，后在全国煤炭行业推广使用，获得良好的效果。

1994 年，开发了审计管理系统软件，在煤炭系统部分矿务局使用了该软件，应用效果良好。

20 世纪 90 年代后期，工作的重点转移到计算机局域网络的设计及建设。在有条件的单位，建立了小规模的计算机网络，并开发网络的应用系统。如：总医院、第二医院的信息管理系统，包括住院收费、医务统计、医药仓库管理等。1999 年底至 2000 年初，全球遇到“千年虫”风暴，所有的计算机系统面临体系结构的一场大革命，涉及到了方方面面。随着新千年的临近，根据国家有关部门的要求，峰峰局进行了统一安排和部署，成立了解决“计算机 2000 年问题”领导小组，按要求对计算机系统硬件、软件、业务应用系统、设备等进行了全面摸底、调研、分析、测试、排查、处理，范围覆盖了各行各业，解决计算机 2000 年问题的工作全面展开，各主要业务系统制定了相应的应急计划，确保过渡时期生产经营的顺利运行。同时，对现有的计算机及有关系统进行了一次全面的升级。各单位的计算机系统解决“计算机 2000 年问题”的各项工作进展顺利，为平稳过渡新千年做好了充分准备。

2000 年，在邯郸信华科技发展公司协助下，制定了第二个《局管理信息系统发展规划》，主要内容有：

1. 实现生产过程监测监控、自动化，建立生产实时信息系统。生产过程自动化是属于工业化的内容，但同时又是信息化的重要内容。企业信息化运用信息技术改造传统产业，以信息化带动工业化。企业信息化首先用现代化信息技术实现企业生产过程的自动化或监测监控，这是信息化重要的基础，也是企业最能产生效益的地方。

2. 建立企业内部网络平台——Intranet。Intranet 对企业的重要性与日俱增。对内可提供信息交流、信息共享和企业管理的理想环境，对外连接互联网展示企业形象、宣传发布信息、共享人类信息。对企业内部提供 BBS、E－mail、FTP、WWW 服务，实现无纸化办公、内部交流协作。基于 Intranet 可建立 OA（办公自动化）、MIS（管理信息系统）及 CIMS（计算机集成制造系统）。

3. 建立以网络财务为核心的业务一体化管理信息系统。通过网络财务把内部供应链（供应、生产、销售）信息整合在一起，提高运作效率，降低企业成本。

4. 以网络营销为切入点，用“网上招标、离线成交”的模式进行物资采购，积极开展电子商务。

（三）第三阶段：发展阶段（2001 年至 2006 年）

2001 年开始，建成了网络中心及机关网络布线和重点生产矿的联通，并进行四大应用系统（财务账务核算系统、煤炭运销管理系统、物资供销管理系统、计划统计系统）的开发与推广。

2004 年，《企业信息化系统升级与应用集成》项目经国家发改委严格初选及审查，并通过专家评委的答辩和可行性研究，被列入国家重点项目，给予企业信息化专项国家预算内专项资金（国债）600 万元，用于集团公司的信息化建设，使企业的信息化建设进一步发展。整个项目历经两年多，完成了可行性研究报告中的建设内容，实现了可行性研究报告中的设计目标。完善企业信息平台，保证了企业千兆网络畅通，实现广域网支持的集视频会议、语音、数据传输为一体的办公平台。完善企业信息系统的各分系统，实现集成化的现代经营管理模式。建立了以财务资产管理、人力资源管理为核心，产、供、销一条龙管理的综合企业信息化系统。在这个时期，主要完成了以下建设：

1. 网络建设

对全公司 210 公里信息化网络线路进行了建设与改造。网络中心至各矿区敷设单模光缆直接进入办公楼，完成了 18 个矿（厂）及机关各部室 19 座办公楼的光纤敷设及各自局域网的建设，网络用户达 2000 多个，每个用户通过网络传递信息。接入的用户最少要独享 100Mbps 速率，满足了 IP 电话、视频点播等多媒体应用，形成了以集团公司机关为中心的星型放射状的千兆主干网络体系。既满足了千兆位以太网的技术要求，在条件许可下也可向将来的 10Gbps、TeraBit 网络发展。

设计建成了网络核心系统。信息化主干网采用的核心交换机为 CISCO 公司的 7609。交换机利用光纤模块与核心 7609 进行连接，保证主干网千兆交换速率。矿（厂）网络核心交换机分别以 Catalyst 3548 或 3550、3750 为骨干层交换机，实现百兆到桌面连接，并以电子邮件、拨号网络相辅助，实现了企业的网络畅通，形成以网络中心为核心的星型拓扑结构千兆主干网。通过 100M 带宽实现与因特网相连接，配置

1000M 防火墙于二者之间，保证了内部网络的安全。

建成了视频会议系统。覆盖集团公司会议楼二楼大会议室、二楼中会议室及办公楼四楼二会议室和九龙矿、新三矿、梧桐庄矿、黄沙矿、万年矿、孙庄矿、牛儿庄矿、小屯矿、大淑村矿、薛村矿、羊渠河矿、邯郸洗选厂、马头洗选厂、通顺公司、神风公司共 18 个会场网络视频会议系统，并联通了河北省国资委视频会议系统。

建立了企业数据中心。集中存放着企业的内部网站服务器、外部网站服务器、邮件服务器、DNS 服务器、数据库服务器、统一用户管理服务器、应用系统集成服务器以及运销、安全生产、瓦斯监测、地测数据、网络版杀毒软件中心、网络监控、数据备份等服务器。

建立了网络安全防护系统。为保障数据的安全，数据中心分别建立在机关主楼、通信信息中心四楼机房，两个机房分别安装大功率 UPS 电源，保证机房 24 小时供电，并安装烟雾报警器、视频监控等。硬件防火墙作为外部网络服务器的 DMZ 区，对因特网提供服务，又可保护服务器。7609 交换机防火墙模块对数据中心服务器提供保护，只开放必需的端口，保护核心服务器的安全。对主要业务系统的服务器，采用双机热备，保证 7×24 小时连续工作。同时，数据备份服务器对各服务器数据又进行异机备份。各服务器安装了瑞星网络版防病毒软件，有效防护企业网免受病毒的干扰。软件平台操作系统以 UNIX、Microsoft Windows2000（2003）为主，数据库以 Oracle 为主，少数采用 SQL Server。

2. 应用系统的建设情况

企业信息化的核心是以信息流来控制资金流、物流、煤流的和谐统一运转。为此，完成了信息资源规划，并建立了企业的职能域模型、业务模型、数据模型，将信息系统分成事务处理、管理控制、战略规划三个层次，分别完成对现有系统的升级改造和新系统的开发。

以生产管理、销售管理、物资供应管理、财务管理和安全管理为整个企业信息化的主线开发信息系统，以“生产安全管理系统”、“运销管理系统”、“物资供应链管理系统”、“财务管理系统”、“瓦斯监测系统”为主，辅助完成内部网站系统、外网网站系统、邮件系统、视频会议系统、综合统计管理、煤质管理系统、设备管理系统、铁路运营管理系统、地质信息查询系统、社会保险管理系统、选煤信息管理系统。通过应用系统集成平台将各运销、物供、生产业务数据集成，以内部网站为门户，通过统一用户登录平台可进入各主要业务系统。其中主要的业务系统有：矿井瓦斯监测系统改造以及监控信息系统联网，实现了 13 个主要矿井的通风瓦斯监测和实时信息采集、存储、传输、处理、发布、检索，以及瓦斯隐患监督等功能；随时查看动态数据、实时趋势曲线、历史趋势曲线、动态图形以及统计报表等信息。并实现多级同步监控、实时跟踪。

安全生产信息管理系统的运行，严格控制了井下瓦斯超限采掘，遏制了瓦斯事故的发生，实时跟踪通风、瓦斯监测监控、生产调度、机电等各种安全生产信息，杜绝煤矿重大安全隐患事故，建立了完善的安全生产调度管理信息系统，及时掌握了第一线的信息，可使重大隐患和危险源得到及时处理，大大降低“三违”的发生。

完成了主要生产矿井的电子衡改造，实现了运销分站电子衡到运销分公司网络的联通。开发了煤炭运销售管理系统，实现了煤炭从装车到结算的自动化数据处理。信息及时反馈，为全面控制销售，合理调配资源，杜绝跑、冒、滴、漏提供了依据。

实现了快速、便捷、准确地传递、调取所需煤质数据，实现质检中心统计各种煤质信息，进行煤质趋势分析、对比分析。

在原有基础上，升级为用友 ERP 财务软件系统。在财务管理部和各单位财务部门共同努力下，基本实现了资金集中管理和项目预算管理。2006 年 1 月，总账、IUFO 报表、固定资产等业务软件在各单位正式应用。2006 年 7 月，资金管理软件开始在集团公司结算中心和各单位推广应用，上述软件应用单位达到 50 余个，基本覆盖了独立核算的所有单位，为企业财务集中管理创造了必要条件。

3. 基础应用系统平台

企业内部网站共设有 10 个新闻栏目模块。可以从整体了解企业的近期发展状态、企业精神、集团公司新闻及各单位的生产、生活状态及一些政策法规、公益信息。内部网站同时连接下属各部门的应用系统及网站，把运销、物供、瓦斯监测、安全生产、财务管理及煤质信息等管理模块集成在一起，通过统一用户平台可进入不同的业务系统，方便业务管理及应用。

视频会议系统依托企业信息化网络，由总部3个主会场和矿（厂）15个分会场及10个软终端组成。中心大会场终端采用挪威泰德产TANDBERG 6000NPP高档会议室型视频终端，中心小会场终端采用挪威泰德产TANDBERG 990NPP高档机顶盒型视频终端，软终端设备采用RADVISION公司的Econf，以Amplesky（r）VCSS3000为录播服务器。

视频会议系统运行稳定、可靠，具备声控模式、广播/自动轮循模式、多分屏连续模式、会议录制、点播等功能。可无失真传送高清晰的PC画面，如：电子报表、演示文档等，进行多媒体演示，对会议进行管理和监控。

4. 应用系统集成

经过几年的信息化建设及应用，各业务系统已经积累了大量的数据，为实现数据共享需要对各应用系统进行了集成。

企业应用集成主要完成信息资源规划、统一用户登录及运销、物供、生产等业务系统数据集成。建立了一套对企业信息进行抽取、加工、汇总、维护的数据处理体系，并提供丰富的、灵活的统计和分析手段，满足不同层次管理人员的需要。采用全球领先的OLAP工具Cognos的产品建立企业数据集成体系，利用Cognos智能分析平台进行多维数据展示，支持复杂的分析操作。应用集成将煤炭运销、物资供应、安全监督、生产调度各应用系统产生的数据统一集中在一起，建立决策模型，提供各种综合查询手段及可视化表示，通过人机交互功能进行分析、比较和判断，提供直观易懂的查询结果。

（四）第四阶段：提升阶段（2007年至2008年）

企业的信息化已具备了较大的规模，已建成具有技术先进、高可靠性和安全性的畅通的网络系统，形成了集视频、实时监测、数据传输为一体的网络平台。完善的各应用系统，成为对企业信息进行抽取、加工、汇总、维护的数据处理体系，提供了丰富的、灵活的统计和分析手段，满足了不同层次管理人员的需要。实现了集成化的现代经营管理模式，建立了以人、财、物为核心，产、供、销一条龙的综合管理体系。

建立企业矿井生产自动化监测信息集成系统，加强了企业的安全管理、生产操作、生产调度、生产管理和生产经营等，为管理人员及时掌握安全生产装置的动态信息、安全管理情况、生产运行情况，及时调整安全生产方案提供了支持，达到提高企业经济效益的目的。

2007年信息化建设重点工作有：保证网络各个应用系统的安全稳定运行，实现各业务系统的整合，着力建设“数字矿山”。按照工作重点，完成了网络中心的DNS服务器、网管服务器、防病毒服务器等升级改造，完成了安全生产管理系统、瓦斯监测监控联网系统、煤炭运销管理系统服务器的升级改造，实现了双机互备系统。在新三矿、大淑村矿、薛村矿等生产单位，建立了生产调度指挥中心，为“数字矿山”打下了良好的基础。以羊渠河矿为试点单位，开发了《企业成本市场化控制（ECRP）系统》，将企业各生产单位、辅助单位都视作一个独立核算、自负盈亏的小企业，每个核算单位及工序紧密相连，所提供的服务和接受的服务，模拟市场需要收（或付）费，从而形成内部市场循环，达到控制生产成本，提高产能的目的。开发了《网络漏洞防护及安全性研究》项目，确保网络安全运行。有效配置网络的综合防御体系，开发客户端系统补丁分发系统，克服防火墙、杀毒软件、流量管理、网络运行分析等各个系统的局限性，进一步提高企业网的安全稳定性。

四、经营管理

（一）财务会计管理

1. 会计核算

通信中心财务科成立于1994年10月，严格按国家财务制度及上级有关规定，设置财会岗位和人员，认真做好会计和核算工作。

1994 年 10 月成立时实行财务电算化管理。1995 年固定资产实行电算化管理后，在全局《固定资产核算与管理子系统》展评赛中获三等奖。

随着会计电算化的深入开展，2001 年更换安易财务软件。2006 年正式使用 NC 用友财务软件。2005 年 10 月，财务管理实行代理记账。每年按时参加企业举办的会计证继续教育培训。

2. 固定资产管理

固定资产实行了三级管理。即：一级财务科；二级设备管理员；三级使用单位。一级和二级均设有专职管理人员，设有总账、明细账及卡片。三级建立使用保管卡片，定期进行核对清点，及时办理增加、减少及报废手续。

固定资产折旧计算。1989 年起改为"一产一率"提取折旧；2003 年，按新折旧年限计提折旧；2008 年 10 月，按照企业固定资产折旧年限进行调整的整体要求，对当年 1 至 9 月折旧额进行了补提。

（二）劳动工资管理

1994 年，形成了固定工、合同工等多种形式的用工制度。

按照企业统一安排，1995 年实行了岗位技能工资制。1999 年实行工资套改，理顺了工资关系。2003 年实行岗位工资制。2005 年 8 月调整岗位工资标准。2008 年 7 月调整岗位工资标准和年功工资标准。

五、管理制度与成果

（一）管理制度

先后制定了《信息化建设管理暂行规定》、《信息化项目进度报告及验收通知》、《网站信息发布管理办法》、《瓦斯实时监控联网管理暂行规定》、《安监信息管理系统运行管理规定》、《机关部室报送信息的通知文件》、《关于建立视频会议系统的通知》、《视频会议运行管理办法》、《关于成立视频会议调度室的通知》等制度。

（二）企业科技成果

《煤炭生产统计计算机信息系统》、《煤矿企业财务会计核算管理系统》获 1990 年河北省煤炭工业科技进步三等奖。

《浮选工艺改造及工艺参数自动控制系统》、《推广应用会计账务处理和报表系统》获 1992 年河北省煤炭工业科技进步二等奖。

《矿井主排水泵微机监测系统》获 1993 年河北省煤炭工业科技进步三等奖。

《五矿计算机话视网络系统》、《计量数据计算机管理系统》分获 1994 年河北省煤炭工业科技进步三等奖、四等奖。

《地表移动与"三下"采煤数据库管理及处理系统》获 1995 年河北省科技进步三等奖。

《第一医院计算机管理系统》获 1995 年河北省煤炭工业科技进步三等奖。

《采用微机技术监测通风系统各项参数》获 1997 年河北省煤炭工业科技进步三等奖。

《交流提升机可控硅多级分相编码启动电控系统》获 2003 年全国煤炭工业科技进步三等奖。

《信息化管理系统在生产调度过程中的应用》获 2004 年河北企业管理现代化创新成果三等奖。

《设备租赁管理信息系统》获 2004 年邯郸市科技进步三等奖。

《实施企业信息化，全面提升企业管理水平》获 2005 年河北企业管理现代化创新成果一等奖。

《多系统多类型瓦斯实时监控系统联网研究》获 2006 年中国煤炭工业科技进步三等奖。

《峰峰集团煤质信息管理系统》获 2006 年河北省煤炭工业科技进步二等奖。

《煤矿采矿工程设计图形数字化应用研究》获 2006 年河北省煤炭工业科技进步二等奖。

《煤矿主扇风机计算机监测、监视及无线网络通讯系统研究》获 2007 年全国煤炭工业科技进步三等奖。

《煤矿风险预控关键及支持技术研究》获 2007 年邯郸市科技进步三等奖。

《煤矿事故隐患动态监控系统开发及应用》获2007年河北省煤炭工业科技进步三等奖。

《煤炭企业成本自主管理资源规划系（ECRP）》获2007年河北省科技进步二等奖。

《可视化通防安全动态监测平台研究》获2008年河北省煤炭工业科技进步二等奖。

《主井提升机载荷动态无线监测系统》获2008年全国煤炭工业科技进步三等奖。

《可视化通防安全动态监测平台研究》获2008年河北省煤炭工业科技进步二等奖。

六、党建工作

（一）党的组织机构

1994年7月，组建局通信中心党支部。选举产生了支部委员会，支委会由3人组成，设支部书记1人。

2008年11月，党支部改选，支委会由5人组成，设支部书记1人，副书记1人。

（二）党建活动

1994年，针对企业困难，积极发挥思想政治工作优势，向职工讲形势、讲困难、讲光明前景，教育职工与企业同舟共济、共度难关。

1995年，在党员干部中开展了“三学、三查、三克服、一坚持”主题教育活动；在党员干部中开展了“讲学习、讲政治、讲正气”教育。

1996年，围绕局实现“九五”改革与发展纲要，大力抓好“凝聚工程”建设。

1997年，组织干部职工学习党的十五大精神。

1998年，深入开展了学习邓小平理论活动。

1999年，开展了学习党的十五届四中全会通过的《中共中央关于国有企业改革和发展若干重大问题的决定》。

2000年，针对企业经营困难的实际，开展了“深化改革求生存，严格管理促发展”大讨论活动；在党员中开展了“学决定，抓机遇，攻难关，创效益”主题活动。

2001年，在党员干部中开展了“转作风、树形象、促发展”主题教育活动。

2002年，根据机关党委安排狠抓作风建设，并开展了“满意在基层”活动。

2003年，开展了创建学习型机关和“团结、奋进、创新、超越”企业精神主题教育活动。

2004年，开展了加强机关自身建设和推行6S管理工作；在加强自身建设中，开展了“五查五改”活动。

2005年，开展了“一基多业，做精图强”主题教育活动和“以人为本，加强管理，搞好服务”企业文化研讨活动。

2006年，大力开展了企业文化建设。

2007年，宣传贯彻十七大精神；开展了文明礼仪教育和6S管理。

2008年，开展了解放思想大讨论、学习实践科学发展观活动和奥保稳定工作。

第三节　主要经济技术指标完成情况

1994年，按照核定利润指标，减亏19万元。

1995年，核定利润指标为0，完成191万元，超利润191万元。

1996年，核定利润指标37万元，完成48万元，超利润11万元。

1997年，核定利润指标46万元，完成49万元，超利润3万元。

1998年，核定利润指标106万元，完成106万元。

1999年，核定利润指标54万元，完成55万元，超利润1万元。

2000年，核定利润指标68万元，完成70万元，超利润2万元。

2001 年，核定利润指标 39 万元，完成 40 万元，超利润 1 万元。

2002 年，核定利润指标 9 万元，完成 10 万元，超利润 1 万元。

2003 年，核定利润指标 2 万元，完成 3 万元，超利润 1 万元。

2004 年，核定利润指标 –34 万元，完成 –34 万元，完成利润指标。

2005 年，核定利润指标 –275 万元，完成 –273 万元，减亏 2 万元。

2006 年，核定利润指标 –369 万元，实际完成 –369 万元。

2007 年，核定利润指标 10 万元，完成 10 万元。

2008 年，核定利润指标 –153 万元，完成 –119 万元，减亏 34 万元。

第四节　市级以上荣誉称号

一、国家、部级荣誉

2001 年，全国煤炭行业信息化工作先进集体

2002 年，全国煤炭行业信息化工作先进集体

2003 年，全国煤炭行业信息化工作先进集体

2004 年，全国煤炭行业信息化工作先进集体

2005 年，全国煤炭行业信息化工作先进集体、中国企业信息化 500 强企业

2006 年，中国企业信息化 500 强企业、煤炭行业信息化百强企业

2007 年，中国企业信息化 500 强企业

2008 年，中国企业信息化 500 强企业

二、省级荣誉

2005 年，河北省信息化示范工程单位

（资料提供：王卫红、王建峰）

第三十二章　邯郸市瑞达工程设计有限公司

第一节　单位概况

一、历史沿革

邯郸市瑞达工程设计有限公司前身是峰峰集团设计院。1953 年成立设计组，隶属于峰峰局生产处。1974 年改为设计处。1988 年改为设计院。

二、公司改制情况

2004 年，根据河北省委、省政府关于国有大中型企业主辅分离、辅业改制要求，设计院进行改制，职工与原主体企业解除劳动合同，重新与新公司签定劳动合同，建立了新型劳动关系。2004 年 10 月 20 日，由职工股东和峰峰集团（国有资产代理）共同投资组建了邯郸市瑞达工程设计有限公司。管理体制为峰峰集团参股子公司。

公司注册资本238万元，其中：职工股东人数48人，所占比例为96.64%；峰峰集团持股比例为3.36%。按照《公司法》规定，建立了法人治理结构。

三、设计资质

瑞达公司原为峰峰局一个职能处室，负责局（集团公司）各项工程设计工作（含厂、矿、医院、学校、家属生活区等），2004年改制为国有参股子公司。公司具有煤炭行业（矿井）主导工艺乙级设计资质、建筑行业丙级设计资质和煤气及热力管道设计资质。

四、资产情况

公司总面积1800平方米，固定资产总额108万元，共有电脑51台、全自动晒图机1台、复印机2台、打印机6台、夏普绘图机2台、网络服务器1台，已形成现代化设计工作全套系统。

五、人员情况

截至2008年底，在册职工总数为73人。具有技术职称的63人，其中高级工程师24人。同时，具有一级注册结构师2人，二级注册结构师1人；二级注册建筑师4人。

第二节　主要工作

一、设计工作

1989年至2008年，设计院（公司）所承担的设计工作内容主体为局（集团公司）所属各矿井的生产水平延深改扩建工程（以下简称“改扩建工程”）及扩能技改工程。其中先期开展的矿井改扩建工程已经为局（集团公司）维持原煤再生产能力600万吨/年，增加原煤产能90万吨/年，为局（集团公司）保持千万吨大型煤炭企业地位作出了贡献。2008年8月，为实现集团公司2010年形成1650万吨/年生产能力的目标，公司在20天时间内就完成了九龙矿、黄沙矿、万年矿、大淑村矿4个矿井的扩能技改初步设计。

完成的主要设计工作如下：

（一）矿井延深及改扩建工程

1. 小屯矿改扩建系列工程

小屯矿于1961年12月由煤炭部定产为21万吨/年。为挖掘生产潜力，1987年6月，完成了小屯矿改扩建初步设计，将生产能力提高到60万吨/年，工程概算投资0.31亿元，由煤炭部审批投资。之后，先后完成了小屯矿－300及－600水平的开拓延深工程。

2. 薛村矿改扩建

1959年11月投产的薛村矿设计年产90万吨。1987年6月，完成了薛村矿改扩建初步设计，将生产能力提高到135万吨/年，工程概算投资0.42亿元，由煤炭部审批投资。之后，按工期和投资计划安排完成了后续展开的施工图设计。

3. 万年矿三水平开拓延深初步设计

万年矿设计年产150万吨，为保证其生产能力，1998年4月，设计院完成了万年矿三水平开拓延深初步设计，并投入后续展开的施工图设计工作。

4. 薛村矿三水平西翼地区开拓延深工程初步设计

为保证薛村矿稳产135万吨/年，2002年1月，完成了薛村矿三水平西翼地区开拓延深初步设计，增加接续生产能力60万吨/年。

5. 九龙矿二水平开拓延深工程初步设计

九龙矿设计生产能力120万吨/年。为完成生产水平接续，2001年8月，设计院完成了九龙矿二水平开拓延深工程初步设计，后完成了施工图设计。

6. 黄沙矿水平开拓延深系列工程

黄沙矿原生产能力为60万吨/年，地质条件属特别复杂。为保持该矿井生产能力，1997年、2001年，分别完成了辛安区－280水平开拓延深、辛安扩大区二水平开拓延深工程初步设计和施工图设计。

此外，还完成了羊渠河矿羊东扩大区工程、通二矿集贤村扩大区工程、牛儿庄矿三水平延深、四矿下组煤试采井初步设计等。

（二）矿井扩能技改

2008年8月，为实现2010年原煤产能1650万吨/年的跨越，集团公司开始矿井扩能技改，瑞达公司在扩能技改设计中，如期完成了以下4个矿井的技术改造初步设计。

1. 万年矿技改初步设计

万年矿原设计生产能力为150万吨/年，按照集团公司规划，通过扩能技改，2010年将其产能提高到300万吨/年。经对各环节能力全面验算核定，需对采掘生产、通风、提升、运输、压风、供电及地面生产系统实施扩能改造。

2. 黄沙矿技改初步设计

黄沙矿设计生产能力为60万吨/年，按照集团公司规划，通过扩能技改，2010年将其产能提高到120万吨/年。经对各生产环节能力验算核定，需对矿井通风、井下皮带运输、压风、主井提升、地面生产及供配电系统实施增容改造。

3. 九龙矿技改初步设计

九龙矿原设计生产能力为120万吨/年，后经运输、通风等系统改造，核定能力达到150万吨/年。按照集团公司规划，通过扩能技改，2010年将其产能提高到210万吨/年。经对各生产环节能力验算核定，需对采掘生产、主煤流运输皮带系统局部、主井提升系统、排水系统、地面生产系统以及供配电系统实施调整及增容改造。

4. 大淑村矿技改初步设计

大淑村矿设计生产能力为90万吨/年。按照集团公司规划，通过扩能技改，2010年将其产能提高到150万吨/年。经对各生产环节能力验算核定，需对通风系统、瓦斯抽放系统、主井提升系统、地面生产系统、洗煤厂以及供配电系统实施改造。

（三）承揽外部煤矿设计

在赢得局（集团公司）内工程设计市场的同时，积极参与外部工程设计市场的竞争。自2002年以来，承揽了十余个周边煤矿设计。

（四）非煤产业设计任务

1. 钢铁厂高炉煤气发电站

1989年，完成了钢铁厂高炉煤气发电站设计，这是峰峰局第一个废物利用、节能降耗的小型高炉煤气发电项目。设计根据高炉煤气产量及热值，通过热力平衡计算，选出汽轮发电机组容量，并配套锅炉、水工、检测控制系统等设备，绘制全套安装施工图。

2. 万年矿焦化煤气净化系统

1996年，完成了万年矿焦化煤气净化系统设计，这是院完成的第一个化机工程。通过广泛调研，在熟悉化产吸收工艺的基础上，作出化机选型和总体工艺设备布置，并根据工艺要求，配置自动检测与调节系统，作动力设备配电。

3. 瓦斯及煤气利用工程

这是由多个单项构成的、时间跨度较长（自1973年至2008年）的系列工程。从20世纪70年代泉头矿瓦斯抽采的简单生活利用，到羊渠河矿、薛村矿、黄沙矿、九龙矿、新三矿、小屯矿、大淑村矿等矿井的大规模抽采利用，再到采用低浓度瓦斯机组发电。这些瓦斯抽放（采）工程的投入使用，对于提高瓦斯综合利用水平、改善矿井安全条件、显著降低瓦斯事故发生概率发挥了极大作用。

4. 局机关本部及一矿供水工程

本机关工程于2002年4月始，于2002年10月结束。

局本部、一矿周边及九龙矿的生活及工业用水水源，分别取自二矿、一矿井下奥灰水钻孔群。两矿闭井后，将失去供水水源。因此需敷设管路将原奥灰钻孔水引到泵井中，由潜水泵提到地面。该工程设计除时间要求紧急外，最大的技术难题是如何取得泵井中的动水位的准确数据，否则便无法合理选取潜水泵的扬程。为此，技术人员进行了刻苦攻关，多次深入现场调查，制定了一套特殊的放水试验方法，掌握了现场第一手资料，得到了符合实际的泵井水力特性数值解，使该课题圆满完成。

5. 五矿矸石热电厂—局机关本部供热工程

工程于2002年5月开工，于2002年11月竣工。管道长2300米，最大口径600毫米，是峰峰局规格最大、设计条件最为复杂的蒸汽输送管道，其输送蒸汽量占五矿矸石热电厂汽机总抽汽量的60%以上。该工程的竣工投用，不仅提高了五矿矸石热电厂的综合热效率和总体效益，而且取代了机关东、西区燃煤供热锅炉房，减少了环境污染，提高了居民生活质量。

二、科技进步

（一）设计手段

设计工具最初采用的是最原始的丁字尺加计算尺。1980年前后，更新为半自动绘制仪加计算器。1990年后，逐步引入计算机工程制图系统。随着单机数量增加，系统不断扩充。1995年达到设计人员人手一机，实现了计算机出图率100%，办公计算机软件化，并由单机运行作业发展到网络化通信和资源共享的服务器局域网，工程设计工具软件走上了大型化、网络化、专业化的道路。随着软硬件的更新换代，计算机实现每4—5年就要更换一轮。

公司软件配置状况：结构工程PKPM（2005网络版）、钢构3D3S（8.0版）、autoCAD、机制CAXA电子图板（V2版）、博超EES电气工程设计软件、清华节能设计TH－BECS2008、煤炭建设项目经济评价系统、煤炭井巷工程软件、神机妙算（网络版）等。

（二）运用新工艺、新技术、新材料、新设备、新结构

矿建所：综合机械化放顶煤采煤法、原煤层一次采全高工艺等高效采煤工艺；巷道支护积极推广煤巷锚杆支护、锚网喷锚索支护、锚注支护等，锚杆采用了自钻锚杆。

建筑所：门式钢架结构技术，适应建设周期短、大跨度、大空间的要求，采用了新型墙体保温建材、节能节水型卫生器具、PE及PPR等新型给水管材等。

机械所：带式输送机采用YZL型系列液压自动张紧装置，可实现胶带张力波动的瞬时快速调整；瓦斯抽放管道采用钢塑复合管，耐腐蚀且强度好，寿命长，综合造价低，性价比高；主井提升采用HZSN－X600/60多功能过卷保护装置。

电气所：井下防爆绞车变频调速PLC电控装置以及井上下风机、皮带、水泵等较大容量设备的起动和调速控制，实现节能降耗，减少机电冲击，实现柔性操作；井下高压开关采用微机和综合保护装置；矿井安全生产人员定位通信系统；井上下电网安全监测监控系统；全天候高压封闭母线；新型过电压浪涌吸收保护器应用等。

三、经营管理

（一）计划管理

根据承担的设计任务，每月安排作业计划，月初制订，月中调度平衡，以确保计划的顺利实施。

（二）财务管理

1988年以前，设计处为局机关处室，财务由局财务处管理。1988年开始独立核算。

（三）人事管理

2004年改制前，处（院）领导由局直接任免。科级及以下人员任免及调入调出，由处（院）领导研究确定后，报局批准。2004年改制后，人事档案归峰峰集团代管，各级领导的任免、提拔、调动等按股份制公司有关规定办理。各类人员的职称考核由峰峰集团组织人事部门协助办理。

（四）收入分配管理

1988年前实行超产计奖；1988年后实行岗位工资，并适当考虑每个设计人员的工作成绩；2004年改制后，实行绩效工资，在以劳计酬、效益优先的基础上，对经过考核认定业绩突出、贡献较大的员工以及先进模范，适度重奖予以激励。

（五）设计质量控制

在坚持联合现场调研、方案研究汇商、图纸三级检审、设计人员新老结合以老带新等行之有效的做法基础上，实行了全面质量管理，开展了专业质量控制小组（QC小组）活动。公司成立后，进一步完善了各项管理制度，建立健全了工程设计全过程的质量控制保证体系，严格执行设计文件的检查、审核、审定及会签制度，加强各道工序运行过程的反馈和监控，实行设计质量事故追究和质量考核奖惩。

四、设计市场拓展

市场拓展实施纵向开拓、横向渗透的战略。

设计市场的纵向开拓，包括集团公司内部及外部的煤炭工程设计市场开拓；横向渗透，是向工程设计和邻近行业的渗透扩展，包括煤炭行业之外的其他领域。在赢得并巩固集团公司内部市场的基础上，努力开拓了山西和邢台等地区的煤矿设计市场。

五、规章制度

不断建立健全各项规章制度，保证了各部门的高效、协调运行。尤其是改制后，按照《公司法》要求，进一步健全和完善了适应公司制运行的各项规章制度体系，使各项工作及活动有章可循。在推行及落实过程中，强化监管协调，及时沟通反馈信息，注重效果考核，兑现奖惩，保证了落实到位。

六、党群工作

1989年以来，院（公司）设党支部，由局（集团公司）机关党委直接领导。党员人数由1988年的5人发展到2008年的27人，其中22名为专业技术人员。2008年设支部书记1人、组织委员1人、宣传委员1人、纪律委员1人、群工委员1人，5名支部成员均为大专以上学历。

在上级党委的指导下，建立和推行了ISO9000党建工作质量管理体系。成立了党建文化办公室，由1名党员专职负责管理。党支部的各项活动均有章可循，每次活动均记录在案。如“支部决策会议”、“民主生活会”、“党小组会议”等。每个党员都有个人学习记录本。党支部各类资产、资料、往来文件等均归档专管。多次在党委检查和兄弟单位相互学习中获好评。1988年至2008年，7次获局（集团公司）机关“先进党支部”称号，5人获“模范共产党员”称号。

加强党风廉政建设。严格执行中央及上级党委有关规定，签定了党风建设责任书和廉政建设承诺书，定期组织党员学习有关资料，有效杜绝了各类违纪事件。

党支部支持工会工作，关心职工生活，千方百计保护和调动广大党员和职工的积极性，做到人性化管理。开辟了2个羽毛球场，建设了1个淋浴间，每年为全公司职工进行体检，受到广大党员和职工的好评。至2008年底，未发生一起违法案件及人员上访事件。

第三节　主要经济技术指标完成情况

历年主要经济技术指标完成情况表

年度	年设计费收入（万元）	年人均收入（元）	备注
1989	23.48	1704	
1990	31.75	2304	
1991	45.56	2580	
1992	59.11	2838	
1993	63.03	3122	
1994	77.33	3434	
1995	86.79	4121	
1996	98.11	5014	
1997	101.81	6016	
1998	100.11	7256.64	
1999	119.10	8310.57	
2000	236.09	11162.79	
2001	180.51	10768.01	
2002	236.78	12884.62	
2003	304.86	16565.63	
2004	1-10月321，11-12月121.80	29238	10月20日改制
2005	766.65	41661	
2006	918.10	53095	
2007	974.39	55245	
2008	1740.3460	70879.08	

（资料提供：李杰、刘得水、张心生）

第三十三章　河北冀南矿业安全检测检验有限公司

第一节　单位概况

一、历史沿革

河北冀南矿业安全检测检验有限公司前身是峰峰集团检测检验中心，位于峰峰矿区峰峰镇太中路2号。

2004年6月，峰峰集团为了适应煤矿安全生产形势需要，在河北省煤矿安全监察局的大力支持和帮助下，将原隶属集团公司机关3个职能部门的5个检测实验室（通防管理部的“通风仪表实验室”，煤炭生产部的“电气试验室”，非煤产业部的“材料物理试验室”、“计量检测所”和“环境监测室”）进行机构优化组合，组建了“峰峰集团有限公司检测检验中心”。

二、公司改制情况

2005年1月，成立“河北冀南矿业安全检测检验有限公司”，由峰峰集团和邯郸市兴泰焦化有限责任公司共同投资组建。公司注册资本为人民币600万元。峰峰集团以货币出资420万元人民币，占注册资本的70%；邯郸市兴泰焦化有限责任公司以货币出资180万元人民币，占注册资本的30%。通过资源优化组合，充分发挥人力、技术设备、环境等优势，成立了具备一定规模和检测能力的专业化矿业安全检测检验机构，为独立的工商注册法人机构。

依照《公司法》和《公司章程》，公司实行董事会领导下的经理负责制，经理负责公司的日常生产经营和管理工作。

三、公司规模和检测职能

公司在册职工58人，办公面积3500平方米，试验室面积3000平方米，恒温室面积1200平方米。公司下设技术质量保障部、经营财务部、综合管理部、政工部和通风仪器仪表检定室、粉尘检测室、煤质指标检测室、机电设备检测室、电气检测室、材料物理试验室、计量检定室、环境监测室。

（一）通风仪器仪表检定室检测范围：煤矿生产安全通风监控仪器、仪表检测。主要检定项目为：甲烷和氧气报警仪、一氧化碳检测报警仪、热催化甲烷报警仪、一氧化碳传感器、风速传感器、光干涉甲烷测定器、一氧化碳自救器、热导式甲烷传感器、风速表、一氧化碳过滤式自救器等。

（二）粉尘检测室检测范围：粉尘采样器、粉尘浓度测量仪、矿山作业场所总粉尘、呼吸性粉尘环境检测等。

（三）煤质指标检测室检测范围：煤层气测定、煤尘爆炸性测定、煤自燃倾向性测定、矿井有害气体分析等。

（四）固定设备检测室检测范围：提升系统绞车、矿井通风系统通风机、空气压缩机、矿井主排水系统水泵、皮带运输机、超声波探伤检测等。

（五）电气检测室检测范围：交、直流电动机、电力电缆、互感器、继电器系列、继电保护装置、高压断路器、绝缘油、电容器、交直流真空馈电开关、杂散电流检测等。

（六）材料物理试验室检测范围：钢丝绳、煤矿在用钢丝绳、阻燃电缆、阻燃皮带、井下用塑料网带、煤矿窄轨车辆连接件（连接销、连接环）、钢筋混凝土用热轧带肋钢筋、冷轧带肋钢筋、低合金高强度结构钢等。

（七）计量检定室范围：压力表、衡器、天平、砝码检定调修、长度量具检定、热工项目检定、电能表、电四表检定等。

（八）环境监测室范围：锅炉废气监测、矿井水、工业废水污染指标化验分析、厂界噪声监测等。

第二节　主要工作

一、矿业生产安全检测

2004年机构组建以来，立足峰峰集团，服务峰峰集团，围绕矿业生产安全中心，服务矿业生产安全大局，完成了重点矿业各项生产安全检测任务。主要有：2005年峰峰集团“无煤安标志”设备推进检测任务；2006年峰峰集团“安全生产许可证”换证设备检测任务；2007年峰峰集团“矿井生产能力核定”设备检测任务；2008年峰峰集团扩能技改设备检测任务。

二、安全资质认证、职工培训工作

建立了完善的质量管理体系。2005年9月，通过了国家安全监察总局认证评审，取得矿业安全检测检验机构乙级资质。2006年1月，通过了河北省质量技术监督局计量认证。2008年，依据国家安监总局12号令和《安全生产检测检验机构资质认定评审通用准则》要求，重新编写了《管理手册》、《程序文件》、《管理记录》机构质量管理体系文件，并有效改善了实验室环境条件。同年11月，经国家安监总局组织的评审专家组现场认定评审，获得了河北省煤矿安全监察局颁发的乙级资质证书。

为有效提高管理和专业技术人员整体素质，保证检测机构检测工作的科学、公正，编制了年度人员培训计划，并付诸实施。分别派人参加了省级、国家级各类培训班，累计培训管理、检测技术人员达110人次。培训内容分别为：检测新标准宣贯、设备检测、粉尘检测、煤尘爆炸检测、钢丝绳、阻燃电缆、阻燃皮带、塑料网假顶带检测等，并取得了相关资质。公司实施了“内外培”相结合的方法，组织管理和检测技术人员对“质量管理体系文件”、“安全法律法规”、“计量法律法规”、“误差理论”、“不确定度方法”等规范和专业技能，实施了集中学习培训。通过技能培训和技术练兵，检测团队整体素质明显提高。2007年度，《充分利用检测资源，为矿业安全保驾护航》，获河北省煤炭行业企业管理现代化创新应用成果二等奖。

三、安全管理工作

公司组建以来，强化了安全生产（检测）管理工作，先后制定完善了《安全职责》、《经理、副经理安全责任制》、《现场检测安全责任制》、《安全事故应急预案》、《实验室安全实施细则》、《实验室安全操作规程》等系列安全规范。2007年至2008年，被评为集团公司“安全生产先进单位”。

四、经营管理工作

（一）经营管理。作为峰峰集团控股子公司，2006年实施了经营独立经济核算。集团公司出资人监管部门，每年下达经营、利润建议指标。2006年，计划产值387万元、利润40万元，实际完成产值388万元、利润3万元；2007年，计划产值560万元、利润90万元，实际完成产值478万元、利润6万元；

2008年，计划产值510万元、利润15万元，实际完成产值695万元，利润总额100万元。

（二）财务管理。峰峰集团实行统一的财务核算中心会计代记账、核算监管管理模式，公司负责财务日常管理工作。为规避财务风险，先后制定了《全面预算管理》等制度。

（三）劳动工资管理。工资制度、用工制度，参照集团公司劳动工资管理办法执行。为充分调动员工积极性，2008年经董事会通过、职代会表决，制定了《工效挂钩管理办法》。

五、党群工作

（一）党委、纪监工作

2005年1月，经集团公司党委组织人事部批准，成立了峰峰集团检测检验中心党支部，隶属集团公司直属党委。党支部设支部委员5人，书记1人，下设3个党小组。2007年9月，党支部进行了改选，设支部委员3人，书记1人。

2004年，机构组建时，有党员15名，其中正式党员13名，预备党员2名。2005年，党支部成立后，不断加强党的基层组织建设，党员队伍不断发展壮大。截至2008年底，共有党员21名。期间调入党员3名，调出党员4名，支部发展党员6名，累计培养重点入党积极分子11名。

2005年，按照上级党委和直属党委统一部署，开展了保持共产党员先进性教育活动、“一基多业，做精图强”主题教育活动、推行党建工作质量管理体系，制定了党支部两个《议事规则》，坚持了“三会一课”制度。被集团公司直属党委评为“2005年度先进党支部”。

2006年，组织党员开展了“学《党章》、明标准、立宗旨”主题活动、“读廉文、思反腐、筑防线”主题教育活动、“八荣八耻”教育活动、“提升服务质量，赢得客户满意”活动。2006年“七一”前夕，组织党员到西柏坡进行了“两个务必”革命传统教育。

2007年，组织开展了深入学习党的十七大精神、“共建和谐，促进发展”主题活动、“为民、务实、清廉”主题教育活动，并利用双休日组织党员到孔繁森纪念馆进行参观教育。党支部进一步修订完善了两个《议事规则》和“三会一课”制度。

2008年，在集团公司党委统一部署下，1至3月份开展了“解放思想大讨论”活动、“双学、双促”主题教育活动。4月份至10月份，按照上级和集团公司党委部署，在全体干部职工中开展了“深入学习实践科学发展观”活动，活动开展情况在集团公司《工作简报》上刊发。5月份，在全体党员干部和职工中开展了向四川汶川地震灾区“献爱心”捐款活动。党员缴纳特殊党费5300元，职工捐款8000余元。9月份至11月份，根据集团公司党委部署，开展了作风整顿活动，促进了本单位作风和效能建设。活动开展情况在集团公司《工作简报》上刊发。被评为峰峰集团直属党委“2008年度文明建设模范集体”。

（二）工团工作。

2004年组建工会组织，设工会委员5人，工会主席1人。2005至2006年，被评为直属机关“先进职工小家”。2007年11月，召开了公司第一届职工代表大会。

2006年9月，经峰峰集团直属团委批准，组建公司团支部，设团支部委员3人，团支部书记1人。

第三节 主要经济技术指标完成情况

2006年－2008年主要经济技术指标完成情况

年度＼项目	产值（万元）	职工人数	全员效率（人/元）	利润（万元）	职工年均收入（万元）
2006	388	61	63607	3	1.65
2007	478	59	81017	6	2.91
2008	698	57	122807	100	4.253

第四节 市级以上荣誉称号

一、国家、部级荣誉

2008 年，中国计量测试协会“第六届计量技术测试服务优秀团体会员单位”

二、市级荣誉

2007 年，邯郸市技术监督局县级以上法定计量检定机构技术比武特等奖

（资料提供：周时林）

第三十四章 总医院

第一节 单位概况

一、地理位置

总医院位于河北省邯郸市峰峰矿区临水镇境内，坐落于滏阳河源头黑龙洞泉群北岸，处在邯郸铁路环形线上，公路交通可辐射山东、河南、山西及附近各县乡。

二、历史沿革

1945 年 9 月，八路军太行五分区军政委员会接收日军磁县炭矿病院，称为“峰峰利民煤矿医院”，接收日军六河沟炭矿病院，称为“六河沟煤矿医院”。1948 年 5 月，两所医院合并，改称“峰峰煤业公司医院”。1949 年 9 月，改称“峰峰矿务局医院”。1961 年 7 月，改称“峰峰矿务局总医院”。1970 年 10 月，改为“峰峰矿务局第一医院”。1995 年 6 月，重新恢复“峰峰矿务局总医院”名称。2003 年 7 月，医院改称“峰峰集团总医院”。2005 年 8 月，兼并华北冶金建设公司总医院，设立邯郸分院（对外称“峰峰集团邯郸医院”）。

三、医院规模

医院占地面积 3.9 万平方米，建筑面积 4.5 万平方米；邯郸分院占地面积 6617 平方米，建筑面积 8678 平方米。至 2008 年底，固定资产 1.327 亿元，其中医疗设备总值 7762 万元。总医院设床位 551 张，邯郸分院设床位 210 张。有职工 955 人，其中卫生专业技术人员 716 人，301 人具有高、中级卫生专业技术职称。经过 60 余年的发展，医院已成为一所技术力量雄厚，设备先进，功能齐全，集医疗、教学、科研、预防为一体的国家三级甲等综合医院。

四、医疗设备

20 世纪 80 年代，购置了心电监护仪、体外反搏仪、纤维胃镜、支气管镜、B 超、血气分析仪、全自动生化分析仪、人工血液透析机、800mAX 线机、全身 CT 等设备。90 年代后，又购置了多参数心电监护仪、24 小时动态心电图仪、呼吸机、床边监护仪、多功能麻醉机、手术显微镜、胸腔镜、腹腔镜、膝关节镜、基因扩增仪、体外震波碎石机、数字减影血管造影机、ECT、彩色多普勒超声诊断仪等先进医疗设

备。

2000年后，医院注重医疗设备的更新换代，陆续购置了螺旋CT、64排CT、0.2T核磁共振、1.5T核磁共振、血管造影X射线系统和多种型号的呼吸机、麻醉机、透析机、彩超、内窥镜系列、高压氧舱等大中型医疗设备67台。至2008年底，全院2000元以上的医疗设备达717台，其中10万元以上的医疗设备104台，100万元以上的医疗设备9台。装备水平在本地区处于领先地位。

五、技术水平

在建院初期的解放战争年代，医院只能完成一些小手术及常见病、多发病的诊治工作。20世纪50年代，医疗技术得到较快发展，相继开展了一批难度较大的手术和医疗、医技项目，在冀南、豫北享有盛誉。改革开放后，医院瞄准国内外先进技术项目，积极发展专科特色，注重开展先进的医疗技术工作。1994年5月，成为以骨、外科专业为主的综合性国家三级甲等医院。

第二节　主要工作

一、医疗技术工作

（一）骨科

1. 显微外科专业：成功开展了包括多指离断、幼儿断指、末节断指、撕脱性断指、肩胛带离断等复杂的断肢（指）再植手术。同时开展了第二足趾移植、拇甲瓣移植等多种方法再造拇指，全头皮撕脱再植，吻合血管的腓骨、髂骨游离移植治疗四肢骨缺损，多种吻合血管或带蒂的组织瓣治疗软组织缺损或四肢创伤并发症等手术。2000年后，治愈了一例右手拇指六度缺如伴有同侧桡动脉缺如的特殊类型患者，移植第二足趾，拇指再造成功，该病例在世界范围内也属罕见。相继开展了应用比目鱼肌治疗小腿骨外露，应用隐动脉蒂骨瓣、骨膜瓣加交锁髓内钉治疗胫骨骨不连，应用骶尾部菱形皮瓣移位治疗骶尾部褥疮，应用腓骨短肌肌瓣修复小腿远端外侧骨外露，应用趾长屈肌肌瓣修复小腿创面等先进技术。

2. 骨科创伤专业：以丰富的临床经验，运用各种先进的“AO”内固定技术、外固定架技术、肢体功能重建技术、多种皮瓣及复合组织瓣修复技术、肢体延长技术，对各种复杂的手外伤、四肢骨折、脊柱损伤、骨盆骨折、神经与肌腱损伤等进行各种手术治疗。其中开展的脊柱骨折前路减压多种内固定术、交锁髓针治疗四肢骨折等项新技术，使许多严重损伤得到一期修复，降低了致残程度。对严重创伤性休克、多发骨折、脂肪栓塞综合症、挤压综合症等骨科创伤危重症的抢救，积累了丰富的经验。2000年后，相继开展了应用多根针治疗股骨颈骨折、椎弓根钉棒组合系统治疗胸腰椎多椎体骨折、跟骨骨折的微创治疗、陈旧髌腱断裂的治疗、高位胸椎骨折椎弓根固定、经皮空心螺钉固定治疗股骨颈骨折、锁钉板在骨折中的应用、栓桩式固定治疗膝关节交叉韧带损伤、合并血管损伤的跟腱挛缩的治疗研究、骨质疏松老年人骨折的临床治疗、关节镜下前后交叉韧带重建术、关节镜下股骨髁上骨折复位交锁髓内钉固定术、关节镜下胫骨髁间棘复位丝线内固定术等先进技术。

3. 骨病专业：开展了各种关节及脊柱结核的病灶清除植骨术，对脊柱侧弯、驼背等畸形进行器械内固定、截骨等矫正手术，对椎管狭窄、颈椎病进行椎管扩大成型等手术治疗，对各种骨肿瘤进行瘤段切除植骨、灭活再植等多种手术以及介入灌注治疗，对肿瘤、风湿、创伤所致的肘、膝、髋关节严重损伤行异体骨关节、人工关节植换术，对各种类型的椎间盘突出症进行各种手术及保守治疗。2000年后，相继开展了膝关节表面置换手术、为一桡骨远端骨肿瘤患者施行吻合膝下外侧动脉的腓骨头移植重建桡腕关节功能的手术、膝关节镜下滑膜切除、半月板切除和游离体摘除术、胫骨近端干骺端延长治疗下肢短小畸形、经皮穿刺激光气化椎间盘减压术、先天性脊柱侧弯半椎体固定融合术、同期双髋关节置换治疗双侧股骨头无菌性坏死等先进技术。

4. 小儿骨科专业：1989年被邯郸市残联指定为“小儿麻痹矫治指导站”，开展了对小儿骨病、骨伤、先天性畸形、关节脱位、小儿麻痹后遗症等进行各种手术及外固定治疗。其中采用SALTOR截骨、髋臼造盖、股骨旋转截骨等多种手术治疗先天性髋脱位，采用腓骨游离移植或外固定架加压延长技术治疗先天性胫骨假关节，儿童肱内翻畸形的治疗，胫骨近端干骺端延长治疗下肢短小畸形等项新技术取得了良好疗效。

（二）外科

1. 普通外科专业：开展了甲状腺癌、胃肠癌、乳腺癌等恶性肿瘤的规范性根治手术和综合性治疗，对肝硬化门脉高压并上消化道大出血进行分流或断流手术治疗，对胆石症进行中西医结合治疗，对胆道疾病及恶性肿瘤进行高位胆管癌切除术、经皮肝穿胆道造影及置管引流术、“u”型管及双“u”型管支架胆道引流术治疗，对胰头癌进行胰十二指肠切除术，胰岛α－细胞瘤，β－细胞瘤切除术，对肝癌、巨大肝囊肿、肝巨大血管瘤及严重肝破裂进行标准半肝切除术、肝叶切除术，应用腹腔镜进行胆囊切除术、肝囊肿切除术，直肠癌直肠前切除术及腹腔疾病诊断，聚丙烯网修复巨大腹外疝，深静脉血栓的诊治，采用介入疗法、核素内照射疗法、化疗、免疫疗法等对恶性肿瘤进行综合性治疗，对急腹症及严重腹外伤的诊治积累了丰富的临床经验。2000年后，相继开展了肠瘘内堵术、胆总管囊肿切除术、保留脾脏胰体肿瘤切除术、肝癌微波固化治疗、经皮肝穿胆道支架置入术、胰管肠吻合在胰十二肠切除术中的应用、微波固化治疗甲状腺肿瘤、十二指肠镜乳头切开、经内镜食道静脉曲张套扎、硬化剂注射术和激光微创治疗大隐静脉曲张、导丝引导下食道支架置入、胆道狭窄球囊扩张支架置入术、双侧经皮肝穿胆道支架套入术、经颈静脉肝内门体分流术（TIPS）等先进技术。

2. 胸外科专业：开展了上段食管癌切除、食管、胃颈部吻合的三切口和二切口手术，支气管肺癌袖状切除术，支气管、血管双袖状切除术，心包内血管结扎、全肺切除术，应用下肺韧带包盖吻合口的贲门癌切除术，应用胃舌状浆肌瓣覆盖吻合口的食管中段癌切除术，应用右胸小切口和非开胸手术方法的上段食管癌切除术，应用微创技术经腋下小切口肺叶切除、纵隔肿瘤切除术，经胸腔镜肺叶切除术、胸壁肿瘤切除术、胸膜固定术、食管癌切除术、肺大泡切除术等，应用介入灌注技术治疗肺癌、贲门癌等恶性肿瘤，应用电化学治疗晚期食管癌，应用食管支架、气管支架治疗食管、气管梗阻，应用大网膜填塞技术治疗慢性脓胸，对胸外伤的抢救积累了丰富的临床经验。近年又开展了先心病动脉导管未闭结扎术、体外循环下先心病心内直视矫正术。

3. 泌尿外科专业：开展了低温麻醉下肾剖开取石术，肾上腺肿瘤切除术，膀胱皮瓣腰大肌固定术代替下段输尿管，半肾切除、肾下盏输尿管吻合术，采用阴茎筋膜下尿道纵行切开术、尿道套入术、窥视下尿道内切开术、尿道顺行切开术等多种术式治疗各种类型的尿道狭窄及闭锁，采用镍钛记忆合金网状支架治疗前列腺增生及外伤性尿道狭窄400余例，采用阴囊内膜下睾丸固定术治疗隐睾，采用阴囊正中带蒂皮瓣、横行岛状皮瓣一期成型术治疗尿道下裂，采用膀胱全切回结可控性膀胱术治疗膀胱癌，输尿管镜气压弹道碎石术，同种异体肾移植术8例，输尿管镜气压弹道碎石术。2000年后，相继开展了膀胱全切、盲肠可控性膀胱术、腹腔镜下肾盂、输尿管连接部狭窄成型术、腹腔镜下输尿管－膀胱再吻合术、经皮肾镜气压弹道碎石术、腹腔镜下肾癌根治术、腹腔镜下前列腺癌根治术等先进技术。2005年至2008年，采用腔镜技术进行微创手术1200余例。2007年11月，林超参加在墨西哥召开的第25届世界腔道泌尿外科学术大会，演讲四篇论文，并被大会任命为大会组委会成员及主持人。

4. 烧伤专业：对锅炉爆炸、瓦斯爆炸、石灰、汽油等所致的大面积烧伤患者，采用早期切痂、自体皮嵌入、大张异体同种和大张异种植皮、微粒皮移植等技术手术治疗，在解决抗感染、纠正电解质紊乱等难题方面，积累了丰富的临床经验，先后治愈3例烧伤总面积为95—99.8%的烧伤患者，其中三度烧伤占48—65%。一次收治22名瓦斯爆炸所致的烧伤患者全部治愈。

（三）神经外科

神经外科专业对各种急性颅脑损伤的抢救积累了丰富的临床经验，采用亚低温疗法，降低了重型颅脑损伤病人的死亡率。广泛开展了除脑干以外所有部位的颅内肿瘤和脑血管病的手术治疗，如岩斜部脑膜瘤切除术，胎脑皮层移植术和多颅骨钻孔脑血管重建术治疗脑梗塞。利用介入放射技术进行了颈内动脉海绵窦瘘拴塞治疗，利用显微神经外科技术完成了颅咽管肿瘤全切术、保留面神经的听神经瘤切除术、三叉神经鞘瘤全切术等高难度手术。1997 年后又相继开展了颈内动脉假性（外伤性）动脉瘤的神经放射介入治疗、颅内动脉瘤的手术治疗、经口齿状突切除术、颈动脉内膜剥离术、脑干（延髓）髓内肿瘤切除术、脊髓髓内肿瘤切除术、经单鼻孔垂体瘤切除术、翼点入路颅咽管瘤全切术、保留椎板的椎管内病变手术、外伤性颈椎间盘突出镜下（微创）切除术、前路颈椎椎体切除术、外伤性动脉瘤手术治疗、后颅凹有限减压术治疗 Chiari 畸形（Ⅰ型）等先进技术。

（四）内科

1. 心血管内科专业：开展了 24 小时动态心电图监测、无线多通道心电监护仪等诊断技术，成立了 CCU 病房。开展了心房调搏、双腔心脏起搏器的安装、应用数字减影技术进行冠状动脉造影检查、急性心肌梗塞的溶栓治疗及放射性心肌显像等新技术。2000 年后，应用主动脉内气囊反搏术加冠状动脉支架术，成功救治一名大面积急性心肌梗死伴心源性休克患者。医院更新数字减影设备后，冠状动脉介入治疗技术从简单的 A 型病变到复杂的 C 型病变，从单支病变到多支病变，开展了经桡动脉冠状动脉造影术、经桡动脉冠状动脉支架术等多项新技术。

2. 神经内科专业：开展了心理咨询及心理障碍治疗、脑血栓的抗凝溶拴治疗、脑血肿的碎吸治疗等多项新技术，对脑出血、脑血栓、大脑半球大面积梗死、癫痫及脑与脊髓神经病变的诊治，取得了很好的疗效。

3. 消化内科专业：研制了益肝颗粒、降酶颗粒、消黄颗粒和软肝颗粒等治肝系列药物，取得了满意的疗效，对各型肝炎的治疗和急性重症肝炎的抢救取得了丰富的临床经验。2000 年后，相继开展了应用多种药物抗乙肝病毒治疗、白蛋白冲击疗法治疗肝硬化顽固性腹水、门脉高压症食管静脉曲张套扎治疗、输血后丙肝病毒感染者临床转归研究等。

4. 内分泌专业：应用检验、核素、病理等先进的诊断技术，对原发性醛固酮及皮质醇增多症、垂体微腺瘤、甲状腺疾病、垂体前叶功能减退及危象、嗜铬细胞瘤、糖尿病等内分泌系统疾病的诊断水平进一步提高。开展了小剂量胰岛素抢救糖尿病酮症酸中毒昏迷、高渗昏迷、代谢性骨病研究、糖尿病的胰岛素强化治疗、胎儿胰腺组织皮下包埋及其混悬液肌注治疗Ⅰ型糖尿病、血管紧张素转换酶抑制剂治疗Ⅱ型糖尿病、胎肝治疗白血病、胎胰治疗糖尿病和免疫性疾病、免疫疗法治疗甲状腺炎的研究等，取得了满意的疗效。2000 年后，开展了应用放免测定 T3、T4、rT3 在非甲状腺疾病中的临床诊断，Mxa 方案治疗难治性复发性白血病，灯盏花素联合洛汀新治疗糖尿病肾病，联合降压治疗老年人糖尿病高血压，灯盏花素联合洛汀新对糖尿病肾病尿蛋白测定，灯盏花素联合缬沙坦对糖尿病肾病尿蛋白及血清 CRP 影响的临床观察。

5. 呼吸内科专业：利用肺功能测定仪、支气管镜等设备，开展了弥慢性肺间质纤维化和肺结节病的诊断和治疗、小分子肝素钙皮下注射治疗肺栓塞、肺灌注配合中药治疗肺癌、胸腔内注射顺铂配合全身治疗胸膜间皮瘤、小剂量肝素治疗肺心病、呼吸衰竭以及 64 种变应源皮内试验、斑贴试验及脱敏治疗变态反应性疾病。

6. 血液病专业：建立了胎肝室和血液病学实验室，发现了真性红细胞增多症、MD－MF 综合症、海兰组织细胞增多症、原发性血小板增多症、纯红再障、红白血病及高嗜酸粒细胞综合症、L3 型急性淋巴细胞白血病等罕见病例，开展了自制胚胎肝悬液用于再障的治疗、原发性血小板减少症的脾栓塞介入治疗、急性白血病的个体化治疗、VCEP 方案治疗耐药性淋巴瘤、Mxa 方案治疗复发性白血病、A－2B 干扰素治疗骨髓纤维化、CSA 治疗重型再障、B2－MG 检测微小残留白血病等临床研究，应用多种化疗方案，使急性白血病缓解率达 80% 以上。

7. 肾脏内科和血液净化专业：对原发、继发性肾小球疾病，肾小管间质性疾病，尿路感染性疾病，肾血管性疾病及急、慢性肾功能衰竭等采用规范化的诊疗标准，使难治性、常复发性及激素依赖型等肾病综合症的治疗及前瞻性的预后判断更准确可靠，急性肾功能衰竭治愈率达 90%。对继发性肾病综合症中糖尿病肾病、狼疮性肾炎的诊疗采用了国际通用标准，使患者病情得到控制并长期稳定。对于慢性肾功能衰竭患者除维持血液透析治疗外，在非透析治疗阶段采用治疗原发病、去除诱发加重因素和中西医结合治疗等方法，使病情得以较长期稳定。2000 年后，开展了血液灌流、无肝素透析、肾活检、连续性血液净化及体外抗凝、血浆置换、深静脉置管、免疫吸附等新技术。

（五）妇产科

妇产科专业可完成多种术式的计划生育手术、剖宫产术、恶性肿瘤根治术、生殖器成形术、输卵管复通等各种手术。在各种妊娠并发症、新生儿急救、围产保健、妇女病普查、药物引产、恶性肿瘤化疗、妇科内分泌疾病的诊治等方面，积累了丰富的临床经验。成功地开展了各种监护技术、显微外科技术、宫腔镜技术的应用工作。2000 年后，在妇科方面，相继开展了筋膜内全子宫切除术、卵巢癌的腹腔灌注化疗。在腹腔镜下开展的微创系列手术有异位节育器取出术、卵巢囊肿剥除术、附件切除术、输卵管切除及输卵管切开取胚术、输卵管整形及吻合术、子宫肌瘤剔除术、腹腔镜辅助阴式子宫切除术、全子宫切除术、子宫次全切除术、子宫内膜异位症的镜下治疗、腹膜阴道成型术等，以创伤小、恢复快、痛苦少，深受患者青睐。新阴式系列手术有非脱垂大子宫阴式全切术、阴式附件肿物切除术、阴式子宫肌瘤剔除术。在妇科恶性肿瘤的治疗方面，开展了晚期宫颈癌的新辅助化疗、卵巢癌的手术病理分期及规范性化疗、宫颈残端癌的广泛子宫颈切除、盆腔淋巴清扫术。在产科和计划生育方面，引入了无痛技术、超导可视等多项新技术。

（六）五官科

耳鼻喉专业可完成喉癌、喉咽癌、扁桃体肉瘤、晚期甲状腺癌等恶性肿瘤的多种根治术，多种皮瓣、复合组织瓣的成形术。可完成上颌窦、蝶窦、乳突、声带、气管等部位疾病的手术治疗。开展了鼻成型、全耳廓再造等鼻面部整形手术，纤维鼻咽喉镜的应用，内窥镜下鼻腔—鼻窦手术，皮肤扩张器在头皮整复术中的应用，自制咽炎药茶的临床应用，变态反应性鼻炎的综合治疗等项工作。1997 年后，相继开展了鼓室成形术、面神经减压术、颈段气管成形术、杓状软骨切除术、扩大垂直半喉切除喉功能重建术、鼻咽血管瘤切除术、上颌骨切除术、Messerkling 术式、鼻内镜下鼻腔、鼻窦肿瘤切除术、喉次全切除气管（环）咽吻合术、鼻内镜下眶减压术、视神经减压术。

（七）加强医疗科（ICU）

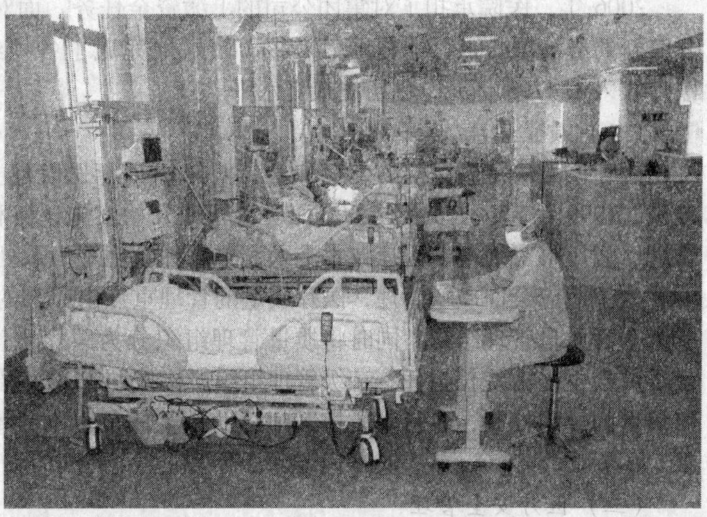

ICU 专业利用先进的医疗设备，可对单个或多个器官及系统功能衰竭、严重创伤或多脏器损伤、大手术后呼吸或心血管功能不稳定、各种重症休克和水电解质严重紊乱等急危重症患者，在多种功能监护下，进行及时有效的抢救和综合治疗。2000 年后，在利用机械通气和多种药物治疗 ARDS、MOF、急性肾衰、急性心衰、癫痫持续状态等急危重症病人方面取得了很好疗效。

（八）急救医疗

煤矿工伤和驻地急、危重症患者的急救医疗，一直是医院工作的重点之一。医院在各个时期的发展与建设，如医务人员的配备、专业科室的建立、病床和医疗设备的设置、技术的发展和研究等，都是围绕这个重点进行的。在长期的急救医疗实践中，医院在组织指挥、通信交通、制度规程等方面形成了一整套严密、完整的急救医疗系统。以创伤急救为主的急救医疗工作，锻炼培养了一大批专业技术人才，拓宽了专业技术领域，形成了创伤外科的技术优势，促进了医院的辅助诊断、重症监护、血液透析、麻醉等各项技术的全面发展。

在工伤急救方面，1989 年至 2008 年，医院救治各类伤员 1596 人，成为煤矿安全生产的最后一道防线，工伤急救工作多次受到河北省煤炭厅和局（集团公司）的表彰。2006 年，国家安监总局矿山医疗救护中心峰峰分中心、中华创伤学会中国煤矿创伤学会峰峰创伤研究所在医院成立。

在急救医疗服务于社会方面，改革开放后，地方交通和工业的发展以及小煤窑的大量增加，使创伤急救的工作量逐渐加重，收治的创伤急诊病人中，局（集团公司）以外的伤员占三分之二以上。在本地区重大交通事故、集体食物中毒、雷电击伤等重大突发事故中，医院由于具备完善的急救医疗系统，能够按照处理重大突发事故预案，整体配合协调，以快速的反应、精湛的医术，使伤员全部脱险，赢得社会各界和伤员的赞誉。

二、医院管理

（一）经营管理

20 世纪 90 年代，随着医疗改革的深入，峰峰局取消了对职工家属实行的医疗价格优惠政策，统一实行国家收费标准，医院经济收入进入快速平稳增长时期。实行综合目标管理责任制后，克服了奖金分配的平均主义，调动了职工积极性，1992 年和 1993 年，经济收入增长率分别达到 23% 和 31%。1994 年后，峰峰局对医院的定额经费进一步压缩。为克服资金短缺困难，医院制定了严格的预算外收支管理办法和职工借款及备用金管理实施细则，对固定资产进行清产核资和清查评估，开源挖潜，创收节支，精打细算，从严控制非医疗性支出。

2000 年，局基本取消了对医院的补贴。医院加强财务管理，增收降耗，实行科室核算，控制成本支出，加大对债权债务的清理，改进药品卫生材料的会计核算方法，降低库存，减少积压，避免过期的报废损失，减少流动资金的占用，积极追求利息收入的最大化。2006 年，财务费用利息收入获得 118 万元的净收益。

2002 年，开始推行全面预算管理，把各项经济活动和财务收支全部纳入预算管理。2003 年后，通过两次清产核资，处理历史遗留问题，清理不良资产 57 万元。在物价管理方面，认真执行《全国医疗服务价格项目规范》和《河北省医疗服务价格改革方案》标准，对医疗收费项目和收费价格进行统一规范管理，杜绝了分解项目、乱收费、多收费现象。

2006 年，医院承担了对集团公司的上缴资金任务。面对压力，医院加强了经营管理和经济活动分析，开辟新的经济增长点，严格绩效考核，较好地完成了各项经济指标，医疗收入首次突破亿元。2008 年，医疗收入 1.4793 亿元，创历史最好水平。

（二）质量管理

医疗质量决定着医院的生存和发展。自 1994 年医院建立医疗质量委员会后，质量管理一直不断更新、改进。1999 年起，全员参与的全面质量管理开始实施，各种制度、规范相继出台，下发执行了手术分级管理、病历书写规范、医疗技术准入、单病种管理等一系列相关规定，严格规范了医疗质量标准。

为了适应全面质量管理，医疗质量的管理重点由原来的终末质量改变为过程控制、预先控制，建立了三级全面质量管理组织。同时将质量管理组织分为医疗质量控制组织和医疗质量改进体系。2008 年，质量委员会主任由院长担任。三级管理组织严格按照 PDCA 循环，将终末质量检查工作转变为由科室质控小组负责的过程控制，各科室质控医师协助科主任负责本科室质量管理及质量控制，收到了良好的管理效果。

（三）医疗安全管理

医院高度重视医疗安全管理，2000 年成立医疗安全管理委员会，制定了《医院医疗事故处理暂行规定》、《医疗安全管理的若干规定》，不断完善病例讨论、会诊、首诊负责、术前讨论、三级查房等规章制度。大力开展有关法律法规的宣传教育，增强了医护人员医疗安全观念，强化了告知和证据意识、自我保护意识。不断完善医疗安全管理、医疗告知程序和目录、医患沟通制度、医疗纠纷处理程序、医疗事故防范预案、医疗缺陷管理措施、患者住院须知等规章制度，规范医务人员的医疗行为，为医疗安全提供保障。建立了医疗安全管理网络，实行医疗安全责任制，促使科主任重视医疗安全管理，转变轻管理重技术的错误观点，增强了医疗安全的工作力度。在处理医疗纠纷中，坚持事故和纠纷原因不查清楚不放过、责任不明确不放过、整改措施不落实不放过、教训不汲取不放过，医疗安全管理水平不断提高，在全市处于先进水平。

（四）护理管理

医院注重护理管理工作，1978年成立护理部后，建立起院、科两级管理体系。20世纪80年代、90年代，在创建河北省文明医院、全国煤炭系统标准化医院、国家三级甲等医院和爱婴医院活动中，护理工作全部达标。

2000年后，医院把精细化管理、走动式管理引入护理管理中，健全了护理质量管理体系，强化组织领导，明确职责，形成了在主管院长领导下的护理三级管理体系。护理部成立了四个工作质量检查组，各临床科室成立护理质量检查小组，实行PDCA循环管理模式，使护理质量不断持续改进。

（五）信息化管理

1998年医院设立信息管理系统（HIS），有服务器6台、各级交换机30余个、网络站点220余个，在邯郸市首家实现医院信息化管理。建立了20个系统模块，开发了《设备管理系统》、《离退休人员开支系统》、《后勤管理系统》、《病案管理系统》等应用程序。

2006年，通过20兆光纤实现科室和家庭互联网接入，申请域名www.3011.net，网站点击率已达70余万人次，宣传扩大了医院的知名度。

（六）科研与教学

医院重视科研工作，1989年至2008年，63项科研成果获市级以上奖励，其中获中国医学科学进步一等奖1项、省部级13项、河北省煤炭系统20项、邯郸市29项，在国家和省级杂志上发表论文893篇。

1975年，峰峰局职工医科大学在医院成立，1980年经河北省人民政府批准，国家教委备案，更名为“峰峰矿务局职工医科大学”，后改办为“峰峰煤炭职工卫生学校”，有在校学生1169人。

医院为邯郸高等医学专科学校峰峰第一附属医院、华北煤炭医学院和张家口卫生学校教学医院。

（七）总务管理

总务工作负责全院的供水、供电、供热、供氧和非医疗物品的供应、餐饮、交通、绿化卫生、洗涤、通信、污水处理、基建房产及相关的维修任务等。2008年全年用水31.82万吨、用电230.95万千瓦时、用气8791吨、耗煤690吨、供液氧量110余立方米，有汽车17辆。邯郸分院年用电65万千瓦时、用水1.92万吨。

三、党群工作

（一）党委、纪监工作

1989年至2008年是医院逐渐进入市场、适应市场的重要阶段，也是建院以来发展最快的时期。总医院党委紧紧围绕医疗工作，充分发挥党组织的政治核心作用、战斗堡垒作用和党员的先锋模范作用，积极探索新形势下思想政治工作的新途径、新方法，带领全体职工解放思想，投身改革，推动了医院的持续健康发展。

在医院领导班子建设中，院党委始终坚持刻苦学习、团结协作、勤奋工作、清正廉洁的目标。制定了《团结公约》和《领导班子沟通制度》，深入开展了“四好”领导班子创建活动，严格执行民主集中制原则和两个《议事规则》，较好地发挥了班子集体的智慧。

在党支部建设方面，按照政治素质高、懂医疗、会管理的标准，选举配备基层党支部书记。实施了基层党支部建设标准、科室重大问题决策向党支部汇报、干部诫勉谈话、支部书记例会等项规章制度，坚持了党支部的考核和竞赛活动，使党支部的战斗堡垒作用在医院改革和建设中得到了充分发挥。

在党建工作中，借鉴ISO9000族质量管理标准，建立了医院党建工作质量管理体系，初步形成了党建工作的标准化运行。在发展党员方面，坚持严格的培养考察制度，2000年至2008年，有46名入党积极分子加入党的组织。

院党委坚持“党管干部”原则，重视对干部的培养教育，提高干部队伍素质，举办干部培训班、选拔培养后备干部队伍，对中层干部进行民主评议和考核。按照德才兼备标准制定选拔任用干部的条件，规定选拔任用干部的程序。在2000年的人事制度改革中，全部护士长和中层干部实行了竞争上岗、全员聘任制度。2005年至2008年，44名同志通过公开竞聘、组织考察，走上护士长和科主任管理岗位。

院党委从抓教育、建制度、查案件入手，不断加强党风廉政建设，促进了院风的好转。组织职工尤其是党员干部、重点岗位人员进行党纪、政纪法规教育和正反典型教育，观看警示教育片，印制了《党纪、政纪条规手册》、《廉洁文化手册》作为职工必读教材。从建章立制入手，制定了严格详细的有关职业道德和反腐倡廉的规定。开展了针对收受红包、搭车开药、药品器械采购、药品使用、工程建设、商业贿赂等问题的专项治理，对党风廉政建设责任追究、党政领导干部重大事项汇报等作了详细规定。加大案件查处力度，重点查处了以权以医谋私、私收现金、职务犯罪和私自外出行医等案件。1988年至2008年，共查处私收现金、私自外出行医、服务投诉等各类案件51起，对相关责任人按规定进行了处理。

院党委充分发挥思想政治工作团结人、凝聚人、鼓舞人的作用，组织干部职工学习党的路线、方针、政策，根据局（集团公司）党委的部署，结合医院的中心工作，坚持一年一个主题教育。把解决思想问题与解决实际问题结合起来，针对医院改革中出现的问题，积极疏导，稳定情绪，化解矛盾。在对外宣传工作中，平均每年见报稿件达130篇以上。在医院文化建设中，全面推行精细化管理，编印了《员工手册》，完善了469项管理制度，确立了医院理念识别系统，推行了5E标准、6S行为规范、班前礼仪、ABC卡、走动式管理等。

院党委把医德医风教育、优质服务列入重要工作议程，20年常抓不懈。从提高职工优质服务意识入手，建立医德医风和优质服务规章制度，召开优质服务动员大会，开展"假如我是一个患者"讨论，组织服务礼仪培训，执行文明用语和服务忌语，建立医德医风档案，开展"创一流品牌、建和谐名院"流动红旗竞赛、明星竞赛、争当最佳医护工作者等项活动，在全院形成了浓厚的优质服务氛围。采取了设立门诊服务中心、病区外勤服务队、急诊患者绿色通道、扶贫病房、患者投诉热线、开展病区整体护理、聘请社会监督员、发放征求意见卡、召开住院患者座谈会、深入基层义诊等多种优质服务措施。实行住院患者收费"双卡制"，受到邯郸市、集团公司的表彰和社会的赞誉。邯郸市卫生局在医院召开卫生系统现场会，推广"双卡制"及医德医风建设的经验。通过开展优质服务活动，极大地提高了职工的服务意识，医德医风有了根本好转，患者满意率达到98%以上，促进了医患关系的和谐，树立了医院的良好社会形象。

综合治理工作坚持"打防结合、预防为主"的方针，大力加强治安管理，排查调处矛盾纠纷，维护了医院的长期稳定。建立了《处置突发事件预案》、《稳定工作和综合治理工作领导责任制》等规章制度，对要害部位、易发案部位的工作人员进行经常性的安全防范教育，增强职工的治安防范和消防安全意识。坚持治安防范的基础设施建设，重视技防、物防的投入，加强安全防范检查，消除安全隐患。打击寻衅滋事、盗窃、医托等违法犯罪活动，多年未发生重、特大案件，确保了医院正常的工作和医疗秩序。做好民调工作，坚持"预防为主、调防并举"的方针，消除不安定因素，有效预防了集体上访和民转刑案件的发生。

（二）工会工作

将提高职工的科学文化素质作为切入点，成立了职工业余培训学校，开展了建功立业竞赛活动。加强民主管理，坚持职代会制度，坚持院务公开，注重劳动关系的和谐和维权工作，定期与院行政对话。以送温暖保稳定为重点，把党的关怀送到职工群众中去，对特困职工家庭实施救助，坚持领导干部联系困难户制度，为困难职工子女资助助学款。大力开展职工文化体育活动，设立多种文体协会，丰富了职工的业余生活。搞好"四会五家"建设，为职工办实事，设立"建家奖励基金"，调动了基层分会建家的积极性。

（三）团青工作

在党委的领导下，围绕医院的中心工作，组织团员青年开展业务学习和技术练兵活动。多年坚持开展青年文明号、志愿者奉献活动，在医院的优质服务工作中发挥了重要作用。

第三节　主要经济指标完成情况

历年职工收入一览表

年度	职工人数	工资总额（万元）	职工平均工资（元）
1989	740	188. 2	2544
1990	743	176. 1	2371
1991	749	242	3232
1992	737	275. 6	3740
1993	745	319. 4	4288
1994	745	378. 7	5083
1995	763	434. 6	5696
1996	783	565. 1	7216
1997	782	589.9	7544
1998	767	507.9	6622
1999	774	598.5	7733
2000	777	770.6	9918
2001	771	724.8	9402
2002	760	883.5	11626
2003	769	933.8	12144
2004	783	1329.5	16980
2005	833	1877.9	22545
2006	909	2081.6	22900
2007	935	2386.2	25522
2008	956	2991	31280

历年收入、支出及固定资产一览表

单位：万元

项目 年度	利润或节余	收入合计	其中			支出合计	其中			固定资产年末原值	其中医疗设备
			局拨经费	医疗收入	其他收入		药械支出	工资	管理费		
1989	181	177	115	593	9	536	302	119	115	1465	
1990	180	936	138	791	7	756	444	172	140	1555	790
1991	288	1122	135	987		834	515	173	146	1695	909
1992	378	1463	135	1328		1085	715	199	171	1945	985
1993	464	1919	134	1785		1455	949	232	274	1980	1008
1994	371	2146	135	2011		1775	1098	339	338	2472	1535
1995	830	2889	135	2754		2059	1151	408	500	2878	1393
1996	831	4029	565	3459		3193	1668	556	969	3755	1900
1997	992	4182	683	3315	184	3190	1530	671	388	5405	2206

项目 年度	利润或节余	收入合计	其中			支出合计	其中			固定资产年末原值	其中医疗设备
			局拨经费	医疗收入	其他收入		药械支出	工资	管理费		
1998	651	3872	572	3236	64	3221	1663	485	408	5065	2293
1999	618	4073	302	3720	51	3455	1584	632	396	6733	2491
2000	237	4356	116	4240	67	4119	1771	726	344	7108	3669
2001	280	4880	58	4776	46	4606	2110	735	382	8193	4683
2002	356	5864		5726	138	5508	2596	1012	466	8499	4893
2003	410	6874	50	6747	77	6464	3521	874	541	10829	5490
2004	−99	7564	223	7228	113	7663	3908	1386	595	10519	5500
2005	81	9432	344	8740	348	9351	4369	1878	1907	10814	5739
2006	4	10845	50	10571	224	10841	5489	2082	2252	11305	6231
2007	−26	12934	122	12582	230	12960	7080	2386	2377	12558	7443
2008	−911	15689	733	14793	163	16600	8851	2991	2966	13270	7762

历年医疗工作统计一览表

类别 年度	实际开放床位数	门诊人次	入院人次	手术例数	治愈好转率（%）	病死率（%）	病床使用率（%）	平均住院日	病床周转次数	危重病人抢救成功率（%）
1989	446	149177	4975	2236	94.15	1.66	98.92	10.03	31.21	95.17
1990	446	161079	5245	2198	93.84	2.21	110.10	11.77	29.27	96.25
1991	446	162185	5420	2421	94.53	1.58	108.29	12.13	28.03	94.26
1992	504	152151	5334	2326	94.99	1.32	101.83	10.57	27.74	95.04
1993	504	120068	5586	2155	94.59	1.27	93.37	11.38	27.99	83.16
1994	503	114859	5354	2240	95.63	1.35	85.70	10.65	27.54	87.83
1995	503	111717	6097	2428	95.46	1.22	91.22	12.06	25.20	90.09
1996	503	108953	6434	2403	96.00	1.14	91.28	13.68	22.86	91.19
1997	503	70216	6252	2771	97.21	0.97	89.27	22.04	12.60	81.33
1998	503	64692	6048	2623	96.06	1.18	78.26	21.92	12.08	80.00
1999	503	68194	6932	3004	96.88	1.12	78.57	19.51	13.76	81.00
2000	503	65192	7128	2917	94.17	1.18	79.20	18.69	13.87	83.24
2001	508	67252	7850	3018	96.23	1.34	76.68	19.00	17.29	82
2002	508	66036	7898	3072	95.87	1.21	94.54	18.02	19.30	19.49
2003	508	64523	7803	2895	96.01	1.25	75.42	14.82	17.49	76.31
2004	509	71420	8955	2971	96.00	1.32	94.54	13.62	19.30	83.05
2005	507	74056	8768	3055	96.17	1.34	90.71	16.80	17.22	85.20
2006	530	81039	8860	3316	97.52	0.78	94.28	18.27	17.25	85.16
2007	530	74732	8958	3931	96.99	0.92	104	17.15	16.90	86.00
2008	551	62772	10041	4842	95.92	0.92	108	16.81	18.20	85

第四节　市级以上荣誉称号

一、国家、部级荣誉

1994 年，国家三级甲等医院

1995 年，卫生部、联合国儿童基金会、世界卫生组织“爱婴医院”

2007 年，全国煤矿体育工作先进单位

二、省级荣誉

1997 年，河北省“三星级窗口单位”

1998 年，河北省“文明服务三星级单位”、职工体育先进单位、医疗卫生计量工作先进单位

2004 年，河北省卫生厅园林式单位

三、市级荣誉

1991 年，邯郸市优质服务活动先进单位

1993 年，邯郸市双争竞赛先进单位

1994 年，邯郸市双争竞赛先进单位、医德医风建设先进单位

1995 年，邯郸市文明单位

1996 年，邯郸市文明单位、职业道德先进单位

1997 年，邯郸市文明单位、文明服务示范医院

1998 年，邯郸市卫生系统精神文明建设先进单位

1999 年，邯郸市文明单位

2001 年，邯郸市卫生工作先进单位

2002 年，邯郸市卫生系统精神文明建设先进单位

2003 年，邯郸市文明单位、卫生系统精神文明建设先进单位

2004 年，邯郸市卫生系统行风建设先进单位

2005 年，邯郸市卫生系统精神文明建设先进单位

（资料提供：高继儒、张宏涛、李亚丽）

第三十五章　第二医院

第一节　单位概况

一、地理位置

第二医院坐落于河北省邯郸市峰峰矿区太中路 1 号，南与峰峰实验小学一路之隔，西北为家属区。处于太行山支脉鼓山东麓丘陵地带，海拔 195.6 米，距邯郸市 40 公里，距河南省安阳市 50 公里。

二、历史沿革

第二医院前身是峰峰局医院门诊部。1952 年 6 月，峰峰局医院一分为二，住院部迁往新市区，原医院旧址改为门诊部。1956 年 6 月，门诊部迁到现址。1961 年 7 月，门诊部改为“峰峰局总医院第一分医院”。1970 年 10 月，改为“峰峰局第二医院”。2003 年 7 月，改为峰峰集团第二医院。经过 56 年的发展，医院的建设规模和综合技术水平发生了巨大变化，成为一所集医疗、教学、科研、预防、康复、保健于一体的综合性医院。1993 年 6 月，被河北省医院分级管理评审委员会评为“国家二级甲等医院”。1994 年 8 月，被河北省创建爱婴医院评审团评为“爱婴医院”。1996 年 11 月，经河北省煤炭工业管理局和河北省卫生厅批准，成为全省首批 6 家河北医科大学教学医院之一。医院是峰峰集团职工医疗保险定点医院和河北省本级统筹工伤保险定点医院，并先后成为峰峰矿区、武安市、磁县、涉县、临漳县、马头镇等新农合定点医院。截至 2008 年，医院床位由 1989 年的 400 张增加至 502 张，临床医技科室由 1989 年的 19 个增至 31 个。医院占地面积 2.03 万平方米，建筑面积 2.69 万平方米。医疗设备由 1989 年的 105 台（件）增至 2008 年的 742 台（件）。医院先后获邯郸市“文明医院”、“卫生工作先进单位”、邯郸市卫生系统“优质服务先进单位”、“文明服务示范单位”、“文明服务三星级窗口单位”、“行风建设工作先进单位”和集团公司“医疗卫生红旗单位”称号。

三、医疗设备、技术水平、规模

1989 年至 2008 年，医院购置德国西门子螺旋 CT 扫描机、大型 C 形臂数字减影 X 光机、直线加速器、放疗计划系统、X 刀、直接数字化摄影机（DR）、数字胃肠机、日本东芝 800mA 多功能 X 光机、日本岛津 500mA 多功能 X 光机、美国全身彩色超声诊断仪、电子胃镜、电子结肠镜、6 人高压氧仓、CCU、ICU、PICU 监护设备、眼底血管造影仪、眼底激光治疗系统、儿科呼吸机及消化系统设备、口腔数字图像处理系统、种植牙系统、鼻窦镜及综合治疗台、腹腔镜、宫腔镜、阴道镜及射频子宫肌瘤治疗机、多道电生理仪、日机装 DBG20 血透机等百余台（套）。

坚持以医疗为中心，突出煤矿特点，积极引进新技术、新设备，开展新项目，在本地区率先开展了经皮冠状动脉腔内血管成形术（PTCA）、永久性心脏起搏器安装、脑基底动脉瘤栓塞及支架置入术、经腹腔镜胆囊摘除术、子宫卵巢肿瘤切除术、介入输卵管再通术、肾动脉支架置入术、微创颅内血肿碎吸术、外周血管疾病的介入治疗、人工牙种植术、人工晶状体植入术、玻璃体切割术、舌癌舌颌颈联合根治术、喉癌根治术、壶腹周围癌、胰十二指肠根治切除术、肝癌切除术、心脏裂伤修补术、经尿道前列腺电切术、微创小切口阑尾切除术、空气灌肠小儿肠套复位术、后矢状入路肛门成型术、先天性巨结肠经腹会阴切除术、新式剖宫术等新技术、新工作。

四、资产和人员情况

医院有职工 603 人，其中获副高级以上技术职称的医务人员由 1989 年的 17 人增至 2008 年的 52 人，获得中级技术职称的由 87 人增至 182 人。职工人均年收入由 1989 年的 2369 元增至 2008 年的 30233 元。固定资产由 380 万元增至 6683 万元。

第二节　主要工作

一、医务管理与护理

（一）医务管理

1989 年后，随着卫生体制改革的逐渐深入以及医药卫生事业的发展壮大，医院越来越注重各项新技术、新业务的开展，医疗工作取得了较大成绩。

1. 小儿科：1996年后，先后开展了对缺氧性疾病、脑瘫患儿的正规化治疗。2006年3月，购进河北省第一台胃电图机和食道测压仪，开展消化系统疾病病因诊断。2006年8月，成功开展了第一例先天性心脏病的介入治疗。2008年6月，成立儿科哮喘门诊，建立了儿科针灸室。

2. 新生儿科：1996年，率先开展了静脉留置针和胃重力喂养、微量泵控制喂养技术，改良抚触治疗新生儿硬肿症新技术及新生儿静脉高营养。2007年，开展了INSURE技术（气管插管、气管内注入肺表面活性物质、气道持续正压呼吸）。2008年，开展了PICC（外周静脉中心导管留置术），填补了河北省在早产儿、低体重儿应用中的空白，居河北省先进水平。

3. 内一科（心血管科）：1991年，首次应用食道调搏技术成功转复一例阵发性室上性心动过速病人。1992年，成功开展了首例急性心肌梗塞尿激酶静脉溶栓治疗。1995年，建立了心内科CCU监护室，开展了三腔漂浮导管行血流动力学监测。1998年，开展了首例埋藏式永久心脏起搏器植入术。2004年，开展了首例冠状动脉造影、经皮冠状动脉血管成形术、经皮冠状动脉支架植入术、经桡动脉选择性冠状动脉造影及支架植入术。2005年，开展了首例肺栓塞静脉溶栓治疗、心律失常射频消融术、临时起搏器植入术。2007年11月，开展了首例急性心肌梗塞伴心源性休克病人的急诊PCI治疗，并获成功。2008年6月，首例心包腔穿刺持续引流术成功。

4. 内二科（神经内科）：在邯郸地区率先开展了肌电图检查。1997年，首次开展了颅内血肿微创穿刺治疗。2004年，成立神经内科重症监护室，建立了脑卒中单元。2005年，开展了脑梗塞静脉溶栓治疗。2006年，开展了脑梗塞动脉溶栓治疗、脑内动脉瘤介入栓塞治疗。2006年，开始启用空气高压氧舱。

5. 内三科（普通内科）：1991年，首次开展纤维结肠镜检查。1995年，首次开展纤维结肠镜逆行插管阑尾造影。1996年，首次开展急诊胃镜诊治急性上消化道大出血。1998年，首次开展急诊肠镜诊治急性下消化道大出血。2005年，开展了高频电圈法切除肠道息肉。

6. 内四科（血液肿瘤科）：1993年，购入钴－60放疗机，在峰峰地区率先开展了恶性肿瘤的放射治疗、介入治疗、电化学治疗、胸腔置管引流术、骨髓活检术等新技术。2008年11月，购置直线加速器及适形放射治疗计划系统和X－刀。

7. 内五科（肾内科）：1999年1月，首次成功开展血液透析。1999年9月，首次开展血液灌流，救治大剂量氯丙嗪（7000毫克）中毒，获得成功。2000年，利用人工肾机做腹水浓缩回输，并首次应用重组人促红细胞生成素治疗慢性肾衰透析前患者并推广使用。2001年，首次应用血管紧张素转换酶抑制剂和血管紧张素拮抗剂治疗肾性高血压。2002年，首次应用大剂量强的松龙和环磷酰胺冲击治疗难性肾病综合征、狼疮性肾炎获得成功。2003年，首次应用血液透析＋血液灌流治疗13岁儿童重度鼠药中毒获得成功，填补了本地区空白。2004年，首次应用部分人工肝治疗高胆红素血症。2005年，首次开展双腔管中心静脉置入术和血液透析＋血液滤过术。2006年，首次开展静脉用蔗糖铁治疗肾性贫血。

8. 中医科：1993年，《固本益肾膏治疗老年性疾病疗效观察》获科研成果奖；与河南省淇县同济医院合作开展中西医结合治疗肾病取得良好疗效。1998年，成立中医骨伤科，治疗腰椎病、骨关节病、股骨头坏死、类风湿性关节等疾病，取得良好效果。2007年，引进中药汽疗仪，治疗腰椎病、骨关节病、类风湿性关节、骨质增生、中风后遗症、皮肤病等疾病，取得良好效果。

9. 外科：1989年后，采用低温肾动脉注入肝素，肾切开取石成功；行胃癌全胃切除空肠代胃手术成功；为肝破裂、胰头破裂休克病人行肝左叶切除胰头修补成功。1993年，首次开展PTC技术，并成功开展了首例心脏破裂修补手术；成功为一例右支气管断裂患者行全肺切除手术。1995年，首次开展耻骨后保留尿道前列腺切除手术。1996年，建立膀胱镜室，首次开展了经尿道前列腺电切手术、经尿道膀胱肿瘤电切术。1996年，首次开展输尿管膀胱隧道式吻合术；行尿道断裂一期吻合成功。2001年，首次开展小儿先天性肛门闭锁（高位）经后矢状入路肛门成型术、新生儿十二指肠闭锁手术、小切口阑尾切除术、胆囊切除术。2006年后，开展了消化道吻合器的应用和右上腹小横切口幽门环肌切开术、腹腔镜胆囊切除术（LC）、腹外疝无张力疝修补术、腹腔镜小儿腹股沟斜疝内环缝扎术。

10. 骨科：1992年7月组建后，先后开展了断指再植术、髋关节置换术、脊柱骨折椎弓根内固定术、四肢骨折带锁钉内固定术、小腿带蒂皮瓣转移术等。2008 年 11 月，开展了第一例膝关节表面置换术、椎间盘切除椎间融合 GSS 固定术。

11. 耳鼻喉科：1989 年 6 月至 1994 年，先后开展了纤维气管镜检查及喉部息肉切除术、双垂直部分喉切除、喉成形术、全喉切除术、上颌骨截除术、鼓室成形鼓膜修补术、在全麻控制性低血压下经硬腭入路鼻咽黑色素瘤切除术。1995 年后，开展了纤维鼻咽喉镜检查、行纤维喉镜下声带良性肿物切除术、鼻内窥镜下鼻息肉切除术、颈淋巴结清扫术。2002 年 8 月，购置丹麦麦迪森 ERA1260 脑干听觉诱发电位，开展脑干反应测听检查。2005 年，购进美国史塞克鼻窦内窥镜手术系统设备，开展鼻内镜下全组筛窦、额窦及蝶窦开放术、鼻内镜下筛窦肿物、上颌窦肿物切除术、鼻内镜下应用切削钻腺样体切除术。

12. 眼科：1989 年后，购置眼科手术显微镜，开展显微眼科手术、青光眼显微手术、现代白内障囊外摘除术。1997 年，购置进口显微镜和玻璃体切割机，开展玻璃体切割术。1998 年，购置超声乳化仪，开展超声乳化 + 人工晶体植入术。2004 年，购置眼底荧光造影仪，开展了眼底血管荧光造影检查、义眼台一期植入术和非穿透性小梁切除术。2005 年，开展了先天性青光眼小梁切除术。2006 年，开展了玻璃体切割 + 眼底激光治疗。2007 年，开展了自动电视野分析检查，开展了义眼台二期植入术。2008 年，开展了眼底激光治疗和视觉电生理检查。

13. 妇产科：1989 年后，先后开展了子宫下段剖腹产术、先天性无阴道的阴道成形术、恶性葡萄胎的综合化疗和腹膜外剖腹产术、妊娠图及新生儿缺陷监测、输卵管再通吻合术、宫腔镜和羊膜镜的临床应用。1997 年 10 月，实施新式剖宫产术、小切口全子宫切除术。2006 年 6 月，实施腹腔镜、宫腔镜手术，先后实施全子宫切除术、子宫肌瘤剔除术、卵巢囊肿剔除术、卵巢肿瘤切除术、宫外孕手术等数十种手术。2008 年 4 月，开展了宫腔镜检查及利普刀宫颈病变切除、宫颈锥切等手术。

14. 口腔科：1990 年后，开展了颌面部的医学美容及生活美容服务、颜面部大面积血管瘤切除一次整形术、颊癌行颊颌颈联合根治术，上颌骨肉瘤行上颌骨大部分切除术、颊癌扩大切除颊脂垫代替皮瓣的修复，上唇二分之一缺损下唇三角瓣旋转修复术、直丝弓矫治技术。2000 年，开展了唇癌切除术后口角缺损上唇旋转瓣修复术、前牙注磁技术、全口不碎胶修复术。2002 年，开展了面颊癌扩大切除断层皮片修复术。2003 年，开展了拉上颌骨次全切、腮腺深叶肿瘤行面神经解刨腮腺全叶及肿瘤切除术、上下颌骨内固定术、多曲唇弓矫治术。2004 年，开展了唇癌扩大切除舌骨上清扫扇形瓣修复术、颜面部严重复合伤组织缺损整形修复术、澳大利亚 MRS 功能矫治技术和氟斑牙、牙髓坏死变色牙漂白技术。2006 年，开展了拉上颌骨腺样囊性癌的扩大切除、两段式人工种植牙技术、下颌骨颗状凸高位骨折复位内固定术，成功抢救一例颌颈外伤造成颈内静脉破裂失血性休克的病人。2007 年，开展了两段式种植牙技术及骨再生引导膜技术。

15. 介入科：2004 年 5 月成立，购置北京万东公司生产的 C 型臂数字减影机 1 台，在峰峰地区率先开展了经皮血管成形术和血管内支架植入术；血管栓塞治疗出血性疾病、动静脉畸形、动静脉瘘、血管瘤等；下腔静脉过滤器植入术；TIPSS 治疗肝硬化门静脉高压症；良恶性肿瘤供血动脉的药物灌注与栓塞、血管内照射、术前栓塞肿瘤血管以及肿瘤压迫腔道后所致腔道梗阻的治疗；子宫肌瘤的栓塞治疗；无水酒精注射治疗肝癌等。利用各种封堵伞堵闭缺损。冠状动脉造影、冠状动脉腔内成形术及支架植入（PTCA）、起搏器植入术、射频消融术。全脑血管造影、急性脑血栓血管内溶栓术、脑动脉瘤及脑血管畸形栓塞术、头颈部血管狭窄闭塞成型术等。

（二）护理管理

1990 年，在实施医院分级管理、创建二级甲等医院的工作中，护理部制定完善了 14 项管理制度、71 种专科疾病护理常规和 49 种专科操作常规，护理质量管理实行了三级管理网络，质量控制使用 PDCA 程序循环法，进行科学管理，建立了护理信息反馈系统，使护理质量稳步提高。

1996 年开始，先后在 13 个病区开展了全面系统化整体护理工作。手术室、产房、血透室、急诊室、ICU 室开展了健康宣教工作。2001 年，在全院试行护士长、护理部主任竞聘上岗。2005 年，以“医院管理年”活动为契机，建立完善了护理管理组织，实行目标管理责任制，开展了程序化温馨服务。2006 年，开始对护士长实行动态化管理，完善了护理管理、病房管理、用药管理、护理质量安全管理及护理各部门工作制度102项，并建立护理应急预案、护理事故防范预案。2008年，确立了分级护理制度、护理交接班制度等7项核心制度。

医院有针对性地强化“三基”训练，每年选送护士外出进修学习。1989年至2008年，共外出进修43人次，短训144人次，自考高护毕业50人，本科毕业31人。医院护士在国家级杂志发表论文104篇、省级70篇、市级5篇，并在河北省、邯郸市举办的护理比赛中取得好名次。截至2008年11月，医院共有护理人员201人、副主任护师1人、主管护师67人、护师92人、护士41人，其中本科学历32人、大专学历71人、中专学历98人，全部具有中专以上学历，大专以上学历占51%，中级以上职称达到34%。2003年5月，医院5名护理人员参加邯郸市“非典”救治护理小分队，尽职尽责，履行了白衣天使的神圣职责。

二、科技进步

1989年以来，医院有35项科研成果分别荣获河北省煤炭系统、邯郸市科技进步奖。在国家和省级以上刊物发表论文856篇。论文《早期干预对新生儿硬肿症并发多系统器官功能衰竭的影响》被第六届世界危重病急救医学大会选中交流。《茶色素95－67课题》获全国临床科研课题协作三等奖。《高血压病患者左室不同重量与心电图高频成分关系的初步研究》、《控制图法在药物制剂质量方面的应用研究》获邯郸市科技进步一等奖。《新生儿缺血缺氧性脑病的综合干预及远期疗效》、《CT片模拟双重定位法经皮粗针穿刺肺活检》和《PTF－V1阳性病人P波谱频变化的临床观察》获河北煤炭工业科技进步二等奖。《中西医结合治疗难治性肾病综合症的临床研究》、《早期干预对新生儿缺氧缺血性脑病预后临床意义研究》获邯郸市科技进步二等奖。1991年，小儿科主治医师王振营获高镜朗基金会临床儿科杂志优秀论著二等奖第一名。他撰写的《早期干预对新生儿硬肿症并发多系统器官衰竭的影响》一文，被西班牙马德里第六届世界危重病急救医学大会选为大会交流论文。小儿科主治医师李炳照撰写的《儿科疾病诊疗歌诀》一书，由河北科技出版社出版。1991年5月，出版的《中国名医400家》中，载有李宝柱大夫。1992年6月，出版的《中国当代名医辞典》一书中载有李宝柱、王济生、贾建森、邝宝玲、成剑鸣、白厚基、聂锡钧等7名大夫。1993年，冀光荣、张慧欣主编的《煤矿职工保健手册》由河北科学技术出版社出版。2006年4月，《市场营销在医院经营中的应用与实践》，获河北省2005年度企业管理现代化创新成果二等奖。2007年5月，《CS营销在医院经营中的应用》，获2006年度河北煤炭行业企业管理现代化创新应用成果二等奖。2007年7月，内一科主编的《心脏病急救学》被列为全国高等医学院校试用教材。2008年10月，儿科又主编了《现代临床诊疗全书》。

三、安全管理

医院健全了指挥抢救系统，全力做好工伤救治，把好工伤救治的最后一道防线。1995年，医院建立了CCU、ICU病房，装备了美国惠普公司生产的组合式监护系统。1997年，开通了120急救系统，添置了便携式心电图机、供氧机等急救设备，配备了120急救车，使很多濒危病人得到了及时抢救和治疗。2007年12月，在峰峰矿区率先启用国内一流的层流净化手术室，同时配置了ICU床单元4张，为危急重症患者的抢救及术后康复提供了有力的保障。

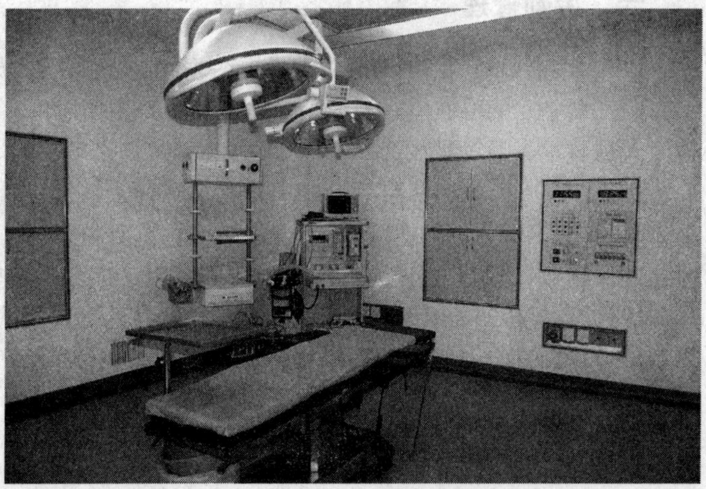

在2003年抗击“非典”的战役中，为

取得抗击“非典”工作的全面胜利作出了贡献。2004 年，参加了黄沙矿 10 余例急性亚硝酸盐中毒患者救治工作。2005 年，参加了峰峰矿区和村镇数名雷击致伤亡患者救治工作。2005 年，参加了峰峰矿区界城镇 5 名煤气中毒患者救治工作。2007 年，参加了大淑村矿煤与瓦斯突出事故救治工作。2008 年 9 月，参加了“问题奶粉”导致婴幼儿泌尿系统结石的医疗救治工作。11 月，参加了万年矿皮带机致伤亡患者救治工作。

四、经营管理

1991 年 9 月，由计算机自动生成账簿、会计报表，实现了会计核算电算化。1993 年 9 月 24 日，全院微机联网，实现了财务、病案、统计、药品、器械等信息共享。2001 年 4 月，实施“经营核算和工资分配”方案，全面引入市场经营机制，实行科室二级核算。2001 年 11 月起，实现了计算机网络化管理。严格预算和资金管理，加强资金收入日常监控。完善了财务信息化核算系统，实现了财务数据网络化管理。2007 年后，医院制定了切实可行的营销计划，开展了关系营销、品牌营销、文化营销等多种营销活动，吸引、扩大和稳定病源。加强了健康体检工作，进一步完善体检设施，健全体检项目，从外联、陪检、体检、报告、健康指导，形成一条龙服务。积极研究新农合、新城合政策，加强与农村卫生院以及基层矿（厂）医院的联系和业务交流，扩大了医疗辐射范围。

五、改革改制

医院通过改变管理体制和运营机制主动适应市场的变化，积极探索医疗行业市场化运作方法。1989 年，依据煤矿医院标准，在技术经济责任制基础上，制定和实施了“标准化管理责任制”。1990 年 7 月至 1993 年 5 月，开展了争创“二级甲等医院”活动。1995 年，根据峰峰局的统一部署，进行了工资制度、劳动用工制度、社会保险制度及转换经营机制等项改革，制定了三项制度和转换经营机制的改革方案。1997 年 4 月，推行了“三条线”管理，将全院分为医疗一线、多种经营、后勤服务三大部分，形成了“三条线”分别核算、分别考核的运行机制。1999 年，实行了全员聘任制和科主任负责制。2001 年 10 月，实行了病人可以选择医生的改革。2003 年 8 月，实行了机关管理人员竞争上岗。2004 年 4 月，实施了《绩效考核工效挂钩工资分配方案》。2004 年，推行了 6S 管理。2005 年，在全院开展了程序化温馨服务活动。2006 年，制定了“十一五”规划，实行管理人员走动式管理、班前礼仪和 ABC 三卡管理，提升了精细化管理水平。2007 年 11 月，清理整顿规范劳动用工，清退 9 名护理工和 13 名环卫工、清洁工。2007 年 1 月，实施了“一二三”发展战略，一是突出一个定位，即巩固“二甲”成果，建成三级医院；二是抓住两条主线，即医护质量与安全、市场营销与经营；三是占领医保定点和商业保险、集团医疗与社区医疗、专科专病特色三个市场。

六、后勤管理

1989 年至 1995 年 10 月，后勤设办公室组、木工组、瓦工组、管道维修组、电工组、洗衣组、锅炉组、职工食堂、病号食堂、托儿所、汽车房、环卫组等 12 个班组，职工 115 人。1995 年 11 月，按照医院精简人员要求，后勤减少为 96 人，设办公室组、修理工组、电工组、锅炉组、食堂、汽车房和环卫组等 7 个班组。1996 年，车队与后勤分家，食堂实行了承包。后勤职工总数由 96 人减少到 63 人。2004 年 2 月至 2008 年 9 月，后勤自然减员 23 人，职工总数变为 39 人。2008 年 1 月，环境卫生工作以承包形式交由河北环保物业管理有限公司负责。2008 年 10 月，多经科划归后勤，后勤职工总数为 42 人。

1989 年至 1995 年 10 月，后勤实行计划经济的管理模式。1995 年 11 月，实行了职工总数控制、经济总额承包。2001 年 5 月，和医院同步实行了全面会计核算。

七、党群工作

（一）党委工作

1989年后，院党委紧紧围绕改革、发展、稳定大局，牢固树立“围绕业务抓党建、抓好党建促发展”和“两手抓、两手硬”的思想观念，全面加强医院党组织的思想、组织、作风建设和以职业道德建设为核心的精神文明建设。1992年，在职工中开展了主人翁意识系统教育活动。1994年，在党员中开展了建设有中国特色社会主义理论和学《党章》为主要内容的系统教育活动。1997年，开展了争创文明医院活动，实施以“树三观、做表率”为主题的凝聚工程建设。1998年，开展了“适应新形势，树立新观念，再创新业绩”主题教育活动。1999年，开展了深入学习邓小平理论，扎实开展“鼓斗志、闯难关”主题活动。2001年，开展了争创省“百佳医院”活动。2002年，开展了“加强行风建设，满意在二院”活动，在医务人员中开展了“六谈话”和用好“五种语言”活动。2004年，开展了“新机制、新形象、新发展”主题教育活动。2005年，开展了保持共产党员先进性教育活动和“程序化温馨服务”活动。2006年，开展了“自立有为，强院为民”主题教育活动和“学《党章》、明标准、立宗旨、促发展”大讨论活动。2007年，开展了“创建温馨病房，推行感动服务”活动。2008年，开展了解放思想大讨论和深入学习实践科学发展观活动，开展了“抓作风、做表率、促发展”作风整顿活动。

（二）纪监工作

认真履行党风廉政建设职责，通过标本兼治，综合治理，完善管理机制、监督机制，从源头上预防和治理腐败。1996年，先后建立和完善各项党风廉政建设制度50多项，通过制度的建立，规范了医院的党政务、医疗活动和个人行为，促进了医院整体管理水平。1997年，通过开展反腐倡廉教育，促进领导干部廉洁从业工作；制定宣传教育安排意见，开展正反两方面典型教育。2003年，开展了诺廉、评廉、述廉、考廉工作。2006年，开展了纠正行业不正之风和治理商业贿赂工作，并制定完善了《关于对医疗服务中不正之风的处理规定》、《医护人员八不准》等规章制度，从源头上遏制医药购销领域的商业贿赂。2007年，开展了“树清风正气，促和谐发展”等主题教育活动。2008年，在开展效能监察工作中，“清理住院欠账”项目获集团公司优秀成果奖。

（三）工会工作

1989年后，开展了“工会永远跟党走”主题教育活动、“共建和谐，促进发展”形势任务教育，举办了“共创医院繁荣，共建和谐医院”征文、黑板报和书法美术展以及社会公德、职业道德、家庭美德教育活动。开展劳动竞赛。推进院务公开质量体系建设，借鉴ISO9000标准，深化院务公开工作。不断健全完善特困职工动态预警机制、特困职工档案管理制度，定期分析和掌握特困职工的生活状况和思想动态。编制了《工会文化手册》，实施“五精”管理。加强职工之家阵地建设，建立健全了阵地建设各项管理制度。开展了“创建学习型组织、争当知识型职工”活动，加强了教育培训阵地建设。广泛开展群众性文体活动，多渠道拓宽各种业余文体协会组织，举办寓教于乐丰富多彩的文体活动。

（四）团青工作

1995年，开展“爱祖国、爱医院、爱岗位”主题教育活动。1998年，开展了“讲奉献、送温暖、献爱心”青年志愿者服务活动。1999年，开展了以“弘扬‘五四’精神、敬业爱岗奉献”为主题的纪念“五四”运动80周年活动。2001年，开展了“反对邪教、维护稳定、崇尚科学、坚定信心”教育活动。2002年，开展了“讲学习、知形势、明任务”主题活动。2004年，开展了青工拜师学艺活动。2006年，开展了“学习林秀贞精神，争做新时代青年”活动。2007年，开展了“我与祖国共奋进，我与医院同发展”主题教育实践活动、“学雷锋、树新风、讲奉献、促和谐”青年志愿者服务活动。2008年，开展了“知形势，创业绩，促发展”系列活动和“学习型、服务型、创新型”团组织创建活动以及“医院发展我成长”主题教育活动。

（五）企业文化建设

2004年后，突出抓好了服务文化建设。2004年，把开展“六谈话”和用好“五种语言”活动作为医院文化建设的重点，对11条文化理念进行了征集和提炼，统一制作了理念宣灌牌匾，确立了院歌《重任在肩》。2005年，推行精细化管理，制定了医院各病区和机关办公室6S定置管理标准，对《第二医院管理制度》进行了重新修订和完善，首次在院内举行了升旗仪式，大力倡导医院营销文化。2006年，制定了《第二医院文化手册》，在医护人员中推行医生、护士礼仪行为规范。制定了《医院各岗位5E和6S管理标准》，在院领导和机关管理人员中实行走动式管理。2007年，实行了ABC三卡，建立了岗位评价考核体系，制定了《临床、医技各级医师和护理人员“5E”标准》，开展了征集提炼廉洁文化理念活动。在护理人员中推行了“三查七对”和静脉输液“手指口述”。在手术室护理人员中开展了对术前术后手术器械和敷料、纱布“手指口述”。推行了看板管理，实行走动巡查评议制度。2008年，进一步规范和完善了院内各种企业标识工作，大力宣传集团公司和医院文化建设知识。

第三节　主要经济技术指标完成情况

历年收入、支出及固定资产一览表

单位：万元

年度＼项目	利润或节余	收入合计	其中			支出合计	其中			固定资产年末原值	其中医疗设备
			局拨经费	医疗收入	其他收入		药械支出	工资	管理费		
1989	139	610	101	505	4	471	284	118		550	243
1990	136	768	117	643	8	632	394	141		618	282
1991	185	970	123	85		784	505	15		679	322
1992	135	1068	114	954		933	609	164		749	365
1993	215	1373	129	1244		1158	725	215	154	1799	701
1994	569	2045	126	1729	190	1476	875	305	189	2609	1071
1995	584	2635	126	2400	109	2051	1240	423	227	3231	1369
1996	685	3927	501	3417	9	3242	1774	555	625	3592	1652
1997	17	2800	351	2457	2	2783	1369	534	362	3738	1773
1998	167	2331	255	2074	2	2164	849	442	310	3536	1814
1999	145	2447	257	2190		2302	923	487	311	3646	1923
2000	24	2712	114	2576	22	2688	1234	552	250	4072	2437
2001	19	2783	114	2669		2764	1294	557	262	4205	2288
2002	23	3125	114	3010	1	3102	1497	610	317	4318	2444
2003	-205	3165	269	2895	1	3370	1561	635	291	5266	2866
2004	-161	3692	553	3139		3853	1391	1020	374	5480	3055
2005	-120	5019	683	4334	2	5139	2331	1254	530	5320	2965
2006	3	5370	245	5125		5367	2432	1220	605	5922	3562
2007	59	5985	201	5952	33	6127	3212	1367	641	6401	3826
2008	10	8032	1004	7007	21	8022	3871	1814	353	2990	1674

历年医疗工作统计一览表

类别 年度	实际开放床位数	门诊人次	入院人次	手术例次	治愈好转率（%）	病死率（%）	病床使用率（%）	病床周转次数	平均住院日	抢救成功率（%）
1989	400	249313	8204	706	89.43	1.56	99.95	20.52	17.50	92.18
1990	400	257076	7282	1077	85.52	2.42	98.06	18.21	20.06	83.10
1991	400	244998	7452	1113	87.83	2.05	98.02	18.57	18.87	86.51
1992	400	203651	6428	1505	88.24	1.41	94.83	16.17	20.78	91.69
1993	400	163936	6376	1299	89.90	1.06	95.67	15.59	20.50	95.58
1994	502	127659	6623	1289	89.34	1.21	91.07	14.57	21.70	92.52
1995	502	111619	7028	1291	86.01	1.19	92.39	13.95	23.56	90.53
1996	502	111533	7315	1234	86.46	1.95	90.27	14.08	22.24	97.47
1997	502	85752	6248	1133	84.73	1.10	59.83	12.60	18.68	96.68
1998	502	65542	5370	986	82.81	1.08	45.52	10.74	14.32	98.25
1999	502	63124	4883	990	82.64	1.34	42.91	9.53	14.10	97.67
2000	502	59700	5538	1177	83.95	1.39	43.45	10.92	11.56	99.35
2001	502	57459	5276	1163	85.04	1.06	57.24	10.60	11.50	100.0
2002	502	53204	6141	1220	85.84	1.33	58.39	12.29	9.85	98.90
2003	502	46733	6056	1143	85.11	1.81	65.49	12.46	10.23	86.28
2004	502	43226	6870	1160	86.32	1.42	65.00	13.68	9.96	97.63
2005	502	73149	7686	1302	86.90	1.76	68.17	15.09	9.98	97.97
2006	502	53357	8144	1202	86.34	1.00	80.09	16.17	11.35	97.80
2007	502	75730	8450	1327	86.14	0.85	73.92	16.8	11.98	95.92
2008	502	84905	8658	1420	87.80	0.88	75.65	17.19	12.12	95.98

第四节 市级以上荣誉称号

一、省级荣誉

1989 年，河北省计划免疫先进单位

2000 年，河北省“文明服务三星级窗口单位”

2003 年，河北省国资委先进基层党组织

二、市级荣誉

1989 年，邯郸市计划免疫先进单位

1991 年，邯郸市花园式单位

1992 年，邯郸市优质服务先进集体

1997 年，邯郸市卫生局第一批文明服务示范医院、首届青年志愿者服务先进集体

1998 年，邯郸市“文明服务二星级单位”、职业道德建设先进单位

2000 年，邯郸市卫生系统精神文明建设先进单位
2001 年，邯郸市卫生系统精神文明建设先进单位
2002 年，邯郸市首批市级深化改革、优质服务“百佳医院”
2003 年，邯郸市模范职工之家、卫生系统抗击“非典”先进单位
2004 年，邯郸市卫生系统卫生红旗单位、卫生系统行风建设工作先进单位
2006 年，邯郸市卫生系统行风建设工作先进单位
2007 年，邯郸市园林式单位、卫生系统行风建设工作先进单位

（资料提供：李峰、侯振宇、翟斌）

第三十六章　教育培训中心

第一节　单位概况

一、地理位置

教育培训中心位于河北省邯郸市峰峰矿区境内，东距邯郸市 35 公里，依山而建，校园绿树成荫，景色秀丽，环境优雅，交通便利。

二、历史沿革

教育培训中心可追溯到 20 世纪 50 年代。从 1953 年创建峰峰技工学校开始，随着时代的变迁，学校也先后更名为“峰峰矿务局职工学校”、“峰峰矿务局技工学校”。1978 年，峰峰局决定成立职工大学，校址在峰峰局小学北校。同年 8 月，经煤炭部财劳司批准，成立峰峰煤矿技工学校，并于当年 10 月正式建校，临时校址在峰峰局三矿中学院内。1979 年 2 月，设河北电视大学邯郸工作站峰峰局电大教学班，临时校址在峰峰局岩粉厂。1980 年 5 月，技工学校迁到原峰峰火车站老粮库旧址（原峰峰局勘探工程处院内）。1983 年 8 月，中国矿业大学峰峰函授站建立，校址在峰峰局岩粉厂。同年 11 月，经煤炭部批准，筹建峰峰局安全培训中心，投资 650 万元，建设 1.86 万平方米的教学楼及附属设施。1988 年，峰峰局下文正式成立安全培训中心，校址在峰峰局岩粉厂。同年 7 月，经河北省教育厅批准，成立峰峰局职工中等专业学校，校址在峰峰局小学北校。1986 年 3 月，峰峰局电大教学班、中国矿业大学峰峰函授站、峰峰局职工中等专业学校与峰峰煤矿技工学校合署办公，成立“峰峰局教育中心”。

1986 年 4 月，技工学校与职工中等专业学校合并后，更名为“峰峰局教育中心”。1995 年 10 月，峰峰局将教育中心与职工培训处合并，成立“峰峰局教育培训中心”，成为教学与管理双重职能的实体，统管峰峰函授站、峰峰局职工中等专业学校、峰峰局安全技术培训中心、峰峰煤矿技工学校。2003 年峰峰局改制后，学校更名为“峰峰集团教育培训中心”。

2001 年 11 月，峰峰局安全技术培训中心被认定为国家煤矿二级安全培训基地。2003 年 6 月，峰峰煤矿技工学校晋升为国家重点技工学校和高级技工学校，2004 年 9 月，晋升为技师学院，2008 年 11 月，更名为“冀中能源技师学院”。

三、学院规模

学院占地面积 6.7667 万平方米，建筑面积 4.9193 万平方米。办学规模 2000 人，其中技校 1000 人，安全技术培训 700 人，成人学历教育 300 人。2008 年，技校在校生 3000 人，安全技术培训 1.1 万人次，

成人学历教育维持在700人左右。专业设置有：维修电工、维修钳工、电工电子、数控技术等。技工教育先后开设矿井维修钳工、矿井维修电工、液压支架工、采掘电钳工、采煤机司机、巷道掘砌工。高级工专业有：数控技术应用、电工电子、机械设备维修、电气维修、综采机械维修等33个。学历教育开设了采煤、机电一体化、财会、计算机应用等专业。固定资产5000余万元，有加工中心、数控车床、plc试验台、数控切割机等设备。建有采煤、机电、矿山机械、通风安全等9个实验室，装备了高档次的多媒体教室和语音室，有计算机300台、教学实习实验设备及仪器2000台（套）。建有校园网和采煤、掘进模拟巷道工作面。馆藏图书资料达3.5万余册、报纸杂志100余种。

学院有教职工232人，其中专职教师116人。教工队伍中有副高级职称58人、中级职称59人。2005年，两名教师被评为省级学科带头人，3个专业被评为省级骨干专业。2007年，学校被评为市级名校，4个专业被评为市级名专业，5人被评为市级名师。

学校由普通省级重点技校发展成为国家重点技校、高级技工学校、技师学院；由培养中级技能人才发展成为培养中级、高级、技师等高技能人才；由普通的企业安全培训中心发展成为省煤矿安全技术培训基地和国家二级煤矿安全资格培训基地；成人学历教育由成人中专、大专、本科发展到研究生教育。2003年成为河北省南部唯一一所高级技工学校，2004年晋升为技师学院，已发展成为一所集中级技工、高级技工、技师培养、安全技术培训、成人学历教育、职业技能鉴定和职工教育管理为一体的综合性办学实体。1989年至2008年，共培养中、高级技术人才1.0292万人，职工培训7.4225万人次。大多数毕业生已成为用人单位的生产技术和管理骨干，为煤炭事业的发展作出了较大贡献。

第二节　主要工作

一、培养目标、办学模式、专业设置

（一）培养目标

学院安全培训通过普及安全知识，使企业员工“掌握安全技能、增强安全意识、强化安全理念”，提高管理者的安全管理水平，打造高素质的职工队伍。对接受中、高等学历教育的人员，进行系统的基础理论和专业知识的教育，使受教育者系统掌握中、高等文化和科学基础知识、专业技能，培养和造就企业和社会经济建设应用型人才。

（二）办学模式

全日制：对技工学生实施中、高级和技师教育，采用全日制教育模式。与九龙矿、小屯矿、薛村矿等联合开办全日制校外中级班。

联合办学：与燕山大学联合开办“1+2”学历教育。与北京电子工业技校、天津南洋职业技术学校联合开办“1+2”技工教育。

函授办学：建立中国矿业大学、河北工程大学、燕山大学峰峰函授站，实施专科及以上学历教育，定期集中面授。

（三）专业设置

技工教育专业设置：中级工、高级工、技师三个层次，共计33个专业。其中技师6个专业，高级工5个专业，中级工22个专业。

安全技术培训工种设置：井下电钳工、主提升机司机、采煤机司机、安全检查工、瓦斯检查工、井下爆破工。

成人学历教育专业设置：中专学历教育主要以三年学制的技校生注册中专学籍，主要开设机电一体化等专业；专（本）科教育主要开设采矿工程、机械电子工程、机电一体化、财务会计电算化和计算机信息管理共5个专业；研究生教育主要开设采矿工程、选矿工程、管理科学与工程共3个专业。

二、安全技术培训

（一）生源范围：生源来自峰峰集团，并承担河北煤炭系统部分干部和工人培训。

（二）生源对象：生源来自峰峰集团的区队长（包括副总工程师）、班组长、安全管理人员和煤矿特殊工种，以及河北省乡镇煤矿矿长和地方国有煤矿矿长。

（三）招生办法：由峰峰集团下达培训计划，各单位选派学员参加。河北省乡镇煤矿矿长和地方国有煤矿矿长由河北省煤矿安全监察管理局下达培训计划，各单位选派学员参加培训。

三、招生就业

（一）技校招生就业

为了搞好技校招生和毕业生就业推荐工作，成立招生就业指导办公室，配备了专职人员，具体负责招生和就业推荐工作。

招生范围：技校招生以峰峰集团内职工子女为主，兼招社会生源，面向全国招生。技师招生全部为峰峰集团在职职工。

招生对象和条件：井下各专业全部为峰峰集团内职工之子，年龄一般在16周岁至22周岁。根据集团公司用工需求和生源情况，2004年至2006年生源年龄最大为25周岁，2007年最大年龄为23周岁。地面通用专业招收峰峰集团职工子女和社会青年。中级工招生年龄在16周岁至22周岁，高级工年龄在16周岁至20周岁。通用专业男、女生兼招。技师为峰峰集团在职职工，具备本工种的高级工资格。

招生办法：2002年以前，技校招生实行定向培养招生，局内各单位根据所需专业及人数与学校签定合同，按照合同定向培养。2003年开始实行放开招生，不再与各矿、厂签定合同，由邯郸市劳动和社会保障局统一组织考试，学校按招生政策从高分到低分录取。学生毕业后由学校推荐就业和自谋职业相结合。技师招生由峰峰集团劳动工资部门负责组织，各单位按照推荐标准推荐学员，劳动工资部门审批入学。

就业推荐：2002年前招收的技校毕业生，采取定向培养、定向分配就业，毕业后按照入学前与单位签定的合同到各单位就业。2003年以后所招学生，毕业后采取推荐就业与自主择业相结合。峰峰集团内部各单位用人，由劳动工资部门招聘，学校负责推荐，学生到有关单位应聘，应聘后学校向劳动工资部门办理有关手续。2005年后，毕业生面向社会和峰峰集团就业，共推荐就业3111人，其中：2005年推荐就业445人，2006年推荐就业718人，2007年推荐就业798人（含女生317人），2008年推荐就业1030人。此外，还向北京二七机车车辆厂、邯郸海军机械厂等单位推荐就业120人。

（二）其他教学工作

学院充分利用“直通车”、“立交桥”、“对口升学”等模式办学，达到资源共享、相互补充、互惠互赢。1998年以来，与中国矿业大学、燕山大学开办“直通车”大专学历班，与河北工程大学开办“立交桥”大专学历班，组织应届毕业生参加中国矿业大学等大专院校的“对口升学”，在三年制中级技校生中同时注册中专学籍，在高级技校生中组织学生参加成人高考开办成人大专班。与天津南洋职业技术学校、北京电子工业技工学校联合举办“1+2”中级技工班。在九龙矿、小屯矿、薛村矿等单位开办中级技工校外班。在理论教学上，充分利用网络、多媒体、电化教学等现代化教学方法，提高学生的感性认识。在实习教学中，增加PLC实训、数控加工中心、电力拖动实训等先进的实习教学设备。井下采掘专业实习由到矿实习转为校内模拟采掘工作面实习。井下机电专业由到矿实习转为校内一体化车间实习。

四、教学管理

（一）教学大纲及教学计划

中、高级技工的教学，依据《河北省技工学校教学管理纲要》，国家劳动和社会保障部《技工学校专业目录》、《高级技工学校专业目录》，煤炭部技工学校《统一教学计划大纲》，劳动和社会保障出版社出版的《机械类各专业教学计划大纲》、《电工电子类各专业教学计划大纲》、《计算机类教学计划大纲》，制定了各专业实施性教学计划和实施性教学大纲。安全培训教材采用国家安监总局指定的教材和本校部分自编教材。中级技工基础课教材均选用劳动和社会保障出版社统编教材，专业基础课和专业课教材优先以劳动和社会保障出版社出版的中职教材为主，辅以煤炭工业出版社中职教材。高级技工基础课和专业课教材以劳动和社会保障出版社出版的高级技工教材或高职高专教材为主，以机械工业出版社和电子工业出版社等对口系统出版的高职高专教材为辅。技师教材因煤炭行业没有统编教材，针对各专业（工种）岗位能力需求，参考高级工鉴定标准和其他技师学院的自编教材，开发了适合集团公司实际的6个工种校本教材。针对煤炭行业教材陈旧的实际，编写了《爆破工程》、《采掘机械》、《采区电器设备与技能训练》3本教材。

（二）理论教学

主要采取讲授法、电化教学法、实验教学法和函授教学法。职工安全技术培训的教学主要通过课堂讲授、讨论、实验、案例分析、多媒体和专题报告等来实施。

（三）一体化教学

根据岗位需求，结合课程内容，利用一体化教室有关机电设备和采掘模拟工作面，理论和现场实物紧密结合，实施一体化教学。

（四）实训教学

利用校内数控车间、车工车间、钳工车间、电焊车间、电子电工实训室等，根据实训教学大纲，按照各工种操作规程和操作程序，实施实训教学。

（五）第二课堂

为了推进素质教育，利用课余时间，根据学校条件和个人兴趣、特长，积极组织学生开展第二课堂活动，主要有文秘、舞蹈、美术、书法、计算机、篮球、乒乓球等。

（六）教学研究

1. 评优课和教案展评。每年坚持评优课和教案展评各一次。

2. 论文。学校组织评选和推荐。对在省、市各级刊物和公共媒体上发表的论文和文章进行收集，编辑论文集，在学校交流，并评优奖励。编入文章500余篇。

3. 课题研究。编写了本校中职教材《爆破工程》、《200采煤机》、《采掘机械》、《采区电气设备维修与技能训练》、《数控编程与操作》、《非电专业的电工基本功训练》、《非钳专业的钳工基本功训练》。参加了劳动和社会保障出版社煤炭系列高职高专教材《煤矿地质》、《煤矿供电》、《采煤机维修工艺与技能》的编写。参加了劳动和社会保障出版社中职教材《液压支架与泵站》的编写。参加了河北省煤炭安全监察局《河北省小煤矿主要经营管理者培训读本》的编写。2006年，成功申报邯郸市“十一五”教育科学规划青年专项《采掘电钳工一体化教学模式的探索与实践》课题。

（七）质量管理

2003年，国家劳动和社会保障部颁布了《国家重点技工学校质量管理标准（试行）》。2004年初，学校正式启动了质量管理体系工作，编写了学校质量管理体系文件，包括《质量手册》、《程序文件》21个、《作业指导书》58个、《质量记录》214个。

2005年12月30日，国家劳动和社会保障部给学校颁发了《国家重点技工学校质量管理体系认证》牌匾和证书。运用PDCA循环的工作方法进行了10次内审、两次管理评审、一次复评外审，不合格项54个。质量管理体系在各部门的工作中已经显示出实施的有效性，各项工作日趋规范，质量管理体系不断得到完善。

根据《国家二级安全培训标准》和上级部门有关要求，2006年7月，建立了培训质量管理体系，组织有关人员编写了培训质量管理体系文件。2006年11月1日起正式运行。

五、学院创建

(一) 晋升国家重点技工学校

1996年晋升省重点技工学校。2002年初，根据劳动部［1997］238号文件精神，学校研究决定晋升国家重点技工学校，按照条目整理评估资料168盒，起草了评估汇报材料和填报国家重点技工学校申报表。12月5日，河北省劳动和社会保障厅代表劳动和社会保障部组成的国家重点技工学校评估团到校评估验收，2003年6月2日，国家劳动和社会保障部劳社部函［2003］73号、劳社部函［2003］74号、冀劳社办［2003］163号文，公布峰峰煤矿技工学校为国家重点技工学校。

(二) 创建高级技工学校

2002年11月，在准备国家重点技工学校评估资料的基础上，依据《高级技工学校设置标准》，整理创建高级技工学校评估资料23盒。12月5日，河北省劳动和社会保障厅代表劳动和社会保障部组成的国家重点技工学校评估团到校评估验收，同时对创建高级技工学校进行评估验收。2003年6月2日，国家劳动和社会保障部劳社部函［2003］73号、劳社部函［2003］74号、冀劳社办［2003］163号文件，公布峰峰煤矿技工学校在晋升国家重点技工学校的同时晋升为峰峰煤矿高级技工学校。

(三) 创建技师学院

2004年7月，在高级技工学校的基础上，决定创建技师学院。依据《河北省技师学院设置标准》12条30目，整理创建技师学院评估备查资料23盒，上报河北省劳动和社会保障厅评审。2004年9月13日，河北省劳动和社会保障厅冀劳社办〔2004〕246号文《关于河北省承德高级技工学校等2所高级技工学校举办技师学院的批复》，同意峰峰煤矿高级技工学校加挂“技师学院”牌子。2005年5月16日，峰峰煤矿技师学院举行揭牌仪式，河北省劳动和社会保障厅、邯郸市劳动和社会保障局、集团公司领导为峰峰煤矿技师学院揭牌。

(四) 创建国家二级煤矿安全培训机构

2001年，河北煤矿安全监察局申报国家二级煤矿安全培训机构，将峰峰局安全技术培训中心和开滦局安全技术培训中心作为河北省国家二级安全培训机构的两个基地。根据河北煤矿安全监察局的指示，整理资料128盒。9月6日，国家煤矿安全监察局煤矿安全技术培训机构评审验收组到校评审验收。2001年12月，国家煤矿安全监察局批准峰峰局安全技术培训中心为国家二级煤矿安全技术培训机构，即河北煤矿安全技术培训中心峰峰基地。2002年11月，河北煤矿安全监察局认定峰峰局安全技术培训中心为河北省三级煤矿安全培训机构。2006年1月20日，向河北省安全生产监督管理局提出了申请，5月通过初审验收，11月被河北省安全生产监督管理局批准为河北省三级安全生产培训机构。

六、经营管理

(一) 经费收支

1989年至1992年，学校教学经费均从峰峰局经费中划拨。1993年，技工学生实行部分收费用于弥补经费不足。1996年，按照上级文件精神，技工学生实行补贴与收费相结合。1998年后，局（集团公司）对学校经费实行自收自支加补贴政策，具体办法是：技校收费政策实行自收自支；在职职工培训由局（集团公司）按实际培训人数拨款；劳保费用实报实销；固定资产折旧和大修费实提、实交、实补；其他费用实行定额补贴。1998年技校生学费标准：井上专业2000元/人、井下专业1600元/人；在职人员培训按照每人每天35元标准，经局审核后，按实际培训人数和培训天数拨款。2001年，局改变对学校财务政策，全部费用捆绑到一起，定额补贴，固定资产折旧和大修不再实提、实交、实补，劳保不再实报实销，其他政策不变。2004年，技校生学费标准调整为井上专业2200元/人、井下专业2000元/人。2005年，技校生学费标准调整为井上专业2500元/人、井下专业2300元/人。2006年，技校生学费标准调整为井上井下专业均为2600元/人。在职职工培训经费标准由每人每天35元调整为65元，其他政策不变。2008年，技校生学费标准调整为井上井下专业均为2700元/人。

1998年－2008年经费支出一览表

单位：万元

年度	教学经费	工资	折旧费	大修费	劳动保险	管理费用	合计
1998	241	159	95	50	90	8	643
1999	219	208	75	48	88	14	652
2000	252	223	69	46	68	15	673
2001	191	228	68	47	71	20	625
2002	254	245	70	48	76	25	718
2003	423	258	156	62	82	41	1022
2004	429	436	134	74	111	72	1256
2005	539	538	142	81	157	100	1557
2006	709	551	142	84	166	122	1774
2007	558	609	155	96	195	125	1738
2008	696	827	460	115	280	143	2521

（二）后勤管理

在后勤管理上，对食堂引入竞争机制，实行摊点承包，奖金自创，工资每年递减10%。按照学校整体改革方案，执行逐年递减补贴政策，逐步同学校分离，组成后勤服务公司，实现后勤服务自主经营、自负盈亏、自给自足。

1996年至2006年，建家属楼1栋，建技工学校实习楼1栋，建安培餐厅和食堂操作间，安装了煤气管道。收编原五矿中学，增加建筑面积1万多平方米和运动操场。建成了2650平方米的技师学院实习楼。2001年至2008年，购置了计算机、投影仪等实习教学设备，购置了电焊设备和食堂设备。2005年，投资137.43万元，购置了安全培训设备、实习教学设备、锅炉及配套设备。2007年，投资432.15万元、落实国补资金300万元购置了实习设备，投资132.15万元购置了安全培训教学软件、计算机及投影仪。

七、党群工作

（一）领导班子建设

为适应现代企业制度的需要，制定了对领导班子和领导成员考核的《意见》，把“政治素质好、经营业绩好、团结协作好、作风形象好”的“四好”内容纳入党建工作质量管理体系，细化了“四好”标准，按照程序化控制、标准化考核、持续化改进的要求，抓创建，促提高。20年中，学校领导班子建设主要在三个方面开展了工作：一是抓领导班子的政治素质、领导能力。二是转变领导班子作风，对照“八个坚持，八个反对”，查“五风”，找差距，建章立制，严明纪律，制定了作风建设责任制和领导干部深入教学一线等规章制度。三是发挥领导班子的整体功能，健全完善了《党委会议事规则》和《党政联席会议事规则》，以“三重一大”为重点，认真落实民主集中制，推进决策的科学化、民主化，增强了领导班子的团结和活力，促进了学校各项工作的全面发展。

（二）思想建设、组织建设、制度建设

学校坚持每年第二季度开展民主评议党支部和党员活动。评议中严格控制评优数量，保证评优质量，每年评选优秀党员数量控制在10%左右。2005年，学校党委开展了保持共产党员先进性教育活动，制定了《保持共产党员先进性长效机制若干意见》和《加强党员经常性教育的实施意见》。领导班子每半年召开一次民主生活会，根据学校改革发展实际，确定会议主题，学校有关部门按照要求，向广大职工征求意见，进行梳理，把意见反馈给领导班子，开展批评与自我批评，沟通思想，形成共识，增强班子凝聚力。根据集团公司党委要求，坚持每年开展主题教育活动。2004 年，开展了“创新、创优、创先、创效”活动。2005 年，开展了攻关创效活动。2007 年 12 月至 2008 年 2 月，开展了解放思想大讨论活动，努力破解发展中的难题。2008 年 5 月后，围绕联合重组，开展了思想教育。

校党委始终把加强制度建设摆在重要议事日程，先后制定和修改了《党委会议事规则》、《党政联席会议事规则》、《党组织工作规则》、《党支部工作条例》、《党员目标管理考核规则》、《民主评议党员规则》、《关于加强作风责任制的规定》、《党风廉政建设责任制实施细则》、《中心组理论学习制度》、《关于加强和改进思想政治工作的实施办法》、《关于校务公开的实施细则》、《治安防范管理办法》、《紧急情况重大事件报告制度》等制度。建立了党建工作质量管理体系和校务公开质量管理体系，保证了党建工作顺利开展，促进了学校各项工作的完成。

（三）纪监工作

1992 年，经中共峰峰局纪律检查委员会批准，学校正式设纪律检查委员。学校纪检工作在改革开放、市场经济的新形势下，坚持以邓小平理论和“三个代表”重要思想为指导，以科学发展观为统领，认真落实集团公司纪委工作部署，全面履行《党章》赋予的职责，紧紧围绕学校中心工作，坚持标本兼治、综合治理、惩防并举、注重预防的反腐倡廉方针，积极推进廉洁自律、廉政教育，采取了集中学习、辅导会、报告会、座谈会、观看电视片、走出去参观、知识竞赛、演讲会、试卷答题等形式，组织党员干部学《党章》，学政策法规和党纪条规。每年校主要领导和部、科主要领导，都要代表单位向上一级党委签定党风廉政建设责任书。2003 年开始，在招生考试期间邀请集团公司纪委监察处派人督导，严格查处作弊考生，严格审查新生入学资格。案件查处、源头治腐等工作的深入开展，为学校快速稳定可持续发展提供了有力保证。

（四）工会、学生会建设

校工会委员会经民主选举产生，设主席、副主席、干事各 1 名，下设 4 个分会。2004 年 12 月，工会召开换届大会，选举出新的委员会和经费审查、女职工工作和劳动监督三个专门工作委员会。各委员会下设主任 1 名，委员 2 名。

2005 年 11 月前，工会委员会下设 6 个分会。2005 年 12 月，由 6 个分会合并为 4 个分会，下设 28 个工会小组，每个分会设主席 1 名，委员 2 名，工会小组设组长 1 名。全校职工代表 36 名。每年召开职代会，讨论审议行政工作报告和财务工作报告。每年围绕学校中心工作开展多种形式的建功立业和劳动竞赛，开展提合理化建议、节约创效、革新创造、修旧利废、技术攻关、教案展评、讲课评优、论文撰写等活动。对 500 余篇论文进行了奖励，激励了教职工开展学术研究的积极性。

制定了《峰煤技工学校学生会章程》。依照章程规定，每年 6 月份进行换届，改选学生会干部。学生会干部候选人采取自荐或班主任、学管部门推荐方式，经学生代表大会差额民主选举产生主席 1 名、副主席 1 至 2 名，下设学习部、纪检部、文体部、生活部、劳动部、女生部、宿管部、宣传部，每部设部长 1 名、委员若干名。坚持每周一升旗仪式，对学生进行爱国主义教育。每学期举办 1 次普法教育、1 次“百花杯”板报评比。每年组织 1 次优秀毕业生返校报告会。每年 3 月份组织学生开展“学雷锋、树新风”义务劳动，4 月份组织学生到烈士陵园扫墓，7 月份开展“颂歌献给党”征文比赛，10 月份开展“祖国在我心中”演讲比赛。组织举办“我最尊敬的技校生”征文比赛、元旦文艺演出和“七一”歌咏比赛。组织“团结杯”拔河、“拼搏杯”篮球、“智慧杯”象棋、“青春杯”乒乓球、跳绳、广播体操等比赛，丰富了学生业余文体生活。

（五）校园文化建设

1994 年，制定实施《技工学校学生系列教育规定》。1996 年，编写《教育培训中心精神文明建设》。1999 年，修订教学管理制度和安全技术培训管理制度。2002 年，汇编了《教育培训中心管理制度》。2005 年，推行党建质量管理体系，并在原有管理制度基础上废除了过时制度，编辑了《教育培训中心管理制度汇编》。2006年2月，编写了《教育培训中心学校文化手册》，制作各种标牌、校旗，制作新的校徽。投资百万余元刷新校园环境，整修道路、操场、生活区等。2007年，编写了《教育培训中心安全规章制度》、《廉洁文化手册》、《工会文化手册》、校务公开质量管理体系文件。部分班组推行了三工并存、“手指口述”、6S管理、编码管理等。2008年，在技校生实习中，部分岗位推行“手指口述”，选择后勤试点推行精细化管理。

第三节　主要经济技术指标完成情况

历年技工招生统计表

类别 年度	招生专业	招生人数	毕业人数
1989	机加工、井下维修、井下电钳	179	175
1990	通风于安全、固定运转、综掘维修、机加工、井下电钳	238	236
1991	采区电钳、综采维修、洗选维修、井下机电	198	195
1992	采掘维修、井下安装、固定运转、采区电钳、护工	204	196
1993	采掘维修、电工、井上机工、井下电钳、护工	225	220
1994	电工、护工、井上电钳、井下运转、井下维修	228	223
1995	电工、冶炼、焦化、药剂、井下电钳等7个专业	288	284
1996	土建、发配电、井下维修、井下运转、井上机工等9个专业	383	380
1997	井下（上）电钳、运转、通风、铸造、电气安装等10专业	550	546
1998	钳工、采煤、通风、地探、机电、护工	320	318
1999	电工、钳工、机电、综采、电气安装、护工	317	313
2000	铆焊、综采支架、提升、机电、电工、钳工等7个专业	253	253
2001	电工、机制、电钳、综掘、综采、护理等8个专业	412	321
2002	机制、计算机、机工、电钳、综采、通风等9个专业	465	282
2003	综采司机、矿井建设、计算机、维钳工、机加工、机械维修等16专业	664	260
2004	电子电工、铆焊、数控技术、采煤技术、开掘、通风安全等10个专业	628	429
2005	数控技术、电器维修、采掘电钳、煤矿机电、运转、铆焊等11个专业	969	445
2006	电工电子 数控技术 计算机 铆焊 机械维修 采掘电钳工等11个专业	1100	718
2007	数控技术 机械维修 电工电子 铆焊 液压支架 采掘电钳等9个专业	1236	798
2008	数控技术、采掘电钳、液压支架、巷道掘砌、铆焊、钳工等7个专业	1234	1030
合计		10091	7622

2006年－2008年技师招生统计表

类别 年度	招生专业	招生人数	毕业人数
2006	巷道掘砌、维修电工、液压支架、采煤机司机、采掘电钳、矿井维修钳工	227	227
2007	巷道掘砌、维修电工、液压支架、采煤机司机、采掘电钳、矿井维修钳工	111	111
2008	矿井维修钳工、矿井维修电工、采掘电钳工	78	78
合计		416	416

1989 年－2000 年职工中专招生统计表

年度＼类别	招生专业	招生人数	毕业人数
1989	干部中专化	40	40
1990	干部中专化	46	44
1991	煤矿机电	36	34
1992	煤矿机电	71	68
1993	煤矿机电	17	13
1994	煤矿机电、财务会计	89	85
1995	电气自动化、财务会计	127	92
1996	计算机、财务会计、机电、采煤	188	168
1997	矿山机电、财务会计、计算机	122	115
1998	计算机、财务会计、矿山机电	114	111
1999	计算机、财务会计、矿山机电	242	232
2000	计算机、财务会计	87	85
合计		1179	1087

历年成人大专招生统计表

年度＼类别	招生专业	招生人数	毕业人数
1989	矿山机电、采矿工程		64
1993	采矿工程	44	
1994	矿山机电、财务会计	61	
1995	矿山机电、财务会计	50	
1996	矿山机电、计算机	52	
1997	计算机	38	39
1998	计算机	19	105
1999	计算机	14	53
2000	矿山机电、计算机	48	46
2001	矿山机电、计算机、会计电算化	95	23
2002	矿山机电、计算机、会计电算化、采矿工程	232	19
2003			54
2004	矿山机电、计算机、会计电算化、采矿工程	249	96
2005	矿山机电、计算机、会计电算化、采矿工程	236	126
2006	矿山机电、计算机、会计电算化、采矿工程	210	72
2007	矿山机电、计算机、采矿工程	145	146
2008	矿山机电、会计电算化、采矿工程	220	200
合计		1713	1043

1993年－2008年成人本科招生统计表

年度＼类别	招生专业	招生人数	毕业人数
1993	采矿工程、矿山机电	44	44
2002	采矿工程	35	35
2004	采矿工程、矿山机电	38	38
2005	采矿工程、矿山机电	51	51
2006	采矿工程	15	
2007	采矿工程	47	
2008	采矿工程、机械电子	96	
合计		326	138

历年安全技术培训统计表

年度＼层次	特殊工种（人数）	班组长（人数）	区（队）长（人数）	合计
1989	904		119	1023
1990	368	141	173	682
1991	568		119	687
1992	629			629
1993	117			117
1994	300			300
1995	1262	1289		2551
1996	1516	137	793	2446
1997	1128	297	334	1759
1998	940	216	172	1328
1999	1056	402	250	1708
2000	1310	334	237	1881
2001	1149	468	91	1708
2002	2355	34		2389
2003	4097	1415		5512
2004	6307	71		6378
2005	8175	316	1463	9954
2006	7740	1873	517	10130
2007	10015	1050	172	11237
2008	10282	776	676	11734
合计	60218	8891	5116	742252

第四节　市级以上荣誉称号

一、国家、部级荣誉

1995 年，全国煤炭系统标准化学校

1997 年，全国煤炭标准化安全培训中心、标准化实验室

2006 年，全国煤炭教育先进教务管理单位、全国就业培训技术指导系统国家重点技工学校质量管理体系认证

2008 年，全国教育系统“五五”普法工作先进单位

二、省级荣誉

1994 年，河北省劳动系统先进技工学校

1996 年，河北省煤炭系统技校标准化学校

1997 年，河北省劳动系统重点技校、先进技工学校、煤炭工业教育教学先进单位

1998 年，河北省劳动系统先进技工学校

1999 年，河北省劳动系统先进技工学校

2000 年，河北省劳动系统先进技工学校

2006 年，河北省园林式单位

2008 年，河北省安全培训先进单位

三、市级荣誉

1995 年，邯郸市职业培训先进单位

1996 年，邯郸市文明单位

1997 年，邯郸市文明单位

1999 年，邯郸市文明单位

2004 年，邯郸市爱国卫生先进单位

2007 年，邯郸市职业教育工作先进单位

（资料提供：郝海林、刘兴艾、张孟强）

第三十七章　多种经营总公司

第一节　单位概况

一、历史沿革

峰峰局多种经营总公司前身是峰峰局集体企业总公司。2003 年 7 月峰峰集团改制后，多种经营总公司仍沿用“峰峰矿务局多种经营总公司”名称，是独立法人单位，工商注册登记为集体性质。

峰峰局集体企业产生于 20 世纪 80 年代。为落实国家政策，妥善安置待业青年，1980 年 5 月 17 日，经局批准，成立“峰峰局集体企业公司”。1983 年 3 月 11 日，改称为“峰峰局集体企业总公司”；1988

年10月26日，更名为“峰峰局多种经营总公司”；1995年11月，总公司一分为二，成立了峰峰局多种经营管理处，保留多种经营总公司，为一套机构两块牌子，负责全民多种经营与集体企业的管理。同时成立直属多种经营公司。2002年11月，多种经营管理处撤销，成立非煤产业部。2004年2月，集体企业与全民多经分离，重新组建峰峰局多种经营总公司，同时撤销峰局直属多经公司，设立了党委和工、团组织以及各职能部室。

多种经营总公司主要担负双重职能：一是作为集团公司的职能部门，对所属二级单位的集体企业进行宏观管理，负责业务指导、协调服务、监督检查；协助峰峰集团二级单位做好集体企业改革改制和稳定工作。二是对多种经营总公司直属单位实施直接领导，全面管理。

二、集体企业现状

全局共有42个集体企业，其中多种经营总公司直管企业9个。在册集体企业职工4305人，其中在岗3601人，下岗704人。集体企业退休职工2069人。随矿井关闭破产和辅业改制解除劳动合同人员8886人。

集体企业以生产煤矿用产品为主，其主导产品有采、掘、开、运设备和煤矿支护系列产品、通风安全产品，同时具有煤炭矿用设备修理和配件制作等业务。还生产矿工服装系列、CO保护焊丝、锚杆产品、乳化油产品、新型自救器、芯编制胶管、100#抗磨润滑油、矿用隔爆控制器、机电设备安装、商贸经销等。

1996年－2007年集体企业营业网点情况表

年度	营业执照（户数）统计											
	合计	集体企业			集体参控企业			民营企业				
		小计	企业法人	非法人	小计	有限公司	分公司	小计	有限公司	分公司	合伙企业	个体企业
1996	437	437	97	340								
1997	428	428	97	331								
1998	380	380	96	284								
1999	349	349	94	255								
2000	284	284	79	205								
2001	225	219	59	160	6	6						
2002	182	168	52	116	14	14						
2003	170	145	47	98	25	25						
2004	144	107	39	68	29	29		8	4		1	3
2005	100	72	31	41	20	20		8	4		1	3
2006	90	58	28	30	23	19	4	9	6			3
2007	94	55	28	27	17	14	3	22	13	6		3
合计	2883	2702	747	1955	134	127	7	47	27	6	2	12

第二节 主要工作

一、劳务管理

2003年9月，峰峰集团以峰集［2003］23号文件下发了《关于使用集体企业劳务工管理办法的通知》，按照文件规定，2003年10月，集体企业开始向井下岗位输送劳务工。2005年12月，根据劳务工输出现状，为便于操作，统一规范管理，集团公司下达了［2005］982号《关于规范使用井下集体企业工的通知》，按照文件规定，多种经营总公司成立了劳务工管理部，统一规范了集体企业劳务输出管理工作。

（一）劳务输出。从2003年10月开始，向万年矿、九龙矿、黄沙矿、大淑村矿、羊渠矿、小屯矿、梧桐庄矿、薛村矿、牛儿庄矿、新三矿、电业分公司、马头洗选厂12个单位输送879人，其中井下728人，地面151人。

（二）劳务派遣。根据集团公司峰集劳资［2007］18号《关于限制整顿规范用工程序的通知》精神，2008年1月，向总医院、第二医院、物供分公司、集团公司文工团、集团公司会议楼、五矿矸石热电厂、锡盟办、四矿精神病院、孙庄矿矸石热电厂等9个单位实行劳务派遣。共派遣劳务工276人。

（三）营养餐岗位输出。按照总公司峰煤多经［2008］37号《关于解决集体企业工相关问题的指导意见》和峰煤多经［2008］44号《关于从零就业家庭中招聘女工的通知》精神，自2008年8月开始，通过劳务输出形式，向集团公司10个矿营养餐食堂共输出劳务工603人。

二、非煤管理（集团公司内部非煤类产品市场管理）

为加强内部非煤类产品市场管理，2003年4月，集团公司成立内部市场管理委员会和办公室，办公室设在非煤产业部。为加强管理，集团公司分别下发了［2003］35号文件《非煤类产品质量认定管理办法》、［2004］118号文件《非煤产品定点厂管理办法》、［2004］382号文件《企业内部非煤类产品市场管理办法》，明确了集团公司内部市场管理委员会及其办公室的职能，基本确立了集团公司内部定点厂和非煤类产品内部市场管理的机制。非煤产业部还制定出台业务保安"五零、四化、三提高、两杜绝、一实现"工作目标指导意见。2008年8月15日，集团公司内部市场管理职能和定点厂管理职能划入多种经营总公司。

三、安全生产

在安全工作中，总公司坚持"以人为本、安全第一"方针，建立完善安全长效机制，健全各项安全制度，规范安全检查考核，明确安全责任。在安全理念宣传、安全培训教育、安全文化渗透中注重打牢安全基础，直管单位连续五年安全达标，连续十年无工亡事故。一是建立组织机构，完善安全生产责任制。严格按安全生产责任目标管理体系，层层责任分解，责任到人，形成横到边、纵到底的责任网络。二是建立完善制度。辑印《安全生产管理制度》，形成了比较完整的安全生产管理制度体系。三是建立安全奖惩考核机制。制定了安全奖惩办法和责任追究办法，对企业主要责任人和主管安全责任人实施安全风险抵押金管理。四是加强安全监督检查。坚持季度安全检查以及特殊时期、节假日等专项检查，每月召开安全生产工作例会，发现问题，解决问题。五是建立安全评审机制。每年对直管单位进行安全生产达标验收，提高企业安全生产管理水平。六是实施全员安全培训教育。取得了培训教育资格，成立安全培训中心，培训1000多名职工，进一步提高了职工安全生产素质和工作技能。

四、科技进步

总公司从提高管理人员能力和科学技术水平入手，多种渠道实施"技改外扩"战略，全局集体企业技术进步成为发展新亮点。1992年11月21日，总公司成立职称评审委员会，对工程系列、经济系列、政工系列，实行内部专业职称评聘，充分调动全局多种经营战线各类专业、技术人员的积极性。总公司直管单位具备高、中、初级技术职称人员已有86名，占在册员工的23%。羊渠河矿、小屯矿、孙庄矿等集体企业公司先后投入资金800多万元用于焊丝、水泥、胶管、自救器、乳化油等设备技术改造和基础建设，引进和采用新设备、新技术、新工艺，开展技术革新100多项，在局内外推广使用，增强了企业发展后劲。全局集体企业凭借科技开发、技术改造，开发出CO保护焊丝、胶管系列、工装系列、锚杆系列、乳化油系列、新型自救器等特色产品。2007年，以焊条厂搬迁为契机，投资120余万元对焊条厂设施、设备、生产工艺进行改造，通过改造，生产条件、生产环境、生产工艺、生产数量和技术含量都有了进一步提升和转变，成为年生产产品2400吨、产值1700万元、利税350万元的规模型企业。博雅公司服装厂研制开发出的05款矿工服，填补了峰峰集团矿工装多项空白。该款矿工装采用海蓝色纯棉布料，仿照作训服制式加以多处改进，经特殊工艺处理，具有耐磨、阻燃、抗静电、不起皱、缩水率低的特性，并增加了反光材料，适用于安全标识。在此基础上，陆续开发出藏蓝色安检服、橘红色群监服、牛仔装、地面工装等05款矿工装系列产品。该公司所开发的工装系列，已被峰峰集团指定为矿用工装定点厂。羊渠河矿企业公司锚杆厂、化工厂产品质量较高。小屯矿、薛村矿、万年矿、马头洗选厂、邯郸洗选厂企业公司加大技术投入，提升产品的高附加值，研制开发了芯编制胶管、100#抗磨润滑油、矿用隔爆控制器等产品，拓宽了生存空间。各集体企业把提升企业科技含量作为经济增长点，经济效益逐年迈上新台阶。

五、改革改制

集体企业以产权制度改革为重点，坚持因企制宜，一厂一策，推进企业改革改制和经济结构调整。截至2008年，已有33家集体企业实现了改制，占全局集体企业总数的82%，有8886名集体企业职工领取了经济补偿金，与企业解除劳动关系，使产权结构、人员结构发生了根本变化，实现了集体企业投资主体多元化。

推进产权制度改革的集体企业14家。2003年4月，集团公司下发了［2003］168号文件《关于放开搞活中小企业的指导意见》，按照要求，先后有设备租赁多经部、钻机修配厂、机关一公司、工业公司、电气安装队、锅炉安装队、岩棉厂、机安修配厂、电气试验队、荆编厂、洗煤厂、第一中学多经部、小学多经部、第二医院多经部14家集体企业，按照“归属清晰、权责明确、保护严格、流转顺畅”的要求，进行产权改革和股份制改造，建立了新的企业制度，实现了企业投资主体多元化。

借助国家实施关闭破产政策进行改制的集体企业11家。从2004年10月开始，先后有四矿集体企业、通二矿集体企业、三矿集体企业、钢铁厂集体企业、制品厂集体企业、二矿集体企业、二矿多经公司、五矿集体企业、孙庄矿集体企业、建材厂集体企业、牛儿庄矿集体企业随单位实施了关闭破产，集体资产进行了重组优化。

利用辅业改制政策进行改制的集体企业8家。从2004年9月开始，先后有工程处集体企业、建筑总公司集体企业、六0七厂集体企业、勘探处集体企业、机械总厂集体企业等随单位进行辅业改革，集体企业进行了重组。

充分利用矿井关闭和辅业改制政策，19家集体企业的8886名集体混岗工领取了经济补偿金，并与企业解除了劳动关系。集体企业人员结构发生了根本变化，由2003年的14343人，减少到4305人。

改制后的集体企业实现了体制创新、机制创新、管理创新，产权结构、产品结构、人员结构进一步优化，集体企业的历史遗留问题得到解决，以崭新的面貌、合理的构架、强有力的实力参与市场竞争，为集体企业平稳、较快发展起到了积极作用。

六、劳动社保

（一）社会保险

2000 年 7 月以来，先后为 10443 名职工申报参加了省级养老统筹安排，确保集体企业工能够正常退休。

2004 年以来，为 6037 名职工申报参加了省级工伤统筹，使集体企业职工权益得到保障。

2008 年开始，为 4331 名职工申报参加了邯郸市失业统筹，保证了集体企业职工的切身利益。

按照峰峰矿区［2008］69 号文件规定，引导集体企业失业人员参加城镇居民医疗保险，理顺了医保渠道，解除了后顾之忧。

（二）集体企业职工人数及工资收入

历年集体企业职工情况统计表

年度	在册人数	工资总额（万元）	人均收入（元）
1989	18502	2037.44	1136
1990	20636	2589.14	1295
1991	22138	3337.34	1553
1992	22923	4184.06	1813
1993	21127	4572.56	2146
1994	19249	4717.41	2484
1995	17848	5580.81	3108
1996	16767	6165.56	3658
1997	15479	5883.96	3740
1998	15142	4184.55	2782
1999	15636	4305.6	2638
2000	17080	4466.06	2626
2001	15811	3874.95	3737
2002	15227	4178.68	4383
2003	14920	4215.61	4577
2004	14402	4802.89	5395
2005	9326	5179.15	8864
2006	8252	4862.4	9709
2007	4954	4907.5	12377
2008	4507	6046.45	15540

七、党委工作

（一）组织建设

2004年2月，多种经营总公司组建党委，下属2个党总支，17个党支部，在册党员171人。

总公司党委组建后，负责对直管企业党的建设、思想政治工作、稳定工作以及工、团工作的领导。

（二）党建活动

在党建工作中，公司党委以经济建设为中心，坚持融入中心、服务大局，注重强化领导干部能力建设，提高广大干部的经营管理能力和市场应变能力，促进党员干部在文明建设中发挥应有作用。特别是在推进集体企业改制过程中，充分发挥党组织的政治核心作用，团结带领广大干部职工克难攻坚，确保改革改制工作顺利进行。

2004年总公司重组后，公司党委制定了《关于加强和改进机关工作人员作风建设的决定》，为提高机关工作人员政治素质、思想水平和业务能力，更好地为基层服务起到了积极作用。制定了《关于中心组理论学习制度》，每年对中心组理论学习进行安排，突出理论学习的指导性、应用性、实践性。

2005年7月开始，在全体党员干部队伍中开展了保持共产党员先进性教育活动。

2005年5月，党建质量管理体系、党支部升级达标开始运行。在运行过程中，党委先后制定了8个文件，完善了党建质量体系管理，为党建工作质量体系的运行提供了保证。

2006年4月，在开展社会主义荣辱观学习教育活动中，围绕“八荣八耻”，引导广大干部员工明确荣辱观，加强自身品德修养。

2007年，在“四好”领导班子创建中，围绕“抓班子、带队伍、促发展”的工作思路，与解决实际问题相结合，从思想、组织、作风、制度等方面，倡导“八个方面”良好风气，加强领导干部思想作风、学风、工作作风、领导作风、生活作风建设，推进“四好”领导班子创建。

2007年10月，在学习贯彻党的十七大精神中，围绕“八个理解、八个明确”，坚持学以致用，严格执行学习制度，有部署，有检查，确保学习内容、时间、人员、效果落实。

2008年一季度，组织开展以“认真贯彻科学发展观，促进企业又好又快发展”为主题的解放思想大讨论活动，把影响和制约企业改革发展的“六个方面问题”作为课题项目进行细化分解调研，征求意见，制定破解难题的思路、方法和措施。

2008年4月，印发《关于开展深入学习实践科学发展观活动的实施方案》的通知，重点树立“五种理念”，增强“五种意识”，进一步增强广大党员干部科学发展意识。6月份，出台了《关于领导班子作风整顿整改方案》，领导班子按照“八个方面”良好风气和“八个坚持，八个反对”要求，加强思想作风、学风、工作作风、领导作风、生活作风建设，以想做事、敢做事、能做事、做成事的热情抓改革、求发展、促和谐。

强化民主集中制建设，落实两个《议事规则》。凡多种经营总公司涉及企业生产经营重大决策、企业改革发展稳定重大问题、企业大额资金运作、人事任免等重大事项都经过集体研究决定，提高决策的科学化、民主化水平。

加强制度建设和党员队伍建设。利用重温入党誓词、作风整顿、党员素质工程等活动，教育党员干部身先士卒，艰苦奋斗，励精图治，争先创优。相继开展了“新企业、新面貌、新业绩”、“自立有为、创新做强”、“共建和谐，促进发展”、“跨入新阶段，立足新起点，争创新业绩”和“新集团、新面貌、新形象、新业绩”等主题教育活动，促进了直管集体企业职工队伍素质的提高。

（三）纪监工作

坚持教育固本、制度管事、监督管人的工作方针，在“内强素质、外树形象、夯实基础、健全制度、强化责任”上下工夫。落实各项党风廉政建设责任制，以制度建设为重点，增强制度的执行力，以监督检查为途径，增强监察的控制力。纪监部门从主题教育、商业贿赂治理、廉洁文化建设入手，坚持以人为本，分层施教，把廉洁文化建设与商业贿赂专项治理和纠正不正之风结合起来，自查自纠，推动了各项工作的健康发展。

把党风廉政建设的责任和反腐倡廉任务逐项分解到每一位领导干部和每一个职能部门，并完善配套制度，纳入目标管理，做到既有分工，又有协作，形成反腐倡廉工作合力。11个基层党政领导签定了《党风廉政建设责任书》，明确了党政领导班子和主要领导的责任，进一步拓展了源头预防和反腐倡廉工作领域。

落实集团公司《关于领导干部实行廉洁承诺的意见》要求，围绕工作范围和职责，对照五项廉洁要求，增强各级领导干部廉洁自律意识，促进党风建设和反腐败各项规定的落实。

按照集团公司党委《关于推行党务公开的实施意见》要求，把党组织履行职责、干部调整和聘用、纳新工作、组织建设等方面，特别是企业改革改制、资产重组、清算补偿、大额资金使用以及集体混岗工清算等重大决策和实施情况进行公示，接受广大党员和职工群众的检查监督，努力做到"为民、务实、清廉"，推进廉政建设工作不断发展。

建立企业决策、经营管理、维权保障、廉政建设质量控制程序。企业重大决策、工资改革、职工奖惩、民主评议干部等重大事项都经职代会讨论审议。特别是改制企业资产评审、职工安置、关闭破产企业混岗工补偿清算等涉及职工切身利益的事项，都由职代会或职工大会讨论通过，有效维护了职工的切身利益。

征集筛选提炼立廉洁文化观，形成廉洁文化主旋律。汇编廉洁警句和企业文化格言，制作警示牌，增强各级党员干部勤勉尽责、廉洁从业的意识。

（四）信访稳定

以深化集体企业改革、结构调整为重点，畅通信访渠道，规范信访行为，采取公开接访、预约接访、带案下访以及由上访变下访等方式，了解职工思想动态，超前防范，排查矛盾隐患。对涉及职工养老保险、工伤保险、特殊工种、上岗就业等群众反映的"热点"、"难点"问题，做好耐心细致的解释工作，努力化解矛盾，并积极利用政策解决历史包袱和历史遗留问题，较好控制了集体访和越级访，维护了集团公司稳定大局。

"由职工来上访、变领导去下访"。下基层直接听取职工诉求，排查信访苗头，做好职工思想教育和政策引导。通过宣传国家有关政策，及时解答集体企业职工提出的各种问题，减少越级上访和重复上访，确保不发生重大群体上访事件。

建立信访稳定网络，搭建信息交流平台。对容易出现上访的单位采取动态信息反馈，把易引发上访单位和上访老户作为排查重点。加强单位之间信息沟通，及时摸清底数，掌握上访苗头，超前做好化解工作，把稳控工作做到基层，把问题解决在萌芽状态。并落实"分级负责、归口管理"、"谁主管、谁负责"的信访制度和"一岗双责"责任制，明确各单位领导和包案人员责任，做好协调工作、消除上访隐患的稳控责任。

采取针对性措施，解决"热点"问题。2004年下发了峰煤多发［2004］11号《关于加强集体企业稳定工作的通知》。按照《信访稳定工作责任追究制》、《领导干部接访制度》规定，把做好集体企业信访稳定工作和接访活动作为一项重要政治任务来抓，积极做好职工思想教育和政策引导，抓好责任范围内的信访接待和稳定工作，针对群众反映的"热点"、"难点"问题，先后出台多项措施，尤其制定的峰煤多经［2008］37号文，提出了从9个方面解决集体企业工相关问题的指导意见，为解决集体企业困难职工切身利益等问题迈出了扎实一步。

坚持以人为本，解决历史遗留问题。2000年7月，为全局10443名集体工办理了省级社会统筹保险。2004年2月到2005年12月，为集体企业中断养老保险金人员补交养老金4144.61万元，为全局11个集体企业4587名中断保险金缴费补录了数据库，完备了个人手续，确保职工能够正常退休。

2008年，总公司先后出台了《关于关闭破产、辅业改制单位集体企业工独生子女父母奖励实施办法》、《关于集体企业失业保险有关事宜的通知》、《关于从零就业家庭中招聘女工的通知》等相关文件，为已退休职工兑现了一孩化奖励政策；为4331名在册职工办理了失业保险；安置零就业困难家庭603名女工到营养餐食堂；为特困企业和下岗困难职工4887人申请养老保险金贷款；组织分流单位和困难职工1100多人劳务输出。通过一系列措施的落实，对确保稳定大局起到了重要作用。

第三节　主要经济技术指标完成情况

截至 2008 年，全局集体企业拥有固定资产 6718.02 万元；流动资产 1.7819 亿元；从 1989 年以来总产值累计达 39.9806 亿元；1989 年以来累计向国家缴纳税金 1.6955 亿元。

历年集体企业经营网点产值表

项目	年度／单位	1989	1990	1991	1992	1993	1994	1995	1996	1997	1998
一、总产值（现价）	万元	6173.66	7017.50	9755.15	17003.83	20106.36	24506.25	26786	29134.57	25171.40	23029.91
1. 第一产业	万元	123.15	178.32	199.34	191.72	235.45	165.89	280	193.82	165.22	153.35
2. 第二产业	万元	3822.69	4214.08	5789.54	12564.49	14948.62	17569.38	20960	22959.83	19617.04	17682.39
其中：工业	万元	3783.50	4008.56	5536.75	12121.62	14155.86	16562.80	19490	21800.68	18497.82	16277.16
建筑业	万元	39.19	205.52	252.79	442.87	792.76	1006.58	1470	1159.15	1119.22	1405.23
3. 第三产业	万元	2227.82	2625.10	3766.27	4247.62	4922.29	6770.98	5546	5980.92	5389.14	5194.17
其中：商业	万元	599.67	645.85	823.91	1292.02	1083.27	2111.46	818	990.47	1124.43	753.68
饮食业	万元	185.24	165.58	440	255.69	279.29	239.22	395	393.88		
服务业	万元	86.21	50.64	80.43	160.97	230.16	252.57	224	236.29		
运输业	万元	396.36	397.91	475.01	841.31	1157.02	1308.36	1619	1829.58		
劳　务	万元	960.34	1365.12	1943.92	1697.63	1652.5	1549.32	1996	2145.29	1817.76	1352.28
其　它	万元	–	–	–	–	520.05	1310.05	474	385.41	411.6	966.39
二、经营网点	个	540	536	562	577	577	533	493	481	409.82	323.89
1. 第一产业	个	7	7	12	10	7	6	6	4	263.62	269.53
2. 第二产业	个	162	180	195	218	225	235	214	235	1361.91	1528.40
其中：工业	个	158	176	186	206	211	221	199	221	215	211
3. 第三产业	个	371	349	355	349	345	292	273	242	211	207

项目	年度／单位	1999	2000	2001	2002	2003	2004	2005	2006	2007	2008
一、总产值	万元	22016.98	19125.29	15341.58	15642.37	17325.87	19417.04	21998.36	27705.71	27232.90	32600.52
1. 第一产业	万元	136.86	100.75	21	316.20	299.65	6.75	6.5	7.75	4.7	2.25
2. 第二产业	万元	17829.01	15768.16	12124.29	11849.54	13201.31	15851.57	17857.78	23112.14	23173.64	27570.36
其中：工业	万元	16332.53	15007.14	11624.18	10902.68	12155.04	14956.27	17186.94	22234.68	22434.29	26894.31
建筑业	万元	1496.48	761.02	500.11	946.86	1046.27	895.3	670.84	877.46	739.35	676.05
3. 第三产业	万元	4051.11	3256.38	3196.29	3476.63	3824.91	3558.72	4134.08	4585.82	4054.56	5027.91
其中：商业	万元	382.78	275.21	322.48	242.58	196.38	138.42	106.69	112.14	93.36	62.28
饮食业	万元	217.21	180.18	149.24	83.13	99.78	162.48	158.66	273.42	267.83	278.52
服务业	万元	249.73	178.25	152.64	151.64	242.64	213.48	256.30	201.98	295.09	335.95
运输业	万元	1455.77	1070.82	963.17	1026.76	1121.48	956.38	880.22	1033.27	470.77	778.62
劳　务	万元	982.53	791.35	735.32	1296.01	960.59	1051.66	1540.55	1370	1308.47	995.77
其　它	万元	763.09	760.57	873.44	676.51	1204.04	1036.3	1191.66	1595.01	1619.04	2576.77
二、经营网点	个	409	379	354	323	298	264	234	245	226	218
1. 第一产业	个	5	6	3	5	4	2	1	2	2	1
2. 第二产业	个	219	209	206	183	169	163	149	164	154	149
其中：工业	个	208	198	195	174	160	155	142	157	148	144
3. 第三产业	个	185	164	145	135	125	99	84	79	70	68

历年总产值一览表

单位：万元

年度	总产值	集 体	中外合资	年度	总产值	集体	中外合资
1989	6173. 66	6173. 66	–	1999	22388. 59	22016. 98	371. 61
1990	7017. 5	7017. 50	–	2000	19429. 78	19125. 29	304. 49
1991	9755. 15	9755. 15	–	2001	15729. 49	15341. 58	387. 91
1992	17003. 83	17003. 83	–	2002	16376. 69	15642. 37	734. 32
1993	20106. 36	20106. 36	–	2003	18030. 16	17325. 87	704. 29
1994	24506. 25	24506. 25	–	2004	20282. 17	19417. 04	865. 13
1995	27361	26786	575	2005	22703. 24	21998. 36	704. 88
1996	29676. 28	29134. 57	541. 71	2006	27705. 71	27220. 51	485. 20
1997	25949. 88	25171. 40	778. 48	2007	27232. 9	26966. 23	266. 67
1998	23422. 55	23029. 91	392. 64	2008	32600. 52	32600. 52	–

历年固定资产、流动资产、利润税费数据表

单位：元

年度	单位个数	固定资产原值	流动资产合计	利润总额	上交税费
1989	32	18873882. 59	13768192. 78	394779. 55	1905047. 78
1990	33	22536527. 57	33684447. 04	–191189. 88	1826957. 53
1991	33	28332136. 02	48544367. 58	6830. 29	2669757. 96
1992	37	41398408. 77	83575526. 97	675555. 56	4760422. 07
1993	29	55810359. 73	119316368. 10	4363604. 43	6712020. 31
1994	46	70010651. 01	128732560. 10	–2914891. 00	5408606. 00
1995	47	75020681. 25	140905201. 54	–971750. 00	4395481. 00
1996	41	95580372. 37	156665038. 71	–666671. 86	3429323. 99
1997	41	90861435. 08	150301752. 11	97478. 90	6395547. 70
1998	41	93014218. 68	175430040. 73	–3608609. 00	9093552. 07
1999	41	99624018. 04	197346065. 24	–10361828. 00	6265109. 92
2000	41	103765220. 46	200021044. 20	–9259017. 00	6931121. 91
2001	41	100149081. 08	190690593. 38	–7620430. 00	7696765. 04
2002	41	102043515. 01	190806303. 71	–2755502. 00	8608023. 47
2003	40	94134650. 02	191302032. 55	–1278151. 73	10706156. 93
2004	34	90335131. 72	195486028. 98	–9814337. 41	13685462. 48
2005	22	72562742. 53	143818241. 43	–1924432. 29	13856662. 53
2006	21	64762614. 89	168667190. 02	503189. 35	16968571. 38
2007	21	66667291. 40	171734696. 23	–1153724. 59	16452505. 69
2008	20	67180203. 48	178196356. 88	–222859. 25	21787346. 77
合计				–	169554442. 53

（资料提供：张景芳、焦晓哲、于久庆）

第三十八章 通二矿社区管理处

第一节 单位概况

一、历史沿革及地理位置

通二矿社区管理处是由原通二矿社区与四矿社区合并组建而成的，统称通二矿社区管理处。位于峰峰煤田西部，九山与鼓山之间，西南距和村1.5公里，距峰峰新市区18公里，北距武安市24公里。

（一）通二矿社区管理处概况

通二矿社区管理处前身是峰峰局通二矿，位于峰峰矿区和村镇，占地面积1411亩。2003年，通二矿因资源枯竭，依法宣布政策性破产。2004年，峰峰集团与自然人协议出资组建了邯郸通顺矿业有限公司。从原煤主体中分离出来的社会公共服务性单位组建了通二矿社区管理处。峰峰集团将社区管理处工作委托邯郸通顺矿业有限公司管理。2006年3月23日，邯郸通顺矿业有限公司与通二矿社区管理处分离。

管理机构及职能：

1. 合并前通二矿社区管理处机构

机关设政工部、经营部、综合管理部、党政办公室、工会、社会保险办事处。下设5个基层单位，即医院、后勤管理科、物业管理科、老干科、通讯科。

管理职能：负责管理社区水电暖后勤设施的运行，担负土地指界、确界和边界巡视，土地权益维护，房屋安全、危漏检查，下水道、防洪沟检查疏通，居民房屋交易代办过户，水电暖设施正常运行和日常维护管理等工作。按照市场化运作、企业化经营管理的原则，为社区所属单位搞好服务。所有服务项目，包括供水、供电、供暖、供气、环卫及其他服务，实行市场经营，能够计价收费的计价收费，确不能计价收费的，按劳务性质商定收费办法。收费价格按照集团公司文件规定执行，没有文件依据的，在合理、平等、互惠原则前提下进行协商签定协议。双方达不成协商意见的，由集团公司财务和后勤服务部门裁定。此外，还承担着峰峰矿区义井、和村两镇13个行政自然村的吃水、土地沉陷、扒缝、水淹地等历史遗留问题妥善处理的职能。

管理范围：土地1419亩，房屋建筑面积17.7万平方米。居民3750户，主要分布在东、西、南、北4个长乐工人村和姚庄工人村、拔剑工人村、矸石山工人村等7个生活区。

2. 合并后机构设置

2006年3月，通二矿社区与四矿社区合并后，机关设党政办公室、政工部、工会、经营部、老干科、综合管理部、社会保险办事处。下设12个基层单位，即：通二矿物业管理科、四矿物业管理科、通二矿后勤管理科、四矿后勤管理科、通讯科、通二矿公安分处、四矿公安分处、通二矿医院、四矿医院、精神卫生中心、生活服务科、姚庄后勤管理科。

（二）四矿社区管理处概况

四矿的前身是利太煤矿，1946年初边招工边建井，成立“太行实业公司利太煤矿”。1948年5月28日，改为峰峰煤业公司和村煤矿。1949年9月8日，和村煤矿改为峰峰煤业公司第四矿。1949年9月18日峰峰局成立，峰峰煤业公司第四矿改为峰峰局第四矿。1965年1月，四矿与通二矿合并，改为通二矿和村坑口（西坑口）。“文革”时期改为“革命坑口”。1971年1月1日，坑口与通二矿（当时叫反修矿）分开，取名“文革矿”。1972年5月20日，恢复峰峰局四矿。

1991年，四矿注销生产能力。1996年建焦化厂；1997年建建陶厂；1998年成立邯郸正泰建陶公司；

1999年四矿与邯郸正泰建筑陶瓷公司分离；2000年11月，邯郸市中级人民法院宣布四矿因资源枯竭实施政策性破产。2002年3月组建四矿社区管理处。2006年3月，与通二矿社区管理处合并。

1. 四矿井田面积

四矿井田面积为5.85平方公里，自建井生产至鼎盛时期分为四个区域。即：四矿本井田区、八特区，南翼扩大区，北翼扩大区。

边界变动情况：1986年为调整四矿与通二矿井田边界，减少矿界煤柱，经河北省煤炭厅冀煤生字［1986］第10号、峰峰局煤生字［1986］35号文批准，将通二矿十盘区（F6－F8，F56之间）划归四矿。

2. 四矿地质情况

四矿井田处在新华夏系与东西向构造体系复合的帚状构造带内，九山与鼓山之间、和村向斜的两翼，北部是东西走向的杨二庄断层和苑城断层构成的地堑，地堑以北有磁山火成岩侵入体，东部是和村向斜和落差为千余米的鼓山大断层。由于构造破坏、断裂、节理、裂隙甚为发育，较大的断层有33条，大多数走向为北东，倾向各异的高角度正断层为主，褶皱构造次之，构造大小不同的地堑和地垒。北翼洺河区为向斜盆地构造，其余地区总体为向北东方向的单斜构造。岩层走向大致NW，总体倾向NE，倾角0—40度，一般倾角10—20度左右。

3. 四矿地质储量

全井田地质储量为2652万吨，其中上组煤为1988万吨，下组煤为664万吨。南部边界向南扩大，增加地质储量193.7万吨，远景储量52.8万吨。采勘对比增加地质储量257.1万吨（工业储量257.1万吨），补充勘探增加50.5万吨。重算增加地质储量345万吨（工业储量137.3万吨，远景储量207.7万吨）。

原“报告”山青伏青煤列入表外储量，四矿自1961年至1974年对上述两煤层进行开采，共采出42.9万吨，损失2.8万吨。由表外转入表内，增加地质储量45.7万吨。

经河北省煤炭厅冀革挖字［1978］第七号文批准，注销一座工业储量97.4万吨、小青煤7.9万吨，共注销工业储量105.3万吨。

井田范围内共有地质储量2652＋3172.1＝5824.1万吨，工业储量2652.1＋1332.7＝3984.8万吨，远景储量1839.3万吨。

4. 四矿煤质情况

四矿洺河区全部为贫煤。野青、山青（包括山青小煤）属焦煤，大煤、一座、伏青、小青、大青下架等均为焦瘦煤。

5. 四矿生产经营能力

1996年，四矿可采储量160.6万吨，受影响和不具备开采98.6万吨，真正可采出的煤量为62万吨。

1996年1月至5月，原煤计划13.36万吨，实际完成10.89万吨。吨煤成本150.08元，比上年同期提高49.46元。多经总产值1072万元，比计划减少1030万元，亏损17.8万元。全矿亏损693万元。

6. 四矿资产情况

1950年，全矿固定资产原值仅为540万元。1952年，全矿固定资产原值为2908万元。1957年，全矿固定资产原值为5526万元。1980年，全矿固定资产原值为2623万元。1988年，全矿固定资产原值为3366万元。1994年，全矿固定资产原值为4374万元。1996年5月底，四矿资产总额为1.0533亿元，负债总额为9885万元，所有者权益为648万元。

资产占用情况：货币基金32万元，存货725万元，在建工程42.3万元，递增资产93万元，应收款项2588万元，固定资产净值2865万元。

所有者权益状况：实收资本1699万元，资本公积900万元，未分配利润－1871万元，盈余公积－80万元。

第二节 主要工作

一、煤炭生产

1989年，四矿采煤工作面用上了油压泵站、单体液压支架、MDY－150型机组和SGW－150型刮板机运输机，采煤机械化程度达到88.91%。

1990年，兴建第三级排水泵房－100泵房。

1991年，在－100北大巷新建压风机房，供－100大巷及－170地区用风。

1989年，更换新式调度模拟盘，可以直观井上、下主要生产地区的生产动态。

1992年，撤销井下调度站，井下各主要生产地区同调度室有专线电话，调度室可直接询问井下各地区、场所的生产情况。

二、科技进步

1993年1月1日，四矿正式注销生产能力（河北省煤炭厅以中煤计字［1991］第67号文批准，于1991年9月注销了矿井设计能力）。但还有2214.8万吨下组煤地质储量申请试采。

1993年5月31日至7月16日，对4804和4904两个采煤工作面进行了协调开采的观测研究。与峰峰局和煤科总院北京开采研究所共同完成《协调开采底板岩体移动规律及在防水中的作用研究——峰峰矿区下组煤承压水上特殊开采试验研究总结》课题，这一成果获峰峰局科技进步二等奖，1994年又获河北省煤炭厅“三下”采煤先进集体奖，并被授予“依靠科学进步，振兴河北煤炭”锦旗。

三、安全管理

从1985年10月31日至1991年10月20日，四矿连续安全生产2151天，是建矿后安全工作最好的阶段，同时也创峰峰局和河北省安全生产最长周期。被河北省煤炭厅、省煤矿工会评为“先进集体”，被中国煤矿地质工会、中煤总公司、中国地方煤矿联合经营开发公司、东北内蒙古工业联合公司联合会评为“全国煤矿群众安全工作先进集体”。

（一）瓦斯防治

四矿属低瓦斯矿井，瓦斯相对量为2.18—10.6立方米/吨．日。

防治措施：认真执行通风管理制度，在生产过程中，建立健全了《矿井瓦斯管理制度》、《防止局扇无计划停风停电管理制度》、《“一通三防”工作责任制》、《爆破器材管理制度》。严格执行瓦斯检查“三对口”（瓦斯原始记录、签到卡、井上汇报记录），瓦斯员在指定地点交接班，通风区领导对瓦斯员的工作质量定期不定期的抽查。加强放炮管理，严格电器管理。

煤尘防治：四矿煤尘爆炸指数为14.9—36.42，属有煤尘爆炸危险的矿井。1984年前，虽有《矿井瓦斯爆炸管理制度》，但执行不严。1984年下发《四矿防尘管理制度》，规定了防尘职责范围、综合防尘标准及防尘重要问题，后又对综合防尘作了补充规定，机采工作面注水，煤巷、半煤岩巷推行水电钻，岩巷湿式打眼。成立20人防尘队，安装防尘管路1万余米、净化水带8处、转载点喷雾25处、防爆水棚5处，建立防爆洒水采掘工作面10个，大大提高了矿井综合防尘能力。此方法一直延续到四矿破产。

（二）井下水的防治

四矿井下水大部分来自井田内各含水层的涌出水和接受奥灰水补给的大青水，小部分来自地面扒缝的补给水和古小窑的老空水。

自1984年10月注浆堵水成功后，矿井涌水量每分钟只有3—4吨（±0米水平3吨/分钟，－100米水平4吨/分钟）。

防治措施：严格执行探放水制度，每年的探放水进尺都在千米以上，走平巷，探上帮，一组5个眼孔。上山3组眼孔，5个探顶，5个探底，顺煤层倾角探5个孔，厚煤每孔探80—100米，薄煤层不少于50米。随着探放水工作的加强和注浆堵水的成功，四矿至破产没发生过水灾事故。

（三）火灾防治

为防止火灾发生，严格执行入井人员验身制度，严禁携带火种、香烟，必须佩带自救器。

加强皮带机管理，制定了严防皮带机着火的若干规定。

井下设消防材料库、各机电峒室和火药库，配有灭火器材和沙子。

井口附近和井下不准从事电焊、气焊等工作，如必须进行此类工作，必须专门制定措施，报矿总工程师批准，并责成专人现场监视。

井下放炮严格执行一炮三检查制度，严禁使用易燃物代替水炮泥，严禁放糊炮。

（四）社区管理处安全管理

认真贯彻“安全第一，预防为主，综合治理”的方针，强化制度建设，2006年6月，修订印发了《安全生产管理制度汇编》，共计24项管理制度，形成了安全工作精细化管理格局。加强安全文化建设，宣灌安全理念，使职工的安全意识明显增强。2007年至2008年，健全了《安全生产承诺制度》，开展了“安全生产承诺制度落实年”活动，提高了本质安全水平。认真落实职工劳动保护规定，增加了安全投入和防护，改善职工安全条件；加强对电修工、电焊工、司炉工等特殊工种技术培训，提高业务技术水平。2006年9月，成立了消防委员会，制定了消防安全管理规定。2006年至2008年，持续开展了“安康杯”竞赛活动。2008年7月，开展了平安奥运安全生产活动。加大走动式管理力度，增加了采暖期间夜间巡查次数，坚持了周一安全大检查制度，重点对要害岗位、重大危险源、放射源、食品卫生等安全隐患进行了检查和整治。全处形成了协调有序、分工协作、齐抓共管的安全工作局面。

四、经营管理

（一）四矿工资管理

1989年，少量农轮工转劳动合同制，劳合工缴纳退休养老保险，职工浮动升级，农轮工加价粮差补助。1990年，奖励为1989年全员效率突破历史最好水平作出贡献人员。1991年，执行农轮工回乡补助统筹缴纳标准。1995年，奖励在1994年减人提效工作中作出贡献人员，印发签定《实行劳动合同制》合同书。1996年，调整离退休人员基本养老保险金。1999年，完善工资管理规范工资标准。2003年，调整因工负伤职工伤残抚恤金护理费、因工死亡职工供养亲属抚恤金标准。2004年，增加离退休人员离退休金，调整住房公积金缴存比例和基数，执行岗位工资。

（二）四矿财务管理

记账方法采用借贷记账法，核算形式采用总记账凭证核算形式。固定资产1988年末为3366万元，1994年末固定资产原值达到4374万元。从数字上看，全矿固定资产投资是逐年增加的，但因四矿是微利企业，投资利润不相适应。尽管千方百计加强管理，努力扭转亏损，增产煤炭，降低固定费用，充分发挥固定资产的使用效益，但效益不佳。

流动资金管理：为内部结算关系，收入归己，先存后支，集中结算，存贷计息，奖罚分明，经局审查财务收支计划执行情况，按期通过内部银行拨转资金，加强了资金周转。

专项资金管理：财务科是各项专用基金的管理和核算部门，与有关部门配合负责各项专用基金的按时筹集，统筹安排，控制使用，统一进行核算。在资金综合平衡的基础上，按计划保证各项用款，促进计划项目的早日完成投入使用。专用基金支出计划预算审批手续，维简基金、大修基金，由矿计划科编制年度支出计划，资金总额控制在年维简费、大修基金有效提取数额以内，对往年的维简费、大修基金超支款，分年度有计划的拉回。

成本管理：全矿经济成本分析会每月进行一次，以财务、计划部门为主，有关业务部门参加，重点分析生产计划及主要财务指标完成情况，分析超降原因，找出管理工作中的漏洞，提出改进工作的意见。车间分析每月不少于2次，由车间成本区科长和核算员负责组织进行，重点分析生产和成本升降原因，由成本核算员、工资核算员、材料员、设备管理员、考勤员提供分析资料。

利润管理：根据峰峰局下达的利润控制指标，编制年度利润计划，召开专门会议，确定利润总额。

（三）四矿物资管理

各单位统一编制需用计划报矿审批，提交供应部门汇总编制进货计划，统一采购和进货，组织专人验收。对数量、质量不合乎要求的拒付或兑换。采购中先近后远、先局内后局外。为保质保量供应生产需求，压缩流动资金的占用，加快资金周转提供了必要的条件。

仓库管理：实行验收、保管、发放、盘点、废旧物资的回收和利用。

计划管理：分为长远计划、中期计划、近期计划和上级下达的指令性计划。

中长期计划：1988年至1990年，年产原煤52万吨；1991年至1995年，年产原煤45万吨；1996年至2000年，年产原煤40万吨。长远规划编制，经局审查后，计划科汇总，附图纸和表格说明书，报局备案。

近期计划：分为年度计划、季度计划和月度计划。依据生产周期管理生产及经营活动，是长远计划的具体贯彻和落实。

煤质管理：经营副矿长主管煤质工作。营选科是煤质管理工作的职能部门，配有1名副科长主抓煤质，设有技术员和煤质化验员。各采掘区成本副区长兼管煤质工作。管理方法是：建立煤炭管理体系，严格执行分工负责制。化验管理包括，化验分析（灰分、水分、挥发分、粘结性、固定碳）及化验人员与配备。

销售管理：煤炭销售计划，由矿、局和铁路部门，根据矿产量计划每月编制一次。从1985年承包后，计划内煤炭由局统一调拨，增产煤可以自销。

（四）通二矿社区管理处成立后的经营管理

2006年以来，社区管理处全面加强了社区经营管理工作。加强了单项工程全面预算管理和资金管理。完善了财务审批制度、差旅费报销、应收账款和备用金管理、固定资产、流动资金等管理办法。2006年4月，全面推行TRIP精细化管理，实行6S行为规范、ABC三卡、4E标准、走动式管理、三工并存动态转化机制，以及班前讲评和礼仪、看板管理、周期评议等。2007年5月，实行了后勤服务价格、责权利、核算“三个体系”管理，制定了后勤服务管理细则，完善了社区班组、车间、处三级核算机制。严格执行上级的资金管理规定及制度。与四矿社区合并后，重新确定了费用审批程序和审批权限，进一步规范费用审批程序。2008年2月起，狠抓了节能减排工作，加强了节能减排工作责任目标考核，持续开展了挖潜堵漏“五查看”、节支降耗“十个一”、营建节约型社区活动。

为加强劳动用工管理，2006年4月，制定了关于规范劳动用工管理的办法，严格控制职工总量，把住“入口关”；完善了职工办理内退、停薪留职管理办法，缓和了人员富余的矛盾。

五、四矿注销与转产

1988年10月，四矿在原八特坑口旧址破土动工兴建铁厂，1989年5月投产，有职工200多人，年产铁1万多吨，产值736万元。

1991年7月，经河北省煤炭厅批准，注销了矿井设计生产能力。矿井设计能力注销后，可采储量不足200万吨。

1992年10月，峰峰局下达峰煤［1992］541号文件《关于四矿转换经营机制的决定》，要求四矿就地转产。并从1993年起执行补贴，补贴分别为：1993年1500万元；1994年1200万元；1995年900万元，三年后自负盈亏。

1992年9月底至1993年10月22日，建成年产8万吨精煤的洗煤厂。

1993年2月22日至4月16日，建成年产4万条编织袋的塑编厂。

1993年3月8日至5月18日，建成占地4800平方米的水泥粉磨站。

1993年3月28日至9月10日，建成年轧钢6000吨的轧钢厂。

1994年3月，局多种经营总公司和四矿研究决定，四矿轧钢厂组建局第一家股份制试点企业。

1993年10月至1994年7月，合资建成刘岗西水泥熟料厂。

1995年2月21日，建筑陶瓷厂和相配套的建陶煤气站（焦化厂）奠基。

建陶厂一期工程，占地58.94亩，建筑面积1.9万平方米，总投资4000万元，主要生产高级彩釉墙地砖，年产80万平方米，年产值2800万元，利税1440万元。与其相配套的焦化煤气站（焦化厂）工程总投资3000万元，年产焦炭10万吨，煤气921.6万立方米，焦油2786吨，粗苯780吨，年产值3594万元，利税1032万元。

建陶煤气站（焦化厂）是由化工部第二设计院设计。1996年3月，建成焦化厂一期工程，10月焦化厂二期工程投产。

1997年4月10日，建陶厂一期工程安装完毕，8月投产。

1998年4月15日，建陶厂二期工程安装完毕，10月投产。

六、后勤管理

四矿小学创建于1952年。四矿中学创建于1965年，从创建到1992年，共毕业初中生132个班、高中生52个班。1991年，四矿中小学合并，于2003年划归地方管理。

1992年，四矿总务科分成生活科和行政科。生活科主要负责职工班中餐、职工食堂和招待所。行政科负责供水、生活用电、澡塘、更衣室、洗衣房、职工住房分配、职工宿舍标准化、托儿所、茶炉房、自行车房、垃圾清理和厕所、马车房、牛奶站管理，以及工农关系及低值易耗品供应工作。

四矿医院主要承担全矿职工家属的医疗保健和防疫任务，并向社会开放。

七、社区民心工程建设

2006年至2008年底，投资300万元进行了居民供水管网改造，通二矿生活区开始实行全天候供水，其他生活区陆续增加了供水时间。投资54万元进行了锅炉上煤系统改造。投资19万元改造扩建了东山常乐园。投资68万元，整修了姚庄工人村、四矿生活区、东庄工人村和通二矿生活区主要街道。投资10万元为四矿生活区修建健身娱乐小广场2个。投资30万元为卫生中心修建餐厅食堂。投资30万元整修了通二矿医院外科病房和烧伤科病房；通二矿医院新上了CT、彩超漏费监控系统和医疗垃圾焚烧炉。通讯科实现了通二矿、四矿电视播放和收费并网，电信、网通宽带可选择使用。投资10万元整修了四矿医院病房；投资50万元购置介入治疗手术设备。2008年，通二矿医院烧伤门诊取得了邯郸市卫生医疗管理机构的资质认可，被河北省定为工伤保险定点医院。精神卫生中心进入了峰峰矿区农村合作医疗定点医院，成为邯郸市、武安市残疾人卫生医疗医院，并成功筹办了全省精神卫生年会，提升了医院的声望和地位，树立了良好的企业形象。投资118万元重新修建了东山居民饮用水库。2006年8月，集团公司下拨费用952万元，实施一次性解决杜庄等12个村用水工程，截至2008年底，已完成10个村的用水工程。2008年新增绿化面积4000平方米，植树305棵，种植绿篱9000棵，为职工群众创造了宽松、优美、舒适的生活环境。

八、党群工作

（一）原四矿党群工作

1979年8月，取消四矿革委会组织，设立了矿党委和行政。

1990 年 12 月 24 日，局调整充实了四矿党政领导班子。

1992 年 1 月 25 日至 28 日，中共四矿第四次党员代表大会召开。出席大会代表 154 名，代表全矿 770 名党员选举产生了中共四矿第四届委员会委员 5 人。同时选举产生了中共四矿第四届纪律检查委员会。党委会下设的职能部门有：党委办公室、组织部、宣传部和纪律检查委员会。

1995 年，矿党委组织全矿干部、职工、家属、师生参加大型义务劳动，平整新项目建设场地。2 月 21 日，四矿建筑陶瓷厂和焦化厂举行奠基仪式。

从 1993 年 1 月到 1995 年 2 月，两个大项目奠基，四矿多种经营建设基本形成规模，实现了转产三步走，多种经营产值逐年递增。1996 年 4 月，焦化厂一次点火烘炉成功，一期工程形成年产 5 万吨规模。年底，建筑陶瓷厂土建工程竣工。

1996 年，召开了四矿第九届工会会员代表大会。

（二）通二矿社区管理处党群工作

1. 党委、纪监工作

2006 年，制定党委会、党政联席会《议事规则》，进一步明确了党委会、党政联席会和领导班子民主生活会制度。2006 年 6 月，实行了基层党支部工作达标升级考核办法，制定了发展党员工作、民主评议党员、党员目标管理、党员责任区考核等规则。2007 年 1 月，引入党建工作质量管理体系，推动了党建工作上台阶。相继开展了“四好”领导班子创建活动和以“提素质、抓融入、促和谐”为主题的“四创”活动，使各级党组织在融入中心、服务大局中充分发挥了自身作用。2007 年 2 月，通过设岗、定责、任岗、公示、离岗、评星、激励等程序，强化了党员责任岗活动。2008 年 10 月，制定了关于做好兴泰公司关停炉窑稳定工作的应急预案，加强了关停期间党组织工作。

加强廉洁文化建设，2006 年，制定了党风廉政建设责任制实施细则。开展了“为民、务实、清廉”主题教育、党支部书记党建工作述职述廉考廉和职代会民主评议活动。2006 年 6 月，成立治理商业贿赂专项工作领导小组，制定了《关于开展治理商业贿赂专项工作的实施方案》。推行党务公开，进一步发扬党内民主，加强了党内监督，密切了党群干群关系，增强了党组织的凝聚力、创造力和战斗力。2008 年 3 月，开展“本质廉洁型社区”活动，构建了理念引领、宣传教育、廉洁行为规范和岗位勤廉标准、廉洁警示标识、监督制约五个体系，大力推行了“四创三争”活动。2006 年以来，开展领导干部“讲党性、重品行、做表率”主题活动，推动了各级领导班子、党员领导干部在转变作风、践行科学发展观、建设和谐社区中发挥模范带头作用。

加强企业文化建设，在全体职工中宣灌社区管理处企业文化理念。2006 年 5 月，推行了文明建设绩效考核办法，明确了考核内容、标准、方法及与工资联挂规定。2006 年 4 月，开展了社会主义荣辱观学习教育活动。2006 年至 2008 年，持续开展了“创建学习型组织，争做知识型职工”活动。2006 年 6 月，制定了关于认真做好职工思想动态反馈工作的规定，明确反馈重点，建立调查研究制度，建立健全信息反馈机制。2006 年，实施法制宣传教育第五个五年规划。进一步开展了“自立为民，强企为民”主题教育活动。2007 年，开展了“贯彻落实科学发展观，建设和谐新社区”解放思想大讨论、“共建和谐，促进发展”主题教育活动，推动了建设和谐社区的进程。2008 年，开展“认清形势明任务，立足岗位作贡献”主题教育、“科学发展在身边、党员干部在行动”、向四川汶川地震灾区捐款系列活动。加强形势任务教育，开展了“四新”主题教育活动，为社区发展提供了动力支撑。

加强信访稳定工作。2006 年，制定了关于进一步加强信访稳定工作的规定。2007 年 3 月，制定了《信访责任追究办法》。2008 年 7 月，制定了督察处理信访突出问题及群体性事件和主要领导大接访及应急预案的实施方案，设立了稳定应急指挥领导机构。开展了“保稳定、抓安全、促环保、迎奥运”活动。采取听取诉求、政策解释、融会沟通、依法规范、训诫谈话、解决实际困难等方法，认真开展领导干部大接访活动。紧紧围绕“事要解决”和“稳控到位”的信访工作原则，千方百计解决问题。2008 年，推荐了 78 名零就业家庭人员到营养餐食堂再就业。安排近 70 名失业人员从事冬季供暖。培训家政服务人员 50 人，输送 16 名下岗女工外出做家政服务。对 1300 名原集体企业工、175 名原全民工、1150 名原家属临时工中的困难家庭，逐年进行了救济。畅通了原全民、集体企业失业人员一孩化父母退休一次性奖励和“金秋助学”渠道。两个公安保卫部门在提供信息、调处不稳定隐患、应对突发事件、路口堵截、劝说劝返等方面，发挥了积极作用。

2. 工团工作

2006年7月，筹备召开了第一届职工代表大会，选举产生了职工代表大会代表、劳动争议调解委员会职工代表、平等协商委员会职工代表，审议通过了《职工代表大会民主评议领导班子及其成员实施办法》、《职工代表大会专门工作委员会工作职责》。2008年，筹备召开了首届一次会员代表大会，进一步建立健全了各级工会组织，强化了工会职能。2006年5月，成立了通二矿社区民兵团。调整充实计划生育组织机构，加强人口与计划生育目标责任考核。2006年，健全了团的组织，组织团青开展了“安全知识培训与考试”工作、青工百日安全与创效竞赛活动和“树新风、保安全、促和谐”活动。2007年2月，深入开展“学雷锋、树新风、讲奉献、促和谐”青年志愿者服务活动，以社区团员青年良好的服务意识和奉献精神，进一步促进了和谐社区建设和良好社会风尚的形成。

第三节 主要经济技术指标完成情况

四矿1989年－2000年主要经济技术指标完成情况表

单位：万元

年度	工业总产值	职工期末人数	职工工资总额	平均工资	固定资产	产品销售收入	销售成本	利润
1989	1429	3809	1098	2969	1073	2111	2504	－693
1990	2127	3775	1095	2869	1586	1396	2820	－1741
1991	1996	3655	1164	3166	1561	1351	3298	－2323
1992	1158	3379	1058	3055	1569	721	1840	－1685
1993	2912	3163	1219	3744	1876	3257	3276	－1680
1994	4995	3045	1494	4813	2180	3273	2721	－1198
1995	4534	2866	1659	5613	2941	3908	3350	2100
1996	2700	2518	1591	6018	4263	3967	4013	－1435
1997	6659	2244	1476	6222	4750	3158	3280	－2693
1998	7198	2021	988	4577	2353	1366		－1452
1999	2186	1879	379	2202	1605	793		－1089
2000	1250	1364	519	4117	3001	1274		－710

四矿社区管理处2002年－2005年经营指标完成情况表

单位：万元

年度	收入	支出	本年利润	清算补贴	利润
2002	157	583	－426	381	－45
2003	380	1175	－795	720	－75
2004	407	1091	－684	684	
2005	455	1082	－627	627	

通二矿社区管理处2005年－2008年经营指标完成情况表

单位：万元

年度	收入	支出	清算补贴	利润	
2005	1205	2381	1181	5	
2006	1540	3684	2094	－50	
2007	1687	4473	2786	0	
2008	2239	6125	3938	52	

第四节　市级以上荣誉称号

一、国家、部级荣誉

1993年，全国煤矿群众安全工作先进集体（四矿）

二、省级荣誉

1992年，河北省煤炭系统先进集体（四矿）
1994年，河北省煤炭系统思想政治工作优秀单位（四矿）、河北省“三下”采煤先进集体（四矿）
1998年，河北省社会治安综合治理先进单位（四矿）

三、市级荣誉

1993年，邯郸市文明单位（四矿）
2007年，邯郸市模范职工之家

（资料提供：张伶俐、李明岗、张五妮）

第三十九章　三矿社区管理处

第一节　单位概况

一、地理位置

三矿社区管理处前身是峰峰局三矿。三矿井田位于河北省邯郸市西南部，行政区划属邯郸市峰峰矿区管辖。距矿区5公里，距邯郸市45公里。

二、历史沿革

峰峰局三矿原为20世纪30年代初资本家开凿的一个矿井，日本占领时期和解放战争时期虽做过一些恢复工作，但均未生产。1949年9月9日经华北人民政府工业局批准，更名为峰峰局三矿。经整修，1950年6月20日，三矿复产。在“文化大革命”期间该矿由革委会管理，并改名为“立新矿”；1972年5月20日，恢复原称。1995年11月5日，吝家沟矿筹建处改名为新三矿，由三矿管理，并举行竣工投产剪彩仪式。1996 年 11 月峰峰矿区界城镇办 6 号小煤窑突水流入三矿马家荒区，三矿曾组织施工力量到镇办 6 号小煤窑井下进行建水闸墙堵水，但因地质资料不清，堵水未果，致使三矿马家荒区于 1996 年 12 月 31 日淹没。为了防止马家荒地区出水向三矿中央区漫延，三矿在青泉洼区正巷与副巷建水闸墙二道，至 1997 年 4 月 21 日，因水闸墙底部出水，将整个矿井淹没。1997 年 12 月 25 日，三矿、新三矿分离为两个局属独立单位。分离后组建了以原三矿为主体的大裕实业有限责任公司，负责新三矿、梧桐庄矿的后勤服务。1998 年 4 月，大裕实业有限责任公司更名为永安实业有限责任公司。从 1998 年 3 月开始，开采工业广场下残留的边角煤野青煤柱。2001 年 8 月 13 日，自筹资金开始对被淹矿井进行追排水。2002 年 5 月 22 日，将水追至井下 +70 水平运输大巷，开始整修巷道，恢复生产。2001 年 9 月，恢复峰峰局三矿名称。2003 年 10 月 26 日，因峰峰矿区大峪镇联办小煤窑出水（涌水量 180 吨/分）流入矿井，将整个矿井再次淹没。2004 年 10 月 28 日，三矿依法进入破产程序。2006 年 7 月破产终结，成立三矿社区管理处。

截至 2008 年 12 月底，在册人数 352 人，其中：在职 316 人，等退 34 人，内退 2 人。

三、井田范围

三矿井田东部以梧桐庄断层（F26）及北大峪断层（F11）为界，与梧桐庄矿深部井田、新三矿井田相邻；西以马家荒断层（F55）及煤层风化带为界；南以技术边界与梧桐庄矿井田浅部相邻，北隔半坡断层（F9）与北大峪井田相接。井田走向，长 8.5 公里，倾斜长度 0.73 —2.3 公里，面积 10.21 平方公里。井田地质，全区属低山丘陵区，冲沟比较发育，区内地势西北高，东南低，起伏不平。最高标高 330.2 米，最低处标高 134 米，高差近 200 米。地形地势，三矿井田地处鼓山两侧，地势北部高，向东、西、南三个方向渐低。

地貌可分为低山、丘陵、冲沟及山前冲积平原。

四、矿井水文地质

井田东以 F11 断层（H = 25 - 142M）与吝家沟井田构成隔水边界；东南以 F26 断层（H = 300 - 800M）与梧桐庄井田隔离；西以 F55 断层（H = 430 - 475M）与辛安井田隔离；北部西北以煤层露头及风化带接受大气降水补给，成为独立的水文地质单元；矿井充水源为老窑积水，封孔不良钻孔水，含水层水。井田水文地质划分为复杂型。

气候属于中国气候区域 11 -5 区，为大陆性气候。1956 年到 1979 年平均年降水量为 616.1 毫米，降雨多集中在每年 6 月底到 9 月初，占全年降水量的一半左右；区内降雪量不大，1 月份最大积雪深度 9 厘米；年平均蒸发量 1908.7 毫米，5 —7 月份最大；年平均气温 14 度左右。

五、矿井储量情况

井田煤系二迭纪山西组和石炭系太原组。煤层由上而下编号为：2#（大煤）平均厚 3.3 米，3#（一座）平均厚 0.6 米，4#（野青）平均厚 0.7 米，6#（山青）平均厚 1.3 米，7#（小青）平均厚 1.3 米，8#（大青）平均厚 0.8 米，9#（下架）平均厚 1.6 米。可采煤层为 2#、3#、4#、6#、7#、8#、9#7 层，可采煤层厚度 9.2 米。属稳定和较稳定煤层。

煤层倾角一般为 15 度左右。1989 年 1 月 1 日矿井可采储量（A + B）为 311.7 万吨。1992 年 1 月 1 日矿井可采储量（A + B）为 110.9 万吨。1997 年 1 月 1 日矿井可采储量（A + B）为 20.7 万吨。2003 年 10 月 26 日矿井被淹关闭。

六、开采方式

矿井开拓方式为斜井采区石门。煤层开采，采区为盘区式开采，根据褶曲和断层构造情况划分为盘区，开掘轨道运输巷和皮带机道，然后由石门连接相邻煤层，沿煤层走向掘上、下顺槽，沿走向单一或分层长壁开采，一般各煤层采取分层布置，分层开采。

七、煤质

煤种牌号为肥煤，煤的挥发分在30－28%之间，平均灰分为23－21%左右，低硫，煤质优良。煤的工业利用方向主要为炼焦用煤。

八、人员和资产情况

历年职工人数及队伍构成统计表

项目＼年度	1988	1989	1990	1991	1992	1993	1994	1995	1996	1997	1998
全部职工	4234	4259	4325	4152	3976	3768	3687	3880	3628	3002	1611
（一）在岗职工	4234	4259	4325	4152	3976	3768	3687	3880	3628	3002	1611
其中：女职工	442	446	452	446	466	447	440	451	425	389	349
一．生产工人	2763	2843	2840	2670	2415	2268	2243	2514	2377	1571	
二．学徒											
三．工程技术人员	60	59	56	65	57	56	59	59	56	54	
四．管理人员	171	221	225	260	234	176	165	109	99	89	35
五．服务人员	792	825	836	838	811	838	822	875	827	624	209
六．其他	448	311	368	318	459	430	398	323	269	664	1367
（二）离开单位仍保留关系											

项目＼年度	1999	2000	2001	2002	2003	2004	2005	2006	2007	2008	
全部职工	1621	1621	1606	1589	1440	1082	690	524	401	352	
（一）在岗职工	1621	543	702	770	872	543	270	283	294	292	
其中：女职工	340	357	352	352	282		148	150	123	123	
一．生产工人			103	111	111	172					
二．学徒											
三．工程技术人员			1	3	3	3					
四．管理人员	35	35	36	37	37	28	24	34	33	33	
五．服务人员	225	456	512	575	674	313	228	232	247	246	
六．其他	1021	52	50	44	47	27	18	17	14	13	
（二）离开单位仍保留关系		1078	904	819	568	539	420	241	107	60	

历年资产情况表

单位：万元

年度 \ 项目	总资产		
	流动资产	固定资产	合计
1989	221	2769	2990
1990	259	2809	3068
1991	527	2790	3317
1992	280	2248	2528
1993	201	2659	2860
1994	235	2743	2978
1995	1147	3279	4426
1996	1036	3986	5022
1997	2088	2482	4570
1998	1909	2365	4274
1999	1328	2432	3760
2000	1314	2580	3894
2001	1454	2582	4036
2002	918	1433	2351
2003	88	871	959
2004	165	1083	1248
2005	234	1109	1343
2006	265	1280	1545
2007	288	1284	1572
2008	311	1286	1597

第二节　主要工作

一、煤炭生产

（一）开拓掘进

1989 年以后，矿井开拓维持原状，无新开拓工程。

（二）巷道支护

在巷道支护方面，矿结合本矿井地质条件，围岩和煤层状况，推广和借鉴外矿先进技术，在岩巷中使用光爆锚喷支护，使用钢筋树脂锚杆，锚杆直径 16 — 18 毫米，长度一般 1. 6 — 2 米，喷射混凝土厚度一般为 100 — 150 毫米。

沿煤巷巷道施工多采用矿用工字钢支护，在半煤巷道、山青、小青、下架巷道支护上，采用木锚杆支护，锚杆直径 30 毫米，长度 1. 5 米。

（三）巷道爆破

岩巷掘进采用凿岩机湿式打眼，发爆器起爆，毫秒雷管引爆；炸药采用煤矿安全乳化炸药；煤巷用湿式煤电钻钻眼，放炮器起爆，毫秒雷管引爆，煤矿用乳化炸药爆破。

（四）采煤生产

1. 1989 年至 1996 年，采煤方法为，在大煤开采中采用走向长壁倾斜分层采煤法，单一长壁采煤法，走向长壁 π 型梁放顶煤采煤法。在野青、山青、下架煤的开采中，采用单一长壁采煤法。对大煤残留边角煤柱的非正规面开采，采用房柱式采煤法。

2. 工作面支护：采面支护为单体液压支柱（型号为 DZ－30/100）和铰接顶梁（型号为 HDJA－1000）。

3. 采煤：大煤、山青长壁回采工作面使用采煤机采煤，采煤机型号 MLSP－100。大煤边角残留煤柱、野青采面，用煤电钻打眼，用毫秒瞬发电雷管，硝铵乳化煤矿安全炸药爆破。工作面铺设刮板运输机，型号为 SGB630/150；溜子道铺设刮板输送机（型号为 SGB－40T 型）和吊挂皮带运输机（型号为 SPG－800 型）。

（五）矿井运输

矿井井下运输方面，上下山运输采用皮带运输机，提升绞车串车运输；主要运输平巷采用 ZK－10/250 型架线式电机车牵引 1 吨矿车运输原煤、矸石及物料；人员运送采用 PRC－18 型人行车。

（六）矿井通风

矿井通风为对角抽出式通风，共有 5 个井筒，其中：主斜井、皮带斜井为进风井，马家荒风井、西风井、北大峪风井为回风井。马家荒风井安装 2K58－NO24 轴流式通风机 2 台（1 台备用），电动机功率 320 千瓦。西风井安装 2K58－N018 轴流式通风机 2 台（1 台备用），电动机功率 310 千瓦。北大峪风井安装 JBT－62 轴流扇风机 7 台，每台电动机功率为 28 千瓦。

（七）矿井排水

矿井排水采用多水平排水方式。全矿井下共有四个泵房，担负着全矿井的排水，保证矿井的安全生产。即：+70 中央泵房、－20 水平泵房、马家荒－130 水平泵房、马家荒－260 水平泵房。

+70 中央泵房安装 5 台 D 型 200D－43×5 离心泵；－20 水平泵房安装 6 台 D 型 200D－43×9 离心泵，6 台 D 型 D450－60×5 离心泵；马家荒－130 泵房安装 3 台 D 型 200D－43×9 离心泵；马家荒－260 泵房安装 3 台 D 型 200D－65×8 离心泵。

+70 中央泵房铺直径 250 毫米排水管路两趟，通过排水钻孔排至地面。－20 水平泵房铺直径 250 毫米排水管路两趟，直径 426 毫米管路两趟，通过排水钻孔排至地面。马家荒－130 泵房铺直径 200 毫米排水管路一趟，经过风井排出地面。马家荒－260 泵房铺直径 200 毫米排水管路一趟，经过风井排至地面。

（八）矿井供电

2005 年前，三矿设有局（峰峰集团）管辖的地面 35 千伏变电所 1 座，供电电源为双回路。一路电源来自北大峪变电站，一路来自界城变电站。地面 35 千伏变电所内安有两台主变压器（10000 千伏安）。井下电源采用 6 千伏高压电源，下井电源选用 6 千伏 3×240 平方毫米电缆，共计两回路，沿电缆钻孔敷设至井底中央变电所。

1997 年 4 月 21 日矿井被淹后，停止采煤，全矿用电量减少。2006 年将地面 35 千伏变电站设备全部拆除，改由大峪变电所农电供电。

（九）通讯网络

2005 年前，矿井通讯系统设有电话交换机 1 台 200 门，井上各行政单位、办公室及井下采煤掘进工作面、变电所等处均安装电话机。2006 年对通讯系统进行了改造，新购置程控数字电话交换机 1 台，可直接与峰峰集团公司内各单位及全国各地联系。

2006 年 6 月，与峰峰集团区域网联通，提高了办公自动化程度。

二、安全管理

（一）安全机构

1989 年后，三矿安监机构设置主要是安监处，成员由安监科、调度室、技术科、地质科、工资科、财务科、宣传部、工会、团委、党政办公室等机关科室负责人组成。2006 年 7 月，成立三矿社区管理处，安全生产主要由综合管理部负责。

（二）安全教育

1989 年以教育科为主，多种形式对全矿工人、干部及特殊工种人进行系统培训，经考试合格，由安监部门发给合格证，凭证上岗。2004 年10 月28 日，矿井破产后，继续坚持“安全第一，预防为主”的方针，对各岗位工种进行安全培训教育，保持了安全生产良好局面。

（三）安全活动

1989 年以来，始终坚持每周一次安全办公会、一次职工安全教育活动的制度。在此基础上，每年开展一次安全质量月活动。2004 年以来，每年开展质量标准化月、安全生产月、“三无”竞赛、“安全警示日”等活动，做到了安全活动经常化。

（四）安全检查

每周五上午由安全生产管理部牵头，矿领导带队，组织工程技术人员及有关单位负责人到现场检查安全质量，排查安全隐患，发现问题填写二联单，定人限时解决。质量检查组每旬到现场检查，每月汇总通报。

三、经营管理

（一）材料供应

1. 材料供应计划的编制。根据局每年下达的坑木、钢材、火工品等定额控制指标，各用料单位根据年度需用量、上年度执行情况，编制次年度计划。材料供应科汇总平衡后编制申请计划，经矿务会研究平衡后报局供应处。季度计划主要编制季度需用的大型材料和专用工具等计划，经矿务会审定后，再根据本季度的产量、进尺、工程量等任务和上季度材料成本、库存量，编制季度计划报局。月度计划编制，每月末由各用料部门提出次月的大型材料、专用工具及特殊材料的需用量，结合生产经营作业计划的安排，编制月度物资供应计划。

2. 实行材料消耗定额管理。根据定额，结合经济责任制，对用料单位进行发料控制，节奖超罚。对消耗不稳定的材料，实行总额控制。消耗定额下达后，供应部门定期检查执行情况，进行分析，并结合矿主管经营部门建立起信息反馈系统。执行好的总结经验，进行推广表彰；对执行不好的分析、查找原因。对降低材料消耗、吨煤成本，提高经济效益起到了积极作用。

3. 仓库管理。物资保管，按物资类别分别存放。将有色金属、金属制品、建工材料、橡胶制品、油脂、化工、电器、工具、仪表配件及杂品等，分别存放于库房内；钢丝绳、运输带、大的配件等物品存放在敞棚或大库房内。存放方法，实行标准计量，定量码垛，分层堆摞，五五摆放，永续盘点，过日知数，并按不同材料的性质，采取通风、防潮、防湿、防晒、去锈、除油、隔离等措施。

验收。物资到货后，在验收过程中对照经济合同条款，填写验收记录，注明到货时间、发货单位、车号、件数、重量，并对随货带来的说明书、图纸、合格证等进行一一验收，随同原物保管，以备验收使用。在验收过程中发现规格不符、数量余缺、变质损坏等问题，及时提出验收报告，进行处理。

发放。物资发放按照材料核算办法，实行双轨制运行。一律凭料单发放，凭证为多联单式，手续由财务部门和材料部门分别循转，最后由财务部门汇总核对。发料计量，采取与验收时相同的计算方法。

4. 废旧物资回收和利用。对水泥纸袋、电缆盘、火药箱、废钢丝、废金属、风筒、坑木代用品、废旧劳保用品、工具器具等废旧物品及时回收。注重废旧物品的利用，对坑木、搪材改锯复用；其他物资经拼装配凑和改制加工后利用。

5. 1997 年矿井被淹后，生产被迫停止，材料也基本不用，以生产服务为主的材料供应、定额管理、仓库管理等工作也基本停止，零星需用一些材料从市场采购，随用随购。

（二）财务管理

1. 固定资产管理

实行三级管理，财务科为一级，设备组为二级，使用单位为三级。一级和二级设有专职管理人员负责，有账、卡及使用保管卡片。实行定期核对和不定期抽查管理，及时办理增、减、储和报废手续。固定资产的折旧按照国家规定年限和平均年限法计提。矿井关闭破产后，按照国家破产企业规定，固定资产不再计提折旧，对新增固定资产一次性当月摊销。

2. 管理核算形式

1989年，财务记账开始使用计算机，会计制度执行“两则”、“两制”。

1993年7月份，财务实行手工记账与计算机同时记账。

1994年1月份，计算机记账替代手工记账。

1997年至1998年，实行“三条线”管理，即多经线、生产线、后勤线分别记账。

2001年，财务核算开始使用安易2000财务及电子报表软件，取代之前在DOS系统下运行的软件系统。

2003年6月，纳税实行网上申报纳税。

2004年10月以后，财务核算按破产政策进行核算，费用支出由财政拨付的破产资金列支。

（三）专项资金管理

专用资金种类包括：维简资金、安全用费、专项拨款、专项借款、多经技改、大修等。

专项资金由矿财务部、综合部会同有关部门，按照“投资、工期、质量、效能”四大控制目标，对各项专用资金按计划保证用款，注意节约，讲求效益，达到专用资金的合理使用。

（四）利润

1989年至1996年，矿井处于生产阶段。1989年亏损1761.7万元，1990年亏损2599.2万元，1991年亏损2819.1万元，1992年亏损1991.2万元，1993年亏损1397.2万元，1994年亏损1098万元，1995年亏损537万元，1996年亏损912万元。1997年至2004年10月矿井处于停产阶段，1997年补贴后盈利156万元，2001年盈利25万元，2002年盈利9万元，2003年亏损846万元；2004年10月底宣布关闭破产后，国家拨补贴维持社区正常运转。

四、集体企业

第一阶段：1989年至1993年9月。正常经营的厂点11个，即洗煤厂、机修厂、更新厂、锚杆厂、商饮厂、拔丝厂、自救器厂、汽运厂、瓦厂、砖厂、水泥厂。筹建的两个厂点：电厂、加油站。准备筹建的厂点：游泳池。

1989年－1993年产值和在册人员情况

年度	产值（万元）	公司在册职工
1989	300	420
1990	550	660
1991	870	970
1992	1080	1085
1993	1200	1300

第二阶段：1993年11月至1997年12月。整体经营状况比较困难，经营总产值逐年下滑，产品销售不畅，货款回收艰难，利润亏损明显，1997年总资产负债率高达237%，公司资不抵债，下属厂整体瘫痪，在岗机关人员执行最低工资标准，长达9个月不能开支。

第三阶段：1998年至2006年。为使公司尽快走出低谷，摆脱困境，积极制定和实施了各种有效措施和办法。

1998年下半年，在锚杆厂实施了经营承包。

2000 年上半年，对机修厂实行了对外竞争承包。之后陆续对其他各厂实行承包经营。

2001 年初，积极向局申办局内生产定点厂，自救器厂、锚杆厂、拔丝厂首批进入了局内定点厂行列。特别是自救器厂，局内销售由过去的年销售 1 万台左右，迅速增加到 1.5 万台左右，连续多年成为公司整体效益最好的厂点。

2005 年下半年关闭了玻纤厂；2006 年下半年注销了洗煤厂；2007 年 10 月整体出售了拔丝厂；2008 年初整体出售了加油站。

2008 年 10 月，投资 30 多万元上化学氧自救器新产品。

2008 年上半年，根据国家对水泥行业的政策要求，水泥厂终止经营。

2005 年 9 月，集体企业公司终止经营。

五、后勤管理

（一）住房

自 1983 年开始，职工住房由福利分配过渡到提租补贴，直到发展为商品化住房。截至 2008 年，全社区除厂内街 200 余户因采煤因素房屋未出售外，南北矿工人村 2200 余户购买了自己的住房，取得了《房屋产权证书》。

（二）供水

从 2004 年至 2008 年，社区先后投资约 505 万元对全部供水系统进行了改造，实现了 24 小时供水，改变了过去定时供水的局面，并实行了一表一户以表计量，按量收费制度。

（三）供暖

根据住宅区的状况，1999 年对半坡较集中的楼房区实行了冬季供暖。

（四）供电

由于矿井关闭停产，按照上级指示于 2000 年进行了供电线路改造，移交峰峰矿区电力公司管理，直接到户服务。仅此一项为企业节约资金每年达 120 余万元。

（五）环境建设

从打造和谐社区、绿色社区、文明社区入手，2004 年至 2007 年，先后在社区南、北矿工人村和半坡修建了 3 个文化活动广场，总面积达 1.2980 万平方米；一座老年活动中心，约 240 平方米，配备了相关活动器械，绿化了草坪。2005 年被邯郸市授予“花园式单位”称号。2005 年对居民住宅区、工业广场年久失修的路面进行了水泥路面改造，全长 8280 米，总面积 3.5290 万平方米；对南、北矿 2970 米主要街道安装了路灯。2006 年对有线电视线路进行改造，安装了加密器 1800 余户，增加了收视节目；对社区南北矿澡塘进行了重新修缮、改造。2008 年投资 80 万元对社区南环路段“民心路”进行全新修建。

六、党群工作

（一）党委工作

1. 党的代表大会

1991 年 12 月 26 日至 27 日，在矿文化四楼召开第五次党代会，出席代表 124 人。大会选出第五届矿党委委员 7 人，矿纪委委员 5 人。矿党委五届一次会议选出党委书记 1 人，副书记 1 人。矿纪委第一次会议选出纪委书记 1 人，副书记 1 人。

2. 组织工作

1989 年 4 月，开始民主评议党员，建立民主评议领导小组，组织党员学习《党章》，以党员标准对照检查自己。至 2008 年底全社区共有党员 488 人。

2008 年党员概况表

项目		党员数	项目		党员数
总计		488	现有文化程度	研究生	
正式党员		481		大学本科	15
预备党员		7		大学专科	20
性别	男	422		中专	60
	女	66		高中、中技	167
民族	汉族	485		初中及以下	227
	少数民族	3	职业	企业管理人员、专业技术人员	68
年龄	35 岁以下	19		工人（营业员、服务员）	83
	36 岁至 45 岁	75		其他	48
	46 岁至 55 岁	158			
	56 岁至 60 岁	67			
	60 岁以上	169			
	1949.10～1966.4	51			
	1966.5～1976.10	109			
	1976.11～2002.10	284			
	2002 年 11 月及以后	45			

1989 年以来，基层党组织情况：1989 年，辖总支 1 个，支部 22 个，党员 705 人；1994 年，辖总支 1 个，支部 21 个，党员 734 人；1997 年，辖总支 1 个，支部 24 个，党员 720 人；1998 年，辖总支 1 个，支部 19 个，党员 597 人；2004 年，辖总支 1 个，支部 16 个，党员 544 人。2006 年 7 月成立中共峰峰三矿社区管理处委员会，辖总支 1 个，支部 8 个，党员 501 人；2008 年辖总支 1 个，支部 7 个，党员 488 人。

1989 年起，本着"充实提高，适当调整，稳定干部队伍"的精神，进一步健全科级干部的任免、交流、考核、培训、管理等各项制度，并按照规定及时办理干部离、退休手续。2007 年起开展了"四好"领导班子创建活动，从德、才、勤、绩、廉五方面进行考核，作为升、降干部职务的依据。2008 年，提拔任用干部 22 人。

1989 年 2 月起，建立结构合理的后备干部队伍，形成后备干部分级管理网络。每年安排优秀青年干部参加局（集团公司）举办的青干班，有 16 名青年干部参加了培训。20 年来，有 8 名被提任处级干部（其中正处级 2 人）。2008 年底，社区有 8 人被列为处级后备干部人选，14 人被列为科级后备干部人选。2005 年起对专业技术人员实行了一年一考核，三年一聘任，考核不合格不予聘任。

截至 2008 年底，共有管理人员 143 人，其中：专业技术人员 111 人，高级职称 3 人，中级职称 20 人，助理级职称 50 人，员级职称 38 人。

2006 年 8 月，在全社区机关和基层支部推行党建工作质量管理体系，使社区党建工作实现了制度化、规范化，提升了党建工作水平，推进了社区稳定发展。

3. 宣传思想工作

1989 年，开展"立足岗位作贡献，扎实工作创新绩"活动，进一步调动各方面积极性，保持企业稳定，促进了全矿生产经营各项工作。

1992年，进一步解放思想，促进观念转变，抢抓机遇，加强管理，提高素质，实现企业升级。

2005年7月至10月，按照集团公司党委的统一部署，开展了保持共产党员先进性教育活动。

2008年1月至3月，在全社区开展了解放思想大讨论活动。

2008年4月至9月，在社区领导班子、基层单位领导班子和党员领导干部中，开展深入学习实践科学发展观活动，推动了科学发展观的贯彻落实。

2008年10月，在处、科两级领导班子中开展了“抓作风、做表率、促发展”作风整顿活动，实现了全社区工作作风和干部队伍精神面貌的新转变。

（二）纪监工作

1989年，纪检委员进行了调整；出台了《关于元旦春节期间执行九条纪律的规定》、《关于建立纪检委员汇报和例会制度》。

1991年，第五次党代会选举产生第五届纪律检查委员会；出台了《关于深入开展党内法规教育的安排意见》；开展了纠正行业不正之风专项治理工作和“树新风、作贡献”活动。

1995年，编印了《廉政之窗》。

1999年，成立永安公司纪律检查委员会；推行了财务会计、办事员委派制；实行了矿务公开、区科务公开。

2002年，实施效能监察，逐步向区（科）、班组延伸。

2006年，成立三矿社区管理处纪律检查委员会；推进廉洁文化建设，为中层以上管理人员制作廉洁从业警示牌。修订了《党风廉政建设责任制》；组织开展《党纪处分条例》、《党内监督条例》学习和知识竞赛；对新任中层管理人员实行廉洁谈话，签定廉洁承诺书。

2007年，全面落实中纪委《建立健全教育、制度、监督并重的惩治与预防腐败体系实施纲要》、《国有企业领导人员廉洁从业若干规定》；开展廉洁文化“六进”活动，提炼三矿社区廉洁文化观，制作《廉洁文化手册》、《清风》廉洁文化专题片、廉洁文化网页。

2008年以“创建本质廉洁型”社区为重点，创建了理念引领体系、宣传教育体系、规范运作体系、警示标识体系、监督制约体系；开展“四创三争”及“勤廉促和谐”廉文、短信、楹联征集活动，召开家庭助廉座谈会；建立完善了领导干部《廉洁从业行为规范和管理岗位勤廉标准》，并辑印成册。获本年度集团公司“纪检监察工作先进单位”。

1989年以来，共查处违法违纪案件22起。

（三）工会工作

1989年12月，召开第十届会员代表大会。1992年12月，召开第十一届会员代表大会。1995年12月，召开第十二届会员代表大会。1997年12月25日，与新三矿分离。1998年4月25日，召开第一届会员代表大会。1998年4月26日，召开第一届职工代表大会。2001年1月20日，召开第二届职工代表大会。2004年1月26日，召开第三届职工代表大会。2004年4月21日，召开第三届职工代表大会第四次会议，讨论审议并通过了《三矿实施破产方案》和《人员分流方案》。2006年12月26日，社区管理处召开第一届会员代表大会，选举产生了第一届工会委员会和工会女工委员会、经费审查委员会。2006年12月27日，召开第一届职工代表大会，选举产生了职代会组织机构，签定了《集体合同》、《工资集体协商协议》、《安全劳动卫生协议》、《女职工劳动保护专项协议》。

（四）团青工作

1988年4月9日，在矿文化四楼召开第六届团代会，出席代表82人。大会选出第六届矿团委委员7人。

1991年4月9日至10日，在矿文化四楼召开第七届团代会，出席代表76人。大会选出第七届矿团委委员7人。

1996年4月6日至7日，在矿文化四楼召开第八届团代会，出席代表72人。大会选出第八届矿团委委员7人。矿团委八届一次会议选出团委书记1人。

第三节　主要经济技术指标完成情况

历年职工人数及平均工资表

年度	职工人数	平均人数	工资总额（元）	平均工资（元）
1988	4234	4290	9365564	2183
1989	4259	4125	11930488	2892
1990	4325	4192	14059738	3354
1991	4152	4227	13028639	3082
1992	3976	3962	15010637	3789
1993	3768	3832	15676464	4091
1994	3687	3692	18627382	5045
1995	3880	3672	22217287	6050
1996	3628	3744	26034990	6954
1997	3002	3126	18189742	5819
1998	1611	1661	4263221	2567
1999	1621	1583	6084332	3844
2000	1621	1631	7164221	4393
2001	1606	1557	7474891	4801
2002	1589	1455	9270290	6371
2003	1440	1396	9701243	6949
2004	1082	1212	9310877	7682
2005	690	816	8280228	10147
2006	524	527	6568415	12464
2007	401	457	6447626	14109
2008	352	372	7944012	21355

历年煤炭生产主要经济指标表

序号	指标	计量单位	1989	1990	1991	1992	1993	1994	1995	1996	1997	1998	1999	2000	2001	2002	2003	2004	2005	2006	2007	2008	合计（1989－2008）
1	原煤产量	吨	594174	511829	483220	457547	446116	413188	368608	260014	20769	14557	22936	23586	43604	121963	118695						3900806
	实际生产天数	天	362	362	362	363	351	362	362	345													
	平均日产	吨	1641	1414	1335	1260	1271	1141	1018	754													
2	掘进总进尺	米	19794	17691	15374	11031	6675	4551	4537	2760													
3	开拓进尺	米	3255	2425	1361																		
4	原煤灰分	%	28.73	26.54	24.93	28.51	27.14	23.21	22.28	24.48													
5	原煤含矸	%	0.03	0.03	0.01	0.02	0.01	0.02	0.01	0.03													
6	全员实物效率	吨/工	0.752	0.661	0.661	0.782	0.829	0.89	1.1	1.145													
7	回采工人效率	吨/工	4.511	5.174	6.043	6.027	4.689	5.047	4.915	4.89													
8	掘进工人效率	吨/工	0.143	0.154	0.151	0.207	0.197	0.17	0.184														
9	原煤单位成本	元/吨	63.89	75.13	98.42	90.44	105.86	122.47	128.05	157.91													
10	利润	万元	－1762	－2599	－2819	－1991	－1397	－1098	－573	－912													
11	工业总产值（接不变价）	万元	1431	2433	2305	2190	2131	1974	1762	1242													
	按现行价	万元	2004	1535	1955	2142	3863	4955	4534	3545													
12	全部职工期末人数	人	4259	4325	4152	3976	3768	3687	3882														
13	矿井可采储量（A＋B＋C）	万吨	693.5	503.2	488.1	293.2	81.5	56.6	53.1	37.8	24.4												
	矿井可采储量（A＋B）	万吨	311.7	241.1	261.	110.9	69.1	48.5	45	29	20.7												

第四节　市级以上荣誉称号

一、省级荣誉

1992 年，河北省煤矿工会民主管理工作先进单位
1994 年，河北省煤矿工会模范工会

二、市级荣誉

1990 年，邯郸市先进团委
1991 年，邯郸市先进职工之家
1993 年，邯郸市先进职工之家
2005 年，邯郸市花园式单位
2007 年，邯郸市模范职工之家

（资料提供：杨真宝、郭墨林、白旭伟）

第四十章　二矿社区管理处

第一节　单位概况

一、地理位置

二矿社区管理处位于河北省邯郸市峰峰矿区中部，南、北分别与制品厂、钢铁厂、峰峰火车站相连，生活区距邯郸市 30 余公里。

二、历史沿革

峰峰二矿社区管理处的前身是峰峰局二矿。前身属 1913 年创立的中和煤矿股份有限公司。1939 年为日本侵略者劫持。1945 年峰峰煤矿解放后改为二厂。1949 年 9 月经华北人民政府有关部门批准，更名为峰峰矿务局二矿。解放后，最高年产量曾达 145 万余吨。因矿井资源枯竭，在历经了 89 年的开采之后，于 2002 年 10 月停产，2005 年 10 月依法关闭破产。2006 年 7 月与建材厂社区合并，2006 年 12 月正式组建为二矿社区管理处。

三、井田面积

二矿井田由二矿本井田和泉头扩大区组成，位于鼓山东麓峰峰矿区临水镇和峰峰镇行政区内，东部以 F10 断层为界，与羊渠河矿为邻，南抵邯峰环行铁路，西为原一矿井田和二矿本井田煤层露头线，北部以 F1 断层和技术边界线与五矿相邻。泉头扩大区与二矿本井田通过井下 －400 大巷相贯通。井田南北走向 6. 3 公里，东西倾斜长 1. 5 公里，总面积约 8 平方公里。

四、地质情况

煤系地层含可采煤层 7 层：由上至下依次为：大煤（2#）、一座（3#）、野青（4 号）、山青（6#）、

小青（7#）、大青（8#）、下架（9#）。野青以下各煤层的厚度及结构变化不大，均在1—1.5米之间，唯独大煤变化较大，主要体现在局部分叉；未分叉时厚度为5—7米，分叉后形成两个煤层，称之为顶大煤和底大煤；顶大煤厚度为1.4—2.8米，底大煤1—2米。顶、底大煤层间距最大为33米。

五、矿井储量

由于资源枯竭于2002年闭井。现二矿本井田内有600多万吨的储量，均为建筑下永久性煤柱；泉头扩大区大煤和野青煤储量为700多万吨，大部分为煤柱和在构造复杂区域之内。

六、煤质情况

二矿井田浅部系小窑采空区，开采煤质不受风化、氧化影响，煤质稳定，属中变质肥煤和焦煤。可采煤层挥发分变化幅度22—28%，胶质层厚度15—23毫米，主要用于炼焦。各开采煤质特征，详见各煤层工业分析综合表。二矿本井田已开采的煤层有大煤、底大煤、一座、野青、山青、小青等6个煤层，均为主焦煤。可采煤层的物理性质，根据分层煤样的分析，比重各有不同，大煤煤层硅状自然分层中，比重区间1.4—1.65；一座煤1.3—1.42；野青煤1.4—1.45；山青煤1.45—1.6；小青煤1.45—1.55。泉头扩大区同二矿本井田的煤炭质量有一定区别。煤层暂定大煤、野青、山青为肥煤，小青、大青、下架为焦煤。

二矿各煤层工业分析综合表

煤层名称	水分（Wt）	灰分（Ag）	挥发分（VT）	固定炭（Cg）	全硫（SgQ）	发热量（aTdt）	Xmm	ymm	粘结性	分类
大煤	0.95	24.42	27.26	54.97	0.42	8556	24	24	7	K
底大煤	0.79	22.47	26.22	58.10	0.75	8546	31.2	18.5	6	K
一座煤	1.06	10.86	22.30	68.09	2.45	8666	36.5	15.8	7	K
野青煤	0.85	15.35	22.51	65.26	3.80	8688	32.6	15.6	7	K
山青煤	1.01	21.69	22.68	63.4	2.68	8420	27.8	17	7	K
小青煤	1.22	25.07	24.15	56.8	3.28	8380	24	15	7	K

泉头井田钻孔煤芯煤样化验结果汇总表

煤号	煤质牌号	Ac%最大~最小 平均值（%）		vr% 平均值（精煤）	Ymm 平均值（精煤）	sc % 平均值		可选性
		原煤	精煤			原煤	精煤	
2	K	28.05~16.18	14.54~9.52	28.51~19.77	39~16	0.61~0.29	0.75~0.44	难选
		21.3	10.23	23.94	25.91	0.45	0.57	
3	K	26.49~8.52	13.80~5.05	26.48~17.98	36~17	2.06~0.44	2.22~0.11	中等易选
		15.32	8.15	23.50	27.68	1.40	1.36	
4	K	26.02~9.85	14.46~7.26	27.15~23.11	34~15	3.56~1.47	2.36~1.17	难选
		18.18	10.25	25.20	27.57	2.69	1.71	
6	K	41.42~16.18	18.24~9.86	27.92~23.15	39~15	4.49~1.50	3.74~1.18	
		27.40	13.51	25.15	27.52	2.19	2.12	

煤号	煤质牌号	Ac% 最大～最小 平均值（%）		vr% 平均值（精煤）	Ymm 平均值（精煤）	sc % 平均值		可选性
		原煤	精煤			原煤	精煤	
7	K	33.62～13.07	13.35～7.58	21.58～21.95	46～19	3.01～1.21	2.07～1.24	
		20.09	10.56	23.59	28.47	2.16	1.77	
8	K	28.24～10.13	12.86～5.82	25.01～20.62	30～12	4.75～1.92	2.63～1.95	
		17.59	9.35	22.30	21.78	5.93	1.96	
9	K	32.92～15.51	18.47～8.39	23.71～19.96	30～2	2.84～1.26	2.53～1.73	
		24.46	10.89	21.81	19.74	2.12	2.12	

七、资产情况

截至 2008 年 12 月，二矿社区管理处账面总资产 1028 万元，其中固定资产 373 万元。

八、人员情况

历年职工人数及工资情况表

年度	在册人数	工资总额（千元）	平均人数	平均工资（元）
1989	4435	10568	4484	2357
1990	4600	13592	4471	3040
1991	4330	14420	4452	3239
1992	3955	15391	4076	3776
1993	3866	18120	3948	4590
1994	3810	20970	3850	5447
1995	3767	23707	3778	6275
1996	3823	30888	3757	8222
1997	3500	28552	3626	7874
1998	3563	16789	3547	4733
1999	3890	17056	3552	4802
2000	3941	25034	3651	6857
2001	3628	28240	3560	7932
2002	2882	32774	3049	10749
2003	2753	10282	1934	5316
2004	2551	11315	1529	7401
2005	2411	11520	1263	9121
2006	978	8609	1039	8286
2007	962	10697	974	10983
2008	711	12818	724	17704

第二节　主要工作

一、煤炭生产

（一）井田开拓

二矿本井田采用中央三条斜井和三条暗斜井下山延深的开拓方式（中和煤矿公司期间，采用主井开凿到大煤层方式）。泉头扩大区采用中央立井筒和三条暗斜井下山延深的开拓方式。大巷布置方法为：各水平向两翼沿煤层走向布置南北水平运输大巷。

二矿本井田为三个水平，即：+3 米水平、－180 米水平、－380 米水平。东、西斜井系日本侵占期间开拓。1952 年开拓东南区正、副巷下山，由 +3 米水平延深至 －180 米水平。因一矿、二矿、泉头扩大区合并方案设计，于 1979 年由 －380 米水平延深至 －390 米水平。1982 年再由 －390 米水平与泉头井 －400 米水平贯通。1990 年泉头扩大区开始在井底北绕道水仓口以里掘进二水平延深工程，1996 年掘至 －620 水平，2000 年 4 月份二水平第一个顶大煤 20221 工作面正式投产。

（二）采煤生产

1985 前，在部分工作面使用了 MLQ－80 型滚筒式采煤机组，配套的是 SGW－40T 溜子，实现了连续推帮和采、装、运的全部机械化，到 1985 年基本普遍推开。之后，又在部分工作面推广国产 80 型滚筒式采煤机组。1988 年 8 月，首次在泉头扩大区 20205 工作面使用了高档普采设备，采煤机械化率达到 98.45%。

1991 年，开始在泉头扩大区 20204 下工作面（中、底层）实施放顶煤开采，解决了煤层分三层开采时薄、生产困难、丢煤、不安全的问题；节省了中分层的全部掘进巷道，缓解了采掘衔接紧张局面；节省了中分层开采机械设备及支护材料费用，提高了工效和效益。

二、科技进步

1987 年前，岩石掘进采用光爆锚喷支护。1987 年开始在 －400 大巷使用 U 型钢支护；1990 年在东南区泵房推广使用了工程兵部队研制的锚索支护，当时在煤炭系统是第四家采用；1996 年在泉头扩大区二水平使用 U 型钢软岩支护；1998 年在泉头扩大区 －500 地区使用锚网梁支护，直至矿井破产关闭。

三、安全管理

（一）工作面支护

1987 年，在泉头井 20204 顶层工作面开始使用 DZ－22 型单体液压支架，从此迈向金属支护时代，大大增强了工作面的支撑力。2000 年开始，在大煤工作面使用了 π 型梁放顶煤支护，进一步提升了工效和效益。

（二）矿井通风

1. 矿井通风。1983 年 9 月，局确定泉头扩大区与一矿共用东风井两台直径 3.2 米离心主要通风机，分别配备 1250 和 1600 千瓦电动机，总风量为 8200 立方米/分钟。1985 年 4 月，因二矿生产地区逐渐向泉头转移，二矿风量富余，为了节电，停运 19 号井 1.8 米轴流主要通风机。

2. 通风管理。二矿本井田东南区为高瓦斯地区，泉头扩大区为高瓦斯矿井，并有瓦斯突出现象。根据有关规定，1985 年泉头扩大区建成永久性瓦斯抽放泵站及系统，抽放瓦斯纯量最高达 5 立方米/分钟。1988 年，矿井安装了综合防尘设施。1994 年 9 月，泉头扩大区使用了上海 A－1 型瓦斯监测系统。由于严格现场管理，20 世纪 80 年代连续多次被评为甲级通风矿井，曾达到国家特级矿井水平。

（三）矿井排水

二矿 +3 水平两个泵房，排水能力分别为 20 立方米/分钟和 30.5 立方米/分钟，通过管路和钻孔排至地面。

二矿－180 水平两个泵房，排水能力均为 28 立方米/分钟，通过管路和钻孔分别排至＋3 水平和地面。

二矿－254 水平一个泵房，排水能力为 8 立方米/分钟，水排至－180 水平；泉头扩大区－400 水平、－500 水平、－620 水平，各有一个泵房，排水能力分别为 42.5 立方米/分钟、8.84 立方米/分钟、22.5 立方米/分钟，通过管路和钻孔排至地面和－400 水平。

破产闭井后，各泵房陆续拆除，截至 2002 年 11 月 12 日，设备全部拆除，到 2003 年，矿井水位上升到＋120 水平后静止。

（四）矿井供电

二矿本井田的供电，由局 3.5 万伏变电站直接供井上、下使用，电压为 6 千伏。2004 年，居民用电改为农电。

泉头扩大区的用电，由一矿 3.5 万伏变电站变为 6 千伏后，转送泉头井上下使用。2003 年，泉头居民用电改为农电。

（五）安全生产

1. 机构设置与安全活动。1983 年，局制定下发《关于加强安全监察机构、强化安全监察工作的决定》，驻矿检查站改为“驻矿监察处”，其正处长由副矿级干部担任，18 名专职人员。同时建立了群众性安全监督机构，形成党、政、工、团齐抓共管的安全生产局面。到 1989 年，全矿安全网员有 130 多名，由矿工会管理；青年岗员 119 名，由矿团委管理。矿每周开一次安全办公会，总结经验，布置安全工作，解决安全上的重大问题。各基层单位规定每星期一、五为群众安全活动日，实行目标管理制度、安全责任制度，将安全指标分解落实到各区、班、组，形成了纵到底、横到边的目标管理体系，建立起互保、联保的管理网络。各区、科对矿签定安全责任状，个人对区、科制定安全保证书，形成了群监群防安全生产体系。

1998 年 1 月 15 日，矿第十四届一次职代会审议通过了《安全质量奖惩实施细则》10 章 188 条。同年，矿又制定了《关于安全管理若干规定》。成立二矿社区管理处后，制定了《地面业务保安制度》和《应急预案》，进一步完善了地面安全工作的规章制度。

2. 安全教育。新工人在入坑前，首先利用十天时间，接受安全知识培训和规章制度教育；对区、科长、工班长采取脱产和半脱产形式进行分层次培训；对工人进行文化补课，对青工进行初级技术补课，提高文化技术素质。

进入 20 世纪 90 年代，特殊工种和区、科长以上的领导干部分别由局、省、部进行脱产培训；一般工种在矿按规定课时进行四级培训、考试，颁发上岗证，实现人人持证上岗。矿井破产后，狠抓地面安全教育，每年初确定培训工作的重点，并下发当年安全技术培训工作安排意见。由于狠抓了安全管理和技术、业务培训，1990 年 11 月 8 日至 1996 年 8 月 28 日，创连续安全生产 2119 天的全局历史水平；2002 年 9 月 3 日至 2008 年 12 月 31 日，又创连续安全生产 2305 天的新水平。

（六）运输提升

1987 年，二矿东斜井和东南区副巷分别改造成第一、第二胶带机道，安装 D×41TD－757 强力胶带 2 部，核定提升能力为 150 万吨/年。

四、经营管理

（一）劳动工资管理

1. 劳动管理及定额

1989 年，制定了固定工、农合工、农轮工等多种形式的用工制度。1995 年，贯彻局三项制度改革精神，与全体职工签定了劳动合同。

1989 年以来，先后实行档次定额制结算工资、定员工资总额包干，对生产单位实行吨煤（米）工资结算方法，对超出生产计划部分，按1—4倍加价结算工资。

2. 工资管理

1990年、1992年对职工实行了效益浮动升级；1995年实行了岗位技能工资；1999年实行了工资套级；2003年实行了岗位工资制，2008年7月调整了岗位工资标准。

3. 各种津贴

矿龄津贴：1988年7月执行矿龄津贴，2003年9月矿龄津贴改为年功工资，2008年7月调整年功工资标准。

夜班津贴：1989年夜班津贴为地面0.6元/工，井下1元/工。

入井津贴：1987年4月入井津贴为生产工1.6元/工，生产辅助工1.2元/工，其他辅助工0.8元/工。1993年3月调整为生产工3元/工，辅助工1.5元/工。

（二）物资与计划管理

1989年至2002年，材料供应统一实行计划管理，主要材料和大宗设备通过局物资供应处进行采购。2002年闭井以后，所需材料大幅减少，材料供应科开始按计划自主采购，零库存管理。2006年后，实行内部材料费用包干管理，所购材料均为井上水、暖和基础设施维修材料。2008年，处制定了《物资计划和物资采购管理规定》。在计划管理方面，2002年闭井至2008年底，综合管理科根据基层单位工作安排，制定当月经营作业计划，提供给领导和职能部门审定执行，各项经营计划指标都列入考核范围。

（三）财务管理

1. 流动资金和材料管理

1990年以来，严格执行上级的资金管理规定及制度。自1999年10月开始执行一支笔审批制度（批料、批款）。矿井破产后的2007年1月，重新确定了费用审批程序和审批权限，进一步规范费用审批程序，确保了经营管理工作的顺利开展。

2. "三条线"管理和零点利润核算

1988年6月，在全矿推行"三条线"核算管理，以煤炭主体、后勤服务和材料供应为核算单位，同时对井下4个生产单位试行零点利润核算，在财务科结算中心的指导下，实行会计"三条线"分线独立核算，由财务科审核汇总报局。

零点利润核算以4个井下生产区队为核算单位，在财务科结算中心的指导下，实行会计核算与统计核算相结合的核算方法。各单位建立生产费用明细账、内部银行存款及矿拨款明细账，建立材料消耗、班组核算统计、工资支出、煤质灰分统计台账。月末编制盈亏核算表、成本核算表，并与相关业务部门进行材料、工资、灰分、煤炭价格核对，核对无误后上报盈亏成本核算表。

3. 全面预算管理

2007年1月，实行了全面预算管理，分经营预算、资本性投资预算、财务预算三方面内容。处建立了预算编制制度，年初根据集团公司下达的亏损补贴和经营收费指标，结合处各基层单位的实际情况编制年度和月度经营预算，经处党政联席会研究同意，以处正式文件下发各基层单位贯彻执行，逐月进行考核兑现，做到了事前有预算、事中有监督、事后有考核、有分析，使各个经营环节全部纳入预算管理之中。

4. 建立完善三个体系

2007年4月，根据集团公司要求，在全处推行了《三个体系试行办法》，即价格体系、核算体系、服务体系。按照企业化管理、市场化运行机制进行有偿服务，服务结算严格按服务数量、服务质量、服务价格来核算。建立和完善适合本单位实际的责权利体系，将服务责任和服务目标传递到班组和岗位，形成制度约束机制，使全处所有经营活动纳入到三个体系中。

五、改革改制

2004年10月17日，二矿支护制修厂经河北省国资委批准，进行公司制改革，31名二矿国有企业职工与原企业解除劳动关系，买断国有净资本组建了新公司，在峰峰矿区工商局正式注册，企业成为独立法人，注册资本59.8万元，更名为邯郸市峰峰矿区华达机电制修有限公司。

2005年4月7日，召开了二矿第十五届十三次职工代表大会，会议全票审议通过了《破产报告》，审议通过了《职工安置方案》、《资产处置方案》。2005年10月14日，经邯郸市中级人民法院“[2005]邯市民破字第9—7号”裁定书裁定：峰峰矿务局二矿准予破产。由此，二矿的破产工作进入了正式运作阶段。2006年12月，职工安置完毕，破产工作结束，二矿社区管理处正式成立。

六、多种经营

二矿多种经营公司组建于1992年2月。当时有采煤队、洗煤厂两个主体产业。之后逐步发展开办了土焦厂、玩具厂、商业服务部、糖厂、小型洗煤厂、梅红纸厂、机修厂、招待所、醉仙居饭店、小西园饭店、卫生巾厂、电讯服务门市等摊点。由于经营不善各摊点纷纷倒闭。洗煤厂因违规高息集资还不了本息，1998年6月被局有关部门查处。1999年初采煤队划归大矿所有，洗煤厂仍归多种经营公司管理。2001年，洗煤厂因经济问题被检察院查处后停产关闭。至此，二矿多种经营公司没有摊点，职工全部下岗待业。

七、后勤管理

（一）房产

1989年以来，二矿共建造职工住宅楼15栋，改造原宿舍楼用于职工住宅4栋。1996年开始，对现住房进行出售，出售户数360户，出售面积1.8999万平方米。2002年，办理旧楼房商品楼房确权发证。2004年，开始对泉头居民生活区、二矿居民生活区居住的旧平房进行出售，并办理平房确权发证，截至2008年底出售3004户，出售面积7.3881万平方米。

（二）煤气

1988年9月，开始在泉头抽放瓦斯，用于居民生活燃气。1992年12月，使用两台煤气发生炉，煤气、瓦斯气混合使用。1995年9月，在燃气不够使用的情况下，与矿区煤气管道接通，三种气体混合供居民使用。1998年，开始使用羊渠河焦化厂煤气。2006年至2008年，钢铁厂马路东、老火车站、双和井等居民区煤气延伸工程扩大用户800户，使该区域居民用上了煤气。

（三）供水

1998年，在泉头工人村打井取水供居民饮用。2000年，为解决二矿居民饮水问题，在医院北门口打井。2006年9月至2007年7月，为解决二矿居民饮水问题，在医院南楼东头和二矿小学校内又各打井1口。同时对供水管网进行了逐步改造。2002年2月至7月，建医院蓄水池，铺设医院至二矿厂内主管路。2005年至2008年，对老火车站、和平街、南十街5排平房、建东街和厂内、厂南平房居民区水表进行了集中控制改造。自2007年7月起，关闭南地泵房排水，二矿工人村全部由医院两口井和小学校井供水。

（四）供电

2000年至2001年，实施居民电表上杆集中控制改造，由矿供电中心施工。2004年6月，居民用电移交峰峰矿区电力公司管理。

（五）供暖

1987年，建厂内锅炉房，内设3台6吨水暖锅炉，开始给部分居民楼和厂内办公楼、平房供暖。2005年11月，更新2台6吨水暖锅炉。2006年，对厂内、中小学、医院供暖管路进行了改造。

（六）环境卫生

2003年至2005年，二矿居民区46个公厕改造为水冲式厕所。

八、党群工作

（一）组织建设

一是加强领导班子建设。依据不同历史时期的工作重心和特点不断完善《关于加强领导班子建设的意见》、《认真执行民主集中制若干意见》、《民主生活会制度》，坚持做到重大问题集体研究。二是加强干部队伍建设。坚持选拔干部德才兼备的原则和“四化”标准，坚持选拔干部“八个坚持、八不提拔”，做到了不拘一格选用人才。三是不断完善基层党支部建设。根据形势及时调整、组建新的党支部。特别是2002年关闭矿井后，针对大多数职工党员外出打工的情况，矿党委深入调查，组建了在山西打工的3个党支部。并对零散外出打工党员发放临时党员证，与当地党组织联系，让他们参加党组织活动。做到了哪里有群众，哪里就有党员；哪里有党员，哪里就有党的组织，就有党的活动。不仅使外出打工的党员、群众感到组织的关怀和温暖，也为他们在外打工提供了政治上、组织上的支持。四是认真做好新党员发展工作。1988年至2008年，共发展党员337名，壮大了党员队伍。2005年，根据集团公司要求，推行了党建工作质量管理体系，并规范运作，使党建工作走上了科学化、规范化轨道。

（二）思想建设

坚持不懈地狠抓了矿、区科两级中心组的政治理论学习和党的路线、方针、政策的学习宣传，使两级班子成员在不同的历史时期不断解放思想，开拓创新，用科学理论指导工作实践。党的十六大提出建立学习型组织后，矿党委结合本单位实际，制定了《领导干部理论学习制度》，大大提高了领导干部的理论水平和工作能力。在对广大党员的教育管理方面，按照中央指示精神，扎实开展了保持共产党员先进性教育活动，并创新实行了“五个教育、三级评议、两级监督”的教育、管理、监督制度，使党委的政治核心作用、党支部的战斗堡垒作用和党员的先锋模范作用得到了有效发挥。这一做法和经验得到了集团公司党委的高度评价，并在集团公司党委《峰煤通讯》上刊登。2005年，获集团公司先进性教育论文一等奖，此后又刊登在中国管理科学研究院《人文科学》杂志，并获管理科学奖。同时被国家级大型文献《盛世中华》、《新世纪中国改革开放理论与实践》等收录。

（三）党风廉政建设

1989年至2008年，共查处各类违纪案件38起，处理违纪人员49人，挽回或避免经济损失349.68万元。2003年，开展效能监察工作以来，在工程招标、成本项目监审、物资采购、废旧物资处理、节能技改等方面，共为企业增收节支336.38万元。同时，深化了对党员干部廉洁从业教育，结合实际制定、完善了领导干部“五带头、十不准”、“诺廉、述廉、评廉、考廉”、“四创、三争、五个保障体系建设”等制度。在全矿开展了“一联三、三评一”活动。在预防腐败工作中，提出了“四提倡、四反对”的要求。为加强对权力运行的合理制约，建立健全了教育、制度、监督并重的惩治和预防腐败体系。学习借鉴了有关单位的工作经验，制定了《关于认定处置嫌疑腐败行为的暂行规定》，把安全生产管理中倡导的“违章就是事故”的理念引申到党风廉政建设领域，将违反有关党风廉政建设的规章制度、操作程序的66种做法和表现认定为“嫌疑腐败”，进行调查处置，实现了监督关口前移，防止和减少了领导干部违纪违法犯更大错误的可能，起到了关心爱护党员干部的良好作用。

（四）职工教育和思想政治工作

根据煤矿生产各个时期的不同特点，在职工安全教育上，创造性地开展了安全生产思想工作中的“四个知道”、“掌握五个变化”、生产现场指挥的“六详细”、“十必访”以及“三议、三操心、三不上岗”教育，创出了安全生产2119天和2305天的好成绩。

在思想政治工作方面，建立健全了《思想政治工作标准》、《职工思想调查分析制度》、《党员、职工思想教育制度》、《党课备课制度》、《讲评制度》、《理论学习、研究制度》、《党员思想汇报制度》、《思想工作十上门制度》、《领导干部联系点制度》、《思想政治工作检查、考核、目标管理制度》。同时，建立完善了“二矿思想政治工作网络体系”，建立了一个结构严谨、运转灵活、方法得当、反馈及时的全方位思想政治工作网络体系。根据行政中心工作，矿党委年年开展不同内容的主题教育。1992年，“开展八个教育、深化企业改革”主题教育活动，效果明显，受到局和邯郸市委的好评，并在《峰煤通讯》和邯郸市委《政工通讯》上介绍推荐，同时在全省煤炭思想政治工作表彰大会上介绍了经验。综合多年来思想政治工作的形式和做法，探索了思想政治工作“中心不能偏，根本不能丢，作风不能懒，形式不呆板，实事一定办”的适合本矿实际的思想政治工作方针。不仅使企业思想政治工作有了一个基本的遵循，收到了良好的效果，也受到上级好评，并收录在国家级《中流砥柱》、《2004 中国精神文明建设巡礼》等大型文献中，获优秀奖。

（五）信访稳定工作

做好了 1989 年春夏之交政治风波期间的职工教育工作，使全矿上下人心不乱，队伍不散，与党中央保持高度一致；做好了在 1998 年受亚洲金融风暴影响，煤炭市场疲软，职工发不了工资中的思想教育工作，创出了做好稳定工作的“28 字方针”，受到了局党委的好评。社区管理处成立后，处党政领导齐抓共管，科学部署，落实责任，严防死守，始终将稳定工作作为社区第一大事来抓。坚持处领导信访接待日和一周一调度制度，对职工群众的热点问题耐心疏导，及时办理，将各类矛盾化解在萌芽状态。特别是在 2008 年奥运会的安保工作期间，创造性地提出和运用了“稳定工作 12 法”，实现了奥运期间信访稳定工作“三零”目标，切实维护了社区的安全与稳定，受到了集团公司党委的高度评价，获峰峰集团“奥运信访稳定工作先进单位”称号，并在总结大会上作了题为《树立群众观点，变上访为下访，全力促进社区和谐稳定》的经验介绍。

（六）和谐社区建设

处党政一班人团结协作、解放思想、转变观念，以和谐社区创建工作为中心，以展现社区新形象为目标，制定完善了符合科学发展的各项规章制度，加快了涉及群众利益的基础设施建设，使社区精神面貌、外部形象有了显著提升。2008 年 9 月，参加了中煤政研会在沈阳召开的“和谐社区建设研讨会”，在会上作了题为《强化服务功能，建设和谐社区》的经验介绍，受到了与会同志的肯定和赞赏。

（七）工会、共青团工作

围绕矿上生产经营目标和不同时期的工作重心，做好了民主管理和维护职工权益工作，并依据自身特点，深入开展了“安全网员”、“群监会”、“青年监督岗”、“青年突击队”活动，有力地促进了全矿的安全生产工作；开展了多种形式的文艺、体育活动，活跃了职工生活。社区管理处成立后，处工会创新方法，大胆实践，在全处 9 个基层单位实行了基层工会主席直选，激发了基层工会组织的活力，深受职工群众好评，相关经验先后被《河北工人报》、《工人日报》报道。针对困难群体庞大的特点，处工会把帮扶工作作为重点工作之一，建立三级联动帮扶长效机制、动态管理特困职工档案，建立了互助基金、困难救助基金、医疗救助基金、助学基金等，并开展了“一帮一、交朋友，知详情、促帮扶，共建和谐社区”活动。

第三节　主要经济技术指标完成情况

历年各项指标完成情况表

年度	产量计划（吨）	原煤产量（吨）	开拓进尺（米）	利润（万元）	原煤成本（元/吨）	精煤成本（元）	全员效率（吨/工）	产值（万元）
1989	650000	675266	927	－573	59. 67	58. 79		2335
1990	600000	617314	319	－2445	65. 3	75. 82		2364

年度	产量计划（吨）	原煤产量（吨）	开拓进尺（米）	利润（万元）	原煤成本（元/吨）	精煤成本（元）	全员效率（吨/工）	产值（万元）
1991	600000	653411	893	-2258	74.92			3067
1992	500000	650081	1268	-1580	73.06			3460
1993	550000	675008	956	-1031	88.61			5734
1994	550000	675058	1128	-696	97.43			7038
1995	550000	660064	1029	-462	107.59			7145
1996	550000	686907	1588	-320	100.38			8723
1997	580000	651910	880	-1458	114.17			8280
1998	540000	549998	100	-1236	93.07			6866
1999	460000	460001		-2620	142.24			5437
2000	450000	530019		-2124	120.62			6077
2001	450000	530088		-1804	115.26			6558
2002	120000	410372		-685	132.68			
2003				-1340				
2004				-2273				
2005				-1878				
2006				-1811				
2007				-2124				
2008				-2697				
合计	29650330	31355791	495927	-32575.6				124162.99

第四节　市级以上荣誉称号

一、国家、部级荣誉

1989年，部特级标准化地测单位、部级一级标准化矿井、一级质量标准化矿井、质量标准化矿井

1990年，一级质量标准化矿井、生产调度标准化特级矿井

1993年，一级质量标准化矿井

二、省级荣誉

1989年，河北省煤炭厅设备管理先进单位、坑木场管理标兵矿、地面标准化先进单位、生活福利达标矿井、环境卫生先进单位

1990年，河北省先进企业、煤炭系统标准化仓库、煤炭系统纪检监察先进集体、地面标准化先进单位、煤炭系统先进职工生活服务达标点、推行全面质量管理合格单位、河北省环境卫生先进单位

1992年，河北省煤炭系统纪检监察先进集体

1995年，河北省煤炭系统纪检监察先进单位

三、市级荣誉

1989 年，邯郸市花园式单位、先进工会委员会、爱国卫生先进单位、环境卫生先进单位

1990 年，邯郸市优秀党委、先进基层党组织红旗单位、花园式单位、国防教育先进单位、“守合同重信用”单位、环境卫生先进单位

1991 年，邯郸市文明单位

1992 年，邯郸市文明单位

2007 年，邯郸市安全消防先进集体

（资料提供：马建民、张银林、李培玉、徐志华）

第六编

人　　物

第一章　局（集团公司）领导简介

第一节　冀中能源峰峰集团有限公司领导（2008年7月后）

郭周克　男，汉族，高级工程师。1958年9月生，河北赵县人，1989年6月加入中国共产党，研究生学历。1981年8月大同煤校综采专业毕业。先后任峰峰局薛村矿技术员、采煤一队副队长、采煤一队队长；薛村矿副矿长、矿长；蔚州矿业公司副总经理兼崔家寨矿矿长、崔家寨矿总工程师；开滦集团蔚州矿业公司总经理；邯矿集团总经理助理、盛源矿业公司总经理；邯矿集团副总经理、盛源矿业公司董事长、党委书记。2008年5月，任峰峰集团董事长、党委书记；2008年6月，任冀中能源集团副董事长、党委常委，峰峰集团董事长、党委书记；2008年7月后，任冀中能源集团副董事长、党委常委，冀中能源峰峰集团董事长、党委书记。

陈亚杰　男，汉族，正高级工程师。1957年7月生，辽宁兴城人，1989年4月加入中国共产党，研究生学历。1975年7月—1978年2月，河北成安县下乡知青。1982年2月河北矿冶学院采煤专业毕业。先后任峰峰局五矿技术员、助理工程师、工程师、技术科副科长、副总工程师、总工程师；峰峰局牛儿庄矿矿长。1995年12月，任峰峰局总工程师；1997年9月，任峰峰局副局长；2003年6月，任峰峰集团董事、副总经理、党委常委；2008年6月，任冀中能源集团董事，峰峰集团董事、副总经理、党委常委；2008年7月后，任冀中能源集团董事，冀中能源峰峰集团副董事长、总经理、党委常委。

陈志林　男，汉族，正高级工程师。1956年7月生，河北邢台人，1976年2月加入中国共产党，研究生学历。1974年5月邯郸市四中毕业后下乡插队到成安县赵横城，后在2672钢厂炼铁车间工作。1982年2月河北矿冶学院选矿专业毕业。先后任峰峰局孙庄矿洗煤厂助理工程师、副厂长、党支部书记；孙庄矿党委副书记；峰峰局加工利用处处长。1994年5月，任峰峰局副局长；2003年6月，任峰峰集团董事、副总经理、党委常委；2008年6月，任冀中能源集团董事，峰峰集团董事、副总经理、党委常委；2008年7月后，任冀中能源集团董事，冀中能源峰峰集团副董事长、副总经理、党委常委。

任连顺　男，汉族，正高级政工师。1955年10月生，河北磁县人，1977年6月加入中国共产党，研究生学历。1986年6月河北大学哲学专业毕业。先后任峰峰局机械总厂金工车间文书、团支书；机械总厂党委组织部干事；峰峰局党委组织部干事、副科级干事、副科长、科长、副部长、部长。1997年9月，任峰峰局党委常委、工会主席、党委组织部部长；2002年12月，任峰峰局党委常委、工会主席；2003年6月，任峰峰集团董事、党委常委、纪委书记、工会主席；2004年12月，任峰峰集团董事、党委副书记、纪委书记、工会主席；2006年4月，任峰峰集团董事、党委副书记、纪委书记；2008年6月，任冀中能源集团党委常委，峰峰集团董事、党委副书记、纪委书记；2008年7月后，任冀中能源集团党委常委，冀中能源峰峰集团董事、党委副书记、纪委书记。

邵太升 男，汉族，正高级工程师。1963年7月生，河北武安人，1989年10月加入中国共产党，研究生学历。1982年7月峰峰煤校采煤专业毕业。先后任峰峰局五矿一采区技术员、一采区主管技术员；五矿调度室主管技术员；五矿技术科主管工程师；五矿一采区区长；五矿总工程师；峰峰局万年矿副矿长、矿长。2008年7月，任冀中能源峰峰集团董事、副总经理；2008年8月后，任冀中能源峰峰集团董事、副总经理、党委常委。

王务平 男，汉族，正高级工程师。1959年1月生，河北涉县人，1986年11月加入中国共产党，研究生学历。1983年7月河北矿冶学院选煤专业毕业。先后任峰峰局孙庄矿洗煤厂技术员、副厂长、厂长；峰峰局运销处副处长；峰峰局副总工程师；峰峰局副总工程师兼峰峰局马头洗选厂厂长；峰峰集团副总工程师兼煤炭运销分公司经理。2008年7月，任冀中能源峰峰集团董事、副总经理；2008年8月后，任冀中能源峰峰集团董事、副总经理、党委常委，兼出资企业监管办公室主任。

陈　宇 男，汉族，正高级工程师。1958年2月生，湖南安仁人，1992年5月加入中国共产党，研究生学历。1982年1月焦作矿业学院采煤专业毕业。先后任峰峰局羊渠河矿技术科助理工程师、技术科工程师、矿副总工程师；峰峰局小屯矿总工程师；峰峰局综合开发处处长、规划发展处处长；峰峰局副总工程师兼规划发展处处长；峰峰局副总工程师兼企业管理部部长。2003年6月，任峰峰集团副总经理、总工程师；2005年7月，任峰峰集团副总经理；2008年7月，任冀中能源峰峰集团董事、副总经理；2008年10月后，任冀中能源峰峰集团董事、副总经理，兼锡盟查干淖尔矿筹建处处长。

杜玉生 男，汉族，高级政工师。1954年10月生，河北临漳人，1983年8月加入中国共产党，研究生学历。在峰峰局薛村矿掘进区参加工作。先后任《峰峰矿工报》社记者、编辑；峰峰局党委宣传部副科长、科长；峰峰局薛村矿党委副书记；峰峰集团电业分公司党委书记。2008年7月后，任冀中能源峰峰集团党委副书记。

郭志武 男，汉族，政工师。1962年7月生，山东冠县人，1987年6月加入中国共产党，研究生学历。在峰峰局薛村矿机电科参加工作。先后任薛村矿团委干事、团委副书记、团委书记；薛村矿工会副主席；薛村矿党委委员、工会主席；峰峰集团大淑村矿党委书记。2006年3月，任峰峰集团党委常委、工会主席；2006年5月，任峰峰集团董事、工会主席、党委常委；2008年7月后，任冀中能源峰峰集团董事、党委副书记、工会主席。

何长海 男，汉族，正高级工程师。1965年1月生，河北安新人，1995年6月加入中国共产党，研究生学历。1985年7月河北煤炭建工学院采矿专业毕业。先后任峰峰局孙庄矿二掘进区技术员、技术科助理工程师；孙庄矿副总工程师、总工程师；峰峰局副总工程师、副总工程师兼总工办主任、兼地测处处长、兼科技发展部部长；峰峰集团总经理助理、副总工程师兼企业管理部部长。2006年3月，任峰峰集团副总经理兼企业管理部部长；2006年9月，任峰峰集团副总经理；2006年10月，任峰峰集团副总经理兼工程质量监督站站长；2008年7月后，任冀中能源峰峰集团副总经理兼工程质量监督站站长。

谢德瑜 男，汉族，高级工程师。1965年10月生，河北沧县人，1991年9月加入中国共产党，研究生学历。1986年7月峰峰煤校采煤专业毕业。先后任峰峰局羊渠河矿一采区技术员、一采区副区长；羊渠河矿二采区区长；羊渠河矿一采区区长；羊渠河矿副矿长；羊渠河矿矿长兼羊渠河焦化厂厂长。2008年7月后，任冀中能源峰峰集团副总经理。

张党育 男，汉族，正高级工程师。1967年9月生，河北永年人，1996年6月加入中国共产党，研究生学历。1986年7月河北煤炭建工学院采煤专业毕业。先后任峰峰局薛村矿技术科技术员、助理工程师、工程师、副科长；薛村矿副总工程师；薛村矿副矿长、副矿长兼大淑村矿筹备处副处长；薛村矿矿长兼大淑村矿矿长；薛村矿矿长。2005年7月，任峰峰集团总工程师；2008年7月后，任冀中能源峰峰集团总工程师。

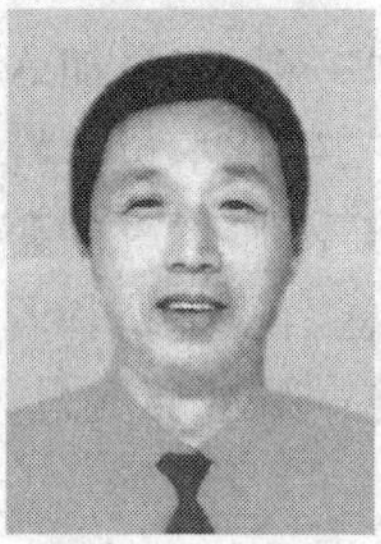

陈爱军 男，汉族，助理经济师。1955年8月生，河北雄县人，1973年5月加入中国共产党，大学学历。曾服役。先后在雄县纸箱厂、邯郸矿务局义井煤矿、邯郸矿务局云驾岭煤矿工作。先后任邯郸矿务局云驾岭煤矿纪检员兼机关党支部书记、多种经营公司副经理兼党支部书记（正科级）、党委宣传部副部长（正科级）；邯矿集团云宁电厂筹备处办公室主任；邯矿集团云宁热电公司党委副书记、纪委书记、工会主席；河北金能井陉矿业集团公司组织人事部部长。2008年7月后，任冀中能源峰峰集团党委常委、党委组织人事部部长、人才资源部部长。

第二节 峰峰矿务局（峰峰集团有限公司）领导（1989年—2008年6月）

许世亮 男，汉族，高级工程师。1936年2月生，山西交城人，1960年6月加入中国共产党，大专学历。1955年9月太原采矿学校采矿专业毕业。曾任西山局官地矿主管技术员、局生产处技术员、技术组长、调度主任，西铭矿工程师、生产科科长，七里沟坑口主任；1964年4月，任山西省委工业部工交政治部办公室秘书、干事；1970年8月后，在邯邢基地7022指挥部铁矿、河北省钢铁指挥部、河北省煤炭管理局，任工程师、办公室主任、生产处副处长。1974年6月后，在峰峰局历任局革委会副主任、副局长、党委常委、党委副书记、副局长；1980年9月，任峰峰局局长、党委副书记。1989年4月，调任河北省煤炭厅厅长、党组书记，中煤总公司河北公司经理、党委书记。

高凤志 男，汉族，高级工程师。1935年11月生，辽宁兴城人，1956年6月加入中国共产党，中专学历。1954年8月阜新煤校采煤专业毕业。先后任峰峰局四矿技术员；峰峰局三矿技术科副科长；三矿工程师、副总工程师；三矿总工程师；三矿矿长、党委书记。1983年10月，任峰峰局党委副书记；1987年6月，任峰峰局党委书记。1992年2月，调任中国煤炭经济学院党委书记。

尚庆武 男，汉族，高级工程师。1935年3月生，黑龙江讷河人，1982年9月加入中国共产党，中专学历。1955年9月鸡西煤校采煤专业毕业。先后在峰峰局一矿、峰峰局三矿任技术员、主管技术员、采煤技术员、采煤工程师；三矿副矿长兼副总工程师。1982年12月，任峰峰局副局长；1985年9月，增补为局党委常委；1989年3月，任峰峰局局长；1994年5月，任峰峰局调研员，被聘为煤炭部特约巡视员、中国煤炭工业协会顾问。1995年3月退休。

张　泉 曾用名张林森。男，汉族，高级工程师。1942年9月生，江苏泰兴人，1965年12月加入中国共产党，大学学历。1966年10月山东矿业学院采煤专业毕业。先后任峰峰局牛儿庄矿掘进区技术员、区长、党支部书记；牛儿庄矿技术科工程师；煤炭部工程师；峰峰局党干校主任；峰峰局党委组织部副部长。1987年6月，任峰峰局党委副书记；1992年12月，任峰峰局党委书记。2001年12月病故。

刘延安 男，汉族，高级工程师。1941年6月生，四川乐山人，1984年12月加入中国共产党，中专学历。1959年重庆煤校采煤专业毕业。先后任峰峰局二矿技术员；峰峰局生产处技术员；峰峰局一矿工程师；一矿总工程师、副矿长兼总工程师；一矿矿长、党委书记；峰峰局九龙口矿筹备处处长。1989年7月，任峰峰局总工程师；1992年11月，任峰峰局总工程师、副局长；1993年3月，增补为局党委常委；1994年5月，任峰峰局局长。2002年6月退休。

张文学 男，汉族，正高级工程师。1956年11月生，河北磁县人，1986年11月加入中国共产党，研究生学历。1972年12月在峰峰局薛村矿参加工作。1978年8月—1981年12月，在峰峰局工人大学学习。先后任峰峰局羊渠河矿技术员；峰峰局生产技术处技术员、副科长、副处长；峰峰局牛儿庄矿矿长。1994年5月，任峰峰局副局长；1997年11月，任河北省煤炭管理局副局长，河北省煤炭工业局副局长、党组成员；2000年8月，任河北省煤炭工业局副局长，河北煤矿安全监察局副局长、党组成员；2002年4月，任峰峰局局长、党委书记；2003年6月，任峰峰集团董事长、党委书记。2008年5月，调任开滦集团董事长、党委书记。

张汝海　男，汉族，正高级工程师。1961年11月生，河北青县人，1994年11月加入中国共产党，研究生学历。1982年7月河北矿业学院采矿专业毕业。先后任峰峰局牛儿庄矿技术员；牛儿庄矿技术科副科长；牛儿庄矿副矿长、矿长；峰峰局羊渠河矿矿长。1997年9月，任峰峰局副局长；2003年6月，任峰峰集团董事、总经理、党委常委；2006年5月，任峰峰集团副董事长、总经理、党委常委。2008年7月，调任冀中能源集团副董事长、副总经理、党委常委。

栗增寿　男，汉族，高级政工师。1929年3月生，河北阜平人，1945年10月参加革命工作，1946年8月加入中国共产党。曾任晋察冀边区涞源县中央局生产科、振华分店、振华公司勤务员、办事员，石家庄市贸易公司股长，粮食公司副科长、科长，峰峰煤矿基建局副局长，工程公司经理；1971年4月，任峰峰局通二矿党委书记、革委会主任。1974年6月，任峰峰局党委常委；1978年9月，任峰峰局党委副书记、革委会副主任兼通二矿党委书记、革委会主任；1980年9月，任峰峰局党委常委、通二矿党委书记；1987年4月，任峰峰局调研员。1989年12月离休。

朱怀文　男，汉族，工程师。1932年7月生，河南安阳人，1945年8月参加革命工作，1949年10月加入中国共产党。先后任峰峰局一矿通风区通风员；峰峰局四矿通风区技术员；峰峰东大井工程处副科长；河北煤矿基建局安监处副处长。1961年7月后任开滦吕家坨建井处副处长，开滦唐山矿副矿长、党委副书记，开滦煤矿选煤处处长。1974年6月，任峰峰局革委会副主任；1980年9月，任峰峰局党委常委、副局长。1983年12月，任煤炭部煤炭设计研究院院长。1984年7月，任平顶山选煤设计院院长。1990年7月，任峰峰局调研员（正局级）。1992年12月离休。

王鸿喜　男，汉族，高级政工师。1932年2月生，河南内黄人，1948年10月参加革命工作，1952年10月加入中国共产党。先后任峰峰局二矿机电科团支部书记；二矿团委宣传部副部长、团委副书记；二矿党委办公室主任；二矿党委副书记、党委书记；峰峰局羊渠河矿党委书记；峰峰局五矿党委副书记、革委会副主任、党委书记、革委会主任。1980年9月，任峰峰局党委副书记；1985年9月，任峰峰局调研员。1993年4月离休。

徐理文　男，汉族，高级工程师。1929年5月生，山东蓬莱人，1958年11月加入中国共产党。先后任峰峰局采煤处助理技术员；峰峰局二矿技术员、通风区副区长、技术科副区长；二矿工程师、副总工程师。峰峰局孙庄矿副总工程师；峰峰局总工办负责人；峰峰局副总工程师。1980年9月，任峰峰局副局长、副总工程师；1985年9月免去峰峰局副局长，留任峰峰局副总工程师（保留副局级待遇）。1989年12月退休。

杨桂林 男，汉族，高级工程师。1936年4月生，辽宁朝阳人，1983年9月加入中国共产党，中专学历。1955年8月抚顺煤校矿建专业毕业。先后任峰峰基本建设局助理技术员、技术员；峰峰局通二矿开拓区技术员、技术科技术员；通二矿工程师；通二矿副总工程师；通二矿副矿长。1983年10月，任峰峰局副局长；1994年5月，任峰峰局调研员。1996年7月退休。

郑今朝 男，汉族，高级政工师。1943年8月生，河北辛集人，1979年11月加入中国共产党，大学学历。1966年9月北京矿业学院选矿专业毕业。先后任峰峰局马头洗选厂党委宣传部、党委组织部干事；马头洗选厂机电科、调度室技术员；马头洗选厂副厂长、党委常委。1983年11月，任峰峰局工会主席、党委常委。1992年12月，调任河北省总工会党组成员、经费审查委员会主任。

刘国键 男，汉族，正高级工程师。1942年4月生，江苏常州人，1982年12月加入中国共产党，大专学历。1963年9月江苏煤矿专科学校采煤专业毕业。先后任峰峰局牛儿庄矿技术员；牛儿庄矿小屯坑口技术员；峰峰局小屯矿技术员、助理工程师、工程师；小屯矿副总工程师；小屯矿副矿长。1983年12月，任峰峰局副局长；1993年4月增补为局党委常委。1993年12月，调任首钢煤炭公司副总经理。

王魁昇 曾用名王魁生、王魁升。男，汉族，高级经济师。1944年7月生，河北永年人，1978年10月加入中国共产党，大学学历。1970年7月北京地质学院古生物专业毕业。先后任峰峰局薛村矿技术员、助理工程师；薛村矿办公室副主任；峰峰局办公室副主任。1985年9月，任峰峰局副局长；1994年5月增补为局党委常委。1998年2月，调任中国煤田地质总局副局长。

金佩煌 男，汉族，高级工程师。1943年12月生，江西上饶人，1982年12月加入中国共产党，大学学历。1964年8月江西矿业学院煤层地下开采专业毕业。先后任峰峰局四矿技术员、工程师；四矿副矿长；峰峰局生产技术处处长。1985年9月，任峰峰局副局长。1992年1月，调任中煤总公司安全管理局副局长。

侯和芳 男，汉族，高级工程师。1939年2月生，四川遂宁人，1985年2月加入中国共产党，大学学历。1963年10月重庆大学采矿专业毕业。先后任峰峰局羊渠河矿技术员、工程师、副总工程师；峰峰局副总工程师。1985年9月，任峰峰局总工程师；1986年6月，任峰峰局副局长；1994年5月，任峰峰局调研员。1999年2月退休。

段酉兴 男，汉族，高级政工师。1945年12月生，河北高阳人，1979年5月加入中国共产党，大学学历。1970年7月北京地质学院地质专业毕业。先后任峰峰局工程处测量组技术员；工程处党委宣传部干事；峰峰局党委宣传部理论科干事、科长。1985年9月，任峰峰局党委副书记；1987年9月，任峰峰局三矿党委书记；1992年11月，任峰峰局党委副书记；2003年6月，任峰峰集团副董事长、党委常委。2005年12月退休。

王占刚 男，汉族，高级政工师。1933年11月生，河北衡水人，1953年6月加入中国共产党，中专学历。1954年7月衡水市青杨树师范学校毕业。先后任峰峰局职工子弟完小教员；峰峰局机械总厂完小副校长；峰峰局党委宣传部干事、文教部干事；峰峰局党委办公室干事、纪律检查组秘书；峰峰局五矿党委副书记；峰峰局党委组织部副部长、党委整党办公室主任。1985年9月，任峰峰局纪委书记；1992年11月，任峰峰局调研员。1993年11月退休。

魏天祥 男，汉族，高级工程师。1937年10月生，陕西富平人，1956年9月加入中国共产党，中专学历。1957年6月西安煤校煤层地下开采专业毕业。先后任峰峰局救护队技术员；峰峰局二矿中学教员；峰峰局开拓处、生产处技术员、工程师、副处长；峰峰局一矿矿长；峰峰局三矿党委书记。1987年6月，任峰峰局党委副书记。1989年10月，调任邯郸矿务局党委书记。

王寒生 男，汉族，高级工程师。1937年2月生，陕西大荔人，1975年加入中国共产党，中专学历。1956年8月西安煤校采矿工程专业毕业。先后任峰峰局四矿实习生、技术员；四矿技术科科长；四矿工程师、总工程师；峰峰局二矿矿长。1987年9月，任峰峰局安监局局长（副局级）。1989年10月，调任邯郸矿务局局长。

曹汝良 男，满族，高级工程师。1935年11月生，北京东城区人，1982年10月加入中国共产党，中专学历。1954年9月大同煤校机电专业毕业。先后任峰峰局三矿技术员、工程师；三矿副总工程师；三矿矿长。1988年6月，任峰峰局副局长；1992年11月，任峰峰局调研员。1996年5月退休。

孙保玉 男，汉族，经济师。1951年3月生，河北磁县人，1982年8月加入中国共产党，大专学历。1969年4月，在武安县白府村下乡。1971年10月，在峰峰局牛儿庄矿一采区工作。先后任峰峰局一矿开拓区副区长、调度室主任；一矿副矿长；峰峰局薛村矿矿长。1992年11月，任峰峰局副局长；2003年6月，任峰峰集团董事、党委副书记。2004年11月，因病提出申请辞去峰峰集团董事、党委副书记职务。

刘真清 男，汉族，高级政工师。1937年2月生，河北遵化人，1956年11月加入中国共产党，大专学历。1960年2月在峰峰煤校参加工作；1960年8月后在北京煤炭学院政教专业学习。1961年11月，任峰峰局党校理论教员。1964年11月，任邯郸市委“四清”工作团干事。先后任峰峰局党校教员、峰峰局党委政治部干事；峰峰局党委组织部副科级秘书；峰峰局二矿党委书记。1992年11月，任峰峰局纪委书记；1993年3月，任峰峰局党委副书记、纪委书记。1997年11月退休。

武剑平 男，汉族，高级工程师。1941年1月生，安徽宿县人，1976年12月加入中国共产党，大专学历。1963年9月江苏煤矿专科学校采煤专业毕业。先后任峰峰局羊渠河矿掘进区技术员、副区长、区长；羊渠河矿副总工程师；羊渠河矿副矿长。1992年11月，任峰峰局安监局局长（副局级）。2001年1月退休。

雷明亮 男，汉族，高级工程师。1945年9月生，山西介休人，1985年8月加入中国共产党，大学学历。1968年9月北京矿业学院煤田地质及勘探专业毕业。先后任峰峰局羊渠河矿技术科技术员；磁县都党煤矿技术科技术员；羊渠河矿技术科副科长；羊渠河矿党委委员、工会主席；峰峰局工会副主席；峰峰局机械总厂党委书记。1993年4月，任峰峰局党委常委、工会主席；1997年9月，任峰峰局党委副书记；2003年6月，任峰峰集团董事、党委副书记。2005年12月退休。

秦文昌　男，汉族，高级工程师。1956 年 3 月生，河北高邑人，1985 年 10 月加入中国共产党，大学学历。1977 年 2 月在华北矿建第二井巷工程公司参加工作。1982 年 2 月河北矿业学院采煤专业毕业。先后任峰峰局万年矿二采区技术员；万年矿技术科助理工程师、副科长；万年矿综采区区长；万年矿副矿长；峰峰局薛村矿矿长。1994 年 5 月，任峰峰局副局长，并增补为局党委常委。1996 年 4 月，调任河北省煤炭工业局副局长。

王　玉　男，汉族，高级工程师。1942 年 10 月生，河北安国人，1983 年 8 月加入中国共产党，大学学历。1968 年 7 月北京矿业学院机电专业毕业。先后任峰峰局通二矿二采区、机电科实习生；通二矿中学教师；通二矿机电科技术员、工程师、副科长、科长；通二矿党委副书记；峰峰局副总工程师。1994 年 5 月，任峰峰局副局长。2002 年 10 月退休。

安志军　男，汉族，高级工程师。1944 年 1 月生，陕西临潼人，1965 年 9 月加入中国共产党，大学学历。1969 年 9 月北京矿业学院采矿专业毕业。先后任峰峰局羊渠河矿技术员、主管技术员；羊渠河矿工会主席；峰峰局薛村矿矿长；峰峰局人事处处长。1997 年 9 月，任峰峰局党委常委、纪委书记、人事处处长。2003 年 6 月不再担任实职，保留局副职待遇。2004 年 2 月退休。

钱祖炯　男，汉族，高级工程师。1944 年 2 月生，江苏无锡人，1985 年 7 月加入中国共产党，大学学历。1966 年 9 月山东矿业学院采煤专业毕业。先后任峰峰局通二矿技术员、工程师；峰峰局孙庄矿技术科工程师；孙庄矿副总工程师、总工程师；峰峰局副总工程师；峰峰局副总工程师兼生产处处长。1997 年 11 月，任峰峰局总工程师。2003 年 6 月不再担任实职，保留局副职待遇。2004 年 2 月退休。

程文科　男，汉族，高级工程师。1956 年 12 月生，河北磁县人，1990 年 6 月加入中国共产党，研究生学历。1972 年 12 月，在峰峰局孙庄矿二采区参加工作。先后任峰峰局生产处支护科助理工程师、科长，生产准备科科长；峰峰局牛儿庄矿安监处长；峰峰局安全监察局副局长；峰峰局羊渠河矿矿长兼羊渠河焦化厂厂长；羊渠河矿矿长兼焦化厂厂长兼阳光煤气热电公司董事长。2003 年 6 月，任峰峰集团副总经理、党委常委；2005 年 3 月，任峰峰集团董事、副总经理、党委常委；2007 年 3 月，任峰峰集团董事、副总经理、党委常委，兼河北峰煤焦化有限公司董事长。2008 年 7 月，调任冀中能源集团副总经理。

宋万富 男，汉族，助理政工师。1954年1月生，河北磁县人，1976年2月加入中国共产党，大学学历。先后任峰峰局羊渠河矿一开拓区团支书、副区长、党支部书记、区长；羊渠河矿副矿长；峰峰局新三矿矿长；峰峰局薛村矿矿长兼大淑村矿筹备处处长；薛村矿矿长兼大淑村矿矿长；2003年6月，任峰峰集团副总经理。2008年7月，调任冀中能源集团副总经理。

刘凤朝 男，汉族，正高级经济师、高级会计师。1959年12月生，河北南宫人，1986年7月加入中国共产党，大学学历。先后任峰峰局地测处会计；峰峰财会中专班教师；峰峰局审计处助理会计师；峰峰局办公室秘书、副科长、副主任、主任；峰峰集团董事会秘书、办公室主任；峰峰集团财务管理部部长兼结算中心主任。2005年8月，任峰峰集团总会计师、财务管理部部长。2008年7月，调任冀中能源集团副总经理、总法律顾问。

刘万义 男，汉族，正高级政工师。1957年11月生，河南新郑人，1978年8月加入中国共产党，大学学历。曾服役。先后任河北省计经委节能中心、人事处科员、副主任科员、主任科员，政府生产办、经贸委副处长，经贸委老干部处处长，国资委老干部管理办公室主任、人事教育处处长。2006年3月，任峰峰集团党委副书记；2006年5月，任峰峰集团董事、党委副书记。2008年7月，调任冀中能源集团董事、党委副书记、工会主席。

第二章 局（集团公司）副总师、机关部门领导、基层单位领导

第一节 副总师

副总工程师

夏家腾 徐理文 王友瑜 张光熙 刘起才 符永光 王 玉 王光国 桑银堂 朱重光 赵 宁 梁春林 钱祖炯 王务平 陈 宇 张之良 张连科 何长海 刘书灿 孙晋响 丁福生 尚书海 孙伟立 董久赤 李树文 王铁记 赵军凯 魏新杰 李玉泉 陈林平 孙保敬

副总经济师

胡学礼 索亚昌 周和平 李建忠 刘志明

副总会计师

朱绍璋

第二节 机关部门领导

党委办公室（2008 年 8 月党办室、行办室、董事会秘书处合署）

主任：孟养元 单天国 陈继业 赵兴龙 穆树琪 王军华 李志明

副主任：郭耀臣 赵兴龙 刘亚军 贾新华 穆树琪 李文峰 邢文献

副处级秘书：田永碧

党委组织部

部长：武俊英（女） 任连顺

副部长：栗 辉 任连顺 张金富

党委组织人事部、人才资源部（2002 年 11 月党委组织部、人事处合并）

部长：郝曙华（女） 陈爱军（兼）

副部长：张金富（正处级）

党委宣传部

部长：桑玉玺 耿清华 胡洪杰 王军华 许 凯

副部长：桑玉玺 单天国 王文选 刘亚军 耿清华 胡洪杰 王军华 刘少华（正处级） 许 凯 栗矿军

《中国煤炭报》驻峰峰矿务局记者站记者：叶放生（副处级）

纪委（1995 年 8 月纪委、监察处合署）

纪委书记：王占刚 刘真清 安志军 任连顺

副书记：任庚申 王锡惠 杨生惠 房文顺 杨新民 赵瑞学

副处级检查员：杨乃斌 齐瑞江

工会

主席：郑今朝 雷明亮 任连顺 郭志武

副主席：赵思根 雷明亮 武俊英（女） 刘全喜 冯小工 李正盛 吴海林 邢存华 孙建国

团委

书记：耿星辉 李书生 赵瑞学 董轩龙 杜称心

副书记：张德祥 李书生 张书明 赵瑞学 曹建恩

机关党委（1995 年 11 月更名直属党委）

书记：穆树琪 路清贵

副书记：李守仁（正处级） 路清贵

纪委书记：马树英（女） 路清贵

工会主席：张恒学 宋永平

党校

校长：胡洪杰 王军华

副校长：杨瑞安（正处级） 张思海（正处级） 邓新顺 屈华同 王饶其

调研员：袁书香（副处级）

峰峰矿工报社

社长：叶放生 姚爱平

副社长：刘登五 贾来泰 姚爱平 崇 红（女）

总编辑：王洪瑞（女）

政策法规处（1995 年 9 月成立，2002 年 11 月撤销）

处长：安玉堂

战略发展部（2002 年 11 月成立，2008 年 8 月撤销）
部长：安玉堂
副部长：李在忠
发展规划部（2008 年 8 月成立）
部长：张少军
副部长：刘成全
董事会秘书处（2003 年 7 月成立）
秘书：刘凤朝　穆树琪　李志明
总法律顾问：马保良
资本运营部（2002 年 11 月成立，2008 年 8 月撤销）
部长：李敏子　宋有林
出资企业监管办公室（2008 年 8 月成立）
主任：王务平（兼）
副主任：安玉堂（正处级）　宋有林（正处级）
审计处（2002 年 11 月更名审计部，成立审计事务中心）
处（部）长：安翠华（女，兼审计事务中心主任）　李卫鸽（兼审计事务中心主任）
副处（部）长：孙印廷　李卫鸽　张永军　李永正
行政办公室
主任：朱焕玉　安玉堂　刘凤朝　穆树琪　王军华　李志明
副主任：李同春　安玉堂　李永跃　孙明奎　胡洪杰　刘凤朝　任宏明　岳文书　李宪国
驻北京办事处主任：赵合的（副处级）　赵增顺（副处级）
人事处
处长：班明堂　安志军
副处长：周俊荣（女）　郝曙华（女）
监察处
处长：任庚申（1989 年 2 月任检察室主任）　房文顺（兼督查室主任）　杨新民（兼督查室主任）
副处长：索红军　梁瑞金
计划处（1995 年 8 月撤销）
处长：陈祖恩　张　福
副处长：赵伯龙
规划发展处（1995 年 8 月成立，2002 年 11 月撤销）
处长：陈　宇
副处长：刘成全
基本建设处（2002 年 11 月撤销）
处长：蔡珊诗
副处长：刘素钦（正处级）　袁好生　李殿明　展学勤　许振国　范忠宽　李现江
企业管理部（2002 年 11 月成立）
部长：陈　宇（兼）　何长海（兼）　张少军　索亚昌（兼）
副部长：刘成全　范忠宽　张少军　周　荣　逯贵华
改革改制办公室（2004 年 2 月成立，2008 年 8 月撤销）
主任：周和平（兼）　宋有林
矿井关闭重组办公室（2004 年 2 月成立，2008 年 8 月撤销）
主任：索亚昌（兼）　张建峰

副主任：王宪贵 逯贵华

财务处（2002年11月更名财务管理部）

处（部）长：胡学礼（兼） 李敏子 周和平（兼） 刘凤朝（兼） 张建峰

副处（部）长：朱绍璋 李永正 宋有林 张建峰 张宏斌 齐敏江 张文成

企业银行（1995年4月成立，2001年3月撤销）

行长：李敏子

副行长：宋有林 李永正

结算中心（2001年1月组建）

主任：李敏子 周和平（兼） 刘凤朝（兼） 张建峰

副主任：李永正 张文成

劳动工资处（2002年11月更名劳动工资部）

处（部）长：武吉祥 姚官祥 李春生 杨钢铁

副处（部）长：张佩生 贡瑞星 陈文云

生产技术处（1995年8月更名生产处，2002年11月撤销）

处长：施 阳 辛 瑛 钱祖炯（兼） 丁福生

副处长：赵玉锁（正处级） 谢世联 高齐禹 丁福生 张文学 程万里 李庚书

机电处（2002年11月撤销）

处长：陈奇奇 马家骅 潘振海 王志东 孙晋响（兼）

党总支书记：方秉正

副处长：方秉正 薛洪义 杨兆坤 梁春林 辛 瑛 夏伯泓 提曰建 秦文艺 张步勤 付印锡

煤炭生产部（2002年11月生产处、机电处合并，成立煤炭生产部）

部长：丁福生（兼） 盖建平 李玉泉（兼）

副部长：李庚书 张步勤 赵惠国 盖建平 付印锡 高长举 张 文

总工程师室（1989年10月成立，2002年11月撤销）

主任：胡永常 何长海（兼）

副主任：赵伯龙 李建国

地测处（2002年11月撤销）

处长：刘宜义 翟新荷 何长海（兼）

副处长：尹家俊 翟新荷 郭洪和 姚建国 王铁记

迁村处（2002年11月撤销）

处长：董国章

副处长：马济良 董国章 冯广存 王起鹤

资源管理处（1997年2月成立，2002年11月撤销）

处长：姚金忠

副处长：姚金忠

科技发展部（2002年11月总工程师室、地测处、迁村处、资源管理处合并，成立科技发展部）

部长：何长海（兼） 刘书灿（兼） 王铁记 高会春 王铁记（兼）

副部长：王铁记 王起鹤 高会春 王 宏

安全监督局

局长：王寒生 武剑平

副局长：杨心和 张蔚文（副处级） 孙学谦 潘振海 程文科 刘二丑 安红书 杨建军

处长：孙学谦

副处长：王科全 王成明 李雁军 付廷义

通风处（2002 年 11 月更名通防管理部）

处（部）长：桑银堂　张之良（兼）　赵军凯　付京斌

副处（部）长：董智明　赵军凯　李瑞敬　付京斌　郭宝哲　李荣强

加工利用处（1994 年 7 月撤销）

处长：马怀孚　朱重光（兼）　陈志林

副处长：高士旺　陈风山

综合开发处（1994 年 7 月成立，1995 年 8 月撤销）

处长：陈　宇

副处长：陈风山

煤业研发部（2002 年 11 月成立）

部长：刘志明　刘悦胤

副部长：张书敏

煤研所（1993 年 9 月更名科学技术处，1995 年 8 月撤销）

所长：夏家腾（兼）

副所（处）长：孙青林（正处级）　张树茂　齐树森　薛洪义　董平来

科技信息中心（1995 年 8 月成立，2002 年 11 月撤销）

主任：纪振栓

科学技术协会

主任：孙世星

副主任：薛洪义

秘书长：薛洪义

正处级：刘庆连　王志东

企业管理处（1989 年 5 月成立，1995 年 8 月撤销）

处长：高齐禹

副处长：程万里

技术监督处（1995 年 8 月成立，2002 年 11 月撤销）

处长：高齐禹　董平来

副处长：董平来

多种经营管理处（1995 年 11 月成立，2002 年 11 月撤销）

处长：张书明　李殿奇

副处长：张惠珍　何喜平　曹云科

非煤产业部（2002 年 11 月成立，2008 年 8 月撤销）

部长：张德祥

副部长：付印锡

环保中心（挂靠非煤产业部）

主任：侯凤琴（女，副处级）

节能减排办公室（2007 年 12 月成立）

主任：白明光　李树文（兼）

副主任：郭胜仓

劳动保险事业处（1994 年 9 月成立，1997 年 11 月更名社会保险事业处）

处长：姚官祥　孙树军　姚金忠

副处长：徐葆敏

工程质量监督站

站长：刘国键（兼）　张文学（兼）　陈　宇（兼）　何长海（兼）

副站长：赵明亮　张锡良　郭金冗（正处级）　韩洪泽　苏巨文　王希海（兼建设工程施工安全监督站副站长，正处级）　李树文（兼建设工程施工安全监督站站长，集团公司副总师）　谷祖雨（兼建设工程施工安全监督站站长，正处级）

矿山救护队（2005年5月升格为矿山救护大队，正处级单位）

队长：张恩辉　白振银　魏新杰（兼）

副队长：柳恩雨　白振银　王居胜

总工程师：王　鹏

公安处（2007年6月成立邯郸市公安局峰煤分局）

处长：王振斌

副处长：杨步业　沈玉田　马有利　王振斌　姚金忠　毛力奇　贾振涛

副政委：沈玉田

武装部

部长：黄步江　孟祥学　李　春

副部长：黄步江　孟祥学　李　春

法律顾问处（1989年4月从行政办公室划出，1995年9月撤销）

处长：李同春

法律事务中心（2002年11月成立）

主任：马保良

卫生处（2002年11月撤销）

处长：许　谦　毛传松

副处长：谭嘉安　郝志春（女）

医药公司（2002年11月撤销）

经理：谭嘉安　庞振山

计生办

主任：陈志林（兼）

副主任：侯文溪　田成元　郝志春（女）

医疗管理中心筹备组（2002年11月成立，2008年8月撤销）

组长：陈志林（兼）

副组长：郝志春（女）

医疗管理中心（2008年8月成立）

副主任：郝志春（女，正处级）

后勤管理部（2002年11月成立）

部长：李永跃

卫生防疫站（2002年11月挂靠后勤管理部）

站长：谭嘉安　王传训　马国安

后勤服务事业部（2008年12月成立）

部长：李永跃

党委书记：张成林

副部长：郝志春（女，正处级）　马国安（正处级）

教育处（2002年11月成立教育管理中心筹备组，2005年4月筹备组撤销）

处长：刘彤录　史慧明（2002年11月任教育管理中心筹备组组长）

副处长：陈兴魁　史慧明

副处级：索海滨

职工培训处（1995 年 8 月撤销）

处长：程殿祯

副处长：庄兆民

老干部处

处长：孙忠富　魏　涛　田成元

副处长：孙忠富　张白晓

离退休管理中心筹备组（2002 年 11 月成立，2008 年 8 月撤销）

组长：田成元

副组长：张白晓

离退休管理中心（2008 年 8 月成立，与老干部处合署）

主任：田成元

运销处（2002 年 11 月撤销）

处长：高振荣　李培斌　刘志明

副处长：李振屏　倪东林　张新泰　石平崟　王务平　曹　强　张书敏　张玉强

供应处（2002 年 11 月撤销）

处长：杜金年　张庆祥　李建忠

副处长：马燕芳（女）　杨龙骏　张清水

设计院（2004 年 10 月改制为邯郸市瑞达工程设计有限公司）

院长：刘　尧　凌国安　赵文庄

副院长：刘松泰　凌国安　赵文庄

行政处（2002 年 11 月撤销）

处长：赵玉清　董玉桐　李永跃

党总支书记：赵天有　李永跃

党总支副书记：王喜华

副处长：赵天有　贺瑞英（女）　张治国　董玉桐　王喜华　范振海　孙明奎

峰煤宾馆经理：刘立言（女，副处级）　贺瑞英（女，副处级）

农转非落户办公室（1990 年 10 月成立，1994 年 7 月挂靠行政处）

副主任：张治国（副处级）

房地产处（1995 年 10 月成立，1997 年 11 月撤销）

处长：李永跃

副处长：范振海

机电设备租赁公司（1989 年 10 月更名设备租赁站，1994 年 9 月从机电处划出，2002 年 11 月撤销）

经理（站长）：方秉正　夏伯泓　郝经仁

副经理（副站长）：刘治河

调研员：孙尚文（副处级）

供电部（2002 年 11 月撤销）

经理：提曰建　张和平

党总支书记：提曰建

副经理：高振壁　张和平

通信中心（1994 年 9 月成立，2002 年 11 月撤销）

主任：张福生

副主任：马润田　戴桂芳（女）　刘胜坤

冀南矿业检测检验中心（2004年6月成立）

主任：林建生　索海滨

副主任：索海滨　刘文昌　王淮峰

沉陷区治理办公室（2005年5月成立）

主任：冯金银　李在忠

副主任：李在忠　刘学敏　侯立超（女）

锡盟能源化工开发办事处（2005年5月成立）

主任：孙伟立（兼）　张耀存

副主任：张耀存（正处级）　王志军　田常书

锡盟查干淖尔矿筹建处（2008年10月成立）

处长：陈　宇（兼）

党委书记：张耀存

副处长：王志军　杨栓庆　李德魁

察哈素矿筹建处（2008年10月成立）

处长：鲁建广

党委书记：王矿平

副处长：张　文　何顺席　赵分友　袁常升

总工程师：武铁刚

第三节　基层单位领导

一矿（1991年4月撤销）

矿长：刘延安　董平来

党委书记：卢明珠　刘延安　王志成

党委副书记：陈书汉

副矿长：王建民　索亚昌　孙保玉　黄光明　汤伯孝　王志成

总工程师：范占国

纪委书记：赵奇珍

工会主席：王广智　张树林

安监处长：索加三

企业公司经理：李殿奇

副矿级：杨修爵

九龙口矿筹备处（1991年5月撤销）

处长：刘延安

副处长：贾启发　柴金贵　袁好生　孙保玉　索亚昌　王志成　董平来

九龙矿（1991年4月成立九龙口矿，1992年6月更名九龙矿）

矿长：董平来　吴虎群　刘书灿　谷祖雨　赵洪录

党委书记：王志成　吴虎群　孙建国　刘国强　郭耀臣

党委副书记：陈书汉　曹秋喜　连　让

副矿长：索亚昌　黄光明　汤伯孝　赵耀璋　高　武　申志义　刘树科　柴振爱　杨风午　孙　峰　刘　杰　索学东　秦原峰　高长举　李士杰　时亮成　邱拥军

总工程师：范占国　贾兆进　李大屯

纪委书记：曹秋喜　刘树科
工会主席：张树林
安监处长：索加三　汤伯孝　高长举　秦原峰
洗选厂厂长：汤　斌（副矿级）

二矿（2006 年 12 月撤销）
矿长：吴虎群　张凡荣　孙祥庆　梁富社
党委书记：刘真清　吴虎群　张凡荣　张银林
党委副书记：郭自学　张银林　白世洋
副矿长：孙学谦　陈文彬　陈修镒　李法生　杨永海　郭昭清　张凡荣　王起鹤　杜洪山　秦文艺　李运喜　屈华中　马秋丰　刘卫云　樊金祥　杨郭良　夏学英
总工程师：徐多瀛　孙祥庆　周　微　杨郭良
纪委书记：玄成全　赵法福　白世洋
工会主席：郑同森
安监处长：沈玉民　李运喜
副矿级：刘新科　孙定录　杨文堂　孟庆元

二矿社区管理处（2006 年 12 月成立）
处长：梁富社　王　升
党委书记：梁富社　王　升
党委副书记：白世洋
副处长：樊金祥　夏学英　屈华中　郭昭清　李运喜
纪委书记：白世洋
工会主席：白世洋

三矿（1997 年 12 月更名为大裕实业公司，1998 年 4 月更名为永安实业有限公司，2001 年 9 月恢复三矿名称，2006 年 7 月撤销）
矿长（经理）：万加文　李春生　武茂堂
党委书记：段西兴　武茂堂
党委副书记：邢增学　武茂堂　赵玉锁
副矿长（副经理）：杨海生　刘培炎　赵永福　杨玉海　赵洪录　白可夫　李永正　赵天才　赵玉锁　马月明　王矿平　王恒斌　樊书昌　王军社
总工程师：李洪泽　李树文
纪委书记：李俊国　赵玉锁
工会主席：武茂堂　李庆国
安监处长：白可夫　杨玉海
企业公司经理：马月明

三矿社区管理处（2006 年 7 月成立）
处长：杨玉海
党委书记：武茂堂　杨玉海
党委副书记：李庆国　王计明
副处长：王军社　牛玉璠　魏永军　王希明　李德库
总工程师：牛玉璠
纪委书记：李庆国　王计明
工会主席：李庆国

四矿（2002 年 3 月撤销）

矿长：席山海　刘庆连　刘二丑

党委书记：张凤鸣　张德祥

党委副书记：邢增学

副矿长：曹宪忠　龙忠海　李作远　苏奎春　刘　泽　刘二丑　武洪庆　杨树祥　彭　昱　孟东怀　李雁军

总工程师：王文达

纪委书记：王志超　董长恩

工会主席：徐振生

安监处长：刘双根　曹宪忠

企业公司党总支书记：赵玉贵（副矿级）

副矿级：乔子恒　季文玉　董振国

四矿社区管理处（2002 年 3 月成立，2006 年 3 月并入通二矿社区管理处）

处长：张德祥

党委书记：张德祥

党委副书记：董长恩

副处长：董长恩　郭雪峰

纪委书记：于东贵

工会主席：于东贵

五矿（2007 年 6 月撤销）

矿长：孙树军　索亚昌　安红书　武运生

党委书记：孙彦欣　刘亚军

党委副书记：薛咸祥　李洪彬

副矿长：邝天明　赵廷选　张玉殿　单翠兰（女）　张　福　王志东　安红书　武运生　李启忠　赵耀璋　杨宝忠　孙廷忠　李俊江　高英献

总工程师：郝　骥　陈亚杰　邵太升　杨宝忠　郭剑锋

纪委书记：范庆江　李爱成

工会主席：段景华　张玉殿　刘亚军

安监处长：刘振祥　邝天明　安红书

副矿级：张德才　曹志学　杨清澍

邯郸市大力矿业有限公司（2007 年 8 月成立）

董事长：武运生

党委书记：刘亚军

副董事长：刘亚军

经理：武运生

党委副书记：张春林

副经理：杨宝忠　高英献　李俊江　孙廷忠

总工程师：郭剑锋

纪委书记：张春林

工会主席：张春林

五矿社区管理处（2007 年 8 月成立）

处长：武运生

副处长：孙廷忠

羊渠河矿

矿长：金廷耀　张汝海　程文科　谢德瑜　田金栋

党委书记：王秉玉　王志成　郭子然

党委副书记：徐向东　田生瑞　杨连生　黄保祥

副矿长：李振家　董平来　李振纲　高广和　武剑平　刘立言（女）　王华森　马玉联　高　武　施孟勤　阎文正　袁永义　宋万富　谢德瑜　田金栋　冯金银　白明光　郝华杰　鲁建广　阎云胜　张学礼　杨海生　杨林富

总工程师：王光国　张树明　郝华杰　景魁英

纪委书记：马玉联　沈铭英　黄保祥

工会主席：黄保祥　郭子然　王志刚

安监处长：李振家　阎文正　施孟勤

焦化厂厂长：程文科（兼）　谢德瑜（兼）　田金栋（兼）

焦化厂副厂长：薛瑞峰　李德奎　孟东怀　田新国

焦化厂总工程师：李德奎

通二矿（2004 年 8 月撤销）

矿长：柴永贵　刘书灿　王进田

党委书记：马振德　侯内邢

党委副书记：刘庆余　王　玉　张可柱

副矿长：孙恒奇　俞全生　薛蕴华　黄子皋　方惇康　李合军　刘　泽　袁中民　尹守身　刘贵喜　姜贵沙　耿永华　王进田　谷祖雨　李先林　赵云佩

总工程师：李吉昌　王兰军　刘文生

纪委书记：燕守德　张可柱

工会主席：张振水　侯内邢　刘少华

安监处长：苏贵馥　方惇康　张文才

教委副主任：兰　梅（副矿级）

“五四三”委员会副主任：申志明（副矿级）

邯郸通顺矿业有限公司（2004 年 8 月成立）

董事长：王进田

党委书记：侯内邢　王进田

副董事长：侯内邢

经理：王进田　赵云佩

党委副书记：张可柱　王进田

副经理：赵云佩　刘贵喜　李先林　张文才　刘建立

总工程师：刘文生

纪委书记：张可柱

工会主席：刘少华　张可柱

通二矿社区管理处（2004 年 8 月成立）

处长：王进田　侯内邢

党委书记：侯内邢

副处长：李先林　郭雪峰　刘振峰

纪委书记：于东贵

工会主席：于东贵

牛儿庄矿（2008 年 9 月撤销）

矿长：孙世星　张文学　陈亚杰　张汝海　孙伟立　张文祥　王建民　周银法

党委书记：白耀荣　张文祥　索书然

党委副书记：李廷安　索书然　任新军

副矿长：丁学增　余传龙　徐高轩　孙蓬芝　张汝海　杨　民　王占文　王义勇　胡振生　孙保平　孙伟立　李玉泉　陈秋平　李金海　周银法　郭太林　郝永军

总工程师：柏　安　卫本义　陈林平　王宝坤

纪委书记：郑增福　陈九金　叶　增　索书然　任新军

工会主席：陈九金　孙蓬芝　陈和生

安监处长：谢鹏志　程文科　李金堂　周银法

安监处副处长：龙计雷（副矿级）

邯郸市牛儿庄采矿有限公司（2008 年 9 月成立）

董事长：周银法

党委书记：索书然

副董事长：索书然

经理：周银法

党委副书记：任新军

副经理：郝永军　李金海　郭太林　陈秋平　王义勇

总工程师：王宝坤

纪委书记：任新军

工会主席：任新军

牛儿庄矿社区管理处（2008 年 11 月成立）

处长：周银法

副处长：王义勇　李金海

薛村矿

矿长：安志军　孙保玉　秦文昌　郭周克　宋万富　张党育　安建华

党委书记：胡恩发　耿星辉

党委副书记：田生瑞　杜玉生　索旭军　李学臣

副矿长：刘成功　王宝光　庄兆民　石　峰　曲敬惠　潘振海　付廷义　申志义　张辉志　耿永华　郭周克　吕本仁　张连科　白保林　胡新仓　庞瑞印　张瑞彬　张党育　卢凤顺　李合军　安建华　王香辰　苑海成　魏满刚　赵有理　张聚洲　王玉民

总工程师：赵　宁　刘书灿　尚书海　靳随军　李瑞敬

纪委书记：李文臣　吴兴旺　李保森　张瑞彬

工会主席：贾友林　张瑞彬　郭志武　赵有理　李保森

安监处长：肖玉柱　杨计堂　王双喜　靳随军　苑海成

正矿级：柴彦生　胡恩发

副矿级：孙景林　高大生　石　峰

孙庄矿（2007 年 6 月撤销）

矿长：王汝勖　王玉新

党委书记：夏炳超　张存库

党委副书记：陈志林　张永礼　王　升　卢忠贤

副矿长：周万忠　王玉新　梁富社　李培斌　杨风午　杜炳岐　张庆祥　卢忠贤　徐麦良　张　凯　索贵有　张永礼

总工程师：王启蕚　钱祖炯　何长海　索相民

纪委书记：董　彬　李振国

工会主席：吴堂学　张存库　张永礼　李振国

安监处长：杨风午　梁富社

副矿级：孟苏民

邯郸市孙庄采矿有限公司（2007年8月成立）

董事长：张　凯

经理：张　凯　王建立

副经理：徐麦良　王志凯　王建立　索相民　王　思　葛春喜　赵承方

总工程师：索相民　刘书梁

孙庄矿社区管理处（2007年8月成立）

处长：张　凯　王建立

党委书记：王玉新

党委副书记：武文斌

副处长：卢忠贤　徐麦良　王志凯　索相民　王建立

纪委书记：武文斌

工会主席：武文斌

黄沙矿

矿长：胡永常　冯广存　谷祖雨　武好智　赵洪录　国兆乾　成光星

党委书记：李正盛　张士明　董轩龙

党委副书记：姚金忠　田发金　孙军芳　吴桂生

副矿长：邵成贤　项荫桐　李育华　申志义　王鼎生　汪居富　张开兴　朱义忠　李俊臣　国兆乾
苗习生　王建民　邢建国　张俊国　白明光

总工程师：赵　琛　李芳连　成光星　高晓峰

纪委书记：祖好德　孙军芳　吴桂生

工会主席：王振江　白希新　王志刚　张树孝　任宏明

安监处长：付更林　张自江

企业公司经理：张怀林（副矿级）

企业公司副经理：田发金（副矿级）

副矿级：马洪义

万年矿

矿长：孙忠礼　乔增申　武好智　邵太升　卢风顺　国兆乾

党委书记：侯崇喜　陈继业　孙建国　聂金良　李树文　武好智　卢风顺　赵有理

党委副书记：陈继业　孙建国　聂金良　王　升　张树孝

副矿长：刘永宁　高彩鹏　张明溪　杨树祥　秦文昌　刘建成　李敏子　孙建国　暴万林　孙晋响
乔增申　王矿平　王景春　李风文　邵太升　王忠青　冯文华　李玉泉　崔世海　张蕴志
杨栓庆

总工程师：郭松森　高彩鹏　武梅良　贾玉杰　张运昌　陈红祥

纪委书记：徐洪图　陈殿荣　赵法福　申庆海　王　升　张树孝

工会主席：陈殿荣　乔增申　聂金良　王忠青　申庆海

安监处长：暴万林　汪居富

副矿级：王有成　翟炳德

小屯矿

矿长：刘庆连　丁学增　高　武

党委书记：刘全喜　赵思根　张文祥　高　武

党委副书记：张文祥　张希英　郭兰阶

副矿长：李多奎　贺吉明　田希文　李春生　曹振水　孙东超　张风林　郝经仁　武好智　孙保敬　郭兰阶　李贵德　魏满刚　祁军良　张晓柏　王未林　翟来军

总工程师：王世均　田希文　黄子皋　陈　宇　范占国　武铁刚　成光星　孟宪营

纪委书记：武清和　张希英　郭兰阶

工会主席：肖天喜　潘文华

安监处长：江尚成　张风林　曹振水

正矿级：刘振喜

吝家沟矿筹备处（1991 年 3 月组建，1995 年 11 月撤销）

处长：万加文

副处长：李洪泽

新三矿（1997 年 12 月成立）

矿长：李春生　宋万富　白保林　赵鹏飞　李树荣

党委书记：李树文　赵瑞学　房文顺

党委副书记：连　让　孙军芳

副矿长：赵洪录　樊书昌　王恒斌　杨　民　王志军　赵鹏飞　李树荣　郭胜仓　甄增林　孙世国　郭军民

总工程师：宫希正

纪委书记：李俊国　孙军芳

工会主席：连　让　孙军芳　王利辉

梧桐庄矿筹备处（1989 年 2 月组建，2003 年 12 月撤销）

处长：蔡珊诗　袁好生　李洪泽　孙伟立

党支部书记：李洪泽（正处级）

副处长：袁好生　李殿明　何邦伦　柴振爱

总工程师：王依来　刘天新

梧桐庄矿（2000 年 11 月成立）

矿长：孙伟立　李文昌　赵鹏飞

党委书记：杨连生

党委副书记：聂金良

副矿长：李文昌　彭　昱　耿向慧　柴振爱　张广湖　陈福印　刘天新　郭伍群　杨庆祝

总工程师：刘天新　刘存玉

纪委书记：聂金良

工会主席：聂金良　付希堂

大淑村矿筹备处（1991 年 9 月组建，2003 年 12 月撤销）

处长：安根富　郭周克　宋万富　张党育

副处长：李树荣　李合军　张党育　卢风顺

总工程师：齐安学

大淑村矿（2003 年 12 月成立）

矿长：宋万富　张党育　卢风顺　王建民

党委书记：郭志武　胡洪杰

党委副书记：乔增申　杜称心

副矿长：杨建军　李合军　张　文　付元平　杨庆祝　李聚振　李世清　郭宝哲　陈福印

总工程师：卢风顺　孟宪营　王殿录

纪委书记：乔增申

工会主席：乔增申　杜称心

马头洗选厂

厂长：朱重光　李良民　王务平　刘悦胤　刘国强

党委书记：孟宪赞　朱重光　牛水林

党委副书记：牛水林　刘国强　谷瑞凯

副厂长：刘玉歧　李良民　贾秀廷　殷克明　谷瑞凯　靳满朝　刘悦胤　李东红　苏茂林　周利珍（女）

总工程师：徐裕民　徐世伟　刘悦胤　周娟华（女）

总会计师：丁恒基

纪委书记：周长学　谷瑞凯

工会主席：王振东　王志瑞　刘国强　李风文

邯郸洗选厂

厂长：刘仲甲　李培斌　张秀捧（女）

党委书记：陈业祥　刘仲甲　赵兴龙

党委副书记：杨怀德　王安生

副厂长：郭九录　曹友德　李忠学　杜秀峰　马占华　刘学敏　刘国强　任仲元　王文平

总工程师：刘福盛　张秀捧（女）　王文平　赵二权

纪委书记：王志田　王安生

工会主席：王志瑞　贾新华

正厂级：杨志震

机械总厂（2003 年 12 月撤销）

厂长：冷信绪　董久赤

党委书记：索付平　雷明亮　王志成　辛　瑛　周尉海

党委副书记：王建民　周尉海　赵法福

副厂长：孟繁祥　杨清湘　李金鼎　任恩波　薛运堂　王双林　王守君

总工程师：杜凌祥　王翠芬（女）

纪委书记：赵德儒

工会主席：李哲生　周尉海　骈忠旺

副厂级：杜日兴　李东福　彭立富

机电设备厂（1999 年 4 月由电器修配厂更名为机电设备厂，2003 年 12 月撤销）

厂长：梁广惠　周和平

党总支书记：梁广惠　赵海生

党总支副书记：赵海生

副厂长：武国华　方运生　徐广兴　张土山

总工程师：方运生

工会主席：杨桂海

马头机械厂（1995 年 2 月由马头洗选设备配件厂更名为马头机械厂，2003 年 12 月撤销）

厂长：宁宣镒　董久赤　李建忠

党总支书记：张际荣　郭文合　李建忠

党总支副书记：吴保平
副厂长：徐维芝　姚振刚　常文京　孙建华　阎世民
总工程师（技术负责人）：董久赤　范纯高
纪检委员：郭文合
工会主席：张贵成

机械制造分公司（2003 年 12 月由机械总厂、马头机械厂、机电设备厂合并成立）
经理：董久赤　周和平
党委书记：周尉海
党委副书记：赵法福
副经理：王双林　赵海生　孙建华　张土山
总工程师：王翠芬（女）
纪委书记：吴保平　赵海生
工会主席：张土山　吴保平

河北神风重型机械有限公司（2004 年 10 月由原机械制造分公司改制更名）
董事长：周和平　周尉海　董久赤
党委书记：周尉海　董久赤
副董事长：周尉海
总经理：周和平　崔　涛
党委副书记：赵法福
副经理：王双林　崔　涛　孙建华　吴保平　李文全　李军辉　梁香过　阎世民
总工程师：王翠芬（女）　梁香过
纪委书记：赵海生　赵法福
工会主席：吴保平　王双林　李军辉

工程处（2005 年 4 月改制为河北纵横工程有限公司）
处长：张星厚　许振国
党委书记：柳自瑞　郭耀臣
党委副书记：李树荣　郭耀臣　刘进学
副处长：赵关群　王希海　朱进喜　李现江　林建生　柳风平　李喜柱　王振山
总工程师：赵关群　杨志坚
纪委书记：李树荣　何金华　郝树武
工会主席：王希海　刘进学　刘永海
安监处长：刘永海　朱进喜

河北纵横工程有限公司（2008 年 12 月与河北大兴建设工程有限公司合并）
董事长：许振国
党委书记：郭耀臣　索海沼
副董事长：郭耀臣
总经理：许振国　李喜柱
党委副书记：许振国　刘进学　宋合林
副总经理：李喜柱　柳风平　王振山　朱进喜　乔勋德　胡爱和　王爱君　林　浩
总工程师：杨志坚
总经济师：杨柏昌
纪委书记：郝树武
工会主席：刘进学

建筑总公司（2005 年 12 月改制为河北大兴建设工程有限公司）

经理：韩洪泽　杨龙骏　张　继　王希海　乔勋德

党委书记：韩继舜　田生瑞　王希海　索海沼

党委副书记：贾付堂

副经理：张锡良　王守明　李振东　张　继　屈守德　索海沼　付贵才　阎洪兴　胡爱和　王爱君

总工程师：冯孝亨　周春元　乔勋德　林　浩

总经济师：王振常　胡爱和

总会计师：付贵才

纪委书记：商绍华　宋合林

工会主席：武合增

河北大兴建设工程有限公司（2008 年 12 月与河北纵横工程有限公司合并）

董事长：郭耀臣

党委书记：索海沼

总经理：李喜柱

党委副书记：李喜柱　武合增

副总经理：胡爱和　王爱君　林　浩

总工程师：林　浩

总经济师：胡爱和

纪委书记：宋合林

工会主席：武合增

建材厂（2002 年 9 月改制为邯郸市峰煤建材有限责任公司）

厂长：梁文全　屈华中　孙　枫　柴彦君

党委书记：崔　全　陈合生　杨凤仁

副厂长：吴传增　刘新廷　屈华中　冯金玉　万洪生　霍继伟　薛树林　牛遂增　柴彦君

总工程师：王道年　陈玉仓

纪委书记：韩锦章　杨凤仁　李保森

工会主席：牛遂增　程严然　李保森

副厂级：张贵才

邯郸市峰煤建材有限责任公司

董事长：柴彦君

党委书记：柴彦君

经理：陈玉仓

党委副书记：陈银成

副经理：王汝臣　陈　敏

纪委书记：陈银成

工会主席：陈银成

建材厂社区管理处（2002 年 9 月成立，2006 年 12 月划归二矿社区管理处）

处长：杨凤仁

党委书记：杨凤仁

副处长：霍继伟

六 0 七厂（2004 年 11 月改制为河北六 0 七化工有限公司）

厂长：武风岐　袁光军

党委书记：武风岐　田发金

党委副书记：白明珠
副厂长：续荣世　张喜林　周伯清　赵建成　冀利海　刘永敏
总工程师：鲍广一　程治平
纪委书记：王兴荣　张金洲
工会主席：张洪义　刘福乐
安检站长：张喜林　赵建生　刘永敏　段　谷

河北六0七化工有限公司

董事长：袁光军　刘永敏
党委书记：田发金　武合增
副董事长：田发金　武合增
经理：袁光军　刘永敏
副经理：刘永敏　冀利海　程治平　段　谷　刘立军
总工程师：程治平
纪委书记：张金洲
工会主席：刘福乐

制品厂

厂长：安士坤　温光耀　李殿奇　张兴国
党委书记：吴立龙　李国英　李殿奇　吴卫东
党委副书记：靳雨田　温光耀　吴卫东
副厂长：李国英　刘宝山　薛文忠　胡明忠　金忠全
总工程师：薛树林
纪委书记：文世保　李国英　吴卫东
工会主席：王桂林　吴志国
副厂级：索玉福　林维清

钢铁厂

厂长：曹云科　王双喜
党委书记：曹云科　郭耀臣　李文臣　杨路成
党委副书记：王永生　杨路成
副厂长：石文秀　吕国庆　李书生　葛岩生　王永生　原贵安
总工程师：张玉振　郭玉峰
纪委书记：付庆俭　杨路成
工会主席：魏井泉
正厂级：张泉成　李三德

地质勘探处（1991年12月由地质勘探队更名为地质勘探处）

处长：蔡康明　王克伦　郭志强
党总支书记：杨卫东　王文选　郭志强
党总支副书记：原　峰
副处长：马有田　李克俭　曹广州　姚多祥　许爱萍（女）　袁良臣　吴玉林
总工程师：王起国　安社书
工会主席：姜　庆　原　峰

邯郸市翔龙地质勘探有限公司（2004年10月地质勘探处改制为邯郸市翔龙地质勘探有限公司）

董事长：郭志强
党委书记：郭志强

经理：郭志强

党委副书记：原　峰

副经理：原　峰　袁良臣　安社书　郝满义

总工程师：安社书

工会主席：原　峰

煤化工项目筹备处（2005 年 6 月组建，2007 年 3 月撤销）

处长：薛瑞峰

副处长：李树长　王中文　吕红涛　郭雪峰

总工程师：吴瑞志

河北峰煤焦化有限公司（2007 年 3 月成立）

董事长：程文科（兼）　王务平（兼）

党委书记：薛瑞峰

副董事长：薛瑞峰

总经理：王宪贵

党委副书记：王中文

副总经理：李德奎　李树长　王中文　吕红涛　高　辉

总工程师：吴瑞志

纪委书记：索红军

工会主席：王中文　索红军

峰煤电业有限责任公司（2002 年 4 月成立）

董事长：张连科（兼）　孙晋响（兼）

党委书记：提曰建　杜玉生　索贵有

总经理：张和平　索贵有

党委副书记：李宝平

副总经理：马书明

总工程师：郭振兴

纪委书记：李宝平

工会主席：李宝平

电业分公司（2005 年 1 月成立）

经理：孙晋响（兼）

党委书记：杜玉生　索贵有　冯金银

党委副书记：李宝平

副经理：索贵有　马书明　张宝玉

总工程师：郭振兴

纪委书记：李宝平

工会主席：李宝平

物资供销分公司（2002 年 11 月成立）

经理：李建忠（兼）

党委书记：张耀存　白保林

副经理：张清水　张耀存　胡新刚　林长付

纪委书记：桑长山

工会主席：桑长山

煤炭运销分公司（2002 年 11 月成立）

经理：王务平（兼） 张玉强

党委书记：庞振山

副经理：曹 强 张玉强 崔振杰 赵安武

纪委书记：王新民

工会主席：王新民

铁路运营分公司（2002 年 11 月成立）

经理：石平崟

党总支书记：张士明

副经理：张东生

纪检委员：冯起安

工会主席：冯起安

设备租赁分公司（2002 年 11 月成立）

经理：孙保敬 苗习生

党总支书记：张和平

副经理：刘治河 巩文斌

生活服务分公司（2002 年 11 月成立）

经理：付建国

党总支书记：孙明奎

副经理：王喜华 和荣浩 付晓军

纪检委员：和荣浩

工会主席：和荣浩

通信信息中心（2002 年 11 月成立）

主任：孙晋响（兼） 孙保敬（兼）

副主任：张福生 王卫红（女） 樊书昌 王剑峰 刘胜坤

邯郸市瑞达工程设计有限公司（2004 年 10 月由设计院改制为邯郸市瑞达工程设计有限公司）

董事长：赵文庄

经理：赵文庄

副经理：王鹏飞 李 杰 阎明章 章承民

总工程师：迟 勇

总医院（1995 年 6 月由第一医院更名为总医院，2008 年 8 月升格为正处级单位）

院长：方绍孟 姬曙光 吴志强

党委书记：方绍孟 张成林 吴志强

党委副书记：张成林 李双林

副院长：张丁权 姬曙光 郑德礼 卢玉才 孙逸群 李 敏 马峰奇 吴志强 田德棒 张增方 宋继海 田小运 仝 超

纪委书记（纪检委员）：翟春成 李双林 李彬海

工会主席：王义斌 刘庆富 刘永新 李双林 李彬海

正院级：张希英

第二医院（2008 年 8 月升格为正处级单位）

院长：张国臣 李卫国 王振营

党委书记：张国臣 聂锡钧 冀光荣

副院长：聂锡钧 阎守文 张国臣 刘守仁 李宝柱 冀光荣 冯敬东 朱朝霞（女）

纪检委员：李培震

工会主席：王惠昌　杨路成　袁荷英（女）

副院级：王泽民

教育培训中心（1995 年 10 月教育中心与培训处合并更名为教育培训中心，2008 年 8 月升格为正处级单位）

校长：王明远　李文心　庄兆民　王桂林

党委书记：王明远　郭自学　王桂林

党委副书记：孙风江　王桂林　张爱民

副校长：计小有　王学礼　娄礼敬　段爱国　王子秀　孙风江　高志强　屈华同

纪委书记：孙风江　张爱民

工会主席：刘占京　孙风江　张爱民

多种经营总公司

经理：陈万忠　周和平　张书明　李殿奇　张德祥　叶　增　张德祥

党委书记（党总支书记）：李治清　吴立龙　叶　增

党委副书记：杨卫东

副经理：孙耀先　付忠义　王增合　张惠珍　付廷义　何喜平　李贵元　张淑芳（女）

总工程师：徐高轩

纪委书记（纪检委员）：李贵元　杨卫东

工会主席：戴德鑫　张景芳

直属多种经营公司（1995 年 11 月成立，2004 年 2 月撤销）

经理：杨卫东

党委书记：吴立龙

副经理：付廷义

总工程师：徐高轩

纪委书记：李贵元

工会主席：张景芳

机关一公司

经理：江立华

党总支书记：杨乃斌　江立华

机关二公司

经理：赵宗哲　赵永福　杨卫东

党总支书记：李治清　杨卫东

副经理：田玉福　俞全生

工会主席：田玉福

六十三工程处（2002 年 6 月划归中煤一公司）

处长：郭金冗　卢明珠　葛慧勇

党委书记：安根富　魏　涛　栗　辉

党委副书记：乔登河

副处长：梁巨炎　逯如平（女）　孙西坤　葛慧勇　方佑珊　刘秋喜　李树鑫　耿瑞生　袁胜利

总工程师：张金修　方佑珊　陈　飞

总会计师：袁胜利

总经济师：刘秋喜

纪委书记：王桂敏（女）

工会主席：黄作栋

安监处长：徐　瑞　张保国

正处级：安根富　徐　瑞

第一中学（2003 年 12 月移交地方）

校长：庄松盛　连启熙　耿万勤　王茂林

党总支书记：庄松盛　袁勤学　耿万勤

党总支副书记：袁勤学

副校长：李芳琪　刘学义　张爱民　白宝余　段爱国　王　燕　石　喆　索文斌

第二中学（2003 年 12 月移交地方）

校长：陈兴魁　王中亭

党总支书记：李彦忠　王中亭　崔秀萍（女）

党总支副书记：史俭印

副校长：徐世勇　戢金生　史俭印　王茂林　娄礼敬　白志波

小学（2003 年 12 月移交地方）

校长：马　力　董书的

党总支书记：张　锐　张瑞香（女）　索海滨

副校长：张子英（女）　戴义岚　谭佩芬（女）　苗秀芬（女）　张素霞（女）

第三章　先进人物

第一节　全国劳动模范

1989 年

李　焕

1995 年

李二太

2000 年

李水龙

第二节　全国“五一”劳动奖章获得者

1990 年

李永昌

1996 年

刘庆安

1998 年

李水龙

1999 年

孟广全

2001 年

李保玉

2003 年

石福生

2004 年

王振山

2006 年

张文学

2008 年

周利珍（女）

第三节　全国煤炭行业劳动模范（能源部、煤炭部先进生产者）

1989 年

李永昌　李吉昌　王振忠　郑万兴　李二太　孟宪德　朱兴安　孙忠礼

1995 年

田顺兴　董晚魁　姜向东（女）　李水龙　王振山　周利珍（女）　王光元

2007 年

高　武　陈红祥　郭兰印　李书刚

第四节　河北省劳动模范

1989 年

安洪书　王汝勖　李　焕

1992 年

李永昌　孟广全　阎国顺　孙保玉　索树科

1995 年

田顺兴　张树明　董晚魁　李二太　李水龙

1999 年

石福生　白光线　李保玉　彭增甫

2004 年

张文学　申记民　张和平

第五节　河北省"五一"劳动奖章获得者

2002 年

董怀军

2005 年

郭长海

第六节　河北省国资委系统劳动模范

2005 年

张汝海　武好智　高　武　赵洪录　阎云胜　刘国强　张文军　李翠杰　曹海林

第七节 邯郸市劳动模范

1989 年

许世亮 李 焕

1991 年

尚庆武 符永光

1992 年

李庆彬 赵耀璋 李永昌 孟广全 阎国顺 姜向东（女） 李二太 秦玉芹（女） 李振英 赵同音（女） 马爱香（女）

1993 年

马月明

1995 年

李海兴 路岗林 王希章 张文远 田顺兴 张树明 董晚魁 姜向东（女） 李二太 李水龙 王振山 周利珍（女） 杨连根 高英猷 李书平 田新国 牛金昌 邢建军 付天明 黄扶山 史万明 崔秀萍（女） 王利文（女） 张月芳（女） 刘庆安

1998 年

申保太 陈涛民 杨玉梅（女） 石福生 白光线 李保玉 郭长海 李俊峰 赵智敏 陈玉森 马继伟 赵有理 张德祥 杨连根 彭增甫 李春生 张聚国 李双喜 高春花（女） 耿向慧

2001 年

柴日华 申记民 张和平 刘振峰 邢建国 王占林 李洪臣 邢永庆 张社民 王文平 刘晓阳 王小亮 何山林 谷祖雨 杨连生 董轩龙 郭书风（女） 朱保平 董怀军 王 尚 周淑媛（女） 董久赤

2005 年

张汝海 任连顺 丁福生 郭合叶（女） 李书刚 刘少华 孟宪营 陈勇军 苑珊珊 许树军 王广栋 田新国 杜林胜 邳建和 金哲涛 程红朝 叶 瑞 刘东林 贾保力 沈月霞（女） 吴向峰

第八节 邯郸市“五一”劳动奖章获得者

2006 年

周建波

2007 年

范顺刚 孔玉宽 张振伟 苗习保

附1 大事记

1989年

1月　孙庄矿被中煤总公司命名为现代化矿井。

1月　局全面开展党员形象大讨论活动。

1月　小屯矿实行原煤全员安全抵押承包，引入风险机制。

1月4日　中煤总公司总经理于洪恩在峰峰局视察指导工作，先后察看了万年矿、孙庄矿和建材厂养鸡场、五矿多种经营厂点，并听取工作汇报。

1月5日　局机关工资管理计算机程序编制成功。

1月15日　中煤总公司河北公司成立后的第一次工作会议在峰峰局召开。

1月18日　局党委在五矿召开形势教育经验交流会。

1月30日　局作出1989年建成质量标准化局的决定。

2月　局获"河北省技术练兵先进单位"称号。

2月4日　邯郸市工业经销协会峰峰矿务局分会成立。

2月16日　局《职工浮动升级方案》、《井下工人岗位补贴计算办法》讨论通过，3月份执行。

3月　局决定开始技师聘任工作。

3月3日　全局生活管理、绿化现场会在万年矿召开。

3月9日　局与山东牟平县签定协作议定书。

3月10日　局实现历史上第一个"百日安全竞赛"无工亡，生产原煤448.7309万吨。截至3月27日，连续安全生产156天，安全生产原煤496万吨，创建局以来安全生产最好水平。

3月14日　局召开食堂管理经验交流会，要求1989年全部实现承包。

3月24日　经河北省委同意、中煤总公司决定：许世亮同志调中煤总公司河北公司任职。尚庆武同志任峰峰矿务局局长。

3月25日—26日　中煤总公司副总经理濮洪九先后到孙庄矿、马头洗选厂和金属支架厂调查研究指导工作。

4月4日　马头洗选厂被中煤总公司授予"特级标准化洗煤厂"称号。

4月14日　局作出决定，对六十三处供应科职工陶长礼同志通令嘉奖1000元，表彰其为保护国家财产勇斗歹徒，并号召全局职工向陶长礼同志学习。

4月20日　孙庄矿达到国家二级企业标准。

4月27日　局党政就廉洁建设作出规定。

4月28日　局召开会议，动员广大职工家属旗帜鲜明地反对动乱，积极维护安定团结的政治局面。

5月　通二矿获全国"讲理想、比贡献"先进集体称号。

5月16日　局下发《关于在全局后勤战线开展向万年矿学习的决定》。

5月21日　中煤总公司副总经理范维唐来峰峰局调查研究指导工作。先后到万年矿、通二矿、孙庄矿查看地面福利设施和井下采煤工作面生产情况，并听取工作汇报。

5月21日　局召开紧急电话会议，要求采取坚决措施确保煤炭生产和各项工作的落实。

6月　全局上半年有5个矿达到特级标准，4个矿达到一级标准。局决定对这9个矿实行局内浮动升级奖励。

6月　全局7个采煤队跨入全国创水平行列。

6月　羊渠河矿采煤机械化达到100%。

6月1日　局机关文明建设规范试行。与其相配套的工作制度一并执行。

6月8日　为保证正常的生产和工作秩序，全局25个单位成立了民兵应急护厂队。

6月10日　局党委就搞好安定团结，维护正常生产和工作秩序，确保安全生产发出通知。

6月20日　全局原煤产量、开拓进尺分别提前10天和38天完成上半年任务。中煤总公司河北公司向局发来贺电。

6月22日　局参加河北省职工劳动模范和先进单位、先进集体表彰大会的劳动模范、先进集体代表光荣归来，受到局领导的热烈欢迎。

7月　局对上半年达到质量标准化特级标准的五矿、牛儿庄矿、羊渠河矿、万年矿分别给予60%的职工浮动升级指标。对达到一级标准的二矿、三矿、四矿、通二矿分别给予40%的职工浮动升级指标。

7月　局矿井通风质量全部上等级。

7月15日 局召开继续深入开展质量标准化活动动员大会。

8月 局下发《关于完善农民轮换工制度的实施办法》，对农民轮换工待遇作较大调整。

8月1日 三矿二采区班组兼职政工员上任。

8月4日 局工会女职工委员会成立。

8月8日 机械总厂晋升为国家二级企业。

8月12日 薛村矿公开招聘集体企业公司经理，实行整体承包。

8月15日 局10名劳模向全局职工发出倡议，号召发扬艰苦奋斗精神，投入“双增双节”活动。

8月15日 六0七厂新型乳化炸药产品填补国内空白，毫秒电雷管产品填补河北省空白。

8月24日 局第九届职代会召开联席会议，原则通过了《关于给实现质量标准化和企业升级奋斗目标的单位实行奖励浮动升级的试行办法》和《安全生产奖惩暂行规定》。

8月29日 局政工系列职称评聘工作开始。

9月 能源部授予通二矿总工程师李吉昌“全国能源工业特等劳动模范”称号。

9月6日 局党政下发关于廉政建设的补充规定。

9月15日 局第一批商品楼——局机关新新街商品住宅楼开始交付使用。

9月15日 梧桐庄矿前期准备工程正式开工。

9月18日 局召开建局40周年庆祝大会。

9月26日 牛儿庄矿采煤工李焕启程参加全国劳模表彰大会。

9月29日 局第二套综采机组在万年矿投入运行。

10月 全局认真学习座谈江泽民同志在庆祝建国40周年大会上的讲话。

10月5日 牛儿庄矿综掘队在创水平竞赛中名列全省榜首。使用国产综合掘进机组单孔掘进712米，创全国新水平。

10月5日 河北省省长岳岐峰来峰峰局视察工作。

10月11日 局党政下发《关于开展向全国劳动模范李焕、全国能源工业特等劳动模范李吉昌学习的决定》。

10月15日 局在北京东城区东和旅馆首次设立驻京办事处。

10月17日 局召开企业升级工作动员大会，作出全面开展企业升级的决定。

10月21日 全国人大常委会委员莫文祥、孙敬文、张忱等一行16人到二矿泉头井口视察职工澡塘、食堂和工人村，并到3名职工家中访问。

11月 牛儿庄矿掘进区03队再创722米全国记录。

11月10日 中煤总公司劳模事迹报告团来峰峰局作事迹报告。

11月22日 局通讯大楼破土动工。

11月24日 局被中煤总公司、全国煤矿地质工会正式命名为“职工生活福利管理和设施达标矿务局”。

12月 全局13项经济指标创历史新水平，全年原煤产量1157万吨，创历史最高记录。

12月26日 局工人技师评审工作结束，452名高级技术工人被评为技师。

1990年

1月 全局6个高档采煤队进入全国统配煤矿高档前15名。

1月 牛儿庄矿在政工领域探索开展全面质量管理。

1月3日 能源部电贺峰峰局百万吨工亡率实现1以下。

1月9日 局被评为1989年度“全国职工群众文化工作先进单位”。

1月13日 从城镇待业青年中招收的1100名劳动合同制工人补充局井下辅助岗位。

2月 局基层党组织党建观摩活动掀起高潮。

2月18日 中煤总公司质量标准化检查验收团经过检查验收作出结论，峰峰局达到质量标准化局的标准。

2月29日 局召开绿化工作会议，提出建成花园式局。

3月 局党委组织开展“爱党为党增光彩，爱民为民办实事”的“双爱双为”活动。

3月3日 局召开学雷锋树新风广播动员大会。

3月6日 局对进一步清查“小金库”工作作出安排。

3月7日 通二矿采煤班长王振中、五矿井下掘砌工李玉清、机械总厂电工杨生龙被聘为邯郸市政府“工人参事员”。

3月9日 局号召各单位学习五矿、四矿经验，切实抓好安全生产。截至3月8日，五矿实现安全产煤400万吨，创全局各矿历史水平。

3月10日 局召开企业升级深入动员广播大会。

3月16日 能源部部长黄毅诚、中煤总公司副总经理范维唐等一行7人到五矿视察，并深入井下看望一线职工。

3月21日 局决定开展春夏百日安全无事故活动。

3月31日 局一行9人赴铁法矿务局考察学习工长制，准备在薛村矿、万年矿试行工长制。

3月31日 全局职工踊跃购买亚运会基金彩券。

4月 局在机械总厂召开第九次QC成果发布会。全局群众性质量管理活动成绩斐然。

4月 局获全国摩擦支柱检修竞赛第一名。

4月5日 局组织机关处级领导干部企业升级知识考试。

4月11日 局成立环境保护委员会。

4月21日 局被定为国家三级计量合格企业。

4月25日　局召开建成质量标准化局庆祝大会。

4月26日　能源部职工生活福利考察团到峰峰局考察。

4月27日　局22个单位被命名为省、市“守合同重信用”单位。

4月30日　局第九届职代会举行第三次会议，审查并原则同意贯彻落实国务院和中煤总公司《关于国营企业工资工作和离退休人员待遇的安排意见》的具体补充意见。

5月　各单位党员学哲学活动蔚然成风。

5月　三矿集体企业公司职工王运强获全国残疾人锦标赛50米自由泳金牌。

5月1日　三矿一采区采煤班长、能源部劳动模范李永昌获全国“五一”劳动奖章。

5月1日　局《煤炭企业会计核算计算机管理系统》获中煤总公司河北公司科技成果二等奖。

5月3日　局召开传达贯彻全国煤矿安全会议精神大会。

5月22日—23日　能源部电力系统生活管理现场会在万年矿召开。与会人员参观了万年矿、孙庄矿、五矿、马头洗选厂、钢铁厂、局小学、局机关等单位的生活管理工作，并给予高度评价。

5月26日　全国煤炭生产矿井第六届质量管理小组成果发布会在峰峰局召开。

5月29日　经中国煤炭企协、中煤总公司、河北省煤炭厅、河北省煤炭企协、邯郸市经委组成的企业升级联合考评组考核验收，牛儿庄矿、五矿、万年矿、羊渠河矿、建材厂、马头洗选厂晋升为煤炭工业二级企业。

5月29日　局下发关于进一步加强生活管理和生活福利建设的决定。

5月31日　薛村矿902综掘队月进752米，破国产综掘机煤巷月单进全国记录。

6月1日　薛村矿试行工长制。

6月1日　中煤总公司副总经理陈钝到九龙口矿视察工作。

6月7日　局党委举行三届六次全委（扩大）会议，会议一致同意局党政《关于贯彻党的十三届六中全会<决定>，解决好目前党群、干群关系几个问题的若干意见》，并作出相应决议。

6月17日　经中国煤炭企协等8单位联合考评验收，峰峰局达到国家二级企业标准，予以通过。

7月7日　五矿实现安全生产四周年，在全省同类矿井中创最好水平。

8月　局为期6年的第一轮承包经营责任审计进入实施阶段。

8月21日　孙庄矿跨入河北省文明单位行列。

8月26日　局召开学习石圪节搞好“三项建设”会议，并作出《关于弘扬石圪节精神，开展学习万年矿和六十三处一工区活动的决定》。

9月　在中国500家最大工业企业中，峰峰局排名第78位，在最大工业企业煤炭企业中排名第11位。

9月4日　局召开安全电话会议，要求认清形势，紧急动员抓好安全。

9月6日　河北煤炭教育系统教师节庆祝大会在孙庄矿召开。局被命名为尊师重教先进单位。

9月17日　亚运圣火抵达峰峰局。下午2时30分，近5千名职工、师生聚集在局小学运动场隆重举行火炬接力仪式。

10月　全煤系统八局书记联谊会在峰峰局召开，交流学习石圪节经验，探索“三项建设”新途径。

10月10日　局红十字会成立。

10月11日　在中国煤炭企协年会上，尚庆武、王汝勛被授予“中国煤炭工业优秀企业家”称号。

10月15日　五矿矸石热电厂破土动工。

10月18日　万年矿获“全国卫生先进单位”称号。

11月　局组织安全巡回演讲。

11月20日　近百名专家就《峰峰矿务局矿区总体发展规划》进行论证评审。

11月21日　局召开党政工联席电话会议，探索把学吉化与学石圪节活动紧密结合起来。

12月　局1990年百万吨工亡率降至0.611，创历史最好成绩。被中煤总公司评为“安全生产先进集体”。

12月　全局干部中专化培训任务基本完成。

12月1日　局要求各单位广泛开展冬春百日安全活动。

12月13日　局“复杂地区条件下峰峰矿区以高档普采为主，实现采煤机械化”的成果在北京通过验收鉴定。

1991年

1月1日　钢铁厂煤气发电厂正式运行，发出了第一度电，结束了峰峰局只用电不发电的历史。

1月18日　局召开采煤机械化工作会议，要求采煤机械化工作向更深层次迈进，发展综采，巩固高档普采，减少普采。

1月22日　万年矿建成现代化矿井。

1月24日　局“煤矿劳资、机电设备、煤炭运销”三个计算机应用软件通过省级鉴定。

1月28日　孙庄矿洗煤厂经中煤总公司验收跨入现代化洗煤厂行列。

2月　局要求各矿积极推广薛村矿“上铺顶网，下穿铁鞋”的大煤顶幄顶板管理新路。

3月　万年矿获“全国造林绿化先进单位”称号。

3月1日　局召开“质量、品种、效益年”活动广播动员大会。

3月4日　局党委召开“双基”教育经验交流会。

3月19日　局获“邯郸市绿化红旗单位”称号。

4月　局机关举行“共产党员奉献号工程”仪式，西山公园奠基剪彩。

4月15日　局安排五年内改建公厕506座，将旱式公厕变为水冲式。

4月22日　四矿实现连续安全生产2000天。

4月29日　九龙口矿竣工投产。

5月　全局开展“一通三防”会战。

5月　局决定重奖安全生产先进矿井。

5月2日　局获“河北省合理化建议先进单位”称号。

5月4日　局举行“闪光年华”青年知识分子事迹报告会。

5月10日—13日　中煤总公司会计电算化经验交流会在峰峰局召开。

5月20日　羊渠河矿601队安全生产2500天，产煤377万吨，连续六年夺全国高档普采前三名。

5月22日　中煤总公司优秀青年知识分子报告会在峰峰局举行。

5月25日　河北省职工生活福利现场会在万年矿召开。

6月5日　薛村矿综掘队使用国产综掘机创全国最新纪录，局在薛村矿举行祝捷大会。

6月7日　局和平顶山矿务局结成兄弟友好局。

6月9日　局获“河北省1990年度思想政治工作优秀企业”称号。

6月17日　局被中煤总公司命名为企业法律顾问工作先进集体。

6月22日　在1990年中国500家最大工业企业中，峰峰局名列165位。

6月23日　中华全国总工会副主席、书记处第一书记、原煤炭部部长于洪恩到峰峰局进行工作调查。先后到小屯矿、薛村矿听取汇报，并参观了食堂、澡塘、职工宿舍。

6月29日　局举行集体企业固定工养老保险协议签字仪式。34名集体企业单位的领导代表全局1.1万多名集体固定工在养老保险协议书上签字。

7月　全局普遍开展“新风月”活动。

7月　全局各单位认真学习江泽民总书记“七一”讲话。

7月　局党政决定，加强多种经营集体经济领导，并制定对集体经济实行保护、对集体企业实行扶持的规定。

7月12日　局要求认真落实第二个五年普法规划。

8月　全局认真学习朱镕基副总理在中煤总公司听取工作汇报时的重要讲话精神。

8月　局高档普采技术获能源部煤炭工业科技进步三等奖。

8月31日　由于“三角债”的影响，局决定向全局职工临时筹款，借款期限为一年。

9月　局获“第三届中国煤炭工业企业管理优秀奖(金石奖)”。3名同志获“优秀企业家”称号。

9月11日　在第八次党委书记联席会上，局党委提出，要坚定不移地贯彻一手抓经济建设、一手抓反和平演变的方针。

9月21日　《峰峰矿工报》试用激光照排新技术。

10月9日　局召开加强“三项建设”经验交流会。

10月26日—27日　局召开会议贯彻中央工作会议精神，要求切实提高对搞好国营大中型企业重大意义的认识，扎实工作，奋发努力。

11月　局成立深化改革领导小组。

11月12日　全国煤矿地质工会“建小家”汇报研讨会在峰峰局召开。

11月27日　梧桐庄矿井筒施工招标合同举行签字仪式。

11月28日　三矿集体企业公司在全局同行业中率先突破年产值千万元。

11月30日　薛村矿改扩建工程通过国家验收，同意1991年12月1日正式移交生产。

12月　局1991年度百万吨工亡率为0.363，创安全历史水平，跨入安全生产先进行列。

12月　牛儿庄矿掘进区03队创国产综掘机单孔月进1054米，第六次刷新全国记录。

12月18日　中煤总公司“两化”建设检查团一行26人对薛村矿、黄沙矿的质量标准化和现代化矿井建设进行重点检查验收。21日验收结束，两矿分别以1089.46分和1029.84分的成绩，达到现代化矿井标准。

12月26日　九龙口矿洗煤厂通过验收。

1992年

1月　局获河北省依法治厂“优秀奖”。

1月　羊渠河矿探索推行岗位效益工资制度。

1月　二矿工业广场下多煤层条带开采获得成功。

1月1日　局机关试行医药费与个人经济利益适当挂钩的医疗制度。

1月6日　局领导到牛儿庄矿祝贺该矿03综掘队创1054米成绩，六创全国水平。

1月25日　局召开会议贯彻部、省能源工作会议精神，要求全局围绕提高效益做好自身工作。

2月　局党委决定在党员中开展“议中心，创效益”活动。

2月27日　局召开“探索改革新思路”电话广播大会。

3月　局决定强化原煤入洗，提高精煤产量，对入洗原煤矿井超计划入洗给予奖励。

3月3日　薛村矿成为全局全员劳动合同试点单位。1151名职工首批签约。

3月5日　在中华全国总工会召开的表彰大会上，局女职工委员会被中华全国总工会授予“先进集体”称号。

3月10日—11日　局召开会议贯彻中煤总公司工作会议精神，要求加大改革力度。

3月26日　局召开深化改革进展情况交流会。

3月28日　局3000门程控交换机投入运行。

3月30日　“共青团峰峰矿务局委员会团校”在局党校挂牌。

4月　全局组织学习宣传《企业法》。

4月　万年矿被授予“全国造林绿化先进单位”称号。

4月17日　局党委召开第二次党委书记联席会，强调围绕改革加强思想政治工作。

4月24日　局向各单位下达盈亏指标，提出包死不变、超收多留、欠收自补。

4月29日　局获河北省“拥军优属先进单位”称号。

5月　牛儿庄矿掘进区03综掘队，使用国产综掘机创出大煤单巷月进1264.6米的成绩，第七次刷新全国纪录。

5月1日　局西山公园正式开放。

5月15日　由联合国援助的225万美元技术改造项目在马头洗选厂正式开工。

5月17日　九龙口矿主井修复完工。

6月　在1991年中国500家最大工业企业中，峰峰局名列169位。

6月1日　经局决定，九龙口矿正式更名为“九龙矿”。

6月2日　中国煤炭记协二届五次理事会在峰峰局召开。

6月18日　孙庄矿实现安全产煤454万吨，创全局安全产煤历史新水平。

6月25日　梧桐庄矿变电站投入使用。

7月　局决定下半年开展安全生产战役活动。

7月　九龙矿探索一矿一面采煤。

8月　局多种经营总公司在深圳经济特区设联络站。

8月13日　局召开安全生产广播动员大会。

8月21日　河北省煤炭厅厅长许世亮代表中煤总公司党组和河北省煤炭厅党组来峰峰局宣布：张泉同志任峰峰矿务局党委书记。

8月　局就学习贯彻《全民所有制工业企业转换经营机制条例》下发通知。

8月　“巷旁泵充填技术实验”在九龙矿初获成功。

8月27日　由局研制的计算机材料核算软件被定为煤炭系统唯一计算机推广软件。

8月28日　170采煤机截齿在机械总厂通过技术鉴定。

8月29日　局提出转换经营机制实施意见。

9月　局4位同志获煤炭工业第四届优秀矿、厂、处长称号。

9月　局决定增加离退休人员收入，从1992年1月1日执行。

10月　全局认真学习宣传贯彻党的十四大精神。

10月　局对四矿转换经营机制作出决定，承包期三年内局补贴逐年下降20%。

10月9日　局召开班组建设经验交流会，并确定10月9日为全局“班组长活动日”。

11月　全局3150人首获中国煤炭工业“荣誉矿工”，领取了一次性荣誉金。

11月13日　局第十届职代会联席会议原则通过了《峰峰矿务局住房制度改革实施方案》及两个附件。

12月　局被列为全国煤炭系统特大型企业。全国共有22家入选。

12月　全局26个采煤队和51个掘进队达到纲要水平。

12月19日　《峰峰矿务局住房制度改革实施方案》正式实行。

1993年

1月　局作出机械总厂、建材厂、电器修配厂、六0七厂转换经营机制决定，要求自主经营，自负盈亏，自我发展，自我约束。

1月　多种经营总公司实行“经营、服务、管理”三位一体新机制。

1月　河北省有关部门对峰峰局“将单体液压支柱由分散管理变为集中租赁管理”的研究课题给予高度评价。

2月　局通过中煤总公司验收，被认定为综合防尘达标局。

2月　局为加快经营机制转换步伐，出台若干内部财务制度。

2月19日　局组织技术信息拍卖会。

3月　局安排部署高级技师评聘工作。

3月　局开始实施内部模拟市场管理，同时出台煤炭价格处理办法。

3月　局党群11个部门建立各自基层联系点。

3月　为纪念毛泽东同志百年诞辰，援助在韶山兴建永久性纪念工程，全局职工捐款12.7737万元。

3月　全局11名科技人员享受政府特殊津贴。

3月　建筑总公司推行项目经理负责制。

3月2日　局党委召开纪念毛泽东“向雷锋同志学习”题词30周年座谈研讨会。

3月4日　局出台《关于1991年职工效益浮动工资升级转为固定工资升级》、《关于调整煤矿井下工作津贴》、《关于1993年工资总额与经济效益挂钩》、《关于1993年精简人员提高效率》、《关于承包集团成员的奖惩》等五项新政策。

3月22日　局召开各单位党委负责人会议，要求更新观念，选好人才，建好班子。

4月　局对制品厂实行“放水养鱼”政策，按照乡镇企业管理模式实行新制。

4月　局决定对离退休干部实行统一管理。

4月3日　局召开创建文明卫生单位动员大会。

4月5日　局召开第十次科技大会，表彰了15个先进集体和300名先进个人，并向获政府特殊津贴的11名专家颁发证书。

4月20日　在能源部组织的煤矿技术改造优秀项目评选中，局有4个项目获三等奖。

4月30日　局党委召开“区站网”活动经验交流会。

5月4日　局工会、局团委评选“煤城十佳礼仪小姐”。

5月6日　局“六好区队”演讲团开始巡回演讲。

5月7日—11日　局召开第十一届职代会第一次联席会议，原则通过了1993年职工效益工资升级意见。

5月15日　局召开电话会议，强调抓机遇、促发展，把安全、生产、效益搞上去。

5月27日　局下发《关于联系实际，学习创业精神的通知》。

5月29日—31日　首都艺术家来峰峰局慰问演出。

6月　在全国500家最大工业企业中，峰峰局名列第172位。

6月　局开始首次评聘采、掘、机、通专业职工高级技师。

6月　局小学被评为“全国群众体育先进单位”。

6月　第二医院通过考核晋升为二级甲等医院。

6月1日　河北省副省长郭世昌来峰峰局视察工作。

6月1日　牛儿庄矿井下56603山青工作面发生出水事故。

6月8日　局在薛村矿召开“爱创建”活动现场会。

6月15日　局工会获“全国职工读书自学活动先进集体”称号。

6月18日　局第一家中外合资企业“邯郸市玉达家具有限公司”在薛村矿开业。

6月20日　羊渠河矿实现安全生产1305天，安全产煤600万吨。

6月24日—26日　全国煤炭工业财会接轨工作会议在峰峰局召开。

7月1日　局新的《财务管理办法》和《会计核算办法》正式执行。

7月6日　局召开整组提效转产分流经验交流会议，提出“八五”后三年及下半年减人提效目标。

7月12日　局少年军校成立暨首期开班仪式在局党校举行。

7月20日　局与中国矿大北京研究生部签定《技工贸教一体化合作协议书》。

7月22日　局煤研所研制的智能称重仪获河北省政府银奖。

8月　局首台4MG200—W1型采煤机在羊渠河矿601工作面正式投入使用。

8月　局决定对引进外资或项目的归侨侨眷实行奖励。

8月7日　孙庄矿实现连续安全生产五周年，继续保持先进水平。

8月19日　在全局工作会议上，局党委要求紧紧围绕“改革、效益、发展”开展工作。

8月28日　局第十一届职代会召开第二次联席会议，原则通过《峰峰矿务局关于富余职工安置的暂行规定》的决议。

8月31日　局在五矿召开“六好区队”建设工作现场经验交流会。

9月　由局研制的单体液压支柱增高装置通过河北省鉴定。

9月　局、矿部分领导赴开滦矿务局学习适应市场、转换机制、实行二级单位模拟法人运转的经验。

9月　万年矿被国家环保局命名为“全国环保百家先进单位”，并被国家推荐为“全球环保500佳”。

9月1日　局召开大型紧急电话会，号召全局职工增收节支，挖潜堵漏，提高效益，并下发《关于加强资金管理，压缩一切支出的紧急通知》。

9月22日　局党委召开纪念毛泽东诞辰100周年理论研讨会。

9月26日　局举办首届美食节。

9月28日　煤炭部、河北省煤炭厅电贺万年矿实现安全产煤500万吨，连续安全生产1330天。

10月　为了加强同武汉钢铁公司的友好往来，促进双方的经济协作，局加盟武钢集团，成为其松散层单位。

10月　建材厂水泥通过国家质量认证。

10月　局工会获“全国模范职工之家”称号。

10月　局党委在全局开展“改革开放，加强学习，求效益，促发展”大讨论活动。

10月　局新房改方案正式实施。

10月　局开始缴纳职工养老保险基金，实行煤炭行业统筹。

10月4日　由局投资的羊渠河矿－400水平主出煤系统改造工程竣工，将两个井口出煤合并为一个井口出煤。

10月6日　局召开会议部署反腐倡廉工作。

10月9日　局召开首次优秀班组长座谈暨表彰会。

10月20日　局召开电话会，号召广大职工奋力战胜困难，挖掘内部潜力，完成盈亏指标。

11月　牛儿庄矿802采煤队安全产煤640万吨，创全国煤炭同行业安全生产先进水平。

11月　全局职工认真学习《邓小平文选》第三卷。

11月1日　局召开紧急局务扩大会，强调采取强有力措施，紧缩一切开支，渡过资金难关。

11月9日　局召开形势报告广播大会，要求认清形势，迎接挑战，奋力拼搏，闯过难关。

11月20日　局在石家庄市向朱镕基副总理汇报了峰峰局的生产经营和安全工作。

11月24日　局召开电话会，对加强运销和货款回收工作作出了具体安排。

11月29日　局在羊渠河矿召开地面现场管理经验交流会。

12月11日　局召开第十一届六次职代会暨公有住房出售工作会议。

12月21日　局党委召开纪念毛泽东同志诞辰100周年座谈会。

12月26日　煤炭部电贺小屯矿改扩建工程验收移交。

1994年

1月　孙庄矿、建材厂获煤炭部"现场管理先进单位"称号。

1月7日　彭城镇煤矿越界越层强采导致奥灰水突出大量涌入孙庄矿，造成重大出水事故。

1月8日　局召开紧急会议，强调要强化催收货款，保证职工过好春节。

1月11日　局党政领导率货款催收小分队出发。

1月14日—15日　局举办首届非煤类产品展销。

1月20日　局传达部、省工作会议精神，提出在市场竞争中求生存谋发展。

2月12日　因北大峪联办小煤窑开采断层防水煤柱，造成三矿突水，直接威胁到局重点工程吝家沟新井的正常建设。

2月16日　马头洗选厂跳汰系统技改首战告捷，投入正式运行。

2月16日　在大淑村矿建井工地的工程处一、三工区遭到附近不法村民打砸抢烧，经济损失达214多万元。局党政领导多次到工地现场安抚职工，并对保护国家财产和职工安全的职工予以奖励。

3月　建筑总公司姜向东获"全国先进女职工"称号。

3月　万年矿被全国绿化委员会授予"全国造林绿化300佳"称号。

3月　局党委在全局开展"我与企业共命运"主题教育和"树形象、创效益、作贡献"活动。

3月1日　局下发《关于执行<国务院关于职工工作时间的规定>的暂行实施办法》，每周工作44小时。周六下午和星期日为休息日。

3月1日　局第十一届职代会召开第三次联席会议，原则通过局《关于明后两年职工工资升级工作的安排意见》。

3月5日　全局"青年志愿者"活动拉开帷幕。

4月　局单体液压支柱增高装置成果填补国家空白。

4月12日　峰峰煤炭职工卫生学校成立。

4月31日　局被河北省体委、省总工会命名为"职工体育先进单位"。

5月　局决定重新开展学习牛儿庄矿、大搞质量标准化活动。

5月　局决定对井下工人实施安全技术培训和考试考核。

5月　河北省卫生厅批准第一医院为国家三级甲等医院。

5月4日　局开始实施清产核资工作。

5月7日　河北省煤炭厅下发任免通知。"根据工作需要，经省厅党组研究并报请煤炭部、河北省委批准，刘延安同志任峰峰矿务局局长，同意尚庆武同志辞去峰峰矿务局局长职务，改任调研员"。

5月13日　局党委在羊渠河矿召开职工文化工作现场观摩经验交流会。

5月16日　首钢集团公司领导率团莅临峰峰局探讨联合建设焦化厂事宜。

5月25日　吝家沟矿井井上主体工程竣工。

6月　三矿集体企业公司工人王运强入选中国残疾人体育代表团，参加9月上旬在北京举行的第六届远东及太平洋地区伤残人运动会。

7月　局决定组建综合开发处，撤销加工利用处。

7月　通二矿赴北京局高档普采队首轮承包获得成功。1993年4月28日，该矿组织职工到北京局大安山煤矿，实施年产30万吨的包产示范工程，使该矿机械化程度实现零的突破。

7月　局机关分离划转设计院、医药公司、租赁站、供电部，成为相对独立的局内经济实体。

7月　二矿205采煤队获全国高档普采第一名，羊渠河矿604采煤队获第二名。

7月12日　连日暴雨使黄沙矿北柳条村东自然沟下的老洞塌陷，致使洪水以每分钟100吨以上的流量泄入黄沙矿井下，造成电缆短路爆炸，停电停泵，黄沙矿矿井被淹。

7月15日　磁县黄沙乡马家荒村办一号煤窑越界开采造成奥灰水突出，突水沿采空区及马家荒下山流入三矿-130水平井底车场和绕道，道床全部被冲毁，造成经济损失356.29万元。

7月23日　牛儿庄矿被煤炭部命名为质量标准化矿井。

7月28日　局党委下发《关于加强领导班子思想作风建设的若干意见》。

8月　局决定建设高档普采高产高效试验区。牛儿庄矿802采煤队、羊渠河矿601采煤队、孙庄矿1202采煤队、万年矿1301采煤队为试验单位。

8月9日　局首家企业联合体——京峰矿用塑料制品总厂在二矿成立。

8月13日　局下发《深化改革，转换经营机制实施要点》。

8月18日　局下发《关于加快发展多种经营，推进整体提效，剥离分流的若干规定》。

8月20日　局下发《生产矿质量标准化奖罚（试行）办法》。

8月27日　中国煤矿文工团来峰峰局慰问演出。

9月1日　局成立煤炭产品货款结算中心。

9月3日　第二医院通过省级爱婴医院鉴定。

9月　局成立"劳动保险基金委员会"和"劳动保险事业处"。

9月　局组织17名选手参加全省煤矿青工大比武，获优秀组织奖。

9月27日　局制定下发《高产、快速、高效采掘队奖励办法》。

10月　局获"全国用户满意企业"称号，为全国煤炭系统唯一一家。

10月　局决定通二矿从1995年1月1日试行独立法人管理。

10月　全局深入学习贯彻党的十四届四中全会精神。

10月1日　孙庄矿矸石热电厂举行开工奠基仪式。

10月25日　局煤研所材料物理试验室通过省级计量认证。

11月18日　局召开各单位党政主要领导干部会议，要求认清资金形势，积极采取对策，齐心渡过难关。

12月　大淑村矿正式开工建设。

12月1日　局第一批优质高效运输区（队）开始运行。

12月14日—16日　全省煤炭系统医院分级管理现场会在五矿召开。

12月21日　局党委召开三届十次全委会，下发《关于贯彻党的十四届四中全会精神，进一步加强和改进我局党的建设的意见》。

12月28日　局精神卫生中心举行挂牌仪式。

1995年

1月　局下发加快减人提效剥离分流安排意见。

1月　局决定组建房地产处，并对转换经营机制作出具体规定。

1月5日—9日　在全国煤炭工业劳动模范表彰会上，牛儿庄矿802采煤队获煤炭工业"双文明红旗单位"。7名同志获"煤炭工业劳动模范"称号。

2月　局下发关于推行岗位技能工资制的安排意见。

2月21日　四矿建筑陶瓷厂及煤气站工程动工，煤炭工业部副部长韩英为工程剪彩。

2月21日—23日　全国煤炭计划会在万年矿召开。

3月7日　局召开"深化改革转换机制，推进三项制度改革"研讨会。

3月28日　局第十一届职代会召开第五次联席会，通过了局深化住房制度改革实施办法和关于矿、厂承包经营考核奖罚试行办法以及局工资总额与效益挂钩办法。

4月1日　局被河北省政府命名为1994年度河北省安全生产和减灾防灾先进企业。

4月1日　局内部银行与财务处分离，开始模拟商业银行机制运转。局卫生防疫站与局机关分离，成为依法从事局内卫生防疫、卫生检验、卫生监督及提供其他相关有偿服务的内部经济实体。

4月6日—8日　局召开各单位党政主要领导座谈会，提出要实现"思想观念、企业经营机制和发展战略"三个转变，完成"深化改革转换经营机制，优化产业和产品结构，大力发展多种经营第三产业"三项重点工作。

4月12日　局党委发出《关于开展向孔繁森同志学习活动的通知》。

5月12日　局召开房改动员大会，正式公布了峰峰局深化住房制度改革实施办法及实施细则。

5月21日　羊渠河焦化厂举行奠基仪式。

5月24日　邯郸市在峰峰局井田内整顿小煤窑工作结束。

5月25日　局劳模标兵事迹演讲团开始巡回演讲。

6月1日　五矿矸石热电厂正式并网发电。

6月9日　局召开高产高效工作大会，提出要加快高产高效矿井建设步伐。

6月16日　局召开第十一届职代会第五次会议，审议并通过《实行劳动合同制实施办法》（试行）和《岗位技能工资实施办法》（试行）。

6月24日　局召开三项制度改革工作会议，宣布从7月1日起全局实行劳动合同制和岗位技能工资制。

7月　各单位职工生活福利工作全部达标。

7月10日　中国共产党峰峰矿务局代表大会召开，选举产生出席邯郸市第五次党代会代表15人。

8月　五矿掘进区获河北省"优秀QM小组"荣誉称号。

8月　局被邯郸市确定为企业合法权益重点保护单位。

8月17日　煤炭部峰峰矿区工程质量监督检测站在制品厂成立。

8月17日　局决定万年矿、牛儿庄矿、小屯矿、邯郸洗选厂自1995年7月1日实行岗位技能工资制，通二矿、九龙矿、钢铁厂8月1日实行，局小学、第一中学9月1日实行。

8月28日　局机关机构改革方案开始实施。

9月　在全国500家最大工业企业中，峰峰局名列第194位。

9月1日　局召开纪念抗战胜利50周年座谈会。

9月12日　羊渠河矿洗煤厂建成投产。

9月14日　局机关实行干部聘任制，66名同志分别被聘为局副总、职能处室领导和主任师。

10月11日—14日　煤炭部高档普采经验交流会在万年矿召开。

10月28日　局获河北省"国防之星"荣誉称号。

11月　局获"全国先进财会工作集体"称号。

11月　局煤雕作品《矿工》落座河北省博物馆。

11月5日　斋家沟矿井定名为新三矿，并举行竣工投产剪彩仪式。

11月9日　局党委下发《关于认真传达学习省第五次党代会精神的通知》。

11月30日　局党委下发《关于认真学习贯彻<中央宣传部、国家经贸委关于加强和改进企业思想政治工作的若干意见>的通知》。

12月30日　局第十一届职代会第六次联席会，原则通过了《工资总额与经济效益挂钩管理办法》、《关于晋升工资的暂行办法》、《职工养老保险基金统筹实施办法》、《承包经营考核奖罚暂行办法》和《安全奖惩条例》。

1996年

1月　轻型综采放顶煤工艺在羊渠河矿试验成功。

1月10日　局党委制定下发《关于"九五"期间加强社会主义精神文明建设的意见》。

1月13日　煤炭部祝贺万年矿1301采煤队高档普采76.455万吨，破全国记录。

1月13日　局召开专题发动会，号召全局职工向特困职工捐款。

1月25日　局与石家庄铁路分局就加强路矿协作进行协商。

3月　局决定开展"质量万里行"活动。

3月5日　局召开扭亏增盈动员大会，提出三年实现矿矿厂厂扭亏为盈，并下发了扭亏增盈责任制实施意见。

3月13日　四矿焦化煤气站建成投产。

3月21日　局主研的轻放支架成果通过河北省煤炭局鉴定。

3月28日　局在万年矿召开高产高效矿井建设工作会。

3月31日　煤炭部副部长濮洪九一行到峰峰局指导工作。

4月　羊渠河矿601采煤队机电组长刘庆安获全国"五一"劳动奖章。

4月　局被评为邯郸市"信访工作先进单位"。

4月8日—11日　局领导在基层现场办公强调，紧紧抓住两个转变，坚决实现扭亏增盈。

5月　《峰峰煤矿志》正式出版发行。

5月　局决定开展"两款一金"（应收账款、其他应收款和备用金）和账外资金清查工作。

5月1日　二矿实现连续安全生产2000天。

5月8日　局召开多种经营"管理效益年"动员大会。

5月10日　局举办第二届非煤类产品展销交易会。

5月17日　局召开贯彻煤炭部扭亏增盈会议精神大会，强调必须坚定不移落实好"走向市场，扭亏为盈"的总目标。

5月21日—23日　河北省煤矿防治水工作会议在万年矿召开。

5月24日　煤炭部副部长朱登山一行到峰峰局指导工作。

6月　局党委被河北省委授予"先进基层党组织"称号。

6月　局党委决定在全局开展创建文明矿活动。

6月7日　局党委召开"凝聚工程"建设理论研讨会。

6月14日　局党委在九龙矿召开政研工作会议。

6月24日　局党委召开纪念建党75周年座谈会。

6月27日　局召开安全生产紧急电话会，要求坚决控制住重大事故发生。

7月4日　全局15个质量管理小组获邯郸市优秀管理小组，8个质量管理小组获河北省煤炭系统优秀管理小组。

7月11日　局党委召开学习江泽民"七一"讲话座谈会。

7月12日　新三矿井田范围内大峪镇办二号煤窑发生突水事故。7月21日突水不断涌出，8月13日该矿－3.5水平两台大泵被淹，涌水突然增大，局、矿领导坚持24小时指挥，组织职工奋力抢险保矿井。

7月19日　牛儿庄矿实现安全生产2000天，安全产煤478.7万吨。煤炭部、河北省煤管局致电祝贺，局奖励60万元。

7月　局要求深入开展"学邯钢"活动。

7月　局批复四矿、通二矿、六十三处、建材厂4个单位扭亏解困规划实施方案。

7月17日—20日　局党政与超亏单位领导班子集体谈话。

8月　河北省煤炭基地施工设备检查团通过对工程处、建筑总公司等单位的检查。

8月　全局职工奋力抗洪救灾。

8月6日　因界城镇苏一村两个小煤窑非法开采小青煤层造成奥灰水突出涌进孙庄矿井，造成水灾事故，孙庄矿领导组织职工全力以赴治水患。

9月　全局认真学习宣传《煤炭法》。

9月20日 局召开电话动员大会，号召广大职工向邯郸地区受水灾的灾区人民献爱心送温暖。

10月14日 局党委就认真学习宣传贯彻党的十四届六中全会精神发出通知。

10月29日 局召开构建“三个一”格局、实行“三条线”管理会议。确定11月和12月开始“三条线”试运转，1997年1月1日正规运转。

11月 五矿党委书记孙彦欣获中国煤炭工业第二届“石圪节精神奖”。

11月1日 局1996年秋季多种经营产品交易会开幕，全局51个厂家326种产品参加展销，成交额达6279万元。

11月8日 国家劳动部、煤炭部、地矿部、监察部、全国总工会及省、市领导到黄沙矿检查指导工作。

11月11日 原峰峰局党委书记、煤炭部部长、时任神华集团公司董事长肖寒到峰峰局考察。

11月15日 孙庄矿矸石热电厂通过验收。

11月24日 孙庄矿井东翼12452石门内发生突水，27日6时10分全矿被淹。局、矿全力以赴组织堵水抢险。

12月 邯郸市全面整顿小煤窑活动拉开序幕，局要求立即停止对所有小煤窑的一切转供电，并提出了对小煤窑的整顿标准。

12月5日 局召开各单位党政主要负责人会议，号召全局统一思想，克服畏难情绪，坚决完成各项任务。

12月6日 河北省煤炭局对孙庄矿淹井事故进行分析，确认孙庄矿淹井事故是由于矿区北界城小煤窑非法越层越界开采造成。

12月11日—13日 孙庄矿1891名井下职工分流到薛村矿、万年矿等9个单位，各接收单位认真安排，并组织欢迎仪式。

12月17日 全国劳模、工程处矿建三工区副主任李二太获邯郸市首届“最佳主人”称号。

12月30日 煤炭部副部长王显政到峰峰局指导工作。

12月30日 因地方小煤矿非法开采下组煤，引发奥灰突水，造成三矿被淹，新三矿濒临停产。

1997年

1月 局作出全面实行“三条线”管理和以产定人的安排意见。

1月 局制定强化和完善扭亏增盈责任制考核办法。

1月1日 因洪水淹没的黄沙矿经过两年半的奋力抢修，正式恢复生产。

1月12日 中央电视台“焦点访谈”栏目披露孙庄矿被淹事件。

1月20日 《人民日报》刊登《乱采滥挖酿恶果》一文，分析孙庄矿被淹事件。

1月25日 中共中央委员、煤炭部党组书记、煤炭部部长王森浩到峰峰局慰问职工，指导工作，并到孙庄矿听取矿井被淹和生产自救情况。

2月 全局广大职工深切悼念邓小平同志。

3月 局决定兑现1996年职工晋升效益工资，决定1997年实行效益浮动工资。

3月 局党委发出通知，要求认真学习贯彻《中共中央关于进一步加强和改进国有企业党的建设工作的通知》。

3月1日 全局居民生活用水、电、气、暖开始执行国家指导价格。

3月4日 局召开1997年扭亏增盈动员大会。

4月 局下发《关于职工再就业管理试行办法》和《推行以产定人工作实施意见》。

4月1日 全局开始实行每周五天工作制。

4月10日 局召开贯彻煤炭工业扭亏增盈会议精神大会。

4月10日 四矿建筑陶瓷厂点火成功。

4月25日 局召开紧急会议，通报4月21日因峰峰矿区界城镇办6号小煤窑突水流入三矿马家荒区，造成三矿被淹情况，号召全局职工迎难而上，共渡难关。

5月 局推行领导干部联系职工生活困难户制度。

5月 工程处矿建三工区副主任李二太被评选为河北省“十佳主人”。

5月 万年矿被煤炭部命名为部级高产高效矿井。

5月9日 局在薛村矿召开后勤改革现场会。

5月15日 局党委举办“树理想，做表率”演讲比赛。

5月26日 局召开矿业秩序整顿电话会议。

6月 全局“优秀公仆”评选活动开始。

6月 经河北省煤炭局批准，孙庄矿堵排水恢复生产工程动工。局要求孙庄矿1998年7月1日恢复矿井生产。

6月 局下文强调要进一步加强节能技改管理。

6月23日 局举行迎接香港回归形势报告会。

6月29日 局举办庆“七一”迎回归大型文艺晚会。

7月 局要求加强和完善奖金分配制度。

7月1日 九龙矿矸石热电厂开工建设。

7月3日 局召开经济形势通报会，强调克服困难，坚决实现全年奋斗目标。

7月18日 局提出以安全生产优异成绩迎接党的十五大召开。

7月30日 局召开纪念建党70周年暨拥军优属表彰大会。

7月31日 局有线电视与峰峰矿区联网。

8月 局制定进一步搞好“三条线”管理和以产定人工作的意见。

8月 局党委决定在全局开展创建文明矿活动。

8月1日 局召开矿（厂）长、党委书记座谈会，强调眼睛向内，艰苦奋斗，坚定不移完成扭亏增盈任务。

8月16日　局召开多种经营工作座谈会，重点研究部署推行股份合作制工作。

8月21日　局召开稳定工作会议，要求确保稳定，迎接党的十五大召开。

9月15日　局第十二届职代会召开第二次联席会，原则通过《关于民主评议企业领导干部的实施办法》。

9月28日　局党委下发《关于认真学习贯彻党的十五大会议精神的通知》。

10月　局被评为“全国群众体育先进集体”。

10月5日—15日　局党政领导带队到山东省诸城等地考察股份（合作）制企业情况。

10月17日　局第十二届职代会召开第三次会议，审议并原则通过了《职工医疗保险试行办法》。

10月23日—24日　局召开矿（厂）长、党委书记学习十五大精神座谈会。

11月6日　局举办秋季多种经营产品交易会。

11月26日　局批准组建九龙电业股份有限公司。

12月　局决定三矿组建为大峪实业有限责任公司。

12月3日　局社会保险工作会议强调，要加快推进社会保险制度改革。

12月9日　大淑村矿铁路专用线动工兴建。

1998年

1月　局作出春节前后停产压库的安排。

1月　全局职工踊跃为张北——尚义震区灾民捐款献爱心。

1月　局党委确定全年开展“适应新形势，树立新观念，再创新业绩”宣传教育活动。

1月　局决定继续推进减员增效下岗分流工作。

2月　薛村矿采煤二队农民轮换工李水龙被团中央、煤炭部命名为煤炭系统“十佳岗位能手”荣誉称号。

2月19日　局召开扭亏为盈动员大会。

3月　局获全国煤炭系统青年岗位能手活动优秀组织奖。

3月　在全国煤炭系统绿化工作会议上，局机关、五矿被授予全国煤矿造林绿化“四十佳”先进单位。

3月　四矿生活服务公司武顺叶被河北省总工会授予“再就业先进个人”，被邯郸市和局工会授予“创业明星”。

3月　局组队参加第三届全国煤矿运动会。

3月3日　局工会召开全委（扩大）会，强调实施好“送温暖”和“再就业”工程。

3月25日　局通报生产经营严峻形势，要求广大职工认清形势，顾全大局，团结拼搏，共渡难关。

3月28日　局职工扶贫基金会理事会成立。

4月　大峪实业有限责任公司更名为“永安实业有限责任公司”。

4月　局党政作出《关于采取果断措施，主动适应市场，做好全年生产经营工作的意见》。

4月　局安排开展“形势任务大讨论”活动。

4月1日　局正式启动职工扶贫基金。

4月1日　局工会“下岗职工再就业服务站”挂牌。

4月21日　局召开扭亏增盈紧急会议，号召全体职工正确认识形势，振奋精神，迎难而上，适应市场，扭亏增盈。

4月28日　薛村矿农轮工李水龙赴京参加全国“五一”劳动奖章颁奖大会。

4月29日　局召开离退休老干部座谈会，大家表示齐心协力，同甘共苦，勇闯难关。

5月　局在通二矿引进π型梁放顶煤技术，次年在该矿正式使用。

5月　局党政领导率领有关处室和部分矿、厂的负责人到首钢、包钢、武钢、湘钢、安钢、邢钢、天铁、2672钢厂等进行20多天的清欠促销工作。

5月　局工会组织再就业先进个人事迹报告团巡回演讲。

5月12日　局召开电话会议，通报扭亏增盈责任制考核情况，强调不折不扣落实局扭亏增盈紧急会议精神。

5月13日　局党政领导带队到邯钢集团学习“模拟市场核算，实行成本否决”和“精心计算投入产出，努力降低吨钢成本”的经验。

5月15日　局发放第一批扶贫基金。

5月18日　羊渠河焦化厂一期工程投产剪彩。

5月21日　局召开节电工作会议，要求降低用电量，减少电费支出。

5月26日　局形势任务系列教育宣讲团开始到基层巡回宣讲。

6月　局党委提出进一步加强思想政治工作的意见，并下发《关于进一步发挥党组织政治核心作用，带领全局职工克服当前困难的若干意见》。

6月　局被河北省命名为“守合同重信用”单位。

7月　局党委要求认真学习邓小平理论。

7月1日　孙庄矿正式恢复生产。

8月　局实现当年第一个盈亏平衡月。

8月　马头洗选厂重介技改进入土建加固和非标准件制作。

8月1日　局下放河北省管理。国家煤炭工业局副局长王君代表国家经贸委、国家煤炭工业局，河北省副省长郭世昌代表河北省政府在下放河北省煤炭企业纪要上签字。

8月7日　局召开电话会议通报经营考核情况，要求开拓市场，转换机制，降低成本，扭亏为盈。

8月25日　局召开各单位党政主要负责人会议，贯彻全省煤炭工业管理体制改革暨工作座谈会精神。

8月31日　因长江、松花江、嫩江发生特大洪水，局组织职工踊跃捐款。

9月 局成立扭亏增盈稽查小组。

9月 局制定高产高效矿井建设实施意见。

9月 局下发主副和主服分离的若干意见。

9月 邯郸洗选厂、马头洗选厂重介改造工程进入攻坚阶段。

9月1日 职工养老保险基金由行业统筹移交地方管理。

9月4日 局召开再就业工作会议，强调要把“再就业工程”作为大事，抓在手上，落到实处。

9月15日 局安全办公会决定深入开展决战后一百天安全生产活动。

9月29日 局要求认真学习江泽民在全国抗洪抢险总结表彰大会上的讲话。

10月 局下发《关于推进减员增效实施再就业工程的安排意见》。

10月 局要求各单位抓紧编制三年扭亏解困规划。

10月 全局再就业服务中心启动运行。

10月 在中国工会第十三次全国代表大会上，羊渠河矿工会被授予“全国模范职工之家”称号。

10月29日—30日 1998年度全局秋季多经产品交易会在局机关举行。

10月30日 局党委召开稳定工作座谈会，强调为扭亏增盈创造良好内部环境。

12月 局党委安排1999年深入开展“鼓斗志、闯难关、抓扭亏”主题活动，并提出全心全意依靠职工办企业的实施意见。

12月 局下发进一步推进减员增效和再就业工作的实施意见。

12月8日 局召开关闭非法和不合理小煤矿工作会议。

1999年

1月 局领导分五路赴各地催要煤款筹资。

1月1日 邯郸洗选厂、马头洗选厂重介改造竣工并投入运行。

1月15日 局提出要调整销售策略，强化激励机制。

1月28日 局召开矿（厂）长、党委书记会议，要求统一思想，坚定信心，为完成全年任务起好步、开好头。

2月 局连续召开现场办公会，要求各单位用改革精神解决难题，打好扭亏翻身仗。

2月 局煤质化验室获全国煤质分析统检第一名。

2月1日 局形势任务宣讲团开始到基层宣讲。

2月8日 局组织超亏单位扭亏会议，要求尽快拉回亏欠。

3月2日 局组织收听国家煤炭工业局电话会议，强调坚定不移完成扭亏解困任务。

3月11日—13日 局党委召开各单位党委书记座谈会，强调要认清形势，迎难而上，保证扭亏增盈目标实现。

3月18日 局召开矿（厂）务公开试点单位汇报会。

3月23日 局召开生产经营形势通报会。

4月 羊渠河矿在全矿推行末位淘汰制。

4月9日 局党委领导深入基层参加学习，提出用理论统一思想，用理论指导工作。

5月 全局职工认真学习江泽民总书记讲话，愤怒谴责北约轰炸我驻南斯拉夫使馆的暴行。

5月 局实现建局以来第一个五月安全月。

5月11日 局安排全年扶贫工作。

5月20日 局被国家煤炭工业局命名为1998年度煤炭质量信得过单位。

5月25日 局召开矿（厂）长、党委书记会议，针对面临的严峻形势，提出应急措施，动员职工克服困难，共渡难关。

6月1日 局机关安排部分职工放假。

6月18日 局召开第十五次科技工作暨表彰会议，提出要实施科技兴局战略，促进企业扭亏解困。

6月22日 局召开矿（厂）务公开工作会议，要求全面推行矿（厂）务公开，促进企业健康发展。

7月 局下发《进一步夯实三级核算、完善指标分解及考核体系的实施办法》。

7月 局决定正泰建陶焦化公司从四矿分立出来，组成独立生产经营实体，使四矿和正泰建陶焦化公司成为两个局属二级单位。

7月 全局职工开展同“法轮功”非法组织作坚决斗争活动。

7月7日—8日 局领导到亏损单位现场办公。

8月 局组织开展“企业求生存，我们怎么办”大讨论。

8月18日 局召开学邯钢、抓管理、增效益会议，号召全面深入地开展“外学邯钢，内学通二”活动。

8月25日—27日 局党委分片召开“学理论、用理论”座谈会，提出用科学理论指导扭亏解困工作。

9月15日 局召开紧急会议，要求各单位强化资金管理，确保企业生存。

9月17日 全局21430名离退休人员领到了由河北省拨给补发的1999年6月底前拖欠的离退休人员养老金，共计2269万元。下岗职工基本生活费标准按30%标准提高，由原来的180元提高到234元，9月15日补发到位。

9月18日 局党政领导为纪念建局50周年题词。局举办了“建局辉煌成果”和“与共和国一起成长”展览及“煤城礼赞”文艺晚会。

10月 全局广泛开展学习宣传党的十五届四中全会精神活动。

10月15日　局在小屯矿召开轻放工作面管理现场会。

11月　局进入520户国家重点企业名单。

11月6日　五矿与焦作工学院开采沉陷研究所合作的“峰局五矿工业广场压煤开采可行性研究与方案设计”通过评审。

11月23日　工程处通过ISO9002质量体系认证。

12月　国家开发银行继续对峰峰局两个在建矿井贷款，梧桐庄矿、大淑村矿全面恢复施工。

12月　大淑村矿筹备处划归薛村矿管理。

12月21日　局第十二届职代会召开第七次会议，审议通过了《调整职工工资方案》、《关于房改已售住房办理确权发证的实施细则》、《关于加快公有住房出售的意见》。

12月27日　局被列入国家重点34户煤炭企业名单。

2000年

1月　局要求生活后勤单位向企业经营方式过渡。

2月　机械总厂产品出口南非、菲律宾、印度等国。

2月2日　河北省委书记叶连松，省委常委、秘书长张群生，副省长郭世昌等到峰峰局慰问职工，指导工作。

2月17日—18日　局召开经营座谈会，要求各单位不折不扣完成全年经营指标。

3月　局网站进驻因特网。

3月9日　局组织研讨采煤过渡支架。

3月21日　局及所属15个单位被命名为河北省“守合同重信用”单位。

4月12日　局召开矿（厂）长、党委书记会议，提出要奋力拼搏，坚决实现改革脱困目标。

4月14日　局债转股协议在石家庄市签约。

4月20日　全煤第七届“乌金杯”象棋比赛在峰峰局开枰。

4月24日　薛村矿农轮工李水龙赴京参加全国劳模表彰会。

5月　局党政决定在全局深入开展“深化改革求生存，严格管理促发展”大讨论活动。

5月　全局集体企业改制工作启动。

5月　局党委要求认真学习领会江泽民总书记重要讲话，以实际行动落实“三个代表”重要思想。

5月　局组织分析解剖亏损大户。

5月　二矿实行党群工作联络员制。

5月1日　局调整公有住房租金标准。

5月27日　五矿矸石热电厂、孙庄矿矸石热电厂通过综合利用电厂认定，享受国家有关优惠政策。

6月　万年矿1302队、1301队和九龙矿1503队、羊渠河矿601队获“1999年度全国煤炭企业创水平采掘队”称号。

6月16日　局党委举办学习“三个代表”重要思想报告会。

6月21日　局召开会议动员全局职工紧急行动起来，遏制效益滑坡局面。

6月23日　局部署煤款清欠效能监察工作。

7月1日　局至武钢煤炭直达列车开通。

7月14日　局要求质量标准化再上新台阶，确保目标实现。

8月　局发出严格控制外出通知。

8月　局党委召开贯彻河北省思想政治工作会议精神，提出开创思想政治工作新局面。

8月　局集体企业获准加入基本养老保险省级统筹。起始时间为2000年7月1日。

8月　局工会要求各单位加快集体企业职工代表大会建设。

8月　全局职工向河北省遭旱灾和洪灾的灾区人民捐款献爱心。

9月　局设下岗集体工扶贫自救基金。

9月　局要求各电厂加强管理，争创效益。

9月　局党委领导参加基层中心组专题学习讨论会。

9月13日　河北省稽查特派员一行进驻峰峰局。

9月28日　局纪委发出《关于对近期出现八种奢侈浪费现象的通报》，在全局引起强烈反响。

10月　局组织学习党的十五届五中全会精神。

11月　局纪委监察处作出《关于在扭亏脱困工作中严明纪律的若干规定》。

11月6日　九龙矿矸石热电厂通过总体验收，开始试运行。28日正式发电。

12月　局组织学习《国有大中型企业建立现代企业制度和加强管理的基本规范（试行）》。

12月　薛村矿采三队使用轻放支架年采煤100万吨，创全国记录。

12月12日　邯郸市中级法院清算组进驻四矿，四矿关闭破产法律程序正式启动。

2001年

1月　局响应河北省委、省政府号召，作出向赵国峰同志学习的决定。

1月11日　局要求后勤服务单位适应市场经济，逐步实现“四自”。

2月　局要求在全局党员、干部中深入开展“做表率、献厚礼”系列活动。

2月　工程处党委积极创建学习型企业。

2月2日　河北省委书记王旭东，省委常委、秘书长张群生，副省长郭世昌等到峰峰局视察工作。

2月28日—3月2日　局召开落实党政工作会议精神座谈会，要求振奋精神，实干拼搏，抓住机遇，扭亏脱困。

3月 小屯矿、薛村矿启动建设洗煤厂。

3月31日 局领导干部工商管理培训班在教育培训中心开课。

4月 在全煤系统2000年度造林绿化先进单位和先进工作者表彰会上，牛儿庄矿、黄沙矿、新三矿、局小学被授予“造林绿化先进单位”称号。

4月6日—7日 局邀请国内防治水专家，对中国矿业大学和梧桐庄矿完成的《梧桐庄矿首采面底板水文地质综合勘探报告》进行了认证通过。

4月9日 局首次举行物资采购招标会。

4月18日 局小学获河北省“园林式单位”称号。

4月27日 薛村矿机电科李路明自行研制的高强度聚胺脂尼龙复合衬板获国家专利，李路明被授予河北省“十大发明者”称号。

4月27日 局举办“党在我心中”党员知识竞赛决赛。

4月29日 局召开安全生产整顿工作会议，要求依法整顿，落实责任，标本兼治，搞好安全。

5月 各单位开展形式多样的安全生产教育活动。

5月17日 局召开第十六次科技工作会议，下发《局2001年—2005年科技发展计划和2015年规划》。

6月22日 中国共产党峰峰矿务局代表大会在鼓山庄宾馆召开。会议选举产生了出席邯郸市第六次党代会代表15名。

6月26日 局党委隆重召开庆祝建党80周年暨“一先双优”表彰大会。

7月 全局企业信息化工作启动。

7月1日 局党政领导座谈学习江泽民总书记“七一”讲话。

8月 局党委要求各单位开展“学习《讲话》强管理，抓住机遇增效益”大讨论活动。

8月13日 局领导班子“三个代表”重要思想学习教育活动开始启动。

8月20日 局党委召开“三个代表”重要思想学习教育活动动员会。

8月22日 局召开安全生产紧急会议，要求全局上下立即行动起来，尽快遏制安全形势恶化的局面。

9月 全局认真学习宣传党的十五届六中全会精神，大力加强党的作风建设。

9月 四矿资产重组迈出实质性步伐。

9月3日 邯郸市阳光煤气热电站在羊渠河矿一坑工业广场破土动工。

9月21日 局召开紧急电话会议，要求采取超常措施，确保安全。

9月28日 局党校纪念筹建30周年。

10月20日—23日 局通过河北省煤矿安全生产整顿检查验收。

10月25日 四矿破产企业财产进行拍卖。

11月 万年矿与河北建筑科技学院联合组织采煤专业大专班。

12月 局筹建电业有限责任公司。

12月14日 中共邯郸市委委员、峰峰局党委书记张泉同志因病逝世，享年59岁。

2002年

1月 局对不同类型的单位出台了特殊管理办法。牛儿庄矿推行股份制模拟法人运转，羊渠河矿实行生产经营风险抵押承包，梧桐庄矿实行经营管理风险抵押承包。

1月 局制定强化煤炭运销若干规定。

1月 由河北省科技厅组织的“新三矿恶劣采掘环境和复杂水文条件下综合堵治水技术研究”项目在峰峰局进行鉴定。鉴定委员会认为该项目的研究成果达到国际先进水平。

1月18日 峰峰矿区高盖乳业有限责任公司举行挂牌成立庆典。该公司是局首家规范运作国退民进的有限责任公司。

1月22日 根据国务院《国有企业监事会暂行条例》，河北省国资委派驻的监事会到达峰峰局。

1月29日 局安全工作会议提出，努力创造本质安全型煤矿企业。

2月 局制定了《关于职工晋升技能工资的实施意见》，经局第十二届十一次职代会审议通过，并要求各单位在三月底前完成。

3月 局党委制定贯彻落实《中共中央关于加强和改进党的作风建设的决定》实施意见。

4月10日 河北省委组织部受省委委托，来峰峰局宣布河北省委的决定：张文学同志任峰峰矿务局局长、党委书记，刘延安同志不再担任峰峰矿务局局长职务，退休。

4月12日 在全局安全生产例会上，局要求始终把安全放在首位。

4月30日 局评出“十佳”棒小伙。

5月 局要求努力创建矿井运输“精品工程”。

5月 局要求严格控制各类外出考察学习活动。

5月 局被评为“全国婚育新风进万家活动先进单位”。

5月8日 兴泰焦化有限责任公司（原四矿焦化厂）正式成立。

5月17日 局党委理论学习中心组强调，进一步加强理论学习，推动企业改革发展。

5月31日 局第十二届职代会十二次会议闭幕。会议审议通过了《峰峰矿业（集团）有限责任公司实施方案》、《峰峰矿业（集团）有限责任公司章程》、《峰峰矿业（集团）有限责任公司发展规划》。

6月 局出台企业内部非煤类产品市场管理办法。

6月 全局离退休干部开展“献计策，保安全”活动。

6月1日 局强调要进一步加强和改进作风建设，促进全局各项工作上新台阶。

6月3日 局首次举办矿长成本论坛。

6月6日 局在小屯矿召开现场会，提出生活后勤改革的方向是社会化服务、企业化经营、市场化运作。

6月25日 局开始土地资产评估。

6月27日 邯郸峰煤电业有限责任公司挂牌。

7月 局提出建设高产高效矿井意见。

7月12日 局召开矿井生产成本座谈会。

7月15日 在局下半年工作会上，局党政提出，要实现观念创新、体制创新、管理创新、科技创新、结构创新。

8月 制品厂进行公司制改造。

8月1日 局纪委强调要努力营造令行禁止氛围。

8月13日 由邯郸市劳动局、妇联和局工会联合举办的局首期家政服务员培训班开班。

9月 建材厂改制为有限责任公司

9月 局被列为全国瓦斯治理监控重点矿井。

9月4日 局首次对商品进行招标采购。

9月10日 局机关组织开展“满意在基层”活动。

9月10日 中国能源协会会长、原能源部部长黄毅诚一行到峰峰局指导工作。

9月24日 局召开百日安全生产无事故活动动员大会。

9月29日 局首次举办处长成本论坛。

10月16日—18日 局召开多种经营和集体企业改制工作调度会，强调加快多经改制步伐，适应形势发展需要。

10月30日 局召开进一步加强和改进作风建设会议。

11月 局成为邯郸市第一批诚信企业。

11月21日 局召开传达贯彻党的十六大精神会议。

11月27日 局召开动员大会，对局机关机构改革进行部署。

12月 全年原煤产量完成1158.2780吨，创建局以来最高水平。

12月 全局重点延深工程任务告捷。

12月 羊渠河矿探索链式管理。

12月16日 河北省人大副主任、省总工会主席白录堂，就“三条线保障”和“两个确保”等问题到峰峰局调研。

12月20日 局下发开展元旦春节期间“廉洁假日”活动安排。

2003年

1月 局提出创建学习型企业，下发实施意见。

1月3日 经局党政研究决定，局新的企业精神正式确定为“团结、奋进、创新、超越”。

1月15日 在局第十二届职代会第十三次会议上，审议通过了局行政工作报告，提出结构调整“五个一批”的思路。

2月26日—3月1日 受国家煤矿安全监察局委托，河北煤矿安全监察局对梧桐庄矿已经竣工的十余项安全设施进行了审查，并提出整改意见。

2月26日 在河北省发明创造评选活动中，机械总厂获“第三届河北省十大优秀发明创造单位”称号。

2月27日 局召开纪检监察工作会议，提出“监督也是生产力，也是效益”。

3月 全局煤炭运销按新机制运行。

3月 万年矿下岗职工暴同风获“全国‘三八’红旗手”称号。

3月4日 河北省国有重点企业监事会05办事处进驻峰峰局开展工作。

3月10日 邯郸市峰煤建材有限责任公司挂牌。

3月28日 局“领导干部勤廉事迹演讲团”开始巡回演讲。

4月 局铁路运营分公司正式运行。

4月10日 机电设备厂生产的绞车、阻车器等5种产品销往印度尼西亚，这是该厂产品首次打入国际市场。

4月21日 局安排部署“非典”防疫战。

5月 全国总工会和国家安全生产监督管理总局授予峰峰局2002年度全国“安康杯”竞赛优胜企业奖。

5月 河北省企业管理协会公布河北省2002年度百强企业排序结果，峰峰局排名第18位。

5月 经河北省委批准：张文学同志任峰峰矿业集团有限责任公司党委书记。经河北省委批准，提名：张文学同志任峰峰矿业集团有限责任公司董事长。张汝海同志任峰峰矿业集团有限责任公司总经理。

5月12日 局党政决定对在防治“非典”工作中表现突出，作出重要贡献的集体和个人进行奖励。

5月19日 局技工学校被国家批准晋升为高级技工和国家重点技工学校。

6月 全局加快中小企业改制步伐。

6月18日 邯郸市羊渠河建材有限责任公司改制揭牌仪式举行。

7月 局党委就兴起学习贯彻“三个代表”重要思想新高潮作出安排。

7月1日 峰煤电业公司五矿矸石热电厂二期工程竣工剪彩。

7月4日 《峰峰矿务局孙庄矿注浆改造含水层试采深部山青及“下三层”煤可行性研究报告》通过河北省行业办组织的专家论证。

7月8日 峰峰矿务局改制为峰峰集团有限公司的创立大会在鼓山庄宾馆隆重举行。

7月8日 峰峰集团有限公司董事会举行首届一次会议，张文学当选为董事长，段酉兴、魏建慧当选为副董事长，张汝海被聘为总经理。

7月11日 羊东风井工程正式开工。

7月16日—24日 局第十二届职代会十五次会议审议通过了局建立企业岗位工资制度（试行）方案。

7月23日 局在薛村矿召开职工之家建设现场经验交流会。

8月8日 峰峰集团有限公司隆重举行成立揭牌仪式。35个单位和个人向集团公司发来贺电贺信。

8月15日 邯郸市中级人民法院在通二矿召开关闭破产清算组成立暨进驻大会，宣布通二矿关闭破产法律程序正式启动。

8月21日 集团公司领导深入基层，就集体企业改革与职工座谈。

8月22日 集团公司党政下发《关于加强集体企业稳定工作的通知》。

8月31日 集团公司召开传达贯彻河北省再就业座谈会精神会议，总结集体企业工大规模上访以来的工作，安排部署下阶段稳定和再就业工作。

9月10日 集团公司举办首届职工技术比赛。

9月16日 峰峰煤矿高级技工学校挂牌成立。

9月18日—20日 由国家煤矿安全监察局组织的专家组对梧桐庄矿建设工程安全设施及条件进行了验收通过。

10月4日 集团公司党政下发《关于进一步加强信访工作，畅通信访渠道的若干意见》。

10月23日 集团公司下发关于认真学习贯彻党的十六届三中全会《关于完善社会主义市场经济体制若干问题的决定》的通知。

10月28日 集团公司与马头发电总厂签定建立中长期战略合作伙伴关系协议。

10月29日 集团公司首届一次职工代表大会隆重举行。审议通过了《集团公司贯彻河北省企业职工代表大会条例实施细则》。

11月 集团公司安排对邯郸洗选厂、马头洗选厂、九龙矿洗煤厂技术改造，对孙庄矿洗煤厂更换轨道衡。

11月12日 集团公司党委决定在领导班子中开展民主集中制学习教育活动。

11月18日 峰煤电业公司五矿矸石热电厂二期扩建工程通过验收。

11月25日 由国家发改委组成的联合检查组，到集团公司检查指导安全技改国债项目使用情况。

12月 集团公司23所学校移交地方管理。

12月 多种经营总公司制定集体企业特困下岗职工项目小额贷款管理办法。

12月9日 集团公司重点工程任务告捷。

12月11日 集团公司召开会议，要求确保安置大龄下岗职工任务完成。

12月13日 集团公司召开安全生产研讨会，提出要创新安全理论研究，提高安全管理水平。

12月20日 在全国煤炭工业改革与发展会议上，集团公司被中国煤炭工业协会授予“2002年度全国煤炭优秀企业”荣誉称号。

12月24日 集团公司党政联合下文，决定全面开展企业文化建设。

12月25日 在集团公司首届三次职代会上，集团公司提出实现“五大任务、五大跨越”的目标。

12月26日 峰峰集团机械制造分公司宣布成立。该公司由原机械总厂、马头机械厂和机电设备厂联合组成。

2004年

1月 二矿63名下岗女工获全国通用的“家政服务员”职业资格证书。

1月2日 集团公司安排154名女满40周岁、男满50周岁的大龄下岗职工奔赴新的岗位。

1月7日 在集团公司采掘生产工作会议上，提出围绕效益组织生产，实现内涵式经济增长。

1月8日 集团公司召开非煤产业工作暨表彰会。

1月9日 集团公司统一组织“形势任务宣传日”活动。

1月14日 集团公司召开职工医疗保险定点机构签定会。

1月15日 河北省省长季允石到五矿慰问河北省劳动模范、煤炭部劳动模范、邯郸市劳动模范田顺兴。

1月20日 集团公司工会组织召开进京打工女工座谈会。

1月27日 全国政协人口资源环境委员会副主任张洽到牛儿庄矿视察指导工作。

2月 新三矿成为集团公司第一个获“全国文明煤矿”称号的单位。

2月3日 集团公司举办首届“新春乐”民间花会比赛。

2月6日 集团公司部署防治禽流感工作。

2月13日 集团公司轻放推广成果通过省级验收。

3月 集团公司决定广泛开展安全生产会战活动。

3月2日 集团公司党委下发《关于认真学习贯彻<中国共产党党内监督条例（试行）>和<中国共产党纪律处分条例>的通知》。

3月12日 集团公司领导集体学习“树立和落实科学发展观”。

3月16日 集团公司召开董事会首届二次会议。会议听取并审议了《关于2003年工作总结及2004年工作安排的报告》、《关于产权制度改革情况的报告》、《关于2003

年财务决算、利润分配草案和2004年财务预算草案的报告》。

3月18日—25日　集团公司召开首届四次职代会，会议原则通过了《水电价格及补贴办法（草案）》。

4月15日　集团公司举办主辅分离辅业改制培训班。

4月19日　原煤炭部部长肖寒来集团公司看望离退休老同志，并和离退休老同志座谈。

4月21日　由中国煤炭工业发展研究咨询中心组织的“峰峰集团有限公司发展战略”专家团开始在集团公司调研。

4月24日—26日　集团公司首届职代会举行第五次会议。原则通过了《主辅分离辅业改制整体改革方案》。

4月28日　集团公司首届职工文化艺术节开幕。

5月9日　集团公司第五次安全办公会强调，强力推进本质化安全管理。

5月13日　集团公司机关开始推行“6S”管理。

5月25日　集团公司与邯钢集团在邯郸宾馆签定了建立战略合作伙伴关系协议书。

5月26日　集团公司召开职业安全健康管理体系推动动员大会。

5月31日　集团公司召开2004年科技工作大会，号召实施科技兴企战略，推动企业持续发展。

6月15日—17日　集团公司分片召开企业文化建设研讨会，要求统一思想，深化认识，加强领导，扎实推进。

6月18日　集团公司召开困难企业思想政治工作研讨会。

6月23日　集团公司召开后勤主辅分离工作会议。

7月　集团公司在地面单位现场办公会上强调，加快改制步伐，推进产业化发展。

7月8日　集团公司精煤增产会议要求，精煤年产450万吨，提前实现结构调整目标。

7月13日　邯郸市总工会在九龙矿召开推广“一法三卡”现场经验交流会。

7月18日　羊渠河焦化厂举行技改扩建工程竣工投产典礼仪式。

7月27日　集团公司实现连续安全生产157天，创建局以来安全生产最长周期。

8月19日　集团公司召开“三下”采煤规划课题汇报会。

9月1日—2日　河北煤矿综合防尘现场会在集团公司召开。

9月4日　国家安全生产督察组在省、市有关领导陪同下，到集团公司检查安全工作。

9月5日　中国企业联合会公布“2004年中国企业500强”名单，集团公司列第498位。

9月3日—4日　河北省“清查放射源，让百姓放心”专项行动检查组对集团公司管理、使用和储存放射源情况进行了检查。

9月11日　集团公司与山东滨江国际贸易有限责任公司配煤项目签字仪式在集团公司鼓山庄宾馆进行。

9月26日　河北省矿灯电池绿色保护技术交流推广会在集团公司召开。

9月26日　集团公司组织参加邯郸市职工运动会，获团体总分第一，金牌总数第一，奖牌总数第一。

9月26日　因牛儿庄村永顺煤矿非法开采下架煤，导致奥灰水突出，造成牛儿庄矿停产（30日矿井全部被淹）。

9月28日　全国劳动模范、大淑村矿二采区副区长李水龙应中华全国总工会邀请，赴京参加国庆观礼活动。他是邯郸市唯一赴京观礼的劳模代表。

9月28日　集团公司党委下发《关于认真学习党的十六届四中全会精神的通知》。

10月1日　河北省副省长付双建到牛儿庄矿抢险救灾现场看望干部职工。

10月12日　集团公司首次与外省企业合作创立邯郸市峰滏实业有限公司。

10月18日　邯郸市瑞达工程设计有限公司（原设计院）创立暨首届股东会议召开。

10月19日　峰峰矿区华达机电制修有限公司（原二矿支护制修厂）揭牌。

10月28日　河北神风重型机械有限公司（原机械制造分公司）揭牌。

10月28日　三矿启动关闭破产法律程序。

10月29日　梧桐庄矿通过职业健康安全管理体系认证，成为集团公司第一个通过认证的单位。

11月　集团公司对基本医疗保险政策进行部分调整。

11月5日　邯郸通顺矿业有限公司（原通二矿）、邯郸市翔龙地质勘探有限公司（原地质勘探处）举行揭牌仪式。

11月11日　集团公司召开理论学习经验交流会。

11月14日　磁县黄沙上庄村桥东一街头个体饭店发生一起因误用亚硝酸盐引起的食物中毒事件。集团公司快速启动突发公共卫生事件应急处理机制，提出了治疗方案，对症治疗，住院患者全部痊愈。

11月18日　河北六0七化工有限公司（原六0七厂）举行揭牌仪式。

11月25日　河北省工会劳动保护工作会议在薛村矿召开。

11月27日—12月3日　集团公司举办《合同法》培训班。

12月30日　集团公司与邯钢合作的彦亭80万吨焦化工程举行开工典礼仪式。

2005年

1月　集团公司党委要求深入开展“四创”活动。

1月1日 集团公司举行首次升旗仪式。

1月6日 集团公司召开首届七次职代会暨工作会，提出到2015年“一二三”产业格局、“三步走”战略和“五个一批”工程。

1月7日 集团公司组织向海啸灾区捐款。

1月12日 集团公司召开后勤工作会议，提出要加快改制步伐，提升服务质量。

1月12日 集团公司党委召开推进党建工作质量管理体系座谈会。

2月1日 集团公司召开主辅分离、辅业改制工作会议。

2月24日 在河北省委、省政府召开的协调劳动关系工作会上，集团公司被授予“2002—2004年度河北省劳动关系和谐企业”称号。

3月 大尾梁综采放顶煤工艺在大淑村矿试验成功。

3月 薛村矿成为集团公司第一个获“全国煤炭工业企业文化示范矿”的单位。

3月4日 河北省副省长付双建带领省政府安全检查团到集团公司检查安全生产工作。

3月14日 集团公司领导在领导干部学习研讨班开学典礼上，作关于企业发展战略的报告。

3月28日—29日 国家安全监督管理总局核查团一行21人，对集团公司安全质量标准化工作进行核准检查。

4月 集团公司开展煤安标志推进工作。

4月5日 集团公司召开推行行政权力公开透明运行工作会议。

4月8日 集团公司在牛儿庄矿召开庆祝牛儿庄矿恢复生产暨表彰大会。

4月19日 集团公司党委召开推行党建工作质量管理体系动员大会。

5月14日 集团公司与中国矿业大学签定科技合作协议。

5月16日 峰峰煤矿技师学院举行揭牌仪式。

5月18日 河北纵横工程有限公司（原工程处）举行揭牌仪式。

5月27日 河北省委组织部、省国资委党委在集团公司召开推行党建质量管理体系试点工作座谈会。

6月8日 薛村矿矸石热电厂举行开工奠基仪式。

6月15日 河北省安全督导组与集团公司进行首次安全问题沟通。

6月18日 由中国矿业大学组织的国家煤矿和安全技术专家组到集团公司进行安全技术“会诊”。

6月18日 九龙矿矸石热电厂举行二期扩建工程开工剪彩仪式。

6月21日 集团公司要求在全公司传唱《前进，峰峰集团》之歌。

6月24日 集团公司薄煤综采工艺现场会在小屯矿召开。

6月27日 国家煤矿安全专家组与集团公司交换安全检查意见。

7月9日 集团公司举办保持共产党员先进性教育活动专题讲座。

7月6日—12日 集团公司召开首届职代会第八次会议，审议表决通过了《关于调整岗位工资标准、规范岗位工资管理的规定（草案）》。

7月24日 集团公司党委召开保持共产党员先进性教育活动动员大会。

7月29日 集团公司召开改革改制调度会，要求攻坚克难，快速推进改革。

8月6日 河北省检查团代表国家林业局对梧桐庄矿申报“全国绿化模范单位”进行预检验收。

8月8日 总医院兼并华冶医院。

8月18日 河北省安全生产“到企业、进班组、入社区”公益宣传活动峰峰集团启动仪式在薛村矿隆重举行。

8月24日 集团公司召开纪念抗战胜利60周年座谈会。

8月29日 全国劳动模范、大淑村矿二采区优秀共产党员李水龙应邀参加河北省委先进性教育活动领导小组举办的“保持共产党员先进性宣讲报告”活动，是全省产业工人的唯一代表。

9月 国家统计局服务业调查中心发布2004年中国1000家最大企业集团，峰峰集团列455位。

9月 集团公司通过国家安全生产检测检验机构资质评审。

9月6日 集团公司召开煤化工项目一期工程初步设计专家评审会，化学工业第二设计院详细介绍了工程方案，各专家对设计方案进行了评审。

9月13日 集团公司安全办公会强调，要认真贯彻落实《国务院关于预防煤矿生产安全事故的特别规定》。

9月16日 全国煤炭系统“企业文化峰峰行”在薛村矿隆重举行。

9月17日 集团公司拨付专款31.2万元，开展“金秋助学”活动，使72名特困职工子女受到资助。

9月17日 邯郸市博凯工贸有限公司召开创立大会暨首届一次董事会、监事会会议。这是集团公司辅业改制单位中首家整体改制的集体企业。

9月25日 邯郸市枫美印刷有限公司（原《峰峰矿工报》社印刷厂）成立大会召开。

9月28日 集团公司举行煤化工建设项目开工奠基仪式。

10日9月 集团公司与济南钢铁集团签定建立战略合作伙伴关系协议。

10月12日 集团公司在薛村矿召开企业文化建设现场观摩交流会。

10月21日　集团公司党委下发《关于认真学习贯彻党的十六届五中全会精神的通知》。

10月28日　河北大兴建设工程有限公司（原建筑总公司）成立暨揭牌仪式隆重举行。

10月29日　二矿、五矿、孙庄矿三个破产清算组成立，并分别召开了破产清算组进驻企业大会。

11月　集团公司获“全国企业文化建设优秀单位”称号。

11月　物资供销分公司获“全国优秀企业”称号。

11月22日　集团公司党委召开保持共产党员先进性教育活动总结大会。

12月　集团公司大尾梁技术通过省级鉴定。

12月8日　河北省人大“矿山安全执法检查团”到集团公司检查指导工作。

12月14日—17日　集团公司开展安全大检查。

12月21日　由中纪委驻国家安全监督管理总局纪检组长赵岸青率领的国务院安委会督察组到集团公司检查安全工作。

12月25日　邯郸市九龙热电有限公司召开创立大会。

2006年

1月1日　大淑村矿实行内部市场化管理。

1月9日　集团公司与莱芜钢铁公司签定建立长期战略合作协议。至此集团公司已经与12家钢铁、电力生产企业建立了长期战略合作关系。

1月19日　河北省国资委党委书记、主任赵世洪到集团公司指导工作，慰问困难职工。

1月23日　集团公司举行煤气延伸一期工程（机关片）竣工送气暨南延北扩二期工程开工典礼。

2月16日　国务院安全生产委员会办公室副主任、国家煤矿安全监察局局长赵铁锤等一行到集团公司检查指导工作。

2月18日　由国务院减轻企业负担办公室副局长王桂良和财政部有关部门领导组成的调查组，就国有煤矿企业负担情况到集团公司调研。

2月14日—18日　集团公司组织企业文化建设现场观摩活动。

2月23日　河北省发改委副主任刘学库等到集团公司视察重点项目建设工作。

3月　薄煤综采工艺在小屯矿试验成功。

3月23日　河北省委常委、组织部长付志方到集团公司指导工作。

3月25日　国家新闻出版总署领导到集团公司指导工作。

3月31日　梧桐庄矿被授予“全国绿化模范单位”称号。

4月11日　河北省国资委宣传和群众工作暨推进企业文化建设现场会在集团公司召开。

4月　集团公司企业信息化工作进入国家500强。

4月22日　河北省企业报协会第二届六次会议暨好新闻颁奖会议在集团公司召开。

4月28日　集团公司董事长、党委书记张文学出席全总“五一”劳模招待会。

5月　集团公司获全国“安康杯”竞赛优胜企业称号。

5月　集团公司召开矿（厂）长、党委书记座谈会，要求统一思想，坚定信心，战胜困难，快速发展。

5月10日　集团公司党建工作质量管理体系取得认证证书，成为全国获得IS09000质量管理体系认证为数不多的企业党组织之一，是河北省唯一的党建工作通过认证的特大型企业。

5月25日　集团公司召开卫生系统行风建设工作会。

5月30日　集团公司党建工作质量认证颁证会在北京人民大会堂举行。

6月　集团公司党委获“全国先进基层党组织”称号。

6月　集团公司工会系统开展“工会永远跟党走”主题教育活动。

6月6日　集团公司邀请金融机构专家座谈煤化工项目筹资工作。

6月8日　邯郸市九龙热电有限公司举行挂牌仪式。

6月22日　河北省国资委新任职企业领导人员培训班学员到集团公司调研企业文化工作。

7月　集团公司组织开展“保安全、降成本、提质量”大讨论活动。

7月16日　集团公司与磁县政府、峰峰矿区政府签署联合重组煤矿协议。

8月　集团公司列中国煤炭系统百强第28位。

8月　在全国煤炭住房小康建设表彰会上，集团公司获“全国煤矿康居建设小康局”称号。

8月5日—7日　全国煤炭行业安全文化系统推进现场交流会在集团公司召开，大淑村矿获“全国煤炭工业企业文化示范矿”称号。

8月21日　集团公司中心组成员学习中共中央关于学习《江泽民文选》的决定和胡锦涛总书记重要讲话。

8月22日　河北省委副书记刘德旺到集团公司考察调研。

8月22日　国家矿山医疗和救护中心峰峰分中心、中国煤矿创伤学会峰峰创伤研究所在总医院举行挂牌仪式。

8月23日—25日　集团公司召开廉洁文化建设汇报交流会。

9月　集团公司下岗女工到京、津打工已逾千人。

9月　集团公司团委获“全国优秀质量管理小组”称号。

9月　集团公司成立“关心下一代工作委员会”。

9月 设备租赁分公司获“全国设备系统优秀单位”称号。

9月4日 邯郸市推行党建质量管理体系观摩会在集团公司召开。

9月8日 集团公司召开“四五”普法总结暨“五五”普法动员会。

9月22日 集团公司举行“职工迎奥运健康月”启动仪式。

9月25日 河北省国有企业反腐倡廉工作座谈会在集团公司召开，省委副书记、纪委书记张毅在会上作重要讲话。

10月 内蒙古锡盟红格尔矿区总体规划通过评估，集团公司获约40亿吨煤田探矿权。

10月 集团公司获河北省“2004年—2005年度文明单位”称号。

10月 集团公司在全国重点煤矿安全工作座谈会上介绍了《实施“三四五”系统工程，筑牢班组安全生产第一道防线》的经验。

10月10日 河北省国资委企业集团财务管理、财务风险防范研讨会在集团公司召开。

10月21日 梧桐庄矿实现安全生产2000天，成为集团公司连续安全生产时间最长的矿井。

10月23日 集团公司中心组成员学习党的十六届六中全会决定。

10月25日 集团公司召开“安全生产双百日承诺”活动动员会。

10月26日 集团公司表彰10名“十佳老人”和10名“孝敬老人十佳子女”。

10月30日 集团公司党委下发《关于认真学习贯彻党的十六届六中全会精神的通知》。

11月24日 在集团公司第二届一次职代会上，集团公司提出“四个打造，四个突破”的战略格局。

11月27日—29日 河北省发改委委托河北省重点办对梧桐庄矿、大淑村矿组织了竣工验收。两矿转为正式生产。

11月30日 国家质检局到集团公司考察计量工作。

12月 集团公司原煤、精煤产量完成1308万吨和550万吨，再创历史新水平。

12月 集团公司“特大溃水灾害治理技术”成果获中国煤炭工业科技进步一等奖。

12月4日 集团公司获“全国国有企业创建‘四好’领导班子先进集体”称号。

12月22日—23日 河北省委常委、纪委书记藏胜业到集团公司调研。

12月26日 集团公司企业信息化系统升级及应用集成项目通过验收。

2007年

1月 集团公司煤安产品全部通过国家年度审核。

1月 集团公司党委下发《关于开展“四好”领导班子创建活动的实施意见》。

1月1日—3日 集团公司煤化工产业发展规划在北京进行专家论证。

1月5日 由《河北经济日报》主办的2006年度“河北十大经济新闻暨十大经济风云人物”评选揭晓，“集团公司获内蒙古40亿吨煤田开采权，煤电一体化锻造循环经济产业链”被评为“河北十大经济新闻”，集团公司董事长、党委书记张文学被评为“十大经济风云人物”。

1月22日—24日 由国家发改委经济体制与管理研究所循环经济研究中心组成的“峰峰集团循环经济发展规划”课题组一行5人，到集团公司进行循环经济发展规划课题调研。

1月23日 由河北省发改委、省财政厅、省安全监察局组成的省煤矿安全改造国债项目专项检查组到集团公司，对集团公司2004年至2006年煤矿安全改造国债项目实施情况进行专项检查。

1月26日 集团公司梧桐庄矿、万年矿、物资供销分公司与开滦（集团）有限责任公司钱家营矿业分公司、唐山矿业分公司、物资分公司在京举行缔结友好单位签约仪式。

1月29日 集团公司召开“四好”领导班子创建活动推进会。

2月 集团公司获“河北省2006年质量月活动先进单位”称号。

2月 集团公司机关饮水工程通过验收。

3月10日—11日 集团公司在小屯矿召开“手指口述”现场会。

3月15日 集团公司与永城煤电集团签定了项目合作框架协议。

3月24日 集团公司与安钢集团结成战略伙伴。

3月25日 原河北省副省长、省政府决策咨询委员会主任郭世昌等领导到集团公司考察煤化工项目。

4月 集团公司广大职工积极参加“博爱一日捐”活动。

4月 集团公司获河北省“企业管理创新优胜企业”称号。

4月3日 黄沙矿职工朱峰只捐献造血干细胞欢迎仪式暨新闻发布会在邯郸市召开，朱峰只被授予“爱心使者”称号。

4月6日 中华创伤学会、中国煤矿创伤学会峰峰创伤研究所成立暨揭牌仪式在集团公司举行。

4月13日 牛儿庄矿业有限公司破产清算工作启动。

4月18日　集团公司煤化工一期工程2号焦炉点火。

4月19日　大淑村矿发生煤与瓦斯突出事故。

4月22日　集团公司召开紧急电视电话会议，提出要统一思想，坚定信心，积极做好当前工作。

5月　集团公司煤化工项目列入河北省重点产业50个支撑项目。

5月　集团公司获“全国能源化学系统先进工会”称号。

5月11日　集团公司与鑫宝煤化工公司签署联合重组框架协议。

5月15日　河北省副省长张和到集团公司调研煤化工项目总体规划。

5月16日　河北省发改委党组副书记、副主任苏银增到集团公司煤化工施工现场调研。

5月17日　集团公司获“全国厂务公开民主管理工作先进单位”称号。

5月29日　河北省委书记白克明到集团公司煤化工工地视察。

6月8日　原峰峰矿务局公安处改制为“邯郸市公安局峰煤分局”。

6月11日　全国“安全生产万里行”活动在集团公司展开。国家安全监督管理总局党组书记、局长李毅中对集团公司安全生产和改革发展给予了充分肯定和高度评价，并提出了希望。

6月15日　集团公司召开创建“四好”领导班子活动经验交流会。

6月15日　集团公司举办“感动矿山”模范人物事迹报告会。

6月21日　集团公司召开思想政治工作会议。

6月26日　集团公司召开工会第一次会员代表大会，选举产生了集团公司第一届工会领导机构。

7月　集团公司安排“鼓士气、抓落实、保目标”大讨论活动。

7月　集团公司低浓度瓦斯发电项目通过河北省发改委批准。

7月3日　河北煤炭行业工伤保险工作研讨会在集团公司召开。

7月4日　煤化工2号焦炉正式出焦。

7月5日　集团公司举办领导干部作风建设专题讲座。

7月10日　河北省省长郭庚茂到集团公司视察。

7月19日　《峰峰矿工报》数字报纸上线试运行。

7月23日　集团公司召开完成700万吨精煤产量动员大会。

7月25日　集团公司召开警示教育大会。

7月25日　煤化工1号焦炉点火。

7月25日　集团公司中心组集中学习胡锦涛在中央党校发表的重要讲话。

8月　马头洗选厂加快技能扩改工作。

8月　集团公司制定班组建设评比表彰新标准。

8月　峰煤焦化公司甲醇工程主体设备安装完成。

8月7日　集团公司党委书记、董事长张文学当选党的十七大代表。

8月9日　河北省委常委、宣传部长聂辰席到集团公司煤化工工地调研。

8月19日　孙庄矿业有限公司（原孙庄矿）挂牌。

8月20日　大力矿业有限公司（原五矿）召开创立暨股东会。

8月22日　集团公司召开社保系统程序化管理现场会。

8月22日　集团公司举行“沿海新国企、国企新形象——‘迎国庆，迎十七大’省国资委第一届职工艺术展览”峰峰集团展区剪彩仪式。

8月28日　河北峰煤焦化有限公司创立大会暨第一次股东会、首届一次董事会、监事会会议召开。

9月　集团公司党委要求各级党组织和广大党员深入开展“迎十七大、建强企、作贡献”主题实践活动。

9月6日　集团公司召开调整离退休人员基本养老金会议。

9月9日　集团公司在羊渠河矿召开成本管理创新现场会。

9月18日—19日　河北煤矿安全监察系统在集团公司召开党风廉政工作座谈会。

9月20日　“爱心礼赞·走进峰峰集团——中国职工红丝带健康行动”大型公益演出在集团公司举行。

9月22日　河北省铁路管理局在集团公司召开铁路运输安全工作座谈会。

10月　小屯矿矿长、党委书记高武，羊渠河矿副总工程师陈红祥，黄沙矿采煤区班长郭兰印，薛村矿三采区工人李树刚被授予“全国煤炭工业劳动模范”称号。梧桐庄矿、万年矿一采区被授予“全国煤炭工业先进集体”称号。

10月　集团公司煤化工项目被列为河北省第二批重点产业支撑项目。

10月　集团公司连续召开节能减排工作调度会议。

10月7日　国家安全监督管理总局组织专家在梧桐庄矿召开“井下人员位置监测与管理系统”项目鉴定会，并通过了《峰峰集团有限公司井下人员位置监测与管理系统》项目鉴定。

10月10日　薛村矿矸石热电厂机组并网工程通过验收。

10月15日—22日　党的十七大代表，集团公司党委书记、董事长张文学在北京人民大会堂参加中国共产党第十七次全国代表大会。

10月25日　集团公司召开学习贯彻党的十七大精神

大会，提出深入贯彻落实科学发展观，实现企业又好又快发展。

10月27日 集团公司党委下发《关于认真学习贯彻落实党的十七大会议精神的安排意见》。

11月1日 全国总工会宣教部副部长孙磊等一行到集团公司调研。

11月13日 马头洗选厂扩能技改一期工程加煤试车成功。

11月16日 集团公司向国土资源部申请取得了磁西区探矿权，储量15.3亿吨的煤田正式“落户”集团公司。

11月16日 薛村矿矸石热电厂竣工。

11月23日 集团公司召开“送温暖、献爱心”捐助活动动员大会。

11月26日 邯郸洗选厂精煤生产突破200万吨。

11月28日 集团公司党的十七大精神宣讲团开始巡回宣讲。

11月29日—12月1日 由河北省国资委、省检察院、省监察厅联合组成的省治理商业贿赂专项工作督导检查组到集团公司督导检查治理商业贿赂专项工作。

12月 《峰峰矿工报》获“第六届全国‘二十佳’企业报”称号。

12月5日 集团公司召开解放思想大讨论活动动员大会。

12月6日 集团公司与磁县政府就合作开发建设煤化工磁县园区项目举行了签约仪式。

12月8日 集团公司在山东省日照市举行了与日照港集团、日照钢铁、滨江集团建立战略合作关系签约仪式。

12月14日 集团公司邀请专家讲授《劳动合同法》。

12月21日 神风公司“天择”商标被评为“河北省著名商标”。

12月26日—27日 中国能源化学工会主席张成富等一行到集团公司指导工作，看望慰问劳模和困难职工。

12月29日 集团公司召开“明星员工”命名表彰会。

12月31日 集团公司精煤产量突破700万吨。

2008年

1月 集团公司获“河北省学习型组织标兵单位”称号。

1月 集团公司《煤炭企业关于内部模拟市场的适时预算控制》项目获第十四届国家级企业管理现代化创新成果二等奖。

1月3日 集团公司安全工作会上提出要实现“班组零‘三违’、二级单位零工伤、集团公司零死亡”的目标。

1月8日 集团公司被选举为中国安全生产协会第一届理事单位。

1月9日 中国煤炭工业协会党组书记、第一副会长濮洪九等领导到集团公司调研指导工作。

1月9日 全国总工会宣教部副部长王成在省总工会和市总工会领导的陪同下到集团公司调研指导工作。

1月16日 中化集团中化国际与集团公司就煤化工、煤电化等项目进行洽谈。

1月26日 国家发改委委托煤炭工业规划设计研究院组织专家，对内蒙古锡盟红格尔矿区总体规划进行了论证并顺利通过。

2月 集团公司迅速行动力保电煤供应。

2月 梧桐庄矿综采一区一班被评为“全国质量信得过”班组。

2月3日 集团公司召开节能减排工作会议，并下发《关于加强节能减排工作，打造资源节约型和环境友好型企业的安排意见》。

3月4日 河北省总工会组织的省企业工资集体协商月活动督导团到集团公司督导工资集体协商工作。

3月10日 邯郸市委书记崔江水到集团公司调研煤化工项目。

3月12日 原煤炭部副部长、十届全国政协常委、中国职业安全健康协会副理事长纪明波等一行到集团公司指导工作。

3月17日 集团公司召开创建“本质廉洁型”企业调度会。

3月18日 集团公司召开“创先锋、当明星、立新功”活动动员大会。

3月19日—24日 集团公司组织“我爱你—峰峰集团”形势报告会。

3月21日 薛村矿矸石热电厂通过河北省发改委验收。

4月3日 集团公司获“全国绿化模范单位”称号。

4月6日 集团公司煤化工项目二期工程厂平工程开工。

4月10日 集团公司召开深入学习实践科学发展观活动动员大会，并下发《实施方案》。

4月17日 河北省政协联谊会会长、原河北省政协主席吕传赞到集团公司调研煤化工项目。

4月17日 集团公司召开加强子公司监管会议，要求创新管理模式，规范公司运作，全面提升运行质量。

4月19日 集团公司在大淑村矿举行“安全警示日”活动。

4月22日 集团公司要求开展安全质量标准化新标准学习宣传活动。

4月24日—25日，集团公司党建工作质量管理体系通过北京方圆标志认证中心复审。

4月29日 邯郸电台与集团公司共同举办“庆五一·走进矿工”联欢活动。

4月30日 集团公司召开矿井运输实施新质量标准化

现场交流会。

5月　集团公司被河北省国资委纪委评为“效能监察先进单位”。

5月　小屯矿工会、万年矿工会被全国总工会授予“全国模范职工之家”称号。

5月　梧桐庄矿、万年矿被中国煤炭工业协会授予2006年度煤炭工业“安全高效二级矿井”荣誉称号。

5月　集团公司获河北省“老干部工作先进集体”称号。

5月5日　邯郸市总工会副主席赵凤梅到集团公司发放大病医疗互助金。

5月8日　河北省发改委重点项目办常务副主任赵允发到集团公司调研煤化工项目。

5月10日　集团公司召开深部煤层开采防治水专家咨询会。

5月14日　集团公司举行向四川地震灾区捐款暨“博爱一日捐”启动仪式。

5月15日　物资供销分公司鄂尔多斯物流基地开业。

5月16日　河北省国资委召开峰峰集团领导干部会议，宣布郭周克同志任峰峰集团代理董事长、党委书记，张文学同志不再担任峰峰集团董事长、党委书记，另有重用。省国资委党委书记、主任周杰作重要讲话。

5月18日　集团公司“与奥运同行”全民健身活动启动。

5月19日　集团公司召开“保稳定、抓安全、促环保、迎奥运”活动动员会。

5月21日　集团公司召开中心组学习扩大会议，提出“强基固本、引联外扩、以人为本、科学发展”。

5月21日　邯郸军分区基层建设工作会议在集团公司召开。河北省军区政治部主任高义勋等领导到矿山救护大队视察民兵建设情况。

5月26日　集团公司与中化集团副总裁冯志斌等举行投资合作会谈。

5月26日　集团公司在基层召开现场调度会，强调要知形势、明任务、抓落实、促发展。

5月30日　集团公司召开领导干部会议，要求统一思想、把握企情、乘势而上、加快发展。

6月　膏体充填技术开始在小屯矿试验。

6月　集团公司节能减排建议在全国总工会获奖。

6月3日　集团公司召开第二届职代会分团长联席会议，一致通过《关于〈冀中能源集团有限责任公司组建方案〉的决议（草案）》。

6月5日　金能集团领导到峰峰集团相互交流。

6月9日　集团公司召开掘进机械化座谈会，要求实施综掘机械化的升级模式。

6月13日　河北省国资委领导到峰峰集团宣布，郭周克同志任峰峰集团董事长、党委书记。

6月26日　由峰峰集团和金能集团联合组建的冀中能源集团有限责任公司召开干部大会，宣布冀中能源集团领导班子成员。

6月27日　峰煤焦化有限公司举行首届董事会第二次会议暨股东会第二次会议。

6月30日　冀中能源集团有限责任公司成立大会暨揭牌仪式在石家庄市河北会堂隆重举行。

7月　集团公司获河北省国资委系统“优秀思想政治工作先进集体”称号。

7月　集团公司被评为2005年度至2007年度“全国煤炭行业内部审计先进单位”。

7月　各单位为一线职工宿舍安装空调，配营养餐。

7月　峰煤焦化公司10万吨甲醇生产线投产。

7月2日　邯郸市人大副主任张有祥一行到集团公司指导节能减排和重点项目建设工作。

7月4日　冀中能源集团有限责任公司召开第一届董事会一次会议和党委常委会扩大会议。会议表决聘任总经理、副总经理、总会计师、总工程师和财务负责人以及董事会秘书。

7月12日　集团公司在全国煤炭系统“五精”课题会议上作主题经验介绍。

7月14日—17日　由河北省煤监局副局长徐英旺率领的河北省安全生产百日督查专项行动组到集团公司检查督导工作。

7月15日　磁西区野外勘探完成35孔任务。

7月17日　河北省总工会副主席郭东海一行到集团公司就工会开展特困职工帮扶工作进行调研。

7月23日　冀中能源集团在峰峰集团召开中层干部大会，冀中能源集团董事长、党委书记、总经理王社平作重要讲话。

7月24日　邯郸市市长赵国岭一行视察峰煤焦化有限公司二期工程。

8月　集团公司安排开展“认清形势明任务，立足岗位作贡献”大讨论活动。

8月1日　纪念《峰峰矿工报》创刊50周年座谈会在会议楼召开。

8月4日　冀中能源集团在峰峰集团召开安全办公会。

8月5日　集团公司生产一线职工宿舍空调安装到位。

8月7日—12日　集团公司第二届职代会第五次会议召开，讨论、审议并通过了《关于调整岗位工资标准支付行为的规定（草案）》和《关于增加职工工资收入的实施方案（草案）》。

8月18日　集团公司董事长、党委书记郭周克等一行专程前往内蒙古锡林郭勒盟就推进锡盟项目举行座谈会。

8月21日　民生人寿、华安财险、国泰君安等七家证券机构及投资人到集团公司进行债券购买调研。

8月28日　经国家发改委、中国人民银行、中国证监会批准，集团公司五年期10亿元企业债券由国泰君安证券成功发行。

8月29日　集团公司工会获“全国工会维护农民工权益工作先进集体”称号。

8月30日　河北省委常委、宣传部长聂辰席一行到集团公司视察煤化工项目建设进展情况。

9月　集团公司入围全国500强，排名第369位。

9月12日　冀中能源峰峰集团有限公司隆重举行揭牌暨新办公楼启用仪式。

9月22日　集团公司召开深入学习实践科学发展观活动总结大会。

9月23日　集团公司被河北省授予“抗震救灾捐赠特别突出贡献奖”。

9月28日　集团公司在内蒙古自治区锡林郭勒盟举行查干淖尔矿区煤电化路一体化项目启动奠基仪式。

9月29日　集团公司召开纪念改革开放30周年暨“祖国颂”歌咏比赛。

9月29日　牛儿庄采矿有限公司（原牛儿庄矿）举行揭牌仪式。

9月30日　集团公司召开领导干部作风整顿活动动员大会。

10月1日　国家煤矿安监局副局长彭建勋率国务院安全生产督查组到集团公司督查安全工作。

10月9日　冀中能源集团召开推行峰峰集团煤炭销售集中统一管理模式现场会。

10月10日　冀中能源集团党委书记活动日暨创建“四好”领导班子经验交流会在峰峰集团召开。

10月14日　集团公司召开煤质管理紧急会议。

10月15日　华能公司领导到集团公司洽谈合作事宜。

10月16日　集团公司召开争创原煤1650万吨以上、精煤1000万吨以上目标动员大会。

10月19日　集团公司推广OA协同办公系统培训班开班。

10月21日　国家财政部委托湖南财政投资评审中心组成的核查小组到集团公司，对煤矿安全生产改造资金使用情况进行专项核查。

10月24日　河北省劳动关系和谐企业创建工作座谈会在集团公司召开。

10月24日　集团公司举行“送温暖、献爱心”，向地震灾区捐赠活动仪式。

10月25日—26日　全煤系统企业文化示范基地示范矿命名暨“五精九力”现场推广会在集团公司召开，集团公司被授予“全国煤炭系统企业文化示范基地”称号。

10月28日　集团公司文工团纪念建团50周年座谈会在会议楼召开。

10月29日　冀中能源集团经济分析暨全面预算管理现场会在梧桐庄矿召开。

11月　集团公司党政决定开展庆祝建局60周年系列活动。

11月1日　集团公司与马头发电有限责任公司续签战略合作伙伴协议。

11月5日　集团公司召开会议，部署编纂《峰峰煤矿志》（第二部）工作。

11月5日—7日　国家发改委能源局专家组到集团公司就冀中煤炭基地峰峰矿区总体规划进行评估。

11月7日　集团公司召开奥运信访稳定工作总结表彰大会，并下发《关于健全和完善信访稳定工作长效机制的意见》。

11月22日　集团公司决定推行医疗保险“结算制”。

11月25日　羊渠河矿羊东扩大区工程劳动安全与卫生通过了由河北省煤炭安全监察局组成的专家组评审。

12月　集团公司获全国煤炭系统“全民健身与奥运同行”活动优秀组织奖。

12月7日　河北省协调劳动关系民主管理报告会在集团公司举行。

12月9日　梧桐庄矿打响扩能技改“第二战役”。

12月17日　集团公司理论学习中心组学习中央经济工作会议精神。

12月18日　河北省国资委系统在集团公司召开安全生产调度会。

12月19日　集团公司职工文化活动中心开工建设。

12月　集团公司获“河北省思想政治工作先进集体”称号。

12月25日　冀中能源峰峰集团有限公司召开五次股东会、第三届一次董事会、监事会。

12月30日　集团公司召开第三届一次职代会暨行政工作、文明表彰会议。

附2 外事活动

1989年5月　苏联专家组一行4人，到马头洗选厂进行业务考察。

1989年6月1日　香港客人李庆文到峰峰局洽谈业务。

1990年4月25日　苏联选煤专家代表团一行5人，到峰峰局进行业务考察。

1990年10月中旬　苏联矿山测量岩体力学研究总院诺瓦尔罗夫一行5人，对峰峰局进行技术考察。

1991年10月5日　美国客人吴继举到峰峰局洽谈业务。

1991年12月28日　台湾客人王博昆、刘家成到峰峰局进行商务洽谈。

1992年7月4日　台湾客人郝威一行6人，到峰峰局进行业务考察。

1992年7月16日　日本客人今隆则到峰峰局进行技术交流。

1992年9月10日　印度尼西亚客人纪辉琦一行8人，到峰峰局考察。

1992年12月22日　美国客人科沃尔钦茨一行2人，到峰峰局洽谈业务。

1992年12月22日　俄罗斯客人费罗洛夫一行4人，到峰峰局洽谈业务。

1993年3月13日　台湾客人方昆灵到峰峰局考察业务。

1993年5月10日　日本客人中野三代次到峰峰局指导机械设备安装。

1993年5月13日　日本客人佐木贤二到峰峰局指导机械设备安装。

1993年10月21日　波兰客人敏酐基到峰峰局进行业务考察。

1993年10月21日　美国客人罗伯特到峰峰局进行业务考察。

1993年10月21日　英国客人翟少明到峰峰局进行业务考察。

1994年1月22日－2月22日　乌克兰专家组一行5人，到马头洗选厂帮助技术改造。

1994年3月13日　美国客人揭天聪到峰峰局进行业务考察。

1995年5月15日－16日　日本炼焦煤技术考察团上川清太郎一行12人，到孙庄矿、马头洗选厂考察。

1995年6月23日　乌克兰专家组到马头洗选厂进行设备调试、技术服务。

1996年4月27日　南非客人贝纳德博士一行2人，到峰峰局考察、洽谈防水卷材项目及产品出口业务。

1996年6月18日－22日　美国罗伯·雪佛公司一行3人，到峰峰局洽谈洗煤厂、电厂的新建、扩建业务。

1996年7月6日　日本东洋电机制造株式会社中村一行2人，到峰峰局进行业务考察。

1997年3月3日　日本客人冈田茂成一行3人，到峰峰局进行商务洽谈。

1998年11月　波兰客人到马头机械厂考察。

1999年1月　德国NRC公司经理希林一行3人，到第一中学考察石墨项目。

1999年3月3日　泰国客人到峰峰局进行业务考察。

1999年8月9日　英国、法国、韩国、马来西亚、秘鲁、日本和台湾、香港地区客人一行37人，到峰峰局参加太极培训。

2000年8月15日　美国、英国、韩国、法国、秘鲁、波兰和台湾地区客人一行17人，到峰峰局参加太极研讨会。

2002年11月15日－16日　德国客人一行2人，到峰峰局进行业务考察。

2003年2月24日　印度客人一行3人，到峰峰局考察、洽谈40万吨焦炭合资业务。

2003年3月24日　比利时客人卧龙到峰峰局考察业务项目。

2005年3月20日－21日　德国客人到集团公司进行业务交流。

2005年7月4日－5日　澳大利亚客人到集团公司进行业务考察。

2005年10月20日－21日　美国客人到集团公司考察业务。

2005年12月7日　澳大利亚考伯斯公司一行2人，到集团公司洽谈合作煤焦油项目。

2006年1月1日－3日　朝鲜国际能源开发公司一行2人，到集团公司进行商务考察。

2006年1月13日　澳大利亚客人一行2人，到集团公司进行业务洽谈、交流。

2006年2月2日－4日　德国客人到梧桐庄矿考察井下制冷设备。

2006年4月19日－21日　日本客人一行3人，到集团公司进行业务交流。

2006年5月10日　澳大利亚客人一行2人，到集团公司进行业务交流。

2006年5月10日－12日　泰国客人一行7人，到集团公司考察煤焦化项目。

2006年5月11日　泰国客人汪洁一行11人，到集团公司进行技术交流。

2006年5月13日　美国客人到集团公司就耐磨防腐技术进行洽谈。

2006年5月23日－24日　澳大利亚客人一行2人，到集团公司进行业务考察。

2006年5月30日　泰国客人莱坂茂一行11人，到集团公司进行业务考察。

2006年5月31日－6月2日　英国客人到集团公司进行业务交流。

2006年6月2日　泰国万浦集团一行5人，到集团公司考察、洽谈煤焦化项目。

2006年6月13日－14日　澳大利亚客人一行2人，到集团公司进行业务交流。

2006年6月18日－7月1日　日本客人坂本忠一行15人，到集团公司进行技术交流、培训。

2006年7月2日　德国客人到集团公司就梧桐庄矿井下制冷设备，进行考察、技术交流。

2006年7月21日　泰国万浦集团一行7人，到集团公司考察煤焦化项目。

2006年9月20日－22日　新加坡客人林焕茨一行3人，到集团公司进行业务交流、培训。

2006年9月26日－30日　美国客人一行2人，到集团公司进行业务洽谈、交流。

2006年10月11日　美国客人一行2人，到集团公司进行业务洽谈。

2006年10月24日　日本客人一行2人，到集团公司考察、洽谈矿井机械设备。

2007年5月21日－23日　日本客人一行3人，到集团公司洽谈合作矿井机械设备。

2007年5月23日－24日　新加坡、美国客人一行5人，到集团公司考察、洽谈煤化工项目。

2007年6月5日－6日　澳大利亚客人一行2人，到集团公司考察煤焦化项目。

2007年6月22日　日本客人一行3人，到集团公司考察洽谈煤焦化项目。

2007年6月25日－26日　日本客人一行5人，到集团公司考察、洽谈煤焦化项目。

2007年6月26日－28日　英国客人一行2人，到集团公司进行业务考察、交流。

2007年7月16日－19日　英国客人一行2人，到集团公司进行业务交流。

2007年8月27日　日本客人一行2人，到集团公司业务考察。

2007年10月28日　英国客人一行2人，到集团公司洽谈业务。

2007年11月9日－10日　澳大利亚客人一行2人，到集团公司技术交流。

2007年11月24日－25日　澳大利亚客人到集团公司进行业务交流。

2007年11月29日　日本客人到集团公司考察业务。

2007年12月11日　德国客人一行2人，到集团公司就梧桐庄矿井下制冷设备进行考察、技术服务。

2008年1月24日－25日　德国客人一行2人，到集团公司就梧桐庄矿井下制冷设备进行技术交流。

2008年1月27日　澳大利亚客人一行2人，到集团公司进行业务洽谈。

2008年1月27日　泰国万浦集团一行3人，到集团公司考察煤焦化项目。

2008年2月13日　澳大利亚客人到集团公司洽谈CDM项目。

2008年2月25日　德国客人到集团公司就梧桐庄矿井下制冷设备进行技术服务。

2008年3月3日－4日　美国客人到集团公司洽谈业务。

2008年4月26日　丹麦客人到集团公司进行业务考察、交流。

2008年8月28日　美国客人到集团公司洽谈CDM项目。

附3 荣誉榜

1989 年

全国质量标准化矿务局
全国统配煤矿职工生活福利管理设施达标矿务局
中国统配煤矿坑木场管理标兵局
河北省技术练兵先进单位
河北省文明安全生产先进企业
河北省安全管理先进单位
河北省思想政治工作优秀企业
河北省思想政治工作优秀研究会
河北省拥军优属先进单位
河北省煤炭系统优秀政研会
河北省统配煤矿设备管理优秀企业
邯郸市文明单位
邯郸市人防工作先进单位
邯郸市园林式单位
邯郸市民调工作红旗单位

1990 年

国家二级企业
全国职工群众文化工作先进单位
煤炭部福利管理设施达标先进单位
中国统配煤矿坑木场管理标兵局
中国统配煤矿油脂化工管理先进集体
中国统配煤矿设备供应管理先进单位
中煤总公司先进安监局
中煤总公司配件管理先进单位
中煤总公司甲级军事化矿山救护队
中煤总公司绿化先进单位
中煤总公司安全生产先进集体
河北省普法先进集体
河北省模范职工之家
河北省优秀政研会
河北省开发利用人防工程先进单位
河北省煤矿工会优秀俱乐部
河北省煤炭系统思想政治工作优秀企业
河北省煤炭系统优秀政研会
河北省煤炭系统设备管理优秀企业
河北省煤炭系统绿化先进单位
河北省煤矿工会工作先进单位
邯郸市基层党组织红旗单位
邯郸市文明单位
邯郸市思想政治工作优秀企业
邯郸市先进纪检工作单位
邯郸市优秀政研会
邯郸市人防工作先进单位
邯郸市园林式单位
邯郸市安全生产先进单位
邯郸市卫生妇幼保健工作先进集体
邯郸市绿化红旗单位

1991 年

能源部审计工作先进集体
中国煤炭工业企业管理优秀奖（金石奖）
全国工会先进女职工集体
中煤总公司综机配件管理先进单位
中煤总公司审计工作先进集体
中煤总公司计算机推广应用先进单位
中煤总公司企业法律顾问工作先进集体
中煤总公司标准化矿山救护大队
中国统配煤矿先进单位
中国统配煤矿安全生产先进单位
中国统配煤矿矿用塑料网推广使用先进单位
中国统配煤矿坑木场管理标兵局
中国统配煤矿支护工作先进局
中国统配煤矿河北公司先进单位
河北省煤炭厅纪委先进单位
河北省基层党组织红旗单位

河北省思想政治工作优秀企业
河北省优秀政研会
河北省技术状元选拔赛先进单位
河北省合理化建议先进单位
河北省“一五”普法先进单位
河北省档案管理先进单位
河北省煤炭系统设备管理优秀单位
河北省煤炭系统以煤为主多种经营工作先进单位
河北省煤炭系统思想政治工作优秀企业
河北省煤矿工会民主管理先进单位
河北省煤炭系统优秀政研会
邯郸市基层党组织红旗单位
邯郸市思想政治工作优秀企业
邯郸市先进纪检工作单位
邯郸市优秀政研会
邯郸市“双服务”达标先进单位
邯郸市第二届少数民族运动会优秀组织奖
邯郸市民主管理先进企业
邯郸市人防工作先进单位
邯郸市工会职工物价先进检查站
邯郸市园林式单位
邯郸市电化教育先进单位
邯郸市师资培训先进单位
邯郸市绿化红旗单位
邯郸市依法治市先进集体
邯郸市卫生妇幼保健工作先进集体

1992 年

国家特大型企业
能源部先进财务集体
中煤总公司先进单位
中煤总公司综合防尘达标局
全国煤矿系统“建小家”先进单位
全国工会先进女职工委员会
中煤总公司支护工作标兵局
中煤总公司坑木场管理标兵局
中煤总公司油脂化工管理先进单位
中煤总公司河北公司先进单位
河北省依法治厂“优秀奖”企业
河北省造林绿化先进单位
河北省产业职工体育先进集体
河北省工会职工读书自学先进集体
河北省拥军优属先进单位
河北省优秀政研会
河北省锚喷工作先进局
河北省煤炭系统思想政治工作优秀企业
河北省煤矿模范工会
河北省煤炭系统优秀政研会
邯郸市文明单位
邯郸市思想政治工作优秀企业
邯郸市先进纪检工作单位
邯郸市优秀政研会
邯郸市工会职工生活工作先进单位
邯郸市园林式单位
邯郸市人防工作先进单位
邯郸市体育社会化先进集体
邯郸市工会读书自学活动先进集体

1993 年

中国 100 家最大煤炭采选业企业
全国模范职工之家
全国总工会先进女职工集体
全国职工读书自学活动先进集体
全国煤矿群众安全工作先进集体
河北省优秀政研会
河北省煤炭系统思想政治工作优秀企业
河北省煤炭厅纪委先进单位
河北省煤炭厅监察先进单位
河北省人防工程维护管理先进单位
河北省煤炭系统优秀政研会
河北省煤矿工会建小家先进单位
河北省先进女职工集体
河北省工会先进文化宫
邯郸市思想政治工作优秀企业
邯郸市先进纪检工作单位
邯郸市优秀政研会
邯郸市园林式单位
邯郸市人防工作先进单位

1994 年

全国用户满意企业
全国工会职工文化先进单位
北京军区民兵刊授教育先进单位
全国煤炭系统群众文化工作先进单位
全国煤炭系统思想政治工作优秀研究会
河北省安全生产、减灾防灾先进企业
河北省加强民主管理推进企业改革发展先进单位
河北省依法治企先进单位
河北省煤矿青工大比武优秀组织奖
河北省煤炭系统思想政治工作优秀企业

河北省煤炭系统优秀政研会
河北省拥军优属先进集体
河北省职工体育先进单位
邯郸市先进基层党组织
邯郸市先进纪检工作单位
邯郸市工会干部培训先进单位
邯郸市先进女职工集体
邯郸市工会读书活动先进单位
邯郸市拥军优属先进单位
邯郸市国防教育先进单位
邯郸市园林式单位
邯郸市人防工作先进单位
邯郸市加强民主管理推进企业改革发展先进单位
邯郸市计划生育工作目标管理责任制考评达标单位

1995 年

全国模范职工之家
全国先进财会工作集体
全国设备管理优秀单位
全国煤炭系统思想政治工作优秀研究会
煤炭工业“二五”法治宣传先进单位
全国煤炭系统纪检监察工作先进单位
煤炭部电子信息化建设先进单位
全国煤矿先进群监会
全国煤炭系统群众文化工作先进单位
河北省安全生产、减灾防灾先进企业
河北省节能先进单位
河北省思想政治工作优秀研究会
河北省煤炭系统思想政治工作优秀企业
河北省煤炭系统纪检监察先进单位
河北省煤炭系统优秀政研会
河北省国防教育先进集体和“国防之星”
邯郸市先进纪检工作单位
邯郸市民主管理先进企业
邯郸市工会生活保险工作先进单位
邯郸市工会法律工作先进集体
邯郸市造林绿化先进单位
邯郸市园林式单位
邯郸市人防工作先进单位
邯郸市拥军优属先进单位
邯郸市国防教育先进单位
邯郸市计划生育工作目标管理责任制考评达标单位
邯郸市职业培训先进单位

1996 年

全国资源综合利用先进企业
全国设备管理先进单位
全国工会系统文明图书馆
全国煤炭系统造林绿化“四十佳”单位
全国煤炭工业环境保护先进单位
全国煤炭行业工程造价管理先进单位
全国煤矿先进群监会
全国煤矿系统先进工会
河北省先进基层党组织
河北省设备管理优秀单位
河北省优秀政研会
河北省煤炭系统优秀政研会
邯郸市红旗基层党组织
邯郸市先进纪检工作单位
邯郸市工会抗洪救灾先进集体
邯郸市工会“送温暖工程”先进单位
邯郸市工会法律工作先进单位
邯郸市信访工作先进单位
邯郸市新闻报道先进集体
邯郸市住房制度改革先进单位
邯郸市园林式单位
邯郸市人防工作先进单位
邯郸市拥军优属先进单位
邯郸市国防教育先进单位
邯郸市计划生育工作目标管理责任制考评达标单位

1997 年

全国群众体育先进集体
全国导师带徒活动示范单位
中国煤炭工业优秀企业（金石奖）
全国煤炭系统审计工作先进单位
全国煤炭行业工程造价管理先进单位
全国煤炭系统青年岗位能手活动优秀组织单位
河北省先进文化宫
河北省产业职工体育工作先进单位
河北省煤炭系统优秀政研会
邯郸市先进纪检工作单位
邯郸市首届青年志愿者行动杰出集体
邯郸市工会干部教育工作先进单位
邯郸市工会“送温暖工程”先进单位
邯郸市工会法律工作先进集体
邯郸市园林式单位
邯郸市人防工作先进单位
邯郸市拥军优属先进单位
邯郸市国防教育先进单位
邯郸市“双服务”竞赛模范单位
邯郸市降废减损节能降耗工作先进单位

邯郸市防疫工作规范化管理先进单位

1998 年

国家煤炭质量信得过单位
全国模范职工之家
全国职工体育先进单位
全国煤炭行业工程造价管理先进单位
全国煤矿系统造林绿化“四十佳”单位
全国煤炭系统青年岗位能手活动优秀组织奖
全国煤炭系统扶贫解困先进单位
河北省“守合同重信用”单位
河北省资源节约利用先进企业
河北省保密工作先进单位
河北省先进团委
河北省青年岗位能手活动优秀组织提名奖
河北省工会干部教育先进单位
河北省“十行百岗千手”职工技术选拔赛先进单位
河北省“十佳”工人文化宫
河北省煤炭系统纪检监察先进单位
河北省煤炭系统优秀政研会
邯郸市先进纪检工作单位
邯郸市“双服务”竞赛模范单位
邯郸市工会“送温暖工程和再就业工程”先进单位
邯郸市优秀政研会
邯郸市信访工作先进单位
邯郸市统战工作先进单位
邯郸市学少工作先进单位
邯郸市园林式单位
邯郸市人防工作先进单位
邯郸市拥军优属先进单位
邯郸市国防教育先进单位
邯郸市绿化先进单位
邯郸市计划生育工作先进单位
邯郸市卫生妇幼保健工作先进集体
邯郸市防疫检验质量控制工作优秀单位

1999 年

全国煤炭质量信得过单位
全国煤质分析统检第一名
全国煤炭行业工程造价管理先进单位
全国煤炭工程质量监督先进监督站
河北省“守合同重信用”单位
河北省设备管理优秀单位
河北省煤矿工会“建小家”先进单位
邯郸市先进纪检工作单位
邯郸市工会“送温暖工程和再就业工程”先进单位
邯郸市园林式单位
邯郸市人防工作先进单位
邯郸市安全生产先进单位
邯郸市拥军优属先进单位
邯郸市国防教育先进单位
邯郸市计划免疫工作目标考核先进单位

2000 年

全国“安康杯”竞赛优胜企业
全国模范职工之家
全国设备管理优秀单位
全国煤炭行业工程造价管理先进单位
全国煤炭系统先进基层工会
全国煤炭系统文化工作先进单位
河北省资源节约综合利用先进企业
河北省煤矿安全监察局先进单位
邯郸市先进纪检工作单位
邯郸市纪委调研先进单位
邯郸市对台工作先进单位
邯郸市民主管理先进集体
邯郸市自学成才优秀组织奖
邯郸市厂务公开民主管理先进单位
邯郸市先进团委
邯郸市学少工作先进单位
邯郸市青年志愿者活动优秀组织单位
邯郸市工会“送温暖工程和再就业工程”先进单位
邯郸市园林式单位
邯郸市人防工作先进单位
邯郸市拥军优属先进单位
邯郸市国防教育先进单位

2001 年

全国“婚育新风进万家”活动先进单位
全国煤炭系统文化工作先进单位
全国煤炭行业工程造价管理先进单位
河北省百强企业
河北省“三五”法制宣传教育先进单位
河北省优秀政研会
邯郸市先进基层党组织
邯郸市先进纪检工作单位
邯郸市纪委调研先进单位
邯郸市统战工作先进单位

邯郸市先进团委
邯郸市学少工作先进单位
邯郸市青年志愿者活动优秀组织单位
邯郸市工会法律工作先进单位
邯郸市工会宣教工作先进单位
邯郸市工会“送温暖工程和再就业工程”先进单位
邯郸市老年体育工作先进单位
邯郸市社会治安综合治理先进单位
邯郸市人防工作先进单位
邯郸市园林式单位
邯郸市拥军优属先进单位
邯郸市国防教育先进单位
邯郸市安全生产先进单位
邯郸市职工计算机知识普及工作先进单位
邯郸市卫生监督工作先进单位
邯郸市消灭脊髓灰质炎工作先进集体

2002 年

全国“安康杯”竞赛优胜企业
全国煤炭工业优秀企业
中国能源化学工会“职工之家”建设先进单位
全国煤炭行业工程造价管理先进单位
河北省百强企业
河北省厂务公开民主管理先进企业
河北省优秀政研会
河北省“送温暖工程”先进单位
河北省先进武装部
邯郸市文明单位
邯郸市先进纪检工作单位
邯郸市纪委调研先进单位
邯郸市统战工作先进单位
邯郸市统战宣传工作先进单位
邯郸市先进团委
邯郸市学少工作先进单位
邯郸市信访工作先进单位
邯郸市信访工作实绩突出单位
邯郸市青年志愿者活动优秀组织单位
邯郸市工会干部教育工作先进单位
邯郸市工会宣教工作先进单位
邯郸市“双服务”竞赛先进单位
邯郸市工会“送温暖工程”先进单位
邯郸市园林式单位
邯郸市人防工作先进单位
邯郸市拥军优属先进单位
邯郸市国防教育先进单位

2003 年

全国“安康杯”竞赛优胜企业
全国培训先进单位
全国设备管理优秀单位
全国煤炭工业百强企业
全国煤炭优秀企业
全国煤炭系统先进工会
全国煤炭行业工程造价管理先进单位
河北省明星企业
河北省企业工委“十佳”先进基层党组织
河北省优秀政研会
河北省地税局先进单位
河北省设备管理优秀企业
河北省国资委效能监察先进单位
邯郸市“十佳”先进基层党组织
邯郸市企业工委“十佳”先进基层党组织
邯郸市思想政治工作优秀企业
邯郸市纪委调研先进单位
邯郸市统战工作先进单位
邯郸市统战调研工作先进单位
邯郸市职工技能大赛先进单位
邯郸市工会“送温暖工程”先进单位
邯郸市先进女职工集体
邯郸市工会宣教文体工作先进单位
邯郸市利税“十强”企业
邯郸市园林式单位
邯郸市人防工作先进单位
邯郸市抗击“非典”斗争先进单位
邯郸市卫生工作先进单位
邯郸市缴纳社会保险费先进单位
邯郸市接收安置复员退伍军人工作先进单位

2004 年

中国500强企业
全国“安康杯”竞赛优胜企业
全国培训先进单位
全国先进基层工会劳动保护监督检查委员会
全国煤炭工业百强企业
全国煤炭系统思想政治工作优秀研究会
全国煤炭工业环境保护先进单位
全国煤炭行业工程造价管理先进单位
全国先进基层工会劳动保护监督检查委员会
全国工会小额借款项目示范点

河北省百强企业
河北省先进集体
河北省文明单位
河北省“AAA”级劳动关系和谐单位
河北省再就业先进企业
河北省“五四”红旗团委
河北省工会参与劳动争议处理工作先进集体
河北省优秀政研会
河北省国资委效能监察先进单位
河北省国资委信息调研优秀单位
河北省国有企业“四创”活动组织奖
河北省职业病防治工作先进企业
河北省“十佳”企业报（《峰峰矿工报》）
邯郸市文明单位
邯郸市先进基层党组织
邯郸市思想政治工作优秀单位
邯郸市纪委调研先进单位
邯郸市统战工作先进单位
邯郸市先进团委
邯郸市信访工作先进单位
邯郸市信访工作实绩突出单位
邯郸市首届青工技能比武优秀组织单位
邯郸市“星级职代会”
邯郸市工会“送温暖工程”先进单位
邯郸市先进女职工集体
邯郸市人防工作先进单位
邯郸市城市绿化先进集体
邯郸市园林式单位
邯郸市卫生工作者先进团体会员单位
邯郸市职业培训鉴定工作先进单位

2005 年

全国企业文化建设优秀单位
全国设备管理优秀单位
全国企业培训先进单位
全国“安康杯”竞赛优胜企业
全国煤炭工业百强企业
全国煤炭工业设备管理优秀单位
全国煤炭行业工程造价管理先进单位
全国应急救援先进集体
全国煤炭系统“西山煤电杯”职工技术比赛优秀组织单位
河北省百强企业
河北省纪检监察先进单位
河北省国资委效能监察先进单位
河北省国资委信息调研优秀单位
河北省爱心助残募捐活动先进单位
河北省国有企业“四创”活动组织奖
河北省国资委“十佳”先进基层党组织
河北省国资委信访工作先进集体
河北省煤炭建设工程监督先进监督站
河北省应急救援先进集体
河北省矿山救援技术比武竞赛集体一等奖
河北省“五四”红旗团委
河北省工会促进再就业工作先进集体
河北省“星级职代会”
邯郸市文明单位
邯郸市国资委先进基层党组织
邯郸市纪委调研先进单位
邯郸市统战调研、宣传、信息工作先进单位
邯郸市先进团委
邯郸市促进再就业工作先进单位
邯郸市工会小额借款项目示范点
邯郸市培训下岗失业人员示范点
邯郸市“四五”普法先进单位
邯郸市信访工作先进单位
邯郸市工会经审工作先进集体
邯郸市先进女职工委员会
邯郸市老年体育工作先进单位
邯郸市绿色庭院
邯郸市党办系统“促双提、争双优、创精品”竞赛活动优秀团队
邯郸市档案工作先进集体
邯郸市园林式单位
邯郸市人防工作先进单位
邯郸市安全生产先进单位
邯郸市卫生工作者优秀团体会员单位
邯郸市质量管理先进单位
邯郸市食品理化检验质量控制优秀单位
邯郸市劳动保障先进单位

2006 年

全国先进基层党组织
全国国有企业创建“四好”领导班子先进集体
全国企业文化建设优秀单位
全国绿化模范单位
全国“安康杯”竞赛优胜企业
全国设备管理优秀单位
全国煤矿先进群监会
中国煤矿康居建设小康局
全国煤炭行业工程造价管理先进单位
全国煤炭工业设备管理优秀单位

全国煤炭工业物资流通行业先进单位
中国煤炭行业新闻界优秀新闻单位
河北省先进基层党组织
河北省文明单位
河北省优秀政研会
河北省绿化先进单位
河北省煤炭开采和洗选业排头兵企业
河北省煤炭建设工程监督先进监督站
河北省“AAA”级劳动关系和谐单位
河北省城镇职工养老、工伤保险经办工作先进单位
河北省国资委效能监察先进单位
河北省国资委安全生产管理先进单位
河北省国资委信访工作先进集体
河北省国资委信息调研优秀单位
河北省老干部工作先进集体
河北省国有企业“四创”活动组织奖
河北省企业管理创新优胜企业
河北省劳动争议调解工作先进组织”
河北省厂务公开民主管理先进单位
河北省煤矿安全生产工作先进单位
邯郸市文明单位
邯郸市国资委系统先进基层党组织
邯郸市纪委调研先进单位
邯郸市国有企业统战工作先进单位
邯郸市红旗团委
邯郸市信访工作先进单位
邯郸市工会教育工作先进单位
邯郸市社团法人登记工作先进单位
邯郸市职工职业技能大赛先进单位
邯郸市工会经审信息工作先进单位
邯郸市先进女职工委员会
邯郸市国资委系统党建信息工作先进集体
邯郸市质量工作先进单位
邯郸市优化经济发展环境重点保护企业
邯郸市工业经济运行先进企业
邯郸市园林式单位
邯郸市人防工作先进单位
邯郸市安全生产先进单位
邯郸市劳动保障工作先进单位
邯郸市劳动保障守法诚信示范单位

2007 年

全国“守合同重信用”单位
全国“安康杯”竞赛优胜企业
全国厂务公开民主管理先进单位
全国亿万职工迎奥运健身活动先进单位
全国煤炭系统思想政治工作优秀研究会
中国能源化学工会先进工会
全国煤炭设备管理优秀单位
全国“五四”红旗团委创建单位
全国“二十佳”企业报（《峰峰矿工报》）
全国煤炭行业职工职业技能大赛优秀组织单位
河北省国有企业“十佳”先进基层党组织
河北省诚信企业
河北省最具社会责任感企业
河北省质量月活动先进单位
河北省企业管理创新优胜企业
河北省工会干部教育培训工作先进集体
河北省国资委效能监察先进单位
河北省国资委信息调研优秀单位
河北省老干部工作先进单位
河北省国有企业“四创”活动组织奖
河北省国资委系统职工艺术展组织奖
河北煤炭开采和洗选业排头兵企业
河北省国资委“五四”红旗团委标兵
河北省高技能人才比武（救护）团体第二名
河北省煤矿救护技术竞赛团体一等奖
河北省工会经审工作先进集体
河北省“双优双先”内部审计先进单位
河北省报刊版权工作先进单位
邯郸市文明单位
邯郸市先进基层党组织
邯郸市国资委先进基层党组织
邯郸市纪委调研先进单位
邯郸市统战宣传工作先进单位
邯郸市红旗团委
邯郸市信访工作先进单位
邯郸市保障工作先进单位
邯郸市工会经审工作先进集体
邯郸市工会《劳动合同法》知识竞赛优秀组织奖
邯郸市工会法律工作先进单位
邯郸市工会先进女职工集体
邯郸市先进妇女组织
邯郸市安全生产先进单位
邯郸市经济社会发展突出贡献50强企业
邯郸市法定计量检定机构技术比武特等奖
邯郸市园林式单位
邯郸市人防工作先进单位
邯郸市职业教育工作先进单位
邯郸市社会保险工作先进单位

2008 年

全国第六届计量技术测试服务优秀团体会员单位

全国煤炭系统企业文化示范基地
全国煤炭行业内部审计先进单位
全国工会维护农民工权益工作先进集体
河北省国有企业创建“四好”领导班子先进集体
河北省思想政治工作先进集体
河北省学习型组织标兵单位
河北省老干部工作先进单位
河北省抗震救灾捐赠特别突出贡献奖
河北省国资委思想政治工作先进集体
河北省国资委效能监察先进单位
河北省国资委廉政公益广告先进组织单位
河北省国资委“关心下一代工作”先进集体
河北省国资委“五四”红旗团委标兵
河北省国资委信访工作先进集体
河北省红十字会勋章
河北省工会法制宣传教育示范基地
邯郸市统战宣传工作先进单位
邯郸市国资委先进基层党组织
邯郸市抗震救灾先进基层党组织
邯郸市纪委调研先进单位
邯郸市纪委案件检查先进单位
邯郸市劳动竞赛先进单位
邯郸市工会保障工作先进单位
邯郸市红旗团委
邯郸市“省重点产业支撑项目特别奖”
邯郸市信访工作先进单位
邯郸市园林式单位
邯郸市环境保护先进集体
邯郸市人防工作先进单位
邯郸市“博爱一日捐”工作特别贡献单位
邯郸市救助工作先进单位
邯郸市卫生救护培训工作先进单位

后　记

经过八个多月的艰辛劳作，由冀中能源峰峰集团《峰峰煤矿志》（第二部）编纂委员会编纂的《峰峰煤矿志》杀青付梓，交付出版。

志书乃“天下公物”。修志是一项十分重要的文化系统工程，有着资政辅治、鉴往昭来的作用。2008 年 10 月 30 日，峰峰集团公司党政领导提出要编纂 1989 年至 2008 年的企业发展史志，并于 11 月 3 日及时成立了编纂委员会。自此，编纂工作开始起步。

本志在策划、编辑、出版过程中，得到了冀中能源峰峰集团公司党政领导的高度重视，得到了集团公司机关各部门的鼎力相助，得到了基层各单位的大力支持，同时，许多离退休老领导对编本志也十分关心，提出了许多宝贵意见，在此一并向他们表示衷心地感谢。

为加快编纂工作的进度，编志办成立后，迅速抽调了工作人员，配置了办公设施，制定了工作进度。在时间紧、任务重的情况下，编志办全体成员，首先查阅了大量资料，发放了征求意见函，召开了多次座谈会，走访了许多重要人物，然后，对志书内容进行了认真核实、反复修改、数易其稿，经过大家夜以继日的奋力笔耕，终于交到了新华出版社责任编辑手中。

寒暑更迭，众手修志，《峰峰煤矿志》（第二部）终于问世。我们力求保证史志的完整、全面、翔实，使史志具有全面性、代表性和真实性，做到观点正确、事实准确、体例完备、数字精确，经得起推敲，经得起时间和实践的检验。但限于编辑人员的经验和水平有限，在文字、内容、图像、表格、数字和编排上难免会存在诸多疏漏和错误，敬请读者给予批评指正。

《峰峰煤矿志》（第二部）编纂委员会

2009 年 7 月 29 日

提供资料人员名单

（按姓氏笔画为序）

王法增　王省江　王爱芹（女）　王曙光　田玉民　田永碧
史新海　司国强　朱　峰　孙志军　刘兆谊　刘冀英（女）
李玉学　李江宏　李建生　李荣强　邢建军　杨　洁（女）
吴保林　张利民　张　苑（女）　陈春林　陈秋生　范月珂（女）
武铁刚　周显怀　庞玉龙　庞进良　赵文格（女）　郝育红（女）
贺英智　索政付　高林生　郭保成　龚素芹（女）　阎晓慧
康志红（女）　韩国忠　傅　琳（女）　谢国庆　樊支农
樊学未　霍震霄　魏龙保